D1923204

HEIDELBERGER RECHTSWISSENSCHAFTLICHE ABHANDLUNGEN

Herausgegeben
von der Juristischen Fakultät
der Ruprecht-Karls-Universität Heidelberg

Band 9

Prof. Dr. Winfried Brugger, LL.M.
26.02.1950 – 13.11.2010

Verfassungsvoraussetzungen

Gedächtnisschrift für Winfried Brugger

Herausgegeben von

Michael Anderheiden, Rainer Keil,
Stephan Kirste und Jan Philipp Schaefer

Mohr Siebeck

Winfried Brugger (1950–2010) war Professor für Öffentliches Recht, Rechtsphilosophie und Allgemeine Staatslehre an der Universität Heidelberg und häufig als Gastprofessor an Rechtsfakultäten der USA tätig.

Michael Anderheiden ist Professor für Europäisches Öffentliches Recht und seine Grundlagen an der deutschsprachigen Andrássy Universität Budapest und Außerplanmäßiger Professor für Öffentliches Recht, Rechtsphilosophie und Medizinrecht an der Universität Heidelberg.

Rainer Keil ist Fakultätsreferent der Juristischen Fakultät der Universität Heidelberg.

Stephan Kirste ist Universitätsprofessor für Rechts- und Sozialphilosophie an der Rechtswissenschaftlichen Fakultät der Paris Lodron Universität Salzburg.

Jan Philipp Schaefer ist wissenschaftlicher Mitarbeiter am Lehrstuhl für Öffentliches Recht, Verfassungstheorie und Rechtsphilosophie der Universität Heidelberg.

ISBN 978-3-16-152577-3
ISSN 1869-3075 (Heidelberger Rechtswissenschaftliche Abhandlungen)

Die Deutsche Nationalbibliothek verzeichnet diese Publikation in der Deutschen Nationalbibliographie; detaillierte bibliographische Daten sind im Internet über *http://dnb.dnb.de* abrufbar.

Das Buch wurde von Computersatz Staiger in Rottenburg/N. aus der Stempel-Garamond gesetzt, von Gulde-Druck in Tübingen auf alterungsbeständiges Werkdruckpapier gedruckt und von der Großbuchbinderei Spinner in Ottersweier gebunden.

Inhaltsverzeichnis

Bickenbach, AöR 14, 202

IV. Gerechtigkeit und Gemeinwohl als Verfassungsvoraussetzungen

V. Verfassungstheoretische Voraussetzungen

VI. Prozedurale Voraussetzungen der Verfassung

VII. Supranationale, internationale und rechtsvergleichende Voraussetzungen der Verfassung

Einleitung

I. Verfassungsvoraussetzungen im Kreuz der Entscheidung

Verfassungsrecht – wie Recht überhaupt – ist zu verstehen aus seiner Ausrichtung auf die Ideale, die es verwirklicht, die empirischen Zwecke und Interessen, die es sichert, die Zukunft, die es antizipiert, und die Vergangenheit, auf der es nicht nur ruht, sondern zu der es sich auch selektiv verhält. Diesen Verständnishorizont des Rechts hat der am 13. November 2010 viel zu früh verstorbene *Winfried Brugger* das „Anthropologische Kreuz der Entscheidung" genannt. Die Verfassung geht aus der ideellen und der realen Dimension hervor, ruht auf der Vergangenheit, ordnet die Zukunft und transformiert diese in die ausgedehnte Gegenwart ihrer Geltung. Verfassungsherausforderungen und Verfassungsantworten stehen in einem Dialog, der mit der Verfassunggebung nicht endet, sondern durch die Verfassungsinterpretation und -konkretisierung laufend fortgeführt und nachjustiert wird. Die vier Dimensionen des Kreuzes, Idealität und Realität, Zukunft und Vergangenheit, sind also die widersprüchlichen Voraussetzungen, die die Verfassung aufhebt, in ihrem Absolutheitsanspruch zurückweist, in ihrer relativen Berechtigung anerkennt und bewahrt und diese Erkenntnisse auf die höhere Stufe eines diskursiv begründeten und fortentwickelten Rechte- und Wertesystems der Gesellschaft hebt. Die freiheitliche Verfassung lebt damit ebenso von der Vielfalt dieser Verfassungsvoraussetzungen wie auch von der Ordnung, in die sie diese Einflüsse bringt.

Diese Verfassungsordnung kann somit auch weder im Sinne von überkommenen Werten und einem Vorrang der Gemeinschaftsbindung einseitig konservativ-kommunitaristisch verstanden werden, noch reicht das liberale Verständnis, das den Einzelnen nur auf sich und seine Rechte stellt und die besonderen Bindungen konkreter Gemeinschaften vernachlässigt, für eine Begründung der Verfassung aus. Es geht nicht nur um individuelle Gerechtigkeit, sondern auch um das Gemeinwohl. Freilich darf sich dieses nicht über die Einzelinteressen kollektivistisch hinwegsetzen, sondern ruht auf den Säulen von Gerechtigkeit, Zweckmäßigkeit und Rechtssicherheit, wie sich im Anschluß an Gustav Radbruch sagen läßt. Das Individuum bildet sich als Person in diesen konkreten Gemeinschaften, hat seine Rechte gegenüber ihnen, wird aber auch durch die Rechte anderer und die Werte, zu denen sich diese Gemeinschaften – seien es Familie, Gemeinde, Staat oder auch supranationale Organisation – bekennen, gebunden. Daher kann es schon auf der theoretischen Ebene keine absoluten Rechte geben, sondern sind – wie gerade die Grenzfälle zeigen – auch scheinbar unbeschränkbar geltende Grundrechte mit anderen unbeschränkten Grundrechten und den hinter ihnen stehenden Verfassungswerten abzuwägen. Das gilt nach Brugger in diesen Extremfällen auch für die Menschenwürde.

Die im „Anthropologischen Kreuz der Entscheidung" idealtypisch zu begreifenden Verfassungsvoraussetzungen sind also zunächst die rechtstheoretischen, rechtspsychologischen, rechtsethischen, zeitlichen und rechtskulturellen Erkenntnis- und Wirksamkeitsbedingungen der Verfassung. Die Verfassung steht aber auch in permanenter Auseinandersetzung mit den historischen, religiösen und weltanschaulichen Kräften der nationalen und der Weltgesellschaft, auf deren Anfragen sie Antworten geben soll. Gerechtigkeit und Gemeinwohl sind die Ideale, auf die sich die Verfassung richtet. In Anlehnung an Georg Jellinek soll dem Einzelnen Gerechtigkeit nicht nur im abwehrrechtlichen status negativus, sondern auch in den leistungsrechtlichen status positivus und dem mitwirkungsrechtlichen status activus zuteil werden. Dabei ist freilich immer zu berücksichtigen, daß weder die Verfassung noch die Status auf den Nationalstaat beschränkt sind, sondern beide in europäischer und internationaler Perspektive zu betrachten sind. Die vier Dimensionen der Verfassungsvoraussetzungen wirken aber nicht nur kausal auf die Verfassung ein; dann würden sich deren Antinomien in sie übersetzen. Die Verfassung antwortet auf ihren Einfluß kraft ihrer normativen Struktur. Das gilt sowohl für die Prinzipien der Demokratie, des Rechtsstaates und des Bundesstaates als auch für die Ziele von Sozial- und Umweltstaat. Entsprechend verlaufen die Legitimationsströme in den geordneten und gegliederten Verfahren der Staatsorgane aufgrund von demokratischen Teilhaberechten des Einzelnen und begrenzt durch Freiheitsbereiche wie etwa die Gewissensfreiheit, die dem staatlichen Zugriff entzogen sind.

Die Schematisierung der Verfassungsvoraussetzungen im Kantischen Sinn durch das Kreuz der Entscheidung erweist sich aber auch als hilfreich für die Berücksichtigung der internationalen Einbindung der Verfassung. Das gilt zunächst für den Verfassungsvergleich, für den das Schema Kategorien enthält. Hier kann dann bei einzelnen Fragen wie etwa der Menschenwürde, der Verfassungsgerichtsbarkeit oder dem Steuerrecht untersucht werden, welche Abweichungen und Gemeinsamkeiten in der Berücksichtigung und Gewichtung der vier Dimensionen zwischen einzelnen Rechtsordnungen bestehen. In dieser Gedenkschrift werden – dem besonderen Interesse Bruggers folgend – die US-amerikanische und die brasilianische Verfassungsrechtsordnung besonders herausgehoben.

Schon der Vergleich zeigt die besondere Bedeutung, die den rechtsstaatlich geordneten und ausgestalteten Verfahren für die Berücksichtigung und Integration der ideellen, reellen und temporalen Voraussetzungen für die Verfassung zukommt. Das gilt nicht nur für die Rechtsbegründungsdiskurse, sondern auch ihre methodisch geleitete Umsetzung und Anwendung.

Eine realistische Verfassungstheorie muß die Verfassungsvoraussetzungen ebenso berücksichtigen, wie sie die Autonomie und die Eigenleistungen der Verfassung im Umgang mit ihnen analysiert und akzentuiert. Winfried Brugger war beides ein Anliegen, und er hat dieses Anliegen in den Bereichen der Rechtsphilosophie, des Verfassungsrechts mit seinen internationalen Bezügen und in der Rechtsvergleichung durchgeführt. Dem Gedenken seines Wirkens an der Juristischen Fakultät der Universität Heidelberg, für die Deutsche Sektion der Internationalen Vereinigung für Rechts- und Sozialphilosophie und als Gast an vielen Universitäten in aller Welt, besonders in den USA, ist dieser Band gewidmet. Als die Herausgeber Michael Anderheiden, Rainer Keil, Stephan Kirste und Jan Philipp Schaefer an seine Planung gingen, dachten sie nicht im entferntesten an eine Gedenkschrift. Er sollte vielmehr die Beiträge eines Kolloquiums zum 60. Geburtstag Winfried Bruggers am 26. Februar 2010 versammeln. Mitten in die Vorbereitung der Publikation platzte die Nachricht von der Erkrankung Bruggers, an der er dann kaum mehr als ein halbes Jahr nach dem Kolloquium am 13. November 2010 verstarb.

II. Zur Diskussion der Verfassungsvoraussetzungen in dieser Gedenkschrift

Nach einer Würdigung des Verstorbenen (I.) gliedert sich die Gedenkschrift in Untersuchungen zu den rechtsphilosophischen Verfassungsvoraussetzungen (II.), zu historischen, methodischen und religiösen Grundlagen des modernen Verfassungsstaats (III.), zu den Werten von Gerechtigkeit und Gemeinwohl, auf die sich dieser Staat gründet und zu denen er sich bekennt (IV.), zu den strukturellen Voraussetzungen dieses Staates (V.), den prozeduralen Voraussetzungen der Verfassung und ihres Schutzes für die gerichtlichen Diskurse (VI.) und schließlich seiner internationaler Vernetzung und der Bedeutung vergleichender Analysen für das Verständnis des Verfassungsrechts (VI.).

1. Zur Würdigung Winfried Bruggers

Die einleitenden Aufsätze dieses Bandes würdigen das Wirken Winfried Bruggers für die Wissenschaft vom Verfassungsrecht und seiner Voraussetzungen. *Peter Häberle* und Winfried Brugger sind oft nach Brasilien gereist, um über Fragen des Verfassungsvergleichs zu referieren. So bedeutete es eine ganz besondere Würdigung des Verstorbenen, als bei einer Gedenkveranstaltung im Bundesstaat Rio Grande do Sul im Sommer 2011 ein Nachruf von Peter Häberle vorgetragen wurde. In leicht abgewandelter Form steht er nun am Anfang dieser Gedenkschrift.

Das Hauptgewicht von Bruggers rechtsvergleichenden Forschungen lag aber auf dem Verfassungsrecht der USA. Der Doyen der deutsch-amerikanischen Verfassungsvergleichung, *Donald Kommers*, der selbst Außerordentliches für die Auseinandersetzung mit dem deutschen Verfassungsrecht in den USA und die Rezeption des US-amerikanischen Verfassungsrechts in Deutschland getan hat, wirft einen persönlichen und zugleich fachlichen Blick auf den Beitrag, den Brugger für die „Wissenschaftliche Partnerschaft über den Atlantik hinweg" geleistet hat. Es wird deutlich, wie tief die Spuren sind, die die nordamerikanische Kultur im Werk Bruggers hinterlassen hat, so daß er zum Verständnis der Rechtsphilosophie und des öffentlichen Rechts der USA in Deutschland beitragen konnte. *Edward Eberle* knüpft daran an. Am Beispiel von Leitentscheidungen des Bundesverfassungsgerichts und des US Supreme Court zur Abtreibung und zum Datenschutz analysiert Eberle Gemeinsamkeiten und Unterschiede der beiden Rechtssysteme.

2. *Rechtsphilosophische Voraussetzungen*

Der zweite Teil widmet sich den rechtsphilosophischen Grundlagen des Verfassungsstaats. *Robert Alexy* analysiert das Verhältnis von Rechtssicherheit als Wert der Positivität und Realität des Rechts zur Gerechtigkeit als Wert der Richtigkeit und Idealität des Rechts. Der Richtigkeitsanspruch wird differenziert in einen Anspruch erster und zweiter Ordnung. Derjenige der ersten Ordnung ist auf die Idealdimension des Rechts, derjenige der zweiten Ordnung zudem noch auf die Realdimension gerichtet. Dabei werden auch Leistungen und Grenzen der Diskurstheorie untersucht. Wiederholt nimmt Alexy Bezug auf Radbruch, der auch für Brugger ein wichtiger Rechtsphilosoph war.

„Recht und Essen" ist nicht gerade ein gängiges Thema auch einer breit angelegten Rechtswissenschaft. *Mark Weiner* entlockt ihm jedoch interessante Aussagen über das amerikanische Rechtssystem und über das Verhältnis von Recht und Kultur überhaupt. Es geht dabei nicht um das Recht auf einen Barbecue, sondern etwa um die Frage der Drittwirkung der Grundrechte bei der Beurteilung der Frage, ob ein Gastwirt in den Südstaaten Schwarze von seinem Grill ausschließen durfte. Im Zentrum steht dabei die Entscheidung des US-Supreme Court Katzenbach v. McClung.

Das „anthropologische Kreuz der Entscheidung" ist gewiß die wirkmächtigste Denkfigur Bruggers. *Matthias Jung* geht ihren anthropologischen Implikationen nach. Jung versteht das Kreuz als Metapher für die relevanten Dimensionen jeder Entscheidung. Seine These verbindet das Kreuz der Entscheidung mit der Formel Böckenfördes von den Voraussetzungen des freiheitlichen Verfassungsstaates und nimmt an, daß zu diesen Verfassungsvoraussetzungen auch die von Brugger angesprochenen anthropologischen Voraussetzungen gehören. Jung geht es insbesondere darum, Naturalismen zu vermeiden. Dabei bewährt sich das „anthropologische Kreuz" gerade auch bei der Kritik von szientistischen Naturalismen.

In der Idealdimension des Kreuzes kommt der Freiheit eine herausragende Bedeutung zu. Unter dem Bild der „Farben der Freiheit" thematisiert *Jan Schaefer* diese Freiheitsvoraussetzungen einer jeden Entscheidung und des Rechts im Spektrum der Auffassungen von Liberalismus und Kommunitarismus. Das Farbspektrum der Argumentation kommunitaristischer Theorien umfaßt die verschiedensten Theorien der sozialen Einbindung des Individuums von der beginnenden Neuzeit bis zur gegenwärtigen Governance-Forschung. Schaefer umschifft dabei das Problem, daß zuweilen Liberale zu hohe Anforderungen an die Rationalität freier Entscheidungen stellen und Kommunitaristen zu starke Wertbindungen von Freiheit annehmen. Würde der Verfassungsstaat derart anspruchsvolle Freiheitskonzeptionen zugrunde legen, bestünde die Gefahr des bevormundenden oder paternalistischen Verhaltens immer dann, wenn diese Voraussetzungen nicht erfüllt werden. Dem Paternalismus widmet sich *João Mauricio Adeodato*. Er vertritt die Auffassung, daß sich die ethischen und rechtlichen Probleme von Folter und Paternalismus nicht abstrakt, sondern nur unter Berücksichtigung konkreter Fälle lösen lassen. Ohne dieses konkrete Anschauungsmaterial blieben die zugrundeliegenden Prinzipien semantische Strukturen ohne inhaltlichen Sinn. Daher diskutiert er verschiedene Situationen, die zur Rechtfertigung von Folter herangezogen werden, lehnt diese jedoch ebenso ab wie stark paternalistische Verhaltensweisen.

In der Realdimension des Kreuzes der Entscheidung spielen Bedürfnisse, Interessen und andere anthropologische Faktoren eine Rolle. Noch immer nicht hinreichend untersucht sind die Voraussetzungen des Rechts im menschlichen Bewußtsein. Der folgende Aufsatz von *Walter Pauly* trägt zur Beseitigung dieses Defizits bei. Er widmet sich Ansätzen zu einer psychoanalytischen Rechtstheorie. Dabei trägt er nicht nur hochinteressantes – ja hinsichtlich Kelsen auch überraschendes – Material zusammen, sondern entwickelt hierzu auch einen eigenen Ansatz. Die Entwicklungslinien werden vom Beginn der Psychoanalyse bis in die Gegenwart zu Lacan und Žižek gezogen. Analoge Strukturen der Tiefenebenen der Seele und des Rechts treten dabei ebenso hervor wie die entlastende Funktion desselben für sie.

Von der Psyche hängt es auch ab, ob tugendhaftes Verhalten stabilisiert werden kann, zum Habitus (ἕξις) wird. Wie notwendig eine solche ethische Grundhaltung für die Demokratie ist, zeigt *Rainer Keil*. Er verfolgt dazu Positionen aus der Geschichte der politischen und Rechtsphilosophie und eruiert ihre Resonanz in aktuellen Debatten. Die demokratische Tugend bleibt aber echte Verfassungs*voraussetzung*, denn eine Kompetenz des Staates, sie anzuordnen, besteht nicht. Im Fokus von Keils Untersuchung steht daher die Frage, ob rechtlich institutionalisierte Rahmenbedingungen politischen und juristischen Entscheidens einer demokratischen politischen Kultur eher schaden oder förderlich sind. Ihre Ergebnisse werden in konkrete rechtspolitische Anregungen zum institutionellen Arrangement Europas oder zu einer besonnenen Integration direkt-demokratischer Entscheidungsmechanismen in die repräsentative Demokratie umgemünzt.

Die eigentliche Dezision im Kreuz der Entscheidung betrifft gerade auch die Rechtsanwendung. Hat jedoch das Faktum der Dezision im Stufenbau der Rechtsordnung überhaupt einen Platz? *Martin Borowski*, der Winfried Brugger auf seinen Heidelberger Lehrstuhl nachgefolgt ist, setzt sich mit dem Thema „Sein und Sollen am unteren Ende des Stufenbaus der Rechtsordnung" auseinander. Mit diesem „unteren Ende" ist die Rechtsanwendung angesprochen, bei der Hans Kelsen nicht weniger mit dem Problem von Normativität konfrontiert ist als am oberen Ende, wo er es mit der Grundnorm in den Griff zu bekommen versucht. Borowski nimmt in Kelsens Modell eine interessante Differenzierung vor, indem er die untersten Normen des Stufenbaus der Rechtsordnung differenziert in solche, die noch konkretisiert werden können, und andere, bei denen dies nicht mehr möglich ist, sowie beide von reinen Zwangsakten unterscheidet. Letztere fallen außerhalb der Rechtsordnung.

In Bruggers Bild für die konkflikthafte Entscheidungssituation des Menschen stellt die Horizontale des Kreuzes die „Zeitachse" dar. Ihr widmet sich *Stephan Kirste*. Die kulturelle, also auch die rechtliche Zeit verläuft aber nicht linear, sondern ist von Ereignissen her bestimmt und mit Rücksicht auf diese zu verstehen. Zumindest findet die Zeit ihr Maß im Rhythmus – im mechanischen Takt der Schwingungen des Caesiumatoms, im Gang der Sonne und in den Jahreszeiten. Das Recht nutzt Rhythmen in Amtsperioden und Arbeitszeiten und unterwirft sie rechtlichen Wertungen, wie dies schon der Mythos des Sisyphos zum Ausdruck bringt.

3. Methodische, historische und religiöse Voraussetzungen

Die Problematik der geschichtlichen Zeit, in die das Recht eingebettet ist, die es aber auch beeinflußt, leitet zum dritten Teil der Gedenkschrift über: zu den historischen Voraussetzungen des Verfassungsstaats, seinem Verhältnis zu Religion und Weltanschauung und den methodischen Grundlagen der Auseinandersetzung mit dem Verfassungsrecht. Seit Descartes ist die Methode die Grundlage der Wissenschaft, also auch der Verfassungsrechtswissenschaft; entsprechend machen auch drei methodische Beiträge in diesem Abschnitt den Anfang.

Andreas Piekenbrock unternimmt eine anregende wissenschaftliche Zeitreise und nennt sie eine „wissenschaftliche Fiktion": Er läßt den 1943 verstorbenen deutschen Repräsentanten der Interessenjurisprudenz, Philipp Heck, Schriften von Antonin Scalia, dem 1936 geborenen, zur Amtszeit Präsident Ronald Reagans nominierten Richter am U. S. Supreme Court lesen. Dieser Epochen,

Erdteile, Sprachen, Rechtskreise und juristische Berufe überbrückenden Konfrontation liege eine alles Trennende übergreifende Erkenntnis beider zugrunde: diejenige nämlich, daß die „Methodik der Gesetzesauslegung eine Verfassungsfrage [ist], die im gewaltengeteilten Rechtsstaat die Herrschaftskreise von Judikative und Legislative, von Richter und Parlament bestimmt", weshalb die juristische Methodik möglichst klare Grenzen der Kompetenz der Justiz benennen muß. Daß dies auf dem Weg des amerikanischen, strenger textbasierten *originalism* jedoch sehr anders funktioniert als in der Heck'schen Perspektive des Gesetzes als verbindliches legislatives Werturteil über einen Interessenkonflikt, wird an vielen Beispielen aufgezeigt.

Ulfrid Neumann befaßt sich mit dem Verhältnis von Rechtswissenschaft und Rechtspraxis. Er wirft zunächst mit Hilfe des von Winfried Brugger entwickelten anthropologischen Kreuzes der Entscheidung einige Grundprobleme der Rechtswissenschaft auf, ehe er die doch sehr verschiedenen Handlungsbedingungen der Rechtspraxis mit ihrem stärkeren Bezug auf konkrete Einzelfälle gesellschaftlichen Lebens und auf Sachgerechtigkeit skizziert. Letztere mag dazu führen, daß Umständen eine Relevanz beigemessen wird, die nach Gesetz und Dogmatik zunächst nicht ersichtlich ist. Um die Grenzen der Dogmatik wissend, begleitet und kontrolliert die Rechtswissenschaft diesen Vorgang kritisch und macht ihn in der wissenschaftlichen Ausbildung fruchtbar.

Rechtswissenschaftliche Methoden behandelt auch *Christian Baldus* in seinem Beitrag über „Verfassungsvoraussetzungen in Rom". Nach begrifflichen Klärungen zu Verfassung und Verfassungsvoraussetzungen fragt Baldus nach möglicher Erkenntnis der Rechtsgeschichte und der Produktivität von Interdisziplinarität und problematisiert Rückprojektionen des sachverständigen Zeugen, als welcher der Rechtshistoriker agiert. Eine gewisse Entfremdung von Geschichts- und Rechtwissenschaften in den letzten Jahrzehnten erschwert es, das Thema insgesamt in den Blick zu bekommen. Deshalb wird der spannende Versuch unternommen, eine zeitgemäße wissenschaftliche Methodik für die Analyse der römischen Verfassung zu entwickeln, der in ein Plädoyer für mehr interdisziplinäre Zusammenarbeit mündet.

Die Berücksichtigung der Einbindung der Verfassung in die Geschichte hat der bedeutende Geschichtsphilosoph Johann Gottfried von Herder gegen die geschichtslosen Verfassungstheorien in der Französischen Revolution eingefordert. Ihm widmet sich *Rolf Grawert*. Leitend ist dabei die Frage nach den Kräften, die eine Nation zusammenhalten. Zunächst arbeitet er aus dem komplexen real-, rechts- und geistesgeschichtlichen Material die „Frage" nach der Nation sowie die Vorstellung einer einheits- und friedensstiftenden Einrichtung für Deutschland heraus. Der zweite Abschnitt behandelt das Verhältnis der Nation zu „Mensch und Menschheit". Es schließen sich Ausführungen zu „Werden und Wesen der Nation" und zur Institutionalisierung der Nation an. Sie münden ein in die Problematik der Zukunft Europas, die nach einem aus heutiger Sicht gelesenen Herder eher in „einer europäischen Gemeinschaft kohärenter Völker als" in einem souveränen Nationalstaat zu sehen ist.

Die Aufklärung erkannte die Bedeutung von Religion und Weltanschauung als Verfassungsvoraussetzungen an, war sich aber auch der Gefahren einer Bindung des Staates an sie bewußt. Das gilt für Jean-Jacques Rousseau, für Thomas Paine, aber auch für Moses Mendelssohn, dem sich *Heiner Bielefeldt* zuwendet. An seinem Beispiel zeigt er auf, daß die Wege zum Menschenrecht der Religionsfreiheit „unabsehbar vielfältig" sind, also weder in historischer noch gar geltungstheoretischer Hinsicht eine zwingende Bindung an einen geistigen Horizont besteht, der vom abendländischen Christentum oder der europäischen Aufklärung geprägt ist. Bielefeldt wendet sich damit erneut gegen kulturgenetische Vereinnahmungen der Religionsfreiheit, welche sich mit dem Universalismus der Menschenrechte nicht vereinbaren lassen. Mendelssohn bestimmt das Verhältnis von natürlicher Religion (hier: der Aufklärung) zu den historischen Religionen ganz spezifisch. Er weist deutlich auf die Gefahren einer Homogenisierungstendenz auch der Aufklärung hin, denen er die Forderung eines echten, bei Fragen des Glaubens in der Sache begründeten Pluralismus entgegen setzt. Die politische Aktualität dieser Einsicht leuchtet in dem Beitrag immer wieder auf. „Pluralismus" ist dann auch ein weiteres Thema, das Brugger intensiv beschäftigte und das er in seiner Tübinger Zeit oft mit Bielefeldt diskutierte.

Nicht fünfundneunzig, aber doch vierzehn Thesen, die es in sich haben, schlägt *Hans Michael Heinig* aus protestantischer Perspektive zum Verhältnis von Staat und Religion vor. Spricht empirisch wenig für eine Wiederkehr der Religion, so zeigen sich Langzeitwirkungen der Säkularisierung und das Schwinden vermeintlicher Selbstverständlichkeiten der Religionspolitik um so deutlicher. Heinig unterscheidet die sozio-kulturelle Säkularisierung von der staatlichen Säkularität, die darin besteht, dass die demokratisch gesetzte Verfassungsordnung normativ selbständig ist. Diese Verfassung setzt jedoch auf den Gebrauch von Freiheiten und ist offen für die Religionen der Bürgerinnen und Bürger. Mit Blick auf das Böckenförde-Diktum von den Voraussetzungen des freiheitlichen säkularen Staates sind aus protestantischer Sicht Neuorientierungen erforderlich: Religiöser Tradition kommt kein eigener demokratischer Wert zu, Pluralismus beruht aber auf der Anerkennung des säkularen Mehrwerts des Eigensinns religiöser Sprache. Der organisierte Islam ist in das gleichberechtigte religionskritische Gespräch einzubeziehen und Demokratie auch theologisch zu reflektieren.

4. Gerechtigkeit und Gemeinwohl als Verfassungsvoraussetzungen

Gerechtigkeit und Gemeinwohl sind die zentralen Werte der Rechtsethik und damit zentrale Verfassungsvoraussetzungen. Ihnen ist der vierte Teil dieser Gedenkschrift gewidmet. Dabei kommt der Gerechtigkeit die Aufgabe zu, einen

Ausgleich zwischen der Freiheit der Entfaltung des Einzelnen und der Gleichheit, die diese Möglichkeit nicht nur für den Stärkeren, sondern für jedermann fordert, herzustellen. Ein Zuviel an Freiheit würde die Menschenwürde der Schwachen, ein Zuviel an Gleichheit das Freiheitsvermögen aller verletzen. Das Gemeinwohl stellt sicher, daß bei diesem Ausgleich auch das Gesamtinteresse, das sich in öffentlichen Gütern ausdrückt, nicht zu kurz kommt. Beide Werte können jedoch heute nicht vorausgesetzt werden, sondern bedeuten immer auch Verfahrensgerechtigkeit und Bestimmung und Realisierung von Gemeinwohl in Verfahren und durch eine Pluralität von Akteuren. Wenn Peter Axer das menschenwürdige Existenzminimum, Thomas Lobinger den gerechten – i.e. menschenwürdigen – Lohn und Eberhard Schmidt-Aßmann „Gemeinwohl im Prozess" thematisieren, dann untersuchen sie zugleich diese Grundfragen in konkreten rechtlichen Instituten und Verfahren; Michael Anderheiden verknüpft diese Gedanken mit den anderen Grundlagen von Bruggers Rechtsdenken.

Gerechtigkeit durch und in Verfahren bedeutet, daß dem Einzelnen auch in Verfahren eine menschenwürdige Stellung eingeräumt wird. Staatliche Leistungen dürfen ihm daher nicht nur aufgrund einer objektiven Gewährleistungspflicht des Staates zuteil werden, sondern müssen von ihm aufgrund eines subjektiven Rechts eingefordert werden können. Dazu gehört auch das Existenzminimum aus Art. 1 I GG, wie *Peter Axer* aufgrund einer Analyse der höchstrichterlichen Rechtsprechung zeigt. Das Bundesverfassungsgericht habe so ein neues Grundrecht kreiert. Axer erörtert die Mediatisierung dieses Rechts durch Gesetz und bestimmt dessen Voraussetzungen und Umfang. Besonders eingehend beschäftigt ihn der Auftrag an den Gesetzgeber, das Existenzminimum transparent und folgerichtig auszugestalten, dazu tatsächliche Entwicklungen zu beobachten und seine Entscheidungen selbst unter Rückgriff auf Pauschalisierungen hinreichend zu begründen. Das neue Grundrecht ermöglich so die Wahrnehmung der anderen Grundrechte. Damit transformiert die Verfassung ein anthropologisch begründetes Interesse in das subjektive Grundrecht auf ein Existenzminimum.

Thomas Lobinger untersucht in seinem Beitrag, ob sich aus der Menschenwürdegarantie des Grundgesetzes ein Anspruch auf Mindestlohn ableiten lasse. Die Argumentation ist komplexer, als es die Frage zunächst vermuten läßt, da dafür zunächst aus der Menschenwürde abgeleitete Schutzpflichten konstruiert werden müssen. Diese richten sich jedoch gegen den Staat, nicht gegen den Arbeitgeber. Damit wird auch eine Abwägung zwischen dem Schutz der Menschenwürde und den Freiheiten des Arbeitgebers obsolet. Lobinger fragt weiter nach einem möglichen Sonderopfer des Arbeitgebers durch Mindestlohn, argumentiert aber für eine verfassungswidrige Sonderlast, da es an einer Verantwortungsbeziehung zwischen Arbeitgeber und Arbeitnehmer fehle. Schließlich erkennt Lobinger ein Verbot würdeverletzender Lohngestaltungen an und fragt nach deren Konsequenzen.

Eingehend untersucht *Michael Anderheiden* Winfried Bruggers Verständnis des Gemeinwohls. Anthropologie – mit dem Kreuz der Entscheidung und der Formel zum Menschenbild des Grundgesetzes –, liberal-kommunitaristische Verfassungstheorie und Gemeinwohlverständnis sind die drei disparaten Grundlagen der Brugger'schen Rechtslehre. Anderheiden beleuchtet zunächst Anthropologie und Kommunitarismus, sodann deren vielfältige Beziehungen zum Gemeinwohl von verschiedenen Seiten her. Letzteres hat Brugger unter Berufung auf M. Weber und G. Radbruch aus den Elementen Rechtssicherheit, Legitimität und Zweckmäßigkeit zusammengesetzt. Es ist nur normativ auf die anderen Grundlagen bezogen. Anderheiden befragt Bruggers Gemeinwohlverständnis dann auf seine Notwendigkeit und Überzeugungskraft. Zuletzt erwägt er, inwiefern Bruggers Beschäftigung mit Jellinek den Weg zu einer materiellen und pluralistischen Gemeinwohlkonzeption weisen könnte.

Nicht anders als die Gerechtigkeit kein ontologisch vorfindlicher Wert ist, muß auch das Gemeinwohl in Verfahren und von Institutionen begründet, ausgeformt und durchgesetzt werden. Dies beleuchtet *Eberhard Schmidt-Aßmann* in seinem Beitrag. Die Allgemeininteressen werden mit der Verbandsklage durchgesetzt, die im Verwaltungsprozeß erst aufgrund der jüngeren EUGH-Rechtsprechung („Trianel") ohne Individualrechtsakzessorietät anerkannt ist. Schmidt-Aßmann sieht darin einen „Systemwechsel" weg von einem Dualismus Individuum/Allgemeinheit und fragt, ob dieser im Lichte der Gemeinwohldiskussionen angemessen war. Ausgehend von Bruggers Gemeinwohlvorstellung und in stetem Vergleich mit dem Zivilprozeß, überlegt Schmidt-Aßmann, ob eine funktionale Aufladung des Individualinteresses den eingeführten Begriff des „subjektiven Rechts" im Verwaltungsprozeß erweitern kann und soll. Schmidt-Aßmann unternimmt nur eine behutsame und differenzierte Adaption eines „funktionalen Verständnisses" des subjektiven Rechts, die ihrem individualrechtlichen Ausgangspunkt verpflichtet bleiben muß.

Stefan Geibel untersucht die Gemeinwohlrelevanz des Gemeinnützigkeitsrechts. Er beleuchtet zunächst die verfassungsrechtliche Seite des Gemeinnützigkeitsrechts. Die Notwendigkeit des Gemeinnützigkeitsrechts ist durch die Abwesenheit gemeinwohlfördernder Grundpflichten im Grundgesetz begründet. Staatliche Direktsubventionen für einzelne gemeinnützige Handlungen sind verfassungsrechtlich problematisch. Geibel unterzieht sodann §§ 52–54 AO einer rechtspolitischen Kritik. Der Beitrag schließt mit Überlegungen zu einer Reform des § 51 I AO dahingehend, auch natürlichen Personen den Gemeinnützigkeitsstatus zuzuerkennen.

5. Verfassungstheoretische Voraussetzungen

„Verfassungsvoraussetzungen" verweisen auf die wechselseitigen Beziehungen zwischen der Verfassung und ihrer geistigen und sozialen Umwelt. Diese Beziehungen sind nicht nur systemfunktional, sondern – zumal in Bruggers Sinn – kommunikativ oder dialogisch zu verstehen. Die Verfassung „antwortet" auf diese gesellschaftlichen Anfragen und basiert auf der reziproken Anerkennung von Rechtspersonen in ihrer Würde. Sie greift gesellschaftliche Pluralität auf, geht selbst aus pluralen historischen und internationalen Rechtsmodellen hervor und sucht eine leitende Einheit aus Vielheit und in Vielheit zu realisieren. „E pluribus Unum" ist ein Diskurs, den nicht nur die Bundesstaaten der USA – unter diesem Motto seit 1782 symbolisiert in ihrem Siegel – führten, sondern der auch für die Unterscheidung der Gewalten und die Ordnung und Sicherung der Freiräume der Grundrechte maßgeblich ist. Dieser demokratische Diskurs ist die Legitimation sowohl der Sicherheit im Verfassungsstaat als auch der Grenzen, die Verfassungswerte auch dem Innersten des Menschen, seinem Gewissen, wenn es sich äußert, setzen müssen. Damit ist das Themenfeld der Aufsätze des fünften Teils abgesteckt.

Paul Kirchhof schließt einleitend an Bruggers Überzeugung an, das Recht und insbesondere die Verfassung antworteten auf exemplarische Unrechtserfahrungen. Auch wenn, wie in der Französischen Revolution, die Verfassung bewußt mit der Vergangenheit bricht, erhebt sie doch seit 1789 einen Anspruch auf Richtigkeit. Was dieses Richtige jetzt ist, muß jede Verfassung neu herausarbeiten, kann dabei aber auf Vertrautes bauen. Kirchhof benennt typische Elemente solcher Verfassungen wie die persönliche Freiheit und Sicherheit und stellt als allen Verfassungen Gemeinsames den Bezug auf Sprache und auf den Menschen und damit auf das Miteinander im Bemühen um die beste Einheit fest. Diesen Kriterien genügen Verfassungen, die die Freiheit zur Regel, das Verbot zur Ausnahme machen. Manche Nachteile, etwa durch die Computerisierung der Finanzmärkte, sind dabei jedoch augenscheinlich und verlangen eine „beherzte Antwort".

Rolf Gröschner nimmt sozusagen den Ball auf und untersucht in seinem Beitrag die „Reziprozität" als Voraussetzung des Verfassungsstaates. Dabei geht er von Bruggers Gedanken aus, daß der Mensch „frei, gleich und auf Reziprozität angelegt" sei. Auf dieser Basis untersucht er die Bedeutung von Reziprozität für die Würde des Einzelmenschen wie für die Freiheit der Republik. In einer großen ideengeschichtlichen Entwicklungslinie von Manetti über Mead und durchaus kontrastierend mit Hegels Anerkennungstheorie lasse sich nachweisen, daß zwischen beiden Prinzipien ein Wechselverhältnis bestehe, auf das die Verfassungsordnung gründe. Sie setzt es aber beispielsweise durch die Gewährleistung der Teilnahme des Einzelnen an Wahlen und in der Abkehr von der Annahme besonderer Gewaltverhältnisse und der Subordination des Bürgers gegenüber dem Staat um.

Moderne Verfassungen müssen ihr Verhältnis zu anderen Verfassungen bestimmen, damit sie ihre juristische Funktion erfüllen können. Dies ist die zentrale These von *Ekkehart Reimer* zu den Verfassungsvoraussetzungen. Als analytisches Instrumentarium unterscheidet Reimer zwischen den normativen Geltungsvoraussetzungen und den faktischen Funktionsvoraussetzungen. Wie das Ich seine Identität in Auseinandersetzung mit dem Du gewinnt, so bedingt auch eine funktionierende Staatlichkeit die Bezugnahme und Abgrenzung der Staaten untereinander. Auf dieser Grundlage teilt Reimer die Verfassungen in fünf Idealtypen: die Abschottungs-, die Abgrenzungs-, Kooperations-, Verbund- und Gliedstaatsverfassung, und verfolgt, wie diese mit Identität und Offenheit gegenüber anderen Verfassungen umgehen.

Dem friedlichen Dialog nach außen mit anderen Verfassungsordnungen korrespondiert die Sicherheit im Innern des Verfassungsstaats. Ihre Stellung zum Verfassungsrecht und im Verfassungsrecht, ihr Bezug zur rechtlichen wie vorrechtlichen Freiheit, ihre Bedingungen und Inhalte sind Gegenstand des Beitrags von *Josef Isensee*. Freiheitliche Verfassungen zielen auf die Befriedung der Gesellschaft auch dort, wo dies nicht ausdrücklich in ihrem Text als Staatsziel bestimmt ist. Dies ergibt sich auch aus den Schutzzwecken der Grundrechte. Die Gewährung von Sicherheit verweist aber auch auf außerverfassungsrechtliche Gehalte wie die Art und Weise ihrer Garantie, den effektiven Vollzug des ihr gewidmeten Rechts und das Verhalten der gesellschaftlichen Kräfte. Spannungsreich ist das Verhältnis der Sicherheit zur Freiheit – ein Thema, das als Grundton den gesamten Beitrag durchzieht.

Dieses Spannungsverhältnis ist auch eines zwischen Einheit und Vielheit, eine Dialektik, die der freiheitliche Verfassungsstaat bewußt auch in seine Organisation integriert hat. *Wolf-Rüdiger Schenke* stellt sich die Aufgabe, den Bezug von Verfassungsorgantreue und Integrationslehre herauszuarbeiten. Als Referenzfelder diskutiert er die Gegenzeichnung des Bundespräsidenten und das mehrstufigen Verfahren der Bundestagsauflösung. Das wichtigste Anwendungsgebiet des Prinzips der Verfassungsorgantreue ist jedoch das Gesetzgebungsverfahren. Eingehend widmet sich Schenke den Problemen verkappter Gesetzesinitiativen und den aus den Kompetenzen der anderen Verfassungsorgane erwachsenden Grenzen der Zuständigkeit des Vermittlungsausschusses. Einen eigenen Schwerpunkt legt Schenke auf die Frage der Organtreue des Bundesrates. Weiter fragt er, ob auch für die Beziehung zwischen Parlament und Volk der Grundsatz der Verfassungsorgantreue gelte und inwieweit er bei der Bewertung von Rechtsverordnungen von Bedeutung sei.

Für die Vielfalt von Entscheidungen und die Geltung des vom Einzelnen für unbedingt verbindlich Angesehenen streitet das Gewissen. *Ute Mager* widmet sich seiner Freiheit im Verfassungsstaat; ein Thema, das Winfried Brugger zwar nahelag, jedoch Desiderat bleiben mußte. Das Gewissen ist das moralische Organ für den Ausnahmefall. In diesen Lagen ist seine Freiheit zu schützen, wie Mager zeigt. Im Normalfall wird der Einzelne durch die Handlungsfreiheit hinreichend geschützt. Mager geht den ideen- und verfassungsgeschichtlichen Grundlagen der Gewissensfreiheit nach, bevor sie sie zum Werk Bruggers und hier vor allem in seine Überlegungen zum Kommunitarismus in Beziehung bringt.

Wenn Verfahren für die Herausbildung und Konkretisierung der Verfassungswerte und der subjektiven Rechte von entscheidender Bedeutung sind, fragt es sich, ob der Einzelne ein Recht auf Partizipation an ihnen besitzt. Dies zu begründen, ist das Anliegen von *Hanno Kube*. Philosophische Anknüpfungspunkte findet er bei Georg Jellinek, verfassungsrechtliche in der Lissabon-Entscheidung des Bundesverfassungsgerichts und in Art. 1 I GG in Verbindung mit dem Demokratieprinzip des Art. 20 I und II GG. Der Weg dorthin ist freilich überraschend schwierig, weil andere Verfassungsnormen wie Art. 38 I GG und Art. 3 I GG ein solches allgemeines politisches Grundrecht nicht tragen. Wiederum kommt der Menschenwürde die Funktion einer zentralen Begründungskategorie zu. Gerechtigkeit und Gemeinwohl sind eben nicht schon dann verwirklicht, wenn Freiheit und Gleichheit in der Gesellschaft in einer die Subjektstellung des Menschen achtenden Weise verteilt sind, sondern erst wenn der Mensch auch in den diese Verteilung regelnden Verfahren als der Selbstbestimmung fähiges Wesen anerkannt ist. Kube umreißt schließlich den genauen Inhalt des Grundrechts auf politische Partizipation und zieht daraus Folgerungen für den Bürgerstatus, die demokratischen Institutionen und die Gesetze.

Bernd Grzeszick verlängert Kubes staatsrechtliche Frage hin zur demokratischen Legitimation der Verwaltung. Ist hier nicht ein Wandel des Legitimationsmodells von der überkommenen Ableitung aus einer „Legitimationskette" angezeigt? Immer wieder wird eine Abkehr vom Modell der sachlich-inhaltlichen Legitimation etwa über ministerielle Weisungen und der personell-organisatorischen Legitimation wie der hierarchisch organisierten Verwaltung mit Ministerverantwortung gegenüber dem Parlament aus den demokratisch gewählten Volksvertretungen gefordert. Sollten an ihre Stelle Legitimationsformen treten, die „Akzeptanz, Partizipation, Effektivität, Effizienz, Sach- und Verfahrensgerechtigkeit" betonen? Grzeszick verwirft nach einer eingehenden Auseinandersetzung solche neueren Begründungsmuster.

6. *Prozedurale Voraussetzungen der Verfassung*

Die Verfassung geht aus Diskursen hervor, stabilisiert sich in verfassungspolitischen und rechtlichen Verfahren und schützt rechtliche und andere Diskurse. Im Zentrum des Rechtsdiskurses steht naturgemäß der Gerichtsdiskurs. Gerade hier kommen die sozialen Voraussetzungen zum Vorschein; gerade in diesen Prozeduren wirkt das Recht aber auch auf die gesellschaftlichen Verhältnisse zurück. Normativität und Faktizität, Rechtsnorm und Lebenssachverhalt treffen hier aufeinander und beeinflussen sich wechselseitig. Damit diese Verfahren gelingen, bedarf es der sachgerechten Ausgestaltung der Verfahrensrollen, sei es durch die Unabhängigkeit des Richters oder die Rechte der Parteien.

Faktische Voraussetzungen des Rechts und seine normativen Anordnungen stehen sich nicht beziehungslos gegenüber. Gerade im Prozeß werden Tatsachen normativ geformt, nämlich insbesondere selektiert und im Hinblick auf die Rechtsfragen zubereitet und muß das Urteil so formuliert werden, daß es hernach auch die Adressaten erreicht und in ihrem Verhalten wirken kann. *Gerhard Dannecker* fragt als einer der ersten, vielleicht erster im deutschen Rechtsdiskurs überhaupt nach Narrativität im Recht. Er tut dies nicht, um methodisch präzise begriffliche juristische Argumentation zu ersetzen, sondern um ergänzend den Blick zu weiten und das einzubeziehen, was ihr, jedenfalls zunächst, unzugänglich ist: Schon die Gestaltung der Sachverhalte durch die Gerichte geht nicht darin auf, daß bereits erkannte Tatsachen, rein deskriptiv vor- und dargestellt sowie auf ihre tentative oder gelingende Subsumtion unter normative Begriffe vorbereitet werden. Mit ihr handelt das Gericht, urteilt es über Relevanz und Irrelevanz empirischer Vorgänge, fügt es die für normativ bedeutsam befundenen Elemente zu einer Erzählung zusammen. Diese Erkenntnis ist Voraussetzung dafür, daß der normative Zugriff auf die Lebenswirklichkeit gelingen und die gerichtliche Entscheidung dem Einzelfall gerecht werden kann.

Der Erfolg einer derartigen Narration dürfte aber nicht wenig davon abhängen, daß sich der gerichtliche Diskurs in einem Freiraum abspielt, der von einseitigen rechtsexternen Einflußnahmen losgelöst ist. Diesen Freiraum zu sichern, dient die Unabhängigkeit des Richters, der sich *Rudolf Bernhardt* widmet. Als Problemfall dient ihm dabei die Bestrebung in mehreren Gliedstaaten der Vereinigten Staaten von Amerika, gesetzlich oder verfassungsgesetzlich ein Verbot der Zitation ausländischen oder internationalen Rechts oder schon der richterlichen Bezugnahme darauf einzuführen. Sie veranlassen Bernhardt nach einem kurzen Blick auf Bestimmungen der amerikanischen und deutschen Bundesverfassung zum Status des Völkerrechts im innerstaatlichen Recht allgemeiner nach Gesetzesbindung und Unabhängigkeit der Justiz mit Blick auf Rechtserkenntnisquellen zu fragen.

Die Bedeutung des verfassungsrechtlichen Schutzes von Verfahrensrollen in Gerichtsdiskursen für die Erarbeitung des Rechts und seiner Legitimation zeigt sich besonders im Strafprozeß. Dies nimmt *Dieter Dölling* in seinem Beitrag „Täter, Opfer und Verfassung“ über die Rechtspositionen von Beschuldigten und verurteilten Straftätern sowie Opfern von Straftaten unter die Lupe. Rechte der Beschuldigten haben häufig so elementare Bedeutung, daß sie mühelos als Ausfluß verfassungsrechtlicher Gebote rekonstruiert und von der Rechtsprechung auch so verstanden werden. Weniger deutlich läßt sich Entsprechendes bisher zur Rechtsposition der Opfer von Straftaten zeigen. Ein Anspruch des Opfers auf Bestrafung des Täters, Durchführung der Strafverfolgung oder wenigstens auf Feststellung eines rechtswidrigen und schuldhaften Normbruchs ist in der Literatur teilweise anerkannt, noch nicht aber in der Rechtsprechung des Bundesverfassungsgerichts; hier besteht Klärungsbedarf. Aus Schutzpflichten könnte sich sowohl die objektive Pflicht des Staates zu Strafen als auch ein Recht des Opfers auf Verfolgung schwerer Straftaten ergeben. Dölling rät jedoch aufgrund differenziert entwickelter Bedenken zur Zurückhaltung.

7. Supranationale, internationale und rechtsvergleichende Voraussetzungen der Verfassung

Der Verfassungsdiskurs, in dem sich die Transformation von Verfassungsvoraussetzungen in Verfassungsnormen entfaltet, vollzieht sich nicht nur auf nationaler Ebene, sondern speist sich auch aus supranationalen und internationalen Rechtsordnungen sowie aus dem Verfassungsvergleich. Die Erarbeitung eines dafür angemessenen begrifflichen Rahmens ist Stoff für intensive rechtsphilosophische, europa- und völkerrechtliche Debatten in der Gegenwart. Hierzu hat auch Brugger beigetragen. *Wolfgang Kahl* würdigt dies im Kontext einer „internationalen Staatslehre". Ihr Auftrag sei die Erfassung von Staatlichkeit unter den Bedingungen einer polyzentrischen Struktur von Akteuren. Diese Struktur wird durch interdisziplinäre Verbundbegriffe wie „Globalisierung", „Governance", „Internationalisierung", „Europäisierung" und „Transnationalisierung" nur unvollkommen erfaßt. Im Mehrebenen- bzw. Verbundsystem der Europäischen Union sei Staatlichkeit nicht obsolet, sondern wandle sich mit ihrem Umfeld. Vor diesem Hintergrund behalte der Versuch, Staatlichkeit als solche im Wege der Rechtsvergleichung und im interdisziplinären Dialog zu beschreiben, seine Berechtigung.

Auch *Peter-Christian Müller-Graff* greift Konzeptionen Bruggers auf und entwickelt eine Theorie vom richterlichen Entscheiden im Lichte des anthropologischen Kreuzes der Entscheidung. Ausgangspunkt ist für Müller-Graff die Omega-Entscheidung des Europäischen Gerichtshofs. Er analysiert sie dann anhand der im Kreuz der Entscheidung symbolisierten Entscheidungsdimensionen. Sie sind zugleich eine methodologische Heuristik der Rechtsfindung.

Seit dem Ende des II. Weltkriegs ist der Einzelne immer stärker im völkerrechtlichen Diskurs berücksichtigt worden. *Dagmar Richter* untersucht das Spannungsfeld von Staatensouveränität und dem humanitären Völkerrecht der Menschenrechte. Deren Genese und Wirkungsweise verdeutlicht sie am Problem Todesstrafe. Von besonderer Bedeutung ist die Selbstergänzungsfähigkeit der Menschenrechte. Richters Referenzregime ist hierbei die Europäische Menschenrechtskonvention. Ihr Beitrag beleuchtet überdies schwelende Kontroversen im humanitären Völkerrecht: Universalität oder Relativität der Menschenrechte, allgemeines Gewaltverbot und humanitäre Intervention, Ausdehnung der menschenrechtlichen Pflichtenseite über die Staaten hinaus.

Diese Universalität der Menschenrechte kann weder philosophisch noch rechtlich einfach vorausgesetzt werden. Vielmehr geht es um Verfahren der Universalisierung, die unterschiedlichen Menschenrechtstraditionen ebenso Rechnung tragen wie menschenrechtsverachtende Traditionen kritisieren. Solche Universalisierungen können sich aus der Feststellung von überlappenden Konsensen verschiedener Rechtskreise speisen. Wie überhaupt der rechtswissenschaftliche nicht weniger als der politische Diskurs aus dem Vergleich der Antworten, die verschiedene Verfassungsordnungen auf ähnliche Problemlagen geben, Anregungen für Rechtsinstitute bezieht. So ist die Verfassungsvergleichung gefordert, zu der diese Gedenkschrift Beiträge aus dem nord- und südamerikanischen Rechtskreis – aus den USA und aus Brasilien – enthält.

Peter Quint analysiert Gemeinsamkeiten und Differenzen zwischen den USA und Europa über Idee und dogmatische Gestalt der Meinungsfreiheit. Er zieht die Judikatur deutscher Gerichte und des Europäischen Gerichtshofs für Menschenrechte in Sachen Caroline von Monaco als Beispiel heran. Dies ist der Ausgangspunkt einer rechtsvergleichenden Tour d'Horizon durch das deutsche Verfassungsrecht unter europäischem Einfluß. Quint bezieht sich auf Entscheidungen des Bundesverfassungsgerichts zum Stellenwert der Europäischen Menschenrechtskonvention in der innerstaatlichen Rechtsordnung, zum Einfluß des Verfassungsrechts auf das Privatrecht, zur Integrationsoffenheit des Grundgesetzes. Der Schwerpunkt und gemeinsame Bezugspunkt seiner Ausführungen liegt in der Meinungsfreiheit, deren durch Bundesverfassungsgericht verliehene Konturen er nachgezeichnet. Quint sieht den Hauptunterschied zwischen der deutschen und der US-amerikanischen Rechtsordnung im Grundrecht auf Privatheit. Ein kritischer Seitenblick gilt dabei der Rezeption des Völkerrechts durch die US-Gerichtsbarkeit. Quint konstruiert ein „magisches Dreieck" deutscher Verfassungsgerichtsbarkeit: Neben dem Bundesverfassungsgericht habe auch der Bundesgerichtshof Relevanz für die Auslegung des Verfassungsrechts; an der Spitze der Verfassungsgerichtsbarkeit sei der Europäische Gerichtshof für Menschenrechte zu verorten. – *Charles Gustafson* schildert Grundlagen und Entwicklung des US-amerikanischen Einkommensteuerrechts seit dem Amerikanischen Bürgerkrieg. Dabei bezieht er insbesondere die Rechtsprechung des Obersten Gerichtshofs der USA in seine Darstellung ein. Die Entwicklung gipfelte im sechzehnten Verfassungszusatz der US-Bundesverfassung von 1913. Im Mittelpunkt der dogmatischen Rekonstruktion steht der Einkommensbegriff. Gustafson beleuchtet zudem die Anwendbarkeit des Fünften Zusatzartikels auf die Archivierung von Steuererklärungen. Er schließt mit der These, daß die entsprechenden Verfassungsvoraussetzungen der US-Bundesverfassung im Einkommensteuerrecht nicht umgesetzt seien.

Gerade die Entwicklung des Verfassungsrechts und der Verfassungsrechtswissenschaft in Brasilien ist ein starker Beleg für die Sinnhaftigkeit von Verfassungsvergleichung. In intensivem wissenschaftlichem Dialog mit internationalen Experten über Verfassungsmodelle aus Mitteleuropa (Deutschland und Portugal) und den USA hat die brasilianische Verfassungsrechtswissenschaft eigene Lösungen staatsorganisatorischer und grundrechtlicher Fragen erarbeitet. *Ingo Sarlet* greift das Beispiel der Menschenwürde heraus und analysiert ihr Verhältnis zu Menschenrechten und Grundrechten in der brasilianischen Verfassungsrechtsdogmatik. Dabei differenziert die Verfassung zwischen den völkerrechtlich anerkannten Menschenrechten und den verfassungsrechtlich statuierten Grundrechten. Nicht alle Grundrechte sind Rechte aller Menschen; teilweise wird vertreten, daß einigen Grundrechten wegen ihrer Beziehung zur Menschenwürde eine besondere Dignität zukommt. Eine herausragende Bedeutung erlangt die Würde des Menschen im sog. Offenheitsbereich des Grundrechtskatalogs der brasilianischen Verfassung, der sich der Reaktion auf neuartige Gefahren für die Rechte des Menschen öffnet. – Der rechtspraktische Diskurs vollzieht sich bekanntlich ganz entscheidend in Gerichtsverfahren. Welche Möglichkeiten des Verfassungsdiskurses bieten die verfassungsgerichtlichen Verfahren, und welche Voraussetzungen haben sie? Der ehemalige Präsident des Obersten Gerichtshofs (Supremo Tribunal Federal) der Bundesrepublik Brasilien und amtierende Verfassungsrichter *Gilmar Ferreira Mendes* erläutert in seinem Beitrag die Kompetenzen des Gerichts. Aufschlußreich ist insbesondere auch die Erörterung einer neuen Möglichkeit des obersten Gerichtshofs, durch eine verbindliche, zusammenfassende Entscheidung („Súmula") urteilen zu können. Aufschlußreich sind auch die Ausführungen zur Klagemöglichkeit von gesellschaftlichen Verbänden in der abstrakten Normenkontrolle, die Ausdruck der pluralistischen Gesellschaftsordnung in Brasilien ist. *Mônia Clarissa Hennig Leal* entwickelt die Institution des Amicus Curiae aus dem Grundgedanken des status activus processualis. Diese Figur wirft über das brasilianische Verfassungsrecht hinaus interessante Grundsatzfragen auf. Es geht hier auch um die Beteiligung der Gesellschaft an der Verfassungskontrolle, so daß der Aufsatz die Frage aufwirft, ob nicht auch die deutsche und die europäische Rechtsordnung von den Erfahrungen mit diesem Rechtsinstitut lernen können.

Während seiner Heidelberger Zeit war *Ingrid Baumbusch* als immer zuverlässige, ruhig und bestimmt eigenverantwortlich handelnde „Lehrstuhlmanagerin" an fast allen Projekten Winfried Bruggers beteiligt. Auch diese Gedenkschrift für ihn hätte ohne ihren Einsatz nicht publiziert werden können. Ein weiteres Mal hat sich so die jahrelange perfekte Zusammenarbeit bewährt. Deshalb gilt ihr der herzliche Dank der Herausgeber Michael Anderheiden, Rainer Keil, Stephan Kirste und Jan Philipp Schaefer.

Der angemessene Ort für die Publikation dieser Gedenkschrift sind die „Heidelberger Rechtswissenschaftlichen Abhandlungen". Den Verantwortlichen der Abhandlungen sei für die Aufnahme ein herzlicher Dank ausgesprochen.

Ermöglicht wurde diese Gedenkschrift durch die großzügige finanzielle Unterstützung des Instituts für Staatsrecht, Verfassungslehre und Rechtsphilosophie der Universität Heidelberg, der Sozietät Rittershaus Rechtsanwälte, der Gesellschaft der Freunde der Universität Heidelberg, der Deutsch-Amerikanischen Juristenvereinigung und der Manfred Lautenschläger-Stiftung, für die sich die Herausgeber ebenfalls herzlich bedanken.

Stephan Kirste

I. Zur Würdigung Winfried Bruggers

Gedächtnisblatt für Winfried Brugger
(1950 bis 2010)

Peter Häberle

I.

Wie soll man ein Gedächtnisblatt für einen plötzlich aus dem Leben gerissenen Wissenschaftler, einen auf dem Höhepunkt seines Könnens stehenden Staatsrechtslehrer gestalten? Wie kann man seinem Werk und seiner Person gerecht werden, wie die Rezeption seiner wissenschaftlichen Schriften würdigen, wenn er mit eben 60 Jahren nach kurzer schwerer Krankheit stirbt? Gewiss, es gibt seit der Antike den Kanon des Nekrologs, der Trauerrede, des Nachrufes. Gefordert sind hierfür die Freunde, die *Brugger* besonders in den USA und zuletzt in Brasilien hatte, sowie die Schüler in Heidelberg, die er von Anfang an vorbildlich förderte und forderte. Der Verfasser dieser Zeilen ist dem so früh Dahingegangenen vor allem durch die in den letzten Jahren gewachsene gemeinsame Sympathie zu Brasilien verbunden – dank mehrerer Besuche, gemeinsamer Kolloquien (etwa in Porto Alegre) und paralleler Themenwahl. So seien diese Zeilen auch in diesen Horizonten geschrieben und zum Teil in der von *I. Sarlet* herausgegebenen Zeitschrift (in Porto Alegre) in portugiesischer Sprache sowie in dieser Gedächtnisschrift in jetzt erweiterter deutscher Fassung publiziert.

Person und Werk eines Staatsrechtslehrers lassen sich im gelingenden Fall nicht trennen. Das Ethos seiner Wissenschaft muss in seinem persönlichen Wirken einen glaubwürdigen Garanten haben. Wo dies nicht der Fall ist – wie bei Autoren, die sich totalitären Systemen verschreiben oder durch abundante nicht-öffentliche Gutachtenpraxis für die Wirtschaft korrumpieren lassen – bleibt nur Trauer. Gerade Lateinamerika, das mehrere Militärdiktaturen durchleiden musste und in unseren Jahren diese Last vorbildlich aufarbeitet, z.B. durch den Widerruf von Amnestie-Gesetzen, liefert Anschauungsmaterial für diese These. Der *Künstler* kann Person und Werk auseinanderfallen lassen (man denke an die Fragwürdigkeiten in der Biographie eines *P. Picasso* und *B. Brecht*), nicht aber der wissenschaftliche Diener am Verfassungsstaat. Ein solcher Diener war *W. Brugger* von Anfang an.

II.

Beginnen wir mit der Person: Am 26. Februar 1950 in Württemberg geboren, studierte *Brugger* in München und Tübingen. Er promovierte bei *O. Bachof* in Tübingen über das Thema „Menschenrechtethos und Verantwortungspolitik. Max Webers Beitrag zur Analyse und Begründung der Menschenrechte" (1980). Später erwarb *Brugger* den Master of Laws in Berkeley. Seine Habilitationsschrift galt dem Thema „Grundrechte und Verfassungsgerichtsbarkeit in den Vereinigten Staaten von Amerika" (1987). Seitdem ist er bis heute – neben *H. Steinberger* – wohl der beste Kenner des US-amerikanischen Verfassungsrechts in Deutschland. Das zeigt sich etwa in dem Aufsatz „Verfassungsinterpretation in den Vereinigten Staaten von Amerika" (JöR 42 (1994), S. 571 ff.), in dem Sammelband „Demokratie, Freiheit, Gleichheit, Studien zum Verfassungsrecht der USA" (2002) sowie in dem überaus erfolgreichen Standardwerk „Einführung in das öffentliche Recht der USA" (1993, 2. Aufl. 2001). Auch gibt es zahlreiche Rezensionen *Bruggers* über Bücher von *B. Ackerman* (1983/86) sowie von *R. Dworkin* (1985/87), aber auch über Werke des Verfassers dieses Gedächtnisblattes (z.B. Wahrheitsprobleme im Verfassungsstaat, 1993, in: JZ 1995, S. 1005 f.).

W. Brugger erhielt früh Rufe an die Universitäten Mannheim und Heidelberg. Überdies genoss er das Glück, als Fellow etwa fünf Jahre am Max-Weber-Kolleg in Erfurt forschen zu dürfen – frei von bürokratischen Amtspflichten und einem Übermaß an Lehre. In diesen späten Jahren (2003–2008) sind denn auch zahlreiche Werke entstanden – sein schwäbischer Fleiß tat ein Übriges. Seine Bibliographie ist überreich, er beherrscht alle Literaturgattungen: von der Monographie bis zum Aufsatz, von der Entscheidungsrezension bis zur Buchrezension, vom Vortrag bis zum Diskussionsbeitrag.

Abgesehen von vielen Gastprofessuren an renommierten amerikanischen Universitäten, insbesondere an der Georgetown University in Washington, D.C., reiste er auch mehrfach nach Brasilien, betreut von *I. Sarlet*. Gemeinsam mit diesem kam es zu Publikationen (z.B. im JöR 56 (2008), S. 613 ff., in Sachen moderner Konstitutionalismus am Beispiel der USA, Brasiliens und des Grundgesetzes), nicht wenige Aufsätze wurden ins Portugiesische übersetzt. *Brugger* bewunderte, wie der Verfasser dieser Zeilen, die Lebendigkeit des brasilianischen Konstitutionalismus, insbesondere der dortigen Kollegen wie *G. Mendes* und *I. Sarlet*. Nicht zuletzt der Supreme Court in Brasilia trägt durch seine Aktivität dazu bei, dass Brasilien an der Spitze der Entwicklung des lateinamerikanischen Verfassungsrechts steht. Man denke an die von ihm unter Berufung auf die „offene Gesellschaft der Verfassungsinterpreten" ausgebauten öffentlichen Hearings sowie die Praxis des „amicus curiae" (dazu *G. Mendes*, in JöR 58 [2010], S. 95 [111 ff.]). Beeindruckend ist nicht minder die Begeisterungsfähigkeit der jungen brasilianischen Juristen, die *W. Brugger*, ebenso wie der Verfasser, in Vorlesungen vor Ort immer wieder bestaunen konnte. Der brasilianische Optimismus in Sachen Verfassungsstaat lässt Deutschland und Europa „alt" aussehen. Nach einem schönen Wort von *Stefan Zweig*, den gesprächsweise auch Herr *Brugger* schätzte, ist Brasilien ein „Land der Zukunft". Ich wage die Behauptung, es sei längst ein Land der Gegenwart *und* der Zukunft. Gelegentlich wird Brasilien als „Schwellenland" bezeichnet, zusammen etwa mit Indien (BRIC). Peru gilt gar als sogenanntes „Entwicklungsland". Beide Begriffe sind abzulehnen, denn sie nehmen ausschließlich die Wirtschaft als Maßstab – ganz im Zeichen der weltweiten Ökonomisierung aller Lebensverhältnisse. Demgegenüber ist Brasilien heute ein blühender Verfassungsstaat. Auch *W. Brugger* bewunderte das friedliche, pluriethnische und plurikulturelle politische Gemeinwesen; es wird bekanntlich sowohl durch die Musik eines *A.C. Jobim* als auch durch den Fußball, die gemeinsame Sprache und die geglückte Nationalflagge als kulturelle Identitätselemente des Verfassungsstaats „im Innersten" zusammengehalten.

III.

W. Brugger legte seine Forschungen sehr früh breit an: Er bezog die Rechtsphilosophie (z.B.: „Grundlinien der Kantischen Rechtsphilosophie", JZ 1991, S. 893 ff.) und die Soziologie ein, er widmete sich dem „liberalen Kommunitarismus" („Kommunitarismus als Verfassungstheorie des Grundgesetzes", AöR 123 [1998], S. 337 ff.). Ausdruck dieses tief angelegten interdisziplinären Forschens ist etwa die Figur des „anthropologischen Kreuzes der Entscheidung" (gleichnamig 2005, 2. Aufl. 2008). Menschenwürde und Menschenbild (vgl. sein Buch: Menschenwürde, Menschenrechte, Grundrechte, 1997), Grund und Grenzen der Meinungsfreiheit, das Verhältnis von Freiheit und Sicherheit sowie das Gemeinwohl („Gemeinwohl als Integrationskonzept von Rechtssicherheit, Legitimität und Zweckmäßigkeit", in: ders./S. Kirste/M. Anderheiden [Hrsg.], Gemeinwohl in Deutschland, Europa und der Welt, 2002) wurden so zu immer neu beleuchteten Themen in seinem Schaffen. Er war auch als Herausgeber interdisziplinärer Sammelbände erfolgreich, besonders erwähnt sei der Band „Legitimation des Grundgesetzes aus Sicht von Rechtsphilosophie und Gesellschaftstheorie" (1996), dazu mein Besprechungsaufsatz in: AöR 123 (1998), S. 476 ff. Dabei gelang es ihm durch sein freundlich ausgleichendes Wesen, viele gegensätzlich argumentierende Kollegen miteinander ins Gespräch zu bringen. Zu seinen letzten Veröffentlichungen gehört sein Beitrag „Trennung, Gleichheit, Nähe, Drei Staat-Kirche-Modelle" (in: A. Reuter u.a. [Hrsg.], Religionskonflikte im Verfassungsstaat, 2010, S. 119 ff.). Erinnert sei auch an sein großes Staatsrechtslehrerreferat in Hamburg („Gewährleistungen von Freiheit und Sicherheit im Lichte unterschiedlicher Staats- und Verfassungsverständnisse", VVDStRL 63 [2004], S. 101 ff.). – dazu unten IV.

Innerdeutsche Publizität erlangte *Brugger* durch seine höchst umstrittenen Thesen zur „Rettungsfolter" (Darf der Staat ausnahmsweise foltern?, in: Der Staat 35 [1996], S. 67 ff.). Entgegen der herrschenden Meinung relativierte er die Garantie der Menschenwürde in extremen Ausnahmefällen, obwohl diese doch m.E. kulturanthropologische Prämisse des Verfassungsstaates ist und gegen jede Abwägung resistent ist. Es bleibt indes sein Verdienst, das Thema zugespitzt und ins allgemeine Bewusstsein (bis hin in die Feuilleton-Literatur hinein) gehoben zu haben.

IV.

Ein eigenes Wort verdient das Staatsrechtslehrerreferat von *Winfried Brugger*. Im Mitgliederverzeichnis der Vereinigung von Band 46 (1988) wird er erstmals und sogleich als Professor an der Universität Mannheim geführt (S. 328) – ein seltener Fall, vergehen doch oft Jahre, bis ein soeben habilitierter Privatdozent auf einen Lehrstuhl berufen wird. In Band 43 (2004) ist sein 2003 in Hamburg gehaltenes Referat über das Thema „Gewährleistung von Freiheit und Sicherheit" abgedruckt. Bekanntlich gibt es keine Garantie dafür, dass man als junger Staatsrechtslehrer zur rechten Zeit um ein Referat gebeten wird. Überdies hängt es auch von Zufällen ab, ob man die Chance zu einem „großen Thema" erhält. *W. Brugger* war dies vergönnt und er hat seine Chance optimal wahrgenommen (Mitberichterstatter war *C. Gusy*). In souveräner Weise behandelt er das ebenso aktuelle wie grundsätzliche Thema von den Grundlagen her. Er erörtert zunächst „Vormoderne Sichtweisen von Freiheit und Sicherheit" (S. 103 ff.), um dann nach den „Wandlungen von Polizei, Rechtsstaat und Sozialstaat" (S. 121 ff.) zu den „Modernen Staatszwecklehren in der Gesellschaftsvertragstheorie" vorzustoßen. In beiden Abschnitten befasst er sich vertiefend mit Klassikern wie *T. Hobbes*, *J. Locke* und *J.-J. Rousseau* sowie *I. Kant*. Er schreibt diese Klassikertexte im Verfassungsleben für unsere Zeit fort und kommt auf vielen Teilgebieten zu neuen Einsichten. Auch im Rückblick ist die Formulierung des Unterabschnittes IV. „Anschlussfähigkeit des klassischen Theorierahmens für die Ordnungsprobleme der Gegenwart" überzeugend (S. 124 ff.). Seine Literaturkenntnis im Blick auf frühere Jahrhunderte ist stupend. Zugleich gelingt es ihm, das Thema „Freiheit und Sicherheit im Grundgesetz" adäquat zu behandeln. Besonders zu rühmen ist, dass *W. Brugger* nicht nur bei den theoretischen Grundsatzfragen bleibt, sondern zur Veranschaulichung zwei konkrete Beispiele ausgewählt hat: die Volksverhetzung (§ 130 Abs. 1 Nr. 1 StGB) und das Parteiverbot (Art. 21 Abs. 2 GG [S. 133 ff.]). Bei beiden Beispielen wagt er sich weit vor, was sich dann auch in der z.T. kontroversen Diskussion widerspiegelt (S. 191 ff.). Zu der Kunst, ein gutes Staatsrechtslehrerreferat zu halten, gehört es (neben einer pluralistischen Literaturauswahl, der klaren Profilierung des eigenen Standpunktes, der Erarbeitung eines grundsätzlichen Ansatzes, bekräftigt durch Klassikertexte), prägnante, geschliffene durchnummerierte Leitsätze zu formulieren. Vorbildlich ist z.B. der zweite Satz in Leitsatz 9 (S. 150): „Diese Sonderrechtsnorm (sc. § 130 Abs. 1 Nr. 1 StGB) begegnet verfassungsrechtlichen Bedenken, soweit sie als ‚politisches Klimadelikt' eingesetzt wird, denn die drohenden Schäden sind weit entfernt. Sie bilden nur die Gefahr einer Gefahr, vielleicht nur ein Restrisiko, während der Eingriff in die Meinungsfreiheit direkt und gezielt ist". Diese These ist schon auf den ersten Blick provokativ und sie wurde dann auch in der Aussprache angefochten.

In der Diskussion, die auf der deutschen Staatsrechtslehrertagung traditionell die „letzte" und schwierigste Bewährungsprobe für einen Referenten darstellt und sich europaweit durch ihr hohes Niveau auszeichnet, behauptete sich *Brugger* vorbildlich. Er erhielt auch Lob, etwa von Seiten von *V. Götz* (S. 198) und er stieg in seinem Schlusswort (S. 209–213) zu seiner im Referat bewiesenen Höhe, jetzt rhetorisch, auf. Namentlich und freundlich geht er auf alle Diskutanten ein und findet immer wieder zu bestechenden Formulierungen: Beispiele sind etwa die Sätze: „Recht steht für Sicherung des Friedens, Staat für ‚notfalls mit dem Schwert'" (S. 210). Oder: „Empirisch und rechtlich ist es so, wie heute Morgen auch beschrieben, dass vieles vom Staat weggewandert ist, aber wann immer es Schwierigkeiten gibt mit der Durchsetzung, gar mit Zwang, sind wir nach wie vor und immer mehr auf seine Exekutivgewalt angewiesen" (S. 211). Dieser Satz steht im Kontext der Möglichkeiten der UNO, und gerade im Jahre 2011 erkennt man, wie diese z.B. in der Libyen-Krise auf die westliche Staatengemeinschaft, insbesondere die NATO, zur Durchsetzung eines Beschlusses des Sicherheitsrates angewiesen war. *Bruggers* Aussage besitzt insofern fast prophetischen Charakter.

Schlussworte in Staatsrechtslehrerreferaten sollten nicht nur rhetorischen Glanz ausstrahlen und Standfestigkeit beweisen, sie dürfen auch von der Sphäre der *Er*kenntnis in die des *Be*kenntnisses hinüberwechseln. Auch in dieser Hinsicht sprach *W. Brugger* vorbildlich in den Worten:

> „Diese Botschaft möchte ich als Bürger unterstreichen: Wir sollten eintreten für zivilisierte, sachliche und fachliche Diskussionen, auch um Inklusion oder Exklusion. Aber wenn denn einer auftritt und drastisch-plastisch die Dinge benennt oder auch schrecklich übertreibt, dann sollten wir noch nicht das Strafrechtsschwert zücken und Volksverhetzungsstrafen anordnen. In dieser Hinsicht bin ich ein klassischer Liberaler". (S. 213)

„Der Staatsrechtslehrer als Bürger" – solche Bekenntnisse sind ebenso selten wie kostbar!

V.

Was bleibt? Diese Frage lässt sich heute wohl noch nicht beantworten. Allgemein darf man indes sagen, dass in der Geschichte der deutschen Staatsrechtslehre nach 1945 mit ihrer ersten Pioniergeneration eines *G. Dürig* und *K. Hesse*, auch *O. Bachof*, *W. Brugger* in der zweiten Generation einen namhaften Platz behalten bzw. gewinnen dürfte. Er verknüpfte in vorbildlicher Weise Staatsrechtslehre und Rechtsphilosophie, er erarbeitete als fast einziger deutscher Autor in gekonntem Vergleich US-amerikanische *und* lateinamerikanische Themen, er bereicherte die Literatur zu den Menschenrechten und er hegte und pflegte überaus tolerant einen vielversprechenden Schülerkreis, der sein vielschichtiges, auch in dieser Gedächtnisschrift erkennbares Erbe weitertragen dürfte. Besonders in Brasilien wird er nicht zuletzt dank seiner persönlichen Aufgeschlossenheit und seiner gewinnenden Liebenswürdigkeit unvergessen bleiben. Gleiches gilt für Deutschland. Sein Erbe verpflichtet – über den Schülerkreis hinaus.

Wissenschaftliche Partnerschaft über den Atlantik hinweg*

Donald P. Kommers

Es ist mir eine große Ehre, heute, hier vor Ihnen, in Erinnerung an *Winfried Brugger* dessen Leben zu würdigen. Einigen von Ihnen ist wohl bekannt, dass er zu meinen vertrautesten deutschen Kollegen zählte. Hunderte von E-Mails bezeugen das Ausmaß und die Tiefe unseres langjährigen Verhältnisses. Unsere transatlantische Freundschaft stand, wenn ich es so ausdrücken darf, ebenfalls stellvertretend für das enge Verhältnis zwischen den Vereinigten Staaten und der Bundesrepublik. Meine letzte Mail erhielt ich von *Winfried* zwei oder drei Wochen, bevor er ins Krankenhaus musste. Er hatte mich gebeten, mich zu einem Aufsatz zu äußern, an dem er gerade arbeitete; gleichzeitig erwähnte er aber auch, dass er sich sehr müde fühle. Einige Tage später teilte mir seine Sekretärin mit, dass man ihn ins Krankenhaus eingeliefert habe. Später, als ich von seinem Tod erfuhr, konnte ich nicht anders, als meine Arbeit einen Tag lang ruhen zu lassen. Für mich war diese überraschende und traurige Nachricht der Anlass, Erinnerungen wieder wach werden zu lassen und über unser langjähriges freundschaftliches Verhältnis nachzudenken.

Wir waren Kollegen im aristotelischen Sinne. Ich kenne niemanden, dem es gelang, sein Leben mehr der Wissenschaft und dem Geistesleben zu widmen als *Winfried.* Unser kollegiales Verhältnis war gekennzeichnet von enormem gegenseitigen Vertrauen und Respekt für unsere wissenschaftliche Arbeit; ich könnte mir keinen besseren geistigen Freund und Begleiter vorstellen. Ehrlich gesagt, unsere intellektuelle Verbundenheit gründete tiefer als meine Nähe zu langjährigen Kollegen an der University of Notre Dame. Das hatte wohl damit zu tun, wie sehr ich mich auf sein Urteilsvermögen und seinen Rat im Zusammenhang mit meinen eigenen Arbeiten über deutsches Recht und deutsche Politik verlassen konnte. *Winfried* war natürlich wesentlich jünger als ich – um eine ganze Generation – sodass ich mir ab und zu sogar dachte, er hätte mehr Respekt für seinen älteren Kollegen zeigen und sich mehr meinem Urteil in einigen Angelegenheiten anschließen können. Mehr als einmal verließ ich mich auf sein Urteil, selbst auf dem Gebiet des amerikanischen Verfassungsrechts.

---

* Stark überarbeitete Keynote-Speech aus Anlass der Gedenkfeier für Winfried Brugger am 3.12.2011.

Obwohl zwischen uns hauptsächlich ein intellektuelles Band bestand, waren wir vor allem auch enge persönliche Freunde. Im Laufe der Jahre nahmen meine Frau und ich zusammen mit *Winfried* und *Gudrun Brugger* an mehreren gesellschaftlichen Veranstaltungen teil, etwa während meines Forschungsaufenthaltes als Residential Fellow an der American Academy in Berlin. *Winfried* lud mich ein, ihn, *Gudrun* und ihre Tochter *Helen* zu einer Aufführung von *La Traviata* ins Experimentelle Theater Berlin zu begleiten. Wir amüsierten uns bestens und unterhielten uns danach lebhaft über die Aufführung. Wir waren uns einig über die einzigartige Schönheit der Musik und dass jedoch die Inszenierung mehr oder weniger schrecklich war – ich jedenfalls war dieser Meinung. Die Bühne war nackt, auf das Wesentliche reduziert, die Hauptpersonen ganz in Schwarz gekleidet, und der szenische Verlauf war verzerrt wegen des durch den Regisseur betonten erotischen Verhältnisses zwischen Violetta und Alfredos Vater. Am Schluss der Aufführung war mir danach, mein Missfallen durch Buhrufe kundzugeben, ich unterließ dies jedoch aus Rücksicht auf *Gudrun* und *Helen*. *Winfried* hätte aber wahrscheinlich sogar meinen Mut bewundert.

Ich kann mich nicht mehr genau erinnern, wann ich *Winfried* zum ersten Mal begegnete. Ich glaube, das war vor ungefähr 25 Jahren entweder an der Georgetown University in Washington, D.C., hier in Heidelberg, oder vielleicht gelegentlich einer Tagung oder einer Konferenz über vergleichendes Verfassungsrecht. Jedenfalls kreuzten sich unsere Wege zu einem entscheidenden Zeitpunkt in der Entwicklung der deutschen und amerikanischen Verfassungsrechtslehre. Noch lange vor unserer ersten Begegnung waren wir miteinander bereits durch unsere Veröffentlichungen bekannt geworden. Mitte der 80er Jahre waren wir unter den ersten Verfassungsrechtlern, welche sich in einschlägigen Artikeln mit dem Vergleich zwischen den amerikanischen und deutschen Abtreibungsentscheidungen befassten. Mein Aufsatz erschien 1985 in einer amerikanischen juristischen Zeitschrift.[1] Ein Jahr danach veröffentlichte *Winfried* eine ausgezeichnete Analyse der beiden Entscheidungen im *Jahrbuch des Öffentlichen Rechts*, in der er auf meinen Artikel verwies.[2] Er zitierte außerdem einen von mir noch nicht publizierten Artikel, mit dem ich auf der Suche nach einer Philosophie des öffentlichen Rechts im deutschen und amerikanischen Verfassungsrecht war. Demnach müssen wir also zu diesem Zeitpunkt bereits in ständigem Kontakt

---

[1] Siehe *Donald P. Kommers*, Liberty and Community in Constitutional Law: The Abortion Cases in Comparative Perspective, in: Brigham Young University Law Review 1985, S. 371–409. Siehe auch *Kommers*, Abortion and Constitution: United States and West Germany, in: The American Journal of Comparative Law 25 (1977), S. 255–285.

[2] *Winfried Brugger*, A Constitutional Duty to Outlaw Abortion? A Comparative Analysis of the American and German Abortion Decisions, Jahrbuch des Öffentlichen Rechts der Gegenwart 36 (1987), S. 49–66. Dieser Artikel basiert auf einem früheren Essay, der in deutscher Sprache geschrieben wurde. Siehe Abtreibung – ein Grundrecht oder ein Verbrechen? Ein Vergleich der Urteile des U.S. Supreme Court und des Bundesverfassungsgerichts, Neue Juristische Wochenschrift (1986), S. 896–901.

zueinander gestanden haben, obwohl wir uns immer noch nicht persönlich begegnet waren. (Vielleicht sollte ich hier erwähnen, dass ich 1986 in diesem Zusammenhang einen Essay veröffentlicht hatte, welchen *Winfried* ebenfalls gelesen hatte. Es ging in diesem in der *Festschrift für Wolfgang Zeidler* veröffentlichten Artikel um die Behandlung von Ehe und Familie im amerikanischen Verfassungsrecht.[3]) In beiden Fällen kamen wir, jeder für sich, zu dem Schluss, dass der deutsche Abtreibungsfall, trotz einiger Mängel in der Begründung des Bundesverfassungsgerichts, dem amerikanischen Fall *Roe versus Wade* normativ gesehen aus moralischen, rechtlichen und historischen Gründen überlegen war.[4]

Gleichzeitig hatten wir innerhalb eines Zeitraumes von zwei Jahren auch unabhängig voneinander unsere Bücher zum amerikanischen und deutschen Verfassungsrecht veröffentlicht. *Winfried* hatte 1987 seine Habilitationsschrift über amerikanische Verfassungsgerichtsbarkeit veröffentlicht.[5] Meine Arbeit erschien zwei Jahre später unter dem Titel *The Constitutional Jurisprudence of the Federal Republic of Germany*.[6] Auf Grund dieser Veröffentlichungen betrachteten wir einander als wesentliche Referenzquellen im Bereich des deutschen und amerikanischen Verfassungsrechts und, im allgemeineren Sinne, auf dem Gebiet des vergleichenden Verfassungsrechts. Zufälligerweise hatte ich einige Jahre zuvor ein kurzes Buch über das Bundesverfassungsgericht und dessen Rolle innerhalb des deutschen politischen Systems geschrieben.[7] Meines Wissens handelte es sich dabei um die erste auf Englisch verfasste größere Studie dieser Art. Ich erfuhr, dass *Winfried* dieses Buches ebenfalls gelesen hatte; es sogar schätzte, obwohl er mich als typischer Kollege zugleich wissen ließ, dass es nicht unbedingt fehlerfrei sei.

Winfrieds Arbeit über die *Verfassungsgerichtsbarkeit in den Vereinigten Staaten* muss besonders hervorgehoben werden. Es handelt sich dabei um eine Tour de Force wissenschaftlichen Arbeitens. Noch heute gilt sie meines Erachtens als der maßgebliche Kommentar in deutscher Sprache zu den im amerikanischen Verfassungsrecht garantierten Grundfreiheiten. Das Buch ist umfassend und meisterhaft in der Anlage, beeindruckt durch die Tiefe der darin enthaltenen Analysen und die systematische Aufarbeitung in der besten Tradition deutschen rechtswissenschaftlichen Forschens. Die Arbeit beginnt mit einem Überblick über die verfassungsrechtliche Rechtsprechung des amerikanischen

---

[3] Siehe Marriage and Family in American Constitutional Law, in: Dieter Umbach (ed.), Festschrift für Wolfgang Zeidler, Bd. 1, Berlin und New York 1987, S. 805–817.

[4] Die vollständigen Texte der amerikanischen und deutschen Abtreibungsfälle finden Sie unter 410 U.S. 113 (1973) und 31 BVerfGE 1 (1975).

[5] Grundrechte und Verfassungsgerichtsbarkeit in den Vereinigten Staaten von Amerika, Tübingen 1987.

[6] The Constitutional Jurisprudence of the Federal Republic of Germany, Durham, N.C. 1989. Die 2. und 3. Ausgabe dieses Buches wurden 1997 und 2012 veröffentlicht.

[7] Judicial Politics in West Germany: A Study of the Federal Constitutional Court, Beverly Hills, California 1976.

Supreme Court und fährt fort mit einer detaillierten Darstellung der üblichen Methoden der Verfassungsinterpretation, einschließlich einer ebenso präzisen Beschreibung des Ausmaßes und der Kriterien der richterlichen Nachprüfung auf dem Gebiet der Grundrechte und Grundfreiheiten. Wichtige Teile über die Verfassungsgerichtsbarkeit konzentrieren sich auf das umfassende und komplizierte Fallrecht zur Equal Protection Clause (Gleichbehandlungsklausel) und zur Due Process Clause (den elementaren Verfahrensgarantien) der Verfassung. Diese Teile der Arbeit befassen sich mit verschiedenen Themen, einschließlich des Rechts auf die Privatsphäre, des Wahlrechts, sowie des Prüfungsmaßstabs für kritische Kriterien aus dem Bereich des Diskriminierungsverbots wie z.B. Rasse, Geschlecht, Ausländerstatus oder ethnische Herkunft. Andere Teile der Arbeit beschäftigen sich mit den Kommunikationsgrundrechten, dem Recht auf Eigentum wie auch den Verfahrensrechten von Angeklagten im Strafprozess.

Winfrieds Behandlung dieser Themen war keiner bloße Zusammenfassung der durch den Supreme Court festgelegte Rechtsauffassungen. Wie nur er es konnte, unterzog er die Argumente des Obersten Gerichtshofes einer kritischen Analyse, bis hin zum Nachweis auch geringfügigster Unterscheidungen zwischen den Richtern am Obersten Gerichtshof. Insgesamt wurden nicht weniger als 640 Supreme Court-Fälle in dieser Studie zitiert oder besprochen. Dies illustriert, wie ungezwungen er es verstand, im Weinberg des amerikanischen Verfassungsrechts zu arbeiten. Wie kaum jemandem, der mit dem Common Law vertraut ist, gelang es ihm, verfassungsrechtliche Entscheidungen zu lesen und zu analysieren; dies war ein Talent, welches er sowohl seinem Intellekt wie auch seinen ausgezeichneten Kenntnissen der englischen Sprache verdankte. So bemerkte ich gelegentlich meiner Besuche in *Winfrieds* Arbeitszimmer die wichtigsten Lehr-, Fallbücher und Kommentare zum amerikanischen Verfassungsrecht.

Ähnlich beeindruckend waren *Winfrieds* Kenntnisse auf dem Gebiet der Literatur über die amerikanische Verfassungslehre. Er war bestens vertraut mit den lebhaften Debatten im und außerhalb des Obersten Gerichtshofes über die Natur und Reichweite des richterlichen Prüfungsrechts. Genau so vertraut war er jedoch auch mit den einander widersprechenden Theorien der verfassungsrechtlichen Interpretation, welche Kommentatoren wie *Raoul Berger*, *John Hart Ely*, *Herbert Wechsler*, *Robert Bork*, *Ronald Dworkin* und *Michael Perry* vertraten.[8] Diese Autoren waren tief zerstritten über die Bedeutung der Verfassung und den Zweck der verfassungsrechtlichen Kontrolle und Überprüfung.

---

[8] Siehe *Berger*, Government by Judiciary, Cambridge, Mass. 1977; *Ely*, Democracy and Distrust: A Theory of Judicial Review, Cambridge, Mass. 1980; *Wechsler*, Toward Neutral Principles of Constitutional Law, in: Harvard Law Review 73 (1959), S. 1 ff.; *Bork*, Neutral Principles and Some First Amendment Problems, in: Indiana Law Journal 47 (1971), S. 1 ff.; *Dworkin*, A Matter of Principle, Cambrige, Mass. 1985; und *Perry*, The Constitution, the Courts, and Human Rights, New Haven 1982.

Dabei konnte es sich wie bei *Ely* um die Stärkung der Grundsätze der repräsentativen Demokratie handeln, oder, wie *Bork* feststellte, um die ursprüngliche Absicht der Verfassungsgeber; oder um die Maximierung persönlicher Freiheiten und der Wahlfreiheit, welche *Dworkin* und *Perry* forderten; oder *Wechslers* Behauptung der Prinzipien moralischer Neutralität bei der Interpretation der Verfassung. *Winfried* beschäftigte sich kritisch und fair mit jeder dieser Theorien und offerierte danach seine Analyse mit einem aufschlussreichen Überblick über das, was er als das substantielle Ethos der amerikanischen Verfassung und das institutionelle Ethos des Obersten Gerichtshofes bezeichnete.[9]

Seine Studien über die amerikanische Verfassungsgerichtsbarkeit waren lediglich der Beginn von *Winfrieds* Forschungsarbeit auf dem Gebiet des amerikanischen Verfassungsrechts und dessen Auslegung. Im Laufe der Jahre verfasste er, hauptsächlich für den deutschen Leser, Dutzende von Artikeln über die verschiedenen Aspekte des amerikanischen Verfassungsrechts.[10] Ähnlich verfolgte er auch die Veröffentlichungen der amerikanischen Verfassungstheoretiker, insbesondere die von *Ronald Dworkin* und *John Rawls*. Und ebenso bemerkenswert waren seine aufschlussreichen Vergleiche zwischen deutschem und amerikanischem verfassungsrechtlichem Fallrecht. *Winfrieds* Interesse am amerikanischen Recht reichte jedoch weit über Verfassungsrecht und Theorie hinaus. Er schrieb mit gleicher Kompetenz über die allgemeine amerikanische Rechtsordnung. Ich denke hierbei an sein wunderbares, kurzes Buch mit dem Titel *Einführung in das öffentliche Recht der USA*.[11] Bei der Vorbereitung der zweiten Auflage bat er mich, die Arbeit auf eventuelle Fehler zu überprüfen. Ich versuchte verzweifelt, darin Fehler zu finden, aus Angst, *Winfried* könnte den Eindruck bekommen, ich hätte das Buch nicht gelesen. Es überraschte mich jedoch nicht, dass es im Großen und Ganzen fehlerfrei war.

Im Rückblick auf *Winfrieds* Fachwissen auf dem Gebiet des amerikanischen öffentlichen Rechts sollte man daran erinnern, dass er mehrere Jahre mit führenden amerikanischen Verfassungsrechtlern und Rechtstheoretikern und gelegentlich auch unter deren Anleitung gearbeitet hatte. 1981 erhielt er einen Master der Rechtswissenschaften von der Universität von Kalifornien in Berkeley,

---

[9] *Brugger*, Verfassungsgerichtsbarkeit in den Vereinigten Staaten (Fn. 5), S. 347–399.

[10] Siehe z.B. Verfassungsgerichtspolitik à la USA, in: Zeitschrift für Rechtspolitik 1987, S. 52–61; Recht und Rasse in der amerikanischen Verfassungsrechtsprechung, in: Juristenzeitung 1989, S. 809–817; Neuere Entwicklungen in der Abtreibungsrechtsprechung der USA, in Juristenzeitung 1992, S. 911 ff; Verfassungsinterpretation in den Vereinigten Staaten von Amerika, in: Jahrbuch des öffentlichen Rechts, Neue Fassung 1994, S. 571–593; Amerikanische Verfassungstheorie, in: Der Staat 39 (2000), S. 425–453; Verbot oder Schutz von Hassrede? Rechtsvergleichende Beobachtungen zum deutsches und amerikanischen Verfassungsrecht, in: Archiv des öffentlichen Rechts (2003), S. 372–411; und Neuere Rechtsprechung des U.S. Supreme Court, in: Juristenzeitung 63 (2008), S. 773–784.

[11] Einführung in das öffentliche Recht der USA, München/Frankfurt 1993. 2. aktualisierte und erweiterte Auflage (2001).

wo er mit *Jesse Choper*, einem der bedeutendsten amerikanischen Verfassungsrechtler, zusammenarbeitete. In Berkeley geriet *Winfried* auch unter den Einfluss von *Philip Selznick*, einem der großen Rechtsgelehrten und Soziologen. (Ich werde noch mehr zu *Selznick* sagen). Seine Assoziierung mit Georgetown University begann kurz danach. *Winfried* nahm im Sommer 1984 an einem sechswöchigen Fortgeschrittenenseminar an der Georgetown University teil; dieses war hauptsächlich für ausländische Jurastudenten bestimmt. *Charles Abernathy*, einer seiner Lehrer an der Georgetown Universität, erkannte sofort *Winfrieds* Talent.

Mit Unterstützung *Abernathys* kehrte *Winfried* 1985 an die Georgetown Universität als Visiting Scholar (Gastwissenschaftler) zurück. Während dieser Zeit setzte er die Arbeit an seiner *Habilitationsschrift (Grundrechts und Verfassungsgerichtsbarkeit in den USA)* fort. In deren Vorwort bedankte er sich für die Unterstützung und den Rat *Mark Tushnets* und *Louis Seidmans*, welche zu der Zeit ‚Rising Stars' auf dem Gebiet des amerikanischen Verfassungsrechts waren. Wie einige von Ihnen wissen, sollte dieser ein Jahr lang dauernde Aufenthalt *Winfrieds* zu einer langjährigen Assoziation zwischen den juristischen Fakultäten der Georgetown University und der Universität Heidelberg führen. *Winfried* kehrte von 1991 bis 2007 gleich fünfmal an die Georgetown University zurück, um dort Vorlesungen über deutsches und vergleichendes Verfassungsrecht zu halten. Er war davon überzeugt, der Georgetown University viel zu verdanken zu haben. In der Tat widmete er einen seiner besten Aufsätze dem Georgetown Law Center, nämlich seine klassische Studie über den modernen Verfassungsstaat, wovon er mir eine Erstschrift zugeschickt hatte mit der Bitte, sie für ihn zu kommentieren. Der Aufsatz erschien 2001 unter dem Titel *Der moderne Verfassungsstaat aus Sicht der amerikanischen Verfassung und des Grundgesetzes.*[12]

Soweit zu *Winfrieds* Leistungen auf dem Gebiet des Verfassungsrechts. Ehrlich gesagt bin ich jedoch davon überzeugt, dass *Winfrieds* erste Liebe der Philosophie galt. Er sah sich selbst hauptsächlich als einen Rechtstheoretiker. Schließlich hatte er doch den Lehrstuhl für Öffentliches Recht und Rechtsphilosophie an der Universität Heidelberg inne. Er war fasziniert vom Verhältnis zwischen Recht und Moralität, Soziologie und Anthropologie; jedenfalls zeigte er beträchtliches Geschick darin, die Beziehungen dieser Bereiche zueinander herauszuarbeiten. Was seine Publikationen intellektuell so anregend machte, war sein Entschluss, rechtliche Doktrinen und formale Regeln auf ihre Grundlagen in den Moralgesetzen bzw. in der sozialen und politischen Theorie zurückzuführen.[13] Sein multidisziplinärer Umgang mit der Rechtswissenschaft

---

[12] Der Aufsatz erschien in Archiv des öffentlichen Rechts 126 (2001), S. 338–402.

[13] Siehe z.B. Anthropologie und die Gerechtigkeit, in: Archiv für Rechts- und Sozialphilosophie 92 (2006), S. 149–163.

bereicherte sein ganzes Schaffen. *Winfried* und ich waren uns einig, dass dieses Unternehmen, nämlich die zugrundeliegenden Prinzipien wissenschaftlich zu erforschen, die wahre Herausforderung und Aufgabe von Lehre und Forschung auf dem Gebiet des Verfassungsrechts seien.

Ich muss jedoch hier zurückgreifen auf *Philip Selznicks* Einfluss auf *Winfrieds* intellektuellen Werdegang. Wie bereits erwähnt, begegneten *Winfried* und *Selznick* einander an der University of California in Berkeley. *Selznick*, selbst ein Rechtssoziologe, hatte zu diesem Zeitpunkt eine Theorie der kommunitaristischen Moral entwickelt, welche versuchte, die Idee der Freiheit mit einem sozialverantwortlichen Ethos zu verbinden.[14] *Selznick* vertrat einen moralischen Realismus, welcher aus einer pragmatischen Version der Tradition des Naturrechts mit seiner Betonung der menschlichen Persönlichkeitsrechte und dem Gemeinwohl bestand. Ein großer Teil von *Winfrieds* Schaffen im Bereich der Menschenrechte reflektierte diese Perspektive. In einem seiner *Selznick* gewidmeten Abhandlungen in englischer Sprache würdigte *Winfried*, in welch vielfältiger Weise *Selznick* sein eigenes Denken inspirierte. Der Vortrag trug den Titel „The Image of the Person in the Human Rights Concept" und basierte hauptsächlich auf einem ein Jahr zuvor veröffentlichten Aufsatz auf Deutsch zum Thema *Das Menschenbild der Menschenrechte*.[15] „Image of the Person" war eine zukunftsweisende Arbeit, in welcher er versuchte, einen Begriffsrahmen zur Identifizierung dessen zu schaffen, was er als die universellen Elemente der Persönlichkeit betrachtete, wie sie dem Konzept der Menschenrechte in allen sozialen Kulturen und politischen Traditionen ungeachtet ihrer Verschiedenheit zugrunde liegen.

Was den Kommunitarismus betrifft, so schrieb *Winfried* eine Reihe von Artikeln zu diesem Thema.[16] *Winfried* war bestens vertraut mit der deutschen wie amerikanischen Literatur über den Kommunitarismus. Zusätzlich zu *Selznick* hatte er die durch politische Theoretiker, Soziologen und Philosophen wie *Michael Sandel*, *Robert Bellah* und *Charles Taylor* verfasste amerikanische Li-

---

[14] *Philip Selznick*, The Moral Commonwealth, Berkeley, California 1994. Siehe auch *Brugger*, The Moral Commonwealth: Zur Verfassung von Gesellschaft und Staat aus Sicht des Kommunitarismus, in: Kritische Vierteljahresschrift für Gesetzgebung und Rechtswissenschaft 84 (2001), S. 149–181.

[15] Siehe jeweilig rückblickend: The Image of the Person in the Human Rights Concept, in: Human Rights Quarterly 18 (1996), S. 594–611, und Das Menschenbild der Menschenrechte. Jahrbuch für Recht und Ethik 3 (1995), S. 121–134. Vgl. auch *Brugger*, Menschenwürde, Menschenrechte, Grundrechte. Würzburger Vorträge zur Rechtsphilosophie, Rechtstheorie und Rechtssoziologie, Baden-Baden 1997.

[16] Siehe z.B. Kommunitarismus als Verfassungstheorie des Grundgesetzes, in: Archiv des öffentlichen Rechts 123 (1998), S. 337–374; Negative Freiheitsrechte und kommunitaristische Selbstorganisation, Rechtstheorie 36 (2005), S. 261–279; und Protection or Prohibition of Aggressive Speech? Arguments from the Liberal and Communitarian Perspectives, in: Paul van Seters, Communitarianism in Law and Society, New York 2006, S. 163–198.

teratur sämtlich gelesen und deren Arbeiten zitiert.[17] Er war sogar mit dem von meinem Kollegen *Alasdair MacIntrye* veröffentlichten Buch *After Virtue* vertraut. *After Virtue*,[18] welches tief in der katholischen intellektuellen Tradition verwurzelt ist, stellt zweifellos eine der einflussreichsten Veröffentlichungen im Bereich der Moralphilosophie in der zweiten Hälfte des zwanzigsten Jahrhunderts dar. Diese Lektüre schärfte auf entscheidende Weise seine Interpretation des Grundgesetzes entgegen den bislang vorherrschenden Auffassungen, oder mit seinen eigenen Worten, „gegen die bislang vorherrschenden Sichtweisen des Liberalismus." In einer anderen aussagekräftigen Arbeit bemerkte er, dass ihm *MacIntyres* Werk ermöglichte, den Kommunitarismus als die hinter dem Grundgesetz stehende Sozial- und Rechtstheorie zu erkennen. In diesem und damit im Zusammenhang stehenden Essays kennzeichnete er die verschiedenen Bedeutungen des Begriffes ‚Gemeinschaft' (community) sowohl im deutschen wie im amerikanischen Verfassungsrecht, indem er auf kreative Weise den Zusammenhang zwischen Sozialtheorie und Anthropologie erkundete.

Was *Winfrieds* Anwendung der Sozialtheorie und seine eigene Kreativität betrifft, so kommt man nicht umhin, seine akademische Antrittsrede vor den versammelten Vertretern der Heidelberger juristischen Fakultät zu bestaunen. In der Rede, welche später unter dem Titel *Konkretisierung des Rechts und Auslegung der Gesetze* erschien, untersuchte er, was er als die vier den Methoden der Gesetzesauslegung zugrunde liegenden anthropologischen Perspektiven bezeichnete. Die Rede bezog sich auf die moralischen Bestrebungen der Rechtsordnung, welche er mit Gerechtigkeit, Rechtssicherheit und praktische Vernunft (strategische Argumentation) bezeichnete. Seiner Ansicht nach handelt es sich bei diesen um mit der Idee des Gemeinwohls als Hauptzweck des Rechtes assoziierte Komponenten. Die Rede stellte eine einfallsreiche Verfeinerung der in der Bundesrepublik gebräuchlichen Ansätze zur Interpretation dar. Es war mir eine Ehre, *Winfried* bei der Überarbeitung und Übertragung der Rede ins Englische für deren Veröffentlichung zur Seite stehen zu dürfen.[19]

Was ich immer an *Winfrieds* Schaffen bestaunte, war die spielerische Seite seines Intellekts. Auf geniale Weise schlüsselte er rechtliche und philosophische Begriffe auf. Er liebte es, über Ideen Diagramme zu erstellen und Rechtsauffassungen grafisch zu systematisieren. In seiner Antrittsrede verwendete er zum Beispiel Flussdiagramme, indem er die Standardmethoden der Interpretation mit den entsprechenden rechtlichen und sozialen Variationen und den

---

[17] Siehe vor allem *Sandel*, Public Philosophy: Essays in Morality and Politics, Cambridge 2005; *Bellah*, Beyond Belief: Essays on Religion in a Post-Traditional World, New York 1970; und *Taylor*, Sources of the Self: The Meaning of Modern Identity, Cambridge, Mass. 1989.

[18] *Alasdair MacIntrye*, After Virtue, 2nd ed. Notre Dame, Indiana 1984.

[19] Siehe Concretization of Law and Statutory Interpretation, in: Tulane European & Civil Law Forum 11 (1996), S. 207–250.

durch diese Variationen repräsentierten Rechtsschulen assoziierte.[20] In weiteren Essays standen ähnliche Diagramme und Tabellen im Mittelpunkt, welche die dem Gemeinwohl zugrundeliegenden materiellen und verfahrensrechtlichen Normen klassifizierten. In einem weiteren Artikel vermittelte er dem Leser ein ausgeklügeltes Diagramm, auf dem die verschiedenen Schulen des kommunitarischen Denkens jeweils zusammen mit ihren entsprechenden Anschauungen von Freiheit, Gerechtigkeit, Moral und der menschlichen Natur aufgeführt wurden. Mein bevorzugtes Schema ist jenes, welches sich in seinem Artikel über den modernen Verfassungsstaat befindet, in dem er die grundsätzlichen Unterschiede und Ähnlichkeiten zwischen dem deutschen und dem amerikanischen Verfassungssystem behandelte. Ich habe diese Diagramme und Grafiken oft an die Studenten in meinen Vorlesungen verteilt, eben weil sie so grundlegend einleuchtend sind.

Sein spielerischer Intellekt bewegte *Winfried* dazu, hier und in den Vereinigten Staaten eine Reihe von informellen Vorlesungen und Vorträgen über das heikle Thema der grundsätzlichen Zulässigkeit der Folter zu halten.[21] Er wählte dieses Thema, als ich ihn vor einigen Jahren anlässlich unseres wöchentlichen Fakultätskolloquiums an der juristischen Fakultät der University of Notre Dame einlud. Ich war gezwungen, einige meiner Kollegen daran zu erinnern, dass *Winfried* keineswegs die Anwendung der Folter befürwortete, sondern einfach Fragen stellte über deren mögliche Legitimität, wenn Tausende von Menschenleben auf dem Spiel stehen. Es ist mir bekannt, dass sich *Winfried*, *Bernhard Schlink* und *Dieter Grimm* an einer lebhaften Podiumsdiskussion über dieses Thema hier in der Bundesrepublik beteiligt hatten.[22] Ich wäre gerne selbst dabei gewesen. Jedenfalls gefiel es *Winfried*, dieses Thema zum Mittelpunkt von Debatten zu machen. Nach einiger Zeit besann er sich jedoch eines anderen und befasste sich mit weniger kontroversen Themen.

Erlauben Sie mir, nun mit einigen persönlichen Bemerkungen meine Rede zu beschließen. *Winfried* und ich sprachen nicht viel über Religion, es gab jedoch Augenblicke, in denen ich versuchte, ihn dazu zu bringen, gemeinsam über unsere Einstellungen zur Religion und deren etwaigen Einfluss auf unsere Lehre und Forschung ernsthaft nachzudenken. Ich wusste, dass *Winfried* katholisch aufgewachsen war und dies auch nie zu erwähnen versäumte. Er wusste, wie tief verwurzelt ich selbst in der katholischen intellektuellen Tradition bin, ließ mich

---

[20] Siehe ibid., S. 350.

[21] Siehe Vom unbedingten Verbot der Folter zum bedingten Recht auf Folter? in: Juristenzeitung (2000), S. 165–173; May Government Ever Use Torture? Two Responses from German Law, American Journal of Comparative Law 48 (2000), S. 661–678; und Das andere Auge: Folter als zweitschlechteste Lösung. Frankfurter Allgemeine Zeitung, 10. März 2003, S. 8.

[22] Darf der Staat foltern? Eine Podiumsdiskussion mit Winfried Brugger, Bernhard Schlink, Dieter Grimm bei http://www.humboldt-forum-recht.de/4-2002/Drucktext.html.

aber nie wissen, wie er diesbezüglich dachte. Und jetzt tut es mir leid, dass ich mir nie Mühe gab, mich mit ihm in unseren privaten Gesprächen ohne falsche Zurückhaltung zu unterhalten. Ich war jedoch immer davon überzeugt, dass *Winfried* katholischer war, als ihm vielleicht selbst bewusst war, und das nicht nur wegen seiner langjährigen Verbundenheit mit der Georgetown University, einer von Amerikas berühmtesten Jesuitenuniversitäten.

Winfrieds zahlreiche Publikationen waren gekennzeichnet von seiner ‚Katholizität'. Ich denke dabei an seine Einstellung zu Recht und Politik, seine ganzheitliche Sicht des Wissens und seine Hervorhebung des Gemeinwohls als Leitprinzip der rechtlichen Analyse. Ich möchte ebenfalls hinweisen auf die unabdingbare Bedeutung, welche er in der Wahrung der Würde des Menschen, der Gerechtigkeit, im Kommunitarismus, in der Freiheit der Religionsausübung, im Subsidiaritätsprinzip und in der ethischen Dimension des Rechts und der Menschenrechte sah.[23] In der Welt *Winfrieds* waren dies transzendierende Realitäten, welche universellen Respekt und Anwendung verdienten. All dies war ein Teil seines Wesens, welches für seine engsten Freunde und Leser leicht erkennbar war.

Darüber hinaus besaß *Winfried* weit über das Akademische hinausgehende Interessen. Abgesehen von seiner Liebe zur Oper, welche ich bereits erwähnt habe, war er zugleich auch ein Sportfan, insbesondere ein Eishockey-Fan. Bei Eishockey-Spielen konnte es dieser Geistesmensch mit seinem unbändigen und lauten Verhalten den begeistertsten Hockeyfans gleichtun. All dies und seine allgemeine Lebenslust machten ihn mir als Kollegen und Freund so teuer. Wie der Heilige *Thomas Morus* war *Winfried* ein „man for all seasons". Ich werde seine Genialität, seine Kreativität, seinen Witz und seine Weisheit immer vermissen. Requiescat in pace.

---

[23] Neben einigen oben zitierten Werken und Artikel siehe auch: Das anthropologische Kreuz der Entscheidung, in: Politik und Recht, Zeitschrift für Politik 52 (2005), S. 261–272, und Brugger/Michael Karayanni (eds.), Religion in the Public Sphere: A Comparative Analysis of German, Israeli, American and International Law, Berlin 2007.

Commemorative Studies for Winfried Brugger

Edward J. Eberle

Winfried Brugger was a great man. A well respected scholar of excellent intellect and a range of path breaking articles and books. His focus was on German and American constitutional law, much with a comparative perspective. He focused significantly on comparative law. He also had a major role in the Heidelberg Center for American studies, a key interdisciplinary learning center.[1]

Many of his books and articles were path breaking. His book on *Liberalismus*, *Pluralismus*, *Kommunitarismus* is a classic, comparing a distinctly liberal approach with a pluralistic and communitarian approach. In the book, he compares the classical philosophical scholars, such as *Kant*, *Hegel*, *Marx*, *Carl Schmitt* and *Hans Kelsen*. He writes about the difference of weak theories,

[1] He studied law, philosophy and sociology at the Universities in Munich and Tuebingen. He completed his Doctor Juris at Tuebingen with his prize winning book, *Menschenrechtsethos und Verantwortungspolitik*, a book that dealt with the ethos of human rights and responsible politics. He then went on to study at the University of California, Berkeley for a LL.M. There he wrote *Max Weber's Beitrag zur Analyse und Begruendung der Menschenrechte*. Max Weber was a seminal figure in philosophy and sociology. After finishing his *Habilatation* in Tuebingen, he became a Professor of Law at the University of Mannheim and then went to the University of Heidelberg. He got calls from a number of other universities, but Winfried stayed true to his cause, wanting always to remain at Heidelberg. He stayed at Heidelberg until his death, sadly, in November 2010. He was a fellow at the Max Weber Center for Cultural and Social Sciences at Erfurt University in Germany. He was chairman of the German section of the International Society for Legal Philosophy. Winfried was a fox (interested in lots of fields, like German constitutional law, American and other foreign law, philosophy, ethics, and sociology); he was not a hedgehog (focused only on one subject), to reprise the metaphor of Isaiah Berlin.

He traveled a lot, worldwide, in Europe, North America and many other countries in different continents. He had contacts throughout the world, at universities and institutes. While he loved law and interaction with law professors, he also had a lot of interaction with professors in other disciplines, like economics, sociology, philosophy or ethics, among other.

He often went to the United States, at Georgetown Law School, where he was a long time Visiting Professor, and helped create and organize a program and exchange relationship to foster learning and other cultural perspectives. He also went to universities in the United States at the Universities of Houston, San Francisco and San Diego. Winfried was a charismatic and kind man who loved to travel in order to gain perspectives on other legal systems and their legal culture.

He loved to write and was the author and editor of 17 books and wrote 220 articles and book reviews. Most of his publications focused on human rights. His main topics were free speech, especially hate speech, religion, judicial review, theories of interpretation, liberalism and communitarianism, and decision making.

which include integration theories, and strong theories, which exclude competitors. He looks a lot to integration concepts for constitutional theories, such as anthropology, common good (*Gemeinwohl*) and humankind (*Menschenbild*).

Likewise, *Demokratie, Freiheit, Gleichheit: Studien zum Verfassungsrecht der USA* and *Religion in the Public Sphere: A Comparative Analysis of German, Israeli, American and International Law* is a fine evaluation of the different legal systems and a way one legal system can learn something from another legal system. In this book, he discusses democracy, freedom, equality and how this operates in the public sphere. Germany has a communitarian approach. A free market economy and a social welfare system, with part of the Basic Law, in Article 20, stating Germany as a democracy and a social state. In the United States there is no mention of a free market economy or a social state. He loved comparative law and always looked for ways to reevaluate a native or foreign country's legal system.

In his book on *Demokratie, Freiheit, Gleichheit: Studien zum Verfassungsrecht der USA*, *Brugger* compares the U.S. system to the German system. The U.S. constitution is the oldest in the world and likely the shortest. By contrast, the German Basic Law began in 1949 and is a long constitution. The U.S. Supreme Court has rendered a significant number of decisions, starting in the 18th century. Both the U.S. Supreme Court and the German Constitutional Court issue long decisions. Let us take a look at a number of decisions, starting with the Abortion decisions and then data privacy.

Let us start with the Abortion decisions. No discussion of dignity, privacy and personality in German and American law would be complete without an evaluation of abortion law. This is particularly the case because abortion has been the subject of heated debate in both countries for over 30 years,[2] starting with the original abortion decisions, issued within two years of each other: the Supreme Court decided *Roe v. Wade*[3] in 1973; the Constitutional Court decided *Abortion I*[4] in 1975. In the 1990's, moreover, both Courts fundamentally rethought both decisions; the Supreme Court in 1992, in *Planned Parenthood of Southeastern Pennsylvania v. Casey*,[5] and the Constitutional Court, in 1993, in *Abortion II*.[6] Thus, abortion is certainly a unique opportunity to compare and contrast the constitutional visions of two leading constitutional courts in two important western democracies.

The most fascinating phenomenon in this regard has been the recent convergence, in *Casey* and *Abortion II*, of the two laws, despite the very different legal

---

[2] Even the Courts recognized this. *Abortion II*, 88 BVerfGE 203, 214; *Casey*, 505 U.S. at 844.

[3] 410 U.S. 113 (1973).

[4] 39 BVerfGE 1 (1975).

[5] 505 U.S. 833 (1992).

[6] 88 BVerfGE 203 (1993).

premises of the two constitutions. In both these cases, the Courts recognized a woman's right to choose over abortion, provided that she evaluate the consequences of the act – from the perspective of the fetus, others affected (such as the father, family or attending medical personnel) and the community, interests made manifest in counseling, waiting periods and related regulations. Thus, both in Germany and America, society is justified in circumscribing abortion, to address these concerns, reflecting balance between individual liberty and community.

Thus, German protection of fetal life derives from the radiation of human dignity, as reflected in the right to life clause, which then is transformed into a positive command of the state to protect. Owing to this unique crystallization of values, Germany, as a matter of comparative law, can view with plausible skepticism the experiences of other lands over abortion, especially the United Kingdom and the United States, countries then and now with more liberal abortion schemes.[7] Such was the essential conclusion of the Constitutional Court. In both *Abortion* cases, accordingly, the Court recognized that fetal life must prevail over women's self-determination as a matter of valuation.[8]

While the *Casey* Court dispensed with *Roe's* trimester scheme, the Court drew the line circumscribing a woman's autonomy at the same point of fetal viability as the *Roe* Court, although medical developments had, in the ensuing 20 years, pushed this point back four weeks.[9] Thus, in America, there is only one constitutional right at issue, a woman's autonomy right, as compared to the constellation of rights at stake in Germany. Against autonomy rights is balanced the strength of the fetal interest, as exercised by the state, pursuant to the trimester scheme of *Roe*, or its replacement, the undue burden standard of *Casey*.[10] The Court in *Casey* is more solicitous of fetal interests than the *Roe* Court.[11]

In assessing modern abortion law in both countries, what seems most remarkable is the growing convergence of the two laws, notwithstanding different constitutional premises and different initial judicial approaches. Comparing *Abortion II* with *Casey*, both counties provide for qualified access to abortion

---

[7] In *Abortion I*, the Court observed that Germany would not be unduly influenced by the abortion experiences of other countries on account of the uniqueness of the German value order and the country's history with Nazism. 39 BVerfGE at 60.

[8] *Abortion I*, 39 BVerfGE at 42–43; *Abortion II*; 88 BVerfGE at 252–55.

[9] "We conclude the line should be drawn at viability, so that before that time the woman has a right to choose to terminate her pregnancy." *Casey*, 505 U.S. at 870.

[10] "A finding of an undue burden is a shorthand for the conclusion that a state regulation has the purpose or effect of placing a substantial obstacle in the path of a woman seeking an abortion ..." of a nonviable fetus. *Casey*, 505 U.S. at 877.

[11] "The woman's liberty is not so unlimited, however, that from the outset the State cannot show its concern for the life of the unborn, and at a later point in fetal development the State's interest in life has sufficient force so that the right of the woman to terminate the pregnancy can be restricted." Id. at 869.

during the first trimester, if desired, provided that the pregnant woman undergoes mandatory counseling designed to convince her to have the child and that she consider this possibility for a specified period prior to undergoing the abortion procedure. This is a remarkable degree of convergence over abortion.

Let us now focus on the interior component of human personality in German law emphazised by the important *Microcensus* Case,[12] which concerned the constitutionality of a federal questionnaire or "microcensus" designed to elicit a portrait of the German population. The questionnaire sought information over personal habits, including vacation practices, occupation, standard of living and whether mothers worked or remained home to rear children, among other topics.[13] In this context, the Court carved out a private, personal sphere for citizens to inhabit free from incursion.

This intimate sphere is a critical part of the human vision that lies at the root of the Basic Law, bestowing self-worth, social value and respect.[14] This also shows how concepts of human dignity, humanity and community are interlinked in German law. Through this interaction, dignity takes on a more concrete meaning: "It would be inconsistent with human dignity for the state to force people to register and catalogue their whole personalities, even if done anonymously through a statistical survey, and thereby treating man as an object, which is accessible in every manner."[15] Insistence on respect for human dignity is thus instrumental to preservation of human autonomy.

The presence of an ascertainable Inner Space in German personality law is a notable achievement, and a dramatic contrast with American law. It is wholly a creation of the Constitutional Court, in pursuit of its perception of the vision underlying the Basic Law. Textually, it is certainly not self-evident that "the dignity of man" or "the right to the free development of his personality" would yield this emphasis. Rather, it reflects the Court's desire to preserve and protect the integrity of human personality, especially in applying the concept of human dignity to meet changing social conditions, such as the development and use of computer technology in *Microcensus*. In this way, human autonomy and capacity are safeguarded and nourished against the challenges posed by modern social, economic and technological change. The clear desire of the Constitutional Court to keep its constitution "in tune with the times"[16] contrasts with the Supreme Court, which has always sought to anchor fundamental rights in timeless or constant principles, such as natural law or inalienable rights, or from verifi-

---

[12] 27 BVerfGE 1 (1969).

[13] Id. at 32.

[14] "In the light of this image of man at root in the Basic Law, the human achieves social value and respect in society." 27 BVerfGE at 6.

[15] Id. These sentiments evidence, unmistakeably, the influence of Kant.

[16] Griswold v. Connecticut, 381 U.S. at 522 (Black, J., dissenting).

able sources, like tradition or history, partly as a way of deflecting the argument that the Court is overstepping its bounds.

Considering that law is a reflection of culture, it is interesting to decipher the cultural traits evidenced by this German accent on the interior life. For one thing, this focus is quite compatible with German history and culture, which has placed extraordinary emphasis on the world of the mind and of the artist. Emphasis of culture has predominated over public life through most of German history. This contrasts with American law and American life, which has emphasized public life, a natural outgrowth of the central role played here by our democracy, often over cultural life. American substantive due process law reflects this too. The thrust of American cases has either been autonomy in the world or privacy from a prying world. But under American privacy, the Court has not sought comprehensively to define or nourish an interior sphere so much as to shield the outside world from invasion of that private zone. The German emphasis on interiority also reflects, again, Kantian thought, and its emphasis on the autonomy of the individual and the unfolding of human capacity.

As a matter of doctrinal law, the Constitutional Court's carving out of a private, intimate sphere has produced distinct strands of personality law. Perhaps most notable is the general control over personal information that has resulted in a right to informational self-determination. Related to informational self-determination is the right to control over portrayal of one's person, including rights to one's own image and spoken word and rights, in some circumstances, not to have false interviews or statements attributed to one's person. What is significant for our purposes is that the German strand of interior personality has led to a distinct evolution of personality law, one quite different from American law.

The most notable manifestation of the concern, expressed by the Court in *Microcensus*, of preserving an intimate realm to life is the concept of informational self-determination. This means, fundamentally, a right to control access to and dissemination of personal data, including protection against revelation of one's private affairs. It is rooted in a desire to preserve the integrity of human personality against the onslaught of the technological age and of prying eyes. Thus, the Court has sought to carve out an area of inviolable human interiority as a secure haven. In a sense, this represents adjustment of the Kantian ideal of moral autonomy to the conditions of the modern age.

Building on *Microcensus*, the *Census Act Case*[17] strives to preserve the inviolability of human personality amidst revolutionary changes in the computer age. The controversy concerned the Federal Census Act of 1983, which required the collection of comprehensive data concerning the Federal Republic's demographic and social structure. The Act set the parameters for the country's popu-

---

[17] 65 BVerfGE 1 (1984).

lation count and also required rudimentary personal information, such as name, address, gender, marital status, nature of household occupants, religious affiliation, job occupation and work setting.[18] The Act also required citizens to fill out detailed questions concerning their sources of income, educational background, mode of transportation to and from work, use of dwelling, including method of heating and utilities.[19] The Act further allowed information obtained to be transmitted to local government, which could then use the information for purposes of planning, environmental protection and redistricting. Local government could even compare information to housing registers and, if necessary, correct them.[20]

At the heart of *Microcensus* and *Census Act* is the concern that intrusive and comprehensive surveys of the population will yield personality profiles which, with the aid of modern computing techniques, will facilitate the state's ability to access such information at will and use it as seen fit.[21] From the Kantian perspective, this carries the danger of converting human beings into mere objects of statistical survey, depersonalizing the human element. From the standpoint of human autonomy, the Court feared that gathering, storing and using personal information would threaten human liberty. The more that is known about a person, the easier the person is to control. These concerns are especially heightened with the advance of modern computing technology and its capacity to access human habit and capabilities, which the Constitutional Court made a point of noting.[22] The amount of personal information stored in and accessible by computers is staggering, including information over credit history, taxes, social security and travel plans.

The closest American constitutional case, in a substantive way, to the German concept of informational self-determination is *Whalen v. Roe*,[23] which involved a patient-identification requirement in a statute providing for a centralized computer file of all persons who obtained drugs, both legal and illegal, pursuant to a doctor's prescription. Although the Supreme Court recognized, like the Constitutional Court, that there was a "threat to privacy implicit in the

---

[18] Id. at 4–7, 12–13.

[19] Id. at 5.

[20] Id. at 7–8.

[21] For example, the Court in *Census Act* observed modern computing techniques can gather and store practically limitless information about people, which is accessible "in seconds." This "information ... can produce a ... personality profile, which the person affected cannot control ... and induces psychological pressure on behavior." 65 BVerfGE at 42.

[22] Since the 1969 decision of *Microcensus*, the Court observed, the advance of computer technology and capability has changed radically. Before, information was entered manually by key-punch and stored in separate areas, accessible mainly by expert personnel, making it more difficult to fashion together and obtain a personality "portrait." Today, information is entered and retrievable electronically by almost anyone, which facilitates instantaneous access to far-ranging information. 65 BVerfGE at 4, 17, 42.

[23] 429 U.S. 589, 591 (1977).

accumulation of vast amounts of personal information in computerized data banks or other massive government files,"[24] the Court nevertheless held that "neither the immediate nor the threatened impact of the patient-identification requirements ... is sufficient to constitute an invasion of any right or liberty protected by the Fourteenth Amendment."[25] The American Court hesitated to declare any substantive right, preferring to wait and see whether case law would present an actual intrusion into privacy rights. In this manner, American law, reflecting common law orientation, represents a tentativeness not characteristic of German law.[26]

It is interesting to speculate why American law has not taken a turn similar to the Germans, even though, of course, the growth of data and data processing has paralleled and, indeed, eclipses that in Germany. Thus, the threats to human autonomy posed by the information age, are at least equal, if not greater, than in Germany. Textually, the American Constitution seems about as illuminative of such a right as the German. The first amendment, for example, plausibly bestows certain rights to knowledge of how information, especially personal information, is to be gathered or used. The fourth amendment confers certain rights of privacy against discovery of personal information, especially that over which one has a "reasonable expectation" of privacy. The Due Process Clause protects against arbitrary intrusion into matters of personal security and liberty. Human dignity too has been a theme of the American Bill of Rights, including especially its cognates of self-determination and autonomy. Together, these rights would seem to convey a certain zone of privacy, which, it might be

---

[24] Id. at 605. For example, the "collection of taxes, the distribution of welfare and social security benefits, the supervision of public health, the direction of our Armed Forces, and the enforcement of the criminal laws all require the orderly preservation of great quantities of information, much of which is personal in character and potentially embarrassing or harmful if disclosed." Id.

[25] Id. at 603-04. Applying German concepts, "the Court should have applied the right of informational self-determination by first asking if the State had decided what it planned to do with the data. Although New York had recorded 100,000 prescriptions each month during the twenty months that the law had been in effect, it had used this information in investigations of exactly two persons ... protection of human autonomy ... require(s) judicial inquiry into the influence on the individual of having his personal information used in a specific system or indefinitely stored for future application."

[26] The position of Justice Brennan most approximates the German one. He observes that an individual has a privacy "interest in avoiding disclosure of personal matters," and that "Broad dissemination by state officials of such information ... would clearly implicate constitutionally protected privacy rights." Id. at 606 (Brennan, J., concurring). Moreover, the "central storage and easy accessibility of computerized data vastly increases the potential for abuse of that information, and I am not prepared to say that future developments will not demonstrate the necessity of some curb on such technology." Id. at 607. However, Justice Stewart, responding to Justice Brennan, seems to articulate the sense of the Court in dampening any recognition of "a general interest in freedom from disclosure of private information." Id. at 609 (Stewart, J., concurring).

argued, cover informational privacy. In this way, a right to informational and self-determination plausibly could exist to safeguard human liberty and self-government in the information age.

Yet, American law has not developed along these lines. Perhaps this is because the Supreme Court feels less compelled to address changing social and economic conditions. Perhaps this is because the Supreme Court feels more restrained in declaring rights to be fundamental in the absence of clear textual or historical support. Perhaps this is because *Whalen*, like all substantive due process cases, is anchored in privacy, not autonomy as *Census Act*, and privacy confers less power or control than autonomy. Perhaps it is because our Constitution is less endowed with an underlying philosophic base, as the influence of Kantian morality on the Basic Law, yielding correspondingly less substance. Perhaps the Supreme Court believes that Congress or legislatures have sufficiently protected these rights, leaving little for the Court to do. Whatever the reason, as a matter of comparative law, the German Court is addressing this aspect of the computer age in a more rights-protective manner than the Supreme Court.

Winfried Brugger wrote seminal articles, such as The Treatment of Hate Speech in German Constitutional Law and Dignity, Rights and Philosophy of Law within the Anthropological Cross of Decision-Making. In the Hate Speech article he evaluated how the German Constitutional Court considered the appropriateness of hate speech in cases. Hate speech, of course, is commonly directed at individuals or groups based on traits such as race, ethnicity and gender. Utterance of hate speech can be considered an act of libel or insult. It can violate a person's honor. Honor essentially describes the status of a person who enjoys equal rights as a member of a community (*menschlicher Achtungsanspruch*). Even a dumb or lazy person and criminals deserve a level of respect. There is a major contrast between German law and other European countries over hate speech. In European countries, hate speech is considered unprotected speech. By contrast, in the United States, hate speech is considered protected speech, as noted in the *R.A.V. v. St.* Paul case.[27]

In his original and significant article on Dignity, Rights and Philosophy of Law within the Anthropological Cross of Decision-Making he discusses how human nature must be based on criteria equal to all. Many schools of philosophy agree on these points, although there is disagreement over the criteria for humanity and the nature of man. Empirical understandings of basic needs can clash with loftier concepts such as reason or spirit. In his article, he states that the most important insights into good and human law can be discovered by analyzing the character of human agency (*Handeln*).

While his scholarship was great, as were his teaching abilities, he will always be known as a kind, gentle and compassionate man, who did all he could to help

---

[27] 505 U.S. 377 (1992).

his students and understudies, such as his teaching and research assistants and help for those pursuing master or doctors of law.

For me, *Winfried* was my dear friend. I spent much time in his office, discussing German and American constitutional law. I was often invited to his home, where we would have a lot of fun exchanging ideas and talking about family, friends and common social issues. He was a great family man; a wonderful husband and nurturing father.

He will be greatly missed, but his legacy will live on.

II. Rechtsphilosophische Voraussetzungen

Rechtssicherheit und Richtigkeit

Robert Alexy

Die Frage nach dem Verhältnis von Rechtssicherheit und Richtigkeit gehört zu den ewigen Fragen der Rechtswissenschaft und der Rechtspraxis. Der Grund dafür ist, daß ihre Antwort von der Hauptfrage der Rechtsphilosophie, der Frage nach dem Begriff und der Natur des Rechts, abhängt. Ich werde deshalb in einem ersten Schritt kurz auf den Begriff und die Natur des Rechts eingehen. In einem zweiten Schritt wird sodann darzulegen sein, was hieraus für das Verhältnis von Rechtssicherheit und Richtigkeit folgt. Hierzu sollen die Radbruchsche Formel als Antwort auf das Problem des extremen Unrechts, die Sonderfallthese, die geltend macht, daß die juristische Argumentation ein Sonderfall der allgemeinen praktischen Argumentation ist, und das Problem der Rechtsfortbildung in den Blick genommen werden.

I. Die Doppelnatur des Rechts

Meine Hauptthese zum Verhältnis von Rechtssicherheit und Richtigkeit ist, daß sowohl Rechtssicherheit als auch Richtigkeit Prinzipien sind und daß zwischen Rechtssicherheit und Richtigkeit ein Spannungsverhältnis besteht, das Ausdruck der Doppelnatur des Rechts ist. Die Doppelnaturthese sagt, daß das Recht notwendig sowohl eine reale oder faktische als auch eine ideale Dimension einschließt.[1] Die faktische Seite spiegelt sich in den Definitionselementen der ordnungsgemäßen Gesetztheit und der sozialen Wirksamkeit, die ideale in dem der inhaltlichen Richtigkeit.[2] Das Prinzip der Rechtssicherheit fordert, daß die Normen eines Rechtssystems möglichst bestimmt sind und daß sie in einem Höchstmaß befolgt werden. Diese Ziele können ohne Gesetztheit und Wirksamkeit nicht erreicht werden. Insofern besteht ein innerer Zusammenhang zwischen dem Prinzip der Rechtssicherheit und der Positivität. Das Prinzip der Richtigkeit fordert demgegenüber die inhaltliche Richtigkeit des Rechts. Bei der inhaltlichen Richtigkeit geht es vor allem um Gerechtigkeit, denn Gerechtigkeit ist nichts anderes als Richtigkeit in bezug auf Verteilung und Ausgleich.[3] Verteilung und

---

[1] *Robert Alexy*, Die Doppelnatur des Rechts, in: Der Staat 50 (2011), S. 389.

[2] *Ders.*, Begriff und Geltung des Rechts, 5. Aufl., Freiburg/München 2011, S. 29 f.

[3] *Ders.*, Giustizia come correttezza, in: Ragion Pratica 5 (1997), S. 105.

Ausgleich aber sind die zentralen Aufgaben des Rechts. Fragen der Gerechtigkeit sind moralische Fragen. Daher kann statt von inhaltlicher Richtigkeit auch von moralischer Richtigkeit oder schlicht von Gerechtigkeit gesprochen werden. Sobald die moralische Richtigkeit oder die Gerechtigkeit zur ordnungsgemäßen Gesetztheit und sozialen Wirksamkeit als notwendiges Begriffselement hinzukommt, wandelt sich das Bild fundamental. Es entsteht ein nichtpositivistischer Rechtsbegriff. Das aus der Doppelnaturthese folgende Spannungsverhältnis zwischen Rechtssicherheit und Richtigkeit ist daher Ausdruck eines nichtpositivistischen Rechtsbegriffs.

Die Verknüpfung der realen, durch ordnungsgemäße Gesetztheit und soziale Wirksamkeit definierten Dimension mit der idealen, durch inhaltliche Richtigkeit, vor allem durch Gerechtigkeit definierten Dimension des Rechts wird durch den vom Recht notwendig erhobenen Anspruch auf Richtigkeit hergestellt. Die Anspruchsthese ist an anderen Stellen eingehend dargelegt und gegen vielfältige Einwände verteidigt worden.[4] Das soll hier nicht wiederholt werden. Statt dessen soll unmittelbar ein Blick auf die Prinzipien der inhaltlichen Richtigkeit und der Rechtssicherheit geworfen werden.

II. Das Prinzip der inhaltlichen Richtigkeit

Gegen das Prinzip der inhaltlichen Richtigkeit könnte eingewandt werden, daß es sich auf etwas bezieht, das es nicht gibt. Bei der inhaltlichen Richtigkeit gehe es darum, was unabhängig von irgendeiner Positivierung geboten, verboten und erlaubt ist, also um praktische Fragen. Praktische Fragen aber seien, sehe man von solchen der Nutzenmaximierung ab, rational nicht entscheidbar. Das Prinzip der inhaltlichen Richtigkeit sei daher Ausdruck einer Illusion. Richtigkeit setze Begründbarkeit voraus. Moralische Normen, die Antworten auf praktische Fragen geben, aber seien nicht begründbar.

Man kann eine solche grundsätzliche Verneinung der Begründbarkeit moralischer Normen als „radikalen Skeptizismus" bezeichnen. Ein radikaler Skeptizismus kann seine Wurzeln in Formen des Emotivismus, des Dezisionismus,

---

[4] *Ders.*, Begriff und Geltung des Rechts (Fn. 2), S. 64–70; *Eugenio Bulygin*, Alexy und das Richtigkeitsargument, in: Aulis Aarnio/Stanley L. Paulson/Ota Weinberger/Georg Henrik von Wright/Dieter Wyduckel (Hrsg.), Rechtsnorm und Rechtswirklichkeit. Festschrift für Werner Krawietz, Berlin 1993, S. 19–24; *Robert Alexy*, Bulygins Kritik des Richtigkeitsarguments, in: Ernesto Garzón Valdés/Werner Krawietz/Georg Henrik von Wright/Ruth Zimmerling (Hrsg.), Normative Systems in Legal and Moral Theory. *Festschrift* for Carlos E. Alchourrón and Eugenio Bulygin, Berlin 1997, S. 235–250; *Eugenio Bulygin*, Alexy's Thesis of the Necessary Connection between Law and Morality, in: Ratio Juris 13 (2000), S. 133–137; *Robert Alexy*, On the Thesis of a Necessary Connection between Law and Morality: Bulygin's Critique, in: Ratio Juris 13 (2000), S. 138–147.

des Subjektivismus, des Relativismus, des Naturalismus oder des Dekonstruktivismus haben. Diesem radikalen Skeptizismus trete ich mit der Diskurstheorie entgegen. Die Diskurstheorie macht geltend, daß es möglich ist, der, wie *Paul Ricœur* es formuliert, „Alternative zwischen Beweisbarkeit und Willkür"[5] zu entgehen. Beweisbarkeit ist in praktischen Fragen eine zu hohe Anforderung. Wäre Willkür die einzige Alternative, wäre der Irrationalismuseinwand des radikalen Skeptizismus berechtigt. Doch es gibt zwischen Beweisbarkeit und Willkür ein Drittes, die Vernünftigkeit. Vernünftig ist, wer seine moralischen Urteile einer rationalen Argumentation unterwirft. Damit hängt alles von der Frage ab, ob rationale Argumentation im Bereich der Moral möglich ist.

Ich habe versucht, den Begriff der rationalen praktischen Argumentation durch ein System von 28 Regeln und Formen des allgemeinen praktischen Diskurses zu definieren. Diese fordern Widerspruchsfreiheit, Universalisierbarkeit im Sinne eines konsistenten Gebrauchs der verwendeten Prädikate, sprachlich-begriffliche Klarheit, empirische Wahrheit, Berücksichtigung der Folgen, Abwägung, Rollentausch, Analyse der Entstehung moralischer Überzeugungen und Freiheit und Gleichheit im Diskurs.[6] Es ist eine zentrale Annahme der Diskurstheorie, daß die Zustimmung im Diskurs erstens von Argumenten abhängen kann und daß zweitens zwischen der universellen Zustimmung unter idealen Bedingungen und der Richtigkeit und damit der moralischen Geltung eine notwendige Beziehung besteht. Dieser Zusammenhang läßt sich wie folgt formulieren: Richtig und damit gültig sind genau die Normen, die in einem idealen Diskurs von jedem als richtig beurteilt werden würden.

Die Diskurstheorie führt zu zahlreichen Problemen.[7] Hier soll nur das Problem ihrer Brauchbarkeit oder Leistungsfähigkeit interessieren. Unter dem Gesichtspunkt der Leistungsfähigkeit besteht die Hauptschwäche der Diskurstheorie darin, daß ihr Regelsystem kein Verfahren bietet, das erlaubt, in einer endlichen Zahl von Operationen, also in realen Diskursen, stets zu genau einem Ergebnis zu gelangen. Ideale Diskurse aber sind nicht realisierbar. Der ideale Diskurs als Element des Kriteriums der Richtigkeit ist deshalb nicht mehr als eine regulative Idee. Immerhin aber ist diese Idee nicht nur in realen Diskursen stets anwesend, es ist auch eine Approximation realer Diskurse an den idealen Diskurs möglich.[8] Diese Verknüpfung des realen mit dem idealen Diskurs vermag freilich die Ergebnisindefinitheit nur höchst begrenzt zu beseitigen. Es gibt

---

[5] *Paul Ricœur*, Zu einer Hermeneutik des Rechts: Argumentation und Interpretation, in: Deutsche Zeitschrift für Philosophie 42 (1994), S. 378.

[6] *Robert Alexy*, Theorie der juristischen Argumentation, 7. Aufl., Frankfurt a.M. 2012, S. 234–255.

[7] *Ders.*, Probleme der Diskurstheorie, in: ders., Recht, Vernunft, Diskurs, Frankfurt a.M. 1995, S. 109–126.

[8] *Ders.*, Hauptelemente einer Theorie der Doppelnatur des Rechts, in: ARSP 95 (2009), 157 f.

zwar einiges, was bei hinreichender und im allgemeinen auch praktisch möglicher Annäherung an den idealen Diskurs als Ergebnis nicht in Frage kommt. Ein Beispiel ist die Sklaverei. Sie kann als „diskursiv unmöglich" bezeichnet werden.[9] Anderes kann als „diskursiv notwendig" eingestuft werden. Die Menschenrechte und die Demokratie sind Beispiele.[10] In zahlreichen Fällen können jedoch am Ende eines Diskurses unvereinbare Ergebnisse vertreten werden, ohne daß gegen Diskursregeln verstoßen wird. Die konkurrierenden Auffassungen können wegen ihrer Vereinbarkeit mit den Diskursregeln als „diskursiv möglich" bezeichnet werden. Diskursiv mögliche Nichtübereinstimmung aber ist vernünftige Nichtübereinstimmung.[11] Die Diskurstheorie stößt hier an eine Grenze, die sie selbst nicht überschreiten kann. Man kann dies das „Problem der Erkenntnis" nennen.

III. Das Prinzip der Rechtssicherheit

Das Erkenntnisproblem bedeutet, daß die durch Diskurs und moralische Richtigkeit definierte ideale Dimension als solche nicht ausreicht, die Probleme sozialer Koordination und Kooperation zu lösen. Zu ihm tritt als zweites das Durchsetzungsproblem hinzu. Das Durchsetzungsproblem entsteht, weil die bloße Einsicht in die Richtigkeit einer Norm noch nicht deren Befolgung garantiert. Wenn aber einige ohne Risiko gegen eine Norm verstoßen können, ist deren Befolgung niemandem mehr zuzumuten. Das führt zur Notwendigkeit der Verbindung von Recht und Zwang als einem entscheidenden Element der sozialen Wirksamkeit.[12] Das Erkenntnis- und das Durchsetzungsproblem müssen gelöst werden, wenn die Kosten der Anarchie vermieden werden sollen. Daß diese vermieden werden, aber ist nicht nur eine Forderung der Klugheit, sondern auch eine Forderung der Moral. So ist es denn die Moral selbst, die wegen ihrer Schwächen die Geltung des Prinzips der Rechtssicherheit fordert. In dessen Zentrum steht einerseits, wie *Gustav Radbruch* es formuliert, „die sichere Erkennbarkeit des Rechtssatzes" und andererseits „die sichere Vollstreckbarkeit des festgestellten Rechts".[13] Sichere Erkennbarkeit und sichere Durchsetzung aber sind ohne Positivität nicht möglich. *Radbruch* faßt diesen schon von *Kant* deutlich ausgesprochenen Gedanken[14] in die Formulierung, „daß aus dem Be-

---

[9] *Ders.*, Theorie der juristischen Argumentation (Fn. 6), S. 256.

[10] *Ders.*, Diskurstheorie und Menschenrechte, in: *ders.*, Recht, Vernunft, Diskurs, Frankfurt a.M. 1995, S. 148–164.

[11] Vgl. *John Rawls*, Political Liberalism, New York 1993, S. 55.

[12] *Robert Alexy*, On the Concept and the Nature of Law, in: Ratio Juris 21 (2008), S. 293.

[13] *Gustav Radbruch*, Der Zweck des Rechts, in: *ders.*, Gesamtausgabe, Bd. 3, S. 45.

[14] *Immanuel Kant*, Metaphysik der Sitten, in: Kant's gesammelte Schriften, hrsg. v. d. Königlich Preußischen Akademie der Wissenschaften, Bd. VI, Berlin 1907, S. 312: „mithin das Erste, was ihm zu beschließen obliegt, wenn er nicht allen Rechtsbegriffen entsagen will, der

dürfnis der Rechtssicherheit alles entspringe, was *positives* Recht heiße".[15] Die Rechtssicherheit wird so zum Grund der Positivität.

IV. Richtigkeit zweiter Ordnung

Man könnte meinen, daß die vom Prinzip der Rechtssicherheit geforderte Notwendigkeit der Positivität den Positivismus impliziere. Das wäre jedoch mit dem Anspruch auf Richtigkeit unvereinbar. Die Notwendigkeit der Positivität impliziert zwar die Richtigkeit der Positivität. Die Richtigkeit der Positivität hat jedoch keinesfalls einen exklusiven Charakter. Der Positivität einen exklusiven Charakter zuzusprechen, wäre eine Unterschätzung der Tatsache, daß der Anspruch auf inhaltliche oder substantielle Richtigkeit – also in erster Linie der Anspruch auf Gerechtigkeit – mit der Institutionalisierung der Positivität nicht verschwindet. Er muß schon deshalb lebendig bleiben, weil er notwendig mit dem Recht verbunden ist. Aus diesem Grund ist zwischen zwei Stufen der Richtigkeit zu unterscheiden: Richtigkeit erster Ordnung und Richtigkeit zweiter Ordnung. Die Richtigkeit erster Ordnung bezieht sich ausschließlich auf die ideale Dimension. Sie betrifft die Gerechtigkeit als solche. Die Richtigkeit zweiter Ordnung ist umfassender. Sie bezieht sich sowohl auf die ideale als auch auf die reale Dimension. Das bedeutet, daß es bei ihr sowohl um Gerechtigkeit als auch um Rechtssicherheit geht. Nun kann Rechtssicherheit nur durch Positivität erlangt werden. Auf diese Weise verknüpft der Anspruch auf Richtigkeit als Anspruch zweiter Ordnung sowohl das Prinzip der Gerechtigkeit als auch das Prinzip der Rechtssicherheit notwendig mit dem Recht.

Das Prinzip der Rechtssicherheit ist ein formelles Prinzip. Es fordert die Bindung an das, was autoritativ gesetzt und sozial wirksam ist. Das Prinzip der Gerechtigkeit ist demgegenüber ein materielles oder substantielles Prinzip. Es fordert, daß die Entscheidung moralisch richtig ist. Beide Prinzipien können, wie Prinzipien ganz allgemein,[16] kollidieren, und sie tun dies oft. *Radbruch* spricht treffend von einem „lebendigen Spannungsverhältnis".[17] Keines kann, anders

---

Grundsatz sei: man müsse aus dem Naturzustande, in welchem jeder seinem eigenen Kopfe folgt, herausgehen und sich mit allen anderen (mit denen in Wechselwirkung zu gerathen er nicht vermeiden kann) dahin vereinigen, sich einem öffentlich gesetzlichen äußeren Zwange zu unterwerfen, also in einen Zustand treten, darin jedem das, was für das Seine anerkannt werden soll, *gesetzlich* bestimmt und durch hinreichende *Macht* (die nicht die seinige, sondern eine äußere ist) zu Theil wird."

[15] *Radbruch*, Der Zweck des Rechts (Fn. 13), S. 50.

[16] *Robert Alexy*, Theorie der Grundrechte, 3. Aufl., Frankfurt a.M. 1996 (3. Nachdr. 2011), S. 71–157.

[17] *Radbruch*, Der Zweck des Rechts (Fn. 13), S. 50.

als *Kelsen* dies für sein „Prinzip der Positivität" behauptet,[18] jemals das andere vollständig, also in allen Fällen, verdrängen. Im Gegenteil, die Doppelnatur des Rechts verlangt, daß sie in ein richtiges Verhältnis zueinander gesetzt werden. Die Richtigkeit zweiter Ordnung ist damit eine Sache der Abwägung. Das zeigt, daß die Abwägung nicht nur in der Gesetzgebung und Rechtsprechung, also in der rechtlichen Praxis, eine Rolle spielt, sondern auch bei der Beantwortung der Grundfragen des Rechts. Sie ist Teil der Natur des Rechts.

Das Spannungsverhältnis von Rechtssicherheit und inhaltlicher Richtigkeit zeigt sich überall im Rechtssystem. Hier sollen drei Aspekte herausgegriffen werden: die Frage nach einer äußersten Grenze des Rechts, das Problem der juristischen Argumentation und die Frage, ob das Prinzip der Richtigkeit zu einem unerträglichen Maß richterlicher Rechtsfortbildung führt.

V. Eine äußerste Grenze des Rechts

Im Streit über eine äußerste Grenze des Rechts geht es um die Frage, ob, wie *Kelsen* behauptet, „jeder beliebige Inhalt Recht sein" kann[19] oder ob, wie die Radbruchsche Formel[20] geltend macht, zwar nicht jede Ungerechtigkeit, aber doch extremes Unrecht kein Recht ist.[21] Dieser Streit kann hier nicht nachgezeichnet werden. Das einzige, was interessieren soll, ist, wie das Verhältnis der Schwelle des extremen Unrechts zu den Prinzipien der Rechtssicherheit und der Gerechtigkeit zu bestimmen ist, und ob dies Verhältnis dafür spricht, sowohl auf die Rechtssicherheit als auch auf die Gerechtigkeit abzustellen statt ausschließlich auf die Rechtssicherheit. Die Antwort beginnt mit der These, daß dies Verhältnis sich nach den beiden Grundgesetzen der Abwägung, dem Kollisionsgesetz und dem Abwägungsgesetz, bestimmt.

---

[18] *Hans Kelsen*, Die philosophischen Grundlagen der Naturrechtslehre und des Rechtspositivismus, Charlottenburg 1928, S. 21. Die Grundnorm soll zwar das Recht als „eine *sinnvolle* Ordnung … begründen", nicht aber auch als „eine *gerechte* Ordnung" (ibid.). „Auch die widerspruchsloseste Ordnung und die vollkommene Verwirklichung der formalen Gerechtigkeitsidee (könne) einen Zustand höchster Ungerechtigkeit darstellen" (ibid., S. 71).

[19] *Ders.*, Reine Rechtslehre, 2. Aufl., Wien 1960, S. 201.

[20] *Gustav Radbruch*, Gesetzliches Unrecht und übergesetzliches Recht (1946), in: *ders.*, Gesamtausgabe, Bd. 3, S. 89.

[21] *Robert Alexy*, A Defence of Radbruch's Formula, in: Lloyd's Introduction to Jurisprudence, 8. Aufl., hrsg. v. M.D.A. Friedman, London 2008, S. 427 f. Eine ausdrückliche Ablehnung des der Radbruchschen Formel zugrundeliegenden Gedankens findet sich in Hans Kelsen, Reine Rechtslehre, 1. Aufl., Leipzig/Wien 1934, S. 38: Die „Reine Rechtslehre … beschränkt sich auf das positive Recht und verhindert so, … daß die Diskrepanz zwischen einem irgendwie vorausgesetzten Gerechtigkeitsideal und dem positiven Recht zu einem juristischen Argument gegen dessen Geltung mißbraucht werde".

Das Kollisionsgesetz sagt unter Verwendung des Präferenzoperators „**P**“:

„Wenn das Prinzip P_1 dem Prinzip P_2 unter den Umständen *C* vorgeht: $(P_1 \mathbf{P} P_2)\ C$, und wenn sich aus P_1 unter den Umständen *C* die Rechtsfolge *R* ergibt, dann gilt eine Regel, die *C* als Tatbestand und *R* als Rechtsfolge enthält: $C \rightarrow R$.“[22]

„P_1“ soll das Prinzip der Rechtssicherheit, „P_2“ das der Gerechtigkeit repräsentieren. Die Vorrangbedingung „*C*“ wird in zwei Interpretationen verwendet. „C_1“ steht für „Unrecht unterhalb der Schwelle des extremen Unrechts“ und „C_2“ für „extremes Unrecht“. Nach der Radbruchschen Formel geht unter der Bedingung C_1, also im Falle von Unrecht unterhalb der Schwelle des extremen Unrechts, die Rechtssicherheit, P_1, der Gerechtigkeit, P_2, vor:

(1) $(P_1 \mathbf{P} P_2)\ C_1$.

Unter der Bedingung C_2, also bei extremem Unrecht, geht nach jener Formel demgegenüber die Gerechtigkeit, P_2, der Rechtssicherheit, P_1, vor:

(2) $(P_2 \mathbf{P} P_1)\ C_2$.

Das Prinzip der Rechtsicherheit, P_1, fordert, für sich genommen, daß die fragliche Norm gilt, also Recht ist, was durch „*R*“ repräsentiert werden kann. Das Prinzip der Gerechtigkeit, P_2, fordert, wiederum für sich genommen, daß die fragliche Norm nicht gilt, also kein Recht ist, was durch „$\neg R$“ ausgedrückt werden kann. Also impliziert (1) nach dem Kollisionsgesetz die Regel

(1′) $C_1 \rightarrow R$,

die wegen des bedingten Vorrangs der Rechtssicherheit die Geltung der unrichtigen Norm anordnet, und (2) die Regel

(2′) $C_2 \rightarrow \neg R$,

die wegen des bedingten Vorrangs der Gerechtigkeit im Falle extremen Unrechts den Geltungsverlust der unrichtigen Norm anordnet. Letzteres bedeutet ohne Zweifel eine Einbuße an Rechtssicherheit. Diese Einbuße wird jedoch sofort wieder dadurch abgemildert, daß durch die richterliche Entscheidung eine neue Regel eingeführt wird, die für die Zukunft für Rechtssicherheit sorgt.

All dies ist freilich nur dann akzeptabel, wenn die Regel, daß extremes Unrecht kein Recht ist, begründbar und auf rationale Weise anwendbar ist. Zu ihrer Begründung lassen sich zahlreiche Argumente anführen.[23] Hier soll nur die Begründung nach Maßgabe des Abwägungsgesetzes interessieren. Das Abwägungsgesetz lautet:

---

[22] *Alexy*, Theorie der Grundrechte (Fn. 16), S. 83.
[23] *Ders.*, Begriff und Geltung des Rechts (Fn. 2), S. 72–108.

> „Je höher der Grad der Nichterfüllung oder Beeinträchtigung des einen Prinzips ist, desto größer muß die Wichtigkeit der Erfüllung des anderen sein."[24]

Dieses Abwägungsgesetz kann zu der Gewichtsformel[25] weiterentwickelt werden, doch das soll hier außer Betracht bleiben.

Die deutschen Gerichte haben nach der Zerschlagung des Nationalsozialismus ebenso wie nach dem Zusammenbruch der DDR Rechtsnormen dieser Systeme aus der Zeit vor 1945 und vor 1989 als von Anfang an ungültig erklärt.[26] Damit haben sie eine Beeinträchtigung des Prinzips der Rechtssicherheit (P_1) in Kauf genommen. Nach dem Abwägungsgesetz kommt es einerseits darauf an, wie intensiv diese Beeinträchtigung ist, und andererseits darauf, wie groß die Wichtigkeit der Erfüllung des Prinzips der Gerechtigkeit (P_2) ist. Man nehme als Beispiel die Bankdepot-Entscheidung des Großen Senats für Zivilsachen beim BGH, in der es um die Frage ging, ob eine emigrierte Jüdin aufgrund von § 3 der 11. Verordnung zum Reichsbürgergesetz aus dem Jahre 1941 (RGBl. I, 722) ihr Eigentum an Wertpapieren verloren hat. Der Große Senat hat § 3 der 11. Verordnung, der den Übergang des Eigentums an das Reich vorsah, für „von vornherein nichtig" erklärt.[27] Da nur extremes Unrecht, nicht schon jede Ungerechtigkeit zur Nichtigkeit führt, kann der Eingriff in das Prinzip der Rechtssicherheit (P_1) als relativ leicht bezeichnet werden. Demgegenüber wäre der Eingriff in das Prinzip der Gerechtigkeit (P_2) sehr schwer, wenn die aus rassischen Gründen enteignete Jüdin ihr Eigentum nicht zurückbekäme. Das Abwägungsgesetz fordert daher, diesen Fall nach der Regel: Extremes Unrecht ist kein Recht ($C_2 \rightarrow \neg R$) zu entscheiden. Das Verhältnis der Schwelle des extremen Unrechts zu den Prinzipien der Rechtssicherheit und der Gerechtigkeit spricht also dafür, auf beide Prinzipien abzustellen, was nach dem Kollisions- und dem Abwägungsgesetz zu der Radbruchschen Formel führt, statt ausschließlich auf die Rechtssicherheit abzustellen, was die Ablehnung jener Formel implizieren würde.

Hiergegen könnte eingewandt werden, daß Fälle wie der Bankdepotfall so außergewöhnlich seien, daß sich eine Verallgemeinerung verbiete. So könne man durchaus darüber streiten, ob die Todesschüsse an der deutsch-deutschen Grenze extremes Unrecht gewesen seien. Dem ist entgegenzuhalten, daß die bloße Tatsache, daß über die Subsumtion eines Falls unter eine Norm gestritten werden kann, noch kein Argument gegen die Norm ist. Anderenfalls müßte auf so gut wie jede Norm verzichtet werden, denn aufgrund der Mehrdeutigkeit, der Vagheit und der evaluativen Offenheit der in Normen verwendeten Begriffe

---

[24] *Ders.*, Theorie der Grundrechte (Fn. 16), S. 146.

[25] *Ders.*, Die Gewichtsformel, in: Joachim Jickeli/Peter Kreutz/Dieter Reuter (Hrsg.), Gedächtnisschrift für Jürgen Sonnenschein, Berlin 2003, S. 790.

[26] *Ders.*, A Defence of Radbruch's Formula (Fn. 21), S. 428–432.

[27] BGHZ 16, 350 (354).

können bei jeder Norm zweifelhafte Fälle auftauchen. Entscheidend ist vielmehr, ob rationale Argumente für oder gegen eine Subsumtion unter den Begriff des extremen Unrechts möglich sind. Das aber ist, was hier freilich nicht ausgeführt werden kann,[28] der Fall.

VI. Die Sonderfallthese

Die Radbruchsche Formel betrifft die Ausnahmesituation, die nach dem Zusammenbruch eines Unrechtsregimes entsteht. Nunmehr ist der Alltag der Rechtsanwendung zu betrachten. Wieder soll die Frage lauten, ob ein Zusammenspiel des Prinzips der Rechtssicherheit mit dem der Gerechtigkeit zu einer besseren Lösung führt als ein alleiniges Abstellen auf das der Rechtssicherheit.

Bei der Erörterung des Prinzips der inhaltlichen Richtigkeit spielten die Schwächen dieses Prinzips eine wesentliche Rolle. Diese zeigten sich in den Grenzen der Leistungsfähigkeit der Diskurstheorie, was zu dem Erkenntnis- und dem Durchsetzungsproblem führte. Nun gibt es auch Schwächen des Prinzips der Rechtssicherheit. Diese liegen in dem, was *H.L.A. Hart* als die offene Struktur („open texture")[29] und *Kelsen* als den Rahmencharakter des positiven Rechts[30] beschrieben hat. Für diese notwendige Offenheit gibt es mehrere Gründe. Von besonderer Bedeutung sind auf der Seite der Normen die Vagheit der Sprache des Rechts, die Möglichkeit von Normwidersprüchen, das Fehlen von Normen, auf die sich die Entscheidung stützen läßt, sowie die Diskrepanz zwischen dem Wortlaut und dem Willen des Gesetzgebers und auf der Seite der Sachverhalte die „Vielgestaltigkeit des Lebens"[31]. Das Prinzip der Rechtssicherheit stellt an den Gesetzgeber die Forderung, die Offenheit des Rechts so gering wie möglich zu halten. Doch diese Forderung ist stets nur unvollkommen erfüllbar.

Im Offenheitsbereich des positiven Rechts kann definitionsgemäß nicht aufgrund des positiven Rechts entschieden werden, denn wenn aufgrund des positiven Rechts entschieden werden könnte, befände man sich nicht in seinem Offenheitsbereich. Positivisten wie *Kelsen* und *Hart* sind deshalb nur konsequent, wenn sie sagen, daß der Richter im Offenheitsbereich ermächtigt ist, ähnlich wie ein Gesetzgeber, aufgrund außerrechtlicher Maßstäbe nach seinem Ermessen neues Recht zu schaffen.[32] *Kelsen* betont, daß dieses Ermessen ein „freie(s) Ermessen"[33] ist, und er hebt hervor, daß alle im Offenheitsbereich des positi-

---

[28] *Robert Alexy*, Mauerschützen, Göttingen 1993, S. 29 f.

[29] *H.L.A. Hart*, The Concept of Law, 2. Aufl., Oxford 1994, S. 128.

[30] *Kelsen*, Reine Rechtslehre, 2. Aufl. (Fn. 19), S. 347 f.

[31] BVerfGE 126, 170 (195).

[32] *Kelsen*, Reine Rechtslehre, 2. Aufl. (Fn. 19), S. 350 f.; *Hart*, The Concept of Law (Fn. 29), S. 135.

[33] *Ders.*, Reine Rechtslehre, 2. Aufl. (Fn. 19), S. 347.

ven Rechts liegenden Möglichkeiten „gleichwertig“[34] sind. Man kann letzteres die „Gleichwertigkeitsthese“ nennen. All dies, so *Kelsen*, müsse so sein, denn nur bei der Feststellung des Rahmens gehe es um Interpretation als Erkenntnis.[35] Die Ausfüllung des Rahmens sei demgegenüber eine „Willensfunktion“.[36] Würde man die Ausfüllung des Rahmens als Erkenntnis deuten, würde man sich dem hingeben, was *Kelsen* als „Illusion der Rechtssicherheit“ bezeichnet.[37]

Vom Standpunkt einer positivistischen Theorie des Rechts aus hat *Kelsen* recht. Die Frage lautet, ob dies auch vor dem Hintergrund der nichtpositivistischen Theorie der Doppelnatur des Rechts gilt. Es ist eine zentrale These der Theorie der Doppelnatur des Rechts, daß der juristische Diskurs ein besonderer Fall des allgemeinen praktischen Diskurses ist.[38] In der juristischen Argumentation geht es, wie in der allgemeinen praktischen Argumentation, letzthin stets darum, was geboten, verboten und erlaubt ist, also um praktische Fragen. Sowohl im allgemeinen praktischen als auch im juristischen Diskurs wird ein Anspruch auf Richtigkeit erhoben. Die Besonderheit besteht darin, daß der Anspruch auf Richtigkeit im juristischen Diskurs, anders als im allgemeinen praktischen Diskurs, nicht darauf zielt, was unabhängig vom jeweils positiv geltenden Recht richtig ist, sondern vielmehr darauf, was im Rahmen eines bestimmten Rechtssystems richtig ist. Was in einem Rechtssystem richtig ist, hängt, ganz im Sinne des Begriffs der Richtigkeit zweiter Stufe oder Ordnung, wesentlich davon ab, was autoritativ oder institutionell festgelegt worden ist und was in das System paßt. Will man dies in eine kurze Formel fassen, so kann man sagen, daß die juristische Argumentation an Gesetz und Präjudiz gebunden ist und das von der Rechtsdogmatik erarbeitete System des Rechts beachten muß. Diese Bindungen werden durch die spezifischen Regeln und Formen des juristischen Diskurses zum Ausdruck gebracht.[39]

Die Frage lautet, ob die Sonderfallthese die Kraft hat, *Kelsens* These des freien Ermessens zu Fall zu bringen. Diese Frage soll vor dem Hintergrund der Unterscheidung von drei Modellen juristischen Entscheidens beantwortet werden: dem Dezisionsmodell, dem Erkenntnismodell und dem Argumentationsmodell. *Kelsens* Argument der Willensfunktion ist ein klarer Ausdruck des Dezisionsmodells. Im Spielraum geht es ausschließlich um einen „Willensakt“,[40] also um eine Dezision. Dem Dezisionsmodell stellt *Kelsen* das Erkenntnismodell gegenüber. Die Möglichkeiten der Rechtserkenntnis beschränkt er dabei mit größtem Nachdruck auf die Erkenntnis des vom positiven Recht gesetzten

---

[34] Ibid., S. 349.
[35] Ibid.
[36] Ibid., S. 351.
[37] *Ders.*, Reine Rechtslehre, 1. Aufl. (Fn. 21), S. 100.
[38] *Alexy*, Hauptelemente einer Theorie der Doppelnatur des Rechts (Fn. 8), S. 163.
[39] *Ders.*, Theorie der juristischen Argumentation (Fn. 6), S. 364–367.
[40] *Kelsen*, Reine Rechtslehre, 2. Aufl. (Fn. 19), S. 351.

Rahmens. Dabei geht es vor allem um die Erkenntnis der „möglichen Bedeutungen einer Rechtsnorm".[41] Ein Erkenntnismodell, das verspricht, „stets nur *eine* richtige Entscheidung liefern" zu können,[42] lehnt er, gleichsam im Vorgriff auf *Ronald Dworkins* spätere These der einzig richtigen Antwort,[43] ab. Nach *Kelsen* erschöpfen das Dezisions- und das Erkenntnismodell den Raum der Möglichkeiten. Genau dies ist der Fehler. Es gibt ein drittes Modell, das Argumentationsmodell. Diesem dritten Modell entspricht die Sonderfallthese.

Dem könnte entgegengehalten werden, daß das Argumentationsmodell eine bloße Illusion sei. Die Schwächen der Diskurstheorie hätten, wie oben dargelegt, zur Notwendigkeit des positiven Rechts geführt, und nun soll die Theorie, deren Schwächen durch das positive Recht geheilt werden sollten, erneut antreten und die Schwächen des positiven Rechts heilen? Das sei nicht möglich. Hiergegen lassen sich zwei Argumente vortragen.

Das erste Argument macht geltend, daß die Schwächen der Diskurstheorie nicht bedeuten, daß sie zu keiner Leistung fähig ist. Ihre Leistungskraft reicht zwar nicht dafür aus, an die Stelle eines Rechtssystems zu treten. Im Rahmen eines Rechtssystems aber kann sie durchaus in Gestalt der Sonderfallthese Anwendung finden. Das setzt freilich voraus, daß sich gute von schlechten Argumenten im Offenheitsspielraum des positiven Rechts unterscheiden lassen. Das mag nicht immer der Fall sein, ist aber doch in vielen Fällen möglich. Es ist in vielen Fällen möglich, weil die Verknüpfung der Regeln und Formen des allgemeinen praktischen mit denen des juristischen Diskurses Kriterien für die Unterscheidung von guten und schlechten Begründungen im Recht bieten. Damit fällt ein entscheidender Baustein des Kelsenschen Dezisionsmodells, die Gleichwertigkeitsthese.

Das erste Argument stellt ganz allgemein auf die juristische Argumentation ab. Das zweite Argument nimmt darüber hinaus den demokratischen Verfassungsstaat in den Blick, der ebenfalls ein Postulat der Doppelnaturthese ist.[44] Es ist ein notwendiges und wesentliches Element des demokratischen Verfassungsstaats, daß in ihm Grundrechte gelten, die auf das einfache Recht ausstrahlen und deshalb bei der Anwendung des einfachen Rechts zu berücksichtigen sind.[45] Das bedeutet, daß der Offenheitsbereich des positiven einfachen Rechts keinesfalls leer ist. Zur Sonderfallthese als allgemeiner argumentationstheoretischen These tritt damit die Grundrechtstheorie in Gestalt der Prinzipientheorie. Die Abwägung nach Maßgabe des Verhältnismäßigkeitsgrundsatzes, die bei der Berücksichtigung der Grundrechte im Rahmen der Auslegung

---

[41] Ibid., S. 353.

[42] Ibid., S. 349.

[43] *Ronald Dworkin*, No Right Answer?, in: P.M.S. Hacker/Joseph Raz (Hrsg.), Law, Morality, and Society, Oxford 1977, S. 61.

[44] *Alexy*, Die Doppelnatur des Rechts (Fn. 1), S. 401 f.

[45] *Ders.*, Theorie der Grundrechte (Fn. 16), S. 475–493.

regelmäßig erforderlich ist, läßt sich, was hier nicht ausgeführt werden kann,[46] als eine Form rationaler Argumentation auffassen. Damit sind es wieder die Argumentation und der mit ihr verbundene Anspruch auf Richtigkeit, die den Ausschlag geben. Natürlich existieren auch hier Unsicherheiten und vor allem Spielräume.[47] Doch das ändert nichts daran, daß *Kelsens* Gleichwertigkeitsthese weiter eingeschränkt wird. All dies ließe sich vertiefen. Doch auch so steht fest, daß die Sonderfallthese in Verbindung mit der grundrechtsbezogenen Prinzipientheorie die Willkür im Offenheitsbereich des positiven einfachen Rechts so weit zurückdrängen kann, daß von einem deutlichen Gewinn an Rechtssicherheit gesprochen werden kann. Die Verknüpfung von Rechtssicherheit mit dem an sich gegenläufigen Prinzip der Richtigkeit führt so zu mehr Rechtssicherheit als das Prinzip der Rechtssicherheit allein. In dem Umfang, in dem diese Verknüpfung dies tut, ist *Kelsens* These der „Illusion der Rechtssicherheit"[48] zurückzuweisen. Rechtssicherheit ist in dem Maße keine Illusion, in dem Richtigkeit keine Illusion ist.

VII. Grenzen der juristischen Argumentation

Den Verfechtern reiner Rechtssicherheit bleibt ein letztes Argument. Sie können geltend machen, daß die Verknüpfung von Rechtssicherheit und Richtigkeit nicht akzeptable Rechtssicherheitskosten nach sich ziehe. Es sei vielleicht möglich, im Offenheitsbereich des positiven Rechts die Rechtssicherheit zu steigern, also Rechtssicherheitsgewinne zu erzielen. Dafür müsse aber der Preis gezahlt werden, daß durch diese Verknüpfung die Rechtssicherheit im Bestimmtheitsbereich des positiven Rechts gesenkt werde. Entscheidungen gegen den Wortlaut und den Willen des historischen Gesetzgebers würden möglich werden. Damit wären Contra-legem-Entscheidungen nicht länger ausgeschlossen. Auch anderen Formen der Rechtsfortbildung[49] würde das Tor geöffnet werden. Das aber sei eine nicht hinnehmbare Einbuße an Rechtssicherheit.

Dieses Argument wäre schlagend, wenn die Verknüpfung von Rechtssicherheit und Richtigkeit dazu führen würde, daß der Rechtsanwender die Kompetenz erhält, jedes Gesetz, das er für unrichtig hält, nicht anzuwenden. Das ist jedoch keinesfalls das Ergebnis dieser Verknüpfung. *Kelsens* These: „Auch

---

[46] *Ders.*, Die Konstruktion der Grundrechte, in: Laura Clérico/Jan-Reinard Sieckmann, Grundrechte, Prinzipien und Argumentation. Studien zur Rechtstheorie Robert Alexys, Baden-Baden 2009, S. 14–19.

[47] *Ders.*, Verfassungsrecht und einfaches Recht – Verfassungsgerichtsbarkeit und Fachgerichtsbarkeit, in: VVDStRL 61 (2002), S. 15–30.

[48] *Kelsen*, Reine Rechtslehre, 1. Aufl. (Fn. 21), S. 100.

[49] Zu einer Unterscheidung von vier Formen vgl. *Robert Alexy*, Juristische Interpretation, in: *ders.*, Recht, Vernunft, Diskurs, Frankfurt a.M. 1995, S. 91.

das – nach Ansicht des Rechtsanwenders – schlechte Gesetz ist anzuwenden",[50] ist grundsätzlich auch vor dem Hintergrund der Verknüpfung von Rechtssicherheit und Richtigkeit zuzustimmen. Entscheidend ist, wie bei Prinzipienabwägungen ganz allgemein, das Maß der Beeinträchtigung der beteiligten Prinzipien, hier also der Prinzipien der Rechtssicherheit und der inhaltlichen Richtigkeit. Eine allgemeine Richtigkeitskontrollkompetenz der Rechtsanwendungsorgane würde die Rechtssicherheit unverhältnismäßig beeinträchtigen. Es muß daher einen Prima-facie-Vorrang des Autoritativen oder Institutionellen geben. Das gilt sowohl für Gesetze als auch für Präjudizien. Dieser Vorrang kann jedoch wegen der Doppelnaturthese – sieht man von einzelnen Bereichen wie dem Strafrecht, das von der Regel nulla poena sine lege regiert wird, ab – nicht absolut sein. Das wäre mit dem Prinzip der inhaltlichen Richtigkeit unvereinbar. Wieder geht es, wie bei der Radbruchschen Formel, um Abwägung und Argumente. Das kommt in der folgenden Argumentationslastregel zum Ausdruck:

> „Argumente, die eine Bindung an den Wortlaut des Gesetzes oder den Willen des historischen Gesetzgebers zum Ausdruck bringen, gehen anderen Argumenten vor, es sei denn, es lassen sich vernünftige Gründe dafür anführen, den anderen Argumenten den Vorrang einzuräumen."[51]

Natürlich wäre es schön, wenn sich eine genauere Regel formulieren ließe, die das Problem der Rechtsfortbildung ein für allemal löst. Doch eine solche Lösung zu fordern hieße, den ewigen Charakter des Problems des Verhältnisses von Rechtssicherheit und Richtigkeit zu verkennen. Immerhin aber läßt sich eine Grundlinie erkennen, die die Radbruchsche Formel mit der eben angeführten Argumentationslastregel verbindet. Es ist die Idee eines überwölbenden Prima-facie-Vorranges des Autoritativen oder Institutionellen, also des Prinzips der Rechtssicherheit, vor dem Prinzip der inhaltlichen Richtigkeit oder der Gerechtigkeit.

---

[50] *Kelsen*, Reine Rechtslehre, 1. Aufl. (Fn. 21), S. 101.
[51] *Alexy*, Theorie der juristischen Argumentation (Fn. 6), S. 305.

Verbraucherkultur und die Amerikanische Bürgerrechtsbewegung

Rasse, Rechtswissenschaft und die bürgerliche Bedeutung der Nahrung*

Mark S. Weiner

In diesem Aufsatz möchte ich mich an einem Thema versuchen, das dem immer umfangreicher werdenden akademischen Forschungsbereich der Kulturgeschichte des Rechts zuzuordnen ist. Rechts- und Kulturwissenschaft werden hierbei unter einem historischen Blickwinkel betrachtet, und zwar durch eine Untersuchung der Art und Weise, in der Rechtskonzepte in bestimmten volkstümlichen kulturellen Erscheinungsformen Mitte des 20. Jahrhunderts Ausdruck fanden, wobei die jeweilige Transformation dieser Formen einen wichtigen, doch bisher noch unerforschten Aspekt der Entwicklung der freiheitlichen Rechtsstaatlichkeit und des größeren sozioökonomischen Modernisierungsvorgangs erhellt.[1] In meiner Untersuchung versuche ich speziell die komplexen historischen Beziehungen zwischen ökonomischem Fortschritt, dem Rasse- und Bürgerbegriff und der Entstehung einer die Einzelstaaten übergreifenden nationalen Kultur zu beleuchten, einer Kultur, die auf einem gemeinsamen, impliziten Rechtsverständnis beruhte; es geht mir um die Identifizierung einer nationalen Integration einer „philosophy-of-law-in-culture", einer kulturimmanenten Rechtsphilosophie. Ich möchte hier betonen, dass mein Thema sich nicht auf das deutsche, sondern auf das amerikanische Rechtssystem bezieht. Ich lade Sie deshalb ein, mit mir gen Westen aufzubrechen, in den Staat Alabama der 50er und 60er Jahre des 20. Jahrhunderts, in eine Zeit, die zu den Höhepunkten des freiheitlichen Konstitutionalismus meines Landes zählt: die Zeit der afro-amerikanischen Bürgerrechtsbewegung. Ich möchte mich hier mit einem Thema beschäftigen, das die meisten Wissenschaftler weder mit der Ju-

* Der Autor dankt *Johanna Timm* für ihre Hilfe bei der Übersetzung. Für Irrtümer und Fehler ist er selbst verantwortlich.

[1] „Modernisierung" möchte ich hier in Anlehnung an den „Vorgang des wirtschaftlichen, politischen, sozialen und kulturellen Wandels in unterentwickelten Ländern" verstanden wissen, „wenn diese sich zu fortschrittlicheren und komplexeren sozio-politischen Organisationen entwickeln", *Jorge Larrain*, Modernization, The Blackwell Dictionary of Twentieth-Century Social Thought, Hrsg. William Outhwaite und Tom Bottomore, Oxford 1995, S. 392–394.

risprudenz noch mit der Bürgerrechtsbewegung und vermutlich auch nicht mit dem Themenkomplex der historischen Modernisierung assoziieren würden. Ich konzentriere mich nämlich auf die bürgerliche und rechtliche Signifikanz der volkstümlichen amerikanischen Küche – auf die Volkskultur der *Nahrung* – und hier speziell auf die kulinarischen Essgewohnheiten im Süden der Vereinigten Staaten, die den Verzehr gebratenen Fleisches mitbeinhalten.[2]

Das gebratene Fleisch, auf das ich mich dabei beziehe, heißt „Barbecue" oder Grillfleisch. Dabei handelt es sich um eine Methode des Kochens, bei der das Fleisch über einer mit heißen Kohlen oder brennendem Hartholz angefüllten Grube gegart wird. Das Fleisch wird sehr langsam gegrillt, häufig auf einem sich drehenden Spieß, und dabei mit einer Sauce bestrichen, um es vor dem Austrocknen zu bewahren und ihm mehr Geschmack zu verleihen. Das auf diese Weise zubereitete Fleisch wird oft mit der Hand und mit dem typisch amerikanischen Weißbrot gegessen. Dazu werden gebackene Bohnen, Weißkohlsalat oder ein Maiskolben serviert. Das Wort *barbecue* stammt übrigens aus der Arawak-Sprache der Taino-Indianer, die einst Kolumbus bei seiner Ankunft auf dem neuen Kontinent begrüßten.[3] Die Taino pflegten ihr Fleisch über einem „barbacoa" genannten, vierfüßigen Ständer zu grillen, der ebenfalls als Aussichtsposten oder Wachtturm fungierte und auf diese Weise für eine Verknüpfung des Vorgangs des Fleischgarens mit der Zuschaustellung eines Gruppenzugehörigkeitsgefühls sorgte. Dies ist ein Thema, auf das ich noch mehrfach zurückkommen werde. Der im zeitgenössischen Barbecue verwendeten Kombination von Fleisch und Zucker (in Form der Sauce zum Bestreichen) nach zu urteilen, handelt es sich hier um eine für die Südstaaten typische Zubereitungsart und eine Zusammenstellung, die häufig in früheren Sklavengesellschaften der westlichen Hemisphäre zu beobachten war.[4] Doch unabhängig von ihren etymologischen oder gesellschaftlichen Ursprüngen wird man heutzutage die Symbolträchtigkeit der Kochsitten für diese Region kaum überschätzen können. Ein Barbecue gehört zu den Essgewohnheiten der Südstaaten genauso wie der Wein zum einem französischen Mahl, und wie bei allen wichtigen Ritualen

[2] Mit seiner Analyse der Bürgerrechtsbewegung bildet der vorliegende Aufsatz eine Ausdehnung früherer Untersuchungen des Autors über Nahrung, freiheitliche Demokratie und die Verbrauchergesellschaft in den Bereich des Rechts. Vgl. auch *Mark S. Weiner*, We Are What We Eat; or, Democracy, Community and the Politics of Corporate Food Displays, American Quarterly 46 (Juni 1994), S. 227–250.

[3] Vgl. z.B. auch die Einträge für barbecue und barbecoa in der Online-Ausgabe des Englisch-Taino Wörterbuchs, bei dem es sich um ein Projekt des Taino Inter-Tribal Council, Inc. handelt; einsehbar unter der Adresse http://members.dandy.net/~orocobix/tedict.html (zuletzt Zugriff genommen im Juni 2003). Über diese Website ist auch ein in der Fotosammlung der Archive des Staates Florida enthaltenes Bild zugänglich: http://fpc.dos.state.fl.us/reference/rc05486.jpg zuletzt Zugriff genommen I, Juni 2003).

[4] Unter anderem um die historische Beziehung zwischen Zucker und der Sklaverei geht es in der Untersuchung von *Sidney Mintz*, Sweetness and Power: The Place of Sugar in Modern History, New York 1985.

einer Gemeinschaft wird über diesbezügliche Einzelheiten mit hitzigem Eifer diskutiert, was selbstverständlich nur die allgemeine Wichtigkeit des betreffenden Brauches unterstreicht.

Über siebzig Jahre lang, von 1926 bis 2001, gab es in der Stadt Birmingham in Alabama ein Grill-Lokal, das sich „Ollie's" nannte – einen Familienbetrieb, der sich 11 Straßenzüge entfernt vom Interstate Highway befand. Es sollte erwähnt werden, dass man sich in der Gegend von Birmingham über Ollies Kochkünste nicht ganz einig war, ganz besonders nicht im Hinblick auf seine spezielle Variante der Essig-Sauce, die in dieser Region bevorzugt wird. Einige Einheimische behaupteten, dass man am anderen Ende der Stadt ein besseres Barbecue bekäme und dass sich ein Besuch bei Ollie's wegen seiner Nachspeisen lohne, vor allem, wenn man es auf einen richtig echten Pie abgesehen habe, wie man ihn in den Südstaaten kennt und liebt. Aus der Perspektive einer kulturhistorisch orientierten Rechtswissenschaft ist jedoch klar, dass Ollie's Status in keinster Weise in Abrede gestellt werden darf: In diesem Lokal wurde das bedeutungsträchtigste Fleisch in der amerikanischen Rechtsgeschichte serviert. Denn bei Ollie's handelte es sich um das Lokal, um welches es im Fall *Katzenbach v. McClung* ging, in dem die Entscheidung des Obersten Gerichtshofes Title II des Bürgerrechtsgesetzes aus dem Jahre 1964 aufrechterhalten wurde und zur Beendigung der „*Jim Crow*"-Ära beitrug, einer Ära, die seit dem Ende des 19. Jahrhunderts mit seinem gesellschaftlich-rechtlichen System der Rassentrennung das Leben im Süden geprägt hatte.[5] Dieses Lokal wurde zum Schauplatz eines vehement geführten Rechtsstreits über die Bedeutung unserer Verfassung – eines Streits, in dem es insbesondere, wie ich später erklären werde, um die Auslegung einer als „Commerce Clause" („Handelsklausel") bekannten Bestimmung ging. Um Ollie's wurden hitzige Auseinandersetzungen geführt, und zwar über die Möglichkeit, Rassengleichheit durch konzertiertes Eingreifen von Seiten des Staates zu erreichen, das heißt durch eine Stärkung und aktive Bestätigung der rechtlichen Gewalt unserer bundesstaatlichen Regierung. Dieses bescheidene Lokal, in dem Fleisch ganz oben auf der Speisekarte stand, wurde zum Schauplatz eines Kampfes, in dem sich schließlich eine gänzlich neue Epoche der Rassenbeziehungen, staatlicher Autorität und freiheitlicher Prinzipien des bürgerlichen Miteinanderlebens durchsetzte.

Essen und die Verfassung. Fleisch und Rassengleichheit. Diese Nebeneinanderstellung klingt befremdlich oder gar komisch – und ich habe sie durchaus bewusst gewählt. Wenn dieser Kontrast überraschend oder komisch wirkt, dann sollten wir dies dem Vorgang des kollektiven *Vergessens* zuschreiben, den *Roland Barthes* so trefflich als zentrales Element des modernen Mythos dar-

---

[5] *Katzenbach v. McClung*, 379 U.S. 294 (1964). Eine Einführung in die Eigenart und die Geschichte von Jim Crow findet sich bei *C. Vann Woodward*, The Strange Career of Jim Crow, New York 1955.

gestellt hat.[6] Ich möchte dies als subtile Äußerung eines historischen Trends verstanden wissen, demzufolge zentrale Aspekte unseres kollektiven Rechtsgedächtnisses, und damit aus unserem alltäglichen Zusammenleben als Bürger unseres Staates einfach verdrängt und wichtige intellektuelle Fragestellungen über die Kulturbezogenheit des zeitgenössischen Rechts von den Hauptrichtungen der modernen Rechtsforschung schlicht außer Acht gelassen wurden. Wie ich weiter unten ausführen werde, zeigt die Geschichte von Ollie's Lokal nicht nur die enge Verflechtung von Konsumverhalten und Verfassung auf, sondern verdeutlicht auch, dass die expandierende Nachkriegswirtschaft die materielle Basis dieser verborgenen Verbindung bildete. Eine Betrachtung der Geschichte von Ollie's erhellt somit nicht nur die grundlegende historische Bedeutung der Bürgerrechtsgesetze, sondern fungiert auch als Wegweiser zu einem neuen allgemeinen Forschungsgebiet, in dem sich juristische, kulturelle und wirtschaftliche Fragestellungen im Namen einer institutionsorientierten und psychologisch ausgerichteten Analyse unseres modernen Staatsverständnisses vereinen. Ehe ich mich dem Fall *Katzenbach v. McClung* näher widme, möchte ich Ihre Aufmerksamkeit auf dieses potenzielle akademische Forschungsgebiet lenken. Ich werde mich diesem Forschungsfeld mit großer Ausführlichkeit widmen, denn methodologische und konzeptionelle Fragestellungen im Allgemeinen beschäftigen mich mindestens ebenso sehr wie der Fall Ollie im Besonderen und die Beziehung zwischen der amerikanischen Volksküche und dem Gesetz. Nach einer Methodendiskussion und einer Historiografie, die ich durch relevante Beispiele aus der Geschichte populärer Speisen ergänzen werde, wende ich mich dann wieder dem Lokal Ollie's und den Bürgerrechtsgesetzen zu. Und hier fasziniert mich ganz besonders das Rechtsverständnis, das mit Hilfe dieser Gesetzgebung abgeschafft wurde: ein rituelles, auf den Prinzipien einer rassisch definierten Kaste begründetes Verständnis von Recht und Gesetz.

An dieser Stelle sind vermutlich einige Erklärungen bezüglich meines Verständnisses einer Kulturgeschichte des Rechts angebracht. Das Thema Recht und Volkskultur ist in der Tat ungemein breitgefächert, und wir tun gut daran, dies nicht unnötig einzuengen. Ich möchte dennoch darauf aufmerksam machen, dass einem bestimmten Ansatz bei der Untersuchung der diversen Wechselbeziehungen zwischen Recht und Volkskultur bisher nicht die gebührende Aufmerksamkeit gezollt wurde, und das ist der geschichtlich orientierte Ansatz. Ich möchte damit sagen, dass die Erforschung des Themenbereiches Recht und Volkskultur merklich vorangetrieben werden könnte, wenn man sich intensiver mit einer Analyse der Kontinuität und Diskontinuität befasste und die entspre-

---

[6] Siehe *Roland Barthes*, Mythologies, New York 1972 [1957]. Einige der in *Mythologies* vorgestellten Untersuchungen, die als Respons eines französischen Intellektuellen auf die Verbrauchergesellschaft der Nachkriegszeit interpretiert werden können, beziehen sich bezeichnenderweise auf Nahrung. Siehe z.B. „Operation Margarine", „Wine and Milk", und „Steak and Chips", S. 41–42, S. 58–61, S. 62–64.

chenden Untersuchungen mehr zu der jeweiligen historischen Vergangenheit in Bezug setzte, anstatt sich auf die soziologische Gegenwart zu beziehen. Ein historischer Ansatz kann meiner Meinung nach einen wichtigen, wenn auch nicht ausschließlichen Weg zur Erhellung des Themas Recht und Volkskultur bieten, den ich wie folgt – recht abstrakt gehalten – charakterisieren möchte. Meiner Ansicht nach sollte eine historische Untersuchung von Recht und Volkskultur 1) sich in Denkmustern bewegen, bei denen Erscheinungen des Mikrokosmos mit solchen des Makrokosmos verbunden werden und umfassende philosophische Konzepte in den kleinsten Einzelheiten vergangener rechtlicher und kultureller Erfahrungen sichtbar gemacht werden, 2) fest in den materiellen und wirtschaftlichen Transformationen der jeweiligen Gesellschaften verwurzelt sein, das heißt, ihre Basis in gewisser Weise in der historischen Materialität haben, 3) in ihrer Eigenart als Rechtsstudien solche staatlichen Institutionen nicht außer Acht lassen, die vom Gesetz gerechtfertigt und durch ganz spezielle und stilisierte rhetorische Formen unterstützt und erhalten werden und 4) das Kultur- und Selbstverständnis, das sich in unserem Recht als einem sozialen System offenbart, bewusst zu berücksichtigen; hierbei ziele ich nicht so sehr auf eine Interpretation bestimmter kultureller Texte, Statuten oder Gerichtsentscheidungen durch die Rechtsprechung ab, sondern mir kommt es auf darauf an, das Verhältnis unserer jeweiligen Rechtssysteme zu dem Konzept „Kultur" und dem Konzept „Recht" aufzuzeigen. Mein persönliches Interesse an dem Thema Recht und volkstümliche Esskultur orientiert sich an diesem allgemeinen Modell.

Was die Themenkreise der wirtschaftlichen Transformation und des historischen Materialismus anbelangt, so beziehe ich mich hier auf die aktuelle Debatte um dieses Thema, zu der meiner Meinung nach wir Rechtswissenschaftler einen wichtigen Beitrag leisten können. Über dieses Thema wird an amerikanischen Universitäten seit langem mit wahrer Inbrunst diskutiert, wobei in den vergangenen Jahren eine zunehmend verfeinerte Form der Fragestellung beobachtet werden konnte. Einige Forscher vertreten die Meinung, dass die Verbrauchergesellschaft sich dem demokratischen Prinzip gegenüber feindlich verhielte, und betonen, dass die Selbstbezogenheit unserer Konsumgesellschaft mit einer Abnahme der Bereitschaft, sich für das Allgemeinwohl zu engagieren, einhergehe und die schwer festzulegende Bedeutung von Bedarfsgegenständen des täglichen Lebens den anti-demokratischen Einfluss des Kapitals verschleiere. Vor kurzem veröffentlichte Forschungen untermauern diese These; man nimmt speziell auf den Zeitraum des 2. Weltkrieges Bezug, als sich eine „weitreichende ideologische Neudefinition von Politik und Gesellschaft abzuzeichnen begann." Gemäß dieser semiotischen Neudefinition – als solche ein typisches Merkmal eines während des Kalten Krieges gepflegten Liberalismus – wurde das Recht auf Gebrauchsgüter als eines der wichtigsten Bürgerrechte aufgefasst, was sich in einem neuen bürgerlichen Selbstverständnis niederschlug, das sich, wie *Jean-Christophe Agnew* ausführt „in der scheinbar unverfänglichen Sprache von Limonade... und Haushaltsgeräten" offenbarte.[7] Aus dieser Perspektive der Verbrauchergeschichte definiert sich das amerikanische Selbstverständnis Mitte des Jahrhunderts tragischerweise durch die Sprache der Gebrauchsgüter-Kultur. Und unser bürgerliches Zugehörigkeitsgefühl fand schließlich in einer Lebensphilosophie Ausdruck, die als „The American Way of Life" bezeichnet wurde.

Lassen Sie mich hier zur Erläuterung ein Beispiel aus meinen eigenen Forschungsarbeiten, dem Gebiet der Nahrung und der bürgerlichen Identität anführen.[8] Wenn man den USA ein Nationalgetränk zuordnen möchte – in Analogie etwa zum Wein, der den Sinn der Franzosen für ästhetische Finesse veranschaulicht und zum Teetrinken der Briten, das deren Ideale des bürgerlichen Diskurses symbolisiert, dann ist dieses Getränk für uns Amerikaner Coca-Cola. Erschwinglich im Preis, überall erhältlich und mitführbar – dieses süßes Getränk mit seinem aufmunternden Schuss Koffein ist der heilige Trunk der amerikanischen Nation im Ausland und daheim. Diese Rolle fiel dem Getränk selbstverständlich nicht von ungefähr zu. Das Image von Coca-Cola wurde vielmehr ganz bewusst während des II. Weltkriegs entwickelt, als das Unternehmen Coca-Cola öffentlich das Versprechen abgab, dass jeder amerikanische Soldat während der Dauer der kriegerischen Auseinandersetzungen stets und allerorts eine eiskalte Flasche Coke zur Verfügung haben würde. Um dieses kühne Versprechen halten zu können, traf das Unternehmen mit der amerikanischen Regierung ein Abkommen, das seinen in Militäruniformen gekleideten und als „technische Beobachter" titulierten Vertretern ermöglichte, den amerikanischen Truppen überallhin zu folgen und sie zu begleiten – durch die windgepeitschten Wüsten Nordafrikas, den italienischen Stiefel hoch, durch die schwül-heißen südpazifischen Urwälder – wobei unterwegs fleißig Coca-Cola-Abfüllanlagen und -automaten eingerichtet und aufgestellt wurden. Durch diese außerordentliche Konvergenz von Geschäfts- und Staatsinteressen entwickelte sich das Getränk Coca-Cola unter den psychologischen Bedingungen eines globalen Krieges, in dem Coca-Cola bei heimwehkranken GIs machtvolle Erinnerungen an Freunde und Verwandte in der Heimat heraufbeschwor, zu einer Ikone der amerikanischen Identität und legte zugleich die materielle Basis für die globale Ausbreitung des Coca-Cola-Unternehmens nach dem Ende des

[7] *Jean-Christophe Agnew*, Coming Up for Air: Consumer Culture in Historical Perspective, Intellectual History Newsletter 12 (1990): 3–21, S.14. Eine vergleichbare Untersuchung findet sich bei *Robert Westbrook*, Fighting for the American Family: Private Interests and Political Obligations in World War II, in The Power of Culture: Critical Essays in American History, Hrsg. Richard Wrightman Fox and T.J. Jackson Lears, Chicago 1992, S. 195–221. Zur Kitchen Debate, auf die sich Agnews Formulierung teilweise bezieht, siehe *Stephen J. Whitfield*, The Culture of the Cold War. Baltimore 1991, S. 73–74.

[8] Vgl. *Mark S. Weiner*, Consumer Culture and Participatory Democracy: The Story of Coca-Cola in World War II, in: Carol M. Counihan, Food in the USA: A Reader, New York 2002, S. 123–142 (Nachdruck aus *Food & Foodways* 6[2][1996]. S. 109–129).

Krieges. Und so kam es zur Verschmelzung von psychologisch motiviertem, nationalem Zugehörigkeitsgefühl und emotional geprägter Gruppenbindung mit einer multi-nationalen wirtschaftlichen Macht – wobei die politischen Gefahren dieser Macht sich unter dem Deckmantel unserer nationalen demokratischen Identität verbargen.

Während einige Wissenschaftler betonen, inwiefern das von Verbraucherzeichen bestimmte Leben in der Nachkriegszeit potenziell demokratiefeindlich war, wird von anderen hervorgehoben, dass Verzehrgüter als Instrumente zu einer auf breiter Basis stattfindenden demokratischen Mobilisierung eingesetzt wurden. Diese Denkrichtung wird zum Beispiel in der wichtigen Analyse von *Timothy Breen* vertreten, die sich mit der Funktion des Tees in der amerikanischen Revolution beschäftigt. Bekanntlich assoziiert man den Anfang unseres Strebens nach politischer Unabhängigkeit von England gemeinhin mit einer Demonstration, die als die „Boston Tea Party“ in die Geschichtsbücher eingegangen ist und bei der einige als Indianer verkleidete Rebellen aus dem Staate Massachusetts Teekisten von einem Schiff in den Hafen von Boston warfen, um so gegen eine Einfuhrsteuer zu protestieren, die die Vormachtstellung Englands über die Kolonien symbolisierte. *Breen* zufolge zeigt die Tea Party beispielhaft, wie Ende des 18. Jahrhunderts Gebrauchsgüter – um aus *Claude Lévi-Strauss'* Bemerkungen zum Rohen und Gekochten zu zitieren – im bürgerlichen Sinne „dem Denken gut taten“.[9] *Breen* führt aus, dass Gebrauchsgüter als eine „gemeinsame Konsumsprache“ fungierten, in der die Kolonisten ihnen vertraute politische Erfahrungen, eine sie verbindendende Grammatik und einen kollektiven Wortschatz wiedererkannten, der ihnen die Vermittlung ihres „Freiheits- und Rechtsverständnisses“ durch, unter anderem, „Unterhaltungen über den Tee“ ermöglichte.[10] Die Verbreitung der Verbraucherkultur half, die amerikanischen Kolonien fest miteinander zu verbinden – ein Vorgang, der durchaus mit dem Effekt zu vergleichen ist, den die Einführung einer gemeinsamen Währung für das heutige Europa hat: die Vereinigung zuvor unterschiedlich denkender Kolonien zur Schaffung eines sich langsam entwickelnden nationalen politischen Bewusstseins. Der von *Breen* vertretene Ansatz schreibt also den Kulturerzeugnissen unserer modernen Wirtschaft potenziell positive Konsequenzen für das bürgerliche Leben zu. Sie bilden eine für freiheitlich-demokratische Zielsetzungen einsetzbare Sprache.

Bei einer Untersuchung der geschichtlichen Belege fällt einem auf, dass eine Anzahl bekannter Afro-Amerikaner berichten, von *Jim Crow* zunächst im Zuge von Erzählungen über *verweigerte* Coca-Cola gehört zu haben. *James*

---

[9] Vgl. *Claude Lévi-Strauss*, The Raw and the Cooked, übersetzt ins Englische von John Weighman und Doreen Weighman. New York 1970 [1964]. Über Waren, die „gut zum Denken sind“, siehe *Mary Douglas und Baron Isherwood*, The World of Goods, New York 1979.

[10] Vgl. *Timothy Breen*, 'Baubles of Britain': The American and Consumer Revolutions of the Eighteenth Century, Past and Present 119 (May 1988), S. 73–104, S. 76, 98.

Forman beschreibt eine solche Erfahrung in bewegenden Worten in seinem autobiografischen Manifest *The Making of Black Revolutionaries*. Im ersten Kapitel „Kindheit und Coca-Cola" dieses provokanten Werks betritt der junge *Forman* frohgemut einen der typisch amerikanischen „Drugstores" in Mississippi, nimmt am Tresen Platz und wartet darauf, bedient zu werden. („... ich nahm meinen Nickel heraus", schreibt er, „und ließ ihn auf dem schwarzen Marmortresen herumtrudeln. Der Tresen hatte einen Riss, und ich fing an, meinen Nickel in dieser Spalte hin- und her zu schieben.") Doch schon nach kurzer Zeit erscheint der Manager und erklärt ihm, er als *schwarzer* Junge dürfe nicht am Tresen sitzen und etwas trinken, sondern müsse dazu in den hinteren Teil des Ladens gehen. Der zukünftige Revolutionär verlässt weinend den Laden und fragt sich, „wer dieser Mann war und was für ein Recht er hatte, mir vorzuschreiben, wo ich meine Coca-Cola zu trinken hätte."[11] *Henry Louis Gates, Jr.*, der Leiter der Abteilung Black Studies an der Harvard Universität, hat in seiner Autobiografie *Colored People* Ähnliches zu berichten.[12] Die Protestaktionen der frühen 60er Jahre, die sich unserem kollektiven Gedächtnis durch die „Sit-ins" in einer Drugstore-Ladenkette namens Woolworth's eingeprägt haben, zeichnen sich durch dieselbe bürgerliche Ikonografie aus und müssen vor demselben ökonomisch-historischen Hintergrund gesehen werden. Bei diesen Demonstrationen saßen farbige Aktivisten gemeinsam am Tresen, baten höflich darum, bedient zu werden, und wenn ihnen dies verweigert wurde, weigerten sie sich einfach, ihre Sitzplätze zu verlassen – womit sie selbstverständlich und wie erwartet den Zorn der Manager auf sich zogen. Die Bilder einer solchen Verwehrung von Nahrung, die für das amerikanische Lebensgefühl, „The American Way of Life", von zentraler Bedeutung war, stellten ein wichtiges Werkzeug zur Sensibilisierung der Öffentlichkeit für die freiheitlichen Ideale der Rassengerechtigkeit dar. Die Tatsache, dass ein normales Verbrauchergut, nämlich eine Speise, verweigert wurde, tat im bürgerlichen Sinne „dem Denken gut".

Wie verhält sich nun der Fall von Ollie zu dieser Auseinandersetzung? Und wie kann man diese Geschichte in Hinblick auf die oben dargelegte Problematik der Beziehung zwischen Rechtswissenschaft und Volkskultur verstehen? Zur Beantwortung dieser Fragen empfiehlt es sich, einen Blick in die Geschichte zu werfen, um zu verdeutlichen, wie die zentralen juristischen Erfolge der Bürgerrechtsbewegung zwei deutlich voneinander unterscheidbaren Phasen zuzuordnen sind, von denen der Fall *Katzenbach v. McClung* in die zweite Phase fiel. Anfang des 17. Jahrhunderts begann die Versklavung farbiger Menschen in Amerika – zu einer Zeit, in der auch andere Formen von Arbeitsverpflichtung,

---

[11] *James Forman*, Childhood and Coca-Cola, The Making of Black Revolutionaries: A Personal Account, New York 1972, S. 18–19.

[12] *Henry Louis Gates, Jr.*, Colored People: A Memoir, New York 1994, S. 18.

besonders der unfreiwilligen Knechtschaft, Aufschwung nahmen. Obgleich die Sklaverei zunächst in allen Kolonien gang und gäbe war, beschränkte sie sich Anfang des 19. Jahrhunderts nur noch auf den Süden, wo die kulturellen und politischen Interessen wiederum von den Bedürfnissen dieser Region bestimmt wurden. Der aus dieser Divergenz resultierende politische Konflikt zwischen dem Norden und Süden hatte die Unabhängigkeitsbestrebungen der Südstaaten zur Folge, die im Jahre 1861 eine eigenständige Nation bilden wollten. Der hieraus entstehende Bürgerkrieg war zunächst ein Kampf gegen die Sezession der Südstaaten, der sich jedoch schnell zu einem Feldzug zur Abschaffung der Sklaverei ausweitete. Die offizielle Freisetzung aller Sklaven wurde dann endlich im Jahre 1865 durch die Ratifizierung des 13. Zusatzartikels zur amerikanischen Verfassung erreicht, mit der die Sklaverei und alle Formen „unfreiwilliger Knechtschaft" überall in den Vereinigten Staaten verboten wurden. Nach dem Krieg führte der siegreiche Norden unter der Leitung der Republikaner eine Reihe von Richtlinien ein, die den ehemaligen Sklaven den praktischen Umgang mit ihrem neu erlangten Status erleichtern sollten. Diese Richtlinien erstreckten sich auf wirtschaftliche, familiäre und bürgerliche Bereiche, und die betreffende Periode ist gemeinhin als „die Rekonstruktionsphase" bekannt. Aufgrund mannigfacher sozialer und politischer Gründe war es um 1880 herum zu einem Zerfall des nationalen Willens gekommen, der diese Bemühungen anfänglich getragen hatte – ein Vorgang, der im Süden bezeichnenderweise als „Erlösung" tituliert wird.

Das Ende der Rekonstruktionsphase brachte den Aufstieg von *Jim Crow* und die Implementierung einer Reihe neuer bösartiger Kontrollmechanismen in Form von Gesetzen und sozialen Vorschriften zur Regulierung des Verhaltens afro-amerikanischer Bürger mit sich.[13] Selbstverständlich setzten sich die Farbigen und ihre Verbündeten gegen diese neueste Form der weißen Vorherrschaft zur Wehr und waren damit nach jahrzehntelangen, mit viel Großmut geführten, kollektiven Kämpfen, auf die ich an dieser Stelle nicht näher eingehen möchte, auch erfolgreich. Rechtlich gesehen lässt sich dieser Erfolg auf zwei Vorkommnisse zurückführen, bei denen der Staat seine Macht demonstrierte. Bei dem ersten dieser Ereignisse handelt es sich um die Entscheidung des Obersten Amerikanischen Gerichtshofes im Jahre 1954, und zwar im Fall *Brown v. Board of Education*. Hier ging es um die Auslegung der während der Rekonstruktionsphase eingeführten 14. Zusatzartikels zu unserer Verfassung, demzufolge „kein Bundesstaat" – und die Betonung soll hier auf den Worten „kein Bundesstaat" liegen – „irgendeinem seiner Bürger gleichen Schutz durch das Gesetz versagen" dürfe. Das Ende der Rekonstruktionsphase war mit einer

---

13 Der Begriff *Jim Crow* leitet sich von einer Figur aus der populären Theatervorführung, der sogenannten Minstrel Show ab, bei der weiße Schauspieler schwarz geschminkt waren und Afro-Amerikaner darstellten.

Reihe von Entscheidungen verknüpft, in denen das Gericht die Bedeutung des 14. Zusatzartikels eher eng auslegte. Dazu gehören auch die im Jahre 1873 verhandelten sogenannten *Schlachthaus-Fälle*, in denen es zu einer Verknüpfung der schwarzen Bürgerrechtsbewegung mit der Fleischproduktion kam.[14] Ein weiteres Beispiel lässt sich mit der berüchtigten Entscheidung im Fall *Plessy v. Ferguson*, anführen, bei der das Gericht sich auf den Standpunkt stellte, dass die „Gleichstellungsklausel" paradoxerweise *nicht* durch einzelstaatliche oder regionale Segregationsgesetze verletzt würde. Das Gericht vertrat die Ansicht, dass die Segregation mit unseren staatlichen Grundsätzen der Gleichheit nach dem Gesetz vereinbar sei, solange den Rassen gleichwertige, gleichmäßig verteilte Einrichtungen zur Verfügung stünden (selbstverständlich waren derart gleichwertige Einrichtungen im Süden überhaupt nicht vorhanden, doch solchen Tatsachen gegenüber war das Gericht blind). Diese Doktrin einer „separaten, doch gleichberechtigten" Existenz wurde durch die Entscheidung im Fall *Brown* aufgehoben, bei der es ganz speziell um den Besuch einer öffentlichen Schule ging; dieser enge Kontext wurde jedoch schnell auf fast alle anderen Bereiche staatlicher Gesetze und Richtlinien ausgedehnt. Bezeichnenderweise wurde im *Brown*-Urteil die Schule als ein „Sozialisationsmedium" betrachtet, wobei man sich auf Erkenntnisse der Kinderpsychologie berief. Der Fall *Brown* ging durch die berühmte Entscheidung, dass die Rassentrennung im Hinblick auf den 14. Zusatzartikel „prinzipiell dem Gleichheitsgrundsatz widerspräche", in die Rechtsgeschichte ein.

Doch die *Jim Crow*-Ära fand mit dem Urteil im Fall *Brown v. Board of Education* leider kein Ende – noch nicht einmal als Rechtsdoktrin. Wir erinnern uns, dass im 14. Zusatzartikel ausdrücklich steht, kein „Bundesstaat" dürfe irgendeinem Menschen den gleichen Schutz durch das Gericht versagen. Die Feststellung im Falle *Brown*, dass eine „Rassentrennung an sich schon eine Ungleichheit darstelle" wurde nur auf offizielle Regierungsmaßnahmen bezogen, klammerte jedoch die auf privater Ebene stattfindende Rassendiskriminierung aus. Das im Fall *Brown* zitierte, gegen eine Rassentrennung gerichtete Prinzip war demnach wohl auf örtliche Schulbehörden und öffentliche Schwimmbäder oder staatliche Parks anzuwenden – nicht jedoch auf Kinos, Theater, Hotels oder Restaurants, d.h. auf all jene Örtlichkeiten, die sich der unmittelbaren Einflussnahme des Staates entzogen und in denen sich das öffentliche Leben in einer freiheitlichen Gesellschaft überwiegend abspielt. Sobald die Führer der Bürgerrechtsbewegung sich des Falles *Plessy* angenommen und ihn erledigt hatten, bestand ihr nächster Schritt darin, die von Privatpersonen praktizierte Rassendiskriminierung als kriminelle Handlung zu identifizieren und die Rassentrennung in Lokalen wie „Ollie's" aufzuheben. Es erwies sich jedoch als unmöglich, dieses Vorhaben in sämtlichen einzelstaatlichen Legislativen durchzu-

---

[14] *Slaughterhouse Cases*, 83 U.S. 36 (1873).

setzen, insbesondere da weiße, die Rassentrennung unterstützende Mehrheiten in den politisch entscheidenden örtlichen und staatlichen Stellen am Hebel saßen. Gleichzeitig war die Fähigkeit unserer staatlichen Legislative in Washington, auf privater Ebene eine Rassendiskriminierung zu erreichen, im Jahre 1883 unterbunden worden, und zwar durch die vom Obersten Gerichtshof im Jahre 1875 gefällten Urteile in einer Reihe von Verfahren, die unter dem Namen *Bürgerrechtsfälle* in die Literatur eingegangen sind.[15] In einer von Richter *Joseph Bradley* – der im Übrigen Absolvent der Universität ist, an der ich zur Zeit lehre – verfassten Begründung stellte das Gericht fest, dass der amerikanische Kongress aufgrund der ihm durch die Verfassung, insbesondere aufgrund des 14. Zusatzartikels übertragenen Macht nicht befugt sei, den Eigentümern von Theatern, Hotels oder Restaurants vorzuschreiben, wen sie bedienen und wen sie nicht bedienen dürften. Für die Einführung eines staatlichen Anti-Diskriminationsgesetzes bedurfte es einer Transformation des Rechts, durch die dem Gericht eine sehr viel umfassendere Auslegung der Kongress-Befugnisse ermöglicht würde, als dies während des Zusammenbruchs der Rekonstruktionsphase der Fall gewesen war.

Eine solche Transformation des Rechts fand 10 Jahre nach dem Fall *Brown* statt, und zwar in der Sache *Katzenbach v. McClung*.[16] Der diesem Fall zugrunde liegende Sachverhalt ist recht einfach. Am 2. Juli 1964, Jahre nach den politischen Agitationskampagnen farbiger Aktivisten und deren weißer Verbündeter, unterzeichnete Präsident *Lyndon Johnson* das Bürgerrechtsgesetz von 1964 und erhob es zur Rechtsverbindlichkeit.[17] Dieser Akt stellt ein bedeutendes, fast erlösendes Ereignis in unserer amerikanischen Geschichte dar. Durch dieses Gesetz wurden private Formen der Rassendiskriminierung vollumfänglich für strafbar erklärt, wobei im 2. Zusatzartikel des Gesetzes besonders darauf hingewiesen wird, dass alle Menschen „gleichberechtigt und uneingeschränkt das Recht haben, die Güter [und] Dienstleistungen… an jedem der Öffentlichkeit zugänglichen Ort in Anspruch zu nehmen… ohne Unterschiede, und ohne Rücksicht auf die rassische Herkunft.“ Dieses Gesetz hatte eine tiefgreifende Wirkung auf die amerikanische bürgerliche Gesellschaft und erstreckte sich unter anderem auf „Restaurant[s], Imbisslokal[e], Mittagstisch[e], Limonadenständ[e] und andere Einrichtungen, die sich in erster Linie mit dem Verkauf von Speisen beschäftigen.“ Ich möchte mein Augenmerk hier ganz besonders auf die Reichweite des Gesetzes lenken, die ausdrücklich auf die physischen Bereiche des Konsums Bezug nimmt. Denn *was* wir essen, bestimmt wer wir sind, *wie* wir essen, bestimmt wer wir sind, und *mit wem* wir essen, bestimmt, wer wir sind. Von nun an war das Essengehen in Amerika nicht mehr das, was es früher einmal war.

---

15 *The Civil Rights Cases*, 109 U.S. 3 (1883)

16 Nicholas D. Katzenbach war im Jahre 1964 Generalstaatsanwalt; Ollie McClung, wie ich noch ausführen werde, war der Eigentümer von Ollie's Barbecue Restaurant.

17 Civil Rights Act of 1964, Pub. L. No. 88–362, 78 Stat. 241, § 201(a).

Mit diesem Gesetz wurde ein wichtiges Merkmal einer rassisch definierten Kaste abgeschafft. Um die außergewöhnliche Bedeutung der vom Bürgerrechtsgesetz eingeläuteten Veränderung angemessen zu verstehen, sollte zunächst einmal der Begriff *„Kaste“* eingehender beleuchtet werden, der oft zur Beschreibung der rassischen Ungleichheit um die Jahrhundertmitte in Amerika verwendet wird. Wenn man den Süden des *Jim Crow* als eine Kastengesellschaft definiert, sagt man mehr als nur, dass diese Gesellschaft nach Gesichtspunkten der Rassenzugehörigkeit geteilt war. Dieser Begriff beschreibt die Beschaffenheit des Rechts selbst, die Vorstellung vom Recht als einem sozialen Regulationssystem, das die Welt nach den Grundsätzen der Reinheit und Unreinheit einteilt.[18] Man deutet mit diesem Begriff an, dass Amerika sich im Banne eines ganz besonderen, eines primitiven, rituellen Rechtsverständnisses befand.

Lassen Sie mich versuchen, diese ungewöhnliche, doch im Grunde einfach nachvollziehbare Behauptung zu begründen. Wenn ich den Süden als eine einem rituellen Rechtssystem verpflichtete Gesellschaft beschreibe, verweise ich auf Parallelen zum sozialen Leben primitiver Gesellschaften, in denen noch keine Grenze zwischen Gesetz und Brauch, und insbesondere keine Grenze zwischen dem Gesetz und religiösen Glaubensvorstellungen existiert. Diese Parallele bietet sich nicht nur an, weil der Süden in der ersten Hälfte des 20. Jahrhunderts stark von einem missionierenden Protestantismus beeinflusst war (was auch heute noch zu beobachten ist, doch haben wir es nunmehr mit einer sehr viel größeren religiösen und kulturellen Diversität zu tun). Weitaus wichtiger ist in diesem Zusammenhang jedoch, dass diese christliche „Low-church“(protestantisch-pietistisch ausgerichtete)Konfession in Form eines religiösen Synkretismus mit primitiveren, kosmologischen Glaubenssystemen auf das Engste verflochten war – mit Konzepten, in denen Werte wie Ehre und Ehrenverlust eine zentrale Rolle spielten und die sich mit hinduistischen Vorstellungen in Indien oder in einer besonders abscheulichen Variante mit nationalsozialistischen Vorstellungen in Deutschland vergleichen lassen.[19] Diese Vorstellungen von Reinheit und Unreinheit manifestierten sich ganz besonders deutlich in den strengen Tabus über eine geschlechtliche Rassenvermischung und in Vorschriften über die Nahrungsaufnahme. Allein die Vorstellung sexueller Kontakte zwischen weißen Frauen und schwarzen Männern war für Weiße eine wahre Schreckensvision, und der Gedanke, gemeinsam mit einem Farbigen ein Mahl einzunehmen, erregte bei Weißen einen geradezu körperlich empfundenen Abscheu und Ekel, der alle Merkmale einer Tabuverletzung zeigte (wie in

---

[18] Vgl. *Mary Douglas*, Purity and Danger: An Analysis of the Concepts of Pollution and Taboo, London 1966, und *Louis Dumont*, Homo Hierarchicus: An Essay on the Caste System, ins Englische übersetzt von Mark Sainsbury. Chicago 1970.

[19] Eine Analyse der Eigenart und Funktion der Ehre im amerikanischen Süden der Vor-Bürgerkriegszeit findet sich bei *Bertram Wyatt-Brown*, Southern Honor: Ethics and Behavior in the Old South, Oxford 1982.

vergleichbaren Reinheits-Unreinheitssystemen wurden die Schwarzen als die untergebene Klasse mit Schmutz und Unrat assoziiert). Tragischerweise war es im größten Teil Amerikas um die Jahrhundertmitte so um die Liebe und den Hunger bestellt, ganz besonders im Staate Alabama, wo sich Ollie's Barbecue-Lokal befand. Diese Rassenhierarchie war fest im Gesetz verankert, doch was noch wichtiger ist, sie wurde durch ein kompliziertes Netz inoffizieller Steuerungsmechanismen aufrechterhalten, in dessen Schatten das Gesetz funktionierte und durch die es bestätigt wurde.

Diese primitive Rechtsauffassung des amerikanischen Südens, die man ganz besonders zu Beginn des 20. Jahrhunderts hier vorfand, wird verständlich, wenn man eine Justizform berücksichtigt, die dem Netzwerk der Rassenkontrolle zugrunde lag: die Lynchjustiz, die von Weißen an Schwarzen verübten Bandenmorde. Bei einigen dieser Lynchmorde, die zwischen dem Ende des 19. bis Mitte des 20. Jahrhunderts, als diese Justizform aufhörte zu existieren, begangen wurden, handelte es sich um in der Tradition des amerikanischen Westens verankerte Akte der Selbstjustiz, im Zuge derer Angehörige aller Rassen von Repräsentanten ihrer jeweiligen Gemeinschaft getötet wurden, und zwar mangels einer vorhandenen, effektiven Staatsbürokratie und offizieller Strafverfolgungsmethoden. Eine bedeutende Zahl dieser überlieferten Lynchungen wies allerdings alle Merkmale einer rituellen Gruppensühne und Katharsis auf. Das Lynchen wurde nämlich in vielen Fällen als der öffentlich vollzogene Akt eines Menschenopfers verstanden, bei dem Farbige am symbolischen Kruzifix eines Baums gekreuzigt (übrigens ein Ausdruck, der in evangelikal ausgerichteten Zirkeln als Synonym für „Kreuz" gebraucht wird) und häufig in stilisierten Gruppenvorführungen verbrannt – d.h. der reinigenden Kraft des Feuers überantwortet wurden. Es kam durchaus vor, dass Weiße nach der Tötung von Afro-Amerikanern in Lynchritualen gewisse verkohlte Körperteile – Knochen, Ohren oder Genitalien – als „Souvenirs" mit nach Hause nahmen; es war auch durchaus üblich, nach solchen Morden (wobei angemerkt werden sollte, dass ein verkohlter schwarzer Körper oftmals als „Barbecue" tituliert wurde) gemeinsam ein Mahl einzunehmen. Erinnerungen an solche symbolhaft kannibalistische Taten werden noch Jahre später heraufbeschworen.[20]

---

[20] Der Harvard-Soziologe Orlando Patterson hat eine ähnliche These vertreten, obgleich er sich dabei nicht auf rechtswissenschaftliche Fragestellungen bezog, und ich möchte meine Darlegung als objektive Beurteilung eines historischen Phänomens verstanden wissen und nicht etwa als eine Verunglimpfung meiner amerikanischen Zeitgenossen durch eine bösartige Charakterüberzeichnung ihrer Vorfahren. Dass im Süden Amerikas noch Anfang des 20. Jahrhunderts regelmäßig Menschenopfer zelebriert und Kannibalismus in symbolischer Form betrieben wurde, dürfte jedoch außer Zweifel stehen. Siehe *Orlando Patterson*, Feast of Blood: 'Race,' Religion, and Human Sacrifice in the Postbellum South, Rituals of Blood: Consequences of Slavery in Two American Centuries, New York 1998, S. 169–232. Ein Werk der Unterhaltungsliteratur, das meine Untersuchungen ebenfalls stark beeinflusst hat, und zwar insbesondere im Hinblick auf das Thema Kannibalismus und die Eigenart des histori-

Die ritualisierte Gewalt des Lynchens war im politischen Herrschaftsklima des Südens von höchster Signifikanz, es war gewissermaßen das Ur-Zeichen, von dem alle anderen Handlungen abhingen, denen soziale und staatsbürgerliche Bedeutung zugeschrieben wurde. Es war eine symbolische Handlung, mit der den Afro-Amerikanern „die ihnen zustehende Stellung" zugewiesen wurde, um eine der bedeutungsträchtigsten räumlichen Metaphern von *Jim Crow* zu benutzen. Selbst die große Mehrheit der Südstaatler, die an diesen Gewaltakten gegen Farbige weder persönlich teilnahmen noch diese ausdrücklich unterstützten, bewegten sich in einer kulturellen Atmosphäre, die ohne die Existenz von solchen Gewaltakten oder die Erinnerung daran einfach unvorstellbar war. Und das traf mit Sicherheit auch auf Ollie's Barbecue zu, denn dieses Lokal befand sich eindeutig im Einzugsbereich der südstaatlichen Rechtsordnung. Die Gaststätte wurde von *Ollie McClung Sr.*, betrieben, dem sie auch gehörte und der sie von seinem Vater übernommen hatte und sie später seinem eigenen Sohn vermachte. In diesem Lokal gab es nur für weiße Gäste Sitzgelegenheiten, während Farbige lediglich Essen zum Mitnehmen bestellen durften. Diese rassischdefinierte Vorschrift stellte schon eine Beleidigung an sich dar, ganz besonders in Hinblick auf den gerade beendeten ideologischen Kampf der Alliierten gegen das nationalsozialistische Deutschland. Die Situation wurde jedoch noch durch die Tatsache verschärft, dass sich „Ollie's" in einem hauptsächlich von Farbigen bewohnten Stadtteil, in der Nähe mehrerer Schulen für Farbige befand und dass die meisten Angestellten farbig waren (in dieser Hinsicht unterscheidet sich das *Jim Crow*-System vom indischen Kastensystem, bei dem Speisen bereits durch die Berührung von Angehörigen niedrigerer Kasten unrein werden). Am ersten Tag, nachdem das Bürgerrechtsgesetz rechtskräftig geworden war, betrat ein junger Farbiger, dem Alter nach ein Student, dessen Name in den Gerichtsdokumenten unerwähnt bleibt, Ollie's Lokal und verlangte, am Tresen bedient zu werden. Genau wie bei den Woolworth's Sit-Ins wurde ihm die Bedienung verweigert, doch jetzt machte sich Ollie ganz offensichtlich einer Verletzung des Bundesstaatgesetzes schuldig. Kurz darauf kam derselbe Mann in Begleitung von einer jungen farbigen Frau und vier älteren farbigen Männern zurück. In den Akten zu diesem Fall heißt es, „dass ein Weißer, der am Tresen saß, ein Junge, aufstand und sofort den Laden verließ, als die anderen Platz nahmen."[21] Die sechs Farbigen warteten ruhig, und als sie schließlich gebeten wurden, das Lokal zu verlassen, kamen sie dieser Aufforderung widerspruchslos nach.

Als dieser Vorfall Gegenstand eines Prozesses wurde und man schließlich über diesen Fall im Obersten Gerichtshof verhandelte, wurden die Ereignisse

---

schen Gedächtnisses, ist: *Juan José Saer*, Witness, ins Englische übersetzt von Margaret Jull Costa, London 1990.

[21] Testimony of Ollie McClung, Jr., U.S. Supreme Court Records and Briefs, Transcript of Record, *Katzenbach v. MCClung*, S. 88.

dieses Tages nie in Zweifel gezogen.[22] Voller Stolz hielt man in Ollie's Lokal die Rituale der Rassenreinheit aufrecht, aus denen die psychische und soziale Weltsicht eines *Jim Crow* bestand. Und weil es Ollie darauf ankam, die seinen eigenen Worten nach „religiöse Atmosphäre" seines Lokals zu pflegen und zu erhalten, lehnte er es ab, „einen *Betrunkenen*, einen *Gotteslästerer* oder einen *Farbigen* zu bedienen ...mein Lokal ist ein gutes, *sauberes* Lokal."[23] Hier ging es vielmehr um ein grundsätzliches Problem der Rechtsprechung, nämlich darum, ob unser bundesstaatlicher Congress Herrn *McClung* vorschreiben durfte, in welcher Weise er sein Geschäft führen solle oder dürfe. Die eigentliche Ursache für eine diesbezügliche Unklarheit lässt sich in der Struktur des amerikanischen Regierungssystems entdecken. In den Vereinigten Staaten wurde die Staatshoheit stets besonders wachsam gegenüber der Verfügungsgewalt einzelstaatlicher Regierungen verteidigt. In Amerika beruft man sich auf die beiden tragenden Säulen des „Föderalismus" und der „Doppel-Hoheit". Unsere Verfassung wurde nicht nur im Namen von „uns, dem Volk" eingesetzt, sondern von „uns, dem Volk" der einzelnen Staaten. Und in den Augen vieler Amerikaner ist diese Doppel-Hoheit nicht nur ein grundsätzliches Element unserer Verfassung, sondern erfüllt auch in politischer und sozialer Hinsicht eine positive Funktion. Wenn man sich in die Situation der Befürworter dieser Doppel-Hoheit versetzt, gelingt es einem möglicherweise auch, diese Ansicht nachzuvollziehen (eine Ansicht, die sich in der Tat seit dem letzten Jahrzehnt bei den Gerichten wieder wachsender Beliebtheit zu erfreuen scheint, nachdem sie jahrelang eher unpopulär war). Diese konservativen „Föderalisten" argumentieren, dass alle Amerikaner die Macht haben sollten, die Gegebenheiten ihrer unmittelbaren bürgerlichen Umwelt zu beeinflussen, und es ist nun einmal so, dass die Leute mit ihren örtlichen und einzelstaatlichen Regierungsvertretern den engsten Kontakt haben. Wenn dem Kongress die Autorität eingeräumt würde, in herkömmlicher Weise seine polizeiliche Gewalt in den Bereichen Gesundheit, Wohlfahrt und Moral gegen den Willen der örtlichen Mehrheiten auszuüben, würde dies zu einer praktisch unbeschränkten Autoritätsposition führen; folglich würden alle

---

22 Frühere Prozesse, siehe *McClung v. Katzenbach*, 233 F. Supp. 815 (1964). Eine Analyse der Lehrmeinung und Verfahrensführung im Fall *McClung* und dem Vergleichsfall *Heart of Atlanta Motel* findet sich bei *Richard C. Cortner*, Civil Rights and Public Accommodations: The Heart of Atlanta Motel and McClung Cases, University Press of Kansas, 2001.

23 Testimony of Ollie McClung, Sr., U.S. Supreme Court Records and Briefs, Transcript of Record, *Katzenbach v. McClung*, 82, 79. Hervorhebung von mir). Seltsamerweise steht an dem Ort von Ollies jetzt eine Mennoniten-Kirche. Vgl. Mennonite church leaving up 'Bar-B-Q' sign for now, The Decatur Daily [Online Ausgabe] (5. Juli 2001), http://www.decaturdaily.com/decaturdaily/news/010705/church.shtml (letzter Zugriff am 1. Februar 2003). „Eine 100-köpfige Mennoniten-Gemeinde ist in das alte Grill-Lokal gezogen, das am besten durch sein die Erde symbolisierendes Schild bekannt war, so dass nunmehr zwei Dinge vereint werden, bei denen Südstaatler keinen Spaß verstehen: Schweinefleisch und Religion" schreibt der Verfasser des Artikels.

amerikanischen Bürger ein bedeutsames Merkmal der republikanischen Regierungsform einbüßen: das Recht auf Selbstbestimmung.

Das Bürgerrechtsgesetz hingegen betonte die Wichtigkeit *nationaler* Werte, fundamentaler Grundsätze, die alle Staaten zu einer gemeinschaftlichen Einheit verbinden, und es betonte ferner die Macht des Kongresses, die Respektierung dieser Werte zwangsweise durchzusetzen. Wie begründete der Kongress seine verfassungsmäßige Autorität, sich über die föderalistische Grenze der Einzelstaats-Hoheit hinwegzusetzen und seinen langen Arm des Gesetzes bis hin in ein bescheidenes Grill-Lokal auszustrecken? Eine Antwort auf diese Frage – und das Schicksal des Bürgerrechtsgesetzes – hing davon ab, wie das Gericht Artikel I, Abschnitt 8, Klausel 3 der amerikanischen Verfassung auslegte. Es handelt sich um die „Commerce Clausel" („Handelsklausel"), mit der dem Kongress die Macht verliehen wird, den „Handel zwischen den Einzelstaaten" zu regeln (Artikel I, Abschnitt 8 der amerikanischen Verfassung definiert die generellen Befugnisse der bundesstaatlichen Legislative). Die Handelsklausel bildet die verfassungsmäßige Grundlage für einen Großteil der Befugnisse, die unsere Bundesregierung innerhalb unserer nationalen Grenzen ausübt. Wenn es um zwischenstaatlichen Handel geht, hat der Kongress die Autorität, sich auf das im jeweiligen Fall zur Anwendung kommende Gesetz zu berufen – und dieses Gesetz nimmt Vorrang gegenüber dem für den Einzelstaat oder dem regional geltenden Gesetz ein. Sie als Rechtswissenschaftler wird es deshalb auch nicht überraschen, dass man in meinem Heimatland seit mehr als 200 Jahren über die Auslegung der Formulierung „zwischen den Einzelstaaten" und „Handel" diskutiert – eine Debatte, die sich bis zu dem Anfang des 19. Jahrhunderts gefällten Urteil unseres großen Präsidenten des Obersten Gerichtshofes *John Marshall* im Falle *Gibbons v. Ogden* zurückverfolgen lässt.[24] Für die Geschichte von Ollie's ist jedoch wichtig, dass im Laufe des 20. Jahrhunderts, und zwar besonders seit der Regierungszeit von Präsident *Franklin Delano Roosevelt*, eine zunehmend breitere Auslegung der Handelsklausel zu beobachten ist, wodurch dem Kongress immer weitreichendere Befugnisse zugestanden wurden, Gesetze unter deren Schirmherrschaft zu verabschieden.

Interessanterweise wird in dieser Auslegungsentwicklung nicht nur die Geschichte des sich ausbreitenden Kapitalismus reflektiert, sondern auch die Geschichte der amerikanischen Nahrung. Diese beiden Themen können in Bezug auf die Verfassungsgeschichte nicht voneinander getrennt werden. Im Laufe des späten 19. Jahrhunderts und Beginn des 20. Jahrhunderts entwickelte sich unsere Wirtschaft auch auf staatlicher Ebene weiter, und der Kongress versuchte, seine ihm in der fraglichen Handelsklausel zugestandenen Befugnisse zur Schaffung von Bedingungen zu verwenden, die Wettbewerb und Wachstum ermöglichten und die zugleich die mit der allgemeinen Industrialisierung ver-

---

[24] *Gibbons v. Ogden*, 22 U.S. 1 (9 Wheat.) (1824).

bundenen sozialen Probleme verringerten. Man versuchte, die rationelle Produktion von Gebrauchsgütern und eine gut funktionierende Verteilung von Gütern und Dienstleistungen zu gewährleisten. Die Zunahme der Gebrauchsgüter-Produktion in Amerika ging mit der Zunahme der vom Kongress in Bezug auf Handelsangelegenheiten verabschiedeten Gesetze einher. Bei vielen dieser Gesetze handelte es sich um Vorschriften, die für die Amerikaner den Verzehr von Speisen regelten. Die Geschichte der Handelsklausel gleicht einer litaneiartigen Aufzählung von Fällen, in denen es um Butter, Milch, Brot, Margarine, Hühner, Rindfleisch und eine Unzahl anderer Nahrungsmittel ging.[25] Das ist kein Zufall. Zum einen waren Nahrungsmittel das erste Gebrauchsgut, gewissermaßen ein Urprodukt des Verbrauchs im physischen wie im wirtschaftlichen Sinn, das als separate Einheit im offenen Marktaustausch verkauft wurde.[26] Nahrung fungiert aber auch als ein konstitutives Symbol nationaler Identität, gewissermaßen als der kulturbetriebene Motor eines gemeinschaftlichen Bewusstseins, wie ich schon an früherer Stelle im Zusammenhang mit der Geschichte des Getränks Coca-Cola hervorgehoben habe. Anthropologisch betrachtet ist Nahrung nicht nur gut für den Magen, sondern auch gut für's Denken, da sie unserem Gemeinschaftsbewusstsein, unserer Gruppenidentität vermittelnd Ausdruck verschafft.[27] Als die US-Regierung ein staatliches Regelsystem für ein neues Zeitalter politischer und wirtschaftlicher Konsolidierung zu entwickeln begann, war eines der ersten Ziele im Bereich der Rechtsordnung die klare Regelung der Reinheit, Sicherheit und Verteilung von Nahrungsmitteln, was sich später als richtungsweisend für weitere staatliche Initiativen in allen Gesellschaftsbereichen herausstellte. Nahrung und nationale Identität, Handel und nationales Gesetz, Verbrauch und bürgerliches Leben waren nunmehr eng miteinander verquickt.

Die Entscheidung des Gerichts im Fall *Katzenbach v. McClung* befand sich im Vorfeld dieses Trends, der sich durch eine zunehmende Macht unter Berufung auf die Handelsklausel auszeichnete, und zwar aus zweierlei Gründen. Im Gegensatz zu früheren Gesetzgebungen, die sehr wohl Äußerungen hinsichtlich des Einflusses der Gesetzgebung auf Handelsangelegenheiten enthielten,

---

25 Siehe *Boris I. Bittker and Brannon P. Denning*, Bittker on the Regulation of Interstate and Foreign Commerce, Gaithersburg 1999.

26 Vgl. Hierzu die etwas andere Ansicht von Karl Marx über die Beziehung zwischen dem Nahrungsbedürfnis und „anderen menschlichen Bedürfnissen", einschließlich „der Bedürfnisse des Geistes". Siehe *Karl Marx*, Capital: Volume One, ins Englische übersetzt von Ben Fowkes, New York 1977, S. 125 [Seite 1 des 1. Kapitels] (hier zitiert nach *Nicholas Barbon*, A Discourse on Coining the New Money Lighter, In Answer to Mr Locke's Considerations etc., London 1696.

27 Weitere Werke über Nahrung, die meine Untersuchungen in diesem Punkt beeinflusst haben, sind *Mary Douglas*, Natural Symbols: Explorations in Cosmology, New York 1970, und *Lévi-Strauss*, The Raw and the Cooked; siehe auch *Nike Fiddes*, Meat: A Natural Symbol, New York 1991.

fand man im Bürgerrechtsgesetz keine konkrete Aussage darüber, dass sein Gegenstand, die Rassentrennung in Restaurants und anderen öffentlichen Örtlichkeiten, Einfluss auf den Handel hatte und dass ein Verbot des *Jim Crow*-Systems demnach ein legitimes rechtliches Unterfangen darstellte. Der Kongress hatte dieses höchst umstrittene, alle Staaten betreffende Gesetz verabschiedet, ohne zu erläutern, warum er aufgrund der amerikanischen Verfassung hierzu berechtigt war. Durch die Aufrechterhaltung und Bestätigung des Bürgerrechtsgesetzes machte das Gericht dieses Versäumnis wieder gut, indem es die Befugnisse des Kongresses dahingehend erweiterte, gewerbliche Aktivitäten noch genauer zu definieren, als es dies bereits in den vergangenen 30 Jahren getan hatte. Das Gericht behauptete insbesondere, dass der Kongress in Bezug auf die Verfassung nur geringen Grund zur Annahme hätte, dass die von ihm geregelten Sachverhalte die Handelstätigkeit beeinflussten, und, was noch wichtiger war, der Kongress brauche selbst bei der Annahme solcher Gründe diese nicht ausdrücklich in seiner Gesetzgebung zu erwähnen, noch sie während der einer Verabschiedung vorausgehenden Entwurfs- und Debattierphase zu diskutieren – das Gericht könne die entsprechenden Gründe im Nachhinein darlegen. Kurz gesagt, wenn die Richter bei einer genauen Analyse eines Bundesgesetzes sagten, es sei vernünftigerweise anzunehmen, dass der Kongress sich bei einem bestimmten Gesetz der Beeinflussung des Handels bewusst gewesen sei, dann hatte dieses Gesetz Gültigkeit. Das war selbstverständlich ein sehr niedriger Standard, der wieder einmal bestätigte, dass das Gericht dem Kongress in Bezug auf die Regelung sozialer und wirtschaftlicher Fragen sehr freie Hand geben wollte. Und das Gericht erachtete das im Bürgerrechtsgesetz angesprochene Verhalten diesbezüglich für absolut genügend. Rassentrennung, so musste man logischerweise annehmen und sich hiermit den weit verbreiteten Ansichten der Afro-Amerikaner anschließen, führte zu einer geringeren Beteiligung der farbigen Bevölkerung an der Wirtschaft und wirkte sich in insgesamt verringerten Verbraucherausgaben aus. Bei dem *Jim Crow*-System handelte es sich um eine Form von Rassenkontrolle, die sich als Hemmschuh für den Handel herausstellte.

Der Fall *McClung* nahm aber noch aus einem weiteren, wesentlich wichtigeren Grund eine prominente Stellung in der historischen Entwicklung der Handelsklausel ein. Es war nämlich unklar, inwiefern Ollie's Handel über die Einzelstaatsgrenzen hinweg betrieb und inwiefern bundesstaatlichen Behörden in diesem Fall die Gerichtshoheit zustand. Es war die „Verknüpfung der Kompetenz", die fehlte. Schließlich konnte man Ollie's nicht mit einem Speditionsunternehmen vergleichen, das regelmäßig Fahrzeuge von Alabama nach New York überführte, oder mit einer Fabrik, deren Produkte in ganz Amerika vertrieben wurden. Bei Ollie's handelte es sich um ein „im Wesentlichen örtliches" Gewerbe, um es in den Worten von *McClung's* Rechtsanwalt auszudrücken, um ein Restaurant, das in gewisser Entfernung vom Interstate Highway lag und dessen Geschäftstätigkeit sich in erster Linie auf die in dieser Gegend ansässigen Leute beschränkte. Bezeichnenderweise wandte sich das Gericht dem Fleisch zu, um diese verzwickte Angelegenheit zu regeln. Ollie gab jährlich etwa $ 150.000 für Nahrungsmitteleinkäufe aus, wobei die Kosten für normale Fleischwaren für den Grill etwa die Hälfte von dieser Summe ausmachten. Ollie's bezog den Großteil dieses Fleischs von einer heimischen Niederlassung der Firma George Hormel in Birmingham. Der größte Teil *jenes* Fleisches jedoch stammte nicht von Rindern, die auf heimischen Wiesen gemästet und in heimischen Schlachthäusern geschlachtet wurden, sondern Hormel ließ das Fleisch aus den Staaten des Mittelwestens nach Alabama einführen, in erster Linie aus dem Staat Minnesota. Das Gericht konzentrierte sich nun auf die Tatsache, dass die eigentliche Quelle von Ollie's Produkten sich jenseits der Staatsgrenze Alabamas befand, und dass Ollie's sich deshalb nicht länger als ein lokales Unternehmen bezeichnen dürfe. Durch den Erwerb und die Verwendung eines weit über die Staatsgrenzen hinaus vertriebenen Verbrauchsgutes war er in Geschäfte auf bundesstaatlicher Ebene verwickelt. Und aufgrund seiner Beteiligung an dem zwischen verschiedenen Einzelstaaten stattfindenden Handelsverkehr unterlag Ollie's Barbecue den bundesstaatlichen Richtlinien, die diese Geschäftsaspekte regelten und die, genau wie das *Jim Crow*-System, Einfluss auf den Handel hatten. Der Weg, den Ollie's Fleisch vom Bauernhof zur Bratpfanne zurückgelegt hatte, war verantwortlich dafür, dass dieses Restaurant sich dem politischen Willen des amerikanischen Kongress unterwerfen musste. *McClung* spürte die legendäre, alles vergoldende Hand des Midas – in Gestalt des staatlichen Tauschwertes.

Mutet es nicht in der Tat eigenartig an, dass der Angriff auf das *Jim Crow*-System bei einer Rechtsfiktion seinen Anfang nahm – anstelle bei einer Diskussion über die Gleichheitsgrundsätze des 14. Zusatzartikels? Doch vielleicht ist das gar nicht so seltsam. Die meisten Anwälte und Rechtswissenschaftler können sich ein Schmunzeln über den Geniestreich des Gerichts im Fall *McClung* kaum verkneifen. Doch möglicherweise haben diese Witzeleien vielleicht noch eine andere, tiefere Bedeutung. Vielleicht ist die Argumentationsweise des Gerichts weniger bizarr, als es zunächst den Anschein hat? Denn wenn man die Sache sozusagen auf den Punkt bringen will, wird man anerkennen müssen, dass Fleisch die Quelle des Gesetzes selbst darstellt und als eines der indizierenden Merkmale des Gesetzes, ja sogar als Hinweis auf die Existenz eines solchen angegeben werden kann.[28] Als Menschen anfingen, komplexere Formen des Zusammenlebens zu entwickeln, begann die angemessene Art des Zubereitens und Verzehrs von Fleisch eine zentrale Rolle in den ersten sozialen Regel- und

[28] Eine Untersuchung der Beziehung zwischen Nahrungsritualen und dem Common Law, die diesen Aspekt meiner Untersuchung beeinflusst hat, findet sich bei *Peter Goodrich*, Eating Law: Commons, Common Land, Common Law, Journal of Legal History 12 (3) (1991), S. 246–67

Kontrollsystemen der Hominiden zu spielen, und hier ganz besonders in den religiösen Kodizes. In diesen Herrschaftsformen wurde ritueller Reinheit eine hervorragende Bedeutung zugemessen, und buchstäblich alle Aspekte sozialen Verhaltens wurden unter Heranziehung des Reinheitsprinzips gemessen und beurteilt – von kriminellen Vergehen wie Mord bis zu Dingen, die wir nach unserem heutigen Verständnis nicht als Rechtsangelegenheiten einstufen würden, wie beispielsweise dem Zeitpunkt, an dem abends Kerzen für religiöse Zeremonien angezündet werden durften (die moderne Variante des *Sharia-Gesetzes* basiert bei strenger Implementierung auf einer ähnlichen Vorstellung). Diese Kodizes basierten alle auf Vorschriften über die Zubereitung und den Verzehr von Speisen, und zwar besonders solcher Speisen, die tierischer Herkunft waren und Blut enthielten.[29] In rituell geprägten Rechtssystemen wird die Beziehung eines Menschen zum Fleisch als unmittelbarer Ausdruck seiner Beziehung zu Gott verstanden und fungiert somit für den Einzelmenschen als Basis zur Bewertung des eigenen Verhaltens. In diesen Gesellschaften ist Fleisch direkt mit der fundamentalen menschlichen Frage verknüpft, ob man sich selbst für einen guten Menschen halten darf. Vor diesem Hintergrund wird dann auch verständlich, warum Fleisch ein so machtvolles Symbol für die Differenzierung zwischen Zugehörigen und Nicht-Zugehörigen einer Gruppe werden konnte (erinnern wir uns hier an die ursprüngliche Doppelfunktion des *barbacoa* bei den Taino!). Um Freudsche Begriffe zu verwenden: Rituelle Speisetabus, die sich aus sexuellen Tabus entwickelten, bildeten die Grundlage eines totemischgeprägten Bewusstseins.[30]

Unser zeitgenössisches Recht der westlichen Welt hat diese vormoderne Weltsicht verdrängt, indem nunmehr ein Keil zwischen das Gesetz und das Ritual geschoben wurde. Das moderne westliche Rechtsverständnis gründet sich auf die rigorose Differenzierung zwischen Vorschriften, die sich auf eine Regelung des allgemeinen sozialen Ordnungsgefüges beziehen, und solchen Vorschriften, die rituelle Praktiken regeln. Es gründet sich demnach auf die besondere Art und Weise, in der die Beziehung des Rechts zum kulturellen Leben und die Eigenart des Rechts selbst gesehen wird. Diese Trennung nahm bereits vor Jahrhunderten ihren Anfang; in mancher Hinsicht ist dieser Vorgang hier im Westen noch nicht abgeschlossen, während man in vielen wirtschaftlich unterentwickelten Ländern gerade die ersten Schritte zu einer solchen Trennung unternimmt. In den Vereinigten Staaten ist der Rassismus, in dem es in Ollie's

[29] Frühere Untersuchungen zu diesem Thema finden sich bei *Henry Sumner Maine*, Ancient Law, Gloucester 1970 [1861]. Doch vergleiche auch *A.S. Diamond*, Primitive Law Past and Present, London 1971, S. 47, der eine entgegengesetzte Ansicht vertritt, die jedoch eine unangemessen eingeschränkte Auffassung des Gesetzes selbst enthält.

[30] Siehe *Sigmund Freud*, Totem and Taboo, New York 1962 [1918]. Siehe auch *Emile Durkheim*, The Elementary Forms of the Religious Life, New York 1915, und *Claude Lévi-Strauss*, Totemism, Boston 1963.

Fall geht, ein typisches Beispiel. Wie oben angedeutet, weist das von der Bürgerrechtsbewegung angegriffene „*Jim Crow*"-System der Südstaaten mit seiner Reinheitsbesessenheit erstaunliche Ähnlichkeit mit den religiös-rituell geprägten Rechtssystemen viel früheren Datums auf. Bei den Speisegesetzen der Südstaaten ging es zwar nicht um das Verbot von Schweine- oder Rindfleischgenuss, sondern um die Verhinderung des Kontakts zwischen Angehörigen verschiedener Rassen während des Essens. Trotzdem handelte es sich um rituell geprägte Regeln, bei denen es letztendlich um das kollektive Wertesystem und die Selbstbewertung des Einzelnen ging. Erinnern wir uns nur an *Ollie Mc Clung's* Erklärung, er lehne es ab, einen *Betrunkenen*, einen *Gotteslästerer* oder einen *Farbigen* zu bedienen, und dass sein Lokal ein gutes, *sauberes* Lokal sei. Genau wie in den Rechtssystemen der Vormoderne bildeten die Speisetabus der Südstaaten Teil desselben Rechts, das auch die umfassenderen, allgemeineren Aspekte sozialen Verhaltens regelte. Rassisch orientierte Speiserituale waren mit dem allgemeinen Gesetzeskodex durchaus vereinbar, einem Kodex, der während der *Jim Crow*-Ära nicht nur im Schatten rassisch definierter Gewohnheiten funktionierte, sondern letztendlich davon untrennbar war.

Das Bürgerrechtsgesetz zielte auf die Abschaffung dieses Tabusystems ab und trieb so einen Keil zwischen das Recht und die in den Südstaaten gepflegten rassisch definierten Rituale. Das Faktum, dass das Gesetz auf der Basis einer Rechtsfiktion über Fleisch aufrechterhalten wurde, und zwar in einem Urteil, das eine Transformation der bürgerlichen Bedeutung des Fleisches im Allgemeinen nach sich zog, war in der Tat ein geschichtliches Ereignis. Und das ist es, was uns schmunzeln lässt, wenn wir die Speise als Streitgegenstand im Fall *Katzenbach v. McClung* ernst nehmen. Die Tatsache, dass der amerikanische Kongress es fertigbrachte, seinen Willen aufgrund der Autorität der Handelsklausel durchzusetzen, ist gerade für die Welt der Rechtsgelehrten von äußerster Signifikanz. Schließlich wird mit Ollie's Geschichte ein markantes Motiv, nämlich das einer wirtschaftlichen, rechtlichen und kulturellen Interdependenz eingeführt. *Wirtschaftliche* Modernisierung diente als Motor *rechtswissenschaftlicher* Weiterentwicklung, die dem Kongress nicht nur erlaubte, den im Wachsen begriffenen Markt des Verbrauchsgüteraustausches zu fördern, sondern auch die rassisch und *kulturell* geprägten Realitäten der Nachkriegsgesellschaft auf dem Umweg über den *symbolischen* Wert der Produkte dieses wachsenden Marktes umzuformen. Das Wirtschaftswachstum hatte verfassungsmäßige und kulturelle Trends zur Folge, die es unserer Regierung erlaubten, die die Staatsautonomie schützende föderalistische Mauer niederzureißen und einen neuen Gesellschaftsvertrag zu schließen. Und nicht nur das – dieser Gesellschaftsvertrag brachte nicht nur ein neues System der Rassenbeziehungen, sondern auch ein vollkommen neues, einigendes Rechtsverständnis mit sich. Die amerikanische Nation fühlte sich neu zu einem Ganzen verbunden, indem sie einen veralteten Rechtsbegriff, nämlich den einer rassisch orientierten Kaste, mit einem anderen, nämlich dem des vom Positivismus, Individualismus und Regeln der Anerkennung geprägten Nachkriegsliberalismus ersetzte. Im Hinblick auf meine eingangs gemachten Äußerungen über das Verhältnis der Verbrauchergesellschaft zur Demokratie könnte man sagen, dass die materiellen Kräfte, die die Entwicklung der amerikanischen Lebensart, „The American Way of Life", antrieben und unterstützten, eine rhetorische Rechtfertigung der Einrichtungen ermöglichten, die dem freiheitlich-demokratischen, verfassungsorientierten Willen der Bevölkerung Ausdruck verschafften und gleichzeitig die freiheitliche, demokratische Philosophie einer Verankerung des Rechts in der Kultur, einer kulturimmanenten Rechtsphilosophie erzeugten.

Zweifellos eine beeindruckende Rolle, die da einem Verbrauchsgut zugewiesen wird! Doch ich möchte noch einen Schritt weiter gehen und behaupten, dass eine solche wirtschaftliche und rechtliche Modernisierung eine Art historischer Amnesie mit sich brachte. Nur allzu willig haben wir uns über den Fluss des Vergessens setzen lassen; dasselbe hat unsere Verbrauchergesellschaft schon für so viele seiner kulturellen Fahrgäste getan hat, zu denen auch die Klasse der Juristen gehört. Denn hier hat das Recht – wie auch anderswo – seine Spuren verwischt. Im Zuge der Abschaffung von Tabus über rituelle Rassenreinheit verschleierte das Bürgerrechtsgesetz die seit langem bestehende zentrale Rolle, die Speisen im Hinblick auf Recht und Gesetz stets eingenommen haben, und verschleierte sogar die Geschichte selbst – nämlich die Präsenz der Vergangenheit in unserer Gegenwart. In den rituellen Vorschriften waren Gesetz und Speisen, Gemeinschaft und Verzehr sichtbar miteinander verknüpft. In unserem modernen Gesetz, das diese rituell geprägten Vorschriften abgelöst hat, wird das Ausmaß, in dem diese Verknüpfung uns noch heute in Gestalt einer wirkungsvollen Abwesenheit und einer existierenden sozialen Wirklichkeit erscheint, erst recht augenfällig. Und so wurde, in den Worten des Gelehrten *Peter Fritzpatrick*, „eine Mythologie vom modernen Recht" geboren, die davon ausgeht, dass Recht und Gesetz alle Mythen abgelöst und verdrängt habe und gewissermaßen außerhalb einer der kulturellen Analyse zugänglichen Sphäre existiere (im Fall *Katzenbach* außerhalb einer Analyse, die darauf hindeuten würde, dass die Entscheidung das Ergebnis eines semiotischen Prozesses war, demzufolge Speisen im Kontext der wirtschaftlichen Entwicklung im 20. Jahrhundert von der rechtlichen Warte her gut für's Denken waren).[31] In dieser Beziehung tragen wir das Seinsverständnis unserer Vorfahren noch heute, als Angehörige der modernen Verbrauchergesellschaft, in uns, obgleich es sich hinter dem Schleier der historischen Entwicklung zu verbergen versucht – als diese Hostie, die wir zu uns nehmen, dieser Körper, mit dem wir eins werden und dessen wir so teilhaftig werden, als dieses Blut unseres Gesetzes – all dies lebt weiter in uns, genau wie unsere Kindheitserfahrungen die Grundlage unseres Verhaltens als Er-

[31] Siehe *Peter Fitzpatrick*, The Mythology of Modern Law, London 1992.

wachsene bilden. Und wie Kindheitserfahrungen kann das Aufdecken der Vergangenheit unseres Rechts uns wertvolle Einsichten vermitteln und auf diese Weise nicht nur unser Selbstverständnis als Rechtspersonen, sondern unser bürgerliches Leben im Allgemeinen durch strategische Erinnerungsakte verändern.

Das Menschenbild der Verfassung und der Naturalismus

Matthias Jung

I. Das praktische Selbstverständnis der Subjekte und seine minimale Anthropologie

Dass der freiheitliche Verfassungsstaat keine sich selbst stabilisierende Institution darstellt, sondern in vielfältiger Weise auf Voraussetzungen angewiesen ist, die er nicht garantieren kann, stellt spätestens seit der bekannten Böckenförde-These von 1976[1] den Ankerpunkt einer verzweigten Debatte dar. *Winfried Brugger* hat schon früh Substanzielles zu ihr beigetragen.[2] Einer möglichen „Erosion von Verfassungsvoraussetzungen"[3] widmete die Vereinigung der Deutschen Staatsrechtslehrer gar ihre Jahrestagung 2008 und thematisierte damit die Frage nach verfassungsexternen Grundlagen ihrer sozialen Geltung und Legitimation unter dem Aspekt der Gefährdung. Standen bei den Verfassungsrechtlern Fragen wie die nach dem Gefahrenpotential religiöser Freiheit oder nach der Erosion demokratischer Öffentlichkeit im Zentrum, scheint mir der Fokus von *Bruggers* einschlägigen Arbeiten – bei großer thematischer Breite – eher auf den anthropologischen Voraussetzungen gelingender Verfassungskultur zu liegen. Am deutlichsten wird dies sicherlich in Form der zentralen, integrativen Metapher, die er geprägt hat, um Maßstäbe für eine nicht-reduktionistische Deutung rechtlicher wie moralischer Maßstäbe zu finden: dem sog. „Kreuz der Entscheidung"[4].

Dessen erschließende Kraft besteht nicht zuletzt darin, dass es in bildhafter Eindringlichkeit dazu auffordert, vier gleichursprüngliche und gleich-be-

---

[1] *Böckenförde*, Staat, Gesellschaft, Freiheit. Studien zur Staatstheorie und zum Verfassungsrecht, 1976, S. 60. Das Diktum, der freiheitliche Staat lebe von Voraussetzungen, die er selbst nicht garantieren könne, hat es mittlerweile sogar zu einem eigenen Wikipedia-Eintrag gebracht.

[2] Exemplarisch: *Brugger*, Liberalismus, Pluralismus, Kommunitarismus. Studien zur Legitimation des Grundgesetzes, 1999.

[3] Vgl. die so betitelten „Veröffentlichungen der Vereinigung der Deutschen Staatsrechtslehrer" (VVDStRL), Band 68, 2009.

[4] Vgl. *Brugger*, Das anthropologische Kreuz der Entscheidung in Politik und Recht (Studien zur Rechtsphilosophie und Rechtstheorie 40), 2005; Joas/Jung (Hrsg.), Über das anthropologische Kreuz der Entscheidung (Studien zur Rechtsphilosophie und Rechtstheorie 50), 2008.

deutende Dimensionen des menschlichen Weltverhältnisses bei jeder normativen Regulierung von sozialen Strukturen im Auge zu behalten, und zwar in Form zweier sich kreuzender Vektoren, in deren spannungsvoller Mitte sich verantwortbare Entscheidungen vollziehen müssen. Die Horizontale des *bruggerschen* Kreuzes steht für die zeitliche Dimension, für den Vektor, der von den geschichtlichen und biographischen Prägungen des bzw. der Entscheider/s in deren Zukunft führt, die zwar noch aussteht, dem jeweiligen Selbst aber in Form imaginierter Bilder oder auch elaborierter Entwürfe stets antizipierend gegenwärtig ist. Die Vertikale hingegen versinnbildlicht die Polarität zwischen den basalen, biologisch evolvierten und genetisch codierten Antrieben und Bedürfnissen einer- und den normativ-wertenden Interpretationen anderseits, mit denen übernommene kulturelle Prägungen ebenso wie selbstverantwortete Deutungen die Handlungswirksamkeit der basalen Impulse überformen. Wie *Winfried Brugger* in luziden Analysen gezeigt hat, lässt sich die damit erschlossene Suchmatrix auch nutzen, um den anthropologischen Voraussetzungen der Menschenwürde und der in ihr begründeten Menschenrechte auf die Spur zu kommen.[5] Es ist dabei charakteristisch für den Denkstil *Bruggers*, dass er die integrative Leistung seines Entscheidungskreuzes herausstellt und es geradezu als eine Systematisierung des *rawlsschen* „overlapping consensus" begreift, der über die Binnenperspektive religiöser oder weltanschaulicher Lehren hinausgehend Zustimmungsfähiges heraushebt und als Motivationsressource in pluralistischen Gesellschaften erschließen soll.[6]

Die Interpretationsakte, die das Kreuz der Entscheidung anleiten sollen, können dabei in zwei komplementäre Dimensionen ausgreifen: sie können nämlich einerseits benutzt werden, um weltanschauliche Deutungsangebote daraufhin zu befragen, ob ihr Menschenbild reduktionistische Züge aufweist oder den vier Sinnrichtungen des Kreuzes Rechnung trägt. Auf solchen Abwägungen liegt der Schwerpunkt von *Bruggers* eigenen Arbeiten. Andererseits kann das Entscheidungskreuz aber auch genutzt werden, um die anthropologischen Voraussetzungen sichtbar zu machen, die in allen semantisch ‚dichten' Weltbildern erfüllt sein müssen, wenn ihre Wertvorstellungen als Kandidaten für den übergreifenden *rawlsschen* Konsens in Frage kommen können sollen.

Dass es solche Voraussetzungen gibt, scheint mir schwer bestreitbar, denn jede rechtliche Ordnung impliziert schließlich eine wenigstens minimale Anthropologie[7], die Menschen als Wesen beschreibt, zu deren Natur Normativität

---

[5] Vgl. etwa *Brugger*, Menschenwürde aus dem Blickwinkel des anthropologischen Kreuzes der Entscheidung, in: Joas/Jung (Fn. 4), S. 19–50.

[6] Zu Bruggers Bezug auf Rawls vgl. *Brugger* (Fn. 4), S. 49. Zu Rawls eigenem Konzept vgl. *Rawls*, Gerechtigkeit als Fairneß: politisch und nicht metaphysisch, in: Honneth (Hrsg.), Kommunitarismus. Eine Debatte über die moralischen Grundlagen moderner Gesellschaften, 1993, S. 36–67 (39).

[7] Die Bezeichnung „minimal" zielt hier auf die Unterscheidung zwischen einer *Anthro-*

und mithin die Fähigkeit zur freien Generierung und Befolgung von Normen gehört. Besonders deutlich wird dies im GG Art. 1, wo bekanntlich im ersten Absatz zunächst die Menschenwürde als unantastbar im Indikativ statuiert, im zweiten Absatz daraus die Menschenrechte abgeleitet und diese Begründungszusammenhänge schließlich im dritten Absatz über die Bindungswirkung der Grundrechte positiviert werden. Würde ist aber sicherlich, was immer sie sonst auch sein mag, kein anthropologisch neutraler Begriff. Sie setzt ein bestimmtes Menschenbild voraus, dessen normative Komponente *Winfried Brugger*, mit Bezug auf die Judikatur des Bundesverfassungsgerichts[8], in die Formel „eigenständige, sinnhafte und verantwortliche Lebensführung"[9] fasst. Die Verfassung als Grundnorm ist zwar mit vielen verschiedenen ‚dichten Beschreibungen' (*Geertz*) des Menschseins verträglich und muss dies auch sein. Und der liberale Staat schützt Freiheitsrechte ohne Ansehen des Bekenntnisses. Dieser Schutzfunktion muss aber, soll die Verfassung dauerhaft vital bleiben, in den gelebten Werthaltungen der Bürger eine entgegenkommende Einstellung entsprechen.

Das „Kreuz der Entscheidung" lässt sich nun am besten als eine prägnante Metapher verstehen, die deutlich macht, welche Dimensionen hier im Spiel sind. Seine primäre Funktion liegt m.E. darin, Reduktionismusprophylaxe zu betreiben, also aufzuzeigen, welche Aspekte prinzipiell Berücksichtigung finden müssen, um dem Menschenbild des Grundgesetzes gerecht zu werden. Das schließt auch die Erinnerung daran ein, was minimal zum Vokabular unserer anthropologischen Selbstbeschreibungen gehören muss, um den Würdebegriff angemessen explizieren zu können.

Damit bin ich nun bei dem Punkt angekommen, der in diesem Beitrag weiter entfaltet werden soll: Zu den erosionsgefährdeten Verfassungsvoraussetzungen zählt eben nicht nur, so meine These, der kulturelle Fundus an nicht erzwingbaren Einstellungen und Werthaltungen religiöser und weltanschaulicher Art – ihn hatte *Böckenförde* mit seinem Diktum im Auge –, sondern auch jene minimale Anthropologie, wie sie in der Menschenbildformel des BVG und in *Bruggers* Kreuz der Entscheidung zum Ausdruck kommt. Diese Anthropologie kann offensichtlich nicht im Sinne einer Verpflichtung auf eine konkrete kulturelle Tradition der menschlichen Selbstauslegung verstanden werden – sie würde sonst den Universalismus der Menschenrechte konterkarieren.

---

pologie der Normativität und einer *normativen Anthropologie.* Während erstere keine für den Vorwurf des kulturellen Chauvinismus anfällige inhaltliche Norm aufstellt, sondern nur anthropologische Möglichkeitsbedingungen einer normativen Orientierung beschreibt, zielt letztere auf die – oft naturrechtlich verbrämte – Begründung spezifischer inhaltlicher Normen und setzt sich damit dem begründeten Verdacht aus, kulturell Kontingentes zu anthropologischen Universalien stilisieren zu wollen. Einschlägig berüchtigt sind hier besonders die Entscheidungen des Bundesgerichtshofs zur ‚Ontologie' der Geschlechterrollen aus den frühen fünfziger Jahren des vergangenen Jahrhunderts. Vgl. BGHSt 6, 53 f.

[8] Vgl. *Brugger* (Fn. 2), S. 78.

[9] Ebd., S. 79.

Am besten versteht man sie als die Explikation transzendentaler Voraussetzungen der spezifisch menschlichen Lebensform. In den Handlungen, dem intentionalen Vokabular, den Erwartungshaltungen, die unsere Lebensform prägen, kommt nämlich ein praktisches Selbstverständnis zum Ausdruck, das in der Regel gar nicht – und wenn, dann eher in Bildern und Metaphern als in propositionaler Rede – artikuliert wird. Dennoch bildet dieses Selbstverständnis den unthematisch-unentbehrlichen Hintergrund unserer sozialen Praktiken. Wer sich z.B. ungerecht behandelt fühlt und eine Begründung für die inkriminierte Handlungsweise einfordert, aktualisiert damit sein „Recht auf Rechtfertigung" (*Rainer Forst*)[10] und macht gleichzeitig die anthropologische Voraussetzung, Menschen seien anderen Menschen gegenüber verpflichtet, intersubjektiv teilbare Gründe für ihre Handlungen anzuführen, sofern diese anderen von ihnen betroffen sind.

Jene der Verfassung unentbehrlichen, ihr entgegenkommenden und sie stützenden Haltungen der Staatsbürger, die diese nicht garantieren kann, können in pluralistischen Demokratien in sehr verschiedenen Varianten auftreten. Ein liberaler Nationalist im Sinne *David Millers*[11] wird die eigene Nation mit ihren kulturellen und auch ethnischen Traditionen als etwas intrinsisch Wertvolles betrachten und die Verfassung als Artikulation dieser Werte sehen, wohingegen ein Verfassungspatriot im Sinne des Konzeptes von *Dolf Sternberger* und *Jürgen Habermas*[12] seine Achtung gerade deshalb auf die Verfassung richtet, weil sie ihm eine universalistische Alternative zu Vorstellungen von kultureller und/oder ethnischer Identität bietet. Auch mit Blick auf die Verankerung der Rechts- und speziell der Verfassungstreue in verschiedenen Weltbildern („comprehensive world-views" im Sinne von *John Rawls*) ist mit einer erheblichen Spannbreite zu rechnen: für einen Christen mag der zentrale Begriff der Menschenwürde in der Schöpfungstat Gottes verankert sein, für einen säkularen Autonomiedenker in der rationalen Fähigkeit zur Selbstbestimmung im Sinne *Kants*, für einen Konfuzianer hingegen im Konzept der Menschlichkeit (ren) im *Lunyu*.[13] Welche religiös-weltanschaulichen Bindungen eine Person

---

[10] Vgl. *Forst*, Das Recht auf Rechtfertigung. Elemente einer konstruktivistischen Theorie der Gerechtigkeit, 2007.

[11] Vgl. *Miller*, Vernünftige Parteilichkeit gegenüber Landsleuten, in: Broszies/Hahn (Hrsg.), Globale Gerechtigkeit. Schlüsseltexte zur Debatte zwischen Partikularismus und Kosmopolitismus, 2010, S. 146–174.

[12] Vgl. die ausgezeichnete Darstellung von *Müller*, Verfassungspatriotismus, 2010.

[13] Vgl. zu Konfuzius und dem *Lunyu Roetz*, Confucian Ethics of the Axial Age. A Reconstruction under the Aspect of the Breakthrough Toward Postconventional Thinking, SUNY: Albany 1993, chap. 10. Der Bezug auf Konfuzius ist aus zwei Gründen besonders interessant: *Erstens* verdeutlicht er, dass der Konnex von Menschenwürde und Menschenrechten keineswegs nur in „westlichen" Traditionen begründet werden kann, und *zweitens* hat ein konfuzianisch geprägter Diplomat, nämlich Peng-chun Chang, bei der Erarbeitung der *Universal Declaration of Human Rights* der Vereinten Nationen von 1948 tatsächlich eine zentrale Rolle gespielt und darauf bestanden, die Menschenrechte seien im Sinne einer „Synthetisierung von

aber hat, welche politischen Einstellungen sie auch vertritt, ob ihre Wertorientierungen individuell artikuliert oder in übernommenen sozialen Bildern und Vorstellungen („social imaginaries“[14]) verkörpert sind – immer werden ihre Handlungen ein praktisches Selbstverständnis implizieren, in dem anthropologische Minimalvoraussetzungen enthalten sind. Expliziert man diese Voraussetzungen, stößt man auf die Möglichkeitsbedingungen aller dichteren, tatsächlich zu Rechtstreue und einer positiven Einstellung zur Verfassung motivierenden Begründungstraditionen. Es handelt sich hier demnach um begrifflich *notwendige* Voraussetzungen jener konkreteren Weltbilder, die uns tatsächlich zum Handeln motivieren können. *Hinreichend* sind sie natürlich keineswegs, denn transzendentale Präsuppositionen liefern keine Handlungsgründe. Umgekehrt kann allerdings, wie ich zeigen möchte, ihre Leugnung, wenn sie in das lebenspraktische Selbstverständnis der Handelnden eindringt, zum Handlungs*hindernis* werden und damit Verfassungsvoraussetzungen erodieren.

Wie umfangreich solche ‚transzendentalanthropologischen‘ Unterstellungen tatsächlich sind, die in allen inhaltlichen Begründungstraditionen zugrunde gelegt werden müssen, ist nicht leicht zu bestimmen; zu den unstrittigen Kandidaten gehört aber sicherlich ein Selbstverständnis der Subjekte als Handelnde, die in Interaktion mit anderen Handelnden und einer widerständigen physischen Umwelt freie und verantwortliche Entscheidungen zu treffen haben. Die Begriffe *Freiheit* und *Verantwortung* sind in die Sprachspiele, die wir bei der Begründung unserer Handlungen spielen, so tief eingelassen, dass ihre Tilgung die Identität des Sprachspiels zerstört. Gleiches gilt von dem Begriff eines *Selbst*, das nicht nur die Durchgangsstation von subpersonalen Impulsen ist, die *a tergo* durch es hindurchgreifen, sondern sich als ein diachronal seine Identität bewahrendes Zentrum des Handelns erfährt.

Ich möchte in diesem Beitrag nun der Frage nachgehen, welchen Einfluss die Verbreitung naturalistischer Weltbilder im Blick auf die anthropologischen Minimalvoraussetzungen des Menschenbilds der Verfassung hat. Gibt es Spielarten des Naturalismus, die eine Erosion von Verfassungsvoraussetzungen zur Folge haben oder umgekehrt auch solche, die die zivilgesellschaftlichen Voraussetzungen des Grundgesetzes bestärken könnten?

Dabei gehe ich davon aus, dass zwischen (natur)wissenschaftlichen Erkenntnissen, kognitiven naturalistischen Weltbildern und umfassenderen Weltanschauungen zwar klar unterschieden werden muss, zwischen diesen Bereichen aber natürlich auch vielfältige Austauschbeziehungen bestehen. Diese Feedbackschleifen sind in wissens- und technologiebasierten modernen Gesellschaf-

---

Begründungstraditionen“ (*Joas*, Die Sakralität der Person. Eine neue Begründung der Menschenrechte, Berlin 2011, S. 274. Den Hinweis auf Chang verdanke ich diesem Buch), nicht als Generalisierung einer spezifischen Tradition zu verstehen.

[14] Zur Bedeutung handlungsleitender, aber nicht notwendig bewusst angeeigneter Bilder und Vorstellungen vgl. *Taylor*, A Secular Age, 2007, chap. 4.

ten elementar, aber auch für Pathologien anfällig, etwa für jenes Übergreifen eines instrumentell verkürzten Rationalitätsverständnisses auf die kommunikative Alltagspraxis, für das *Jürgen Habermas* schon in den späten 60er Jahren des vergangenen Jahrhunderts das Schlagwort von der *Kolonialisierung der Lebenswelt* gefunden hat: „die verdinglichten Modelle der Wissenschaften wandern in die soziokulturelle Lebenswelt ein und gewinnen über das Selbstverständnis objektive Gewalt“[15]. Was *Habermas* hier in der marxistisch getönten Sprache der Verdinglichungstheorie beschreibt, zielte damals vor allem auf technokratische Manipulationskonzepte, weniger auf weltbildhafte Generalisierungen. Zwischenzeitlich hat der Einfluss naturwissenschaftlicher Methoden und Theorien auf unser alltägliches Selbstverständnis offenkundig noch erheblich zugenommen und verbindet sich zudem häufig mit einer philosophischen Gesamtdeutung der Wirklichkeit, die sich „naturalistisch“ versteht und häufig explizit in Gegensatz zu religiösen Weltbildern tritt.[16]

Dabei fällt auf, dass sich die Unschärfe und kategoriale Weite des Etiketts *Naturalismus* umgekehrt proportional zu seiner emotionalen Aufladung und seiner affirmativen wie kritischen Verwendung als Kampfbegriff verhält. Ich möchte in diesem Beitrag daher zunächst – und zwar immer im Blick auf seine Stellung zu der minimalen Anthropologie von Freiheit und Verantwortlichkeit als Verfassungsvoraussetzungen – verschiedene Bedeutungen des Naturalismusbegriffs differenzieren (II.), dann exemplarisch eine Variante behandeln, die mir in dieser Hinsicht problematisch erscheint (III.) und schließlich kritisch auf die Auswirkungen zu sprechen kommen, die die gesteigerte Präsenz popularisierender Versionen des szientifischen Naturalismus in der Öffentlichkeit haben könnte (IV.).

II. Spielarten des Naturalismus

Der philosophische Naturalismus ist besonders in der analytischen Philosophie weit verbreitet, wird dort auch auf Fragen der „legal philosophy“ ausgedehnt[17] und kennt unzählige Untervarianten, die sich u.a. dadurch unterscheiden, wie eng oder weit sie den Begriff der Wissenschaft fassen, an den sie sich anlehnen. *David Papineau* zufolge sind aber alle philosophischen Naturalismen durch zwei Thesen charakterisiert. Mit den Worten *Ansgar Beckermanns*, der hier beansprucht, *Papineaus* Formulierungen zu explizieren, handelt es sich um die folgenden Thesen:

---

[15] *Habermas*, Technik und Wissenschaft als ‚Ideologie‘, 1971, S. 91.

[16] Auf diese veränderte Konstellation reagiert *Habermas* mit dem Band „Zwischen Naturalismus und Religion“, 2005.

[17] Vgl. *Leiter*, Naturalism in Legal Philosophy, in: Stanford Encyclopedia of Philosophy, http://plato.stanford.edu/entries/lawphil-naturalism/, Zugriff vom 13.3.2012.

„1. Die gesamte Realität besteht nur aus natürlichen Dingen; in der Realität gibt es weder Götter noch Geister noch Seelen noch andere übernatürliche Mächte und Kräfte.
2. Philosophie und Wissenschaft gehören enger zusammen als gemeinhin angenommen wird; letztlich sind es die Wissenschaften, die uns sagen, was es in der Welt gibt und wie das, was es gibt, beschaffen ist."[18]

Die von *Beckermann* genannten Thesen können nun sicherlich als repräsentativ für eine sehr breite Strömung in der gegenwärtigen Philosophie gelten, sie engen den Begriff des Naturalismus aber bereits auf eine Weise ein, die in den Formulierungen *Papineaus*, auf die sich *Beckermann* bezieht, gerade *nicht* impliziert ist. Dort heißt es u.a. "reality is exhausted by nature (...) and the scientific method should be used to investigate all areas of reality, including the 'human spirit'"[19]. *Papineau* erwähnt kurz vorher, dass der gegenwärtige Gebrauch des Begriffs Naturalismus auf die amerikanische Philosophie in der ersten Hälfte des 20. Jahrhunderts zurückgeht und nennt unter den sich so als naturalistisch verstehenden Philosophen unter anderem den Pragmatisten *John Dewey*. *Dewey* hätte nun den beiden oben zitierten Thesen *Papineaus* sicherlich zustimmen können: übernatürliche Entitäten lehnte er ab und es war ihm sehr wichtig, wissenschaftliche Methoden, soweit möglich, auf alle Bereiche der Realität einschließlich des menschlichen Selbst[20] auszudehnen. Die zweite Hälfte der These von *Beckermann*, in der die exklusive Zuständigkeit der Wissenschaften für die Ontologie behauptet wird, hätte *Dewey* aber entschieden zurückgewiesen. Er hatte nämlich ein klares Bewusstsein darüber, dass der epistemische Weltzugang der Wissenschaften nicht den Inbegriff „wirklicher Objekte" erschließen kann, und sein Naturalismus besteht daher streng darauf, dass eine konsequente Naturalisierung das lebensweltliche Selbst mit seinen Willensimpulsen und Emotionen integrieren und ontologisch ernst nehmen muss:

"When real objects are identified, point for point, with knowledge-objects, all affectional and volitional objects are inevitably excluded from the 'real' world, and are compelled to find refuge in the privacy of an experiencing subject or mind. (...) The self becomes not merely a pilgrim but an unnaturalized and unnaturalizable alien in the world. The only way to avoid a sharp separation between the mind which is the center of the processes of experiencing and the natural world which is experienced is to acknowledge that all modes of experiencing are ways in which some genuine traits of nature come to manifest realization."[21]

---

[18] *Beckermann*, Naturwissenschaften und manifestes Weltbild. Über den Naturalismus, in: DZPhil 60 (2012) 1, S. 5–26 (6).

[19] *Papineau*, Naturalism, in: Stanford Encyclopedia of Philosophy, http://plato.stanford.edu/entries/naturalism/, Zugriff vom 13.3.2012.

[20] Dass in der wissenschaftlichen Psychologie des 20. Jh. der Begriff des Selbst an die Stelle des traditionellen Seelenbegriffs trat, hängt nicht zuletzt mit den Anregungen zusammen, die diese von den pragmatistischen Denkern John Dewey und George Herbert Mead empfing.

[21] *Dewey*, The Later Works of John Dewey, Volume 1: 1925, Experience and Nature, 2008, S. 30 f.

Für den nicht mit der Naturalismus-Debatte vertrauten Leser könnte das Bestehen auf diesem Punkt – und damit darauf, dass *Beckermann* die Skizze *Papineaus* verzeichnet hat – vielleicht als eine unbedeutende innerphilosophische Differenzierung erscheinen. Tatsächlich geht es hier aber um eine für die Frage nach der Vereinbarkeit von Naturalismus und minimaler Verfassungsanthropologie wirklich entscheidende Differenz, nämlich darum, ob unser lebensweltliches Selbstverständigungsvokabular – mit Begriffen wie Freiheit, Schuld, Verantwortung – auf präzisere Beschreibungen in einem ontologisch ‚schlankeren', naturwissenschaftlichen Vokabular reduziert werden kann oder nicht. *Deweys* Naturalismus lässt in der Welt Subjekte zu, deren Sinnperspektive reale Eigenschaften einer Wirklichkeit erschließen, die einer naturwissenschaftlich-kognitiven Erfassung unzugänglich sind. Ein szientifischer Naturalismus, der Realität als den Inbegriff des wissenschaftlich Erschließbaren versteht, hat diese Möglichkeit nicht[22]. Ihm erscheint das Attribut *szientifisch* bestenfalls als überflüssig oder – falls kritisch gebraucht – als schädlich, weil er das Junktim der *beckermannschen* Thesen 1 und 2 für unauflöslich hält.

Ein erster, sehr wichtiger Befund besteht also darin, dass der Begriff des Naturalismus Spielarten kennt, in denen unser evaluatives und normatives Alltagsvokabular für die Erschließung tatsächlicher Eigenschaften der Natur unentbehrlich ist. Für einen *deweyschen* Naturalisten verraten uns Sätze wie „Das hätte ich nicht tun sollen" oder „Dafür sind wir gemeinsam verantwortlich" tatsächlich etwas darüber, *was es gibt*: nicht nur Atomverbände und ihre kausalen Eigenschaften[23], sondern auch, beispielsweise, Werte und Normen. Wenn dieser Satz naturalistisch – und nicht als die idealistische Setzung platonischer Entitäten – verstanden wird, kann er nur bedeuten: Werte und Normen sind unverdächtige Komponenten des Interaktionszusammenhangs zwischen Menschen und der sie umgebenden sozialen wie physischen Wirklichkeit.[24] Personen, deren Selbstbilder in *dieser* Form naturalisiert sind, unterliegen keiner

---

[22] Entscheidend ist hierbei nicht die Frage, ob man diese Realität dann deterministisch im Sinne der klassischen Mechanik oder indeterministisch im Sinne der Quantenmechanik versteht, sondern *Beckermanns* zweite These. Sie legt den szientifischen Naturalismus auf einen metaphysischen Realismus fest, also auf die These, dass es ein einziges – nämlich das naturwissenschaftliche – Beschreibungssystem für alle Formen unseres kognitiven Weltbezugs gibt.

[23] Letzteres ist die Überzeugung des Physikalismus. Die These "that the natural world is exhausted by all the physical facts" ist in der analytischen Philosophie weit verbreitet. Barry Stroud formuliert prägnant, er würde dies als eine "ridiculously extreme position" charakterisieren, "were it not for the fact that many philosophers I respect appear to hold it." *Stroud*, The Charm of Naturalism, in: Naturalism in Question, De Caro/Mcarthur (Hrsg.), 2004, S. 21–35 (27).

[24] Die Argumentationsstruktur ist parallel zu derjenigen, mit der Pragmatisten auf der Natürlichkeit unseres phänomenalen Erlebens bestehen. Vgl. hierzu: Jung/Heilinger (Hrsg.), Funktionen des Erlebens. Neue Perspektiven des phänomenalen Bewusstseins (Humanprojekt 5), 2009.

entfremdenden Selbstobjektivierung. Sie sehen sich als Teil einer natürlichen Welt, in der ihre Hoffnungen und moralischen Wertungen einen wirklichen Unterschied machen, und sie unterscheiden sich darin radikal von reduktionistischen Naturalisten, für die solche alltäglichen Einstellungen einem *Statusirrtum* unterliegen: sie sind nicht wirklich das, wofür die Protagonisten sie halten, sondern "projections of emotion onto a morally barren world"[25], wie *Ronald Dworkin* diese Position prägnant charakterisiert. Ein *deweyianischer* Naturalismus verpflichtet sich also nicht auf die *beckermannsche* These 2 (genauer: nicht auf deren zweiten Halbsatz) und geht daher auch nicht davon aus, dass die Naturwissenschaften unser alltägliches Selbstverständnis als freie und verantwortliche Akteure grundsätzlich revidieren könnten.[26]

Wie steht es nun aber mit dem Naturalismus im Sinne *Beckermanns*? Dieser unterscheidet, die Begrifflichkeit von *Wilfrid Sellars* aufnehmend, zwischen einem ‚manifesten' (alltäglich-lebensweltlichen) und einem ‚wissenschaftlichen' Weltbild. Terminologisch hat das den Nachteil nahezulegen, die Differenz zwischen alltäglicher Erfahrung und Wissenschaft entspreche im Ganzen derjenigen zwischen dem, was sich an der Oberfläche manifestiert und dem, was wirklich ist. Sie greift also die traditionelle Unterscheidung zwischen Erscheinung und Sein auf, die pragmatistische Naturalisten, wenn überhaupt, nur für einen Teilaspekt unserer Weltbeziehung gelten lassen würden, nämlich in jenen Bereichen, in denen die Bedeutung der Erfahrungsgegenstände von ihrer Referenz dominiert wird.[27] Es scheint mir deshalb wichtig, den in Frage stehenden Unterschied nicht schon vorab in einer Terminologie zu fassen, die ein ontologisches Gefälle nahelegt. Als neutralere Formulierung des in Frage stehenden Problems bietet sich die Unterscheidung zwischen der lebensweltlichen Teilnehmer- und der wissenschaftlichen Beobachterperspektive an[28].

[25] *Dworkin*, Justice for Hedgehogs, 2011, S. 36.

[26] Mit Blick auf religiöse Überzeugungen stellt sich die Lage für Dewey anders dar: hier geht er durchaus davon aus, dass sein Naturalismus tief in die Lebenswelt eingreift und etwa dazu beiträgt, dass die supranaturalen Prämissen positiver Religionen zugunsten eines religiös aufgeladenen Humanismus revidiert werden. Vgl. dazu *Dewey*, A Common Faith (1934), in: The Later Works of John Dewey, Volume 9: 1933–1934, Essays, Reviews, Miscellany, and A Common Faith, 2008, S. 1–58.

[27] Für eine ausführlichere Darstellung der hier nur sehr verknappt angedeuteten pragmatistischen Konzeption vgl. *Jung*, Lebenserfahrung – Wissenschaft – Weltanschauung. Eine pragmatistische Perspektive, in: Müller (Hrsg.), Abschied von der Lebenswelt? Zur Reichweite naturwissenschaftlicher Ansätze (im Erscheinen).

[28] Beckermann findet diese Unterscheidung problematisch, weil damit insinuiert werde, Wissenschaft sei „per se darauf angelegt, alles nur aus der Perspektive der Dritten Person zu betrachten". *Beckermann* (Fn. 18), 22. Untersuchungen bspw. in der Schmerzforschung oder zur Farbwahrnehmung zeigten aber, dass sich durchaus objektive Korrelate von subjektiven Eindrücken finden ließen. Dies scheint mir unbestreitbar, zeigt aber doch gerade, dass die subjektive Teilnehmer- bzw. Erlebnisperspektive insofern irreduzibel ist, als ohne sie gar keine psychischen Phänomene individuierbar wären, nach deren neuronalen Korrelaten dann gefragt werden könnte.

Aus der Teilnehmerperspektive erscheinen uns verschiedene Dinge höchst evident, mit denen zumindest ein reduktiver Naturalismus Schwierigkeiten haben muss.[29] Menschen können, wie *Beckermann* selbst betont, „nachdenken, das heißt überlegen, welche Gründe für oder gegen eine Überzeugung oder eine Handlung sprechen; Menschen können sich also an Gründen orientieren, und sie können über ihre Gründe Rechenschaft verlangen und ablegen (...)“[30]. Die Fähigkeit, Gründe zu erörtern – und a fortiori die von Beckermann auch erwähnte Fähigkeit, Verträge abzuschließen – impliziert m.E. ein Selbstverständnis der Handelnden als freie Subjekte.

Nun haben naturalistische Positionen, die von der ontologischen Alleinzuständigkeit der Naturwissenschaften ausgehen, zwei Möglichkeiten: Sie können das moralisch-praktische Selbstverständnis der Teilnehmerperspektive unserer Lebensform entweder bestreiten oder aber die These vertreten, dass dieses Selbstverständnis sowohl unaufgebbar als auch mit einem szientifischen Naturalismus vereinbar ist. *Beckermann* entscheidet sich in seinem Aufsatz klar für diese zweite Alternative:

> „Die Annahme, dass Menschen die genannten Fähigkeiten haben, ist damit vereinbar, dass auch Menschen Wesen sind, die nur aus Atomen bestehen und deren Bewegungen letztlich alle auf die Interaktionen dieser Atome zurückgehen.“[31]

Wir haben nun also drei verschiedene Naturalismen, die jeweils in ganz unterschiedlicher Weise auf das Selbstverständnis der Rechtsgenossen einwirken, wenn sie aus den fachphilosophischen oder naturwissenschaftlichen Debatten in die demokratische Öffentlichkeit eindringen: den *pragmatistischen Naturalismus*, den *szientifisch-kompatibilistischen* und den *szientifisch-reduktionistischen*. Nat_{prag} hat keine revisionistischen Ansprüche gegenüber dem anthropologischen Minimum, das moralische und rechtliche Ordnungen voraussetzen muss. Für den $\text{Nat}_{\text{sz-kom}}$ stellt sich die Sache anders dar: Dieser würde vermutlich zugestehen, dass die Teilnehmerperspektive der Alltagspraxis Schwierigkeiten mit der kompatibilistischen These (also der Vereinbarkeit von moralisch-praktischem Selbstverständnis und physikalistischer Ontologie) hat, aber gleichzeitig betonen, dass es sich hier um ein kontingentes Vermittlungsproblem handelt, das durch Aufklärung im klassischen Sinn prinzipiell behoben werden kann. Der weitreichendste Konflikt entsteht nun natürlich für den $\text{Nat}_{\text{sz-red}}$. Er muss davon ausgehen, dass die minimale Anthropologie unserer Alltagspraxis und mithin auch das Menschenbild des Grundgesetzes einem kognitiven Irrtum aufsitzt, der sich nicht nur, wie im $\text{Nat}_{\text{sz-kom}}$, auf die ontologischen Verpflichtungen dieser Alltagspraxis, sondern auch auf die in ihr unterstellten Fä-

[29] Ausführlich dazu: *Wingert*, Lebensweltliche Gewissheit versus wissenschaftliches Wissen?, in: Janich (Hrsg.), Naturalismus und Menschenbild, 2008.

[30] *Beckermann* (Fn. 18), S. 22.

[31] Ebd. (Fn. 18), S. 22.

higkeiten der Akteure bezieht. Ich möchte nun im Folgenden aufzeigen, dass ein gegenwärtig besonders häufig propagierter Naturalismus, nämlich der Neuro-Konstruktivismus, dem Typus $Nat_{sz\text{-}red}$ zuzurechnen ist und dessen Popularisierung deshalb ein objektivistisches Selbstmissverständnis der Akteure befördert, das den Verfassungsvoraussetzungen auf der Ebene kultureller Sinnbilder nicht zuträglich ist.

III. Das szientifisch-reduktionistische Programm des Neurokonstruktivismus

„Neurokonstruktivismus" ist eine vor allem durch *Thomas Fuchs*[32] in kritischer Absicht etablierte Sammelbezeichnung für die unter Hirnforschern und Philosophen nicht seltene Überzeugung, es handele sich bei der von uns in der alltäglichen Einstellung erfahrenen Realität in Wirklichkeit um eine vom Gehirn erzeugte Konstruktion, deren Konstruktcharakter wir im alltäglichen Leben nicht erkennen können (das können nur die Neurowissenschaftler) und die wir deshalb mit der Realität verwechseln. Die Leitbegriffe des Neurokonstruktivismus sind *Illusion* (auf der Seite des erlebenden Subjekts) und *Simulation* (als modellerschaffende Leistung des Gehirns). *Thomas Metzinger* formuliert das so:

> „Zuerst erzeugt unser Gehirn eine Simulation der Welt, die so perfekt ist, dass wir sie nicht als ein Bild in unserem eigenen Geist erkennen können. Dann generiert es ein inneres Bild von uns selbst als einer Ganzheit."[33]

---

[32] Vgl. *Fuchs*, Hirnwelt oder Lebenswelt? Zur Kritik des Neurokonstruktivismus, in: DZPhil 59 (2011) 3, S. 347–358; Ders., Das Gehirn – ein Beziehungsorgan. Eine phänomenologisch-ökologische Konzeption, 2008.

[33] *Metzinger*, Der Ego-Tunnel. Eine neue Philosophie des Selbst: von der Hirnforschung zur Bewusstseinsethik, 2010, S. 21. Dieses Buch wird von *Metzinger* selbst als ein Versuch in "Public Understanding of Science" (S. 12) bezeichnet, wofür es noch keinen passenden deutschen Ausdruck gebe. Die wissenschaftlichen Grundlagen zu *Metzingers* Position finden sich in seinem Buch mit dem programmatischen Titel "Being No One. The Self-Model Theory of Subjectivity", 2004. – Hier müsste nun zwischen zwei Lesarten des Konzeptes "Public Understanding of Science" unterschieden werden. Bei der einen handelt es sich um den Versuch, die lebensweltliche und/oder weltanschauliche Bedeutung wissenschaftlicher Erkenntnisse *interpretativ*, also durch generalisierende Extrapolation der verfügbaren Fakten und gesicherten Theorien zu erschließen. Dieses Anliegen scheint mir so wichtig wie unproblematisch. Problematisch ist jedoch der Versuch, die Extrapolation weltanschaulicher Konsequenzen der Wissenschaften als eine bloße, epistemisch harmlose Popularisierung gesicherten Wissens darzustellen, also das Ansehen des empirisch arbeitenden Wissenschaftlers umstandslos auf Bereiche auszudehnen, die nur durch die weltanschaulichen Deutungsleistungen, nicht aber durch innerwissenschaftliche Methoden zugänglich werden. Die Vermischung dieser beiden Dimensionen scheint mir ein Grundübel der gesamten Debatte um die Neurowissenschaften zu sein.

Wir erliegen mit unserer Alltagserfahrung also einer doppelten Illusion: Zunächst verwechseln wir unsere neuronal erzeugten phänomenalen Erlebniszustände mit der Welt ‚da draußen' und erliegen schließlich auch noch dem Irrtum, das ebenfalls gehirnintern erzeugte Selbstmodell mit uns selbst zu verwechseln. Die kontraintuitive Kernbotschaft von *Metzingers Ego-Tunnel* (es ist der zweite Satz) lautet dementsprechend: „Ganz im Gegensatz zu dem, was die meisten Menschen glauben, *war* oder *hatte* niemand je ein Selbst."[34] *Thomas Fuchs* hat darauf hingewiesen, dass sich für *Metzinger* das Subjekt exakt in der Lage eines Piloten befindet, der im Flugsimulator Situationen erlebt und handelnd bewältigen muss, die ihm den virtuellen Charakter des Erfahrenen nicht mehr zu Bewusstsein kommen lassen. Freilich zieht diese Metapher ihre Verständlichkeit gerade aus dem Wissen, dass es für den Piloten auch eine nicht virtuelle Realität gibt, in die er jederzeit zurückgeholt werden kann. *Metzingers* programmatischer Anfangssatz birgt dementsprechend einige Tücken in sich, denn er setzt ja – analog zu der Situation im Simulator – zumindest ein grammatisches Subjekt voraus, dem das personale Subjektsein dann abgesprochen wird. Viele Kritiker des Neurokonstruktivismus haben deshalb auch transzendentale Argumente bemüht, die zeigen sollen, dass diese Position etwas voraussetzen muss, dessen Existenz sie zugleich leugnen und daher einem performativen Selbstwiderspruch verfallen: nämlich ein Selbst (im obigen Zitat in der grammatischen Stellung des „Wir"), *für das* dem Selbstmodell Realität zukommt[35] (und dies sowohl auf der Seite des beobachteten Selbst als auch auf Seiten des Wissenschaftlers, der seine Theorien entwickelt).

Ich halte diese Kritik für stichhaltig, kann in meinem Beitrag aber nicht die verwickelte Diskussion zwischen den Vertretern der verschiedenen Naturalismen und den Verteidigern der Alltagsanthropologie rekonstruieren.[36] Stattdessen möchte ich den Akzent auf die in unserem Zusammenhang entscheidende Tatsache legen, dass der neurokonstruktivistische Naturalismus *Beckermanns* These 2 (Ontologische Alleinzuständigkeit der Naturwissenschaften) zwangsläufig zu der Behauptung verschärfen muss, zwischen den ontologischen Implikationen unserer alltäglichen Praktiken und dem wissenschaftlichen Weltbild bestehe in zentralen Punkten ein scharfer Kontrast. Eine weichere Lesart, wie sie *Beckermann* vertritt[37], betont demgegenüber die *Kontinuität* zwischen explorativem Verhalten im Alltag und wissenschaftlichen Weltzugängen (die

---

[34] *Metzinger* (Fn. 33), S. 13.

[35] Exemplarisch: *Fuchs*, Das Gehirn (Fn. 32), S. 45, bs. auch dort Fn. 52.

[36] Exemplarisch für den dt. Sprachraum: *Janich*, Naturalismus und Menschenbild (Fn. 29). In der deutschsprachigen Debatte wird der vage Begriff des Naturalismus oft noch recht pauschal und meist polemisch gebraucht, ohne zwischen den oben unterschiedenen Typen zu differenzieren. Hingegen wird in der angelsächsischen Debatte seit etwa einem Jahrzehnt verstärkt um Binnendifferenzierungen gerungen. Vgl. *De Caro/Macarthur*, Naturalism in Question (Fn. 23).

[37] Vgl. *Beckermann* (Fn. 18), S. 12 f.

sich durch größere Systematizität, nicht durch prinzipielle Andersartigkeit auszeichnen sollen, was Revisionen des „manifesten Weltbildes“ nicht ausschließt, sie aber im geringeren Maß als Bruch erscheinen lässt). Neurokonstruktivisten packen hingegen den Stier bei den Hörnern und konfrontieren ihre Leser mit der Behauptung, die ontologischen und anthropologischen Grundannahmen, die unsere Existenz als wissenschaftliche Laien prägen, seien schlicht falsch. Weder gebe es so etwas wie ein Selbst[38] noch komme das vom Gehirn errechnete Selbstmodell in Kontakt mit einer von ihm unabhängigen Realität.

Neurokonstruktivisten können daher meiner Überzeugung nach auch keine Kompatibilisten (wie *Beckermann*) sein. Zumindest lässt sich nicht mehr erkennen, welchen Entitäten jene unsere Alltagspsychologie tragenden Fähigkeiten wie Verantwortlichkeit und Rechenschaftsgabe denn dann zugeschrieben werden könnten, von denen die Kompatibilisten ja noch glauben, sie seien mit einer naturwissenschaftlich restringierten Ontologie vereinbar.

Die Grundannahmen des Neurokonstruktivismus werden nun keineswegs nur von aus dem Lehnstuhl heraus argumentierenden Transzendentalphilosophen oder traditionellen Phänomenologen in Frage gestellt; es gibt vielmehr auch eine breite innerkognitionswissenschaftliche Strömung, die den menschlichen Geist und seine Fähigkeiten nicht im Gehirn (und nicht in Form von kognitiven Simulationen) situiert, sondern in den Interaktionen zwischen einem realen Organismus und seiner realen psychischen wie sozialen Umwelt.[39] Autoren wie *Alva Noë* sehen im Neurokonstruktivismus eine "durable yet false conception of our own intellectual predicament. Scientists seem to represent us as if we were strangers in a strange land."[40] Und sie argumentieren aus einer *biologischen*, innerwissenschaftlichen Perspektive gegen die neurokonstruktivistische Orthodoxie und ihre Entfremdungseffekte. Der zerebrozentrische Naturalismus, der den Lesern in den Schriften von Autoren wie *Francis Crick*[41], *Patricia S. Churchland*[42] oder *Thomas Metzinger* entgegentritt, kann innerneu-

---

[38] Hier ist folgende Differenzierung wichtig: Wer glaubt, ein Selbst zu sein oder zu haben, also dem Neurokonstruktivismus widerspricht, legt sich damit keineswegs auf die Vorstellung einer substanziellen, immateriellen Seele fest. Es gibt zahlreiche andere Möglichkeiten, dem Selbst Realität zuzuschreiben, wie sie etwa die Sozialpsychologie im Gefolge *George Herbert Meads* entwickelt hat.

[39] Exemplarisch: *Noë*, Out of Our Heads. Why You Are Not Your Brain, and Other Lessons from the Biology of Consciousness, 2009, S. 186. Für Noë (und zahlreiche andere Vertreter der „embodied cognition“) stellt der Konstruktivismus eine neurowissenschaftliche und -philosophische Orthodoxie dar, deren Zeit zu Ende ist: "If we are to understand consciousness (...), we need to turn our backs on the orthodox assumption that consciousness is something that happens inside us (...) It is now clear (...) that consciousness (...) is achieved in action, by us, thanks to our situation in and access to a world we know around us. We are in the world and of it."

[40] Ebd., S. 183.

[41] Vgl. *Crick*, The Astonishing Hypothesis: The Scientific Search for the Soul, 1994.

[42] Vgl. *Churchland*, Braintrust. What Neuroscience Tells Us about Morality, 2011. – Oben

rowissenschaftlich als eine breite und lange Zeit auch dominante Strömung angesehen werden, die jedoch seit längerem zunehmende innerwissenschaftliche Kritik erfährt. Diese ist in jüngster Zeit so vielstimmig und vernehmbar geworden[43], dass es nicht übertrieben scheint, von einem sich anbahnenden Paradigmenwechsel zu sprechen. Neurowissenschaftlich alternativlos ist der Neurokonstruktivismus jedenfalls nicht, sodass die Konflikte zwischen neurokonstruktivistischen und näher am ‚manifesten' Weltbild angesiedelten Positionen auch nicht einfach als Gegensatz zwischen akzeptierter Wissenschaft einerseits und unaufgeklärter Alltagspraxis andererseits rekonstruiert werden können.

IV. *Bad Popular Science*: die populäre Aufbereitung des Neurokonstruktivismus und die minimale Anthropologie der Verfassung

Auf dem Gebiet der popularisierenden Darstellungen – also in dem publizistischen Sektor, in dem einzelwissenschaftliche Erkenntnis mit allgemein interessierenden Lebensproblemen in Beziehung gesetzt wird – behauptet der Neurokonstruktivismus jedoch weithin die Marktführerschaft. Die Zahl an Büchern, in denen Gehirne, und nicht etwa sozial und physisch eingebettete Personen, als die eigentlichen Akteure des menschlichen Dramas erscheinen, ist imponierend. Der Neurokonstruktivismus stößt offensichtlich auf eine Bereitschaft der öffentlichen Debatten, reduktionistisch-naturalistische Selbstdeutungen als wissenschaftlich alternativlos gelten zu lassen. *Alva Noë* hat dafür eine einleuchtende ideengeschichtliche Erklärung: Er greift den Titel eines der populärsten Bücher des Genres, nämlich *The Astonishing Hypothesis* des DNS-Entzifferers *Francis Crick* auf, um dessen Behauptung zu bestreiten, die These, unser bewusstes Selbst könne vollständig auf das Verhalten von Nervenzellen zurück-

---

hatte ich darauf hingewiesen, dass sich *Winfried Bruggers* Entscheidungskreuz besonders gut einsetzen lässt, um die Vernachlässigung elementarer Dimensionen des menschlichen Handelns in Entscheidungen und Handlungsdeutungen sichtbar zu machen. Im Blick auf Churchlands neurowissenschaftliche Deutung der Moral ließe sich das exemplarisch durchführen. Dort werden durchgängig die "brain-based values" (ebd., S. 12) – verstanden als evolutionär selektierte Fähigkeiten zu Empathie, prosozialem Verhalten etc. – gegen die traditionelle Deutung von Moral als eine Angelegenheit von Regeln und Normen ausgespielt. Die Frage "Where do values come from?" (ebd.) wird zerebrozentrisch zu der Frage "How did brains come to care about others?" verkürzt. Bruggers antireduktionistische Matrix des Entscheidungskreuzes könnte hier gleich zwei gravierende Verkürzungen diagnostizieren: erstens wird die Spannung zwischen den von ‚unten' kommenden evolvierten Antrieben (first order) und den normativen Ordnungen, die deren Bewertung dienen (second order) zugunsten ersterer unterlaufen, und zweitens wird auf der horizontalen Achse des Kreuzes die evolutionäre Herkunft zuungunsten der gestaltungsoffenen Zukunft privilegiert.

[43] Vgl. dazu das Schwerpunktthema „Kritische Philosophie der Neurowissenschaften" in der DZPhil 59 (2011).

geführt werden, sei dem Alltagsbewusstsein völlig fremd.[44] Zur Begründung weist *Noë* darauf hin, dass es gerade die Tradition des cartesianischen – und auch des religiösen – Dualismus sei, die das öffentliche Bewusstsein über Jahrhunderte auf die Vorstellung vorbereitet habe, das Selbst sei etwas von der Welt wesensmäßig Getrenntes. Neurokonstruktivistische Positionen stellen in dieser Sicht eine Naturalisierung des Cartesianismus dar: sie verschärfen die Weltlosigkeit – und damit Bedeutungslosigkeit – des Selbst, indem sie dieses als phänomenales Konstrukt des materiellen Gehirns erscheinen lassen.

Diese Naturalisierung der cartesianischen *res cogitans* ist ebenfalls nicht neu und wurde etwa von den radikalen Philosophen der Aufklärung wie *La Mettrie* schon sehr weit getrieben[45]. Doch erst die Erosion des substanziellen Seelenbegriffs über den abgeschlossenen Bereich intellektueller Diskurse hinaus hat den Boden für ein breites öffentliches Interesse an neurokonstruktivistischen Positionen bereitet. Aus der Fülle einschlägiger Publikationen greife ich exemplarisch einen Titel des Neurowissenschaftlers *David Eagleman*, einem Schüler von *Francis Crick*, heraus: *Inkognito. Die geheimen Eigenleben unseres Gehirns.*[46] In diesem Buch wird kenntnisreich und lebendig ein neurowissenschaftliches Panoptikum vorgeführt: Wahrnehmungstäuschungen, Persönlichkeitsveränderungen durch neuronale Läsionen, unbewusste Funktionen subpersonaler Teilmodule des Gehirns, vertrauenssteigernde Wirkung des Hormons und Neurotransmitters Oxytocin etc. Alle diese weitgehend unbestrittenen, jedoch höchst unterschiedlich interpretierbaren Phänomene werden den Lesern nun als ebenso viele Belege für eine zerebrozentrische Weltsicht vorgeführt, in der das traditionelle Vokabular von Freiheit, bewusstem Handeln, Verantwortlichkeit etc. nicht bloß als teilweise revisionsbedürftig[47], sondern als *in toto* obsolet behandelt wird. Der entscheidende Punkt ist hier immer, dass zwischen den empirischen Befunden, ihrer innerwissenschaftlichen theoretischen Bearbeitung und der weltanschaulichen Generalisierung beider nicht unterschieden und somit bei den erkenntniskritisch nicht vorgebildeten Lesern jeweils der Eindruck erweckt wird, es handele sich bei Letzterem um einen verbindlichen Autoritätsspruch „der" Wissenschaft. „Ihr bewusstes Ich", so werden die aufmerksamen Leser (also ihr bewusstes Ich!) direkt angesprochen, ist „der unwichtigste Teil Ihres Gehirns"[48]. Mit unserer Fähigkeit zu freiem, verantwortlichen Handeln stehe es nicht besser, denn so, „(...) wie die Wissen-

---

[44] Vgl. *Noë* (Fn. 39), S. 5.

[45] Vgl. *La Mettrie*, Der Mensch als Maschine, 1985. Zur Naturalisierung Descartes' vgl. ebd., S. 85 ff.

[46] Im Original: Incognito. The Secret Lives of the Brain, 2012.

[47] Dass wir den Neurowissenschaften wichtige Einsichten im Blick auf die Frage verdanken, welche neuronalen Läsionen oder Reifungsstörungen eine bewusste und verantwortliche Lebensführung vereiteln können, scheint mir völlig unbestreitbar.

[48] *Eagleman* (Fn. 46), S. 118.

schaft das Gehirn heute versteht, gibt es nirgendwo eine Lücke für den freien Willen“[49], weshalb auch gelte: „Unterm Strich sollte man immer davon ausgehen, dass Kriminelle nicht anders handeln konnten. Die kriminelle Tat sollte als Hinweis auf eine Abnormalität des Gehirns gewertet werden (…)“[50].

In der Debatte über „Willensfreiheit und rechtliche Ordnung“[51], der ersten neurokonstruktivistisch inspirierten öffentlichen Kontroverse im deutschen Sprachraum, ist es auf beiden Seiten zumindest zu wichtigen Differenzierungen gekommen, die meist in die Richtung eines zwar szientifisch verengten, aber doch kompatibilistischen Naturalismus führten.[52] Das Buch von *Eagleman* ist von solchen Differenzierungen frei und wirbt für eine neurokonstruktivistische Position, die mir mit dem Menschenbild des Grundgesetzes schwer verträglich zu sein scheint. Die Ordnungspolitik wird von der Vorstellung eines demokratischen Konsenses bewusst abgekoppelt und szientifisch umformuliert: „(…) die Aufgabe des Rechtsstaates ist es, die besten Erkenntnisse umzusetzen und so zu verankern, dass sie der wankelmütigen öffentlichen Meinung widerstehen“. Es gehe also um eine „auf der Hirnforschung basierende Gesellschaftspolitik“[53]. Der überlappende Konsens der Religionen und Weltanschauungen, auf den etwa *John Rawls* die liberale Demokratie begründen wollte, rückt hier in die Nähe der „wankelmütigen öffentlichen Meinung“.

Hirnforschung ist nun offenkundig eine von Spezialisten betriebene Angelegenheit. Ihren aktuellen Kenntnisstand unmittelbar normativ umzusetzen, liefe – von den Schwierigkeiten einer Normativierung empirischen Wissens ganz abgesehen – auf die Etablierung einer tiefen Klassendifferenz hinaus: Jene, die die wahren Ursachen und Gründe kennen, würden dann die Normen für diejenigen liefern, die noch in ihrer phänomenalen Realität befangen sind (wobei diese zweite Klasse von allen neurowissenschaftlichen Laien einschließlich der Juristen gebildet würde). Man braucht keine philosophiehistorischen Spezial-

---

[49] Ebd., S. 195.

[50] Ebd., S. 207 (unter ausdrücklicher Berufung auf den deutschen Neurowissenschaftler Wolf Singer). – Das „Nicht-anders-handeln-können“ unterscheidet allerdings dem Neurokonstruktivismus zufolge den Kriminellen keineswegs vom Normalbürger. Auch dieser konnte nicht anders, hatte aber das Glück, dass seine neuronale Verhaltensdetermination sich auf der gesetzeskonformen Seite des Spektrums bewegt.

[51] So der Titel eines von Lampe, Pauen und Roth 2008 herausgegebenen Sammelbandes. Die erste Runde dieser Debatte mit den entsprechenden Beiträgen in der FAZ ist dokumentiert in: Geyer (Hrsg.), Hirnforschung und Willensfreiheit. Zur Deutung der neuesten Experimente, 2004. Für meine eigene Position vgl. *Jung*, Freiheit in Hirnforschung und Alltagserfahrung – von der Handlung zur Artikulation und zurück, in: Dierken/v. Scheliha (Hrsg.), Freiheit und Menschenwürde, 2006, S. 185–220; *Ders.*, Verkörperte Freiheit – Der Beitrag des klassischen Pragmatismus, in: Heilinger (Hrsg.), Naturgeschichte der Freiheit (Humanprojekt 1), 2007, S. 435–456.

[52] Vgl. etwa *Pauen/Roth*, Freiheit, Schuld und Verantwortung. Grundzüge einer naturalistischen Theorie der Willensfreiheit, 2008.

[53] *Eagleman* (Fn. 46), S. 218.

kenntnisse, um diese Denkform als eine naturalistische Neuauflage der platonischen Philosophenkönige zu identifizieren, deren überlegene Einsicht in das Wesen der Erscheinungen sie zu Herrschern qualifiziert.

Den eben zitierten Passagen in dem Buch von *Eagleman* schließt sich ein Abschnitt an, der den sprechenden Titel „Der Mythos der Gleichheit" trägt. Die zahlreichen und gravierenden Unterschiede zwischen den Menschen, seien sie nun kognitiver, emotionaler oder die Impulskontrolle betreffender Art, stellten

> „ein Problem für den Rechtsstaat dar, der schließlich auf der Annahme beruht, dass alle Menschen gleich sind. Der Mythos der Gleichheit geht davon aus, dass alle Menschen gleichermaßen in der Lage sind, gute Entscheidungen zu treffen, ihre Impulse zu beherrschen und die Konsequenzen ihrer Handlungen zu verstehen. Das ist ehrenwert, aber bei genauerem Hinsehen löst sich die Gleichheit in Luft auf."[54]

Eagleman verwechselt hier die normative und rechtskonstitutive Annahme, alle Menschen seien aufgrund ihrer angeborenen Würde in bestimmten, etwa durch die Menschenrechte spezifizierten Hinsichten gleich, mit der absurden empirischen These, alle Menschen verfügten über dieselben kognitiven und moralischen Kompetenzen. Deshalb kann er die empirischen Belege für Differenzen (zwischen Gehirnen!) umstandslos als Argumente gegen eine normative Gleichbehandlung der moralischen Akteure bzw. Rechtsgenossen anführen. Wenn diese deterministische Vision strafrechtlich umgesetzt wird, „entsteht eine Zwei-Klassen-Gesellschaft der Steuernden und der Gesteuerten."[55]

In dem Maße nun, in dem solche weltbildhaften Extrapolationen des Neurokonstruktivismus in die Selbstdeutungen der Akteure eindringen, verändert sich deren Selbstbild. Ein Prozess kommt in Gang, in dessen Verlauf jene minimale Anthropologie, die den moralischen „Quellen des Selbst" (*Charles Taylor*) zugrunde liegt, zu erodieren droht. Wer sich in Fragen seines praktischen Selbstverständnisses als neurowissenschaftlich belehrungsbedürftiger[56] Knotenpunkt kausaler Vektoren zu verstehen lernt, wird zur Reproduktion einer freiheitsbasierten sozialen Praxis nicht mehr beitragen können. Der entscheidende Punkt ist hier, dass es sich bei dem Zusammenhang von juridischem Recht, öffentlicher Moral und entgegenkommenden Einstellungen der Bürger nicht um einen metaphysisch stabilisierten Zustand, sondern um einen prekären, sich selbst erzeugenden und reproduzierenden Prozess handelt. So erscheint

---

[54] Ebd., S. 218 f.

[55] *Dölling*, Willensfreiheit und Verantwortungszuschreibung unter kriminalitätstheoretischen Aspekten, in: Lampe/Pauen/Roth (Fn. 51), S. 371–395 (388 f.).

[56] Die Ironie der Sache besteht natürlich darin, dass der Inhalt der Botschaft gerade ausschließt, die von ihr Erreichten könnten daraus eine verhaltensrelevante Lehre ziehen: schließlich ist es dem Neurokonstruktivismus zufolge nicht das Selbst, das handelt, kausal ausschlaggebend sind vielmehr die subpersonalen neuronalen Instanzen. Diese werden wenig davon haben, dass ein epiphänomenales Selbst sich durch populärwissenschaftliche Lektüre mit vorgeblichen neurowissenschaftlichen Tatsachen vertraut macht.

Freiheit zwar, um auf *Deweys* Terminologie zurückzukommen, in gewöhnlicher Erfahrung als reale Eigenschaft jenes Teils der natürlichen Welt, den der Mensch bewohnt, aber dafür gibt es keine Ewigkeitsgarantie. Denn die Feedbackschleifen, die stabilisierend zwischen Recht, Moral und Selbstverständnis vermitteln, generieren keinen Automatismus. Auf diesen zentralen Punkt hat kürzlich *Georg Mohr* aufmerksam gemacht und ihn im selben Zug auch in die Sprache der Neurophysiologie gekleidet:

> „(...) die in der rechtlichen Verfassung einer Gesellschaft sich artikulierende Normkultur [findet] mit ihren Ansprüchen, Verboten und Forderungen sowie mit ihrem impliziten Selbstverständnis der beteiligten Personen einen ‚kausalen Niederschlag' in den Gehirnen. So oder ähnlich könnte eine Kulturgeschichte von freiheitsgläubigen Gehirnen lauten. (...) *Die Freiheitsunterstellung ist Bedingung freiheitlicher Praxis. Die Kultur der Freiheit ist eine sich selbst erzeugende Praxis*".[57]

Zwischen den kulturellen und sozialen Verfassungsvoraussetzungen und dieser selbst bestehen also, so können wir nun präzisieren, Feedbackschleifen, die über das Selbstverständnis der Akteure auch auf die neuronale Architektur der Gehirne einwirken, mit deren Hilfe diese in einer physischen und sozialen Umwelt interagieren. Neurokonstruktivistische Populärphilosophien greifen in diese Feedbackschleifen in einer Weise ein, die Züge einer *Self-Fulfilling Prophecy* tragen könnte: Wenn immer mehr Akteure lernen, sich nicht mehr als solche, d.h. als prinzipiell zur Entwicklung von Werthaltungen, normativen Einstellungen und zu freier Wahl befähigte Wesen zu verstehen, sondern ihr Selbst bestenfalls als epiphänomenalen Beobachter einer sinnfreien abrollenden Kausalität auffassen, dann erodiert tatsächlich eine zentrale Voraussetzung der Verfassung, nämlich die in ihr implizierte minimale Anthropologie.

Ich fasse zusammen: Naturalistische Wirklichkeitsdeutungen sind in wissenschaftsbasierten Gesellschaften im Chor der Weltanschauungen neben den älteren religiösen Weltbildern prominent vertreten. Doch verbergen sich hinter dem Etikett des Naturalismus sehr verschiedene Denkformen, die in ganz unterschiedlicher Weise auf die Selbstdeutungen der gesellschaftlichen Akteure zurückwirken. Es ging mir in diesem Beitrag zunächst darum, deutlich zu machen, dass das Menschenbild der Verfassung mit einer großen Breite von weltanschaulichen Positionen verträglich ist, unter ihnen auch naturalistischen. Als nichtreduktionistische Spielart des Naturalismus (die in den deutschsprachigen Debatten allerdings keine große Rolle spielt) hatte ich auf die pragmatistische Philosophie *John Deweys* hingewiesen. Der $\text{Nat}_{\text{sz-kom}}$ ist insofern ebenfalls nichtreduktionistisch, als er die Unaufgebbarkeit des normativen und evaluativen Alltagsvokabulars betont. Gegen den Augenschein besteht er aber darauf, dass diese These mit einer szientifischen Lesart des Realismus verträglich ist,

---

[57] Vgl. *Mohr*, Welche Freiheit braucht das Strafrecht?, in: Lampe/Pauen/Roth (Fn. 51), S. 72–98 (90). Kursiv im Original.

also mit der Behauptung, ein einziges Vokabular, das der Naturwissenschaften, erschließe uns alles, was es gibt. Der Neurokonstruktivismus schließlich, als eine Spielart des $Nat_{sz\text{-}red}$, könnte in Gestalt seiner weltanschaulichen Popularisierungen das Selbstverständnis der Akteure in einer problematischen Weise verändern. Die Rechtsphilosophie, wenn sie daran interessiert ist, den Verfassungsvoraussetzungen auch auf der Ebene populärer Selbstbilder nachzuspüren, wird daher nicht umhin kommen, sich mit den verschiedenen Spielarten des Naturalismus auseinanderzusetzen. Dabei kommt ihr zugute, dass der Neurokonstruktivismus keine alternativlose Folgerung aus empirisch gesicherten Daten, sondern eine auch mit innerwissenschaftlich guten Gründen kritisierbare Theorie darstellt. Die minimale Anthropologie, die im Menschenbild der Verfassung diesseits aller legitimen Pluralität von Weltbildern unterstellt werden muss, kann dieser Herausforderung standhalten.

Die Farben der Freiheit

Der Kommunitarismus als Farbenlehre politischer Kultur

*Jan Philipp Schaefer**

Mit „Verfassungsvoraussetzungen", einer Begriffsschöpfung von *Herbert Krüger*[1], sind die Funktionsbedingungen einer juridisch verfassten Ordnung gemeint. Die Verfassung kündet von gelungener Gemeinschaftsbildung. Sie zeugt aber auch davon, dass Gemeinschaft in Freiheit, Würde und Gerechtigkeit nicht selbstverständlich ist:

> „Es ist niemals ein Dokument der Kultur, ohne zugleich ein solches der Barbarei zu sein."[2]

Kultur präsentiert sich als Lebensprinzip der Freiheit in schillernd-bunten Farben. Über dem Panorama eines Pluralismus der Lebensstile und Werthaltungen darf indessen der Blick für die Grundtöne der Gemeinschaft nicht verloren gehen. Der Kommunitarismus sensibilisiert die politische Theorie für die Bedingungen politischer Kultur. Ihrem Charakter als Spielarten und Weiterentwicklungen republikanistischer Ansätze entsprechend, fügen kommunitaristische Schulen den prämodernen Gemeinschaftsbegriff in die Begriffsarchitektur der Nachmoderne ein. Dabei grenzen sie sich von moderner Mythisierung der Lebenswelt ebenso ab wie von „postmoderner" Ironie. „Citizenship" als Bedingung verfasster Freiheit ist nicht selbstverständlich-naturwüchsig, sondern von Sozialisationsparametern abhängig, die im Zusammenwirken von Staat und Gesellschaft entstehen. Thema des Kommunitarismus ist die Verfasstheit kultureller Gemeinschaften. Der folgende Streifzug durch die Ideengeschichte politischer Kultur führt uns zu Anliegen, Herkunft und Zukunft des Kommunitarismus.

---

* Die Abhandlung beruht auf einem Festvortrag zum 60. Geburtstag von Winfried Brugger. Der Vortragsstil wurde beibehalten.

[1] *Krüger*, Verfassungsvoraussetzungen und Verfassungserwartungen in: Festschrift Scheuner, 1973, S. 285 (291 ff.).

[2] *Benjamin*, Über den Begriff der Geschichte in: Gesammelte Schriften Band I, 1974, S. 694 (696).

I. Das Farbenspektrum der Freiheit ...

„Die Farben der Freiheit" spielen auf die Vielfalt der philosophischen Entwürfe an, die dem liberalistischen Ideenspektrum zugeordnet werden.[3] Weit davon entfernt, eine kohärente Weltanschauung zu bilden, bietet der Liberalismus eine Theorienpalette auf, deren gemeinsamer Nenner das Vertrauen in die Verantwortlichkeit und Gestaltungskraft des Individuums ist. Erst dieses wechselseitige Vertrauen bringt Solidarität: die Grundkategorie des Menschen-Verbindenden hervor.[4] Wer sich mit der Theorie der Freiheit befasst, kommt nicht umhin, in Assoziationen und Allegorien zu denken. Auf der Suche nach Motiven für ein Liberalismusporträt begegnen uns vom Leviathan bis zur unsichtbaren Hand zahlreiche Symbole zur Veranschaulichung des Wirkens freiheitlicher Prinzipien. Ihre Funktion als Stilmittel ist es, den Betrachter zum Nachdenken anzuregen, ihm eine Botschaft mit auf den Weg zu geben, die sich nicht zur Gänze im Bild einfangen lässt, sondern einen überschießenden, manchmal mehrdeutigen Aussagegehalt hat. Freiheit weckt denn auch die unterschiedlichsten Assoziationen. Manche verbinden sie mit den fröhlichen Farben des Aufbaus einer neuen Welt, des zuversichtlichen Zerbrechens überkommener Ordnungen. Andere fürchten die Freiheit als tiefschwarze Büchse der Pandora, die, einmal geöffnet, ein für alle Mal destruktiv-schöpferische Urkräfte freisetzt.

Die unbändige Attraktivität eines schöpferischen Lebens schimmert durch die Mythen und Archetypen unserer Zivilisation. Von jeher beflügelte das Bild des Prometheus, des Feuerbringers und Erweckers der Menschheit, die Vorstellungskraft. *Goethe* wählte Prometheus zum Modell des freien Menschen als schöpferisches, gottgleiches Wesen.[5] Dieses Wesen besitzt die Macht des Zweifels selbst an der höchsten Autorität. Freilich erscheint das Abstreifen aller metaphysischen Bindungen – die Ablösung Gottes als Weltenlenker durch die Vernunft – manchen als Hybris. Sie malen Prometheus in den düsteren Farben anarchistischer Verantwortungslosigkeit; sie glauben, hinter den Verheißungen einer Herrschaft der Vernunft eine Ideologie für Alphatiere erkennen zu können, blind für die Drangsal der Mitgeschöpfe. Wahre Freiheit sei Freiheit zur Verantwortung. Sie sei sich ihrer Abhängigkeit von der Conditio Humana, von der Verengung der menschlichen Handlungsalternativen auf ein anthropologisches Kreuz der Entscheidung[6] bewusst.

---

[3] S. eine Übersicht bei Taylor, Aneinander vorbei: Die Debatte zwischen Liberalismus und Kommunitarismus in: Honneth (Hrsg.), Kommunitarismus. Eine Debatte über die moralischen Grundlagen moderner Gesellschaften, 1993, S. 103 (109–112, 116–119).

[4] Prägnant: *Isensee*, Diskussionsbeitrag, VVDStRL 62 (2003), S. 208 (209).

[5] S. zum klassischen Prometheus-Mythos und seinen Deutungen: *Ranke-Graves*, Griechische Mythologie, 1960, S. 127 ff. Prometheus wird auf das Selbstverständnis des modernen Menschen gespiegelt durch Johann Wolfgang Goethes berühmtes gleichnamiges Gedicht.

[6] *Brugger*, Das anthropologische Kreuz der Entscheidung in Politik und Recht, 2. Auflage 2008, passim. S. auch: Brugger, JuS 1996, S. 674 ff.

Das dem Prometheusmythos entgegengesetzte Freiheitsverständnis verdichtet sich im Bild des Orpheus.[7] Orpheus´ Streben nach Überwindung der dem Menschen gesetzten Grenzen macht ihm die Verzweiflung über sein Schicksal umso größer. Der Held muss trotz größter Anstrengungen, den Tod als Lebender zu überwinden, die Sinnlosigkeit seines Unterfangens akzeptieren. Orpheus ist der auf sich selbst zurückgeworfene, sein Kreuz schulternde Mensch. Er bezahlt für seine Freiheit den Preis des Leidens.

Prometheische und orphische Freiheit sind zwei Dimensionen eines Freiheitskontinuums. Das Bild, das daraus entsteht, ist kein nach stringentem Plan gefertigtes Stillleben, sondern eine unvollkommene Collage. Die Orientierung an den zwei Dimensionen prometheischer und orphischer Freiheit vermag jedoch nicht die Gesamtperspektive unserer Freiheitscollage zu verändern. Unabhängig davon, ob man das gestaltende oder das gebietende Moment der Freiheit fokussiert, ist Freiheit nicht ohne die Gemeinschaft denkbar, auf deren Solidarität jedes sich noch so unabhängig wähnende Individuum zur Freiheitsentfaltung angewiesen ist. Dieser Befund führt uns mitten in die zeitgenössische Kommunitarismusdebatte, mit der sich *Winfried Brugger* ausführlich befasst und zu der er Maßgebliches beigetragen hat.[8] Der Kommunitarismus wirkt einer Verengung des Freiheitsdenkens auf das Individuum entgegen. Kommunitariern geht es darum, den Zusammenhang zwischen Freiheit und Gemeinschaft, Selbstverwirklichung und Verantwortung, freiheitlichem Entfaltungsraum und „Zivilgesellschaft" (ein kommunitaristisch geprägter Begriff)[9] sichtbar zu machen. Neben der Freiheit soll vor allem die Brüderlichkeit akzentuiert werden, nachdem das Scheitern kollektivistischer Systeme marxistisch-leninistischer Prägung manche Liberale veranlasst hat, Gemeinschaftswerte insgesamt als diskreditiert zu betrachten. Wir sehen heute, mehr als zwanzig Jahre später, umso deutlicher, dass dem Individualismus ohne die allgemeine Anerkennung von Bürgertugenden die moralische Grundlage fehlt. Mehr noch: Bürgertugenden müssen in Rechtspflichten gegenüber dem Mitmenschen und all jenen, die sich selbst nicht wehren können – die Natur, das ungeborene Leben, die künftigen Generationen – übersetzt werden, und der Staat muss für ihre effektive Durchsetzung sorgen.

Kommunitarier stehen in der Tradition des orphischen, erd- und gemeinschaftsverbundenen Freiheitspragmatismus. Sie grenzen sich von himmelwärts schauenden Utopien individueller Freiheit ohne Bande ebenso ab wie von der naiven Gemeinschaftsromantik der Vormoderne. Der Kommunitarismus

---

[7] Zum Orpheus-Mythos *Ranke-Graves* (Fn. 5), S. 98 ff.; *Grant*, Mythen der Griechen und Römer, 1962, S. 387 ff.

[8] S. dazu den Sammelband: *Brugger*, Liberalismus, Pluralismus, Kommunitarismus. Studien zur Legitimation des Grundgesetzes, 1999.

[9] *Mäder* in: Seelmann (Hrsg.), Kommunitarismus versus Liberalismus, ARSP-Beiheft 76 (2000), S. 61 (63).

opponiert gegen die utilitaristische These, dass sich das Gute im Nützlichen auszahlt. Darin einbegriffen ist die Ablehnung von Liberalismusentwürfen im Strom neo-utilitaristischer Markteuphorie. Wem als Allegorie des Liberalismus das bunte Treiben des Marktes gilt, wird freilich mit Gemeinschaft weder in ihrer natürlichen noch in ihrer ideellen, zur Gesellschaft aggregierten Form etwas anzufangen wissen. Wer hingegen die Welt mit den Augen der Kommunitarier betrachtet, wird Freiheit in den warmen Farben menschlicher Nähe, eines Aufgehobenseins im Zusammenleben mit Anderen wahrnehmen. Er wird hinter den Schlüsselbegriffen des Marktutilitarismus wie Effizienz, Nachhaltigkeit und Optimierung Begriffsvariablen entdecken, die mittels fiktiver Prämissen die nackte Dominanz des Egoismus verkleiden sollen. Vermittelnde Auffassungen berücksichtigen einerseits, dass der Marktliberalismus mit der Fiktion eines gemeinschaftsfördernden Egoismus durchaus Anknüpfungspunkte eines Gemeinschaftsdenkens aufweist. Auf solcher Basis entwickeln sich z.B. institutionenökonomische Konzepte von Staat und Gesellschaft.[10] Andererseits konzedieren alle Kommunitarismusvarianten einen prinzipiellen Vorrang des Individuums vor der Gemeinschaft. Hierin unterscheiden sie sich prinzipiell von kollektivistisch-korporativen Theorien, vom Lob der Gleichheit.

Am Beginn der zeitgenössischen Gegenbewegung zu radikalindividualistischen Lehren, wie sie etwa *Friedrich August von Hayek* oder *Milton Friedman* vertreten haben, steht der Neokontraktualismus des *John Rawls*.[11] Die Kernhypothese der Rawlsschen „Theorie der Gerechtigkeit" ist die Separierung des Subjekts von seinen Zielen. Das Subjekt definiert sich m.a.W. nicht über seine Zwecke, sondern über die Fähigkeit, sie auszuwählen.[12] *Rawls* hat den Bedarf moderner Herrschaft an einer Selbstvergewisserung ihrer Legitimitätsgrundlagen klarer erkannt als andere. Seine avantgardistische Theorie der Freiheit verbirgt die Legitimationsgrundlagen eines freiheitlichen Systems hinter einem Schleier des Nichtwissens.[13] Dieser Kunstgriff verbannt Prometheus ins Reich der Fabel. Die prometheische Befreiung der Menschheit aus dem Urzustand, der Gesellschaftsvertrag, wird von einer zwar historisch nicht verifizierbaren, aber dennoch diesseits bloßer Spekulation liegenden historischen Möglichkeit zu einer Idee umgedeutet, die zwar historische Relevanz besitzt, sich aber nur für denjenigen realisieren kann, der an Vernunft *glaubt*. Die Entscheidung des Menschen für die Freiheit wird bei *Rawls* zur Glaubenssache; Freiheit unter

---

[10] Vgl. dazu *Richter/Furubotn*, Neue Institutionenökonomik, 3. Auflage 2003.

[11] Ausgearbeitet in *Rawls*, Theorie der Gerechtigkeit, 1979. Zu ihrem ideengeschichtlichen Kontext: von Beyme, Die politischen Theorien der Gegenwart, 8. Auflage 2000, S. 50 ff.; *Joas/Knöbl*, Sozialtheorie. Zwanzig einführende Vorlesungen, 2004, S. 666 ff.

[12] *Sandel*, Die verfahrensrechtliche Republik und das ungebundene Selbst in: Honneth (Hrsg.), Kommunitarismus. Eine Debatte über die moralischen Grundlagen moderner Gesellschaften, 1993, S. 18 (25).

[13] *Rawls*, Theorie der Gerechtigkeit (Fn. 11), S. 159 ff.

dem Schleier des Nichtwissens ist Theologie ohne Gott. In kritischer Fortführung des rawlsschen Ansatzes[14] sucht der zeitgenössische Kommunitarismus, Freiheit vom Kopf auf die Beine zu stellen, indem Freiheit an die realiter bestehende Gemeinschaft gekoppelt wird.[15] Legitimität freiheitlicher Selbstverwirklichung wird sowohl an die Achtung von Gemeinschaftswerten als auch des Wertes der Gemeinschaft an sich gebunden. Kommunitarier nehmen Fundamentalismus und Intoleranz als Krankheitserscheinungen einer verunsicherten Gesellschaft ernst und schlagen als Medizin eine Stärkung von Bürgertugenden vor.[16]

II. … im Grundgesetz und in der Rechtsprechung des Bundesverfassungsgerichts

Der Appell, Bürgertugenden ernst zu nehmen, lenkt unseren Blick unweigerlich auf die Verfassung.[17] Im zweiten Jahrzehnt des 21. Jahrhunderts ist der Bedarf nach Selbstvergewisserung der Nation als Grundlage staatlicher Gemeinschaft größer denn je. Die kommunitaristisch grundierte Diskussion darüber, was den Staat als demokratisch vermittelte Integrationsgemeinschaft ausmacht, wird heute im Hinblick auf die Europäische Union geführt. Diese ist nach allgemeiner Auffassung zwar kein Staat, aber eine im manchem dem Staat vergleichbare supranationale Institution.[18] Das Grundgesetz gibt sich, wie viele Verfassungen der Welt, im Hinblick auf die grundlegenden Erfordernisse stabiler Gemeinschaftsbildung wort- und ideenkarg.[19] Es wurde in der Gewissheit

---

[14] Zu Gemeinschaftlichkeit als Kooperation unter Gleichen und Freien: *Rawls*, Gerechtigkeit als Fairness: politisch und nicht metaphysisch in: Honneth (Hrsg.), Kommunitarismus. Eine Debatte über die moralischen Grundlagen moderner Gesellschaften, 1993, S. 36 (46).

[15] Zum Eklektizismus der zeitgenössischen US-amerikanischen Liberalismus-Kommunitarismus-Debatte: *Honneth*, Einleitung in: ders. (Hrsg.), Kommunitarismus. Eine Debatte über die moralischen Grundlagen moderner Gesellschaften, 1993, S. 7 (7).

[16] Zur modernen Tugenddiskussion: *Weber*, Tugendethik und Kommunitarismus. Individualität – Universalisierung – Moralische Dilemmata, 2002, S. 22 ff.

[17] Aus kommunitaristischer Perspektive umfassend: Brugger, ZRPh 1 (2003), S. 3 ff.; ferner (speziell zu den Freiheitsrechten): *Brugger*, Rechtstheorie 36 (2005), S. 261 ff. und *Brugger*, Zur Rationalität des Kommunitarismus und seiner Bedeutung für die Verfassung Deutschlands und Europas in: Elm (Hrsg.), Vernunft und Freiheit in der Kultur Europas, 2006, S. 383 ff.

[18] Zum Diskussionsstand: *Nettesheim* in: Grabitz/Hilf/ders. (Hrsg.), Das Recht der Europäischen Union, Stand 2012, Art. 1 EUV, Rn. 66 ff. Zum Staat im supranationalen Integrationsverbund: *P. Kirchhof* in: von Bogdandy/Bast (Hrsg.), Europäisches Verfassungsrecht, 2. Auflage 2009, S. 1009 (1030 ff.).

[19] Erst nachträglich, im Zuge des Ratifikationsprozesses des Maastrichter Vertrages, wurde der Art. 24 GG a.F. durch den ausführlicheren Art. 23 GG geltender Fassung ersetzt. Schon äußerlich ist dies ein Zeichen, dass der Verfassungsgeber die Idee der Integration wei-

konzipiert, dass sich die der Verfassung vorgängige Idee staatlicher Gemeinschaft schon aus historisch-geistesgeschichtlichen Gründen von selbst erklärte. Somit legt die Verfassung ihr Augenmerk auf den Entfaltungsraum der Freiheit (auf Grundrechte, Rechts- und Sozialstaatlichkeit, Demokratie), weniger auf deren Entfaltungsbedingungen in der Gemeinschaft. Diese Lücke durch Verfassungsinterpretation zu schließen hat, zögernd und widerwillig zunächst[20], später dann umso deutlicher das Bundesverfassungsgericht übernommen. Die Infragestellung von Staatlichkeit durch europäische Föderalisierungstendenzen hat eine Diskussion um die Bedingungen des Staates und die Voraussetzungen der Verfassung geradezu erzwungen. Sie wird vor allem von Juristen mit Bedacht geführt. Die Entscheidungen des Bundesverfassungsgerichts in Sachen Maastricht[21], Euro[22], Europäischer Haftbefehl[23] und zuletzt Lissabon[24] geben (freilich in Form von Fragen nach den verfassungsrechtlichen Grenzen der Supranationalität) ein Interpretationsraster vor, dessen Prämissen zu den Grundlagen staatlicher Gemeinschaft zwar bestreitbar sind, das gleichwohl die Wissenschaft zu einer ernsthaften, sich jeder Integrationseuphorie einerseits, jeden Steuerungspessimismus andererseits enthaltenden Reflexion veranlasst. Im Inneren der Nation entstanden in den letzten Jahrzehnten des 20. Jahrhunderts nicht minder gewichtige Selbstvergewisserungsfragen. Desintegrative Impulse gingen insoweit von der Pluralisierung der Gesellschaft – der in ihr praktizierten Lebensstile und Werthaltungen – aus. Im Hinblick auf die Integration der Bürger zum Staat haben Entscheidungen des Bundesverfassungsgerichts, die den Pluralismus der Meinungen und Weltanschauungen sowie den Konflikt von Abwehr- und Schutzansprüchen betreffen, hohe ideen- wie kulturgeschichtliche Aussagekraft. Man kann an ihnen die Fortentwicklung von Gemeinschafts- und Freiheitsbildern im Spiegel der zeitgenössischen intellektuellen Debatten nachverfolgen.[25] Der Fokus liegt hier auf der Meinungs- und

---

terhin für unentbehrlich hält, handelte doch bereits Art. 23 GG a.F. von der Integration der beiden deutschen Teilstaaten in einen wiedervereinigten Gesamtstaat. Allerdings wird Integration nach neuer Fassung von der Nation in die supranationale Sphäre erweitert. In diesem Zusammenhang stellt Art. 23 Abs. 1 Satz 1 GG klar, dass von der Berücksichtigung fundamentaler staatlicher Integrationsprinzipien – allerdings entsprechend der besonderen Natur supranationaler Integration mit möglicherweise verändertem Gewährleistungsgehalt – nicht abgewichen werden dürfe.

[20] BVerfGE 37, 271 (280) – Solange I; BVerfGE 73, 339 (376) – Solange II.

[21] BVerfGE 89, 155 (175) – Maastricht.

[22] BVerfGE 97, 350 – Euro.

[23] BVerfGE 113, 273 (293) – Europäischer Haftbefehl: Hier wird in fast lehrbuchhaft kommunitaristischer Weise ein Zusammenhang zwischen der Staatsangehörigkeit und dem Schutz des Staatsangehörigen vor Überstellung an eine fremde Staatsgewalt dargelegt.

[24] BVerfGE 123, 267 (381 ff.) – Lissabon: Interessant im Zusammenhang mit kommunitaristischen Ideen sind vor allem die Ausführungen zum Verhältnis von mitgliedstaatlicher Souveränität und einer Fortentwicklung des unionsrechtlichen Integrationsstandes.

[25] Dies kann im vorliegenden Rahmen nur angedeutet werden. Weiterführend im Hin-

Bekenntnisfreiheit.[26] *Winfried Brugger* hat sich mit beiden Grundrechtsgarantien ausführlich befasst.[27] Insbesondere aus der Rechtsprechung zur Bekenntnisfreiheit erschließen sich staatliche Grundforderungen an sowie Grenzen staatlicher Einforderung von republikanischen, kommunitaristisch motivierten Bürgertugenden. Im Abgleich mit der Judikatur des Europäischen Gerichtshofs für Menschenrechte wird das gesamte Farbenspektrum der hierzu vertretbaren unterschiedlichen nationalen Denkansätze und Geisteskulturen sichtbar.[28] In der Akzentuierung einer republikanischen Bürgergesinnung wissen sich die Kommunitarier einig mit dem Bundesverfassungsgericht, das im Investitionshilfe-Urteil aus dem Jahr 1954 geradezu lehrbuchhaft kommunitaristisch formuliert hat[29]:

> „Das Menschenbild des Grundgesetzes ist nicht das eines isolierten souveränen Individuums; das Grundgesetz hat vielmehr die Spannung Individuum – Gemeinschaft im Sinne der Gemeinschaftsbezogenheit und Gemeinschaftsgebundenheit der Person entschieden, ohne dabei deren Eigenwert anzutasten."

Mithin haben die Karlsruher Richter schon in einem sehr frühen Stadium ihrer Rechtsprechung in klaren Farben und mit wenigen Pinselstrichen die Position des Individuums im Koordinatensystem des modernen Staates skizziert. Freilich ist diese Skizze recht ungenau, weil sie sich auf die Markierung eines breiten Korridors zwischen dem in Grundrechte gegossenen Freiheitsanspruch des Menschen einerseits und andererseits der an das Individuum gestellten Erwartung, sich sozialadäquat zu verhalten, beschränkt. Dass die Weisheit des Karlsruher Entwurfes sich gerade in seiner minimalistisch-abstrakten Ausgestaltung offenbart, ist eine Pointe, die nur der aufmerksame Betrachter wahrnehmen wird, wird doch das Publikum eingeladen, an der Karlsruher Vorlage

---

blick auf die Diskussionen der deutschsprachigen Staatsrechtslehrer: Günther, Denken vom Staat her. Die bundesdeutsche Staatsrechtslehre zwischen Dezision und Integration 1949–1970, 2004. Speziell zum Lüth-Urteil des BVerfG: Henne/Riedlinger (Hrsg.), Das Lüth-Urteil aus (rechts)historischer Sicht: Die Konflikte um Veit Harlan und die Grundrechtsjudikatur des Bundesverfassungsgerichts, 2005.

[26] Leitentscheidungen zur Meinungsfreiheit: BVerfGE 7, 198 – Lüth; BVerfGE 25, 256 – Blinkfüer; BVerfGE 61, 1 – Wahlkampf; BVerfGE 102, 347 – Benetton. Leitentscheidungen zur Glaubens- und Bekenntnisfreiheit (Art. 4 I GG): BVerfGE 12, 45 – Kriegsdienstverweigerer; BVerfGE 24, 236 – Rumpelkammer; BVerfGE 32, 98 – Gesundbeter, BVerfGE 93, 1 – Kruzifix; BVerfGE 102, 370 – Zeugen Jehovas; BVerfGE 108, 282 – Kopftuch.

[27] *Brugger*, EuGRZ 1987, S. 189 ff., 225 ff.; JuS 1996, S. 233 ff.; ZiF-Mitteilungen 3/1997, S. 9 ff.; Der Staat 42 (2003), S. 77 ff.; AöR 128 (2003), S. 372 ff.; JöR N.F. 52 (2004), S. 513 ff.; JA 2006, S. 687 ff.; AöR 132 (2007), S. 4 ff; ferner: *Brugger*, Der Kampf der Meinungen in: Schwartländer/Riedel (Hrsg.), Neue Medien und Meinungsfreiheit im nationalen und internationalen Kontext, 1990, S. 143 ff.; *Brugger*, Von Feindschaft über Anerkennung zur Identifikation. Staat-Kirche-Modelle und ihr Verhältnis zur Religionsfreiheit in: Joas/Wiegandt (Hrsg.), Säkularisierung und die Weltreligionen, 2007, S. 253 ff.; *Brugger/Schaefer*, JuS 2009, S. 640 ff.

[28] *Schaefer*, VerwArch 2012, S. 136 ff. m.w.N.

[29] BVerfGE 4, 7 (15 f.) – Investitionshilfe.

weiterzuarbeiten. Die Verfassung ist zwar kein unbeschriebenes Blatt; sie gibt dem Interpreten jedenfalls einen Rahmen vor, innerhalb dessen er seine künstlerische Freiheit ausleben darf. Aber das Grundgesetz ist verschiedenen Verfassungstheorien zugänglich, deren Bestreben eine Verfassungsästhetik aus einem Guss ist. *Winfried Brugger* hat gezeigt, dass und wie das Grundgesetz kommunitaristisch gedeutet werden kann.[30] Wenn die Interpretation der Verfassung eine Kunst ist, so ist sie populär in dem Sinne, dass sie allen zur Mitwirkung Willigen offensteht. Das Bundesverfassungsgericht mag für sich die Autorität des Kunstkritikers reklamieren, der auf Grund seiner Sachkenntnis treffsicher zwischen guter und schlechter Kunst zu unterscheiden beansprucht. Aber „gemacht" wird die Kunst der Verfassungsinterpretation nicht in Karlsruher Amtsstuben, sondern mitten im Leben. Die Verfassung mit Leben zu füllen, ist ein unmittelbarer Appell an die Bürgertugend und ein im Kern kommunitaristisches Anliegen.

Im Theoretischen zeigt sich die besondere Stärke des Kommunitarismus darin, dass er ganz im Sinne der Hegelschen Auffassung vom Menschen als einem historisch bedingten Wesen[31] sein Augenmerk auf die Geschichte der verfassten politischen Gemeinschaft richtet, dass er mithin die Fundierung modernen Verfassungsdenkens im Räsonnement über Verfassungsvoraussetzungen durch die Jahrhunderte hindurch sichtbar macht. Damit ist die Herkunft des Kommunitarismus angesprochen. Wir treten nun einen Schritt zurück und wollen die Relevanz des Kommunitarismus für Verfassung und Verfassungsrecht beleuchten. Weshalb erweisen sich kommunitaristische Ideen als so fruchtbar für den modernen Verfassungsdiskurs? Die Antwort auf diese Frage, so viel sei vorausgeschickt, finden wir bei *Thomas Hobbes* und seinem Leviathan, dem Urnarrativ moderner, zum Staat aggregierter Gemeinschaften. Vorab aber zur Rolle des Kommunitarismus als ideen- und dogmengeschichtlicher Ausgangspunkt von Konstitution und Konstitutionalisierung.

III. Kommunitarismus: Ausgangspunkt von Konstitution und Konstitutionalisierung

Ein Gemeinwesen ist in guter Verfassung, wenn es sich Regeln und Institutionen gegeben hat, die auf schmalem Grat ein Abrutschen der Freiheit in die Barbarei verhindern. Die Verfassung antwortet auf die Segmentierung der Lebenswelt in Milieus, Subkulturen und Kommunikationssysteme. Als Speicher kulturellen Weltwissens birgt sie eine Kaskade von Staats- und Menschenbildern,

---

[30] *Brugger*, AöR 123 (1998), S. 337 ff.

[31] *Gutmann*, Die kommunitaristischen Kritiker des Liberalismus in: Honneth (Fn. 3), S. 68 (68).

deren Entfaltung im Konstitutionalisierungsdiskurs juristische Weltbilder – vom nomos basileios bis zum Leviathan – evoziert; als Folie politischer Theologie[32] bildet die Verfassung die Grundlage, auf der sich ihre kulturellen Voraussetzungen aktualisieren. Diskurse über Verfassung, Verfassungsrecht und Konstitutionalisierung der Gemeinschaft sind ihrem Wesen nach interdisziplinär. Sie betreffen sowohl die Herrschaft des Gesetzes als auch das Gesetz der Herrschaft. Die Welt der konkurrierenden Weltbilder unter einem Verbundbegriff: Gesetz, Recht, Staat ist die Welt der Moderne. Ihr Motto lautet: *e pluribus unum*; ihre Form des Öffentlichen wird als „bunte Republik" metaphorisiert. Während die „bunte Republik" ihre Farbenvielfalt aus der empirischen Verschiedenartigkeit der unter den Begriff des Öffentlichen subsumierbaren Daseinsprägungen schöpft, konzentriert sich der Kommunitarismus auf die das bunte Bild bestimmenden Grundfarben. Kommunitarier glauben, dass erst gemeinsame persönliche Merkmale Menschen zu einer Gemeinschaft zusammenschweißen. Damit wird eine Kritik an unreglementierter Freiheit in vollkommener Konkurrenz der individuellen Werthaltungen und Lebensentwürfe formuliert. Aber mehr noch hat sich der Kommunitarismus die Beschreibung jener Faktoren zur Aufgabe gemacht, die Freiheit angesichts der Ungleichheit von Lebenschancen erst ermöglichen. Damit laufen kommunitaristische Diskurse immer wieder auf den Staat und seine Verfassung zu. Staat und Verfassung sind Errungenschaften der Moderne. Kommunitaristisches Ideengut begleitet deren Entwicklung von Anfang an. Noch weitergehend lässt sich behaupten, dass der Staat ohne die kommunitaristische Affinität des Menschen zur Assoziation als einem Eigenwert überhaupt nicht denkbar ist. Daran ändert die Datierung des Kommunitarismusbegriffs aus der zweiten Hälfte des 20. Jahrhunderts nichts.[33] Während in der vormodernen Welt Gemeinschaft als gottgegebene, natürliche Ordnung durch Geburt und Geblüt bestand, kennzeichnet die Legitimationsbedürftigkeit des Gemeinwesens die politische Moderne. Die Hinwendung zu den Bedingungen von Freiheit und Ordnung markiert die kopernikanische Wende der politischen Philosophie. Ihr Kopernikus heißt *Thomas Hobbes. Hobbes* geht es im Unterschied zu seinen antiken und mittelalterlichen Vorgängern nicht um die Begründung von Gemeinschaft aus einer universalistisch gedachten Idee des guten Lebens.[34] Sein Ansatz knüpft Gemeinschaft an das (Eigen-)Interesse, nicht an ein überpersönliches Tugendideal. *Hobbes* ist der erste moderne Staatsphilosoph, dessen System Individualismus und Gemeinsinn in

---

[32] *Blumenberg*, Die Legitimation der Neuzeit, Gesamtausgabe 1996, S. 99 ff.

[33] So die wohl „herrschende Meinung" unter den politischen Philosophen: Die Initialzündung des Kommunitarismus sei in *Rawls*' 1971 im Original erschienener „Theory of Justice" zu sehen, als deren Gegenbewegung er sich zunächst in der anglo-amerikanischen Philosophie zu Beginn der achtziger Jahre des 20. Jahrhunderts etabliert habe (z.B. *Haus*, Kommunitarismus: Einführung und Analyse, 2003, S. 16).

[34] S. dazu *Larmore*, Politischer Liberalismus in: Honneth (Fn. 3), S. 131 (133).

Einklang zu bringen sucht und insoweit spätere, als „kommunitaristisch" zu bezeichnende Theorien antizipiert.[35]

IV. Der Leviathan des *Thomas Hobbes*: kommunitaristischer Mythos, Leitnarrativ der Moderne

Mit *Hobbes* verbindet sich die politische Theologie des Leviathan. Dieses aus dem Alten Testament (Hi 3, 8; Ps 74, 14; Jes 27, 1) in die moderne Staatsphilosophie eingedrungene Bild verdeutlicht den Unterschied der geistigen Konfiguration des modernen im Vergleich zum mittelalterlichen Menschen. Mittelalter und Moderne unterscheiden sich im Wesentlichen durch die gedankliche Möglichkeit des Individuums. Individualität ist die Kehrseite einer auf den Einzelnen bezogenen „atomisierten" Freiheit. Insofern der Leviathan auf die Individualisierung der Welt antwortet, gehört das Frei-Sein zum gedanklichen Hintergrund der Staatsmetaphorik. Aber in erster Linie legt *Hobbes* mit dem Leviathan eine philosophische Anthropologie vor. Im Vordergrund stehen die Bedingungen der Gemeinschaftsbildung. Dass diesbezüglich überhaupt Reflexionsbedarf entstanden war, ist Ausweis der (soeben referierten) kopernikanischen Wende der politischen Philosophie. In der vormodernen Welt, wo jedem sein angestammter Lebenskreis, seine durch Geburt und Abkunft festgelegte soziale Rolle zukam, war dem Menschen nicht das Handeln, sondern das Dulden aufgegeben. Aus dieser Lage konnte nur ausbrechen, wer an die Transzendenz des Daseins glaubte. Glaube war Freiheit; Freiheit war mithin ganz verinnerlicht, ein inwendiges Eschaton. Als vogelfreie Einsamkeit mit dem einzelnen Menschen als Insel in einem Menschenmeer erschien weltliche Freiheit der vormodernen Seele zutiefst unwirklich – so unwirklich wie die Welt an sich. Erst die Moderne erfand sich eine Existenz, deren Paradoxie in der Gleichzeitigkeit von Individuum und Masse, des isolierten und doch vergemeinschafteten Wesens besteht. Die Masse streift alle unvordenklichen Bindungen ab, um selbstgewählte neue – demokratisch oder tyrannisch grundierte – einzugehen. Unter dem Eindruck einer Mathematisierung der Lebenswelt wird Freiheit schließlich zu einer Frage technischer Rationalität[36], zu einem wägbaren Quantum von Bewirkensmöglichkeiten. Die vormoderne mystisch-sakrale Transzendenz der Freiheit wird auf den Leviathan umgedeutet. Noch heute denken wir Freiheit leviathanisch. Sie gewinnt Konturen erst vor dem Hintergrund konkurrierender Freiheitsansprüche Anderer und in Gegenwart des – technizistisch-ma-

---

[35] Zur Geistesgeschichte des Kommunitarismus *Walzer*, Die kommunitaristische Kritik am Liberalismus in: Honneth (Fn. 3), S. 157 (157, 159). S. zu Hobbes: *Walzer* aaO, S. 163.

[36] *Forsthoff*, Der Staat der Industrie-Gesellschaft. Dargestellt am Beispiel der Bundesrepublik Deutschland, 2. Auflage 1971, S. 30 ff., 42 ff.

schinell imaginierten[37] – steuernd-eingreifenden Armes des Staates. Der Leviathan kehrt Freiheit aus der vormodernen Tiefe des Geistraumes nach außen. Sie durchdringt nunmehr die gesamte Reichweite menschlichen Könnens. Persönliche Freiheit wird fortan im öffentlichen Raum sichtbar. Sie erobert die Lebenswelt, wird durch räumliches Denken (Sphären, Schutzbereiche und dergleichen) erschlossen und greift Platz neben Herrschaft und Gehorsam als eine feste Größe und Kategorie der politischen Philosophie. Die hierin begründete politische Dynamik hat auch im 21. Jahrhundert nichts von ihrer Wucht eingebüßt. Juristen verzeichnen ihre seismischen Wellen z.B. im Völkerrecht, das sich zunehmend im Zeichen von Individuum und Freiheit humanisiert und konstitutionalisiert. Mit dem Ausbruch der Freiheit vom philosophischen Denken ins politische Handeln ist ein Paradigmenwechsel von Gott zum Menschen als dem Maß aller Dinge verbunden. Vormoderne, internalisierte Freiheit emanierte im Gewissen; moderne, externalisierte Freiheit artikuliert sich im Gestaltungswillen. Freiheit im Raum ist niemals rein geistiger Natur, sondern in jeder Ausprägung sichtbarer Vollzug einer sich selbst gewissen Bewirkensmacht.

Um die Konsequenzen des Paradigmenwechsels von internalisierter zu externalisierter Freiheit zu illustrieren, schildert uns *Hobbes* eine fiktive Welt im Naturzustand. Der Naturzustand ist ein Symbol für die Kappung aller vormodernen Bindungen des Menschen an tradierte Rollenmodelle und Gedankenwelten. Der moderne Mensch, so führt uns *Hobbes* vor Augen, ist eine creatio ex nihilo. *Hobbes´* Gedankenexperiment ist bewusst ahistorisch und anachronistisch angelegt. Er spiegelt die realen, durch Bürgerkriege und Wirtschaftskrisen gekennzeichneten Freiheitsbedingungen der aufkeimenden Moderne auf ein „Versuchsfeld", in dem sich die Bewirkenskreise der Menschen überschneiden. Genau dieses Überschneiden ist das Spezifikum moderner, externalisierter Freiheit. *Hobbes* interessiert sich für das, was sich an den Schnittstellen ereignet. Er konstatiert hier, wenig überraschend, einen Wettlauf um Alles oder Nichts. Der Hobbessche Naturzustand ist – anders als man es erwarten mag – keine Anarchie, sondern im Gegenteil eine im Augenblick der Macht stabile Ordnung des Mächtigsten. Allerdings ist auf nackter Macht fundierte Stabilität nur eingeschränkt in Gehorsam und überhaupt nicht in Gefolgschaft konvertibel. Sie gründet ausschließlich auf Furcht. Nach dem Modell der Herrschaft des Stärksten ist auch der Leviathan konzipiert. Die Gewalt des leviathanischen Staates unterscheidet sich vom Terror des Naturzustands allein durch das Element der kontraktualistischen Unterwerfung. Erträglich ist dies nur durch den in die Zukunft gerichteten Gesellschaftsvertrag, welcher Herrschaft durch Einverständnis der Gewaltunterworfenen in die eigene Machtlosigkeit begründet. Diesem Unterwerfungsakt wohnt ein Moment der Hoffnung auf Überwindung

---

[37] S. dazu die Untersuchung von *Stollberg-Rilinger*, Der Staat als Maschine. Zur politischen Metaphorik des absoluten Fürstenstaats, 1986, S. 48 ff. und passim.

der Daseinsfurcht inne. Hoffnung ist allen Sich-Unterwerfenden gemeinsam. Sie ist Ausgangspunkt der Gleichheit und Grundstein der Gemeinschaft. „Gleiche Freiheit", eine politisch-juristische Formel in Aller Munde, meint also Freiheit in der Hoffnung auf Anerkennung meines Daseins. Die negative, auf Abwehr von Daseinsstörungen gerichtete Freiheitsdimension wird dadurch gleichbedeutend mit der positiven, Partizipation an den Daseinsressourcen erheischenden Freiheitskomponente. Daraus erhellt, dass die ungleiche Verteilung der den Menschen zum Vollzug ihres Willens verfügbaren Ressourcen Freiheit zur Gefahr werden lässt. Dies in doppelter Hinsicht: Zum einen besteht die Gefahr der Anmaßung, der Usurpation fremder Ressourcen und des Schmarotzertums („moral hazard"); zum anderen gerät Freiheit in den Ruch, statt echter Verständigung unter Gleichen eine auf Ungleichheit beruhende Rhetorik des Herrschenden gegenüber dem Hörigen zu bemänteln. Wer Freiheit gewährt, kann unglaubwürdig werden. Unglaubwürdigkeit aber trifft den Leviathan ins Mark. Sein Stabilitätsversprechen beruht ja gerade darauf, dass es geglaubt wird. An diesem Punkt offenbart sich die tiefe Einsicht der Hobbesschen Charakterisierung des Leviathan als „sterbliche(n) Gott"[38]. Auf Glauben gegründete Institutionen prämieren das Glaubensvertrauen der Sich-Unterwerfenden mit dem Versprechen ausgleichender Gerechtigkeit. Auf dieser Grundlage – und *nur* auf dieser – lassen sich Freiheit, Gleichheit und Gemeinschaft ineinander übersetzen.

V. Der Kommunitarismus als moderne Theorie des Leviathan

Der Leviathan konnte sein Versprechen auf Überwindung der Daseinsfurcht nur durch schrittweises Einräumen von persönlicher Freiheit einlösen. Freiheit wurde zunächst zum Medium allgemeiner Teilnahme und Teilhabe am öffentlichen Leben. Die im Gesellschaftsvertrag begründete Freiheitshoffnung wurde nach und nach im ganzen Abendland durch Verfassungsurkunden ratifiziert. Auf diese Weise wurde Hoffnung verrechtlicht, bisweilen justiziabel. Schließlich gerann mit der Demokratisierung des Staates persönliche Freiheit zu politischen Rechten, die jedem Freiheitsträger Teilnahme und Teilhabe am Politischen garantieren. Zunächst mussten ständische Schranken des gesellschaftlichen Verkehrs niedergerissen werden, bevor eine „Gesellschaft" entstehen konnte, die schließlich als „Öffentlichkeit" politische Form annahm.[39] Mit der Ver-Öffentlichung des Politischen entstand ein öffentliches Recht – hoheitliches Sonderrecht – inmitten des *ius civilis*.[40] Der letzte Schritt auf diesem

---

[38] *Hobbes*, Der Leviathan (Ausgabe Anaconda, 2007), S. 175: „der sterbliche Gott, dem wir unter dem ewigen Gott allen Frieden und Schutz zu verdanken haben".

[39] Zur Genese des Öffentlichen: *Habermas*, Strukturwandel der Öffentlichkeit, Erstauflage 1962, S. 158 ff., 169 ff., 177 ff. 193 ff.

[40] Dazu: *Stolleis*, ZNR 11 (1989), S. 129 ff.

Wege – und hier schließt sich der Kreis – ist die weitgehende Subjektivierung des objektiven öffentlichen Rechts.[41] Hatte der Hobbessche Leviathan Freiheit noch durch Unterwerfung koordiniert, so verschob sich in den folgenden Jahrhunderten angesichts der Fragmentierung von Weltbildern und Lebenswelten der Freiheitsfokus durchaus folgerichtig zu geschmeidigeren Regimen der Gewaltenbalancierung, der Mobilisierung bürgerschaftlichen Eigeninteresses zur Freiheitswahrung, der multiplen Grundrechtsdimensionen und einer zwischen Regulierung und Selbstregulierung gestuften Verantwortungsteilung zwischen Staat und Gesellschaft. Als Ausdruck der Fragmentierung des einstmals geschlossenen christlich-abendländischen Weltbildes tritt der Rechtsstaat auf den Plan. Er verteilt freiheitsbeschränkende Befugnisse auf unterschiedliche Staatsorgane, spielt Freiheit zwischen Staat und Gesellschaft über Bande, parzelliert das Öffentliche in viele kleine Öffentlichkeiten. Der Siegeszug der Rechtsstaatlichkeit veränderte den politisch-philosophischen Diskurs radikal. Man thematisierte nun weniger den Leviathan als Freiheitsgefährder, sondern jene Formen gesellschaftlicher Machtkonzentration, die sich gegen den Leviathan erheben können. Im Netzwerk gesellschaftlicher Agglomerationen ist der Staat nur ein Spieler unter vielen – freilich der Spieler, dessen Spielregeln von den Mitspielern bestimmt werden, soweit sie als Bürger am Staat teilhaben, dessen Spielzüge regulativ am stärksten gebunden und dessen Spielfeld eindeutig definiert ist. Für die Mitspieler auf dem Forum des Politischen gilt dies nicht unbedingt. An diesem Befund reibt sich der Kommunitarismus. Seine ideengeschichtliche Mission ist die praktische Konkordanz von Freiheit und Gemeinwesen, Individualismus und Staatlichkeit. In diesem Kontext erweckt der Leviathan zu neuem Leben. Ihm werden mit der Orientierung am Gemeinwohl, der Distanz zum Sonderinteresse, der über den Parteien schwebenden Hoheitlichkeit Attribute zugeschrieben, die gegen das Hobbessche Schreckensbild des Bürgerkriegs der Interessierten und Betroffenen (oder Sich-Betroffen-Fühlenden), gegen die dunkle Vision einer Privatisierung von Macht und für die ungebrochene, unbedingte Notwendigkeit des Staates ins Feld geführt werden. Hobbes setzt Freiheit, Verfassung (in ihrer Vorläuferform des „Gesellschaftsvertrages"[42]) und Staat in ein wechselseitiges Bezugsverhältnis. Die politische Theorie der folgenden Jahr-

---

[41] BVerfGE 6, 32 (41). S. auch: *Masing*, Die Mobilisierung des Bürgers für die Durchsetzung des Rechts. Europäische Impulse für eine Revision der Lehre vom subjektiv-öffentlichen Recht, 1997, S. 89 ff.

[42] Selbstverständlich handelt es sich beim Hobbesschen Gesellschaftsvertrag nicht um eine Verfassung im heutigen, formellen Sinne. Eine solche zu fordern lag schon deshalb nicht in *Hobbes'* Absicht, weil er dem Leviathan die Erfüllung seiner Aufgaben – in erster Linie innere Stabilität und äußeren Frieden – nur in weitestgehender Bindungslosigkeit zutraute. Allerdings schließt Hobbes Selbstbindungen des Leviathan auch nicht aus. Der Gesellschaftsvertrag ist aber eine Verfassung in materiellem Sinne; sie konstituiert als gedachtes Legitimationsmoment den Leviathan. Der Gesellschaftsvertrag bestimmt als innere, geistige Tatsache der Übereinkunft der Sich-Unterwerfenden die äußere Wirklichkeit des Staates.

hunderte ist damit beschäftigt, dieses Kontinuum Schritt für Schritt zu dekonstruieren, die Auflösung des Leviathan zu katalysieren. Demgegenüber ist der Kommunitarismus eine katechontische Bewegung. Er wendet sich gegen das Ausspielen und Saldieren individueller Freiheit gegen den Staat („Staat" als Ort institutionalisierter, „republikanisierter" Kollektivfreiheit), des Staates gegen die Verfassung („Verfassung" als Programmcode des Abwägens individueller mit republikanischer Freiheit), der Verfassung gegen das Individuum und seine als natürlich apostrophierten Rechte. Der Gegenentwurf zum Leviathan ist die für das materielle Gemeinwohl blinde Staatlichkeit. Sie akzeptiert als „Gemeinwohl" schlechthin jede im parlamentarischen Verfahren mehrheitlich zustande gekommene (gesetzliche) Übereinkunft; legitimiert den Staat unter den Gesichtspunkten: Individualnützigkeit, soziale Akzeptanz, Aufgabeneffizienz; verbündet sich mit jenen Interessenträgern, deren Kooperationsbereitschaft staatlichen Maßnahmen den vermeintlich größten Resonanzraum erschließt. Der blinde Staat ist nicht der Nachtwächterstaat des 19. Jahrhunderts (dieser hat sich, soweit er nicht von vornherein Fiktion war, schon mit dem Ersten Weltkrieg erledigt), sondern ein (legislatorisch wie exekutiv) aktives Gemeinwesen, das indessen ohne verfassungsverbindliche Werte auskommt. Dieser Staat garantiert alle individuellen Freiheiten, aber er identifiziert das Gemeinwohl mit einem positiven Nutzensaldo. Wir sind nun bei unserem kurzen Streifzug durch die Ideengeschichte bei der geistigen Situation unserer Zeit angekommen. Die sich zu Beginn des 21. Jahrhunderts bekämpfenden Ideologien sind zwei Liberalismen: der Kommunitarismus als etatistischer Wohlfahrtsliberalismus einerseits, ein radikal-individualistischer Rational-Choice-Utilitarismus (oft als „Neoliberalismus" bezeichnet) andererseits.

VI. Der Kommunitarismus in der geistigen Situation des frühen 21. Jahrhunderts: Abschied vom Leviathan?

Wer sich ganz auf den politischen Liberalismus als das Passepartout politischer Semantik der Moderne kapriziert, mag die Bedeutung kommunitaristischen Denkens zur Beschreibung der geistigen Situation unserer Zeit aus den Augen verlieren. Die intellektuelle Befindlichkeit des 21. Jahrhunderts, gerne als „Post-Moderne" apostrophiert[43], lässt sich scheinbar leicht und eingängig anhand des (häufig mit dem Liberalismus schlechthin gleichgesetzten) Vokabulars der politischen Ökonomie erfassen. Gegenüber dessen Methoden und Problemstellungen erscheinen kommunitaristische Schlüsselbegriffe: Gemeinschaft, Gemeinwohl, Gemeinsinn bestenfalls antiquiert. Für die Wirkmacht des Kommunita-

[43] Zum postmodernen Denken: *von Beyme*, Theorie der Politik im 20. Jahrhundert. Von der Moderne zur Postmoderne, 2. Auflage 2007, S. 147 f., 149 ff.

rismus ist dies ein ernstes Problem. Er scheint mit den politischen Theorien der post-nationalen bzw. post-staatlichen Konstellation die Unfähigkeit zu teilen, eine der Bedeutung seiner Anliegen adäquate Sprache, ein Transkriptionsprogramm zur Übersetzung frühmoderner Terminologie in zeitgenössische zu finden. Transkriptionsschwierigkeiten setzen dem Theorietransfer und erst recht der Theorietransformation unüberwindbare Hürden entgegen. Die Transkriptionsleistung bedingt zuallererst eine Verortung des Kommunitarismus in der deutschen Geistesgeschichte. Gedankengut, das an den Eigenwert von Gemeinschaft anknüpft, hat im deutschsprachigen Raum eine lange Tradition. Besonders *Hegel* steht dafür Pate[44], aber auch *Herders* Staat mag als Beispiel herangezogen werden.[45] Wie in der Anknüpfung an *Hobbes* deutlich wird, zeichnet sich der Kommunitarismus indessen durch eine Programmatik aus, die Gemeinschaft mit individueller Freiheit zum Ausgleich zu bringen sucht. Dieses Anliegen ist erst spät ins deutsche Denken eingekehrt. In Deutschland wird die Synthese von Staat und individueller Freiheit am deutlichsten durch den Ordoliberalismus repräsentiert. Der Ordoliberalismus ist zwar nicht die deutsche Form des Kommunitarismus schlechthin, aber doch dessen prominenteste Ausprägung. Entwickelt von deutschen Liberalen als Gegenentwurf zum nationalsozialistischen Terror, entstand auf der Grundlage ordoliberalen Gedankenguts die soziale Marktwirtschaft. Die Väter des Ordoliberalismus – der Jurist *Franz Böhm*[46] sowie die Volkswirtschaftler *Alfred Müller-Armack*[47] und *Walter Eucken*[48] – waren der Auffassung, dass der Liberalismus als Gesellschaftsmodell angesichts der kollektivistischen Herausforderungen des 20. Jahrhunderts nur überlebensfähig sei, wenn er das Individuum von der Gemeinschaft her denkt, es im aristotelischen Sinne als *zoon politikon* begreift. Bei *Aristoteles* konstituiert sich die Gemeinschaft als Polis. Das ordoliberale Projekt sucht die Idee der Polis auf den modernen Staat zu übertragen. Legitimität, Gerechtigkeit und Gemeinwohl werden in Bezug auf ein konkretes Gemeinwesen definiert. Referenzgröße ist die territorial wie personell überschaubare staatliche Gemeinschaft. Zwar stehen im modernen Staat, anders als in der antiken Polis, die Beiträge des Einzelnen zum Gedeihen des Gemeinwesens nicht jedermann unmittelbar vor Augen. Aber hier wie dort wird die Belohnung von Mühe oder die Bestrafung von Desinteresse vom konkreten Ergebnis her diskutiert. Die Verantwortung des Einzelnen für die Mitbürger und gegenüber dem Staat reduziert

---

[44] Bezeichnend *Hegels* Charakterisierung des Staates als „Wirklichkeit der sittlichen Idee" (*Hegel*, Grundlinien der Philosophie des Rechts, § 257, S. 386 (Ausgabe Reclam)). Zu Hegels Staatsphilosophie: *Taylor*, Hegel, 1977 (englischsprachige Originalausgabe), S. 428 ff.

[45] S. dazu in diesem Band *Grawert*, Herders Staat, S. …

[46] Zu Böhms Entwurf einer ordoliberalen „Privatrechtsgesellschaft": *Böhm*, ORDO 17 (1966), S. 75 ff.

[47] *Müller-Armack*, Genealogie der sozialen Marktwirtschaft. Frühschriften und weiterführende Konzepte, 1974.

[48] *Eucken*, Grundsätze der Wirtschaftspolitik, 7. Auflage 2008 (Ausgabe UTB).

sich nicht auf eine abstrakte Pflicht zum Gesetzesgehorsam, sondern fordert tätige Mitwirkung. Zwischen Gemeinschaft und Individuum besteht eine Wechselwirkung. Einerseits ist der Einzelne auf die zum Staat aggregierte Gemeinschaft angewiesen, andererseits ist der Staat kein überindividueller Mythos, sondern wird ganz profan von jedem Bürger getragen. Daraus folgern die Ordoliberalen, dass der Staat Verantwortung für Existenz und Wohlergehen seiner Bürger trägt. Der Staat müsse seiner Verantwortung dadurch gerecht werden, dass er das Funktionieren des Marktes garantiert und notfalls Wettbewerb dort initiiert, wo er sinnvoll ist, aber faktisch nicht stattfindet. Kommunitarismus und Ordoliberalismus unterscheiden sich also nicht der Farbe nach, sondern betrachten das Bild gelebter Freiheit aus verschiedenen Perspektiven, nehmen Kontraste und Schattierungen unterschiedlich wahr. Beide Strömungen der politischen Philosophie treffen sich im Vertrauen darauf, dass die Vernunft den Menschen zur Gemeinschaft führt. Weil der Einzelne sein Leben rational zu gestalten, sich verantwortungsbewusst in die Gemeinschaft einzubringen vermag, darf er von seinen Mitbürgern und vom Staat Respekt für sein Bedürfnis nach selbstbestimmter Persönlichkeitsentfaltung erwarten. Es liegt auf der Hand, dass ein selbstbestimmtes Leben seine Grenzen nicht am Staat finden kann, dass es im kommunitaristischen Koordinatensystem keine für die Entfaltung der Persönlichkeit impermeable Staatssphäre geben darf, sondern vielmehr Staat und Person wie zwei Vektoren eines Kräfteparallelogramms aufeinander bezogen sind. Das kommunitaristische Kräfteparallelogramm kennt keinen Kontrast zwischen Freiheit und Ordnung, sondern beide Vektoren „stehen in unauflöslichem Gegenseitigkeitsbezug." Ein Mehr an Ordnung wird unweigerlich auf Kosten der Freiheit gehen und umgekehrt. Welchen Staat wir haben wollen, wie eine faire und effektive Aufgabenverteilung zwischen hoheitlichen und privaten Rechtsträgern gestaltet sein soll, wo schließlich die „rechte Mitte" zwischen Freiheit und Ordnung zu lokalisieren ist, wird einem Abwägungsprozess anheimgestellt, dessen Partizipationsoffenheit für alle betroffenen, bisweilen sogar für alle interessierten Akteure den Kern demokratischer Selbstbestimmung ausmacht. Ordoliberale wenden sich mit den übrigen Kommunitariern gegen den Marktutilitarismus anglo-amerikanischer Prägung. Blicken wir auf die Zeitläufte, die es in Begriffe der politischen Philosophie zu fassen gilt, so stellen wir fest, dass nicht erst die Finanz- und Währungskrise der Jahre 2009 ff., sondern bereits die Infragestellung unseres Lebensstils durch gewalttätige Intoleranz am Beginn dieses Jahrhunderts die Ansprüche des Kommunitarismus an eine funktionierende Zivilgesellschaft deutlich gemacht hat. Die zeitgenössische politische Theorie greift kommunitaristische Themen in unterschiedlichen Varianten auf.[49] In Form der Steuerungsdebatte wendet sie

---

[49] Zum Problemfokus der zeitgenössischen Kommunitarismusdebatte: *Forst*, Kommunitarismus und Liberalismus – Stationen einer Debatte in: Honneth (Fn. 3), S. 181 (182).

sich den Möglichkeiten staatlich-hierarchischer „Programmsteuerung“ des politischen Prozesses zu. Es gilt, die Grenzen der Einwirkung des Staates als primärem Steuerungsakteur auf Individual- oder Kollektivinteressen auszuloten. Steuerungsressourcen des Staates werden vor dem Hintergrund ihrer Effektivität zur Optimierung demokratisch initiierter Gemeinwohlimplementierung – dies ein Zugeständnis an den ökonomistischen Zeitgeist – auf ihre Kompetitivität mit Gestaltungsangeboten intermediärer, zwischen Staat und Gesellschaft vermittelnder Akteure (z.B. gemeinnützige Organisationen, Religionsgemeinschaften etc.) analysiert. Davon leitet sich eine Debatte über die Konzeption von Gemeinschaftsinstitutionen („institutional choice“) ab, die insbesondere Begegnung und Zusammenwirken staatlicher mit nicht-staatlichen Akteuren betrifft. Soll diese Begegnung auf Augenhöhe stattfinden, verliert der Leviathan allmählich seine Sonderstellung in der Öffentlichkeit. Er sieht sich fortan konkurrierenden Gewalten ausgesetzt, die jeweils für sich eine Monopolisierung des Zugangs zu Gestaltungsressourcen, insbesondere zu Information und Wissen, anstreben. Der Leviathan droht in diesem Ringen auf der Strecke zu bleiben. Um die Problematik der Selbstfindung des Leviathan ringt in der aktuellen politischen Theorie die Governance-Forschung.[50] Mit „Governance“ ist ein durch die Ausrichtung auf den Ausgleich öffentlicher, nicht notwendig staatlicher Interessen spezifiziertes Zusammenwirken von staatlichen und nicht-staatlichen Akteuren (der Staat wird insoweit nicht als monolithische Einheit, sondern von seinen Teilgewalten aus betrachtet) im Rahmen eines „Öffentlichkeitssettings“ gemeint. Hier stehen nicht kulturell imprägnierte „Werte“, seien es Gemeinschafts- oder Individualwerte, sondern „Themen“ (issues) auf dem Plan. Möglich erscheint eine Entwicklung, die den Leviathan von der politischen Wirklichkeit zurück in die Tiefe des Geistraumes verbannt, von wo er einst am Beginn der Moderne aus der Taufe gehoben worden war. Statt seiner existierten dann nur noch Kommunikationsstränge mit unterschiedlichen Akteuren an den jeweiligen Enden, die zwar, um Konflikte geordnet austragen und auflösen zu können, eines Third Party Enforcement bedürften. Die dritte, neutrale Partei müsste aber nicht der „alte Staat“ sein, und tatsächlich wird diese Rolle immer häufiger von nicht-staatlichen Akteuren übernommen. Als Drittpartei kommt dabei prinzipiell jede schiedsfähige Institution in Betracht, d.h. jeder politische Spieler, der über effektive Friedensmacht verfügt. Entscheidend im Governance-Ansatz ist, dass sich die Konfliktparteien ihren Schiedsrichter jeweils selbst wählen (dürfen). Dies geschieht, jedenfalls in der Theorie, hinter dem Rawls'schen Schleier des Nichtwissens. So tritt an die Stelle des Staates und seines Monopols auf die öffentliche Gewalt ein Ge-

[50] Einen breiten Überblick über die verschiedenen Facetten des Governance-Diskurses bietet: Benz/Lütz/Schimank/Simonis (Hrsg.), Handbuch Governance. Theoretische Grundlagen und empirische Anwendungsfelder, 2007.

menge öffentlicher Gewalten, für deren zusammenfassende Beschreibung uns bislang noch die Worte fehlen. Aus einem Leviathan wird eine Vielzahl von Leviathanen. Ein Schelm, wer solche politischen Theorien für monströs hält. Statt vom Naturzustand des *Thomas Hobbes* ist in der Gegenwart von Policy-Netzwerken die Rede. Mit dem Hobbesschen Naturzustand teilen diese die Verhandelbarkeit von Macht, die Flüchtigkeit von Einfluss, die Gebundenheit schiedlich-friedlichen Zusammenarbeitens an vorübergehende Gemeinsamkeiten („Projekte"). Vielleicht zeichnet sich aber in der Renaissance des Gemeinschaftsdenkens doch eine Renaissance des klassischen Staates ab. Für diese gedankliche Möglichkeit steht der Kommunitarismus.

VII. Schluss

Im vorliegenden Rahmen konnten die Herausforderungen, vor denen die politische Farbenlehre gegenwärtig steht, nur angedeutet werden. Es wurde deutlich, dass der Kommunitarismus ein Anwendungs- und Experimentierfeld vor sich findet, das der Mühe scharfer intellektueller Kontroversen wert ist. Neuere Varianten des Kommunitarismus entwickeln Argumentationslinien, um die trotz allen Wandels weiterhin besondere Rolle des Staates gerade als Hüter der Freiheit in einem ideologischen Umfeld, das den intrinsischen Wert von Freiheit immer weniger begreift, herauszuarbeiten. Der Kommunitarismus hat seine Zukunft noch vor sich, wenn ihm ein Substanzerhalt des Leviathan gegen Pluralisierungs- und Entgrenzungstendenzen von Staatlichkeit gelingt. Vor der Geschichte wird es, solange sich der Diskurs selbst nach Maßgabe der Freiheit von Wort und Gedanke gestaltet, keine Sieger oder Besiegten geben. Freiheitlichkeit schließt die Möglichkeit des letzten Wortes aus. Prometheus und Orpheus werden weiter miteinander um die Gunst des Publikums ringen. Es ist an jedem von uns, das Panorama der Freiheitstheorien mit Leben zu füllen und zu erweitern.

Rechtspaternalismus und das Problem des Gesundheitsrechts in der Bioethik

João Maurício Adeodato

I. Ethische Atomisierung und Überlastung des Rechts: Betonung des Rechtsstreites und des Prozesses

Das Interesse dieses Textes besteht darin, das Recht auf Gesundheit im Kontext der heutigen, von ethischen Konflikten belasteten Gesellschaft in einen Zusammenhang mit den Begriffen subjektiver Rechte, Menschenrechte und Grundrechte zu bringen, um daraufhin das Problem der Begrenzungen des Rechts auf Gesundheit und das Problem der paternalistischen Haltung der Gesellschaft und des Staates gegenüber dem Individuum zu erörtern. Im Zentrum der Betrachtung steht also nicht das Recht auf Gesundheit, sondern die Macht eines Menschen, darüber zu entscheiden, wie ein anderer zu handeln hat *versus* das Problem der Selbstbestimmung, das für viele das Kennzeichen des Menschseins darstellt.

An *Winfried Brugger* denkend, wird hier versucht, eine Parallele zwischen der paternalistischen Haltung des Staates und der Anwendung der Folter zu ziehen, die eine der Sorgen des geehrten Rechtsphilosophen war.

Zu Beginn muss ein sozialer Kontext erwähnt werden. Hier verweist die erste These auf das Phänomen der Überlastung des Rechts durch die *ethische Atomisierung*, mit der das staatliche Recht bislang offensichtlich nicht umzugehen versteht. Die anderen ethischen Ordnungen – das Recht ist nämlich eine davon – werden zunehmend individualisierter und in dieser Atomisierung bleibt nur das Recht als „ethisches Minimum" übrig, denn Moral, Religion und Konventionen, beispielsweise, funktionieren nicht mehr als Puffer in sozialen Konflikten, die immer mehr vor Gericht entschieden werden, als dies in homogeneren Gesellschaften geschah. Auf diese Weise erschwert die Steigerung der Komplexität – intern (kontrolliert durch den Leviathan) und extern (hervorgerufen durch die Globalisierung) – die aktuelle Kontrolle und die Kompatibilisierung menschlicher Erwartungen an die Zukunft (Normen), die fragmentiert und individualisiert werden. Nicht dass die übrigen ethischen Sphären nicht mehr existierten, die Atomisierung ihrer Inhalte entzieht sie jedoch dem Licht der Öffentlichkeit.

Außer dieser Überlastung des dogmatisch organisierten Rechts insgesamt kann eine Überlastung der konkreten Entscheidung innerhalb des Rechts selbst beobachtet werden. Beide führen dazu, dass Aufgaben und Bedeutung der Judikative zum Nachteil der Legislative zunehmen, da das Recht nämlich immer kasuistischer wird und die allgemeinen Regeln ihre Kraft verlieren. Weil die Gerichte ebensowenig auf diese zweite Überlastung vorbereitet sind, vermehren sich alternative Konfliktlösungsverfahren wie beispielsweise Vergleich, Vermittlung, Schlichtung oder Mediation.

Die rechtlichen Regeln werden also zu den einzigen, die für alle gelten und im Einzelfall entschieden werden. Während dies sehr wenig ist, um ethische Bindungen zwischen den Individuen einer Gemeinschaft zu sichern, bedeutet dies eine Steigerung der Aufgaben des dogmatischen staatlichen Rechts, das damit alle Konflikte kontrollieren muss.

Die von der demokratischen Moderne für das Dilemma der ethischen Divergenzen in einer komplexen Gesellschaft angebotene Lösung besteht darin, dass das Recht diese an erster Stelle gemäß der Meinung der Mehrheit durch bestimmte Verfahren entscheidet, denn rechtmäßig ist nicht dieses oder jenes Verhaltensmuster, wie beispielsweise Erlaubnis oder Verbot der Abtreibung, des Waffenkaufs oder der Prostitution, sondern das, was die Mehrheit als richtig betrachtet. Zweitens erhält das Recht daher einen essentiell wechselhaften ethischen Inhalt, da es immer wieder möglich ist, dass neue Mehrheiten sich für ethische Positionen entscheiden, die von den vorherigen abweichen.

In weniger komplexen Gesellschaften federn die übrigen ethischen Ordnungen die sozialen Konflikte ab, was dazu führt, dass nur die schweren Konflikte, die einer Lösung mit Zwangsmaßnahmen bedürfen, zu Rechtskonflikten werden. Mit anderen Worten: Die wachsende Komplexität pulverisiert die ethischen Inhalte, weil jedes Individuum seine Religion, seine Moral, seine Etikette, seine politischen Ansichten, seine sexuelle Orientierung, etc. besitzt und das Recht dann das einzige gemeinsame ethische Ambiente darstellt, genau deshalb, weil es verpflichtend ist und niemand ihm entkommen darf.

Hinsichtlich der Kontrolle der ethischen Unterschiede gibt es auch noch ein linguistisches Problem: In einer hochdifferenzierten Gesellschaft entfernen sich die bezeichnenden immer weiter von den bezeichneten Zeichen. Im Recht heißt das, dass die normativen Texte von den verschiedenen Individuen und Gruppen unterschiedlich verstanden werden, denn jeder reagiert auf seine Weise auf Ausdrücke wie „böswillige Prozessführung", „öffentliches Interesse" oder „gemäßigte Reaktion" oder andere ähnliche Ausdrücke, die sehr häufig in den Gesetzen vorkommen. Dadurch verliert das Gesetz an Funktionalität bei der Behandlung von Konflikten. So werden die an der Entscheidung Beteiligten überlastet und die Rolle des Willens und der konkreten Interessen gewinnt zum Nachteil einer Rationalität, die sich als allgemein und unabhängig versteht, an Bedeutung. Gleichzeitig wird es immer schwieriger vorherzusehen, wie die konkrete Entscheidung ausfallen wird, was die hermeneutischen, exegetischen, literarischen und philologischen Konzeptionen nach und nach überflüssig macht und an der Entwicklung der juristischen Hermeneutik abzulesen ist.

Es ist zuzugeben, dass das dogmatische Recht und die traditionelle Demokratie sich hinsichtlich ihrer sozialen Funktion als nicht mehr so effizient erweisen und auch theoretische Konsistenz einbüßen. Die Krise offenbart sich in verschiedene Richtungen, wie beispielsweise in der Möglichkeit, dass undemokratische Parteien am demokratischen politischen Wettbewerb teilnehmen, was auf ein Ende der Demokratie verweist, oder auch in Wahlmüdigkeit.[1] Diese Krise bewirkt, dass die positivistische These von der autopoietischen Reproduktion des Rechts an verschiedenen Fronten in Frage gestellt wird. Dies führt dazu, dass zeitgenössische Antipositivisten, wie *Ronald Dworkin* und *Robert Alexy* nach Regeln suchen, die auch die verfassungsgebende Gewalt binden wie beispielsweise die, dass alle gleich sind und deshalb das Recht haben, am rationalen und gerechten Diskurs teilzunehmen.[2] Diese rationalen Inhalte gehörten wesentlich zum Charakter eines jeden Menschen und seien aus universalen Werten entstanden. Daher gebe es Rechte, die über der ursprünglichen verfassungsgebenden Gewalt stehen und also auch über jeglicher Regierung. Beispiele für diese ethischen Inhalte seien das Verbot von Folter, Rassismus und Sexismus, das Recht aller auf Gesundheit, unabhängig von der allseits bekannten Tatsache, dass viele positive Regeln verschiedener Rechtssysteme früher wie heute diese Vorgehensweisen erlauben.

II. Objektives und subjektives Recht

Vor dem Hintergrund dieses Kontextes wird Gesundheit als „Recht" problematisiert, dessen berechtigte Subjekte die Bürger sind, während der Staat das Verpflichtungssubjekt darstellt, das das Recht auf Gesundheit garantieren muss.

Das Wort „Recht" im Sinne von etwas, über das man verfügt, etwas, das man „hat", wird mit der Fähigkeit assoziiert, etwas zu tun, worin die Möglichkeiten inbegriffen sind, etwas nicht zu tun und auch eine bestimmte Handlung eines anderen zu verhindern. Dies nennt man traditionell *subjektives Recht*, im wörtlichen Sinne des Rechts des Subjekts, der *facultas agendi* des römischen Rechts. Das sind nicht irgendwelche Fähigkeiten, sondern nur die, die ihren Schutz in den rechtlichen Regeln finden, in den „objektiven" Handlungsnormen (*norma agendi*). Bereits im 19. Jahrhundert wurde behauptet, dass der Begriff des sub-

---

[1] Der Begriff lautet *Politikverdrossenheit*, *Verdrossenheit hinsichtlich der Politik*, so *Friedrich Müller*, Wer ist das Volk? Die Grundlagen der Demokratie (Schriften zur Rechtslehre, Bd. 180), Ralph Christensen (Hrsg.), Berlin 1997, S. 110.

[2] *Robert Alexy*, Theorie der juristischen Argumentation. Die Theorie des rationalen Diskurses als Theorie der juristischen Begründung, Frankfurt a.M. 1983, S. 361 ff. (Anhang).

jektiven Rechts, neben dem Begriff der Norm, zum wichtigsten Begriff der allgemeinen Theorie des modernen Rechts geworden war.[3]

In der Tradition, die spätestens aus dem alten Griechenland kommt, war eine der Vorstellungen des Naturrechtsdenkens die Idee, der zufolge bestimmte Rechte existieren, die keiner Anerkennung durch irgendwelche Instanzen der Macht bedürfen. Daher die Metapher von „natürlichen“ Rechten, wobei diejenigen Kräfte als „Natur“ verstanden wurden, die über den menschlichen Willen hinausgingen oder sogar unabhängig von seiner Existenz waren. Seit *Antigone* ist dies eine tausendjährige Idee, die noch eine starke Anziehungskraft ausübt.

Mit fortschreitender Moderne kamen die ersten positivistischen Ideen auf. Seither verlaufen die rechtsphilosophischen Diskussionen zwischen zwei großen Richtungen. Erstens ist es die Tradition des Naturrechts, der zufolge der Mensch bestimmte Rechte hat, aufgrund der einfachen Tatsache, Mensch zu sein, wobei es der Rechtsordnung zukommt, diese anzuerkennen. Zweitens ist es der Positivismus, dem zufolge der Mensch nur über die subjektiven Rechte verfügt, die ihm die Rechtsordnung zugesteht.

Dies kann in den verschiedenen Formen des Kontraktualismus festgestellt werden, die sich *Rousseau* und *Hobbes* vorgestellt haben und die hier als Paradigmen genommen werden.

Für *Rousseau* wird der Gesellschaftsvertrag zwischen dem Bürger und dem Staat geschlossen und besteht aus gegenseitigen Rechten und Pflichten. Dies bedeutet, dass der Staat vom Bürger und dieser vom Staat die Erfüllung von Pflichten einfordern kann. Wenn der Bürger also seine subjektiven Rechte beim Vertragsschluss beibehält, dann bringt er sie aus dem natürlichen Leben in das gesellschaftliche Leben, wodurch die Macht des Staates begrenzt wird:

> „Man sieht in dieser Formel, dass der Akt der Vergesellschaftung eine gegenseitige Verpflichtung zwischen den Einzelnen und dem Gemeinwesen beinhaltet und dass jedes Individuum, das sozusagen mit sich selbst einen Vertrag schließt, eine doppelte Verpflichtung hat, einmal sich selbst gegenüber und einmal als Teil des Staates dem Souverän gegenüber.“[4]

Der konstitutive Vertrag der menschlichen Gesellschaften ist also bilateral und synallagmatisch.

Bei *Hobbes* wird der Vertrag zwischen den Bürgern geschlossen, so dass der Staat das Ergebnis und nicht Vertragspartei ist. In diesem Vertrag geben die Individuen all ihre ursprünglichen Rechte auf, vorausgesetzt, dass die übrigen

---

[3] *Klaus F. Röhl*, Allgemeine Rechtslehre – ein Lehrbuch, 2., neu bearbeitete Auflage, Köln/Berlin/Bonn/München 2001, S. 328.

[4] *Jean-Jacques Rousseau*, Du contrat social ou principes du droit politique, Amsterdam 1762, Ch. VII: „Du Souverain – On voit par cette formule que l'acte d'association renferme un engagement réciproque du public avec les particuliers, et que chaque individu, contractant, pour ainsi dire, avec lui-même, se trouve engagé sous un double rapport; savoir, comme membre du souverain envers les particuliers, et comme membre de l'État envers le souverain“.

Mitbürger das Gleiche tun. Der Staat hat dem Bürger gegenüber keinerlei Verpflichtung, da all seine „natürlichen Rechte" im Sinne des freien Menschen im Naturzustand auf den Staat übertragen werden, der nunmehr Recht über Leben und Tod des Individuums hat. So tritt der Mensch ohne jegliche Rechte in das gesellschaftliche Leben ein und gibt sich mit denen zufrieden, die der Leviathan ihm zugesteht.[5] Nur in zwei Situationen existiert ein Widerstandrecht und das Individuum kann sich widersetzen: einmal, wenn der Staat es töten will, denn das Recht auf Leben ist das fundamentalste, oder wenn es dem Staat nicht mehr gelingt, die gesellschaftliche Ordnung sicherzustellen und den Einzelnen vor den Angriffen der übrigen Bürger zu schützen.

Bei *Rousseau* findet sich, der naturrechtlichen Tradition treuer, der Vorrang des subjektiven Rechts, während bei *Hobbes* das objektive Recht Vorrang hat. Das klare Dilemma, das sich daraus für die späteren Juristen ergibt, ist, dass einerseits das subjektive Recht in einer transzendenten, schwer feststellbaren und juristisch wie politisch nicht kontrollierbaren Instanz, wie dem „allgemeinen Willen", den Prinzipien der Vernunft oder dem Willen Gottes gründet, wie es beim Naturrecht der Fall ist, oder aber, dass das Individuum dem Staat ausgeliefert ist, der es mit seiner Übermacht erdrückt, während das Recht wie im Positivismus seinen ganzen ethischen Inhalt verliert.

III. Grundrechte als subjektive Verfassungsrechte

Mit der Positivierung und Konstitutionalisierung des modernen Rechts siegte die positivistische philosophische Sichtweise. Das bedeutet, dass die subjektiven Rechte durch das objektive Recht geschützt werden müssen, ansonsten sind sie keine Rechte im Rechtssinn, sondern einzig und allein Ideale bestimmter Individuen oder Gruppen. Die verfassungsmäßigen Grundrechte werden als die einzigen subjektiven Rechte betrachtet, die in juristischen Verfahren anerkannt sind. Rechte wie Freiheit, Gleichheit oder Gesundheit wurden so zu einem Teil der historischen Tradition der Menschenrechte in der westlichen Welt.

Der Begriff der *Menschenrechte* besteht weiterhin als Erbe der Tradition des Naturrechts und beansprucht eine Gültigkeit, die über das positive Recht hinausgeht. In der vernetzten Welt und der internationalen Globalisierung wird die Dichotomie zwischen den positivierten (verfassungsmäßigen) Grundrechten auf nationaler Ebene und höheren Menschenrechten betont, die angeblich aus sich selbst heraus gültig sind und über die Verfassungen der Nationalstaaten hinausreichen.

---

[5] *Thomas Hobbes*, Leviathan or Matter, form and power of a state ecclesiastical and civil. Col. Great Books of the Western World. Chicago: Encyclopaedia Britannica, 1990, v. 21, S. 39–283, (101).

Das Problem besteht darin, dass die Rhetorik der universellen Menschenrechte im gleichen Moment, in dem sie das Verbot von Nuklearwaffen, Folter oder Völkermord fordert, auch von ökonomisch erfolgreicheren Ländern zu deren Nutzen verwendet werden kann und so einen Eurozentrismus, einen ethisch arroganten Amerikanismus oder puren Opportunismus offenbaren würde, der Strategien wirtschaftlicher Dominanz im Auge hätte. Mit anderen Worten, das Dilemma besteht darin, ob die Ethik des demokratischen Kapitalismus, die heute aufgrund ihres Kontextes mächtiger ist, ihre Werte und Normen allen verordnen kann und warum die Regeln, die für die Besetzten gelten, nicht auch für die Besatzer gelten sollen.

Hans Kelsen beispielsweise versucht der Tyrannei der Mehrheit zu entkommen. Neben der positivistischen Philosophie, die offenbar relativistisch und skeptisch hinsichtlich einer ethischen Gewissheit ist, besteht eine andere Voraussetzung dieses Autors in einer Regierung der Mehrheit, die die Existenz von Minderheiten und deren Schutz als notwendig betrachtet. Diese Schutzfunktion wird durch die Grundrechte ausgeübt, also Freiheitsrechte, insbesondere Menschen- und Bürgerrechte, Ausdrücke, die Kelsen jedoch in seinem Streit mit *Carl Schmitt*[6] nicht differenziert. Klar ist, dass diese Rechte positiviert sein müssen, da sie nur so subjektive Rechte darstellen.

In der Rechtsphilosophie wird darüber diskutiert, ob die Menschenrechte als eine Art der subjektiven Rechte aufgrund ihres Inhalts bestimmt sind und als schon deshalb internationale Geltung beanspruchen. Das formale Kriterium, dass die Menschenrechte in Gesetzen und Verfassungen positiviert sind, wäre dann nicht entscheidend. Der Inhalt der Menschenrechte differenziert sich immer weiter aus, so dass von „Generationen“ und „Dimensionen“ gesprochen werden kann.

Der aufgeklärte Absolutismus des 18. Jahrhunderts stellt die erste konstitutionalistische Bewegung dar. Der liberale Staat war dann die erste Form eines Rechtsstaates in der westlichen Welt. Seine tragenden Säulen sind der Individualismus, die aufgeklärte Legalität und die Gewaltenteilung. Diese individuellen Grundrechte stellen die erste Generation dar. Ihre Hintergrundannahmen sind die „unsichtbare Hand“ des Marktes und ein etwas einfältiger Optimismus.

Die Armut und die Ausbeutung, die in der individualistischen Sichtweise ausgeklammert werden, machen eine stärkere Intervention des Staates notwendig als im liberalen „Nachtwächterstaat“, um das Überleben der Schwächsten zu garantieren. Es erscheint die Rhetorik vom Sozialstaat, der die *sozialen* Grundrechte – Grundrechte der zweiten Generation – schützt. Die Verfassungen werden umfassender. Die Reihe der Grundrechte wird nun detaillierter, wie im Falle der mexikanischen Verfassung von 1917 und der deutschen Verfassung

---

[6] *Hans Kelsen*, Vom Wesen und Wert der Demokratie, Tübingen 1981, S. 53; *ders.*, Allgemeine Staatslehre, Wien 1993, S. 368–371.

von 1919, denn das *laissez faire* des Liberalismus ließ der ausbeuterischen Betätigung der Stärkeren freien Lauf. Der Erste Weltkrieg und die Schrecken, die er mit sich brachte, trugen dazu bei, die Begeisterung für die optimistischen Anthropologie des kapitalistischen Individualismus zu mindern.

Die dritte Generation ist diejenige der sogenannten *diffusen* Rechte. Das sind nicht mehr nur Rechte von Individuen oder Gruppen wie in den vorangegangenen Dimensionen, sondern sie gehören der ganzen Gemeinschaft, sie sind kollektiv, meta- oder überindividuell und beanspruchen sogar transnationale Gültigkeit, sie können also von den Staaten untereinander vorgebracht werden. Das Recht auf eine unversehrte Umwelt ist ein Beispiel dafür. Das Privateigentum ordnet sich ihnen unter und verliert so seine überragende Position. Dies geht auch noch über den Begriff seiner sozialen Verantwortung hinaus: Es muss die Umwelt und sein Verhältnis zum Privateigentum anderer mitberücksichtigen.

Die Rechte der vierten Dimension schließen das Recht auf die Demokratie selbst ein, das „Recht auf Rechte" (*Hannah Arendt*), das Recht auf Information, das auf politische Beteiligung wie auch die Bio-Rechte. Auch neue Fragen, die durch neue wissenschaftliche Techniken wie Klonierung, Gentechnik und Euthanasie aufgeworfen werden, berücksichtigen diese Rechte.

Diese verdichtete Synthese soll, um es hier zu wiederholen, die Suche nach dem *materiellen Inhalt* der Grundrechte im Rahmen des demokratischen Rechtsstaates veranschaulichen, wobei eine Realität skizziert wird, in der nur das Verfahren und die formellen Praktiken des positiven Rechtssystems gelten.

IV. Das Recht auf Gesundheit als Grundrecht

Die Diskussion offenbart eine semantische Verwirrung hinter der immer weiter sich ausbreitenden Hermeneutik, die mit der Rhetorik der Grundrechte verbunden ist. Das Wort „Rechte" wird hier, wie bereits erwähnt, im subjektiven Sinne benutzt, als *facultas agendi*, was die Notwendigkeit mit sich bringt, dass diese Rechte vom objektiven Recht garantiert werden. Dogmatisch gesehen wären dann der Staat und die Gesellschaft die passiven Subjekte dieser subjektiven Rechte, wobei der Staat diese nicht nur allen anderen Individuen gegenüber garantiert, sondern sich selbst auch verpflichtet, die subjektiven Rechte zu achten und seine Organe davon absehen, diese zu verletzen oder mit deren Verletzung zu drohen.

Dies soll am Beispiel der brasilianischen Verfassung erläutert werden. Nach dem Text der Verfassung umfasst die Kategorie der „Grundrechte" die individuellen Grundrechte (Art. 5), die kollektiven (auch Art. 5), die sozialen (in den Artikeln 6–11 sind nur die Rechte des Arbeitnehmers aufgeführt; die „soziale Ordnung" befindet sich im Teil VIII, Artikel 193 ff.), das Recht auf Nationalität (Art. 12), und die politischen Rechte (Art. 14–17).

Umstritten ist die Einbeziehung der diffusen und unverfügbaren Grundrechte der dritten Dimension, die aufgrund ihres Inhalts verfassungsmäßig sein sollen, von der brasilianischen Verfassung jedoch nicht ausdrücklich (formal) unter den Grundrechten aufgeführt werden. Aufgrund dieses formalen Kriteriums kann man beobachten, dass die brasilianische Verfassung, dem Wortlaut des § 1 Art. 5 folgend, die nach Art. 5 aufgeführten sozialen und politischen Rechte, nicht zu den eigentlichen (individuellen und politischen) Grundrechten rechnet. Nur diejenigen Rechte, die in Art. 5 aufgeführt sind, wären demnach „fundamental" und durch Normen garantiert, die „unmittelbar anwendbar" sind.

Die beabsichtigte Erweiterung des Begriffs der verfassungsmäßigen Grundrechte aufgrund ihres Inhalts stößt bei der Implementierung auf Schwierigkeiten. Das kommt in der Debatte über die „Suche nach Effektivität" zum Ausdruck. Die Forderungen der brasilianischen Rechtsgelehrten und Politiker richten sich nicht nur auf eine semantische Erweiterung, sondern sie erkennen auch an, dass es keine Beziehung zur sozialen Wirklichkeit gibt.

Außerdem gibt es eine Erweiterung der Bedeutung derjenigen Rechte, die gemeinhin als Grundrechte angesehenen werden. Beispielsweise beinhaltet unter den individuellen Grundrechten das Recht auf Leben nicht nur dasjenige auf die eigene Existenz, sondern auch das auf eine würdige Existenz mit physischer und moralischer Unversehrtheit (Art. 5, V u. X). Das Recht auf Gleichheit, das juristisch gesehen in der der formalen Gleichheit und den gleichen Behandlung vor dem Gesetz (Art. 5 *caput)* besteht, durchdringt alle Bereiche des positiven Rechts und öffnet sich für semantische Erweiterungen wie „ohne irgendwelche Unterschiede".

Die *sozialen Rechte* sind im Wesentlichen Schutzrechte. In teleologischer Hinsicht unterscheiden sie sich von den kollektiven Rechten wie etwa diejenigen auf Versammlungs- und Vereinigungsfreiheit, weil sie das Ziel haben, die schwächsten Bürger, die als unterversorgt betrachtet werden, zu schützen. Man kann sagen, dass ein gewisser Konsens darin besteht, dass diese Rechte Teil der Sozialversicherung sind. Diese sozialen Rechte (Art. 203) unterteilt man in das Recht auf Gesundheit, das Recht auf soziale Fürsorge und das Recht auf Sozialhilfe. In erweiternder Auslegung werden auch Fürsorge, Recht auf Rente, Arbeitslosengeld, Krankenversicherung, Mutterschaftsurlaub etc. umfasst, deren Rechtsinhaber Beitragszahler sind, und die Sozialhilfe, die „denen gewährt wird, die ihrer bedürfen", unabhängig von irgendeiner Beitragszahlung.

Das Recht auf Gesundheit scheint aber als Grundrecht einstimmig anerkannt zu sein. Dies erhöht die Wichtigkeit des Themas des Paternalismus.

V. Ethische Universalisierung, Paternalismus und der Fall der Folter

Eine der am stärksten in der öffentlichen Meinung verwurzelten Ideen ist das Kausalitätsmodell. Dieser Idee widersetzt sich die rhetorische Philosophie, weil sie die reale Welt, die in jedem Moment geschaffen wird, als kontingent begreift. Die Welt als Kontingenz zu begreifen, führt aber zweifellos zu einer Skepsis, die jedoch den Ereignissen gegenüber nicht nihilistisch, ungläubig oder indifferent ist. Genau wegen dieser Kontingenz wird die *ethische Verantwortung* unverzichtbar für die Kontrolle dieser Kontingenz. Aufgrund der Ablehnung des Begriffs der Ursache und jeder Form von Determinierung wird es unerlässlich zu verstehen, was mit dem rhetorischen Verständnis der erwähnten Freiheit und des Willens als menschliche Möglichkeiten gesagt werden soll.

Dies gilt besonders, weil es nicht schwerfällt, die enge Beziehung zu erkennen, die zwischen der paternalistischen Haltung und der *Überzeugung von der Wahrheit* in der Ethik existiert, die aus der religiösen Tradition der Monotheismen und aus der Tradition des Naturrechts in der Rechtsphilosophie stammt. Trotz aller Unterschiede gegenüber den beiden Einstellungen trägt auch ein szientistisches Weltbild dazu bei. Für die mehrheitliche Tendenz unter den Humanisten, die ganz allgemein gegen den Paternalismus eingestellt sind, hat man den Begriff „normativer Individualismus“ geprägt, während der Begriff „normativer Kollektivismus“ die gegnerische Tendenz bezeichnet.[7] Ein oft zitiertes Beispiel für Paternalismus ist der Befehl des Odysseus, dem zufolge seine Ruderer ihre Ohren zustopfen, ihn aber an den Mastbaum binden sollten, so dass er als einziger den wunderbaren Gesang der Sirenen hören konnte, ohne Gefahr zu laufen, verschlungen zu werden.

Kants Aufklärung richtet sich durch und durch gegen den Paternalismus und gründet seine Argumente auf drei Prinzipien als *a priori* des bürgerlichen Status, die nicht nur von positiven Gesetzen geschützt sind, sondern ihm zufolge auch *rationale Prinzipien* der menschlichen Würde darstellen: Freiheit, Gleichheit und Selbstständigkeit (die er auch *sibisufficientia* nennt). *Kant* unterscheidet zwischen einer „väterlichen“ Regierung (*imperium paternale)*, die illegitim ist, weil sie die Regierten unterwirft, als seien sie Kinder, die nicht zwischen dem unterscheiden können, was nützlich oder schädlich für sie ist, und einer „vaterländischen“ Regierung (*imperium patrioticum)*, in der der Bürger (*Staats*bürger) nicht nur Bürger einer Stadt (*Stadt*bürger) ist, sondern darüber hinaus die ihn unterscheidende natürliche und vernunftgemäße Würde genießt.[8]

---

[7] *Dietmar von der Pfordten*, Normativer Individualismus, in: ZfPhF 58 (2004), S. 321–346; *Michael Anderheiden/Peter Bürkli/Hans Michael Heinig/Stephan Kirste/Kurt Seelmann*, Einleitung. Paternalismus und Recht, Tübingen 2006, S. 1.

[8] *Immanuel Kant*, Über den Gemeinspruch: das mag in der Theorie richtig sein, taugt aber nicht für die Praxis, in: *ders.*, Schriften zur Anthropologie, Geschichtsphilosophie, Po-

Nun ist es an der Zeit, die Aufmerksamkeit auf das Problem der Folter und ihrer Beziehung zum Paternalismus zu richten. Auch wenn die Begriffe natürlich voneinander zu unterscheiden sind, implizieren sie dennoch beide die ethische Frage nach dem Anspruch, den fremden Willen bestimmen zu wollen.

Heute gibt es einen überwiegenden Konsens bezüglich der Verurteilung der Folter im Straf- und Völkerrecht. Das bedeutet jedoch nicht zugleich, dass sie auch in aufgeklärten Gesellschaften nicht angewendet würde. In außergewöhnlichen Situationen wird vielmehr, wie dies der Kampf gegen den Terrorismus zeigt, abhängig von der konkreten und außergewöhnlichen Situation, tatsächlich auf sie zurückgegriffen. Auch kann eine Gesellschaft, die in Fragen extremen Unrechts zu homogen ethischen Überzeugungen gelangt, doch bezüglich der Todesstrafe, der Euthanasie oder der Frage, welche Vorsorge man für die Gesundheit trifft, erhebliche Meinungsunterschiede aufweisen.

Noch schwieriger ist es, Divergenzen zu überbrücken, wenn man an eine *Universalisierung der Rechte* in globalem Rahmen für Gesellschaften, die in ethischer Hinsicht unterschiedlich und widersprüchlich sind, denkt. Hier fehlt eine Weltrepublik, die die notwendige Stärke besitzt, um wenigstens den Zwang der Verfahrensregeln zu garantieren, mit der zwischen gegensätzlichen Positionen entschieden wird. Die Erfahrung zeigt, dass das Recht nämlich nicht auf Überzeugung und Beitritt reduziert werden kann.

Gerechtigkeitskonflikte tendieren also wie andere Wertkonflikte zu einer paternalistischen Bevormundung Andersdenkender. Grundlage der Diskussion ist das Problem der Freiheit. Diese Möglichkeit der Autonomie des Individuums hat zwei mächtige Gegner: Einerseits ist dies die Notwendigkeit zur Kontrolle der egoistischen und bestimmter sozial nicht verträglicher Impulse der Menschen, um jedem einen Freiraum beschränkter Freiheit zu garantieren. Andererseits ist da die bereits erwähnte Idee der Kausalität, der zufolge ein vorhergehendes Ereignis Folgen verursacht, die angeblich außerhalb der freien Wahlmöglichkeiten liegen.

Im demokratischen Rechtsstaat ist Folter durch staatliche Stellen *unbedingt* verboten. Bereits ihre Androhung wird als illegal betrachtet und streng bekämpft. Diese historische Errungenschaft fußt auf vielen leidvoll begründeten Argumenten: von schrecklichen Feuerproben, „Gottesurteilen", bis zum einfachen pragmatischen Argument, dass die Folter nicht als Beweismittel dienen kann und keine zuverlässige Information garantiert.

---

litik und Pädagogik 1. Werkausgabe in zwölf Bänden, hrsg. Wilhelm Weischedel, Frankfurt a.M. 1977, Bd. XI, S. 125–172, S. 145–146 u. S. 151; vgl. hierzu auch: *Stephan Kirste*, Idealismus und Paternalismus. Staatliche Freiheitssicherung zwischen Mündigkeit und Vernunftstaat, in: Paternalismus und Recht, hrsg. v. K. Seelmann, M. Anderheiden, M. Heinig, S. Kirste, Tübingen 2006, S. 29–55.

Begrifflich gesehen ist die Folter nicht mit einer grausamen Strafe zu verwechseln, die Thema für eine andere ethische Diskussion darstellt. Während die Folter im Rahmen eines Ermittlungsverfahrens oder Prozesses die Wahrheit erzwingen soll, sind grausame Strafen unverhältnismäßige Mittel zur Sanktion eines Rechtsverstoßes, nachdem die Wahrheit bereits gefunden wurde.

In beiden Fällen bedeutet Folter den unbegrenzten Zwang zur Brechung eines fremden Willens. Es ist Gewalt, die so weit geht, dass sie dem Diskurs, der Sprache und der Rhetorik ein Ende macht. Dieser extra-diskursive Sinn interessiert hier am meisten und führt zur ethischen Perspektive der Folter: Darf sie überhaupt eingesetzt werden? Besteht die Möglichkeit zur Rechtfertigung der Folter? Kann sie legalisiert werden bzw. kann das Recht seine Anwendung vorsehen?

Aber auch die soziologische Perspektive ist zu berücksichtigen. In unterentwickelten Ländern wie Brasilien wurde Folter routinemäßig praktiziert. Auch entwickelte Länder wie die Vereinigten Staaten, Bollwerke einer zivilisatorischen Rhetorik und „Hüter einer neuen Weltordnung", meinen andere Länder besetzen zu dürfen, um diesen ihre Ethik des Schutzes der Menschenrechte aufzuzwingen. Nicht nur in Guantanamo, sondern auch innerhalb ihres eigenen Territoriums hat man eine wichtige Gefängnismaschinerie geschaffen, die weit mehr Personen gefangen hielt als irgendein anderes Land. Von der Beibehaltung dieser Situation leben und profitieren Tausende von Bürgern.

Die Anwendung von Folter wird durch eine Art vorgezogene Notwehr gegenüber dem Terrorismus gerechtfertigt, die ein größeres Übel für mehr Personen verhindern soll. Dabei entfernt man sich jedoch vom jahrhundertealten Begriff der Notwehr, die eine reale und nahe bevorstehende Gefahr voraussetzt. Der Notwehr liegt vielmehr ein völlig anderer Sachverhalt zugrunde als der Folter. Denn sie ist dadurch gekennzeichnet, dass bei ihrer Anwendung bereits der Gefolterte der Staatsgewalt unterworfen ist und keine Möglichkeiten mehr besitzt, einen anderen anzugreifen.

Ist danach eine Rechtfertigung der Folter aufgrund von Notwehr ausgeschlossen, könnte ferner an die Rechtfertigung zur Rettung eines Opfers gedacht werden. Hierfür kann ein authentischer Fall, der sich vor mehr als zehn Jahren in Deutschland ereignete, als Beispiel dienen. Im September 2002 wurde der elfjährige Sohn eines Frankfurter Bankiers entführt. Der Entführer wurde von der Polizei verhaftet, wollte aber nicht sagen, wo er den Jungen gefangen hielt. Nachdem der Polizeibeamte dem Entführer mit Folter drohte, gab er den Ort preis. Es war zu spät. Der Junge wurde tot aufgefunden. Die Staatsanwaltschaft klagte den Polizeibeamten aufgrund der bestehenden deutschen Rechtsordnung an, die die Folter und deren einfache Androhung streng verbietet. Das Gericht nahm die Klage an und sprach den Beamten nicht frei, sondern verurteilte ihn zu der geringstmöglichen Strafe, wobei die ethischen Ziele der Drohung anerkannt wurden, obwohl diese ganz offenkundig illegal war. Im Jahre 2012 erstritt der verurteilte Entführer vom Staat eine Entschädigung.

Ist die Folter in diesen Fällen ethisch zu rechtfertigen? Es mag sein, daß große Teile der Bevölkerung in derartigen Situationen Folter rechtfertigen würden. In Brasilien nutzte die Diktatur derartige Ressentiments für ihre Interessen aus und erschwerte auch nach ihrem Ende 1985 die immer wieder aufflackernde Debatte um die Folter und die wiederholten Vorstöße, das Amnestiegesetz über grausame staatliche Verbrechen zu annullieren.

Das in den Entführungsfällen angeführte und den öffentlichen Ressentiments zugrunde liegende Argument der Effizienz der Folter ist jedoch höchst fragwürdig. Viele Personen würden nahezu alles unter Folter aussagen, wenn sie die Hoffnung haben, die Torturen dadurch zu beenden. Darüber hinaus besteht immer die Möglichkeit, dass der Gefolterte gar nicht über die Information verfügt, die man von ihm will.

Ethisch schwieriger zu beurteilen sind Abwägungen, wenn zwar angenommen werden kann, dass der Entführer die relevanten Informationen besitzt, jedoch seine Würde mit dem Lebensinteresse des Opfers und seiner Würde kollidiert. Bereits diese Abwägung greift die Fundamente des grundlegenden rechtsstaatlichen Folterverbots an.

Diejenigen, die die Folter absolut ablehnen, argumentieren damit, dass Recht nicht mit Unrecht bekämpft werden kann, dass es die institutionelle Aufgabe der Polizei sei, Gefahren vorzubeugen und die Bevölkerung zu schützen, sowie dass der polizeiliche Schutz moderat und mit Augenmaß zu geschehen hat.

Obwohl er sich auch Macht über den Willen des Anderen anmaßt, ist der Paternalismus ein ethisches Problem, das sich von der Folter unterscheidet, womit nun der abschließende Teil dieses Textes erreicht wird.

VI. Beispiele paternalistischer Beziehungen und Schlussfolgerungen

Angesichts einer ethischen Verantwortung des Handelnden für die Kontingenz taucht die Frage des *Paternalismus in der Ethik* oder die Debatte darüber auf, ob es angemessen ist, Personen zu ihrem eigenen Wohl zu zwingen, und ob die positive Rechtsordnung jemanden vor Gefahren schützen soll, wenn dieser geschäftsfähig und erwachsen ist und einen solchen Schutz ablehnt. Definitionsgemäß richtet sich der Paternalismus gegen die Autonomie des Willens bzw. die Selbstbestimmung. Verschiedene Beispiele können dafür angeführt werden: das Rauchverbot, die Gurtpflicht, die Helmpflicht, die Pflicht, sich maßvoll zu ernähren. Dazu kommen Vorschriften für eine gute Gesundheit im Zusammenhang mit anderen Schutzmaßnahmen: der Arzt, der dem Patienten die Untersuchungsergebnisse nicht mitteilt, um ihn vor den Sorgen, die diese Informationen hervorrufen werden, zu schützen; Regeln gegen die vom Patienten gewünschte Sterbehilfe am Lebensende bei geringer Lebensqualität; Regeln, die den Suizid verhindern sollen, Normen, die einen erwachsenen und psychologisch gesunden Patienten zu einer medizinischen Behandlung verpflichten, angesichts der Tatsache, dass bei Verweigerung der Tod droht, dazu kommen noch viele andere und aktuelle Beispiele.

Der Ausdruck hat seinen Ursprung in der Macht und Verpflichtung der Eltern, die ihre minderjährigen Kinder auch gegen deren Willen schützen sollen, womit eine asymmetrische Beziehung entsteht, die Überlegenheit und Unterlegenheit beinhaltet. Im Falle des Rechts bezieht sich der Paternalismus besonders auf rechtliche Beziehungen zwischen dem Staat und dem Bürger, die Zwang implizieren, und geht über die nur moralische Sphäre hinaus.

Diese Gefahren könnten durch einen weichen Paternalismus vermieden werden, der ein Höchstmaß an Informationen über die Situation und die Konsequenzen, die sich aus Entscheidungen ergeben, vorhält. Dies wäre hier ein antipaternalistischer, autonomie-fördernder Weg. Mit anderen Worten darf ein Recht, das strategisch darauf ausgerichtet ist, eine Ethik der Toleranz zu unterstützen, im oben erwähnten Falle des Arztes nicht das Zurückhalten von Informationen unterstützen, vielmehr sollte es Regeln schaffen, die darauf angelegt sind, den Kranken psychologisch zu unterstützen und ihn in die Lage zu versetzen, die unerwünschten Informationen ertragen zu können. Im Falle einer Weigerung der Annahme einer Bluttransfusion sollte der Patient über alternative Behandlungsmöglichkeiten informiert werden. Der Staat muss aber auch das Recht des Patienten zu sterben garantieren.

Hinsichtlich anderer Gewohnheiten wie beispielsweise eine ungesunde Ernährung und die Einnahme von Substanzen, die wahrscheinlich schädlich oder sogar fatal für die physische und psychische Gesundheit sind, zielt die rhetorische Strategie darauf ab, zu verteidigen, dass das Recht Paternalismus verhindern muss, selbst dann, wenn das öffentliche Gesundheitssystem mehr Geld ausgeben muss, um Personen mit diesen Gewohnheiten zu behandeln. Jeder Gesellschaft gehören Kranke oder unterschiedlich erfolgreiche Personen an. Daher müssen Maßnahmen zur Kompensation von Unfähigkeiten und Behinderungen getroffen werden. Auch dann, wenn die Entscheidungen des Patienten zu seiner Situation beigetragen haben, stellt die Gesellschaft die verantwortungsvolle Umwelt dar.

Ein Argument für den Paternalismus ist der öffentliche Schaden, den die Entscheidung eines Einzelnen hervorrufen kann oder mit Sicherheit hervorrufen wird. Wenn man im Gesundheitsbereich bleibt, kann die Perspektive des staatlichen Gesundheitswesens oder auch der privaten Krankenversicherungen angeführt werden, die durch Raucher, Teilnehmer gefährlicher Sportarten geschädigt werden können. Zu berücksichtigen sind einerseits Personen, die schädliche Drogen zu sich nehmen, und andererseits solche, die sich nur die sitzende

Lebensweise wünschen. In beiden Fällen gibt es ein Risiko, das eine statistische Gewissheit für viele Personen darstellt, dass nämlich diese individuellen Entscheidungen hinsichtlich des eigenen Wohlergehens die Gesellschaft, d.h. die Mittel des Gesundheitssystems, schädigen werden. Darf das Recht in diesen Fällen jemanden dazu verpflichten, „das Richtige" zu tun?

Bei englischen Utilitaristen, die im Hinblick auf dieses Thema Vorläufer der Pragmatiker sind, findet sich eine ethische Position, die gegen den Paternalismus gerichtet ist. So schreibt *John Stuart Mill* über die Freiheit und die Beziehungen zwischen dem Recht der Gemeinschaft und dem Recht des Individuums. Er verteidigt dabei das Prinzip des Selbstschutzes. Der Begriff „Selbst" – der eigene Schutz – bezieht sich hier nicht auf das Individuum, sondern auf den *Schutz der Gemeinschaft*, denn

> „Dass das einzige Ziel, mit dem die Macht gerechtfertigterweise über irgendein Mitglied einer zivilisierten Gesellschaft gegen dessen Willen ausgeübt werden kann, darin besteht, ein Übel für andere zu verhindern. Sein eigenes Wohl, sei es physisch oder moralisch, ist keine hinreichende Garantie. Jemand kann nicht dazu gezwungen werden, etwas zu tun oder zu unterlassen, mit der Rechtfertigung, dass es besser für ihn sei, so zu handeln, dass er so glücklicher werde, oder, dass es in den Augen anderer weise oder sogar korrekt sei, so zu handeln. Dies sind gute Gründe dafür, jemandem abzuraten, ihm gegenüber zu argumentieren oder ihn zu bitten, aber nicht, um ihn zu zwingen oder ihm ein Übel zu bringen, falls er anders handelt."[9]

Der Paternalismus ist auch ein Thema der Verfassungsordnung, denn er hat etwas mit der Kompetenz des Staates zu tun, in den Bereich der Autonomie des Individuums einzudringen. Systematisch gesehen wirft die Frage zunächst das Problem der Angemessenheit und Verhältnismäßigkeit von Einschränkungen für eine erlaubte Handlung auf, die wie jede nicht verbotene Handlung von der Verfassung garantiert wird. Im modernen demokratischen Staat der Grundrechte kann jeder nur aufgrund eines Gesetzes zu bestimmten Handlungen oder Unterlassungen verpflichtet werden. Dies ist das fundamentale Prinzip der *Legalität*, das in Brasilien im Art. 5, II der Verfassung positiviert ist. Eventuelle rechtliche Einschränkungen müssen demnach immer Schutzmaßnahmen und dürfen nie Hindernisse sein. Ein Grundrecht kann wegen der Oberhoheit der Verfassung nicht durch ein Gesetz eingeschränkt werden, sondern nur mit

---

[9] *John Stuart Mill*, On liberty. Great Books of the Western World, vol. 40, Chicago: Encyclopaedia Britannica, 1993, S. 267–323 (271): "That the only purpose for which power can be rightfully exercised over any member of a civilised community, against his will, is to prevent harm to others. His own good, either physical or moral, is not a sufficient warrant. He cannot be compelled to do or forbear because it will be better for him to do so, because it will make him happier, because, in the opinion of others, to do so would be wise or even right. These are good reasons for remonstrating with him, or reasoning with him, or persuading him, or entreating him, but not for compelling him, or visiting him with any evil in case he do otherwise."

der Ausübung eines anderen Grundrechts in Einklang gebracht werden. Nur ein Grundrecht kann ein anderes Grundrecht einschränken.[10]

Dieses Argument geht von der Überzeugung aus, dass die Freiheit als Grundrecht eine Folge der *formellen Gleichheit* („positive Formulierung des Rechts auf Gleichheitberechtigung", Gleichheit gegenüber der Rechtsordnung) und der Fähigkeit des Menschen ist, „sein Schicksal selbst in die Hand zu nehmen" (*Selbstbestimmung*). Nun sind es gerade diese drei Prinzipien der Vernunft, die bei *Kant* die Würde des Menschen begründen. *Hannah Arendt* zufolge, die sich als passionierte Raucherin weigerte, „Sklavin der eigenen Gesundheit" zu sein, kann ein erwachsener Mensch nicht von anderen Erwachsenen erzogen werden, als ob er keine Fähigkeit besäße, das auszuwählen, was wünschenswert für ihn ist. Wenn sich die Personen nicht darüber einigen können, was gut ist, soll jeder das suchen, was gut für ihn ist, und die Unterschiede tolerieren. In dieser Richtung können zwei Kategorien von Problemen unterschieden werden, wenn man auf das Beispiel des Rauchens zurückgreift und es induktiv ausweitet.

An erster Stelle sind rechtlichen Regeln zu nennen, die darauf abzielen, den Raucher vor sich selbst zu schützen, sei es durch ein totales Tabakverbot, sei es durch eine graduelle Einschränkung. Die juristische Frage wäre nun, ob ein Gesetz, das die Freiheit zu rauchen einschränkt, verfassungsgemäß ist. Lässt sich heute das gleiche Verbot für Tabak rechtfertigen, das man früher nur für Kokain verhängte, dessen medizinischer indizierter Gebrauch und Verkauf in Apotheken erlaubt waren? Aus der Perspektive der Einschränkungen beinhalten diese juristischen Regeln zum Schutz des Rauchers an zweiter Stelle die Pflicht des Herstellers und Verkäufers zur Information über die Schäden und gehen dann aber noch weiter, indem sie auch die Werbung einschränken und hohe Steuern festsetzen.

Aber genau die Regeln, die den Nichtraucher im Zusammenleben vor dem Raucher schützen sollen, zeigen das juristische Problem, denn es existiert hier ein gemeinsamer Raum, in dem einige der eigenen Gesundheit Schaden zufügen wollen, andere dagegen Abstand zu den Rauchern suchen. Die Konfliktmöglichkeiten sind dabei unbegrenzt. Wenn beispielsweise der Geruch des Rauches normalerweise stärker ist als der von Speisen und Getränken, fällt es nicht schwer, sich eine Situation vorzustellen, in der die einen ein Gewürz als köstlich und die anderen es wegen seines Geruchs oder Aussehens als abstoßend empfinden und diese jenen dann verbieten wollen, den gemeinsamen Raum in einem Restaurant mit ihnen zu teilen. Gleiches gilt für Musik, Parfum, Kleidung, kurzum für jegliches Verhalten, das die einzelnen Subjekte untereinander beeinflusst.

---

[10] *Tercio Sampaio Ferraz jr.*, Direito constitucional – liberdade de fumar, privacidade, Estado, direitos humanos e outros temas, São Paulo 2007, S. 194–195 ff.

Hier zeigt sich abermals der klassische Konflikt des zuvor erwähnten Werte-Paternalismus. Bleiben wir beim Beispiel und betrachten uns allein die Schäden, die der Raucher sich selbst ohne jeglichen Kontakt mit den Nichtrauchern zufügt, so belastet er mit Krankheiten, die durch die Nikotinsucht entstehen, das öffentliche Gesundheitssystem. Der Konflikt ist nicht so direkt wie beim passiven Raucher, der gesundheitliche Schäden davonträgt, als würde er selbst rauchen, aber es handelt sich um den Konflikt von dem sogenannten Allgemeinwohl und dem Wohl des Individuums, der Wahlfreiheit.

Wiederum ist es hilfreich, *Mill*, der den antipaternalistischen Individualismus vertritt, zu Wort kommen zu lassen:

> „Um dies [jemanden zu zwingen] zu rechtfertigen, muss das Verhalten, das verhindert werden soll, zum Ziel haben, einer anderen Person ein Übel zuzufügen. Der einzige Teil des Verhaltens irgendeiner Person, für die diese verantwortlich ist, ist der Teil, der sich auf die anderen richtet. Im Teil des Verhaltens, das nur auf sich selbst gerichtet ist, verfügt die Person über eine rechtlich begründete absolute Freiheit. Über sich selbst und seinen eigenen Körper und Geist herrscht das Individuum uneingeschränkt."[11]

Die Perspektive der juristischen Rhetorik zeigt aber, dass es nur vor dem Hintergrund eines spezifischen Falles möglich ist, den Sinn dessen festzulegen, was mit „was sich auf andere richtet" und „was sich nur auf sich selbst richtet" gemeint wird. Bis man zu einem konkreten Konflikt kommt, in dem man über die Bedeutung dieser Worte entscheidet, bleiben sie leere Strukturen, „hohle Wörter" (*Alf Ross*), und sie stellen keine Kommunikation her. Nur wenn Ereignisse linguistische Signifikante und normative Signifikate begleiten, kann man von Sinn sprechen.

Genauso verhält es sich bei Begriffen wie „Maßnahmen der Palliativmedizin", z.B. ein Sedativum nur zur Vermeidung physischer oder psychischer Schmerzen, „Abbruch der Behandlung bei Todkranken", „Verfügungen, nicht reanimiert zu werden", „medizinisch begleiteter Tod", „Hilfe zum Suizid". Hinzu kommt, dass die komplexe Gesellschaft sich heute mit Phänomenen konfrontiert sieht, die früher unvorstellbar waren, wie beispielsweise der Suizid von gesunden Personen, die sich selbst als unglücklich betrachten und entscheiden wollen, dass es sich nicht lohnt zu leben, was heute beispielsweise in Holland diskutiert wird.

Paternalismus, Recht auf Gesundheit, Folter, Recht auf Leben, Recht auf Religionsfreiheit konkretisieren klare Konflikte um „Werte". Aber es gibt noch viele andere Situationen, die heute Aufmerksamkeit auf sich ziehen und große

---

[11] *John Stuart Mill*, On liberty. Great Books of the Western World, vol. 40, Chicago: Encyclopaedia Britannica, 1993, S. 267–323 (271): "To justify that, the conduct from which it is desired to deter him must be calculated to produce evil to someone else. The only part of the conduct of any one, for which he is amenable to society, is that which concerns others. In the part which merely concerns himself, his independence is, of right, absolute. Over himself, over his own body and mind, the individual is sovereign."

Rückwirkungen auf die Rechtsphilosophie haben: die Angemessenheit palliativer medizinischer Maßnahmen, wenn keine Aussicht auf Heilung oder Besserung mehr besteht; das Bestehen auf lebensverlängernden Maßnahmen, wenn Ärzte sich weigern, die Behandlung abzubrechen, obwohl diese Leid hervorrufen; die Diskussionen um die Voraussetzungen von Patientenverfügungen. Diese Situationen werden nochmals erschwert, wenn es sich um psychisch Kranke, alleinstehende Personen ohne Familie und Freunde, Komapatienten, usw. handelt.

Letztendlich hängt die Lösung von der vorsichtigen Evaluierung jedes einzelnen Falles ab. Dies ist das zentrale Problem im Recht auf Gesundheit, denn Orthothanasie ist nichts mehr als ein Begriff, der genau zwischen der Euthanasie, die dem Leben ein Ende setzt, und der Disthanasie, die das Leben um jeden Preis verlängert, liegt.

The Dark Side of Law

Ansätze einer psychoanalytischen Rechtstheorie bei Freud, Lacan und Žižek

Walter Pauly

I. Verfassungstheorie und Psychoanalyse

In der Weite seines Blickes hat *Winfried Brugger* psychoanalytische Strukturkonzepte in seine rechtsphilosophischen und verfassungstheoretischen Überlegungen einbezogen, namentlich das von *Sigmund Freud* entwickelte Instanzenmodell von Ich, Es und Über-Ich.[1] Man kann insofern von einer Heidelberger Tradition sprechen, als bereits *Georg Jellinek* „bis zu den letzten psychologischen Quellen des Rechtes vordringen" wollte.[2] Für ihn hatte das Recht „in uns, nicht ausser uns seinen Sitz" und war der Staat „wesentlich eine innermenschliche Erscheinung", weshalb das Wesen von Herrschaftsverhältnissen auch „nur durch psychologische Analyse klar zu erfassen" sei.[3] Die präfreudianische Psychologie präsentierte *Jellinek* als eine „Voraussetzung" der Staatslehre.[4] In Deutschland hat sich ein entsprechendes transdisziplinäres Forschungspotential in der Staatsrechtswissenschaft kaum entfaltet,[5] anders als in der deutsch-

---

[1] *Brugger*, Liberalismus, Pluralismus, Kommunitarismus, 1999, S. 26 u. 33; *ders.*, Das anthropologische Kreuz der Entscheidung in Politik und Recht, 2. Aufl., 2008, S. 32 f. u. 51 f.

[2] *Jellinek*, Allgemeine Staatslehre, 1900, S. 307; herausgearbeitet werden „zwei psychologische Elemente", erstens die konservierende normative Kraft des Faktischen, d.h. die Umsetzung von Faktischem, tatsächlich Geübtem in Geltendes, in Normatives, und zweitens die progressive reformorientierte Produktion idealer Normvorstellungen (ebd., S. 323 u. passim); vgl. hierzu *Kersten*, Georg Jellinek und die klassische Staatslehre, 2000, S. 364 ff., u. *Pauly*, Verfassungswandel und normative Kraft des Faktischen, in: *Jellinek*, Verfassungsänderung und Verfassungswandel, hrsg. u. eingeleitet von Pauly, 1996, S. XVI ff.; *Bruggers* kontinuierliche Beschäftigung mit diesem Klassiker dokumentieren seine jüngsten Abhandlungen „Georg Jellinek als Sozialtheoretiker und Kommunitarist", Der Staat 49 (2010), S. 405 ff., „Existenz, Freiheit und Ordnung", in: Kirste/Sprenger (Hrsg.), Menschliches Existenz und Würde im Rechtsstaat, 2010, S. 152 ff., sowie „Georg Jellineks Statuslehre: national und international", AöR 136 (2011), S. 1 ff.

[3] *Jellinek* (Fn. 2), S. 73 u. 312.

[4] *Jellinek* (Fn. 2), S. 73.

[5] Knapp zur Freudschen Analyse der Masse *Nawiasky*, Allgemeine Staatslehre, Erster Teil, 2. Aufl., 1958, S. 18, u. Zweiter Teil. 1. Band, 1952, S. 140. In der politikwissenschaftlichen Emigrantenliteratur nimmt *Hermens*, Verfassungslehre, 1964, S. 93, lediglich im Zusammenhang der Persönlichkeit von Wilhelm II. auf Freud Bezug; *Friedrich*, Der Verfassungsstaat

sprachigen Schweiz, wo zumindest ansatzweise die psychologischen Grundlagen der Verfassung unter Rekurs auf die Archetypenlehre von *Carl Gustav Jung* eine Behandlung erfahren haben. So hat *Dietrich Schindler* gerade für die Rechts- und Staatstheorie die „Zweistufigkeit" von Bewusstem und Unbewusstem herausgestellt, da das Recht „gleichsam die bewusste Ergänzung des Unterbewussten" bilde und jede Staatsverfassung in eine bestimmte „Ambiance" in Form einer sie „ergänzenden, tragenden und belancierenden Umgebung" eingebettet sei.[6] Auf dieser Linie liegt auch eine Studie von *Hans Marti*, laut Untertitel „zum hintergründigen Gehalt einer Verfassung", in der das von einer Verfassung anzusprechende „Kollektiv-Unbewußte" sowie die „im Staatsbild wirksamen Archetypen" thematisiert werden.[7] Insbesondere geht es hier um den Archetypus des „Großen Vaters", wie er sich im eidgenössischen Männerbund und in der formalen Strenge des freiheitlichen Rechtsstaates niedergeschlagen habe, der zunehmend im Zuge einer „Wandlung" durch den Archetypus der ebenso sorgenden wie verschlingenden „Großen Mutter" abgelöst werde, die für den tendenziell rechtsfeindlichen Wohlfahrtsstaat stehe.[8] Auch die Staatsformenlehre von *Max Imboden*, die sich bereits im Untertitel als „Versuch einer psychologischen Deutung staatsrechtlicher Dogmen" ausweist, beruft sich durchgängig auf *Jungs* Tiefenpsychologie,[9] wie denn die Verbindung von Verfassung und Psychologie in Bezug auf die Schweizer Bundesverfassung lebendig blieb.[10]

Die wohl intensivste Berührung von Psychoanalyse und Staatsrechtslehre ereignete sich Anfang der 20er Jahre des 20. Jahrhunderts zwischen *Freud* und ausgerechnet *Hans Kelsen*, obschon dieser ab ovo der Rechtswissenschaft eine Selbstbeschränkung des Blicks „immer nur auf die Welt des Sollens" verordnete und deswegen der „jetzt so beliebten ‚psychologischen' Jurisprudenz" eine Abfuhr erteilte.[11] Angesichts der Trennung der Welt des Seins von der des Sol-

---

der Neuzeit, 1953, S. 194, betont kurz die Metaphysik der psychoanalytischen Schule sowie die desillusionierende Kraft der grellen Scheinwerfer der modernen Psychologie. Ausführlich dagegen *Fechner*, Rechtsphilosophie. Soziologie und Metaphysik des Rechts, 2. Aufl., 1956, S. 165 ff., zu Freud und vornehmlich Jung im Zusammenhang mit dem Rechtsgefühl.

[6] *Schindler*, Verfassungsrecht und soziale Struktur, 5. Aufl., 1970, S. 83 u. 92 f.

[7] *Marti*, Urbild und Verfassung, 1958, S. 11 u. 13.

[8] *Marti* (Fn. 7), S. 12 ff., 27, 30 f. u. 128 f.

[9] *Imboden*, Die Staatsformen (1959), in: *ders.*, Politische Systeme. Staatsformen, 2. Nachdruck, 1974, S. 143, 155, 169 u. 173.

[10] *Usteri*, Der Einfluss psychischer Grundkräfte auf die Staatsverfassung, in: FS Koja, 1998, S. 201, österreichische Bezugnahme bei *Pernthaler*, Allgemeine Staatslehre und Verfassungslehre, 1986, S. 16, 21 u. 27, der die „Verknüpfung mit der Psychoanalyse" in Bezug auf Freud und Herbert Marcuse anspricht (ebd., S. 108); umfassend *Löffelmann*, Das Gesetz des Unbewußten. Eine rechtsanthropologische und philosophische Auseinandersetzung mit der Analytischen Psychologie von Carl Gustav Jung, 1999.

[11] *Kelsen*, Hauptprobleme der Staatsrechtslehre entwickelt aus der Lehre vom Rechtssatze, 1911, S. VII f.

lens habe der Wissenschaftler sich zu entscheiden, „ob er als Soziologe oder Psychologe das tatsächliche Geschehen, das Handeln der Menschen erklären, oder die Rechtsnormen erfassen" wolle.[12] Das entsprechende Verbot an den Juristen, sich nicht mit Fragen zu befassen, „die der Psychologe oder der Soziologe aufwirft und daher nur dieser mit seinen besondern Forschungsmitteln zu beantworten imstande ist"[13], hinderte *Kelsen* jedenfalls nicht daran, am 30. November 1921 – angeblich nach bereits zehnjähriger Mitgliedschaft – in der Wiener Psychoanalytischen Vereinigung zum Thema „Der Begriff des Staates und *Freuds* Massenpsychologie" zu referieren, in Anwesenheit von *Freud*, samt anschließender Diskussion und Publikation in der von *Freud* mit herausgegebenen Hauszeitschrift „Imago".[14] Es bleibt dabei, dass die „Rechts- oder Staatsordnung [...] einen vom kausalgesetzlichen System der Natur gänzlich verschiedenen, spezifisch eigengesetzlichen Zusammenhang der Elemente" darstellt, weshalb die juristische Idee des Staates auch „nur in ihrer spezifisch rechtlichen Eigengesetzlichkeit, nicht aber – wie die psychischen Prozesse der libidinösen Bindungen und Verbindungen, die den Gegenstand der Sozialpsychologie bilden – auf psychologischem Wege erkannt werden" könne.[15] Aber die Beschäftigung mit *Freuds* Lehre verlohne gleichwohl, weil sich die eigenen rechtstheoretischen mit den sozialpsychologischen Forschungsergebnissen *Freuds* insofern „in auffallender Parallele" befänden, als hier eine „Staatslehre ohne Staat" und eine „Psychologie ohne eine ‚Seele'" nebeneinander träten, womit „all die

---

12 *Kelsen* (Fn. 11), S. VIII.

13 *Kelsen* (Fn. 11), S. VIII.

14 *Kelsen*, Der Begriff des Staates und die Sozialpsychologie. Mit besonderer Berücksichtigung von Freuds Theorie der Masse, IMAGO VIII.2. (1922), S. 97 ff.; dass Kelsen in der Sitzung vom 13.12.1911 in die Vereinigung aufgenommen worden ist, wie u.a. *Jabloner*, Kelsen und die Wiener Moderne, in: Diem-Wille u.a. (Hrsg.), Weltanschauungen des Wiener Fin de Siècle 1900/2000, 2002, S. 73, u. *Avscharova/Huttar*, Ohne Seele, ohne Staat. Hans Kelsen und Sigmund Freud, in: Ehs (Hrsg.), Hans Kelsen, 2009, S. 175, annehmen, stützt sich auf die entsprechende Vermutung bei Nunberg/Federn (Hrsg.), Protokolle der Wiener Psychoanalytischen Vereinigung, Band III. 1910–11, 1979, S. 331 m. Anm. 1.; jedoch findet sich Kelsen in den Protokollen der nachfolgenden Sitzungen der „Mittwoch-Gesellschaften", an denen er immer wieder teilgenommen hat, nach wie vor als „Gast" vermerkt. Das Protokoll der Vortragssitzung vom 30. November 1921 weist ihn denn auch als „Gast" aus; vgl. den Abdruck bei *Fallend*, Sonderlinge, Träumer, Sensitive, 1995, S. 216 u. zuvor S. 125 u. 145, wo sich auch die Dokumentation der Vortragsdiskussion findet (ebd., S. 217). Zum Kontakt zwischen Kelsen und Freud vgl. auch *Rathkolb*, Hans Kelsens Perzeptionen Freudscher Psychoanalyse (unter Berücksichtigung rechtstheoretischer Auseinandersetzungen), in: List (Hrsg.), Psychoanalyse und Recht, 2000, S. 88, und zu ihrer Auseinandersetzung *Klenke*, Bedingte Referenz, in: Adam/Stingelin (Hrsg.), Übertragung und Gesetz, 1995, S. 258 ff.; *Schönberger*, Vom Staat als Überperson zur Staatslehre ohne Staat, in: Schmoeckel (Hrsg.), Psychologie als Argument in der juristischen Literatur des Kaiserreichs, 2009, S. 232 ff.; *Feichtinger*, Wissenschaft als reflexives Projekt, 2010, S. 312 ff. u. 320 ff.; *Adamovich*, Kelsen und die Tiefenpsychologie, in: Walter/Jabloner (Hrsg.), Hans Kelsens Wege sozialphilosophischer Forschung, 1997, S. 129 ff.; unergiebig hingegen *Ehrenzweig*, Psychoanalytische Rechtswissenschaft, 1973.

15 *Kelsen* (Fn. 14), S. 100 u. 124.

Scheinprobleme" vermieden würden, wie sie aus den substantialistischen Verdoppelungen in Form eines Staates „hinter" dem Recht oder einer Seele „in" der Psychologie resultierten.[16] *Freuds* eigener Theorieanspruch geht indes weiter, sieht er doch die Psychoanalyse befähigt, ein „Licht auf die Ursprünge" gerade auch des Rechts zu werfen,[17] gerade die „Anfänge also von Moral und Recht" erklären zu können.[18]

II. Ödipale Rechtsgenese und psychoanalytischer Gesellschaftsvertrag

In seiner „ungewöhnlich geistvollen und scharfsinnigen Theorie"[19] hat *Freud* soziale Bindungen, einschließlich des Staates, psychoanalytisch auf ihre libidinöse Struktur zurückgeführt und mittels der Figur wie Autorität des Vaters erklärt. Bereits in der Schrift „Totem und Tabu" verbindet *Freud* seine an *Charles Darwin* angelehnte Urhordehypothese, in der sich das Verbrechen des Vatermordes ereigne, mit dem Ödipus-Komplex und gründet hierauf explizit die Anfänge der „sozialen Organisationen", von Gesellschaft, Religion und Sittlichkeit.[20] Als die „ältesten und wichtigsten Tabuvorschriften" und damit Rechtsnormen präsentiert *Freud* die „beiden Grundgesetze des Totemismus", zum einen die über das Inzestverbot statuierte Exogamie, zum anderen das Verbot, das Totemtier zu töten.[21] Im Totemtier begegnet der einst alle Weibchen für sich

---

[16] *Kelsen* (Fn. 14), S. 137 u. 139; ergänzt schließlich um eine „Physik ohne ‚Kräfte'" (ebd., S. 139).

[17] *Freud*, Das Interesse an der Psychoanalyse (1913), in: *ders.*, Gesammelte Werke, Band VIII, 1999, S. 414 f.

[18] *Freud*, Der Mann Moses und die monotheistische Religion (1939), in: *ders.*, Gesammelte Werke, Band XVI, 1999, S. 188.

[19] *Kelsen* (Fn. 14), S. 134. Kelsens Freud-Kritik betrifft die angebliche Hypostasierung organisierter Massen, namentlich auch des Staates, unter „Bruch seiner individualpsychologischen Methode" (ebd., S. 118 f. u. 121 ff.). In einem Zusatz aus dem Jahre 1923 hat Freud diesen Teil der „sonst verständnisvollen und scharfsinnigen Kritik von Hans Kelsen" zurückgewiesen, weil die Ausstattung „mit Organisation" keineswegs die „Zuerkennung einer Unabhängigkeit von den seelischen Vorgängen im Individuum bedeute"; vgl. *Freud*, Massenpsychologie und Ich-Analyse (1921/24), in: *ders.*, Gesammelte Werke, Band XIII, 1999, S. 94 Anm. 2. Weiter *Reimann*, Einführung in den psychoanalytischen Diskurs der Gesellschaft, 2. Aufl., 1911, S. 29 ff. u. 37 ff.

[20] *Freud*, Totem und Tabu (1913), in: *ders.*, Gesammelte Werke, Band IX, 1999, S. 171 f. u. 188. Die besondere Leistung Freuds liege im Nachweis einer gemeinsamen seelischen „Wurzel" sowohl von religiöser als auch sozialer Bindung, betont *Kelsen* (Fn. 14), S. 134, und arbeitet selbst die Parallele von Gottes- und Staatsbegriff aus (ebd., S. 137 u. 139 ff.); dezidiert *Kelsen*, Gott und Staat, Logos XI (1922/23), S. 261 ff.; vertiefend *Walther*, Gott und Staat: Hans Kelsen und Carl Schmitt im Kampf um die Ent-(Re-)Mythologisierung des Staates, in: ders. (Hrsg.), Religion und Politik, 2004, S. 247 ff.

[21] *Freud* (Fn. 20), S. 42.

reklamierende, die Söhne zur sexuellen Abstinenz zwingende, aber dann von der Brüderschar erschlagene und verzehrte gewalttätige Vater wieder, übrigens stärker als je zu Lebzeiten, da die schuldbewussten und reuigen Abkömmlinge sich nun im Wege nachträglichen Gehorsams entsprechend den „verdrängten Wünschen des Ödipus-Komplexes" diejenigen Vorschriften selbst auferlegten, für die er mit seiner Existenz gestanden hatte.[22] Da keiner der Brüder als „Überstarker" die Vaterrolle einzunehmen verstand, forderte der Fortbestand der entwickelten sozialen „Organisation" geradezu das Inzestverbot, um die Auflösung des Brüderclans im hobbesianischen „Kampfe aller gegen alle" auf Grund claninterner sexueller Rivalitäten zu verhindern.[23] Insofern sieht *Freud* im totemistischen System einen auf Schutz und Fürsorge gerichteten „Vertrag mit dem Vater" wie sich denn auch die Brüder einander „das Leben zusichern" würden, um eine „Wiederholung des Vaterschicksals" auszuschließen.[24] In seiner Schrift „Massenpsychologie und Ich-Analyse" nennt *Freud* das Urhordentheorem im Anschluss an einen Kritiker zwar nur eine „just-so story", klassifiziert aber nichtsdestotrotz das Phänomen der „Masse", dem als Unterform auch die „Staatlichkeit" zugehöre, als ein „Wiederaufleben der Urhorde" mit dem „Führer" als „Urvater", der das „Massenideal" abgebe, das „an Stelle des Ichideals das Ich" beherrsche.[25] *Freuds* libidinöser Massenformel entsprechend, kommt es in der Masse zu einer gleichförmigen „Ersetzung des Ichideals durch das Objekt", primär ein Führer, ersatzweise aber auch eine „führende Idee", sowie infolgedessen zusätzlich zu einer „Identifizierung" mit den anderen „Massenindividuen".[26] Den libidinösen Kitt bilden dabei nicht „direkte Sexualziele", sondern „zielgehemmte", die wegen ihrer Sublimierung keiner „vollen Befriedigung" und „Abfuhr" zugänglich sind und gerade deshalb „so dauerhafte Bindungen der Menschen aneinander" ermöglichen.[27] Das Problem der Schrift ist ihr unklarer Massenbegriff, der lediglich ansatzweise eine Bestimmung und Abschichtung, namentlich der „hoch organisierten, dauerhaften, künstlichen Massen", erfährt.[28] Für *Kelsen* hingegen kann der Staat nicht einfach „Masse" sein, sondern stattdessen eine „führende Idee", ein „spezifischer Sinngehalt", aber ausgeformt gemäß einer „spezifisch rechtlichen Eigengesetzlichkeit", die

---

22 *Freud* (Fn. 20), S. 159, 171 u. 173.

23 *Freud* (Fn. 20), S. 174.

24 *Freud* (Fn. 20), S. 174 u. 174.

25 *Freud* (Fn. 19), S. 136 f., 142 u. 144.

26 *Freud* (Fn. 19), S. 103 f., 110, 128, 150 u. 160; es geht hiernach um eine „doppelte Art der Bindung" (ebd., S. 145).

27 *Freud* (Fn. 19), S. 113, 123, 127 u. 155 f.; direkte Sexualstrebungen erachtet Freud für die Massenbildung geradezu als „ungünstig" (ebd., S. 157).

28 *Freud* (Fn. 19), S. 101 u. 144; Freud betont grundsätzlich den Bedarf nach „Sonderung" und trifft anfangs eine Unterscheidung von Massen „kurzlebiger Art" sowie „stabilen Massen oder Vergesellschaftungen", d.h. „Institutionen der Gesellschaft" (ebd., S. 90).

sich dem psychisch-libidinösen Zugriffsschema entzieht.[29] Sind diese geistigen „Gedankenzusammenhänge“ und in objektiver „Soll-Geltung“ stehenden „Normenkomplexe“, die den Staat ausmachten, auch auf einer anderen Ebene als die sie „realisierenden, tragenden seelischen Prozesse“ angesiedelt, so bleiben letztere dennoch für die „Realisierung dieser Idee“, für die „soziale Bindung“ und entsprechende „Motivation“ von unerhörter Bedeutung.[30]

An *Thomas Hobbes*[31], vielleicht auch partiell an *Carl Schmitt*[32] erinnernde Momente finden sich in *Freuds* Studie „Die Zukunft einer Illusion“, die eingangs einen Kulturbegriff in Absetzung von animalischen Lebensbedingungen entwickelt, den sie mit einem nur schwer zu ertragenden „Naturzustand“ kontrastiert.[33] Da jede Kultur auf „Arbeitszwang und Triebverzicht“ beruhe, also ganz einschneidende „Triebopfer“ verlange, widerstrebe im Grunde jeder einzelne, durch „antisoziale und antikulturelle Tendenzen“ gekennzeichnete Mensch diesen das Zusammenleben ermöglichenden Zumutungen, weshalb es der „Institutionen“ und „Zwangsmittel“, aber auch der „Beherrschung der Masse durch eine Minderzahl“, also der „Führer“, bedürfe.[34] Trotz Verinnerlichung des äußeren Zwangs durch die „Erstarkung des Über-Ichs“, die Kulturgegner in Kulturträger verwandle, bleibe eine „latente“ Kulturfeindschaft, die namentlich bei den gesellschaftlich unterdrückten Klassen in eine „intensive Feindseligkeit gegen die Kultur“ münde.[35] Allerdings könne eine „narzisstische Befriedigung“ aus dem eigenen Kulturideal, wie es insbesondere die „Nationen“ ausbildeten, die Kulturfeindschaft kulturkreisintern dämpfen – so wie man zwar ein „geplagter Plebejer“ gewesen sei, aber dennoch ein andere Nationen beherrschender Römer.[36] Die dem Unbehagen, ja Unglück in der Kultur gewidmete Folgestudie betont auf der Grundlage der von *Freud* seit „Jenseits des Lustprinzips“ (1920) vertretenen zweiten Trieblehre die Opfer, die die Kultur

---

[29] *Kelsen* (Fn. 14), S. 123 f.

[30] *Kelsen* (Fn. 14), S. 123 f., 131 u. 134 f.

[31] *Waibl*, Gesellschaft und Kultur bei Hobbes und Freud, 1980; vgl. weiter *Roazen*, Politik und Gesellschaft bei Sigmund Freud, 1971, S. 162, u. *Brunner*, Psyche und Macht. Freud politisch lesen, 1995, S. 211 u. 214 ff., der eine auf vernünftige „Selbstkonzeption“ abhebende mit einer auf nachträglichen patriarchalischen Gehorsam gründenden Lesart des Gesellschaftsvertrages verbindet (ebd., S. 219 f.). Revolutionstheoretisch deutet *Vinnai*, Jesus und Ödipus, 1999, S. 226 ff., den Freudschen Vatermord und Brüderclan und stellt die Verbindung zur „im Namen der Brüderlichkeit“ erfolgten Französischen Revolution her.

[32] *Bendersky*, Schmitt and Freud. Anthropology, Enemies, and the State, in: Murswiek u.a. (Hrsg.), FS Quaritsch, 2000, S. 623 ff.; *Schöpf*, Freund und Feind: Das Destruktive und seine praktische Bewältigung, Psyche 58 (2004), S. 516 ff.

[33] *Freud*, Die Zukunft einer Illusion (1927), in: *ders.*, Gesammelte Werke, Band XIV, 1999, S. 326 u. 336.

[34] *Freud* (Fn. 33), S. 327 f. u. 331; die ältesten Triebverzichte richteten sich auf die Triebwünsche „des Inzests, des Kannibalismus und der Mordlust“ (ebd., S. 331 f.).

[35] *Freud* (Fn. 33), S. 332 f.

[36] *Freud* (Fn. 33), S. 334.

nicht nur der „Sexualität“ auferlegt, sondern eben auch der „Aggressionsneigung des Menschen“, die als Abkömmling des „Todestriebes“ und „ursprüngliche, selbständige Triebanlage des Menschen“ postuliert wird, in der die Kultur „ihr stärkstes Hindernis“ finde.[37] Darin liege auch der Grund für die „primären Feindseligkeiten der Menschen gegeneinander“ im Sinne des „homo homini lupus“, denen die Kultur nicht zuletzt im Interesse von „Sicherheit“ Schranken setzen müsse.[38] Die im „Kampf zwischen Eros und Tod“ stehende Kulturentwicklung umfasst deshalb die „sozialen Beziehungen“, darunter auch das in Form des „Staates“ ermöglichte „Zusammenleben“ auf Grund von „Recht“, welches als „Macht dieser Gemeinschaft“ der „Macht des Einzelnen“ gegenübertrete, die dann als „rohe Gewalt“ verurteilt werde.[39] Eine bedeutsame Verfeinerung der ödipalen Rechtsgenese liefert *Freud*, wenn er das Schuldbewusstsein des Brüderclans nicht unerklärlich aus der Ermordung des Urvaters hernimmt, sondern aus einer „uranfänglichen Gefühlsambivalenz“ der Söhne gegenüber dem ebenso geliebten wie gehassten Vater, d.h. einem „Ambivalenzkonflikt“ im Spannungsgefüge von Eros und Thanatos.[40] Einem „inneren erotischen Antrieb“ gehorchend, vereinigt der kulturelle Prozess die Menschen „zu einer innig verbundenen Masse“ unter steter Steigerung ihrer Schuldgefühle wie ihres Gewissens, indem die gegen den Vater gerichtete Aggression verinnerlicht wird, und steht dabei in der Gefahr, durch Überforderung des menschlichen Ichs „neurotisch“ zu werden.[41] Diese durchaus kulturkritischen Bemerkungen treten im Brief an *Albert Einstein* zum Thema „Warum Krieg“ vom September 1932 stark in den Hintergrund, heißt es dort, wir verdankten der kulturellen Entwicklung „das Beste, was wir geworden sind“, wenn auch unter gewissen Leiden.[42] Kultur steht dabei für eine triebzügelnde „Erstarkung des Intellekts“ wie eine gewissensbildende „Verinnerlichung des Aggressionstriebes“, beides Faktoren mit kriegshemmender Wirkung.[43] Erneut wird gegen den

---

[37] *Freud*, Das Unbehagen in der Kultur (1930), in: *ders.*, Gesammelte Werke, Band XIV, 1999, S. 474 u. 481.

[38] *Freud* (Fn. 37), S. 471 u. 474.

[39] *Freud* (Fn. 37), S. 454 f.; die kulturelle Entwicklung richte sich auf „Gerechtigkeit“, die Durchbrechungen der einmal statuierten Rechtsordnung „zugunsten eines Einzelnen“ verbiete, wie überhaupt auf eine Übersteigung der Anfänge in der „kleinen Gemeinschaft“ hin auf ein Recht, „zu dem alle [...] durch ihre Triebopfer beigetragen haben“ (ebd., S. 455).

[40] *Freud* (Fn. 37), S. 492.

[41] *Freud* (Fn. 37), S. 492 u. 503 ff.; die kulturelle Aggressionshemmung führe zu einer Introjektion der Aggression, wodurch sich das „Über-Ich“ als eine das sündige Ich peinigende Instanz aufrichte (ebd., S. 482 u. 484 f.); hierbei entfalte sich eine rasante Dynamik, weil sich das ursprüngliche Verhältnis, wonach das Gewissen Triebverzichte als Ursache bedinge, paradoxerweise umkehre und jeder Triebverzicht „nun eine dynamische Quelle“ des immer strengeren und intoleranteren Gewissens werde (ebd., S. 488).

[42] *Freud*, Warum Krieg? (1933), in: *ders.*, Gesammelte Werke, Band XVI, 1999, S. 25.

[43] *Freud* (Fn. 42), S. 26.

Aggressions- oder Destruktionstrieb der Eros ins Feld geführt, wobei diese beiden Triebe vielfältig legiert aufträten.[44] Wiederum geht es um die Gefühlsbindungen, die Gemeinschaften neben dem institutionalisierten „Zwang der Gewalt“ permanent zusammenhielten, und das „Zusammenleben auf demselben Boden“, das der „Organe“ und „Gesetze“ bedarf. Das aus roher Gewalt und als „Ausdruck der ungleichen Machtverhältnisse“ entstandene Recht befinde sich in einer „Rechtsunruhe“ und unterfalle den Anforderungen einer „Rechtsfortbildung“, insbesondere im Vordringen „vom ungleichen Recht zum gleichen Recht für alle“, notfalls durch Bürgerkrieg und Aufrichtung einer neuen Rechtsordnung. Die problemlösende Etablierung einer „Diktatur der Vernunft“, aber auch einer völkerrechtlichen „Zentralgewalt [...], welcher der Richtspruch in allen Interessenkonflikten übertragen wird“, erscheinen *Freud* utopisch oder zumindest gegenwärtig wenig aussichtsreich.[45]

Auch das im Todesjahr erscheinende Mosesbuch bekennt sich zum „Aufbau“ nach dem totemistischen Schema, sieht die Tötung des Urvaters nun aber mit weltgeschichtlicher Bedeutung wiederholt im „Mord an Moses“, der wohl ein vornehmer Ägypter und kein Jude gewesen sei.[46] Als die von Echnaton gegen erhebliche Widerstände in Ägypten eingeführte monotheistische Atonreligion nach dem Tod des Pharaos wieder hinweggefegt wurde, habe ihr Anhänger Moses die im Lande weilenden semitischen Stämme auserwählt, diese Religion fortzuführen, ein Übertragungsakt, wie ihn auch die übernommene Beschneidung dokumentiere. Ihr „gewaltiges Vatervorbild“ Moses hätten die von ihm in die Freiheit geführten armen, gleichwohl widerspenstigen „jüdischen Fronarbeiter“ in einem Aufstand gegen den „Tyrannen“ erschlagen, weil auch sie die neue Religion nicht dauerhaft zu goutieren vermochten.[47] Im Zuge einer Vereinigung mit verwandten Volksstämmen habe man dann die Verehrung des midianitischen Vulkangottes Jahve übernommen, auf die jedoch nach einer Phase der „Latenz“ auf Grund des Mordtraumas im Wege der „Wiederkehr des Verdrängten“ eine Überlagerung von Jahve durch den Gott Moses’ ebenso folgte wie die Verschmelzung des ägyptischen Moses mit einem Jahvepriester zur überlieferten Mosesgestalt.[48] Aus der Fülle der von *Freud* in diesem Zusammenhang entwickelten kulturhistorischen Thesen, die sich zum Teil zeitgenössischer religionsgeschichtlicher Vorarbeiten bedienten, überwiegend sich aber psychoanalytischer Konstruktion verdankten, besticht die Einpassung von

[44] Hierzu und zum Folgenden *Freud* (Fn. 42), S. 15 ff.

[45] *Freud* (Fn. 42), S. 18 u. 24.

[46] *Freud* (Fn. 18), S. 208 u. 240. Zur Genese dieses aus Vorabveröffentlichungen zusammengefügten „historischen Romans“ *Grubrich-Simitis*, Freuds Moses-Studie als Tagtraum, 2. Aufl., 2009, S. 19 ff.

[47] *Freud* (Fn. 18), S. 136, 149, 217 u. passim.

[48] *Freud* (Fn. 18), S. 141, 144, 152, 170 ff. u. 232 ff.

Moses und des Monotheismus in die große Erzählung vom übergroßen, nach seiner Ermordung zum Gott erhobenen Urvater. So gesehen brachte Moses mit der monotheistischen Idee dem Volke „nichts Neues", sondern lediglich eine „Wiederbelebung eines Erlebnisses aus den Urzeiten der menschlichen Familie", unbewusst transportiert als „archaische Erbschaft", letztlich von „phylogenetischer Herkunft".[49] Das durchaus ambivalente Vaterverhältnis stifte die ursprünglichen Verbote wie das uranfänglich Heilige der Religion.[50] *Freuds* Zentrierung auf den Vater äußert sich zudem in dem „Kulturfortschritt", den er mit der „Wendung von der Mutter zum Vater", mit der Ablösung der in der Zeit der Brüderclans aufgekommenen matriarchalischen Gesellschaftsordnungen durch den „Sieg des Vaterrechts" verbunden sieht.[51] Hierin liege zugleich ein „Sieg der Geistigkeit über die Sinnlichkeit", weil sich die Vaterschaft nicht wie die Mutterschaft durch das „Zeugnis der Sinne" erschließe, sondern eines Schlusses bedürfe – ein „Fortschritt" und „Triumph der Geistigkeit", wie er sich auch im mosaischen Verbot, sich von Gott ein Bild zu machen, als Abstraktionsleistung und „Entmaterialisierung Gottes" zeige.[52]

Die gegen *Freuds* Rekonstruktion der von ihm sog. „historischen Wahrheit" erhobenen ägyptologischen, religionsgeschichtlichen, entwicklungspsychologischen, feministischen und schließlich sozialtheoretischen Einwände[53] entfal-

---

[49] *Freud* (Fn. 18), S. 204 ff. u. 238; die Vorstellung eines kollektiven Unbewussten lehnte Freud hingegen entschieden ab (ebd., S. 241). Dabei sei es für den „Mythenschöpfer" Freud unerheblich gewesen, ob der Urvater oder Moses „de facto erschlagen" worden sei, weil für die Traumatisierung die „Tötungsabsicht" hinreiche, äußert *Assmann*, Religion und kulturelles Gedächtnis, 2000, S. 65 ff.; dass Freud das „Faktische" so „immer schon als Sekundärprozeß" fasst, ausgehend von einer „Urgeschichte", „Urtrieben", „Urphantasien" und eben einem „Urvatermord", betonen *Pohlen/Bautz-Holzherr*, Eine andere Aufklärung, 1991, S. 176. Die These, Freud habe die Moses-Studie selbst aus nachträglichem Gehorsam seinem eigenen Vater gegenüber verfasst, vertritt *Yerushalmi*, Freuds Moses. Endliches und unendliches Judentum, 1999, S. 117.

[50] Beides erscheint als Fortsetzung des väterlichen Willens; vgl. *Freud* (Fn. 18), S. 229 f.; entsprechend schichtet Freud das Verbot, das Totem zu töten, sowie das Inzestverbot von den später hinzutretenden „sozialen" Vorschriften ab, die sich aus der Notwendigkeit ergäben, die einzelnen Rechte von Individuen und Gemeinschaft voneinander abzugrenzen (ebd., S. 227 u. 230). Die Ambivalenz gegenüber dem Vater finde sich auch in der doppelten Bedeutung von „sacer", zum einen „heilig" und „geweiht", zum anderen „verrucht" und „verabscheuenswert", wieder (ebd., S. 230); hierzu auch *Agamben*, Homo sacer, 2002, S. 89 u. passim.

[51] *Freud* (Fn. 18), S. 221 u. 226.

[52] *Freud* (Fn. 18), S. 219 ff.

[53] Die einschlägigen Disziplinen hätten das Werk „eher peinlich berührt entgegengenommen", schreibt *Schäfer*, Der Triumph der reinen Geistigkeit, 2003, S. 9. Dass es sich nicht um die „klügsten und bestbegründeten" Ideen im Freudschen Werk handelt, stellt *Edmundson*, Sigmund Freud. Das Vermächtnis der letzten Jahre, 2009, S. 214, heraus. Gleichwohl würdigt *Assmann*, Moses der Ägypter. Entzifferung einer Gedächtnisspur, 2000, S. 219 u. 233 ff., das Werk als Leistung auf dem „Gebiet mnemohistorischer Forschung", der „Psychohistorie", namentlich zur Aufhellung der Strukturen von „Schuld, Gedächtnis und Verdrängung"; aus

len nicht schon deswegen, weil er selbst nur eine „gewisse Wahrscheinlichkeit" für seinen „historischen Roman" reklamierte[54] und mit seiner „ethnologischen Posse"[55] vorgeblich den „ursprünglichen Sinn des Totemismus aus seinen infantilen Spuren zu erraten" suchte.[56] Wie fiktiv, narrativ und mythologisch auch immer,[57] *Freuds* Metapsychologie gründet das ontogenetische ödipale Geschehen über einen bereits zeitgenössisch überholten Lamarckismus[58] auf ein phylogenetisches Erbe patriarchalischer Färbung aus der menschheitsgeschichtlichen Vorzeit.[59] Eine Ablösung sowohl von der „phylogenetischen Matrize" als auch von den „empirischen Akzidenzien" des Ödipuskomplexes findet sich bei *Jacques Lacan*, der damit auch den Vorhalt einer kulturspezifischen Genese der Freudschen Theorie zu entkräften vermochte.[60] Ihm zufolge entsteht das genuin Menschliche aus der Einbettung in symbolische Ordnungen, nicht zuletzt in die des Rechts.

---

fachlichgeschichtlicher Sicht auch *Jánosi*, Die Ägyptologie und „Moses, der Ägypter", in: List (Hrsg.), Der Mann Moses und die Stimme des Intellekts, 2008, S. 29 ff., der die disziplinäre Begrenzung reiner Geschichtsforschung gegenüber „Erinnerungsfiguren" herausstellt (ebd., S. 54). Zur Generalkritik der ödipalen Theorie im Sinne einer Vorwegnahme gesellschaftlicher Autoritätsstrukturen in der „familialen Situation" *Horkheimer*, Autorität und Familie, in: *ders.*, Gesammelte Schriften, Band 3, 1988, S. 390; zur Gefahr einer „objektivistischen Geschichtskonstruktion [...], die Freud hinter die von Marx erreichte Reflexionsstufe zurückführt" *Habermas*, Erkenntnis und Interesse, 6. Aufl., 1981, S. 346; zur Verbindung von Psychoanalyse und Kapitalismus *Deleuze/Guattari*, Anti-Ödipus, 6. Aufl., 1992, S. 389 ff. u. passim. Feministische Kritik des Freudschen Patriarchalismus u.a. bei *Benjamin*, Der Schatten des Anderen, 2002, S. 50 ff. u. passim.

[54] *Freud* (Fn. 18), S. 236 ff.; eine Erstfassung aus dem Jahr 1934 trug den Titel „Der Mann Moses. Ein historischer Roman"; hierzu *Bernstein*, Freud und das Vermächtnis des Moses, 2003, S. 108 ff.

[55] So *Manow*, Politische Ursprungsphantasien. Der Leviathan und sein Erbe, 2011, S. 36 m.w.Nw.

[56] *Freud* (Fn. 20), S. 4.

[57] Zur Gretchenfrage „Glaubte er daran oder nicht" *Derrida*, Vor dem Gesetz, 3. Aufl., 2005, S. 56.

[58] Zur Frage einer Verbindung von lamarkistischer Insistenz und Judentum *Derrida*, Dem Archiv verschrieben. Eine Freudsche Impression, 1997, S. 62 f., Anm., m.w.Nw.; *Hamburger*, Das Motiv der Urhorde. Erbliche oder erlebte Erfahrung in Totum und Tabu, in: Gutjahr (Hrsg.), Kulturtheorie, 2005, S. 80: Lamarckismus als „Reaktion auf den Antisemitismus".

[59] *Widmer*, Subversion des Begehrens, 1997, S. 106 ff.

[60] Hierzu *Lang*, Die Sprache und das Unbewusste. Jacques Lacans Grundlegung der Psychoanalyse, 1986, S. 210 ff.; von einem „linguistic turn Lacans" spricht *Verweyst*, Das Begehren der Anerkennung, 2000, S. 343.

III. Der Diskurs des Herrn

Wenn für *Lacan* das „Symbol die menschliche Realität konstituiert"[61] und so den Mensch „zum Menschen gemacht hat"[62], dann verweist dies auf eine uranfängliche Bedeutung der Sprache, die von außen ab ovo auf einen jeden einwirkt und ihn bis auf die Ebene des unbewussten Begehrens strukturiert und formt.[63] Insofern gilt, „das Unbewusste ist der Diskurs des Anderen"[64], einhergehend mit einer Entfremdung von sich selbst, einer Unterwerfung und Subjektivität im wörtlichen Sinne. Das nicht mit dem bewussten Ich zu verwechselnde unbewusste Subjekt erscheint als ein linguistischer Effekt, von *Lacan* definiert als das, was ein „Signifikant repräsentiert" und zwar ausschließlich „für einen anderen Signifikanten".[65] Aufgrund der „Subjektkonstitution auf dem Feld des Andern", auf dem der Signifikant „zuerst" erscheint,[66] vermag sich das Subjekt selbst nie vollständig einzuholen und zu bestimmen, sondern bleibt gespalten in das Subjekt des Sprechaktes und das Subjekt der Aussage.[67] Zu den elementaren Einbindungen der Subjektivität rechnen namentlich die „Verwandtschaftsstrukturen", an denen das Subjekt unbewusst teilhat, ausgeformt in den jeder Gemeinschaft zugrunde liegenden „Verwandtschaftsregeln" und dem Gesetz der „Verwandtschaftsnamen".[68] Das die Natur überlagernde „Reich der Kultur" entsteht hiernach erst durch die „Regelung von Verwandtschaftsbeziehungen" und zwar in Form einer „sprachlichen Ordnung", einer „sprachlichen Benennung von Verwandtschaftsgraden", die ein „System von Präferenzen und Tabus" institutiona-

---

[61] *Lacan*, Das Symbolische, das Imaginäre und das Reale (1953), in: *ders.*, Namen-des-Vaters, 2006, S. 53. Zur späteren Überholung der Prävalenz der symbolischen Ordnung im Übergang zum nicht symbolisierbaren Realen vgl. *Waltz*, Ethik der Welt – Ethik des Realen, in: Gondek u.a. (Hrsg.), Jacques Lacan – Wege zu seinem Werk, 2001, S. 97 ff.; zur Werkentwicklung insbesondere *Roudinesco*, Jacques Lacan, 2011, S. 199 ff.

[62] *Lacan*, Funktion und Feld des Sprechens und der Sprache in der Psychoanalyse (1953), in: *ders.*, Schriften I, 2. Aufl., 1986, S. 117; Lacan geht insoweit von einem „universellen menschlichen Merkmal" aus, wie *Lipowatz*, Der „Fortschritt in der Geistigkeit" und der „Tod Gottes", 2005, S. 15, herausstellt.

[63] Da das Unbewusste wie eine Sprache strukturiert sei, fasst Lacan die Psychoanalyse anklingend an Martin Heidegger als die „Wissenschaft der vom Subjekt bewohnten Sprache"; vgl. *ders.*, Die Psychosen (1955/56). Das Seminar. Buch III, 1997, S. 288, wo er zuvor ausführt, der „Mensch wird tatsächlich vom Diskurs des Gesetzes besessen, und mit ihm züchtigt er sich" (ebd., S. 287).

[64] *Lacan*, Über eine Frage, die jeder möglichen Behandlung der Psychose vorausgeht (1957/8), in: *ders.*, Schriften II, 2. Aufl., 1986, S. 81.

[65] *Lacan*, Die Stellung des Unbewussten (1960/4), in: *ders.*, Schriften II, 2. Aufl., 1986, S. 213.

[66] *Lacan*, Die vier Grundbegriffe der Psychoanalyse (1964). Das Seminar. Buch XI, 4. Aufl., 1996, S. 215 u. 219.

[67] Im einzelnen *Fink*, Das Lacan'sche Subjekt, 2. Aufl., 2011, S. 61 ff.

[68] *Lacan* (Fn. 62), S. 117 f., unter Berufung auf Claude Lévi-Strauss u. im Fortgang auch Marcel Mauss.

lisiert.[69] Die „Grundlage der Symbolfunktion" soll hierbei im „Namen des Vaters" liegen, dessen Person „seit Anbruch der historischen Zeit [...] mit der Figur des Gesetzes identifiziert" werde.[70] *Lacan*, der den „Namen-des-Vaters" gerade in seiner „signifikanten Funktion" bemüht, entlarvt den Urvatermord als einen „Mythos"[71] *Freuds*, d.h. eine als petitio principii widerlegte Konstruktion.[72]

Für *Lacan* ist es die Mutter, die dem „Namen-des-Vaters bei der Errichtung des Gesetzes" Platz und Bedeutung einräumt,[73] entlässt sie das Kind doch in seinem Namen aus ihrem Schoß.[74] Ihr über den phallischen Signifikanten symbolisiertes Begehren des Anderen zersetzt das kindlich imaginierte Einssein mit der Mutter und zeigt einen „Mangel" auf ihrer Seite, den das Kind unmöglich auszufüllen vermag,[75] was zugleich den phantasmatischen Gehalt inzestuöser Wünsche vollkommener Erfüllung demonstriert. Insofern erscheint *Freuds* mit Kastrationsdrohung belegtes Inzestverbot tendenziell unnötig, da es einem ohnehin verlorenen Objekt des Begehrens gilt.[76] Vorgängig erkennt *Lacan* in der Errichtung des phallischen Signifikanten eine symbolische Kastration, die mit dem Namen-des-Vaters die symbolische Ordnung einführt, die Mutter-Kind-Dyade trianguliert und damit überhaupt erst Subjektivität konstituiert. Vaterschaft bezeichnet hierbei eine jenseits verbietender und drohender leiblicher Väter angesiedelte Funktion. Das Freudsche Inzestverbot birgt nun die Gefahr, die Wahrheit des prinzipiell nicht zu befriedigenden unbewussten Begehrens zu verdrängen, da es die Möglichkeit eröffnet, sich in einen Rivalitätskonflikt mit dem Vater zu stürzen, als ob nur sein Verbot das ersehnte unbegrenzte Genießen verhindere.[77] In diesem Sinne äußert *Lacan*, dass es „im

---

[69] *Lacan* (Fn. 62), S. 118.

[70] *Lacan* (Fn. 62), S. 119; hieraus ergibt sich eine gewisse Berührung mit *Legendre*, Das Verbrechen des Gefreiten Lortie. Abhandlung über den Vater, 1989, S. 31 ff. u. passim, der die Legal- und Herrschaftsordnung im Unbewussten zentral auf väterliche Triangulierung und Filiation gründet; vgl. weiter *ders.*, The Other Dimension of Law, Cardozo Law Review 16 (1995), S. 943 ff.; *Goodrich*, Oedipus Lex, 1995, S. 184, Anm. 8, bezeichnet Legendre zwar als „the Lacanian lawyer", was jedoch die im Vergleich zu Lacan dominantere Platzierung des Rechts nicht übersehen lassen darf; zur Differenz beider *Häußler*, Psychoanalytische Rechtstheorien, in: Buckel u.a. (Hrsg.), Neue Theorien des Rechts, 2. Aufl., 2009, S. 316 f. m.w.Nw.

[71] *Lacan*, Die Ethik der Psychoanalyse (1959/60). Das Seminar. Buch VII, 1996, S. 175 f., 215 u. 218 f.; in diesem Seminar rekurriert Lacan mehrfach auf Hegels Philosophie des Rechts; vgl. ebd., insbes. S. 130 f. u. 252, die ihm auf Grund der dort in der objektiven Sphäre des Staates entfalteten (Inter)Subjektivität näher steht als vernunftrechtliche Vorstellungen autonomer Individualität.

[72] *Lacan*, Die Familie (1938), in: *ders.*, Schriften III, 1986, S. 66.

[73] *Lacan* (Fn. 64), S. 112.

[74] *Widmer* (Fn. 59), S. 113; in diesem Sinne sei das Inzestverbot primär an die Mutter gerichtet (ebd.).

[75] *Lacan*, Die Bedeutung des Phallus (1958), in: *ders.*, Schriften II, 1986, S. 126 f. u. 129 f.

[76] Hierzu und zum Folgenden *Juranville*, Lacan und die Philosophie, 1990, S. 256 sowie S. 247 ff. u. 254 ff.

[77] Neben der Gefahr einer solchen neurotischen, die Kastration verdrängenden Ausle-

Grunde bequemer ist, dem Verbot zu folgen, als die Gefahr der Kastration zu laufen" und dass die Verbotsübertretung überhaupt erst einen „Genuß" ermöglicht, also „das Gesetz genau dazu dient."[78] Kurzum, das Verbot bedarf keiner ur- und erbgeschichtlichen Etablierung, denn es wird „nicht so sehr gefürchtet als vielmehr begehrt", weil es Möglichkeiten der Sinnstiftung, wie illusionär auch immer, eröffnet.[79]

Die vorgängigen Strukturen von Subjektivität und Sozialität hat *Lacan* mittels sog. Matheme in einem Modell von vier miteinander auf einem Möbiusband verschlungenen Diskursen illustriert, die durch vier konstante Positionen (das Agens, „der andere", die Wahrheit, die Produktion) gekennzeichnet sind, die jeweils von vier rotierenden Termen (Herrensignifikant, Wissen, Subjekt, Mehrgenießen) eingenommen werden.[80] Während der „Diskurs des Herrn" im wesentlichen Macht verhandelt, geht es im „Diskurs der Universität" um Rationalisierung und Wissen, im „Diskurs der Hysterikerin" wesentlich um Zweifel, Kritik und insofern auch Wissenschaft und schließlich im „Diskurs des Analytikers" um Aufklärung.[81] Eine spezifische Nähe zu Recht und Politik weist folglich der „Diskurs des Herrn" auf, in dessen Matrix der Herrensignifikant und damit der „Name-des-Vaters" die zentrale Position des „Agens" einnimmt,[82] einhergehend mit der Anordnung umfassender Unterwerfung unter das Gesetz, das „exklusive Totalität" beansprucht.[83] Indem das Wissen die Position

gung des Gesetzes sieht *Juranville* (Fn. 76), S. 264 ff., die Missdeutung einer ebenfalls auf Umgehung der symbolischen Kastration zielenden perversen, auf unbeschränkten Genuss gerichteten Auslegung. In den Menschenrechten lokalisiert *Lacan*, Kant mit Sade, in: *ders.*, Schriften II, 3. Aufl., 1991, S. 154 f., die Freiheit, letztlich zu sterben, d.h. „vergeblich zu begehren, denn was nützt es schon?" Zur Unmöglichkeit des „absoluten Geniessens" auch *Lipowatz*, Das Ethische und das Politische vom Standpunkt der Psychoanalyse, in: Widmer (Hrsg.), Riss 10 (1995), S. 18.

[78] *Lacan* (Fn. 71), S. 215 u. 365; zur Konstituierung des Begehrens durch das Gesetz *Lipowatz*, Die Verleugnung des Politischen, 1986, S. 124, womit das „Gesetz geradezu zur transzendentalen Bedingung der Möglichkeit des Begehrens" wird, wie *Bernet*, Subjekt und Gesetz in der Ethik von Kant und Lacan, in: Gondek/Widmer (Hrsg.), Ethik und Psychoanalyse, 1994, S. 27, schreibt.

[79] *Widmer* (Fn. 59), S. 121.

[80] *Lacan*, Encore (1972–73). Das Seminar. Buch XX, 2. Aufl., 1991, S. 21, wo am Beispiel des Nießbrauchs die tiefe Verbindung von „Recht und Genuß" sinnfällig gemacht und das „Wesen des Rechts" dahingehend bestimmt wird, den Genuss „aufzuteilen, zu verteilen, umzuverteilen" (ebd., S. 8). Zur Verknüpfung der Register des Symbolischen, Imaginären und Realen mittels der topologischen Figur des Borromäischen Knotens in Lacans Spätwerk vgl. *Widmer* (Fn. 59), S. 153 m.w.Nw.; entsprechend erscheint der Vater bei Lacan sowohl im Symbolischen, im Realen als auch im Imaginären; hierzu *Julien*, Die drei Dimensionen der Vaterschaft in der Psychoanalyse, in: Seifert (Hrsg.), Perversion der Philosophie, 1992, S. 168 ff.

[81] Übersicht bei *Fink* (Fn. 67), S. 173 ff., u. *Widmer* (Fn. 59), S. 135 ff.

[82] *Schulte*, Das Gesetz des Unbewussten im Rechtsdiskurs: Grundlinien einer psychoanalytischen Rechtstheorie nach Freud und Lacan, 2010, S. 191, 194 u. 198 f.; dabei befiehlt der Agent dem anderen die Realisierung eines Über-Ich-Ideals (ebd., S. 195).

[83] *Juranville* (Fn. 76), S. 441.

des Adressaten einnimmt, rekurriert *Lacan* auf die Hegelsche Dialektik von Herr und Knecht, der zufolge der Knecht vice versa den Herrn mittels seines Wissens beherrscht, welches dieser jedoch glaubt ignorieren zu können – wie übrigens auch dessen Autorität von der Anerkennung des Knechts abhängt, die dem Herrn jedoch deswegen nichts bedeutet, weil sie nur von einem Knecht kommt. Die Position der Wahrheit besetzt im Herrschaftsdiskurs das infolge der symbolischen Kastration gespaltene Subjekt des Herrn, der allerdings diesen Mangel verleugnet, weshalb auf der Seite des Knechts mit dem Mehrgenuss ein Diskursprodukt auftaucht, das diesen Mangel phantasmatisch zu kompensieren sucht, darin steigerbar in sprachlicher Anlehnung an den Marxschen Mehrwert.[84] Die Befehlsbeziehung zwischen Agenten und Anderem belegt *Lacan* deswegen mit dem Prädikat der „Unmöglichkeit", weil sie auf einem Täuschungsmanöver beruht, das sowohl die Schwäche des Herrn als auch die „vollständige Leere" seiner Normgehalte verschleiert, die sich jedenfalls in diesem Diskurs nicht aus Vernunftgründen zu rechtfertigen vermögen.[85] Hierin liegt eine Nähe zur rechtspositivistischen Prätention, die sich etwa bei *Kelsen* nur noch in einer fiktiven Grundnorm abzustützen vermag.[86] Der Grundnormfiktion entspricht insofern bei *Lacan* der phantasmatische Status des Herrschaftsdiskurses, der die Macht- oder Gewaltbasis der Rechtsbeziehung verhüllt.[87]

IV. Die dunkle Unterseite des Rechts

Den ebenso konstitutionellen wie inhaltlich leeren Status des Lacanschen Herren-Signifikanten hat *Slavoj Žižek* mit dem Dezisionismus eines *Schmitt* in Verbindung gebracht, demzufolge die positiven Gesetzesnormen von einem „abgründigen Akt der Gewalt (der gewaltsamen Auferlegung)" abhängen, der „in sich selbst" gründe und als „Entscheidung" zwischen abstrakter Normenordnung und gesellschaftlicher Lebenswirklichkeit vermittle.[88] Der Moderne

---

[84] Der Anerkennung verleihende Genuss der „überschüssigen jouissance" erfolgt dabei auf Seiten des Anderen, während auf Seiten des Herrn das Begehren samt seiner Ursache der Verdrängung anheimfällt; vgl. *Schulte* (Fn. 82), S. 195 ff.

[85] *Schulte* (Fn. 82), S. 198 ff.

[86] Kelsens Ermächtigungsketten basieren auf einer „Blankett-Norm" und arbeiten mit „Leer-Formen"; vgl. *Kelsen*, Allgemeine Theorien der Normen, 1979, S. 210; zur Theorieentwicklung *Pauly*, Grundnormkonzept und Kantianismus bei Hans Kelsen, Rechtsphilosophische Hefte VI (1996), S. 99 ff.

[87] Hinter dem positiven Recht „steckt" für *Kelsen*, Aussprache, VVDStRL 3 (1927), S. 54 f., „das Gorgonenhaupt der Macht"; entsprechend unter Verweis auf Žižek auch *Schulte* (Fn. 82), S. 200, der zudem sowohl die Kohärenzfunktion der Grundnorm bei Kelsen als auch die Konsistenzsuggestion im Herrschaftsdiskurs bei Lacan herausstellt (ebd., S. 35 f. u. 198).

[88] *Žižek*, Die Tücke des Subjekts, S. 2001, S. 160, was die liberaldemokratische „Gründung des Politischen in irgendeiner vorausgesetzten Menge neutral-allgemeiner Normen", vorgeblich auch „à la Kelsen", verkenne.

verpflichtet und insoweit auf den Spuren von *Hobbes* trenne *Schmitt* die freie Entscheidung von ihrem konkreten Inhalt, d.h. das vorausgehende „Dass-Sein der Ordnung" von ihrem nachfolgenden „Was-Sein".[89] Die aus dem normativen Nichts hervorgehende Entscheidung untersteht der Logik der Ausnahme, in der sich das normative Diktat mit der „reinen Kontingenz" verbindet.[90] Angesichts dieses genuinen Legitimitätsmangels, den die Fiktion der Kelsenschen Grundnorm übrigens eher zu enthüllen als zu beheben beansprucht, zieht das unvollständige, „leer-formale öffentliche Recht" die Begleitung eines ungeschriebenen, dunklen, obszönen nächtlichen Gesetzes auf sich.[91] Auch das kantische Verbot, über den Ursprung der Legalordnung und legitimer Staatsgewalt zu vernünfteln, verweise auf eine „obszöne Unterseite"[92], die „hinter" der scheinbar neutralen Gesetzesordnung hervortrete, die durch die „irrationale Autorität" des „autoreferentiellen" leeren Herren-Signifikanten gestiftet werde.[93] Hiernach erscheint das Gesetz als „universalisiertes Verbrechen", verhüllt nur in der abstrakten Entgegensetzung von Gesetz und Verbrechen, aber dann enthüllt als die „verborgene Wahrheit" und „versteckte Kehrseite".[94] Die Spaltung des Rechts in das „geschriebene öffentliche Gesetz" einerseits und das „ungeschriebene obszöne Geheimgesetz" andererseits führt *Žižek* auf ein Ungenügen der öffentlichen Regeln hin, alle Normunterworfenen zu einer wahrhaften Identifikation mit dem „Geist der Gemeinschaft" zu bewegen, d.h. die Ergänzung durch ungeschriebene, durchaus die öffentlichen Regeln verletzende Gesetze erscheint im Hinblick auf diejenigen unerlässlich, „die sich – obwohl sie gegen kein öffentliches Gesetz verstoßen – eine Art innerer Distanz bewahren".[95] Beispiele lieferten der Terror der „Nazi-Gemeinschaft" wie des Klu-Klux-Klans, aber auch der „Code-Red" in der filmischen Verarbeitung durch

---

[89] *Žižek* (Fn. 88), S. 160 ff.; bei Kant erzeuge das „Dass-Sein" des Sittengesetzes einen „unerträglichen Druck" angesichts der Unbestimmbarkeit und Offenheit seines Inhalts („Was-Sein") und begründe so eine Schuld a priori, ohne dass man wissen könne, worin sie besteht (ebd., S. 508 ff.). Verfolge das Subjekt bei Michel Foucault sein „ethisches Projekt" ohne universalgesetzliche „Rückendeckung", so müsse in der Perspektive Lacans „der Platz des Gesetzes selbst leer bleiben", und verhindere ein „selbstreferentielles Verbot" es, „für irgendein Repertoire gegebener Normen den Status *des* Gesetzes zu beanspruchen" (ebd., S. 510). Foucault hält die Begründung einer „Ethik des Selbst" zwar im Kontext der Gouvernementalität für eine „politisch unabdingbare Aufgabe", sieht aber gleichwohl deren Schwierigkeiten, vielleicht sogar „Unmöglichkeit"; vgl. *Foucault*, Hermeneutik des Subjekts, 2004, S. 313 f.

[90] *Žižek* (Fn. 88), S. 161; insofern sei der „obszöne Exzeß" eine „notwendige Konstituente des Souveränitätsbegriffs (dessen Signifikant der Herren-Signifikant ist)"; vgl. *Žižek*, Parallaxe, 2006, S. 377.

[91] *Žižek*, Die Metastasen des Geniessens, 2. Aufl., 2008, S. 145 u. 187; *Finkelde*, Slavoj Žižek zwischen Lacan und Hegel, 2009, S. 65.

[92] Treffend *Finkelde* (Fn. 91), S. 71.

[93] *Žižek*, Denn sie wissen nicht, was sie tun, 2. Aufl., 2008, S. 244 u. 246 f.

[94] *Žižek* (Fn. 93), S. 45.

[95] *Žižek* (Fn. 91), S. 146.

Rob Reiners „A Few Good Men".[96] In dieser „Fundierung des Rechts" mittels expliziter Gesetzesüberschreitungen, die nächtlichen Gesetzen folgen, mag man die „radikalste Dimension des Rechts" erblicken.[97] Die klassische politische Theorie verleugnet *Žižek* zufolge diese Kehrseite des Rechts, den verbrecherischen Gewaltakt am Anfang jeden Rechts,[98] der sich auf Grund der vergifteten Wurzel perpetuiert.

Die Aufspaltung in das reine, symbolische, öffentliche Gesetz auf der einen und das obszöne Gesetz auf der anderen Seite zielt bei *Žižek* keineswegs auf eine isolative Entgegensetzung beider, sondern geht von einer uranfänglichen wechselseitigen Durchdringung aus, weil es zu den fundamentalen psychoanalytischen Lektionen gehöre, "that there is no Law without superego".[99] Das grausame Über-Ich bildet hiernach "the shadowy supplement to the 'pure' symbolic Law which provides its necessary phantasmic support."[100] Das Über-Ich genießt als „obszöne ‚extime' Instanz" die „Selbstpeinigung" durch unmöglich zu erfüllende Vorgaben, eine perverse Verkehrung des „Ich-Ideals", wie sie auch in der kafkaschen Bürokratie begegne.[101] In der gewaltsamen Errichtung der Rechtsordnung überlagert sich das „gesellschaftskonstituierende" Gesetz des symbolischen Vaters mit dem unersättlichen Genießen des toten Urvaters, der bildlich gesprochen auch auf dem „Grund unserer Rechtsordnung" liegt.[102] Auch für den Rechtsstaat gilt: "public law draws the 'energy' for the pressure it exerts on the subject from the very enjoyment of which it deprives him by acting as an agency of prohibition."[103] Das öffentliche Gesetz, das im Freudschen Brüderclan als „Instanz des Verbots" das Genießen im Rahmen der „symbolischen Kastration" begrenzt und verteilt, geht notwendig einher mit einer zwanghaften Internalisierung, die das „erlaubte Genießen" schmerzhaft in einen „Zwang zu genießen verkehrt" und damit letztlich verhindert.[104] Die Unterwerfung unter seine Imperative belohnt das „Über-Ich" nicht im Wege einer Erlösung, sondern es steigert stattdessen wie ein „Erpresser" nur noch mehr den „Druck, den es auf das Subjekt ausübt", weil dieses durch „Tribut" und „Opfer" sein eigentliches Begehren korrumpiert hat.[105] Entsprechend dieser masochistischen

[96] *Žižek* (Fn. 91), S. 145 ff., zu den harmlosen Varianten zählen die „karnevalesken Verkehrungen der Autorität" in patriarchalischen Gesellschaften (ebd., S. 146).

[97] *Schulte* (Fn. 82), S. 172.

[98] *Žižek*, The Limits of the Semiotic Approach to Psychoanalysis, in: Feldstein/Sussmann (Hrsg.), Psychoanalysis and ..., 1990, S. 95.

[99] *Žižek*, The Plague of Fantasies, 2008, S. 306 Anm. 28.

[100] *Žižek* (Fn. 99); vgl. auch *ders.*, Why Does the Law Need an Obscene Supplement?, in: Goodrich/Carlson (Hrsg.), Law And The Postmodern Mind, 1998, S. 75 ff.

[101] *Žižek* (Fn. 93), S. 252, u. *ders.* (Fn. 91), S. 157.

[102] *Schulte* (Fn. 82), S. 170 f.

[103] *Žižek*, Looking Awry, 1991, S. 159.

[104] *Žižek* (Fn. 93), S. 252.

[105] *Žižek* (Fn. 91), S. 155.

Kehrseite des öffentlichen Gesetzes existiert ein „jouissance-genährtes Wir-Gefühl“, das ebenso empfindlich wie aggressiv auf krisenhafte Bedrohungen der Rechtsordnung reagiert, was auch das „Recht“ einschließt, zur Erhaltung und Rettung des Gesetzes eben dieses zu überschreiten.[106] Überhaupt kann der Genusskitzel sogar dem Überschreiten von Verboten gelten, weil und womit „unsere Lust eine bestimmte Unlust miteinschließt“.[107] Darin liegt für *Žižek* auch eine Komplizierung gegenüber jedem utilitaristischen gesellschaftsvertraglichen Kalkül, das von einem definierten und nur noch zu kanalisierenden Egoismus ausgeht.[108]

Die endogene Kontamination des öffentlichen Gesetzes, die als notwendige Begleiterscheinung psychoanalytische Rechts- und Verfassungsvoraussetzungen berührt, entwertet für *Žižek* keineswegs die äußere Gesetzgebung. Vielmehr erscheinen diese kontingenten gesellschaftlichen Normen geradezu notwendig, um das Subjekt von der inneren „Selbstpeinigung“ zu entlasten, die von den „Amok“ laufenden inneren Gewissensnormen ausgehen – eine bemerkenswerte Umkehrung der geläufigen Kontrastierung von äußerer Gesetzgebung und moralischer Innerlichkeit.[109] In diesem Sinne will auch *Lacan* verstanden sein, wenn er in Kontradiktion zu *Fjodor M. Dostojewskis* „Wenn Gott nicht existiert, ist alles erlaubt“ formuliert „Dieu est mort, plus rien n'est permis“.[110] Hiervon ausgehend entwirft *Žižek* eine Totalitarismustheorie, die auf einen „Kurzschluß“ von diktatorischem inneren und äußerem Gesetz abhebt, statt wie üblich auf die totalitäre Vereinnahmung und Zurückdrängung der inneren Gesetzgebung und Autonomie abzustellen.[111] Die durchschaubare Kontingenz

---

[106] *Finkelde* (Fn. 91), S. 66; hierher gehören auch die Neid- und Hohnreaktionen gegenüber einem Mehrgenuss Anderer, insbesondere bei Verstößen gegen die den Genuss verteilende und regulierende Gemeinschaftsordnung, ggf. sogar auf „meine“ Kosten (ebd., S. 58 f., 61 f. u. 66). Insofern beruht das „soziale Band“ entscheidend auf einem „pervers-transgressiven Genießen, welches den Imperativen des Über-Ichs folgt“, so *Schulte* (Fn. 82), S. 173.

[107] *Žižek* (Fn. 93), S. 251.

[108] *Žižek* (Fn. 107).

[109] *Žižek* (Fn. 93), S. 252. Zu einer „Über-Ichisierung“ infolge des Verblassens der väterlichen Autorität und zur „Antinomie der postmodernen Individualität“, die mit dem Befehl, sei „du selbst“, zu einer „simplen Leere der Idiotie“ aufrufe, vgl. *ders.* (Fn. 88), S. 512 f. u. 520. Angesichts der Aussichtslosigkeit einer Rückkehr „zur ödipalen symbolischen Autorität“ plädiert Žižek für eine Störung des Phantasmas im Wege eines das Reale enthüllenden authentischen Akts (ebd., S. 522); hierzu *Aylesworth*, Der Terror und das Versprechen: Žižek und Derrida vor dem Gesetz, in: Vogt/Silvermann (Hrsg.), Über Žižek. Perspektiven und Kritiken, 2004, S. 60 ff.

[110] *Finkelde* (Fn. 91), S. 72, unter Hinweis auf *Lacan*, Fonctions de la psychanalyse en criminologie, in: *ders.*, Ecrits, 1966, S. 130.

[111] *Žižek* (Fn. 93), S. 252. Aufmerksamkeit verdient schließlich Žižeks Menschenrechtsparadoxie, wonach man seiner Menschenrechte, sofern sie an eine ausgeformte sozio-politische Identität anknüpfen, „genau dann beraubt ist, wenn man in der gesellschaftlichen Realität auf ein menschliches Wesen ‚im allgemeinen' reduziert ist, ohne Staatsbürgerschaft, Beruf usw., das heißt genau dann, wenn man im Grunde zum idealen Träger ‚allgemeiner Menschen-

äußerer Gesetzgebung, die sich dem „autoreferentiellen" Herren-Signifikanten verdanke, wird dabei ersetzt durch eine Gesetzgebung auf Grund vorgeblich „neutralen ‚objektiven' Wissens, hinter dem der obszöne Objekt-Agent eines überichhaften Willens steckt."[112] Insofern können sowohl die eine Leerstelle markierende Kelsensche Grundnormtheorie als sogar auch dezisionistische Rechtslehren ein aufklärerisches[113] Potential bewahren, das den Legitimitätsdiskurs nicht abschneidet, sondern perennieren lässt.

---

rechte' wird"; vgl. *ders.*, Die politische Suspension des Ethischen, 2005, S. 43. Die hierin gelegene „Unmenschlichkeit" bezeichnet einen „Überschuß des Menschseins". Das „Problem des Humanismus der Menschenrechte" liege darin, „dass er diese Monstrosität des ‚Menschlichen als solchen' verschleiert und es als erhabene menschliche Essenz präsentiert" (ebd., S. 46 f.).

[112] *Žižek* (Fn. 93), S. 246; während der „totalitäre Führer" Gefolgschaft auf Grund wirklicher Fähigkeiten verlange, sei die Frage nach den genialen Fähigkeiten des Königs, wie bei Søren A. Kierkegaard beschrieben, ein Majestätsverbrechen (S. 246 f.); insofern ist der König, der meint, er sei „wirklich" ein König, im Grunde genommen verrückt; *vgl. Finkelde* (Fn. 91), S. 28, u. weiter *Žižek*, Grimassen des Realen, 1993, S. 124 ff.

[113] Während die historische Formation der Aufklärung gänzlich auf die „irrationale Autorität" des Herrschers zu verzichten gemahnte, was aber ihrer Dialektik folgend den „totalitären" Führer auf den Plan gerufen habe; vgl. *Žižek* (Fn. 93), S. 246.

Recht und demokratische Tugend

Uralte und jüngere Gesichtspunkte, Abgründe und rechtspolitische Anregungen für Staat und Europa

Rainer Keil

I. Einleitung

Den „Rückbezug auf den Begriff der Tugenden"[1] förderte einst[2] die Kommunitarismus-Debatte zu Tage. *Winfried Brugger* ist eng verbunden mit ihrer Rezeption in Deutschland, ihrer Verfeinerung und Anknüpfung an hiesige Diskussionen[3] der „Verfassungstheorie des Grundgesetzes"[4] oder ihrer „Bedeutung für die Verfassung Deutschlands und Europas".[5] Benennt „Tugend" einen Begriff, der dazu taugt, für das Verständnis von „Demokratie" und vielleicht

---

1 *Walter Reese-Schäfer*, Politisches Denken heute, 2. Aufl. 2007, Kap. „3 Kommunitaristische Politiktheorien", S. 21–56 (31). Vgl. *Alasdair MacIntyre*, After Virtue. A Study in Moral Theory", Notre Dame, Indiana 1981, dt. Der Verlust der Tugend. Zur moralischen Krise der Gegenwart, Frankfurt am Main/New York 1987; *Herfried Münkler*, Politische Tugend, Bedarf die Demokratie einer sozio-moralischen Grundlegung? In: ders. (Hrsg.), Die Chancen der Freiheit. Grundprobleme der Demokratie, München 1992, S. 25–46; *Alasdair MacIntyre*, Ist Patriotismus eine Tugend? In: Axel Honneth (Hrsg.), Kommunitarismus. Eine Debatte über die moralischen Grundlagen moderner Gesellschaften, 1993, S. 84–102; *Amitai Etzioni und Robert P. George*, Virtue and the State, in: Amitai Etzioni u.a. (Hrsg.), The Communitarian Reader, 2004, S. 251–261; *Amitai Etzioni und Jonathan Marks*, Virtue, Self-interest, and the Good, in: Amitai Etzioni u.a. (Hrsg.), The Communitarian Reader, S. 262–270.

2 Die Kommunitarismus-Debatte hat zwar inzwischen „ihren Höhepunkt überschritten" (*Hartmut Rosa*, Die politische Theorie des Kommunitarismus: Charles Taylor, in: André Brodocz u.a. [Hrsg.], Pol. Theorien d. Gegenwart II, 2001, S. 55–88[80]); sie ist „ausgestanden" (*Walter Reese-Schäfer* [Fn. 1], S. 21). Es bleiben aber Fragen und fruchtbare Ansätze, denen nachzugehen weiterhin lohnt.

3 *Winfried Brugger*, Liberale Rechtstheorie versus Kommunitarismus – ein Kommentar –, in: Peter Siller/Bertram Keller (Hrsg.), Rechtsphilosophische Kontroversen der Gegenwart, Baden-Baden 1999, S. 87–94.

4 *Winfried Brugger*, Kommunitarismus als Verfassungstheorie des Grundgesetzes, in: *ders.*, Liberalismus, Pluralismus, Kommunitarismus. Studien zur Legitimation des Grundgesetzes, Baden-Baden 1999, S. 253–284, ursprünglich veröffentlicht in: AöR 123 (1998), S. 337–374.

5 *Winfried Brugger*, Zur Rationalität des Kommunitarismus und zu seiner Bedeutung für die Verfassung Deutschlands und Europas, in: Ralf Elm (Hrsg.), Vernunft und Freiheit in der Kultur Europas. Ursprünge, Wandel, Herausforderungen, München 2006, S. 383–424.

„Republik" im Sinne der Verfassungstheorie fruchtbar gemacht zu werden? Ist er juristisch oder rechtspolitisch relevant?

Das Verhältnis von Tugend zu Demokratie wird teilweise als eng und unverzichtbar beschrieben; teilweise wird seine Zufälligkeit postuliert oder in der (rechts)politischen Ausrichtung auf Tugend eine Gefahr für Freiheit gesehen. Relevanz bezieht das Thema immer wieder als Komponente konkreterer Fragestellungen. Zu ihnen gehört die der Lebensfähigkeit einer „Demokratie ohne Demokraten", historisch in der Weimarer Republik,[6] erneut bei der Stabilisierung junger Demokratien mit illiberalen Einstellungen in der Bevölkerung etwa der Bundesrepublik der Nachkriegszeit[7] oder nach der deutsch-deutschen Vereinigung, aktuell in Entwicklungs- und Schwellenländern. Bezüge gibt es auch zur *Demokratiefähigkeit der Europäischen Union.* Im Folgenden soll ein Blick auf Äußerungen einiger Klassiker geworfen (II und III), dann die Behandlung einiger Topoi der jüngeren Tugend-Diskussion skizziert werden (IV), um schließlich beispielhaft den Anschluss an aktuelle rechtspolitische Fragestellungen zu suchen (V).

II. Betonung der Bedeutung von Tugend

1. Aristoteles: Undemokratische Konsequenzen des Staatszwecks Tugend

Praktische Philosophie, als „Wissenschaft vom Staate"[8] angelegt,[9] zielte nach Aristoteles auf das oberste Gut:[10] das „Endziel ..., das wir um seiner selbst willen erstreben".[11] Es kann beim Menschen als *zoon politikon*, als auf die Polisgemeinschaft angelegtes Tier,[12] nur in der Polis realisiert werden. Aristoteles postulierte als „Aufgabe ... des Menschen eine bestimmte Lebensform",[13] eine

---

6 *Hendrik Thoß*, Demokratie ohne Demokraten? Die Innenpolitik der Weimarer Republik, Berlin 2008, S. 181.

7 Instruktiv aus d. Sicht e. pol. Akteurin *Hildegard Hamm-Brücher*, Pol. Tugenden, Ev. Kommentare, Heft 8, August 1987, S. 462–465; vgl. ferner *Brun-Otto Bryde*, Wie viel Zukunft hat die Demokratie? In: Kritische Justiz (Hrsg.), KJ-Beih. 1/2009. Verf.recht und ges. Realität. Dokumentation: Kongress „60 Jahre Grundgesetz: Fundamente der Freiheit stärken" der Bundestagsfraktion Bündnis 90/Die Grünen am 13./14.3.2009 in Berlin, Baden-Baden 2009, S. 40–48 (44).

8 *Aristoteles*, Nikomachische Ethik, übers. von F. Dirlemer, Anmerkungen von Ernst A. Schmidt, Stuttgart 1999, Buch I, S. 6 (1094a 21-b 13).

9 Genauer *Günther Bien*, Einleitung, in: *Aristoteles*, Politik, mit einer Einleitung und einem Sach- und Begriffsregister von Günther Bien, Hamburg 1981, S. XIII–LXI, XXXV.

10 *Aristoteles* (Fn. 8), Buch I, S. 6 (1094a 21-b 13).

11 *Aristoteles* (Fn. 8), Buch I, S. 5 (1094a 1–21).

12 *Aristoteles* (Fn. 9), Erstes Buch, 2. Kap, S. 4; Drittes Buch, 6. Kap., S. 88.

13 *Aristoteles* (Fn. 8), Buch I, S. 17 (1097b 34–1098a 17).

Tätigkeit, die sich „in vollkommener und bedeutender Weise"[14] zeige, nämlich als Entfaltung „im Sinne eines eigentümlichen Wesensvorzugs".[15] Tugend verstand er als *aretê*, als „Bestheit".[16] Das „wahre Glück des Daseins besteht" nach Aristoteles „in vollkommener Betätigung ... der Tugend".[17] Zweck des Staates ist es, dass „man gut lebe".[18] Da Menschen durch Natur, Gewöhnung und Vernunft[19] tugendhaft werden, müssen letztere beide[20] Faktoren Gegenstand der Politik, die „Erziehung der Jugend" öffentliche Aufgabe sein und nicht in privater Hand verbleiben.[21] Optimalerweise haben jene, „die am meisten ... beitragen, mehr Teil am Staate als die, die zwar an freier Geburt ... ihnen gleich ... sind, an bürgerlicher Tugend aber ungleich".[22] So gelangt Aristoteles nicht zur Herrschaft der Freien.[23] Ihre Erscheinungsformen[24] gehören für ihn zu den „überhaupt verfehlten Staatsformen".[25] Erstrebenswert erscheint ihm die eigentliche[26] Aristokratie, „wo die Besten walten"[27] und Menschentugend und Bürgertugend eins sind.[28]

2. *Machiavelli: Tugend als Kennzeichen wehrhafter Republiken*

In der frühen Neuzeit zeigte *Machiavelli* demgegenüber ein instrumentelles Verhältnis zu dem, was er in seinem *Il Principe* als *virtù* bezeichnete.[29] Ein kluger Fürst muss „imstande sein, ...das Gute zu tun und zu lassen, wie es die Umstände

---

[14] *Aristoteles* (Fn. 8), Buch I, S. 17 (1097b 34–1098a 17).

[15] *Aristoteles* (Fn. 8), Buch I, S. 17 (1097b 34–1098a 17).

[16] *Otfried Höffe*, Artikel „aretê", in: ders. (Hrsg.), Aristoteles-Lexikon, Stuttgart 2005, S. 76.

[17] *Aristoteles*, Politik (Fn. 9), Siebentes Buch, 13. Kap., S. 265.

[18] Zitat: *Aristoteles* (Fn. 9), Drittes Buch, 9. Kap., S. 96; dort auch: „der tugendhaften Handlungen wegen besteht" der Staat.

[19] *Aristoteles* (Fn. 9), Siebentes Buch, 13. Kap., S. 266.

[20] Vgl. *Aristoteles* (Fn. 9), Achtes Buch, 3. Kap., S. 287 und 1. Kap., S. 282.

[21] *Aristoteles* (Fn. 9), Achtes Buch, 1. Kap., S. 282, ähnl. *Aristoteles* (Fn. 8), Buch X, S. 298 (1180a 21-b 9).

[22] *Aristoteles* (Fn. 9), Drittes Buch, 9. Kap., S. 96.

[23] *Aristoteles* (Fn. 9), Viertes Buch, 4. Kap., S. 129.

[24] *Aristoteles* (Fn. 9), Viertes Buch, 4. Kap., S. 133 f.; Abgrenzung gg. d. Oligarchie S. 129.

[25] *Aristoteles* (Fn. 9), Viertes Buch, 2. Kap., S. 126.

[26] Zu anderen Formen der Aristokratie vgl. *Aristoteles* (Fn. 9), Viertes Buch, 8. Kap., S. 139; zur präzisen Gegenüberstellung und Unterscheidung der beiden Begriffe von Aristokratie bei Aristoteles vgl. Anmerkung 20 zum vierten Buche, a.a.O., S. 323 f.

[27] *Aristoteles* (Fn. 9), Drittes Buch, 18. Kap., S. 120; ähnlich im Vierten Buch, 8. Kap., S. 138.

[28] *Aristoteles* (Fn. 9), Drittes Buch, 18. Kap., S. 120 sowie Viertes Buch, 8. Kap., S. 138.

[29] Vgl. zur „Charakterlosigkeit des ‚principe nuovo'" *Wolfgang Kersting*, Freiheit und Tugend, in: *ders.*, Recht, Gerechtigkeit und demokratische Tugend. Abhandlungen zur praktischen Philosophie der Gegenwart, Frankfurt am Main 1997, S. 436–458, 451–453.

erfordern“,[30] aber auch „den üblen Ruf derjenigen Laster zu meiden, die seine Herrschaft rauben können“.[31] In den *Discorsi* dagegen assoziiert er *virtù* nicht, wie im *Fürsten*,[32] mit guten Handlungen, deren Akteur unterzugehen droht inmitten der vielen Untugendhaften, oder mit etwas, das zu einer deskriptiven politischen Theorie ein zufälliges Verhältnis hat. Sondern er verwendet den Ausdruck hier für die Vitalität[33] und „Kraft“[34] erfolgreicher politischer Gebilde, zu der *vizio* – „Laster“[35] – als Gegenbegriff fungiert. Auch tätige „Tapferkeit“[36] kann gemeint sein, als deren Gegenbegriff dann die, politischem Handeln unverfügbare, *fortuna* dient. Existiert etwas von der „kostbaren Substanz“[37] *virtù*, so wirkt sie als „Ferment, das im menschlichen Wesen politische Binde- und Bildekraft hervorruft.“[38] Soweit ihr Sittlichkeit eignet, interessiert sie nicht an sich, wohl aber als Ausdruck dessen, was politisch mächtige und produktive Völker typischerweise auszeichnet.[39] *Machiavelli* schrieb *virtù* in letzterem Sinne vor allem Republiken und dem Bewusstsein ihrer Freiheit zu.[40] Eine lange Fürstenherrschaft musste zur Zerstörung der *virtù* führen.[41] Lange vor der Französischen Revolution, aber kurz nach dem Wirken des Bußpredigers *Savonarola* in Florenz[42] formuliert *Machiavelli* schon die Erkenntnis, dass eine

---

[30] *Niccolò Machiavelli*, Il Principe, dt. Der Fürst, übers. v. E. Merian-Genast, Sttgt. 1986, 15. Kap., S. 95.

[31] *Machiavelli* (Fn. 30), dt., 15. Kap., S. 96. Dieses Programm führt er in den folgenden Kap. durch. Deutlich auch 18. Kap. (S. 105): „Es ist … nicht nötig, daß ein Fürst alle aufgezählten Tugenden besitzt, wohl aber, daß er sie zu besitzen scheint.“

[32] Vgl. *Machiavelli* (Fn. 30), dt., 15. Kap., S. 95.

[33] *Hans Freyer*, Einführung, in: *Machiavelli* (Fn. 30), dt., S. 3–32 (18): „Plus an Lebenskraft“.

[34] Übersetzung Friedrich von Oppeln-Bronikowskis in *Niccolò Machiavelli*, Discorsi sopra la prima Deca di Tito Livio, dt. Discorsi. Staat und Politik. Hrsg. Horst Günther, Frankfurt a.M. 2000, Zweites Buch, Vorwort, S. 174.

[35] *Niccolò Machiavelli*, Discorsi. Staat und Politik (Fn. 34), Zweites Buch, Vorw., S. 176; hier ist allerdings virtù mit „Tugend“ ins Deutsche übertragen. And. Gegenbegr. zur virtù: „corruzione“ (*Hans Freyer*, Einführung, in: *Machiavelli* [Fn. 30], dt., S. 3–32 [18]), mithin „Verderbtheit“ (Erstes Buch, 17. Kap., S.70).

[36] So die Übersetzung von virtù im ersten Satz des 1. Kap.s des Zweiten Buches auf S. 177 in *Niccolò Machiavelli*, Discorsi. Staat und Politik (Fn. 34).

[37] *Hans Freyer*, Einführung, in: *Machiavelli* (Fn. 30), dt., S. 3–32 (17).

[38] *Freyer* (Fn. 37).

[39] *Freyer*, Einführung, in: *Machiavelli* (Fn. 30), dt., S. 3–32 (18).

[40] *Niccolò Machiavelli*, Discorsi. Staat und Politik (Fn. 34), Zweites Buch, 2. Kap., S. 181–187.

[41] *Machiavelli* (Fn. 40), S. 182 und erneut S. 186 f. Vgl. z. zerst. Wirkung von Tyrannei auf das Verlangen nach Eintracht bei *Jean-Jacques Rousseau*, Projet de constitution pour la Corse, 1763, dt. Entwurf einer Verfassung für Korsika, in: *ders.*, Sozialphilosoph. u. pol. Schriften, München 1981, S. 507–561 (512).

[42] Savonarola wird allerdings, soweit ersichtlich, nicht im Zusammenhang des Terrors ausdrücklich erwähnt, sondern in dem des wehrlosen tugendhaften Fürsten (*Machiavelli*, Der Fürst, [Fn. 30], 6. Kap., S. 55) sowie der Macht des Glaubens, die von seinem tugendhaften Lebenswandel ausging (*Machiavelli* [Fn. 34], Erstes Buch, Kap. 11, S. 55).

Orientierung an anscheinender Tugend zu einer Tyrannei führen kann.[43] Und doch bedarf politische Freiheit der *virtù*, um sich erhalten zu können.[44] Politische Identifikation wird begünstigt, wenn es für alle die Möglichkeit gibt, im Erfolgsfall am Ruhm teilzuhaben.[45] Pflege der *virtù* setzt nach *Machiavelli* eine nicht auf Leidensbereitschaft oder Müßiggang, sondern auf Tatkraft gerichtete Erziehung[46] sowie verlässliche Reaktionen auf Normbrüche[47] voraus.

3. Spinoza: Frieden als Tugend ist Kennzeichen lebendiger Civitatis

In *Machiavellis* Beispielen war Maßstab des Erfolgs oft das Kriegsglück; nicht so bei *Spinoza*. Einig mit *Machiavelli* im Lob der Freiheit,[48] thematisiert er Tugend als politischen[49] Begriff im Zusammenhang mit der besten Staatsform, die, anders als bei *Machiavelli*, am Frieden als Zweck des staatlichen Zustands zu erkennen ist.[50] Die beste Staatsform hat sich eine freie Menge selbst eingerichtet, also nicht durch Sieg aufgezwungen bekommen.[51] Dort herrsche nicht die Einöde (solitudo) einer auf Furcht und Einschüchterung beruhenden Abwesenheit von Krieg, sondern Friede als eine „Tugend, die einer Stärke des Charakters entspringt".[52] Hier seien Menschen nicht allein darauf aus, dem Tod zu entrinnen, sondern, „vitam colere",[53] „das Leben zu gestalten",[54] es, einem Acker gleich, zu bestellen, zu pflegen, auszubilden und zu schätzen: zu kultivieren.[55] Angesichts der Dynamik, die sich aus einem, jedem Individuum eigenen, Drang und Streben – „conatus"[56] – und aus Kollisionsmöglichkeiten des affektiven Begehrens aller ergibt, ist eine Koordination wichtig,[57] die am effek-

---

[43] *Machiavelli* (Fn. 34), Drittes Buch, Kap. 28, S. 382–384.

[44] *Machiavelli* (Fn. 34), Erstes Buch, Kap. 16–18, S. 66–77.

[45] Bei Machiavelli am Beispiel d. milit. Kampfes: *Machiavelli* (Fn. 34), Erstes Buch, Kap. 43, S. 128.

[46] *Machiavelli* (Fn. 34), Zweites Buch, 2. Kap., S. 185.

[47] *Machiavelli* (Fn. 34), Erstes Buch, Kap. 42, S. 127.

[48] *Baruch de Spinoza*, Politischer Traktat – Tractatus politicus, Lateinisch-Deutsch, neu übers., hrsg. m. Einl. und Anm. vers. v. W. Bartuschat, Hamburg, 1994, Kap. V, § 7, S. 66 (lat.) u. 67 (dt.).

[49] Vgl. zur priv. und zur hoheitl.e Befugnisse betreffenden Tugend *Spinoza* (Fn. 48), Kap. I, § 6, S. 12 (lat.) und 13 (dt.). Vgl. dagegen zum Verständnis der tugendhaften Handlung in der Ethik *Wolfgang Bartuschat*, Theorie und Praxis in Spinozas Ethik und Politik, Studia Spinozana 9 (1993), S. 59–78 (64).

[50] *Spinoza* (Fn. 48), Kap. V, § 2, S. 62 (lat.) und 63 (dt.).

[51] *Spinoza* (Fn. 48), Kap. V, § 6, S. 64 (lat.) und 65 und 67 (dt.).

[52] *Spinoza* (Fn. 48), Kap. V, § 4, S. 65 (dt.). Lat. (S. 64).

[53] *Spinoza* (Fn. 48), Kap. V, § 6, S. 66 (lat.).

[54] *Spinoza* (Fn. 48), Kap. V, § 6, S. 67 (dt.).

[55] Bed. v. colere, s. bei Pons, Latein-Deutsch, bearbeitet u.a. v. Rita Hau, Stuttgart, Neubearbeitung 1. Aufl. 2012, Art. „colo", S. 170.

[56] *Wolfgang Bartuschat*, Einleitung, in: *Baruch de Spinoza* (Fn. 48), S. VII-XLIV, VIII.

[57] *Bartuschat*, Einleitung (Fn. 56), S. XVI.

tivsten funktioniert, wenn die Menschen sich darin wiederfinden, weil sie sich politisch einbringen können.[58] In der Eintracht im besten Staat funktioniere Leben nicht nur, sondern es sei „in erster Linie durch die Vernunft definiert",[59] von der er sagt, dass sie „eine Tugend des Geistes ist und das wahre [menschliche] Leben [ausmacht]."[60] Gegenbegriff der Tugend (virtus) ist vor allem Ohnmacht (impotentia).[61]

4. *Montesquieu: Prinzip der Tugend als Fundament der Demokratie*

Bei *Montesquieu* gibt es einen engen, internen Zusammenhang zwischen Demokratie und Tugend (*vertu*). Während Monarchie vom Streben nach „Ehre"[62] und despotische Herrschaft vom Terror zur Unterdrückung von Mut und Ehrgeiz[63] lebt, beruht Demokratie auf der Tugend als „Prinzip": als die Leidenschaft, die das Regierungssystem in Bewegung hält.[64] Demokratie bedarf, so *Montesquieu*, der Triebkraft demokratischer Tugend.[65] Andernfalls lässt sie sich weder herbeiführen[66] noch erhalten.[67] Dabei geht es ihm ausdrücklich nicht um moralische, sondern um politische Tugend,[68] nicht um ein universelles Wohlwollen, sondern spezieller um *l'amour de la patrie*,[69] genauer: um *l'amour de la république*, als „Gefühl" und nicht als „Folgerung aus Erkenntnissen", wie er betont.[70] In der Demokratie muss sie sich als Liebe zur Gleichheit und zu einer gewissen Genügsamkeit[71] zeigen. Gefördert werden kann Tugend *territo-*

---

[58] Aufschlussreich *Manfred Walther*, Politische und ethische Freiheit oder Spinozas Dialektik der Freiheit, in: Marcel Senn/Manfred Walther (Hrsg.), Ethik, Recht und Politik bei Spinoza, Zürich 2001, S. 89–103 (95).

[59] *Spinoza* (Fn. 48), Kap. V, § 5, S. 65.

[60] *Spinoza* (Fn. 48), Kap. V, § 5, S. 65; vgl. zum ethisch tugendhaften Handeln *Bartuschat* (Fn. 49).

[61] *Spinoza*, Politischer Traktat (Fn. 48), Kap. II, § 7, S. 21 f.

[62] *Charles-Louis de Secondat, Baron de la Brède et de Montesquieu*, Vom Geist der Gesetze, Ausw., Übers. u. Einl. v. K. Weigand, Stuttgart 2003, 3. Buch, 6. Kap., S. 126; soweit der Text im frz. Original zitiert wird, geschieht dies nach der von *J.-M. Tremblay* in der Reihe „Les classiques des sciences sociales" ins Internet gestellten Fassung, abrufbar über: http://classiques.uqac.ca/classiques/montesquieu/de_esprit_des_lois/partie_1/esprit_des_lois_Livre_1.pdf (Abruf: 10.3.2012).

[63] *Montesquieu* (Fn. 62), 3. Buch, 9. Kap., S. 128.

[64] *Montesquieu* (Fn. 62), 3. Buch, 1. Kap., S. 118.

[65] *Montesquieu* (Fn. 62), 3. Buch, 3. Kap., S. 120.

[66] *Montesquieu* (Fn. 62), 3. Buch, 3. Kap., S. 120 f.

[67] *Montesquieu* (Fn. 62), 3. Buch, 3. Kap., S. 121 f.

[68] *Montesquieu* (Fn. 62), Vorwort, Hinw. d. Verfassers, S. 94; vgl. hierzu *Marcus Llanque*, Politische Ideengeschichte, München 2008, S. 252.

[69] *Montesquieu* (Fn. 62), Vorwort, Hinweis des Verfassers, S. 94.

[70] *Montesquieu* (Fn. 62), 5. Buch, 2. Kap., S. 141.

[71] *Montesquieu* (Fn. 62), 5. Buch, 3. Kap., S. 142.

rial durch ein kleines Staatsgebiet, in dem das Gemeinwohl „spürbarer, besser erkennbar und jedem Bürger näher“ ist als in einer großen Republik.[72] *Ökonomisch* wird sie unterstützt durch „Gleichheit der Bodenanteile“[73] sowie durch Verhinderung eines Übermaßes an Reichtümern und der mit ihnen verbundenen „Gärungen der Ungleichheit“.[74] Der Schutz alten Brauchtums soll ebenfalls helfen.[75] Gesetzlicher Zwang, öffentliche Ämter zu übernehmen, dient als Anerkennung der Tugend.[76] Höchst illiberal will er Tugend ferner dadurch fördern, dass Möglichkeiten vermindert werden, privaten Leidenschaften nachzugehen, auf dass die Leidenschaften sich auf das Gemeinwohl richten,[77] Reichtum deshalb dem Staat, nicht aber den Bürgern privat zukommen soll,[78] sowie durch einen Zensor, der gegen „Nachlässigkeiten“, „gefährliche Beispiele“ und „Anfänge der Korruption“ frühzeitig vorgeht.[79]

5. *Jefferson: Agrarische Unabhängigkeit*, manners and spirit of a people

An *Montesquieus* Konzept knüpften amerikanische Gründungsväter in ihrer ersten Zeit an.[80] *Franklin* interessierte sich für ethische,[81] *J. Adams*[82] und *Jefferson*[83] gerade für politische Tugend. „It is the manners and spirit of a people which preserve a republic in vigor. A degeneracy in these is a canker which soon eats to the heart of its laws and constitution.“[84] Zensur lehnte *Jefferson* jedoch ab:

---

72 *Montesquieu* (Fn. 62), 8. Buch, 16. Kap., S. 197.

73 *Montesquieu* (Fn. 62), 5. Buch, 6. Kap., S. 147.

74 *Montesquieu* (Fn. 62), 5. Buch, 6. Kap., S. 147.

75 *Montesquieu* (Fn. 62), 5. Buch, 7. Kap., S. 149.

76 *Montesquieu* (Fn. 62), 5. Buch, 19. Kap., S. 170.

77 *Montesquieu* (Fn. 62), 5. Buch, 2. Kap., S. 142.

78 *Montesquieu* (Fn. 62), 5. Buch, 3. Kap., S. 142 f.

79 Zitate bei *Montesquieu* (Fn. 62), 5. Buch, 19. Kap., S. 173.

80 *Gerald Stourzh*, Die tugendhafte Republik. Montesquieus Begriff „vertu“ und die Anfänge der Vereinigten Staaten von Amerika, in: Institut f. österr. Geschichtsforschung u.a. (Hrsg.), FG f. Hugo Hantsch z. 70. Geb., 1965, S. 247–267. Zur später kritischeren Haltung vgl. f. J. Adams S. 248 f. und 261, f. Jefferson S. 265, Anm. 38. Vgl. ferner *Dietmar Schloss*, Die tugendhafte Republik, Heidelberg 2003, insbes. S. 47–49 sowie 59–61.

81 *Benjamin Franklin*, Autobiography, Kap. IX – Plan for Attaining Moral Perfection, zit. n. d. Internetausgabe hrsg. Frank Woodworth Pine, 2006, S. 146–168, ftp://sunsite.informatik.rwth-aachen.de/pub/mirror/ibiblio/gutenberg/2/0/2/0/20203/20203-h/20203-h.htm#IX . Vgl. ferner *Jeffersons* Moral-Sense-Theorie in *Thomas Jefferson*, Brief v. 13.6.1814 an Thomas Law, in: *derselbe*, Writings, ausgew. v. Merrill D. Peterson, New York, N. Y. 1984, S. 1335–1339.

82 *Stourzh* (Fn. 80), S. 248 f. und 252.

83 Vgl. z.B. *Jean M. Yarbrough*, American Virtues. Thomas Jefferson on the Character of a Free People, Kansas 1998.

84 *Thomas Jefferson*, Notes on the State of Virginia, 2. amerikan. Aufl. Philadelphia, Penn. 1794, Query XIX, S. 241.

Sie war ihm „insult to our citizens", deren Eigenschaft als „rational beings" sie in Zweifel ziehe, zudem Ausdruck blasphemischen Misstrauens gegenüber der Fähigkeit z.B. von Religion, sich im Test der Auseinandersetzung um Wahrheit und Vernunft zu bewähren, und eine angemessene institutionelle Antwort auf die Frage nach dem geeigneten Zensor erschien ihm abwegig.[85] Sein Vorschlag, jedem Bürger Virginias, der keinen oder kaum Grundbesitz hatte, 50 Morgen Land zu übereignen, entsprach dagegen *Montesquieus* Forderung materieller Gleichheit.[86] Eine agrarische Gesellschaftsform fördere Tugend.[87] Diese Ansicht wird ihm als „archaic"[88] vorgeworfen. Ihn dagegen interessierte am Leben als Bauer die Übung einer Unabhängigkeit,[89] die der Republik förderlich und jener Abhängigkeit in der städtisch-industriellen[90] Gesellschaft entgegengesetzt sei, welche den Keim der Tugend ersticke und Servilität sowie Korruption hervorbringe.[91] Aktuell bleibt davon die Frage nach Strukturen, welche die Erfahrung eigenverantwortlichen, relevanten Erwägens und Handelns ermöglichen. *Jefferson* kritisierte nach der Revolution *Montesquieus* „durch die Erfahrung der Vereinigten Staaten überholtes Postulat der Kleinheit des republikanischen Territoriums"[92] sowie jenes, dass die Unterdrückung eigener Interessenverfolgung die Liebe zum Land fördere.[93]

---

[85] *Thomas Jefferson*, Brief v. 16.1.1787 an Carrington ("people are the only censors") und v. 19.4.1814 an Dufief, in: *ders.*, Writings, ausgew. v. Merrill D. Peterson, New York, N. Y. 1984, S. 880 bzw. 1334 (hier die Zitate).

[86] *Stourzh* (Fn. 80), S. 255.

[87] *Jefferson* (Fn. 84), Query XIX, S. 240.

[88] *Petersen*, zitiert bei *Jean M. Yarbrough*, a.a.O. (Fn. 83), S. 56.

[89] *Yarbrough* (Fn. 83), S. 67.

[90] *Yarbrough* (Fn. 83), S. 57–62 vermutet ferner, gestützt auf *Adam Smith*, Wealth of Nations, dass Jefferson Landwirtschaft für die Vervollkommnung: die Entwicklung von geistigen Fähigkeiten, des Imaginationsvermögens und als Übung in der Kultivierung des Selbst, der Familie, des Landes für förderlich hielt, da sie ein besonderes Zusammenspiel von körperlicher Arbeit und geistiger Vorstellungskraft hervorbringe und das das Engagement in der Natur stimuliere.

[91] *Jefferson* (Fn. 84), Query XIX, S. 240: "Dependence begets subservience and venality, suffocates the germs of virtue, and prepares fit tools for the designs of ambition."

[92] *Stourzh* (Fn. 80), S. 265 Anmerkung 38 m.w.N.

[93] *Yarbrough* (Fn. 83), S. 104 f.

III. Distanzierung

1. *Thomas Hobbes: Zweckrationalität genügt für eine Friedensordnung*

Hobbes' Ansichten lagen Tugendvorstellungen fern: Seine nüchtern-realistische Betrachtung der Individuen,[94] die staatliche Macht konstituieren, führt den ausdrücklichen Anti-Aristoteliker[95] zum Bild zweckrational handelnder Menschen, die sich zusammenschließen, wenn ihnen das für ihre individuellen Ziele nützlich erscheint.[96] Zwei menschliche Eigenschaften bewirken, kombiniert, eine Friedensordnung: „die Furcht vorm gewaltsamen Tode ... und die Begierde nach den Dingen, die zum angenehmen Leben notwendig sind auf der einen Seite, und die Vernunft auf der andren".[97] Dabei legt die „Vernunft ... die geeigneten Grundsätze des Friedens nahe".[98] Sie wäre aus sich heraus aber außerstande, Frieden zu stiften; hierzu bedarf es der Leidenschaft der Furcht.[99] Hierauf baut dann der Gesellschaftsvertrag auf, der, ohne zusätzlichen Herrschaftsvertrag,[100] geeignet ist, Frieden zu schaffen: als Vertrag allein der Untertanen „untereinander"[101] zu Gunsten[102] Dritter – des Inhabers der Souveränität. *Hobbes'* streng moderner Ansatz ist für Staatsgründung und -erhalt nicht auf Tugend, nicht auf eine Theorie des guten Lebens, erst recht nicht auf eine Naturteleologie angewiesen. Zweckrationalität der beteiligten Individuen genügt, um staatlichen Frieden zu begründen.[103] Dass dieser indessen demokratisch organisiert ist, scheint für *Hobbes* zwar als möglich,[104] aber jedenfalls nicht als optimal.[105]

---

[94] Vgl. zu seiner „strikt individualistischen Philosophie" *Wolfgang Kersting*, Einleitung: Die Begründung der politischen Philosophie der Neuzeit im Leviathan, in: ders. (Hrsg.), Thomas Hobbes, Leviathan oder Stoff, Form und Gewalt eines bürgerlichen und kirchlichen Staates, Reihe Klassiker Auslegen, 2. Aufl. Berlin 2008, S. 9–24 (13) (Zitat).

[95] *Christine Chwaszcza*, Anthropologie und Moralphilosophie im ersten Teil des Leviathan, in: Wolfgang Kersting (Hrsg.) Thomas Hobbes, Leviathan (Fn. 94), S. 69–88 (69).

[96] *Iring Fetscher*, Einleitung, in: *Thomas Hobbes*, Leviathan oder Stoff, Form und Gewalt eines kirchlichen und bügerlichen Staates, hrsg. und eingeleitet von Iring Fetscher, übersetzt von Walter Euchner, Frankfurt a.M. 1984, S. IX–LXVI (XIX f.); zu Hobbes' ausdrücklicher Verurteilung der aristotelischen Philosophie vgl. a.a.O. S. XVII.

[97] *Fetscher* (Fn. 96), S. XXIII.

[98] *Hobbes* (Fn. 96), Teil I, 13. Kap., S. 98.

[99] *Fetscher* (Fn. 96), S. XXIII.

[100] *Fetscher*, Exkurs: Hobbes, Spinoza und Rousseau, a.a.O. (Fn. 96), S. XXVI f.

[101] *Hobbes* (Fn. 96), Teil I, 18. Kap., Zweitens, S.137.

[102] Zum "Begünstigungsvertrag", vgl. *Fetscher* (Fn. 96), S. XXVI.

[103] *Kersting* (Fn. 94), S. 14–17.

[104] Vgl. z.B. *Hobbes* (Fn. 96), Teil I, 18. Kap., S. 138 und 144, 20. Kap., S.162.

[105] Vgl. z.B. *Hobbes* (Fn. 96), Teil I, 19. Kap., S. 146–149; vgl. auch 25. Kap., S. 202; 29. Kap., S. 249 und 253; 30. Kap., S. 258.

2. Kant: Trennung der Lehren von rechtlichem Staat und ethischer Tugend

Immanuel Kant hat bekanntlich die Trennung der Lehren von Staat und Tugend radikalisiert. Er argumentierte dabei teilweise philosophisch, teilweise pragmatisch.

a) Eigentlich philosophische Argumentation

Staat ist bei *Kant* eine „Vereinigung von Menschen unter Rechtsgesetzen",[106] in der „die dem Gesetz Gehorchenden auch zugleich, vereinigt, gesetzgebend sein sollen",[107] als „wahre Republik ..., als ein repräsentatives System des Volks".[108] Diesen Staat behandelt er in der *Rechtslehre*, die Tugend dagegen in der ethischen *Tugendlehre*. „Recht ist mit der Befugnis zu zwingen verbunden",[109] bezieht sich auf äußere Handlungen, nicht auf mit ihnen verfolgte Zwecke.[110] Die Tugendlehre befasst sich mit der „sittlichen Gesinnung", mit dem „Zweck" von Handlungen.[111] Tugend versteht *Kant* als „Stärke der Maxime des Menschen in Befolgung seiner Pflicht".[112] Wenn die Unterstellung von Tugendhaftigkeit von Bürgern von einem Verfassungsgeber einem Staat zu Grunde gelegt werden soll, muss sie feststellbar sein. Dies ist unmöglich, weil der gute Wille den freien voraussetzt,[113] welcher weder bewiesen[114] noch widerlegt werden kann.

Deshalb kann eine Staatsrechtslehre nur Gültigkeit beanspruchen, wenn sie sowohl für den Fall der Tugendhaftigkeit von Menschen als auch für den Fall ihrer Immoralität fundiert ist. Diesen Anspruch erhob *Kant*: Einerseits bedürften Menschen nach *Kant*, anders als *Hobbes* es nahelegte,[115] selbst dann des Staates, wenn sie ausnahmslos tugendhaft wären:

> „Sie mögen auch so gutartig und rechtliebend gedacht werden, wie man will, so liegt es doch a priori in der Vernunftidee eines solchen (nicht-rechtlichen) Zustands, daß, bevor ein öffentlich gesetzlicher Zustand errichtet worden, ... Menschen, Völker und Staaten niemals vor Gewalttätigkeit gegen einander sicher sein können ... aus jedes seinem ei-

---

[106] *Immanuel Kant*, Metaphysische Anfangsgründe der Rechtslehre, 1. Aufl. 1797 (A), S. 164, 2. Aufl. 1798 (B), S. 194, Werkausgabe hrsg. Wilhelm Weischedel, Bd. VIII, 10. Aufl. 1993, S. 431.

[107] *Immanuel Kant*, Streit der Fakultäten, 1. Aufl. 1798, S. 154, Werkausgabe hrsg. Wilhelm Weischedel, Bd. XI, 10. Aufl. 1993, S. 364.

[108] *Kant* (Fn. 106), S. 464, A 213, B 242.

[109] *Kant* (Fn. 106), A 35, B 35, S. 338.

[110] *Kant* (Fn. 106), A 32 f., B 32 f., S. 337.

[111] Zitate bei *Immanuel Kant*, Metaphysische Anfangsgründe der Tugendlehre, 1797 (A), S. 4, Werkausgabe hrsg. Wilhelm Weischedel, Bd. VIII, 10. Aufl. 1993, S. 509.

[112] *Kant* (Fn. 111) A 28, S. 525.

[113] *Immanuel Kant*, Kritik der praktischen Vernunft, 1. Aufl. 1788, S. 128, Werkausgabe hrsg Wilhelm Weischedel Bd. VII, 13. Aufl. 1996, S. 192.

[114] *Kant* (Fn. 106), A 18, B 18, S. 326.

[115] *Thomas Hobbes*, Leviathan (Fn. 96), Teil I, 13. Kap., S. 95 f.

genen Recht, zu tun, was ihm recht und gut dünkt, und hierin von der Meinung eines anderen nicht abzuhängen".[116]

Umgekehrt ist das „Problem der Staatserrichtung ..., so hart es auch klingt, selbst für ein Volk von Teufeln (wenn sie nur Verstand haben) auflösbar".[117] Es handele sich nur um die Frage nach einem Naturmechanismus, den man dazu nutzen könne,

> „den Widerstreit ihrer unfriedlichen Gesinnungen ... so zu richten, daß sie sich unter Zwangsgesetze zu begeben einander selbst nötigen, und so den Friedenszustand, in welchem Gesetze Kraft haben, herbeiführen müssen."[118]

b) Politisch-pragmatische Argumentation und Grande Terreur

Auch unter pragmatischen Gesichtspunkten warnte *Kant* vor einer Tugendorientierung der Rechtspolitik:

> „Weh aber dem Gesetzgeber, der eine auf ethische Zwecke gerichtete Verfassung durch Zwang bewirken wollte! Denn er würde dadurch nicht allein gerade das Gegenteil der ethischen bewirken, sondern auch seine politischen untergraben und unsicher machen".[119]

Diese Formulierung veröffentlichte *Kant* im Frühjahr 1793, wenige Monate vor Beginn der *Grande Terreur* in der Französischen Republik im Juni. Später, als sich viele frühere deutsche Anhänger angesichts der Gräuel des Terrors abgewandt hatten,[120] verteidigte er die Republik noch entschieden, allerdings abgeschwächt durch die Äußerung, dass „Elend und Greueltaten" einen wohldenkenden Menschen von einer tätigen Entscheidung für sie abhalten könnten.[121] So mögen außer Preußens Zensurpolitik[122] auch Vorzeichen[123] des Schreckens *Kant* darin bestärkt haben, „keinerlei Hang zu irgendeinem ethischen Terroris-

---

116 *Kant* (Fn. 106), A 162 f., B 192 f., S. 430.

117 *Immanuel Kant*, Zum ewigen Frieden, 1. Aufl. 1795 (A), S. 60, 2. Aufl. 1796 (B) S. 61, zitiert nach der Werkausgabe hrsg. Wilhelm Weischedel, Bd. XI, 10. Aufl. 1993, S. 224.

118 *Kant* (Fn. 117), A 60 f., B 61 f., S. 224.

119 *Immanuel Kant*, Die Religion innerhalb der Grenzen der bloßen Vernunft, 1. Aufl. 1793 (A), S. 124, 2. Aufl. 1794 (B), S. 132, zitiert nach Band VIII der Kant-Werkausgabe hrsg. von Wilhelm Weischedel, 10. Aufl. 1993, S. 754.

120 *Karl Vorländer*, Immanuel Kant. Der Mann und das Werk. 3. Aufl., Hamburg 1992, Bd. 2, Buch IV., 4. Kap., S. 220–222; *Manfred Kühn*, Kant. Eine Biographie, 4. Aufl., München 2004, S. 395 f.

121 Dies und Zitate bei *Immanuel Kant*, Streit der Fakultäten, 1. Aufl. 1798, S. 144, zitiert nach der Werkausgabe hrsg. Wilhelm Weischedel, Bd. XI, 10. Aufl. 1993, S. 358.

122 Deren Opfer wurde Kant selbst dann bekanntlich gerade mit der hier zitierten Religionsschrift, vgl. *Karl Vorländer*, Immanuel Kant. Der Mann und das Werk, 3. Aufl., Hamburg 1992, Bd. 2, Buch IV., 3. Kap., S. 199 f.

123 Am 2.6.1793 begann mit dem Aufstand der *enragés* und der Verhaftung von Girondisten die eigentliche Terrorherrschaft. Aber bereits auf Grund „des vorangegangenen Terrors" um die „Septembermorde" Anfang September 1792 ließen sich Anzeichen erkennen, vgl.

mus"[124] zu entwickeln. Vielleicht ahnte er, was später andere über den Zusammenhang zwischen strenger gesellschaftlicher Tugendorientierung und freiheitsfeindlichem Terror formulierten.

Oft bezog sich dieser Zusammenhang des Tugendterrors auf die vermeintliche „Inkarnation der Bürgertugend" *Robespierre*,[125] mitunter aber auch auf *Dserschinski*, den Gründer des sowjetrussischen Geheimdienstes, von dem *Lenin* gemeint haben soll, dass ihn „keine Macht der Welt korrumpieren" könne,[126] und dessen Tscheka im Zentrum des „Roten Terrors" agierte.[127] *Robespierre* wollte „die öffentliche Tugend"[128] zur Herrschaft bringen, strebte eine Ordnung an, in der „die Seelen sich weiten durch den ständigen Austausch republikanischer Gefühle und durch das Bedürfnis, die Achtung eines großen Volkes zu verdienen ... Wir wollen in unserem Lande die Moral gegen den Egoismus ... eintauschen".[129] Weil auf das „erhabene Gefühl" der Vaterlandsliebe[130] abzustellen ist, kommt es ihm darauf an, dass „Verrätereien ... klar durchschaut werden",[131] ja, eine politische Bestrebung schon „bei einem einzigen verbrecherischen Gedanken ihr Ende finden" muss.[132] Terror ist ihm „die unmittelbare, strenge und unbeugsame Gerechtigkeit; er ist also eine Emanation der Tugend".[133] Treffend und nur vermeintlich unwissenschaftlich formulierte hierzu *Hannah Arendt*:

Wilfried Loth, Frankreich. Revolution, Republik, Kaiserreich, in: Der große Plötz, 35. Aufl. 2008, S. 1010 (Zitat).

[124] *Monique Castillo*, Moral und Politik, in: Otfried Höffe (Hrsg.), Zum ewigen Frieden, 3. Aufl. Berlin 2011, S. 139–156 (150).

[125] *Carlo Schmid*, Einleitung, in: *Maximilian Robespierre*, Ausgewählte Texte. Deutsch von Manfred Unruh. Hamburg, 2. Aufl. 1989, S. 9–36 (24 f.), Zitat S. 24.

[126] *Hannah Arendt*, Rosa Luxemburg, in: *dies.*, Menschen in finsteren Zeiten, 2001, S. 43–68 (51 f.) Sein Mitschüler Piłsudski soll ebenfalls noch zur späteren Zeit der erbitterten politischen Feindschaft geäußert haben, Dserschinski „distinguished himself as a student with delicacy and modesty. ... in any case this person did not know how to lie" (*Robert Blobaum*, Feliks Dzierżyński and the SDKPiL: A study of the origins of Polish communism, New York 1984, S. 30).

[127] Der Beschluss des Rates der Volkskommissare vom 05.09.1918 zur Durchführung des Terrors ist in dt. Übersetzung abrufbar über den Internetauftritt der Bayerischen Staatsbibliothek für das federführend vom Lehrstuhl für Osteuropäische Geschichte der Friedrich-Alexander Universität Erlangen-Nürnberg und vom Institut für Allgemeine Geschichte der Russischen Akademie der Wissenschaften (Moskau) betreute Projekt „100(0) Schlüsseldokumente der russischen und sowjetischen Geschichte (1917–1991)": http://www.1000dokumente.de/. (Abruf vom 15.1.2013) Die dem Dokument dort beigefügte Einführung Aleksandr Šubins berichtet die kurze Vorgeschichte des weißen und roten Terrors..

[128] *Maximilian Robespierre*, Rede vom 5.2.1794 vor dem Nationalkonvent Über die Grundsätze der politischen Moral, die den Nationalkonvent bei der inneren Verwaltung der Republik leiten sollen, in: *ders.* (Fn. 125), S. 581–616 (587).

[129] *Robespierre* (Fn. 128), S. 584 f.

[130] *Robespierre* (Fn. 128), S. 587.

[131] *Robespierre* (Fn. 128), S. 584.

[132] *Robespierre* (Fn. 128), S. 584.

[133] *Robespierre* (Fn. 128), S. 594.

„[D]ie Eigenschaften des Herzens bedürfen … [der, R.K.] Dunkelheit und des Schutzes gegen das Licht der Öffentlichkeit, um … bleiben zu können, was sie sind: die innersten, verborgenen Antriebe, die sich zur öffentlichen Schaustellung nicht eignen. Der Antrieb zu einer Handlung mag noch so tief … verankert sein, ist er … öffentlich ausgesprochen …, so wird er sofort zum Gegenstand des Mißtrauens – … auch des Mißtrauens von einem selbst. … im Gegensatz zu Taten und Worten, die dazu da sind, in Erscheinung zu treten … werden Antriebe … durch das Erscheinen in ihrem Wesen zerstört. Sobald sie erscheinen, werden sie zu bloßem Schein, hinter dem sich … andere Motive … verbergen mögen, nämlich die Heuchelei, die Täuschung und die Selbsttäuschung.“[134]

Diese Logik sei es gewesen, die *Robespierre* dazu gebracht habe, „überall Intrigen und Verleumdungen, Verrat und Heuchelei zu wittern“[135] und eine verhängnisvolle Atmosphäre allseitiger Verdächtigungen[136] hervorzurufen.

Wenn dagegen bei *Kant* „Publizität“ die „Einhelligkeit der Politik mit der Moral“[137] bewirken soll, so ausdrücklich allein bezogen auf „Handlungen“,[138] gerade nicht als „Form der Inquisition, welche die Tugendhaftigkeit des Souveräns oder seiner Berater prüfen wollte“.[139]

Kant ignorierte indes nicht die Bedeutung einer positiven emotionalen Orientierung an Recht und Freiheit. Nur waren ihm dabei *die politisch-institutionellen Voraussetzungen das Primäre*. Nicht die innere Moralität sei Ursache der Annäherung an die Rechtsidee, sondern von einer guten Staatsverfassung sei „die gute moralische Bildung eines Volks zu erwarten“.[140] Auch eines der Argumente für seine Ablehnung des Weltstaates, den zu fordern seine Systematik auf den ersten Blick nahe zu legen scheint,[141] ist hier angesiedelt. *Kant* argumentiert, der große Umfang der Regierung bewirke, dass „ein seelenloser Despotism, nachdem er die Keime des Guten ausgerottet hat, zuletzt … in Anarchie verfällt.“[142] *Kant* setzt der „Schwächung aller Kräfte“[143] institutionell den balancierten „lebhaftesten Wetteifer“[144] entgegen.

---

134 *Hannah Arendt*, On Revolution, New York, N.Y. 1963, S. 91, dt. Über die Revolution, 4. Aufl. 2000, S. 122.

135 *Arendt* (Fn. 134).

136 *Arendt* (Fn. 134), engl. S. 92, dt. S. 122.

137 *Kant* (Fn. 117), A 92, B 98, S. 244.

138 *Kant* (Fn. 117), A 93, B 100, S. 245.

139 *Monique Castillo* (Fn. 124), S. 149.

140 *Kant* (Fn. 117), A 61, B 62, S. 224.

141 Zu apriorischen Gründen für einen Weltstaat bei Kant vgl. *Rainer Keil*, Freizügigkeit, Gerechtigkeit, demokratische Autonomie, 2009, S. 39 f., 42 f. und 75.

142 *Kant* (Fn. 117), A 62, B 63, S. 225.

143 *Kant* (Fn. 117), A 63, B 65, S. 226.

144 *Kant* (Fn. 117), A 63, B 65, S. 226.

IV. Aktuelle Nachwirkungen

1. *Höffe und Spieltheorie*

Otfried Höffe versuchte die These, das Problem der Staatserrichtung sei selbst für ein Volk verständiger Teufel auflösbar, für die Staatslegitimation u.a. unter Rückgriff auf spieltheoretische Überlegungen erneut stark zu machen.[145] Er kam zum Ergebnis, dass es nicht evident klug ist, sich kooperativ zu verhalten.[146] Gesamtwohl kommt „nicht unbedingt durch freie Verfolgung der Individualinteressen zustande" (*M. Anderheiden*).[147] Das Zustandekommen nachzuweisen gelingt *Höffe* nur, indem er „die Situation insgesamt" in den Blick nimmt,[148] „ein gemeinsames Interesse zweiter Stufe"[149] unterstellt, zu verhindern, dass Täuschung sich lohnt und „ein Vorteil, der nur durch gegenseitige Freiheitsverzichte zustande kommt, aus Selbstinteresse in einen einseitigen Verzicht umgemünzt wird."[150] Da dieses Verhindern gemeinsam erfolgen muss,[151] bedarf es einer öffentlichen Durchsetzungsmacht.[152] Dies legitimiert den Staat, stützt allerdings nicht gerade die demokratische Staatsform.

2. *Kersting: Liberalismus als partikulare „Grammatik einer Lebensform"*

Wolfgang Kersting greift *Kant*s und *Höffe*s Ansatz an. Die Sprache des Tugendrepublikanismus deute darauf, dass ein „allein auf Klugheitsarrangements … setzender rechtfertigungstheoretischer Externalismus"[153] blind mache „gegenüber … nur aus internalistischer Perspektive aufzuhellenden vielfältigen Facetten des praktischen Lebens in normativen Ordnungen".[154] Eine rechtfertigungstheoretische Begrifflichkeit des Liberalismus vermöge dessen „eigene Praxis- und Wirklichkeitsbedingungen theoretisch nicht zu

---

[145] *Otfried Höffe*, Den Staat braucht selbst ein Volk von Teufeln: ein Dilemma der natürlichen Gerechtigkeit, in: *derselbe*, Den Staat braucht selbst ein Volk von Teufeln. Philosophische Versuche zur Rechts- und Staatsethik, Stuttgart 1988, S. 56–78, Anknüpfung an die Spieltheorie S. 73 f.

[146] *Höffe* (Fn. 145), S. 73.

[147] *Michael Anderheiden*, Gemeinwohl in Republik und Union, Tübingen 2006, S. 45.

[148] *Anderheiden* (Fn. 147), S. 45 f.: „Das Gefangenendilemma in seiner Alltäglichkeit macht es … notwendig, für die Steigerung des Gemeinwohls die Situation insgesamt zu betrachten. Der Individualismus muss deshalb durch eine holistische Perspektive ergänzt werden."

[149] *Höffe* (Fn. 145), S. 74.

[150] *Höffe* (Fn. 145), S. 74.

[151] *Höffe* (Fn. 145), S. 74.

[152] *Höffe* (Fn. 145), S. 75.

[153] *Kersting* (Fn. 29), S. 441.

[154] *Kersting* (Fn. 29), S. 441.

beherrschen."[155] *Kant* habe sich geirrt.[156] Vor allem die unter zentrifugalen Kräften ächzende moderne Gesellschaft brauche einen verbindenden Überzeugungshorizont, der im Wissen, Wollen und Handeln der Subjekte Wirklichkeit gewinne.[157] Der Liberalismus müsse sein „neutralistisches Mißverständnis"[158] aufgeben, sich

> „als Grammatik einer Lebensform erkennen, die ... universalistisch ausgerichtet ist, gleichwohl ... in Konkurrenz mit anderen ... steht und ... partikularen Charakters ist."[159] Vonnöten sei eine „ethische Parteilichkeit ..., die ... liberalen Prinzipien auch gegen ... aufbegehrenden Antiliberalismus Geltung und gesellschaftliche Realität verschaffen" könne.[160]

3. Das Böckenförde-Diktum – die Unfruchtbarkeit des Tugendbegriffs im Recht

Allein: Dies alles lässt sich nicht anordnen, gar erzwingen; gehört also, anders als Legitimationsüberlegungen für politisch gesetzte, zwangsbewehrte Rechtsnormen, zur politischen Sozialethik, nicht in den Bereich des Rechts. Juristisch und rechtspolitisch hilft der Begriff der Tugend nicht weiter. Insofern brachte *Ernst-Wolfgang Böckenförde* das Problem auf den Punkt, als er sein bekanntes Diktum formulierte: „Der freiheitliche, säkularisierte Staat lebt von Voraussetzungen, die er selbst nicht garantieren kann",[161] nicht jedenfalls, „ohne seine Freiheitlichkeit selbst aufzugeben",[162] Voraussetzungen, deren Aufladung mit starken „Homogenitäts- und Gemeinsamkeitserfordernissen" freilich zu Recht bezweifelt worden ist.[163]

---

[155] *Kersting* (Fn. 29), S. 441 f.

[156] *Kersting* (Fn. 29), Zitate auf S. 454.

[157] *Kersting* (Fn. 29), S. 454 f.

[158] *Kersting* (Fn. 29), S. 455.

[159] *Kersting* (Fn. 29), S. 455.

[160] *Kersting* (Fn. 29), S. 455.

[161] *Ernst-Wolfgang Böckenförde*, Die Entstehung des Staates als Vorgang der Säkularisation (1967), zitiert nach dem Nachdruck in: ders., Recht, Staat, Freiheit, Frankfurt am Main, 2. Aufl. 1992, S. 92–114, S. 112.

[162] *Böckenförde* (Fn. 161), S. 113. Er bekräftigte dies in verschiedenen Formulierungen immer wieder, so in *Ernst-Wolfgang Böckenförde*, Bemerkungen zum Verhältnis von Staat und Religion bei Hegel (1982), in: *ders.*, Recht, Staat, Freiheit (Fn. 161), S. 115–142 (141 f.); *Ernst-Wolfgang Böckenförde*, Verhaltensgewähr oder Gesinnungstreue? Sicherung der freiheitlichen Demokratien in Form des Rechtsstaates (1978), in: *ders.*, Staat, Verfassung, Demokratie, S. 277–285 (285); *Ernst-Wolfgang Böckenförde/Christoph Enders*, Freiheit und Recht, Freiheit und Staat (1985), in: *Ernst-Wolfgang Böckenförde*, Recht, Staat, Freiheit (Fn. 161), S. 42–57 (56); *Ernst-Wolfgang Böckenförde*, Demokratie als Verfassungsprinzip (1987), in: *ders.*, Staat, Verfassung, Demokratie (diese Fn.), S. 289–378 (350 f.).

[163] *Armin von Bogdandy*, Europäische und nationale Identität: Integration durch Verfassungsrecht? VVDStRL 62 (2003), S. 156–193 (173; dort auch das Zitat).

V. Konsequenzen: Recht(spolitik) und demokratische Tugend

1. Gesinnungsprüfungen, civic virtues & rechtlich determinierte Schule

Gesinnungsprüfungen erscheinen nach alledem als illusorisch und kontraproduktiv, wenn nicht als normativ illegitime Grenzüberschreitungen,[164] sei es einst in schwammigen Regelungen des so genannten Radikalen-Erlasses,[165] sei es noch vor Kurzem nach dem baden-württembergischen Gesprächsleitfaden für Einbürgerungsverfahren von 2005.[166] Das legt auch die Streichung des staatsbürgerlichen Bekenntnisses aus § 10 Abs. 1 Nr. 1 StAG nahe.

Im zwangsläufig auch rechtlich[167] determinierten Bildungswesen führt eine rein negative Position allerdings nicht weiter. Umsichtig, sensibel und mit dem Ziel, zu öffnen und ermuntern, nicht moralisch einzuschüchtern, sollte die wichtige Diskussion geführt werden, welcher Platz hier demokratischen Tugenden,[168] bürgerschaftlichem Urteilsvermögen[169] und Engagement[170] zusteht, wie „die eigenständige Präsentation geistiger und ethisch-sittlicher Gehalte" in staatlichen Schulen mit einer normativen „Bindung des freiheitlichen Staates an religiös-weltanschaulichen ... Pluralismus" und mit „Grundrechtsverbür-

---

164 *Heiner Bielefeldt*, Menschenrechte in der Einwanderungsgesellschaft, 2007, S. 189 f.

165 Zutr. *Ernst-Wolfgang Böckenförde*, Verhaltensgewähr oder Gesinnungstreue? In: *ders.*, Staat, Verfassung, Demokratie, 2. Aufl. 1992, S. 277–285 (284 f.).

166 Wiedergegeben in: *Rüdiger Wolfrum/Volker Röben*, Gutachten zur Vereinbarkeit des Gesprächsleitfaden für die Einbürgerungsbehörden des Landes Baden-Württemberg mit Völkerrecht vom 8. März 2006, http://www.mpil.de/shared/data/pdf/gutacht_gespraechs leitfaden_einbuergerung.pdf (Abfrage 11.3.2012). Vgl. *Heiner Bielefeldt*, Einbürgerungspolitik in Deutschland, Berlin 2006; *Ingo von Münch*, Die Deutsche Staatsangehörigkeit, Vergangenheit – Gegenwart – Zukunft, Berlin 2007, S. 252–257, *Keil* (Fn. 141), S. 120–123.

167 Art. 12 Abs. 1 LV-BaWü, § 1 Abs. 1 und 2 SchulG-BaWü.

168 Grundl. *Anne Sliwka*, Bürgerbildung. Demokratie beginnt in der Schule. Weinheim 2008; zu Bürgertugenden S. 22, 29, zur „Bildung verlässlicher demokratischer Loyalität" S. 18, zur Interaktion, „wo die Verwirklichung des Guten den energiegeladenen Wunsch und die Bemühung nach sich zieht, diesen gemeinsamen Prozess des Handelns fortzusetzen" S. 23. Die Arbeit orientiert sich stark an *John Dewey*, v. a. an Democracy and Education, 1916, dt. Demokratie und Erziehung, Weinheim 1993.

169 Zur „democratic citizenship" s. bei *Ingrid Schoberth*, Zur Urteilspraxis von Kindern und Jugendlichen. Religionspädagogische und religionsdidaktische Zugänge, in: dies. (Hrsg.), Urteilen lernen. Grundlegung und Kontexte ethischer Urteilsbildung, Göttingen 2012, S. 231–249 (insbes. S. 237 f. m.w.N.); allgemeiner zu den Abgründen und Möglichkeiten ethischer Bildung sehr erhellend *Wolfgang Schoberth*, Urteilen und Lebenswelt. Eine systematische Perspektive auf das ethische Lernen, in: I. Schoberth (Hrsg.). a.a.O., S. 291–302.

170 *Gerd F. Hepp*, Wertewandel und bürgerschaftliches Engagement – Perspektiven für die politische Bildung, Aus Politik und Zeitgeschichte B 29/2001, S. 31–38.

gungen“ vereinbar[171] sowie wie mit ihnen umzugehen ist.[172] Dies kann hier nur angedeutet werden.

2. *Institutioneller Reformbedarf*

Jürgen Habermas stellt ferner heraus, dass „demokratische Praktiken … eine eigene politische Dynamik“ entfalten.[173] Das „vermisste ‚einigende Band‘“ sei „ein demokratischer Prozess, in dem … das richtige Verständnis der Verfassung zur Diskussion steht.“[174] Er legt so – übereinstimmend mit Entdeckungen schon *Machiavellis*, mehr dann *Spinozas*, *Montesquieus*, *Jeffersons* und *Kants* – den Blick auf ihre gesellschaftlich-strukturellen[175] und *institutionellen* Voraussetzungen nahe. Letztere kommen als Gegenstand *recht*spolitischer Erwägung in Betracht. In ihrem Kontext gilt: Die Vitalität demokratischer Haltungen, „Politische Kultur“[176] genannt, dürfte entscheidend davon abhängen, ob sie sich aus Sicht der Menschen, welche sie einnehmen, bewähren, mithin, ob eigenes Handeln als relevant vorgestellt (a) und erfahren (b) werden kann und politischen Institutionen, auf die es sich bezieht, Gestaltungsfähigkeit zugetraut wird (c).

a) Vorstellbarkeit der Relevanz eigenen politischen Handelns: Beispiel EU

Zur Vorstellbarkeit des Erfolgs eigener politischer Aktivität gehört, dass sie einen Angriffspunkt hat. Institutionell setzt das Klarheit von Verantwortlichkeiten voraus. Jede weitere Privatisierung, Verlagerung von Entscheidungskompetenz in informelle Gremien oder sehr komplexe Entscheidungsmechanismen bedarf kritischer Prüfung. Ein Beispiel: An wen wende ich mich, wenn ich eine innerstaatliche Regelung ablehne, die auf einer EU-Richtlinie beruht? Mein Bundestagsabgeordneter wird sagen: Die Bundesrepublik ist an die EU-Richtlinie gebunden, meine Abgeordnete im Europäischen Parlament: Auch nach

---

[171] *Ernst-Wolfgang Böckenförde*, Freiheit und Recht, Freiheit und Staat (Fn. 162), S. 55 (Zitate dort).

[172] Vgl. *Sliwka*, (Fn. 168) S. 17 sowie 29, 90–92, 94 f.; aus verfassungsrechtlicher Perspektive *Stefan Huster*, Kultur im Verfassungsstaat, VVDStRL 65 (2006), S. 51–78 (insbes. 66–75); ferner *Bielefeldt* (Fn. 164), S. 119–153.

[173] *Jürgen Habermas*, Vorpolitische Grundlagen des demokratischen Rechtsstaates? In: *ders.*, Zwischen Naturalismus und Religion, 1. Aufl. Frankfurt a.M. 2005, S. 106–118 (110).

[174] *Habermas* (Fn.173), S. 110.

[175] Vgl. zur Emanzipationsstruktur und Abwesenheit extremer wirtschaftlich-sozialer Gegensätze als Voraussetzungen der Demokratie *Ernst-Wolfgang Böckenförde*, Demokratie als Verfassungsprinzip, in: J. Isensee/P. Kirchhof (Hrsg.), HStR Bd. II, 3. Aufl 2004, § 24 Rn. 60 u. 63, S. 470 und 472.

[176] Definition bei *Gabriel A. Almond und Sidney Verba*, The Civic Culture, Neuaufl. 1989 des 1963 erschienen Werks, S. 12. Ferner *Bettina Westle/Oscar W. Gabriel*, Politische Kultur, Baden-Baden 2009.

dem Vertrag von Lissabon hat das Parlament kein Initiativrecht. Es liegt bei der Kommission[177] oder einem Viertel der Mitgliedstaaten.[178] Im Entscheidungsorgan Rat diffundiert Verantwortlichkeit: Minister können sich in Brüssel auf politische Verhältnisse im Mitgliedstaat, hier auf Einigungszwänge in Brüssel berufen. Verschleierung persönlicher Verantwortung und der eigentlichen Sachfragen liegt institutionell nahe.[179] Diese Situation ist im Vergleich zur klaren Verantwortlichkeit eines Ministers gegenüber einem zentralen Parlament schwer durchschaubar und demotivierend: Wo soll ich demonstrieren, wen zur Verantwortung rufen, wie meine Anregung und Kritik so formulieren, dass sie verspricht, von den Akteuren wenigstens gehört, vielleicht auch aufgegriffen zu werden? Hier liegt ein zentrales Problem für eine aktive Bürgerschaft in Europa,[180] vielleicht mehr als in zu wenigen gemeinsamen Prägungen[181] oder der gewiss nicht unbedeutenden Verschiedenheit von Sprachen[182] und Medien- und Diskussionskulturen. Hierauf ist unter dem Stichwort „Vertrauen“ (c) zurückzukommen.

b) Erfahrung der Relevanz eigenen politischen Handelns

Die Erfahrung der Innenperspektive eines Akteurs mit Gemeinwohlverantwortung ist oft als für die Entwicklung entsprechender subjektiver Einstellungen hilfreich eingeschätzt worden. Bildung, verstanden als Entwicklung eigener Kräfte, setzt außer Freiheit „Mannigfaltigkeit der Situationen“,[183] also Gelegenheiten voraus. *Mill*, der Regierungssysteme an Hand ihrer Wirkung auf politische Tugend beurteilte,[184] formulierte: „Let a person have nothing to do for his country, and he will not care for it.“[185] Er hielt ehrenamtliche Bürgerdienste wie etwa den des Schöffen für hilfreich.[186] Die phantasievolle Berücksichtigung

---

[177] Art. 17 Abs. 2 EU-V.

[178] Art. 76 b) AEU-V.

[179] Genauer *Stefan Oeter*, Föderalismus und Demokratie, in: Armin von Bogdandy/Jürgen Bast (Hrsg.), Europäisches Verfassungsrecht, 2. Aufl. 2009, S. 73–120 (insbes. 103–106).

[180] Zutr. *Felix Hanschmann*, Der Begriff der Homogenität in der Verfassungslehre und Europarechtswissenschaft, Heidelberg 2008, S. 234, bzgl. der Genese europ. Öffentlichkeit.

[181] Vgl. zum angeblichen Erfordernis von „Kommunikations-, Erfahrungs- und Erinnerungsgemeinschaften“ *Peter Graf Kielmannsegg*, Integration und Demokratie, in: Jachtenfuchs/Kohler-Koch, Europäische Integration, 2. Aufl. 2003, S. 49–76 (58). Gegen ihre Überhöhung zur condicio sine qua non jeglicher europäischer Demokratie überzeugend *Stefan Oeter* (Fn. 179), S. 115, ähnl. S. 106, m.w.N.

[182] *Dieter Grimm*, Braucht Europa eine Verfassung? JZ 1995, S. 581–591 (588 f.).

[183] *Wilhelm von Humboldt*, Ideen zu einem Versuch, die Grenzen der Wirksamkeit des Staats zu bestimmen, 1851, hier zitiert nach der Ausgabe Stuttgart 1995, S. 22.

[184] *John Stuart Mill*, Considerations on Representative Government, 1861, in: *ders.*, On Liberty and other Essays (Hrsg. John Gray), Oxford und New York 1991, S. 203–467, Kap. The Criterion of a Good Form of Government, S. 229.

[185] *Mill* (Fn. 184), S. 240.

[186] *Mill* (Fn. 184), S. 254 f.

der Chance, den Erfolg eigenen Engagements wahrzunehmen, sollte nicht vorschnell als illusionärer „Größenwahn“[187] abgetan werden, der „in resignative Passivität“ umschlagen müsse,[188] sondern in institutionelle Arrangements Eingang finden. Einrichtungen der Selbstverwaltung dürften, so schon der Gedanke der preußischen Städtereform von 1808,[189] helfen, aber nur, wo Finanzmittel und Befugnisse ihrer Organe sie als effektiv erscheinen lassen. Volksabstimmungen stimulieren Selbstverantwortung, wenn sie als eigeninitiativ bewirkte Korrektive von Fehlentwicklungen repräsentativer Demokratie eingerichtet sind und sofern vorgeschaltete Volksinitiativen, Bürger- oder Volksbegehren inhaltliche Relevanz bei der Formulierung der Frage garantieren, kaum dagegen, wenn gewählte Verantwortungsträger, die Rollen vertauschend, eine von ihnen gestellte Frage ans Volk delegieren, so stets Verantwortung, mitunter auch Deliberation und Diskussion verpuffen lassen und die Bürgerschaft zum Entscheidungsautomaten degradieren können.[190]

c) Vertrauen in Gestaltungsfähigkeit der Politik: Beispiel EU

Am wichtigsten dürfte es sein, dass politischen Institutionen überhaupt die gestaltende Lösung wichtiger Probleme gesellschaftlichen Lebens zugetraut wird: Der Eindruck der Ohnmacht von Politik angesichts drängender Probleme oder gegenüber der vermeintlichen Macht privater Marktakteure, die territoriale Grenzen überschreiten und politische Gebilde unter Druck setzen können, motiviert kaum dazu, sich mit Politik zu befassen.[191] Falls[192] größere politische Strukturen eine Chance haben, marktordnende Wirkung zu entfalten und politische Handlungsoptionen[193] zurückzugewinnen, könnten sie die Attraktivität der Beschäftigung mit Gemeinwohlbelangen steigern. Es mag tagespolitisch als abwegig erscheinen, aber in Bereichen, wo dies die Leistungsfähigkeit der Politik sichtbar steigerte, wäre es vermutlich hilfreich, wenn die Tendenz einer

---

[187] *Otto Depenheuer*, Bürgerverantwortung im demokratischen Verfassungsstaat, VVDStRL 55 (1996), S. 90–123 (106 f., auf S. 107 das Zitat).

[188] *Depenheuer* (Fn. 187), S. 107 Fn. 56.

[189] *Hans Heinrich Rapp*, Die Unterscheidung von Staat und Gesellschaft, in: Isensee/Kirchhof (Hrsg.), Handbuch des Staatsrechts, Bd. II, 3. Aufl. 2004, § 31, S. 879–927 (884), Rn. 8.

[190] Hilfreich § 21 Abs. 3 GemO Ba-Wü; schädlich insofern das viel zu hohe Quorum in Art. 59 Abs. 2 Satz 2 LV-Ba-Wü., problematisch Art. 60 Abs. 2 LV-Ba-Wü und § 21 Abs. 1 GemO Ba-Wü.

[191] Vgl. *Heike Walk*, Krise d. Demokratie u. d. Rolle d. Politikwissenschaft, APuZ 52/2009, S. 22–28 (22), *Claudio Franzius* und *Ulrich K. Preuß*, Die Zukunft der Europäischen Demokratie, Baden-Baden 2012, S. 98–101.

[192] Skeptisch Fritz Scharpf auf einer Tagung in Berlin, vgl. *Maximilian Steinbeis*, Man kann Rührei nicht wieder trennen, Frankfurter Allgemeine Zeitung Nr. 279 v. 30.11.2011, S. 31, im Internet abrufbar unter http://www.faz.net/aktuell/feuilleton/euro-krise-man-kann-ruehrei-nicht-wieder-trennen-11545325.html (Abruf: 26.3.2012).

[193] *Jürgen Habermas*, Zur Verfassung Europas, Berlin 2011, S. 46 f., 50, 61, 80 f., 82, 110.

überwiegend negativen europäischen Integration[194] durch eine deutliche *Erweiterung der Kompetenzen von Organen der EU* überwunden würde, um so „den affektiven Aspekt"[195] von politischem Selbstverständnis, Loyalitätsbindung und Grenzen überschreitenden politischen Aktivitäten der Unionsbürgerinnen und -bürger in Europa zu fördern. Es ist nicht abwegig, dass die Bürgerinnen und Bürger Europas so das Interesse an europäischen Debatten fänden und die bislang „krass unterentwickelten öffentlichen" Diskurse „über Entscheidungsfragen europäischer Politik" belebten,[196] dass so die Organisation europäischer Mehrheiten, Parteistrukturen,[197] Bündnisse, Petitionen,[198] Bürgerinitiativen,[199] Demonstrationen vertieft, die Beteiligung an Wahlen zum Parlament[200] gesteigert[201] und eine kritische europäische Öffentlichkeit durch wechselseitige Bezugnahme national geprägter Öffentlichkeiten entwickelt würde.[202] Das gilt freilich nur, wenn diese Kompetenzerweiterung einhergeht mit einer deutlichen Zunahme *klar greifbarer Verantwortlichkeit* ihrer Organwalter *gegenüber der Unionsbürgerschaft und europaweit gewählten Abgeordneten, die argumentativ um europäische Mehrheiten ringen müssen.* Die derzeit empfundene dominante Undeutlichkeit[203] der über den Exekutivföderalismus[204] des Rats und des Europäischen Rats vermittelten Verantwortlichkeit gegenüber natio-

---

194 Vgl. zum Verlust an politischen Handlungsoptionen durch sie *Fritz W. Scharpf*, Politische Optionen im vollendeten Binnenmarkt, in: Jachtenfuchs u.a. (Hrsg.) (Fn. 181), S. 219–253 (220).

195 Zwar hat „sich die ... Erwartung, dass bei ... europäischer Integration auf institutioneller Ebene die Bürger ‚nachziehen', ... im Hinblick auf den affektiven Aspekt nicht erfüllt" (*Bettina Westle*, Politische Kulturen, Globalisierung und europäische Union, in: *dies./Oscar Gabriel* [Fn. 176], 529–578 [559]). Indes waren „Identifikationsmöglichkeiten angesichts der dominant ökonomischen Natur der EU und ihrer Bürgerferne ... gering" (S. 559); vielleicht aber auch wegen zu geringer Gestaltungsmacht und geringer Greifbarkeit von Verantwortlichkeiten für das europäische Gemeinwohl.

196 Zitate bei *Stefan Oeter* (Fn. 179), S. 107.

197 Vgl. Art. 10 Abs. 4 EU-V.

198 Art. 24 Abs. 2, 227 AEU-V.

199 Art. 11 Abs. 4 EU-V i.V.m. Art. 24 Abs. 1 AEU-V.

200 Zahlen zur bisherigen Wahlbeteiligung in den Mitgliedstaaten sind abgedruckt bei: *Andreas Maurer*, Europäisches Parlament, in: Werner Weidenfeld und Wolfgang Wessels, Jb.d.Europ. Integration 2009, S. 47–54 (48).

201 *Jürgen Habermas*, Braucht Europa eine Verfassung? Eine Bemerkung zu Dieter Grimm, in: *ders.*, Die Einbeziehung des Anderen, 2. Auflage 1997, S. 185–191, 191 erwartet eine „induzierende Wirkung" politischer Institutionen. Genauer *Hanschmann* (Fn. 180), S. 230 f. sowie S. 235 f.

202 *Rainer Keil*, Öffentlichkeit als rechtsphilosophisches Prinzip der Aufklärung bei Bentham und Kant: Inspiration für aktuelle rechtspolitische Fragen? Zeitschrift für Rechtsphilosophie 1/2012, S. 3–40 (38) unter Bezugnahme auf *Jürgen Habermas* (Fn. 193), S. 77 sowie auf *Stefan Tobler*, Transnationalisierung nationaler Öffentlichkeit, Wiesbaden 2010, S. 260–262.

203 Vgl. oben das unter a. geschilderte Problem des Verlusts an Verantwortlichkeit im Rat.

204 *Stefan Oeter* (Fn. 179), S. 73–120 (103); *Jürgen Habermas* (Fn. 193), S. 43 und 81.

nalen[205] Parlamenten mit ihren partikular verengten Gemeinwohlperspektiven sollte den politischen Blick auf Europa nicht länger zu sehr trüben. Angesichts des hiernach berechtigten Hinweises auf die Möglichkeiten eines politischen Zugriffs der europäischen Bürgerschaft auf solche Probleme, die sich am effektivsten unionsweit lösen lassen, räumten dann vielleicht endlich manche Unkenrufe politischer Ohnmacht die Bühne für Stimmen aktiver politischer Teilhabe.

[205] Zur Frage, ob die Kontrolle europäischer Politik durch nationale Parlamente ein „Irrweg" ist, vgl. aber *Armin von Bogdandy*, Vorwärtsverteidigung ohne Zweifel, Frankfurter Allgemeine Zeitung Nr. 55, 6.3.2013, S. 6; differenziert: *Franzius/Preuß* (Fn. 191), S. 141–163.

Sein und Sollen am unteren Ende des Stufenbaus der Rechtsordnung

Martin Borowski

Die Unterscheidung von Sein und Sollen steht seit langem im Zentrum der Rechtsphilosophie. Bereits *David Hume* hat Mitte des 18. Jahrhunderts in einer berühmten Passage darauf hingewiesen, man könne nicht einfach von Aussagen über das Sein zu Aussagen über das Sollen übergehen:

> "In every system of morality, which I have hitherto met with, I have always remark'd, that the author proceeds for some time in the ordinary way of reasoning, and establishes the being of a God, or makes observations concerning human affairs; when of a sudden I am surpriz'd to find, that instead of the usual copulations of propositions, *is*, and *is not*, I meet with no proposition that is not connected with an *ought*, or an *ought not*. This change is imperceptible; but is, however, of the last consequence. For as this *ought*, or *ought not*, expresses some new relation or affirmation, 'tis necessary that it shou'd be observ'd and explain'd; and at the same time that a reason shou'd be given, for what seems altogether inconceivable, how this new relation can be a deduction from others, which are entirely different from it".[1]

Über *Kant*, der seine Erkenntnistheorie in Auseinandersetzung mit *Humes* Schriften entwickelte, führt eine Linie zur neukantianisch inspirierten deutschen Rechtsphilosophie. Sowohl *Gustav Radbruch* als auch *Hans Kelsen* haben, bei allen Unterschieden, die Trennung von Sein und Sollen scharf betont.

Radbruch führt in § 2 seiner „Rechtsphilosophie" von 1932 zum „Methodendualismus" aus: „Die Kantische Philosophie hat uns über die Unmöglichkeit belehrt, aus dem, was *ist*, zu erschließen, [...] was sein *soll*."[2] Drei Seiten weiter heißt es: „Sollenssätze sind nur durch andere Sollenssätze begründbar und beweisbar."[3] Die naheliegende Frage, wie denn die letzten Sollenssätze gerechtfer-

---

[1] *David Hume*, A Treatise of Human Nature, Bd. 1, hrsgg. von David Fate Norton/Mary J. Norton, Oxford 2007, S. 302 (Hervorhebungen im Original).

[2] *Gustav Radbruch*, Rechtsphilosophie, hrsgg. von Erik Wolf/Hans-Peter Schneider, 8. Aufl., Stuttgart 1973, S. 93 (Hervorhebungen im Original), wieder abgedruckt in: *Gustav Radbruch*, Gesamtausgabe, hrsgg. von Arthur Kaufmann, Bd. 2, Arthur Kaufmann (Hrsg.) (im Folgenden RGA 2), Heidelberg 1993, S. 206–450 (230), und *Gustav Radbruch*, Rechtsphilosophie. Studienausgabe (im Folgenden StA), hrsgg. von Ralf Dreier/Stanley L. Paulson, 2. Aufl., Heidelberg 2003, S. 1–192 (13).

[3] *Radbruch*, Rechtsphilosophie (Fn. 2), S. 96, RGA 2 S. 233, StA S. 15. Vgl. auch ibid., S. 95, RGA 2 S. 232, StA S. 14: Es bleibe dabei, „daß Sollenssätze nur aus anderen Sollenssätzen deduktiv abgeleitet, nicht auf Seinstatsachen induktiv gegründet werden können."

tigt werden können, welche die Kategorie des Sollens allererst begründen und den anderen Normen ihren normativen Status verleihen, beantwortet *Radbruch* mit dem Hinweis auf den Relativismus. Diese letzten Sollenssätze seien „nicht der Erkenntnis, sondern nur des Bekenntnisses fähig“[4]. Maßgebend sei der „aus der Tiefe der Persönlichkeit geschöpfte“ Entschluss, das „Gewissen“[5].

Kaum jemand hat allerdings so prononciert zwischen Sein und Sollen unterschieden wie *Hans Kelsen*.[6] Der Verweis *Radbruchs* auf das Gewissen des Einzelnen zur Begründung der höchsten Normen ist für *Kelsen* ebenso wenig akzeptabel wie *H.L.A. Harts* späterer Verweis auf bloße Faktizität.[7] Nach *Kelsen* muss die rechtserzeugende Autorität der Verfassungsgebung auf einer vorausgesetzten Ermächtigung beruhen, welche nur in der Grundnorm liegen kann.

---

[4] *Radbruch*, Rechtsphilosophie (Fn. 2), S. 96, RGA 2 S. 233, StA S. 15.

[5] *Radbruch*, Rechtsphilosophie (Fn. 2), S. 98, RGA 2 S. 235, StA S. 17. Die zentrale Rolle des Gewissens des Einzelnen zeigt sich auch darin, dass es den zentralen Maßstab für die bürgerorientierte Geltungslehre bildet: „Die drei Seiten der Rechtsidee sind gleichwertig, und in Fällen eines Widerstreits gibt es zwischen ihnen keine Entscheidung als die des Einzelgewissens.“ (ibid., S. 177, RGA 2 S. 315, StA S. 84). Auch Radbruchs erster Nachkriegsaufsatz schließt mit einem Hinweis auf „die Stimme Gottes, welche [...] im Gewissen des einzelnen zu ihm spricht“, *Gustav Radbruch*, Fünf Minuten Rechtsphilosophie, in: *Gustav Radbruch*, Rechtsphilosophie, hrsgg. von Erik Wolf/Hans-Peter Schneider, 8. Aufl., Stuttgart 1973, S. 327–329 (329). Zuerst veröffentlicht in der Rhein-Neckar-Zeitung vom 12. September 1945, wieder abgedruckt in: *Gustav Radbruch*, Gesamtausgabe, hrsgg. von Arthur Kaufmann, Bd. 3, Winfried Hassemer (Hrsg.) (im Folgenden RGA 3), Heidelberg 1990, S. 78–79 (79); *Gustav Radbruch*, Rechtsphilosophie. Studienausgabe, hrsgg. von Ralf Dreier/Stanley L. Paulson, 2. Aufl., Heidelberg 2003, S. 209–210 (210).

[6] Vgl. insbesondere *Hans Kelsen*, Über Grenzen zwischen juristischer und soziologischer Methode, Tübingen 1911, S. 6, wieder abgedruckt in: Hans Klecatsky/René Marcic/Herbert Schambeck (Hrsg.), Die Wiener rechtstheoretische Schule. Schriften von Hans Kelsen, Adolf Merkl, Alfred Verdross (im Folgenden WRS), Bd. 1, Wien/Frankfurt am Main/Zürich 1968, S. 3–36 (6); *ders.*, Hauptprobleme der Staatsrechtslehre entwickelt aus der Lehre vom Rechtssatze, 2. Aufl., Tübingen 1923, S. 7 ff. Vgl. hierzu vor allem *Stanley L. Paulson*, Faktum/Wert-Distinktion, in: Robert Alexy/Lukas H. Meyer/Stanley L. Paulson/Gerhard Sprenger (Hrsg.), Zwei-Welten-Lehre und immanenter Sinn. Hans Kelsen als Neukantianer, Neukantianismus und Rechtsphilosophie, Baden-Baden 2002, S. 223–251.

[7] Hart stellt in den Endnoten seines zentralen Werkes „The Concept of Law“ seine Anerkennungsregel (rule of recognition) Kelsens Grundnorm gegenüber. Er, Hart, deute die Anerkennungsregel als Faktum (“what the criteria of validity in any given legal system are, is regarded throughout this book as an empirical, though complex, question of fact”, *H.L.A. Hart*, The Concept of Law, Joseph Raz/Penelope Bulloch (Hrsg.), 2. Aufl., Oxford 1993, S. 292; vgl. auch ibid., S. 110: “Its existence is a matter of fact.”). Wenn die Verfassung, welche die Rechtsquellen spezifiziere, die Praxis in einem Rechtssystem derart präge, dass Richter und andere berufene Rechtsanwender anhand der verfassungsmäßigen Kriterien das geltende Recht bestimmten, “then the constitution is accepted and actually exists” (ibid., S. 293). Dann sei es aber eine unnötige Verdopplung („needless reduplication“), wenn Kelsen wiederum eine Norm fordere, nach der es geboten sei, sich so zu verhalten, wie die Verfassungsgeber vorgeschrieben haben, ibid. Gegen dieses Argument insbesondere *Robert Alexy*, Begriff und Geltung des Rechts, 3. Aufl., Freiburg/München 2002, S. 159 ff.

Kelsens Grundnorm weist eine Fülle von Facetten auf, und die Diskussion um die Grundnorm füllt ganze Regale in rechtsphilosophischen Bibliotheken.[8]

Bei aller Aufmerksamkeit, welche der Grundnorm, der Frage von Sein und Sollen am oberen Ende des Stufenbaus der Rechtsordnung, zuteilgeworden ist, sollte man nicht übersehen, dass die Frage von Sein und Sollen auch am unteren Ende des Stufenbaus bedeutsam wird. Die rechtliche Grundnorm am oberen Ende des Stufenbaus dient der Antwort auf die Frage, welches Sein unter welchen Voraussetzungen als rechtserzeugend gedeutet werden kann, wie also rechtliches „Sollen" erzeugt wird. Die Trennung des Sollens vom Sein kann und soll aber nicht bedeuten, dass das einmal erzeugte rechtliche Sollen gleichsam beziehungslos neben dem Sein steht. In der Rechtsanwendung stellt sich die Frage, ob die Tatbestandsmerkmale einer Rechtsnorm in einem konkreten Fall erfüllt sind. Dies ist genau dann der Fall, wenn die relevanten Elemente des Sachverhalts, ein komplexes Sein, den konkretisierten Tatbestandsmerkmalen derart „entsprechen", dass Erstere unter Letztere subsumiert werden können. Das Sollen kulminiert dann letztlich in einem Sein, nämlich in der Verhängung der Sanktion bzw. in dem Zwangsakt. *Kelsen* widmet diesem Übergang vom Sollen zum Sein am unteren Ende des Stufenbaus kaum Aufmerksamkeit, und seine wenigen verstreuten Bemerkungen fügen sich nicht ohne Weiteres zu einer konsistenten und kohärenten Konzeption zusammen.

Dies bietet Anlass genug, die Ausführungen *Kelsens* und *Merkls* zum unteren Ende des Stufenbaus näher in den Blick zu nehmen. Im Verlauf dieser Analyse wird deutlich werden, dass es sich anbietet, *Kelsens* und *Merkls* Rekonstruktion des Stufenbaus ein ganzes Stück weit zu präzisieren, um den Schritt vom Sollen zum Sein, der im Übergang von vollständig konkretisierten Rechtsnormen zu faktischen Vollzugsakten vollzogen wird, ins volle Licht treten zu lassen.

---

[8] Zu Kelsens Grundnorm vgl. insbesondere *Alexy*, Begriff und Geltung des Rechts (Fn. 7), S. 155 ff.; *ders.*, Hans Kelsens Begriff der Verfassung, in: Stanley L. Paulson/Michael Stolleis (Hrsg.), Hans Kelsen. Staatsrechtslehrer und Rechtstheoretiker des 20. Jahrhunderts, Tübingen 2005, S. 333–52; *Stanley L. Paulson*, Die unterschiedlichen Formulierungen der Grundnorm, in: Aulis Aarnio/Stanley L. Paulson/Ota Weinberger (Hrsg.), Rechtsnorm und Rechtswirklichkeit – Festschrift für Werner Krawietz zum 60. Geburtstag, Berlin 1993, S. 53–74; *ders.*, A „Justified Normativity" Thesis in Hans Kelsen's Pure Theory of Law? Rejoinders to Robert Alexy and Joseph Raz, in: Matthias Klatt (Hrsg.), Institutionalized Reason, Oxford 2012, S. 61–110; vgl. weiter *Joseph Raz*, Kelsen's Theory of the Basic Norm, in: American Journal of Jurisprudence 19 (1974), S. 94–111, wieder abgedruckt in: *ders.*, The Authority of Law, 2. Aufl., Oxford 2009, S. 122–45; vgl. weiter *ders.*, The Concept of a Legal System, 2. Aufl., Oxford 1980, S. 95 ff.

I. Der Stufenbau des Rechts in der Reinen Rechtslehre

Die Lehre vom Stufenbau des Rechts steht im Zentrum der Reinen Rechtslehre. Sie wurde allerdings nicht von *Kelsen* selbst entwickelt, sondern von seinem jüngeren Kollegen *Adolf Julius Merkl*. Meist wird der letzte Aufsatz *Merkls* zur Lehre vom Stufenbau, die „Prolegomena“ von 1931,[9] als seine reifste und endgültige Stellungnahme zu dieser Lehre angesehen.[10] In einer Reihe von Aufsätzen in den Jahren 1916 bis 1922 entwickelte *Merkl* jedoch systematisch eine ebenso geschlossene wie facettenreiche Lehre des Stufenbaus,[11] die er in einem längeren Abschnitt in seiner Monographie „Die Lehre von der Rechtskraft“ aus dem Jahre 1923 zusammenfasste.[12] Insbesondere geht *Merkl* in den Arbeiten dieser Periode der Frage nach, ob und inwieweit jedes Rechtssystem notwendig verschiedene Stufen aufweist.[13] In den „Prolegomena“ hingegen wird

---

[9] *Adolf Julius Merkl*, Prolegomena einer Theorie des rechtlichen Stufenbaus, in: Alfred Verdross (Hrsg.), Gesellschaft, Staat und Recht. Untersuchungen zur Reinen Rechtslehre. Festschrift Hans Kelsen zum 50. Geburtstag gewidmet, Wien 1931, S. 252–94, wieder abgedruckt in WRS 2, S. 1311–1361 sowie in: Dorothea Mayer-Maly/Herbert Schambeck/Wolf-Dietrich Grussmann (Hrsg.), Adolf Julius Merkl – Gesammelte Schriften (im Folgenden GS), Bd. 1, Teilbd. 1, S. 437–492.

[10] Vgl. etwa *Heinz Mayer*, Die Theorie des rechtlichen Stufenbaus, in: Robert Walter (Hrsg.), Schwerpunkte der Reinen Rechtslehre, Wien 1992, S. 37–46 (37): „abschließende Formulierung“. Schon der Ausdruck „Prolegomena“, den man grob mit „Vorbemerkungen“ übersetzen kann, im Titel von Merkls letztem Aufsatz deutet aber an, dass Merkl diesen keineswegs für seine endgültige Stellungnahme hielt. Schon fast zehn Jahre vorher, in seiner „Lehre von der Rechtskraft“ von 1923, hatte er angekündigt, dem Stufenbau eine Monographie widmen zu wollen: „dessen monographische Behandlung ich der Zukunft vorbehalten muß“, *Adolf Julius Merkl*, Die Lehre von der Rechtskraft, Leipzig/Wien 1923, S. 224, Anm. 1. Zu einer derartigen Monographie sollte es jedoch nie kommen, und Merkl hat auch nach den „Prolegomena“ den Stufenbau nie wieder systematisch in Angriff genommen. Merkls Aufmerksamkeit verlagerte sich zunächst von rechtstheoretischen zu verfassungsrechtlichen Problemen, und nach dem Krieg von strukturellen hin zu normativen Fragen.

[11] Vier Werke verdienen besonders hervorgehoben zu werden: (1) der Fortsetzungsaufsatz „Das Recht im Spiegel seiner Auslegung“, der in fünf Teilen erschien: (a) Deutsche Richterzeitung 8 (1916), S. 584–592; (b) Deutsche Richterzeitung 9 (1917), S. 162–176; (c) Deutsche Richterzeitung 9 (1917), S. 394–398; Deutsche Richterzeitung 9 (1917), S. 443–450, (e) Deutsche Richterzeitung 11 (1919), S. 290–298, und zwar die Teile (c), (d) und (e) unter dem leicht variierten Titel „Das Recht im Lichte seiner Anwendung“. Die Teile (a) bis (e) sind erneut abgedruckt in GS 1, Teilbd. 1, S. 85–146, und die Teile (b), (c) und (d) in WRS 1, S. 1167–1201. Die Teile (b), (c) und (d) publizierte Merkl selbst zudem in Form eines kurzen Buches, *Adolf Julius Merkl*, Das Recht im Lichte seiner Anwendung, Hannover 1917; (2) der Aufsatz „Die Unveränderlichkeit von Gesetzen“, Juristische Blätter 1917, S. 97–98 und 109–111, wieder abgedruckt in WRS 1, S. 1079–1090 und in: GS 1, Teilbd. 1, S. 155–168; (3) der Aufsatz „Das doppelte Rechtsantlitz“, Juristische Blätter 1918, S. 425–427, 444–447 und 463–465, wieder abgedruckt in WRS 1, S. 1091–1113 und in GS 1, Teilbd. 1, S. 227–252; (4) der Aufsatz „Gesetzesrecht und Richterrecht“, Prager Juristische Zeitschrift 2 (1922), S. 337–344, wieder abgedruckt in WRS 2, S. 1615–1624 und in GS 1, Teilbd. 1, S. 317–327.

[12] *Merkl*, Die Lehre von der Rechtskraft (Fn. 10), S. 201–223.

[13] Vgl. hierzu *Martin Borowski*, Die Lehre vom Stufenbau des Rechts nach Adolf Julius

die Fragestellung wesentlich verengt auf die Frage der Stufung des Rechts im „Rechtsstaate, dem parlamentarische Einrichtungen eigentümlich sind".[14] Viele Aspekte der weit entwickelten Lehre vom Stufenbau *Merkls* der Jahre 1916 bis 1923 sind nicht in die „Prolegomena" eingegangen, und diese frühe Lehre verdient nicht, im Schatten der Ausführungen in den „Prolegomena" oder gar *Kelsens* späterer Ausführungen zu stehen.

Kelsen begann mit der Rezeption der Kernelemente der Merklschen Stufenbaulehre in seine Theorie im Jahre 1923.[15] Diese Lehre bildete fortan einen integralen Bestandteil der Reinen Rechtslehre, wie insbesondere die entsprechenden Abschnitte in der ersten Auflage der „Reinen Rechtslehre" aus dem Jahre 1934,[16] in der „General Theory of Law and State" aus dem Jahre 1945[17] und in der zweiten Auflage der „Reinen Rechtslehre" von 1961 zeigen.[18]

Innerhalb der Lehre des Stufenbaus der Rechtsordnung ist grundsätzlich zwischen zwei verschiedenen Aspekten zu unterscheiden, und zwar dem Aspekt der rechtlichen Bedingung und dem Aspekt der Derogation. Bei der rechtlichen Bedingung geht es darum, dass eine Norm dazu ermächtigt, eine andere Norm zu erlassen, bei der Derogation um die Frage, Normen welcher Stufe im Falle vertikaler Konflikte im Stufenbau Normen welcher anderen Stufe vorgehen.

II. Der Stufenbau nach der rechtlichen Bedingung

Die Frage des Stufenbaus nach der rechtlichen Bedingung steht im Zentrum der Lehre vom Stufenbau des Rechts und nimmt in den Ausführungen *Merkls* und *Kelsens* bei Weitem den größten Raum ein. Dieser Stufenbau beruht auf

Merkl, in: Stanley L. Paulson/Michael Stolleis (Hrsg.), Hans Kelsen. Staatsrechtslehrer und Rechtstheoretiker des 20. Jahrhunderts, Tübingen 2005, S. 122–158 (131 ff.).

[14] *Merkl*, Prolegomena (Fn. 9), S. 255 (WRS 2, S. 1315; GS 1, Teilbd. 1, S. 442).

[15] Siehe vor allem *Hans Kelsen*, Die Lehre von den drei Gewalten oder Funktionen des Staates, Archiv für Rechts- und Wirtschaftsphilosophie 17 (1923/24), S. 374–408, wieder abgedruckt in WRS 2, S. 1625–1660; *Hans Kelsen*, Allgemeine Staatslehre, Berlin/Heidelberg/New York 1925, S. 229–61. Es verdient hervorgehoben zu werden, dass Kelsen die Lehre Merkls ohne nennenswerte Weiterentwicklung ihrer Elemente schlicht übernahm, vgl. zu dieser Rezeption *Stanley L. Paulson*, On the Implications of Kelsen's Doctrine of Hierarchical Structure, *Liverpool Law Review* 18 (1996), S. 49–62 (49 ff.); *Borowski*, Die Lehre vom Stufenbau des Rechts nach Adolf Julius Merkl (Fn. 13), S. 156 ff. Mit Blick auf die Entwicklung der Stufenbaulehre durch Merkl bezeichnete Kelsen seinen jüngeren Kollegen später dann auch als „Mitbegründer" der Reinen Rechtslehre, *Hans Kelsen*, Adolf Julius Merkl zu seinem siebzigsten Geburtstag am 23. März 1960, Österreichische Zeitschrift für Öffentliches Recht 10 (1959/60), S. 313–315 (313).

[16] *Hans Kelsen*, Reine Rechtslehre, Leipzig/Wien 1934, S. 62–89.

[17] *Hans Kelsen*, General Theory of Law and State, Cambridge, Mass. 1945, S. 123–162.

[18] *Hans Kelsen*, Reine Rechtslehre, 2. Aufl., Wien 1960, S. 196–282.

der Idee, dass einem Tatbestand eine spezifisch rechtlich-normative Bedeutung immer nur durch eine andere Rechtsnorm verliehen werden kann.[19] Diese andere Norm kann wiederum nur einen spezifisch rechtlich-normativen Gehalt haben, wenn ihr dieser von einer wieder anderen Norm verliehen wird, und so fort. *Kelsen* meint dieses Phänomen, wenn er davon spricht, „das Recht regel[e] seine eigene Erzeugung".[20]

1. Die Ebenen des Stufenbaus nach der rechtlichen Bedingung

Der Anfang dieser Kette von Normen am oberen Ende des Stufenbaus nach dem Bedingungszusammenhang ist *Kelsens* berühmte rechtliche Grundnorm, die Grundnorm eines dynamischen Normensystems.[21] Auch *Merkls* Rekonstruktion des Stufenbaus der Rechtsordnung enthält bereits eine „Urspungsnorm",[22] welche die charakteristischen Züge einer Grundnorm eines Rechtssystems aufweist: (1) Sie stiftet die Einheit des Rechtssystems,[23] (2) ist eine gedachte Norm, keine Norm des positiven Rechts,[24] und (3) sie „inthronisiert und legitimiert" die Rechtsmacht, Normen wirksam zu erlassen.[25] Während *Merkl* sich auf wenige Bemerkungen beschränkt, widmet *Kelsen* der Grundnorm des Rechtssystems in seinen Schriften weit mehr Aufmerksamkeit.[26]

Unterhalb der Grundnorm findet sich im Stufenbau nach der rechtlichen Bedingung die Verfassung im materiellen Sinne,[27] deren „wesentliche Funktion

---

[19] Vgl. nur *Kelsen*, Reine Rechtslehre[1] (Fn. 16), S. 2 ff. *et passim*; *Kelsen*, Reine Rechtslehre[2] (Fn. 18), S. 2 ff. *et passim*.

[20] *Kelsen*, Reine Rechtslehre[1] (Fn. 16), S. 74; vgl. auch *Kelsen*, Reine Rechtslehre[2] (Fn. 18), S. 228; *Kelsen*, General Theory of Law and State (Fn. 17), S. 124.

[21] Zur Grundnorm vgl. bereits die in Fn. 8 erwähnten Nachweise. Kelsen unterscheidet statische und dynamische Normensysteme. Kennzeichnend für statische Normensysteme wie die Moral soll nach Kelsen sein, dass die konkreteren Normen aus der Grundnorm durch eine intellektuelle Operation gewonnen werden können, vgl. *Kelsen*, Reine Rechtslehre[1] (Fn. 16), S. 63; *Kelsen*, General Theory of Law and State (Fn. 17), S. 112; *Kelsen*, Reine Rechtslehre[2] (Fn. 18), S. 198. Kennzeichnend für eine dynamische Normenordnung wie das Recht sei demgegenüber, dass eine Autorität mit der Rechtsmacht eingesetzt werde, Normen zu setzen, vgl. *Kelsen*, Reine Rechtslehre[1] (Fn. 16), S. 63 ff.; *Kelsen*, General Theory of Law and State (Fn. 17), S. 112–113; *Kelsen*, Reine Rechtslehre[2] (Fn. 18), S. 198 ff.

[22] *Merkl*, Die Lehre von der Rechtskraft (Fn. 10), S. 209.

[23] Ibid., S. 210 f.

[24] *Merkl*, Gesetzesrecht und Richterrecht (Fn. 11), S. 399, WRS 2, S. 1618, GS 1, Teilbd. 1, S. 321.

[25] Ibid.

[26] Vgl. insbesondere die Nachweise in Fn. 21.

[27] Die Verfassung im formellen Sinne ist dagegen ein bestimmtes feierliches Dokument („a certain solemn document"), dessen Bestimmungen typischerweise nur unter erschwerten Voraussetzungen geändert werden können, *Kelsen*, General Theory of Law and State (Fn. 17), S. 124; vgl. auch *Kelsen*, Reine Rechtslehre[2] (Fn. 18), S. 228 ff. Die Verfassung im formellen Sinne kann Bestimmungen enthalten, die nicht Teil der Verfassung im materiellen Sinne sind

darin besteht, die Organe und das Verfahren der generellen Rechtserzeugung, das heißt der Gesetzgebung, zu regeln."[28] Diese „Regelung" kann zum einen in prozeduralen Bestimmungen bestehen („Organe und das Verfahren"), zum anderen in inhaltlichen Bestimmungen („Inhalt").[29]

Wiederum eine Stufe tiefer findet sich die Ebene genereller Normen, typischerweise erzeugt im Wege der parlamentarischen Gesetzgebung. Diese bestimmen wiederum die Organe, das Verfahren und den Inhalt der Entscheidungen durch die Verwaltung und die Rechtsprechung.[30] Typischerweise ziehen die generellen Normen dem Inhalt dieser Entscheidungen einen weit engeren Rahmen als die Verfassung im materiellen Sinne den generellen Normen.[31]

Kelsen geht davon aus, dass die Entscheidungen der Gerichte und der Verwaltung, wenn und insoweit sie generelle Normen auf den Einzelfall anwenden, individuelle Normen darstellen.[32] Dies steht im Gegensatz zu einem verbreiteten Normbegriff, nach dem „Normen" generell-abstrakte Sollensanordnungen darstellen.[33] Die Deutung im Sinne individueller Normen ist allerdings nur konsequent, wenn man alles rechtliche Sollen als „Norm" bezeichnet. Unterscheidet man zwischen den Entscheidungen einzelner Fälle durch Gerichte und Verwaltungsbehörden und der Vollstreckung dieser Entscheidungen, dann kann kaum ein Zweifel daran bestehen, dass die Entscheidungen an sich höchst konkretisierte Sollensanordnungen darstellen.

– dies ist der Fall, wenn Bestimmungen zwar im feierlichen Dokument enthalten sind, aber nicht die Erzeugung genereller Normen im Wege der Gesetzgebung regeln.

[28] *Kelsen*, Reine Rechtslehre[1] (Fn. 16), S. 75.

[29] Ibid.; vgl. auch *Kelsen*, General Theory of Law and State (Fn. 17), S. 125; *Kelsen*, Reine Rechtslehre[2] (Fn. 18), S. 230.

[30] *Kelsen*, Reine Rechtslehre[1] (Fn. 16), S. 76 ff.; *Kelsen*, General Theory of Law and State (Fn. 17), S. 130; *Kelsen*, Reine Rechtslehre[2] (Fn. 18), S. 230 ff.

[31] *Kelsen*, Reine Rechtslehre[1] (Fn. 16), S. 76; *Kelsen*, General Theory of Law and State (Fn. 17), S. 128 ff.; *Kelsen*, Reine Rechtslehre[2] (Fn. 18), S. 238.

[32] *Kelsen*, Reine Rechtslehre[1] (Fn. 16), S. 76; *Kelsen*, General Theory of Law and State (Fn. 17), S. 128; *Kelsen*, Reine Rechtslehre[2] (Fn. 18), S. 234; jeweils *et passim*.

[33] Vgl. beispielsweise Hans J. Wolff/Otto Bachof/Rolf Stober/Winfried Kluth (Begr./Hrsg.), Verwaltungsrecht I, 12. Aufl., München 2007, § 24, Rn. 10: „abstrakte und generelle Anordnung (Norm).". Auch Gustav Radbruch sieht nur „generelle Normen" als Recht an, *Radbruch*, Rechtsphilosophie (Fn. 2), S. 124; RGA 2 S. 261; StA S. 38; *Gustav Radbruch*, Vorschule der Rechtsphilosophie, hrsgg. von Arthur Kaufmann, 3. Aufl., Göttingen 1965, S. 34, wieder abgedruckt in: *Gustav Radbruch*, Gesamtausgabe, hrsgg. von Arthur Kaufmann, Bd. 3 (Winfried Hassemer (Hrsg.), Heidelberg 1990), S. 121–227 (151). Dementsprechend geht Radbruch an einer Stelle davon aus, dass eine Maßnahme nach Art. 48 der Weimarer Reichsverfassung mit individueller Natur genau „wegen ihrer individuellen Natur keinen Rechtscharakter haben" könne, *Radbruch*, Rechtsphilosophie (Fn. 2), S. 168, Anm. 1; RGA 2 S. 305; StA S. 76, Fn. 7. Diese Stelle sollte allerdings im Zusammenhang gelesen werden mit einer Passage in seinem Kapitel zum Begriff des Rechts, nach dem eine Einzelmaßnahme nach Art. 48 WRV doch „Rechtssatz" sein könne, wenn nicht die „Anordnung selber", sondern ihr „Substrat" individuellen Charakter habe, ibid., S. 124; RGA 2 S. 261; StA S. 38.

Die Anwendung dieser individuellen Normen führt dann schlussendlich zum Zwangsakt.[34] Es verdient hervorgehoben zu werden, dass der Zwangsakt, anders als alle vorgenannten Phänomene, keine Rechtsnorm darstellt, sondern ein Faktum.[35]

Als weitere Phänomene im Stufenbau der Rechtsordnung diskutieren *Merkl* und *Kelsen* zudem gesetzesausführende und gesetzersetzende Rechtsverordnungen,[36] Gewohnheitsrecht auf der Ebene einfacher Gesetze und auf der Ebene der Verfassung[37] und Verträge.[38] Diese kontingenten, aber durchaus typischen Phänomene in entwickelten Rechtsordnungen können in die bereits skizzierte Struktur der Stufenordnung des Rechts nach dem Bedingungszusammenhang eingefügt werden. Die grundsätzliche Relation zwischen den Ebenen dieses Stufenbaus ändert sich hierdurch jedoch nicht.

2. *Die Relation der rechtlichen Bedingung*

Im Kern besteht die Relation der Bedingung in einer Ermächtigung. Die Norm *A* bedingt die Norm *B*, wenn *A* zum Erlass von *B* ermächtigt. Diese Relation ist transitiv[39] und ihre Konverse ist die Bedingtheit: *B* ist durch *A* bedingt, wenn *A* zum Erlass von *B* ermächtigt. Bedingende Normen stehen im Stufenbau der rechtlichen Bedingung höher als die Normen, die sie bedingen, und bedingte Normen stehen in diesem Stufenbau unter den Normen, durch die sie bedingt werden.[40] Die Grundnorm an der Spitze des Stufenbaus hat rein bedingende

---

[34] *Kelsen*, Reine Rechtslehre[1] (Fn. 16), S. 82.

[35] Vgl. *Merkl*, Prolegomena (Fn. 9), S. 269 und 282; WRS 2, S. 1332 und 1348; GS 1, Teilbd. 1, S. 460 und 477.

[36] *Merkl*, Die Lehre von der Rechtskraft (Fn. 10), S. 208 und 212; *Merkl*, Prolegomena (Fn. 9), S. 263 f.; WRS 2, S. 1324 f.; GS 1, Teilbd. 1, S. 451 f.; *Kelsen*, Die Lehre von den drei Gewalten oder Funktionen des Staates (Fn. 15), S. 387 f. (WRS 2, S. 1638 f.); *Kelsen*, Allgemeine Staatslehre (Fn. 15), S. 237 f.; *Kelsen*, Reine Rechtslehre[1] (Fn. 16), S. 77; *Kelsen*, General Theory of Law and State (Fn. 17), S. 130 f.; *Kelsen*, Reine Rechtslehre[2] (Fn. 18), S. 235.

[37] *Merkl*, Die Lehre von der Rechtskraft (Fn. 10), S. 208 and 211; *Kelsen*, Die Lehre von den drei Gewalten oder Funktionen des Staates (Fn. 15), S. 380; WRS 2, S. 1631; *Kelsen*, Allgemeine Staatslehre (Fn. 15), S. 232; *Kelsen*, General Theory of Law and State (Fn. 17), S. 126 ff.; *Kelsen*, Reine Rechtslehre[2] (Fn. 18), S. 230 ff.

[38] *Merkl*, Die Lehre von der Rechtskraft (Fn. 10), S. 208 und 211 f.; *Merkl*, Prolegomena (Fn. 9), S. 261 f., WRS 2, S. 1322; GS 1, Teilbd. 1, S. 449 f.; *Kelsen*, Die Lehre von den drei Gewalten oder Funktionen des Staates (Fn. 15), S. 385 f.; WRS 2, S. 1636 f.; *Kelsen*, Allgemeine Staatslehre (Fn. 15), S. 236; *Kelsen*, Reine Rechtslehre[1] (Fn. 16), S. 82; *Kelsen*, General Theory of Law and State (Fn. 17), S. 136 ff.; *Kelsen*, Reine Rechtslehre[2] (Fn. 18), S. 261 ff.

[39] Vgl. *Borowski*, Die Lehre vom Stufenbau des Rechts nach Adolf Julius Merkl (Fn. 13), S. 142.

[40] *Merkl*, Die Lehre von der Rechtskraft (Fn. 10), S. 217; *Kelsen*, Reine Rechtslehre[1] (Fn. 16), S. 74; *Kelsen*, General Theory of Law and State (Fn. 17), S. 124; *Kelsen*, Reine Rechtslehre[2] (Fn. 18), S. 228. In den Aufsätzen Merkls der Jahre 1916 bis 1922 war noch nicht ganz klar, ob die Grundnorm oben im Stufenbau steht und der Zwangsakt unten, oder umgekehrt.

Natur, weil sie von keiner anderen Norm bedingt wird. Die Ebene individueller Normen, die von den Gerichten und den Verwaltungsbehörden gesetzt werden, scheint[41] sich dagegen ganz am unteren Ende des Stufenbaus der Rechtsnormen[42] zu befinden, da individuelle Normen nicht andere Normen bedingen, sondern nur selbst bedingt werden. Alle anderen Ebenen des Stufenbaus der rechtlichen Bedingungen enthalten Normen, die sowohl von anderen Normen bedingt werden als auch wiederum andere Normen bedingen: Die Verfassung wird von der Grundnorm bedingt und bedingt unterverfassungsrechtliche generelle Normen, und einfache Gesetze werden durch die Verfassung bedingt und bedingen individuelle Normen, die von Gerichten und Verwaltungsbehörden gesetzt werden, und so fort. Vor dem Hintergrund der Tatsache, dass die Normen auf diesen Zwischenebenen sowohl bedingende als auch bedingte Natur aufweisen, schreibt *Merkl* ihnen eine „januskopfartige Doppelnatur" zu.[43]

Im Zusammenhang mit der Relation der Bedingung verdient hervorgehoben zu werden, dass *Merkl* bereits in der Zwischenkriegszeit sehr klar zwischen zwei verschiedenen Arten von Rechtsnormen unterschieden hat: einerseits „Regeln menschlichen Verhaltens" und andererseits „Regeln, die die Aufstellung [oder] die Erzeugung dieser Verhaltensregeln regeln".[44] Diese Unterscheidung, die im Zentrum der Stufenbaulehre steht, nimmt in der Sache die Unterscheidung *H.L.A. Harts* zwischen Primärregeln[45] und Sekundärregeln[46] vorweg, mit der dieser in den sechziger Jahren des vorigen Jahrhunderts in der angelsächsischen Welt berühmt wurde. *Harts* Idee der Sekundärregeln war bereits mit *Merkls* Analyse der Relation der rechtlichen Bedingung im zweiten und dritten Jahrzehnt des vorigen Jahrhunderts gefunden. Die Relation der rechtlichen Bedingung wurde als zentraler Bestandteil des Stufenbaus der Rechtsordnung, der wiederum ein Kernelement der Reinen Rechtslehre bildet, mit dieser Lehre rasch weithin bekannt. Zugespitzt gesagt lag die Idee der Unterscheidung von Verhaltensnormen und Ermächtigungsnormen systematisch entfaltet schon seit etwa vier Jahrzehnten vor, als *Hart* am Anfang der sechziger Jahre seine Idee

Vgl. hierzu *Borowski*, Die Lehre vom Stufenbau des Rechts nach Adolf Julius Merkl (Fn. 13), S. 128.

41 Es stellt sich allerdings die Frage, ob sich unterhalb dieser Ebene noch eine Ebene weiter konkretisierter Normen befindet. Darauf wird zurückzukommen sein.

42 Man könnte geltend machen, dass individuelle Normen den Zwangsakt bedingen. Vgl. zu dieser Idee Abschnitt II. 5 a).

43 *Merkl*, Die Lehre von der Rechtskraft (Fn. 10), S. 216.

44 *Merkl*, Prolegomena (Fn. 9), S. 281; WRS 2, S. 1346; GS 1, Teilbd. 1, S. 475.

45 Vgl. *Hart*, The Concept of Law[2] (Fn. 7), S. 81: "Under rules of the [...] primary or basic type, human beings are required to do or abstain from certain actions, whether they wish or not." Vgl. bereits *H.L.A. Hart*, The Concept of Law, 1. Aufl., Oxford 1961, S. 78 f.

46 Vgl. *Hart*, The Concept of Law[2] (Fn. 7), S. 81: "[R]ules of the second type provide for operations which lead [...] to the creation or variation of duties or obligations." Vgl. bereits *Hart*, The Concept of Law[1] (Fn. 45), S. 79.

der Charakterisierung des Rechts als Einheit von Primär- und Sekundärregeln präsentierte.[47]

3. Rechtserzeugung und Rechtsanwendung

Eine Analyse des Stufenbaus nach der rechtlichen Bedingung offenbart auch die Relativität der Unterscheidung zwischen Rechtserzeugung und Rechtsanwendung. Die meisten Rechtsakte sind sowohl Ergebnis einer Rechtsanwendung als auch Akte der Rechtserzeugung: Die Verfassungsgebung erfolgt in Anwendung der Grundnorm und erzeugt die Verfassung, die einfache Gesetzgebung erfolgt in Anwendung der Verfassung und erzeugt die einfachen Gesetze, die Rechtsprechung erfolgt in Anwendung der einfachen Gesetze und erzeugt individuelle Normen, nämlich gerichtliche Urteile, Beschlüsse und Verfügungen. Nur zwei Phänomene weisen diese Doppelnatur nicht auf, und zwar die vorausgesetzte Grundnorm, die allein rechtserzeugende Natur habe, und der Zwangsakt, der allein Rechtsanwendung darstelle.[48] *Merkl* und *Kelsen* legen großen Wert auf die Feststellung, dass Rechtsprechung und Verwaltung sich nicht in der bloßen Rechtsanwendung erschöpfen, wie die klassische Methodenlehre nahelegt, sondern auch eine rechtserzeugende Dimension aufweisen.[49]

4. Die Konkretisierung des Rechts

Kelsen weist in verschiedenen Zusammenhängen darauf hin, dass die im Stufenbau nach der rechtlichen Bedingung höherrangigen Normen nicht nur die ermächtigten Organe und das Verfahren der Ausübung dieser Ermächtigung regeln, sondern auch Bestimmungen hinsichtlich des Inhalts enthalten können:[50] Die Verfassung zieht einen gewissen inhaltlichen Rahmen für die einfachen Ge-

---

[47] Vgl. die Überschrift des fünften Kapitels: „Law as the Union of Primary and Secondary Rules", *Hart*, The Concept of Law[1] (Fn. 45), S. 77; *Hart*, The Concept of Law[2] (Fn. 7), S. 79. Zu weiteren Parallelen zwischen Merkls und Harts Arbeiten siehe *Paulson*, On the Implications of Kelsen's Doctrine of Hierarchical Structure (Fn. 15), S. 56 f.

[48] Vgl. vor allem *Merkl*, Das doppelte Rechtsantlitz (Fn. 11), S. 427; WRS 1, S. 1097; GS 1, 1. Teilbd., S. 234; *Merkl*, Die Lehre von der Rechtskraft (Fn. 10), S. 217 f.; *Kelsen*, Reine Rechtslehre[1] (Fn. 16), S. 82 f.; *Kelsen*, General Theory of Law and State (Fn. 17), S. 132 ff.; *Kelsen*, Reine Rechtslehre[2] (Fn. 18), S. 239 ff.

[49] Vgl. insbesondere *Merkl*, Prolegomena (Fn. 9), S. 264 ff.; WRS 2, S. 1325 ff.; GS 1, Teilbd. 1, S. 453 ff.; *Kelsen*, Reine Rechtslehre[1] (Fn. 16), S. 79 ff.; *Kelsen*, General Theory of Law and State (Fn. 17), S. 134; *Kelsen*, Reine Rechtslehre[2] (Fn. 18), S. 244.

[50] Im Stufenbau der nationalen Rechtsordnung geschieht dies typischerweise mehr oder weniger – weniger auf der Ebene der Verfassung, mehr auf der Ebene der einfachen Gesetze. Im Zusammenhang mit der Rekonstruktion des Völkerrechts führt Kelsen dagegen die rein formale Delegation ein, für die kennzeichnend ist, dass es keinerlei Bestimmungen inhaltlicher Art gibt, vgl. *Kelsen*, Reine Rechtslehre[1] (Fn. 16), S. 137 ff.; *Kelsen*, General Theory of Law and State (Fn. 17), S. 125 f.; *Kelsen*, Reine Rechtslehre[2] (Fn. 18), S. 332 ff.

setze, insbesondere durch grundrechtliche Bestimmungen,[51] und die einfachen Gesetze ziehen einen inhaltlichen Rahmen für individuelle Normen.[52] Entsprechendes gilt für alle Ebenen zwischen Grundnorm und der untersten Ebene von Normen. *Merkl* und *Kelsen* legen dar, dass die Konkretisierung je mehr zunimmt, desto weiter man in der Hierarchie nach dem Bedingungszusammenhang nach unten geht, weil die unteren Ebenen an alle Entscheidungen gebunden sind, die auf den Ebenen oberhalb ihrer selbst getroffen wurden.[53]

Der Vorgang der Konkretisierung geht von einer relativ abstrakteren und generelleren Norm aus und führt zu einer konkreteren und individuelleren Norm. Die Konkretisierung wird auf Normen angewandt und führt auch immer zu einer Norm, sie ist damit auf die Dimension des Sollens beschränkt. Der Schritt von einer hinreichend konkretisierten Norm zum Zwangsakt aber ist ein Schritt vom Sollen zum Sein, und dieser Schritt kann durch eine Konkretisierung nicht bewirkt werden. Die Konkretisierung kulminiert in einer vollständig konkretisierten Norm, und erst dann kann der qualitativ andersartige Schritt vom Sollen zum Sein vollzogen werden.

5. Der Zwangsakt im Stufenbau nach der rechtlichen Bedingung

Angesichts der Tatsache, dass der Zwangsakt, wie bereits erwähnt, ein Faktum und keine Norm darstellt, und der Beschreibung der Relation der rechtlichen Bedingung als Relation zwischen Normen stellt sich die Frage, ob und in welchem Sinne der Zwangsakt überhaupt Bestandteil des Stufenbaus nach der rechtlichen Bedingung sein kann. Denn „bedingt" im Sinne der Relation der Bedingung des Stufenbaus zu sein bedeutet als Norm seine Geltung von einer in der Hierarchie höherstehenden Norm zu empfangen.[54] Ein Faktum „gilt" nicht in dem Sinne wie eine Norm; ein Faktum existiert oder es existiert nicht. Damit scheint es, als habe der Zwangsakt keinen Platz im Stufenbau nach der rechtlichen Bedingung.

---

[51] *Kelsen*, Reine Rechtslehre[1] (Fn. 16), S. 75 ff.; *Kelsen*, General Theory of Law and State (Fn. 17), S. 125 f.; *Kelsen*, Reine Rechtslehre[2] (Fn. 18), S. 229 f.

[52] *Kelsen*, Reine Rechtslehre[1] (Fn. 16), S. 76 f.; *Kelsen*, General Theory of Law and State (Fn. 17), S. 129; *Kelsen*, Reine Rechtslehre[2] (Fn. 18), S. 236 ff.

[53] *Merkl*, Das doppelte Rechtsantlitz (Fn. 11), S. 426; WRS 1, S. 1096 f.; GS 1, 1. Teilbd., S. 232 f.; *Merkl*, Die Lehre von der Rechtskraft (Fn. 10), S. 221; *Merkl*, Prolegomena (Fn. 9), S. 283; WRS 2, S. 1348; GS 1, Teilbd. 1, S. 478; *Kelsen*, Reine Rechtslehre[1] (Fn. 16), S. 79 f.; *Kelsen*, Reine Rechtslehre[2] (Fn. 18), S. 242.

[54] In diesem Sinne formuliert auch Merkl klar: „[D]ie Bedingtheit einer Rechtsform durch eine andere äußert sich darin, daß die Rechtsnormen dieser Form umgekehrt in Normen anderer Form ihren Ursprung haben", *Merkl*, Die Lehre von der Rechtskraft (Fn. 10), S. 216 (Hervorhebungen ausgelassen).

a) Kelsens *Charakterisierung des Zwangsakts als reine Rechtsanwendung*

Kelsen befasst sich kaum mit dem Zwangsakt als Teil des Stufenbaus. In der ersten Auflage der „Reinen Rechtslehre“ findet man hierzu nur wenige Zeilen. Nachdem alle anderen Ebenen des Stufenbaus beschrieben wurden, liest man: „Die letzte Phase dieses Rechtserzeugungsprozesses, der mit der Verfassungsgebung seinen Anfang nimmt, ist die Realisierung des Zwangsaktes als Unrechtsfolge.“[55] Ein paar Zeilen später betont *Kelsen* dann, der Zwangsakt habe den „Charakter reiner Vollziehung“, anders als alle anderen Phänomene im Stufenbau, die entweder reine Normsetzung (Grundnorm) oder aber Normsetzung und Vollziehung zugleich sind (alle Normen zwischen der Grundnorm und dem Zwangsakt).[56] Diese beiden Passagen widersprechen sich ein Stück weit, denn wenn der Zwangsakt den „Charakter reiner Vollziehung“ aufweist, dann ist er gerade nicht mehr Teil des „Rechtserzeugungsprozesses“.

In der zweiten Auflage der Reinen Rechtslehre fasst *Kelsen* seine Darlegungen zur Natur der Rechtsanwendung mit den folgenden Worten zusammen: „Rechtsanwendung ist somit Erzeugung einer niederen Norm auf Grund einer höheren Norm *oder* Vollstreckung des in der Norm statuierten Zwangsaktes.“[57] Der zweite Teil des Definiens ist notwendig, weil die Vollstreckung des Zwangsaktes eben gerade keine Normerzeugung darstellt. Damit hat *Kelsen* in der zweiten Auflage der Reinen Rechtslehre immerhin klar ausgesprochen, dass der Schritt zum Zwangsakt von anderer Art ist als die Erzeugung von Normen. Im Übrigen bleibt aber die Natur des Zwangsaktes ebenso wie der Sinn, in dem er Teil des Stufenbaus sein soll, bei *Kelsen* weitgehend im Dunkeln.

b) Nawiaskys *Einwand*, Merkls *Antwort und eine Differenzierung*

Der Einwand, der Zwangsakt als bloßes Faktum könne nicht in den Stufenbau der Rechtsordnung aufgenommen werden, wurde bereits im Jahre 1927 von *Hans Nawiasky* erhoben. Nachdem er die Natur der Zwangsakte als Fakten festgestellt hat, schreibt er: „Folgerichtig müßten alle diese Akte aus dem einheitlichen Rechtssystem hinausgewiesen, dem Gebiete des Soziologischen zugeteilt werden.“[58] *Merkl* erwidert vier Jahre später auf *Nawiasky* in seinen „Prolegomena“. Die Existenz einer Sollordnung, deren Zweck darin bestehe, menschliches Verhalten zu regeln, setze „rechtlich relevante Handlungen“ voraus, die nicht selbst Normen seien, und es sei sinnvoll, diese in den Stufen-

---

[55] *Kelsen*, Reine Rechtslehre[1] (Fn. 16), S. 82.

[56] Ibid., S. 83; vgl. auch *Kelsen*, General Theory of Law and State (Fn. 17), S. 134; *Kelsen*, Reine Rechtslehre[2] (Fn. 18), S. 242.

[57] *Kelsen*, Reine Rechtslehre[2] (Fn. 18), S. 240 (Hervorhebung hinzugefügt).

[58] *Hans Nawiasky*, Kritische Bemerkungen zur Lehre vom Stufenbau des Rechts, Zeitschrift für öffentliches Recht 4 (1927), S. 488–496 (489).

bau nach der rechtlichen Bedingung einzuschließen.[59] Dies ist in der Sache eine Bestätigung seiner Position in „Die Lehre von der Rechtskraft". Schon in diesem Werk hatte er innerhalb des Stufenbaus der Rechtsordnung zwischen „Rechtserscheinungen" und „Rechtsnormen" unterschieden. Rechtsnormen seien Rechtserscheinungen, aber die Klasse der Rechtserscheinungen sei weiter als die der Rechtsnormen. Die Ebene der Zwangsakte, die unterste Ebene in seiner Rekonstruktion des Stufenbaus des Rechts, enthalte Rechtserscheinungen, die keine Rechtsnormen seien.[60] Dies ist bestens vereinbar mit *Merkls* Lehre der notwendigen Rechtsformen, die formale Kategorien von Rechtserscheinungen darstellen. Es wurde schon erwähnt, dass *Merkl* in seinen Schriften von 1916 bis 1923 den Stufenbau nach der rechtlichen Bedingung als notwendige Struktur aller Rechtssysteme in den Vordergrund stellte, bevor er sich in seinen „Prolegomena" dem Stufenbau des „parlamentarischen Rechtsstaates" zuwandte. In der Theorie der notwendigen Stufung des Rechts treten die Zwangsakte besonders hervor, denn nach *Merkl* gibt es überhaupt nur zwei notwendige Rechtsformen, nämlich die „Ursprungsnorm" (oder in der Terminologie, die *Kelsen* später prägen sollte, die Grundnorm) und die Zwangsakte.[61] *Merkl* sieht durchaus klar, dass Zwangsakte keine Rechtsnormen sind: „[D]ie Rechtserscheinung, die für keine andere Rechtserscheinung Bedingung ist, vollzieht zwar, aber erzeugt nicht Recht, und ist darum wohl noch als eine Rechtserscheinung, aber nicht als Rechtsnorm (Rechtssatz) zu qualifizieren."[62]

Merkl räumt also ein, dass die unterste Ebene seines Stufenbaus nach der rechtlichen Bedingung aus Fakten besteht und nicht aus Rechtsnormen. Allerdings geht er davon aus, dass auch die Zwangsakte faktischer Natur durch Normen bedingte Rechtserscheinungen darstellen.[63] Ebenso wie *Kelsen*[64] sieht *Merkl* Zwang als notwendiges Element des Rechts an,[65] was auch dafür spricht, den Zwangsakt als Bestandteil des Rechtssystems anzusehen.

Das letzte Argument *Merkls* hat durchaus etwas für sich. Wenn Zwang tatsächlich ein notwendiges Element des Rechts darstellt, und wenn Zwang faktische Natur aufweist, dann kann das Rechtssystem nicht vollständig als ein Normensystem beschrieben werden. Wenn die Ermächtigungen im Stufenbau nach der rechtlichen Bedingung ausgeübt werden – von der Verfassungsgebung

---

[59] *Merkl*, Prolegomena (Fn. 9), S. 269 f. und 282; WRS 2, S. 1331 f. und 1347 f.; GS 1, Teilbd. 1, S. 459 f. und 476 f.

[60] *Merkl*, Die Lehre von der Rechtskraft (Fn. 10), S. 218 f.

[61] Ibid., S. 210 ff.

[62] *Merkl*, Die Lehre von der Rechtskraft (Fn. 10), S. 218 (Anmerkung und Hervorhebung ausgelassen).

[63] *Merkl*, Die Lehre von der Rechtskraft (Fn. 10), S. 213 *et passim*.

[64] *Kelsen*, Reine Rechtslehre[1] (Fn. 16), S. 25 f.; *Kelsen*, General Theory of Law and State (Fn. 17), S. 18 ff.; *Kelsen*, Reine Rechtslehre[2] (Fn. 18), S. 34 ff.

[65] *Merkl*, Prolegomena (Fn. 9), S. 260; WRS 2, S. 1320; GS 1, Teilbd. 1, S. 447.

über die Gesetzgebung zur Rechtsprechung – werden die Normen immer konkreter. Eine Konkretisierung von Normen kann jedoch stets nur zu einer anderen, konkreteren Norm führen. Hat man schließlich eine hinreichend konkretisierte, auf den Einzelfall bezogene Norm, stellt sich die Frage, ob die relevanten Elemente des Sachverhaltes, ein Sein, der Beschreibung in der hinreichend konkretisierten Norm, einem Sollen, entsprechen. Diese Relation der Entsprechung zwischen der Beschreibung in der Norm und der Realität übergreift die Kategorien von Sollen und Sein. Angesichts der Tatsache, dass die Reine Rechtslehre großen Wert auf die Unterscheidung von Sein und Sollen legt, ist es doch überraschend, dass dem Übergang von der konkretisierten Norm zum Zwangsakt vergleichsweise wenig Aufmerksamkeit zuteil wird.

Der Kontroverse zwischen *Nawiasky* und *Merkl* liegen zwei verschiedene Fragen zugrunde. Grob zusammengefasst wendet *Nawiasky* in dem oben wiedergegebenen Zitat ein, der Zwangsakt könne nicht Teil der Rechtsordnung sein, weil er keine Norm sei. Ebenso grob zusammengefasst antwortet *Merkl*, der Zwangsakt müsse Teil der Rechtsordnung sein und sei daher in den Stufenbau nach der rechtlichen Bedingung einzufügen. Der Zwangsakt kann jedoch Teil der Rechtsordnung, nicht aber des Stufenbaus nach der rechtlichen Bedingung sein – Rechtsordnung und Stufenbau nach der rechtlichen Bedingung sind nicht notwendig koextensional. Für diese differenzierte Sichtweise spricht, dass die Relation der rechtlichen Bedingung und die Relation der Entsprechung zwischen der Beschreibung in der konkretisierten Norm und dem Sachverhalt grundsätzlich unterschiedliche Relationen darstellen. Folgt man dem, hat *Nawiasky* immerhin zu Recht darauf hingewiesen, dass der Zwangsakt nicht Bestandteil des Stufenbaus nach der rechtlichen Bedingung sein kann.

Dies heißt aber eben nicht, dass der Zwangsakt nicht Teil des Rechtssystems sein kann. Es wäre angesichts der wichtigen Rolle des Zwanges, auf die *Merkl* zu Recht hinweist, kontraintuitiv, ein Rechtssystem ganz ohne Zwangsakte rekonstruieren zu wollen. Zudem ist die Analyse der erwähnten Relation der Entsprechung zwischen der Beschreibung eines Verhaltens in einer konkretisierten Norm und Sachverhaltselementen in der Wirklichkeit eine Aufgabe der Rechtstheorie und der juristischen Methodenlehre, nicht der Soziologie. Dass der Stufenbau nach der rechtlichen Bedingung nur Normen enthalten kann, bedeutet damit nicht mehr und nicht weniger, als dass dieser Stufenbau nicht alle Elemente des Rechtssystems umfassen kann.

6. *Die vollständig konkretisierte Norm im Stufenbau nach der rechtlichen Bedingung*

Die Untersuchung von *Merkls* und *Kelsens* Ausführungen zu den Phänomenen am unteren Ende des Stufenbaus legt es nahe, präzise zwischen zwei verschiedenen Dingen zu unterscheiden: (i) dem Zwangsakt als Faktum und (ii) der vollständig konkretisierten Norm, deren Anwendung zum Zwangsakt führt. *Kelsen* bezieht sich in der Passage auf den Zwangsakt als Faktum, in der er ihn als reine Rechtsanwendung charakterisiert. Weniger klar ist jedoch, ob das, was *Kelsen* als „individuelle Normen" bezeichnet, auch in systematischer Hinsicht vollständig konkretisierte Normen sind, in deren Anwendung man unmittelbar den Schritt vom Sollen zum Sein gehen kann.

Kelsen weckt Zweifel genau hieran in Passagen in beiden Auflagen der „Reinen Rechtslehre", in denen er ausführt, dass selbst „individuelle Normen" der Judikative oder Exekutive noch ein Element der Unbestimmtheit aufweisen:

> „Selbst ein noch so ins einzelne gehender Befehl muß dem ihn Vollziehenden eine Fülle von Bestimmungen überlassen. Trifft das Organ A die Anordnung, daß das Organ B den Untertan C verhaften solle, so muß das Organ B nach eigenem Ermessen entscheiden, wann und wo und wie es den Haftbefehl verwirklichen will."[66]

Wenn also verschiedene „Bestimmungen" noch getroffen werden müssen, kann die individuelle Norm im Sinne *Kelsens* – im Beispiel der Haftbefehl – nicht vollständig konkretisiert sein. Die individuelle Norm ist dann streng genommen nur partiell – wenn auch weitgehend – konkretisiert, aber eben nicht vollständig konkretisiert. Sie bedarf weiterer Konkretisierung, bevor der Schritt zum Zwangsakt erfolgen kann. Man wird annehmen müssen, dass der zur Verhängung des Zwangsaktes Befugte – in *Kelsens* Beispiel derjenige, der berufen ist, den Haftbefehl zu vollstrecken – implizit ermächtigt ist, die „individuelle Norm" Haftbefehl weiter dahingehend zu konkretisieren, „wann und wo und wie" er ihn vollziehen will, so dass formlos eine vollständig konkretisierte Norm erlassen wird, deren Inhalt man letztlich aus dem erschließen kann, was der Vollstreckungsbeamte de facto getan hat.

Grundsätzlich in die gleiche Richtung der Deutung der individuellen Norm als zwar weitgehend, aber nicht vollständig konkretisierter Norm geht *Merkls* Bemerkung gegen Ende seiner „Prolegomena", der „Exekutionsakt" könne „individueller" sein als das Urteil[67] – also „individueller" als das richterliche Urteil als paradigmatisch „individuelle Norm". Allerdings ist diese These *Merkls* schwächer als die obengenannte These *Kelsens*, denn *Merkl* hält eine weitere Konkretisierung einer „individuellen Norm" für bloß möglich, während *Kelsen*

---

[66] *Kelsen*, Reine Rechtslehre[1] (Fn. 16), S. 91; vgl. auch *Kelsen*, Reine Rechtslehre[2] (Fn. 18), S. 347.

[67] *Merkl*, Prolegomena (Fn. 9), S. 283; WRS 2, S. 1348; GS 1, Teilbd. 1, S. 478.

sie für unausweichlich hält. Bemerkenswert ist aber, dass *Merkl* in einer Passage etwa acht Seiten zuvor klar das Phänomen der vollständig konkretisierten Norm beschreibt:

> „Das Maximum an Individualisierung weist eine Norm dann auf, wenn sie nur einen einzigen Befolgungsakt fordert und demgemäß nur einen einzigen Anwendungsakt zuläßt. Erst damit ist die Grenzerscheinung der restlos individualisierten Norm erreicht.“[68]

Merkl sieht also klar und deutlich, dass die typischen „individuellen Normen“ wie Gerichtsurteile oder Verwaltungsakte regelmäßig einer weiteren Individualisierung fähig und bedürftig sind, bis hin zur „restlos individualisierten Norm“.

Es bleibt aber die Frage, wo im Stufenbau die vollständig konkretisierte Norm – in *Merkls* Worten „die Grenzerscheinung“ – im Stufenbau verortet werden kann. Drei mögliche Lösungen bieten sich an: Die Ebene der vollständig konkretisierten Normen kann entweder a) der Ebene der Zwangsakte zugeordnet werden, oder b) der Ebene der „individuellen Normen“ im Sinne der Schriften *Kelsens* zum Stufenbau. Die dritte Lösung besteht darin, zwischen der Ebene der „individuellen Normen“ und der Ebene der Zwangsakte eine neue, selbständige Ebene der vollständig konkretisierten Normen einzufügen.

a) Vollständig konkretisierte Normen als Teil der Ebene der Zwangsakte

Nach der ersten Lösung würde man die vollständig konkretisierten Normen als Teil der Ebene der Zwangsakte ansehen. Hierfür könnte man anführen, dass die vollständig konkretisierten Normen in aller Regel ja nur implizit dadurch erlassen werden, dass das zur Vollziehung berufene Organ die Vollziehung vornimmt, was den vollständig konkretisierten Normen eher einen akzessorischen als einen selbständigen Charakter gibt. Diese Lösung verliehe der Ebene der Zwangsakte eine Hybridnatur, denn diese Ebene enthielte dann sowohl ein Sollen – die vollständig konkretisierte Norm – als auch ein Sein – den Zwangsakt als Faktum. Doch diese notwendig entstehende Hybridnatur stellte einen gewichtigen Nachteil dieser Lösung dar. „Zwangsakt“ bezeichnete nun sowohl eine Norm als auch ein Faktum, und einen „Zwangsakt“ in diesem komplexen Sinne zu schaffen bedeutete sowohl Rechtserzeugung – Erzeugung der vollständig konkretisierten Norm aus der „individuellen Norm“, die eben noch nicht vollständig konkretisiert ist – als auch Rechtsanwendung – nämlich faktische Vollziehung der in der vollständig konkretisierten Norm angeordne-

---

[68] *Merkl*, Prolegomena (Fn. 9), S. 265; WRS 2, S. 1325; GS 1, Teilbd. 1, S. 455. Vgl. auch die Gegenüberstellung der „delegierende[n] Ursprungsnorm von vollendeter Allgemeinheit und [den] delegierten Rechtsnormierungen restloser Besonderung“, *ders.*, Die Lehre von der Rechtskraft (Fn. 10), S. 211. Die letztere Formulierung dürfte sich auf vollständig konkretisierte Normen beziehen.

ten Sanktion. *Kelsens* Beschreibung des Zwangsaktes als „Grenzerscheinung" der „reine[n] Vollziehung"[69] ist mit dieser Lösung nicht vereinbar. Auch unter systematischen Gesichtspunkten spricht gegen diese Lösung, dass der Übergang vom Sollen zum Sein nicht in den Vordergrund gestellt, sondern eher verschleiert wird.

b) Vollständig konkretisierte Normen als Teil der Ebene der „individuellen Normen"

Damit scheint es sich anzubieten, die vollständig konkretisierten Normen der Ebene der „individuellen Normen" (im weiteren Sinne) zuzuordnen. Die Ebene der Zwangsakte behielte ihre rein faktische Natur, und die komplexe Ebene „individueller Normen" enthielte allein Normen, und zwar (1) weitgehend, aber nicht vollständig konkretisierte „individuelle Normen" (im engeren Sinne) wie Gerichtsurteile und Verwaltungsakte und (2) vollständig konkretisierte Normen. Von einem systematischen Standpunkt aus gesehen, kann diese zweite Lösung eher überzeugen als die erste. Mit *Kelsens*[70] Charakterisierung der Ebene „individueller Normen"[71] ist sie allerdings kaum zu vereinbaren, denn *Kelsen* legt Wert darauf, dass „individuelle Normen", so wie er sie verstanden wissen will, notwendig Ermessen eröffnen, also nicht vollständig konkretisiert sein können. Und man könnte auch geltend machen, es sei etwas künstlich, die durch die Vollziehung des Zwangsaktes implizierte vollständig konkretisierte Norm der Ebene individueller Normen zuzuordnen und den Zwangsakt selbst dann einer anderen Ebene, nämlich der Zwangsakte im Sinne eines Faktums.

c) Eine selbständige Ebene vollständig konkretisierter Normen

Die dritte Lösung schließlich besteht darin, eine selbständige Ebene vollständig konkretisierter Normen zwischen der Ebene „individueller Normen" und der Ebene der Zwangsakte anzusiedeln. Dies hätte die Nachteile der ersten Lösung nicht und würde die systematische Bedeutung der vollständig konkreti-

---

69 *Kelsen*, Reine Rechtslehre¹ (Fn. 16), S. 83.

70 Dies liegt im Falle Merkls anders, der eine komplexe Definition der individuellen Ebene verwendet: „Die individuelle Rechtserscheinung sondert sich wiederum, vor allem in sogenannte private Rechtsgeschäfte, die häufig die Voraussetzung von öffentlichen Rechtsgeschäften, von Justiz- oder Verwaltungsakten sind, und diese Akte selbst, an denen wiederum nicht nur eine Differenzierung in horizontaler Richtung, z.B. in sogenannte Entscheidungen oder Verfügungen, in Urteile und Beschlüsse, sondern auch wieder in vertikaler Richtung in Erscheinung tritt, indem ein Urteil und der Beschluß, die Entscheidung und Verfügung, im Falle der Nichtbefolgung einen Vollstreckungsauftrag und dieser eine Vollstreckungshandlung auslöst", *Merkl*, Die Lehre von der Rechtskraft (Fn. 10), S. 212 f. (Anmerkung ausgelassen). Dieses Zitat ist zwar deutungsbedürftig, aber es weist doch ein Stück weit dahin, den Vollstreckungs- oder Zwangsakt als Teil der „individuellen Rechtserscheinung" anzusehen.

71 Vgl. *Kelsen*, Reine Rechtslehre¹ (Fn. 16), S. 91; vgl. auch *Kelsen*, Reine Rechtslehre² (Fn. 18), S. 347.

sierten Norm als „Grenzerscheinung" zwischen Sollen und Sein auf der Seite des Sollens betonen. Es wäre deutlich, dass das Sollen im Stufenbau nach der rechtlichen Bedingung auf der Ebene der vollständig konkretisierten Normen endet und dass unterhalb dieser Ebene nur faktische Vollzugsakte liegen. Letztere sind nicht Teil des Stufenbaus nach der rechtlichen Bedingung, der mit der Ebene der vollständig konkretisierten Normen endet, aber sie können dennoch als Elemente des Rechtssystems angesehen werden.[72]

d) Zwischenergebnis

Es bleibt einstweilen festzuhalten, dass die systematisch wichtige vollständig konkretisierte Rechtsnorm in *Merkls* und *Kelsens* Stufenbau nach der rechtlichen Bedingung einen merkwürdig vagabundierenden Charakter hat. Es empfiehlt sich, eine eigene Ebene vollständig konkretisierter Normen zwischen der Ebene der „individuellen Normen" im Sinne insbesondere der Schriften *Kelsens* und der Ebene der Zwangsakte einzuführen. Damit wird der systematisch wichtige Übergang vom Sollen zum Sein so klar als möglich hervorgehoben: Die Konkretisierung der Rechtsnormen nimmt ihren Abschluss mit der Setzung der vollständig konkretisierten Norm. Der Übergang vom Sollen zum Sein findet statt, indem der Zwangsakt vollzogen wird.

III. Der Stufenbau nach der Derogation

Es stellt sich die Frage, ob der Stufenbau nach der rechtlichen Bedingung mit dem Stufenbau nach der Derogation identisch ist – derogiert jede Norm, die höher im Stufenbau nach der rechtlichen Bedingung steht, jede Norm, die in diesem Stufenbau tiefer steht? Ist eine derartige Parallelität von Bedingung und Derogation notwendig, ist sie vollständig oder partiell kontingent, oder ist derartige Parallelität sogar partiell unmöglich?

Kelsen untersucht die Frage der Derogation im Stufenbau in seinen Hauptwerken nicht ausdrücklich – weder in den beiden Auflagen der „Reinen Rechtslehre" noch in der „General Theory of Law and State". *Merkl* thematisiert die Frage der Derogation nur in seinem letzten Aufsatz zum Stufenbau, den „Prolegomena", und nur in einer vergleichsweise kurzen Passage.[73] Eine umfassende und eingehende Analyse der durch die Frage nach der Derogation im Stufenbau

---

[72] Siehe Abschnitt II. 5. a).

[73] *Merkl*, Prolegomena (Fn. 9), S. 276 ff.; WRS 2, S. 1340 ff.; GS 1, Teilbd. 1, S. 468 ff. Vgl. hierzu *Robert Walter*, Der Aufbau der Rechtsordnung, 2. Aufl., Wien 1974, S. 53 ff.; *Borowski*, Die Lehre vom Stufenbau des Rechts nach Adolf Julius Merkl (Fn. 13), S. 151 ff.; *Ewald Wiederin*, Die Stufenbaulehre Adolf Julius Merkls, in: Stefan Griller/Heinz Peter Rill (Hrsg.), Rechtstheorie – Rechtsbegriff – Dynamik – Auslegung, Wien/New York 2011, S. 81–134 (104 ff.).

aufgeworfenen Probleme ginge weit über den Rahmen dieses Aufsatzes hinaus. Mit Blick auf die oft behauptete Parallelität des Stufenbaus nach der rechtlichen Bedingung und des Stufenbaus nach der Derogation und mit Blick auf das Verhältnis von vollständig konkretisierter Norm und dem Zwangsakt als Faktum verdient es jedoch hervorgehoben zu werden, dass man nicht ernsthaft behaupten kann, die vollständig konkretisierte Norm „derogiere" den Zwangsakt. Denn der Ausdruck der Derogation verweist auf eine Relation zwischen Normen, die kraft einer Kollision ihre Geltung oder Anwendbarkeit verlieren können. Der Zwangsakt als Faktum hat keine „Geltung" oder „Anwendbarkeit" in diesem Sinne, die er verlieren könnte. Selbst wenn man daher versucht sein sollte, den Zwangsakt in den Stufenbau nach der rechtlichen Bedingung zu integrieren,[74] dürfte klar sein, dass man nicht von einer Derogation des Zwangsaktes durch eine Norm sprechen kann. Die tiefste Stelle im Stufenbau nach der rechtlichen Bedingung, an der man sinnvoll die Frage nach einer Derogation stellen kann, betrifft das Verhältnis der untersten Ebene von Rechtsnormen zu einer Ebene von Normen oberhalb. Mit anderen Worten: Der Zwangsakt ist zwar Teil des Rechtssystems, er kann aber nicht Bestandteil des Stufenbaus der Rechtsordnung nach der Derogation sein.

IV. Ergebnis

Damit hat sich gezeigt, dass der Zwangsakt als Faktum weder Teil des Stufenbaus nach der rechtlichen Bedingung noch Teil des Stufenbaus nach der Derogation sein kann. Dies steht allerdings der Idee, dass der Zwangsakt einen Bestandteil der Rechtsordnung oder des Rechtssystems bildet, durchaus nicht entgegen.

Der Schritt von der vollständig konkretisierten Norm, der untersten Ebene im Stufenbau der Rechtsnormen, zum Zwangsakt ist ein qualitativ ganz anderer Schritt als derjenige von einer höheren Ebene von Normen zu einer tieferen Ebene von Normen. Der letztgenannte Schritt ist ein Übergang von einer Norm zu einer konkreteren Norm, der erstgenannte Schritt hingegen ein Schritt von einer Norm, einem Sollen, zu einen Faktum, einem Sein.

---

[74] Wie Merkl, der den Zwangsakt als „bedingte Rechtserscheinung" ansieht, siehe Abschnitt II. 5. a). Dies wurde jedoch bereits zurückgewiesen.

Die Zeit im Kreuz der Entscheidung – Recht und Rhythmus

Stephan Kirste

I. Einleitung

Sisyphos gilt in der griechischen Mythologie als besonders schlaue Persönlichkeit. Zunächst überlistet er Antikleia und kann somit als der eigentliche Vater des regellos umherirrenden Odysseus gelten. Später ist der Tod selbst, Thanatos, den Zeus wegen eines Verrats göttlicher Geheimnisse gesandt hat, der Betrogene. Entgegen einer Verabredung kehrt Sisyphos nämlich aus der Unterwelt wieder zu seiner Frau zurück. Thanatos selbst bindet er in Fesseln, so daß dieser seine Aufgabe, die Sterblichen zu sich zu holen, nicht mehr ausführen kann.[1] Als er schließlich hochbetagt doch in die Unterwelt einkehrt, wird er bestraft: Er muß einen Felsbrocken den Berg hinaufrollen, wo er jedoch kurz vor dem Gipfel alsbald von den Göttern wieder zu Tal befördert wird. So wandert auch Sisyphos wieder ins Tal, um den Fels seiner Aufgabe gemäß alsbald wieder auf den Berg hinauf zu bringen.[2]

---

[1] *Hans von Gneisenau*, Sisyphos, in: Der Kleine Pauly. Lexikon der Antike in fünf Bänden, München 1979, S. 214 f. Diese Einleitung wurde beim Kolloquium zum 60. Geburtstag von *Winfried Brugger* gewählt, als seine Erkrankung noch nicht ausgebrochen, jedenfalls noch nicht diagnostiziert worden war. Ich habe sie beibehalten, weil aus allen Berichten deutlich wurde, daß *Brugger* durch die geistige und geistliche Haltung seine Würde und Autonomie im Sterben bewahrt und dem Tod so keine Macht über diese Sphäre seiner Persönlichkeit eingeräumt hat. Ich halte daher den Mythos von Sisyphos auch für die Schriftfassung im Rahmen der Gedenkschrift für *Winfried Brugger* für angemessen.

[2] *Homer*, Odyssee. Werke in zwei Bänden, übers. von D. Ebener, 2. Aufl. Berlin 1976, S. 162:

„Sisyphos auch bekam ich zu sehen. Er wälzte in schwerer
Mühsal mit beiden Armen einen gewaltigen Felsblock.
Angestrengt stemmte er gegen den Stein sich mit Händen und Füßen,
schob ihn den Hügel hinan. Doch wollte er über den Gipfel
eben ihn stoßen, dann trieb ihn zurück die beharrende Schwere;
wieder zur Ebene abwärts rollte der schamlose Felsblock.
Sisyphos aber begann ihn aufs neue zu wälzen, sein Körper
triefte von Schweiß, und über dem Haupt stieg Staub in die Höhe".

II. Die Zeit im anthropologischen Kreuz der Entscheidung

Jede Entscheidung steht nach *Brugger* nicht nur im Spannungsverhältnis, das sich aus der angemessenen Berücksichtigung von Idealen und der Realität ergibt, sondern auch aus der von Vergangenheit, Gegenwart und Zukunft. Diese Dimension versteht *Brugger* als „Zeitschiene“[3]. Aus beiden Spannungslagen ergibt sich das anthropologische Kreuz der Entscheidung. Das Kreuz stellt ein analytisches Werkzeug dar, um zu verstehen, welche Aspekte jede wichtige Entscheidung berücksichtigen muß, und bei Asymmetrien zu Lasten einzelner Dimensionen Fehlentscheidungen erkennen zu können. Eingespannt in die prinzipiell vorgegebenen Dimensionen einer jeden Entscheidung, kann die Freiheit, zwischen ihnen zu wählen und sich selbst zu bestimmen, für den Entscheidungsträger zur Qual werden.

In der Perspektive des Kreuzes gelangen vorwiegend die Einflußfaktoren des Handelns in den Blick. Sie können unter Berücksichtigung der Kreuzesdimensionen abgewogen werden. *Brugger* spricht insofern auch von einem „weichen Determinismus“[4]. Das Kreuz ist hingegen kein Symbol für die Welt, die aus der Entscheidung entspringt. Die weltbildende Kraft des Menschen – mag man sie nun als „objektiver Geist“, als „Objektivationen des Geistes“ oder als „symbolische Formen“ bezeichnen, geraten hier nur ansatzweise in den Blick. So wenn von der gelungenen Persönlichkeit oder von geschaffener Identität die Rede ist.[5] Aber auch dann geht es dem Kreuz als analytischem Werkzeug nur darum, die Integration der Perspektiven in einer gelungen Lebensgestaltung der Persönlichkeit zu begreifen, nicht um die Konstitution dieser Dimensionen durch das Subjekt. Diese geschichtlichen, vom Menschen geschaffenen Sinnsysteme sind keine Natur, sondern allenfalls in der aristotelischen Tradition „zweite Natur“. Sie sind auch nicht Ideale, sondern die realen Orientierungspunkte eines Begriffen, Ideen, Diskursen oder Kommunikationen entsprungenen Ordnungszusammenhangs als Ausdruck von positiver Freiheit. Obwohl sie kulturelle Leistungen darstellen, lassen sie sich nicht nur aus der Tradition erklären, denn es geht ihnen auch um die Antizipation einer besseren Zukunft. Ebensowenig sind diese kulturellen Welten bloße Utopien, denn sie sind die Grundlage gegenwärtiger Sinnorientierung. Diese „Welt“ besteht aus den kulturellen Leistungen

---

[3] Ohne sich allerdings auf den Gedanken einer Linearität festzulegen: *Winfried Brugger*, Das anthropologische Kreuz der Entscheidung, 2. Aufl. Baden-Baden 2008, S. 25.

[4] *Brugger* (Fn. 3), S. 60 f.

[5] *Winfried Brugger*, Die Würde des Menschen im Licht des anthropologischen Kreuzes der Entscheidung, in: Wilfried Härle/Bernhard Vogel (Hrsg.), Begründung von Menschenwürde und Menschenrechten, Freiburg/Basel/Wien 2008, S. 56 f.: „Zur Persönlichkeit wird der Mensch durch die besondere Art und Weise, wie er sich im Kreuz der Entscheidung, also geprägt durch seinen spezifischen Mix von Grundbedürfnissen, durch gerade seine Autobiographie, durch gerade seine Auffassung der ihn leitenden Ideale und Werte im Blick nach vorn seine Identität schafft und im Laufe der Zeit umschafft.“

der Sprache, der Kunst, aber auch des Rechts. Im Durchgang durch das Kreuz der Entscheidung werden hier die unmittelbar gegebenen Dimensionen des Kreuzes transformiert in kulturelle Sinnstiftungen.[6] Bei allen Unterschieden verbindet doch *Aristoteles* über *Kant*, *Hegel*, *Dilthey*, *Heidegger* und *Luhmann* die Vorstellung, daß in dieser die natürliche transformierenden, geschichtlichen Welt die sinnhafte Orientierung des Handelns zu suchen ist.[7]

Das hat auch Auswirkungen auf die Zeit. In dieser kulturellen Welt erscheint auch sie als Produkt von Sinnstiftung, die von den praktischen Bedürfnissen der Handlung und von Werten geprägt wird. Zukunft ist nicht das, was noch nicht ist, sondern vielmehr der offen gehaltene Möglichkeitshorizont für alternative Handlungen, das Werden.[8] Vergangenheit ist nicht einfach das, was war; sondern sie ist nur als gegenwärtige Vergangenheit. Sie erscheint als das, was gegenwärtig nicht änderbar ist und somit feststeht. Gegenwart ist die Präsenz des Ich und seines Willens[9], sei es als Augenblick oder als ausgedehnte Gegenwart einer Epoche im Sinne der Bergsonschen „longue dureé"[10]. Kairós ist nicht der zufällige Moment, als der er unter Zugrundelegung der natürlich gegebenen Zeit erscheinen muß, sondern der in bezug auf den Sinn „richtige" Moment im sozialen Rhythmus.[11] So bekommt die Zeit ihren Sinn vom Willen zur Handlung, nicht umgekehrt. Weit davon entfernt, absolut im Newtonschen naturwissenschaftlichen oder Kantischen erkenntnistheoretischen Sinn als Anschauungsform zu sein, ist Zeit etwas an Bewegungen, wie *Aristoteles* sie bezeichnet.[12]

---

[6] Zum Konzept der Transformation *Stephan Kirste*, Recht als Transformation, in: Rechtsphilosophie im 21. Jahrhundert, hrsg. v. W. Brugger, U. Neumann und S. Kirste, Frankfurt/Main 2008, S. 150 f.

[7] Diese Dimension ist im Bruggerschen Kreuz der Entscheidung nicht ausgeschlossen, aber auch nicht symbolisch erfaßt, *Stephan Kirste*, Die ‚Rose im Kreuze der Gegenwart' und das ‚anthropologische Kreuz der Entscheidung' – das Bild des Kreuzes bei Hegel und Brugger, in: Hans Joas/Matthias Jung (Hrsg.), Über das Kreuz der Entscheidung in Politik und Recht, Baden-Baden 2008, S. 67 ff.

[8] Sie erscheint etwa auch in Gestalt des Verfassungswandels, von Experimentierklauseln, die verstetigt oder wegfallen können, der Vorwirkung von Gesetzen und völkerrechtlichen Verträgen (*Peter Häberle*, Zeit und Verfassungskultur, JURA 2000, S. 3).

[9] Das Ich, sagt *Georg Wilhelm Friedrich Hegel* (in: Vorlesungen über die Ästhetik III. Werke, Bd. 15, hrsg. v. E. Moldenhauer u. K. M. Michel. Frankfurt/Main 1986), sei die „Bewegung, sich als ein Anderes zu setzen und diese Veränderung aufzuheben, d.h. sich selbst, das Ich und nur das Ich als solches darin zu erhalten. Ich ist in der Zeit, und die Zeit ist das Sein des Subjekts selber." Diese Zeit ist nicht mehr die äußere Zeit, sondern die Zeit des Subjekts.

[10] *Henri Bergson*, Materie und Gedächtnis, München 1982, S. 131 f.

[11] Für *Pindar* trägt der Rhythmus den Kairos in sich und ermöglicht ihn. Der Rhythmus bestimmt den Menschen, gibt ihm Sicherheit und Orientierung, trägt ihn aber wie auf einer Welle auf und ab. Für den Menschen kommt es darauf an, in dieser Bewegung den richtigen Zeitpunkt zu erkennen, um seine Entscheidungen treffen zu können, *Michael Theunissen*, Pindar. Menschenlos und Wende der Zeit, München 2000, S. 180 f. u. 315.

[12] *Aristoteles*, Physik. Vorlesung über Natur. Erster Halbband: Bücher I (A) – IV (D), übersetzt, mit einer Einleitung und Anmerkungen hrsg. von Hans Günter Zekl, Hamburg 1987, Phys. IV, 11, 219b 1/2.

Nur muß man die verschiedenen Bewegungen unterscheiden. Es macht einen Unterschied, ob das Bewegende nichts von sich weiß, wie in der Natur, oder ob es ein Bewußtsein von sich besitzt, wie beim Menschen. Dieses Bewußtsein kann die Zeit verinnerlichen, wie es in *Hegels* Geistphilosophie heißt.[13] Ebenso greifen Theorien eines der äußeren Zeit entgegengesetzten subjektiven Zeitbewußtseins diese Idee einer Vielzahl von qualitativ unterschiedlichen Zeiten auf.[14] Danach ist die natürliche Zeit durch das Nacheinander gekennzeichnet, so daß hier von einer Zeitschiene gesprochen werden kann. Das Zeitbewußtsein hingegen geht von den Zeitdimensionen aus und bildet relationale Zeitvorstellungen. Die Entdeckung der subjektiven Zeit des Bewußtseins mit ihrer Entgegensetzung zur objektiven Zeit der Natur kann aber nicht das letzte Wort sein. Denn das Zeitbewußtsein fängt in der oben geschilderten Weise an, weltgestaltend, weltbildend zu sein. Entsprechend den unterschiedlichen Praktiken schafft es sich dabei unterschiedliche soziale Zeiten, die jeweils unterschiedliche Zeithorizonte haben.[15]

III. Recht und Zeit

Eine dieser Zeiten ist die rechtliche Zeit. Durch seine formale Abgeschlossenheit hebt sich das Recht aus den anderen sozialen Zeiten mit ihren Rhythmen heraus. Basis dieser Zeit sind Normen. Normen sind Zukunftsbindungen. Aus der offenen Zukunft werden einige Handlungsalternativen als nicht gesollt ausgegrenzt (Verbot), andere als gesollt vorgestellt (Gebot) oder Zukunft gezielt offengehalten (Erlaubnis). Die Autorität des Normgebers führt also ein Stück

---

[13] *Georg Wilhelm Friedrich Hegel*, Enzyklopädie der philosophischen Wissenschaften im Grundrisse 1830. Dritter Teil. Die Philosophie des Geistes. Mit mündlichen Zusätzen, Werke, Bd. 10, hrsg. v. E. Moldenhauer u. K. M. Michel, Frankfurt/Main 1986, Enzyklopädie III, § 381 Z, S. 21, PhdG, S. 524 f.:

„Die Zeit ist der Begriff selbst, der da ist, und als leere Anschauung sich dem Bewußtsein vorstellt; deswegen erscheint der Geist notwendig in der Zeit, und er erscheint so lange in der Zeit, als er nicht seinen reinen Begriff erfaßt, d.h. nicht die Zeit tilgt. Sie ist das äußere angeschaute, vom Selbst nicht erfaßte reine Selbst, der nur angeschaute Begriff; indem dieser sich selbst erfaßt, hebt er seine Zeitform auf, begreift das Anschauen und ist begriffenes und begreifendes Anschauen."

[14] Vgl. nur *Edmund Husserl*, Zur Phänomenologie des inneren Zeitbewußtseins (1893–1917), hrsg. v. R. Boehm, Den Haag (Husserliana, Bd. X) 1966, S. 3 f.; hierzu auch *Stephan Kirste*, Die Zeitlichkeit des positiven Rechts und die Geschichtlichkeit des Rechtsbewußtseins. Momente der Ideengeschichte und Grundzüge einer systematischen Begründung, Berlin (Schriften zur Rechtstheorie; H. 183), 1998, S. 233 f.

[15] *Stephan Kirste*, The Temporality of Law and the Plurality of Social Times – The Problem of Synchronizing different Time Concepts through Law, in: Legal Philosophy: General Aspects. Concepts, Rights and Doctrines. Proceedings of the 19th World Congress of the IVR, New York 2002, hrsg. v. M. Troper u. A Verza, (ARSP-Beiheft Nr. 82) Stuttgart 2002, S. 23 ff.

Vergangenheit im Sinne der Tradition, der Überlieferung[16] oder allgemeiner: der Nicht-Änderbarkeit in die prinzipiell offene Zukunft ein. Allerdings würde die Zukunft sofort wieder überwiegen, wenn die Norm jederzeit änderbar wäre. Da auf die historische Autorität eines charismatischen – etwa mosaischen – Gesetzgebers[17] kein Verlaß mehr ist, die soziale Welt sich zumeist auch zu schnell ändert, als daß die Autorität einer überkommenen Gewohnheit die Geltung der Norm stabilisieren könnte, und die Bindekräfte der Moral hierfür zumeist auch nicht ausreichen, wird die Veränderung der Norm selbst Bindungen unterworfen: Die Norm ist jedenfalls durch den Akt, an den sie sich richtet, nicht änderbar.[18] Diese reflexive Struktur ist die Leistung des Rechts. Recht bezeichnet diejenigen Normen, deren Setzung und Durchsetzung wiederum durch Normen geregelt ist.[19] Da wir oben Vergangenheit als das gegenwärtig nicht Änderbare und Zukunft als die Möglichkeit der Veränderung bezeichnet hatten, können wir jetzt sagen, daß das Recht das Problem der offenen Zukunft durch die Vergangenheit, die jederzeitige Änderbarkeit der Norm durch gezielte Änderungsgrenzen bewältigt.

In der Verfassung gibt sich die verfassunggebende Gewalt den Zukunftshorizont, der ihr Handeln als rechtsetzende bestimmen soll. Die verfassunggebende Gewalt schafft Verfahren und Grenzen der Veränderbarkeit der Verfassung. Der Zukunftshorizont wird auf diese Weise beschränkt. „Ewigkeitsklauseln" bezeichnen die ausgedehnte Gegenwart einer von ihr gewollten verbindlichen Identität.[20] Ein Übermaß an Vergangenheit mag zu einer Versteinerung der Verfassung führen. So muß die Frage der gegenwärtigen verfassungsrechtlichen Bedeutung der Vergangenheit vom Recht selbst entschieden werden. Es setzt keine Vergangenheit voraus, sondern weist ihr eine Bedeutung zu. Vergangenheit wird „aufgearbeitet", „kulturelles Gedächtnis" geschaffen.[21] Mit anderen Worten: Die außerrechtliche Vergangenheit wird als nicht feststehend behandelt, sondern als veränderbar. So wird gewissermaßen ein Element von Zukunft in die Vergangenheit eingeführt.

Dies soll hier nicht weiter ausgeführt werden. Der geschilderte Zusammenhang ließe sich im Kreuz der Entscheidung durchaus darstellen.[22] Entscheidend ist aber, daß in der Kultur das Kreuz gewissermaßen vom Zentrum her seine Dimensionen erhält. Wer keine Handlungsabsicht hat, dem verschließt

[16] *Häberle* (Fn. 8), S. 2.

[17] *Max Weber*, Die drei reinen Typen der legitimen Herrschaft, in: Gesammelte Aufsätze zur Wissenschaftslehre, 7. Aufl. Tübingen 1988, S. 481 f.

[18] *Niklas Luhmann*, Die Einheit des Rechtssystems, in: Rechtstheorie 14 (1983), S. 138.

[19] *Stephan Kirste*, Einführung in die Rechtsphilosophie, Darmstadt 2010, S. 86.

[20] *Stephan Kirste*, Die Zeit der Verfassung, in: Jahrbuch des öffentlichen Rechts der Gegenwart 56 (2008), S. 35 f.

[21] *Stephan Kirste*, Der Beitrag des Rechts zum kulturellen Gedächtnis, in: ARSP 94 (2008), S. 47 ff.

[22] *Brugger* (Fn. 3), S. 23 f.

sich die Zukunft als Möglichkeitshorizont und die Vergangenheit als Halt, aber auch als Beschränkung des Handelns. So ist die Zeit nicht nur ein Balken des Kreuzes, der auf dem Handelnden lastet[23]; vielmehr nimmt er das Kreuz auf sich. Das Kreuz wird zum selbstgewählten Schicksal, wie der Stein des Sisyphos. Von ihm sagt *Camus*: „Gerade in diesem Augenblick, in dem der Mensch sich wieder seinem Leben zuwendet (ein Sisyphos, der zu seinem Stein zurückkehrt), bei dieser leichten Drehung betrachtet er die Reihe unzusammenhängender Taten, die sein Schicksal werden, seine ureigene Schöpfung, die in seiner Erinnerung geeint ist und durch den Tod alsbald besiegelt wird... Jedes Gran dieses Steins, jeder Splitter dieses durchnächtigten Berges bedeutet allein für ihn eine ganze Welt. Der Kampf gegen Gipfel vermag ein Menschenherz auszufüllen. Wir müssen uns Sisyphos als einen glücklichen Menschen vorstellen."[24]

Diese Wiederkehr des Ähnlichen – nicht des Gleichen –[25], die im Bild des Sisyphos, der seinen Stein den Berg hinaufzuwälzen hat, bevor er von den Göttern wieder heruntergerollt wird und so dem Menschen im Herabsteigen das ermöglicht, was ihm zukommt – das Bewußtsein – ist unter dem Gedanken von Recht und Rhythmus näher anzusehen. Dies ist tatsächlich ein Thema, das, soweit ich sehe, bislang im Kreuz der Entscheidung noch nicht ausführlich behandelt wurde.

IV. Rhythmus und Recht

1. Die Kultur des Rhythmus

„Rhythmus" meint im Griechischen so viel wie Form, Ordnung, Regelmäßigkeit oder Gesetzmäßigkeit der Bewegung.[26] Die Ordnung des Rhythmus sollte im zeitlichen Nacheinander der empirischen Welt, die zeitlose Ordnung in der

---

[23] *Brugger* (Fn. 3), S. 21 f.

[24] *Albert Camus*, Der Mythos des Sisyphos, Reinbek 1986, S. 101.

[25] Der natürliche Rhythmus bedeutet die Wiederkehr des Gleichen, der soziale die Wiederkehr des Ähnlichen, In diesem Sinne auch *Rudolf Wendorff*: Zeit und Kultur. Geschichte des Zeitbewußtseins in Europa, 3. Aufl. Opladen 1985, S. 479 im Anschluß an *Ludwig Klages*, Vom Wesen des Rhythmus, 2. Aufl., Kampen 1934, S. 18 u. 32, S. 495.

[26] *Platon*, Gesetze, übersetzt und erläutert von Otto Apelt, Hamburg (Sämtliche Dialoge, Bd. VII. [Nachdr.)]) 1993, 664e, S. 58: „Wir stellten, wie wohl erinnerlich, zu Anfang unserer Betrachtung die Behauptung auf, daß alle jugendlichen Geschöpfe feuriger Natur seien und nicht imstande Körper und Stimme völlig ruhen zu lassen, vielmehr sich immer in regellosen Tönen und Sprüngen ergehen. Einer Regelung des Ganges dieser beiden Arten von Bewegung sei keines der übrigen Geschöpfe fähig, nur der menschlichen Natur sei dieser Vorzug eigen. Für die Ordnung der Bewegung aber habe man die Bezeichnung Rhythmus, für die Verbindung des hohen und tiefen Tones den Namen Harmonie, für die Vereinigung beider den Namen Chorreigen."

ewigen göttlichen nachbilden.[27] Schon im Alten Ägypten sollte hierdurch eine eigene, zyklisch strukturierte Zeit geschaffen werden.[28] Es kam darauf an, wie *Sokrates* im Staat sagte, „unser Augenmerk darauf richten, welches die Zeitmaße für ein wohlgesittetes und mannhaftes Leben sind“[29].

Rhythmus kann natürlichen oder ideellen, insbesondere auch religiösen Ursprungs sein.[30] Dem heiligen Rhythmus geht es nicht um die Überhöhung des Profanen, sondern umgekehrt: Das Sakrale wird als Ursache des natürlichen Geschehens etwa im Jahresrhythmus verstanden.[31] Der Rhythmus soll also eine magische Wirkung haben.[32] Er soll auf die Natur wirken.[33] So folgen Frühlingsmythen nicht dem natürlichen Frühlingsbeginn nach und feiern ihn, sondern gehen ihm voraus, sollen ihn herbeiführen.

---

[27] *Gernot Böhme*, Idee und Kosmos. Platons Zeitlehre – Eine Einführung in seine theoretische Philosophie, Frankfurt/Main 1996 (Philosophische Abhandlungen, Bd. 66), S. 7.

[28] Die Pflege des virtuellen, aber auch zyklischen Aspekts der Zeitordnung geschieht durch die rituellen, rhythmisch wiederholten Kulthandlungen. Während der Djet-Aspekt die lineare, aber nicht wie im neuzeitlichen Bewußtsein durch die Richtung des Fortschritts bestimmte Zeit, sondern eine vergangenheitsbezogene lineare Zeit betrifft, erzeugt der richtig ausgeführte Kultus die zyklische Neheh-Zeit. Im Zusammenwirken beider Aspekte entsteht Kontinuität, Erhaltung der kosmischen und kulturellen Ordnung gegenüber dem bedrohlichen Chaos und den daraus hervorgehenden natürlichen und gesellschaftlichen Katastrophen. Dies ist zugleich die Vereinigung des Gottes der unaufhörlichen Bewegung, Re, mit dem der Ruhe und unwandelbaren Dauer, Osiris, *Jan Assmann*, Zeit und Ewigkeit im alten Ägypten: ein Beitrag zur Geschichte der Ewigkeit (Abhandlungen der Heidelberger Akademie der Wissenschaften, Philosophisch-historische Klasse; Jg. 1975, Abh. 1), S. 28 f.

[29] *Platon*, Der Staat, übersetzt und erläutert von Otto Apelt, Hamburg (Sämtliche Dialoge, Bd. V. Nachdr.) 1993, 400a.

[30] *Rudolf Wendorff*, Der Mensch und die Zeit, Opladen 1988, S. 144.

[31] *Armin Nassehi*, Die Zeit der Gesellschaft. Auf dem Weg zu einer soziologischen Theorie der Zeit, Opladen 1993, S. 273 f.

[32] *Ernst Cassirer*, Philosophy and Politics (1944), in: Verene 1979, S. 247: "There is no act, however trivial and insignificant, that is not regulated by fixed collective rules. These rules, the social rules, are universal, eternal, and unchangeable, whereas the so-called laws of nature, if there are any laws of nature, are always changeable and flexible because they are subject to the influence of the magic word and are liable to our human wishes … If these rites are not performed in due time, at the right place, and in the right moment; if the words of a spell or a prayer do not follow the same inviolable order; if they are not spoken in the same rhythmical sequence, the whole life of the society and the whole life of nature are at stake … The slightest change would immediately destroy the force and efficiency of the magical world or religious rites."

[33] *Friedrich Nietzsche*, Die fröhliche Wissenschaft, in: *ders.*: Werke Bd. 2, hrsg. v. K. Schlechta, München 1984, S. 93: „Wenn der Vers auch beim Orakel verwendet wurde – die Griechen sagten, der Hexameter sei in Delphi erfunden –, so sollte der Rhythmus auch hier einen Zwang ausüben. Sich prophezeien lassen – das bedeutet ursprünglich (nach der mir wahrscheinlichen Ableitung des griechischen Wortes): sich etwas bestimmen lassen; man glaubt die Zukunft erzwingen zu können, dadurch, daß man Apollo für sich gewinnt: er, der nach der ältesten Vorstellung viel mehr als ein vorhersehender Gott ist. So wie die Formel ausgesprochen wird, buchstäblich und rhythmisch genau, so bindet sie die Zukunft“.

Diese Vorstellung ist auch noch grundlegend für den Rhythmus, der sich aus den Ordensregeln der Benediktiner ergab. Er war die Grundlage einer heiligen Zeit, die sich der von natürlichen Bedürfnissen geprägten, profanen entgegenstellt. Der streng zeitlich geregelte Tagesablauf nach der Benediktinischen Ordensregel sollte einerseits in seinem Regelungscharakter für jeden Mönch einsichtig sein und der Beliebigkeit eines Abtes enthoben, und zum anderen in seiner genauen zeitlichen Strukturierung des Tagesrhythmus die Mönche über ihre menschlichen Schwächen erheben.[34] Über Zeitnormen sollte also der Tagesablauf an geistlichen Aufgaben ausgerichtet werden gegen die natürlichen Neigungen.[35] Bemerkenswert ist, daß hier in den Klöstern eine soziale Zeit etabliert wird, die ihre Ereignisse und ihr Maß nicht aus der physikalischen Zeit gewinnt, sondern aus den theologischen Handlungen selbst: Nicht die Uhr ist das Maß, sondern die Länge des Gebets oder des Psalms.[36] Heilsgeschichte wurde so vergegenwärtigt im Rhythmus des Tages.[37]

2. *Recht und Rhythmus*

Ich möchte hier unter Rhythmus eine bestimmte Ordnung der wiederholten Sequenz von Zeiträumen oder Zeitpunkten verstehen. Im Recht sind Zeiträume etwa Perioden oder Fristen.[38] Zeitpunkte können den Anfang oder das Ende eines Zeitraums festlegen oder auch einzelne Ereignisse darstellen, wie etwa ein Feiertag. Ohne ihre Wiederholung lägen zwar Regelungen der Abfolge vor, es würde jedoch das Gewohnheitsmäßige des Rhythmus fehlen. Der Rhythmus ist gerade durch diese Wiederkehr einer bestimmten Anordnung von Dauer und Unterbrechung eines sozialen Ablaufs und damit das Zyklische gekennzeichnet. Der Rhythmus stabilisiert also nicht nur die Erwartung, daß man etwas so und so lange tun oder bis zu einem Zeitpunkt erledigen kann, sondern daß man erneut eine Chance bekommt oder damit rechnen muß, daß ein anderer sie erhält. Diese Erwartung realisiert sich, wenn die gleichartige Sequenz abgelaufen ist: Der Rasen, der am einen Wochenende nicht gemäht ist, kann am nächsten gekürzt werden. Das Gesetzgebungsverfahren, für das einer Partei in einer Legislaturperiode die Mehrheit fehlte, kann vielleicht in einer späteren,

---

[34] *Arno Borst*, Computus. Zeit und Zahl in der Geschichte Europas, Berlin., S. 26; *Gerhard Dohrn-van Rossum*, Die Geschichte der Stunde. Uhren und moderne Zeitordnungen, München 1990, S. 41.

[35] Vgl. a. *Gisela Riescher*, Zeit und Politik. Zur institutionellen Bedeutung von Zeitstrukturen in parlamentarischen und präsidentiellen Regierungssystemen, Baden-Baden 1994, S. 41.

[36] *Dohrn-van Rossum* (Fn. 34), S. 42, 46: „Unpünktlichkeit wird zwar geahndet, aber die geforderte Pünktlichkeit bezieht sich nicht auf abstrakte Zeitpunkte, sondern auf Zeitpunkte in der Sequenz kollektiven Verhaltensrhythmus".

[37] *Borst* (Fn. 34), S. 27.

[38] *Häberle* (Fn. 8), S. 1.

aber sicher voraussehbaren realisiert werden, wenn sich die Mehrheitsverhältnisse ändern. Der Rhythmus teilt das Zyklische mit dem Takt. Er unterscheidet sich von diesem jedoch durch das Moment der Art der Sequenz: Während diese beim Takt streng gleichförmig ist, kann sie beim Rhythmus aus unterschiedlich dauernden Elementen bestehen.[39] Der Rhythmus kann sich damit Angemessenheitsgesichtspunkten öffnen – angemessen für das Leben, angemessen für bestimmte politische oder rechtliche Probleme.

Die ausgedehnte Gegenwart, die das Recht durch die zeitliche Geltung seiner Normen sichert, schafft Orientierungssicherheit. Das Handeln kann sich darauf einstellen. Die Zukunft kommt insofern zur Geltung, als im Unterschied zum gleichbleibenden Takt der Rhythmus erneuert[40], indem er nicht das Gleiche, sondern nur das Ähnliche wiederbringt.[41] Die Zukunft wird solchermaßen im Rhythmus zum untergeordneten Element einer gegliederten Gegenwart. Eine unbegrenzte Dauer dieser Gegenwart kann jedoch leicht zur Stagnation bei sich ändernden Verhältnissen führen. Selbst wenn man bestimmte Wahrheiten für selbstverständlich und die Anerkennung derselben in den aufgeklärten Menschenrechtserklärungen für unabänderbar ansieht[42], muß man doch die Normen, die Gebote (und seien es Optimierungsgebote) auferlegen, für änderungsfähig betrachten. Von *Rousseau*[43] über *Sieyès*[44], *Condorcet*, *Paine* und *Jefferson* ist deshalb eine regelmäßige Generalrevision der Verfassung gefordert worden. Der Grund hierfür ist, daß die zeitliche Macht der verfassunggebenden Gewalt des Volkes beschränkt ist. Sie ist moralisch nicht befugt, zukünftige Generationen unbegrenzt zu verpflichten.[45] Wird die Überprüfung verbindlich, kann die Erwartungssicherheit geschaffen werden, daß zu einem bestimmten Zeitpunkt notwendig eine Veränderung eintritt. Der Rhythmus der Verfassungsrevisionen verbindet also ein Moment der Kontingenz mit der sicheren Erwartung dieses Moments. Er bricht die Macht der Vergangenheit in Gestalt der Fortgeltung der Verfassung in der Zukunft (das Problem der „Countermajoritarian Difficulty"[46]) und bringt dennoch Sicherheit in diese Veränderung. Der Rhythmus der Verfassungsrevision schafft hier gezielte Momente der Diskontinuität,

---

[39] Nach *Hegel* (Fn. 9) ist es der Rhythmus, der „zum Zeitmaß und Takt erst die eigentliche Belebung hinzubringt", Ästhetik III, S. 168.

[40] *Klages* (Fn. 25), von dem der Gedanke stammt, bringt die Bilder der Bewegung der Mechanischen Pendeluhr für den Takt und das Meer für den Rhythmus, S. 18 u. 32.

[41] *Klages* (Fn. 25), S. 18 u. 32.

[42] *Horst Dreier*, Gilt das Grundgesetz ewig? Fünf Kapitel zum modernen Verfassungsstaat, München 2009, S. 11 f.

[43] *Jean-Jacques Rousseau*, Vom Gesellschaftsvertrag, Stuttgart 1985, I/7, III/8.

[44] Einleitung zur Verfassung, Art. XXXII, S. 257: „Ein Volk hat beständig das Recht, seine Verfassung zu überprüfen und zu erneuern. Es wäre sogar gut, feste Zeitpunkte zu bestimmen, zu denen diese Revision, aus welchen Gründen auch immer, stattfinden soll."

[45] Ausführlich: *Dreier* (Fn. 42), S. 31 ff.

[46] *Alexander Bickel*, The Least Dangerous Branch, 1962, S. 16–23.

die durch ihre Regelmäßigkeit zugleich verläßlich sind. Zu häufige Revisionen sind andererseits einer effektiven Regierungsarbeit abträglich. Der Österreicher *Wiederin* meint zu Recht:[47]

> "Speed kills. Was für Legistik ganz allgemein zutrifft, gilt für die Verfassungslegistik in erhöhtem Maße. Um eine Konstitution vor dem vorschnellen Zugriff des Verfassungsgesetzgebers zu schützen, bietet es sich an, die Verfassungsrevision nur in gewissen Abständen zuzulassen oder sie durch Fristen zu bremsen. Solche zeitlichen Begrenzungen können Räume für öffentliche Debatten eröffnen; sie können dazu beitragen, dass sich Änderungen auf das Wesentliche konzentrieren; und sie können den Verfassungsrevisionen sogar einen zeitlichen Rhythmus vorgeben".

Sinnvoll können deshalb stabilisierende Regelungen zur Verfassungsänderung sein wie Art. 110 VI der Griechischen Verfassung von 1975: „Eine Verfassungsänderung vor dem Ablauf von fünf Jahren nach dem Abschluß der vorhergehenden ist unzulässig."[48]

Das rhythmische Prinzip, das darin zum Ausdruck kommt, faßt *Georg Simmel* in seiner Soziologie des Geldes treffend zusammen:

> „Der Rhythmus genügt gleichzeitig den Grundbedürfnissen nach Mannigfaltigkeit und nach Gleichmäßigkeit, nach Abwechslung und nach Stabilität: indem jede Periode für sich aus differenten Elementen, Hebung und Senkung, quantitativen oder qualitativen Mannigfaltigkeiten besteht, die regelmäßige Wiederholung ihrer aber Beruhigung, Uniformität, Einheitlichkeit im Charakter der Reihe bewirkt."

Simmel beschreibt, wie sich der Mensch sowohl ontogenetisch als auch phylogenetisch von einer starken Rhythmusabhängigkeit zu freieren Lebensformen entwickelt. Diese Abhängigkeit von natürlichen Rhythmen ist durch seine Bedürfnisse geprägt. Im Laufe der Evolution des Menschen und auch seiner persönlichen Entwicklung bringt er jedoch Mittel hervor, die deren kontinuierliche Befriedigung ermöglichen. Eines davon ist das Geld, das es etwa erlaubt, von Erntezyklen weitgehend unabhängig zu werden.[49] Auch die Kommunikation mit entfernteren Stellen ist nicht mehr an Händler, die regelmäßig einen Ort besuchen oder den Briefträger, der morgens die Post einwirft, gebunden, sondern

---

[47] *Ewald Wiederin*, Über Inkorporationsgebote und andere Strategien zur Sicherung der Einheit der Verfassung, in: Zeitschrift für Öffentliches Recht 2004, S. 194.

[48] Vgl. auch Art. 284 der Portugiesischen Verfassung.

[49] *Georg Simmel*, Philosophie des Geldes, Berlin 1900, S. 554 „Wie sehr die Kultur hier Ausgleichung bedeutet, ist ersichtlich. Nicht nur sorgt sie dafür, daß das ganze Jahr über alle erforderlichen Lebensmittel in ungefähr gleichem Quantum angeboten werden, sondern vermöge des Geldes setzt sie auch die verschwenderische Konsumtion herab: denn jetzt kann der zeitweilige Überfluß zu Gelde gemacht und sein Genuß dadurch gleichmäßig und kontinuierlich über das ganze Jahr verteilt werden". Das hat zu einer „durchgängigen Vergleichmäßigung" geführt, „seit man für Geld alles zu jeder Zeit kaufen kann und deshalb die Regungen und Reizungen des Individuums sich an keinen Rhythmus mehr zu halten brauchen, der, voll der Möglichkeit ihrer Befriedigung aus, sie einer transindividuellen Periodizität unterwürfe".

steht per Email und Telephon den ganzen Tag zur Verfügung.[50] Elektrizität hat den Tagesrhythmus verändert.[51] Die Überwindung des natürlichen Rhythmus hat hier befreiende Wirkung, zugleich ist aber die Einheit aus Regelmäßigkeit und Abwechslung, die der Rhythmus bietet, durchbrochen.[52]

Es gilt diese befreiende und zugleich ordnende Wirkung des Rhythmus ein wenig näher zu untersuchen.

3. Der Rhythmus zwischen Chaos und Petrifizierung der sozialen Ordnung

Die Ordnungsfunktion von Rhythmen ist wohl zuerst vom griechischen Lyriker *Archilochos* (680–645 v. Chr.) entdeckt worden. Im Fragment 67 schreibt er:

> „Weder sollst du als der Sieger vor aller Welt dich brüsten, noch sollst du als Besiegter zu Hause dich hinwerfen und jammern, sondern freue dich über das was freuenswert ist, gib dem Unglück nicht zu sehr nach und erkenne, welcher Rhythmus die Menschen in seinen Banden hält."

Ihm ist es hier um ein ausgeglichenes Leben unter Beachtung des natürlichen Rhythmus zu tun, der zwischen dem Auf und Ab der Emotionen ein gewisses Gleichmaß herstellt.[53] In der Interpretation von *Werner Jäger* ist der Rhythmus dasjenige, was der Bewegung die Beschränkung auferlegt, Grenzen zieht.[54]

An diesen Sinn von Rhythmus knüpft auch *Simmel* an, wenn er ihn als „die auf die Zeit übertragene Symmetrie" bezeichnet und seine Ordnungsfunktion betont. Diese zeitliche Symmetrie kann nun von der Natur gegeben oder vom

---

[50] *Simmel* (Fn. 49), S. 555: „Ich erinnere an die Ausdehnung des Transportwesens, das von der Periodizität der Fahrpost zu den zwischen den wichtigsten Punkten fast ununterbrochen laufenden Verbindungen und bis zum Telegraphen und Telephon fortschreitet, die die Kommunikation überhaupt nicht mehr an eine Zeitbestimmtheit binden."

[51] *Simmel* (Fn. 49) erinnert „an die Verbesserung der künstlichen Beleuchtung, die den Wechsel von Tag und Nacht mit seinen, das Leben rhythmisierenden Folgen immer gründlicher paralysiert", S. 555.

[52] *Simmel* (Fn. 49): „die generell dargebotenen Bedingungen sind vom Rhythmus befreit, sind ausgeglichener, um der Individualität Freiheit und mögliche Unregelmäßigkeit zu verschaffen; in diese Differenzierung sind die Elemente von Gleichmäßigkeit und Verschiedenheit, die im Rhythmus *vereint* sind, auseinandergegangen", S. 555.

[53] Zit. nach *Werner Jäger*, Paideia, Berlin 1989, S. 173 f. mit näheren Ausführungen auch zur Differenz dieses Rhythmus-Verständnisses.

[54] *Jäger* (Fn. 53), S. 174: „Wir denken an den Prometheus des Aischylos, der in dem Eisengeflecht seiner Fesseln regungslos festgehalten ist und von sich sagt: Ich bin hier in diesem ‚Rhythmus' gebannt, oder an Xerxes, von dem Aischylos sagt, er habe den Fluß des Hellespont in Fesseln gelegt und den Wasserweg über ihn ‚in eine andere Gestalt (Rhythmus) gebracht', d.h. in eine Brücke umgestaltet und ihm feste Bande umgelegt (Aesch. Prom 241). Hier ist Rhythmus gerade das was der Bewegung, dem Fluß die Schranke, das Feste auferlegt, und das ist es, was auch für Archilochos einzig paßt".

Menschen geschaffen sein. Als letztere ist sie Ausdruck von Rationalität.[55] Der geschaffene Rhythmus dient dann, wie *Schelling* gezeigt hat, als Bezugssystem für die Ereignisse, die in ihm stattfinden. Dieser Rhythmus ist der Rahmen, von dem her sie ihre Bedeutung erhalten. „So ist der Rhythmus die Musik in der Musik", wie *Schelling* schreibt. Rhythmus ist ihm die „Verwandlung des Zufälligen der Succession in Notwendigkeit, wodurch das Ganze nicht mehr der Zeit unterworfen ist, sondern sie in sich selbst hat." Der soziale Rhythmus mit seinen Ereignissen ist das zeitliche Bezugssystem, auf das man sich hin orientiert, nicht mehr die natürliche Zeit.[56] Der Rhythmus ist so die kultivierte Form der Zeit. Anders ausgedrückt: Geht man davon aus, daß es nicht nur eine natürliche Zeit, sondern auch soziale Zeiten gibt[57], dann ist der Rhythmus durch sein Maß die Grundlage der sozialen Zeit. Der Fluß der Zeit wird angehalten und ihr ein Maß zugeteilt. Wo sie zu langsam ist, wird sie in Maßen beschleunigt. Wenn man so will, wird die Musik im Rhythmus selbstreferentiell – und das gilt nicht nur für die musikalischen, sondern auch für die sozialen Rhythmen.[58]

Mit der Ordnungsfunktion hängt auch seine Gedächtnisfunktion zusammen. Die rhythmische Wiederkehr des Gedenkens prägt die Erinnerung dem kulturellen Gedächtnis ein.[59] Das zeigt sich etwa in der 7-Tage-Woche oder im

---

[55] *Simmel* (Fn. 49): „Die symmetrische Anordnung ist, wie gesagt, durchaus rationalistischen Wesens, sie erleichtert die Beherrschung des Vielen und der Vielen von einem Punkte aus. Die Anstöße setzen sich länger, widerstandsloser, berechenbarer durch ein symmetrisch angeordnetes Medium fort, als wenn der innere Bau und die Grenzen der Teile unregelmäßig und fluktuierend sind."

[56] *Reinhard Koselleck*, Geschichte, Geschichten und Formale Zeitstrukturen, in: Vergangene Zukunft, Frankfurt/Main 1984, S. 133: „Die geschichtlichen Zeiten haben andere Zeitfolgen als die von der Natur vorgegebenen Zeitrhythmen... Selbstverständlich bleiben Ereignisse und Zustände auf die naturale Chronologie beziehbar, darin liegt sogar eine minimale Voraussetzung ihrer Deutung enthalten. Aber sie gehen eben nicht in diesen auf."

[57] *Nassehi* (Fn. 31), S. 99.

[58] *Friedrich Wilhelm Josef Schelling*, Philosophie der Kunst II. Besonderer Theil der Philosophie der Kunst, 4. Abschnitt (1859), Nachdruck der Ausgabe von 1859, Darmstadt 1980, S. 135: „Denn um mich jetzt zum Behufe des Beweises nur des allgemeinsten Begriffs von Rhythmus zu bedienen, so ist er in diesem Sinn nichts anderes als eine periodische Eintheilung des Gleichartigen, wodurch das Einförmige desselben mit Mannigfaltigkeit, die Einheit also mit Vielheit verbunden wird... So ist der Rhythmus die Musik in der Musik, und als der Natur dieser Kunst gemäß das Herrschende – die herrschende Potenz – in ihr", dazu: *Rafael Köhler*, Natur und Geist, in: Archiv für Musikwissenschaft, Beiheft 37 (1996), Stuttgart, S. 3 ff., S. 50; *Karl Solibakke*, Geformte Zeit. Musik als Diskurs und Struktur bei Bachmann und Bernhard, Würzburg 2005, S. 57 f.

[59] *Niklas Luhmann*, Soziale Systeme. Grundlinien einer allgemeinen Theorie, 5. Aufl., Frankfurt/Main 1994, S. 613: „Die Kommunikation wird als fixierter Ablauf versteift, und ihre Rigidität selbst tritt an die Stelle der Frage, warum dies so ist. Die Elemente des Prozesses und ihre Reihenfolge werden unauswechselbar festgelegt, Worte wie Dinge behandelt, die Gegenwart zählt und ist weder im Hinblick auf die Zukunft noch an Hand jeweils angefallener vergangener Erfahrungen korrigierbar."

Kirchenjahr.[60] Rhythmische Wiederholungen schaffen eine quasi-räumliche Struktur, an der Erinnerung im Wege einer Mnemotechnik festgemacht werden kann.[61] So waren lateinische Rechtssätze rhythmisch formuliert, um ihre Einprägsamkeit zu verbessern.[62]

Eine Überzeichnung dieser Ordnungsfunktion führt jedoch zu Despotismus, wie er in der utopischen, absolutistischen oder auch faschistischen Architektur räumlich sinnlich wird.[63] In gleicher Weise wird der Rhythmus zur Unterdrückung, wenn er auf den Takt der Uhr reduziert ist – wie bekanntlich das mechanistische Staatsverständnis den Staat aufgrund der Gleichförmigkeit und abstrakten Rationalität seiner Verwaltung mit einem Uhrwerk vergleicht.[64] *Nietzsche* hat diese totalitäre Kraft des Rhythmus angeprangert:

> „Rhythmus ist ein Zwang; er erzeugt eine unüberwindliche Lust, nachzugeben, mit einzustimmen; nicht nur der Schritt der Füße, auch die Seele selber geht dem Takte nach – wahrscheinlich, so schloß man, auch die Seele der Götter! Man versuchte sie also durch den Rhythmus zu *zwingen* und eine Gewalt über sie auszuüben: man warf ihnen die Poesie wie eine magische Schlinge um."[65]

Es ist die Magie des Rhythmus[66], die zum Mythus des totalitären Staates gehört und seine Angehörigen – im Sinne von *Archilochos* – in seinen Bann schlägt.

Der statische Rhythmus ist dem Takt vergleichbar. Diesem fehlt jedoch das Belebende, das grundsätzlich den Rhythmus auszeichnet, wie *Hegel* schreibt.[67] Er erstarrt in der Gleichförmigkeit. Es ist der Marsch, nicht der Tanz, der hier den Rhythmus vorgibt. Schon *Aristoteles* schreibt in diesem Sinn:

---

[60] *Nassehi* (Fn. 31), S. 298 f.

[61] *Aleida Assmann*, Erinnerungsräume. Formen und Wandlungen des kulturellen Gedächtnisses, München 2003, S. 27 f., 149 ff.; *Theodor Viehweg*, Topik und Jurisprudenz, München 1974, S. 19 ff., 27, 32.

[62] *Detlef Liebs*, Rhythmische Rechtssätze. Zur Geschichte einiger lateinischer Rechtsregeln, JZ 1981, S. 162.

[63] *Simmel* (Fn. 49), S. 557: „Wenn Dinge und Menschen unter das Joch des Systems gebeugt – d.h. symmetrisch angeordnet – sind, so wird der Verstand am schnellsten mit ihnen fertig. Daher hat sowohl der Despotismus wie der Sozialismus besonders starke Neigungen zu symmetrischen Konstruktionen der Gesellschaft, beide, weil es sich für sie um eine starke Zentralisierung der letzteren handelt, um derentwillen die Individualität der Elemente, die Ungleichmäßigkeit ihrer Formen und Verhältnisse zur Symmetrie nivelliert werden muß."

[64] *Thomas Hobbes*, Leviathan oder Stoff, Form und Gewalt eines kirchlichen und bürgerlichen Staates, hrsg. u. eingeleitet v. I. Fetscher, übers. v. W. Euchner, Frankfurt/Main 1984, Einleitung, S. 5.

[65] *Nietzsche* (Fn. 33), S. 93.

[66] *Nietzsche* (Fn. 33), S. 93: „nicht nur im Kultusliede, auch bei dem weltlichen Liede der ältesten Zeiten ist die Voraussetzung, daß das Rhythmische eine magische Kraft übe, zum Beispiel beim Wasserschöpfen oder Rudern: das Lied ist eine Bezauberung der hierbei tätig gedachten Dämonen, es macht sie willfährig, unfrei und zum Werkzeug des Menschen".

[67] *Georg Wilhelm Friedrich Hegel*, Vorlesungen über die Ästhetik III. Werke, Bd. 15, hrsg. v. E. Moldenhauer u. K. M. Michel, Frankfurt/Main 1986, S. 297: „Das eigentlich Belebende nun aber für das rhythmische Zeitmaß bringen erst der Akzent und die Zäsur hervor."

> „Es gibt einen Grad der Einheit, bei dem der Staat nicht mehr bestehen würde, und es gibt einen Grad, bei dem er zwar noch Staat bliebe, aber nahe daran wäre, es nicht mehr zu sein, wo er dann ein schlechter Staat würde, ähnlich wie wenn man die Symphonie zur Monotonie oder den Rhythmus zum Einzeltakt machte.“[68]

Aristoteles weist also auf die Notwendigkeit der Pluralität im Staat wie im Rhythmus hin. Er zeigt auch, daß die Tatsache des Rhythmus als Ordnungsprinzip noch nichts darüber aussagt, ob er gut oder schlecht ist.[69]

Im starren Rhythmus kommt weder das Individuum zur Geltung noch die Natur, die jedoch nicht von sich aus diese absolute Gleichförmigkeit besitzt[70]: Auch die Bewegung, die der Zeitmessung der Uhr zugrundeliegt, ist keine natürliche, sondern ergibt sich aus dem Vergleich (sic!) der Schwingungen der Cäsiumatome mehrerer Atomuhren. Treffend schreibt wiederum *Simmel*: „die Natur ist nicht so symmetrisch wie die Seele es fordert, und die Seele nicht so symmetrisch, wie die Natur es fordert“[71].

Die kulturelle Leistung des Menschen besteht also weder in der Verordnung eines gleichförmigen Takts für das soziale Handeln noch in der Aufgabe jeder Gleichförmigkeit. Der Takt würde mit seiner Unabdingbarkeit die dauerhafte Herrschaft der Vergangenheit sichern; das Chaos hingegen ließe keine Beständigkeit aufkommen und machte die Zukunft mit ihren unabgeschlossenen Möglichkeiten zum permanenten Verlockungs- und Bedrohungsszenarium. Soziale Rhythmen werden vielmehr gemäß den Wertüberzeugungen einer Gesellschaft gesetzt. Im persönlichen Bereich sind das regelmäßige Mahlzeiten und Arbeitszeiten, deren Rhythmen um so freier sind, je natur- und technikdistanzierter die betreffende Tätigkeit ist.[72]

---

[68] *Aristoteles*, Politik, übersetzt und mit erklärenden Anmerkungen versehen von Eugen Rolfes, mit einer Einleitung von Günther Bien, 4. Aufl. Hamburg 1981, Politik II, 5, 1263b 33.

[69] *Aristoteles* (Fn. 68), Politik VIII, 5, 1340b 8.

[70] *Simmel* (Fn. 49), S. 558: „nach zwei Seiten hin wirkt er vergewaltigend: einmal auf das Subjekt, dessen Impulse und Bedürfnisse doch nicht in prästabilierter, sondern jedesmal nur glücklich-zufälliger Harmonie mit jenem feststehenden Schema auftreten; und nicht weniger der äußeren Wirklichkeit gegenüber, deren Kräfte und Verhältnisse zu uns sich nur gewaltsam in einen so einfachen Rahmen fassen lassen.“

[71] *Simmel* (Fn. 49), S. 558.

[72] „Diese Rhythmik erreicht ihren äußersten Grad etwa bei der höheren Fabrikarbeit und bei der Arbeit in Bureaus jeder Art. Auf den Gipfeln der kulturellen Tätigkeit, der wissenschaftlichen, politischen, künstlerischen, kommerziellen, pflegt sie wieder stark herabzusinken; so daß sogar, wenn wir etwa von einem Schriftsteller hören, daß er täglich zu gleicher Minute die Feder in die Hand nimmt und sie zu gleicher wieder fortlegt, dieser stationäre Rhythmus der Produktion uns gegen ihre Inspiration und innere Bedeutung mißtrauisch macht... Nun enthält zwar gerade der moderne Fabrikbetrieb wieder stark rhythmische Elemente; allein soweit sie den Arbeiter an die Strenge gleichmäßig wiederholter Bewegungen binden, haben sie eine ganz andere subjektive Bedeutung, als jene alte Arbeitsrhythmik. Denn diese folgte den inneren Forderungen physiologisch-psychologischer Energetik, die jetzige aber entweder unmittelbar der rücksichtslos objektiven Maschinenbewegung oder dem Zwange für den einzelnen Arbeiter, als Glied einer Gruppe von Arbeitern, deren jeder

Ein Zuwenig an Rhythmus, sei es, daß die Zeitpunkte oder Perioden zu unregelmäßig wiederkehren, sei es, daß sie durch zu lange dauernde Zwischenzeiten unterbrochen sind, führt hingegen zum Verlust an Orientierungssicherheit und zu Chaos. *Von Wright* schildert diese Auflösung der Ordnung durch ein Übermaß an Veränderung: „Diese Überwindung der raum-zeitlichen Widerstände bringt unweigerlich eine Störung des gewohnten alltäglichen Lebensrhythmus mit sich. Die wachsende Informationsflut wirkt auf uns verwirrend. Sie zwingt uns zu immer schnelleren Stellungnahmen, die die naturgegebenen biologischen Grenzen unseres Vermögens, auf Außenwelteindrücke zu reagieren, zu überschreiten droht. Dadurch werden die Menschen frustriert, unruhig und müde…"[73]. Zukunftsdominanz bringt also die Zeitrhythmen durcheinander. Die Ausweitung der Möglichkeiten stellt nicht nur Traditionen sondern auch wiederkehrende Ereignisse in ihrer Regelmäßigkeit in Frage. Das belegt die These, daß Rhythmus ein geordnetes Verhältnis von Vergangenheit – Unveränderbarkeit, Ordnung –, Zukunft – Veränderbarkeit, neue Möglichkeiten – und Gegenwart – Veränderung, Handeln – darstellt.

Damit zeigt sich auch, daß der Rhythmus für sich genommen noch nichts darüber aussagt, ob er auch richtig oder angemessen ist. Vielmehr muß die Begründung eines sozialen Rhythmus gerechtfertigt werden. Es mag Gründe geben, den einen Rhythmus mehr dem Takt mit seiner Gleichmäßigkeit anzunähern, den anderen hingegen offener zu gestalten. Als Beispiel kann der Rhythmus der Feiertage im Jahresrhythmus dienen: Während die politischen Feiertage auf ein bestimmtes Datum bezogen sind – also etwa der 3. Oktober als Nationalfeiertag einen exakt fixierten Zeitpunkt in der natürlichen Zeit besitzt – werden die beweglichen kirchliche Feiertag wie etwa Ostern oder Pfingsten zwar auf ein natürliches Ereignis bezogen – erster Frühlingsvollmond –, sind jedoch flexibel.

Die Rechtfertigung des sozialen Rhythmus kann nun über Zweckmäßigkeitsgesichtspunkte[74] oder über normative Gesichtspunkte erfolgen.

---

nur einen kleinen Teilprozeß verrichtet, mit den anderen Schritt zu halten", *Simmel* (Fn. 49), S. 558 f.

[73] *Georg Henrik von Wright*, Erklären und Verstehen, Frankfurt/Main 1995, S. 16.

[74] *Simmel* (Fn. 49), S. 563: „Ganz direkt hebt Macaulay, der begeisterte Liberale, dies als die eigentliche Stärke des englischen Verfassungslebens hervor. ‚Wir denken', so sagt er, ‚gar nicht an die Symmetrie, aber sehr an die Zweckmäßigkeit; wir entfernen niemals eine Anomalie, bloß weil sie eine Anomalie ist; wir stellen keine Normen von weiterem Umfang auf, als es der besondere Fall, um den es sich gerade handelt, erfordert. Das sind die Regeln, die im ganzen, vom König Johann bis zur Königin Viktoria, die Erwägungen unserer 250 Parlamente geleitet haben.' Hier wird also das Ideal der Symmetrie und logischen Abrundung, die allem Einzelnen von einem Punkte aus seinen Sinn gibt, zugunsten jenes anderen verworfen, das jedes Element sich nach seinen eigenen Bedingungen unabhängig ausleben und so natürlich das Ganze eine regellose und unausgeglichene Erscheinung darbieten läßt."

V. Rhythmen in der Verfassung

Macht ist immer auch Macht über Zeit.[75] Demokratie als Macht auf Zeit, ist also auch ein Prinzip der sozialen Zeiteinteilung.[76] Der Rhythmus bewirkt die Erwartbarkeit und Verläßlichkeit dieser beschränkten Machtzeiträume. Der demokratische Rhythmus der abgemessenen und regelmäßig aufeinander folgenden Sitzungsperioden trägt dem strikten Gleichheitssatz, der Legitimation der Parlamente und der von ihnen legitimierten Amtsträger Rechnung.[77] Er ersetzt die monarchische Willkür, die – man denke an England – das Parlament nach Belieben einberufen und (etwa von 1640 bis zu seiner Auflösung durch Cromwell 1653 als „langes Parlament") tagen läßt.[78] Das jeweilige Parlament soll hier kein Eigenleben entwickeln, das zu einer Selbstlegitimierung führen würde.[79] Und es soll nicht seinen Nachfolger binden können. Somit entsteht ein Moment parlamentarischer Diskontinuität[80], das aber durch die verfassungsrechtlich geregelte Neuwahl und den Zusammentritt des neuen Parlaments vorhersehbar

---

[75] *Helga Nowotny*, Eigenzeit. Entstehung und Strukturierung eines Zeitgefühls, Frankfurt/Main 1989, S. 146: „Zeit wird von Menschen gemacht und hat mit Macht zu tun, die Menschen untereinander mit Hilfe von Strategien der Zeit ausüben. Zeit verbindet und trennt – die Kämpfenden wie die Liebenden... Der strategische Einsatz von Zeit als zentraler Aspekt in der Entstehung von Macht und zum Zwecke ihrer Aufrechterhaltung zieht sich durch das gesamte gesellschaftliche Leben, von den zwischenmenschlichen Beziehungen bis hin zu den großen Institutionen und ihren eingebaute Beharrungstendenzen."

[76] In den Federalist Papers ist Demokratie nicht nur Herrschaft auf Zeit, sondern auch Herrschaft durch Zeit, nämlich von zeitlichen Checks and Balances, *Riescher* (Fn. 35), S. 60.

[77] So geht es nicht an, daß das Parlament eigenmächtig seine eigene Amtszeit verlängert, wie dies etwa 1716 in England geschehen ist, als der geltende Triennial Act von 1694 für die laufende Legislaturperiode durch den Septennial Act um vier Jahre verlängert wurde, *Julian N. Eule*, Temporal Limits on the Legislative Mandate: Entrenchment and Retroactivity, American Bar Foundation Research Journal, Vol. 12 (1987), S. 391. In England tritt jedoch das Problem der Parlamentssouveränität auf, das verhindert, daß das frühere das spätere Parlament bindet. Ohne eine Normenhierarchie bedeutet dies, daß verfassungsrechtlich betrachtet, das spätere das frühere Gesetz aufheben konnte.

[78] *Riescher* (Fn. 35), S. 52.

[79] Eine Aufweichung der Ordnung des Rhythmus kann in anderen Zusammenhängen sinnvoll sein, um Individualität und neuen Entwicklungen Rechnung tragen zu können, *Simmel* (Fn. 49), S. 564: „die Formung des Lebens von Fall zu Fall, die innere Gegebenheit jedes Augenblickes mit den koinzidierenden Gegebenheiten der Außenwelt in das möglichst günstige Verhältnis gesetzt, eine ununterbrochene Bereitheit zum Empfinden und Handeln zugleich mit einem steten Hinhören auf das Eigenleben der Dinge, um ihren Darbietungen und Forderungen, wann immer sie eintreten, gerecht zu werden. Damit ist freilich die Berechenbarkeit und sichere Abgewogenheit des Lebens preisgegeben, sein Stil im engeren Sinne, das Leben wird nicht von Ideen beherrscht, die in ihrer Anwendung auf sein Material sich immer zu einer Systematik und festen Rhythmik ausbreiten, sondern von seinen individuellen Elementen aus wird es gestaltet, unbekümmert um die Symmetrie seines Gesamtbildes, die hier nur als Zwang, aber nicht als Reiz empfunden würde."

[80] *Eule* (Fn. 77), S. 379–459.

ist.[81] Die Federalists hatten vorgeschlagen, die Amtszeiten in Korrelation zur Macht strikter zu beschränken.[82] Doch ist die Machtbeschränkung nicht die einzige Rechtfertigung für den Rhythmus der Sitzungs- und Amtsperioden. Es geht auch um sachgerechte Zuordnung von Zeit. Der Rhythmus der Abfolge kann zu schnell sein, wie im Frankreich der 3. Republik[83] oder selten, wie in der Bonner Republik.[84] Die Regelung einer angemessenen Dauer und der zeitlichen Abfolge ist jedoch in Rechtssystemen mit Parlamentssouveränität ohne eine Normenhierarchie schwieriger zu begründen als in solchen, in denen die Verfassung das höchste Gesetz ist.[85] Sie garantiert damit letztlich den demokratischen Rhythmus.

Die Routine, wie sie zum Idealtypus der bürokratischen Herrschaft gehört, ist gewissermaßen der soziale Rhythmus als Takt, nämlich der sich wiederholenden, gleichen Abläufe.[86]

Grundrechte erscheinen so auch als Recht, sich aus dem sozialen Rhythmus ausklinken zu können, Freizeit zu haben. Im Arbeitsrecht gebietet der Gesundheitsschutz, dem Einzelnen regelmäßige Erholungsphasen einzuräumen, in denen er sich regenerieren kann. Ansonsten dürften hier aber die Rhythmen flexibler sein und insbesondere zwischen Arbeitgeber und Arbeitnehmer auf Vereinbarungen beruhen können. Aber auch dann bedarf es der Verläßlichkeit: Hat sich der Arbeitnehmer über längere Zeit auf einen 7-Tage-Rhythmus eingestellt, kann dieser nicht ohne weiteres auf einen 2-Tage-Rhythmus geändert werden. Aber auch die Arbeitszeit selbst wird immer stärker „vertaktet" und bringt so Öde und Eintönigkeit hervor: Bei einfacheren Tätigkeiten geriet im 19. Jahrhundert die innere Struktur der Arbeitszeit zunehmend unter das Diktat der Maschine. Sie bestimmte das Tempo und den Rhythmus der Arbeit.[87]

---

[81] Vgl. etwa Art. 39 GG: „(1) Der Bundestag wird vorbehaltlich der nachfolgenden Bestimmungen auf vier Jahre gewählt. Seine Wahlperiode endet mit dem Zusammentritt eines neuen Bundestages. Die Neuwahl findet frühestens sechsundvierzig, spätestens achtundvierzig Monate nach Beginn der Wahlperiode statt. Im Falle einer Auflösung des Bundestages findet die Neuwahl innerhalb von sechzig Tagen statt.
(2) Der Bundestag tritt spätestens am dreißigsten Tage nach der Wahl zusammen".

[82] *Federalist Papers* Nr. 52: „Je größer die Macht, desto kürzer soll ihre Dauer bemessen sein; und umgekehrt: Je geringer die Macht, desto eher kann man es wagen, ihre Dauer zu verlängern".

[83] *Olivier Jouanjan*, § 2. Grundzüge und Grundlagen des staatlichen Verfassungsrechts: Frankreich, in: Armin von Bogdandy/Pedro Cruz Villalón/Peter M. Huber (Hrsg.), Europäisches Verfassungsrecht, I. Theoretische und dogmatische Grundzüge, Heidelberg 2007, § 2 Rn. 5, S. 93 .

[84] *Kielmannsegg*, FAZ 23.08.2002, S. 9.

[85] *Eule* (Fn. 77), S. 403 f.

[86] Mit den Nachteilen der lästigen und den Vorzügen hinsichtlich der Stabilisierung und Koordination von Abläufen durch die sinnvoll und elastisch gestaltete – also: rhythmische – Routine, *Luhmann* (Fn. 59), S. 114 f., 122 f., 125 f. u. 128 f.

[87] *Jeremy Rifkin*, Uhrwerk Universum. Die Zeit als Grundkonflikt des Menschen, München 1987, S. 118.

An die Stelle des natürlichen Rhythmus, der ein zukünftiges Moment der Variation enthält, tritt der immer gleiche Takt der Maschine. Der feste und im Laufe des 19. Jahrhunderts immer weiter ausdifferenzierte selbst zeitlos erscheinende Zeitplan bestimmt den Arbeitsablauf.[88] Im Taylorismus wird vollends die Arbeit einem strikt quantifizierenden wirtschaftlichen Zeitmanagement unterworfen: „Stoppuhr und Statistik beherrschten die Fabrikhalle. *Taylor* glaubte, die beste Methode, die Effizienz jedes Arbeiters zu optimieren, sei völlige Kontrolle über alle sechs Zeitdimensionen: Sequenz, Dauer, Zeitplan, Rhythmus, Synchronisation und Zeitperspektive."[89] So wurde jede einzelne Arbeitsbewegung quantitativ in Zeit erfaßt.[90] Der Gesetzgeber ist in diesem Bereich berechtigt und ggf. wegen der mit der Nachtarbeit etwa verbundenen Gesundheitsgefährdungen[91] aufgrund des Sozialstaatsprinzips in Verbindung mit dem Gesundheitsschutz sogar verpflichtet, Arbeitszeitregelungen zu schaffen. Dies ist in Deutschland durch das ArbeitzeitG geschehen[92], das die zeitlichen Interessen von Arbeitgebern und Arbeitnehmern zum Ausgleich bringen und in diesem Sinn synchronisieren soll. Lage (Nachtbackverbot), Dauer, Ruhepausen während der Arbeit, Rhythmus (Schichtarbeit) werden hier geregelt. Entsprechende Abgrenzungen zeitlicher Gestaltungsfreiheit ergeben sich auch aus dem Mutterschutz (Art. 6 IV GG). Die konkrete und dann quantifizierbare, bezifferte Ausgestaltung der Arbeitszeit in Stunden ist dann Ausdruck dieser Wertentscheidungen.

Der Wochenrhythmus zwischen Sonn- und Werktagen wird durch die institutionelle Garantie des Art. 139 WRV/Art. 140 GG geschützt.[93] Zwar ist die Lage des Sonntags (am Anfang oder am Ende der Woche[94]) nicht so garantiert wie sein Rhythmus[95], der durch die traditionelle Prägung des Instituts gewährleistet ist.[96] Der Gesetzgeber hat jedoch den Auftrag, für Regelungen zu sorgen,

[88] *Rifkin* (Fn. 87), S. 105 ff.

[89] *Rifkin* (Fn. 87), S. 142.

[90] *Rifkin* (Fn. 87), S. 145.

[91] Dazu etwa *BVerfGE* 85, 191 ff. (208).

[92] Gesetz zur Vereinheitlichung und Flexibilisierung des Arbeitszeitrechts v. 6. Juni 1994 (BGBl. I, S. 1170). Darin heißt es unter

„§ 1. Zweck des Gesetzes. Zweck des Gesetzes ist es,
die Sicherheit und den Gesundheitsschutz der Arbeitnehmer bei der Arbeitszeitgestaltung zu gewährleisten und die Rahmenbedingungen für flexible Arbeitszeiten zu verbessern sowie
den Sonntag und die staatlich anerkannten Feiertage als Tage der Arbeitsruhe und der seelischen Erhebung der Arbeitnehmer zu schützen."

[93] Eine Bestimmung, die mit ihrer Rezeption von Teilen der WRV selbst schon eine Zeitregelung darstellt, *Häberle* (Fn. 8), S. 3.

[94] Dazu auch *Norbert Slencka*, Der symbolische Ort individueller Freiheit, FAZ v. Mittwoch, 15. Dezember 1999, S. 10.

[95] *Wolfgang Schatzschneider*, Maschinenlaufzeiten und Feiertagsschutz. Zum Gebot der Minimierung der Sonntagsarbeit, NJW 1989, S. 682.

[96] So daß die Einführung eines „Revolutionskalenders" wie etwa in der französischen Revolution nur über eine Verfassungsänderung möglich wäre, vgl. *Karl-Hermann Kästner*,

nach denen an diesem Tag und den staatlich anerkannten Feiertagen Betätigungen, die der Arbeitsruhe und der seelischen Erhebung zuwiderlaufen, unterbunden werden können. Einen Mindestbestand von Feiertagen muß erhalten bleiben.[97] Die Lage auch der Feiertage wird er dabei gegenüber den Bräuchen der maßgeblichen Religionsgemeinschaften nicht verändern dürfen. Nur ihre Auswahl steht zur Anerkennung.[98] Ausnahmen für bestimmte Tätigkeiten, die in öffentlich bemerkbarer Weise gewerbsmäßig oder sonst in ihrer Form dem Charakter der üblicherweise an diesen Tagen zulässigen Beschäftigungen zuwiderlaufen, rechtfertigen sich entweder dadurch, daß sie dem Zweck der Sonn- und Feiertage dienen oder aus einer Abwägung zwischen dieser Garantie und anderen Verfassungsgütern. Durch diese darf aber die Unterbrechung des Arbeitsrhythmus durch den Sonntag nicht aufgehoben werden.[99] Sonn- und Feiertage sind wesentliche Faktoren im kulturellen Gedächtnis einer Nation und haben insofern kulturprägende Kraft.[100] Sie sind selbst Teil des „kulturellen Erbes“[101]. Deshalb muß der Sonntag öffentlich bemerkbar sein.[102] Sonn- und Feiertage strukturieren den Rhythmus einer Gesellschaft und damit die soziale Zeit.[103] Sie sind soziale Rhythmusgeber.[104]

Sonn- und Feiertage zwischen Kultus, Kultur und Kommerz, DÖV 1994, S. 464 ff., S. 466; *Armin Pahlke*, Sonn- und Feiertagsschutz als Verfassungsgut, in: Essener Gespräche zum Thema Staat und Kirche (24), Münster 1990, S. 59.

97 *Andreas Mattner*, Sonntagsruhe im Spiegel des Grundgesetzes und der Feiertagsgesetze der Länder, NJW 1988, S. 2208. Es geht also nicht nur um die Absicherung eines Kernbereichs, sondern um die „zeitgerechte Fortentwicklung und Ausgestaltung“, *Wolfgang Rüfner*, Die institutionelle Garantie der Sonn- und Feiertage, in: FS Heckel, Tübingen 1999, S. 449.

98 Insoweit läßt sich dann über die Streichung von „zweiten Feiertagen“ oder anderen nachdenken, nicht aber über ihre dem Gesetzgeber opportun erscheinende Verlegung, denn das würde sie als solche beseitigen (*Alexander Hollerbach*, Grundlagen des Staatskirchenrechts. in: HStR VI. Heidelberg 1989, Rn. 9). Dies dürfte sich schon aus dem Begriff der Anerkennung ergeben, der etwas Vorliegendes voraussetzt, weil sonst von „Schaffung“, „Einrichtung“ etc. gesprochen werden müßte. Es ergibt sich im übrigen auch aus dem Charakter des Sonn- und Feiertagsschutzes als institutioneller Garantie, verstanden als Entwicklungsgarantie (*Rüfner* [Fn. 97], S. 449 f.).

99 *Mattner* (Fn. 97), S. 47.

100 Sie haben als Nationalfeiertage Vergangenheitsbezug, wenn sie etwa an die Staatsgründung erinnern und Zukunftsbezug, wenn sie wie beim alten 17. Juni die Erinnerung an ein vergangenes Ereignis als andauernde Verpflichtung auf ein zukünftiges Ziel hin knüpfen: *Peter Häberle*, Der Sonntag als Verfassungsprinzip. 2. Aufl., Berlin 2006. – Die kulturelle Dimension betont besonders das bayerische Sonn- und Feiertagsrecht: *Mattner* (Fn. 97), S. 187.

101 *Häberle* (Fn. 100), S. 11. *Kästner* (Fn. 96), S. 343.

102 *Häberle* (Fn. 100), S. 54; und können entsprechend nur öffentlich bemerkbare Tätigkeiten verboten werden, *Mattner* (Fn. 97), S. 194.

103 *Kirste* (Fn. 14), S. 379 ff.; *Pahlke* (Fn. 96), S. 61.

104 Der Lebensphilosoph *Ludwig Klages* sah in solchen Rhythmen die Möglichkeit, aus der mechanistischen linearen Zeit, die vom immer gleichen Takt sich wiederholender Abläufe bestimmt ist, zu einer „lebensgemäßeren“ Zeit zu gelangen: „Wiederholte der Takt das Gleiche, so muß es vom Rhythmus lauten, es *wiederkehre* mit ihm das *Ähnliche*; und da

Durch Ladenschluß- oder Schließzeiten von Restaurants im Gewerberecht wird, wie es das Bundesverfassungsgericht formuliert, „der Rhythmus des öffentlichen Lebens und der Freizeit beeinflusst. Die Regeln zur Arbeitszeitgestaltung dienen dazu, dem Personal möglichst weitgehend den arbeitsfreien Abend und die arbeitsfreie Nacht sowie ein zusammenhängendes freies Wochenende zu sichern“[105]. Während das Arbeitszeitgesetz die quantitativen Aspekte der Arbeitszeit betrifft, bezieht sich das Gewerberecht im öffentlichen und zugleich im privaten Interesse auch auf die Zeitlage im Tag und damit auf den Rhythmus. Ohne es würden nach dem Bundesverfassungsgericht, „die in den Verkaufsstellen Arbeitenden bei der Verteilung der Arbeitszeit auf den Tagesablauf aus dem Rhythmus des öffentlichen Lebens und der Freizeitgestaltung anderer herausfallen“[106]. Entsprechend werden die Schließzeiten von Gaststätten auch durch den Lebensrhythmus in der näheren Umgebung beeinflußt. Wenn gewerberechtlich in Sperrzeitverordnungen Ausnahmen vom Schließrhythmus gemacht werden kann, sind hierfür auch die persönlichen Lebensverhältnisse maßgeblich.[107] Hieraus kann sich sogar ein Minderheitenschutz für den Lebensrhythmus ergeben.[108] Auch der EuGH hat darauf hingewiesen[109], daß ein menschengemäßer Arbeitszeitrhythmus nicht nur diesem Menschen, sondern auch der öffentlichen Sicherheit des Straßenverkehrs dient, wie etwa die Richtlinie 2002/15/EG zu den selbständigen Kraftfahrern zeigt.[110] Das zeigt

---

nur die Wiederkehr eines Ähnlichen im Verhältnis zum Verflossenen dessen Erneuerung vorstellt, so dürfen wir kürzer sagen: der Takt wiederholt, der Rhythmus erneuert“: *Klages* (Fn. 25), S. 32.

[105] BVerfG NJW 2004, S. 2365.

[106] BVerfG NJW 2004, S. 2365.

[107] VG Minden 3 K 3480/06 v. 21.05.2008, Rz. 28: „Für den Begriff der besonderen örtlichen Verhältnisse im Sinne von § 4 Abs. 3 GastV NW sind die Eigenart der näheren Umgebung, die anzutreffenden Lebensgewohnheiten und die prägenden Lebensrhythmen maßgebend, also wie der Betrieb in die Umgebung hineinpasst“.

[108] VG Freiburg NJOZ 2007, S. 420: „Daran ändert sich auch nichts dadurch, dass der Kl. – nach Darstellung der Bekl. und der Beigel. – der einzige Bewohner des Quartiers ist, der sich über den Lärm der Freisitzflächenbewirtschaftung beschwert (hat). Denn der Umstand, dass andere Anwohner sich nicht beschwert haben, mag zahlreiche Ursachen haben. Diese können darin begründet sein, dass zahlreiche Bewohner dieses Quartiers einen anderen Tagesrhythmus haben oder gegenüber (Gaststätten-)Lärm unempfindlicher sind als der Kl. und die Menschen, an deren Lebensgewohnheiten sich die maßgeblichen Regelungen im Immissionsschutzrecht und speziell in der TA-Lärm 1998 nach wie vor orientieren. An diese (zurzeit geltenden) Regelungen ist auch die *Kammer* gebunden. Die Ursachen können darüber hinaus aber auch darin begründet sein, dass viele Anwohner – u.a. angesichts der geltenden SperrzeitVO und/oder der Verwaltungspraxis der Bekl. – davon abgesehen haben, gegen (nächtliche) Lärmbeeinträchtigungen durch Freisitzflächen von Gaststättenbetrieben vorzugehen.“

[109] C-184/02 vom 9.9.2004.

[110] Richtlinie 93/104/EG des Rates vom 23. November 1993 über bestimmte Aspekte der Arbeitszeitgestaltung: „Artikel 13. Arbeitsrhythmus. Die Mitgliedstaaten treffen die erforderlichen Maßnahmen, damit ein Arbeitgeber, der beabsichtigt, die Arbeit nach einem bestimmten Rhythmus zu gestalten, dem allgemeinen Grundsatz Rechnung trägt, daß die

wiederum, wie der rechtliche Rhythmus sich nicht nach starren natürlichen Zeiten richtet, sondern zu eigenen Zeitgestaltungen und Rhythmen gelangt, die an Wertungsgesichtspunkten ausgerichtet sind.

VI. Schluß

Es geht beim Rhythmus des Rechts um Gerechtigkeit in zeitlicher Hinsicht: um Zeitgerechtigkeit. Der Rhythmus soll Rationalität in der sozialen Dynamik ermöglichen, indem er eine Ordnung von Kontinuität und Unterbrechungen in der sozialen Bewegung sicherstellt.

In einem häufig *Kritias* zugeschriebenen Fragment[111] läßt der Autor den schlauen Herrscher von Korinth, Sisyphos, einen Gründungsmythos erzählen[112]: In einer Zeit, in der die Menschen keine Erkenntnis von den Göttern hatten, schufen sie das positive Recht, um Straftaten ahnden zu können. Weil aber die unerkannten Taten ungesühnt blieben, erfanden sie auch noch strenge Götter hinzu, damit die Vorstellung von ihrem Zorn den Verbrechern Gewissensqualen verursachen sollte. Die Scharfsinnigkeit und List des Sisyphos, von der seit *Homer* in Dramen und in philosophischen Werken berichtet wird, hilft ihm, ein weltliches Gemeinwesen durch positive Satzung rational zu ordnen und sogar dort, wo sich das forum internum des Menschen dieser Ordnung entzieht, eine Macht zu etablieren, die ihn erreicht. Anders als bei seinem vermutlichen Sohn Odysseus, der sich gegenüber dem gefährlichen Gesang der Sirenen an den Mast seines Schiffes binden läßt, um ihm nicht zu verfallen, reicht aber Sisyphos' Rationalität noch nicht so weit, daß er seiner schicksalhaften Strafe entgeht.[113] Ihn trifft die göttliche Strafe tatsächlich im Innern und läßt

---

Arbeitsgestaltung dem Menschen angepasst sein muß, insbesondere im Hinblick auf die Verringerung der eintönigen Arbeit und des maschinenbestimmten Arbeitsrhythmus, nach Maßgabe der Art der Tätigkeit und der Erfordernisse der Sicherheit und des Gesundheitsschutzes, insbesondere was die Pausen während der Arbeitszeit betrifft".

[111] Zur Verfasserfrage vgl. *Klaus Friedrich Hoffmann*, Das Recht im Denken der Sophistik, Leipzig 1997, S. 273 f.

[112] KRITIAS: VS 88, B 25; Übers. nach *Wilhelm Capelle*, Die Vorsokratiker. Stuttgart 1968, S. 378: *Kritias* läßt seinen Titelhelden sagen: „Es gab einmal eine Zeit, da war das Leben der Menschen jeder Ordnung bar, ähnlich dem der Raubtiere, und es herrschte rohe Gewalt. Damals wurden die Guten nicht belohnt und die Bösen nicht bestraft. Und da scheinen mir die Menschen sich Gesetze als Zuchtmeister gegeben zu haben, auf das das Recht in gleicher Weise über alle herrsche und den Frevel niederhalte... Als so die Gesetze hinderten, daß man offen Gewalttat verübte, und daher nur insgeheim gefrevelt wurde, da scheint mir zuerst ein schlauer und kluger Kopf die Furcht vor den Göttern für die Menschen erfunden zu haben, damit die Übeltäter sich fürchteten, auch wenn sie insgeheim etwas Böses täten oder sagten oder (auch nur) dächten. – Er führte daher den Gottesglauben ein...".

[113] *Theodor W. Adorno*, Dialektik der Aufklärung, Band 3: Exkurs I: Odysseus oder Mythos und Aufklärung, Gesammelte Schriften, Frankfurt/Main 2006, S. 76: „Er tut der Rechtssatzung Genüge derart, daß sie die Macht über ihn verliert, indem er ihr diese Macht

ihm in der griechischen Sage das zukommen, was seine Taten wert sind. Entscheidend ist jedoch, daß er auch jetzt noch und auch für den griechischen Mythos, seine Fähigkeit zur Rationalität nicht verliert: Er nimmt im Herabsteigen die Strafe der ewigen Wiederkehr des Heraufschiebens des Felsbrocken als eigenes Schicksal an. Auf der Grundlage der gerechten Strafe entwickelt er seinen Rhythmus aus der Erfüllung der äußeren Pflicht des Heraufrollens des Felsen und der Reflexion im Hinuntersteigen in die Niederungen. Im Bild wird hier die Funktion des Rechts für den sozialen Rhythmus zwischen der vita activa und der vita contemplativa, der demokratischen Machtausübung während der Legislaturperioden und ihrer Reflexion in Wahl und Neukonstituierung dargestellt. Auch das Recht hat seinen Rhythmus, der der Zeitgerechtigkeit folgen muß.

---

einräumt. Es ist unmöglich, die Sirenen zu hören und ihnen nicht zu verfallen: es läßt sich ihnen nicht trotzen. Trotz und Verblendung sind eines, und wer ihnen trotzt, ist damit eben an den Mythos verloren, dem er sich stellt. List aber ist der rational gewordene Trotz. Odysseus versucht nicht, einen andern Weg zu fahren als den an der Sireneninsel vorbei. Er versucht auch nicht, etwa auf die Überlegenheit seines Wissens zu pochen und frei den Versucherinnen zuzuhören, wähnend, seine Freiheit genüge als Schutz… Er hält den Vertrag seiner Hörigkeit inne und zappelt noch am Mastbaum, um in die Arme der Verderberinnen zu stürzen. Aber er hat eine Lücke im Vertrag aufgespürt, durch die er bei der Erfüllung der Satzung dieser entschlüpft. Im urzeitlichen Vertrag ist nicht vorgesehen, ob der Vorbeifahrende gefesselt oder nicht gefesselt dem Lied lauscht. Fesselung gehört erst einer Stufe an, wo man den Gefangenen nicht sogleich mehr totschlägt. Odysseus erkennt die archaische Übermacht des Liedes an, indem er, technisch aufgeklärt, sich fesseln läßt. Er neigt sich dem Liede der Lust und vereitelt sie wie den Tod."

III. Methodische, historische und religiöse Voraussetzungen

Heck liest Scalia

Andreas Piekenbrock

I. Einleitung

Nein, *Philipp Heck* († 1943 in Tübingen)[1] hat *Antonin Scalia* (* 1936 in Trenton, NJ)[2] natürlich nicht gelesen, auch wenn er es sprachlich zweifellos gekonnt hätte.[3] Dem Andenken des Fakultätskollegen *Winfried Brugger* ist daher eine wissenschaftliche Fiktion gewidmet, die zwei Juristen aus zwei unterschiedlichen Epochen, zwei unterschiedlichen Kontinenten, zwei unterschiedlichen Sprachen, zwei unterschiedlichen Rechtskreisen und zwei unterschiedlichen juristischen Professionen[4] zusammenbringt, die die eine zeitlose Erkenntnis eint: Die Methodik der Gesetzesauslegung ist eine Verfassungsfrage, die im gewaltengeteilten Rechtsstaat die Herrschaftskreise von Judikative und Legislative, von Richter und Parlament bestimmt. Dabei erkennen beide die unbedingte Prärogative des Parlaments an.

---

[1] Zu biographischen Hinweisen vgl. *Wolf*, Philipp Heck als Zivilrechtsdogmatiker, 1996, S. 1 ff.; *Schoppmeyer*, Juristische Methode als Lebensaufgabe, 2001, S. 3 ff.; *Schröder*, in: Kleinheyer/Schröder (Hrsg.), Deutsche und Europäische Juristen aus neun Jahrhunderten, 5. Aufl. 2008, S. 190 ff.; *Falk*, in: Stolleis (Hrsg.), Juristen – Ein biographisches Lexikon: Von der Antike bis zum 20. Jahrhundert, 2001, S. 275.

[2] Zu biographischen Hinweisen vgl. das Anhörungsprotokoll des Justizkomitees des Senats, S. Hrg. 99–1064, S. 4 f., www.gpo.gov/fdsys/pkg/GPO-CHRG-SCALIA/pdf/GPO-CHRG-SCALIA.pdf.; *Brisbin*, Justice Antonin Scalia and the Conservative Revival, Baltimore 1997, S. 11 ff.; *Dillard*, in: Vile (Hrsg.), Great American Judges, Santa Barbara, CA, 2003, S. 118 ff.; *Biskupic*, American original – The life and constitution of Supreme Court Justice Antonin Scalia, New York 2009, S. 11 ff.

[3] Als Seehandelsrechtler war *Heck* polyglott. In seiner Schulzeit in St. Petersburg, Würzburg und Wiesbaden hat er Russisch, Französisch, Latein und Griechisch gelernt. In seiner Habilitationsschrift über „Das Recht der großen Havarei", Berlin 1889, verwertet er außerdem englische, italienische, spanische, portugiesische, schwedische und niederländische Quellen. Vgl. dazu auch seine Überlegungen zum Ursprung des Wortes „Havarei", § 58 in Fn. 1–4 (S. 628 f.). Außerdem hat *Heck* in ZHR 35 (1889), 625–627, ZHR 37 (1890), 587–589 und AcP 135 (1932), 117–118 englischsprachige Literatur rezensiert. *Coing*, ARSP 54 (1968), 69 (77) erwähnt den Besitz von Büchern der Engländer Jeremias Bentham, John Stuart Mill und Herbert Spencer.

[4] Allerdings war auch Scalia einige Jahre Hochschullehrer in Virginia, Georgetown, Chicago und Stanford sowie Wissenschaftler am American Enterprise Institute for Public Policy Research. Vgl. *Brisbin* (Fn. 2), S. 16 ff.

Heck schrieb dazu 1914: „Der Richter steht unter dem Gesetz. Die Rechtsgemeinschaft, die im Staate wirksam wird, ist nicht nur nach außen souverän, autonom, sondern auch nach innen, in ihrem Verhältnis zum Richter."[5] *Scalia*, der seine Methodik als demokratietheoretische Notwendigkeit ansieht,[6] hält die Judikative knapp hundert Jahre später für "bound down by strict rules"[7] und bekennt sich so zur Beschränkung von Richtermacht: "Our power 'to say what the law is' is circumscribed by the limits of our statutorily and constitutionally conferred jurisdiction."[8] Damit hat *Scalia* eine berühmte Wendung aus *Marbury v. Madison* aufgenommen, wonach jedes US-Bundesgericht im Rahmen des *judicial review* auch Legislativakte des Bundes oder der Bundesstaaten als verfassungswidrig verwerfen kann.[9] Auch bei dieser Art der Rechtsprechung, die es in Deutschland schon zu *Hecks* Zeiten für die Überprüfung von Landesrecht gegeben hat (Art. 13 Abs. 2 WRV),[10] ist für *Scalia* die Bindung an die geschriebene Verfassung von zentraler Bedeutung. Dem auch von *Brugger* zitierten Diktum von *Charles Evans Hughes*, dem späteren *Associate* und *Chief Justice* am Supreme Court, "We are under a Constitution, but the Constitution is what the judges say it is",[11] steht er so diametral entgegen wie *Heck* seinerzeit der Freirechtslehre.[12]

---

[5] *Heck*, AcP 112 (1914), 1 (13).

[6] *Scalia*, Common-Law Courts in a Civil-Law System: The Role of United States Federal Courts in Interpreting the Constitution and Laws, in: *ders.*, A Matter of Interpretation – Federal Courts and the Law, Princeton 1997, S. 22: "It is simply not compatible with democratic theory that laws mean what they ought to mean, and that unelected judges decide what it is."

[7] *Roper v. Simmons*, 543 U.S. 551, 607 f., (2005) (*Scalia J.* dissenting).

[8] *Boumediene v. Bush*, 553 U.S. 723, 842 (2008) (*Scalia J.* dissenting).

[9] 5 U.S. 137, 177 (1803) (per *Marshall C.J.*). Vgl. dazu im deutschen Schrifttum statt aller *Brugger*, Grundrechte und Verfassungsgerichtsbarkeit in den Vereinigten Staaten von Amerika, Tübingen 1987, S. 5 ff.; *ders.*, Der moderne Verfassungsstaat aus Sicht der amerikanischen und der deutschen Verfassung, AöR 126 (2001), 337 (346 ff.) = *ders.*, Demokratie, Freiheit, Gleichheit. Studien zum Verfassungsrecht der USA, Berlin 2002, S. 27 ff.; *ders.*, Kampf um die Verfassungsgerichtsbarkeit: 200 Jahre Marbury v. Madison, JuS 2003, 320 ff.

[10] Nach § 1 des Gesetzes vom 8.4.1920, RGBl. I, 510 war dafür das Reichsgericht zuständig.

[11] Abgedruckt in: *Hughes*, Addresses of Charles Evans Hughes, 1906–1916, 2. Aufl., New York 1916, S. 185, auch wiedergegeben bei *Brugger*, AöR 126 (2001), 337 (343 in Fn. 11). Wie unmittelbar zuvor deutlich wird, ist diese Aussage aber nicht herabwürdigend, sondern in voller Hochachtung vor der verantwortungsvollen Aufgabe der Gerichte zu verstehen. Vgl. *Pusey*, Charles Evans Hughes, New York 1951, Band 1, S. 204 unter Rückgriff auf autobiographische Notizen; *Ross*, The Chief Justiceship of Charles Evans Hughes, 1930–1941, Columbia, CA, 2007, S. 249. Dieser Satz stammt aus einer Rede, die *Hughes* am 3.5.1907 als Gouverneur von New York in Emira, NY, vor der dortigen Handelskammer im Kampf um die Einrichtung einer Aufsichtsbehörde über die Versorgungsdienstleister und damit vor seiner Zeit als Associate Justice (1910–1916) bzw. Chief Justice (1930–1941) gehalten hat. Dagegen haben hochrangige deutsche Richter wie *Hirsch* (ZIP 2002, 501, 503) und *Kreft* (KTS 2004, 205, 206 in Fn. 9) den Ausspruch durch den Zusatz "We, the judges, we are ..." usurpiert.

[12] Vgl. etwa *Heck*, Das Problem der Rechtsgewinnung, 2. Aufl., Tübingen 1932, S. 24, 26;

Auch die Methodik dieser beiden so unterschiedlichen Juristen weist eine wesentliche Gemeinsamkeit auf, die es lohnend erscheinen lässt, sie miteinander zu vergleichen: Beide suchen primär nach dem *ursprünglichen* Sinngehalt des Normtextes, wenn auch, wie wir sehen werden, auf sehr unterschiedliche Weise. Dass *Heck* ausschließlich das Privatrecht als dogmatisches Referenzgebiet verwendet, während sich *Scalia* vor seiner Ernennung zum Bundesrichter am bedeutenden Court of Appeals for the District of Columbia Circuit (1982) hauptsächlich dem Verwaltungsrecht gewidmet hat[13] und seither von Amts wegen das gesamte Bundesrecht und die Bundesverfassung bearbeitet, steht dem nicht entgegen, weil beide für ihre Methodik der Gesetzesauslegung den Anspruch der Allgemeingültigkeit erheben.[14]

Nicht zu übersehen ist, dass etwa die Stimmenauszählung bei Präsidentschaftswahlen,[15] die Hinrichtung minderjähriger Delinquenten[16] und der Rechtsschutz der Gefangenen in Guantánamo Bay,[17] über die *Scalia* zu entscheiden hatte, politisch äußerst brisante Fragen sind. Darüber hinaus ist bei *Scalia* nicht auszuschließen, dass seine für die Nominierung wesentlichen Wertvorstellungen[18] als Vorverständnis auch seine Methodik der Gesetzesauslegung prägen,[19] auch wenn sie sich in seinen Entscheidungen nicht immer

---

ders., Begriffsbildung und Interessenjurisprudenz, Tübingen 1932, S. 9 f., 105. *Schoppmeyer* (Fn. 1), S. 269 sieht freilich eine Annäherung an die Freirechtsschule, soweit sich *Heck* jenseits der gesetzlichen Werturteile für die richterliche Eigenwertung ausgesprochen hat.

[13] *Scalia* war von 1981 bis 1982 Vorsitzender der Sektion für Verwaltungsrecht der American Bar Association (ABA). Diese fachliche Ausrichtung war für die Ernennung wegen der Zuständigkeit dieses Berufungsgerichts für zahlreiche Bundesbehörden von großer Bedeutung. Vgl. *Brisbin* (Fn. 2), S. 34. Zur Scalias Beschäftigung mit dem Verwaltungsrichter vor seiner Ernennung zum Bundesrichter vgl. *Brisbin* (Fn. 2), S. 16 ff. Zur Zeit danach vgl. *Brisbin*, “Administrative Law is not for Sissies” – Justice Antonin Scalia’s Challenge to American Administrative Law, 44 Admin. L. Rev. 107 ff. (1992).

[14] So *Heck*, Begriffsbildung (Fn. 12), S. 4 ff.; *ders.*, Interessenjurisprudenz – Gastvorlesung an der Universität Frankfurt am Main, Tübingen 1933, S. 8. Zur Rezeption der Interessenjurisprudenz durch den zwischenzeitlichen Tübinger Staatsrechtslehrer Heinrich Triepel (1900–1909) vgl. *Heck*, Begriffsbildung (Fn. 12), S. 6 f., 71; *Hollerbach*, AöR 91 (1966), 417 (431 ff.); *Gassner*, Heinrich Triepel – Leben und Werk, Berlin 1999, S. 230 ff.

Scalia (Fn. 6), S. 37 ff. entwickelt seine Methodik grundsätzlich aus dem einfachen Recht heraus, wendet sie anschließend aber auch auf die Verfassungsinterpretation an.

[15] *Bush v. Gore*, 531 U.S. 98, 111 ff. (2000) (per *Rehnquist C.J.*, *Scalia J.* concurring). Vgl. dazu sehr ausführlich *Biskupic* (Fn. 2), S. 231 ff.

[16] Vgl. Fn. 7, 58.

[17] Vgl. Fn. 34.

[18] Vgl. dazu etwa *Brisbin* (Fn. 2), S. 59 ff.

[19] Zu möglichen Einflüssen der Erziehung in einer Jesuitenschule vor dem II. Vatikanum vgl. etwa *Kannar*, The Constitutional Catechism of Antonin Scalia, 99 Yale L. J. 1297 ff. (1990); *Beschele*, Catechism or Imagination: Is Justice Scalia’s Style Typically Catholic?, 37 Vill. L. Rev. 1329 ff. (1992). *Kannar* sieht auch einen Einfluss durch den Dialog mit dem Vater, einem Literaturwissenschaftler (S. 1316 f.). All dies bleibt aber Spekulation.

widerspiegeln.[20] Für *Heck* ist die Lösung von Interessenkonflikten eine politische Frage, wenn sich bestimmte Personen als Interessengruppen gegenüberstehen.[21] Auch im Privatrecht soll dies (ausnahmeweise) der Fall sein, wenn die Chancen, auf der einen oder anderen Seite aufzutreten, wie im Miet- oder im Abzahlungsrecht ungleich verteilt sind.[22] In einem Methodenvergleich müssen mögliche persönliche Präferenzen für bestimmte Ergebnisse jedoch ausgeblendet werden.

Brugger waren beide Protagonisten selbstverständlich bestens bekannt. Als Tübinger Student und Examenskandidat (1971–1973) hat er die im Sinne der dortigen Methodenschule[23] verfassten Lehrbücher *Hecks* zum Schuld- und Sachenrecht[24] und als Heidelberger Methodenlehrer das methodologische Werk des ehemaligen Heidelberger Studenten (1878) gelesen, auch wenn letzteres in seinen Schriften – wie so häufig in unserer Zeit – keinen in den Fußnoten sichtbaren Niederschlag gefunden hat.[25] Beide verbindet darüber hinaus eine besondere Beziehung zur Soziologie des Heidelbergers *Max Weber.*[26]

Zu *Scalia*, der zu den Hauptvertretern der als *originalism* bekannten Methodenschule gehört,[27] finden sich hingegen unmittelbare Verbindungen.

---

[20] Für die Anfangsjahre kommt *Kannar*, 99 Yale L. J. 1297, 1299 (1990) zu dem Ergebnis, *Scalia* sei "driven by his methodological commitments rather than a desire to reach particular results." Dies gilt namentlich für *Texas v. Johnson*, 491 U.S. 397, 399 ff. (1989) und *U.S. v. Eichman*, 496 U.S. 310, 311 ff. (1990) (beide per *Brennan J.*, *Scalia J.* joining) zum Schutz der Verbrennung der Nationalflagge durch den Ersten Zusatzartikel: "Congress shall make no law [...] abridging the freedom of speech." Zu *Scalias* Abneigung gegen diese Entscheidungen vgl. *Biskupic* (Fn. 2), S. 232; *Ring*, Scalia dissents: writings of the Supreme Court's wittiest, most outspoken justice, Washington, D.C., 2004, S. 14. Zur Todesstrafe vgl. aber unten Fn. 114.

[21] So *Heck*, AcP 112 (1914), 1 (17) zum Vereinsgesetz vom 19.4.1908, RGBl. S. 151.

[22] So *Heck*, AcP 112 (1914), 1 (18), der beim Verhältnis von Mieter und Hausbesitzer von einer Zwischenform zwischen unpolitisch technischen und politischen Fragen sprach. In seinem Gutachten über die Reform des Abzahlungsrechts hat *Heck*, Verhandlungen des 21. DJT, Band 2, Berlin 1891, Nr. 17, S. 131, 132 gleich zu Beginn die enorme sozialpolitische Bedeutung der Frage hervorgehoben. Soweit *Heck*, Der Allgemeine Teil des Privatrechts, AcP 146 (1941), 1 (4 f.) zur Verteidigung des Rechtsgebiets „Privatrecht" meint, die „Interessen der Einzelnen w[ü]rden nur geschützt, weil sie zugleich Gemeinschaftsinteressen sind und soweit dies der Fall ist", erscheint dies dagegen als kontextbedingte Überhöhung des öffentlichen Zwecks des Privatrechts.

[23] Vgl. dazu *Kallfass*, Die Tübinger Schule der Interessenjurisprudenz, Frankfurt am Main, 1972, passim.

[24] Grundriß des Schuldrechts, Tübingen 1929; Grundriß des Sachenrechts, Tübingen 1930.

[25] Vgl. namentlich *Brugger*, Konkretisierung des Rechts und Auslegung der Gesetze, AöR 119 (1994), S. 1–34 = *ders.*, Liberalismus, Pluralismus, Kommunitarismus, Baden Baden 1999, § 2, S. 44–73.

[26] Zu *Heck* vgl. *Schoppmeyer* (Fn. 1), S. 51, 59, 65, 146. Zu *Brugger* vgl. bereits die Dissertation „Menschenrechtsethos und Verantwortungspolitik – Max Webers Beitrag zur Analyse und Begründung der Menschenrechte", Freiburg/München 1980.

[27] Als Ausgangspunkt wird eine Rede des damaligen *Attorney General Edwin Meese, III* vor der ABA am 9.7.1985 in Washington, D.C. angesehen. Der Text ist abgedruckt bei

Beide haben, wenn auch zeitlich versetzt, in Georgetown gelehrt. In seiner kurz nach *Scalias* Ernennung zum *Associate Justice* am Supreme Court (1986) erschienenen Tübinger Habilitationsschrift[28] hat sich *Brugger* mit einem Sondervotum *Scalias* zur *Establishment Clause* im ersten Zusatzartikel befasst.[29] Zehn Jahre später sind sich beide in einem methodologischen Essay *Scalias*, der aus der *Tanner Lecture* an der Princeton University 1995[30] hervorgegangen und 1997 zusammen mit Kommentaren amerikanischer Rechtswissenschaftler und einer Replik veröffentlicht wurde,[31] literarisch begegnet.[32] Weitere zehn Jahre später haben sie auf der *Annual Conference on German and American Law* referiert[33] und nach den Überlieferungen ihrer Schüler vehement um das Recht im „Krieg gegen den Terrorismus"[34] gerungen. Später hat *Brugger* die Rechtsprechung des Supreme Court (auch) zu diesem Fragenkomplex[35] in Deutschland skizziert.[36]

Calabresi (Hrsg.), Originalism: A Quater-Century of Debate, Washington, D.C., 2007, S. 47 ff.

28 *Brugger*, Grundrechte (Fn. 9), S. 171 in Fn. 38.

29 "Congress shall make no law respecting an establishment of religion, […]." Vgl. dazu *Edwards v. Aguillard*, 482 U.S. 578, 610 ff. (1987) (*Scalia J.* dissenting) zur Nichtigkeit des *Louisiana Balanced Treatment for Creation-Science and Evolution-Science in Public School Instruction Act*.

30 Vgl. Peterson (Hrsg.), The Tanner Lectures on Human Values, Band 18, Salt Lake City, UT, 1997, S. 77 ff., www.tannerlectures.utah.edu/lectures/documents/scalia97.pdf.

31 *Scalia* (Fn. 6), S. 3–47, 129–149.

32 In dem Kommentar von *Glendon*, in: Scalia (Fn. 6), S. 95–114 wird *Brugger*, Legal Interpretation, Schools of Jurisprudence, and Anthropology: Some Remarks from a German Point of View, 42 Am. J. Com. L. 395–421 (1994) in Fn. 18, 24, 26, 30 erwähnt.

33 Vgl. www.dajv.de/tl_files/DAJV/veranstaltungen/2009/annualconference2007_Washington.pdf.

34 Grundlage dafür war die *Joint Resolution* des Kongresses vom 18. 9. 2001, Publ. L. 107–40, 115 Stat. 224, www.gpo.gov/fdsys/browse/collectiontab.action => United States Statutes at Large.

35 *Rumsfeld v. Padilla*, 542 U.S. 426 (2004) zur Zuständigkeit eines *District Court* für die Haftprüfung (*writs of habeas corpus*) nach 28 U.S.C. § 2241(a) nach Haftverlegung in einen anderen Bundesstaat; *Rasul v. Bush*, 542 U.S. 466 (2004) zur Zuständigkeit für die Haftprüfung ausländischer Gefangener in Guantánamo Bay; *Hamdi v. Rumsfeld*, 542 U.S. 507 (2004) zur Haftprüfung amerikanischer Gefangener in den USA; *Hamdan v. Rumsfeld*, 548 U.S. 557 (2006) zum Ausschluss der Haftprüfung für ausländische Gefangene in Guantánamo Bay durch 28 U.S.C. 2241(e)(1) i.d.F. von § 1005(e)(1) Detainee Treatment Act of 2005 (DTA), Division A, Titel X des Pub. L. 109–148, 119 Stat. 2680, 2739, 10 U.S.C. 801 note, weitgehend identisch mit Titel XIV des Publ. L. 109–163, 119 Stat. 3136, 3474; *Boumediene v. Bush*, 553 U.S. 723 (2008) zur Verfassungswidrigkeit des Ausschlusses der Haftprüfung ausländischer Gefangener in Guantánamo Bay durch 28 U.S.C. 2241(e)(1) i.d.F. von § 7(a) des Military Commissions Act of 2006 (MCA), Publ. L. 109–366, 120 Stat. 2600, 2635 f.

36 *Brugger*, JZ 2008, 773 (775); JZ 2009, 609 ff.

II. Scalias Sondervoten im „Krieg gegen den Terrorismus“

Daher sollen uns als erstes die einschlägigen Sondervoten in den Entscheidungen zum Recht im „Krieg gegen den Terrorismus“ beschäftigen, die einiges über *Scalias* Methodik der richterlichen Rechtsfindung aussagen.

In *Rasul v. Bush* kommt *Scalia* zu dem Schluss, dass eine Haftprüfung durch die Bundesgerichte für ausländische Gefangene in Guantánamo Bay bundesgesetzlich[37] in 28 U.S.C. § 2241(a) nicht vorgesehen ist.[38] Gemäß dieser Norm dürfen die Bundesgerichte und -richter die Haftprüfung nur innerhalb ihrer jeweiligen *jurisdiction* vornehmen.[39] In seiner Begründung bekennt sich *Scalia* zunächst zur *rule of stare decisis*, die er bei der Auslegung einfachen Gesetzesrechts – im Gegensatz zur Verfassung[40] – als fast kategorial bezeichnet.[41] Das Gericht sei an die Präzedenzfälle *Johnson v. Eisentrager*[42] und *Ahrens v. Clark*[43] gebunden. Dass es dazu bei *Heck* nichts Vergleichbares gibt, versteht sich von selbst. Für die weiteren Überlegungen ist dieses Bekenntnis zur *common law* Tradition jedoch wichtig, weil *Scalia* damit einige der Widersprüche zwischen seiner Methodik der Gesetzesauslegung und seinen richterlichen Voten erklärt.[44] Darüber hinaus hält *Scalia* die Vorentscheidung in *Ahrens v. Clark*, in der die *jurisdiction* des District Court for the District of Columbia über die in Ellis Island (NY) festgehaltenen Deutschen verneint worden war,[45] aber auch in der Sache für richtig. Allein aus dem Text des 28 U.S.C. § 2241(a) ergibt sich noch nicht, ob es auf die *jurisdiction* über den Gefangenen – so *Scalia* – oder den Wächter – so die Gerichtsmehrheit – ankommt. Für das Textverständnis entscheidend ist daher der Kontext der Norm: Anordnungen eines Bezirksrichters (*circuit judge*) sind in dem Distrikt zu den Akten zu nehmen, in denen der Freiheitsentzug, über den sich der Gefangene beschwert, vollzogen wird.[46] Bei Anträgen an den Supreme oder einen Circuit Court ist anzugeben, warum der

---

[37] Auf die Verfassung hatten sich die Antragsteller nicht berufen. Vgl. 542 U.S. 466, 489 in Fn. 1 (2004).

[38] 542 U.S. 466, 488 ff. (2004) (*Scalia J.* dissenting).

[39] "Writs of habeas corpus may be granted by the Supreme Court, any justice thereof, the district courts and any circuit judge within their respective jurisdictions. [...]"

[40] Vgl. dazu etwa *Harmelin v. Michigan*, 501 U.S. 957, 965 (1991) (per *Scalia J.*).

[41] 542 U.S. 466, 493 (2004) (*Scalia J.* dissenting): "almost categorical rule of *stare decisis* in statutory cases".

[42] 339 U.S. 763 (1950).

[43] 335 U.S. 188 (1948).

[44] *Scalia* (Fn. 6), S. 138 f.

[45] 335 U.S. 188 (1948) (per *Douglas J.*).

[46] 28 U.S.C. § 2241(a): "[...] The order of a circuit judge shall be entered in the records of the district court of the district wherein the restraint complained of is had."

Antrag nicht bei dem District Court des Distrikts gestellt wird, in dem der Antragsteller festgehalten wird.[47]

In *Hamdi v. Rumsfeld* kommt *Scalia* zu dem Schluss, dass US-Bürger, die in den USA inhaftiert sind, nicht ohne Gerichtsverfahren dauerhaft festgehalten werden dürfen.[48] Für die Gründungsväter sei der Schutz vor unbefristeter Inhaftierung durch die Exekutive das Herzstück der Gewaltenteilung angelsächsischer Prägung.[49] Die sogenannte *Suspension Clause* in Art. I, § 9, cl. 2 der Verfassung[50] lasse eine Aussetzung dieses Schutzes nur durch den Kongress und nur im Falle einer Invasion oder einer Rebellion zu. Diese Voraussetzungen seien im Krieg gegen den Terrorismus aber nicht gegeben. Auf dieser Grundlage stellt *Scalia* fest, dass die Gründungsväter bei der Abwägung zwischen nationaler Sicherheit und persönlicher Freiheit hier der Freiheit den Vorzug gegeben hätten. Für *Ciceros* These, wenn die Waffen sprechen, müssten die Gesetze schweigen,[51] findet er keine Stütze in der Verfassung.[52]

Methodisch ist an diesem Sondervotum einiges bemerkenswert. Auch bei der Verfassung, die inzwischen über 200 Jahre alt ist, fragt *Scalia* nach dem historischen Verständnis des Textes. Maßstab ist dabei – wiederum demokratietheoretisch begründet – das Textverständnis des Rechtsunterworfenen im Zeitpunkt der Rechtssetzung; die Idee einer *living* oder *evolving constitution* lehnt *Scalia* ab.[53] Dies ist auch der Grund dafür, dass *Scalia* für die Auslegung des Verbots von *cruel and unusual punishment* im achten Zusatzartikel,[54] das über die *Due Process Clause* im vierzehnten Zusatzartikel[55] auch für die Bundesstaaten gilt,[56] auf den englischen *Bill of Rights*[57] zurückgreift und dessen (vermeintlichen) Inhalt den amerikanischen Verhältnissen anpasst.[58] Danach sind nur Strafen ver-

---

47 28 U.S.C. § 2242: "[...] If addressed to the Supreme Court, a justice thereof or a circuit judge it shall state the reasons for not making application to the district court of the district in which the applicant is held."

48 542 U.S. 507, 554 ff. (2004) (*Scalia J.* dissenting).

49 542 U.S. 507, 554 ff. (2004) (*Scalia J.* dissenting) unter Rückgriff auf den englischen Habeas Corpus Act 1679, 31 Cha. 2 c. 2, Statutes of the Realm V, S. 935, www.british-history.ac.uk/report.aspx?compid=47484.

50 "The Privilege of the Writ of Habeas Corpus shall not be suspended, unless when in Cases of Rebellion or Invasion the public Safety may require it."

51 *Cicero*, Pro Milone 4, 11: „Silent enim leges inter arma; ...", www.thelatinlibrary.com/cicero/milo.shtml.

52 542 U.S. 507, 579 (2004) (*Scalia J.* dissenting).

53 Vgl. das Anhörungsprotokoll (Fn. 2), S. 48 f.

54 "Excessive bail shall not be required, nor excessive fines imposed, nor cruel and unusual punishments inflicted."

55 "[...] No State shall make or enforce any law which shall abridge the privileges or immunities of citizens of the United States; nor shall any State deprive any person of life, liberty, or property, without due process of law; [...]."

56 *Harmelin v. Michigan*, 501 U.S. 957, 962 (1991) (per *Scalia J.*).

57 Bill of Rights, 1 Will. & Mar. sess. 2 c. 2, Statutes of the Realm VI, S. 142.

58 *Harmelin v. Michigan*, 501 U.S. 957, 973 ff. (1991) (per *Scalia J.*) zu zwingenden lebens-

boten, die der allgemeinen Praxis widersprechen.[59] Ein verfassungsrechtliches Verbot der Todesstrafe[60] hält *Scalia* für unvereinbar mit der *Grand Jury Clause* im fünften Zusatzartikel[61] sowie die *Due Process Clause* im fünften[62] und vierzehnten Zusatzartikel.[63]

Scalias Position zum Textverständnis wird auch in einer weiteren Entscheidung zum Krieg gegen den Terrorismus deutlich. Als Reaktion auf die Entscheidung des *Supreme Court* in *Rasul v. Bush* hatte der Kongress die Haftprüfung ausländischer Gefangener in Guantánamo Bay durch Bundesgerichte mit sofortiger Wirkung ausgeschlossen.[64] Gleichwohl kam der *Supreme Court* in *Hamdan v. Rumsfeld* zu dem Ergebnis, anhängige Verfahren seien davon ohne entsprechende ausdrückliche Anordnung nicht erfasst.[65] Für *Scalia* hatte das Gesetz dagegen die eindeutige Bedeutung (*plain meaning*), dass die *jurisdiction* auch in anhängigen Verfahren entzogen werden sollte.[66] Interessant ist dabei sein Bezugspunkt. Denn zur Begründung seiner These beruft er sich nicht auf den allgemeinen Wortsinn von *effectiveness*, sondern auf eine alte und ununterbrochene Reihe von Entscheidungen.[67] Bei der Auslegung eines neuen Gesetzes kommt diesen zwar selbstverständlich keine Bindungswirkung zu, aber sie determinieren den Verständnishorizont des Adressaten. Wenn die Gerichte Gesetze, die ihnen die *jurisdiction* für bestimmte Sachverhalte entziehen, grundsätzlich als auf anhängige Verfahren anwendbar verstehen, muss dies auch für den vorliegenden Fall gelten.

---

langen Freiheitsstrafe ohne Begnadigungsmöglichkeit bei Betäubungsmitteldelikten; *Roper v. Simmons*, 543 U.S. 551, 626 (2005) (*Scalia J.* dissenting) zur Todesstrafe minderjähriger Delinquenten. *Tribe* (Fn. 6), S. 80 mit Fn. 29 folgert aus *Scalias* Ansatz, dass *freedom of speech* dann nur in den Grenzen zu verstehen sein dürfte, die einem Engländer 1791 gesetzt waren, der dem König nicht den Tod wünschen durfte.

[59] *Harmelin v. Michigan*, 501 U.S. 957, 975 f. Da der englische *Bill of Rights* seiner Meinung nach nur gesetzwidrige Strafen erfasste, musste er als Beschränkung legislativer Rechtssetzung etwas anderes erfassen, nämlich punishment "such as [does not] occu[r] in ordinary practice."

[60] Dafür namentlich *Furman v. Georgia*, 408 U.S. 238, 305 (1972) (*Brennan J.* concurring): "[...], death stands condemned as fatally offensive to human dignity."; 408 U.S. 238, 314 ff. (1972) (*Marshall J.* concurring). Vgl. entsprechend *Gregg v. Georgia*, 428 U.S. 153, 227 ff. (1976) (*Brennan and Marshall JJ.* dissenting); *Coker v. Georgia*, 433 U. S. 584, 600 (1977) (*Brennan and Marshall JJ.* dissenting).

[61] "No person shall be held to answer for a capital [...] crime, unless on a presentment or indictment of a Grand Jury."

[62] "No person shall be [...] deprived of life [...] without due process of law."

[63] Vgl. *Scalia* (Fn. 6), S. 46; a.A. zur *due process clause* etwa *Furman v. Georgia*, 408 U.S. 238, 283 (1972) (*Brennan J.* concurring); *Dworkin*, in: Scalia (Fn. 6), S. 120 f.

[64] Vgl. 28 U.S.C. 2241(e)(1) i.d.F. des DTA (Fn. 34) und § 1005(h)(1) DTA.

[65] 548 U.S. 557, 576 ff. (2006).

[66] 548 U.S. 557, 657 (2006) (*Scalia J.* dissenting).

[67] 548 U.S. 557, 656 f. (2006) (*Scalia J.* dissenting) unter Verweis auf *Bruner v. United States*, 343 U.S. 112, 115 (1952).

Dass *Scalia* mit seiner These inhaltlich richtig lag, zeigt der weitere Gang der Gesetzgebung. Denn unmittelbar nach der Entscheidung *Hamdan v. Rumsfeld* entzog der Kongress den Bundesgerichten erneut die *jurisdiction* zur Haftprüfung[68] und ordnete die Anwendung auf alle anhängigen Fälle an.[69] Daran kam auch die Mehrheit des Gerichts in *Boumediene v. Bush* nicht mehr vorbei. Sie erklärte den Ausschluss der Haftprüfung für verfassungswidrig[70] und das alternativ eingerichtete Verfahren vor den *combatant status review tribunals* mit sehr eingeschränkter Überprüfung durch den Court of Appeals for the District of Columbia Circuit[71] für so defizitär, dass eine verfassungskonforme Auslegung nicht mehr in Betracht kam.[72]

Aus *Scalias* Sondervotum zu *Boumediene v. Bush* sollen hier zwei Aspekte herausgegriffen werden. Zum einen ist für ihn wie üblich die Bedeutung der Verfassung im Zeitpunkt ihrer Ratifizierung maßgeblich.[73] Um diese Bedeutung zu erfassen, lehnt er eine von ihm als *judicially imagined matrix* bezeichnete Gesamtschau der Regeln zur Gewaltenteilung zugunsten einer Einzelbetrachtung der Normen ab.[74] Zum anderen beruft er sich – wie schon in *Rasul v. Bush* – auf die Entscheidung in *Johnson v. Eisentrager*, in der deutschen Kriegsgefangenen, die nach ihrer Festnahme in China als Kriegsverbrecher in Deutschland gefangengehalten wurden, die Haftprüfung durch die Bundesgerichte verwehrt wurde.[75] Diese Begründung ist hier aber unabhängig von der *rule of stare decisis* insofern beachtlich, als es *Scalia* darum geht, die Rechtssicherheit und damit mögliche Rechtsanwendungserwartungen zu schützen. Die Regierung habe sich auf das durch die Vorentscheidung gesetzte Recht verlassen und nur deshalb die Gefangenen nach Guantánamo Bay verbracht.[76] Dass man ein seit langem unbefristet gepachtetes Stück Land, über das die USA die Gerichtsbarkeit ausüben,[77] wohl kaum mit dem besetzten Deutschland der vierziger Jahre vergleichen kann, stellt die Berechtigung dieser Rechtsanwendungserwartung für *Scalia* nicht in Frage, weil Fragen der Souveränität traditionell der Exekutive zugewiesen sind.[78]

---

[68] Vgl. 28 U.S.C. 2241(e)(1) i.d.F. von § 7(a) MCA (Fn. 34).

[69] Vgl. § 7(b) MCA (Fn. 34).

[70] 553 U.S. 723, 739 ff. (2008) (*per Kennedy J.*). Dabei beruft sich die Mehrheit auf dieselben historischen Hintergründe wie *Scalia* in *Hamdi v. Rumsfeld* (Fn. 47, 48).

[71] § 1005(e)(2) DTA (Fn. 34).

[72] 553 U.S. 723, 787 ff. (2008) (*per Kennedy J.*).

[73] 553 U.S. 723, 833 (2008) (*Scalia J.* dissenting).

[74] 553 U.S. 723, 833 (2008) (*Scalia J.* dissenting).

[75] 339 U.S. 763, 768 (1950) (per *Jackson J.*).

[76] Vgl. dazu 553 U.S. 723, 828 (2008) (*Scalia J.* dissenting).

[77] Vgl. Art. III der Vereinbarung vom 23.2.1903, http://avalon.law.yale.edu/20th_century/dip_cuba002.asp: "[...] the Republic of Cuba consents that during the period of the occupation by the United States of said areas under the terms of this agreement the United States shall exercise complete jurisdiction and control over and within said areas [...]."

[78] So auch 553 U.S. 723, 753 f. (2008) (*per Kennedy J.*).

III. Scalias Methodik

Scalias methodologische Aussagen in den genannten Entscheidungen entsprechen seinen sonstigen Stellungnahmen in Wissenschaft und Praxis. So versteht *Scalia* unter dem Gesetz, an das der Richter gebunden ist, den Normtext,[79] dessen Inhalt nach dem ursprünglichen Verständnis (*original meaning*) und der Auslegungstradition zu bestimmen ist.[80] Er ist sich natürlich bewusst, dass dies bei älteren Normen nicht immer einfach ist.[81] Im Rahmen der Verfassungsinterpretation bezieht er sich dafür auf zeitgenössische Lexika[82] und die *Federalist Papers*,[83] die aus seiner Sicht verlässlich widerspiegeln, wie der Text der Verfassung ursprünglich verstanden worden ist.[84] Den ersten Entscheidungen des Supreme Court misst *Scalia* dagegen offenbar nicht denselben Erkenntniswert zu.[85]

Maßgeblich ist für *Scalia* der *vernünftige* Wortsinn (*reasonable meaning*). Ein Text dürfe weder zu streng noch zu nachsichtig, sondern müsse vernünftig auslegt werden.[86] Durch das Vernunftkriterium grenzt sich *Scalia* vom *strict constructionism* ab,[87] der sich vollkommen an den allein anhand sprachlicher Regeln bestimmten Normtext hält. Der Fall *Smith v. United States*[88] macht dies deutlich. Dort ging es um den Straftatbestand, beim illegalen Drogenhandel eine Schusswaffe zu *benutzen*. Für *Scalia* war dieser Tatbestand nicht erfüllt, wenn der Erwerber als Gegenleistung eine ungeladene Schusswaffe übergibt.[89]

Entscheidend für die Bestimmung des vernünftigen Wortsinns ist die gewöhnliche Verwendung des Wortes in dem entsprechenden Kontext.[90] Dabei ist, wie bereits in *Hamdi v. Rumsfeld* und *Harmelin v. Michigan*[91] deutlich geworden ist, die Perspektive eines vernünftigen Menschen aus der Zeit der Ent-

---

[79] *Scalia* (Fn. 6), S. 22: "The text is the law, and it is the text that must be observed."

[80] Vgl. das Anhörungsprotokoll (Fn. 2), S. 108.

[81] *Scalia* (Fn. 6), S. 45.

[82] *Harmelin v. Michigan*, 501 U.S. 957, 976 (1991) (per *Scalia J.*).

[83] Verfügbar unter www.foundingfathers.info/federalistpapers.

[84] *Scalia* (Fn. 6), S. 38.

[85] Vgl. dazu *Smith*, Originalist's Dilemma, 90 Minn. L. Rev. 612, 665 ff. (2006), der zeigt, dass sich gerade die Originalisten von den frühen Entscheidungen zur Abgrenzung der Bundeszuständigkeit gelöst haben.

[86] *Scalia* (Fn. 6), S. 23.

[87] Vgl. *Scalia* (Fn. 6), S. 23; *Melin*, Gesetzesauslegung in den USA und in Deutschland, Tübingen 2005, S. 137.

[88] 508 U.S. 223 (1993).

[89] *Smith v. United States*, 508 U.S. 223, 241 ff. (1993) (*Scalia J.* dissenting). Nach 18 U.S.C. § 924(c)(1)(A) genügt heute das Mitführen der Waffe: "who [...] uses or carries a firearm".

[90] Vgl. *Scalia* (Fn. 6), S. 26. Zum Kontext vgl. auch oben bei Fn. 45, 46.

[91] Vgl. Fn. 47, 48, 58.

stehung der Norm einzunehmen.[92] Die Berücksichtigung geänderter Wertvorstellungen würde hingegen letztlich dazu führen, dass die persönliche Intuition des Richters entscheidet, die für das Wohl der Bevölkerung nicht ausschlaggebend sein darf.[93] Auch der Rechtsvergleichung kommt aus *Scalias* Sicht als Quelle der Rechtserkenntnis keine Bedeutung zu, sondern sie ist nur für die Rechtssetzung von Bedeutung.[94]

Der vernünftige Wortsinn wird durch den möglichen Wortsinn – *Heck* würde sagen: den Vorstellungshof[95] – begrenzt.[96] Offensichtliche sprachliche Fehler gehören hingegen nicht zum bindenden Recht und können vom Richter berichtigt werden.[97] Er hat dann die sinnvolle Bedeutung anhand der Gesetzgebungsgenese zu bestimmen.[98] Unklar ist allerdings, wie im Allgemeinen zu verfahren ist, wenn die Textexegese nicht zu befriedigenden Ergebnissen führt, weil es mehrere *reasonable meanings* gibt. Zum einen findet sich bei *Scalia* der Rückgriff auf ein traditionelles Verständnis (*text and tradition*),[99] der bei neuen Gesetzen jedoch versagen muss und als allgemeiner Auslegungskanon unbrauchbar ist. Zum anderen hat sich *Scalia* bei der Strafzumessung für Min-

---

92 Vgl. schon das Anhörungsprotokoll (Fn. 2), S. 108. Weiterhin *Melin* (Fn. 85), S. 138 f.

93 So das Anhörungsprotokoll (Fn. 2), S. 101: "I worry that there is nothing to tell me what are our most profound beliefs except my own little voice inside. And I do not want to govern this society on the basis of that." Vgl. auch die sehr deutliche Stellungnahme zum Verhältnis von *freedom of speech* zu Arbeits- und Lieferverträgen mit der öffentlichen Hand in *Board of County Commissioners, Wabaunsee County, Kansas v. Umbehr* und *O'Hare Truck Service, Inc. v. City of Northlake*, 518 U.S. 668, 686 ff. (1996) (*Scalia J.* dissenting). Vgl. dazu auch *Rossum*, Antonin Scalia's Jurisprudence, Kansas 2006, S. 28 f.

94 Vgl. *Scalias* Beitrag in der Debatte mit *Justice Breyer* zur Relevanz ausländischer Gerichtsentscheidungen am *College of Law* der *American University*, Washington, D.C., am 13.1.2005, www.freerepublic.com/focus/f-news/1352357/posts. Vgl. in diesem Sinne auch *Roper v. Simmons*, 543 U.S. 551, 622 ff. (2005) (*Scalia J.* dissenting), der es für unerheblich hielt, dass die Todesstrafe für Minderjährige außer in den USA nur noch in Somalia zulässig war; *Atkins v. Virginia*, 536 U.S. 304, 324 f. (2005) (*Rehnquist C.J.* dissenting, *Scalia J.* joining). Für *Heck*, Interessenjurisprudenz (Fn. 14), S. 28 kann dagegen bei der Rechtsfortbildung auch die Rechtsvergleichung bedeutsam werden. Vgl. entsprechend *Heck*, Rechtsgewinnung (Fn. 12), S. 36. Schon in seiner Schrift zur großen Havarei (Fn. 3) hat *Heck* umfassend rechtsvergleichend gearbeitet.

95 So *Heck*, AcP 112 (1914), 1 (46) im Gegensatz zum nächstliegenden Wortsinn, dem Vorstellungskern.

96 *Scalia* (Fn. 6), S. 24.

97 *Scalia* (Fn. 6), S. 20.

98 *Green v. Bock Laundry Mach. Co.*, 490 U.S. 504, 527 (1989) (*Scalia J.* concurring). Dort ging es um den Beweis einer strafrechtlichen Verurteilung eines Zeugen, der nach Fed.R.Ev. 609(a) in der ursprünglichen Fassung von Publ. L. 93–595, 88 Stat. 1926 nur zulässig war, wenn der zu erwartende Beweiswert den Nachteil für den Beklagten (*defendant*) überwog. Das ergab keinen *vernünftigen* Sinn und wäre wohl auch verfassungswidrig gewesen. In der seit 1990 geltenden Fassung von Fed.R.Ev. 609(a)(1) ist der Fehler beseitigt.

99 Vgl. das Anhörungsprotokoll (Fn. 2), S. 108.

derjährige am Grundsatz der Milde (*rule of lenity*) orientiert.[100] Da dieser aber nur im Strafrecht gilt, bleibt die Frage für die allgemeine Methodik ungeklärt.

Ist der Gesetzestext dagegen klar verständlich, hält *Scalia* die subjektiven Vorstellungen des Gesetzgebers, die nicht im Gesetzestext zum Ausdruck gekommen sind, für irrelevant.[101] Sie binden das Volk nicht und dürfen daher bei der Auslegung nicht berücksichtigt werden.[102] Mit der Verabschiedung emanzipiert sich der Gesetzestext von den Regelungswünschen des Gesetzgebers und entfaltet eigenständige Wirkung. Relevant ist dann nur noch, was der Gesetzgeber im Gesetz sprachlich *zum Ausdruck bringen* wollte (*semantic intention*), nicht die beabsichtigten *Wirkungen und Konsequenzen* des Gesetzes (*expectations*).[103] Ausschussberichte (*Committee Reports*) und Plenardebatten (*Floor Debates*), an denen ohnehin fast niemand teilnehme, hält er für unzuverlässige und undemokratische Erkenntnisquellen.[104] Zum einen bestehe die Gefahr, dass einzelne Abgeordnete durch Aufnahme bestimmter Aussagen in die Gesetzesmaterialien den Inhalt des vom Kongress verabschiedeten Gesetzes manipulieren und ihm so – quasi hinter dem Rücken der Mehrheit des Kongresses – gerade eine andere Bedeutung zumessen als es die Mehrheit der abstimmenden Abgeordneten tut.[105] Zum anderen öffne sich ein Einfallstor für den Richter, seine eigenen Ziele und Wünsche in den unausgesprochenen Willen des Gesetzgebers hineinzulesen.[106] Eine „Absicht des Gesetzgebers" gebe es in der Realität überhaupt nicht. Um die in den Streitfällen relevanten Detailfragen habe sich die Mehrheit der Abgeordneten im Kongress regelmäßig gar keine Gedanken gemacht, sodass sie auch keine dementsprechenden Absichten verfolgen kön-

---

100 *U.S. v. R.L.C.*, 503 U.S. 291, 307, 309 (1992) (*Scalia J.* concurring) zu 18 U.S.C. § 5037(c)(1)(B).

101 *I.N.S. v. Cardoza-Fonseca*, 480. U.S. 421, 452 f. (1987) (*Scalia J.* concurring): "Judges interpret laws rather than reconstruct legislators' intentions. Where the language of those laws is clear, we are not free to replace it with an unenacted legislative intent." Ausführlich zu dieser Position auch *Melin* (Fn. 85), S. 121 f.

102 *Scalia* (Fn. 6), S. 17.

103 Dieser Unterscheidung von *Dworkin*, in Scalia (Fn. 6), S. 116 ff. hat sich *Scalia*, S. 144 angeschlossen.

104 Anhörungsprotokoll (Fn. 2), S. 66: "Congress does not act in committee reports. [...] Congress acts by passing a law." Vgl. auch *U.S. v. Taylor*, 487 U.S. 326, 344 f. (1988) (*Scalia J.* concurring); *Crosby v. National Foreign Trade Council*, 530 U.S. 363, 388, 390 f. (2000) (*Scalia J.* concurring). Vgl. auch *Melin* (Fn. 85), S. 123 ff.

105 Vgl. *Scalia* (Fn. 6), S. 34; Anhörungsprotokoll (Fn. 2), S. 106: "Once it was clear that the courts were going to use them [i.e.: committee reports] all the time, they certainly became a device not to inform the rest of the body as to what the intent of the bill was, but rather they became avowedly a device to make some legislative history and tell the courts how to hold this way or that way. Once that happens, they become less reliable as a real indication of what the whole body thought it was voting on." Zu dieser Frage vgl. ausführlich *Schultz/Smith*, The jurisprudential Vision of Justice Antonin Scalia, Lanham, MD, 1996, S. 59 ff.

106 Für *Scalia* (Fn. 6), S. 18 ist der Verweis auf den *legislative intent* nur ein "handy cover for judicial intent".

nen.[107] Schließlich verwirft *Scalia* den Rückgriff auf die Gesetzesentstehung mit Rücksicht auf den Bürger als Normadressaten[108] und verweist auf den Kaiser *Nero* nachgesagten Trick, seine Verordnungen so hoch an den Säulen anzubringen, dass kein Bürger sie ohne Schwierigkeiten lesen konnte.[109] Die Bürger bindendes Recht dürfe in einer Demokratie nur das sein, was ein verständiger Mensch aus dem Normtext ableiten kann.[110]

Platz für eine richterliche Rechtsfortbildung bleibt für *Scalia* nur bei Sachverhalten, die im Zeitpunkt der Verabschiedung der Norm noch nicht vorhergesehen werden konnten, also z.B. die Meinungsäußerung via Radio, Fernsehen oder Internet. In diesen Fällen darf der Richter die ursprüngliche Bedeutung auf die aktuelle Situation anwenden, sie aber nicht ändern.[111]

IV. Scalias Methodik im Spiegel der Heck'schen Interessenjurisprudenz

Was hätte nun *Heck*, der sich stets auch intensiv mit ausländischer methodologischer Literatur befasst hat,[112] zu diesen Ansätzen gesagt, hätte er *Scalia* lesen können? Auch wenn *Heck* die im angelsächsischen Raum übliche Bezeichnung der „Gesetzeskonstruktion" (*statutory construction*)[113] abgelehnt hätte,[114] hätte im Ausgangspunkt des Verhältnisses von legislativer und judikativer Gewalt Einigkeit bestanden. Diese Übereinstimmung geht soweit, dass beide dafür plädieren, der Richter solle eher sein Amt niederlegen als aus eigener Überzeugung gegen das bindende Gesetz zu entscheiden.[115] Allerdings geht diese Bindung nur soweit, wie das Gesetz sie anordnet.

---

107 *Scalia* (Fn. 6), S. 32.

108 *U.S. v. R.L.C.*, 503 U.S. 291, 307, 309 (1992) (*Scalia J.* concurring).

109 *Scalia* (Fn. 6), S. 17.

110 *Scalia* (Fn. 6), S. 17.

111 *Scalia* (Fn. 6), S. 140.

112 Vgl. etwa *Heck*, Begriffsbildung (Fn. 12), S. 2 in Fn. 3 zu einer norwegischen Schrift.

113 Vgl. etwa *Hamdan v. Rumsfeld*, 548 U.S. 557, 575, 578 (2006) (per *Stevens J.*) sowie die von *Scalia* (Fn. 6), S. 15 zitierten Werke zur Gesetzesauslegung: *Sutherland*, Statutes and statutory construction, Chicago 1891, und *Crawford*, The Construction of Statutes, Saint Louis 1940.

114 Vgl. *Heck*, Begriffsbildung (Fn. 12), S. 69.

115 *Heck*, AcP 112 (1914), 1 (220); *ders.*, Das Urteil des Reichsgerichts vom 28. November 1923 über die Aufwertung von Hypotheken und die Grenzen der Richtermacht, AcP 122 (1924), 203, 224. Dasselbe gilt für *Scalia*, der bei einem öffentlichen Auftritt an der Duquesne University Law School in Pittsburgh, PA, am 25.9.2011 gesagt haben soll: "If I thought that Catholic doctrine held the death penalty to be immoral, I would resign. I could not be a part of a system that imposes it." Vgl. http://old.post-gazette.com/pg/11268/1177453-53-0.stm. Allerdings erscheint die Ernsthaftigkeit dieser Aussage angesichts der Enzyklika Evangelium Vitae, AAS 87 (1995), 401, Nr. 56, und der Erklärung des Heiligen Stuhls auf dem Dritten

1. Die Blankettnormen

So kann eine Gesetzesnorm offene Befehle enthalten, „Blankettworte“ wie die guten Sitten in § 138 BGB, die an den Richter die Aufgabe delegieren, sie mit den Wertungen der jeweiligen Situation anzureichern.[116] Solche Normen sind in *common law*-Systemen zwar selten, weil der Richter dort auch ohne Delegationsnorm nach seinen Vorstellungen entscheiden kann, wenn ihn Gesetzesrecht oder Präjudizien nicht daran hindern.[117] Gerade Normen aus dem *Bill of Rights* wie das Verbot des *cruel and unusual punishment* im achten Zusatzartikel könnten aber Blankette sein.[118] Auch *Scalia* hat dies früher für denkbar gehalten;[119] heute lehnt er diesen Ansatz offenbar ab.[120] Hier wäre *Heck* wohl zu anderen Ergebnissen gekommen.

2. Das Gesetz als Werturteil

Dasselbe gilt für das Verständnis dessen, was als Gesetz den Richter bindet. Für *Heck* ist dies nicht der Text einer Norm, sondern das in Gesetzesform ausgesprochene Werturteil der Rechtsgemeinschaft.[121] Kern der Interessenjurisprudenz ist demnach die Vorstellung, Gesetze seien „die Resultanten der in jeder Rechtsgemeinschaft einander gegenübertretenden und um Anerkennung ringenden Interessen materieller, nationaler, religiöser und ethischer Richtung“[122]. Diese sind allerdings nicht als Ergebnisse einer mathematischen Prozedur, sondern als wertende subjektive Entscheidungen darüber zu begreifen, in welchem Umfang die widerstreitenden Interessen, zu denen auch öffentliche Interessen gehören können,[123] geschützt werden. Daher müsse die vom Gesetzgeber getroffene Interessenbewertung – insoweit in Übereinstim-

---

Weltkongress über die Todesstrafe in Paris, veröffentlicht am 7.2.2007, verfügbar über *www.vis.va*, ernsthaft zweifelhaft.

[116] *Heck*, AcP 112 (1914), 1 (228); *ders.*, Interessenjurisprudenz (Fn. 14), S. 20. Zur Delegation durch unbestimmte, wertungsfordernde Begriffe vgl. auch *Wolf* (Fn. 1), S. 158 ff.

[117] Zu den Problemen der U.S.-amerikanischen Rechtswissenschaft im Umgang mit Generalklauseln im Vergleich zum deutschen Privatrecht am Beispiel sittenwidriger Verträge siehe *Dawson*, Unconscionable Coercion: The German Version, 89 Harv. L. Rev. 1041 (1976).

[118] So *Dworkin*, in: Scalia (Fn. 6), S. 120.

[119] Vgl. etwa zum möglichen Verbot der Geißelung das Anhörungsprotokoll (Fn. 2), S. 49: “I think that there are some provisions of the Constitution that may have a certain amount of evolutionary content within them.” Vgl. ergänzend S. 108: “I think there is room for dispute as to what extent some of those elements of [the original] meaning are evolvable, such as the cruel and unusual punishment clause.”

[120] Vgl. Fn. 58.

[121] Vgl. *Heck*, AcP 112 (1914), 1 (13).

[122] *Heck*, AcP 112 (1914), 1 (17).

[123] So *Heck*, Begriffsbildung (Fn. 12), S. 45 ff. zur Verteidigung des weiten Interessenbegriffs.

mung mit *Scalia* – nicht nur gegen die persönlichen Wertungen des Richters geschützt werden,[124] sondern – insoweit entgegen *Scalia* – auch gegen die Vereitelung durch sprachliche Fehlgriffe des Gesetzgebers, was die Möglichkeit richterlicher Gebotsbildung einschließt.[125] Aufgabe des Richters ist es, den Regelungszweck zu erkennen und das Normgebot auf den Einzelfall anzuwenden,[126] wobei auch das richterliche Rechtsgefühl bemüht werden darf.[127] Denn der Richter ist für *Heck* kein „Subsumtionsapparat", sondern auch „Schöpfer anzuwendender Normen, ein Gehilfe des Gesetzgebers, wenn auch ein untergeordneter."[128] Bei dieser Tätigkeit hat der Text keine normative, sondern nur heuristische Bedeutung, weil der Normgeber seinen Willen nur mithilfe der Sprache kommunizieren kann.[129]

Für *Heck* ist die Lektüre also nur der Anfang der Auslegung, für *Scalia* hingegen angeblich im Regelfall Anfang und Ende zugleich. Um den Sinn der Worte zu erfassen, derer sich der Gesetzgeber bedient hat, greift *Heck* wie *Scalia* auf das historische Kontextverständnis zurück. Aber an dieser Stelle enden die Gemeinsamkeiten auch schon wieder. Wonach *Scalia* sucht, ist für *Heck* der „Eindruck", den das Gesetz als Erklärung auf die Zeitgenossen des Erlasses gemacht hat[130] und der sich – wie *Scalia* in *Rasul v. Bush* zeigt[131] – selbstverständlich auch aus dem Kontext ergeben kann. Dieser Eindruck wird für *Heck* geprägt durch die usuelle Wortbedeutung im historischen Kontext und den Empfängerhorizont, also das Umstands- und Regelwissen der Adressaten.[132] Wenn *Scalia* auf altenglische Gesetze oder die *Federalist Papers* zurückgreift, verfährt er auf eben diese Weise.

Diesem Eindruck misst *Heck* durchaus große Bedeutung als „wichtiges Hilfsmittel zur Bildung und Ausschaltung von Entstehungshypothesen" bei,[133] wehrt sich aber entschieden dagegen, ihn dem historischen Gesetzesinhalt zu substituieren.[134] Vielmehr müssen „diejenigen Vorstellungen in ihren wesentlichen Teilen" reproduziert werden, „welche die auszulegenden Wortzeichen bei ihrer Entstehung begleitet haben und infolge der Erklärung erkennbar werden

---

124 Um dies deutlich zu machen, hat sich *Heck*, Begriffsbildung (Fn. 12), S. 50 f. gegen die im „Schuldrecht" (Fn. 24), S. 473 in Fn. 1 noch tolerierte Bezeichnung seiner Methodik als „wertende Jurisprudenz" gewandt, weil der Forscher „nur in Ausnahmefällen selbst zu werten" habe.

125 *Heck*, AcP 112 (1914), 1 (9).

126 Vgl. *Heck*, AcP 112 (1914), 1 (64); *ders.*, Interessenjurisprudenz (Fn. 14), S. 13 f.

127 *Heck*, AcP 112 (1914), 1 (242 ff.).

128 *Heck*, AcP 112 (1914), 1 (22).

129 So *Heck*, AcP 112 (1914), 1 (156). Vgl. auch *Schoppmeyer* (Fn. 1), S. 113.

130 *Heck*, AcP 112 (1914), 1 (40).

131 Vgl. oben bei Fn. 45, 46.

132 *Heck*, AcP 112 (1914), 1 (43 f., 91).

133 *Heck*, AcP 112 (1914), 1 (41).

134 *Heck*, AcP 112 (1914), 1 (250 f.)

sollten."[135] Im Idealfall besteht zwischen dieser „semantischen Intention" und dem tatsächlich Verstandenen kein Unterschied. Denn auch in der von *Heck* so genannten *objektiven* Deutung spiegeln sich die erkennbaren Vorstellungen des Urhebers wider, wobei der Grad der Erkennbarkeit vom Umfang der sogenannten Deutungsdiligenz abhängt.[136] Gelingt diese Spiegelung nicht, liegt dagegen ein Missverständnis vor.[137]

Hätte *Scalia* diese Grundsätze beherzigt, hätte er sein Sondervotum in *Hamdan v. Rumsfeld*[138] noch überzeugender begründen können. Auch *Heck* hätte sicherlich den bisherigen Sprachgebrauch als wesentliches Indiz in seine Reproduktion eingebunden, wäre aber dabei nicht stehen geblieben. Vielmehr ergab sich aus dem historischen Kontext der Entscheidung in *Rasul v. Bush*,[139] dass der Kongress die Haftprüfung ausländischer Gefangener in Guantánamo Bay auch in anhängigen Verfahren sofort beendet wissen wollte. Das wären für *Heck* die kausalen Interessen gewesen, die dem Gesetzesbefehl zugrunde gelegen haben.

3. Berücksichtigung der Gesetzgebungsgeschichte

Dass *Scalia* die Gesetzgebungsgeschichte (*legislative history*) und namentlich die Kongressmaterialien ausblendet, muss für *Heck*, der den Materialien eine generelle und eine spezifisch ontogenetische Bedeutung beimisst,[140] unverständlich sein. Denn die Furcht, der Norminhalt könne manipuliert werden, beruht auf einem zu engen Verständnis der Gesetzgebungsgeschichte, wie *Hecks* Stellungnahme zur Aufwertungsrechtsprechung belegt. Das Reichsgericht hatte dabei behauptet, dass die vorübergehende Außerkraftsetzung der Goldklausel[141] den Gläubiger nach Einschätzung der Regierung[142] „in keiner

---

[135] *Heck*, AcP 112 (1914), 1 (26).

[136] *Heck*, AcP 112 (1914), 1 (42 f.)

[137] *Heck*, AcP 112 (1914), 1 (26).

[138] Vgl. oben bei Fn. 65, 66.

[139] Vgl. oben bei Fn. 37.

[140] Zur Unterscheidung vgl. *Heck*, AcP 112 (1914), 1 (108).

[141] Durch Art. 3 Satz 1 des Gesetzes vom 1.6.1909, RGBl. S. 515 waren die Reichsbanknoten abweichend von § 2 des Bankgesetzes vom 14.3.1875, RGBl. S. 177 gesetzliche Zahlungsmittel geworden, mussten aber nach § 4 des Bankgesetzes jederzeit bei Sicht eingelöst werden. Vgl. § 1 des Gesetz vom 4.8.1914, RGBl. S. 347 erklärte zusätzlich die Reichskassenscheine zu gesetzlichen Zahlungsmitteln, während § 2 für beide die Einlösungspflicht der Reichshauptkasse bzw. der Reichsbank suspendiert hat. Durch § 1 der Bekanntmachung vom 28.9.1914, RGBl. S. 417, die auf das Ermächtigungsgesetz vom 4.8.1914, RGBl. S. 327 gestützt war, verloren vertragliche Goldklauseln ihre Wirkung.

[142] Vgl. die Denkschrift über wirtschaftliche Maßnahmen aus Anlaß des Krieges vom 23.11.1914, Verhandlungen des Reichstags, Band 315, XIII. Legislaturperiode, II. Session, Nr. 26, S. 7, www.reichstagsprotokolle.de/index.html.

Weise benachteilige".[143] Für *Heck* hat diese Aussage angesichts der politischen und militärischen Situation im November 1914 keinerlei Erkenntniswert.[144] Das zeigt, dass Aussagen in den Gesetzesmaterialien nicht für bare Münze genommen werden dürfen. Auch sie sind nicht das Gesetz, sondern nur mehr oder weniger nützliche Indizien bei der Suche nach den kausalen Interessen.

Natürlich kann diese historische Auslegung schwierig und im Ergebnis ungewiss oder gar ergebnislos sein.[145] Damit seine Methode praktisch handhabbar ist, erkennt *Heck* eine Grenze der richterlichen Deutungsdiligenz an, wenn das erhoffte Ergebnis zu dem erforderlichen Aufwand außer Verhältnis steht,[146] und will auch Wahrscheinlichkeiten Beachtung schenken.[147] Für *Scalia* scheint das Hinzuziehen der Gesetzgebungsmaterialien dagegen stets ein unverhältnismäßiger Aufwand zu sein. Aber auch er lässt sich von Schwierigkeiten und Ungewissheiten seiner Methode nicht beirren, wenn er schreibt: "I do not suggest [...] that originalists always agree upon their answer. [...] But the originalist at least knows what he is looking for: the original meaning of the text."[148] Auch wenn *Heck* unter der ursprünglichen Textbedeutung etwas ganz anderes verstanden hat, könnte er wohl sagen: "I concur."

Auf einem (weitverbreiteten) Missverständnis beruht für *Heck* dagegen der Einwand, dass es eine „Absicht des Gesetzgebers" insbesondere bei pluralistischen Entscheidungsprozessen demokratischer Institutionen in der Realität überhaupt nicht gebe. Denn *Heck* versteht unter dem Gesetzgeber keine natürlichen Personen oder mit solchen besetzte Gremien, sondern „die zusammenfassende Bezeichnung für kausalen Interessen."[149] Folgerichtig unterscheidet er scharf zwischen dem für die Auslegung maßgeblichen „normativen Willen" und dem entsprechenden psychologischen Begriff.[150]

Schließlich hat *Heck* auch die von *Scalia* angesprochene Frage der Rechtssicherheit längst beantwortet. Dabei unterscheidet er zwischen dem Vertrauen des Rechtskundigen in den Sinngehalt einer Norm, der „Rechtssicherheit", und dem Vertrauen des Laien, dem „Eindrucksvertrauen".[151] Wenn *Scalia* in *Boumediene v. Bush* darauf hinweist, die Regierung habe sich bei der Einrichtung des Gefangenenlagers in Guantánamo Bay auf *Johnson v. Eisentrager* verlassen,[152] spricht er damit die Rechtssicherheit an, die für *Heck* die Gleichmäßig-

---

143 RG vom 28.11.1923, RGZ 107, 78, 88.
144 *Heck*, AcP 122 (1924), 203 (213).
145 *Heck*, AcP 112 (1914), 1 (33, 97 ff., mit Warnung vor dem *horror vacui* S. 98).
146 *Heck*, AcP 112 (1914), 1 (91).
147 *Heck*, AcP 112 (1914), 1 (98 f.).
148 *Scalia* (Fn. 6), S. 45.
149 *Heck*, AcP 112 (1914), 1 (8).
150 *Heck*, AcP 112 (1914), 1 (8, 50).
151 *Heck*, AcP 112 (1914), 1 (82 f.).
152 Vgl. oben bei Fn. 74, 75.

keit gerichtlicher Entscheidungen fordert. Diese Rechtssicherheit wird für *Heck* durch eine umfassende Prüfung der kausalen Interessen aber mehr gefördert als gefährdet.[153]

Dagegen stellt *Scalias* Verweis auf Kaiser *Nero* augenscheinlich auf das Eindrucksvertrauen der Bürger ab, das – namentlich im Strafrecht – mit den Vollzugsinteressen des Gesetzes in Konflikt treten kann,[154] aber nicht muss. Auch wenn *Heck*, der offenkundig einen redlicheren Normgeber vor Augen hatte[155] als den mutmaßlichen römischen Brandstifter,[156] dem laienhaften Eindruck in der Regel jede Bedeutung für die richterliche Auslegung abspricht,[157] anerkennt er die Schutzbedürftigkeit solcher Rechtsanwendungserwartungen etwa bei der Einhaltung der gesetzlichen Form von Rechtsgeschäften und will ihnen durch Gebotsergänzung oder gar -berichtigung Rechnung tragen.[158]

Voraussetzung dafür ist aber, dass die jeweilige Norm überhaupt eine Rechtsverhaltensnorm ist und der Bürger sein Eindrucksvertrauen betätigt hat. Dabei kann die Deutungsdiligenz bei einem Bürger, der ein Testament errichtet, oder einer Bank, die über ein mögliches Widerrufsrecht zu belehren hat, sehr verschieden sein.[159] Ein allgemeingültiges Argument gegen die *Heck*'sche Methodik lässt sich aus dem nötigen Schutz des Eindrucksinteresses folglich nicht ableiten. Im Übrigen zieht *Scalia* aus seiner Prämisse die falschen Schlüsse. Hätte er wirklich den Schutz des Eindrucksinteresses im Sinn, dürfte er nicht auf die *Federalist Papers*, sondern müsste auf den jeweils aktuellen Empfängerhorizont abstellen.[160] Denn für den Bürger ist es gleich, ob die Verordnung an einer Säule hängt oder in Augenhöhe in einer nicht mehr verständlichen Sprache angebracht wurde. Ein solches Vorgehen entspräche aber der von *Scalia* verworfenen *living constitution*.

4. *Die Heck'sche Lückenlehre*

Besonders deutlich werden die Gegensätze beider Schulen schließlich an der Lückenlehre. *Heck* hält das legislative Können wegen der Fülle der zu regelnden Umstände, der Unvollkommenheit des sprachlichen Ausdrucks und dem

---

153 *Heck*, AcP 112 (1914), 1 (83 ff.).

154 *Heck*, AcP 112 (1914), 1 (86 in Fn. 120).

155 *Heck*, AcP 112 (1914), 1 (98 in Fn. 141).

156 Vgl. etwa *Tacitus*, Annales 15, 44, www.thelatinlibrary.com/tacitus/tac.ann15.shtml#44.

157 *Heck*, AcP 112 (1914), 1 (263 f.).

158 *Heck*, AcP 112 (1914), 1 (262 zur Formwirksamkeit von Testamenten).

159 *Heck*, AcP 112 (1914), 1 (263 f.).

160 So namentlich *Danz*, Richterrecht, in: Schriften des Vereins Recht und Wirtschaft, Band I, Heft 4, Berlin 1912, S. 219, der auf die Vorstellungen „der Allgemeinheit der verständiger Menschen" und damit wie *Scalia* auf die *reasonable meaning* abstellen will.

steten Wandel der Verhältnisse für begrenzt.[161] Er fordert vom Richter daher regelmäßig[162] keinen blinden „Kadavergehorsam“ (*strikter Gehorsam*), sondern einen suchenden, „denkenden Gehorsam“ (*interessengemäßer Gehorsam*), bei dem der Richter Lücken ergänzen oder die gebotenen Handlungen den Umständen anpassen kann.[163] In einer Reihe von Fällen ist der Richter also auch unabhängig von einer besonderen Delegation befugt, selbst Gebote nach Werturteilen zu bilden.[164] Oberste Richtschnur der richterlichen Rechtsfortbildung bleiben aber die gesetzlichen Wertungen. Die Abwägung, die der Gesetzgeber vollzogen hat, geht der Eigenwertung des Richters vor und ist für ihn maßgebend. Die Eigenwertung greift nur subsidiär ein.[165]

Heck unterscheidet bei den Lücken grundsätzlich zwei Kategorien: die *primären*, die schon mit dem Erlass des Gesetzes gegeben sind, und die *sekundären*, die im Laufe der Zeit sowohl durch die Veränderung der tatsächlichen Verhältnisse als auch der gesellschaftlichen Anschauungen und Wertideen entstehen.[166] Jedenfalls solche sekundären Anschauungslücken, die auf der Veränderung der tatsächlichen Verhältnisse und damit der „Überalterung“ des Gesetzes beruhen,[167] erkennt auch *Scalia* an, wenn er die *freedom of speech* auch auf neue Kommunikationsformen wie Filme, Radio, Fernsehen und Computer anwenden will.[168] Dagegen ist für die Annahme primärer Lücken bei *Scalia* in der Regel kein Raum, wie drei von ihm selbst referierte bzw. entschiedene Fälle zeigen.

In dem Fall *Holy Trinity Church v. U.S.*[169] hatte eine Gemeinde in New York einen englischen Prediger angeworben und damit angeblich gegen das *Alien Contract Labor Law* von 1885 verstoßen, das aber auf professionelle Schauspieler, Künstler, Lektoren und Sänger nicht anwendbar war.[170] Der Supreme Court

---

161 *Heck*, AcP 112 (1914), 1, 20, 173; *ders.*, Interessenjurisprudenz (Fn. 14), S. 20.

162 Etwas anderes gilt für starre Normen wie Fristbestimmungen, die den Richter unbedingt binden und in der Regel keine wertende Gebotsbildung zulassen. Vgl. *Heck*, AcP 112 (1914), 1 (182 f.).

163 *Heck*, AcP 112 (1914), 1, 19 (21 f.); *ders.*, Interessenjurisprudenz (Fn. 14), S. 20.

164 *Heck*, AcP 112 (1914), 1 (100).

165 *Heck*, AcP 112 (1914), 1 (238); *ders.*, Interessenjurisprudenz (Fn. 14), S. 19 ff.

166 *Heck*, AcP 112 (1914), 1 (168 f., 176 ff.). Zu Beispielen für beide Kategorien vgl. *Wolf* (Fn. 1), S. 172 ff., 183 ff. Dabei stellt die oben (bei Fn. 141 ff.) erwähnte Aufwertungsrechtsprechung ein schönes Beispiel für eine sekundäre Lücke dar, weil das von *Heck* so genannte Währungsinteresse, mit Papiergeld zum Nennwert zahlen zu können, mit dem Verlust des Krieges und der Hyperinflation obsolet geworden war. Vgl. *Heck*, AcP 122 (1924), 203, 216 f.

167 So *Heck*, AcP 112 (1914), 1 (176).

168 *Scalia* (Fn. 6), S. 140.

169 143 U.S. 457 (1892).

170 Vgl. § 5 des Act to prohibit the importation and migration of foreigners and aliens under contract or agreement to perform labor in the United States, its territories, and the District of Columbia vom 26.2.1885, Sess. II Chap. 164, 23 Stat. 332, http://library.uwb.edu/guides/usimmigration/23 %20stat%20332.pdf.

hielt diese Reihe an Ausnahmen unter Rückgriff auf die Gesetzesmaterialien für lückenhaft. Der Gesetzgeber habe sich nur gegen die Anwerbung von Handarbeitern wenden wollen und als Gesetzgeber eines religiösen Volkes zu einem Anwerbeverbot für Prediger auch keinen Anlass gehabt.[171] Im *Heck*'schen Sinne hat der Supreme Court damit eine Anschauungslücke[172] geschlossen, weil der Gesetzgeber die Prediger bei der Reihe der Ausnahmen (wohl) übersehen hat und das Gebot, das Anwerben von Arbeitskräften im Ausland zu unterlassen, zu weit geraten ist. *Scalia* widerspricht dem Gericht jedoch und sieht das Verhalten der Gemeinde vom Text des Verbotsgesetzes erfasst: "*end of case.*"[173]

In dem Fall *Harmelin v. Michigan*[174] war ein Straftäter wegen wiederholten Drogenbesitzes zu einer lebenslangen Freiheitsstrafe ohne Aussicht auf Haftaussetzung auf Bewährung (*without possibility of parole*) verurteilt worden. Bei der Frage, ob in diesem Fall eine verfassungswidrige Unverhältnismäßigkeit vorlag, interpretiert *Scalia* das Verbot von *cruel and unusual punishment* im Achten Zusatzartikel[175] nur im Hinblick auf die Strafe als solche und ohne Rücksicht auf das begangene Delikt.[176] Eine unverhältnismäßige Strafe sei zwar mitunter *cruel*, aber nicht *unusual*.[177] Die Gerichtsmehrheit nahm dagegen an, dass die Todesstrafe für bestimmte Delikte gar nicht[178] und im Übrigen niemals zwingend angeordnet werden dürfe.[179] Methodologisch ist dabei von Interesse, dass der achte Zusatzartikel auch *excessive fines* verbietet. Wenn die Verfassung für die Geldsanktion ein Proportionalitätsgebot enthält, aber zur Freiheitsstrafe schweigt, wäre die Interessenkollision insoweit ungeregelt. Diese primäre Anschauungslücke wäre durch Übertragung der Regelung zu den Geldsanktionen zu schließen.[180] Das haben die englischen Gerichte schon 1615 gewusst.[181]

---

[171] 143 U.S. 457, 463, 465 (1892) (*per Brewer J.*).

[172] *Heck*, AcP 112 (1914), 1 (173).

[173] *Scalia* (Fn. 6), S. 20. Die Frage, ob dieses Ergebnis verfassungskonform wäre, lässt er in Fn. 22 aber ausdrücklich offen, hält aber eine verfassungskonforme oder -geleitete Auslegung gegen den scheinbar klaren Wortlaut für unzulässig. Dagegen weist *Tribe*, in: Scalia (Fn. 6), S. 92 zutreffend darauf hin, dass Prediger durchaus als religiöse Lektoren angesehen werden könnten.

[174] *Harmelin v. Michigan*, 501 U.S. 957, 976 (1991) (per *Scalia J.*). Konkret ging es zuletzt im Wesentlichen um den Besitz von 672,5 g Kokain und einige Drogenutensilien (S. 1008).

[175] Vgl. oben Fn. 53.

[176] *Harmelin v. Michigan*, 501 U.S. 957, 976 (1991) (per *Scalia J.*).

[177] 501 U.S. 957, 967 (1991) (per *Scalia J.*).

[178] *Coker v. Georgia*, 433 U. S. 584, 600 (1977) (per *White J.*) zur Vergewaltigung volljähriger Frauen; *Kennedy v. Louisana*, 554 U.S. 407, 421 (2008) (per *Kennedy J.*) zur Vergewaltigung von Kindern.

[179] *Woodson v. North Carolina*, 428 U.S. 280, 288 ff. (1976) (per curiam). Vgl. auch *Roper v. Simmons*, 543 U.S. 551, 623 (2005) (*Scalia J.* dissenting).

[180] *Heck*, AcP 112 (1914), 1 (175).

[181] *Hodges v. Humkin*, 2 Bulst. 139, 140, 80 Eng. Rep. 1015, 1016 (K. B. 1615) (*Croke J.*), www.commonlii.org/uk/cases/EngR/1792/1122.pdf: "imprisonment ought always to be according to the quality of the offence".

In dem Fall *Coy v. Iowa*[182] war ein Angeklagter wegen des sexuellen Missbrauchs zweier Mädchen verurteilt worden. Der Supreme Court sah die *Confrontation Clause* im sechsten Zusatzartikel[183] als verletzt an, weil die minderjährigen Opfer als Zeugen hinter einer lichtdurchlässigen Wand ausgesagt hatten, durch die sie der Angeklagte nur schemenhaft sehen konnte. Dagegen konnten und mussten die Mädchen den Angeklagten nicht sehen. *Scalia* sah sich hier an die in der Verfassung verankerte Abwägung der widerstreitenden Interessen zugunsten des Schutzes des Angeklagten gebunden.[184] Hat aber auch speziell der Schutz des kindlichen Zeugen Verfassungsrang, könnte für *Heck* zum einen eine Kollisionslücke vorliegen, die durch Rechtsfortbildung zu schließen wäre.[185] Zum anderen könnte eine sekundäre Lücke vorliegen, weil sich das Wissen um das Aussageverhalten von Kindern und die Auswirkungen der Konfrontation mit dem Täter geändert haben oder weil es heute insbesondere mit der Videoübertragung Möglichkeiten gibt, die widerstreitenden Interessen der Zeugen, der Angeklagten und der Allgemeinheit besser auszugleichen als zuvor. Für *Heck* wäre daher gut begründbar, dass der Supreme Court Videoübertragungen in *Maryland v. Craig* ausdrücklich zugelassen hat.[186] *Scalia* kommt dagegen – methodologisch konsequent – zu der Schlussfolgerung: "I respectfully dissent."[187]

V. Résumé

Unsere wissenschaftliche Fiktion hat gezeigt, wie unterschiedlich die Wege juristischer Denker sein können, die sich übereinstimmend der Begrenzung richterlicher Macht verschrieben haben. Eine unmittelbare Konfrontation der bei-

[182] 487 U.S. 1012 (1988).

[183] "In all criminal prosecutions, the accused shall enjoy the right [...] to be confronted with the witnesses against him; [...]." Dieses Recht erfasst historisch betrachtet nicht nur die Zeugen, die tatsächlich in der Hauptverhandlung (*trial*) aussagen, sondern steht grundsätzlich auch der Verwertung vorprozessualer Aussagen gegen den Angeklagten, die in dessen Abwesenheit etwa gegenüber Polizeibeamten gemacht worden waren, entgegen. Vgl. *Crawford v. Washington*, 541 U.S. 36, 50f. (2004) (per *Scalia J.*). Für *Scalia*, in: Calabresi (Fn. 27), S. 44 nennt diese Entscheidung neben *Apprendi v. New Jersey*, 530 U.S. 466 (2000) (per *Stevens J.*) zur Bedeutung der *Grand Jury Clause* (Fn. 61) für die Feststellung von Strafschärfungsgründen als besondere Beispiele von *Supreme Court*-Entscheidungen im Sinne des *originalism*.

[184] 487 U.S. 1012, 1020 (1988) (per *Scalia J.*): "That face-to-face presence may, unfortunately, upset the truthful rape victim or abused child; but by the same token it may confound and undo the false accuser, or reveal the child coached by a malevolent adult. It is a truism that constitutional protections have costs."

[185] *Heck*, AcP 112 (1914), 1 (179). Zu Beispielen vgl. *Wolf* (Fn. 1), S. 191 ff.

[186] 497 U.S. 836, 857 (1990) (per *O'Conner J.*).

[187] 497 U.S. 836, 861 (1990) (*Scalia J.* dissenting).

den wäre daher reizvoll gewesen, ist aber unmöglich. Möglich wäre dagegen, dass *Scalia* die Schriften *Hecks*, der auch im angelsächsischen Raum rezipiert worden ist,[188] im Original[189] oder in englischer Übersetzung[190] liest. Ob er dies getan hat oder noch tun wird, ist Spekulation. Mit Gewissheit lässt sich dagegen sagen, dass *Heck* auch *Scalia* gelesen und ihm einige Seiten in seinen Werken gewidmet hätte. Sein Fazit hätte dabei wohl gelautet: "I respectfully dissent."

---

[188] *Morstein Marx*, Rezension von *Heck*, Rechtserneuerung und Juristische Methodenlehre, Tübingen 1936, 50 Harv. L. Rev. 853 f. (1937); *Lenhoff*, On Interpretative Theories: A Comparative Study in Legislation, 27 Tex. L. Rev. 312, 329 ff. (1949); *Herget/Wallace*, The German Free Law Movement as the Source of American Legal Realism, 73 Va. L. Rev. 399, 418 (1987); *Günther*, The Idea of Impartiality and the Functional Determinacy of the Law, 83 Nw. U. L. Rev. 151, 178 ff. (1988/89); *Dennis*, Interpretation and Application of the Civil Code and the Evaluation of Judicial Precedent, 54 La. L. Rev. 1, 7 ff. (1993); *Paulson*, The Theory of Public Law in Germany 1914–1945, 25 Oxford J. Legal Stud. 525, 529 (2005); *Grechenig/Gelter*, The Transatlantic Divergence in Legal Thought: American Law and Economics vs. German Doctrinalism, 31 Hastings Int'l & Comp. L. Rev. 295, 348 ff. (2008); *Gordley*, The State's Private Law and Legal Academia, 56 Am. J. Comp. L. 639, 649 ff. (2008); *Bomhoff*, Genealogies of Balancing as Discourse, 4 Law & Ethics Hum. Rts. 108, 124 ff. (2010).

[189] Ob *Scalia* dafür über hinreichende Sprachkompetenz verfügt, ist zweifelhaft. Er ist Sohn eines italienischen Literaturprofessors, hat eine Jesuitenschule in New York besucht und als A.B.-Student an der Georgetown University, Washington, D.C., ein Jahr in Freiburg im Üchtland (CH) studiert. Er beherrscht daher Latein, italienisch und französisch. Außerdem hat er nach seinem LL.B. in Harvard als *Sheldon Traveling Fellow* ein Jahr in Europa verbracht. Von profunden Deutsch-Kenntnissen ist in öffentlichen Quellen dagegen keine Rede.

[190] In leicht gekürzter Übersetzung von *Magdalena Schoch* sind nur die „Interessenjurisprudenz" (Fn. 12) und die „Begriffsbildung" (Fn. 12) erschienen. Vgl. Schoch (Hrsg.), The Jurisprudence of Interests. Selected Writings of Max Rümelin, Philipp Heck, Paul Oertmann, Heinrich Stoll, Julius Binder, Hermann Isay, Cambridge, MA, 1948, S. 29–48, 99–256. Dieser Band ist in England und den USA vielfach rezensiert worden. Vgl. *Ehrenzweig*, 36 Cal. L. Rev. 502–504 (1948); *o.V.*, 10 Camb. L. J. 308–309 (1949); *von Mehren*, 63 Harv. L. Rev. 370–373 (1949); *Sabine*, 58 Phil. Rev. 288 (1949); *Cohn*, 13 Mod. L. Rev. 117–121 (1950); *Hyman*, 11 Philosophy and Phenomenological Research 113–120 (1950).

Rechtswissenschaft und Rechtspraxis – verschiedene Welten?

Ulfrid Neumann

I. Rechtswissenschaft und Rechtspraxis im „anthropologischen Kreuz der Entscheidung“

Winfried Brugger, dessen Andenken ich diesen Beitrag in anhaltender Betroffenheit widme, hat die rechtsphilosophische Diskussion der Gegenwart in vielfältiger Weise bereichert. Sein wichtigster und originärster Beitrag dürfte in der Ausarbeitung eines Entscheidungsmodells bestehen, anhand dessen sich die vielfältigen Faktoren, die rechtliche und politische Entscheidungen bestimmen, ebenso klar wie einsichtig strukturieren lassen. Das „anthropologische Kreuz der Entscheidung“, das *Winfried Brugger* in der gleichnamigen Monografie entwickelt[1] und in späteren Beiträgen noch deutlicher konturiert hat[2], stieß sogleich auf großes Interesse und wurde Gegenstand einer intensiven Diskussion.[3] Das hier erarbeitete Koordinatensystem wird – jeweils verkürzt formuliert – in der Vertikalen durch eine Achse strukturiert, deren Endpunkte einerseits Werte und Ideale, andererseits die Bedürfnisse der Betroffenen bilden. Die Horizontale konstituiert sich durch den Bezug auf die Vergangenheit einerseits, die Zukunft andererseits. Zahlreiche Unterscheidungen, die in Rechtsphilosophie und Rechtstheorie der Gegenwart eine wichtige Rolle spielen, lassen sich an dieses fundamentale Modell anschließen. Hingewiesen sei hier nur auf die alternativen meta-ethischen Positionen von Deontologismus und Konsequentialismus, die sich für die Analyse nicht nur rechtsethischer, sondern auch bestimmter rechtsdogmatischer Auseinandersetzungen als fruchtbar erweisen[4], sowie auf den Gegensatz von „autoritätsorientierter“ und „sachorientierter“ ju-

---

[1] *Winfried Brugger*, Das anthropologische Kreuz der Entscheidung in Politik und Recht, 2. Aufl. 2008.

[2] *Winfried Brugger*, Menschenwürde im anthropologischen Kreuz der Entscheidung, in: Jahrbuch des öffentlichen Rechts 56 (2008), S. 95 ff.; *ders.*, Würde, Rechte und Rechtsphilosophie im anthropologischen Kreuz der Entscheidung, in: Brugger/Neumann/Kirste (Hrsg.), Rechtsphilosophie im 21. Jahrhundert, 2. Aufl. 2009.

[3] Vgl. die Beiträge in: Hans Joas/Matthias Jung (Hrsg.), Über das anthropologische Kreuz der Entscheidung, 2008.

[4] *Ulfrid Neumann*, Die Moral des Rechts. Deontologische und konsequentialistische Argumentationen in Recht und Moral (1994), in: *ders.*, Recht als Struktur und Argumentation, 2008, S. 114 ff.

ristischer Argumentation, der eine fundamentale Ambivalenz rechtlicher Entscheidungs- und -begründungsstrukturen konstituiert.[5] Im Folgenden wird sich zeigen, dass auch wesentliche Elemente der unterschiedlichen Perspektiven von Rechtswissenschaft einerseits, Rechtspraxis andererseits sich mit Hilfe der Kategorien, die das Modell des „anthropologischen Kreuzes der Entscheidung" zur Verfügung stellt, angemessen rekonstruieren lassen. Das betrifft vor allem das Problem einer einzelfallbezogenen Folgenorientierung (dazu unter III.1).

II. Die Suche der Rechtswissenschaft nach praktischer Relevanz

Vor einigen Jahren hat ein prominenter, auch als Kommentator rühmlich hervorgetretener Richter des Bundesgerichtshofs einen Beitrag zu diesem Thema unter dem Titel „Strafrechtswissenschaft und strafrechtliche Rechtsprechung – Fremde seltsame Welten" veröffentlicht.[6] Das Fragezeichen, das man sich zu diesem Thema unwillkürlich hinzudenkt, gibt es nicht, und es wäre nach den Thesen des Beitrags auch kaum gerechtfertigt – auch wenn die Gemeinsamkeiten der beiden Welten keineswegs unterschlagen werden. Die Praxis, so der naheliegende Eindruck, kann mit dem Zwei Welten-Modell ganz gut leben. *Sie* ist es, die mit ihren Entscheidungen die Lebenswelt der Gesellschaft mitgestaltet, und die Irritationen durch ein Echo aus der anderen Welt halten sich in Grenzen – man braucht wissenschaftliche Kritik, wenn überhaupt, nur in gut dosierter Auswahl zur Kenntnis zu nehmen.

Möglicherweise rekonstruiert man mit einer solchen Vorstellung freilich nicht die Sicht der Praxis, sondern nur die Sicht der Rechtswissenschaft *auf* die Sicht der Praxis. Die akademische Rechtswissenschaft jedenfalls kann sich in ihrer Welt nicht wirklich zuhause fühlen, wenn sie die Welt der Praxis als ihr „fremd" erlebt. Die Beziehung ist asymmetrisch. Die Praxis arbeitet *für* die Praxis. Ergeben sich dabei Impulse für die Rechtswissenschaft, so ist das ein zusätzlicher Gewinn, aber keine Bedingung erfolgreicher praktischer Arbeit. Die akademische Rechtswissenschaft dagegen verfehlt ihre Aufgabe, wenn sie ohne Einfluss auf die Praxis bleibt, und sie verfehlt diese Aufgabe doppelt. Denn sie ist es, die die späteren Richterinnen und Richter, Anwältinnen und Anwälte in der ersten und damit besonders sensitiven Phase ihrer juristischen Ausbildung beeinflussen kann; gestalten die Absolventinnen und Absolventen später eine

---

[5] Grundlegend *Norbert Horn*, Rationalität und Autorität in der juristischen Argumentation, Rechtstheorie 6 (1975), S. 145 ff. Zusammenfassend *Neumann*, Theorie der juristischen Argumentation, in: Arthur Kaufmann/Winfried Hassemer/Ulfrid Neumann (Hrsg.), Einführung in die Rechtsphilosophie und Rechtstheorie der Gegenwart, 8. Aufl. 2011, S. 333 ff. (337 f.).

[6] *Thomas Fischer*, Strafrechtswissenschaft und strafrechtliche Rechtsprechung – Fremde seltsame Welten, in: Festschrift für Rainer Hamm zum 65. Geburtstag, 2008, S. 63 ff.

ganz andere juristische Welt, war diese Ausbildung offenbar ohne bleibenden Erfolg.

Eine Rechtswissenschaft, die ohne Wirkung auf die Rechtsprechung bleibt, erfüllt aber auch eine zweite Aufgabe nicht oder allenfalls zur Hälfte. Die Aufgabe: an dem Regelwerk der Rechtsdogmatik mitzuarbeiten, das die generellen Vorgaben der Gesetze auf praktikable rechtliche Handlungsanleitungen herunterbricht. Ein von der Wissenschaft entwickeltes dogmatisches Konstrukt, das von der Praxis konsequent ignoriert wird, gleicht dem architektonischen Entwurf eines Gebäudes, das niemals errichtet wird. Möglicherweise kunstvoll, aber folgenlos.

Das bedeutet nicht, dass die Rechtswissenschaft um jeden Preis um ihre praktische Wirkung kämpfen sollte. Wenn sich die Welt der Praxis als wissenschaftsresistent erweist, so mag das ja auch an der Eigenwilligkeit, grob formuliert: an der Sturheit der Praxis liegen (dass die Wissenschaft selbst eine Unzahl konkurrierender „Theorien" anbietet, die einander widersprechen und deshalb allenfalls höchst selektiv umgesetzt werden könnten, soll an dieser Stelle ausgeklammert werden). Dann könnte die Wissenschaft, gut hegelianisch, nur sagen: umso schlimmer für die Wirklichkeit.

III. Handlungsbedingungen der Rechtspraxis

Möglicherweise hängt die Distanz zwischen den beiden Welten aber auch damit zusammen, dass die Wissenschaft die Handlungsbedingungen der Rechtspraxis nur unzureichend zur Kenntnis nimmt. Aufgabe der akademischen Rechtswissenschaft ist es, eher dieser zweiten Vermutung nachzugehen. Dabei ergeben sich vor allem zwei wesentliche Gesichtspunkte. Der erste betrifft die Fallorientierung, der zweite die institutionellen Bindungen der Rechtspraxis.

1. Fallorientierung

a) Regel und Fall

Das Kriterium der *Fallorientierung* ist als Grenzstein zwischen dem Gebiet der Wissenschaft und dem der Praxis grundsätzlich anerkannt; es gibt aber den „wirklichen" Grenzverlauf allenfalls in grober Annäherung wieder. Denn so richtig es ist, dass es die Rechtswissenschaft nicht mit konkreten Fällen des gesellschaftlichen Lebens zu tun hat – unsere akademischen „Fälle" sind bekanntlich weithin künstliche Konstrukte – so falsch wäre es, die Praxis auf die Entscheidung von Einzelfällen zu reduzieren. Selbstverständlich hat auch die Rechtsprechung die Aufgabe der Regelbildung. Die Revisionsinstanz dient auch der Vereinheitlichung der Regeln, nach denen entschieden wird. Die früher gelegentlich formulierte Alternative, ob die Revision der Einzelfallgerechtigkeit *oder* der Gleichmäßigkeit der Rechtspraxis diene, ist falsch gestellt. Natürlich geht und ging es immer um beides; allenfalls um die Schwerpunktsetzung kann man streiten. Heute genügt ein Blick in das Gesetz, um zu sehen, dass dem BGH ausdrücklich die Aufgaben der Sicherung einer einheitlichen Rechtsprechung und der Fortbildung des Rechts anvertraut sind (§ 132 Abs. 4 GVG). Das Bundesverfassungsgericht hat in seiner Entscheidung zur Verfassungsmäßigkeit des Untreuetatbestands (§ 266 StGB) nicht nur die Regelbildung als Aufgabe der Rechtsprechung anerkannt, sondern dieser Regelbildung auch die Funktion einer unter dem Gesichtspunkt des verfassungsrechtlichen Bestimmtheitsgebots (Art. 103 Abs. 2 GG) relevanten Konkretisierung von *per se* nicht hinreichend bestimmten Gesetzen zugewiesen („Präzisierungsgebot").[7]

Trotzdem: Im Vordergrund der Rechtsprechung steht die Entscheidung des Einzelfalls, der mit dem „Fall", den die Rechtswissenschaft den Studierenden in der Ausbildung und in Prüfungen vorsetzt, nur den Namen gemein hat. *Dieser* „akademische" Fall ist ein bereinigter Sachverhalt, weitgehend auf rechtlich relevante Umstände beschränkt, auf bestimmte Rechtsregeln zugeschnitten und deshalb anhand dieser Regeln ohne „Erdenrest" lösbar. Fall und Regelsystem stehen hier in vollendeter Harmonie.

In der Praxis ist das anders, weil sie es nicht mit Konstrukten, sondern mit Lebenssachverhalten zu tun hat. Natürlich könnte der Vertreter der Rechtswissenschaft hier dagegen halten, Aufgabe der Praxis sei es gerade, aus dem komplexen Lebenssachverhalt den rechtlich relevanten Sachverhalt herauszupräparieren. Der von der Praxis zu entscheidende Fall sei deshalb strukturell mit dem konstruierten Fall der akademischen Prüfungen identisch – die besonderen Probleme der Beweisaufnahme und der Beweiswürdigung zugestanden.

b) Regelorientierung und Sachgerechtigkeit

Aber das wäre wohl ein Missverständnis. Denn die Entscheidung der Praxis steht nicht nur unter der Vorgabe der *Regelkonformität*, sondern auch unter der Anforderung der *Sachgerechtigkeit*. Regelkonformität und Sachgerechtigkeit aber sind dort unterschiedliche Stellgrößen, wo die Relevanzkriterien der sachgerechten Entscheidung nicht zugleich Relevanzkriterien der einschlägigen Rechtsregeln sind. Anders formuliert: Umstände, die nach dem Programm des Gesetzes und der Dogmatik irrelevant sind, haben aus der Perspektive des Gerichts für die Sachgerechtigkeit des Urteils möglicherweise eine konstitutive Bedeutung. Dafür ein Beispiel aus der Praxis der Strafgerichte. Es geht um eine (unveröffentlichte) Entscheidung eines süddeutschen Landgerichts, die inzwischen einige Jahrzehnte zurückliegt, das Problem aber exemplarisch illustriert.[8]

[7] BVerfGE 114, 245 (253).

[8] Die Informationen zu dem Verfahren wurden der Tagespresse entnommen.

Der Sachverhalt: Die etwa 80jährige Angeklagte hatte in einem Anfall von Eifersucht Teeblätter, aus denen sich ihr etwa gleichaltriger Ehemann seinen Tee zuzubereiten pflegte, vergiftet – mit einer, wie sie wusste, hoch toxischen, potentiell tödlich wirkenden Substanz. Der Ehemann stellte fest, dass die Blätter sich verfärbt hatten, und verzichtete deshalb darauf, sie zu verwenden. Wenige Tage später kam es zu einer offenen Aussprache der beiden und zu einer tränenreichen Versöhnung. Die Eheleute hatten bis zu diesem Zeitpunkt viele Jahrzehnte lang in einer äußerst harmonischen Beziehung gelebt; sie hatten sich bei der Aussprache geschworen, bis zum Ende ihrer Tage einträchtig zusammenzubleiben.

Der Erfüllung dieses Schwurs aber standen die Normen des Strafgesetzbuchs entgegen. Denn die Ehefrau wollte sich bei dem Tötungsversuch die Ahnungslosigkeit ihres Ehemannes zu Nutze machen – sie wollte, in der Sprache des Bundesgerichtshofs, seine *Arg- und Wehrlosigkeit* ausnutzen, womit das Mordmerkmal der „Heimtücke“ verwirklicht war.[9] Bei einer Verurteilung wegen versuchten Mordes aber hätte die Angeklagte unvermeidlich zu einer Freiheitsstrafe verurteilt werden müssen, die nicht mehr zur Bewährung hätte ausgesetzt werden können. Denn die Mindeststrafe für einen Mordversuch liegt bei *drei Jahren* (§§ 211 I, 23 II, 49 I Nr. 1 StGB); die Möglichkeit, die Vollstreckung einer Freiheitsstrafe zur Bewährung auszusetzen, endet *de lege lata* aber bei *zwei Jahren* (§ 56 II S. 1 StGB). Die Ehefrau ins Gefängnis zu schicken, erschien dem Gericht aber als Verstoß gegen alle Grundsätze der praktischen Vernunft. Verortet im „anthropologischen Kreuz der Entscheidung“: Ein solches Urteil erschien im „Blick in die Zukunft“ wie im „Blick auf die Bedürfnisse der Beteiligten“ als völlig unangemessen.

Die Lösung: Man verneinte das Mordmerkmal der Heimtücke – mit der Begründung, durch die Verfärbung der Blätter sei der Ehemann gewarnt worden, so dass er nicht arglos gewesen sei. Damit wurde die Tat zu einem versuchten Totschlag heruntergestuft – Mindeststrafe zwei Jahre (§§ 212 I, 23 II, 49 I Nr. 3), die auch verhängt und deren Vollstreckung zur Bewährung ausgesetzt wurde.

Menschlich gesehen handelt es sich bei dem Urteil des Landgerichts nicht nur um eine nachvollziehbare, sondern um die allein richtige Entscheidung. Rechtsdogmatisch ist dieses Urteil aber natürlich unhaltbar. Denn selbstverständlich kommt es bei der Frage, ob ein Tötungsversuch unter Ausnutzung der Arg- und Wehrlosigkeit des Opfers begangen wird, auf die Vorstellungen des Täters an. Wenn das potentielle Opfer eines Anschlags die Falle erkennt, so wandelt sich die Tat dadurch nicht von einem versuchten Heimtückemord zu einem versuchten Totschlag. Natürlich war auch der Strafkammer klar, dass das Urteil vor dem Bundesgerichtshof keinen Bestand haben würde. Sie hatte sich deshalb vor

[9] Ständige Rechtsprechung; vgl. etwa BGHSt 41, 72 (78 f.).

dem Urteilsspruch vergewissert, dass die Staatsanwaltschaft auf eine Revision verzichten würde.

Ist das Urteil deshalb „falsch"? Stellen wir diese Frage zunächst zurück. Es ist jedenfalls Ausdruck eines Problems, vor dem die Praxis immer weder steht. Die Ursache dieses Problems: Ein Urteil, das die *sachliche Angemessenheit* der Entscheidung zu gewährleisten hat, kann nicht gleichzeitig die *Regelbindung* der Entscheidung gewährleisten. Denkbar wäre das nur unter der Voraussetzung, dass die Regel alle relevanten Parameter künftiger Einzelfallentscheidungen antizipiert und in ihr Entscheidungsprogramm integriert. Diese Voraussetzung einer „prästabilierten Harmonie" von Regelkonformität und Sachgerechtigkeit aber ist utopisch. Der Richter steht deshalb immer wieder vor der Situation, dass die *sinnvolle* Entscheidung von der *regelkonformen* differiert. Er hat dann genau drei Möglichkeiten: Er kann, erstens, der Regel folgen und die Konsequenz eines sachlich unbefriedigenden Urteils in Kauf nehmen. Er kann, zweitens, die Regel durch Manipulationen bei der Regelanwendung unterlaufen. Und er kann, drittens, die Regel ändern. Natürlich ist der Gesetzestext für den Richter im Regelfall unantastbar. Aber der Gesetzestext ist mit dem Regelungsgehalt des Gesetzes bekanntlich nicht identisch. Der Regelungsgehalt wird durch die *Interpretation* des Gesetzes festgelegt. Diese Interpretation aber ist wandelbar bis hin zur offenen Rechtsfortbildung. Notfalls kann im Wege der verfassungskonformen Auslegung oder Rechtsfortbildung eine Gesetzesbestimmung in ihrem zentralen Regelungsgehalt modifiziert werden – so geschehen etwa in der Entscheidung des BGH in Strafsachen, mit der die nach dem Gesetzestext zwingende Verbindung von Mordtatbestand und lebenslanger Freiheitsstrafe unter Berufung auf das Grundgesetz und auf Vorgaben des Bundesverfassungsgerichts gekappt wurde (BGHSt 30, 105).

c) „Sachgerechte" Regelbildung

Wie kann die akademische Rechtswissenschaft der Praxis hier Hilfe leisten? Zunächst durch das Angebot von Regeln, mit denen die bisher praktizierten, im Ergebnis unbefriedigenden Regeln der Rechtspraxis ersetzt werden könnten. Diese Angebote gibt es, und sie werden von der Rechtsprechung teilweise auch angenommen. Im Bereich des Strafrechts wäre etwa an die allmähliche Übernahme der *Tatherrschaftslehre* durch den BGH zu denken – ein Prozess, der eher subkutan, aber progredierend verläuft und einen vorläufigen Höhepunkt in der Anerkennung einer Täterschaft durch Organisationsherrschaft gefunden hat.[10] Andere Vorschläge werden vom BGH seit Jahrzehnten zurückgewiesen, obwohl es aus der Sicht der Wissenschaft um Modelle und Konstruktionen geht, die das dogmatische Instrumentarium des BGH vorteilhaft ergänzen würden.

---

[10] BGHSt 40, 218 (236 f); 48, 331; 49, 147 (163).

Das strafrechtliche Paradebeispiel ist die Frage nach dem systematischen Verhältnis von Mord- und Totschlagstatbestand,[11] in der der BGH für seine Position in der Tat kaum mehr als den Gesichtspunkt der *Kontinuität der Rechtsprechung* anführen kann.[12] Die Rechtswissenschaft sollte aber auch diesen Gesichtspunkt ernst nehmen. Für die akademische Rechtswissenschaft selbst ist das innovative Potential einer Arbeit eine positive Größe, Ausweis der wissenschaftlichen Kreativität ihres Verfassers. Für die Justiz bedeutet Innovation eine Gefährdung der Rechtssicherheit, die durch eine stabile Rechtsprechung gewährleistet wird. Es hat deshalb seinen guten Sinn, dass die obersten Bundesgerichte auf der Schwerkraft einer eingespielten Rechtsprechung beharren, die nur bei Vorliegen *wesentlich* überwiegender Gründe (Gegengründe) geändert werden dürfe.[13] Es wäre Aufgabe der Rechtswissenschaft, dieses Prinzip rechtstheoretisch zu verarbeiten und in das Regelsystem der juristischen Methodenlehre zu integrieren.[14]

2. *Institutionelle Strukturen*

Das führt zu der Frage, wie die *institutionellen Strukturen* der Rechtspraxis in der akademischen Rechtstheorie wahrgenommen und verarbeitet werden. Hier drängt sich der Eindruck auf, dass der Sinn für die institutionelle Wirklichkeit des Rechts in der deutschen Rechtstheorie wenig ausgeprägt ist. Auszunehmen sind hier einzelne Forschungsprojekte und -richtungen, die sich gezielt der Analyse der richterlichen Argumentationspraxis widmen.[15] Insgesamt aber sind Methodenlehre und Rechtstheorie noch weithin einem Modell verhaftet, in dem das Recht als ein Normensystem erscheint, das seine Existenz einem quasi kreationistischen Akt der Gesetzgebung verdankt und, einmal in die Welt gesetzt, als ein ideal geltendes Normensystem existiert, das von den Richtern und den Verwaltungsbehörden jedenfalls im Normalfall nur anzuwenden ist, auch wenn es dafür der „Auslegung" der Gesetze bedarf.

---

[11] Übersicht bei *Fischer*, StGB, 59. Aufl. 2012, Vor § 211 Rn. 2. Ausf. *Ulfrid Neumann*, Mord und Totschlag. Argumentationstheoretische Erwägungen zum Verhältnis von § 211 und § 212 StGB, in: Jus humanum. Grundlagen des Rechts und Strafrecht, Festschrift für Ernst-Joachim Lampe zum 70. Geburtstag, 2003, S. 643 ff.

[12] Dieser Gesichtspunkt wir betont bei *Rissing van Saan*, Das systematische Verhältnis von Mord und Totschlag und die Reform der Tötungsdelikte – Eine kritische Betrachtung aus der Perspektive der Rechtsprechung, in: Jahn/Nack (Hrsg.), Rechtsprechung, Gesetzgebung, Lehre: Wer regelt das Strafrecht?, 2010, S. 26 ff.

[13] Vgl. etwa BGHZ (GS) 85, 64 (66); BGHZ 87, 150; BAG NJW 1988, 2816 (2818).

[14] Wichtige Ansätze dazu bei *Hans-Martin Pawlowski*, Methodenlehre für Juristen, 3. Aufl. 1999, Rn 519 ff.

[15] Exemplarisch die systematischen Urteilsanalysen, die unter Leitung von *Gräfin von Schlieffen* (Katharina Sobota) in den letzten 15 Jahren durchgeführt wurden (Nachweis bei *Gräfin von Schlieffen*, Wie Juristen begründen, JZ 2011, 109 m. Fn. 5).

a) Interpretationsspielräume

Bezeichnend dafür ist die aktuelle Diskussion in der juristischen Methodenlehre über den Interpretationsspielraum des Richters, entstanden aus einer Kontroverse zwischen dem seinerzeitigen Präsidenten des BGH und Vertretern der akademischen Rechtstheorie. Der Präsident des BGH hatte den Richter mit einem *Pianisten* verglichen, der zwar an die Partitur gebunden ist, bei deren Interpretation aber einen Gestaltungsspielraum besitzt.[16] Ein m.E. gelungenes Bild, das die Spannung zwischen der Bindung des Richters auf der einen Seite, seinem unvermeidlichen Interpretationsspielraum auf der anderen Seite in einer ebenso suggestiven wie treffenden Metapher zum Ausdruck bringt.

In Teilen der Rechtstheorie stieß dieses Bild auf vehemente Kritik. So konnte man lesen, in einem Land, in dem der eine Richter *Horowitz*, der andere *Rubinstein* sein wolle, seien die Richter eine Bedrohung für die Freiheit.[17] Andere nahmen die Äußerung und die anschließende Diskussion zum Anlass, um zum wiederholten Male gegen den angeblichen „methodischen Blindflug" des Bundesgerichtshofs zu wettern[18] und die in der Praxis dominierende Auslegungsmethode, die Orientierung an Sinn und Zweck des Gesetzes, in Bausch und Bogen zu verdammen – unter assoziativer Verbindung dieser „objektiv-teleologischen" Auslegung mit der Methodenpraxis des nationalsozialistischen Rechtsdenkens.[19] Die berühmte und traditionsreiche Metapher, der Text könne klüger sein als sein Verfasser, in der rechtshermeneutischen Umsetzung: das Gesetz könne klüger sein als der Gesetzgeber, wurde mit dem Argument aufgespießt, dass Texte nicht über Intelligenz (Klugheit) verfügten[20] – eine treffende Analyse, aber wohl nicht beunruhigender als die Feststellung, dass es sich bei dem „König" im Schach gar nicht um einen König, sondern nur um eine Spielfigur handele.

Eine Methodenlehre, die die Rechtspraxis mit solchen Argumenten belehren will, ist, um im Bild zu bleiben, *Träumerei*. Sie propagiert eine Gesetzesbindung, die es aus sprachtheoretischen und rechtstheoretischen Gründen nicht geben *kann*, und verurteilt sich damit selbst zur Bedeutungslosigkeit. Die seinerzeit von *Josef Esser* getroffene Feststellung, dass unsere akademische Methodenlehre

---

[16] *Günter Hirsch*, ZRP 2006, S. 161. Vgl. auch *Günter Hirsch*, Auf dem Weg zum Richterstaat? Vom Verhältnis des Richters zum Gesetzgeber in unserer Zeit, JZ 2007, S. 853–858.

[17] *Christoph Möllers*, FAZ v. 26. 10. 2006.

[18] *Bernd Rüthers*, Fortgesetzter Blindflug oder Methodendämmerung der Justiz? Zur Auslegungspraxis der obersten Bundesgerichte, JZ 2008, S. 446–451 (gegen den Vergleich Richter/Pianist dort S. 448).

[19] *Bernd Rüthers*, Personenbilder und Geschichtsbilder – Wege zur Umdeutung der Geschichte?, JZ 2011, S. 593–601 (601).

[20] *Rüthers*, aaO S. 600. Dagegen treffend *Canaris*, „Falsches Geschichtsbild von der Rechtsperversion im Nationalsozialismus" durch ein Porträt von Karl Larenz?, JZ 2011, S. 879–888 (886).

für den Richter weder Hilfe noch Kontrolle bedeute,[21] ist angesichts solcher Diskussionen so aktuell wie vor vierzig Jahren. Was wir brauchen, ist eine Bestandsaufnahme von Argumentationsstrukturen in der richterlichen Praxis, an die selbstverständlich eine kritische Diskussion anzuschließen wäre. Ansätze dazu sind, wie gesagt, vorhanden. Aber solange sie in der rechtstheoretischen Debatte von Stimmen übertönt werden, die von der Gerichtspraxis lauthals einen Gesetzesgehorsam fordern, dessen Unmöglichkeit schon bis zum Überdruss immer wieder nachgewiesen wurde,[22] braucht sich die akademische Methodenlehre über die Missachtung, die sie in der Praxis findet, nicht zu wundern.

b) Richterrecht

Es geht aber nicht nur um Methodenlehre. Dass heute in der *Rechtstheorie* noch ernsthaft um die Frage gestritten wird, ob und in welchem Sinne das *Richterrecht* eine Rechtsquelle darstellt,[23] ist kaum nachvollziehbar. Vielleicht sollte man den Begriff der „Rechtsquelle" überhaupt ad acta legen, aber: Dass es in unserem Rechtssystem Regeln gibt, die von Richtern formuliert werden und in diesem Rechtssystem jedenfalls in gewissem Umfang als verbindlich betrachtet werden, kann schon angesichts der Gesetzeslage nicht in Frage gestellt werden. Man braucht nur an die schon oben angeführte Bestimmung des § 132 Abs. 4 GVG zu denken, der zufolge der erkennende Senat des BGH eine Rechtsfrage von grundsätzlicher Bedeutung dem Großen Senat zur Entscheidung vorlegen kann, wenn das nach seiner Auffassung „zur Fortbildung des Rechts oder zur Sicherung einer einheitlichen Rechtsprechung erforderlich ist". [24]

Wenn die Rechtstheorie gleichwohl noch über den normativen Status des Richterrechts streitet, so liegt das wohl an einem *Absolutheitsanspruch*, der darauf gerichtet ist, Aussagen über „das Recht" schlechthin, und nicht nur Aussagen über den Rechtsbegriff zu machen, der einer bestimmten gesellschaftlichen Ordnung zugrunde liegt. Aber auch dieser Anspruch verführt zu Träumereien. Ein Rechtsbegriff, der für alle Kulturen und alle Zeiten verbindlich wäre, ist eine Fiktion. Auch hier gilt die Aufforderung eines prominenten Vertreters der analytischen Sprachphilosophie: „denk nicht, sondern schau",[25] vorsichtiger

---

[21] *Josef Esser*, Vorverständnis und Methodenwahl in der Rechtsfindung, 1972, S. 7.

[22] In Auseinandersetzung mit den Kritikern der Pianisten-Metapher jetzt wieder *Winfried Hassemer*, Juristische Methodenlehre und richterliche Pragmatik, in: Festschrift für Heike Jung zum 65. Geburtstag, 2007, S. 231 ff.

[23] Nachw. bei *Ulfrid Neumann*, Legitimationsprobleme bei Rechtsprechungsänderungen (2000), in: *ders.*, Recht als Struktur und Argumentation, 2008, S. 150–162 (151 m. Anm. 8).

[24] Zur Unbegründetheit der Kritik, die an dieser Bestimmung im methodologischen Schrifttum teilweise geübt wird, überzeugend *Regina Ogorek*, Gefährliche Nähe? Richterliche Rechtsfortbildung und Nationalsozialismus, in: Festschrift für Winfried Hassemer zum 70. Geburtstag, 2010, S. 159 ff.

[25] *Ludwig Wittgenstein*, Philosophische Untersuchungen, Nr. 66.

vielleicht: „beginne erst dann nachzudenken, wenn du zuvor genau hingesehen hast“. Das heißt: Wir müssen die institutionelle Realität des Rechts zur Kenntnis nehmen, bevor wir einen Begriff des Rechts formulieren. Andernfalls wird der Rechtsbegriff zu einem blutleeren Gespenst.

c) „Richtigkeit“ und „Vertretbarkeit“ von Entscheidungen

Diese Orientierung an der institutionellen Wirklichkeit des Rechts sollte auch Fragestellungen leiten, die von der Rechtstheorie üblicherweise freischwebend als universelle theoretische Probleme diskutiert werden. Ein Beispiel ist das Problem der einzig richtigen Entscheidung, das im Anschluss an die berühmte These von *Ronald Dworkin*[26] eine kaum noch überschaubare Fülle an rechtstheoretischer Literatur hervorgerufen hat.

Eine Rechtstheorie, die sich an der *Rechtspraxis* orientiert, müsste hier zunächst einmal fragen, an welchen Stellen des Rechtssystems die Idee einer einzig richtigen Entscheidung vorausgesetzt und an welchen Stellen diese Idee verworfen wird. *Ein* Resultat dürfte sein, dass die Ausgestaltung des gerichtlichen Instanzenzugs dieser Idee verpflichtet ist; das Revisionsgericht, das die Entscheidung einer Vorinstanz aufhebt, beanstandet diese Entscheidung damit als fehlerhaft; es setzt nicht einfach *seine* Dezision an die Stelle der Dezision des unteren Gerichts.

In der Praxis der Revisionsgerichte wird aber zunehmend anerkannt, dass diese Idee der einzig richtigen Entscheidung dort an ihre Grenzen stößt, wo es um die rechtliche Beurteilung höchst komplexer Sachverhalte geht. Das ist keine Frage der Abgrenzung von Tatfrage und Rechtsfrage; denn es geht um die *rechtliche* Beurteilung eines Sachverhalts. Aber die Vielzahl der Parameter, die zu berücksichtigen sind, kann die Vorstellung einer einzig richtigen Entscheidung desavouieren. Die Revisionsgerichte sprechen dann davon, es gehe um die Beurteilung des *Einzelfalls*, die dem Tatrichter überlassen bleiben müsse.[27] Das bedeutet: Nach den Regeln des Systems sind hier unterschiedliche Entscheidungen vertretbar; deshalb hat die Revision als Kontrollinstanz der Richtigkeit der Entscheidung hier ihr Recht verloren. Auch die Rechtsprechung des Bundesverfassungsgerichts operiert bei der Überprüfung der Verfassungskonformität von Gerichtsentscheidungen eher mit dem Topos der Vertretbarkeit mehrerer Entscheidungen als mit der Vorstellung der einzig richtigen Entscheidungen.[28] Die Rechtstheorie hätte solche Differenzen zur Kenntnis zu nehmen, wenn sie,

---

[26] *Ronald Dworkin*, Bürgerrechte ernstgenommen, 1984, S. 144 ff., 448 ff., 529 ff.

[27] Dazu etwa *Maatz/Wahl*, in: Festschrift aus Anlass des 50-jährigen Bestehens von Bundesgerichtshof, Bundesanwaltschaft und Rechtsanwaltschaft beim Bundesgerichtshof, 2000, S. 531, 551.

[28] Nachw. bei *Ulfrid Neumann*, Wahrheit im Recht. Zu Problematik und Legitimität einer fragwürdigen Denkform, 2004, S. 55 f.

grundsätzlich zutreffend, deklariert, der Richter sei generell an die Vorstellung einer einzig richtigen Entscheidung als „regulative Idee" gebunden.[29]

IV. Das kritische Potential der Rechtswissenschaft

1. Argumentationskontrolle

Diese Überlegungen besagen natürlich nicht, dass die akademische Rechtswissenschaft die Rechtspraxis einfach kritiklos zur Kenntnis zu nehmen hätte. Als Teil der demokratischen Öffentlichkeit hat Wissenschaft die Aufgabe einer gesellschaftlichen Kontrolle der staatlichen Rechtsprechung – nicht im Sinne einer virtuellen Superrevisionsinstanz, sondern als kritischer Beobachter und Gesprächspartner. Die Rechtswissenschaft kann diese Rolle deshalb guten Gewissens übernehmen, weil sie institutionell außerhalb der Justiz und außerhalb des politischen Systems steht, ihre Kritik die Unabhängigkeit der Gerichte also in keiner Weise in Frage stellt. Die Waffe der Wissenschaft ist allein das Argument, und die Wissenschaft kann die Rechtsprechung nicht einmal dazu zwingen, sich auf einen Kampf mit dieser Waffe einzulassen.

Aber in einer Rechtskultur, die die Legitimation von Urteilen nicht nur an die institutionelle Kompetenz des Urteilenden, sondern wesentlich auch an die *Urteilsbegründung* und damit an die Überzeugungskraft der Entscheidung knüpft, ist eine umfassende Rechtfertigung der Entscheidung ohne Auseinandersetzung mit einschlägigen Gegenargumenten der Wissenschaft kaum möglich. In autoritären Rechtsordnungen mag es genügen, dass sich der Richter auf seine institutionelle Kompetenz beruft. In einer demokratischen Rechtskultur, die den Anspruch auf sachliche Richtigkeit von Rechtsentscheidungen erhebt, setzt die Justiz sich selbst der Kritik der Wissenschaft aus. Denn über „Richtigkeit" entscheidet nicht institutionelle Zuständigkeit, sondern fachliche Kompetenz. Es geht um den „eigentümlich zwanglosen Zwang des besseren Arguments" (*Habermas*), das natürlich keineswegs bei der Wissenschaft liegen muss. Fachliche Kompetenz ist nicht bei der Rechtswissenschaft monopolisiert – entgegen den Vorstellungen mancher Praktiker von den Vorstellungen mancher Rechtswissenschaftler. Die Wissenschaft ist hier aber in der besseren Position, weil sie frei von institutionellen Zwängen argumentieren kann. Ihre institutionelle Schwäche ist auf der Ebene der Argumentation zugleich ihre Stärke. Umgekehrt ist es ein Zeichen der institutionellen Stärke der Rechtsprechung, dass sie jedenfalls gelegentlich die Kritik der Rechtswissenschaft aufgreift und zum Anlass nimmt, ihre Rechtsprechung zu ändern – teilweise in spektakulä-

---

[29] *Robert Alexy*, Probleme der Diskurstheorie, in: *ders.*, Recht, Vernunft, Diskurs, 1995, S. 109–126 (121 f.); *Neumann*, aaO, S. 41.

ren Kehrtwendungen.[30] In kaum einer anderen Rechtskultur dürfte der Einfluss der Wissenschaft auf die Rechtsprechung so – relativ! – groß sein wie in Deutschland.

Eine *Zwischenbilanz* an dieser Stelle könnte lauten: Die Rechtswissenschaft kann ihre Aufgabe als kritischer Gesprächspartner der Praxis nur unter zwei Voraussetzungen erfüllen. Sie muss auf der einen Seite die institutionellen Vorgaben, unter denen die Rechtsprechung steht, zur Kenntnis nehmen. Sie muss, beispielsweise, anerkennen, dass die Kontinuität einer bestimmten Rechtsprechung ein Wert an sich ist – ein Wert, der übertrumpft werden kann, aber doch ein Wert. Sie muss anerkennen, dass die Gerichte auch auf die Folgen ihrer Entscheidungen sehen und dass diese Folgenorientierung völlig legitim ist, soweit das Gesetz einen Interpretationsspielraum lässt und der Blick auf die Folgen in eine Entscheidungsregel integriert werden kann. Sie muss auf der anderen Seite darauf bestehen, dass wirklichen oder vermeintlichen Zwängen der Praxis nur auf der Basis valider rechtsdogmatischer Argumente Rechnung getragen werden kann. Die Dogmatik ist die gemeinsame Währung von Rechtswissenschaft und Rechtspraxis. Was dogmatisch nicht überzeugend begründbar ist, kann und darf auch in der Praxis keinen Bestand haben.

2. Verteidigung regelkonformer Justizpraxis

Das bedeutet umgekehrt: Wo die Rechtsprechung dem Entscheidungsprogramm folgt, das durch Gesetzgebung und anerkannte dogmatische Regeln festgelegt wird, hat die Wissenschaft diese Rechtsprechung gegen Angriffe aus der Politik oder von gesellschaftlicher Interessengruppen zu verteidigen. In welchem Maße die Justiz hier verfehlten und unverantwortlichen Attacken ausgesetzt sein kann, zeigt die jüngste Diskussion um den Freispruch eines Mitglieds der „Hell's Angels" durch den 2. Strafsenat des BGH[31] mit erschreckender Deutlichkeit. Innenpolitiker der SPD wie der CDU haben in seltener Einmütigkeit dieses Urteil als „absolut unverständlich" kritisiert.[32]

Die Rechtswissenschaft kann derartige Kritik ihrerseits nur mit Unverständnis registrieren, und sie sollte dieses Unverständnis auch zum Ausdruck bringen. In aller Kürze: So tragisch der Tod des Polizeibeamten auch ist, der durch einen Schuss des Angeklagten ums Leben kam: Die Frage der Strafbarkeit hing allein davon ab, ob der Angeklagte, der mit einem Angriff eines Mitglieds ei-

[30] Vgl. etwa BGHSt 38, 214 (Aufgabe der bisherigen, von der Strafprozessrechtswissenschaft nahezu einhellig kritisierten Auffassung, der zufolge ein Verstoß gegen das Gebot, den Beschuldigten über sein Recht zur Verweigerung der Aussage zu belehren [§ 136 Abs. 1 S. 2 StPO], diese Aussage nicht unverwertbar machen sollte).

[31] BGH NStZ 2012, 272.

[32] So der rheinland-pfälzische Innenminister *Roger Lewentz* (SPD) und sein hessischer Kollege *Boris Rhein* (CDU), vgl. FAZ v. 5.11.2011.

ner feindlichen Rockerbande rechnete, von einer Notwehrsituation ausging und ausgehen konnte, die seine vermeintliche Verteidigungshandlung gerechtfertigt hätte. *Diese* Frage hat der BGH bejaht. Das erscheint nachvollziehbar angesichts der Tatsache, dass die Polizeibeamten sich nicht als solche zu erkennen gaben und versuchten, gewaltsam durch die mehrfach gesicherte Tür in die Wohnung einzudringen. Die rechtlich entscheidende Frage heißt also: Hätte der Angeklagte den Schuss abgeben dürfen, wenn es sich tatsächlich um den in Tötungsabsicht unternommenen Angriff eines anderen Rockers gehandelt hätte? Möglicherweise kann man diese Frage – entgegen dem BGH, aber mit der Vorinstanz – verneinen. Aber das müsste anhand der anerkannten Regeln des Notwehrrechts begründet werden. Wenn stattdessen davon geredet wird, der BGH ermuntere mit seinem Urteil „Schwerstkriminelle in ihrem asozialen Tun"[33], so tritt an die Stelle sachlicher Kritik eine Diffamierung der Justiz, die allenfalls als Konzession an vermutete Wählerstimmungen nachvollziehbar ist. Rechtswissenschaft und Rechtspraxis mögen verschiedene Welten sein. Sie repräsentieren aber beide die Welt des Rechts, die sie gemeinsam gegen Übergriffe aus anderen Welten zu verteidigen haben.

V. Universitäre Ausbildung und Rechtspraxis

1. „Praxisorientierung"

Es bleibt die Frage, was die akademische Rechtswissenschaft unternimmt, um die Absolventinnen und Absolventen auf die andere Teilwelt des Rechts vorzubereiten. Nach dem fast einhelligen Urteil der Praxis: jedenfalls zu wenig. Die Reaktionen auf das von der Universität vermittelte Wissen reichen hier bekanntlich von unterschiedlichen Variationen des Gemeinspruchs „Das mag in der Theorie richtig sein, taugt aber nicht für die Praxis", bis hin zu einem robusten „Vergessen Sie alles, was Sie an der Universität gelernt haben."

Umgekehrt erleben Referendarinnen und Referendare die Praxis nicht selten als eine Kette fortgesetzter Rechtsbeugungen – der so genannte Praxisschock, der das Urteil der Praxis über die universitäre Ausbildung aus der komplementären Perspektive zu bestätigen scheint. Auf das, was an der Universität im Zentrum der Ausbildung stand, nämlich die korrekte „Subsumtion" von Fällen unter Normen des materiellen Rechts, scheint es nur am Rande anzukommen. Die Vorgabe, so der Eindruck, ist die rasche, praktisch vernünftige und rechtsmittelsichere Erledigung des Falles.

---

[33] So *Lewentz* (FAZ v. 5.11.2011).

2. *Grundlagenorientierung*

Die Universität muss angesichts dieses Befundes lernfähig, sie darf aber nicht *zu* lernfähig sein. Sicher sollte sie weitere Schritte unternehmen, um ihren Absolventinnen und Absolventen den Einstieg in die juristische Praxis zu erleichtern. Einiges hat sich hier in den letzten Jahren und Jahrzehnten schon getan. Was die Ausbildung „praktischer" Fähigkeiten der künftigen Juristinnen und Juristen betrifft, so scheint die systematische Förderung von „*Schlüsselqualifikationen*" während des Studiums immerhin erste Erfolge zu zeitigen. Ein Defizit der akademischen Juristenausbildung besteht dagegen nach wie vor auf dem Gebiet des Prozessrechts. Im Verhältnis zu seiner Bedeutung für die Praxis wird das Prozessrecht in der akademischen Juristenausbildung mit einer gewissen Souveränität behandelt. Dabei liegt das Problem nicht so sehr in der fehlenden Vermittlung unmittelbar verwertbaren Praxiswissens. Es ginge vielmehr darum, Verständnis für prozessuale Zusammenhänge zu entwickeln, für die Leistungsfähigkeit von Verfahren und die Grenzen dieser Leistungsfähigkeit. Kurz: Es ginge um eine intensivere Vermittlung prozessualen Denkens. Die Studierenden müssten in die Lage versetzt werden, ihre künftige Tätigkeit in der Praxis in einen theoretischen Zusammenhang zu stellen.

Nicht lernfähig sollte die akademische Juristenausbildung dort sein, wo es darum geht, zu Lasten unmittelbar verwertbaren „Handlungswissens" die Vermittlung von rechtstheoretischen, rechtsgeschichtlichen und rechtssystematischen Grundlagen der Rechtsordnung zu verteidigen. Die Universität kann die Fundamente für eine erfolgreiche praktische Tätigkeit des Juristen nicht dadurch legen, dass sie die zukünftige Praxis antizipiert.

3. *Prinzipienorientierung*

Sie muss die Studierenden vor allem mit den *Prinzipien* der Rechtsgebiete vertraut machen, die es ermöglichen, sich in den Einzelheiten der Regelungen rasch zu orientieren. Sie muss die Voraussetzungen schaffen für eine reflektierte und deshalb orientierungssichere Rechtspraxis. Zugleich darf und muss sie darauf bestehen, dass diese Praxis den wissenschaftlichen Standards genügt. Nicht aus Eitelkeit, sondern: weil die wissenschaftlichen Standards juristischen Argumentierens zugleich Prinzipien einer rechtsstaatlichen Praxis darstellen. Ein Urteil, das nicht *lege artis* begründet werden kann, ist rechtsstaatlich inakzeptabel. Eine Praxis, die das missachtet, wäre schlechte Praxis und normativ irrelevant.

VI. Die Unverzichtbarkeit der dogmatischen Richtigkeit von Urteilen

Damit komme ich zurück zum Ausgangspunkt, dem Urteil des Landgerichts im Fall der vergifteten Teeblätter. Die Frage, ob dieses Urteil richtig oder falsch war, lässt sich klar beantworten. Es war falsch, weil es *rechtlich* jedenfalls *so* nicht zu begründen ist. Natürlich war es praktisch vernünftig. Aber: Anstatt eine dogmatische Regel einfach zu verbiegen, hätte das Gericht diese Regel, oder aber das Gesetz, offen in Frage stellen müssen.

Man hätte etwa fragen können, ob es mit dem verfassungsrechtlichen Verhältnismäßigkeitsprinzip vereinbar ist, dass Freiheitsstrafen *über* 2 Jahren *de lege lata* auch unter besonderen Umständen nicht zur Bewährung ausgesetzt werden können. Denn hier, bei dieser starren Obergrenze der Strafaussetzung, liegt das Problem. Man hätte also versuchen müssen, eine Ausnahmeregel zu formulieren, um die vernünftige Entscheidung in das Regelsystem des Rechts einpassen zu können. Aber mit dieser Aufgabe wäre eine Strafkammer vermutlich überfordert. Zuständig dafür wäre der BGH. Die beste und rechtsstaatlich klarste Lösung allerdings wäre, die Notwendigkeit einer solchen Ausnahmeregel im Einzelnen zu begründen und eine entsprechend gesetzliche Regelung anzustoßen – eine Aufgabe, bei der sich die Welten von Rechtspraxis und Rechtswissenschaft wiederum begegnen würden.

Verfassungsvoraussetzungen in Rom?

Über Privatrecht, Ruhm und (interdisziplinäre) Erkenntnis

*Christian Baldus**

I. Einleitung[1]

1. Verfassungsvoraussetzungen heute

Der Begriff der Verfassungsvoraussetzungen ist geprägt. Was er derzeit für die Wissenschaft vom Verfassungsrecht bedeutet, ist für den Fachfremden freilich nicht ganz klar;[2] diese Gedenkschrift mag Klärung bringen. Es scheint um

* In *Winfried Bruggers* Entscheidungsmodell spielt die Geschichte eine wichtige Rolle: Würde, Rechte und Rechtsphilosophie im anthropologischen Kreuz der Entscheidung, in: Brugger/Neumann/Kirste (Hrsg.), Rechtsphilosophie im 21. Jahrhundert (Frankfurt 2008) S. 50–71 (51, 68 ff.). Entsprechend trug seine praktische Entscheidungskunst dem Gewachsenen Rechnung, um den Anforderungen der Gegenwart zu genügen. Wie kaum ein anderer beherrschte Brugger solcherart die Kunst, konsequent zu entscheiden und zugleich niemanden zu verletzen. Ich habe in den zwei Jahren, die wir zusammen im Fakultätsvorstand tätig sein durften, von 2008 bis 2010, mehr als eine Probe dieser Kunst erlebt. Vielleicht hätte es ihn gefreut, eine Skizze zu antiken Entscheidungsstrukturen für den Juristen von heute lesen zu können: Probleme aus dem Bereich, den wir funktionell römische Verfassungsgeschichte nennen können, wenn wir nur die Spannung zwischen *altérité* des Vergangenen und Problemkonstanz des Juristischen auszuhalten bereit sind.

1 Die folgenden Ausführungen greifen auch Aspekte auf, die Verf. an anderer Stelle bereits gestreift hat: *Baldus*, Grenzbestimmung und Methodenfindung: Grundlagenfächer in der Juristenausbildung und Aufgaben der juristischen Dogmengeschichte, in: Studentische Zeitschrift für Rechtswissenschaft Heidelberg (StudZR) 2 (2005) S. 179–198; portugiesische Version: Delimitação de fronteiras e definição de métodos: disciplinas fundamentais na formação jurídica e funções da História da Dogmática Jurídica, in: Revista da Faculdade de Direito da Universidade Federal do Rio Grande do Sul (UFRGS) (Porto Alegre), Edição Especial Dezembro 2007: Commemorativa ao Intercâmbio Giessen-UFRGS: Cooperação Brasil-Alemanha, S. 124–140. Weiterhin überschneidet sich die Thematik mit der in der Festschrift für Paul Kirchhof (2013) zu erörternden: „Römische Quellen des Staatsrechts" sollen dort behandelt werden, teils unter Rückgriff auf dieselben Probleme und Schriften.

2 Der allenthalben als grundlegend zitierte Aufsatz von *Krüger* (Verfassungsvoraussetzungen und Verfassungserwartungen) in der Festschrift für Scheuner (hrsg. von Ehmke u.a., Berlin 1973, S. 285–306) scheint politisch grundiert. Ob „staatliche Pflege" (aaO., S. 287) auch beispielsweise Zivilrechtsgesetzgebung sein kann, bleibt zu fragen; zur von *Krüger* aaO. betonten Rollenübernahme auf der Grundlage einer „adäquaten Gestimmtheit" passte das möglicherweise nicht: Die Rolle eines Privatrechtssubjekts übernimmt jedermann ohne Alternative und ohne weiter darüber nachzudenken. Die (Syn-)These, Verfassungsvoraussetzungen

Dinge zu gehen, die nicht in der Verfassung angeordnet sind, von deren Existenz aber die Verfassung in ihrer Geltung oder in ihrer Realisierung abhängt: eine Perspektive, die eine formalisierte Verfassung voraussetzt und die attraktiv ist, wo aus einem Wechselspiel zwischen Formalisiertem und Nichtformalisiertem argumentiert werden soll.

Für Gesellschaften ohne geschriebene Verfassung und ohne scharfe Trennung von Recht und sonstigen Ordnungssystemen kann man exakt dieselbe Frage offenbar nicht stellen. Jedenfalls: In seiner heutigen Geprägtheit darf man diesen Begriff oder seinen Inhalt in der Geschichte nicht suchen, denn die Prägung ist selbst historisch. Wie alle modernen Begriffe, regt er aber zu Fragen an die Rechtsgeschichte an: Gibt es Kontinuitäten oder zumindest Parallelen zu dem, was man heute Verfassungsvoraussetzung nennt? Trügt entsprechender Schein? Und wenn es keine Kontinuitäten oder Parallelen gibt, warum eigentlich nicht?

2. *Rechtsgeschichte als Erkenntnisquelle*

Dass es, *mutatis mutandis*, Problemähnlichkeiten in der Rechtsgeschichte gibt, kann nicht ernsthaft bestritten werden. Die Kunst liegt darin, echte von falschen Kontinuitäten und Parallelen zu unterscheiden – und auch darin, gegebenenfalls sagen zu können, warum eigentlich eine bestimmte vergangene Rechtskultur ohne Elemente auskam, die nach unserer Erfahrung unentbehrlich für das Funktionieren des Rechts sind.

Denn der Rechtshistoriker ist nicht einfach ein Beobachter irgendeines gesellschaftlichen Phänomens. Er ist sozusagen sachverständiger Zeuge: Er sieht Dinge spezifisch, weil er spezifische Erfahrung im Umgang mit gerade solchen Dingen hat. Erfahrung heißt: Er kennt vielleicht nicht dasselbe, aber jedenfalls Ähnliches. Das prägt seinen Blick, und diese Prägung kann Erkenntnis sowohl trüben als auch erst ermöglichen. Der Arzt kann keine Person ohne diagnostischen Blick anschauen, der Jurist keine Gesellschaft ohne juristischen. Rechts-

---

würden in der Verfassungsurkunde „nicht ausgedrückt, sondern angesprochen“ (*Kirchhof*, in: ders./Isensee, Handbuch des Staatsrechts der Bundesrepublik Deutschland, Bd. II, 3. Aufl. Heidelberg 2004, § 21, Rn. 66) wird vom Verf. im Folgenden gleichfalls nicht auf Privatrecht bezogen, auch nicht bei den „vorgefundenen Bedingungen der Staatlichkeit“ (Rn. 72–75, in 75 ist die Wirtschaftsgemeinschaft des Staatsvolkes erwähnt). Bemerkenswert ist angesichts des Obertitels „Erosion von Verfassungsvoraussetzungen“, wie wenig der Begriff in VVDStRL 68 (Berlin 2009) diskutiert wird; soweit dies mit einer gewissen Ausführlichkeit geschieht, nicht ohne Distanz: bei *Möllers* (Zweiter Bericht zum Beratungsgegenstand „Religiöse Freiheit als Gefahr?“, S. 47–93 [51 f.]; vgl. auch S. 63 und Leitsatz II.1.[3] auf S. 88) mit dem Hinweis, die Kategorie kenne „keinen Bezug auf konkrete Regeln und kein differenziertes Reaktionsrepertoire“ (S. 52 m. Fn. 17, 18); bei *Baer* (Zweiter Bericht zum Beratungsgegenstand „Demografischer Wandel und Generationengerechtigkeit“, S. 289–354 [300 ff., s. auch 306 f.]) mit näherer Kritik an einzelnen behaupteten Verfassungsvoraussetzungen. Vgl. auch den Diskussionsbeitrag von *Isensee* (S. 467; s. aber wiederum *Holznagel*, S. 473).

geschichte ist Geschichte der Normbildung, Normsetzung und Normanwendung; wer sie als Jurist betreibt, betreibt sie aus eigener Erfahrung mit Normen. Sein Herangehen ist also komplementär zu dem des Historikers.

3. Privatrecht als Verfassungsvoraussetzung in der römischen Meritokratie?

Wir beschränken uns im Folgenden auf die prägende Wurzel unseres Privatrechts, Rom. War in Rom, von modernen begrifflichen Streitigkeiten einmal abstrahiert, das Privatrecht Verfassungsvoraussetzung (V.)? Dies nicht nur wegen der denkbaren Kontinuitäten und wegen des in allen Gesellschaften notwendigen Zusammenspiels von Privatrecht und Verfassung, sondern auch wegen einer Besonderheit der römischen Meritokratie: Die gelebte römische Verfassung der Republik bringt regelmäßig nur den in den Konsulat – als das höchste Amt der ordentlichen Laufbahn –, der zuvor Prätor war, mithin zuständig für die Zivilrechtspflege in der Stadt (IV.). Und entscheidend für den Aufstieg in neue Ämter war die öffentlich wahrgenommene Bewährung in den zuvor bekleideten.

So liegt der Gedanke nahe, privatrechtliche Leistung könne in Rom politisch wichtiger gewesen sein als heute, das Privatrecht insoweit näher am Verfassungsrecht. Er wird kaum erörtert, weil er nur anhand einer Zusammenschau juristischer und nichtjuristischer Quellen geprüft werden kann. Unser Thema gibt damit zugleich Anlass, nach Möglichkeiten interdisziplinären Gesprächs zu fragen (III.).

II. Begriffe und Inhalte

1. Verfassungsvoraussetzungen heute: im weiteren Sinn?

Voraussetzungen betrachtet man von dem Phänomen aus, dem sie vorausliegen, hier der Verfassung. Das, was wir heute jedenfalls in Kontinentaleuropa Verfassung nennen, ist formalisiert und reduziert, bis zu einem bestimmten Punkt abgelöst von Vor- und Außerrechtlichem. Dass dies notwendig ist, dass man von Verfassungen kein Heil und kein Glück erwarten darf, sondern nur Minima des Zusammenlebens, das ist eine zentrale Erkenntnis der Frühen Neuzeit, mühsam errungen seit den Religionskriegen und nie ganz gesichert. Dass diese Minima schon sehr viel bedeuten, sehen wir seit den totalitären Exzessen des 20. Jahrhunderts und unter den Bedingungen heutiger gesellschaftlicher Fragmentierung deutlicher.

Es ist kein Zufall, dass es im 20. Jahrhundert namentlich undemokratische Denker waren, die das Recht wieder unter die Herrschaft des Politischen bringen wollten. Vielleicht ist es auch kein Zufall, dass solche Gedanken heute erstaunlich häufig enttabuisiert werden sollen.[3] Aber auch in vielen scheinbar kleinen Punkten tritt die Grundentscheidung für oder gegen einen formal-freiheitssichernd abgegrenzten Raum des Rechts hervor. Wer der Politik hier eine Ausnahme und dort eine Konzession gewährt, anstatt zu sagen: *principiis obsta*, der betritt den Weg zum Sumpf. Was die Politik will, das soll sie gesetzförmig fassen, und wer diesen gesetzförmig formulierten Willen nicht hinnehmen will, der soll, politisch oder rechtlich, in den Grenzen des Rechts vorgehen: Das gerade muss doch eine moderne Verfassung ermöglichen.

Umso wichtiger ist die Frage nach den Verfassungsvoraussetzungen, wenn und weil sie der Verfassung ihre spezifische Rolle in der Dialektik von Macht und Norm lässt. Denn natürlich kann die Norm an der außernormativen Wirklichkeit scheitern, braucht Recht Akzeptanz. Das ist eine Grunderfahrung der Rechtsgeschichte. Kann die Wissenschaft vom römischen Recht etwas zur Erkenntnis der genannten Dialektik beitragen? Nur von diesem Recht, nicht auch von anderen geschichtlichen Phänomenen[4] soll im Folgenden die Rede sein. Damit ist zugleich der Fokus auf das Privatrecht vorgegeben.

2. *Verfassung in der römischen Antike?*

„Verfassung" kann für die Antike nur als Funktionsbegriff Geltung beanspruchen. Verfassungen im modernen Sinne gab es nicht, so wie es „Demokratie"[5], „Grundrechte" oder „Menschenrechte"[6] in diesem Sinne nicht gab. Die Begriffe werden bisweilen auch von seriösen Forschern zur Erregung größerer Aufmerksamkeit eingesetzt. In der Sache geht es weniger um zeitgenössische Begriffe als um zeitgenössische Begriffsinhalte.

Danach ist für Rom das Bild recht klar: Das Funktionieren des Gemeinwesens, die zentralen Rechte und Pflichten der Bürger, sind weithin geregelt. Sie sind aber nur teilweise rechtlich geregelt. Rechtliche – oder gar gesetzliche –[7]

---

[3] Das betrifft vor allem, im Ausland noch mehr als in Deutschland und nicht nur unter rechtsextremen Autoren, Carl Schmitt.

[4] Vgl. namentlich zu Griechenland und zur Demokratie *Stolfi*, Introduzione allo studio dei diritti greci (Torino 2006) S. 55–82; *ders.*, Il diritto, la genealogia, la storia. Itinerari (Bologna 2010) S. 80–92; neuestens *ders.*, Quando la Legge non è solo legge (Napoli 2012).

[5] Zur auf *Syme* zurückgehenden Kontroverse um Rom als Demokratie vgl. die Anmerkungen in der neuen deutschen Ausgabe von „The Roman Revolution" (Oxford 1939; dt.: Die römische Revolution. Machtkämpfe im antiken Rom, hrsg. v. Selzer und Walter, Stuttgart 2003). Aus rechtshistorischer Sicht etwa *Guarino*, La costituzione democratica romana e le sue vicende, in: SDHI 72 (2006), S. 1–59 (überarb. Version von La democrazia a Roma, 1979); *Fernández Barreiro*, Democracia griega y república romana: dos referentes de la cultura política occidental. A propósito del libro de J. M. Ribas Alba, *Democracia en Roma. Introducción al derecho electoral romano* (2008), in: Seminarios Complutenses de Derecho Romano (SCDR) 22 (2009), S. 13–32.

[6] Kreativ *Honoré*, Ulpian. Pioneer of Human Rights (2. Aufl. Oxford 2002).

[7] Es gilt im Prinzip der Satz von *Fritz Schulz*: „Das ‚Volk des Rechts' ist nicht das Volk

Regelungen sind weder die Grundlage noch das Gerüst der römischen Verfassung. Gesetze stellen sich vielmehr als punktuelle Eingriffe dar, mit denen auf politische oder sonstige spezielle Bedürfnisse reagiert wurde, in Situationen des Umbruchs oder in Krisen sonstiger Regelungsmechanismen.

Die Tradition, der *mos maiorum*, gab die meisten Regeln. Ob wir diese Regeln als „Gewohnheitsrecht"[8] ansehen wollen oder nicht, ist oft eine Frage moderner Kategorienbildung. Die Römer hat diese Frage kaum interessiert. Selbst dort, wo mit dem Rechtsbruch zu argumentieren war, etwa in den großen Gerichtsreden der späten Republik, dürfen wir die Rechtsausführungen der Rhetoren nicht mit modernen Augen lesen und auch nicht stets Gleichklang mit den fachjuristischen Meinungen der Zeit erwarten.[9]

Aufschlussreich sind die beiden Gesetze der Republik, denen man am ehesten staatsorganisatorischen Charakter zuschreiben möchte, nämlich eine der *leges Licinniae Sextiae* von 367 v. Chr. und die *lex Villia annalis* von 180 v. Chr.: Dort geht es um Ämter und Ämterzugang.[10] Es handelt sich, soweit bekannt, nicht um systematische Gesamtregelungen; dass die Vorschriften überdies nicht

---

des Gesetzes": Prinzipien des römischen Rechts. Vorlesungen von Fritz Schulz (1934, Ndr. Berlin 1954) 4. Zum Problem *Santucci*, La legge nell'esperienza giuridica romana, in: *Vincenti* (a cura di), Inchiesta sulla legge nell'Occidente giuridico (Torino 2005), S. 33–58; dt. in: Studi per Giovanni Nicosia (2007) VII 283–305; *Paricio*, El legado jurídico de Roma (Madrid 2007; nueva edición ampliada Madrid 2010) 22 f. Diverse Aufsätze in der romanistischen Festschrift für die italienische Corte costituzionale: Tradizione romanistica e Costituzione (dir. Labruna, a cura di Baccari e Cascione), Napoli 2006 (Rez. in deutscher Sprache: *Baldus*, Der Staat 49, 2010, S. 633–637). Neuestens *Anna Seelentag*, *Ius pontificium cum iure civili coniunctum*. Das Recht der Arrogation in klassischer Zeit (Baden-Baden 2013, S. 271, im Druck) sub B.II.3.

[8] Ebenso undurchsichtig ist die Lage im Privatrecht. *Schmiedel*, Consuetudo im klassischen und nachklassischen Römischen Recht (Graz/Köln 1966); *Burdese*, Ius, consuetudine, pactum, ius e res. Divagazioni su pubblicazioni recenti, in: SDHI 61 (1995, aber 1996), S. 707–721.

[9] Neuestens über Juristen und Redekunst *Babusiaux*, Papinians *Quaestiones*. Zur rhetorischen Methode eines spätklassischen Juristen (München 2011) 13–15. Die Literatur speziell zu Cicero ist uferlos; gut erschlossen bei *Narducci*, Cicerone. La parola e la politica (Roma/Bari 2009); einiges jetzt auch in der deutschen Übersetzung des Breviars vom selben Autor: *Narducci*, Cicero (Stuttgart 2012; it.: Introduzione a Cicerone, 2. ed. Roma/Bari 2005). Aus der älteren Literatur v.a. *Bona*, l'ideale retorico ciceroniano ed il „ius civile in artem redigere", SDHI 46, 1980, S. 282–382. Zur Rede *pro Balbo* vgl. *Baldus*, Regelhafte Vertragsauslegung nach Parteirollen im klassischen römischen Recht und in der modernen Völkerrechtswissenschaft. Zur Rezeptionsfähigkeit römischen Rechtsdenkens (Frankfurt a.M. u.a. 1998), S. 274–295 (über das Sachproblem in der Rede zuletzt *D'Aloja*, Sensi e attribuzioni del concetto di *maiestas*, Lecce s.a., aber 2011, S. 63–67; im Allgemeinen *Fiori*, Bonus vir. Politica filosofia retorica e diritto nel de officiis di Cicerone, Napoli 2011, S. 101–108). Monographisch zu *pro Quinctio* s. *Platschek*, Studien zu Ciceros Rede für P. Quinctius (München 2005). Günstig beurteilt die Rede *pro domo sua* nun *Seelentag* (Fn. 7) sub B.I.1.

[10] Vgl. *Rainer*, Römisches Staatsrecht. Republik und Prinzipat) (Darmstadt 2006) S. 70 ff. u.ö. *Non vidi*: *Valditara*, Lo Stato nell'antica Roma (Soveria Mannelli 2008).

immer befolgt wurden,[11] könnte mehr sein als ein Durchsetzungsproblem. Paradigmatisch für die wichtigen Mechanismen der Herrschaft steht vielmehr die Rückbindung aller Amtsträger an die Meinungsbildung im Senat und im Volk (näher unten III.); und jedenfalls für das Tätigwerden des Senats ist keinerlei formale Rechtsgrundlage aufzufinden.

Die *lex Villia annalis* markiert möglicherweise gerade das Wegbrechen eines als bindend empfundenen Konsenses über die zeitlichen Grenzen der Amtsausübung. Für die Zeit, in der das politische System der Republik einigermaßen funktionierte, also größere Teile des vierten bis zweiten Jahrhunderts vor Christus, lässt sich nicht für alle Regeln der Ämterverteilung eine formale Grundlage angeben (für die der Amtsausübung schon gar nicht), und einiges spricht dafür, dass ein Römer die Frage nach einer solchen Grundlage für zweitrangig erklärt hätte.

Rom kennt also eine Verfassung, aber nicht als klar abgegrenzte Formalordnung, die außerrechtlichen Voraussetzungen gegenüber gestellt werden könnte. Vielmehr sind politische Elemente weithin in die praktizierte Verfassung integriert.

3. *Verfassungsvoraussetzungen in der Antike?*

Römische „Verfassungsvoraussetzungen" teilen mithin die Natur, vorsichtiger gefasst: die Funktion der Verfassung selbst. Sie können von verfassungsrechtlichen Regeln nicht rechtsquellentheoretisch unterschieden werden. Das beruht freilich nicht auf einem zeitgenössischen Mangel an Nachdenken über Recht. Schon die Republik hat solche Reflexion angestellt,[12] und der Prinzipat

---

[11] Vgl. dazu *Beck*, Karriere und Hierarchie (Berlin 2005), *passim*; weiterhin zur Thematik: *Rampazzo*, Quasi praetor non fuerit. Studi sulle elezioni magistratuali in Roma repubblicana tra regola ed eccezione (Napoli 2008); dazu: *Ribas Alba*, Seminarios Complutenses de Derecho Romano (SCDR) 22 (2009), S. 742–755; *Lundgreen*, Regelkonflikte in der römischen Republik. Geltung und Gewichtung von Normen in politischen Entscheidungsprozessen (Stuttgart 2011), S. 54–119 (sowie nach Reg.), dort auch weitere Lit.

[12] Fraglich ist allerdings, ob dieses Nachdenken als philosophisch inspirierter Schulenkonflikt ab dem frühen ersten Jahrhundert vor Christus gefasst werden kann, wie *Behrends* in zahlreichen Schriften vertritt. Vgl. Institut und Prinzip (…). Ausgewählte Aufsätze, hrsg. von Avenarius u.a., 2 Bde. Göttingen 2004; kritisch zum Ganzen etwa *Harke* anlässlich des Erscheinens dieser Sammlung: Rezension, in: RabelsZ 72 (2008), S. 226–229; für eine Zusammenfassung und Fortführung s. die Göttinger Abschiedsvorlesung: Die geistige Mitte des römischen Rechts. Die Kulturanthropologie der skeptischen Akademie, in: SZ 125 (2008), S. 25–107. Gerade die dort aufgestellten Thesen sind philosophiegeschichtlich zweifelhaft: *Dieter Nörr*, exempla nihil per se valent. Bemerkungen zu Paul. 15 quaest. D. 46,3,98,8; 72 ad ed. D. 45,1,83,5, in: SZ 126 (2009), S. 1–54 (47 ff.); *Platschek*, Nochmals zum „Paradigmenwechsel" in der römischen Jurisprudenz, in: Index 38 (2010), S. 401–406. Ebenfalls kritisch jüngst *Spengler*, Zum Menschenbild der römischen Juristen, in: JZ 66 (2011), S. 1021–1030 (1030 m. Fn. 78).

bietet sogar kondensierte Rechtsquellenlehren für die Didaktik.[13] Verfassung und Voraussetzung können wir für Rom also allenfalls retrospektiv unterscheiden. Dies freilich wird nur dann hinreichend deutlich, wenn wir uns von der Verrechtlichung der römischen Verfassungsgeschichte befreien, die *Theodor Mommsen* ins Werk gesetzt hat;[14] und zwar ohne deshalb auszublenden, was tatsächlich rechtlich erklärt werden will.

III. Der lange Schatten Mommsens

1. 19. Jahrhundert

Erst im 19. Jahrhundert wurde es möglich, Geschichtswissenschaft als akademisches Fach zu studieren.[15] *Theodor Mommsen* konnte das noch nicht. Er studierte also Jura, und so viel innere Distanz er zum Fach auch gehabt haben mag, machte er doch von den Instrumenten und Kategorien des Faches bei seinen althistorischen Projekten Gebrauch. Auch Rückprojektionen seiner Vorstellungen davon, wie Preußen zu sein habe, liegen nahe. So wurde unter *Mommsens* systematisierenden Händen die Summe jeweils korrekt erschlossener Quellen zum einigermaßen juristischen Bild, im Verfassungsrecht wie auch sonst: Rom erscheint weithin als von Beamten regierter Staat, dessen Verwaltung für eine Einigung Italiens (und nur Italiens)[16] geeignet war. Die Dialektik zwischen Magistraten und Senat, aber auch die Komplexität der Außenpolitik[17] tritt in die-

---

13 Namentlich Gai. 1,1–7. Dazu etwa *Nicosia*, Iura condere, Ann. Pal. 50 (2005), S. 1–23; demnächst ausführlich *Brutti*, Gaio e lo *ius controversum*, in: Annali Palermo 2013, im Druck.

14 Vgl. aus der Jubiläumsliteratur der letzten Jahre: Nippel/Seidensticker (Hrsg.), Theodor Mommsens langer Schatten. Das römische Staatsrecht als bleibende Herausforderung für die Forschung, Hildesheim u.a. 2005; Demandt/Goltz/Schlange-Schöningen (Hrsg.), Theodor Mommsen. Wissenschaft und Politik im 19. Jahrhundert, Berlin/New York 2005; weiterhin *Rebenich*, Theodor Mommsen. Eine Biographie (München 2002). Kritische Synthese zu Mommsen selbst wie zur neueren Diskussion bei *Timpe*, Moderne Konzeptionen des Kaisertums, in: Winterling (Hrsg.), Zwischen Strukturgeschichte und Biographie. Probleme und Perspektiven einer neuen Römischen Kaisergeschichte 31 v. Chr.-192 n. Chr. (München 2011), S. 127–159 (128–148).

15 Vgl. – jeweils zur Grundlegung für die Folgezeit – *Raphael*, Geschichtswissenschaft im Zeitalter der Extreme. Theorien, Methoden, Tendenzen von 1900 bis zur Gegenwart (2. Aufl. München 2010); *Iggers*, Geschichtswissenschaft im 20. Jahrhundert. Ein kritischer Überblick im internationalen Zusammenhang (Neuausgabe Göttingen 2007).

16 Zur heutigen Sichtweise vgl. Jehne/Pfeilschifter (Hrsg.), Herrschaft ohne Integration? Rom und Italien in republikanischer Zeit (Frankfurt a.M. 2006).

17 Vgl. für eine neuere Synthese *Ziegler*, Völkerrechtsgeschichte. Ein Studienbuch (2. Aufl. München 2007), S. 38–49; monographisch etwa *Grotkamp*, Völkerrecht im Prinzipat. Möglichkeit und Verbreitung (Baden-Baden 2009; Rez.: *Günther*, SCDR 23–24, 2010–2011, S. 397–402); neuestens mit zahlr. Nachw. *Andreas Zack*, Forschungen über die rechtlichen Grundlagen der römischen Außenbeziehungen während der Republik bis zum Beginn bis zum Beginn des Prinzipats. I. Teil: Fragen an Sextus Pomponius: Quellen- und sachkritische Untersu-

sem Bild zurück; was man heute vielleicht Verfassungsvoraussetzungen nennen könnte, wird in die Verfassung hineingelesen.[18]

Damit fand bis weit ins 20. Jahrhundert hinein die Rechtsgeschichte eine für sie unmittelbar anschlussfähige Darstellung vor, die Geschichtswissenschaft aber fand sich zunehmend weniger in diesem Bild wieder. Hinzu kommt, dass die Jurisprudenz in den meisten Ländern ihre humanistischen Grundlagen abbaute, die Historie aber stärker den Blick auf geistes- bzw. kulturwissenschaftliche Trends richtete. Für eine interdisziplinäre Erforschung der römischen Verfassung keine günstige Entwicklung. Vielleicht das letzte Werk, das im deutschen Sprachraum die Fäden noch zusammenhielt, ist *Bleickens* „Verfassung der Römischen Republik".[19]

2. *Rechtswissenschaft heute*

In der deutschen Rechtswissenschaft ist die Neigung groß, Rechtsgeschichte im Allgemeinen und römische Verfassungsgeschichte im Besonderen als dekorative Marginalien zu betrachten. Neuerscheinungen in diesem Spezialgebiet sind rar; wer, aus dem geltenden Recht kommend, römische Verfassungsfragen ansprechen will, zitiert zumeist wieder *Mommsen*. Günstiger verhalten sich die Dinge in Italien; dort aber bewirkt die scharfe disziplinäre Trennung zwischen Rechtsgeschichte und geltendem Recht, dass die neuere Forschung zum römischen *ius publicum*[20] selten über die engeren Fachkreise hinaus wahrgenommen wird.

3. *Geschichtswissenschaft heute*

Wenn aber ein Rechtshistoriker engeren Anschluss an die Alte Geschichte sucht, findet er dort bisweilen den Versuch einer radikalen Befreiung von *Mommsens* Linie vor. Kulturwissenschaftliche *turns* mit ihren je neuen sprachlichen Codes führen neuere Forschungen in Bereiche und Darstellungsweisen, die oft keine Brücke zur Rechtsgeschichte mehr kennen. Wo früher juristische Deutungsschemata akzeptiert wurden, findet heute die Eigendynamik des Juristischen nicht mehr statt. So wird Recht bisweilen auch bei Nichtmarxisten zu einer Art Überbau, höflicher gesagt: zu einem historischen Epiphänomen; und auch mancher anerkannte Historiker kennt das *Corpus Iuris Civilis* anscheinend so

---

chungen zu Pomponius 37. lib. ad Muc. D. 49,15,5, in: Göttinger Forum für Altertumswissenschaft 14 (2011), S. 47–119.

[18] Vgl. nochmals die in Fn. 14 Zitierten.

[19] *Bleicken*, Die Verfassung der Römischen Republik. Grundlagen und Entwicklung (8. Aufl. Paderborn u.a. 2008 = unv. Ndr. von 2000).

[20] Vgl. die umfangreiche romanistische Festschrift für das italienische Verfassungsgericht: *Labruna* (Fn. 7).

gut wie viele Juristen die neuere geschichtswissenschaftliche Debatte, nämlich gar nicht. Daneben existiert freilich, vor allem in der Rezeptionsforschung zu *Mommsen*, auch der orientierte und abgewogene Blick:

> „Mommsens Darstellung des Prinzipats im „Staatsrecht" ist als Systementwurf immer dem Einwand ausgesetzt geblieben, der geschichtlichen Entwicklung nicht genügend Rechnung zu tragen. Problematisch ist jedoch nicht die Strukturanalyse einer langfristig stabilen Verfassungssystematik (wenn es sie denn gab) und erst recht nicht die dogmatische Durchdringung fest umrissener Rechtsgebiete. Wohl aber ist es der Versuch, auch die lebensweltlichen Bedingungen politischer Herrschaft als Teil der Rechtsordnung selbst – statt als ihre Voraussetzungen – zu begreifen (also etwa Usurpationen als Rechtsakte zu interpretieren), oder Rechtsordnung als Lebensordnung zu verstehen auch da, wo die Realität sich ihren Ansprüchen nicht oder nicht mehr fügt. Mommsen weiß zwar stets um die grundsätzliche und manchmal weite Differenz zwischen der Idealität der Rechtsnormen und der widerständigen Wirklichkeit, und er lässt auch am durchsichtigen politischen Zweck des augusteischen Arrangements, seinem Fassadencharakter, keinen Zweifel. Aber dass der römische Staat die souveräne, im Zusammenwirken ihrer Organe rechtlich verfasste Gemeinde freier Bürger Italiens samt ihrem imperialen Annex sei und die Prinzipatsordnung diese Lebensform der „Nation" (wie er gern sagt) trotz der Macht des weltbeherrschenden Imperators im Kern bestehen lasse und erhalte, das ist ihm keine immer lebensfremder werdende Doktrin, sondern ein idealtypischer Leitgedanke, der die Epochen römischer Geschichte verbindet und der politischen Wirklichkeit ihr Maß gibt."[21]

Und, das ist besonders zu begrüßen, es gerät langsam doch die Frage in den Blick, welche Rolle das Juristische im Machtgefüge der Republik spielt, so wie die neuere historische Forschung dieses Machtgefüge versteht.[22]

Im Ausland wird ein moderner, auch für Juristisches offener Blick auf römisches Verfassungsrecht bisweilen zwar von Althistorikern unternommen;[23] dies aber nehmen Teile der deutschen (Rechts- wie Geschichts-) Wissenschaft erstaunlicherweise aus sprachlichen Gründen nicht wahr, sodass auch auf diesem indirekten Wege nicht das an Synergien und Debatten erreicht wird, was man wünschen sollte.

---

[21] *Timpe* (Fn. 14), S. 134.

[22] Neuestens monographisch *Lundgreen* (Fn. 11).

[23] Vgl. aus neuerer Zeit statt aller für Frankreich *Hurlet* (sous la dir. de), Rome et l'Occident (IIe siècle av. J.-C. – IIe siècle apr. J.-C.). Gouverner l'Empire (Rennes 2009); für Italien *Pani*, Il costituzionalismo di Roma antica (Roma/Bari 2010); dazu *Ribas Alba*, Una aproximación a las raíces romanas del constitucionalismo europeo, in: Seminarios Complutenses de Derecho Romano (SCDR) 23–24 (2010–2011), S. 377–388; *Pani*, La repubblica romana (Roma/Bari 2010).

IV. Neue Modelle für eine offene Frage

So ist die Frage gänzlich ungelöst, wie wir der römischen Verfassung und ihren Voraussetzungen wissenschaftlich zeitgemäß beikommen können. Ein Ansatz könnte darin liegen, Leitgedanken der neueren Geschichtswissenschaft aufzunehmen und zu fragen, was aus spezifisch rechtshistorischer Sicht zu ihnen gesagt werden kann.

1. Mutmaßungen über den Prätor

Liest man rechtshistorische Lehrbücher und nicht Quellen, dann bereitet der Prätor eher Freude als Kummer. Als allgemeiner Jurisdiktionsmagistrat, also neben einigen Spezialorganen zuständig für die Rechtsprechung, soll er seit 367 v. Chr. an zweithöchster Stelle im *cursus honorum* (unter den Konsuln, als deren *minor collega*) den Zivilprozess und damit das Zivilrecht administriert und weiterentwickelt haben. Die Fragen beginnen dort, wo man die teils lückenhaften, teils widersprüchlichen Quellen zur Entstehung und zur Frühzeit dieser Magistratur näher betrachtet.[24]

Man weiß nicht sicher, wer vor 367 Recht sprach, ob diese Aufgabe einen Obermagistrat namens *praetor maximus* oder andere traf; man weiß nicht sicher, wozu die Konstruktion des *collega minor* diente; und man hat keine Belege für vom Prätor geleitete Zivilprozesse aus den ersten Jahrzehnten nach 367. Das alles wird von rechtshistorischer[25] wie von allgemeinhistorischer[26] Seite erörtert. Danach ist zumindest zweifelhaft, ob das Amt wirklich von vornherein zu Rechtsprechungszwecken geschaffen wurde. Dass diese Aufgabe später, jedenfalls ab dem 1. Jh. v. Chr., in den Rechtsquellen deutlich fassbar wird, ist verfassungsgeschichtlich noch nicht zu Ende interpretiert.

Was man in groben Zügen weiß, ist: Der Prätor war nicht notwendig Jurist. Er hatte einen privaten Beraterkreis, das *consilium*, und in diesem vermutet man Spezialisten, die Kontinuität und Entwicklung sicherstellen konnten. Wir werden aber sehen, dass es mit den Eigenheiten römischer Politik kaum vereinbar gewesen wäre, als Prätor keinerlei eigenen zivilrechtlichen Ehrgeiz zu entwickeln. Das führt uns zur neueren Diskussion über das Funktionieren der römischen Verfassung.

---

[24] Vgl. auch zum Folgenden *Rainer* (Fn. 10), S. 74–78.

[25] *Tellegen-Couperus*, The so-called consilium of the praetor and the development of roman law, in: TR 69 (2001), S. 11–20; *dies.*, Pontiff, Praetor, and Iurisdictio in the Roman Republic, in: TR 74 (2006) S. 31–44; *Ruggiero*, Il pretore e l'editto in età repubblicana, tesi di laurea Firenze 2003–2004 (unv.); vgl. *Stewart*, Public Office in Early Rome. Ritual procedure and Political Practice (Ann Arbor 1998), S. 111–136. Klassisch: *Gallo*, L'officium del pretore nella produzione e applicazione del diritto. Corso di diritto romano (Torino 1997).

[26] Vgl. vor allem *Beck* und *Lundgreen* (Fn. 11).

2. *Zur Bourdieu-Rezeption in der deutschen Althistorie*

Der maßgebliche Theorieimport für die römische Geschichte der Republik, zunehmend aber auch des Prinzipats, kommt aus der Soziologie. Pierre Bourdieu[27] hat mit der Lehre vom *capital symbolique* erklärt, wie familiäre Gruppen den Erfolg ihrer Mitglieder sammeln, verwalten und der jeweils nächsten Generation zukommen lassen. Das lässt sich vorzüglich auf die mittlere Phase der römische Republik (ca. 4. – 2. Jh. v. Chr.) übertragen:[28] Zwischen politischer und Sakralkultur gab es zahlreiche Möglichkeiten, die Öffentlichkeit an die Leistungen der Familie zu erinnern. Schlagende Beispiele liefern die Trauerriten, bei denen Masken berühmter Vorfahren des Verstorbenen durch die Stadt getragen und entsprechende Reden gehalten wurden.[29]

In einer Mischverfassung[30] hatte diese Form der Nutzung „symbolischen Kapitals" ihre spezifische Aufgabe: Ämter erlangte man durch Volkswahl – nicht Demokratie im heutigen Verständnis, aber auch kein bloßes Ritual.[31] Für die Wahlen war der familiäre Ruf der Kandidaten erheblich. Dieser wiederum bestimmte sich danach, was in der Vergangenheit für die *res publica* geleistet worden war. Der Sohn eines bedeutenden Feldherrn oder großzügigen Stifters konnte mit der Erwartung arbeiten, er werde Ähnliches vollbringen. Damit ersparte sich die *nobilitas* als Politik treibender Amtsadel einiges an internen Auseinandersetzungen, wie sie unvermeidlich gewesen wären, hätte es keine externe Entscheidungsinstanz in Personalfragen gegeben. Es herrschte in dieser Aristokratie Konsens darüber, dass die – durchaus eigennützige – Konkurrenz der Familien untereinander auf dem Felde des Dienstes an der Republik auszutragen sei.[32] Das Organ, in dem sich dieser Konsens organisierte, und zugleich das Erfahrungs- und Machtzentrum der Republik war der Senat, die Versammlung ehemaliger Amtsträger. Keine formalisierte Norm legte diese Rolle des Senats fest, und doch war jeder römische Politiker nach den ersten Stufen seiner Laufbahn vor allem eines: Senator. Übte er für gewisse Zeit wieder ein Amt aus, fiel diese politische Rückbindung an den Senatswillen nicht weg. Damit ist Rom lange Zeit gut gefahren.

---

[27] Zu Autor, Werk und Rezeption im Überblick etwa *Paolucci* (a cura di), Bourdieu dopo Bourdieu (Novara 2010).

[28] Vgl. in Deutschland vor allem *Hölkeskamp*, Rekonstruktionen einer Republik (München 2004); auch zur weiteren Diskussion zahlr. Nachw. bei *Lundgreen* (Fn. 11).

[29] Einführend *Flower*, Der Leichenzug – die Ahnen kommen wieder, in: Stein-Hölkeskamp/Hölkeskamp (Hrsg.), Erinnerungsorte der Antike. Die römische Welt (München 2006), S. 321–339.

[30] Zu diesem klassischen Thema etwa *Miceli*, ‚Governo misto', quartum genus rei publicae e separazione dei poteri, in: Labruna (Fn. 7), S. 659–697; non vidi: *Pagnotta*, Cicerone e l'ideale dell'„aequabilitas". L'eredità di un antico concetto filosofico (Cesena 2007).

[31] Vgl. etwa *Guarino* (Fn. 6); *Ribas Alba* (Fn. 11).

[32] Über die zahlreichen offenen Fragen zum Konsens in der politischen Kultur Roms: *Lundgreen* (Fn. 12), S. 277–285.

Es ist aus rechtsgeschichtlicher Sicht evident, dass mit solchen Modellen Erkenntnisse über *Mommsen* hinaus darüber gewonnen werden können, wie die republikanische Verfassung tatsächlich funktioniert hat; und auch ihr Zusammenbruch in der späten Republik, ihre Transformation in eine erst faktische, dann auch deklarierte Monarchie lassen sich aus der Kommunikation der Funktionseliten untereinander wie nach außen verstehen. Die Regeln, um die es hier geht, normentheoretisch als juristische oder nichtjuristische zu qualifizieren ist selten hilfreich. Wo die Römer selbst (ausnahmsweise)[33] zum Mittel des Gesetzes gegriffen haben, um bestimmte Streitfragen zu lösen oder gravierenden Missbräuchen entgegenzutreten, da ist solche Qualifikation möglich. Nur liegt in diesen Fällen eben nicht das Zentrum des republikanischen Herrschaftssystems.

Dennoch bleibt der Rechtshistoriker unzufrieden. Es ist ja nicht so, dass die Römer nicht ständig Rechtliches im Munde geführt und dokumentiert hätten. Ihre Selbststilisierung zum „Volk des Rechts" ist mehr als Propaganda; sie entspricht auch dem Befund, dass Rom jedenfalls im Privatrecht ein umfassendes und komplexes Regelwerk geschaffen hat, das in der Antike seinesgleichen sucht und alle folgenden Epochen geprägt hat. Wo ist, gerade wenn man Rom aus seinen eigenen Kommunikationsformen und nicht als rückprojiziertes Preußen deuten will, wo ist der Ort dieses rechtlichen Selbstverständnisses? Dazu sagt die neue Alte Geschichte wenig. Vielleicht einfach deswegen, weil die Rechtsquellen ihr ferner liegen als den Autoren des 19. Jahrhunderts.

3. Konsens und Konkurrenz im rechtsfachlichen Diskurs der Römer?

Damit ist die Frage erreicht, die im Rahmen eines Aufsatzes nicht beantwortet werden kann. Inwieweit und unter welchen Bedingungen war fachjuristische Leistung geeignet, den Ruhm des Einzelnen und damit das symbolische Kapital der Familie zu mehren? Gab es rechtsfachliche Kontroversen, die hierfür mehr oder weniger geeignet waren? Hinweise zu dieser Frage können sowohl aus juristischen als auch aus nichtjuristischen Quellen kommen; eine Zusammenschau wäre gleichfalls erforderlich.[34]

---

[33] Vgl. nochmals *Santucci* und Labruna (Fn. 7).

[34] Non vidi: *David*, L'éloquence judiciaire entre compétence aristocratique et spécialisation carriériste, in: Blösel/Hölkeskamp (Hrsg.), Von der ‚militia equestris' zur ‚militia urbana'. Prominenzrollen und Karrierefelder im antiken Rom (Stuttgart 2011). Nicht unbestritten sind einige Thesen von *Bauman*: Lawyers in Roman Republican Politics. A study of the Roman jurists in their political setting, 316–82 BC (München 1983); *ders.*, Lawyers in Roman Transitional Politics. A study of the Roman jurists in their political setting in the Late Republic and Triumvirate (München 1985); *ders.*, Lawyers and Politics in the Early Roman Empire. A study of relations between the Roman jurists and the emperors from Augustus to Hadrian (München 1989).

Ein denkbarer Zugriff von den Rechtsquellen aus liegt in der zeitgenössischen Benennung etwa von *actiones* oder *cautiones*.[35] Manche, genauer: einige wenige dieser prozessualen Instrumente tragen die Namen großer Juristen, die als ihre Erfinder gelten. Wir wissen nicht sicher, ob die Idee jeweils von dem Namensträger selbst stammte oder aus seinem *consilium*. Aber es scheint kein Zufall gewesen zu sein, dass nur in wenigen Fällen eine solche Benennung erfolgte. Auf der anderen Seite gibt es Institute oder Definitionen, deren Urheber in den Rechtsquellen genannt wird, ohne dass eine entsprechende Benennung der Rechtsfigur erfolgt wäre.[36] Bei vielen Instituten freilich liegen uns keine solchen Informationen vor. Bei den meisten Definitionen haben wir zwar namentlich zugeordnete Rechtstexte vor uns, wissen aber selten, welche Stufe des Textes von dem genannten Autor stammt und welche von älteren (namentlich ihrerseits kommentierten) Autoren.[37] Das führt einerseits zu klassischen Fragen der Textrekonstruktion[38], andererseits zum Grundsatzproblem der Juristenindividualität.[39] Im Ergebnis sind Schlüsse auf die republikanische Zeit nur eingeschränkt möglich; über die Kaiserzeit haben wir mehr Daten, aber in ihr wirkten andere Kommunikationsmechanismen als in der Republik, die bislang weniger erforscht sind als diese.[40] Die einzelnen Quellen, die nach dem Ge-

---

[35] Berühmte Beispiele: *actio Pauliana* (Zweifel an der Echtheit der Bezeichnung bei *Guarino*, Diritto privato romano, 12. Aufl. Napoli 2001, 92.3.1, S. 1020 f.), *cautio Muciana* (Quellen vor allem in D. 35,1). Auf Inhalt und Probleme kommt es für diesen Aufriss nicht an.

[36] Klassisch die Definition des Meeresufers, die auf Cicero zurückgeführt wird: D. 50,16,96pr. (Cels. 25. dig.): *Litus est, quousque maximus fluctus a mari pervenit: idque Marcum Tullium aiunt, cum arbiter esset, primum constituisse.* Die indirekte Rede lässt es als möglich erscheinen, dass bereits Celsus, zwei Jahrhunderte nach Cicero, keine sichere Kenntnis von der Urheberschaft mehr hatte. Vgl. *Fiorentini*, Fiumi e mari nell'esperienza giuridica romana. Profili di tutela processuale e di inquadramento sistematico (Milano 2003), S. 438 f. u.ö.

[37] Wieackers klassisches Werk zur Textstufenforschung vermeidet für die Klassik den Begriff der „Textstufe", dies aber vor allem aus der methodologischen Sorge heraus, in zu viele Unwägbarkeiten zu geraten. Vgl. *Wieacker*, Textstufen klassischer Juristen (1. Aufl. Göttingen 1959, bisweilen zit. als: Abhandlungen der Akademie Göttingen, phil.-hist. Kl. 3 F Nr. 45, 1960; 2., unv. Aufl., Göttingen 1975) S. 23 und dazu *Baldus*, ¿Hacia un nuevo concepto de *Textstufen*? Sobre unas eventuales huellas de „escalones clásicos' en Cervidio Escévola, in: Seminarios Complutenses de Derecho Romano (SCDR) 23–24 (2010–2011), S. 75–102 (83 ff.). Linguistisch ist einigermaßen zweifelhaft, was überhaupt ein Text sei; dazu in rechtsromanistischem Kontext jetzt *Nitsch*, Zur sprachlichen Individualität der römischen Juristen, in: Baldus/Miglietta/Santucci/Stolfi (a cura di), Dogmengeschichte und historische Individualität der Juristen/Storia dei dogmi e individualità storica dei giuristi. Atti del Convegno Montepulciano 14–17 giugno 2011 (Trento 2012), S. 207–227 (215 ff. mit Fn. 9).

[38] Für eine neuere Arbeit zu einem wichtigen Beispiel (Servius Sulpicius Rufus/Alfenus Varus) vgl. nur *Miglietta*, „Servius respondit". Studi intorno a metodo e interpretazione nella scuola giuridica serviana – Prolegomena I – (Trento 2010).

[39] Zu diesem die Beiträge in Baldus/Miglietta/Santucci/Stolfi (Fn. 37).

[40] Vgl. *Flaig*, Ritualisierte Politik (2. Aufl. Göttingen 2004); *Gunnar Seelentag*, Taten und Tugenden Trajans. Herrschaftsdarstellung im Principat (Stuttgart 2004); und jetzt mehrere Beiträge in Winterling (Fn. 14).

nannten in Frage kommen, sind viel behandelt; eine Zusammenschau unter dem hier diskutierten Aspekt existiert nicht.

Vergleichbares lässt sich für die Nennung von Juristen in nicht fachlichen Quellen sagen, etwa den *Noctes Atticae* oder der *Historia Augusta*. Diese Quellen betrachten Juristen nicht notwendig primär oder ausschließlich als Juristen. Sie können daher Rückschlüsse darauf ermöglichen, ob rechtliche Könnerschaft gesellschaftliche Anerkennung mit sich brachte (und ob sie vergleichsweise günstiger wirkte als sonstige Erfolgsfaktoren). In günstigen Fällen passen sie mit den Rechtsquellen zusammen oder widersprechen ihnen wenigstens nicht.[41] Für große Quellencorpora fehlt es im Übrigen an jeder juristischen Erschließung: Zählt man etwa bei *Livius* die (potentiell) privatrechtlichen Begriffe aus, findet man bemerkenswerte Zahlenverhältnisse und Kontexte. Forschung hierzu gibt es jedoch nur punktuell.[42]

Ausdrücklich diskutiert *Cicero* die Frage nach dem Rang von Rhetorik und Jurisprudenz sowie nach dem Erfolg einzelner Personen in beiden Disziplinen.[43] Wie zuverlässig auch die einzelnen Aussagen sein mögen, jedenfalls lassen sie erkennen, dass in der späten Republik juristischer Ruhm zumindest ein Weg zum Erfolg war.

Mit alldem sind zugleich die wissenschaftskulturellen Voraussetzungen solcher Arbeit benannt: Man braucht Zugang zu den Erkenntnissen und Methoden sowohl der Altertumskunde als auch der Rechtsromanistik. Das ist umso schwieriger, als damit im Idealfall zumindest Lesekenntnisse von zwei alten und vier bis fünf neuen Sprachen verlangt sind: Rechtsromanistische Arbeit findet primär auf Italienisch und Deutsch statt, weiterhin auf Spanisch; die anderen Sprachen folgen. In der deutschen Alten Geschichte scheint es freilich eine Frage der Schulzugehörigkeit oder persönlicher Neigungen geworden zu sein, Italienisch immerhin lesen zu können. Die Spanne reicht von engster Vertrautheit mit der italienischen Forschung bis hin zu völliger Unkenntnis. (Man hört gerüchtweise übrigens, selbst Französisch beherrschten manche Wissenschaftler nicht mehr.) Diese Art der Flurbereinigung ist der Weg zum qualitativen Ruin: Was geschieht, wenn man ausschließlich mit englischsprachigen Texten arbeitet, zeigen etwa einzelne Sumpfblüten aus der jüngeren *Cicero*-Forschung.[44]

---

[41] Für ein Beispiel (*consilium* des Marc Aurel, namentlich Cervidius Scaevola) vgl. *Tamayo Errazquin*, Libertis Libertabvsqve. El fideicomiso de alimentos en beneficio de libertos en *Digesta* y *Responsa* de *Q. Cervidius Scaevola* (Vitoria-Gasteiz 2007), S. 23–42; s. jetzt *Finkenauer*, Die Rechtsetzung Mark Aurels zur Sklaverei (Mainz/Stuttgart 2010), S. 7f., 89ff.

[42] Für eine Skizze zur *possessio* vgl. *Baldus* (Fn. 9), S. 346–352. Weitere Sondierungen durch Dissertationen sind geplant.

[43] Vgl. etwa, aus dem Spätwerk, Brut. 41,151; Or. 41,141. Analyse des Zusammenhangs: *Bona* (Fn. 9).

[44] Vgl. *Harries*, Cicero and the jurists. From citizens' Law to the Lawful State (London 2006) und dazu die harten, aber leider berechtigten Worte von *Castro*, Cicerón y la jurispru-

Fazit: Ob und in welchen Epochen privatrechtliche Exzellenz in Rom ein Weg zu Ruhm und Einfluss war, ist alles andere als hinlänglich erforscht. Der interdisziplinäre Weg wäre gangbar, wird derzeit aber zu wenig gegangen. Damit ist der Rechtsromanist fürs erste auf die Ressourcen seiner eigenen Disziplin verwiesen.

V. Privatrecht als Verfassungsvoraussetzung?

Wenn Verfassungsvoraussetzungen nur darin liegen können, dass Bürger die von der Verfassung vorausgesetzten und in ihr angesprochenen Rollen übernehmen,[45] dann passt der Begriff weder für Rom noch für die Gegenwart auf das Privatrecht: Privatrecht steht dem Grundsatz nach unter der Verfassung, auch seine zwingenden Regeln kann der Verfassungsgeber wie der einfache Gesetzgeber vorgeben, und niemand hat die Wahl, ob er das Privatrecht seines Landes *in cumulo* annehmen will oder nicht. Dass Privatrecht eine hohe funktionelle Stabilität aufweist, dass es langlebiger ist als praktisch jedes Verfassungsrecht, dass man einzelnen Normen ausweicht, wenn sie hoheitlich vorgegeben sind, aber als interessenwidrig empfunden werden, das alles spielt für einen theoretisch und eng gefassten Begriff der Verfassungsvoraussetzung keine Rolle.

Fassen wir den Begriff hingegen weiter, knüpfen wir an ihn insbesondere nicht die Konsequenz, dass bei Fehlen einer Voraussetzung die Verfassung selbst in Frage gestellt ist, dann kann man durchaus nach historischen Ansatzpunkten suchen. Diese freilich stellen sich nicht als diachron unverändert dar. Vielmehr spiegelt das Verhältnis von Verfassungsrecht und Privatrecht den Grad der Verselbständigung des ersteren: Solange die Idee der Verfassung nicht praktisch durchformuliert war, konnten auch nicht die Zweifel an ihrer Leistungsfähigkeit aufkommen, welche der Gedanke der Verfassungsvoraussetzung letztlich zum Ausdruck bringt.

1. Rom

In Rom gibt es zunächst keine klare Trennung von Öffentlichem Recht und Privatrecht. Was namentlich in der Republik als Verfassungsrecht entsteht, das spielt selbstverständlich und kaum reflektiert mit dem schneller und geschlos-

dencia romana. Un estudio de historia jurídica (Valencia 2010), S. 78–83 (bereits in SCDR 20–21, 2007–2008, S. 533–546). Diese Worte kann zwar nicht lesen, wer Spanisch nicht lesen kann; wer aber Latein kann, der kann Spanisch zumindest raten; und raten kann man auch, welche westliche Sprache bereits heute die größte Zahl an muttersprachlichen Sprechern aufweist. – Werke wie das hier erwähnte können die große Tradition gerade der englischen Altphilologie nicht verdunkeln; welche Zukunft diese Tradition hat, ist derzeit leider aus hochschul- oder besser finanzpolitischen Gründen alles andere als sicher.

[45] Vgl. *Krüger* (Fn. 2).

sener wachsenden Privatrecht zusammen. Zentrale Institute wie die Hausgewalt (*patria potestas, manus, mancipium*) sind primär privatrechtlich bedeutsam, werden vom Verfassungsrecht aber vorausgesetzt und eingesetzt – nicht in eine normenhierarchische Logik übersetzt.[46] Reizvoll, aber beim derzeitigen Erkenntnisstand nicht umfassend zu beantworten ist die Frage, welche Rolle Erfolg in der Fortbildung des Privatrechts für das tatsächliche Funktionieren der römischen Verfassung spielte (oben III.).

2. *Gegenwart*

Die praktisch relevante Frage ist die, ob das Verfassungsrecht dem Privatrecht im Einzelfall Ergebnisse vorgeben oder korrigieren kann. Diese Frage wird, soweit ersichtlich, nahezu einhellig bejaht. Dieses Verhältnis funktioniert solange, wie das Verfassungsrecht sich aus den Regelfällen und aus den Techniken des Privatrechts heraushält. Denn diese können durch politische Veränderung an Leistungsfähigkeit verlieren.[47] Wie das Verfassungsrecht diese Zurückhaltung fasst – etwa in die Figur des „normgeprägten Grundrechts" –, ist aus privatrechtlicher Sicht sekundär.

Der Vorrang der Verfassung wird also vorwiegend im pathologischen Fall praktisch.[48] Anders gesagt: Voraussetzung für eine gesunde Distanz zwischen Verfassungsrecht und Privatrecht ist die, dass das Privatrecht aus seiner geschichtlichen Erfahrung lebt und so akzeptanzfähige Ergebnisse produziert.

3. *strukturell?*

Ob man in diesem Verhältnis eine Verfassungsvoraussetzung im technischen Sinn sehen will, ist aus privatrechtlicher Sicht wiederum sekundär. Jedenfalls würde eine Verfassung sich heillos übernehmen, wenn sie ohne Not Details der Rechtsbeziehungen *inter cives* regeln oder gar neu regeln wollte. Vielleicht verhält es sich mit anderen Rechtsgebieten ähnlich: Die Verfassung darf nicht zu allzu kleiner Münze geschlagen werden.

---

[46] Ausführlich für die *adrogatio A. Seelentag* (Fn. 7) mit der These, die Entwicklung habe in Ungetrenntheit von öffentlichem und privatem Recht sowie mit teilweise außerrechtlichen Mechanismen begonnen und in klassischer Zeit zu einer vom *ius privatum* geprägten Verrechtlichung geführt.

[47] Das führt zur Problematik der „Materialisierung" des Privatrechts und namentlich zum Antidiskriminierungsrecht. Vgl. Riesenhuber (Hrsg.), Das Prinzip der Selbstverantwortung. Grundlagen und Bedeutung im heutigen Privatrecht (Tübingen 2011).

[48] Zum Problem aus verfassungsrechtlicher Sicht: *Ruffert*, Vorrang der Verfassung und Eigenständigkeit des Privatrechts. Eine verfassungsrechtliche Untersuchung zur Privatrechtswirkung des Grundgesetzes (Tübingen 2001).

Das wird man durchaus eine historische Erfahrung nennen dürfen. Mit *Winfried Brugger* zu sprechen[49] (bei ihm bezogen auf die so genannte historische Auslegung):[50] „voluntative Genese und kontinuierliche Entwicklung" gehören zusammen. Das gilt nicht nur für die einzelne Norm, sondern auch für das vom Verfassungsrecht vorgefundene, an der Erfahrung gewachsene Privatrecht.

VI. Ergebnisse und Perspektiven

Der Begriff der Verfassungsvoraussetzung entstammt der Diskussion um die Leistungsfähigkeit moderner, formalisierter Verfassungen. In dieser spezifischen Bedeutung ist er zeitgebunden und für die Rechtsgeschichte heuristisch wertlos. In einem allgemeineren Sinne kann er den Blick auf frühe Formen des Zusammenspiels zwischen verfassungsrechtlich Geregeltem und Vorausgesetztem lenken. Eine Gegenüberstellung zwischen der Verfassung und ihren Voraussetzungen, wie sie heute in Teilen des Öffentlichen Rechts vertreten wird, darf man freilich nicht konstruieren. In diesem sozusagen[51] funktionalistischen Sinne können dann auch Phänomene wie das Privatrecht in den Blick geraten. Für das römische Recht liegt die Hypothese nahe, dass zentrale Momente der Verfassungspraxis – nämlich der Wettbewerb um Ämter und Prestige – auch mit dem Privatrecht der Zeit zu tun hatten. Verifizieren lassen wird die Hypothese einer solchen meritokratischen Verknüpfung sich jedoch nicht ohne mehr interdisziplinäre Zusammenarbeit innerhalb der Rechtswissenschaft, namentlich in der Methodenlehre,[52] und über die Rechtswissenschaft hinaus. Für all dies steht der Name *Winfried Bruggers*. Wir schulden ihm Gedenken und seinem Werk Bedenken.

---

[49] *Brugger* (Fn. *), S. 69.

[50] Die Probleme dieser Auslegungsmethode nehmen zu; vgl. nur *Baldus*, § 3: Gesetzesbindung, Auslegung und Analogie: Römische Grundlagen und Bedeutung des 19. Jahrhunderts, in: Riesenhuber (Hrsg.), Europäische Methodenlehre. Handbuch für Ausbildung und Praxis (2. Aufl. Berlin 2010), S. 26–111 (105–111, Rn. 202–222). Das öffentliche Recht reagiert darauf teilweise mit einem *roll back* zur subjektiv-historischen Auslegung, ebenso einzelne Stimmen aus dem Privatrecht: *Rüthers/Fischer/Birk*, Rechtstheorie mit Juristischer Methodenlehre (6. Aufl. München 2011). *Brugger*s wohlabgewogene Position in dieser Frage ermöglicht Brücken zur zivilrechtlichen Debatte.

[51] Die – auch international durchaus verfahrene – Debatte zur Methode der Rechtsvergleichung (sowie zu ihren historischen Voraussetzungen) ist hier nicht aufzugreifen. Vgl. *Michaels*, Art. Rechtsvergleichung, in: Basedow/Hopt Zimmermann (Hrsg.), Handwörterbuch des Europäischen Privatrechts (Studienausg. Tübingen 2011) II, S. 1265–1269 (1266). Für eine prononcierte Position *Legrand*, Le droit comparé (3. Aufl. Paris 2009); für den Versuch eines Neuansatzes *Glenn*, Legal Traditions of the World: Sustainable Diversity in Law (4. Aufl., Oxford 2010).

[52] Erinnert sei hier nur an *Brugger*, Konkretisierung des Rechts und Auslegung der Gesetze, in: Archiv des öffentlichen Rechts (AöR) 119 (1994), S. 1–34.

Herders Einheit der Nation

Rolf Grawert

I. Die Frage

„Ob die Deutschen eine Nation seyn?“ Als *Herder* diese Frage im Jahre 1794 kolportierte[1], war das Heilige Römische Reich deutscher Nation längst auf ein Teutsches Reich begrenzt und „in plures respublicas plane diversas“ zergliedert worden.[2] Unter der Führung Österreichs und Preußens hatte es dem über den Rhein drängenden Frankreich den Reichskrieg erklärt, während sein interner Zerfall sich infolge der Konkurrenz der beiden führenden Reichsglieder um ihre Hegemonie beschleunigte. Sein traditionsreicher Titel war entkernt und verkürzt worden. Zwar bezog sein letzter Kaiser sich in der Wahlkapitulation von 1792 noch auf die Traditionsfirma, lockerte ihre Bestandteile aber, als er „die deutsche Nation, das heilige römische Reich“ nacheinander zu erhalten versprach.[3] *Johann Jacob Moser*, der fleißige Sammler alter Rechtsquellen, stellte die „vielerley Namen“ des Reichs, „unseres Vaterlandes“, schon variabel zusammen[4], darunter die „Redensart“, die in der zeitgenössische Staatswissenschaft ganz unbefangen verwendet wurde: „Teutsches Reich“ oder „Teutschland“.[5] Und *Herder* übernahm diesen Sprachgebrauch, zuweilen das „T“ durch ein neumodisches „D“ ersetzend.[6] Dennoch war das Reich noch wirklich und wichtig: im Völkerrechtsverkehr sowie für das Dritte Deutschland der kleinen Fürstentümer, zu denen insbesondere das thüringische Her-

---

1 *Johann Gottfried Herder*, Briefe zur Beförderung der Humanität, 4. Sammlung Nr. 53 (1794), in: *ders.*, Sämtliche Werke XVII, hg. Bernhard Suphan (nachfolgend: Herder/Suphan), 1967, S. 257.

2 *Johann Stephan Pütter*, Institutiones Iuris Publici Germanici, ed. V, 1792, lib. I cap. I., II.

3 Wahlkapitulation des Römischen Kaisers Franz des Zweyten, Art. I § 2, in: *Johann Jacob Schmauß*, Corpus Juris Publici, hg. Gottlieb Schumann/Heinrich Gottlieb Franken, 1794, Nr. CXXX, S. 1568 ff.

4 *Johann Jacob Moser*, Von Teutschland und dessen Staats-Verfassung überhaupt, 1766, S. 1 ff.: 1. Kap.: „Von Teutschland und dessen verschiedenen Namen“.

5 Vgl. z.B. *J. J. Moser*, Von der Landeshoheit in Regierungssachen überhaupt, 1772, Vorrede; *ders.*, Von der Landeshoheit in Militär-Sachen, 1773, 2. cap. § 2: „Ein jeder Reichsstand ist ein Mitglied des gesamten Teutschen Reichs.“

6 *J. J. Moser*, Von Teutschland (Fn. 4), S. 2, hielt „teutsch“ für die übliche Schreibweise, konzedierte aber süffisant, dass „deutsch“ bei manchen Gelehrten zur „Mode und Galanterie“ geworden sei, um „ sich von dem übrigen gelehrten Pöbel, der wie der gemeine Mann schreibt, zu unterscheiden“.

zogtum Sachsen-Weimar-Eisenach gehörte, in dem *Herder* unter *Goethes* Freund Carl August tätig war.

Noch im Jahre 1765 hatte *Friedrich Karl Freiherr von Moser* ein patriotisches Lied auf den deutschen „National-Geist" des Reiches drucken lassen: „Wir sind Ein Volck, von einem Nahmen und Sprache, unter Einem gemeinsamen Oberhaupt, unter Einerley unsere Verfassungs-Rechte und Pflichten bestimmenden Gesetzen, zu einem gemeinschaftlichem großen Interesse der Freyheit verbunden, auf Einer mehr als hundertjährigen national-Versammlung zu diesem wichtigen Zweck vereinigt, aus innerer Macht und Stärcke das erste Reich in Europa, dessen Königs-Kronen auf deutschen Häuptern glänzen."[7] Doch dieser Reichspatriotismus eines württembergischen Juristen klang zwei Jahre nach dem Siebenjährigen Krieg und dem Aufstieg Preußens zu einer Großmacht und drei Jahre nach der Publikation von *Rousseaus* „Du contrat social" altbacken und war mehr trotzige Ermutigung als Selbstgewissheit. *Herder* teilte *von Mosers* Urteil nicht: „Die Teutsche Reichsverfaßung ist ein Morast", persiflierte er *Pufendorfs* „monstrum"-Verdikt.[8] Er sprach bereits von einem Deutschland, das noch einzurichten war.[9] Sein Forum war nicht das reichsständische, sondern das gebildete Deutschland, in dem und für das er literarisch agierte. Tatsächlich stellten seine ethnischen „Deutschen" dort zwar die Mehrheit der Bevölkerung; doch im Reich lebten trotz der Westverschiebung Frankreichs fremdsprachige Minderheiten, während andererseits die Staaten der Hohenzollern und Habsburger erheblich über die Reichsgrenzen hinausreichten und dort überwiegend slawische Bevölkerungen beherrschten. *Herder* waren diese Umstände bekannt.[10] Welche Nation konnte dann gemeint sein und welchen Zweck hatte die Frage, die seither die Geschichte der Deutschen und Deutschlands umtreibt?

Herder war kein *Sieyès*. Er war herzoglicher Untertan, philosophischer Republikaner, aber kein Revolutionär. Er suchte die deutsche Nation im Reich und trotz dessen Pluralität. Er suchte sie als elementare und ideale Einheit über den Zufälligkeiten politischer Disparitäten. Doch dazu setzte er „Deutschland" als einen in die Zukunft weisenden Oberbegriff ein. Seine „Idee zum ersten patriotischen Institut für den Allgemeingeist Deutschlands" von 1787 leitete er

---

[7] *Friedrich Karl von Moser*, Von dem deutschen National-Geist, 1765; von Moser (1723–1796), aus württembergischer Familie, wurde 1769 von Kaiser Joseph II. aus dem einfachen Reichsadel zum Reichs-Freiherrn erhoben.

[8] *Herder*, Brief an Christian Gottlob Voigt, Weimar 29. 33. 1783, in: *Johann Gottfried Herder*, Briefe, bearb. von Wilhelm Dobbek/Günter Arnold, 4. Bd., 1979, S. 261.

[9] *Herder*, Idee zum ersten patriotischen Institut für den Allgemeingeist Deutschlands (veröff.1804, ein Jahr nach Herders Tod), in: Herder/Suphan XVI, S. 600.

[10] Vgl. Fn. 1. In der Zuordnung zur deutschen Nation verfuhr er großzügig; Comenius verbuchte er als einen „Mann unserer Nation", denn „warum sollte man Böhmen und Mähren nicht zu Deutschland rechnen?": *Herder*, Briefe zur Beförderung der Humanität, 5. Sammlung Nr. 57 (1795), in: Herder/Suphan XVII, S. 276; immerhin gehörten diese Länder noch zum Reich.

mit der ambivalenten Erkenntnis ein: „Da Einheit und Mannichfaltigkeit die Vollkommenheiten sind, … so ist es wohl unzweifelhaft, dass auch die höchste, schwerste und nützlichste Kunst der Menschen, die Einrichtung einer Nation zur allgemeinen Wohlfahrt, nach diesen Eigenschaften streben müsste … Je getheilter eine Nation ist, desto mehr Kräfte kann sie vielleicht haben; die Kräfte werden sich aber einander nicht kennen, mithin auch nicht auf Einen gemeinschaftlichen Endzweck würcken. Ein Beispiel davon giebt … eine Deutsche Geschichte."[11] Der Bezug auf die Geschichte zielte auf einen historischen Wandel, indem er die seit 1648 stattfindende Dekonstruktion des Reiches delegitimierte; der Bezug auf die Einheit der Nation zielte auf die zukunftsträchtige Quelle der Legitimität. Durch diese Perspektive reihte *Herder* sein Projekt in die seiner Zeit gängige, aufgeklärte Ideologie der Einheit ein, die das europäische Denken im 18. Jahrhundert leitete.[12] Teilungsvorgänge galten demnach als Verlust, spornten aber zu neuen Einheitsbildungen an. Ergab sich dies nur aus dem Streben nach Macht? oder, tiefgründiger, aus der Logik des Monotheismus? des christlichen Menschenbildes? Dem theologischen Historiker *Herder* waren die Spaltung der einen Religion[13] und der Zerfall des Römischen Reiches nach dem Dreißigjährigen Krieg durchaus präsent. Jetzt erlebte er das Endstadium jenes Zerfalls und den Aufstieg Preußens und Frankreichs. Wer *Herder* mit den Intentionen *Meineckes* liest, könnte ihm einen Mangel an jenem Staatsbewusstsein vorhalten, den Hegel auf den Punkt und *Bismarck* zum Erfolg brachten. Doch das wäre eine Urteil ex post, das Nachkommen gern als Besserwisser betreiben. *Herder* aber lebte in Krisen- und Umbruchszeiten, in denen auch andere Wege denkbar und sinnvoll erschienen; schließlich erwies die Revolution von 1789 sich mehr als Abschluss denn als Anfang einer Gesellschaftsordnung. Liest man *Herder* aus den ihm verfügbaren Denktraditionen nach „vorn", dann lässt er sich als ein Erneuerer verstehen, als Reformator einer inhaltlich statt nur formal neu zu gestaltenden Gesellschaft, die es damals so noch nicht gab, die der Krise aber entgegengestellt wurde. Seine „Nation" war ein visionärer Beitrag zur inneren und äußeren Einheitsstiftung für ein befriedetes Deutschland, das den Substanzverlust des Reiches ausgleichen sollte, und sie sollte zum Frieden in Europa anregen. Dazu wollte er zuerst die Nation, sodann den Staat und endlich dessen Regierung einrichten. Den Begriff der Einrichtung führte *Herder* fast nur nebenbei ein, obwohl er wohl dem bewunderten *Rousseau* nachsprach,

---

[11] *Herder*, Idee zum ersten patriotischen Institut, in: Herder/Suphan XVI, S. 600.

[12] Vgl. etwa *Wilhelm von Humboldt*, Über den Geist der Menschheit, in: *ders.*, Werke, hg. Albert Leitzmann, 2. Bd. (1796–1799), 1904/1968, S. 324 ff. (324): Der Mensch strebe im Denken nach „Einheit" mit dem Zentrum „Würde des Menschen".

[13] Augsburger Religionsfriede: Reichsabschied von 1555, §§ 7, 15: „Unruhen" u. Unfrieden im Reich wegen „der spaltigen Religion". Für Herder war Luther keineswegs ein Destrukteur.

der es ein Wagnis genannt hatte, „d'instituer un peuple".[14] *Herder* war weder Konstruktivist noch Dogmatiker. Er entfaltete seine Sprach-, Geschichts- und Vaterlandsphilosophie weniger systematisch als literarisch. Doch die Bemerkungen, dass die Nation und der Staat einzurichten seien, kamen nicht von ungefähr. Sie beruhten auf der Erkenntnis von Mängeln und auf der Absicht einer Konstitution. Dem Alten Reich traute er offenbar keine Zukunft mehr zu. Er placierte seine Nation vielmehr direkt zwischen die Topoi Mensch und Menschheit und schloss den Staat daran samt dessen Regierung und Verfassung an.

II. Mensch und Menschheit

Mensch und Menschheit waren korrespondierende Topoi der Aufklärung, beide ebenso abstrakt wie modern. Sie waren modern, weil sie die Stände- und Staatsordnung außer Acht ließen und die Gleichheit betonten, so dass neuartige Konstellationen wie das *Rousseausche* Vertragsmodell, die Person oder die Menschenwürde denkbar waren; sie waren abstrakt, weil sie von den damaligen Herrschaftsbedingungen ebenso absahen wie von Sozialstrukturen. „Mensch" und „Menschheit" waren theoretische Konstrukte, erwachsen aus der Theologie des Christentums und modernisiert durch die Reformation. Sie indizierten eine Emanzipation, die bei *Herder* mit der Befreiung des Menschen von seinen tierischen Trieben begann, in *Luthers* Lösung der Gläubigen von der Dominanz des Papstes sich fortsetzte und in die revolutionäre Lösung der Untertanen von der Dominanz der Grundherren und Dynastien mündete. *Herder* widmete diesem Thema sein Hauptwerk „Ideen zur Philosophie der Geschichte der Menschheit". Der Titel spiegelte das neuartige Interesse an Weltorientierung sowie an anthropologisch gestützter Geschichtsphilosophie, das *Kant*, *Hegel*, *Wilhelm von Humboldt* und andere im Gedenken der versonnten Vergangenheit der griechischen polis aufnahmen. Doch im Unterschied zu diesen bemühte *Herder* sich intensiv darum, die Abstraktion „Mensch" in dessen Sein statt in dessen Sollen zu erfassen. Seine Quellen stammten deshalb aus der verfügbaren Erfahrung. Als Kant das Werk seines ehemaligen Königsberger Studenten gründlich kritisiert hatte und eigene „Ideen" annoncierte, beschwerte *Herder* sich, sein – ansonsten verehrter – Lehrer habe „gestohlen".[15] Doch der kritische

[14] *Jean Jacques Rousseau*, Du contrat social, 1762, z.B. l. II ch. X, in: *ders.*, Oeuvres complètes III (Bibliothèque de la Pléiade), 1964, S. 390: „instituer un peuple". Rousseaus Werk konnte zunächst nur in Amsterdam erscheinen; es wurde in Paris umgehend verboten; der kurz nach dem „Contrat" 1762 veröff. „L'Émile" wurde verbrannt u. brachte Rousseau einen Haftbefehl ein, dem er in seiner Geburtsstadt Genf vergeblich zu entgehen versuchte und erst im preußischen Neuchâtel entging.

[15] *Herder*, Brief Nr. 96 an Johann Georg Hamann v. 14. 2 1785, in *ders.*, Briefe, hg. Dobbek/Arnold (Fn. 8), S. 104 ff.; Brief Nr. 98 an Friedrich Heinrich Jacobi v. 25. 2. 1785, ebd., S. 108: Herder orientierte sich im 1. Teil seiner „Ideen" an Kants vorkritischer Humanität;

Kant schrieb inzwischen in „weltbürgerlicher Absicht", *Herder* dagegen, wie der vorkritische *Kant*, in „humanitärer". Sein Mensch war ein vorstaatliches, gebildetes, jedenfalls vernunftbegabtes Geschöpf: selbstverständlich ein Geschöpf Gottes, doch zugleich ein naturwissenschaftlich begreifbarer Teil der Natur.[16] In *Herders* säkularisierter Theologie galt der Mensch als Achse der Schöpfung[17] und Element eines zur Humanität fortschreitenden Organismus. Insofern war er entwicklungsoffen, einerseits im Gefüge jener organischen „Kette" – eine der von *Herder* bevorzugten, Evolution indizierenden Metaphern – vom Individuum zu den Kollektiven der Familie, des Stammes, der Nation, der Menschheit, andererseits durch veranstaltete Bildungseinrichtungen, denen *Herder* intensive Programme widmete. Wie andere Zeitgenossen und Nachfahren vertraute *Herder* auf eine Pädagogik der Menschenbildung. Aber der Typus stand fest. Während die Menschen als Angehörige der verschiedenen Kollektive, namentlich der von *Herder* angeführten Nationen, ganz wie bei *Rousseau* in ihrer Besonderheit, also Ungleichheit, beschrieben und ungleich bewertet wurden, ließ die Zugehörigkeit zur umfassenden Menschheit sie als Gleiche erscheinen.

Herder hatte im „Menschen" einen vermeintlich neutralen Bezugspunkt seiner Sozial-, Organismus-, Evolutions- und Moraltheorien gefunden. Auch *Hobbes*, *Rousseau* und andere Rationalisten hatten jenen Angelpunkt aufgesucht und zum Axiom erhoben. Die Menschen dieser Philosophien wurden zwar individualisiert, sofern sie aber nicht nur wie beim *Rousseau* des „Contrat" als Elemente einer Theorie erschienen, sondern als unterscheidbare Einzelne, iden-

---

nach dessen Rezension beschwerte er sich über Kants „metaphysischen Richterstuhl" u. schrieb trotzig, er brauche Kants Plan für seinen – nach Kants Kritik mühsam erst 1787 publizierten – 2. Teil nicht. Kants „Ideen" erschienen 1795. In einem der „Zurückbehaltenen und „abgeschnittenen" Briefe", dem Brief Nr. 21 (Herder/Suphan XVIII, S. 324 ff.), lobte Herder Kant als seinen „wahren Lehrer der Humanität"- Zur Kontroverse Herder/Kant vgl. *Rudolf Haym*, Herder (1880), 2. Bd. 1958, S. 275 ff.; *Manfred Kühn*, Kant. Eine Biographie, 5. Aufl. 2004, S. 339 ff. Herders älterer Weimarer Kollege Wieland persiflierte Titel u. Thema durch seine „Beyträge zur geheimen Geschichte der Menschheit", in: *C. M. Wieland*, Sämmtliche Werke, IV. Bd., 1795 = Bd. V der Ausgabe der „Hamburger Stiftung zur Förderung von Wissenschaft und Kultur, 1984, S. 1 ff.

[16] Herder bemühte sich sehr, den Menschen an das Ende der Kette Pflanze – Tier – Mensch zu setzen, wobei ihm die Abgrenzung zu dem auch von anderen Zeitgenossen bestaunten Orang-Utan eine gewisse, auch manche heutigen Politiker und Verfassungsjuristen beschäftigende Mühe machte; letztlich siegten nicht etwa metaphysische Gründe, sondern der „aufrechte Gang", die Formation des Gehirns und die Instinktlosigkeit des Menschen: „der künstliche Instinkt, der ihm angebildet werden soll, ist Vernunft, Humanität, menschliche Lebensweise, die kein Thier hat und lernet" (die Bildung der Vernunft steht also nur im Soll): vgl. *Herder*, Ideen zur Philosophie der Geschichte, in: Herder/Suphan XIII, S. 146 f.

[17] *Herder*, Ideen zur Philosophie, in: Herder/Suphan XIII, S. 68: der Mensch sei wegen seiner Begabung mit Verstand und Redefähigkeit ein „Gottessohn". In einem Brief an Lavater v. 20. 2. 1775 hieß es dagegen humanisiert: „Der Mensch ist ein Inbegriff der ganzen Welt, der sichtbaren und unsichtbaren, selbst Gottes. Er könnte von keiner Eigenschaft Geistes und Körpers im Universum einen Begrif, noch ein Gefühl haben, wenn er nicht ein Analogon davon in sich besäße.", in: *Herder*, Briefe, hg. Dobbek/Arnold (Fn. 8), 3. Bd., 1978, S. 158 f.

tifizierten sie sich noch über ihren angestammten Platz in der Familie, im Stand oder im Beruf; ihre Individualisierung war noch nicht zur Personalisierung fortgeschritten[18], so dass sie den späteren Personalstatus des Staatsangehörigen noch nicht erreichen konnten. Ungeachtet dessen musste einem historisierenden und ethnologisierenden Philosophen bewusst sein, dass sein Mensch dem Wandel unterworfen war. Er musste daher versuchen, die Erfahrung mit der Vorstellung, das Objekt mit dem Subjekt, zu vermitteln. *Kant* leistete dies in seiner „Kritik der Urteilskraft";[19] *Hegel* wird daran anknüpfen; aber den „Geist" verabsolutieren.[20] *Herder* verhielt sich dagegen ambivalent. Er zitierte, lange vor *Hegel*, den Geist, speziell den des Christentums, auch den eines Volkes, aber er relativierte ihn zu einem Inbegriff inspirierter „Gesinnungen".[21] Indem er einen Schöpfergott zitierte, der wie in der Natur so auch im Menschen wirke, zitierte er keinen persönlichen Gott, sondern ein göttliches Prinzip, das *Spinozas* Vorstellungen und dem „Geist" der Aufklärer verwandt war, zu *Rousseaus* atheistisch aggressiver „réligion civil" bzw. „réligion national"[22] aber einen geziemenden Abstand hielt. Einige Jahre später wird *Hegels* absoluter „Weltgeist" sich in jedem „wirklichen", das heißt: im Bewusstsein seiner geschichtlichen Position lebenden, Volk mitteilen.[23] *Herders* „Geist" repräsentierte allerdings nichts Absolutes, sondern eine geschichtliche, also relative, Objektivität, die trotz allen Wandels dem Menschen, der Nation und deren Schicksalen übergeordnet war und deshalb Maßstab sein konnte. *Herder* blieb im Zwiespalt zwischen Theolo-

---

[18] Anders als in seinem „Contrat" prägte Rousseau durch seine „Confessions" ein sentimentales Menschen- u. Familienbild, das im Deutschland des ausgehenden 18. Jh. die zeitgenössischen Maler zu intimen Bildnissen bürgerlicher Personen u. Familien inspirierte; doch auch die auf Verinnerlichung angelegten Porträts dienten vermittels der Repräsentation universaler Tugenden der sozialen Veredelung. Der verfolgte, späte Rousseau der „Rêveries" (1776–1778) zog sich, von der Gesellschaft enttäuscht, auf sich zurück, um nur noch Pflanzen zu sammeln.

[19] *Immanuel Kant*, Kritik der Urteilskraft (1790), in *ders*., Werke in sechs Bänden, hg. Wilhelm Weischedel, Bd. V, 1966, S. 277 ff./321 ff. u. 477 ff./498 ff.

[20] *Georg Friedrich Wilhelm Hegel*, Encyklopädie der philosophischen Wissenschaften im Grundrisse (1830), § 384, in: *ders*., Werke (Theorie-Werkausgabe) 1970/76, Bd. 10, S. 29: „Das Absolute ist der Geist; ... auf diesen Punkt hat sich alle Religion und Wissenschaft gedrängt; aus diesem Drang allein ist die Weltgeschichte zu begreifen."

[21] *Herder*, Vom Geist des Christentums (1798), in: Herder/Suphan XX, S. 3 ff. (8): „Bei jedem Institut fragt man nach dem Geist und Zweck."

[22] *Rousseau*, Du contrat, l. IV ch. VIII, in: *ders*., Ouevres III (Fn. 14), S. 460 ff.: Rousseau begründete in diesem langen, „in extremis" nachgestellten , extrem kontroversen Kapitel die Unvereinbarkeit von Republik u. Christentum u. erklärte den Glauben zur Privatsache; Herders Humanitätsideal nahm außer Kants Humanismus wahrscheinlich auch Rousseaus Vorstellung eines „sentiment commun ... de l'humanité" (a.a.O.) auf, hütete sich aber, sich zu dieser Quelle u. deren Thema zu bekennen; der geistesgeschichtliche Zusammenhang kann hier nicht näher ausgeführt werden; wahrscheinlich wusste Herder aber, dass Rousseau wegen der Thesen seines „Émile" in Paris u. Genf. verfolgt wurde.

[23] *Hegel*, Grundlinien der Philosophie des Rechts (1821), §§ 270, 343 f., in: *ders*., Werke (Fn. 20), Bd. 7, S. 415, 504 f.

gie und Philosophie und im zwiespältigen 18. Jahrhundert, indem er axiomatisches Bekenntnis und Wissenschaft mit dem Fortschrittsvertrauen verband. Er vertraute wohl darauf, dass eine objektivierte Vernunft dem Menschen den Weg zum Guten weise. Gegen *Kant* und den späteren *Hegel*, aber im Sinne *Goethes* entwickelte er seine „Ideen zur Philosophie der Geschichte" nicht aus der Metaphysik bzw. aus Begriffen, sondern aus „Anschauungen", „Erfahrungen und Analogien".[24] Sein Vorwurf an *Kant*, dessen „weltbürgerliche Absicht" unterwerfe den Menschen wesensmäßig dem Staat[25], offenbarte daher nicht nur politische, sondern anthropologische Differenzen. *Herders* Mensch war wie der *Rousseaus* von Natur aus[26] frei, würdevoll und gesellig. Er war gesellig, nicht wie bei *Aristoteles* dank seiner republikanischen Sozialität oder wie bei *Hobbes* aus Furcht, sondern aufgrund der von Kindheit an in der Familie erlebten Mitmenschlichkeit und Angewiesenheit aufeinander. Auch *Wilhelm von Humboldt* dachte derart bio-soziologisch: „Was der einzelne Mensch für sich nicht vermag, das kann durch die Vereinigung aller gesellschaftlich bewirkt werden."[27] *Herder* folgerte daraus eine humanitäre Ethik: „Nach Gesetzen ihrer innern Natur muss mit der Zeitenfolge auch die Vernunft und Billigkeit unter den Menschen mehr Platz gewinnen und eine daurende Humanität befördern." Er verwendete den Jahrhundertbegriff „Vernunft" dabei nicht nur ontologisch, sondern sozio-kulturell ambivalent: Einerseits reflektiere die Vernunft den Schöpfungsmythos, dem gemäß Humanität der „Zweck der Menschennatur" sei, andererseits sei sie kein „angebohrnes automat", sondern ein genetisch und kulturell geprägtes und zur Vervollkommnung aufgegebenes Traditionsgut, mithin eine Synthese aus Erbe, Erfahrung und Erziehung.[28] Diese These war, ob beabsich-

---

[24] *Herder*, Ideen zur Philosophie, in: Herder/Suphan XIII, S. 9 (Vorrede) i.V.m. A. 177; *ders.*, Gott (1787), in: Herder/Suphan XVI, S. 533. zu den diesbezüglichen Unterschieden zwischen Goethe u. Hegel vgl. *Karl Löwith*, Von Hegel zu Nietzsche (1940), 2. Aufl. 1950/1995, S. 17 ff.

[25] Brief an Jacobi v. 25. 2. 1785 (Fn. 15).

[26] *Herder*, Ideen zur Philosophie, in: Herder/Suphan XIV, S. 226: „Menschheit im Ganzen als in ihren einzelnen Individuen, Gesellschaften und Nationen ein daurendes Natursystem". Bei *Rousseau* wird der Mensch von „Natur" aus geboren, löst sich danach aus diesem primitiven Zustand u. betreibt seine vom Willen gesteuerte Sozialisation: Du contrat, l. I ch. II, in: *ders.*, Ouevres III (Fn. 14), S. 352 ff.; der spätere, verfolgte Rousseau zog sich u. sein als Einsiedler formuliertes, egozentrisches Menschenbild dagegen aus dem Selbstbewusstsein der Instinkte, Gefühle u. – ganz 18. Jh. – Seelenzustände („coeur", „âme"): vgl. *Rousseau*, Les Rêveries du promeneur solitaire (verfasst 1776 – 1778, publiziert 1782), bes. 4.u. 7. promenade: ed. Gallimard (folio classique), 1972, S. 35, 41 f, 82, 117.

[27] *Herder*, Ideen zur Philosophie der Geschichte, in: Herder Suphan XIII, S. 159: angewiesen auf die Mutterliebe u. den Schutz der Familie, sei der Mensch „zur Gesellschaft gebohren" – eine „nothwendige Gesellschaft"; *ders.*, Wahrheiten aus Leibnitz, in: Herder/Suphan/Redlich XXXII, S. 211 ff., 221: „Im Menschen ... ist Instinct zur Gesellschaft"; *von Humboldt*, Das achtzehnte Jahrhundert (1796/97), in: *ders.*, Werke, 2. Bd. (Fn. 12), S. 1 ff. (38).

[28] *Herder*, Ideen zur Philosophie, in: Herder/Suphan XIV, S. 235 mit S. 245 u. 217, 228; 145 (betr. „Vernunft"); markant a.a.O., S. 345: „Der Mensch ist also eine künstliche Maschiene,

tigt oder nicht, zugleich realistisch und raffiniert, band sie doch den einzelnen in ein ihm vorgegebenes Gefüge von Einflüssen und Abhängigkeiten ein, die seiner egoistischen Individuation von vornherein Schranken setzten, um der Repräsentation einer „allgemeinen" Vernunft Räume zu öffnen.

In der Perspektive dieser Annahmen ergaben sich Nationen, die eine Geschichte hatten und erlebten und deshalb, so *Herder*, je für sich im Zusammenhang der Menschheit gewürdigt werden sollten. Die Nation wurde als Insel in der Masse der Menschheit gebildet. In ihr erfuhren *Herders* Menschen nämlich ein eigenartiges Band der Vereinigung[29], das sie in einen genetischen, geistigen, kulturellen Lebenszusammenhang einbezogen, der sich organisch bildete und entwickelte. *Herder* arrondierte seine Evolutionstheorie durch eine Organismustheorie, die Erkenntnisse der damals modern gewordenen Biologie ins Soziologische und Konstitutionelle übersetzte.[30] Dabei funktionierten, vereinfacht gesagt, die Nation aktiv und die Menschheit als ruhender Pol.

Herders Menschheit war ein Begriff des Epochenwandels. Er säkularisierte und humanisierte die sich wandelnde Welt, indem er deren geographischen Zusammenhang durch einen ethischen vertiefte; zugleich bildete er eine ethnographische Kollektiveinheit, die die Vielfalt der Menschen, Familien und Nationen zusammen- und im wechselseitigen Respekt hielt: tatsächlich durch das Nebeneinander der Wirkräume und moralisch durch das Ideal der Humanität. *Herders* Menschheit erwuchs so zu einem sinnstiftenden Ganzen, das wie der „Geist" das Zusammenleben auf Erden ohne Gott erklärte. Das Ideal der Humanität, ein Ideal der Bildung, hielt nicht nur die wilde Natur im Zaum, sondern veranlasste im Gegenzug zur wechselseitigen Rücksichtnahme. Diese aufgeklärte, doch zugleich idealistische Perspektive war *Herders* großes Thema. Er behandelte es in immer neuen Variationen und unter Leitbegriffen, deren politische Ziele die heutige europäische Rechtssprache Begriffe wie Integration, Solidarität und Kohärenz verwendet: Zusammenhang, Harmonie, Toleranz, Kontinuität, Evolution, Humanität, kurz: „Encyklopädie alles Menschlichen".[31] Der späteren Einrichtung der Vereinten Nationen konnte er so ein anregender Vordenker sein, auch wenn seine Theologie der Humanität dem

---

zwar mit genetischer Disposition ...; aber die Maschiene spielet sich nicht selbst und auch der fähigste Mensch muss lernen, wie er sie spielt. Die Vernunft ist ein Aggregat von Bemerkungen und Uebungen unsrer Seele; eine Summe der Erziehung unsres Geschlechts. ... Hier also liegt das Principium zur Geschichte der Menschheit." Die Geschichte der Menschheit sei eine „Kette der Geselligkeit und bildenden Traditionen". *von Humboldt* definierte die „wahre Vernunft" dagegen teleologisch: Ideen zu einem Versuch die Grenzen der Wirksamkeit des Staats zu bestimmen (1792), in: Werke (Fn. 12), 1. Bd. (1785–1795), 1903/1968, S.111.

[29] *Herder*, Briefe zur Beförderung der Humanität, in: Herder/Suphan XVIII, S. 318.

[30] Dazu *Dieter v. Stephanitz*, Exakte Wissenschaft und Recht. Der Einfluss von Naturwissenschaft und Mathematik auf Rechtsdenken und Rechtswissenschaft in zweieinhalb Jahrtausenden. Ein historischer Grundriss, 1970, S. 113 ff.

[31] *Herder*, Auch eine Philosophie der Geschichte (1774), in: Herder/Suphan V, S. 530.

heutigen Zeitgeist nicht mehr entspricht. Wilhelm von Humboldt verzichtete darauf zugunsten einer ethischen Profilierung der Menschheit, indem er sie begriff als „lebendige Kraft des Geistes, der sie beseelt, aus ihr spricht, sich in ihr thätig und wirksam erweist."[32] *Herders* Konfiguration der Nationen innerhalb der Menschheit war allerdings zwiegesichtig, je nachdem es um die Entstehung oder um das Verhältnis der Nationen ging. Die vermeintlich homogene Individuation einer Nation durch Konzepte der Ein- und Ausgrenzungen erklärte er einerseits durch das naturgemäße Prinzip der Familie, andererseits durch das kulturelle Prinzip des Wettbewerbs: Im „Conflict" rieben Nationen sich zwar aneinander, bisweilen bis zum „Nationalhass"; doch verbinde der Wettkampf auch zu „gemeinschaftliche(n) Productionen" und führe idealiter, wenn ihn Vernunft und Billigkeit leiteten, zur Harmonie.[33] Idealisten der Europäischen Union argumentieren heute ganz in diesem Sinne, und ähnlich wie diese erklärte schon *Herder* die Nationbildung zur Voraussetzung eines friedlichen Mit- und Nebeneinanders, das aggressive Eroberungen fremder, insbesondere fremdsprachiger Gebiete, ausschließen würde. Napoleon III. wird in der zweiten Hälfte des 19. Jahrhunderts eine entsprechende Politik betreiben, um Frankreich einen Wettbewerbsvorteil vor Preußen und Habsburg zu verschaffen.[34]

Herder verurteilte jedoch ausdrücklich den „Nationalwahn" einer Nation, die sich für den Mittelpunkt und anderen überlegen hielte, und verwendete den Ausdruck „Nationalism" als etwas Abstoßendes.[35] Er plädierte für einen „geläuterten Patriotismus": Jede Nation sollte sich nur selbst groß fühlen, nicht im Auge anderer; anderen Nationen gegenüber sollte ein Gefühl der Billigkeit und der Toleranz gelten:[36] ein Programm der friedlichen Koexistenz:[37] „... politische Maschienen mögen gegeneinander gerückt werden, bis Eine die andere zersprengt. Nicht so rücken Vaterländer gegen einander; sie liegen ruhig neben einander und stehen sich als Familien bei. Vaterländer gegen Vaterländer im Blutkampf ist der ärgste Barbarismus der menschlichen Sprache."[38] *Fried-*

---

[32] *von Humboldts* Werke, 2. Bd. (Fn. 12), S. 332.

[33] *Herder*, Briefe zur Beförderung der Humanität, in: Herder/Suphan XVII, Brief Nr. 25, S. 116 ff.

[34] Vgl. dazu *Johannes Willms*, Napoleon III. Frankreichs letzter Kaiser, 2008, S. 159 ff.

[35] *Herder*, Auch eine Philosophie der Geschichte, in: Herder/Suphan V, S. 510. Das Wort wurde wohl aus dem Französischen übernommen; *Reinhart Koselleck*, Lexikalischer Rückblick (zum Artikel: Volk, Nation), in: Brunner/Conze/Koselleck (Hrsg.) Geschichtliche Grundbegriffe, Bd. 7, 1992, S. 380 ff., 399, referiert, das Wort könne seit 1798 nachgewiesen werden; Herder benutzte es fast ein Vierteljahrhundert früher u. entgegen seiner Vereinnahmung im Nationalsozialismus des Dritten Reiches.

[36] *Herder*, Briefe zur Beförderung der Humanität, in: Herder/Suphan XVIII, Brief Nr. 119 (1797), S. 270 f.

[37] *Bernd Schönemann*, Volk, Nation, Nationalismus, Masse, in: Otto Brunner/Werner Conze/Reinhart Koselleck, Geschichtliche Grundbegriffe, Bd. 7, 1992, S. 281 ff. (318).

[38] *Herder*, Briefe zur Beförderung der Humanität, 5. Sammlung (1795) Nr. 57, in: Herder/Suphan XVII, S. 319.

rich Schiller dozierte im Mai 1789, also einige Jahre nach der Publikation von *Herders* „Ideen“ und kurz vor dem Sturm auf die Bastille, in seiner Jenaer Antrittsvorlesung Ähnliches mit ähnlichen Begriffen, allerdings thetisch idealistisch, mit dem Tenor, dass der „Friedensgrundsatz“ in Europa bereits eingetreten sei.[39] Die Verhältnisse änderten sich aber bekanntlich rasch, so dass nicht Feststellungen, sondern Visionen ins Feld traten. *Herder* traf sich dabei mit seinem Landsmann Kant in dem Bemühen, den „ewigen Frieden“ in der Welt auf „vernünftige“ Weise einzurichten.[40] Vertraute er dabei wie ein Hofkaplan oder Prinzenerzieher der Einsichtsfähigkeit der Herrschenden, deren Zwietracht man damals beobachten konnte? Sein Friedensprogramm war jedenfalls nicht auf die Politik der Höfe, sondern auf sein optimistisches Menschenbild und auf eine selbstgenügsame, mit sich zufriedene Nation gegründet, die ihre Interessen zu erkennen in der Lage war, wenn er warnte: Die „unnatürliche Vergrößerung der Staaten“ durch „Vermischung der Menschenrassen und Nationen“ sei „widersinnig“, weil ihr „die Sympathie der Teile gegeneinander“ fehle; dem Staat sei „keine andere als die Naturordnung die beste“; nur die – gemeint: homogene – Nation bewahre vor dem Verfall in die Despotie. Zeitgenossen konnte diese Warnung als Menetekel des Habsburger Reiches, aber auch als Affront gegen Okkupationen in Polen erscheinen; Spätere konnten aber auch die Legitimation so genannter natürlicher Vergrößerungen folgern, die *Herder* freilich nicht meinte. Er zielte wohl gegen das dynastische Prinzip und demgemäße Landnahmen inklusive der „Leute“, doch brachte er weder Nationen noch deren Nationalstaaten aggressiv gegen die dynastischen Monarchie in Stellung. Er wollte dazu überzeugen, dass eine in sich gefestigte Nation keiner Eroberungen bedarf. Seine Nation sollte ein Friedenstifter werden, denn „Friede ist der Natur-Zustand des unbedrängten, menschlichen Geschlechts“, Krieg dagegen „ein Stand der Not“.[41] Einen solchen Zustand anerkannte er im Fall der Existenzbe-

---

[39] *Friedrich Schiller*, Was heißt und zu welchem Ende studiert man Universalgeschichte (Antrittsrede „Introductio historiam universalem“ am 26.5.1789, publiziert unter dem Titel der – der „Menschheit“ nahen – „Universalgeschichte“ im November 1789) in: *ders.*, Sämtliche Werke ...: „Die europäische Staatengesellschaft scheint in eine große Familie verwandelt. Die Hausgenossen können einander anfeinden, aber nicht mehr zerfleischen“; die Gegenwart ruhe in einem „gesegneten Gleichgewicht“; der junge Professor schwärmte von dem „menschliche(n)“ Jahrhundert als Gegenwart, das Herder zuvor als Zukunftsvision vorgestellte hatte. Hatte Schiller, der in Weimar mit Herder distanziert verkehrte, dessen „Ideen“ verarbeitet?

[40] *Immanuel Kant*, Vom ewigen Frieden (1795), in: *ders.*, Werke (Fn. 19), S. 193 ff.; Kant zitierte weder den gleich argumentierenden Herder noch den Erfinder des Titels u. damals aktuellen Themas *Thomas Charles Irénées Castel de Saint-Pierre/Abbé de Saint-Pierre* (1658–1743), Projet pour rendre la paix perpetuelle en Europe (1712)/Projet de Traité pour rendre la paix perpetuelle entre les Souverains chretiens (1717); dagegen berief *Herder* sich nachdrücklich auf den „ehrlichen St. Pierre“, als er „zu einem ewigen Frieden“ anregte: Briefe zur Beförderung der Humanität, 5. Sammlung (1795) Nr. 57, in: Herder/Suphan XVII, S. 276.

[41] *Herder*, Ideen zur Philosophie, in: Herder/Suphan XIII, S. 322.

drohung: „Selbstverteidigung ist die Wurzel alles menschlichen und Nationalwertes. Ein Volk, das sich nicht selbst schätzet, wie sollten andere es schätzen können, um auch von ihm geschätzt zu werden? Eine Nation, die sich selbst nicht verteidigen mag, wird (bald) wie das wehrlose Italien ein Spott und Spiel aller Nationen."[42] Fasst man *Herders* Thesen vom Nationalhass, vom Frieden und von der Selbstverteidigung zusammen, entsteht eine Welt gewachsener, abgeschlossener, in sich gefestigter Nationen, die sich von dynastischer Willkür emanzipiert haben und dennoch der Machtkonkurrenz ausgesetzt bleiben. Der Aufruf zur Selbstbestimmung und Selbstverteidigung beinhaltet auch die Einsicht, dass *Herders* Evolution, ethische Errungenschaften und Vorstellungen immer wieder in Frage stellen kann. Die Nation bleibt also wie deren Friedensauftrag eine prekäre Aufgabe.

III. Werden und Wesen der Nation

Der Begriff „Nation" durchzieht sein gesamtes Werk, zuweilen, aber nicht immer deutlich, mit „Volk" identifiziert. Es verwundert daher nicht, dass er dabei unter mancherlei Schattierungen[43] litt, so wenn die deutsche oder französische Nation demselben Leitbegriff wie „nordische Jagdnationen", „Waldnationen", madagassische „Zwerg-Nationen", „Hirtenvölker" sowie alle die Ethnien, die antike und zeitgenössische Reisebeschreibungen anboten, untergeordnet wurden. Das disparate Material ergab die kuriose Formel, eine Nation sei „ein großer, ungejäteter Garten von Kraut und Unkraut".[44] Ein Spötter hätte so auch den Zustand des Reiches poetisieren können, doch *Herder* stritt für die Einheit der deutschen Nation, und machte sich daher zum Gärtner jenes Gartens. Er befragte die Nation nach ihren wesenhaften Bauelementen, von denen „Sprache", „Geschichte", „Kultur" und Bildung die Nachwelt am meistens beeindruckt und angeregt haben. Meinecke hat aus diesen und verwandten Quellen eine „Kulturnation" der Deutschen benannt, deren Weg zur Staatsnation er engagiert nachzeichnete.[45] Doch *Herder* nahm die kulturellen Faktoren nicht als Daten, sondern als Medien der Erkenntnis einer sozio-kulturellen Einheit und den Staat nicht als deren Höhepunkt der Vergemeinschaftung.

---

[42] *Herder*, Briefe zur Beförderung der Humanität, in: Herder/Suphan XVIII Anhang. Zurückbehaltene, Nr. 116, S. 345.

[43] *Herder* selbst benutzte diese Metapher: Ideen zur Philosophie, in: Herder/Suphan, XIII, S. 348: „... das Gemälde der Nationen hat hier unendliche Schattierungen".

[44] *Herder*, Briefe zur Beförderung der Humanität, Nr. 42 (1794), in: Herder/Suphan XVII, S. 211.

[45] *Friedrich Meinecke*, Weltbürgertum und Nationalstaat, hg. Hans Herzfeld, 9. Aufl. 1963, S. 34.

Im ursprünglichen Sinne besaß *Herders* Nation einen quasi-naturhaften Kern in der Familie – „quasi", weil idealisiert und abstrahiert wurde: Dort begännen die Geselligkeit und die „Menschengesellschaft".[46] *Herder* war nicht der erste Politphilosoph, der seinerzeit Vergemeinschaftungen in der Familie beginnen ließ. *Rousseau*, dessen „Émile" *Herder* häufig zitierte, hatte diese These schon 1762 für einleuchtend gehalten: „La plus ancienne de toutes les sociétés, et la seule naturelle, est celle de la famille"[47], und auf diesem Axiom seine Dichotomie von Natur und Konvention aufgebaut.[48] *Herder* moderierte diesen Ansatz, indem er statt des von *Rousseau* betonten Selbsterhaltungstriebs die Momente der Selbsterkenntnis und Anerkennung der Zusammengehörigkeit der Menschen betonte und so deren Kohärenz hervorhob, die aus sich heraus und nicht kraft heteronomer, politisch-herrschaftlicher Dispositionen, entstanden war. Die Blutsverwandtschaft, die er zuweilen zitierte, schloss Eingeheiratete und sonstwie Integrierte aus der Familie nicht aus, und die so genannten Stämme, die *Herder* als Kohorten miteinander verbundener Geschlechter auffasste, konnten Stammeltern oder Stammregionen entstammen; denn seine Genealogie war kein Konzept individueller, persönlicher Angehörigkeit, wie es im 19. Jahrhundert gefragt und verordnet wurde, sondern ein historisches Gewächs.[49] Sie funktionierte als Kollektivsingular. In der so genannten Familie begann *Herders* fortschreitende Geschichte, die zur Einheit einer Siedlungsgemeinschaft führen und deren Qualifizierung zur Nation fördern sollte. Die „Kette" von der Familie zur Nation gewährleistete nicht nur Kohärenz, sondern auch Kontingenz, indem Familien sich aus ihrer Geschichte in die Zukunft fortpflanzten – *Herder* bezog seine Evolution systematisch auf die Tier- und Pflanzenwelt – und mit anderen Familien vernetzten. In diesem Muster spielten Individuen – Väter, Männer – ihre auch in den zeitgenössischen Rechtssystemen verankerten Rollen, ohne dass es auf Personalisierungen ankam. In diesem Fortschrittsschema bildete *Herders* Nation den Scheitelpunkt einer kontinuierlichen Entwicklung menschlicher Gruppen. Sie war eine abgrenzbare Einheit und das historische Ergebnis kollektiver „Individuation"[50], die *Herder* von der Kindheit zur Jugend, zum männlichen und dann zum „hohen Alter unsres Ge-

---

[46] *Herder*, Ideen zur Philosophie, in: Herder/Suphan XIII, S. 375; *ders.*, Briefe, in: Herder/Suphan XVIII, Brief Nr. 1156, S. 235: „Die Natur geht von Familien aus; Familien schließen an einander.".

[47] *Rousseau*, Du contrat, l. I ch. II, in: *ders.*, Ouevres III (Fn. 14), S. 352; *ders.* (in konzentrierter Fassung), Émile ou de l'éducation, 1762, l. V.

[48] *Rousseau*, Du contrat, l. I ch. I, in: *ders.*, Ouevres III (Fn. 14), S. 352.

[49] Dazu *Rolf Grawert*, Staat und Staatsangehörigkeit, 1973, S. 124 ff.

[50] *Herder*, Gott. Einige Gespräche (1787), hier: Fünftes Gespräch, in: Herder/Suphan XVI, S. 574; die persönliche „Individuation" = Übersetzung von „Selbstheit" = Selbstverwirklichung; Herder hatte dies von Leibniz. Kant sprach über den „Charakter eines Volks ähnlich wie – u. in Kenntnis von? – Herder: *Kant*, Anthropologie in pragmatischer Hinsicht (1798/1800), in: *ders.*, Werke (Fn. 19), Bd. VI, S. 658 ff.

schlechts" führte.[51] Diese dem Menschenleben nachgebildete Metapher, die den Alterungsprozess als Fortschritt ausgab: War sie eine Variante des Baconschen Paradoxons? Oder zeigte sie der Nation und der Geschichte deren Ende? Wies sie eschatologisch auf einen Zustand allseitiger Befriedung und Humanität, den es schonend zu pflegen galt? So oder so kann man die Sinnfälligkeit der Metapher bezweifeln, nicht aber *Herders* Anliegen, die Nation als Ordnungskraft zu etablieren.

Herder führte seine sozio-kulturelle Nation auf eine ähnliche Höhe, wie *Sieyès* sie der französischen Nation zur gleichen Zeit, ungeachtet der deutschen Diskussion, in politischer Hinsicht zusprach.[52] Er sah in der seinerzeit überlegenen Sprache, Kultur und Nation ein Konkurrenzmodell, aber kein politisches Vorbild; sein klassisches Vorbild war die idealisierte Welt der Griechen, während er der transnationalen „Weltverfaßung" Roms nur Respekt zollte.[53] Was *Sieyès* im französischen Bürgertum voraussetzte, propagierte *Herder* als Aufgabe: die Sozialisation der Nation. Die Natur leite den Menschen nur bis zur Familie; danach lasse sie ihm die Freiheit, sich selbst einzurichten;[54] „mit jeder Gesellschaft" bilde er zweckgemäß „ein höheres Maximum zusammen-wirkender Kräfte".[55] Während *Sieyès* die im Dritten Stand des Besitzbürgertums vereinheitlichte Nation der Franzosen im revolutionären Umfeld Frankreichs beheimatete, kümmerte *Herder* sich um die sozial-ökonomische Binnenstruktur seiner Nation so gut wie gar nicht. Die im 19. Jahrhundert aufbrechenden Gegensätze von hommes und citoyens, Bürger und Staatsbürger, Mensch und Masse usw. werden nicht thematisiert. *Herder* ging es offenbar nur um das Bildungsbürgertum als Träger der humanitären Nation. Dass Nationen in Staaten eingebunden werde, war ihm bekannt, aber kein hervorragendes Ziel. Die Vielzahl und die Verschiedenheiten der Nationen überwölbte er durch die umfassende Idee der Menschheit. Sie ergab sich aus der Sicht des individualisierten Menschen wie aus der des einen Gottes. Den erwarteten Fortschritt verlegte *Herder* anfangs in die evolutionäre Natur, dann in die Kultur und schließlich, unter dem Eindruck der Lehren *Spinozas* – und zum Missfallen *Goethes* und Carl Augusts[56] –, in den naturtheologischen „Gang Gottes in der Natur".[57] Dort verankerte er auch das Urmodell des Begriffs der „Einheit", die dann bis zum Volk, zur Nation und zum Staat hin säkularisiert wurde. Eine moderni-

---

[51] *Herder*, Ideen zur Philosophie, in: Herder/Suphan XIII, S. 365.

[52] *Emmanuel Sieyès*, Qu'est-ce le tiers état?, 1789.

[53] Dazu markant *Herder*, Auch eine Philosophie der Geschichte (1774), in: Herder/Suphan V, S. 496 ff. (513).

[54] *Herder*, Ideen zur Philosophie, in: Herder/Suphan XIII, S. 382.

[55] *Herder*, Ideen zur Philosophie, in: Herder/Suphan XIV, S. 227.

[56] Vgl. *Friedrich Sengle*, Das Genie und sein Fürst, 1993, S. 59 ff.

[57] *Herder*, Ideen zur Philosophie, in: Herder/Suphan XIII, S. 9 f.: „Die Natur ist kein selbständiges Wesen; sondern Gott ist alles in seinen Werken." Zum „Gang Gottes über die Nationen" vgl. *Herder*, Auch eine Philosophie der Geschichte, in: Herder/Suphan V, S. 565.

sierende Interpretation könnte diesen Zusammenhang von Menschen als System der Homogenität und als Projekt der Kohärenz begreifen. *Herder* drückte sich zwar so noch nicht aus, argumentierte aber in diesem Sinne. Was ihn von den Vertretern eines nationalen und internationalen Pluralismus unterscheidet, ist die Funktion der Menschheit. Weil diese „einen"[58] Ursprung in der Schöpfung, im Wesen und in der Würde des Menschen habe, erschienen die Nationen als Variationen der Menschheit[59] und so in mitmenschlicher – „humanitärer" – Verbundenheit.

Was hielt die derart stilisierte Nation zusammen? Was sicherte deren Homogenität und Identität? *Herder* identifizierte die Nation genealogisch und phänomenologisch vornehmlich durch Sprache, Schrift und Geschichte, also durch Medien der Kommunikation und Tradition.[60] Die babylonische Entwicklung ließ er zwar ganz evolutionsgemäß im Schoß der Familie beginnen, und beförderte sie aber kulturell durch den so genannten „National-Geist". Als ein die Gruppe verbindendes Medium galten ihm Sprache und Geschichte allerdings nur als Indizien für die Individualität des Denkens, kurz: des Geistes einer Nation. In diesem „Geist", der, wie gesagt, die Brücke von der Sache zur Vorstellung, vom Objekt zum Subjekt, vom Interesse zur Vernunft bildete, verortete er die Essenz einer Nation. Der Nationalgeist drückte das Objektive im Besonderen aus: „Wir denken in der Sprache. ... Jede Nation spricht also, nach dem sie denkt und denkt, nach dem sie spricht".[61] Zwar wollte *Herder* der so identifizierten Nation einen verlässlichen Platz im vielfältigen Gefüge der Menschheit sichern, doch hielt er die genannten Identitätsmerkmale für Bildungsgut, das also erworben werden konnte und deshalb Integrationen und Assimilationen zuließ, statt wie in späteren Nationalstaatskonzepten als Ausschlusskriterium zu gelten.

Herder knüpfte mit seinem „Geist" literarisch an von Mosers „National-Geist", sachlich aber an *Montesquieus* „Geist der Gesetze" insofern an[62], als er die Nationbildung vom „Klima"[63] abhängen ließ, worunter er, weiter ausgreifend, das Ensemble aller objektiven und subjektiven Entwicklungsfaktoren eines durch den Siedlungszusammenhang eine Lebensgemeinschaft bildenden

---

[58] *Herder*, Auch eine Philosophie der Geschichte, in: Herder/Suphan V, S. 477: „Ursprung des ganzen Geschlechts von Einem" – Gott? Adam?

[59] *Herder*, Journal meiner Reise, im Jahr 1769, in: Herder/Suphan IV, S. 379 (403).

[60] *Herder*, Ideen zur Geschichte, in: Herder/Suphan XIII, S. 357 (366).

[61] *Herder*, Ueber die neuere deutsche Litteratur. Fragmente. 1. Sammlung, 2. Ausgabe (1768) Nr. 3, in: Herder/Suphan II, S. 18 f.: „jede Nationalsprache sich nach den Sitten und der Denkart ihres Volkes bildet"; ähnlich: *ders.*, Ideen zur Philosophie, in: Herder/Suphan XIII, S. 357: „Ein Volk hat keine Idee, zu der es kein Wort hat", Sprache verbinde Menschen u. Traditionen.

[62] Betr. Herders ambivalente Haltung zu Montesquieu vgl. u.a. *ders.*, Ideen zur Philosophie, in: Herder/Suphan XIII, S. 386.

[63] *Herder*, Ideen zur Philosophie, in: Herder/Suphan XIII, 284.

Volkes verstand. Philosophiegeschichtlich folgte die Geist-Metapher jedoch der christlich-dualistischen Unterscheidung von Geist und Körper. *Herder* nannte denn auch die Nation eine „Körperschaft", die er mit einem „National-Geist" begabte. Er zitierte dazu *Leibniz*, eines seiner philosophischen Vorbilder: „Leibnitz Weißsagung ist eine alte bewährte Wahrheit. Eine Gemeinheit ohne Gemeingeist kranket und erstirbt; ein Vaterland, ohne Einwohner, die es lieben, wird es zur Wüste ...".[64] Diese Unterscheidung gestattete, migrationspolitisch verstanden, die maßvolle Aufnahme und Integration Fremder, ohne die Kontinuität des „Geistes" zu beeinträchtigen. Sie liegt auch heute noch nationalen Integrationskonzepten zugrunde, so wenn man etwa in Deutschland von Einwanderern die Anpassung an eine deutsche Sprach- und „Leitkultur" erwartet. Dabei bezweifelte schon *Herder* nicht, dass der „National-Geist" laufenden Änderungen unterliegt, da er nichts anderes als ein anerkanntes Wertesystem darstellt, das auf der veränderbaren Akzeptanz der Werte beruht. Da Wertbegriffe unscharf, zudem oft unreflektiert und an Interessen gebunden sind, und da *Herder* keinem Wertekanon folgte, soll es hier genügen, die von ihm ins Zentrum des Menschenbildes gerückte Würde des Menschen und die der Nation ins Benehmen einer unbestimmten Ideologie der Humanität zu setzen, die sich trotz aller Unschärfe in Mitmenschlichkeit – Solidarität – übersetzen lässt. Aufschlussreicher wirkt der Begriff des Nationalgeistes insofern, als er Nationen intern auf die je eigene Kultur und Geschichte verweist, extern aber voneinander abgrenzt.[65] In Europa traf *Herders* Idee allerdings, wie er einräumte, auf fließende Grenzen. Hier folgerte der Philosoph nämlich aufgrund der Völkerwanderung der germanischen Stämme, die er als Nationen begriff, eine gewisse „Verschmelzung" und jenseits von Rom einen „Nationen-Verein", der einen „Allgemeingeist Europa's" erweckt habe.[66] Heutige Unionspolitiker, könnten diese These mit Wehmut zitieren, entdeckten sie nicht auch *Herders* anschließende Skepsis: „unsre Europäische Cultur?" Sie sei nur „ein abgezogener Begriff, ein Name" denn: „Wo existiert sie ganz? Bei welchem Volk?"[67].

Sein Fortschrittsmodell ließ das individuelle Volk sich zunächst wie ein Mensch von der Kindheit zur Jugend und schließlich zum hohen Alter der Nationen entwickeln.[68] Dieser Vergleich war nicht neu. Er hätte im Ancien Régime

---

[64] *Herder*, Briefe, in: Herder/Suphan XVII, Brief Nr. 58, S. 358; zugleich distanzierte Herder sich von Macchiavellis Lehre von der „Staatsräson": sie sei ein Nutzendenken ohne Moral (S. 323 ff.).

[65] Zur Abgrenzung: *Herder*, Briefe, in: Herder/Suphan, Brief Nr. 115, S. 235.

[66] *Herder*, Ideen zur Philosophie, in: Herder/Suphan XIV, S. 287.

[67] *Herder*, Briefe zur Beförderung der Humanität, in: Herder/Suphan XVIII, Brief Nr. 116.

[68] *Herder*, Ideen zur Philosophie, in: Herder/Suphan XIII, S. 365. Dem Friedrich Ludwig Reichsgraf zu Solms-Werningerode schrieb *Herder* allerdings am 2.12.1785 aus Weimar: „Die Metapher von Kindheit, Jugend, männlichem und hohem Alter des menschlichen Geschlechts habe ich einst selbst ... geltend zu machen gesucht u. aus ihr in meinem ersten Versuch des

dazu dienen können, die Legitimation dynastischer Herrschaften von deren Traditionen oder dem Gottesgnadentum auf die Nation umzustellen. Das hatte *Herder* jedoch nicht im Sinn, da er von der Kleinstadt aus, in der er in Bückeburg und Weimar tätig war, nicht wie andere Philosophen auf Preußen, sondern auf die Zukunft der gesamten deutschen Nation im Maßstab des Reiches schaute. Dieser erst einzurichtenden Nation galt es Substanz und Kontinuität zu verschaffen. *Herder* wurde deshalb nicht müde, den Deutschen immer wieder die Entwicklung ihrer Sprache zu empfehlen und Geschichtsbewusstsein anzumahnen, dabei zwei Ziele verfolgend: Vereinheitlichung und Verallgemeinerung. Diese Ziele interessieren bis heute.[69] Sie sind inzwischen nicht nur in Deutschland Verfassungsprojekte geworden: im philologisch konservativen Sinne der Bewahrung durch Abwehr von Überfremdungen sowie im politisch progressiven Sinne der Integration von Immigranten in eine kommunikative Demokratie. Da Sprachen auch für *Herder* historischen und nicht göttlichen Ursprungs waren[70], konnten sie geformt werden und mit ihnen die Nationen. Aber *Herder* benötigte für seine Vorstellungen ein „gemeinsames Publikum", und fragte, fast verzweifelt, danach, da bisher eine „Sprache des Vaterlandes" fehle.[71]

Herders Plädoyers für die deutsche Sprache dienten also durchaus politischen Zielen. Zunächst sollte die deutsche Sprache nach den Vorbildern *Luther* und *Lessing* über ihre Volkstümlichkeiten und über die Vielfalt der Dialekte in ein dem Französischen ebenbürtiges Niveau gehoben werden. Sie sollte überdies die deutsche Nation harmonisieren und formen. In der sozialpolitischen Absicht lag es, die zeitgenössischen Sprachgrenzen zwischen dem frankophilen Adel und dem Volk einzuebnen. *Herders* Landesfürst Carl August schrieb wie der von *Herder* verehrte Friedrich der Große in Französisch, in der Sprache der höfischen Gesellschaft, der *Herder* fern stand. Diese Präferenz für das Französische entzweite seiner und seiner Mitstreiters Ansicht nach in Deutschland „Stände und Volksclassen"; wer „Deutsch sprach, der war Domestique", während der Herrschaftsstand „für die thätige Bildung und Fortbildung der Nation verlohren" war.[72] Solche Klagen verbreiteten sich.[73] Die von ihm beabsichtigte

gegenwärtigen Buches „Auch eine Geschichte der Menschheit" nur zu viel gefolgert. Jetzt tue ichs nicht mehr ...", in: Dobbek/Arnold Briefe (Fn. 8), 5. Bd., 1979, S. 149.

69 Sie betrafen im 19. Jh. vornehmlich die Habsburger Balkanländer: *Holm Sundhaußen*, Der Einfluss der Herderschen Ideen auf die Nationbildung bei den Völkern der Habsburger Monarchie, 1973.

70 *Herder*, Abhandlung über den Ursprung der Sprache (Preisschrift der Königl. Akademie der Wissenschaften 1770, veröff. 1772/1789), 4. Naturgesetz, in: Herder/Suphan V, S. 135 ff.

71 *Herder*, Briefe zur Beförderung der Humanität, in: Herder/Suphan XVII, S. 288 f.

72 *Herder*, Briefe zur Beförderung der Humanität, in: Herder/Suphan XVIII, Nr. 111, S. 161 f.

73 Vgl. nur. *C. M. Wieland*, Versuch über das deutsche Singspiel, in: *ders.*, Sämmtliche

Volkssprache vereinte die Kommunikation über die Hof- und Standesgesellschaft hinaus. Sie entsprach einem Begriff des Volkes, das nicht mehr abfällig das „gemeine"[74] hieß, sondern alle Deutschen ohne Standesunterschiede umfassen sollte.[75] Der Ausdruck „Volk" wurde so zu einem Gattungsbegriff zusammen gehörender Menschen veredelt, ganz im Sinne des Demokratismus, der dem Weimarer Hof zuwider war. Im Unterschied zu den rationalistischen Theorien der französischen Aufklärung, insbesondere zu *Rousseaus* Vertragskonzept, vertrat *Herder* allerdings einen individualisierten Volksbegriff, der an historisch-kulturelle Besonderheiten und Entwicklungen anknüpfte und aufgrund dieser Individualisierung die Einmaligkeit und Identität jeder Nation hervorkehrte.[76] Insofern konvergierten „Volk" und „Nation" in der Funktion, die ständischen und höfischen Strukturen der deutschen Herrschaften ebenso zu überwinden wie *Rousseaus* Theorie die des monarchischen Ancien Régime; auch das an und für sich konservative ALR relativierte die provinziellen Stände der brandenburg-preußischen Monarchie, indem es jedem Menschen den allgemeinen Status der Person zusprach und die traditionellen Provinzstände durch allgemeine Staatsstände überholte.[77]

Obwohl *Herder* der Sprache eine besondere Bedeutung für die Entstehung, Entwicklung und Eigenheit der Nationen zuerkannte, galt sie ihm nicht als Ur- und Hauptgrund, sondern nur als ein spezifisches Indiz unter anderen. Die „Kultur der Sprache" wurde als Bestandteil der „vaterländischen Kultur" verbucht.[78] *Herders* Nation sollte weiter ausgreifen als eine Sprachnation. Sie wurde auf den Weg zu einem Selbstbewusstsein gebracht, das dem Deutschland, wie immer dieses organisiert war, eine substanzielle Gemeinsamkeit, schließlich Einheit vermitteln sollte. *Herder* ging dabei kritisch abwägend vor: „Die geographischen Gränzen allein machen das Ganze einer Nation nicht aus; ein Reichstag der Fürsten, eine gemeinschaftliche Sprache der Völker bewirken es auch nicht allein; ja letztere ist in Deutschland den Provinzen nach so ver-

---

Werke, Bd. 26, 1796 = Bd, VIII, S. 229 ff. der von der „Hamburger Stiftung zur Förderung von Wissenschaft und Kultur" hg. Neuausgabe.

74 *Herder*, Journal meiner Reise im Jahre 1769, in: Herder/Suphan IV, S. 402: Herder hoffte auf ein Erwachen des Volkes zu einer „Kultur des Volks" u. bekannte: „... das Volk, das mehr Sinn und Einbildung hat, als der studirte Gelehrte: vgl. Von Deutscher Art und Kunst (1773), in: Herder/Suphan V, S. 200.

75 *Reinhart Koselleck*, Volk, Nation, Nationalismus, Masse, in: Otto Brunner/Werner Conze/Reinhart Koselleck (Hrsg.), Bd. 7, 1992, S. 141 ff., 147, will in dieserart Begriffsbildung einen strukturellen Wandel zum „demokratischen Volksbegriff" erkennen.

76 Vgl. dazu *Birgit Nübel*, Zum Verhältnis von „Kultur" und „Nation" bei Rousseau und Herder, in: Regine Otto (Hrsg.), Nationen und Kulturen. Zum 250. Geburtstag Johann Gottfried Herders, 1996, S. 97 ff.

77 ALR I 1 §§ 1 f. , II 5 ff.; dazu *Reinhart Koselleck*, Preußen zwischen Reform und Revolution, 1967, S. 70 ff.

78 *Herder*, Briefe zur Beförderung der Humanität, 5. Sammlung (1795), Nr. 57, S. 276 ff. (318).

schieden; große Striche sprechen ganz und gar eine fremde Sprache, ganze Classen von Menschen nehmen an Gedanken gar keinen Theil, dass, wenn man dies alles zusammenhält, man es den Magistern nicht übel nehmen kann, wenn sie pro gradu noch bis jetzt über das ganze Thema disputiren: welche Regimentsordnung Deutschland habe? oder ob die Deutschen eine Nation seyn?"[79] *Lessing* und *Kant* verneinten diese Frage.[80]

IV. Institutionalisierungen der Nation

Herder aber wollte den Zweifeln begegnen. Er wollte die gesamtdeutsche Nation. Er wollte sich nicht wie *Schiller* mit einem württembergischen „Vaterland" begnügen, sondern Deutschland als „Vaterland". Da die Nation kulturell und politisch zergliedert war, galt es sie einzurichten[81], um sie zu einer Republik zu einen.[82] Als *Herder* sich an dieses Thema wagte, kannte er offenbar *Rousseaus* seinerzeit radikale Theorien, die in Frankreich erst in der Revolution zur Geltung gelangten, in Deutschland aber schon zuvor die Gemüter bewegten. *Rousseaus* zentrale Frage lautete, wie „un peuple" ein „peuple" wird. Seine Antwort beruhte bekanntlich auf der Idee von Vereinbarungen. Ungeachtet des Realitätsgehaltes dieser Idee setzte sie idealiter einen Kreis beteiligungsfähiger Beteiligter voraus; *Rousseau* rechnete sogar mit organisierten Wahlen. Er thematisierte deren Voraussetzung jedoch nicht ausdrücklich. Aber seine Bezugnahmen auf Genf, Korsika oder Frankreich lassen vermuten, dass er jenen idealen Kreis durch völkerrechtlich relevante Grenzen faktisch vorgeprägt sah. Mit derartigen Vorprägungen konnte *Herder* nicht rechnen. Auch die begriffliche und systematische Präzision des Genfer Aufklärers war nicht seine Stärke, doch übersetzte er dessen kühne Thesen in reichsdeutsche Verhältnisse – mode-

[79] Wie zu Fn. 1.

[80] *Gotthold Ephraim Lessing*, Hamburgische Dramaturgie, 101. Stück, in: Lessings sämmtliche Schriften. Neue rechtmäßige Ausgabe, 7. Bd., 1839: Hamburgische Dramaturgie, Zweyter Band, S. 452: „Ueber denn gutherzigen Einfall, den Deutschen ein Nationaltheater zu verschaffen, da wir Deutsche noch keine Nation sind! Ich rede nicht von der politischen Verfassung, sondern blos von dem sittlichen Charakter. Fast sollte man sagen, dieser sey: keinen eigenen haben zu wollen. Wir sind noch immer die geschwornen Nachahmer alles Ausländischen, besonders noch immer die unterthänigen Bewunderer der nie genug bewunderten Franzosen." *Immanuel Kant* 10, 349: „... da wir Deutsche noch keine nation sind!" (der Begriff wird französisch zitiert).

[81] *Herder*, Ideen zur Philosophie, in: Herder/Suphan XIII, S. 375; *ders.*, Idee zum ersten patriotischen Institut , in: Herder/Suphan XVI, S. 600; *ders.*, Briefe zur Beförderung der Humanität, Brief Nr. 6 (1793), in: Herder/Suphan XVII, S. 26. – Zu „Einrichtung" vgl. oben zu Fn. 14.

[82] *Herder*, Briefe zur Beförderung der Humanität, Brief Nr. 6 (1793), in: Herder/Suphan XVII, S. 25: „Wahrlich unser Vaterland ist zu beklagen, dass es keine allgemeine Stimme, keinen Ort der Versammlung hat, wo man sich sämmtlich höret. Alles ist ihm zertheilt."

rat, indem er *Rousseaus* Souveränitätslehre ebenso wenig propagierte wie dessen Kritik des Christentums. *Rousseau* hatte seiner Gesellschafts- und Staatslehre das Axiom der natürlichen Freiheit des Menschen und von dessen Willen zugrunde gelegt, familiäre und soziale Abhängigkeiten aufzuheben und die natürliche Freiheit durch den contrat social in der staatsbürgerlicher Freiheit zu bewahren: vom Menschen zum Staatsbürger, von der Natur zur Konvention.[83] Mit der postulierten Autonomie und Willensfreiheit war nur eine freiwillige und einstimmige[84] Konvention zur Gesellschaftsbildung vereinbar, in der das Individuum sich als „sujet" einer volonté générale unterstellte, an der es als „citoyen" hatte mitbestimmen können. *Rousseau* wusste, wie schwierig es war, seine Vorstellung zu vermitteln, sein „peuple" sei „assemblé", wenn es als „souverain" agiere; er umspielte daher die absehbare Kritik, das sei „une chimère".[85] Gleichwohl kalkulierte er mit dem einerseits imaginären, andererseits realen Doppelbegriff des „peuple" im Sinne eines „corps politique" der „citoyens" sowie im Sinne einer Masse von „sujets".[86] Hauptsächlich kam es ihm jedoch darauf an, jenes „peuple", das den „volonté générale" inkarnierte, in die Position des Souveräns zu setzen, die *Bodin* im Jahre 1576 definiert, damals aber dem Monarchen überantwortet hatte. *Rousseaus* Sozialtheorie schrieb *Bodins* Souveränitätstheorie mit der Maßgabe fort, dass die Einheit Monarch durch die des Volkes ersetzt wurde. Die Revolutionäre von 1789 und 1793 zogen diese Konsequenz. *Herder* konfrontierte seine Zeitgenossen damit nicht. Seine Nation ahmte *Rousseaus* „peuple" nur insoweit nach, als das Postulat der Einstimmigkeit über das „bien public", das der Einheitlichkeit des „corps politique" entsprechen sollte[87], tatsächlich eine gewisse mentale, kulturelle und traditionelle Bereitschaft jedermanns zur Einheitsstiftung voraussetzte, weshalb *Rousseau* ja auch Kleinstaaten wie sein heimatliches Genf für mustergültig hielt.[88] Auf das Reich passte dieser Maßstab nicht. *Herder* musste seine Nation daher mühseliger einrichten.

Herders Nahziel war, Elemente einer Nation herzustellen und diese dann zur substantiellen Einheit zu fügen. Dem sollten außer den Diskussionen in den Zirkeln der Intellektuellen Institutionen wie „die" deutsche Literatur, „deutsche" Zeitschriften, Nationaltheater und das „Erste patriotische Institut für den Allgemeingeist Deutschlands" *Herders* dienen, dessen Einrichtung im Jahre 1787 dem – zunächst – interessierten Markgrafen von Baden – ergebnislos –

---

[83] *Rousseau*, Du contrat, l. I ch. I. f., VI, in: *ders.*, Ouevres III (Fn. 14), S. 351 f., 360; nachfolgend Art. 1 der revolutionären Menschenrechtserklärung.

[84] *Rousseau*, Du contrat, l. I ch. V, in: *ders.*, Ouvres III (Fn. 14), S. 359.

[85] *Rousseau*, Du contrat, l. III ch. XII, in: *ders.*, Ouevres III (Fn. 14), S. 425.

[86] *Rousseau*, Du contrat, l. III ch. I, in: *ders.*, Ouevres III (Fn. 14), S. 396: „la puissance des citoyens, qui sont souverains d'un coté et sujets de l'autre".

[87] *Rousseau*, Du contrat, l. I ch. V, in: *ders.*, Ouevres III (Fn. 14), S. 359.

[88] Was Genf nicht hinderte, Rousseau auszubürgern, weil dessen Gesellschafts- u. Religionsphilosophie gegen den konservativen Comment der Stadt verstieß.

vorgetragen wurde. Der Sache nach hing das Vorhaben wesentlich von der Bildungskraft der deutschen Dichtkunst[89], der deutschen Wissenschaft[90] und der deutschen Sprache ab. Als Mittel der Kommunikation und Ausdruck des „Geistes" verstand *Herder* die Sprache als ein Machtmittel, und in der Tat begann der Begriff der öffentlichen Meinung damals seine Runde zu machen.[91] Sein „Patriotisches Institut" sollte dafür sorgen, dass die Einheit des „deutschen Nationalgeistes" und dessen Denkart gebildet und bewusst gemacht würden; die „patriotischen Fürsten" sollten es zwar finanzieren, doch überantwortete *Herder* die Bildung der Deutschen einem „patriotischen Kopf".[92] Sein Kulturprogramm hatte ein „politisches Kalkül", nämlich die Überwindung der „Teilung in viele Staaten, Sekten und Religionen".[93] Es sollte dazu dienen, der deutschen Nation zu einer „allgemeinen Stimme" zu verhelfen, die nach *Herders* föderalen Vorstellungen allerdings keinen Monarchen und keinen „starken" Einheitsstaat erforderte, sondern nur einen Versammlungsort, „wo man sich sämmtlich höret".[94] Als er dies schrieb, war Regensburg noch die Stadt des Reichstages, während Paris eine rasche Folge zentraler National- und Legislativversammlungen erlebte. Welche Variante schwebte dem Philosophen vor? *Herder* beließ es bei seiner patriotischen Klage. Nur darauf kam es ihm an: „Werkstäte ist das gesammte Deutschland".[95] So erhoffte er sich die Einheit der deutschen Nation, nicht die eines deutschen Einheitsstaates. Der in Weimar-Eisenach brütende Philosoph respektierte die Struktur des Reichs, wünschte aber eine Erneuerung, ganz so wie sein Landesfürst dies versuchte. Doch während dieser für einen Fürstenbund warb, schwärmte *Herder* für „einen Altar der Biedertreue" anstelle eines Hofes.[96] Das war ein anderer Zungenschlag als *Sieyès'* Politisierung des Besitzbürgertums, und der ein Jahrhundert später sich verbreitende Glaube an Deutschlands welthistorische Mission wäre *Herder* absurd und lächerlich vorgekommen. Staatsrechtspolitisch reduzierte *Herder* seine Phantasien auf das Konzept der föderalen Kooperation der Reichsglieder statt der sprachlogisch fälligen Einheit. Was er wie sein Fürst im Reich vermisste, wa-

---

[89] *Nicolas Boyle*, Goethe, Bd. 2, 1999, S. 341, diagnostizierte für diese Zeit, die deutschen Schriftsteller hätten zwar noch keine klassische Nationalkultur begründet, aber doch so etwas wie eine „informelle Akademie".

[90] *Herder*, Vom Einfluss der Regierung auf die Wissenschaften, in: Herder/Suphan IX, S. 406: „Die Wissenschaften, die einem Stat natürlich sind, die in ihm selbst entstehen oder sich ausbilden, haben homogenere Natur mit ihm, als die, die unter andern Völkern und Himmelstrichen gebildet, zu ihm kommen oder sich einschleichen."

[91] Vgl. dazu *Jürgen Habermas*, Strukturwandel der Öffentlichkeit, 2. Aufl. 1965, S. 78 ff.

[92] *Herder*, Idee zum ersten patriotischen Institut, in: Herder/Suphan XVI, S. 606 ff. (613).

[93] *Herder*, Idee zum ersten patriotischen Institut, in: Herder/Suphan XVI, S. 610.

[94] *Herder*, Briefe zur Beförderung der Humanität, in: Herder/Suphan XVII, Brief Nr. 6 (1793!), S. 25.

[95] Ebd. (Fn. 93), S. 26.

[96] *Herder*, Briefe zur Beförderung der Humanität, in: Herder/Suphan XVII, Brief Nr. 6 (1793), S. 27.

ren Gemeinschaftsziele und Gemeinschaftspolitiken: „Je geteilter eine Nation ist, desto mehr Kräfte kann sie vielleicht haben; die Kräfte werden sich aber einander nicht kennen, mithin auch nicht auf einen gemeinschaftlichen Endzweck würken."[97] Sein Ziel war materieller, genauer: sozial-kultureller Art: die „National-Wohlfart".[98] Wohlfahrt war seinerzeit ein dem paternalistischen Staatszweck der „guten Policey" verwandter Begriff.[99] *Herder* bezog ihn allerdings statt auf eine Herrschaft auf die Gesamtnation und verwies die Reichsglieder somit ins zweite Glied. Doch indem er Deutschland eine „späte" Nation nannte[100] – die Metapher tauchte hier wohl erstmals auf –, kommentierte er nicht nur die im Vergleich mit dem Französischen empfundene Rückständigkeit der deutschen Wissenschaft und Hochsprache, sondern inspirierte auch die Idee einer politischen Einheit der noch fragwürdigen deutschen Nation, die Politiker damals, angesichts der französischen Revolution und deren Exzesse, noch nicht auszuspielen wagten. Der Weimarer Minister *Goethe* äußerte sich 1795 in diesem vorsichtigen Sinne, dass die deutsche Reichsverfassung „nicht durch Zusammenhang, sondern durch Nebeneinandersein" bestehe[101], so dass die regierenden Herrschaften nicht wie die Nation in Frage gestellt zu werden brauchten; zwanzig Jahre später urteilte er sehr viel moderner und konstruktiver: „Mir ist nicht bange," sagte er zu *Eckermann*, „dass Deutschland nicht eins werde; unsere guten Chausseen und künftigen Eisenbahnen werden schon das ihrige tun", und plädierte für Reisefreiheit, Einheit der Maße, Gewichte, der Wirtschaft und der Währung[102], ganz so ökonomisch-technisch, wie im Jahre 1997 Europäer für die Einheit der Europäischen Union werben werden. *Herder* schaute und plante noch nicht so weit. Er ging gründlicher vor: von der Substanz und Mentalität zur Form. Er ermunterte zwar dazu, „uns selbst Nation zu sein"[103], forderte aber keine das Reich erledigende Staatseinheit. Immerhin wagte er dessen Zerrissenheit sein eigenes „Resultat" vorzuhalten: „Dass nur eine Nation, die sich selbst achte Achtung verdiene, dass nur eine Nation, die sich selbst zu schützen Willen, Kraft und eine dauernde, den Zeiten angemeßene Verfaßung habe, eine Nation sei. Eine Verfassung, in welcher einzelne Glieder

---

97 *Herder*, Idee zum ersten Patriotisches Institut, § 1, in: Herder/Suphan XVI, S. 600.

98 *Herder*, Idee zum ersten patriotischen Institut, in: Herder/Suphan XVI, S. 601.

99 Vgl. u.a. *Carl Gottlieb Svarez* (1746–1788), Vorträge über Recht und Staat, hg. Hermann Conrad/Gerd Kleinheyer, 1960, S. 36 ff.

100 *Herder*, Idee zum ersten patriotischen Institut, in: Herder/Suphan XVI, S.608: „Wir erscheinen später, gegen andere Nationen betrachtet, aber wir kommen desto bereiter und geprüfter". Die Qualifikation betraf Wissenschaft u. Staat.

101 *Goethe*, Brief an Carl Wilhelm v. Humboldt v. 3. 12. 1795, in: *Goethes* Briefe. Hamburger Ausgabe in vier Bänden, mit Anmerkungen von Karl Robert Mandelkow, Bd. II, 2. Aufl. 1968, S. 207.

102 *Johann Peter Eckermann*, Gespräche mit Goethe in den letzten Jahren seines Lebens, hg. Fritz Bergemann 1992, S. 653 (Gespräch 23. 10. 1828).

103 *Herder*, Briefe zur Beförderung der Humanität. Ältere Niederschriften und ausgesonderte Stücke (1793–97), 10. Sammlung Nr. 116, in: Herder/Suphan XVIII, S. 347.

ungestraft herauffordern, beleidigen, andern Unfälle zuziehen, sich selbst aber verteidigen weder können noch mögen", sei keine Nationalverfassung.[104]

Herders „Staat" konnte der Nation endlich eine feste Form geben. Er war ein bewusst gewolltes Werk von Menschen, eine gewillkürte Einrichtung, deren Strukturen sich in der Regierungsform niederschlugen und daher vom Herrschaftsinhaber abhingen. *Herder* prophezeite den deutschen Fürsten keine Revolution, wie sie in Frankreich abschreckend zu beobachten war, sondern hielt sich an die gegebene Ordnung. Daher übernahm er kommentarlos die Pluralbezeichnung, der im Titel des „Allgemeinen Landrechts" genannten „Preußischen Staaten", die dynastisch, aber nicht national definiert wurden.[105] *Herders* Staat war, für sich, als Herrschaftsorganisation betrachtet, nur ein konstruiertes Abstraktum, das im Gegensatz zur Nation keine Ausprägung jener Geselligkeit war, die dem Menschen angeboren sei, sondern ein Konstrukt: „das künstlichste Werkzeug"[106], eine an sich vernunftlose, leblose „Maschine"[107] – zu *Herders* Zeiten bereits ein Pejorativum –, die es zu einem „belebten … Körper", also zu einem Organismus"[108], zu einem „Auge der Vernunft"[109], zu gestalten gelte.[110] Hatte *Herder* dabei *Rousseaus* Dichotomie von aktivem „peuple" und passivem „état"[111] im Blick? Man kann dies vermuten. Denn anders als der Preuße gewordene *Hegel* sah er im Staat lediglich ein technisches, wesenloses Mittel nationaler Selbstorganisation. Da der Mensch nicht von Natur aus Untertan, sondern frei sei, könnten Staat und Staatsgewalt sich nur aus Notwendigkeiten rechtfertigen. Diese ergäben sich aus dem Umstand, dass Menschen in einen Gesellschaft geboren werden und voneinander abhingen.[112] Da sie aber von Natur aus frei, das hieß: „zur Freiheit organisiert" und der eigenen „Selbstbestim-

---

[104] *Herder*, Briefe zur Beförderung der Humanität. Ältere Niederschriften und ausgesonderte Stücke, 10. Sammlung Nr. 116, in: Herder/Suphan XVIII, S. 346 (S. 345: „… wie das wehrlose Italien, ein Spott und Spiel aller Nationen").

[105] *Herder*, Journal meiner Reise, in: Herder/Suphan IV, S. 405.

[106] *Herder*, Ideen zur Philosophie, in: Herder/Suphan XIII, S. 340

[107] *Herder*, Ideen zur Philosophie, in: Herder/Suphan XIII, S. 340. Herder verachtete das Maschinelle, Mechanische: Auch eine Philosophie der Geschichte, in: Herder/Suphan V, S. 535 ff.; er wandte sich besonders im 2. Teil seiner Ideen zur Philosophie gegen Kants These, der Mensch sei für den Staat da: *Rudolf Haym*, Herder, 2. Bd. (Fn. 15), S. 282 ff.

[108] *Herder*, Ideen zur Philosophie, in: Herder/Suphan XIII, S. 70: die „Natur" – ein „Analogon Einer Organisation". Der Begriff „Körper" fand sich im zeitgenössischen (römischen) Kaiser- u. im Kirchenrecht, stand aber auch mit *Rousseau*s „corps politique" in Verbindung, der in „Du contrat, l. I ch. V, in: *ders.*, Ouevres III (Fn. 14), S. 359, als freiwillige Konvention begriffen wurde.

[109] *Herder*, Briefe, in: Herder/Suphan XVII, S. 122.

[110] *Herder*, Vom Einfluss der Regierung auf die Wissenschaften, in: Herder/Suphan IX, S. 408.

[111] *Rousseau*, Du contrat, l. III ch. I, in: *ders.*, Ouevres III (Fn. 14), S. 396: „état" also im etymologischen Sinne von „Zustand".

[112] *Herder*, Ideen zur Philosophie, in: Herder/Suphan XIII, S. 320 mit S. 343.

mung" überantwortet[113], seien, konnte *Herder* sich im Einklang mit *Rousseau* eine „Regierung durch Menschen über Menschen" vorstellen.[114] Er verstand sich nur zu einer halbherzigen, vorläufigen Legitimitätstheorie: „Alle Regierungen sind also nur aus Noth entstanden und um dieser fortwährenden Noth willen da."[115] Staaten können untergehen, „aber die Nation dauret".[116] Die Beschränkung der Staatsbildung und der Staatsgewalt auf Notwendigkeiten, deretwegen auch *Wilhelm von Humboldt* im Jahre 1792 die „Grenzen der Wirksamkeit des Staates zu bestimmen" versuchte[117], konnte natürlich zur offenen Flanke werden, wenn es nicht gelang, die Regierung im Zaum zu halten, wenn sie die Notwendigkeiten konstruktiv auslegte. Die Geschichte der Staatsgewalt zeigt, dass dies nicht gelang, doch war das noch nicht *Herders* Problem. Der kannte zwar *Rousseaus* „volonté générale", sei es aus dessen „Contrat", sei es aus dessen „Émile"[118], thematisierte jedoch nicht dessen volksdespotische Implikationen. Er ersetzte vielmehr dessen Willensformel durch seine Vorstellungen von einer organischen Evolution: Um, wie erforderlich, ein lebendiger Organismus zu sein oder zu werden, müsse der Staat sich aus einer Nation entwickeln, deren „Nationalcharakter", „Nationalgeist" usw. für Substanz, Zusammenhalt und Einheit sorgten; denn erst die Nation ergebe das Band der Vereinigung im Staat; nur sie sei dessen lebendiges Wesen und trage das Ideal der Vollkommenheit in sich.[119] Als „natürlichster Staat" galt daher der, dessen Volk wie eine „Pflanze der Natur" aus einer Familie hervorgehe[120] und deshalb trotz aller Verzweigungen seinen eigentümlichen Nationalcharakter behalte. Weil an und für sich schwer zu erfassen, sei dieser Charakter aus der Verfassung und Geschichte der Nation zu erschließen.[121]

Herders Begriff der Verfassung war noch nicht ausgeprägt. Er konnte den faktischen oder politischen Zustand einer Herrschaft meinen oder jenen Traditionsbestand diverser leges fundamentales, wie sie die Reichsverfassung ausmachten, oder, wie im revolutionären Frankreich, eine konstitutionelle Kodifikation.[122] *Herder* stellte auch in der Verfassungsfrage hauptsächlich auf deren

---

113 *Herder*, Ideen zur Philosophie, in: Herder/Suphan XIII, S. 142 (Bezug: das „göttliche Geschenk der Rede": ebd., S. 138), S. 149: „Selbstbestimmung".

114 Ebd., S. 149.

115 *Herder*, Ideen zur Philosophie, in: Herder/Suphan XIII, S. 384.

116 *Herder*, Ideen zur Philosophie, in: Herder/Suphan XIV, S. 87.

117 Vgl. *von Humboldts* Werke (Fn. 12), S. 97 ff.

118 Vgl. die Kurzfassung in: *Rousseau*, Émile (Fn. 47), l. V.

119 *Herder*, Ideen zur Philosophie, 15. Buch III, in: Herder/Suphan XIV, S. 227 ff..

120 *Herder*, Ideen zur Philosophie, in: Herder/Suphan XIII, S. 384; *ders.*, Briefe zur Beförderung der Humanität. Ältere Nachschriften und ausgesonderte Stücke (1792 – 1797), 2. Sammlung Nr. 17, in: Herder/Suphan XVIII, S. 332: „Mein Wahlspruch bleibt also fortgehende, natürliche, vernünftige Evolution der Dinge; keine Revolution."

121 *Herder*, Auch eine Philosophie, in: Herder/Suphan V, S. 503, 526 ff..

122 Dazu *Dieter Grimm*, Verfassung II, in Otto Brunner/Werner Conze/Reinhart Koselleck (Hrsg.) Geschichtliche Grundbegriffe, Bd. 6, 1990, S. 863 ff. (868 f.).

nationalen Nutzen ab: Eine gute Verfassung solle „einer Gesetzmäßigen Freiheit und Sicherheit“ dienen.[123] Was gut sei, hänge von der Lage der Nation ab. Eine „beste Regierungsform“ gebe es nicht.[124] Wenn allerdings jeder Staat seine „politische Verfassung eines Volkes im weitesten Verstande“ ungeachtet der Regierungsform hatte[125], *Herder* aber eine besonders eingerichtete Verfassung für das „feinste Werk“ der „Kunst“ hielt[126], brachte er mit dieser Qualifikation nicht nur seinen eigenen Landesherrn in Zugzwang.[127] Da der Charakter, Geist und ähnliche Kriterien der Nation Staat und Verfassung[128] trugen und legitimierten, lag es – zumal nach *Sieyès'* Propaganda[129] und dem Vorgang in Frankreich – nahe, zu deren „Einrichtung“ an die Quelle zu gehen, also die Nation, das Volk maßgeblich an der Verfassungsgebung zu beteiligen. So geschah es in Weimar, in Württemberg[130] und anderswo, nachdem das Reich aufgelöst war. Manche der „landständischen Verfassungen“, die aufgrund Art. 13 der Wiener Bundesakte von 1815 ergingen, vereinigten die Einwohner, Untertanen oder Staatsbürger der Länder einer Landesherrschaft zu einem „Volk“[131], wie *Herder* dies nach *Rousseau* vorgeschlagen hatte, doch ohne dem französischen Vorbild bis zur „Nation“ zu folgen.

Die Regierungsformen, durch die *Herder* die bestehenden Nationen eingerichtet sah und einzurichten empfahl, standen von vornherein unter seinem Misstrauen gegenüber der Politik, das heutigen Lesern noch modern anmuten mag: „Der Politik ist der Mensch ein Mittel; der Moral ist er Zweck. Beide Wissenschaften müssen Eins werden.“[132] Doch die Konkretion dieser hehren Re-

[123] *Herder*, Briefe, in: Herder/Suphan XVII, S. 315.

[124] *Herder*, Briefe, in: Herder/Suphan XVIII, S. 283.

[125] *Herder*, Vom Einfluss der Regierung auf die Wissenschaften, in: Herder/Suphan IX, S. 311.

[126] *Herder*, Von dem Einfluss der Regierung auf die Wissenschaften, HW 3. Bd., S. 361.

[127] Herders seit dem Wiener Kongress 1815 zum Großherzog erhobener Landesherr Carl August vereinbarte u. bestätigte als erster deutscher Fürst eine moderne Verfassungskodifikation: Grundgesetz über die Landständische Verfassung des Großherzogtums Sachsen-Weimar-Eisenach v. 5.5.1816; zuvor hatte er bereits die Constitution der vereinigte Landschaft der herzoglich Weimar-Eisenachischen Lande mit Einschluss der Jenaischen Landesportion, jedoch mit Ausschluss des Amtes Ilmenau, v. 20. 9.1809, erlassen.

[128] *Herder*, Vom Einfluß der Regierung auf die Wissenschaften, in: Herder/Suphan IX, S. 318: „Geist“ der „Verfassung“.

[129] Sieyès' Streitschrift erschien 1789, ihre erste Übersetzung ins Deutsche 1796: so *Rolf Hellmut Foerster*, Einleitung zu *Sieyès*, Abhandlung über die Privilegien. Was ist der Dritte Stand, 1968, S. 21; Herder ging, soweit ersichtlich, weder in seinen Briefen noch in seinen Werken auf diese Schrift ein.

[130] Dazu *Rolf Grawert*, Der württembergische Verfassungsstreit 1815–1819, in: Christoph Jamme/Otto Pöggeler (Hrsg.), „O Fürstin der Heimath! Glükliches Stutgard“. Politik, Kultur und Gesellschaft im deutschen Südwesten um 1800, 1988, S. 126 ff.

[131] Vgl. nur die 1818 erlassenen Verfassungen von Sachsen-Weimar-Eisenach, Bayern oder Baden.

[132] *Herder*, Briefe zur Beförderung der Humanität, Brief Nr. 25, in: Herder/Suphan XVIII, S. 121.

gel war nicht *Herders* Thema. Die von ihm beiläufig erwähnten Formen waren den Beobachtungen des *Aristoteles* in den Fassung *Montesquieus* und *Rousseaus* abgeschaut, hatten aber wenig mit den zeitgenössischen Herrschaften noch mit den Diskussionen etwas zu tun, die in der französischen Nationalversammlung oder im Zusammenhang des Preußischen Allgemeinen Landrechts gepflegt wurden.[133] Der junge *Herder* entkleidet die von *Aristoteles* und *Montesquieu* systematisierten Staats- und Regierungsformen ihrer normativen Abstraktionen und schaute, getreu seiner These, dass jede Nation die ihren Umständen gemäße Verfassung erfahre und dass Abstraktionen zwar „tiefsinnig ... seyn: Ideen zu verkürzen", aber die Vielfalt des Seins verfehlten, auf das, was ihm als historische Wirklichkeit erschien: „Aristokratische Monarchien und Monarchische Aristokratien wie z.B. Rom, Florenz", „Monarchischen Despotismus ... wie unter Ludwig XIV.", „Despotische Monarchie, wie in Preußen", „Aristokratischen Despotismus, wie in Rußland, Demokratischen, wie in der Türkei", „Demokratisch Aristokratische Demokratie wie in England", kurz: Mischformen, die keine Muster, sondern nur Bestandsaufnahmen vorgaben.[134] Auch später, in Weimar, erhielten jene Grund- und Mischformen kein bestimmtes, forderndes Profil. Vielmehr formulierte *Herder* seine dem Humanitätsideal verpflichteten Neigungen: seine Abneigung gegen Despotien jeder Art, seine Zuneigung zu Republiken, deren Struktur variabel sein konnte, die aber dem Humanitätsideal entsprechen sollten.[135] Den Despotismus disqualifizierte er, auch dabei *Rousseau*[136] zitierend, als eine Willkürherrschaft aus Schwäche[137] und plädierte damit unausgesprochen für die überlegene Stärke der Nation. Er neigte zwar einer politischen Ordnung zu, in der dem nationalen Volk eine wesentliche Bedeutung zukam, entwickelte daraus aber keine besondere Herrschaftskonstruktion. *Rousseau* hatte Fürsten lediglich als konventionell beauftragte Kommissionäre des Volkes akzeptiert.[138] *Herder* vertraute seinen Ideen von einem organischen Individualismus. Immerhin kündigten seine Konzepte

---

133 *Herder*, Vom Einfluss der Regierung auf die Wissenschaften, in: Herder/Suphan IX, S. 357 f.

134 *Herder*, Journal meiner Reise, in: Herder/Suphan IV, S. 418; *ders.*, Vom Einfluss der Regierung auf die Wissenschaften, in: Herder/Suphan IX, S. 329, 372 ff.: Demokratie = Unterfall der Republik = Freistaat; ausführlich zur „Demokratie" in den ursprünglich unveröffentlichten Briefen, HW 5. Bd., S. 186 ff.; ders., Briefe zur Beförderung der Humanität. Ältere Niederschriften und ausgesonderte Stücke, 1. Sammlung (1792) Nr. 11, in: Herder/Suphan XVIII, S. 308 f.

135 *Herder*, Vom Einfluß der Regierung auf die Wissenschaften, in: Herder/Suphan IX, S. 376: „Auch in neuen ... Zeiten ist die beste Geschichte, die beste Philosophie der Menschlichkeit und Staatskunst immer republikanisch. Die Monarchie bringt sie unter Gesetz und bewahret sie auf."

136 *Rousseau*, Du contrat, l. I ch. IV, in: *ders.*, Oeuvres III (Fn. 14), S. 355 ff..

137 *Herder*, Ideen zur Philosophie, in: Herder/Suphan, S. 383.

138 *Rousseau*, Du contrat, l. III ch. I, in: *ders.*, Ouevres III (Fn. 14), S. 396: „... le gouvernement ... (est) un corps intermédiaire établi entre les sujets et le souverain. ...Les membres

von der Nation und deren Organismus Legitimationsanforderungen an, die einem Oktroi von Herrschaft ebenso widersprachen wie einer schicksalhaften Untertänigkeit; sie konnten als Anregung zur Konstituierung der Monarchie, aber auch als Ankündigung einer demokratischen Republik verstanden werden. Doch *Herder* blieb vorsichtig. Wusste er von der Zensurmaßnahme gegen Kant? Kannte er Karl Augusts Vorbehalte gegen den *Schiller* der „Räuber“? Er kritisierte zwar Abstraktionen von Herrschaftsformen, aber keine zeitgenössischen europäischen Herrschaften. Für England akzeptierte er eine monarchisch-aristokratische Demokratie, für Preußen dagegen eine despotische, aber gemäßigte Monarchie, gemäßigt aufgeklärt, insofern Gesetze statt des Fürsten herrschten – das war wohl Friedrich dem Großen[139] nachgesprochen;[140] in dem Zwei-Länder-Herzogtum Weimar-Eisenach wirkte er, selbst unhöfisch republikanisch gesinnt, unter Carl Augusts absolutem, aber Neuerungen aufgeschlossenem Regiment.[141] Im kritischen Ansatz traf *Herder* sich wieder mit *Rousseau*. Auch dieser fand unter den von *Aristoteles* typisierten Herrschaftsformen keine beste, vorzugswürdige, sondern qualifizierte danach, wie gut die Existenz und der Wohlstand des Volkes gesichert würden.[142] *Herder* argumentierte im gleichen Sinne. Ihm kam es entscheidend darauf an, ob und wie die strukturellen Voraussetzungen einer haltbaren Verfassung und guten Regierung gewährleistet wurden. Seine Strukturmaßstäbe waren nicht an Normen, sondern an volks-, genauer: bürgernahen Zielen orientiert: Bildungs- und Wissenschaftsfreiheit, Gedanken- und Publikationsfreiheit (ohne Zensur),[143] Beteiligung und Einbindung der kulturellen und politischen Kräfte in das gemeinschaftliche Staatswesen. Ein Staat müsse „in seinen Principien“ und die „Regierung auf Gesetze, Freiheit und Wohl der Menschen gegründet“ sein.[144]

---

de ce corps s'appellent magistrats ou *rois*, c'est-à-dire *Gouverneurs*; et le corps entier porte le nom de *prince*. (kursiv bei Rousseau;)

[139] *Friedrich der Große*, Die politischen Testamente, übersetzt von Friedrich v. Oppeln-Bronikowski, 2. Aufl. 1936, S. 1 ff. (4): Das Politische Testament von 1752: Rechtspflege: „... denn in den Gerichtshöfen sollen die Gesetze sprechen und der Herrscher soll schweigen.“

[140] *Herder*, Journal meiner Reise, in: Herder/Suphan IV, S. 420; *ders.*, Von dem Einfluss der Regierung auf die Wissenschaften, in: Herder/Suphan IX, S. 372 ff.; Herder entwarf hier eine Evolutionsreihe der Qualitätsfortschritte: „barbarische Lehnsmonarchie“/„Monarchie ... auf Gesetze des Stats gegründet“/„subtiler Despotismus“/„gesetzmäßige Monarchie“/„Oligarchie“ (hier offenbar: etwas Positiveres) bis „endlich Gesetze regieren müssen und nicht Fürsten“; wie Herder, aber später *Kant*, Metaphysik der Sitten (1797/98) §§ 45 ff., in: *ders.*, Werke (Fn. 19), Bd. IV, S. 303 ff.

[141] Vgl. dazu *Hans Tümmler*, Carl August von Weimar, Goethes Freund. Eine vorwiegend politische Biographie, 1978, S. 27 ff.

[142] *Rousseau*, Du contrat, l. III ch. IX, in: *ders.* Ouevres III (Fn. 14), S. .419 f.

[143] *Herder*, Vom Einfluß der Regierung auf die Wissenschaften, in: Herder/Suphan IX, S. 357 ff.

[144] *Herder*, Vom Einfluß der Regierung auf die Wissenschaften, in: Herder/Suphan IX, S. 361.

Herders Bilder vom Menschen und von der Nation gaben aber eine Richtung an. Schon im Jahre 1784 schrieb er in seinen „Ideen", der Mensch sei „zur Freiheit organisiert", einer Freiheit zur „Selbstbestimmung", so dass eine „Regierung von Menschen über Menschen" nur ein „immer unvollkommener Versuch" sein könne.[145] In diesem Sinne ermahnte er einerseits: „Unterscheide den Menschen vom Untertan, vom Staatsmann, vom Despoten!"[146], räsonnierte aber andererseits, es sei das Amt des Fürsten, „Gott zu sein unter den Menschen".[147] Konnte der absolut regierende Herzog Carl August oder dessen Minister *Goethe* die Ermahnungen auf sich beziehen? Jedenfalls ließen die Aufklärungssprüche manche Regierungspraxis tolerant zur Kenntnis nehmen, die zu derselben Zeit in Frankreich abgeschafft wurde. Aufschlussreicher war die Entgegensetzung von väterlicher und despotischer Regierung[148] insofern, sie im Zusammenhang mit *Herders* Friedensprogramm stand. Die Alternative: Vater – Despot war eigenwillig programmatisch. Der pater familias war ein Hegemon. Der Fürst als Vater diente als zeitgenössischer Topos zur Legitimation einer Patriarchie; er passte zu „Vaterland" und zu Herders familiärer, hierarchischer Organismustheorie: Die vom Vater sozial und von Rechts wegen beherrschte „Familie"[149] war eine Institution der Sozialisation und Integration auch Widerspenstiger. Was eine Despotie ist, konnten Zeitgenossen bei *Montesquieu* nachlesen: eine Korruption des Prinzips der Monarchie dadurch, dass der Monarch allein, ohne Stände, und eigensüchtig herrscht; dann verliere er auch „l'amour de ses peuples".[150] *Herder* schloss daraus: Während eine väterliche Regierung naturgemäß wie über die eigene Familie so auch nur über den eigenen Stamm bzw. die kohärente Nation herrsche, zwinge eine despotische Regierung auch fremde Nationen unter ihr Joch. Auch das hatte *Montesquieu* bereits gesagt.[151] Das Problem der Autokratie behandelte *Herder* flexibel, indem er gemäßigte Monarchien tolerierte. Auch insofern konnte er sich auf Montesquieu berufen. Einerseits kritisierte er monarchische „Erbregierungen", die

---

[145] *Herder*, Ideen zur Philosophie, in: Herder/Suphan XIII, S. 142, 149 (vgl. oben zu Fn. 76).

[146] *Herder*, Ideen zur Philosophie der Geschichte. Ausgesondertes Kap. Zum 9. Buch IV, in: Herder/Suphan XIII, S. 455 f.

[147] *Herder*, Ideen zur Philosophie der Geschichte, 9. Buch IV, in: Herder/Suphan XIII, S. 386.

[148] *Herder*, Vom Einfluss der Regierung auf die Wissenschaften, in: Herder/Suphan IX, S. 313 ff. (319).

[149] „Familie" war seit Beginn des 18. Jh. als fremdes Wort verbreitet; es ersetzte „Haus" u. umfasste außer Eltern u. Kindern auch die Verwandtschaft, Freunde, Gesinde: die „Leute": vgl. *Grimm*, Deutsches Wörterbuch, 3. Bd., 1862/dtv 1999, Sp. 1305 f.

[150] *Montesquieu*, De l'esprit des lois, 1748, l. VIII ch. 6 f.

[151] *Herder*, Vom Einfluss der Regierung auf die Wissenschaften, in: Herder/Suphan IX, S. 319:: „fallen Stämme zusammen", unter einem „Allgemeinherrscher" u. wird aus dem Menschen ein Gott, wie im Orient, dann ist Despotie.. – *Montesquieu*, De l'esprit (Fn. 123), l. VIII ch. 8: „Mais si … par une grande conquête, le despotisme s'établissait …".

durch Eroberung, Unterdrückung und bloße Macht des Stärkeren und hernach im Erbgang herrschten, und plädierte für ein leistungsorientiertes Wahlprinzip[152], andererseits reduzierte er seine Kritik der „gemäßigten Monarchie“ auf die Erwägung, sie sei ein „zweifelhafter (gefährlicher) Name“, da sie ein „unregelmäßiges Wanken“ zwischen den Alternativen Monarchie und Republik bedeute.[153] Anders als später *Hegel*, der den Monarchen zum Punkt auf dem „i“ stilisierte, kritisierte *Herder* Alleinherrschaften, bei denen der Staat nur auf der „Spitze“ stehe.[154] Er bevorzugte eine Herrschaft, in der „alle Glieder des Staates“ verantwortlich mitwirken könnten; sie sei das „jedermann gemeinsame Wesen“.[155] Nur der Staat könne von Dauer sein, der im „Gleichgewicht seiner lebendig-wirkenden Kräfte“ funktioniere.[156] Da war *Herders* älterer Nachbar *Wieland* deutlicher, als er die Selbsterhebung des Dritten Standes Frankreichs zu dessen Nation zum Vorbild „freyer Menschen“ erklärte: Die „Nazion“ sei im Verhältnis zu Monarchen „der stärkere Theil“; sie sei nicht um ihres Königs, sondern der König um der Nazion willen in der Welt“.[157] Folgerichtig trat *Wieland* für eine „demokratische Konstituzion“ ein.[158] *Herder* nahm lieber auf die alten Griechen Bezug. In deren Polisgemeinschaft fand er sein normatives Vorbild: wegen „ihrer Gesetzgebung, ihrer politischen Verfassung, insonderheit der Freiheit, der Wirksamkeit zum gemeinen Besten, des Strebens und Miteifers“.[159] Die Prinzipien des Gleichgewichts und der Mäßigung machten *Herders* Zentralthese aus, die Vernunft und Billigkeit verband: „Die Vernunft misst und ver-

---

152 *Herder*, Ideen zur Philosophie, in: Herder/Suphan XIII, S. 376 ff.; Herders Kritik an Eroberungen blieb aktuell: „Gewaltsame Eroberungen vertreten also die Stelle des Rechts, das nachher nur durch die Verjährung oder wie unsre Staatslehrer sagen, durch den schweigenden Contract Recht ward; der schweigende Contract aber ist in diesem Falle nichts anders, als dass der Stärkere nimmt, was er will und der Schwächere giebt oder leidet, was er nicht ändern kann. Und so hängt das Recht der erblichen Regierung ... an einer Kette der Tradition, deren erster Grenzpfal das Glück oder die Macht einschlug ...“.

153 *Herder*, Briefe zur Beförderung der Humanität. Ältere Niederschriften und ausgesonderte Stücke, 1. Sammlung (1792) Nr. 18, in: Herder/Suphan XVIII, S. 317 ff.; vgl. zudem Fn. 134 u. den Fn. 69 zit. Brief an den Reichsgrafen zu Solms-Werningerode: „Dass die Monarchien viel Gutes oder vielmehr manches mindre Böse gestiftet haben, als alle andre Regierungen, die nur die Geschichte giebt, ... läugne ich nicht ...“.

154 *Herder*, Ideen zur Philosophie, in: Herder/Suphan XIV, S. 150 (mit S. 230). *Hegel*, Grundlinien der Philosophie des Rechts, § 280 Zusatz, in: *ders.*, Werke (Fn.23), Bd. 7, S. 451. Kannte Hegel diese Formulierung?

155 A.a.O., S. 195 f.

156 *Herder*, Ideen zur Philosophie, in: Herder/Suphan XIV, S. 149.

157 *Wieland*, Ueber die Rechtmäßigkeit des Gebrauchs, den die Französische Nazion dermahlen von ihrer Aufklärung und Stärke macht, 1789, in: *ders.*, Sämmtliche Werke, 29. Bd., 1797, in Bd. IX der Hamburger Neuausgabe (Fn. 61), S. 145 ff. (174 f., 184).

158 *Wieland*, Kosmopolitische Adresse an die Französische Nationalversammlung von Eleutherius Filoceltes, in: *ders.*, Sämmtliche Werke, 29. Bd. 1797, in Bd. IX der Hamburger Neuausgabe (Fn. 61), S. 197 ff. (202).

159 *Herder*, Vom Einfluß der Regierung auf die Wissenschaften, in: Herder/Suphan IX, S. 328 f.

gleicht den Zusammenhang der Dinge, dass sie solche zu daurenden Ebenmaas ordne. Die Billigkeit ist nichts als ein moralisches Ebenmaas der Vernunft, die Formel des Gleichgewichts gegeneinander strebender Kräfte, auf dessen Harmonie der ganze Weltbau ruhet.“[160]

V. Antworten

Konnte *Herder* die Frage schließlich beantworten, „ob die Deutschen eine Nation seyn“ und als solche ein „politisches Ganzes“?[161] Den Zusammenbruch des Reiches erlebte er nicht mehr, wohl aber das Ende der Französischen Revolution, die ihn geängstigt und fasziniert hatte, und den Aufstieg Napoléons, den er, zumal in Weimar, wahrscheinlich als Despoten registrierte. Als er im Dezember 1803 starb, hatte die außerordentliche Reichsdeputation zu Regensburg bereits im Februar dieses Jahres den Frieden von Lunéville akzeptieren und in ihrem „Hauptschluss“ den Verlust des linken Rheinufers an Frankreich durch Säkularisationen und Mediatisierungen ausgleichen müssen. Die größeren deutschen Landesherren konnten ihre im Westfälischen Friedensschluss eröffnete Territorialstaatlichkeit ausbauen. Ihre neuen Verfassungen stabilisierten nach dem Reichsende die politischen Verhältnisse der „souveränen Fürsten und freien Städte Deutschlands“ und sollten zugleich dessen „Unabhängigkeit“ in einem zum „Gleichgewicht“ gebrachten „Europa“ sichern.[162] *Herder* hätte diesem System wohl nicht widersprochen, hätte sie seine Vorstellungen von der Vielfalt in der Einheit erfüllt, bewunderte er doch die Welt der Griechen, die sich trotz diverser Stadtstaaten als Griechen eins wussten und sich, wie *Herder* meinte, wechselseitig befruchteten, während er den römischen Vielvölkerstaat für unnatürlich, ja sogar despotisch hielt.[163] Zur souveränen Konsolidierung der deutschen Bundesstaaten gehörten auch die Einführung und Definition der Staatsangehörigen, die zu einer landestypischen „Nation“ zu verbinden, einige Bundesstaaten untaugliche Versuche starteten.[164] Ein „allgemeines deutsches Bürgerrecht“ und die eine deutsche Nation blieben nur Zukunftsperspektiven,

---

160 *Herder*, Ideen zur Philosophie, in: Herder/Suphan XIV, S. 234.

161 Die Formulierung steht im Zusammenhang mit Herders eventuell von Problemen des revolutionären Frankreich angeregter, unveröffentlichter These, dass Steuern notwendig seien; vgl. *Herder*, Briefe, in: Herder/Suphan XVIII: Anhang: Zurückbehaltene und „abgeschnittene“ Briefe 1792–1797, S. 319: „Keine Nation, die ein politisches Ganzes constituirt, kann ohne Auflagen sein.“

162 Präambel der Deutschen Bundesakte v. 8.6.1815.

163 *Herder* verfasste daher eine besondere Geschichte der griechischen Kultur: Ideen zur Philosophie, in: Herder/Suphan XIV, S. 110 ff., u. lobte die griechische „Vertheilung der … Kräfte“ (S. 150), während er „Roms Verfall“ auf die Disparitäten seiner Nationen sowie auf den Mangel „an einem sichernden Allgemeingeist“ zurückführte.

164 Dazu u. zum Folgenden *Rolf Grawert*, Staat und Staatsangehörigkeit, 1973, S. 193 ff.

da sie den Interessen der neuen Souveräne und der Habsburger Monarchie widersprachen.

Reichten *Herders* „Ideen“ also zu weit über seine Zeit hinaus, so dass sie im 19. Jahrhundert zwar die slawische Nationalbewegungen in Süd- und Osteuropa anregen konnten, die Deutschen aber erst im 20. Jahrhundert, und dann ins Extreme bewegten?[165] Wer *Herder* derart auf die Politisierung eines geschlossenen Nationalstaates hin befragt, überfordert jedoch dessen Projekt. *Herders* Thema war die Einheit einer wachsenden, also nicht erst rational zu konstruierenden Siedlungs- und Lebensgemeinschaft. Die Einheit sollte eine substantielle Kohärenz und ein Kontinuum bewirken: von innen heraus durch Verbindungen zwischen Menschen und Generationen statt durch aufgesetzte Institutionen. Heutige Idealisten der Europäischen Gemeinschaft und Union eifern dem nach, wenn sie den Brüsseler Bürokratismus beklagen und eine Europäische Kultur oder gar eine europäische Wertegemeinschaft fordern. Herder konzentrierte sich seinerzeit auf die einzelne Nation. Aber diese Nation sollte nicht abgeschlossen und überbewertet werden, sondern sich als besondere Ausprägung der Menschheit entfalten. Zu ihrer Vereinheitlichung aktivierte er die deutsche, genauer: die literarisch auszubildende deutsche Kultursprache, als technisches Medium der Kommunikation und die Literatur als mentales Medium der Tradition von Sinn und Geschichte. So sollte ein „Geist“, ein Nationalgeist, entstehen. Man wird später, als die Seele von der Psyche abgelöst werden wird, vom Bewusstsein sprechen. Erst für die so geeinte Nation sah Herder die Institutionen wie Staat, Regierung, Politik und Steuern sowie im ferneren Horizont eine europäische Gemeinschaft von Nationen vor. Historisch kann man dieses auf Mentalitätsbildung ausgerichtete Konzept damit erklären, dass das Reich noch bestand und, jedenfalls in Weimar, für reformfähig gehalten wurde. Doch Herder reflektierte nicht dessen Struktur- sondern dessen Legitimitätszerfall. Vom Kaiser und Reichstag war bei ihm, soweit ersichtlich, nicht die Rede, wohl aber von der Unzeitgemäßheit der Herrschaftsstrukturen, der Stände, kurz: der Hierarchien. Angesichts dessen avancierte die Nation zur neuen und neu legitimierenden Gemeinschaftsbasis. Sie ersetzte, ganz wie in der ersten französischen Revolutionsverfassung, zwar nicht die Fürsten, aber den Monarchen. Fürst und Untertan wurden in der Figur des Menschen eingeebnet und einander gleich gestellt. Für Herder spielte dabei noch der unsichtbare Schöpfergott eine erklärende Rolle, auf die andere vorerst verzichten werden. Von einer nationalen Stilisierung staatlicher Souveränität träumte Herder nicht.

---

[165] *Otto Dann*, Herder und die Deutsche Bewegung, in: Gerhard Sander (Hrsg.), Johann Gottfried Herder 1744–1803, 1987, S. 308 ff., misst Herder im Deutschland des 19. Jh. nur einen geringen, in dem des 20. Jh. aber einen größeren – bis nationalistischen – Einfluss zu; Dann nimmt eine bürgerliche „Deutsche Bewegung“ ohne nationalpolitisches Programm für die Zeit nach dem Siebenjährigen Krieg an; unstreitig ist Herders Einfluss auf Osteuropa.

Seine Stereotype „Mensch“ war der Bezugspunkt seiner Soziologie, Politologie und Ethik. Er war, wie die philosophische Tradition dies vorgab, ein axiomatisch bestimmtes Wesen: begabt mit Verstand, gesellig, dem Mitmenschen ontologisch ungeachtet ökonomischer Diskrepanzen verbunden. Die von Herder postulierte Humanität war einerseits natürliche Mitgift, andererseits kulturelle Errungenschaft. So sozialisiert, entfaltete der Mensch sich in der Familie, der Nation und der Menschheit. Familie und Nation machten seine Innenwelt aus, die Menschheit samt deren anderen Nationen war seine Außenwelt. Hier wirkte das Ideal der Humanität als Ethos für den Völkerfrieden, während Herder den inneren Frieden der Nation an sich für selbstverständlich hielt und nur subsidiär der Staatsgewalt überantwortete. Eine geeinte Nation könne, so das Credo, mit sich zufrieden sein. Dass ein Volk sich aggressiv „ohne Raum“ wähnen könnte, dies anzunehmen, lag Herder fern. Von einer Herrschaft der Nation war bei ihm ausdrücklich nicht die Rede. Seine Nation war im Unterschied zu der *Sieyès'* keine politische Aktivistin. Zwar hätte sein Axiom, der Mensch sei zur Freiheit geboren, es nahe gelegt, die deutsche Nation wie die französische zum Wahlvolk zu stipulieren, mit allen Aktiv- und Sprengkräften, die sich daraus ergeben könnten – und werden –; doch trieb *Herder* seine Visionen nicht so weit. Für Institutionen und Verfahren eines funktionstüchtigen Staates und einer erfolgsqualifizierten Politik interessierte er sich anscheinend nicht. Vermutlich ließ der Reichsgedanke dies noch nicht zu. Seine verbalen Avancen an die Staatsformen der Republik und Demokratie blieben, aus welchen Gründen auch immer, farblos. *Herders* Vision einer deutschen Nation war ein Hoffnungsprojekt. Es beschränkte sich zwar nicht auf die Kultur, hatte aber materielle statt institutioneller Ziele, in erster Linie den Wohlstand der Menschen. Aus heutiger Sicht erscheint *Herder* eher als Präzeptor einer europäischen Gemeinschaft kohärenter Völker als eines souveränen Nationalstaates.

„Lasset niemanden in euren Staaten Herzenskündiger sein"

Moses Mendelssohn als Vordenker der Religionsfreiheit

Heiner Bielefeldt

Zu den Themen, mit denen sich *Winfried Brugger* in den letzten Jahren immer wieder beschäftigt hat, gehört das Verhältnis von Staat und Religionsgemeinschaften – genauer: die vielfältigen Verhältnisbestimmungen, die sich diesbezüglich in verfassungsvergleichender Perspektive auffinden lassen. Mit seiner Typologie unterschiedlicher Grundmodelle ging es ihm darum aufzuzeigen, dass es zwischen den virtuellen Eckpunkten von Staatsreligion und Laizismus keineswegs nur „hinkende" und in sich widersprüchliche Zwischenlösungen gibt. Ich stimme ihm in der Einschätzung zu, dass die historische Wirklichkeit viel reicher an Möglichkeiten ist, die es verdienen, je spezifisch auf ihre Plausibilität, aber auch auf ihre intendierten oder nicht-intendierten diskriminierenden Wirkungen hin geprüft zu werden. Die Religionsfreiheit als Menschenrecht muss dabei den Maßstab bilden.

Ein Vordenker der Religionsfreiheit, dessen Werk viel zu wenig systematische Aufmerksamkeit findet, ist *Moses Mendelssohn*. Während er in den üblichen Darstellungen der Ideengeschichte oft schlicht unter der Rubrik eines *Kant*-Zeitgenossen abgehandelt wird, der sich den kritischen Einsichten des Königsberger Philosophen eher verweigert habe, gilt für seine Überlegungen zum Verhältnis von Staat und Religionsgemeinschaften, dass sie Kant weit voraus waren. Falls es im deutschsprachigen Raum ein frühes Äquivalent zu jener amerikanischen „wall of separation"-Doktrin gegeben hat, mit der *Winfried Brugger* sich in seiner Habilitationsschrift ausführlich auseinandergesetzt hat, dann könnte man dies vermutlich bei *Mendelssohn* finden. Es wäre schön gewesen, wenn ich mit *Winfried* über diese Frage einmal richtig hätte diskutieren können.

I. Vielfältige Wege zur Religionsfreiheit

In den Darstellungen der Geschichte der Religionsfreiheit dominieren in unseren Breiten zwei Narrative. Die eine Lesart versteht die Religionsfreiheit als Resultat bestimmter Impulse des Christentums, die andere legt den Akzent demgegenüber auf die Aufklärung, einschließlich ihrer kirchen- bzw. religionskritischen Strömungen. Zwischen beiden Narrativen besteht eine gewisse Spannung, was aber nicht heißt, dass sie sich wechselseitig völlig ausschließen.[1]

Wer die Religionsfreiheit aus dem Christentum versteht, mag dabei unterschiedliche Faktoren vor Augen haben: Manche verweisen auf das Jesus-Wort „Gebt dem Kaiser, was des Kaisers ist, und Gott, was Gottes ist" als ein langfristig wirksames Hintergrund-Motiv für jene neuzeitliche Ausdifferenzierung zwischen Staat und Religionsgemeinschaften, die die Religion schließlich dem instrumentalisierenden Zugriff der staatlichen Macht entzieht.[2] Andere denken eher an den Investiturstreit des 11. und 12. Jahrhunderts, in dessen Folge eine systematische Unterscheidung zwischen „spiritualia" and „temporalia" erarbeitet wird, die sich später für die Verwirklichung eines die Religionsfreiheit achtenden säkularen Rechtsstaats als förderlich erweist.[3] In dieser Perspektive findet zugleich eine Konzentration der Fragestellung auf die Geschichte des lateinischen („abendländischen") Christentums statt. *Georg Jellineks* gleichermaßen berühmter wie von Anfang an umstrittener Aufsatz zur Geschichte der Menschenrechte verlegt die Ursprünge der Religionsfreiheit demgegenüber in die Reformation, die die Frage nach dem Glaubensgewissen des einzelnen Menschen mit neuer Schärfe – und langfristig auch mit politisch-rechtlichen Konsequenzen – ins Zentrum des Nachdenkens gestellt habe.[4] *Ernst Troeltsch* hat in seinen religionshistorischen Studien dagegen betont, dass wohl doch erst die „Stiefkinder der Reformation", nämlich einige der innerprotestantischen Dissidenten und freikirchlichen Bewegungen, Forderungen nach Religionsfreiheit vorgetragen hätten. In dieser Sichtweise rückt das „abendländische" Christentum als Ursprung der Religionsfreiheit noch weiter nach Westen, nämlich nach Nordamerika.[5]

Nicht weniger vielfältig nehmen sich die Vorstellungen vom aufklärerischen Ursprung der Religionsfreiheit – und ihrer Vorform: der religiös-politischen

---

[1] Vgl. *Hans Joas*, Die Sakralität der Person. Eine neue Genealogie der Menschenrechte, Frankfurt a.M. 2011, S. 40 ff.

[2] Vgl. die Äußerungen des Vatikanischen Ökumene-Beauftragten Kardinal *Walter Kasper* in einem Interview im SPIEGEL 38/2006 (18.09.06), S. 75: „Für das heutige Christentum ist die Unterscheidung von religiöser und weltlicher Ordnung grundlegend. Diese Unterscheidung stellt sowohl gegenüber dem Judentum wie gegenüber dem Islam eine Neuerung und einen Vorzug dar, welche die Gestalt Europas geprägt hat. Sie ist in dem Wort grundgelegt, man solle dem Kaiser geben, was des Kaisers ist, und Gott, was Gottes ist."

[3] Vgl. *Ernst-Wolfgang Böckenförde*, Die Entstehung des Staates als Vorgang der Säkularisation, in: Recht, Staat, Freiheit. Studien zur Rechtsphilosophie, Staatstheorie und Verfassungsgeschichte, Frankfurt a.M. 1991, S. 92–114.

[4] *Georg Jellinek*, Die Erklärung der Menschen- und Bürgerrechte, neu abgedruckt, in: Roman Schnur (Hrsg.), Zur Geschichte der Erklärung der Menschenrechte, Darmstadt 1964, S. 1–77.

[5] Vgl. *Ernst Troeltsch*, Die Soziallehren der christlichen Kirchen und Gruppen, Tübingen 1912.

Toleranz – aus. Während gemäßigte Strömungen der Aufklärung sich mit inner-christlichen, zumal inner-protestantischen Reformtendenzen verbinden, nimmt anderswo die Aufklärung schärfer antikirchliche und vereinzelt antireligiöse Züge an. Weitgehend vergessen ist heute der Frühaufklärer *Pierre Bayle*, der als kritischer Schriftsteller und politischer Flüchtling religiös-politische Gewalt am eigenen Leib aufs Schwerste erlitten hat. Mehr als alles andere hat ihn die Erfahrung zerbrochen, dass an seiner Statt sein Bruder verhaftet worden und im Gefängnis gestorben ist. *Bayles* Aufrufe zur religiösen Toleranz verbinden sich deshalb mit einer Zuspitzung der alten Theodizee-Frage, womit er gleichsam zum Hiob der Aufklärung wird.[6] In völlig anderem, nämlich eher optimistischem Tonfall ist der Toleranzbrief *Lockes* verfasst, in dem die Absage an verengende Dogmatismen ein liberal-christliches Fundament findet. Nach *Locke* beruht das Christentum nämlich letztlich auf vernunftgemäßen Prämissen, die in Freiheit eingesehen und eben nicht mit Zwang eingetrichtert werden sollen, was nur in einer Haltung relativer religiöser Toleranz gelingen kann.[7] Wiederum ganz anders schreibt *Voltaire*, der wie sein langjähriger Briefpartner *Friedrich II.* aus seiner tiefen Verachtung gegenüber der etablierten Religion jedweder Observanz keinen Hehl macht. Eine ironische Pointe besonderer Art gelingt ihm dadurch, dass er sein vordergründig lediglich gegen den Islam gerichtetes, letztlich aber generell religionskritisches Drama „Mahomet“ ausgerechnet dem Papst widmet.[8] Ebenfalls ironisch, wenn auch weit weniger aggressiv gegenüber jedweder verfasster Religion äußert sich *David Hume*, der in seiner „Naturgeschichte der Religion“ erstmals eine empirisch-psychologierende Religionskritik formuliert.[9] Zu seinen persönlichen Lebensumständen soll er gegen Ende seines Lebens lapidar festgestellt haben: „ich habe keine Feinde – ausgenommen alle Whigs, alle Tories und alle Christen.“[10] Im deutschsprachigen Raum gelten vor allem *Lessing* und *Kant* als Wegbereiter religiöser Freiheit. *Lessings* berühmte Ringparabel steht dabei für einen Paradigmenwechsel weg von doktrinären Wahrheitsansprüchen hin zum friedlichen Wettstreit der Überzeugungen, der vor allem im Medium praktizierter Humanität ausgetragen werden soll.[11]

Wenn ich im Folgenden an *Moses Mendelssohn* (1729–1786) erinnere,[12] dann geschieht dies nicht in dem Interesse, einen weiteren Ursprungsmythos innerhalb der Geschichte der Religionsfreiheit zu etablieren. Mir geht es auch nicht

---

6 Vgl. *Ernst Cassirer*, Die Philosophie der Aufklärung, Hamburg 1998, S. 178 ff.

7 Vgl. *John Locke*, Ein Brief über Toleranz, Hamburg 1996.

8 Vgl. *Voltaire*, Le fanatisme ou Mahomet le Prophète, Brüssel 1742.

9 *David Hume*, The Natural History of Religion, Stanford 1956, S. 75.

10 Zitiert nach *Gerhard Streminger*, David Hume: Der Philosoph und sein Zeitalter, München 2011, S. 562.

11 *Gotthold Ephraim Lessing*, Nathan der Weise, Stuttgart 2000.

12 Zu Leben und Werk vgl. *Julius H. Schoeps*, Moses Mendelssohn, Königstein/Ts. 1979.

darum, die mögliche Relevanz der zuvor knapp und nur exemplarisch skizzierten möglichen geistigen Wegbereiter der Religionsfreiheit in Abrede zu stellen. (Wie weit sie neben anderen Faktoren *tatsächlich* eine Rolle für die allmähliche Durchsetzung religiöser Toleranz und später eines Menschenrechtsanspruchs auf allgemeine religiöse Freiheit gespielt haben, überlasse ich fachhistorischen Untersuchungen.) Vielmehr möchte ich am Beispiel *Moses Mendelssohns* einmal mehr aufzeigen, dass die Wege zur Religionsfreiheit *unabsehbar vielfältig* sind. Ab und an immer noch geäußerte Vorstellungen, wonach dieses Menschenrecht nur in einem von Christentum und Aufklärung geprägten geistigen Horizont habe entstehen können – und womöglich in ihren Geltungsbedingungen sogar an diesen Horizont gebunden bleibe – erweisen sich historisch gesehen als zu viel eng. Außerdem führen sie leicht zu kulturgenetischen Vereinnahmungen der Religionsfreiheit, die mit dem Universalismus der Menschenrechte systematisch unvereinbar sind.[13]

In die beiden in unseren Breiten dominanten Narrative zur Entstehung der Religionsfreiheit passt *Mendelssohn* nicht recht hinein. Genau das macht ihn interessant. Es versteht sich von selbst, dass er nicht als christlicher Denker firmieren kann. Die in den letzten Jahrzehnten gängig gewordene harmonisierende – letztlich vereinnahmende – Redensart von der „jüdisch-christlichen Tradition" darf kein Grund sein, *Mendelssohn* irgendwie doch noch in das Umfeld oder Vorfeld christlichen Denkens einzuordnen. Dies wäre völlig anachronistisch und würde ihm und seinem Selbstverständnis Gewalt antun. Ihn als Aufklärer zu bezeichnen, ist demgegenüber durchaus möglich und ja auch ganz üblich. Man sollte dabei aber nicht verkennen, dass *Mendelssohn* sich gleichzeitig in einem spezifischen Sinne als ein *Kritiker der Aufklärung* zu Wort meldet. Inmitten der Hochaufklärung bricht sich in seinem Denken – und in seiner Erfahrung – bereits die Einsicht Bahn, dass die Aufklärung ihre eigene Dialektik entwickelt und in neue Formen der Bevormundung umschlagen kann. Für den Mainstream der Aufklärung des späten 18. Jahrhunderts ist vor allem anstößig, dass er sich selbst als praktizierender Jude versteht und in seine Religionspraxis ausdrücklich auch die Wahrung der Halacha, des traditionellen jüdischen Religionsgesetzes mit einschließt.

II. Vater der jüdischen Aufklärung

Mendelssohns Lebensprojekt ist die Versöhnung von Judentum und Aufklärung. Naturgemäß richtet sich dieses Projekt an beide Seiten. Einerseits wirkt er innerhalb der jüdischen Gemeinde und bemüht sich, deren notorischen Bil-

---

[13] Vgl. *Heiner Bielefeldt*, Menschenrechte in der Einwanderungsgesellschaft. Plädoyer für einen aufgeklärten Multikulturalismus, Bielefeld 2007, Kap. 5.

dungsnotstand und ihre gesellschaftliche Isolierung zu überwinden.[14] Dem dient vor allem die deutsche Übersetzung der fünf Bücher Moses sowie der Psalmen, gedruckt in hebräischen Lettern. Wie *Vera Forester* schreibt: „Mit seiner selbstlosen Übertragungsarbeit ohne philosophische Selbstverwirklichung legte er überhaupt erst das Fundament zur Teilhabe der deutschen Juden an der deutschen Kultur."[15] Auf diese Weise wird *Mendelssohn* zum „Vater der jüdischen Aufklärung". Er steht am Beginn einer enormen Bildungsanstrengung, die binnen weniger Jahrzehnte dazu führt, dass Juden von einer der deutschen Sprache kaum mächtigen, politisch und kulturell gettoisierten Minderheit ins Bildungsbürgertum aufsteigen und dort zum Teil prägenden Einfluss entwickeln können.

Andererseits wendet sich *Mendelssohn* an das aufgeklärte Lesepublikum in Deutschland. Obwohl ihm als einem Juden – im Land des sich seiner Toleranz rühmenden Preußenkönigs *Friedrich II.* – jedwede akademische Ausbildung, geschweige denn eine universitäre Laufbahn von vornherein verwehrt ist und er auch sonst allerlei antijüdischen Schikanen der Administration ausgesetzt bleibt, gelingen ihm erstaunliche literarische Erfolge. Er ist ein viel gelesener Autor und wird wegen seines geschliffenen Stils allgemein geschätzt. Den Durchbruch zum Erfolg stellt die Preisverleihung durch die Berliner Akademie der Wissenschaften im Jahre 1763 dar, bei der *Mendelssohn Kant* den Rang abläuft. Der einige Jahre später erschienene *Phaedon* wird zum europäischen Bestseller und bringt dem Autor den Ehrentitel des „deutschen Sokrates" ein. Er sei „weise wie Sokrates" gewesen, heißt es auch auf der Inschrift der *Mendelssohn*-Büste bei der Freien Jüdischen Schule in Berlin.[16]

Dass *Mendelssohn* Jude ist und sich zur Religion seiner Väter bekennt, gilt als Sensation und wirkt zugleich irritierend. Diese Irritation setzt er bewusst ein und konfrontiert das Lesepublikum mit dem sozial und kulturell allgemein verachteten Judentum. Er deckt antijüdische Vorurteile auf, in denen alte Motive des Judenhasses fortbestehen, die im Zeitalter der Aufklärung teils eine neue Wendung erfahren: „Merkwürdig ist es zu sehen, wie das Vorurteil die Gestalten aller Jahrhunderte annimmt, uns zu unterdrücken."[17] Konkret: Während der Vorwurf, die Juden seien die Christusmörder, in der Aufklärung allmählich verschwindet, treten neue Vorwürfe an seine Stelle: Die Juden gelten aufgrund ihrer Religionszugehörigkeit als bildungsfern und aufklärungsresistent. „Vor-

---

[14] Vgl. *Christoph Schulte*, Die jüdische Aufklärung. Philosophie, Religion, Geschichte, München 2002, S. 60.

[15] *Vera Forester*, Lessing und Moses Mendelssohn. Geschichte einer Freundschaft, Darmstadt 2010, S. 171.

[16] Vgl. *Schoeps* (Fn. 12), S. 162.

[17] Vgl. *Moses Mendelssohn*, Vorrede zu Manasseh Ben Israels „Rettung der Juden", in: *Moses Mendelssohn*, Jerusalem oder über religiöse Macht und Judentum, gemeinsam mit der Vorrede zu Manasseh Ben Israels „Rettung der Juden" neu ediert von David Martyn, Bielefeld 2001, S. 7–30 (11).

mals gab man sich um uns alle ersinnliche Mühe und machte mancherlei Vorkehrungen, um uns nicht zu nützlichen Bürgern, sondern zu Christen zu machen, und da wir hartnäckig und verstockt waren, uns nicht bekehren zu lassen; so war dieses Grundes genug, uns als eine unnütze Last der Erde zu betrachten (...). Jetzt hat der Bekehrungseifer nachgelassen. Nun werden wir vollends vernachlässiget. Man fährt fort, uns von allen Künsten, Wissenschaften und anderen nützlichen Gewerben und Beschäftigungen der Menschen zu entfernen; versperret uns alle Wege zur nützlichen Verbesserung, und macht uns den Mangel an Kultur zum Grunde unserer ferneren Unterdrückung."[18]

III. Die repressive Kehrseite der „natürlichen Religion"

Die Religionskritik in den anderthalb Jahrhunderten der Aufklärung von *Spinoza* über die Enzyklopädisten bis zu *Kant* richtet sich gegen Aberglaube, Fanatismus, Dogmatismus und Intoleranz.[19] Noch liegen die Verwüstungen der europäischen Religionskriege nicht lange zurück, und nach wie vor müssen religionskritische Schriftsteller mit Zensur- und Verfolgungsmaßnahmen rechnen. Dies erklärt die Leidenschaft vieler Aufklärer im Kampf gegen religiösen Autoritarismus in all seinen Erscheinungsformen.

Hinsichtlich ihrer positiven Zielvorstellungen beschreiten die Philosophen der Aufklärung indes unterschiedliche Wege. Einige wenige Radikale – wie *Holbach* und *Helvetius* – bekennen sich klar zum Atheismus. Dem stehen diejenigen „Gemäßigten" gegenüber, die in der Linie von *Toland*, *Locke* oder *Leibniz* die christliche Religion auf ihre immanente Vernünftigkeit hin auslegen und reformieren wollen. Zwischen beiden Polen bewegt sich eine breite Strömung aufgeklärter Religionsphilosophie, die auf die Klärung und Durchsetzung der „natürlichen Religion" setzt. Es geht dabei um eine Gotteserkenntnis mit Mitteln der natürlichen Vernunft, ohne Hierarchie und Klerus, frei von äußerlichen Zeremonien und unabhängig von der Beglaubigung durch Wunder und Offenbarung.

In den Grundzügen vernünftiger Gottesverehrung, dies ist eine immer wieder geäußerte Idealvorstellung, sollen alle Menschen letztlich zusammenfinden. „Wir haben, denke ich, dieselbe Religion wie die ganze Welt"[20] – erfährt der Titelheld in *Voltaires* Roman *Candide* bei seinem Besuch im Lande Eldorado. In Rousseaus *Emile* bekennt ein Vikar ganz ähnlich: „Der Gottesdienst, den Gott will, ist der des Herzens, und wenn dieser aufrichtig ist, ist er auch immer ein-

[18] Ebd.

[19] Vgl. *Cassirer* (Fn. 6), S. 178 ff.

[20] Vgl. *Voltaire*, Candide oder Der Optimismus, in: Sämtliche Romane und Erzählungen, Frankfurt 1976, S. 283–390 (334).

heitlich.“[21] Auch *Kant* besteht in seiner (einige Jahre nach *Mendelssohns* Tod verfassten) *Religion innerhalb der Grenzen der bloßen Vernunft* darauf, dass die natürliche Religion eine einzige sein muss: „Der Begriff eines nach bloßen rein-moralischen Gesetzen bestimmten göttlichen Willens lässt uns wie nur *einen* Gott also auch nur *eine* Religion denken, die rein moralisch ist.“[22]

Der von vielen Aufklärern behauptete Vorrang der einen natürlichen Religion birgt die Gefahr, dass Aufklärung in ein religiös-kulturelles Homogenisierungsprogramm umschlägt, in dem für die geschichtlichen Religionen – und damit für echten religiösen Pluralismus – wenig Raum bleibt. Eine scharfe Abwertung der geschichtlichen Religionen charakterisiert vor allem das Werk Voltaires, dessen Invektiven gegen die Orthodoxien von Judentum, Christentum oder Islam nicht selten ihrerseits in Fanatismus umschlagen. Auch *David Hume* weist die historisch gewachsenen Religionen verächtlich als „sick men's dreams“ zurück.[23] Andere Vertreter der Aufklärung gehen davon aus, dass die natürliche Religion die geschichtlichen Religionen in einem evolutionären Prozess von innen her überwinden wird. Diese Erwartung klingt etwa bei *Mendelssohns* Freund *Lessing* an.[24] In seinem Traktat *Die Erziehung des Menschengeschlechts* entwickelt er die Vision eines Zeitalters der Vernunft, in dem die herkömmlichen Religionen mit ihren Differenzen keine Rolle mehr spielen werden.[25] Judentum und Christentum bilden demnach lediglich Durchgangsstadien im Prozess des Erwachsenwerdens der Menschheit. Eine ähnliche Vorstellung formuliert später auch *Kant*, wenn er schreibt: „Das Leitband der heiligen Überlieferung mit seinen Anhängseln, den Statuten und Observanzen, welches zu seiner Zeit gute Dienste tat, wird nach und nach entbehrlich ...“.[26] Mit dem allmählichen Verschwinden der geschichtlichen Religionen soll die Menschheit ihre geistige Einheit in einem posttraditionellen aufgeklärten Gottesglauben finden.

Auch *Mendelssohn* kennt die Figur einer natürlichen Religion, die sich in der Vielfalt der Religionen als gemeinsamer Kern finden lässt. Er legt aber Wert darauf, die natürliche Religion der Aufklärung nicht gegen die historischen Religionen auszuspielen. Darin unterscheidet er sich nicht nur von *Voltaire* und den meisten anderen französischen Religionskritikern, sondern auch von *Lessing* und *Kant*. In der Abhandlung *Jerusalem oder über religiöse Macht und Juden-*

---

[21] *Jean-Jacques Rousseau*, Emile oder Über die Erziehung, Stuttgart 1963, S. 604.

[22] *Immanuel Kant*, Die Religion innerhalb der Grenzen der bloßen Vernunft, Stuttgart 1974, S. 134.

[23] *Hume* (Fn. 9), S. 75.

[24] Vgl. dazu die vorzügliche Monographie von *Willi Jasper*, Lessing. Aufklärer und Judenfreund. Biographie, Darmstadt 2001.

[25] Vgl. *Gotthold Ephraim Lessing*, Die Erziehung des Menschengeschlechts, in: Die Erziehung des Menschengeschlechts und andere Schriften, Stuttgart 1965, S. 7–31.

[26] *Kant* (Fn. 22), S. 160.

tum (1783) – seiner persönlichen Antwort auf Lessings *Nathan*[27] – kritisiert er die Homogenisierungstendenz der Aufklärung und wirbt für die Anerkennung eines echten Pluralismus: „Brüder! Ist es euch um wahre Gottseligkeit zu tun, so lasset uns keine Übereinstimmung lügen, wo Mannigfaltigkeit offenbar Plan und Endzweck der Vorsehung ist. Keiner von uns denkt und empfindet vollkommen so, wie sein Nebenmensch; warum sollen wir denn einander durch trügliche Worte hintergehen? (...) Warum uns einander in den wichtigsten Angelegenheiten unseres Lebens durch Mummerei unkenntlich machen, da Gott einem jeden nicht umsonst seine eigenen Gesichtszüge eingeprägt hat?"[28]

Wenn manche Aufklärungsphilosophen, darunter selbst *Mendelssohns* Freund *Lessing*, glauben, „alle Lichter auslöschen zu müssen, um die völlige Beleuchtung ungeteilt aus dem Lichte der Vernunft strömen zu lassen",[29] so steckt darin der Keim neuer Unfreiheit und neuer Unduldsamkeit. Dagegen steht *Mendelssohns* Warnung: „Im Grunde kann eine Glaubensvereinigung, wenn sie je zu Stande kommen sollte, keine anderen als die unseligsten Folgen für Vernunft und Gewissensfreiheit haben."[30] An die Regenten der Völker appelliert er deshalb: „Um eurer und unser aller Glückseligkeit willen, *Glaubensvereinigung ist nicht Toleranz*; ist der wahren Duldung gerade entgegen!"[31] Für die Gefahr eines neuen, den Pluralismus bedrohenden Fanatismus sieht *Mendelssohn* deutliche Anzeichen. „Ich fürchte", schreibt er an *Kant*, „die Philosophie hat ihre Schwärmer, die ebenso ungestüm verfolgen und fast noch mehr auf das Proselytenmachen gesteuert sind als die Schwärmer der positiven Religion."[32]

IV. Erfahrungen einer unterdrückten Minderheit

Mendelssohns Kritik am Programm einer aufgeklärten Einheitsreligion ist geprägt durch seine Zugehörigkeit zur jüdischen Minderheit. Dies erklärt seine Sensibilität für neue Varianten von Fanatismus und Intoleranz. Denn die im Namen der natürlichen Religion vollzogene Abwertung der geschichtlichen Re-

[27] Vgl. *Forester* (Fn. 15), S. 195.

[28] *Moses Mendelssohn*, Jerusalem oder über religiöse Macht und Judentum, gemeinsam mit der Vorrede zu Manasseh Ben Israels „Rettung der Juden" neu ediert von David Martyn, Bielefeld 2001, S. 31–136 (133).

[29] *Moses Mendelssohn*, Morgenstunden oder über das Dasein Gottes, Stuttgart 1979, S. 144. Die Bemerkung richtet sich unmittelbar gegen Hermann Samuel Reimarus, dessen Fragmente posthum von Lessing herausgegeben worden sind; deshalb bezieht sich Mendelssohns Kritik ausdrücklich auch auf diesen: „Mit der Verteidigung des Fragmentisten scheinet Lessing auch seine ganze Gesinnung übernommen zu haben." (ebd.)

[30] *Mendelssohn*, Jerusalem (Fn. 28), S. 132.

[31] Ebd., S. 133.

[32] Brief Mendelssohns an Kant vom 16. Oktober 1785.

ligionen trifft insbesondere das Judentum mit voller Härte.[33] Anders als das Christentum, dem die meisten zeitgenössischen Philosophen zuletzt doch noch eine gewisse Potenz zur Selbstaufklärung (und ggf. zur Selbstüberwindung) zutrauen, wird das Judentum als Gegentypus schlechthin zur natürlichen Religion stilisiert.[34] Es steht für obskuren Ritualismus und veräußerlichte Vorschriften wie Beschneidung und Speiseregeln. Durch seinen Mangel an Geistigkeit und innerer Kultur, so heißt es, habe es sich vom Prozess der Aufklärung hoffnungslos abgekoppelt.

Der Vorwurf der „Verstocktheit der Juden“, ein altes christliches Motiv des Antijudaismus, findet auf diese Weise seine Fortsetzung in der Polemik der Aufklärungsphilosophie. Die Engherzigkeit der Juden – „the narrow spirit of the Jews“ – sei allgemein bekannt, betont *David Hume*.[35] Auf Kopfschütteln stößt weithin vor allem die Idee des auserwählten Volkes. Sie habe den Juden „den Hass aller zugezogen“, schreibt der exkommunizierte Jude *Spinoza*, der seinen ehemaligen Glaubensgenossen somit vorhält, ihre gesellschaftliche Gettoisierung selbst verschuldet zu haben.[36] Auch damit schlägt er ein altes anti-jüdisches Motiv an, das nun aber im Modus aufgeklärter Religionskritik daherkommt.

Zu heftigen antijüdischen Ausfällen neigt vor allem Voltaire, der – selbst übrigens ein überaus geschickter Finanzspekulant – gern mit dem Klischee vom jüdischen Wucherer und Betrüger spielt.[37] Obwohl *Kant* mit antijüdischen Vorwürfen weitaus zurückhaltender ist, verkörpert auch in seiner Religionsphilosophie das Judentum den Gegentypus zur vergeistigten, aufgeklärten Religiosität: Es steht für Partikularismus, Obskurantismus und veräußerlichte Riten. Da es außerdem ursprünglich keinen Glauben an ein Leben nach dem Tode kenne, kommt *Kant* zu dem Verdikt, dass „das Judentum als solches in seiner Reinheit genommen, gar keinen Religionsglauben“ enthält.[38]

Mendelssohn ist nicht der erste Aufklärungsphilosoph, der antijüdische Stereotype kritisiert. Vorangegangen sind ihm darin *Rousseau*[39] und vor allem *Les-*

---

[33] Vgl. *Markus Kneer*, Die dunkle Spur im Denken. Rationalität und Antijudaismus, Paderborn 2003.

[34] Ein ähnliches Ausgrenzungsmuster findet sich heute insbesondere hinsichtlich des Islams. Vgl. *Heiner Bielefeldt*, Entgleisende Islamkritik. Differenzierung als Fairnessgebot, in: Hendrik Meyer/Klaus Schubert (Hrsg.), Politik und Islam, Wiesbaden 2011, S. 135–144.

[35] *Hume* (Fn. 9), S. 50.

[36] *Baruch de Spinoza*, Theologisch-politischer Traktat. Hamburg 1976, S. 63.

[37] Vgl. *Voltaire* (Fn. 20), S. 381: „Man ließ einen Juden kommen, dem Candide einen Diamanten für fünfzigtausend Zechinen verkaufte, der eigentlich hunderttausend wert war; aber der Jude schwor bei Abraham, dass er nicht mehr geben könne.“ Zum Antijudaismus bei Voltaire vgl. auch *Kneer* (Fn. 33), S. 109 ff.

[38] *Kant* (Fn. 22), S. 166.

[39] Vgl. *Rousseau* (Fn. 21), S. 620: „Ich werde niemals glauben, die Rechtfertigungen der Juden richtig verstanden zu haben, ehe sie nicht einen freien Staat haben mit Schulen und Universitäten, wo sie ohne Risiko sprechen und disputieren können.“

sing, der schon als Zwanzigjähriger in seiner Gaunerkomödie *Die Juden* die Suggestivwirkung gesellschaftlicher Vorurteile beschreibt.[40] Neu ist allerdings *Mendelssohns* Entdeckung, dass antijüdische Klischees nicht nur in der Form traditioneller christlicher Vorurteile fortbestehen, sondern auch im Namen des zivilisatorischen Fortschritts vorgebracht werden und im Medium aufgeklärter Religionskritik neue Suggestivwirkung erlangen: Machte man den Juden früher Vorwürfe wie Hostienschändung, die Opferung von Christenkinder und Brunnenvergiftung, so sind es, wie er schreibt, jetzt „gerade Aberglaube und Dummheit, die uns vorgerückt werden; Mangel an moralischem Gefühle, Geschmack und feinen Sitten; Unfähigkeit zu Künsten, Wissenschaften und nützlichem Gewerbe (...).“[41]

Die konkreten Defizite in der kulturellen Entwicklung der Juden in Deutschland, die *Mendelssohn* selbst beklagt und für deren Überwindung er sich einsetzt, begreift er als Folge der gesellschaftlichen Ausgrenzung, der vielfältigen Bildungs- und Berufsverbote, unter denen die Juden seit Jahrhunderten leiden, ohne dass dies in der Kritik der Aufklärer angemessen thematisiert werde. Im Gegenteil: „Man bindet uns die Hände und macht uns zum Vorwurfe, dass wir sie nicht gebrauchen.“[42]

Die sozialen Verhältnisse verdecken im Übrigen die Affinität, die für *Mendelssohn* zwischen Judentum und Aufklärung eigentlich besteht. Denn wie die Aufklärung sei das Judentum primär auf lebensdienliche *Praxis* aus; und im Unterschied zum Christentum kenne es weder einen exklusiven Wahrheitsanspruch noch eine daraus folgende aggressive Missionstätigkeit: „Das Judentum rühmet sich keiner *ausschließenden* Offenbarung ewiger Wahrheiten, die zur Seligkeit unentbehrlich sind ...“.[43]

V. Unveräußerliches Menschenrecht

Die einzige Chance zur dauerhaften Verbesserung der Situation der Juden sieht *Mendelssohn* in den Menschenrechten. Er fordert staatsbürgerliche Gleichberechtigung, Berufs- und Gewerbefreiheit und vor allem Religionsfreiheit. Letztere ist für ihn mehr als bloße Toleranz, nämlich ein allgemeines Menschenrecht. Gegen kontraktualistische Lesarten der Menschenrechte, wonach diese ein Produkt vertraglicher Übereinkunft zwischen den Mitgliedern einer Gesellschaft seien, stellt er klar, dass die Religionsfreiheit jedem denkbaren staats-

---

40 Vgl. *Gotthold Ephraim Lessing*, Die Juden. Ein Lustspiel in einem Aufzuge, Stuttgart 1981.

41 *Mendelssohn*, Vorrede zu Manasseh Ben Israels „Rettung der Juden“ (Fn. 28), S. 11.

42 Ebd., S. 11.

43 *Mendelssohn*, Jerusalem (Fn. 28), S. 93.

gründenden Gesellschaftsvertrag als unverfügbare Vorgabe voraus liege und deshalb strikt als unveräußerlich beachtet werden müsse:

> „Weder Kirche noch Staat haben also ein Recht, die Grundsätze und Gesinnungen der Menschen irgendeinem Zwang zu unterwerfen. Weder Kirche noch Staat sind berechtigt, mit Grundsätzen und Gesinnungen Vorzüge, Rechte und Ansprüche auf Personen und Dinge zu verbinden (…). Selbst der gesellschaftliche Vertrag hat weder dem Staate noch der Kirche ein solches Recht einräumen können. Denn ein Vertrag über Dinge, die ihrer Natur nach *unveräußerlich* sind, ist an und für sich ungültig, hebt sich von selbst auf.“[44]

Die Forderung nach Religionsfreiheit ist im späten 18. Jahrhundert nicht mehr ungewöhnlich. Dass sie zu den unveräußerlichen Menschenrechten zählt, ist wenige Jahre zuvor in der Virginia Bill of Rights und anderen Rechtserklärungen amerikanischer Bundesstaaten mit politischer Wirkung festgeschrieben worden. Bemerkenswert ist gleichwohl die Klarheit, mit der *Mendelssohn* aus der Idee der Religionsfreiheit *institutionelle Konsequenzen* zugunsten der Trennung von Staat und Religionsgemeinschaften zieht. Er wird damit im deutschsprachigen Raum, so könnte man sagen, zum Vertreter einer „wall of separation“-Doktrin, die niemand zuvor in vergleichbarer Klarheit formuliert hat. Auch darin besteht die Originalität seiner Schrift *Jerusalem*. Während der Staat das angemessene Verhalten der Menschen untereinander notfalls auch mit Zwang regeln kann, haben religiöse Handlungen, so betont er, ihren Sinn „bloß als Zeichen der Gesinnung“,[45] die ihrerseits keinen Zwang verträgt. Staatlicher Rechtszwang findet seine Grenze an Glaube und Gesinnung, die zwangsfrei organisierten Religionsgemeinschaften überlassen bleiben sollen. Deshalb gilt die Mahnung: „Lasset niemanden in euren Staaten Herzenskündiger und Gedankenrichter sein (…).“[46]

Im Gegenzug verlangt *Mendelssohn*, dass die Religionsgemeinschaften sich in den Staat integrieren und das staatliche Gesetz anerkennen. Wenn religiöse Eiferer göttliches Recht abstrakt gegen menschliches Recht ausspielen, machen sie sich einer „armseligen Sophisterei“[47] schuldig, indem sie unterstellen, Gottes Rechte könnten von menschlicher Gesetzgebung überhaupt betroffen sein. Doch „Gott ist kein Wesen, das unseres Wohlwollens bedarf, unseren Beistand fordert, auf irgendeines von unseren Rechten zu seinem Gebrauch Anspruch macht, oder dessen Rechte mit den unsrigen je in Streit und Verwirrung geraten können.“[48]

Aus der Funktionsdifferenz von Staat und Religionsgemeinschaften schließt Mendelssohn, dass Religionszugehörigkeit als Kriterium der Staatsbürgerschaft

[44] Ebd., S. 68.
[45] Ebd., S. 71.
[46] Ebd., S. 134.
[47] Ebd., S. 57.
[48] Ebd., S. 56.

keine Rolle spielen darf. Der Staat ist darüber hinaus auch nicht befugt, „mit gewissen bestimmten Lehrmeinungen Besoldung, Ehrenamt und Vorzug zu verbinden".[49] Damit formuliert *Mendelssohn* als einer der ersten Philosophen im deutschsprachigen Raum das Programm des modernen säkularen Rechtsstaats. Dass er mit dieser Forderung weit in die Zukunft weist, ist ihm bewusst: „Noch gehören vielleicht Jahrhunderte von Kultur und Vorbereitung dazu, bevor die Menschen begreifen werden, dass Vorrechte um der Religion willen weder rechtlich noch im Grunde nützlich seien, und dass es also eine wahre Wohltat sein würde, allen bürgerlichen Unterschied um der Religion willen schlechterdings aufzuheben."[50]

VI. Kurzes Nachwort

In Deutschland ist es um die Religionsfreiheit heute vergleichsweise gut bestellt, und man könnte den Eindruck haben, dass die von *Mendelssohn* formulierten Postulate längst Wirklichkeit geworden sind. Seine kritischen Einsichten bleiben aber relevant. Deutlich geworden ist dies jüngst durch die öffentliche Debatte über die religiös motivierte Knabenbeschneidung, die durch ein recht knapp formuliertes Urteil des Landgerichts Köln vom 7. Mai 2012 ausgelöst wurde.[51] In der sich anschließenden, teils aggressiv geführten Kontroverse hat sich einmal mehr die Doppeldeutigkeit der „Aufklärung" manifestiert, die sich seit jeher zwischen Emanzipation und Bevormundung, kritischer Aufgeschlossenheit und doktrinärer Rigidität, Anerkennung von Vielfalt und hegemonialer Weltsicht bewegt. Die Rückbesinnung auf den jüdischen Aufklärer und Aufklärungskritikers *Moses Mendelssohn* ist daher nicht nur von ideenhistorischem Interesse, sondern gibt Impulse, die von erstaunlicher Aktualität sind.

---

[49] Ebd., S. 69.

[50] Ebd., S. 76.

[51] Vgl. Landgericht Köln, Aktenzeichen 151 Ns 169/11. Das Urteil vom 7. Mai 2012 wurde erst Ende Juni der breiteren Öffentlichkeit bekannt. Vgl. dazu Heiner Bielefeldt, Menschenrecht, kein Sonderrecht. Einige Klarstellungen zur aktuellen Beschneidungsdebatte, in: Johannes Heil/Stephan J. Kramer (Hrsg.), Beschneidung: Das Zeichen des Bundes in der Kritik, Berlin 2012, S. 71–82.

Religion als Verfassungsvoraussetzung?

14 Thesen aus protestantischer Perspektive

Hans Michael Heinig

1. Die in den Feuilletons vielbeschworene „Wiederkehr der Götter“ (*Friedrich Wilhelm Graf*)[1] ist ein Phänomen öffentlicher Aufmerksamkeitsökonomie. Die Wiederkehr der Religion spiegelt sich in politischen und philosophischen Debatten, nicht aber in der harten Religionsempirie. Die Entwicklung der Zahl der Kirchenmitglieder und Gottesdienstbesucher bleibt in der negativen Tendenz unberührt. Die schleichende Erosion der Volkskirchen schreitet fort, ohne deren Verschwinden zu bewirken. Zugleich rückt der Islam mit allen seinen Facetten (von seiner kulturelle Vielfältigkeit und Lebendigkeit bis hin zum islamistischen Fundamentalismus) seit einer Dekade verstärkt in das öffentliche Bewusstsein. Beide Aspekte wirken in den gegenwärtigen religionsverfassungstheoretischen und religionspolitischen Debattenformationen in eigentümlicher Weise zusammen.[2]

2. Die in der Religionssoziologie vielbeschworenen Langzeitentwicklungen der Säkularisierung, Individualisierung und Pluralisierung der Religion[3] führen zu einem Verlust religionspolitischer Selbstverständlichkeiten.[4] Die überkommenen Praktiken der wohlwollenden Kooperation zwischen Staat und Kirchen werden in Frage gestellt,[5] bedürfen jedenfalls der verstärkten Vermittlung. Es wäre verfehlt, solche Prozesse öffentlicher Selbstverständigung kirchlicherseits nur als Bedrohung institutioneller Eigeninteressen wahrzunehmen. Sie sollten auch Anlass der selbstkritischen Prüfung sein und markieren eine argumentative Bringschuld der Kräfte, die angesichts veränderter gesellschaftlicher Verhältnisse am Status quo festhalten wollen.

3. Für normative Diskurse über die öffentliche Rolle der Religion gilt es, zwischen der Säkularität des Staates und dem Phänomen der sozio-kulturellen

---

[1] *Friedrich Wilhelm Graf*, Die Wiederkehr der Götter, 2004.

[2] Eine anschauliche Bestandsaufnahme bei *Christian Waldhof*, Neue Religionskonflikte und staatliche Neutralität, Gutachten D zum 68. Deutschen Juristentag, 2010.

[3] Vgl. etwa *Volkhard Krech*, Religionssoziologie, 1999; *ders.*, Wo bleibt die Religion?, 2011.

[4] *Hans Michael Heinig*, Ordnung der Freiheit – das Staatskirchenrecht vor neuen Herausforderungen, in: ZevKR 53 (2008), 235 (237 ff.).

[5] Zu entsprechenden Tendenzen *Hans Michael Heinig*, „Säkularismus“ und „Laizismus“ als Anfragen an das säkulare Religionsrecht in Deutschland, in: Lothar Häberle/Johannes Hattler (Hrsg.), Islam – Säkularismus – Religionsrecht, 2012, S. 79 (insb. 86 f.).

Säkularisierung hinreichend zu unterscheiden.[6] Der Staat des Grundgesetzes beruht auf dem Grundsatz gleicher Freiheit auch in religiös-weltanschaulichen Dingen. Er ist in diesem Sinne religiös-weltanschaulich neutral.[7] Das Grundgesetz als Verfassungsordnung gründet auf einem normativen Selbststand, d.h. es bedarf *als demokratisch gesetzte Rechtsordnung* keiner weitergehenden philosophischen oder theologischen Begründung. In diesem Sinne ist der Staat des Grundgesetzes säkular.

4. Das dem Grundgesetz zugrunde liegende Freiheitsmodell ist jedoch nicht rein negatorisch ausgrenzend angelegt, sondern setzt auf den Gebrauch der Freiheiten und erlaubt die Förderung der Bedingungen ihrer effektiven Ausübung. Deshalb begründet das Grundgesetz kein laizistisches Trennungsregime, sondern setzt auf die Offenheit des Staates für die Religionen seiner Bürger, auch im staatlich verfassten Bereich der Gesellschaft, gerade damit der Staat selbst nicht religiös oder weltanschaulich wird.[8] Diese Offenheit wird durch die religionsempirischen Veränderungen der letzten Jahrzehnte nicht obsolet, insbesondere, weil Säkularisierung nicht zu einem schlichten Verschwinden der Religion führt.

5. Das Thema Religion im öffentlichen und politischen Leben kennt zwei Ebenen, die in gewisser Weise zusammenhängen, aber nicht notwendig korrelieren: Aspekte der politischen Kultur und der religionsrechtlichen Rahmung. Der internationale Vergleich zeigt die Bandbreite der Ausgestaltungen.[9] In den USA geht die rechtliche Konstruktion der „wall of separation" einher mit einer starken Konzeption von Zivilreligion. In Frankreich ist die Laizität ihrerseits antireligiös-weltanschaulich grundiert. In Deutschland schließlich spielt sowohl im Religionsrecht wie in der politischen Kultur institutionalisierte Religion eine wichtige Rolle. Das deutsche Staatskirchenrecht ist stark auf den Bestand von Religionsgesellschaften bzw. Religionsgemeinschaften zugeschnitten. Zugleich spielen die Kirchen, der Zentralrat der Juden in Deutschland und zunehmend auch muslimische Dachverbände für die gesellschaftspolitische Selbstverständigung der Gesellschaft und für öffentliche Rituale des politischen Übergangs oder der Erinnerung eine sichtbare Rolle.

---

[6] Zum schillernden Begriff der Säkularisierung zuletzt insb. Karl Gabriel/Christel Gärtner/Detlef Pollack (Hrsg.), Umstrittene Säkularisierung, 2012.

[7] Zum Neutralitätsverständnis siehe die Kontroverse zwischen *Hans Michael Heinig*, Verschärfung der oder Abschied von der Neutralität? Zwei verfehlte Alternativen in der Debatte um den herkömmlichen Grundsatz religiös-weltanschaulicher Neutralität, in: JZ 2009, 1136 ff., ders., Verschleierte Neutralität. Schlusswort, in: JZ 2010, 357 ff. und *Stefan Huster*, Neutralität ohne Inhalt?, in: JZ 2010, 354 ff. jeweils m.w.N.

[8] *Hans Michael Heinig*, Ordnung der Freiheit – das Staatskirchenrecht vor neuen Herausforderungen, in: ZevKR 53 (2008), 235 ff.

[9] Siehe etwa zu Modellbildungen *Winfried Brugger*, Trennung, Gleichheit, Nähe. Drei Staat-Kirche-Modelle, in: Astrid Reuter/Hans G. Kippenberg (Hrsg.), Religionskonflikte im Verfassungsstaat, 2010, S. 119 ff.

6. Das deutsche Modell des Umgangs mit Religion im öffentlichen Raum ist historisch geprägt, bleibt aber auch unter gewandelten gesellschaftlichen Umständen grundsätzlich in sich konsistent. Dabei ist zwischen verschiedenen Aspekten zu unterscheiden:

7. Im *Religionsrecht* hat die Weimarer Reichsverfassung den Weg von der Bikonfessionalität zur Multireligiosität vorgespurt.[10] In der Nachkriegszeit geriet diese Dimension unter dem Eindruck vorherrschender religiöser Homogenität (95 % Zugehörigkeit zu einer der beiden Großkirchen) und dem moralischen Nimbus der Kirchen direkt nach dem Ende der nationalsozialistischen Diktatur ein wenig aus dem Blick. Das Staatskirchenrecht erschien als auf die beiden dominanten Kirchen zugeschnittenes Rechtsregime. Verstärkt seit den 1990er Jahren wird die Modernität des geltenden Rechts wiederentdeckt:[11] Rechtsprechung und Rechtswissenschaft haben deutlich herausgehoben, dass die in der Verfassung enthaltenen Freiheitsgarantien, die Elemente staatlicher Religionsförderung und die Einladung zum öffentlichen Wirken allen Religions- und Weltanschauungsgemeinschaften gelten.[12] Zugleich wurden aus der säkularen Verfassungsordnung heraus sich ergebende Grenzen dieser Rechte aufgezeigt. Damit folgt das Religionsverfassungsrecht der im Grundgesetz an anderen Stellen verankerten Konzeption wehrhafter Demokratie im Umgang mit der Frage, wie die Verfassungsordnung ihren Feinden begegnen kann, ohne ihres materiellen Verfassungscharakters verlustig zu gehen.[13]

8. Die *Rechtspraxis* erweckt hingegen immer wieder den Eindruck, unter einem Vollzugsdefizit zu leiden. Dieses Defizit wird vor allem an der Lage des Islam in Deutschland festgemacht. Die Integration des Islam in den staatskirchenrechtlichen Status quo ist bislang nur unzureichend gelungen. Die Deutsche Islamkonferenz zeugt vom politischen Willen, hier zu substantiellen Fortschritten zu kommen. Insbesondere fehlt es an einem flächendeckenden islamischen Religionsunterricht als ordentlichem Lehrfach an öffentlichen Schulen. Die Gründe dafür sind vielfältig und haben auch mit einer mangelnden Selbstorganisation der Muslime in Deutschland zu tun.

---

[10] *Hans Michael Heinig*, Öffentlich-rechtliche Religionsgesellschaften, 2003, S. 92 ff.; *ders.*, Artikel 135 bis 141 der Weimarer Reichsverfassung. Entstehung und aktuelle Bedeutung, in: Horst Groschopp (Hrsg.), Konfessionsfreie und Grundgesetz, 2010, S. 29 ff.

[11] Wichtig waren vorher aber schon die Beiträge, die eine Abkehr von der Koordinationslehre markieren: *Konrad Hesse*, Freie Kirche im demokratischen Gemeinwesen, in: ZevKR 11 (1964/1965), 337 ff.; *Martin Heckel*, Die Kirchen unter dem Grundgesetz, in: VVDStRL 26 (1968), S. 5 ff.; *Alexander Hollerbach*, Die Kirchen unter dem Grundgesetz, ebenda, S. 57 ff.

[12] Aus der Rechtsprechung siehe etwa BVerfGE 102, 370 ff.; aus der Literatur etwa *Christian Walter*, Religionsverfassungsrecht, 2006; siehe auch die Beiträge in: Hans Michael Heinig/Christian Walter (Hrsg.), Staatskirchenrecht oder Religionsverfassungsrecht?, 2007.

[13] *Hans Michael Heinig*, Das Religionsrecht zwischen der Sicherung freiheitlicher Vielfalt und der Abwehr fundamentalistischer Bedrohungen, in: Gerhard Besier/Hermann Lübbe (Hrsg.), Politische Religion und Religionspolitik, 2005, S. 197 ff.

9. Der Habitus kirchlicher Verlautbarungen und politischer Selbstdarstellung zeigt zuweilen, wie verhaftet man kirchlicherseits dem Denken in den Strukturen des Bikonfessionalismus noch ist. Das führt im politischen Alltagsgeschäft vermutlich zu Relevanzgewinnen (man macht sich „größer“ als man ist), mittelfristig jedoch auch zu Akzeptanzproblemen.

10. Das religionsrechtliche und religionspolitische Arrangement in Deutschland wurde lange Zeit maßgeblich unter Verweis auf den „meistzitierten Satz“ *Ernst-Wolfgang Böckenfördes* legitimiert: Der freiheitliche, säkulare Staat lebt von Voraussetzungen, die er selbst nicht garantieren kann.[14] In jüngeren Veröffentlichungen zeigt *Böckenförde* selbst auf, dass seinen Überlegungen zwei Annahmen zugrundelagen, die heute nicht mehr selbstverständlich sind: eine relative religiöse Homogenität in der Gesellschaft und eine positive Verhältnisbestimmung der dominanten Religionen zum freiheitlichen Verfassungsstaat.[15] Seit den 1960er Jahren ging die religiöse Homogenität verloren und der 11. September 2001 brachte allseits in Erinnerung, dass Religion auch eine ausgesprochen destruktive Seite kennt. Das „Ethosproblem“ des säkularen Staates bedarf deshalb einer Neuformulierung und der Verweis auf die sozialproduktive Dimension der Religion reicht für sich als Legitimationsstrategie nicht (mehr) aus.[16]

11. Eine Folgelast der mentalen Verhaftung im *Böckenförde*-Theorem ist, dass kirchlicherseits der Homogenitätsbedarf moderner Gesellschaften („Wertekonsens“) notorisch über- und die Integrationskraft demokratischer Verfahren tendenziell unterschätzt werden.

12. Religiöse Tradition hat keinen eigenen demokratischen Wert. Die Genese der grundlegenden Normative politischer Ordnung lässt deshalb keine direkten Rückschlüsse auf ihre Geltung zu. Doch kann sie über politische Präferenzen mobilisiert werden. (Nur) in diesem Sinne ist die „Prägekraft des Christentums“ ein relevanter Topos für unsere politischen Ordnungsvorstellungen.[17] Das lässt es angeraten erscheinen, kirchlicherseits einerseits an die theologischen Stränge in der Genealogie des freiheitlichen Verfassungsstaates zu erinnern, andererseits aber gegenüber der normativ gewendeten Rede von der „jüdisch-christlichen Leitkultur“ Distanz zu wahren.

13. Die in der Bevölkerung nicht selten anzutreffende Haltung der Skepsis und Ablehnung gegenüber dem Islam führt vor dem Hintergrund des Gebots der Gleichheit und Gleichbehandlung zu erheblichem Druck auf das bis-

---

[14] *Ernst-Wolfgang Böckenförde*, Die Entstehung des Staates als Vorgang der Säkularisation, in: *ders.*, Recht, Staat, Freiheit, 1991, S. 92 (112).

[15] *Ernst-Wolfgang Böckenförde*, Der säkularisierte Staat, 2006, S. 11 ff.

[16] *Hans Michael Heinig*, „Säkularismus“ und „Laizismus“ als Anfragen an das säkulare Religionsrecht in Deutschland, in: Lothar Häberle/Johannes Hattler (Hrsg.), Islam – Säkularismus – Religionsrecht, 2012, S. 79 (92 f.).

[17] Eigentümlich deshalb *Rat der EKD*, Christentum und politische Kultur, 1997 (EKD Texte 63) mit einer dezidiert normativen Wendung solcher „Prägekräfte“.

her praktizierte Setting, das eine signifikante Rolle der Religion im öffentlichen Raum ermöglicht und befördert. Der Druck verstärkt sich durch Entkirchlichungsprozesse hin in Richtung eines „leveling down". Kirchlicherseits in Reaktion darauf eine Strategie der „Hierarchisierung der Religionen" zu verfolgen, d.h. das Christentum gleichsam zu einer clandestinen Verfassungsvoraussetzung zu deklarieren,[18] erscheint wenig erfolgsversprechend.[19]

14. Elemente einer protestantischen Konzeption der Religion im öffentlichen Leben sollten sein:[20]

- ein Modell komplex gezeichneter Religionsfreiheit, auch in ihrer institutionellen Dimension,[21]
- eine Pluralismuskonzeption, die den säkularen Mehrwert des Eigensinns religiöser Sprache (etwa in der Linie der Friedenspreisrede von *Jürgen Habermas*) herausstreicht,[22]
- eine theologische Reflexion von Demokratie, die deren säkulare Grundlagen nicht unterspült, sondern anhand der komplexen Wirkungsgeschichte des Protestantismus beispielhaft aufzeigt, wie ein erfolgreicher Lern- und Aneignungsprozess verlaufen kann,[23]
- gegenüber dem organisierten Islam im Sinne wechselseitiger Beobachtung Religionskritik und Erwartungen formuliert, aber auch positive Angebote der Begleitung macht und politische Strategien der Integration im Sinne gleicher Berechtigung unterstützt.[24]

---

[18] So etwa *Paul Kirchhof*, Die Freiheit der Religionen und ihr unterschiedlicher Beitrag zu einem freien Gemeinwesen, in: Essener Gespräche zum Thema Staat und Kirche 39 (2005), S. 105 ff.

[19] Zum Themenkomplex Religion und Verfassungsvoraussetzungen insb. *Christoph Möllers*, Religiöse Freiheit als Gefahr?, in: VVDStRL 68 (2009), S. 47 (51 ff.).

[20] Zum Protestantismusbegriff in diesem Zusammenhang *Friedrich Wilhelm Graf*, Der Protestantismus, 2006, S. 7 ff.

[21] Hierzu *Wolfgang Huber*, Kirchen und Verfassungsordnung, in: Essener Gespräche zum Thema Staat und Kirche, 42 (2008), S. 7 ff.

[22] *Jürgen Habermas*, Glaube und Wissen, 2001; siehe auch *ders.*, Nachmetaphysisches Denken II, 2012.

[23] Überlegungen dazu für die Traditionslinie Karl Barths bei *Hans Michael Heinig*, Gerechtigkeit im demokratisch legitimierten Recht. Eine verfassungstheoretische Perspektive auf Karl Barths „Christengemeinde und Bürgergemeinde", in: Zeitschrift für Dialektische Theologie, 56 (2012), 87 ff.

[24] Deshalb sollte die Handreichung des *Rates der EKD*, Klarheit und gute Nachbarschaft, 2006 (EKD-Texte 86) nicht das letzte Wort aus dem organisierten Protestantismus sein.

IV. Gerechtigkeit und Gemeinwohl als Verfassungsvoraussetzungen

Das Grundrecht auf Gewährleistung eines menschenwürdigen Existenzminimums und die Sicherung sozialer Grundrechtsvoraussetzungen

Peter Axer

Das Grundrecht auf Gewährleistung eines menschenwürdigen Existenzminimums ergibt sich aus der Menschenwürdegarantie des Art. 1 Abs. 1 GG i.V.m. dem Sozialstaatsgebot des Art. 20 Abs. 1 GG, so das Bundesverfassungsgericht in seinem grundlegenden und wegweisenden Urteil aus dem Jahre 2010 zu den Regelleistungen für Erwachsene und Kinder nach dem SGB II[1], der Grundsicherung für Arbeitsuchende, landläufig als Hartz IV bezeichnet. Es gewährleistet jedem Hilfebedürftigen diejenigen materiellen Voraussetzungen, die für seine physische Existenz und für ein Mindestmaß an Teilhabe am gesellschaftlichen, kulturellen und politischen Leben unerlässlich sind. Die Menschenwürdegarantie begründet dabei nach Ansicht des Gerichts den Anspruch, das Sozialstaatsgebot wiederum erteilt dem Gesetzgeber den Auftrag, das menschenwürdige Existenzminimum zu sichern. Der „unmittelbar verfassungsrechtliche Leistungsanspruch"[2], den das Gericht in der Entscheidung kreiert, berührt grundsätzliche Fragen der Menschenwürdegarantie, der Grundrechtsdogmatik und der Sicherung sozialer Grundrechtsvoraussetzungen, damit Fragen, die auch im Werk von *Winfried Brugger* eine bedeutende und zentrale Rolle spielen.

I. Der verfassungsrechtliche Anspruch: ein soziales Grundrecht

Mit der Verortung des Grundrechts auf Gewährleistung eines menschenwürdigen Existenzminimums in Art. 1 Abs. 1 GG i.V.m. dem Sozialstaatsprinzip knüpft das Bundesverfassungsgericht an seine ständige Rechtsprechung seit Mitte der siebziger Jahre an, in der es aus diesen Vorschriften eine objektiv-rechtliche Pflicht des Staates herleitet, das Existenzminimum zu sichern.[3] Bis dahin

---

[1] BVerfG vom 9.2.2010, BVerfGE 125, 175 (221 ff.). Das Manuskript wurde im Februar 2012 abgeschlossen.

[2] BVerfG vom 9.2.2010, BVerfGE 125, 175 (223).

[3] Zum Begriff des Existenzminimums sowie zur Entwicklung der Idee und des Rechts der Sicherung des Existenzminimums m.w.N.: *Andreas von Arnauld*, Das Existenzmini-

stand es allerdings, anders als etwa das Bundesverwaltungsgericht in der berühmten Fürsorgerechtsentscheidung aus dem Jahre 1954[4] oder *Günter Dürig* in seiner richtungsweisenden und wirkmächtigen Kommentierung des Art. 1 Abs. 1 GG im *Maunz/Dürig* aus dem Jahre 1958[5], der Begründung einer entsprechenden Pflicht aus der Menschenwürdegarantie eher kritisch und reserviert gegenüber. Symptomatisch ist insoweit eine frühe Entscheidung aus dem Jahre 1951, nach der die Verpflichtung des Staates zum Schutz der Menschenwürde „nicht Schutz vor materieller Not, sondern Schutz gegen Angriffe auf die Menschenwürde durch andere, wie Erniedrigung, Brandmarkung, Verfolgung, Ächtung, usw."[6] bezwecke. Allerdings wurde dort bereits darauf hingewiesen, dass „möglicherweise" ein verfassungsrechtlicher Anspruch erwachsen könne, wenn der Gesetzgeber seine sozialstaatlichen Pflichten „willkürlich" versäume.[7]

Erst im Jahre 1975, im 40. Band seiner Entscheidungssammlung, betont das Gericht ausdrücklich, dass die Fürsorge für Hilfsbedürftige zu den selbstverständlichen Pflichten des Sozialstaates gehöre und dies notwendig die soziale Hilfe für Mitbürger einschließe, die wegen körperlicher oder geistiger Gebrechen außerstande sind, sich selbst zu unterhalten; die staatliche Gemeinschaft müsse ihnen „jedenfalls die Mindestvoraussetzungen für ein menschenwürdiges Dasein sichern und sich darüber hinaus bemühen, sie soweit möglich in die Gesellschaft einzugliedern"[8]. Kurze Zeit später stützt es die Pflicht des Staates, ein Existenzminimum zu gewähren, das ein menschenwürdiges Dasein überhaupt erst ausmache, explizit auf Art. 1 Abs. 1 GG i.V.m. dem Sozialstaatsprinzip.[9] Seit den neunziger Jahren des letzten Jahrhunderts bildet die Menschenwürdegarantie i.V.m. dem Sozialstaatsprinzip – zum Teil unter weiterer Hinzuziehung von Art. 3 Abs. 1 GG und Art. 6 Abs. 1 GG – zudem die Grundlage für

---

mum, in: ders./Andreas Musil (Hrsg.), Strukturfragen des Sozialverfassungsrechts, 2009, S. 251 ff.; *Walter Georg Leisner*, Existenzsicherung im Öffentlichen Recht, 2007, S. 7 ff., 33 ff., 55 ff.; *Ulrich Sartorius*, Das Existenzminimum im Recht, 2000.

[4] BVerwG vom 24.6.1954, BVerwGE 1, 159 ff. – Zu dieser Entscheidung vgl. etwa *Friedrich E. Schnapp*, BVerwGE 1, 159: Magna Charta des Anspruchs auf das Existenzminimum?, in: NZS 2010, S. 136 ff.

[5] *Günter Dürig* in: Theodor Maunz/Günter Dürig, Grundgesetz, Kommentar, Erstbearbeitung, Art. 1 Abs. 1 Rn. 43. Danach ist die Menschenwürde als solche auch getroffen, „wenn der Mensch gezwungen ist, ökonomisch unter Lebensbedingungen zu existieren, die ihn zum Objekt erniedrigen"; siehe auch *ders.*, Der Grundrechtssatz von der Menschenwürde, in: AöR 81 (1956), S. 117 (131).

[6] BVerfG vom 19.12.1951, BVerfGE 1, 97 (104).

[7] BVerfG vom 19.12.1951, BVerfGE 1, 97 (105).

[8] BVerfG vom 18.6.1975, BVerfGE 40, 121 (133).

[9] BVerfG vom 21.6.1977, BVerfGE 45, 187 (228). – Zur Bedeutung der Verbindung von Menschenwürde und Sozialstaat allgemein m.w.N.: *Hans Michael Heinig*, Menschenwürde und Sozialstaat, in: Petra Bahr/Hans Michael Heinig (Hrsg.), Menschenwürde in der säkularen Verfassungsordnung, 2006, S. 251 ff.; *ders.*, Der Sozialstaat im Dienst der Freiheit, 2008, S. 328 ff.; *Britta Könemann*, Der verfassungsunmittelbare Anspruch auf das Existenzminimum, 2005, S. 51 ff.

die Steuerfreiheit des Existenzminimums: Der Staat habe das Einkommen des Bürgers insoweit steuerfrei zu stellen, als dieser es zur Schaffung der Mindestvoraussetzungen eines menschenwürdigen Daseins für sich und seine Familie benötige, wobei sich die Bemessung des einkommensteuerrechtlich maßgeblichen Existenzminimums nach dem im Sozialhilferecht niedergelegten Leistungsniveau richte.[10] Ebenso wie der Staat nach Art. 1 Abs. 1 GG i.V.m. dem Sozialstaatsgebot verpflichtet sei, dem mittellosen Bürger die Mindestvoraussetzungen für ein menschenwürdiges Dasein erforderlichenfalls durch Sozialleistungen zu sichern, dürfe er dem Bürger das selbst erzielte Einkommen bis zu diesem Betrag nicht entziehen.[11]

Vor diesem Hintergrund verweist das Bundesverfassungsgericht im Regelsatzurteil für die Verortung des Existenzminimums in Art. 1 Abs. 1 GG i.V.m. dem Sozialstaatsgebot zu Recht auf einzelne Entscheidungen seit dem Urteil im 40. Band.[12] Doch ist der Verweis auf seine bisherige Rechtsprechung nicht ganz zutreffend, wenn und weil die genannten Entscheidungen nicht von einem *Grundrecht* auf Gewährleistung eines menschenwürdigen Existenzminimums sprechen.[13] Sie betreffen überdies nur zum Teil unmittelbar das sozialrechtliche Existenzminimum und befassen sich überwiegend eher allgemein und kurz mit dem Existenzminimum, ohne es näher zu präzisieren. So heißt es etwa in der ebenfalls zitierten Lissabon-Entscheidung aus dem Jahre 2009 zwar bedeutsam für den nationalen Sozialstaat, dass die Existenzsicherung des Einzelnen eine nicht nur im Sozialstaatsprinzip, sondern auch in Art. 1 Abs. 1 GG gegründete Staatsaufgabe sei, die weiterhin Sache der Mitgliedstaaten bleiben müsse[14], doch

---

[10] BVerfG vom 13.2.2008, BVerfGE 120, 125 (154 f.) unter Hinweis u.a. auf BVerfG vom 29.5.1990, BVerfGE 82, 60 (85 f., 94). – Zum steuerrechtlichen Existenzminimum vgl. aus dem Schrifttum etwa: *Markus Heintzen*, Die Verschonung des Existenzminimums im deutschen Einkommensteuerrecht, Nihon University, Comparative Law, Vol. 26 (2009), S. 55 ff.; *Paul Kirchhof*, Die Steuern, in: Josef Isensee/Paul Kirchhof (Hrsg.), Handbuch des Staatsrechts, Bd. V, 3. Aufl. 2007, § 118 Rn. 135 ff.; *Christoph Moes*, Die Steuerfreiheit des Existenzminimums vor dem Bundesverfassungsgericht, 2011.

[11] BVerfG vom 29.5.1990, BVerfGE 82, 60 (85).

[12] BVerfG vom 9.2.2010, BVerfGE 125, 175 (222). – Im Schrifttum wurde überwiegend die Pflicht auch in der Menschenwürdegarantie und im Sozialstaatsgebot verankert, wobei im Einzelnen das normative Verhältnis beider Bestimmungen unterschiedlich gesehen wurde, bis dahin, dass nur die Menschenwürdegarantie oder nur das Sozialstaatsgebot die Grundlage bilden soll; vgl. dazu etwa m.w.N.: *Christoph Enders*, Sozialstaatlichkeit im Spannungsfeld von Eigenverantwortung und Fürsorge, in: VVDStRL 64 (2005), S. 7 (27, 39 f.); *Volker Neumann*, Das medizinische Existenzminimum, in: NZS 2006, S. 393 f.

[13] Zu Recht kritisch gegenüber der Bezugnahme: *Christian Seiler*, Das Grundrecht auf ein menschenwürdiges Existenzminimum, in: JZ 2010, S. 500 (503); *Volker Wahrendorf*, BVerfG 9.2.2010 – Gibt es ein Grundrecht auf Sicherung des Existenzminimums?, in: Sozialrecht aktuell 2010, S. 90 (91).

[14] BVerfG vom 30.6.2009, BVerfGE 123, 267 (362 f.). Auch die zitierte Entscheidung des BVerfG vom 7.6.2005 (BVerfGE 113, 88 [108 f.]) zur Regressforderung eines Sozialhilfeträgers gegen Unterhaltspflichtige kann nicht als Beleg für einen verfassungsunmittelbaren An-

wird damit nicht schon ein grundrechtlich begründeter Anspruch geschaffen. Ob Art. 1 Abs. 1 GG ein Grundrecht des Einzelnen auf eine gesetzliche Regelung von Ansprüchen auf angemessene Versorgung begründen kann, wurde selbst nach der Entscheidung im 40. Band bislang verfassungsgerichtlich offen gelassen.[15] Selbst wenn in den Entscheidungen zur steuerrechtlichen Freistellung des Existenzminimums eine Tendenz hin zu einer stärkeren Subjektivierung erkennbar wird, bezieht sich dies primär auf die abwehrrechtliche Dimension gegenüber einem zu weit gehenden Steuerzugriff.

Aufgrund der ausdrücklichen verfassungsrechtlichen Fundierung eines Leistungsanspruchs stellt das Regelsatzurteil eine Weiterentwicklung gegenüber einer bislang „nur" objektiv-rechtlichen Pflicht des Staates zur Sicherung des Existenzminimums in der verfassungsgerichtlichen Rechtsprechung dar. Der grundrechtliche Anspruch besteht nach Auffassung des Gerichts, wenn einem Menschen die zur Gewährleistung eines menschenwürdigen Daseins notwendigen materiellen Mittel fehlen, weil er sie weder aus eigener Erwerbstätigkeit, noch aus eigenem Vermögen oder Zuwendungen Dritter erhalten kann. Im Rahmen seines Auftrags zum Schutz der Menschenwürde und in Ausfüllung seines sozialstaatlichen Gestaltungsauftrags ist dann der Staat verpflichtet, dafür Sorge zu tragen, dass die materiellen Voraussetzungen dafür dem Hilfebedürftigen zur Verfügung stehen. Dieser objektiven Verpflichtung aus Art. 1 Abs. 1 GG , so das Gericht weiter[16], korrespondiert ein Leistungsanspruch des Grundrechtsträgers, da das Grundrecht die Würde jedes individuellen Menschen schützt und sie in solchen Notlagen nur durch materielle Unterstützung gesichert werden kann: Der Leistungsanspruch aus Art. 1 Abs. 1 GG ist dem Grunde nach von der Verfassung vorgegeben.[17]

Das Gericht geht damit über die Fürsorgerechtsentscheidung des Bundesverwaltungsgerichts hinaus, die letztlich, trotz ihrer fundamentalen Bedeutung für das Sozialhilferecht mit der Begründung eines subjektiv-öffentlichen Rechts und der deutlichen Abkehr von armenpolizeilichen Vorstellungen, „nur" einen gesetzlichen Anspruch auf Gewährung des Existenzminimums im Wege verfassungskonformer Auslegung begründete.[18] Die ausdrückliche Konstruktion eines grundrechtlichen Leistungsanspruchs auf Gewährleistung eines menschenwürdigen Existenzminimums, der zwar durch einen gesetzlichen Anspruch gesichert sein muss, ist in der bundesverfassungsgerichtlichen Judika-

spruch dienen, denn es wird dort nur allgemein festgestellt, dass das Sozialstaatsgebot des Art. 20 Abs. 1 GG i.V.m. Art. 1 Abs. 1 GG fordert, Menschen einen Anspruch auf staatliche Hilfe zukommen zu lassen, um so ihr Existenzminimum zu sichern.

[15] BVerfG vom 20.5.1987, BVerfGE 75, 348 (360).

[16] BVerfG vom 9.2.2010, BVerfGE 125, 175 (222 f.).

[17] BVerfG vom 9.2.2010, BVerfGE 125, 175 (224) unter Hinweis auf BVerfG vom 11.3.2003, BVerfGE 107, 275 (284).

[18] Vgl. zu BVerwG vom 24.6.1954, BVerwGE 1, 159 ff., nur *Schnapp* (Fn. 4), S. 136 ff.

tur neu, selbst wenn sie in der normativen Fundierung des Existenzminimums an die bisherige Rechtsprechung anknüpft und sich einfügt. Deutlich und ausdrücklich wird verfassungsgerichtlich nunmehr ein der Pflicht des Staates korrespondierender, aus Art. 1 Abs. 1 GG i.V.m. dem Sozialstaatsprinzip folgender grundrechtlicher, mit der Verfassungsbeschwerde verfolgbarer Individualanspruch des Bürgers auf Erfüllung der Pflicht geschaffen. Das Gericht erweitert den beschränkten grundgesetzlichen Katalog einzelner sozialer Grundrechte[19] um einen verfassungsrechtlich fundierten Anspruch und schafft ein weiteres soziales Grundrecht.

Obschon die gerichtliche Kreation eines verfassungsrechtlichen Anspruchs auf das Existenzminimum eine Fortentwicklung gegenüber der bisherigen Rechtsprechung bedeutet und ein Novum darstellt, lässt sich Vergleichbares auch auf einem anderen Feld des Sozialrechts, der gesetzlichen Krankenversicherung, beobachten. Im sog. Nikolaus-Beschluss hat das Bundesverfassungsgericht[20] für den Fall einer lebensbedrohlichen oder regelmäßig tödlichen Krankheit im Wege einer „grundrechtsorientierten Auslegung"[21] krankenversicherungsrechtlicher Vorschriften – jedoch unter konstruktiv nicht überzeugender Heranziehung des Schutzpflichtengedankens[22] – aus Art. 2 Abs. 1 GG i.V.m. dem Sozialstaatsprinzip und Art. 2 Abs. 2 GG letztlich einen sehr weit gehenden verfassungsunmittelbaren Anspruch auf vom Gemeinsamen Bundesausschuss nicht zugelassene Untersuchungs- und Behandlungsmethoden geschaffen.[23] Dessen Konkretisierung und Umsetzung beschäftigt die Sozial-

---

[19] Zur prinzipiellen Zurückhaltung des Grundgesetzes statt Vieler: *Dietrich Murswiek*, Grundrechte als Teilhaberechte, soziale Grundrechte, in: Josef Isensee/Paul Kirchhof (Hrsg.), Handbuch des Staatsrechts, Bd. IX, 3. Aufl. 2011, § 192 Rn. 52 ff.; *Wolfgang Rüfner*, Leistungsrechte, in: Detlef Merten/Hans-Jürgen Papier (Hrsg.), Handbuch der Grundrechte, Bd. II, 2006, § 40 Rn. 9 ff.

[20] Beschluss vom 6.12.2005, BVerfGE 115, 25 ff. – Zu dieser Entscheidung: BSG vom 27.3.2006, Breithaupt 2007, S. 366 ff.; *Peter Axer*, Kontinuität durch Konsequenz in der Sozialversicherung, in: FS Josef Isensee, 2007, S. 965 (972 ff.); *Ulrich Becker*, Das Recht auf Gesundheitsleistungen, in: FS Udo Steiner, 2009, S. 50 ff.; *Heinz-Uwe Dettling*, Grundrechte, neue Behandlungsmethoden und Grenzen der Rationierung in der GKV, in: GesR 2006, S. 97 ff.; *Robert Francke/Dieter Hart*, Die Leistungspflicht der gesetzlichen Krankenversicherung für Heilversuche, in: MedR 2006, S. 131 ff.; *Hans Michael Heinig*, Hüter der Wohltaten?, in: NVwZ 2006, S. 771 ff.; *Stefan Huster*, Urteilsanmerkung, in: JZ 2006, S. 466 ff.; *Thorsten Kingreen*, Verfassungsrechtliche Grenzen der Rechtsetzungsbefugnis des Gemeinsamen Bundesausschusses im Gesundheitsrecht, in: NJW 2006, S. 877 ff.; *Matthias von Wulffen*, Rechtsprechung des Bundessozialgerichts zu noch nicht anerkannten Behandlungsmethoden, in: GesR 2006, S. 385 ff.

[21] BVerfG vom 6.12.2005, BVerfGE 115, 25 (45).

[22] Kritik an der Heranziehung der Schutzpflichtenkonstruktion etwa bei *Josef Isensee*, Staatsrechtliche Grundlagen des Sozialstaatsprinzips, in: Katholische Akademie Schwerte (Hrsg.), Die Würde des Menschen ist unbezahlbar. Der Sozialstaat zwischen Anspruch und Wirklichkeit, 2011, S. 9 (24 f.).

[23] *Axer* (Fn. 20), S. 974 f.; *Huster* (Fn. 20), S. 468; *ders.*, Soziale Sicherung als Zukunftsbewältigung, in: SDSRV 55 (2007), S. 15 (21 ff.); a.A. *Reimund Schmidt-De Caluwe*, Ur-

gerichte bis heute und illustriert zugleich die weit reichenden Folgen gerichtlich geschaffener verfassungsunmittelbarer Ansprüche, selbst wenn sich diese nur auf soziale Mindeststandards beziehen. Inzwischen hat der Gesetzgeber den Anspruch durch das GKV-Versorgungsstrukturgesetz vom 22.12.2011 auch ausdrücklich normiert.[24]

II. Ein neues Grundrecht?

Hat das Bundesverfassungsgericht mit dem Grundrecht auf Gewährleistung eines menschenwürdigen Existenzminimums einen verfassungsrechtlich fundierten Anspruch geschaffen, bleibt die Frage, ob damit zugleich ein „neues"[25] Grundrecht geboren wurde. Die Antwort darauf hängt auch vom jeweiligen Verständnis von „neu" ab, wie gerade die Diskussion um die „Neuheit" des vom Bundesverfassungsgericht im Jahre 2008 kreierten Grundrechts auf Gewährleistung der Vertraulichkeit und Integrität informationstechnischer Systeme[26] zeigt, das zum Teil als ein neues und eigenständiges Grundrecht, zum Teil „nur" als Fortentwicklung und Ausprägung des aus Art. 2 Abs. 1 i.V.m. Art. 1 Abs. 1 GG abgeleiteten Allgemeinen Persönlichkeitsrechts gesehen wird.[27]

---

teilsanmerkung, in: SGb 2006, S. 619 (620 f.). – Nach Ansicht des Bundessozialgerichts vom 7.11.2006 (BSGE 97, 190 [196]) verlangt Art. 2 GG „eine verfassungskonforme Auslegung nur derjenigen Normen des SGB V, die einem verfassungsrechtlich begründeten Anspruch auf eine bestimmte Versorgung der Versicherten entgegenstehen".

[24] § 2 Abs. 1a SGB V.

[25] Von einem neuen Grundrecht sprechen etwa: *Volker Neumann*, Ein neues Grundrecht für die Armen, in: vorgänge 2010, S. 102; *Matthias Schnath*, Das neue Grundrecht auf Gewährleistung eines menschenwürdigen Existenzminimums, in: NZS 2010, S. 297 ff.; siehe auch: *Uwe Berlit*, Paukenschlag mit Kompromisscharakter, in: KJ 2010, S. 145 ff., der von der Erhebung zu einem eigenständigen Grundrecht spricht; die Verdichtung zu einem zusammengesetzten Grundrecht sei so neu, sachlich aber kein Quantensprung; ablehnend dagegen etwa: *Franz Ruland*, Urteilsanmerkung, in: JuS 2010, S. 845 (848). – Vermittelnd: *Andreas Voßkuhle*, Der Sozialstaat in der Rechtsprechung des Bundesverfassungsgerichts, in: SGb 2011, S. 181 (186): „kein gänzlich ‚neues Grundrecht'"; *Stephan Rixen*, Verfassungsrecht ersetzt Sozialpolitik?, in: Sozialrecht aktuell 2010, S. 81: „Ein (nicht ganz) neues Grundrecht auf Gewährleistung eines menschenwürdigen Existenzminimums"; auf S. 82 heißt es dann, dass man „auch in konzeptionell-dogmatischer Hinsicht von einem „neuen" Grundrecht sprechen kann".

[26] BVerfG vom 27.2.2008, BVerfGE 120, 274 ff.

[27] Vgl. dazu etwa: *Thomas Böckenförde*, Auf dem Weg zur elektronischen Privatsphäre, in: JZ 2008, S. 925 ff.; *Gabriele Britz*, Vertraulichkeit und Integrität informationstechnischer Systeme, in: DÖV 2008, S. 411 ff.; *Michael Heise*, Grundrecht auf Gewährleistung der Vertraulichkeit informationstechnischer Systeme?, in: RuP 2009, S. 94 ff.; *Christoph Herrmann*, Das Grundrecht auf Gewährleistung der Vertraulichkeit und Integrität informationstechnischer Systeme, 2010, S. 107 ff.; *Wolfgang Hoffmann-Riem*, Der grundrechtliche Schutz der Vertraulichkeit und Integrität eigengenutzter informationstechnischer Systeme, in: JZ 2008,

Das Gericht bezieht das „Neue“ seiner Entscheidung ausdrücklich auf die verfassungsrechtlichen Maßstäbe für die Bestimmung des Existenzminimums: In der Rechtsprechung des Gerichts sei bislang nicht geklärt, „nach welchen verfassungsrechtlichen Maßstäben im Einzelnen sich die Bemessung solcher Leistungen richtet“.[28] Doch liegt der innovative Charakter der Entscheidung nicht nur in der Entwicklung der Maßstäbe für die Bemessung, sondern ebenso schon in der Konstruktion eines verfassungsrechtlichen Anspruchs auf Gewährleistung eines menschenwürdigen Existenzminimums.

Für ein damit geschaffenes neues Grundrecht im Sinne einer selbst- und eigenständigen Verbürgung spricht die konstruktive Verbindung der Menschenwürdegarantie mit dem Sozialstaatsgebot als zweite und weitere Wurzel des Anspruchs. Die Verbindung zielt auch nicht nur, wie häufig bei einer Verbindung zweier Grundrechte oder von Grundrechten mit dem Sozialstaatsgebot[29], auf eine Verstärkung des Grundrechtsschutzes. Vielmehr kommt sowohl der Menschenwürdegarantie als auch der Staatszielbestimmung eine eigene, gesonderte Funktion zu für die Begründung sowie für den Inhalt und den Umfang des Grundrechts auf Gewährleistung eines menschenwürdigen Existenzminimums. Das Grundrecht reicht und weist zudem über die aus Art. 1 Abs. 1 S. 2 GG folgende Schutzpflicht des Staates für die Menschenwürde hinaus, die den Staat zum Schutz der Menschenwürde insbesondere gegenüber privaten Übergriffen verpflichtet,[30] indem es den Leistungsanspruch ausdrücklich sozialstaatlich fundiert und dem Sozialstaatsgebot eine eigenständige Bedeutung beimisst. Das Sozialstaatsgebot gibt der Menschenwürdegarantie im Hinblick auf die Sicherung des Existenzminimums eine eigenständige Gewährleistungsdimension.

Das Gericht selbst spricht von einem „Grundrecht“ und misst ihm neben dem absolut wirkenden Anspruch aus Art. 1 Abs. 1 GG auf Achtung der Würde jedes Einzelnen eine eigenständige Bedeutung bei: Zwar sei es dem Grunde nach unverfügbar und muss eingelöst werden, bedürfe aber der Konkretisierung und der stetigen Aktualisierung durch den Gesetzgeber, der die zu erbringenden Leistungen an dem jeweiligen Entwicklungsstand des Gemeinwesens

---

S. 1009 ff.; *Dieter Hömig*, „Neues“ Grundrecht, neue Fragen?, in: Jura 2009, S. 207 ff.; *Uwe Volkmann*, Anmerkung, in: DVBl. 2008, S. 590 ff.

[28] BVerfG vom 9.2.2010, BVerfGE 125, 175 (258); siehe auch *Rixen* (Fn. 25), S. 81 f.

[29] Zur Verbindung von Grundrechten mit dem Sozialstaatsprinzip und zur bereichsspezifischen Entfaltung des Sozialstaatsgebots im Dienste effektiver Freiheit und faktischer Gleichheit: *Voßkuhle* (Fn. 25), S. 184 ff., der davon die Funktion des Sozialstaatsgebots trennt, durch stabilitätssichernde sozialstaatliche Kerngehalte dem demokratischen Gesetzgeber Grenzen zu setzen, wozu insbesondere die Sicherung des menschenwürdigen Existenzminimums zählt (S. 182 f., 186).

[30] Zur im Einzelnen in ihrer Reichweite durchaus umstrittenen schutzrechtlichen Dimension der Menschenwürdegarantie: *Maximilian Wallerath*, Zur Dogmatik eines Rechts auf Sicherung des Existenzminimums, in: JZ 2008, S. 157 (160 ff.).

und den bestehenden Lebensbedingungen auszurichten habe und einen Gestaltungsspielraum besitze.[31] Im Unterschied zur absoluten und abwägungsresistenten Menschenwürdegarantie[32] lässt das Gericht in Bezug auf die Bestimmung des Umfangs des Existenznotwendigen damit Gestaltungsspielräume zu, denn der Umfang des Anspruchs könne im Hinblick auf die Arten des Bedarfs und die dafür erforderlichen Mittel nicht unmittelbar aus der Verfassung abgeleitet werden: Das Sozialstaatsgebot verpflichte insoweit den Gesetzgeber, die soziale Wirklichkeit zeit- und realitätsgerecht zu erfassen; ihm obliege es, den Leistungsanspruch in Tatbestand und Rechtsfolge zu konkretisieren, gerade in Bezug auf die Sicherung des Existenzminimums durch Geld-, Sach- oder Dienstleistungen sowie die Bestimmung des Umfangs der Leistungen.[33] Damit ist der Umfang des Anspruchs nicht unantastbar, selbst wenn der Gestaltungsspielraum für die Sicherung des zur physischen Existenz Notwendigen enger ist als derjenige für Art und Umfang der Möglichkeiten zur Teilhabe am gesellschaftlichen Leben. Insbesondere die Offenheit des Anspruchs für gesetzliche Wertungen spricht gerade auch in Bezug auf die Unantastbarkeit der Menschenwürde als solcher dafür, in dem Grundrecht auf Gewährleistung eines menschenwürdigen Existenzminimums eine spezielle grundrechtliche Verbürgung im Verhältnis zur Menschenwürdegarantie zu sehen. Im Unterschied zum absoluten Achtungsanspruch der Menschenwürdegarantie ist das Grundrecht auf Gewährleistung eines menschenwürdigen Existenzminimums in seinem Umfang aufgrund des verfassungsgerichtlich zugestandenen gesetzlichen Gestaltungsspielraums relativ.

Selbst wenn man trotzdem nicht von einem „neuen“ Grundrecht im Sinne einer eigen- und selbständigen Verbürgung sprechen möchte, etwa weil nur der verfassungsändernde Gesetzgeber neue Grundrechte kreieren könne, handelt es sich jedenfalls um eine besondere Ausprägung und sozialstaatliche Fortentwicklung der leistungsrechtlichen Dimension des Menschenwürdegrundrechts. Dies rechtfertigt es, den Anspruch auf Gewährleistung eines menschenwürdigen Existenzminimums zumindest als eine spezielle grundrechtliche Verbürgung im Verhältnis zur Menschenwürdegarantie zu sehen und zu bezeichnen,[34] wenn man den insoweit an sich passenden Begriff „neu“ scheut.

---

[31] BVerfG vom 9.2.2010, BVerfGE 125, 175 (175, 222).

[32] Zur Diskussion um die Absolutheit m.w.N.: *Manfred Baldus*, Menschenwürdegarantie und Absolutheitsthese, in: AöR 136 (2011), S. 529 ff.

[33] BVerfG vom 9.2.2010, BVerfGE 125, 175 (224).

[34] Von einem speziellen Grundrecht auf materielle Existenzsicherung spricht *Seiler* (Fn. 13), S. 503.

III. Inhalt und Funktion des Grundrechts

1. Gesetzliche Konkretisierung

Das Grundrecht bedarf der Konkretisierung und Mediatisierung durch Gesetz; es muss als durchsetzbarer gesetzlicher Rechtsanspruch ausgestaltet sein. Der Gesetzgeber selbst muss Inhalt und Umfang des Anspruchs festlegen. Dies folgt schon, worauf das Gericht zutreffend hinweist, aus dem Rechtsstaats- und Demokratieprinzip.[35] Damit dürfte allerdings nicht eine abschließende, bis in das letzte Detail hineingehende parlamentsgesetzliche Regelung gefordert sein. Zwar muss das Parlament entsprechend der Wesentlichkeitsrechtsprechung das „Wesentliche" selbst durch Gesetz regeln und wird der Kreis des gesetzlich zu Regelnden schon angesichts des existentiellen Charakters der Leistungen weit zu ziehen sein, doch folgt daraus kein gesetzlicher Totalvorbehalt, der jegliche Regelung durch Rechtsverordnung ausschließt. Kommt allerdings der Gesetzgeber seiner verfassungsrechtlichen Pflicht zur Bestimmung des Existenzminimums nicht in hinreichendem Maße nach, ist das einfache Recht im Umfang seiner defizitären Gestaltung verfassungswidrig.[36]

2. Voraussetzungen und Umfang

Indem das Gericht von einem Grundrecht auf „Gewährleistung" des Existenzminimums spricht, wird zugleich deutlich, dass es sich um einen subsidiären Anspruch handelt und die Sicherung des Existenzminimums auch durch Private erfolgen kann, etwa durch Einbindung privater oder kirchlicher Organisationen[37], allerdings letztlich der Staat verantwortlich ist und bleibt, das Existenzminimum zu gewährleisten. Von Verfassungs wegen besteht der Anspruch, wenn einem Menschen die für ein menschenwürdiges Dasein notwendigen materiellen Mittel fehlen, weil er sie weder aus eigener Erwerbstätigkeit noch aus eigenem Vermögen oder Zuwendungen Dritter erhalten kann. Der grundrechtliche Anspruch ist somit nachrangig. Vorausgesetzt und verlangt wird, dass Selbsthilfe oder eine Inanspruchnahme von Leistungen Dritter nicht möglich ist. Gesetzliche Regelungen, die den Nachrang und die Subsidiarität staatlicher Hilfe ausgestalten, wenn sie den Umfang des einzusetzenden Einkommens und Vermögens festlegen[38] oder die Weigerung, zumutbare Arbeit anzunehmen, mit Leistungskürzungen belegen, sind daher mit dem Grundrecht im Grundsatz

---

[35] BVerfG vom 9.2.2010, BVerfGE 125, 175 (223 f.).

[36] BVerfG vom 9.2.2010, BVerfGE 125, 175 (224). – Zu den prozessualen Konsequenzen: *Ulrich Wenner*, Hartz-IV-Regelsätze auf dem Prüfstand – Was folgt aus dem Urteil des Bundesverfassungsgerichts?, in: Soziale Sicherheit 2010, S. 69 ff.

[37] Vgl. *Rixen* (Fn. 25), S. 82; zur Subsidiarität des Sozialstaats *Isensee* (Fn. 22), S. 16 ff.

[38] Dazu etwa BVerfG vom 7.7.2010, NJW 2010, S. 2866 (2867).

vereinbar und als solche zulässig. Doch muss selbst bei Leistungskürzungen das für das Überleben Notwendige gewährleistet bleiben.

Allgemeine Ausführungen zu Umfang und Inhalt des grundrechtlichen Leistungsanspruchs finden sich im Urteil nur wenige, was schon daran liegt, dass nähere Aussagen zur Menschenwürdegarantie und zum Sozialstaatsgebot an sich und in ihrer Verbindung miteinander fehlen. Die verfassungsrechtlichen Wurzeln des Grundrechts werden nicht näher inhaltlich entfaltet und konkretisiert, der materielle Gehalt des Grundrechts bleibt damit eher blass. Betont wird jedoch, dass nur diejenigen Mittel vom verfassungsrechtlichen Leistungsanspruch umfasst sind, die zur Aufrechterhaltung eines menschenwürdigen Daseins „unbedingt" erforderlich sind, andererseits jedoch stets der gesamte existenznotwendige Bedarf jedes individuellen Grundrechtsträgers gedeckt sein muss. Gewährleistet sein soll das gesamte Existenzminimum durch eine einheitliche grundrechtliche Garantie, die sowohl die physische Existenz des Menschen, also Nahrung, Kleidung, Hausrat, Unterkunft, Heizung, Hygiene und Gesundheit, als auch die Sicherung der Möglichkeit zur Pflege zwischenmenschlicher Beziehungen und zu einem Mindestmaß an Teilhabe am gesellschaftlichen, kulturellen und politischen Leben umfasst.[39] Allerdings wird in diesem Zusammenhang der gebräuchliche Begriff des soziokulturellen Existenzminimums nicht verwendet, selbst wenn der Sache nach Entsprechendes gefordert wird; an anderer Stelle spricht das Gericht dann auch von der sozialen Seite des Existenzminimums und vom soziokulturellen Bedarf in Bezug auf das Statistikmodell.[40] Für die Bestimmung der zur physischen Existenz und der zur Teilhabe am gesellschaftlichen Leben erforderlichen Leistungen gesteht das Gericht dem Gesetzgeber, trotz der einheitlichen Garantie, einen gestuften Gestaltungsspielraum zu, der umso weiter ist, je mehr die Leistungen die Sicherung der Teilhabe am gesellschaftlichen, kulturellen und politischen Leben betreffen, und umso enger wird, je mehr die physische Existenz betroffen ist.[41]

Die Aufgabe, den Leistungsumfang im Einzelnen zu bestimmen, weist das Gericht, schon angesichts der Raum-, Zeit- und Situationsgebundenheit der Mindestbedingungen, zu Recht dem Gesetzgeber zu. Im sozialen Rechtsstaat des Grundgesetzes sei es Aufgabe des Gesetzgebers im demokratischen Prozess über das rechte Maß und die Art der Leistungen zu entscheiden; dabei komme ihm ein Gestaltungsspielraum zu.[42] Der Gestaltungsspielraum und dessen Umfang sowie Begrenzung bilden dann im Weiteren für das Gericht

---

[39] BVerfG vom 9.2.2010, BVerfGE 125, 175 (223 f.).

[40] BVerfG vom 9.2.2010, BVerfGE 125, 175 (229, 234).

[41] BVerfG vom 9.2.2010, BVerfGE 125, 175 (225); dazu kritisch etwa *Ralf Rothkegel*, Ein Danaergeschenk für den Gesetzgeber, in: ZFSH/SGB 2010, S. 135 (143); zur Problematik auch *Sönke E. Schulz*, Neues zum Grundrecht auf Gewährung des menschenwürdigen Existenzminimums, in: SGb 2010, S. 201 (203 ff.).

[42] BVerfG vom 9.2.2010, BVerfGE 125, 175 (222 ff.).

den maßgeblichen Ausgangspunkt, gerade auch für die gerichtliche Kontrolle der Regelsätze.

Das Gericht beschreitet den Weg des Grundrechtsschutzes durch Verfahren und Prozeduralisierung. Anstatt weitere inhaltliche Vorgaben für die Bestimmung des Existenzminimums zu treffen, stellt es die folgerichtige und realitätsgerechte Bemessung der Regelsätze in einem transparenten und sachgerechten Verfahren in den Mittelpunkt der Prüfung. Das Gebot der Folgerichtigkeit wird zum maßgebenden Kriterium schon deshalb, weil im Hinblick auf die Regelsatzhöhe eine Ergebniskontrolle am Maßstab des Grundrechts nur begrenzt für möglich gehalten und sie darauf beschränkt wird, ob die Leistungen evident unzureichend sind: Innerhalb der materiellen Bandbreite, welche die Evidenzkontrolle belasse, könne das Grundrecht keine quantifizierbaren Vorgaben liefern.[43] Daher überrascht es nicht, dass die Höhe der damals geltenden Regelsätze nicht als evident unzureichend galt.

Der durchaus kritisch zu sehende weit gehende Verzicht auf eine Ergebniskontrolle liegt in der Logik des letztlich doch beschränkten grundrechtlichen Prüfungsmaßstabes. Anstatt zusätzlich den Gleichheitssatz des Art. 3 Abs. 1 GG als Maßstab heranzuziehen, stützt sich das Gericht allein auf die Menschenwürdegarantie i.V.m. dem Sozialstaatsgebot. Weitere Grundrechte, insbesondere Art. 2 Abs. 2 S. 1 GG, Art. 2 Abs. 1 GG oder Art. 6 Abs. 1 GG, werden ebenso nicht näher geprüft, obwohl die Würde als solche kaum einen geeigneten Maßstab für die Bestimmung der Regelsatzhöhe geben kann[44] und sich das Sozialstaatsgebot ebenfalls angesichts seiner Weite und Unbestimmtheit als blass und wenig hilfreich zur genauen Bestimmung erweist. Anders als die Vorlagebeschlüsse des Landessozialgerichts Hessen[45] und des Bundessozialgerichts[46] sowie einzelne bundesverfassungsgerichtliche Judikate zum steuerrechtlichen Existenzminimum blendet das Gericht für das sozialrechtliche Existenzminimum weitere Grundrechte aus, ohne dass es dafür eine ausführlichere und letztlich überzeugende Begründung gibt.[47]

Gerade eine Überprüfung am Maßstab des Art. 3 Abs. 1 GG hätte eine intensivere Kontrolle der Höhe des Existenzminimums sowohl innerhalb der Grundsicherung für Arbeitsuchende nach dem SGB II und im Verhältnis zur Sozialhilfe nach dem SGB XII als auch extern gegenüber entsprechenden Regelungen zu den Voraussetzungen für die Gewährung von Prozesskostenhilfe,

---

[43] BVerfG vom 9.2.2010, BVerfGE 125, 175 (226).

[44] Siehe dazu bereits *Volker Neumann*, Menschenwürde und Existenzminimum, in: NVwZ 1995, S. 426 (428 f.) unter Hinweis auf die Inkongruenz von Würde und Bedürfnis und die praktische Philosophie *Kants*.

[45] Vom 29.10.2008, Breithaupt 2009, S. 325 ff.

[46] Vom 27.1.2009, Sozialrecht aktuell 2009, S. 111 ff.

[47] BVerfG vom 9.2.2010, BVerfGE 125, 175 (227); siehe auch BVerfG vom 7.7.2010, NJW 2010, S. 2866 (2867), wo „ansonsten" noch Art. 3 Abs. 1 GG herangezogen wird.

zu den Pfändungsfreigrenzen oder zu den einkommensteuerrechtlichen Vorschriften der Berechnung des steuerrechtlich zu verschonenden Existenzminimums bedeuten können.[48] Zwar ist dem Gericht grundsätzlich zuzustimmen, dass abweichende Regelungsstrukturen und -zwecke eine unterschiedliche Bestimmung des jeweiligen „Existenzminimums" sachlich rechtfertigen können[49], warum dies aber nicht anhand des allgemeinen Gleichheitssatzes zu überprüfen sein soll und sich vor diesem rechtfertigen lassen muss, bleibt offen und unbeantwortet. Allerdings werden mit dem Gebot der Folgerichtigkeit, das im Weiteren für das Gericht zu einem maßgeblichen Prüfungsmaßstab wird, zumindest mittelbar gleichheitsrechtliche Gesichtspunkte aufgegriffen und zum Prüfungsmaßstab.

3. Folgerichtigkeit

Das Gericht verpflichtet den Gesetzgeber dazu, zur Konkretisierung des Anspruchs alle existenznotwendigen Aufwendungen folgerichtig in einem transparenten und sachgerechten Verfahren nach dem tatsächlichen Bedarf, also realitätsgerecht, zu bemessen.[50] Dazu habe er die Bedarfsarten sowie die dafür aufzuwendenden Kosten zu ermitteln und auf dieser Basis die Höhe des Gesamtbedarfs zu bestimmen; das Grundgesetz schreibe ihm keine bestimmte Methode vor. Zwar könne er im Rahmen der Tauglichkeit und Sachgerechtigkeit die Methode selbst auswählen, Abweichungen von der gewählten Methode bedürften allerdings der sachlichen Rechtfertigung. „Folgerichtigkeit" wird damit zum entscheidenden Maßstab.

Mit dem Erfordernis der Folgerichtigkeit greift das Gericht einen Gedanken auf, den es schon in den Entscheidungen zum Nichtraucherschutz und zur Pendlerpauschale für den Gesetzgeber als Maßstab aktiviert hat.[51] Anders als der in der Praxis weitgehend folgenlos gebliebene Gedanke der Systemgerechtigkeit und im Unterschied zu den Überlegungen zur Einheit und Widerspruchsfreiheit der Rechtsordnung findet der Gedanke der Folgerichtigkeit in der verfassungsgerichtlichen, aber etwa auch in der bundessozialgerichtlichen Rechtsprechung stärker Beachtung, so dass sogar von einem Paradigmenwechsel in der verfassungsgerichtlichen Rechtsprechung hin zu einer Pflicht zu rationaler und konsistenter Normsetzung gesprochen werden kann.[52] In-

---

[48] Vgl. etwa *Karl-Jürgen Bieback*, Existenzsicherung ohne Bildung, in: RdJB 2010, S. 137 (138 f.).

[49] BVerfG vom 9.2.2010, BVerfGE 125, 175 (230, 232).

[50] BVerfG vom 9.2.2010, BVerfGE 125, 175 (226 ff.).

[51] BVerfG vom 30.7.2008, BVerfGE 121, 317 ff. – Nichtraucherschutz; BVerfG vom 9.12.2008, BVerfGE 122, 210 ff. – Pendlerpauschale.

[52] Vgl. dazu, durchaus allerdings auch kritisch, m.w.N.: *Christian Bumke*, Die Pflicht zur konsistenten Gesetzgebung, in: Der Staat 49 (2010), S. 77 ff.; *Matthias Cornils*, Rationalitätsanforderungen an die parlamentarische Rechtsetzung im demokratischen Rechtsstaat,

soweit deckt sich das Erfordernis der Folgerichtigkeit mit dem Kohärenzerfordernis auf europäischer Ebene in der Rechtsprechung des EuGH. Das Erfordernis der Kohärenz hat, aus dem Glücksspielrecht kommend,[53] inzwischen über das Sozial- und Gesundheitsrecht[54] allgemein Einzug in die Rechtsprechung des EuGH gefunden. Eine nationale Regelung ist danach nur geeignet, die Erreichung des geltend gemachten Ziels zu gewährleisten, wenn sie tatsächlich dem Anliegen gerecht wird, es in kohärenter und systematischer Weise zu erreichen.[55]

Obschon Inhalt und Reichweite von Kohärenz und Folgerichtigkeit noch der Diskussion im Einzelnen bedürfen und sie nur dann als Maßstab handhabbar und erfolgreich sein können, wenn sie nicht zur inhaltsleeren Großformel vergleichbar der Systemgerechtigkeit hochgezont werden, liegt hierin ein Ansatzpunkt für eine verschärfte gerichtliche Kontrolle des Gesetzgebers. Als rechtsstaatliches und gleichheitsrechtliches Erfordernis verstanden, das Ausnahmen von Grundentscheidungen unter Rechtfertigungszwang stellt und eine folgerichtige Umsetzung einfordert, bewirkt das Gebot der Folgerichtigkeit im Ergebnis auch eine verstärkte inhaltliche Kontrolle.

Soweit dagegen eingewandt wird, damit werde ein Grad an legislatorischer Perfektion verlangt, der die realen Bedingungen der Gesetzgebung verkenne, die ihren eigenen Regeln und Rationalitäten folge, und den in der Demokratie erforderlichen Kompromiss behindere, zudem die Spannungslage zwischen Demokratie und Rechtsstaat einseitig zu Lasten der Demokratie auflöse und etwas einfordere, was kein demokratischer Gesetzgeber leisten könne, zeigt gerade das Regelsatzurteil, dass die Kritik über ihr Ziel hinaus geht. Das Regelsatzurteil steht, so wie dort Folgerichtigkeit verstanden und angewandt wird, weder dem demokratischen Kompromiss im Wege noch verfolgt es ein idealisiertes, realitätsfremdes Bild vom guten Gesetzgeber. Es belässt, vielleicht in größerem Umfange als die Entscheidung zum Nichtraucherschutz, dem Gesetzgeber weite Gestaltungsspielräume. Gerade dies löst dann zum Teil auch

---

in: DVBl 2011, S. 1053 ff.; *Philipp Dann*, Verfassungsgerichtliche Kontrolle gesetzgeberischer Rationalität, in: Der Staat 49 (2010), S. 630 ff.; *Bernd Grzeszick*, Rationalitätsanforderungen an die parlamentarische Rechtsetzung im demokratischen Rechtsstaat, in: VVDStRL 71 (2012), S. 49 ff.; *Mehrdad Payandeh*, Das Gebot der Folgerichtigkeit: Rationalitätsgewinn oder Irrweg der Grundrechtsdogmatik?, in: AöR 136 (2011), S. 578 ff.; *Rixen* (Fn. 25), S. 84 f.; siehe auch, gerade bezogen auf die Folgen des Regelsatzurteils: *Wolfgang Spellbrink*, Menschenwürde und Hartz IV – Was hat das Bundesverfassungsgericht den Sozialgerichten vorgegeben?, in: Katholische Akademie Schwerte (Fn. 22), S. 37 (44 ff.).

[53] Siehe dazu etwa *Martin Pagenkopf*, Glücksspielrechtliche Variationen, in: NVwZ 2011, S. 513 ff.

[54] Dazu *Peter Axer*, Europäisierung des Sozialversicherungsrechts, in: ders./Bernd Grzeszick/Wolfgang Kahl/Ute Mager/Ekkehart Reimer (Hrsg.), Das Europäische Verwaltungsrecht in der Konsolidierungsphase, in: Die Verwaltung, Beiheft 10 (2010), S. 124 ff.

[55] Statt Vieler: EuGH vom 19.5.2009, NJW 2009, S. 2112 (2114) – Apothekerkammer des Saarlandes; EuGH vom 1.6.2010, ZESAR 2011, S. 283 (290) – Blanco Pérez/Chao Gómez.

Kritik aus: die Anforderungen stellten nur vordergründig strenge Kriterien auf, weil allenthalben argumentative „Weichspüler" eingebaut seien.[56]

Das Regelsatzurteil wendet sich vor allem gegen nicht mehr verständliche und nachvollziehbare Annahmen bei der Bestimmung der Regelsätze von Erwachsenen und Kindern. Es geht um die Kontrolle und Sanktionierung von Festlegungen ohne ausreichende empirische Grundlagen, um Schätzungen „ins Blaue hinein" oder um Festlegungen, bei denen der Gesetzgeber jegliche Ermittlungen unterlassen hat. Damit werden keine übertriebenen Rationalitätsanforderungen aufgestellt, sondern letztlich willkürliche Vorgehensweisen sanktioniert. Der demokratische Kompromiss rechtfertigt nicht jedes Ergebnis und stellt nicht von verfassungsrechtlichen Bindungen frei, denen ebenso der Gesetzgeber unterliegt.

Obschon eine Überprüfung am Maßstab der Folgerichtigkeit, vor allem dann, wenn sie wie im Regelsatzurteil im Ergebnis zwar deutlich, aber letztlich doch zurückhaltend betrieben wird, grundsätzlich zu begrüßen ist, illustrieren die nachfolgenden Schwierigkeiten des Gesetzgebers, fristgemäß eine Neuregelung zu verabschieden, welche Bindungen und Anforderungen dadurch entstehen können. Erst im März 2011, konnte, obwohl das Gericht eine Neuregelung bis Ende 2010 gefordert hatte, das Gesetz rückwirkend zum 1. Januar 2011 in Kraft treten. Zwar dürften die Vorgaben des Gerichts als solche nicht allein ursächlich für das schwierige und langwierige Gesetzgebungsverfahren gewesen sein, doch boten und bieten die gerichtlichen Vorgaben schon im Gesetzgebungsverfahren und nunmehr in Bezug auf die getroffenen Regelungen vielfältige Ansatzpunkte für Diskussionen, unterschiedliche Bewertungen und Forderungen.[57] Doch was wäre die Alternative? Entweder hätte das Gericht einen exakten Euro-Betrag für den Regelsatz festlegen oder zumindest die Berechnung derart vorgeben müssen, dass der Gesetzgeber zum Rechenautomaten ohne einen Gestaltungsspielraum geworden wäre, oder es wäre das bisherige Verfahren mit Schätzungen und ohne belastbare Zahlen weiterhin möglich. Insoweit erweist sich der Ansatz über das Gebot der Folgerichtigkeit als ein guter Kompromiss.

---

[56] Siehe etwa *Stephan Rixen*, Entspricht die neue Hartz IV-Regelleistung den Vorgaben des Bundesverfassungsgerichts?, in: Sozialrecht aktuell 2011, S. 121 (122).

[57] Siehe etwa: *Anne Lenze*, Sind die neuen Hartz-IV-Sätze verfassungskonform?, in: NVwZ 2011, S. 1104 ff.; *Johannes Münder*, Entspricht der Regierungsentwurf eines Gesetzes zur Ermittlung von Regelbedarfen und zur Änderung des Zweiten und Zwölften Buches Sozialgesetzbuch vom 20.10.2010 den verfassungsrechtlichen Anforderungen der Entscheidung des Bundesverfassungsgerichts 1 BvL 1/09 vom 9.2.2010?, in: Deutscher Sozialgerichtstag (Hrsg.), Verfassungsrechtliche Probleme im SGB II, 2011, S. 15 ff.; *ders.*, Verfassungsrechtliche Bewertung, in: Soziale Sicherheit extra 2011, S. 63 ff.; *Ralf Rothkegel*, Hartz-IV-Regelsätze und gesellschaftliche Teilhabe – die geplanten Änderungen im Lichte des Urteils des Bundesverfassungsgerichts, in: ZFSH/SGB 2011, S. 69 ff.

4. Begründungs- und Beobachtungspflicht

Mit dem Grundsatz der Folgerichtigkeit und der Kontrolle des Verfahrens in Zusammenhang steht das verfassungsgerichtliche Verlangen nach einer Begründung durch den Gesetzgeber. Das Gericht selbst spricht von einer „Obliegenheit", Methoden und Berechnungsschritte nachvollziehbar offenzulegen.[58] Es fordert damit Transparenz bei der Bemessung, die der Gesetzgeber regelmäßig nur durch eine Begründung geben kann. Selbst wenn allgemein und generell keine verfassungsrechtliche Begründungspflicht bestehen und der Gesetzgeber verfassungsrechtlich nichts anderes als das Gesetz schulden sollte[59], kann, bezogen auf die Besonderheiten der jeweiligen Materie, durchaus im Einzelfall von Verfassungs wegen eine Begründungspflicht bestehen.[60] Sofern eine Ergebniskontrolle verfassungsrechtlich nicht oder nur eingeschränkt möglich ist und der jeweilige verfassungsrechtliche Prüfungsmaßstab eine Verfahrenskontrolle gebietet, bedarf es dann aus verfassungsrechtlichen Gründen, nämlich aufgrund der jeweiligen verfassungsrechtlichen Vorschrift, einer Begründung der Ergebnisse durch den Gesetzgeber. Für die Festlegung des Existenzminimums folgt insoweit die Begründungspflicht aus Art. 1 Abs. 1 GG i.V.m. dem Sozialstaatsgebot, anders gewendet: Das Grundrecht auf Gewährleistung eines menschenwürdigen Existenzminimums fordert eine Begründung der festgelegten Regelsätze.

Fehlt eine hinreichende Begründung in Bezug auf die Bestimmung des Existenzminimums, so zieht das Gericht daraus weit reichende Folgen, die über die Charakterisierung als Obliegenheit hinausgehen: Kommt der Gesetzgeber der Offenlegungspflicht bezüglich der im Gesetzgebungsverfahren eingesetzten Methoden und Berechnungsschritte nicht nach, so soll schon deshalb ein Verstoß gegen Art. 1 Abs. 1 GG i.V.m. Art. 20 Abs. 1 GG vorliegen. Angesichts dieser harten Konsequenz stellen sich dann umso mehr Fragen nach Ort, Art und Umfang der Begründung und ihrer Veröffentlichung, etwa ob sie umfassend und abschließend in den jeweiligen Gesetzgebungsverfahren durch die Beteiligten selbst erfolgen müssen oder in welchem Umfang beispielsweise Verweise auf Berechnungen Dritter, etwa des Deutschen Vereins für öffentliche und private Fürsorge,[61] zulässig sind. In der Konsequenz des Urteils liegt es, dass die das Gesetz beschließenden Organe die Begründung kennen und billigen müssen, was gegen neue nachgeschobene Begründungen spricht, allerdings Bezugnahmen grundsätzlich erlaubt, soweit sie in der Gesetzesbegründung genannt und hinreichend deutlich werden.

---

[58] BVerfG vom 9.2.2010, BVerfGE 125, 175 (226, 237 f.).

[59] Zur umstrittenen Frage einer allgemein bestehenden verfassungsrechtlichen Begründungspflicht des Gesetzgebers m.w.N.: *Timo Hebeler*, Ist der Gesetzgeber verfassungsrechtlich verpflichtet, Gesetze zu begründen?, in: DÖV 2010, S. 754 ff.

[60] Anderer Ansicht *Hebeler* (Fn. 59), S. 756 f., 759 ff.

[61] Dazu *Rixen* (Fn. 25), S. 85 f.

Da der Gesetzgeber zur stetigen Aktualisierung des verfassungsrechtlichen Leistungsanspruchs verpflichtet ist[62], folgt daraus eine Beobachtungs- und Reaktionspflicht. Die fortwährende Überprüfungspflicht wird nicht nur mit der allgemein bestehenden Beobachtungs- und Reaktionspflicht des Gesetzgebers begründet, sondern zudem mit den Besonderheiten der Gewährung von Sozialleistungen zur Sicherung des Existenzminimums gerechtfertigt, da der elementare Lebensbedarf eines Menschen grundsätzlich nur in dem Augenblick befriedigt werden kann, in dem er besteht.[63]

5. *Pauschalierungen*

Das Gericht lässt Typisierungen und Pauschalierungen bei der Bestimmung des menschenwürdigen Existenzminimums durch den Gesetzgeber zu, bindet dies allerdings an strengere Anforderungen. Die Menschenwürdegarantie des Art. 1 Abs. 1 GG, welche die Menschenwürde jedes einzelnen Individuums schütze, verlange, dass das Existenzminimum in jedem Einzelfall sichergestellt wird.[64] Daher ist es konsequent, wenn das Gericht für in Sonderfällen auftretende Bedarfe nicht erfasster Art oder atypischen Umfangs eine Ausnahme- und Härtefallregelung einfordert[65] und bis zur Schaffung einer gesetzlichen Regelung einen unmittelbaren verfassungsrechtlichen Anspruch gewährt.[66]

IV. Sicherung sozialer Grundrechtsvoraussetzungen

Das Grundrecht auf Gewährleistung eines menschenwürdigen Existenzminimums weist in seiner Verbindung von Menschenwürdegarantie und Sozialstaatsgebot auf eine entscheidende, elementare, gleichsam existentielle Voraussetzung für die Möglichkeit der Wahrnehmung und Ausübung von Grundrechten überhaupt hin und sichert diese: ein Mindestmaß an materieller Substanz. Angesprochen ist damit auch das Thema der Verfassungsvoraussetzungen, konkreter: der Grundrechtsvoraussetzungen, d.h. der Faktoren rechtlicher oder realer Art, von denen die effektive Geltung der Grundrechtsnormen oder die Möglichkeit ihrer praktischen Wahrnehmung abhängt.[67] Dazu zählen gerade

---

[62] BVerfG vom 9.2.2010, BVerfGE 125, 175 (222).

[63] BVerfG vom 9.2.2010, BVerfGE 125, 175 (225).

[64] BVerfG vom 9.2.2010, BVerfGE 125, 175 (252 f.).

[65] BVerfG vom 9.2.2010, BVerfGE 125, 175 (253 ff.).

[66] Die gesetzliche Regelung findet sich nunmehr in § 21 Abs. 6 SGB II; zur Frage der Rückwirkung der Härteregelung: BVerfG vom 24. 3. 2010, ZFSH/SGB 2010, S. 349 f.; BSG vom 18.2.2010, ZFSH/SGB 2010, S. 289 (292 f.); *Ulrich Wenner*, Streit um die Rückwirkung der Härteregelung im SGB II, in: Soziale Sicherheit 2010, S. 188 f.

[67] Zum Begriff und zum Verhältnis von Grundrechtsvoraussetzungen und Verfassungsvoraussetzungen *Josef Isensee*, Grundrechtsvoraussetzungen und Verfassungserwartungen

auch die materiellen und damit sozialen Voraussetzungen als notwendige Bedingung, um den Grundrechten überhaupt reale Wirkung und Effektivität zu verschaffen. Indem das Grundrecht auf Gewährleistung eines menschenwürdigen Existenzminimums die materielle Basis, wenn auch nur in Bezug auf das unbedingt Notwendige zur Aufrechterhaltung eines menschenwürdigen Daseins sichert, gewährleistet es eine Mindestbedingung für die grundrechtliche Freiheitsausübung, ohne die grundrechtliche Freiheit tatsächlich überhaupt nicht ausgeübt werden könnte. Die Gewährleistung des Existenzminimums bewirkt zwar nur in begrenztem Umfange eine Gleichstellung mit anderen Personen[68] und ermöglicht insbesondere keine allumfassende und nicht jede beliebige Grundrechtsausübung[69], doch ist sie notwendige Voraussetzung, um grundrechtliche Freiheit überhaupt tatsächlich wahrnehmen zu können.

„Freiheit zur Daseinsentfaltung wird zur Phrase, wenn sie nicht auf der Möglichkeit der ökonomischen Daseinserhaltung aufbaut"[70]. Freiheit – so bereits *Lorenz von Stein* – ist erst „eine wirkliche in dem, der die Bedingungen derselben, die materiellen und geistigen Güter als die Voraussetzung der Selbstbestimmung besitzt"[71]. Fehlt es an den jeweils erforderlichen Freiheitsvoraussetzungen, bleibt die Garantie der Menschenwürde unerfüllt und laufen die Freiheitsrechte leer.[72] Das „Freiheitsrecht wäre ohne die tatsächliche Voraussetzung, es in Anspruch nehmen zu können, wertlos", hieß es bereits in der numerus-clausus Entscheidung des Bundesverfassungsgerichts.[73] Selbst wenn Freiheit schon ein Wert an sich ist[74], bedarf es, wenn vorrangige gesellschaftliche Realisation misslingt, staatlicher Maßnahmen, damit sich Freiheit auch tatsächlich ausüben lässt. Um gleiche Freiheit für alle zur Entstehung zu bringen und um die Zugehörigkeit des Einzelnen zu einer Rechtsgemeinschaft zu gewährleisten, in der alle Menschen in ihrer Würde gleich sind und sie deshalb auch am rechtlichen, ökonomischen und kulturellen Standard dieser Gemeinschaft in gleicher Weise teilhaben sollen können,[75] hat der Staat die Aufgabe, die realen Voraussetzun-

---

an die Grundrechtsausübung, in: ders./Paul Kirchhof (Hrsg.), Handbuch des Staatsrechts, Bd. IX, 3. Aufl. 2011, § 190 Rn. 49 ff.

[68] Zu den verfassungsrechtlichen Vorgaben für die Bestimmung der Referenzgruppe zur Bemessung des Existenzminimums BVerfG vom 9.2.2010, BVerfGE 125, 175 (235 ff.).

[69] Siehe dazu: *Heinig* (Fn. 9), S. 394 ff.; *Rüfner* (Fn. 19), § 40 Rn. 66 ff.

[70] *Dürig* (Fn. 5), Art. 1 Abs. 1 Rn. 43.

[71] Geschichte der sozialen Bewegung in Frankreich von 1789 bis auf unsere Tage (1850), Bd. 3, Nachdruck der von G. Salomon hrsg. Ausgabe von 1921, 1972, S. 104.

[72] Vgl. *Paul Kirchhof*, Armut und Freiheit, in: FS Hans F. Zacher, 1998, S. 323 (329); siehe auch *ders.*, Grundrechtsinhalte und Grundrechtsvoraussetzungen, in: Detlef Merten/Hans-Jürgen Papier (Hrsg.) Handbuch der Grundrechte, Bd. I, 2003, § 21 Rn. 7 ff.

[73] BVerfG vom 18.7.1972, BVerfGE 33, 303 (331).

[74] Dazu und zur Kritik an der numerus-clausus Entscheidung: *Otto Depenheuer*, Setzt Demokratie Wohlstand voraus?, in: Der Staat 33 (1994), S. 329 (341 ff.).

[75] *Paul Kirchhof*, Der demokratische Rechtsstaat – die Staatsform der Zugehörigen, in: Josef Isensee/Paul Kirchhof (Hrsg.), Handbuch des Staatsrechts, Bd. IX, 1997, § 221 Rn. 139.

gen der Grundrechtsausübung zu sichern und den Freiheitsrechten damit gesellschaftliche Effektivität und Breitenwirkung zu geben.[76] Dafür kommt dem Sozialstaatsgebot allgemein und dem Grundrecht auf Gewährleistung eines menschenwürdigen Existenzminimums im Hinblick auf die Mindestbedingungen eines menschenwürdigen Daseins entscheidende Bedeutung zu.

Die fundamentalen Ziele des neuzeitlichen und bürgerlichen Rechtsstaats, dem Einzelnen physische Sicherheit zu bieten und ihn vor Eingriffen in Freiheit und Eigentum zu schützen, werden im Sozialstaat des Grundgesetzes ergänzt und erweitert um das Ziel der sozialen Sicherheit[77] gegenüber den wirtschaftlichen Risiken des gesellschaftlichen Daseins in einer freiheitlichen Wettbewerbsgesellschaft.[78] Das Sozialstaatsgebot bezieht sich mit den zentralen und zeitlosen Leitideen „soziale Sicherheit" und „sozialer Ausgleich"[79] auf Freiheitsvoraussetzungen[80], indem es auf die ungleichen tatsächlichen Lebensverhältnisse und die realen Bedürfnisse und Fähigkeiten des Einzelnen blickt. Mit dem sozialen Staatsziel und dem Grundrecht auf Gewährleistung eines menschenwürdigen Existenzminimums thematisiert das Grundgesetz Freiheitsvoraussetzungen und weist zugleich dem Staat die Aufgabe zu, die sozialen Voraussetzungen der Ausübung grundrechtlicher Freiheit zu gewährleisten.[81] Der grundrechtlichen Freiheit soll ein Mindestmaß an sozialer Sicherheit und der grundrechtlichen Gleichheit ein Mindestmaß an sozialer Gleichheit korrespondieren.[82]

Besondere Bedeutung misst das Gericht der Gewährleistung des Existenzminimums bei schulpflichtigen Kindern zu. Notwendige Aufwendungen zur Erfüllung schulischer Pflichten gehören nach Auffassung des Gerichts zum existentiellen Bedarf, denn ohne Deckung dieser Kosten drohe der Ausschluss von Lebenschancen.[83] Damit wird zugleich eine Verbindung gezogen zur verfassungsrechtlichen Pflicht, Chancen zu ermöglichen und Chancengleichheit[84]

---

[76] Vgl. *Ernst-Wolfgang Böckenförde*, Grundrechtstheorie und Grundrechtsinterpretation, in: NJW 1974, S. 1529 (1538).

[77] Zum Verfassungsprinzip „Sicherheit" im Hinblick auf die soziale Sicherheit: *Rainer Pitschas*, Die Zukunft der sozialen Sicherungssysteme, in: VVDStRL 64 (2005), S. 109 (113 ff.).

[78] Vgl. *Isensee* (Fn. 22), S. 13 ff.

[79] Zu diesen Inhalten des Sozialstaatsgebots vgl. etwa: *Karl-Peter Sommermann*, in: Hermann v. Mangoldt/Friedrich Klein/Christian Starck (Hrsg.), Kommentar zum Grundgesetz, Bd. I, 6. Aufl. 2010, Art. 20 Rn. 104; *Voßkuhle* (Fn. 25), S. 183.

[80] *Kirchhof* (Fn. 75), § 221 Rn. 148; siehe auch: *Thorsten Kingreen*, Das Sozialstaatsprinzip im europäischen Verfassungsverbund, 2003, S. 133.

[81] *Josef Isensee*, Vertragsfreiheit im Griff der Grundrechte, in: FS Bernhard Großfeld, 1999, S. 485 (512).

[82] *Isensee* (Fn. 67), § 190 Rn. 184. – Zur sozialen Gleichheit als Voraussetzung und Aufgabe näher: *Peter Axer*, Soziale Gleichheit – Voraussetzung oder Aufgabe der Verfassung?, in: VVDStRL 68 (2009), S. 177 ff.

[83] BVerfG vom 9.2.2010, BVerfGE 125, 175 (246).

[84] Zum Begriff der Chancengleichheit etwa: *Nicole Engels*, Chancengleichheit und Bundesstaatsprinzip, 2001, S. 20 ff.

herzustellen im Sinne der Ermöglichung gleicher Startbedingungen und Entwicklungschancen zur Teilhabe am wirtschaftlichen und gesellschaftlichen Leben. Chancengleichheit verlangt zum einen nach Sicherstellung der rechtlichen Gleichheit der Chancen, damit nach Rechtsgleichheit, zum anderen nach Schaffung tatsächlicher Chancengleichheit als Voraussetzung individueller und gleicher Freiheitsausübung und ist damit weniger Forderung des Gleichheitssatzes als des sozialen Staatsziels und der Freiheitsrechte.[85] Sozialstaatlich und freiheitsrechtlich gefordert sind gleiche reale Chancen zur freien Entfaltung der Persönlichkeit, gerade durch Bildungsförderung. Insoweit vermag das Grundrecht auf Gewährleistung eines menschenwürdigen Existenzminimums in Bezug auf die Herstellung von Chancengleichheit bei Kindern zwar nur soziale Mindestbedingungen zu sichern, allerdings existentielle. Das Vorhandensein des Existenzminimums ist eine elementare Grundrechtsvoraussetzung, die nunmehr durch das im Regelsatzurteil geschaffene Grundrecht der Gewährleistung des Existenzminimums verfassungsrechtlich gesichert wird.

---

[85] Zu den verfassungsrechtlichen Grundlagen: *Sigrid Boysen*, Gleichheit im Bundesstaat, 2005, S. 175 ff.; *Engels* (Fn. 84), S. 26 ff.; *Christian Starck*, in: v. Mangoldt/Klein/Starck (Fn. 79), Art. 3 Rn. 33; siehe auch: *Rolf Gröschner*, in: Horst Dreier (Hrsg.), Grundgesetz, Bd. II, 2. Aufl. 2006, Art. 20 (Sozialstaat) Rn. 40, zur Chancengleichheit als einem Aspekt sozialstaatlicher Gleichheit.

Mindestlohn und Menschenwürde

Thomas Lobinger

I. Einleitung

1. Die anhaltende Debatte um die Einführung von Mindestlöhnen

In Deutschland wird seit Jahren anhaltend über die Einführung von Mindestlöhnen diskutiert. Dabei findet die politische Auseinandersetzung nicht nur eine engagierte wirtschaftswissenschaftliche, sondern ebenso eine breite und intensive rechtswissenschaftliche Begleitung. Die literarischen Stellungnahmen auf diesem Feld sind kaum mehr zu zählen.[1] Die Gesetzgebung hat im Jahr 2009 mit einem Ausbau und Modifikationen des Arbeitnehmerentsendegesetzes (AEntG) sowie des Gesetzes über die Festsetzung von Mindestarbeitsbedingungen (MiArbG) reagiert[2] und sich damit für die Einführung branchenspezifischer Mindestlöhne entschieden. Dieser Weg wurde 2011 mit der Einführung eines Mindestlohns für die sog. Leiharbeit (§ 3a AÜG) fortgesetzt.[3] Die Statuierung eines branchenübergreifenden allgemeinen Mindestlohns, die politisch insbesondere von DGB, SPD, Bündnis 90/Die Grünen und Die Linke gefordert wird, steht bislang aus. Neben zahlreichen Grund- und Detailfragen, die mit den genannten Gesetzgebungsakten aufgekommen sind, dürfte vor allem darin die Ursache dafür liegen, dass die Mindestlohndebatte nach wie vor hohe Konjunktur hat.

---

[1] Siehe neben den Sammelbänden *Bieback/Dieterich/Hanau/Kocher/Schäfer*, Tarifgestützte Mindestlöhne, 2007; Rieble/Junker/Giesen (Hrsg.), Mindestlohn als politische und rechtliche Herausforderung, 2011; aus der monographischen Literatur nur etwa *Andelewski*, Staatliche Mindestarbeitsbedingungen, 2001; *Bietmann*, Gesetzliche Wege zu einem systemkonformen Mindestlohn, 2010; *Caspers*, Staatliche Mindestentgelte – Das Arbeitsentgelt zwischen Privatautonomie und staatlicher Mindestregulierung, Freiburg i.Br. 2007 (bislang unveröffentlichte Habilitationsschrift); *Haberzettl*, Varianten der Kodifizierung eines Mindestlohns und ihre Vereinbarkeit mit höherrangigem Recht, 2011; *Löwisch*, Staatlicher Mindestlohn rechtlich gesehen – Zu den gesetzgeberischen Anstrengungen in Sachen Mindestlohn, Freiburger Diskussionspapiere zur Ordnungsökonomik 08/4, 2008; *Peter*, Gesetzlicher Mindestlohn, 1995; *Sittard*, Voraussetzungen und Wirkungen der Tarifnormerstreckung nach § 5 TVG und dem AEntG – Zugleich ein Beitrag zur Debatte um staatliche Mindestlöhne, 2010; für die Aufsatzliteratur sei an dieser Stelle auf die w. Nachw. in diesem Beitrag verwiesen.

[2] Siehe BGBl. 2009 I 799; BGBl. 2009 I 818.

[3] Siehe BGBl. 2011 I 642.

In dem hier vorgegebenen Rahmen kann und soll die Diskussion um die Einführung von Mindestlöhnen in Deutschland nicht umfassend aufgearbeitet oder auch nur in den Blick genommen werden. Die Auseinandersetzungen als solche wären *Winfried Brugger* angesichts seiner internationalen Perspektive möglicherweise ohnehin sehr deutsch und damit tendenziell quälend vorgekommen. Denn bekanntlich überwiegt die Zahl der Staaten mit einem allgemeinen Mindestlohn solche ohne Mindestlohn bereits in der EU deutlich. Und auch in den USA, Kanada, Argentinien und Brasilien finden sich gesetzliche Lohnuntergrenzen.[4] Herausgegriffen werden soll deshalb eine Thematik, die sich eng mit *Winfried Bruggers* eigenen Forschungen berührt und deshalb wohl auch sein Interesse und seine Aufmerksamkeit gefunden hätte. Wir wollen der Frage nachgehen, welche Bedeutung der Menschwürdegarantie des Grundgesetzes (Art. 1 Abs. 1) in der Mindestlohndebatte zukommen kann oder sogar muss. Die Würde des Menschen war ein Thema, das in *Bruggers* wissenschaftlichen Arbeiten eine zentrale Rolle gespielt hat.[5] In ihrer rechtlichen Einfassung durch Art. 1 Abs. 1 GG spielt sie aber auch eine nicht unwesentliche Rolle in den aktuellen Mindestlohndebatten. Es scheint deshalb hier eine angemessene Schnittstelle für das Gedenken an den so schrecklich vorzeitig von uns fortgerissenen Kollegen und „Zimmernachbarn" gefunden zu sein. Zugleich ist damit aber auch das Thema „Verfassungsvoraussetzungen" berührt. Denn die Würde des Menschen ist dem deutschen Grundgesetz ausweislich seines ersten Artikels vorrechtlicher Anknüpfungspunkt und maßgeblicher Anlass für die darauf folgende Verfassung. Deren Inhalt und Ausgestaltung erschließen sich erst, wenn man in Erinnerung hält, dass die Schöpfer des Grundgesetzes die Würde des Einzelnen als naturgegeben vorausgesetzt und in ihrer Schutzbedürftigkeit den entscheidenden Grund für die Schaffung einer menschenrechtsbasierten Staatlichkeit erblickt haben.[6]

---

[4] Siehe nur den Überblick etwa bei *Haberzettl* (Fn. 1), S. 42 ff.; *Waltermann*, NJW 2010, 801 (802) sowie auch unter http://www.boeckler.de/pdf/ta_mindestlohndatenbank.pdf (zuletzt abgerufen am 22.4.2012).

[5] Siehe nur etwa *Brugger*, Menschenwürde, Menschenrechte, Grundrechte, 1997; *dens.*, Festschrift Schwartländer, 1992, S. 15–34; *dens.*, VBlBW 1995, 414 f., 446–455; *dens.*, JöR N.F. 56 (2008), 95–124; *dens.*, in: Jung/Joas (Hrsg.), Über das anthropologische Kreuz der Entscheidung in Politik und Recht, 2008, S. 19–50.

[6] Vgl. nur etwa auch *Brugger*, Menschenwürde, Menschenrecht, Grundrechte (Fn. 5), S. 5 ff.; Maunz/Dürig/*Herdegen*, Grundgesetz (Stand: Aug. 2012), Art. 1 Abs. 1 Rn. 1, 2; BeckOK GG (17. Ed.)/*Hillgruber*, Art. 1 vor Rn. 1; Sachs/*Höfling*, Grundgesetz, 6. Aufl. 2011, Art. 1 Rn. 2.

2. *Das Menschenwürde-Argument in der Mindestlohndebatte*

Die Menschenwürdegarantie des Grundgesetzes ist ein ubiquitäres und geradezu brückenbauendes Argument in den aktuellen Mindestlohndebatten. Es motiviert konkrete Gesetzesinitiativen,[7] spielt eine tragende Rolle in den Plädoyers der Verfechter von Mindestlöhnen[8] und veranlasst selbst Skeptiker zumeist noch zu Konzessionen, was die grundsätzliche rechtliche Zulässigkeit einer Einführung von – moderaten und primär nach Existenzsicherung strebenden – Mindestlöhnen betrifft.[9] Angeknüpft wird dabei zumeist an das in seinem Kern bereits seit längerem anerkannte, jüngst vom Bundesverfassungsgericht in seiner sog. Hartz IV-Entscheidung[10] nochmals herausgestellte und konturierte Grundrecht auf Gewährleistung eines menschenwürdigen Existenzminimums.[11] Diesem Leistungsanspruch will man auch privatrechtliche Bedeutung zumessen, wobei die Ansätze durchaus divergieren. Zum Teil entnimmt man der Menschenwürdegarantie gerade auch in ihrer „leistungsrechtlichen Bedeutungsschicht" offenbar eine unmittelbare Verpflichtung des Gesetzgebers zur „menschenwürdegerechten Gestaltung auch der Privatrechtsbeziehungen"[12]. In der Zielrichtung ähnlich findet sich ferner ein Rückgriff auf die Figur der grundrechtlichen Schutzpflicht.[13] Allerdings geht man hier zumeist

---

[7] Siehe aus dem Jahr 2007 etwa den Entschließungsantrag des Landes Berlin im Bundesrat (BR-Drucks. 517/07, Anlage, S. 1) und den rheinland-pfälzischen Entwurf eines Mindestlohngesetzes (BR-Drucks. 622/07, Anlage S. 6, 9) sowie auch jüngere und jüngste Initiativen wie etwa die Enschließungsanträge der Länder Rheinland-Pfalz, Bremen und Nordrhein-Westfalen (BR-Drucks. 814/10, S. 1, 7) und der Länder Baden-Württemberg, Hamburg und Rheinland-Pfalz (BR-Drucks. 816/11, S. 2) im Bundesrat sowie den Entwurf für ein Mindestlohngesetz der SPD-Fraktion im Bundestag (BT-Drucks. 17/4665, S. 6 f.) und den Entwurf der Länder Rheinland-Pfalz, Baden-Württemberg, Brandenburg, Bremen, Hamburg, Nordrhein-Westfalen und Schleswig-Holstein im Bundesrat (BR-Drucks. 136/13, Anlage, S. 10, 11).

[8] *Bieback/Kocher*, in: *Bieback/Dieterich/Hanau/Kocher/Schäfer* (Fn. 1), S. 43, 47; *Dieterich*, KJ 2008, 71 (78 f.); *Haberzettl* (Fn. 1), S. 148 ff., 252, 269; *Hohmann-Dennhardt*, Theorie und Praxis der Sozialen Arbeit 2011, 177 (181 f.); *Kocher*, NZA 2007, 600 (601); Däubler/*Lakies*, TVG, 3. Aufl. 2012, Anhang 1 zu § 5 Rn. 106; *Peter* (Fn. 1), S. 266 f.; *J. M. Schubert*, Liber amicorum Wendeling-Schröder, 2009, S. 59 (66 f.).

[9] Siehe nur etwa *Caspers*, in: Rieble/Junker/Giesen (Fn. 1), S. 147 (152); *M. G. Fischer*, ZG 2008, 31 (36 f.); *Jacobs*, Gedächtnisschrift Walz, 2008, S. 289 (294); *Scholz*, Festschrift Vogel, 2000, S. 375 (383 f.); *Sodan/Zimmermann*, NJW 2009, 2001 (2003); *Sittard* (Fn. 1), S. 228, 308, 393, 415, 451, 469; *Thüsing*, ZfA 2008, 590 (627 ff.); *Willemsen/Sagan*, NZA 2008, 1216 (1220).

[10] BVerfG vom 9.2.2010, BVerfGE 125, 175.

[11] Vgl. hierzu nur den Beitrag von *Axer* in dieser Gedächtnisschrift.

[12] So *A. Engels*, JZ 2008, 490 (497); vgl. auch Sachs/*Höfling* (Fn. 6), Art. 9 Rn. 49.

[13] *Bieback/Kocher*, in: *Bieback/Dieterich/Hanau/Kocher/Schäfer* (Fn. 1), S. 43, 47; *Haberzettl* (Fn. 1), S.147 ff., 252, 269; *Hohmann-Dennhardt*, Theorie und Praxis der Sozialen Arbeit 2011, 177 (181 f.); *Kocher*, NZA 2007, 600 (601); *Peter* (Fn. 1), S. 266 f.; wohl auch *M. G. Fischer*, ZG 2008, 31 (37); vgl. auch *Bieback*, RdA 2000, 207 (209 ff.), der allerdings nicht auf Art. 1 Abs. 1 GG, sondern auf Art. 12 und Art. 2 Abs. 1 GG zurückgreift; nur im Grundansatz auch *Rieble/Klebeck*, ZIP 2006, 829 (834, 836).

nicht so weit, bereits konkrete rechtliche Handlungspflichten des Gesetzgebers zur Einführung von Mindestlöhnen zu behaupten. Jüngste Stellungnahmen aus dem Kreis der Richter des BAG deuten freilich immerhin an, dass man dort die Rechtsprechung des Bundesverfassungsgerichts zur Existenzsicherungspflicht des Staates künftig möglicherweise „als Leitlinie zur Bestimmung einer absoluten Lohnuntergrenze bei der Auslegung des § 138 BGB sowie bei der Prüfung der Wirksamkeit tarifvertraglicher Entgeltregelungen" heranziehen wird,[14] was explizit mit einer auf die Auslegung zivilrechtlicher Generalklauseln einwirkenden „Schutzfunktion" der Menschenwürdegarantie begründet wird.[15]

Die wohl überwiegende Zahl der juristischen Stellungnahmen nimmt demgegenüber von vornherein eine andere Perspektive ein. Sie fokussiert eine mögliche Verletzung der Tarifautonomie sowie auch der Berufs- und Vertragsfreiheit durch die Einführung von Mindestlöhnen und thematisiert die Menschenwürdegarantie des Grundgesetzes deshalb vor allem unter dem Aspekt einer Rechtfertigung entsprechender Grundrechtseingriffe. Dabei herrscht beinahe Einigkeit darüber, dass die aus Art. 1 Abs. 1 GG abgeleitete Verpflichtung des Staates zur Gewährleistung eines physischen und sozio-kulturellen Existenzminimums jedenfalls tauge, eine an diesem Zweck ausgerichtete Einführung von Mindestlöhnen zu rechtfertigen.[16] Mehrheitlich will man deshalb insbesondere auch die Höhe eines potenziellen allgemeinen Mindestlohns an den sozialrechtlichen Mindestbedarfssätzen ausrichten und allenfalls einen geringen Zuschlag als Anreiz zur Arbeitsaufnahme gewähren.[17] Es finden sich allerdings auch Stimmen, die unabhängig von weiteren Erwägungen allein aus der Menschenwürdegarantie einen deutlich über dem existenziellen Bedarf liegenden Mindestlohn ableiten möchten.[18]

---

[14] Schaub/*Linck*, Arbeitsrechtshandbuch, 14. Aufl. 2011, § 34 Rn. 12a; ErfK/*Schmidt*, 13. Aufl. 2013, Art. 1 GG Rn. 13; weitergehend noch *Nassibi*, KJ 2010, 194 (198 ff.); zur bislang anders lautenden Rspr. des BAG siehe nur BAG vom 24.3.2004, BAGE 110, 79 (83); BAG vom 22.4.2009, BAGE 130, 338 (340 f.).

[15] Siehe ErfK/*Schmidt* (Fn. 14), Art. 1 GG Rn. 13 unter Verweis auf ErfK/*Dieterich*/*Schmidt* (Fn. 14), GG Einleitung, Rn. 44, die damit die Lehre von den grundrechtlichen Schutzpflichten und die Lehre von der mittelbaren Grundrechtswirkung im Privatrecht kombinieren; ähnlich auch schon Däubler/*Lakies* (Fn. 8), Anhang 1 zu § 5 Rn. 106, 152.

[16] *Bietmann* (Fn. 1), S. 126 ff., 129 f.; *Caspers*, in: Rieble/Junker/Giesen (Fn. 1), S. 147 (152); *Dieterich*, KJ 2008, 71 (78 f.); *M. G. Fischer*, ZG 2008, 31 (36 f.); *Jacobs*, Gedächtnisschrift Walz, 2008, S. 289 (294); *Scholz*, Festschrift Vogel, 2000, S. 375 (383 f.); *Sodan*/*Zimmermann*, NJW 2009, 2001 (2003); *Sittard* (Fn. 1), S. 228, 308, 393, 415, 451, 469; *Thüsing*, ZfA 2008, 590 (627 ff.); *Waltermann*, Verhdl. des 68. DJT, 2010, S. B 97; *Willemsen*/*Sagan*, NZA 2008, 1216 (1220).

[17] Siehe etwa *Bayreuther*, NJW 2007, 2022 (2025); *Caspers*, in: Rieble/Junker/Giesen (Fn. 1), S. 147 (160 f.); *Rieble*/*Klebeck*, ZIP 2006, 829 (834 f.); *Sodan*/*Zimmermann*, ZfA 2008, 526 (548).

[18] Siehe etwa *Bieback*/*Kocher*, in: Bieback/Dieterich/Hanau/Kocher/Schäfer (Fn. 1), S. 43, 46; *Dieterich*, KJ 2008, 71 (78); *Haberzettl* (Fn. 1), S. 190, 252; *Hohmann-Dennhardt*, Theorie und Praxis der Sozialen Arbeit 2011, 177 (181 f.); *Peter* (Fn. 1), S. 267; *J. M. Schubert*, Liber amicorum Wendeling-Schröder, 2009, S. 59 (66 f.).

3. Das Prüfprogramm

Die vorstehende kurze Skizze zeigt, dass die juristischen Stellungnahmen zum Thema Mindestlohn und Menschenwürde durchweg rechtsdogmatischer Natur sind. Rechts- oder gar allgemeine philosophische Erwägungen, wie sie angesichts einer deutlichen Materialisierung der Würde in diesem Zusammenhang durchaus angezeigt wären und wie sie *Winfried Brugger* deshalb möglicherweise auch angemahnt hätte, finden sich nicht. Dies nachzuholen muss allerdings Berufeneren überlassen bleiben, zumal die dogmatischen Fragen tiefgreifend und schwierig genug sind. Bleibt man deshalb auf den durch die Diskussionen vorgespurten Bahnen, ergibt sich vor dem dargestellten Hintergrund für das Weitere im Kern folgendes Prüfprogramm: Es ist zunächst genauer zu untersuchen, ob und ggf. inwieweit die Menschenwürdegarantie des Art. 1 Abs. 1 GG zur Begründung von Existenzgewährleistungspflichten *unter Privaten* taugen kann. Unabhängig davon ist sodann aber auch noch die in den Diskussionen zumeist vernachlässigte Frage zu stellen, unter welchen Voraussetzungen sich eine Lohngestaltung möglicherweise als würdeverletzend darstellen kann, so dass privatrechtliche Reaktionen nicht schon per se als problematisch erscheinen müssten. Denn der in der menschlichen Würde begründete personale Achtungsanspruch des Einzelnen darf als grundlegende subjektive Rechtsposition von Privaten ebenso wenig verletzt werden wie jedes andere subjektive Privatrecht auch; das Allgemeine Persönlichkeitsrecht ist hierfür nur das prominenteste zivilrechtliche Beispiel.[19] Das Thema Mindestlohn und Menschenwürde könnte deshalb selbst dann kaum schon als abgehandelt gelten, wenn man in der Würdegarantie des Art. 1 Abs. 1 GG keine Grundlage für die Statuierung privater Leistungspflichten finden sollte.

II. Die Menschenwürdegarantie als Grundlage für die Statuierung von Leistungsansprüchen unter Privaten?

1. Die Staatsgerichtetheit des Existenzgewährleistungsrechts aus Art. 1 Abs. 1 GG

Folgt man dem BVerfG und der heute ganz herrschenden Meinung zum Grundrecht auf Gewährleistung eines menschenwürdigen Existenzminimums aus Art. 1 Abs. 1 GG (in Verbindung mit dem Sozialstaatsprinzip des Art. 20

---

[19] Siehe zur unmittelbaren Drittwirkung der Menschenwürde BVerfG vom 29.7.1968, BVerfGE 24, 119 (144); BAG vom 24.2.1982, BAGE 38, 69 (80 f.); BeckOK GG/*Hillgruber* (Fn. 6), Art. 1 Rn. 8; v. Münch/Kunig/*Kunig*, Grundgesetz Kommentar, 6. Aufl. 2012, Art. 1 Rn. 27; Umbach/Clemens/*Robbers*, Grundgesetz, 2002, Art. 1 Rn. 29; *Zippelius*, in: Bonner Kommentar zum Grundgesetz (Stand: Dez. 2012), Art. 1 Abs. 1 u. 2 Rn. 34 f., 48.

Abs. 1 GG),[20] gilt es für die Frage, ob die Menschenwürdegarantie auch als Grundlage für eine Statuierung existenzsichernder Leistungspflichten unter Privaten herangezogen werden kann, vorweg klar zu sehen: Das vom BVerfG in Art. 1 Abs. 1 GG erkannte eigenständige, neben das Abwehrrecht tretende Leistungsgrundrecht richtet sich allein *gegen den Staat*. Dies entspricht nicht nur dem eindeutigen Wortlaut des Art. 1 Abs. 1 GG und den allgemeinen Grundrechtslehren. Es wird auch vom BVerfG in seiner jüngsten Entscheidung zum Existenzgewährleistungsrecht klar hervorgehoben[21] und mittelbar durch den Hinweis auf die Belastungen der öffentlichen Haushalte im Rahmen der Ausführungen zur Erforderlichkeit eines Parlamentsgesetzes nochmals unterstrichen.[22] Anders als bei Abwehrrechten lässt sich mit Blick auf grundrechtliche Leistungspflichten auch nicht etwa erwägen, diesen insoweit ein originäres Drittwirkungselement zuzuschreiben, als sich die grundrechtlich geschützte Rechtsposition historisch weitgehend als eine Übertragung seit langem anerkannter privater Rechte in die öffentlichrechtliche Staat-Bürger-Beziehung darstellt.[23] Denn so vertraut dem Privatrecht Abwehrrechte zum Schutz subjektiver Rechtspositionen sind, so fremd sind ihm Leistungsrechte, die weder auf einer vertraglichen Vereinbarung noch auf einer Verwirklichung von Unrecht basieren.[24] Eben hierum aber geht es in unserem Fall. Art. 1 Abs. 1 GG bietet damit in seinem leistungsrechtlichen Gehalt keinerlei Anhaltspunkte für eine Privatpflichtigkeit. Adressat des Gewährleistungsanspruchs ist allein der Staat.

2. Grundrechtliche Schutzpflichten als Rechtfertigung für die Statuierung privater Leistungspflichten?

a) Der vorstehende Befund spiegelt sich bereits in unserer einleitenden Skizze. Denn sämtliche Versuche, die Menschenwürdegarantie des Grundgesetzes als Promotor oder doch jedenfalls Persilschein für die Einführung von Mindestlöhnen heranzuziehen, stellen die prinzipielle Staatsgerichtetheit des Grundrechts nicht in Frage. Um das Existenzgewährleistungsrecht aus Art. 1 Abs. 1 GG privatrechtlich wirksam zu machen, greift man vielmehr auf besondere Figuren der Grundrechtsdogmatik zurück, die in der Tat prinzipiell taugen, Freiheitsgrundrechte in gewissen Grenzen auch in das Privatrecht hineinwirken zu las-

---

20 Siehe jüngst nur BVerfG vom 9.2.2010, BVerfGE 125, 175 ff.

21 Siehe BVerfG vom 9.2.2010, BVerfGE 125, 175 (222 f.).

22 Siehe BVerfG vom 9.2.2010, BVerfGE 125, 175 (224).

23 Vgl. *Lobinger*, in: Grundmann/Riesenhuber (Hrsg.), Deutschsprachige Zivilrechtslehrer in Berichten ihrer Schüler des 20. Jahrhunderts, Bd. 2, 2010, S. 323 (334).

24 Siehe hierzu nur *Lobinger*, Rechtsgeschäftliche Verpflichtung und autonome Bindung, 1999, S. 89 ff. Auch die im Privatrecht durchaus zu findenden Solidarpflichten (s. nur etwa §§ 904 S. 1, 906 Abs. 2 S. 1, 917 Abs. 1 S. 1 BGB) ändern hieran im Grundsatz nichts, weil sie finanziell stets entschädigt werden (siehe nur §§ 904 S. 2, 906 Abs. 2 S. 2, 917 Abs. 2 S. 1 BGB).

sen. Dabei steht, wie gesehen, an erster Stelle der Rückgriff auf die Lehre von der grundrechtlichen Schutzpflicht.[25]

b) Mögen die exakten theoretischen Grundlagen, der genaue dogmatische Charakter sowie zahlreiche Einzelfragen grundrechtlicher Schutzpflichten bis heute auch noch nicht vollends geklärt sein, so dürfte doch der sachliche Kerngehalt der Schutzpflichten-Lehre in Wissenschaft und Praxis weitgehend außer Streit stehen.[26] Diese Lehre reagiert auf den Umstand, dass die Substanz grundrechtlich anerkannter Freiheitssphären lebensweltlich nicht nur durch den Staat und seine Organe, sondern ebenso, wenn nicht gar in ungleich höherem Maße durch Dritte, insbesondere Private bedroht und beeinträchtigt werden kann, dass sich die in der Verfassung verorteten grundrechtlichen Abwehransprüche aber eben prinzipiell nur gegen den Staat und nicht auch gegen diese Dritten richten.[27] Will die Verfassung sicherstellen, dass die mit den Grundrechten anerkannten Freiheiten auch als materiale Freiheiten Bestand haben, um ein auf Selbstbestimmung gegründetes und auf Persönlichkeitsentfaltung gerichtetes Leben zu ermöglichen, darf sie nicht zulassen, dass das einfache Recht diese Freiheiten in ihrer materialen Substanz gleichsam erodieren lassen könnte, indem es seinen Schutz gegen Übergriffe Dritter im Übermaß (d.h.: auf ein Untermaß) zurücknimmt oder einen als notwendig erkannten neuen Schutz nicht gewährt. Man mag deshalb die grundrechtlichen Schutzpflichten als Ausfluss einer in den Freiheitsrechten zum Ausdruck kommenden objektiven Wertordnung der Verfassung[28], als Konsequenz des staatlichen Gewaltmonopols[29] oder gar als ursprüngliche Funktion der Grundrechte[30] ansehen. Entscheidend ist hier allein die sachliche, von sämtlichen Lehren geteilte Einsicht, dass sich die Funktion der Schutzpflichten in der *Abwehr von Übergriffen* auf die Substanz grundrechtlich umhegter Freiheitssphären erschöpft, was in besonders pointierter Weise von solchen, bislang noch nicht erwähnten Lehren zum Ausdruck gebracht wird, welche die Schutzpflichten der abwehrrechtlichen Dimension der Grundrechte integrieren wollen, indem sie dem Staat die Übergriffe Dritter gleichsam zurechnen.[31]

---

25 Siehe oben bei und in Fn. 13.

26 Siehe für diesen Befund aus der jüngeren Literatur nur etwa *Schmitz*, Grundrechtliche Schutzpflichten und der Anspruch auf Straßenverkehrssicherung, 2010, S. 103.

27 Siehe hierzu nur etwa *E. Klein*, NJW 1989, 1633; *Schmitz* (Fn. 26), S. 79, 99; *Murswiek*, Die staatliche Verantwortung für die Risiken der Technik, 1985, S. 88; *Lübbe-Wolff*, Die Grundrechte als Eingriffsabwehrrechte, 1988, S. 16, 168 f.; *Robbers*, Sicherheit als Menschenrecht, 1987, S. 121 ff.

28 So etwa BVerfG vom 25.2.1975, BVerfGE 39, 1 (41 f.); *Brugger*, JZ 2000, 165 (170); *Schmitz* (Fn. 26), S. 93 ff.; ähnlich auch *E. Klein*, NJW 1989, 1633 (1636).

29 *Isensee*, Das Grundrecht auf Sicherheit, 1983, S. 56 ff.

30 *Robbers* (Fn. 27), S. 121.

31 *Murswiek* (Fn. 27), S. 88 ff.; *Schwabe*, Die sogenannte Drittwirkung der Grundrechte, 1971, S. 65 f.; *ders.*, Probleme der Grundrechtsdogmatik, 1977, S. 213 ff.

c) Mit dieser dogmatischen Vergewisserung wird allerdings auch klar, dass die Lehre von den grundrechtlichen Schutzpflichten bereits im gedanklichen Ansatz nicht taugen kann, das staatsgerichtete Existenzgewährleistungsrecht aus Art. 1 Abs. 1 GG privatrechtswirksam zu machen. Denn Grundvoraussetzung für die Entstehung einer staatlichen Schutzpflicht wäre eine (drohende) *Verletzung* der Würde des Arbeitnehmers durch den Arbeitgeber. Eine solche Verletzung aber steht im Zusammenhang der staatlichen Existenzgewährleistungspflicht aus Art. 1 Abs. 1 GG von vornherein nicht im Raum. Das Verhalten des Arbeitgebers erschöpft sich in einem bloßen Unterlassen, das als Übergriff auf die grundrechtliche Gewährleistungssubstanz nur dann angesehen werden könnte, wenn er als Privater zur Sicherung der Existenz des Arbeitnehmers im Sinne eines Leistungsrechts verpflichtet wäre. Hieran aber fehlt es gerade; die entsprechende Leistungspflicht trifft allein den Staat. Deren Überbürdung auf den Arbeitgeber als Privaten diente folglich aber nicht mehr einem Schutz vor dessen Übergriffen, sondern allein einer Entlastung des Staates von dessen ureigener Last. Mit einer entsprechenden Verpflichtung würde nicht mehr der Bestand vorhandener Rechtsgüter des Arbeitnehmers gesichert, sondern der Arbeitgeber zu einer Bestandsverbesserung durch Aufstockung des Arbeitnehmervermögens angehalten. Mit der Lehre von den grundrechtlichen Schutzpflichten aber hat das dogmatisch nichts mehr zu tun.[32] Die Privatisierung staatlicher Leistungspflichten ist von der Realisierung grundrechtlicher Schutzpflichten scharf zu unterscheiden und kann mit dieser nicht kurzerhand gleichgesetzt werden. Es geht um kategorial verschiedene Fragen, die ihren je eigenen Regeln folgend zu beantworten sind. Es ist deshalb insbesondere auch nicht möglich, die aus Art. 1 Abs. 1 GG abgeleitete Existenzgewährleistungspflicht des Staates zur Konkretisierung einer absoluten Lohnuntergrenze im Sinne von § 138 BGB heranzuziehen.[33] Denn wenn die Menschenwürdegarantie nur den Staat, nicht aber auch Private zur Existenzgewährleistung verpflichtet, kann eine nicht existenzsichernde Entlohnung durch private Arbeitgeber selbst unter Rückgriff auf die Schutzfunktion der Grundrechte oder den Topos der objektiven Wertordnung nicht bereits per se sittenwidrig sein. Diesen Makel gewinnt sie erst dann, wenn sie aufgrund ihrer Höhe etwa als Ausdruck der Missachtung des Arbeitnehmers durch den Arbeitgeber erscheint und damit eben auch ein Übergriff, eine Verletzung der Würde des Arbeitnehmers vorliegt. Wer dies nicht beachtet und für das Sittenwidrigkeitsurteil pauschal auf die Regelleistungen für Alleinstehende sowie den Unterkunftsbedarf nach SGB II zurückgreift, statuiert über § 138 BGB unter der Hand eine Existenzgewährleistungspflicht Privater, die weder in Art. 1 Abs. 1 GG (auch in Verbindung mit

---

[32] So deutlich etwa auch *Schmitz* (Fn. 26), S. 79.

[33] So aber etwa Schaub/*Linck* (Fn. 14), § 34 Rn. 12; ErfK/*Schmidt* (Fn. 14), Art. 1 GG Rn. 13.

dem Sozialstaatsprinzip) noch in den jüngsten Äußerungen des Bundesverfassungsgerichts hierzu eine Grundlage zu finden vermag.

3. *Die Menschenwürdegarantie als Eingriffsrechtfertigung?*

a) Der herrschende Ansatz

Wie einleitend erwähnt, greifen in der Mindestlohndebatte die wohl meisten Autoren auf die Menschenwürdegarantie nicht zur Begründung einer Schutzpflicht, sondern gleichsam eine Stufe tiefer, zur Rechtfertigung von den mit staatlicher Lohnfestsetzung verbundenen Grundrechtsbeschränkungen, namentlich Beschränkungen der Koalitions-, Berufs- und Vertragsfreiheit, zurück.[34] Im Rahmen einer der herrschenden Grundrechtsdogmatik entsprechenden, auf „praktische Konkordanz" zielenden Verhältnismäßigkeitsprüfung wird dabei durchgehend ohne größeren Argumentationsaufwand festgestellt, dass die Menschenwürdegarantie in Form des Anspruchs auf Gewährleistung des Existenzminimums hinreiche, jedenfalls einen niedrig bemessenen, am Mindestbedarf des Arbeitnehmers selbst orientierten gesetzlichen Mindestlohn einzuführen.[35] Nur vereinzelt kann man diese schnelle Bereitschaft wohl auch damit erklären, dass der Rechtfertigungsaufwand von vornherein als gering angesehen wird, weil man die Eingriffsqualität von gesetzlichen Mindestlöhnen im Hinblick auf die Tarifautonomie und die Vertragsfreiheit (unter Ausnahme von bereits geschlossenen Verträgen) bestreitet und von einer bloßen Grundrechtsausgestaltung ausgeht, die dann in ihrer Grundstruktur freilich ebenfalls eine nach „praktischer Konkordanz" strebende, abgeschwächte Interessenabwägung erfordern soll.[36] Die ganz herrschende, von echten Grundrechtseingriffen ausgehende Meinung dürfte demgegenüber vor allem vom Höchstwertcharakter der grundgesetzlichen Menschenwürdegarantie beeindruckt und geleitet sein.

---

[34] Siehe die Nachw. oben Fn. 16.

[35] *Bietmann* (Fn. 1), S. 126 ff., 129 f.; *Caspers*, in: Rieble/Junker/Giesen (Fn. 1), S. 147 (152); *Dieterich*, KJ 2008, 71 (78 f.); *M. G. Fischer*, ZG 2008, 31 (36 f.); *Jacobs*, Gedächtnisschrift Walz, 2008, S. 289 (294); *Scholz*, Festschrift Vogel, 2000, S. 375 (383 f.); *Sodan/Zimmermann*, NJW 2009, 2001 (2003); *Sittard* (Fn. 1), S. 228, 308, 393, 415, 451, 469; *Thüsing*, ZfA 2008, 590 (627 ff.); *Waltermann*, Verhdl. des 68. DJT, 2010, S. B 97; *Willemsen/Sagan*, NZA 2008, 1216 (1220).

[36] So *A. Engels*, JZ 2008, 490 (492 ff., 495 ff.); vgl. zum Grundproblem aus jüngerer Zeit auch die von *Engels* nicht beachtete Habilitationsschrift von *Maschmann*, Tarifautonomie im Zugriff des Gesetzgebers, 2007.

b) Der Existenzgewährleistungsanspruch als falsch gewählter Abwägungsgesichtspunkt

Man muss die hochproblematische moderne Grundrechtsdogmatik mit ihrer Abwägungsfixierung in unserem Zusammenhang nicht grundsätzlich in Frage stellen,[37] um zu erkennen, dass es sich die genannten Stimmen erheblich zu leicht machen, wenn sie für eine etwaige Verkürzung der Koalitions-, Berufs- und Vertragsfreiheit im Zuge von Mindestlohngesetzen kurzerhand auf die Menschenwürdegarantie in Gestalt des Existenzsicherungsrechts verweisen. Denn eine Abwägung widerstreitender Interessen, die Herstellung „praktischer Konkordanz" ist von vornherein nur dort erforderlich, wo Freiheitssphären bzw. Interessen *kollidieren*, so dass jede ins Auge gefasste Grenzziehung eine maximale Entfaltung beider Freiheits- oder Interessenträger naturnotwendig ausschließt.[38] Die heute ganz herrschenden Lehren stutzen nur hier die Ansprüche der Beteiligten herunter; allein im Kollisionsfall soll das Grundrecht nicht mehr die Einforderung des Maximums, sondern nurmehr des Optimums erlauben,[39] weshalb der Richter auf den im Einzelfall „nach beiden Seiten hin schonendsten Ausgleich"[40] oder eben die Herstellung „praktischer Konkordanz" verpflichtet wird. In unseren Fällen fehlt es aber bereits an einer solche Abwägungsvorgänge überhaupt erfordernden Grundrechts- oder auch nur Interessenkollision. Denn wieder darf nicht übersehen werden, dass sich der aus Art. 1 Abs. 1 GG abgeleitete Existenzgewährleistungsanspruch allein gegen den Staat richtet.[41] Selbst für seine maximale Realisierung bedarf es deshalb, anders als in den klassischen Kollisionslagen, von vornherein keiner Verkürzung der Koalitionsfreiheit oder der Berufs- und Vertragsfreiheit des Arbeitgebers wie des Arbeitnehmers. Auch diese Freiheiten können gegenüber dem Existenzgewährleistungsanspruch des Arbeitnehmers maximalen Bestand haben, eben weil sich jener Anspruch allein gegen den Staat richtet und von diesem ohne weiteres selbst, d.h. ohne Inanspruchnahme des privaten Arbeitgebers erfüllt werden kann.[42] Der Rückgriff auf den grundrechtlichen Existenzsiche-

---

[37] Siehe hierzu aus jüngerer Zeit nur *Rusteberg*, Der grundrechtliche Gewährleistungsgehalt, 2008, passim und vgl. auch schon *Lobinger*, in: Rieble (Hrsg.), Zukunft des Arbeitskampfes, 2005, S. 55 (66 ff.); *dens./Hartmann*, RdA 2010, 235 (240 f.); siehe aus den älteren Diskussionen nur etwa auch *F. Müller*, Die Positivität der Grundrechte, 2. Aufl. 1990, S. 87 ff.; aktuelle Gegenposition etwa bei *Kahl*, Der Staat 43 (2004), 167 (184 ff.); *dems.*, AöR 131 (2006), 579 (605 ff.).

[38] Siehe nur *Hesse*, Grundzüge des Verfassungsrechts der Bundesrepublik Deutschland, 20. Aufl. 1999, Rn. 317; *Stern*, Das Staatsrecht der Bundesrepublik Deutschland, Bd. III/1, 1988, § 69 III 5.

[39] *Alexy*, Theorie der Grundrechte, 1985, S. 75 ff., 117 ff.; *Hesse* (Fn. 38), Rn. 72.

[40] *Lerche*, Übermaß und Verfassungsrecht, 1961, S. 153.

[41] Immerhin im Ansatz erkannt ist dieses Problem von *Caspers*, in: Rieble/Junker/Giesen (Fn. 1), S. 147 (152 f.).

[42] So in aller Selbstverständlichkeit auch *Wank*, Festschrift Buchner, 2009, S. 898 (905).

rungsanspruch erweist sich damit aber bereits im Ansatz als ungeeignet, Beschränkungen der Koalitions-, Berufs- oder Vertragsfreiheit im Rahmen einer Kollisionsbereinigung zu rechtfertigen. Richtigerweise fehlt es bereits an einer Abwägungslage. Aber selbst wenn man ungeachtet dessen eine Abwägung vornehmen wollte und damit auf eine Optimierung bzw. den schonendsten Ausgleich verpflichtet wäre, könnte sich kein anderes Ergebnis einstellen. Denn wie gesehen ermöglicht die Staatsgerichtetheit des Existenzgewährleistungsanspruchs, dass beide Interessen auch ohne jede Beschneidung nebeneinander verwirklicht werden können; im Maximum liegt hier also gerade auch das Optimum für beide betroffenen Interessen. Gänzlich irrelevant ist damit in unserem Zusammenhang auch, ob der Existenzgewährleistungsanspruch als Ausfluss der Menschenwürdegarantie überhaupt eine abwägbare Rechtsposition darstellen könnte.[43]

c) Die Legitimierbarkeit von Sonderopfern als eigentliches verfassungsrechtliches Problem

aa) Die vorstehenden Einsichten schließen es nicht etwa schon kategorisch aus, die Existenzgewährleistungspflicht des Staates als Grundlage für die Statuierung von Mindestlöhnen heranzuziehen. Allerdings machen sie deutlich, dass die Legitimierbarkeit entsprechender gesetzgeberischer Akte nicht schon per se gegeben wäre, sollte der Staat mit ihnen nur seiner Leistungspflicht gegenüber bedürftigen Arbeitnehmern nachkommen wollen und sich auch inhaltlich allein an dieser Zwecksetzung orientieren. Vielmehr ergibt sich aus den obigen Erkenntnissen eine deutliche Akzentverschiebung des maßgeblichen Prüfprogramms. Andere Kriterien, die deutlich höhere Hürden enthalten, treten in den Vordergrund. Denn in der Privatisierung der staatlichen Existenzsicherungspflicht durch die Statuierung von gesetzlichen Mindestlöhnen läge für die betroffenen privaten Arbeitgeber im Grundsatz die entschädigungslose Aufbürdung eines Sonderopfers.[44] Dies wird klar erkennbar, wenn man zunächst allein solche Fälle in den Blick nimmt, in denen davon auszugehen ist, dass der nichtexistenzsichernde Lohn dem Marktpreis entspricht, der Arbeitsplatz zu einem höheren

---

Der Existenzgewährleistungsanspruch ist gänzlich in Geld erfüllbar. Die Erwägung, dass der Würdegarantie bei Erwerbsfähigkeit und -willigkeit erst entsprochen wäre, wenn die Existenzsicherung auch gerade durch die Ausübung einer Erwerbstätigkeit erfolgt, müsste zu Ende gedacht nicht nur in die totale Staatswirtschaft führen. Staatlich organisierte Beschäftigung, deren Ziel sich darin erschöpft, den Beschäftigten um seiner selbst willen zu beschäftigen, hätte auch mit Würdeschutz nichts mehr zu tun. Denn das bloße Vorgaukeln einer produktiven bedarfsbefriedigenden Tätigkeit ist nicht weniger unwürdig als eine rein finanzielle Existenzsicherung.

[43] Siehe zur grundsätzlichen Unabwägbarkeit der Menschenwürde in ihrem Kernbereich nur etwa BVerfG vom 3.6.1987, BVerfGE 75, 369 (380); Maunz/Dürig/*Herdegen* (Fn. 6), Art. 1 Abs. 1 Rn. 4; BeckOK GG/*Hillgruber* (Fn. 6), Art. 1 Rn. 10.

[44] Soweit ersichtlich in der Literatur bislang klar erkannt nur von *Forkel*, ZRP 2010, 115.

Lohn also nicht angeboten worden wäre, weil der Arbeitgeber günstigere Substitutionsmöglichkeiten gehabt oder seine eigene Existenz riskiert hätte.[45] Verpflichtet man hier den Arbeitgeber zu einem Zuschlag, um den physischen und soziokulturellen Mindestbedarf des Arbeitnehmers zu gewährleisten, so verpflichtet man ihn der Sache nach zu nichts anderem als einer Sozial- oder auch Solidarleistung, für die der Arbeitgeber weder vom Arbeitnehmer noch vom eigentlich pflichtigen Staat eine Gegenleistung bzw. einen Ausgleich erhält. Die betroffenen Arbeitgeber tragen damit in doppelter Hinsicht eine Sonderlast. Denn sie werden nicht nur in ihrer Arbeitgebereigenschaft bereits abstrakt-generell in qualitativ höherem Maße zur Verwirklichung von Staatsaufgaben als alle andern Mitglieder der Rechtsgemeinschaft herangezogen: Neben der allgemeinen Steuerlast wird ihnen eine besondere, die Allgemeinheit entlastende Verantwortung für die Existenzsicherung von Arbeitnehmern aufgebürdet. Weil sich die Sonderbelastung durch Mindestlöhne nur bei solchen Arbeitgebern auch tatsächlich auswirkt, die existenzsichernde Löhne marktbedingt nicht zahlen können (Fälle der Existenzbedrohung, insbesondere etwa im Dienstleistungssektor) oder müssten (Fälle der kostengünstigeren Substituierbarkeit), tragen diese Arbeitgeber auch innerhalb der Gesamtgruppe der Arbeitgeber nochmals eine Sonderlast. Denn nur sie werden vom Staat faktisch gezwungen, zur Entlastung der Allgemeinheit unrentabel und möglicherweise ruinös zu wirtschaften.

bb) Um die Problematik der entschädigungslosen Sonderlast zu bewältigen, genügt kaum schon der Verweis auf die Berechtigung des Staates, sozialleistungsbedingte Mitnahmeeffekte bei der Lohnfindung zu vermeiden[46]. Denn ein allgemeiner Mindestlohn könnte ja zwischen Fällen, in denen sich der Arbeitgeber in der Tat nur auf Kosten der öffentlichen Hand selbst entlastet, und solchen, in denen er dies nicht tut, sondern allein marktorientiert handelt[47], nicht unterscheiden. Für die Statuierung einer ausnahmslosen allgemeinen Lohnuntergrenze müsste folglich unterstellt werden können, dass in der Lebenswirklichkeit praktisch sämtliche Niedriglöhne unterhalb der Existenzsicherungsschwelle auf entsprechenden Mitnahmeeffekten beruhen, was selbst bei Zubilligung eines äußerst großzügigen Beurteilungsspielraums für den Gesetzgeber kaum mehr vertretbar erschiene[48] und insbesondere von den Verfas-

---

[45] Zum Problem der sog. Mitnahmeeffekte siehe sogl. im Text.

[46] So aber etwa *Caspers*, in: Rieble/Junker/Giesen (Fn. 1), S. 147, 152 f., 156 f.; *Rieble*, in: ders./Junker/Giesen (Fn. 1), S. 17, 21 f.; vgl. auch *Waltermann*, Verhdl. des 68. DJT, 2010, S. B 89 und öfter; *dens.*, NJW 2010, 801 (803 f.); *dens.*, Festschrift Picker, 2010, 1177 (1184 f.); *dens.*, ZRP 2011, 95. Dass der Gesetzgeber grundsätzlich zur Statuierung subventionsrückführender Abschöpfungsabgaben befugt ist, steht freilich außer Zweifel, s. nur BVerfG vom 8.6.1988, BVerfGE 78, 249 (267 ff., 277 f.); BVerfG vom 23.1.1990, BVerfGE 81, 156 (189 f.).

[47] Genauer: handelt, wie er auch in einem nicht durch staatliche Aufstockungsleistungen „verzerrten" Markt handeln würde.

[48] In diese Richtung allerdings in der Tat *Waltermann*, Verhdl. des 68. DJT, 2010,

sern der derzeit geltenden sozialrechtlichen Regelungen dezidiert anders gesehen wurde[49]. Auch bei hoher Pauschalierungsbereitschaft müssten deshalb aus Gründen der Verhältnismäßigkeit mindestens Ausnahme- und Härtefallregelungen vorgesehen werden.[50] Insbesondere müssten Arbeitgeber, die in bestehenden und nicht kurzfristig kündbaren Arbeitsverhältnissen betroffen würden, entweder vom Staat entschädigt oder aber vom Gesetzgeber mit einem Sonderkündigungsrecht ausgestattet werden, sofern sie nachweisen könnten, dass ihre nichtexistenzsichernden Löhne ausschließlich in den Marktgegebenheiten und keinesfalls in Mitnahmeeffekten gründen.

Mit Blick auf die Unsicherheiten in puncto Ausmaß und Umfang der behaupteten Mitnahmeeffekte ist allerdings auch schon grundsätzlicher zu fragen, ob die Einführung gesetzlicher Mindestlöhne tatsächlich das schonendste Mittel wäre, um solche Effekte zu verhindern. Denn sollte die These zutreffen, dass es gerade die staatlichen Aufstockungs- und Sozialleistungen sind, die zu den genannten Mitnahmeeffekten und damit zu Marktverzerrungen bei der Lohnfindung führen,[51] wäre die unter dem Aspekt des Sonderopfers wie auch einer Beschränkung der Koalitions-, Berufs- und Vertragsfreiheit mildere Bereinigungsform ja ersichtlich eine Reaktion des Sozial- und nicht des Zivilrechts. Statt dort einen systemwidrigen Mindestlohn einzuführen, müsste man hier die Regelungen zweckentsprechend modifizieren, um so das Sozialrecht von seinen wirtschaftsfördernden Artefakten zu befreien.[52] Konkret könnte dies etwa durch die Schaffung von Regressansprüchen der Grundsicherungsträger gegen Arbeitge-

---

S. B 89; *ders.*, NJW 2010, 801 (803 f.); *dens.*, Festschrift Picker, 2010, 1177 (1185); *ders.*, ZRP 2011, 95.

[49] Siehe die Begründung zum fraktionsübergreifenden Entwurf des Freibetragsneuregelungsgesetzes vom 12.5.2005, BT-Drucks. 15/5446, in dem ausdrücklich das Ziel formuliert wird, „verbesserte Anreize für eine Beschäftigung im Niedriglohnbereich zu schaffen" (S. 1) und sicherzustellen, „dass gering entlohnte Arbeit auf dem regulären Arbeitsmarkt mit ergänzendem Bezug von Arbeitslosengeld II attraktiver ist als die Beschäftigung in Arbeitsgelegenheiten" (S. 5).

[50] Selbst für die Beseitigung tatsächlicher Mitnahmeeffekte wären, da es hier sachlich um einen grundsätzlich zulässigen Subventionsentzug ginge, nach BVerfG vom 8.6.1988, BVerfGE 78, 249 (285 f.) „angemessene Übergangsregeln zu treffen"; vgl. ferner zum Erfordernis solcher Härtefall- und Ausnahmeregeln in arbeitsrechtlichem Kontext selbst die in ihrer Grundtendenz noch bedenklich großzügige Entscheidung des Bundesverfassungsgerichts zu den hessischen und nordrhein-westfälischen Arbeitnehmerweiterbildungsgesetzen, BVerfG vom 15.12.1987, BVerfGE 77, 308 (332 ff.); deutlich restriktiver ohnehin dann BVerfG vom 11.2.1992, BVerfGE 85, 226 (235 ff.) sowie insbesondere auch BVerfG vom 9.11.1999, BVerfGE 101, 141 (149 ff.).

[51] So v.a. *Waltermann*, Verhdl. des 68. DJT, 2010, S. B 89 f., B 93; *ders.*, NJW 2010, 801 (803 f.); *ders.*, Festschrift Picker, 2010, 1177 (1184 f.).

[52] Deutlich insoweit etwa auch BVerfG vom 23.1.1990, BVerfGE 81, 156 (193): Vorzugswürdigkeit der sozialrechtlichen Erstattungsregelung des damaligen § 128 AFG gegenüber einer arbeitsrechtlichen Kündigungsbeschränkung oder Fortbestehensfiktion; den umgekehrten Grundsatz verfolgt explizit *Waltermann*, Festschrift Picker, 2010, 1177 (1187, 1191).

ber geschehen, die den Verdacht von Mitnahmeeffekten nicht widerlegen können.[53] Mit der These von den staatsverursachten Marktverzerrungen wäre aber auch noch weiter zu gehen und an eine Modifizierung der Anspruchsvoraussetzungen für die Grundsicherung zu denken. So könnte etwa (bei entsprechender Anpassung der Zumutbarkeitskriterien für eine Arbeitsaufnahme) die Gewährung von sog. Aufstockungsleistungen für die Arbeitnehmer (in ihrer eigenen Person) von einem vom Arbeitgeber zur Verfügung zu stellenden Nachweis abhängig gemacht werden, dass die Entlohnung unterhalb der Existenzsicherungsschwelle allein in den Marktbedingungen gründet, weil der Arbeitgeber bei einer höheren Entlohnung die Arbeitsleistung entweder durch wirtschaftlichere Maßnahmen substituieren könnte oder aber, weil er sonst selbst in seiner Existenz gefährdet wäre. Insgesamt greifen damit aber die bisherigen Diskussionen um die mit existenzsichernden Mindestlöhnen verbundene Sonderopferproblematik ersichtlich zu kurz. Der knappe Verweis auf die Verhinderung von Mitnahmeeffekten wird dem Grundproblem nicht ansatzweise gerecht.

cc) (1) Wo man die Sonderopferproblematik bislang erkannt hat, rückt man sie – in der Tendenz durchaus zu Recht – in die Nähe der verfassungsrechtlichen Problematik von Sonderabgaben.[54] Im technischen Sinn handelte es sich bei einem gesetzlichen Mindestlohn zur Existenzgewährleistung allerdings nicht um eine solche Abgabe; der Begriff ist – freilich maßgeblich aus finanzverfassungsrechtlichen Gründen – enger gefasst.[55] Soweit es allein um den hier interessierenden Aspekt der materiellen Sonderbelastung geht, finden sich dagegen durchaus deutliche Parallelen und strukturelle Übereinstimmungen zwischen den Fällen einer echten Sonderabgabe und Fällen einer regelungstechnisch anders ausgestalteten Verpflichtung Privater zur Erfüllung von Gemeinschaftsaufgaben, weshalb in der Literatur auch verbreitet und mit guten Gründen eine materielle Gleichbehandlung in der Überprüfung gefordert wird[56]. Orientiert man sich deshalb zunächst „rein pragmatisch“ an der Rechtsprechung des Bundesverfassungsgerichts, wären als primär einschlägige Entscheidungen vor allem diejenigen zur Arbeitnehmerweiterbildung[57], zum hessischen Sonder-

[53] Der damit verbundene bürokratische Aufwand dürfte kaum höher sein als derjenige, den man auch zur Kontrolle und Durchsetzung eines Mindestlohns benötigt, wenn dieser mit Blick auf das Ziel „Entlastung der öffentlichen Kassen“ effektiv sein soll; vgl. zum Problem der staatlichen Durchsetzung von Mindestlöhnen nur etwa *Rixen*, in: Rieble/Junker/Giesen (Fn. 1), S. 103 ff.

[54] *Forkel*, ZRP 2010, 115 (116 f.).

[55] Siehe zum Begriff der Sonderabgabe nur etwa BVerfG vom 10.12.1980, BVerfGE 55, 274 (298 ff.); BVerfG vom 9.11.1999, BVerfGE 101, 141 (148).

[56] Siehe aus jüngerer Zeit nur etwa *Kube/Palm/Seiler*, NJW 2003, 927 ff. sowie umfassend *v. Stockhausen*, Gesetzliche Preisintervention zur Finanzierung öffentlicher Aufgaben, 2007, passim und bes. S. 157 ff. m zahlr. Nachw. zum Meinungsstand.

[57] BVerfG vom 15.12.1987, BVerfGE 77, 308.

urlaubsgesetz[58] sowie schließlich zum Mutterschaftsgeld[59] zu nennen. Denn in Abgrenzung zu weiteren Parallelkonstellationen zur Sonderabgabenproblematik[60] ging es hier wie bei einem gedachten gesetzlichen Mindestlohn darum, dass der Gesetzgeber den Arbeitnehmer unmittelbar mit Ansprüchen gegen den Arbeitgeber ausgestattet hatte, um eine Gemeinschaftsaufgabe zu realisieren.

(2) In ihrer Grundrichtung erweisen sich die sachlichen Prüfkriterien des Bundesverfassungsgerichts in diesen Fällen als – in durchaus kritikwürdiger Weise – äußerst großzügig. Sie als solche zu hinterfragen ist hier allerdings weder Raum noch Ort.[61] Als Ausgangspunkt der Prüfung dient dem Gericht die Berufsfreiheit (Art. 12 Abs. 1 GG), die es durch die hier in Rede stehenden gesetzlichen Leistungspflichten des Arbeitgebers auch ohne den Nachweis einer besonderen berufsregelnden Tendenz tangiert sieht.[62] Dem Gesetzgeber wird sodann allerdings ein großer Gestaltungsspielraum zugestanden, wenn er nur hinreichende Gründe des Allgemeinwohls verfolgt und die Belastung des Arbeitgebers verhältnismäßig erscheint.[63] Der Schwerpunkt liegt dabei regelmäßig in der Zumutbarkeitsprüfung, in deren Rahmen insbesondere die Sonderlasten-Problematik thematisiert wird.[64] Das Bundesverfassungsgericht sieht solche Sonderlasten als gerechtfertigt an, wenn es im Hinblick auf den mit der zugrundeliegenden Regelung verfolgten Zweck eine „besondere Verantwortungsbeziehung“ zwischen belastetem Arbeitgeber und begünstigtem Arbeitnehmer feststellen zu können meint.[65] Hierfür hat es sich, wenn man in die Betrachtung auch die Parallelfälle der Umlagefinanzierung oder der Heranziehung zur Sozialversicherung einbezieht, mittlerweile einen ganzen Strauß von Kriterien zurechtgelegt. Selbst rein soziologische Erwägungen sollen dabei zulässig sein: „Solidaritäts- oder Verantwortlichkeitsbeziehungen [...], die in den Lebensverhältnissen, wie sie sich geschichtlich entwickelt haben und weiter entwickeln, angelegt sind“, „auf Dauer ausgerichtete, integrierte Arbeitszusammenhänge“ oder auch „kulturgeschichtlich gewachsene besondere Verhältnisse gleichsam

[58] BVerfG vom 11.2.1992, BVerfGE 85, 226; BVerfG vom 15.7.1997, BVerfGE 96, 260 sowie auch noch BVerfG vom 9.11.1999, BVerfGE 101, 141.

[59] BVerfG vom 18.11.2003, BVerfGE 109, 64.

[60] Siehe nur etwa zur Umlagefinanzierung des Insolvenzgelds BVerfG vom 2.2.2009, ZIP 2009, 680 oder zur Künstlersozialabgabe BVerfG vom 8.4.1987, BVerfGE 75, 108.

[61] Grundlegend zum Problem *v. Stockhausen* (Fn. 56), passim.

[62] BVerfG vom 15.12.1987, BVerfGE 77, 308 (332); BVerfG vom 11.2.1992, BVerfGE 85, 226 (234 ff.); BVerfG vom 18.11.2003, BVerfGE 109, 64 (84 f.).

[63] BVerfG vom 15.12.1987, BVerfGE 77, 308 (332); BVerfG vom 18.11.2003, BVerfGE 109, 64 (85).

[64] BVerfG vom 18.11.2003, BVerfGE 109, 64 (87 ff.).

[65] Siehe etwa BVerfG vom 18.11.2003, BVerfGE 109, 64 (88); vgl. auch BVerfG vom 11.2.1992, BVerfGE 85, 226 (236).

symbiotischer Art".[66] Anders als bei Sonderabgaben im technischen Sinne wird allerdings in den hier verfolgten Fällen nicht auch streng gefordert, dass der durch die Belastung finanzierte Zweck den Belasteten selbst (zumindest im Sinne einer Gruppennützigkeit) zugutekommt.[67] Obwohl sich das materielle Sonderopfer und die damit verbundene Ungleichbehandlung gegenüber anderen sozialen Gruppen qualitativ nicht von Fällen unterscheidet, in denen eine Sonderabgabe im technischen Sinn an einer nicht hinreichenden Nutzenkompensation der Belastung scheitern würde, zieht das Bundesverfassungsgericht in unseren Fällen Grenzen im Kern allein durch das diffuse, letztlich jeder Normativität beraubte Verantwortlichkeitskriterium und schafft damit für den Gesetzgeber erweiterte Umverteilungsmöglichkeiten durch bloße Formenwahl.[68] Dass sich auf diese Weise kaum ein überzeugendes, in sich schlüssiges und widerspruchsfreies Gesamtbild bietet, kann hier nur angemerkt werden.[69]

(3) (a) Man muss das Prüfmuster und die Kriterien des Bundesverfassungsgerichts bei der Beurteilung gesetzlich auferlegter Sonderlasten jenseits von Sonderabgaben im technischen Sinne allerdings noch nicht einmal grundsätzlich verwerfen, um zu erkennen, dass mit der ausnahms- und entschädigungslosen Einführung eines allgemeinen Mindestlohns zum Zwecke der Existenzsicherung ein verfassungsrechtlich unzulässiges Sonderopfer für private Arbeitgeber verbunden wäre. Und man kann dabei dem Gericht selbst noch in der ebenfalls nicht unzweifelhaften These folgen, dass die allein durch staatliche Leistungen realisierte Existenzsicherung gegenüber einer selektiven Inanspruchnahme Privater mit Blick auf die Berufsfreiheit kein milderes Mittel wäre, weshalb es bei der Sonderbelastung allein um Fragen der Zumutbarkeit gehe.[70] Klar vor Augen halten muss man sich allerdings stets, dass es hierbei nur um diejenigen Fälle geht, in denen die nicht-existenzsichernde Entlohnung den unverzerrten Marktpreis widerspiegelt, weil der Arbeitgeber bei höheren Lohnkosten günstigere Substitutionsmöglichkeiten hätte oder seine eigene Existenz gefährden müsste.[71] Mitnahmeeffekten dürfte der Staat ohne weiteres mit Abschöpfungs-

---

[66] Alle Zitate aus BVerfG vom 8.4.1987, BVerfGE 75, 108 (158). Die Fragwürdigkeit solcher Kriterien liegt auf der Hand.

[67] So für die Sonderabgabe dezidiert etwa BVerfG vom 8.4.1987, BVerfGE 75, 108 (147 f.); BVerfG vom 9.11.1999, BVerfGE 101, 141 (149 f.); BVerfG vom 17.7.2003, BVerfGE 108, 186 (218). Anklänge für die hier behandelten Fälle immerhin in BVerfG vom 15.12.1987, BVerfGE 77, 308 (334 f.); BVerfG vom 11.2.1992, BVerfGE 85, 226 (237).

[68] Klar erkennbar in BVerfG vom 8.4.1987, BVerfGE 75, 108 (158).

[69] Vgl. in unserem Zusammenhang auch die implizite, freilich wenig substantiierte Kritik von *Forkel*, ZRP 2010, 115 (116) sowie die gründliche, umfassende und weiterführende Auseinandersetzung bei *v. Stockhausen* (Fn. 56), passim.

[70] So BVerfG vom 18.11.2003, BVerfGE 109, 64 (86); zu Recht kritisch aber etwa *v. Stockhausen* (Fn. 56), S. 527 ff., 543, der überzeugend eine eigene Prüfung der Belastungsgerechtigkeit anhand von Art. 3 Abs. 1 GG außerhalb der Verhältnismäßigkeitsprüfung fordert.

[71] Hieran kann es fehlen, wenn das betreffende Unternehmen die Mehrbelastung voll auf

abgaben begegnen.[72] Es wäre deshalb auch ein auf diesen Zweck begrenzter und entsprechend differenziert gestalteter Mindestlohn grundsätzlich unproblematisch.[73]

(b) In Fällen, in denen der Staat private Arbeitgeber durch die Schaffung unmittelbar wirkender zivilrechtlicher Arbeitnehmeransprüche mit materiellen Gemeinschaftsaufgaben belastet hat, stellte das Bundesverfassungsgericht zur Begründung der geforderten Verantwortlichkeitsbeziehung regelmäßig den Aspekt ins Zentrum, dass es gerade das Arbeitsverhältnis sei, das die Realisierung der mit der Regelung verfolgten legitimen Zwecke gefährde. So hob es in seiner Entscheidung zum Mutterschaftsgeld als maßgebliches Argument hervor, dass „die Gefahren, vor denen Mutter und Kind geschützt werden sollen, [...] unmittelbar aus dem Arbeitsverhältnis [resultieren]“[74]. Und auch in der Entscheidung zu den Bildungsurlaubsgesetzen hatte es insbesondere unterstrichen, „daß der Arbeitnehmer zur Existenzsicherung in der Regel seine volle Arbeitskraft einsetzen muß und daß dies in Folge der zeitlichen Bindung seine persönlichen Fort- und Weiterbildungsmöglichkeiten im beruflichen und politischen Bereich als Bestandteil der Persönlichkeitsentfaltung beschneidet.“[75] Eine auch nur annähernd entsprechende Argumentation wäre im Fall der Statuierung eines existenzsichernden Mindestlohns jedoch von vornherein ausgeschlossen. Denn die mit der Belastung bekämpfte Existenzgefährdung geht ja nicht vom Arbeitsverhältnis, sondern allein von der Existenz des Einzelnen und seiner Bedürftigkeit als solcher aus. Das Arbeitsverhältnis trägt im Gegenteil auch bei niedrigster Entlohnung gerade dazu bei, dass die Existenzgefährdung geringer, die Bedürftigkeit immerhin teilweise gemildert wird.[76] Das Arbeitsverhältnis gleichwohl als existenzgefährdend anzusehen, weil die Entlohnung für die Existenzsicherung nicht ausreicht, wäre ein evidenter Zirkelschluss. Denn es würde damit unausgesprochen eine Pflicht zur Existenzsicherung vorausgesetzt, um zu begründen, warum eine solche gesetzlich statuiert werden darf. Eine Gefährdung hinreichender Existenzsicherung durch ertragsschwache Arbeitsverhältnisse könnte deshalb allenfalls unter zwei Gesichtspunkten behaup-

---

seine Abnehmer überwälzen könnte. Dies darf aber auf vom Wettbewerb geprägten Märkten nicht kurzerhand unterstellt werden; vgl. nur auch BVerfG vom 17.7.2003, BVerfGE 108, 186 (222); deutlich zu pauschal und zweckoptimistisch deshalb etwa *Waltermann*, Verhdl. des 68. DJT, 2010, S. B 93. Hinzu kommt, dass die Probleme damit ggf. nur verlagert wären, weil in solchen Fällen eine besondere Verantwortungsbeziehung der Endverbraucher zu prüfen wäre, vgl. BVerfG vom 11.10.1994, BVerfGE 91, 186 (203 ff.).

72 Siehe nur BVerfG vom 8.6.1988, BVerfGE 78, 249 (267 ff., 277 f.); BVerfG vom 23.1.1990, BVerfGE 81, 156 (189 f.); siehe auch BVerfG vom 9.11.1999, BVerfGE 101, 141 (150 f.).

73 Siehe auch schon oben bb) und vgl. zur Vorteilsabschöpfung als legitimen Belastungsgrund nur auch *v. Stockhausen* (Fn. 56), S. 706 ff.

74 BVerfG vom 18.11.2003, BVerfGE 109, 64 (88).

75 BVerfG vom 15.12.1987, BVerfGE 77, 308 (334 f.); vgl. ferner auch schon a.a.O., S. 333 f.

76 Siehe nur etwa auch *Wank*, Festschrift Zachert, 2010, S. 453 (467 f.).

tet werden: Zum einen, wenn die Bindungswirkungen des Arbeitsverhältnisses für den Arbeitnehmer so stark wären, dass er einem anderweitigen existenzsichernden Erwerb gerade wegen des Arbeitsverhältnisses nicht nachkommen kann; das aber ist wegen der rechtlich unbeschränkten Kündigungsmöglichkeit für den Arbeitnehmer und der faktisch zumeist bestehenden Alternativlosigkeit nicht der Fall. Zum anderen könnte man an ein strukturelles Marktversagen im Arbeitsverhältnis anknüpfen, das es dem Arbeitnehmer nicht erlaubt, einen existenzsichernden Lohn auch dort herauszuverhandeln, wo er ohne Schwierigkeiten gezahlt werden könnte.[77] Abgesehen davon, dass damit der hier allein behandelte Aspekt der grundrechtlich geforderten Existenzsicherung in seinem Kern bereits verlassen und das im Zusammenhang von Mindestlöhnen ebenfalls virulente, über die Existenzsicherung jedoch weit hinausgehende und eigenständige Thema verfassungsrechtlich geforderter staatlicher Reaktionen auf strukturelle Imparitäten angesprochen ist,[78] ließe sich so aber ebenfalls keine generelle „Gefährlichkeit" des Arbeitsverhältnisses mit Blick auf das Ziel der Existenzsicherung begründen. Denn wieder müsste hierfür ganz parallel zur oben[79] behandelten Problematik von Mitnahmeeffekten typisierend unterstellt werden, dass die heute anzutreffenden Niedriglöhne unterhalb der Existenzsicherungsschwelle niemals unverzerrte, marktgerechte und damit eben auch bei hinreichend paritätischen Verhältnissen nicht besser zu verhandelnde Löhne darstellen. Das aber wäre hier so unvertretbar wie dort. Wo der Arbeitgeber Arbeitsleistungen bei höheren Löhnen durch kostengünstigere Maßnahmen unschwer substituieren könnte, ist die Marktmacht der Arbeitnehmer naturgemäß begrenzt und damit eben auch nicht verzerrt. Und nichts anderes gilt für die Fälle, in denen der Arbeitgeber mit einer höheren Entlohnung seine eigene Existenz gefährden würde. Selbst einem noch so „starken" Verhandlungspartner könnte er hier vernünftigerweise keinen höheren Lohn zusagen, was sich nicht zuletzt ja auch in dem bekannten Umstand widerspiegelt, dass selbst von sozial hinreichend mächtigen Gewerkschaften für manche Branchen Tariflöhne unterhalb der Existenzsicherungsschwelle vereinbart wurden.[80]

[77] Vgl. nur etwa *Waltermann*, Verhdl. des 68. DJT, 2010, S. B 91, der davon ausgeht, dass bei einwandfrei funktionierender Tarifautonomie Mindestlöhne nicht nötig und kein Thema wären.

[78] Es sei denn, man rückt eine abstrakte „Würde der Arbeit" in wenig angemessener Form in die Nähe der Würde des Menschen, wie sie das Grundgesetz im Blick hat; so in der Tat etwa *Dieterich*, KJ 2008, 71 (78); vgl. auch schon *Bieback*, RdA 2000, 207 (210), der allerdings nur von „sozialer Würde" der Arbeit spricht.

[79] Siehe oben bb).

[80] So sah etwa der von ver.di abgeschlossene Vergütungstarifvertrag für die Beschäftigten des Sächsischen Friseurhandwerks vom 6.10.2004 für Arbeitnehmer im ersten Jahr nach der Gesellenprüfung einen Stundengrundlohn von 3,82 € vor; s. für weitere Tarifverträge mit Stundensätzen unter 5,- € nur etwa die Übersicht unter http://www.boeckler.de/pdf/p_ta_elemente_tarifverguetungen_in_40_Branchen_2011.pdf (zuletzt abgerufen am 23.04.2012).

(c) Fehlt es damit hinsichtlich der Existenzgewährleistung bereits an der nach der Rechtsprechung des Bundesverfassungsgerichts erforderlichen Verantwortungsbeziehung zwischen Arbeitgeber und Arbeitnehmer,[81] wären unter dem Prüfpunkt der Angemessenheit einer Privatisierung der grundrechtlichen Leistungspflicht des Staates aber auch noch weitere Aspekte zu berücksichtigen. So müsste bei Einführung eines existenzsichernden Mindestlohns in Rechnung gestellt werden, dass die damit verbundene Belastung für eine nicht unerhebliche Zahl von Unternehmen das Ende der Wettbewerbsfähigkeit und damit das Ende ihrer Existenz bedeuten würde, mag über den genauen Umfang solcher Folgen unter Wirtschaftswissenschaftlern auch reger Streit herrschen. Die Überbürdung der Gemeinschaftsaufgabe hätte hier folglich eine erdrosselnde Wirkung, durch die nach der Rechtsprechung des Bundesverfassungsgerichts auch die Eigentumsgarantie aus Art. 14 Abs. 1 GG berührt wäre[82] – und dies, ohne dass die bezweckte Staatsentlastung im Ergebnis überhaupt glücken würde. Denn mit dem Unternehmen gehen auch die Arbeitsplätze unter, und es fällt damit die Last der Existenzsicherung vollständig und unvermeidlich an den Staat zurück. Letzteres geschieht auch dort, wo der Arbeitgeber auf die durch die Sonderbelastung verursachte Lohnerhöhung zwar nicht mit einer Geschäftsaufgabe, wegen kostengünstigerer Substitutionsmöglichkeiten wohl aber mit dem Abbau der entsprechenden Arbeitsplätze reagiert. In beiden Fällen ergeben sich aus der Belastung somit spürbare negative Steuerungswirkungen gerade für den mit der Belastung an sich ja bezweckten Würdeschutz. Denn die unter diesem Aspekt gegenüber einer vollständigen staatlichen Alimentierung vorzugswürdigen Möglichkeiten, die eigene Existenz wenigstens zum Teil durch eine nachgefragte und selbst gewählte aktive Erwerbstätigkeit gewährleisten zu können, werden für die betroffenen Arbeit-

---

[81] Nur teilweise zutreffend hat das Bundesverfassungsgericht die selbstgeforderte Verantwortungsbeziehung auch in den Entscheidungen zum Bildungsurlaub (BVerfG vom 15.12.1987, BVerfGE 77, 308) und zum Mutterschaftsgeld (BVerfG vom 18.11.2003, BVerfGE 109, 64) beurteilt. Denn *aus dem Arbeitsverhältnis* resultierten hier Gefahren für die Verwirklichung der jeweils verfolgten Zwecke allein aufgrund der Arbeitspflicht: Die zeitliche Bindung hindert Bildungsaktivitäten und die Tätigkeit kann Gesundheitsgefahren für Mutter und Kind in sich bergen. Damit war mit einer besonderen Verantwortungsbeziehung aber allenfalls eine Freistellungspflicht des Arbeitgebers zu begründen, nicht jedoch auch eine Lohnfortzahlungspflicht. Für die Bedürftigkeit, die entsteht, wenn die Arbeitsleistung nicht erbracht und folglich auch nicht vergütet wird, und die den Arbeitnehmer deshalb zur Erbringung der die Gemeinschaftszwecke gefährdenden Arbeitsleistung anhalten könnte, ist der Arbeitgeber nicht verantwortlich. Sie gründen allein in der Person des Arbeitnehmers selbst; vgl. nur auch *Canaris*, Die Bedeutung der iustitia distributiva im deutschen Vertragsrecht, 1997, S. 94; *v. Stockhausen* (Fn. 56), S. 321, 791 ff., 811 f.

[82] Siehe nur BVerfG vom 8.4.1997, BVerfGE 95, 267 (300); BVerfG vom 2.2.2009, BVerfG ZIP 2009, 680 (681).

nehmer durch den in Rechnung zu stellenden Arbeitsplatzabbau nicht unerheblich verkürzt.[83]

III. Die Menschenwürdegarantie als Grundlage eines Verbots würdeverletzender Lohngestaltungen

1. Nicht-existenzsichernde Entlohnung als Indiz einer Würdeverletzung

a) Resümiert man die bisherigen Erkenntnisse, bleibt festzuhalten, dass der grundrechtlich verbürgte Existenzgewährleistungsanspruch als Ausfluss der Menschenwürdegarantie nicht taugt, die Einführung eines an diesem Zweck ausgerichteten Mindestlohns zu rechtfertigen. Der Staat dürfte lediglich diejenigen privaten Arbeitgeber entschädigungslos in die Pflicht nehmen, die seine (Sozial-)Leistungen an bedürftige Arbeitnehmer zur eigenen Bereicherung in die Lohnfindung einpreisen („Abschöpfungsmindestlohn"). Soweit er sich dagegen nur selbst durch Privatisierung der originären Gemeinschaftsaufgabe „Existenzsicherung" entlasten wollte, würde er die betroffenen privaten Arbeitgeber mit einem verfassungsrechtlich unzulässigen Sonderopfer belegen. Dass der private Arbeitgeber von Verfassungs wegen weder zur Gewährleistung der Existenz seiner Arbeitnehmer verpflichtet ist noch in Form einer Sonderbelastung hierzu verpflichtet werden kann, bedeutet jedoch nicht, dass er die Würde seiner Arbeitnehmer nicht durch eine bestimmte Lohngestaltung verletzen könnte. Denn anders als das Existenzgewährleistungsrecht hat das Übergriffsverbot aus Art. 1 Abs. 1 GG unmittelbare Bedeutung unter Privaten.[84] Und die Abwehr von solchen Übergriffen gehört deshalb auch unproblematisch zum elementaren Kern der oben behandelten Lehre von den grundrechtlichen Schutzpflichten.[85] Ein Mindestlohn (bzw. eine Lohnuntergrenze), der darauf zielte, würdeverletzende Lohngestaltungen zu unterbinden, begegnete deshalb nicht ansatzweise den im vorstehenden Abschnitt aufgezeigten Bedenken. Es gilt deshalb im Folgenden zu untersuchen, unter welchen Voraussetzungen von einer solchen würdeverletzenden Lohngestaltung gesprochen werden kann, wobei im Zentrum des Interesses die Frage stehen soll, ob und wann speziell bei nicht-existenzsichernden Löhnen ein solches Urteil gerechtfertigt erscheint.

---

[83] Vgl. zur Beachtlichkeit entsprechender negativer Steuerungswirkungen nur BVerfG vom 18.11.2003, BVerfGE 109, 64 (90 f.).

[84] Siehe bereits oben bei u. in Fn. 19.

[85] Siehe oben II. 2.

b) Es gehört bekanntlich zu den größten, möglicherweise nicht einmal zu bewältigenden Schwierigkeiten der bundesrepublikanischen Jurisprudenz, den Begriff der Menschenwürde juristisch operationabel zu machen und damit auch den Tatbestand einer relevanten Würdeverletzung annähernd exakt zu beschreiben. Spiegel dieser Schwierigkeiten ist die vielerorts anzutreffende Fallgruppenbildung[86], die sich in der prominentesten zivilrechtlichen Ausprägung des Würdeschutzes, dem allgemeinen Persönlichkeitsrecht, erkennbar fortsetzt.[87] Um für die hier verfolgte Fragestellung einigermaßen festen Boden zu gewinnen, empfiehlt sich deshalb der Rückgriff auf ein weitgehend konsentiertes Kernverbot der Würdegarantie, das heute zumeist als „Objektformel" bezeichnet wird: „Die Menschenwürde ist getroffen, wenn der konkrete Mensch zum Objekt, zu einem bloßen Mittel, zur vertretbaren Größe herabgewürdigt wird."[88] Ein Mensch darf nicht verdinglicht[89], erniedrigt[90] und dadurch insbesondere vor dem Recht als „minderwertig" gegenüber anderen Mitgliedern der Gesellschaft ausgewiesen werden[91]. Denn zentraler Gehalt der Menschenwürdegarantie ist die Anerkennung der Ebenbürtigkeit aller Menschen, die absolute Gleichwertigkeit ihrer Existenz in der verfassten Gemeinschaft im Sinne eines grundlegend gleichen *Eigenwerts*. Für die Privatrechtsbeziehungen bedeutet dies nicht etwa, dass sich ein Mensch einen anderen nicht in dem Sinne zu Nutze machen dürfte, dass er Verfügungsmacht über dessen Arbeitskraft gewinnt, wie das insbesondere beim Arbeitsverhältnis im technischen Sinne der Fall ist, wenn der Arbeitgeber den Arbeitnehmer seinen Weisungen unterstellt und in seine betriebliche Organisation eingliedert. Voraussetzung ist allerdings, dass dies auf Seiten des Arbeitnehmers freiwillig erfolgt und unter Bedingungen, die außer Zweifel stellen, dass der Arbeitgeber seine Arbeitnehmer nicht als minderwertig ansieht, sich also nicht auch als Person über sie erhebt, indem er sie gleichsam verdinglicht und damit in ihrem Daseinswert relativiert.

---

[86] Siehe Maunz/Dürig/*Herdegen* (Fn. 6), Art. 1 Abs. 1 Rn. 83 ff.; v. Münch/Kunig/*Kunig* (Fn. 19), Art. 1 Rn. 36; Sachs/*Höfling* (Fn. 6), Art. 1 Rn. 19 ff.; vgl. zum Problem ferner nur auch *Picker*, Menschenwürde und Menschenleben, 2002, passim und bes. S. 147 ff.

[87] Siehe hierfür etwa Soergel/*Beater*, Bürgerliches Gesetzbuch, 13. Aufl. 2005, § 823 Anhang IV, Rn. 34; Erman/*Klass*, Bürgerliches Gesetzbuch, 13. Aufl. 2011, Anhang § 12 Rn. 17 ff.; Staudinger/*J. Hager*, Bürgerliches Gesetzbuch, 1999, § 823 Rn. C 63 ff.; Münch-Komm-BGB/*Rixecker*, 6. Aufl. 2012, Anhang zu § 12 Rn. 45 ff.

[88] So Maunz/Dürig/*Dürig*, Grundgesetz, 1958, Art. 1 Abs. 1 Rn. 28; siehe aus der Rechtsprechung des Bundesverfassungsgerichts nur BVerfG vom 16.7.1969, BVerfGE 27, 1 (6); BVerfG vom 21.6.1977, BVerfGE 45, 187 (228); BVerfG vom 12.11.1997, BVerfGE 96, 375 (399); BVerfG vom 15.2.2006, BVerfGE 115, 118 (153, 161); vgl. außerdem *Brugger*, JZ 2000, 165 (166).

[89] Siehe BVerfG vom 15.2.2006, BVerfGE 115, 118 (154).

[90] Siehe zur Betonung des Erniedrigungsaspekts nur etwa Maunz/Dürig/*Herdegen* (Fn. 6), Art. 1 Abs. 1 GG Rn. 37.

[91] BeckOK GG/*Hillgruber* (Fn. 6), Art. 1 Rn. 16; vgl. ferner *Stern*, Das Staatsrecht der Bundesrepublik Deutschland, Bd. IV/1, 2006, § 97 II 4 d.

c) aa) Um vor diesem Hintergrund zu erkennen, dass in einer nicht-existenzsichernden Entlohnung auch jenseits der engen, maßgeblich an ein marktorientiertes Preis-Leistungsverhältnis anknüpfenden Voraussetzungen des wucherischen bzw. wucherähnlichen Geschäfts im Sinne von § 138 BGB ein gewichtiges Indiz für eine würdeverletzende Lohngestaltung liegen kann, muss man sich zunächst in Erinnerung rufen, dass staatliche Sozialleistungen zur Existenzsicherung ihrem Wesen nach subsidiär sind.[92] Sie dürfen deshalb vom Arbeitgeber bei der Lohnfindung nicht zur eigenen Entlastung eingepreist werden[93] und müssen konsequenterweise auch bei der rechtlichen Beurteilung von Lohngestaltungen unter dem Gesichtspunkt der Würdeverletzung – jedenfalls in einem ersten gedanklichen Schritt – außen vor gelassen werden. Ob eine Vereinbarung, die für ihre Geltung die privatrechtlichen Grundprinzipien der Vertragsfreiheit und der Eigenverantwortung in Anspruch nimmt, den sittlichen Mindestanforderungen genügt, muss mit anderen Worten also zunächst allein unter diesen privatrechtlichen Bedingungen geprüft werden. Ein System, dem entschädigungslose Solidarität im Grundsatz fremd ist, kann hierauf auch nicht bauen, wo es sich vor den eigenen Ansprüchen an die Verwirklichung materieller Gerechtigkeit zu bewähren hat.

bb) Geht man für die Grundorientierung von dem in der sozialen Wirklichkeit noch immer dominierenden Vollzeitarbeitsverhältnis aus, mit dem der Arbeitgeber einen in seinem Betrieb dauerhaft bestehenden Arbeitsbedarf deckt, muss unter den genannten Prüfbedingungen eine Entlohnung, die nicht einmal hinreicht, die nackte Existenz des Arbeitspflichtigen zu gewährleisten, auf Anhieb als fragwürdig erscheinen. Denn der Arbeitgeber würde so ja noch nicht einmal sicherstellen, dass ihm die Arbeitskraft im Rahmen des naturgesetzlich möglichen für die Dauer seines Bedarfs zur Verfügung steht; der Arbeitnehmer müsste schlicht vorzeitig verhungern. Wo der Arbeitgeber mangels greifbaren alternativen Arbeitskräfteangebots auf den beschäftigten Arbeitnehmer angewiesen wäre, würde es deshalb zu einer entsprechenden Entlohnung gar nicht erst kommen. Sie wäre in höchstem Maße irrational und unökonomisch, weil der Arbeitnehmer den Arbeitgeber zugespitzt formuliert vorzeitig „mit ins Grab risse“. Ökonomische Rationalität gewinnt eine Entlohnung unterhalb des existenziell Erforderlichen deshalb erst dort, wo der Arbeitgeber wegfallende Arbeitskräfte wegen eines Überangebots jederzeit durch neue Kräfte ersetzen könnte. Das ökonomisch Rationale erscheint hier dann allerdings eben auch sogleich als rechtlich bedenklich. Denn folgt der Arbeitgeber allein einem solchen

[92] Siehe hierfür in unserem Zusammenhang nur die normative Ausprägung insbesondere in § 3 Abs. 1 und 3, § 9 Abs. 1 SGB II.

[93] Hierin liegt deshalb auch der dogmatisch exakte Anknüpfungspunkt dafür, dass etwa Abschöpfungsabgaben oder auch ein Abschöpfungsmindestlohn bei strikt zweckorientierter Ausgestaltung rechtlich unproblematisch wären; siehe oben II. 3. c) cc) (3) (a).

ökonomischen Kalkül und zahlt wegen der problemlosen Substituierbarkeit aktuell eingesetzter Arbeitskräfte ohne sonstige Notwendigkeiten, d.h. ausschließlich zur Steigerung seines Gewinns, tatsächlich weniger als existenziell erforderlich, überschreitet er – gerade auch in einer auf Privatautonomie und Eigenverantwortlichkeit basierenden Ordnung – die oben markierten Grenzen des Rechts: Er verweigert demjenigen, von dem er für seine Zwecke den vollen Einsatz der Arbeitskraft verlangt, ohne Not die für das bloße Überleben erforderlichen Mittel, weil er ihn für ein ersetzbares Gut hält, dessen Individualität und personaler Eigenwert überhaupt keine Rolle spielen. Bildlich gesprochen hält sich ein solchermaßen agierender Arbeitgeber für berechtigt, einen Arbeitnehmer nach dem anderen „zu verbrauchen"; er verdinglicht sie folglich im wahrsten Sinne des Wortes, sie erscheinen in seinem Verhalten als bloßes Mittel, als vertretbare Größe im *Dürig*'schen Sinne. Immer erhebt sich der Arbeitgeber damit über die betroffenen Arbeitnehmer aber gerade auch als Person. Denn wenn er für den vollen Einsatz der Arbeitskraft ohne Not weniger als zum Lebenserhalt erforderlich bezahlt, maßt er sich eine Befugnis zur Taxierung des Existenzinteresses der betroffenen Arbeitnehmer an. Er relativiert deren Daseinswert, indem er diesen seinen rein monetären Gewinninteressen unterordnet, und er leugnet so die grundlegende Gleichwertigkeit des eigenen und des für die eigenen Zwecke nutzbar gemachten fremden menschlichen Seins. Dass er vorbringen könnte, durch seine Handlungsweise würde wegen der höheren natürlichen Fluktuation immerhin eine größere Zahl Bedürftiger in den Genuss einer gewissen Lebensverlängerung gebracht, ändert an der Bewertung nichts. Denn abgesehen von dem hierin liegenden Zynismus und der fortbestehenden Missachtung des Eigenwerts eines jeden betroffenen Arbeitnehmers verbietet die Achtung der Menschenwürde die Anmaßung einer Entscheidungsbefugnis über die Existenzberechtigung und den Daseinswert anderer gerade auch unter solchen quantitativen Gesichtspunkten.

cc) Die Menschenwürdegarantie des Grundgesetzes taugt damit im Grundsatz also durchaus, um im existenziellen Mindestbedarf den Anknüpfungspunkt für eine Lohnuntergrenze zu finden. Heranzuziehen ist sie allerdings nicht in ihrer Ausformung als Leistungsrecht, das sich allein gegen den Staat und damit gegen die gesamte verfasste Gemeinschaft richtet. Heranzuziehen ist sie allein in ihrer auch für die Privatrechtsbeziehungen unmittelbar bedeutsamen Ausprägung als Verletzungs- oder auch Übergriffsverbot. Der private Arbeitgeber verletzt die Würde seiner Arbeitnehmer niemals dadurch, dass er deren Existenz nicht sichert, sondern allenfalls dadurch, dass in einer nicht existenzsichernden Entlohnung die Missachtung des grundlegenden personalen Eigenwerts der betreffenden Arbeitnehmer zum Ausdruck kommt.[94] Diese kategoriale

---

[94] Dass allein hierin der richtige Ansatz liegen kann, scheint etwa von *Hohmann-Denn-*

Unterscheidung hat nicht nur theoretische Bedeutung. Sie ist auch für die konkret-praktischen Folgerungen wesentlich. Denn die Anknüpfung an das Verletzungsverbot führt anders als eine Anknüpfung an das Existenzgewährleistungsrecht zu erheblichem Differenzierungsbedarf, der im Folgenden aufzuzeigen ist. Nicht vertieft nachgegangen werden soll dagegen an dieser Stelle der Frage, wie und wonach genau der existenzielle Mindestbedarf der Höhe nach zu bemessen ist[95] und mit welchem zeitlichen Arbeitsaufwand er zur Berechnung eines Stundensatzes ins Verhältnis zu setzen wäre.[96] Insoweit sollen zwei Klarstellungen genügen: Zu veranschlagen ist allein der Bedarf *des Arbeitnehmers selbst*. Die verbreitete Forderung, dass der Arbeitnehmer von seinem Lohn nicht nur sich selbst, sondern auch seine Familie ernähren können müsse,[97] ist nicht mehr als ein politisch-moralischer Appell. Im geltenden Recht findet er weder bei einem Rückgriff auf die obigen Erwägungen zu würdeverachtenden Lohngestaltungen noch bei einem (verfehlten) Rückgriff auf den staatsgerichteten Existenzgewährleistungsanspruch eine Stütze. Keine Relevanz kann für die Bemessung einer Lohnuntergrenze ferner das sog. Lohnabstandsgebot haben.[98] Dieses Gebot hat eine rein sozialrechtliche Ordnungsfunktion (Schaffung von Anreizen zur Arbeitsaufnahme), die im Zivilrecht schon grundsätzlich keine Rolle zu spielen vermag und die namentlich keine Bedeutung für die Frage hat, ob sich eine Lohngestaltung als würdeverletzend darstellt oder nicht. Einen arbeitsbedingten Zuschlag auf zur Konkretisierung des Lebensnotwendigen herangezogene Mindestbedarfssätze schließt das freilich noch nicht aus. Denn der existenzielle Bedarf desjenigen, der erwerbstätig und damit gerade im Niedriglohnsektor vielfach auch in erheblichem Umfang körperlich tätig ist, wird mit einer gewissen Typizität höher sein als der Bedarf eines nicht-erwerbstätigen Bedürftigen. Unter diesem Gesichtspunkt könnte deshalb auch ein Zuschlag erwogen werden.

---

hardt, Theorie und Praxis der Sozialen Arbeit 2011, 177 (181 f.) durchaus erkannt zu sein, obgleich die Schlussfolgerungen deutlich überschießen.

[95] Siehe zu den debattierten Ansätzen, die zumeist im Zusammenhang mit absoluten Lohnuntergrenzen i.S.v. § 138 BGB diskutiert werden, nur etwa *Henssler/Sittard*, RdA 2007, 159 (161); *Jacobs*, Gedächtnisschrift Walz, 2008, S. 289 (297); *Nassibi*, KJ 2010, 194 (201, 204).

[96] Vgl. hierzu nur etwa *Rieble*, in: ders./Junker/Giesen (Fn. 1), S. 17 (22).

[97] Siehe etwa Art. 4 Abs. 1 Nr. 1 ESC, Verhdl. des 68. DJT, Beschluss Nr. 10 c; gegen die rechtliche Relevanz solcher Resultate zu Recht ArbG Hagen vom 24.6.1987, NZA 1987, 610 (611); zur begrenzten Bindungswirkung von Art. 4 Abs. 1 Nr. 1 ESC siehe nur BAG vom 24.3.2004, BAGE 110, 79 (89).

[98] So aber etwa *Bayreuther*, NJW 2007, 2022 (2025); *Caspers*, in: Rieble/Junker/Giesen (Fn. 1), S. 147 (160 f.); *Rieble/Klebeck* ZIP 2006, 829 (834 f.); *Sodan/Zimmermann*, ZfA 2008, 526 (548).

2. *Indizienentkräftende Umstände als Grund für das Erfordernis einer differenzierenden Lösung*

a) Die Ausführungen des vorstehenden Abschnitts dürfen in ihrer Tragweite nicht überbewertet werden. Mit ihnen ist nicht mehr belegt, als dass eine nicht existenzsichernde Entlohnung für die Annahme einer würdeverletzenden Lohngestaltung ein gewichtiges *Indiz* darstellt. Nicht behauptet werden könnte deshalb, dass in einer Entlohnung unterhalb des existenziell Notwendigen stets eine Würdeverletzung liegt. Denn bestimmte Umstände und Momente vermögen die oben herausgearbeitete Indizwirkung durchaus zu entkräften, was insgesamt zu einer differenzierenden Lösung führen muss. Diese indizienentkräftenden Umstände gilt es im Folgenden aufzuzeigen.

b) aa) Erfolgt eine Entlohnung unterhalb des existenziell Notwendigen allein deshalb, weil der Arbeitgeber mit einer höheren Entlohnung seine eigene Existenz gefährden müsste, entfällt das Verdikt der Würdewidrigkeit. Der Arbeitgeber relativiert hier nicht das Existenzinteresse des Arbeitnehmers, indem er es seinen rein monetären Gewinninteressen unterordnet. Und er verdinglicht seine Mitarbeiter auch nicht dadurch, dass er aus bloßer Bereicherungsabsicht für den kalkulierten Fall ihres vorzeitigen „natürlichen" Ausscheidens auf die durch die Marktlage gegebene jederzeitige Austauschbarkeit setzt. Vielmehr kann der Arbeitgeber in diesem Fall schlichtweg nicht mehr bezahlen, ohne sich der Grundlage seines eigenen aktuellen beruflichen Daseins zu berauben und damit schließlich auch den Arbeitnehmern den Beitrag zu entziehen, den er – wenn auch nur zum Teil – zu ihrer Existenzsicherung leistet. Eine solche, gleichsam aus gemeinsamer Not geborene Niedrigstentlohnung aber hat mit einer Relativierung des Daseinswerts anderer und der darin liegenden Missachtung ihrer grundlegenden personalen Gleichwertigkeit nichts zu tun, solange die Entlohnung nicht noch unter das Niveau gedrückt wird, das für den Erhalt der eigenen beruflichen Existenz des Arbeitgebers verkraftbar ist.

Nicht zu übersehen ist, dass die Berücksichtigung eines entsprechenden arbeitgeberseitigen Vorbringens in der Rechtspraxis zu großen Schwierigkeiten führen muss. Denn die Feststellung, ob eine höhere Entlohnung tatsächlich die Existenz eines Unternehmens gefährden würde, basiert notgedrungen auf Prognosen und eröffnet damit erhebliche Beurteilungsspielräume bis hin zu der Frage, ob und inwieweit Lohnerhöhungen über die Preise risikolos an die Abnehmer weitergegeben werden könnten. Ferner wäre auch zu fragen, ob der Arbeitgeber das Lohngefüge möglicherweise insgesamt verändern muss, bevor er in den untersten Lohngruppen nicht-existenzsichernde Löhne zulässt, und ob Gewinne, die über das hinausgehen, was zur Sicherung der Unternehmensexistenz unbedingt erforderlich ist, vorrangig an die betroffenen Niedrigstverdiener weiterzugeben wären, solange dort noch keine existenzsichernde Entlohnung erreicht ist. Diese Schwierigkeiten berechtigen allerdings nicht zu dem

Schluss, dass man den Arbeitgeber mit einem entsprechenden Vorbringen kurzerhand überhaupt ausschließen könnte. Denn folgt man den hier gewonnenen Erkenntnissen, ist die Berücksichtigung von Verfassungs wegen gefordert. Auch ergeben sich gewisse Erleichterungen aus dem Umstand, dass eine Lohngestaltung erst dann als würdeverletzend anzusehen ist, wenn sie als Ausdruck einer Herabsetzung der betroffenen Arbeitnehmer durch Verdinglichung und Relativierung ihres Daseinswerts erscheint. Es kommt damit für die Entkräftung der Indizwirkung nicht-existenzsichernder Löhne durch den Einwand der Existenzgefährdung des Betriebs bzw. Unternehmens folgerichtig aber weniger auf die exakte objektive Lage als vielmehr darauf an, ob der Arbeitgeber für den Fall einer höheren Entlohnung vertretbar von einer solchen Gefährdung ausgehen durfte, nachdem er auch rechtlich mögliche und im Hinblick auf den eigenen Existenzerhalt wirtschaftlich vertretbare Kostensenkungen an anderer Stelle geprüft und gegebenenfalls in die Wege geleitet hat. Hilfreich können dabei insbesondere Stellungnahmen des Betriebsrats sein sowie auch Lohnnebenabreden, die den betroffenen untersten Einkommensgruppen für den Fall eines bestimmten Betriebsergebnisses Zuschläge zusichern. Nie beachtlich kann allerdings der Vortrag sein, dass eine höhere Entlohnung schon deshalb ruinös wäre, weil auch die Konkurrenz entsprechend niedrig entlohne. Denn für diese gilt derselbe rechtliche Maßstab. Die Existenzbedrohung muss deshalb für das gesamte Marktsegment bestehen.

bb) In ähnlicher Weise entkräften kann der Arbeitgeber das in nicht-existenzsichernden Löhnen ruhende Indiz einer Würdeverletzung durch den Nachweis, dass er die entsprechenden Arbeitsplätze bei höheren Lohnkosten ohne weiteres durch den Einsatz von Maschinen oder andere substituierende Maßnahmen kostengünstiger ersetzen könnte. Hier verdinglicht er die Beschäftigten nicht etwa dadurch, dass er sie wie im obigen Grundfall als sukzessive verbrauchbares Gut behandelt. Vielmehr handelt er gerade umgekehrt im Rahmen des ökonomisch Rationalen „menschenwürdefreundlich", weil er Beschäftigungsmöglichkeiten schafft, die er aus betriebswirtschaftlichen Gründen gar nicht schaffen müsste. Problematisch würde die Entlohnung hier deshalb erst dann, wenn sie nicht nur unter dem Existenzminimum bleibt, sondern für den Arbeitgeber auch noch deutlich unter der finanziellen Belastung, welche er im Falle einer Substituierung der betroffenen Arbeitsplätze zu tragen hätte. Die Entkräftung des in der nicht-existenzsichernden Entlohnung ruhenden Indizes erfordert in solchen Fällen deshalb nicht nur den Nachweis, dass die Arbeitsplätze durch Maßnahmen, die eine finanzielle Belastung unterhalb der Summe entsprechender existenzsichernder Löhne mit sich brächte, vollständig substituiert werden könnten. Dargelegt und nachgewiesen werden müsste zudem, dass die aktuell zu Buche schlagende Lohnsumme für die betreffenden Arbeitsplätze nicht deutlich unterhalb der mit den möglichen Substitutionsmaßnahmen verbundenen Belastung liegt.

cc) (1) Bewusst ausgeblendet wurde bei unseren bisherigen Überlegungen zum möglichen würdeverletzenden Charakter einer nicht-existenzsichernden Entlohnung, dass ein Arbeitgeber nach heutiger Rechtslage nicht mehr tatsächlich mit einem Verhungern des Arbeitnehmers rechnen muss, weil notfalls der Staat als Garant des Mindestbedarfs bereitsteht. Betont wurde allerdings auch, dass dieses Ausblenden der sozialrechtlichen Realität nur in einem ersten gedanklichen Schritt erfolgt ist, um zunächst die unverfälschte zivilrechtliche Grundorientierung zu erlangen. In einem zweiten Schritt ist deshalb nunmehr zu untersuchen, ob und inwieweit die staatliche Ausfallgarantie gegenüber den betroffenen Arbeitnehmern die im ersten Schritt aufgezeigte Indizwirkung einer nicht-existenzsichernden Entlohnung zu entkräften vermag, weil eben immer auch der Arbeitgeber mit dieser Garantie rechnen kann. Dabei sind von vornherein zwei Fälle zu unterscheiden: derjenige, in dem der Arbeitgeber die staatliche Sozialleistung tatsächlich in seine Lohnfindung eingepreist hat und folglich also mehr gezahlt hätte, gäbe es diese Leistung nicht, von demjenigen, in dem der Arbeitgeber auch bei Nichtbestehen der staatlichen Leistungspflicht nicht mehr gezahlt hätte.

(2) In der erstgenannten Einpreisungs-Konstellation entfällt der Vorwurf einer würdeverletzenden Lohngestaltung, weil der Arbeitgeber hier das Existenzinteresse der Arbeitnehmer nicht missachtet und seinen Gewinn auch nicht aus deren „Verdinglichung“ ziehen will, indem er wie bei unbegrenzt zur Verfügung stehenden Verbrauchsgütern mit ihrer jederzeitigen Ersetzbarkeit kalkuliert. Denn der Arbeitgeber entlohnt hier allein deshalb unterhalb des existenziellen Bedarfs, weil er diesen durch Dritte gesichert weiß, und er würde andernfalls eben auch selbst besser bezahlen. Missbräuchlich handelt er deshalb nicht gegenüber dem Arbeitnehmer, sondern allein gegenüber dem dritten Leistungserbringer. Entfällt damit zwar der Vorwurf einer würdeverletzenden Lohngestaltung, entgeht der Arbeitgeber gleichwohl noch nicht auch möglichen mindestlohngleichen Belastungen. Denn wie gesehen, könnte der Staat unproblematisch mit Abschöpfungsabgaben reagieren, er könnte aber auch einen speziell auf solche Fälle zugeschnittenen allgemeinen Abschöpfungsmindestlohn schaffen.[99] In Konstellationen, in denen Arbeitgeber und Arbeitnehmer die Einpreisung zugunsten des Arbeitgebers sogar bewusst vereinbaren, mag man ferner an ein dissimuliertes Geschäft im Sinne von § 117 Abs. 2 BGB denken und so bereits *de lege lata* zu einem unmittelbaren Anspruch des Arbeitnehmers gegen den Arbeitgeber auf Zahlung eines existenzsichernden Lohnes gelangen.

---

[99] Siehe oben II. 3. c) cc) (3) (a).

(3) Hätte der Arbeitgeber auch bei einem Fehlen staatlicher Leistungen zur Sicherung des Existenzminimums nicht mehr als den in Frage stehenden Lohn bezahlt, ist weiter danach zu differenzieren, aus welchem Grund das so ist. Könnte der Arbeitgeber dar- und belegen, dass er bei einer höheren Entlohnung entweder seine eigene Existenz gefährden müsste oder aber zu kostengünstigeren, die Arbeitsplätze vernichtenden Substitutionsmaßnahmen veranlasst wäre, gelten auch nach vollständiger Einblendung der sozialrechtlichen Realität die obigen Ausführungen zur Entkräftung der Indizwirkung in solchen Fällen.[100] Unter den dort skizzierten Voraussetzungen ließe sich der erste Eindruck eines würdeverletzenden Charakters der Lohngestaltung somit auch unabhängig von einer Einpreisungsabsicht beseitigen.[101] Anders ist dies allerdings, wo der Arbeitgeber keine solchen Gründe dafür anführen kann, dass er auch bei einem Fehlen der staatlichen Leistungen zur Existenzsicherung nicht mehr gezahlt hätte. Hier offenbart sich auch bei Berücksichtigung der modernen sozialrechtlichen Rahmenbedingungen der oben herausgearbeitete würdeverletzende Charakter einer nicht-existenzsichernden Entlohnung.

3. *Die rechtlichen Konsequenzen* de lege lata

Die Einsicht, dass in der nicht einmal den existenziellen Mindestbedarf abdeckenden Entlohnung eines Vollzeitarbeitsverhältnisses unter den oben näher entwickelten Voraussetzungen eine Würdeverletzung liegen kann, hat Bedeutung nicht nur für die aktuellen rechtspolitischen Debatten über die Einführung eines allgemeinen Mindestlohns. Sie ist auch *de lege lata* beachtlich. Denn eine würdeverletzende Vereinbarung erfüllt ohne weiteres und unabhängig von den engeren Voraussetzungen des Wuchers oder des wucherähnlichen Geschäfts den Tatbestand des § 138 Abs. 1 BGB, wenn man nicht schon auf § 134 BGB zurückgreifen will. Ob dies im sachlichen Ergebnis allerdings zu einem Mindestlohn für die betroffenen Arbeitnehmer führen kann, ist äußerst fraglich. Hält man sich an das Gesetz, wäre der Arbeitsvertrag unwirksam, der Arbeitnehmer würde also seinen Arbeitsplatz verlieren und für die erbrachten Leistungen bereicherungsrechtlich entlohnt.[102] Im Arbeitsrecht reagiert man freilich ganz herrschend anders. Arbeitsvertrag und Lohnabrede werden gedanklich getrennt und nur Letztere dem Unwirksamkeitsverdikt unterworfen. Dies soll den Weg freimachen für eine Anwendung von § 612 Abs. 2 BGB und dem Arbeitnehmer über die Sittenwidrigkeitsschwelle hinaus sogar den „üblichen"

---

[100] Siehe soeben (2).

[101] Läge rein tatsächlich gleichwohl ein Einpreisungswille vor, wäre er in diesen Fällen aber auch im Hinblick auf Abschöpfungsmaßnahmen unschädlich; siehe hierzu bereits oben II. 3. c) cc) (3) (a).

[102] So etwa noch *Oertmann*, DJZ 1913, Sp. 254, 258; siehe aus jüngster Zeit auch *Yang*, ZJS 2012, 1 (3 ff.).

Lohn verschaffen,[103] der in den hier verfolgten Fällen allerdings vielfach nicht über dem tatsächlich bezahlten Lohn liegen dürfte.[104] Die mit diesem Vorgehen verbundenen zivilrechtsdogmatischen Zweifel sollen hier nicht weiter verfolgt werden.[105] Angemerkt werden soll allerdings noch, dass die oben gewonnenen Erkenntnisse grundsätzlich auch für Tarifverträge gelten, dass es für die Vereinbarungen zwischen den Sozialpartnern im Hinblick auf würdeverletzende Lohngestaltungen also keinen Freibrief geben kann.[106] Allerdings mag man die Zustimmung einer tariffähigen Gewerkschaft zu einem nicht-existenzsichernden Lohn als ein gewichtiges Indiz dafür werten, dass einer der oben entwickelten Tatbestände vorliegt, in denen der durch die Lohnhöhe vermittelte erste Eindruck einer würdeverletzenden Vereinbarung dadurch entkräftet wird, dass der Arbeitgeber mit einer höheren Entlohnung der betroffenen Arbeitnehmer seine eigene Existenz riskieren müsste oder zu kostengünstigeren arbeitsplatzvernichtenden Substitutionsmaßnahmen veranlasst wäre.

IV. Zusammenfassung und Ausblick

Fassen wir die wesentlichen Ergebnisse unserer Untersuchung zusammen:

1. Das grundrechtlich verbürgte Recht gegen den Staat auf Gewährleistung der materiellen Mindestbedingungen für eine menschenwürdige Existenz taugt unter keinem grundrechtsdogmatischen Aspekt, um die Einführung eines allgemeinen Mindestlohns bzw. einer Lohnuntergrenze zu rechtfertigen. Der Staat würde damit eine originäre Gemeinschaftsaufgabe auf einzelne Private abwälzen, ohne dass bei diesen eine besondere Finanzierungsverantwortung erkennbar ist. Die betroffenen privaten Arbeitgeber würden ohne Rechtfertigung mit einem Sonderopfer belegt.

2. Erbringt die öffentliche Hand in Erfüllung ihrer grundrechtlich gebotenen Existenzsicherungspflicht Leistungen an Arbeitnehmer, die der Arbeitgeber bei der Lohnfindung aus reiner Bereicherungsabsicht einpreist, kann sie hierauf unproblematisch mit Abschöpfungsmaßnahmen reagieren. Am nächsten läge es, eine Abschöpfungsabgabe zu schaffen, die den Zugriff direkt beim Arbeitgeber erlaubt. Durchaus denkbar wäre allerdings auch, einen Abschöpfungsmindest-

---

[103] Siehe für diese ganz herrschende Meinung nur etwa BeckOK ArbR (26. Ed.)/*Joussen*, § 612 BGB Rn. 10, 30; ErfK/*Preis* (Fn. 14), § 611 BGB Rn. 343; Staudinger/*Richardi*/*Fischinger*, Bürgerliches Gesetzbuch, 2011, § 612 Rn. 37; vgl. ferner BAG vom 24.9.1960, AP Nr. 15 zu § 612 BGB, sub 4 für den Fall einer formnichtigen Vergütungszusage.

[104] Vgl. nur auch *Bepler*, Festschrift Richardi, 2007, S. 189 (190 f., 193).

[105] Vgl. zum Problem aus jüngster Zeit nur etwa *Yang*, ZJS 2012, 1 ff.

[106] Siehe für diese g.h.M. nur etwa Schaub/*Linck* (Fn. 14), § 34 Rn. 12; *Otto*, Festschrift Konzen, 2006, S. 663 (677); anders wohl *Bepler*, Festschrift Richardi, 2007, S. 189 (202).

lohn zu statuieren, der in seiner konkreten Ausgestaltung jedoch strikt dem Abschöpfungszweck zu entsprechen hätte. Insbesondere müsste es Ausnahmen für die Fälle geben, in denen der Arbeitgeber unterhalb des existenziellen Mindestbedarfs nicht allein zur eigenen Bereicherung entlohnt, sondern aufgrund wirtschaftlicher Notwendigkeiten. Das ist namentlich dann der Fall, wenn eine höhere Entlohnung die Existenz des Unternehmens bzw. Betriebs gefährden oder den Arbeitgeber zu kostengünstigeren Substitutionsmaßnahmen veranlassen müsste, so dass die betreffenden Arbeitsplätze jeweils wegfielen.

3. Dass ein privater Arbeitgeber nicht zur Gewährleistung der Existenz seiner Arbeitnehmer verpflichtet werden kann, bedeutet nicht, dass eine nicht einmal den Mindestbedarf deckende Entlohnung nicht würdeverletzend und deshalb rechtswidrig sein könnte. Das ist insbesondere dann der Fall, wenn sie als Ausdruck einer verdinglichenden und damit herabsetzenden Relativierung des Daseinswerts der Arbeitnehmer erscheint. Hierfür besteht eine Vermutung, wenn der Arbeitgeber ohne wirtschaftliche Notwendigkeit, d.h. allein zur Steigerung seines Gewinns, für die Inanspruchnahme der gesamten Arbeitskraft unter Ausnützung eines Arbeitskräfteüberangebots noch nicht einmal das Lebensnotwendige bezahlt und damit zum Ausdruck bringt, gegebenenfalls einen Arbeitnehmer nach dem anderen „verbrauchen" zu wollen. Alternativ zum Einpreisungstatbestand (siehe oben 2.) kann man deshalb in einem unterhalb des Existenzminimums liegenden Lohn auch ein gewichtiges Indiz für eine Würdeverletzung sehen. Dieses Indiz wäre bereits *de lege lata* im Rahmen von § 138 Abs. 1 bzw. § 134 BGB beachtlich. Der Staat könnte es in Ausübung seiner grundrechtlichen Schutzpflichten aber auch als Anknüpfungspunkt für ein eigenes Mindestlohngesetz heranziehen. Immer wäre dabei jedoch streng darauf zu achten, dass die Indizwirkung auch hier entfällt, wenn der Arbeitgeber substantiiert und plausibel darlegen kann, dass die Niedrigstentlohnung allein aus wirtschaftlicher Notwendigkeit erfolgt, weil anderenfalls die Existenz des Unternehmens bzw. Betriebs infolge eines Wegbrechens des gesamten Marktsegments gefährdet oder die Umsetzung kostengünstigerer Substitutionsmöglichkeiten veranlasst wäre, so dass die betreffenden Arbeitsplätze jeweils wegfielen. Auch unter dem Aspekt möglicher würdeverletzender Entlohnungen verbietet sich deshalb jede undifferenzierte, auf einen ausnahmslosen allgemeinen Mindestlohn hinauslaufende Lösung.

Perspektivisch bleibt anzumerken: Mit dem hier behandelten Gesichtspunkt der Menschenwürde ist das Thema Mindestlohn keineswegs erschöpft. Deutlich geworden sollte jedoch sein, dass selbst die Minimallösung eines allgemeinen Mindestlohns auf niedrigstem Niveau keineswegs so unproblematisch zu implementieren wäre, wie das der bisherige Diskussionsstand suggeriert. Denn auch der grundrechtliche Würdeschutz erlaubt allenfalls differenzierte, mit gewichtigen Ausnahmen versehene Regelungen. Für die heute in den politischen Diskussionen dominierenden Pauschallösungen müsste deshalb von Rechts wegen nicht nur wegen der erheblich über dem existenziellen Mindestbedarf liegenden Stundensatzhöhen eine andere Rechtfertigung gefunden werden. Entscheidende Bedeutung käme dabei wohl der Frage zu, ob und inwieweit die für den Arbeitsmarkt prägenden Machtungleichgewichte auch durch die Tarifautonomie nicht mehr ausgeglichen werden können, so dass der Staat möglicherweise sogar in die Pflicht gerät, die hierdurch entstandenen Strukturen privatrechtswidriger einseitiger Fremdbestimmung zu bekämpfen. Allerdings dürfte man auch dabei nicht zu sehr an der Oberfläche verharren und allein vom Effekt her, also vom sozialen Phänomen des Niedriglohns her denken. Zu fragen wäre vielmehr immer auch nach den Ursachen für die Schwäche namentlich der Gewerkschaften in bestimmten Branchen, Bereichen und Regionen. Wo diese schlicht darin gründet, dass höhere Löhne wegen eines sonst drohenden Abbaus der betreffenden Arbeitsplätze nicht durchgesetzt werden können, wäre ein Mindestlohn nicht nur ökonomisch falsch und sozial kontraproduktiv, sondern auch rechtlich unverhältnismäßig. Wo sie dagegen vor allem darin gründet, dass die betreffenden Arbeitnehmer zu einer Solidarisierung und damit zu einer Bündelung ihrer Marktmacht nicht (mehr) bereit sind, erscheint die Lage komplexer. Allerdings ist auch hier die Schaffung eines staatlichen Mindestlohns auf Anhieb weder die zwingende noch auch nur eine naheliegende Lösung des Problems. Denn nicht der in Mindestlohngesetzen zum Ausdruck kommende staatliche Paternalismus, sondern das in Koalitionsfreiheit und Tarifautonomie ruhende Prinzip der Hilfe zur Selbsthilfe entspricht einer auf der Würde und der Freiheit des Einzelnen aufbauenden Gesamtordnung. Von diesem Prinzip abzuweichen besteht deshalb erst dort Anlass, wo externe Hinderungsgründe die Wirksamkeit oder die Annahme der angebotenen Hilfe des Rechts praktisch ausschließen. Allein die mangelnde Bereitschaft zu selbstverantwortlichem Handeln könnte hierfür nicht genügen.

Winfried Bruggers Verständnis des Gemeinwohls

Michael Anderheiden

I. Die drei disparaten Grundlagen der Brugger'schen Rechtslehre

1. Anthropologie und Kommunitarismus

Es ist nicht ganz leicht, die Grundlagen von *Winfried Bruggers* Theorie des Rechts zu erfassen. Drei Elemente wurden von *Brugger* von etwa 1993 an bis zuletzt immer wieder betont, deren genaue Verknüpfung aber Schwierigkeiten bereitet: eine anthropologische Grundlage, die sich in Kreuzesform darstellen lässt[1] und sowohl für Einzelmenschen als auch für Gruppen, für Alltagshandeln wie für das Rechtsleben insgesamt gilt und vor allem bei schweren Entscheidungen analytische und normative Wirkung entfalten soll.[2] Eine „liberal kommunitaristisch" genannte Auffassung von Verfassungstheorie (etwa des Grundgesetzes und der US-Verfassung), die dann über die Verfassungen auf die gesamten Rechtsordnungen durchschlägt[3] und drittens ein Begriff des Gemeinwohls, der dem gesamten Recht vorgelagert sein soll.[4] Diese drei Ele-

---

[1] Vor allem: *W. Brugger*, Das anthropologische Kreuz der Entscheidung in Politik und Recht, 2. erw. Aufl. Baden-Baden 2008 (im Folgenden aKPR); zuerst angedeutet in: *ders.*, „Verfassungsinterpretation in den Vereinigten Staaten von Amerika", Jahrbuch des Öffentlichen Rechts (JöR) Neue Folge Bd. 42 (1994), S. 571–593 (574 f.), wiederabgedruckt in: *ders.*, Demokratie, Freiheit, Gleichheit, Berlin 2002 (im Folgenden: DFG), S. 156–181 (158 f.); *ders.*, „Das anthropologische Kreuz der Entscheidung", JuS 1996, S. 674–682, verändert wieder abgedruckt als: *ders.*, „Das anthropologische Kreuz der Entscheidung", in: *ders.*, Liberalismus, Pluralismus, Kommunitarismus (im Folgenden: LPK), Baden-Baden, 1999, S. 23–42. Zum Themenkreis s. auch den Kommentarband: H. Joas/M. Jung (Hrsg.), Über das anthropologische Kreuz der Entscheidung, Baden-Baden 2008.

[2] *Brugger*, aKPR (Fn. 1), S. 40–43, 215–218.

[3] Etwa: *W. Brugger*, „Menschenrechte von Flüchtlingen in universalistischer und kommunitaristischer Sicht", zuerst in Archiv für Rechts- und Sozialphilosophie 80 (1994), S. 318–334, wiederabgedruckt in: ders., LPK (Fn. 1), S. 291–309; *ders.*, Kommunitarismus als Verfassungstheorie des Grundgesetzes", Archiv des Öffentlichen Rechts 123 (1998), S. 337–374, wiederabgedruckt in: ders., LPK (Fn. 1), S. 251–284; *ders.*, „Das Kreuz in der Schule aus kommunitaristischer Sicht", in: Mitteilungen des Zentrums für Interdisziplinäre Forschung der Universität Bielefeld (ZiF), Heft 3, 1997, S. 9–14, wiederabgedruckt und geringfügig ergänzt in: ders., LPK (Fn. 1), S. 285–290; *ders.*, „Zum Verhältnis von Neutralitätsliberalismus und liberalem Kommunitarismus. Dargestellt am Streit über das Kreuz in der Schule", in: ders./S. Huster (Hrsg.): Der Streit um das Kreuz in der Schule, Baden-Baden 1998, S. 109–153.

[4] Typisch: *W. Brugger*, „Konkretisierung des Rechts und Methoden der Auslegung" in: Archiv des Öffentlichen Rechts 119 (1994), S. 1–34, wiederabgedruckt und um ein Schau-

mente sind so grundlegend, dass *Brugger* mit ihnen auch die Interpretation von Grundrechten wie Meinungsfreiheit,[5] Religionsfreiheit[6] und Menschenwürde[7] betreibt und den deutsch-amerikanischen Rechtsvergleich auf ihrer Grundlage vornimmt.[8]

Erstaunlicherweise setzt *Brugger* diese drei grundlegenden Elemente seiner Lehre niemals ausführlich zueinander in Bezug. Es bleibt bei kurzen Hinweisen, etwa in der Einleitung des Sammelbandes zu „Liberalismus, Pluralismus

---

bild ergänzt unter dem Titel: „Gemeinwohl, Konkretisierung des Rechts und Auslegung der Gesetze", in: ders., LPK (Fn. 1), S. 44–73; *ders.*, „Verfassungsstabilität durch Verfassungsgerichtsbarkeit? Beobachtungen aus deutsch-amerikanischer Sicht", in: Staatswissenschaften und Staatspraxis 4 (1993), S. 319–347 (S. 327 ff.), wiederabgedruckt unter dem Titel „Verfassungsstabilität durch Verfassungsgerichtsbarkeit?", in: *ders.*, DFG (Fn. 1), S. 80–107 (S. 88 ff.); *ders.*, „Amerikanische Verfassungstheorie", Der Staat 39 (2000), S. 425–453 (S. 446 ff.), wiederabgedruckt in: ders., DFG (Fn. 1), S. 182–210 (S. 203 ff.); *ders.*, „Gemeinwohl als Integrationskonzept von Rechtssicherheit, Legitimität und Zweckmäßigkeit", in: ders./S. Kirste und M. Anderheiden (Hrsg.), Gemeinwohl in Deutschland, Europa und der Welt, Baden-Baden 2002, S. 17–40.

[5] S. beispielhaft zu Freiheitsrechten insgesamt und anthropologischem Kreuz: *Brugger*, aKPR (Fn. 1), S. 120 f.; zu Grundrechten wie der Meinungsfreiheit und anthropologischem Kreuz: *ders.*, „Das anthropologische Kreuz der Entscheidung und die Verfassung Europas", in: K. Grupp/U. Hufeld (Hrsg.), Recht, Kultur, Finanzen. Festschrift für Reinhard Mußgnug, S. 329–339 (S. 335 f.); zu Meinungsfreiheit und Gemeinwohl: *W. Brugger*, „Der Kampf der Meinungen", in: J. Schwartländer/E. Riedel (Hrsg.), Neue Medien und Meinungsfreiheit im nationalen und internationalen Kontext, Kehl a. R. 1990, S. 143–168 (S. 144), wiederabgedruckt in: LPK (Fn. 1), S. 440–462 (S. 441).; zu Meinungsfreiheit und Kommunitarismus: *W. Brugger*, „Verfassungsinterpretation in den Vereinigten Staaten von Amerika", in: DFG (Fn. 1), S. 156 mit 181 (S. 177 mit Fn. 93).

[6] Vgl. zu Religionsfreiheit und anthropologischem Kreuz bereits: *W. Brugger*, „Staatszwecke im Verfassungsstaat", Neue Juristische Wochenschrift 1989, S. 2425–2434 (S. 2432 ff.), wieder abgedruckt in *ders*, LPK (Fn. 1), S. 357–380 (vor allem S. 379); zu Religionsfreiheit und Gemeinwohl: *ders.*, „On the Relationship between Structural Norms and Constitutional Rights in Church-State-Relations", in: ders./M. Karayanni (Hrsg.): Religion in the Public Sphere: A Comparative Analysis of German, Israeli, American, and International Law, Berlin, Heidelberg, Ney York, 2007, S. 21–86, wo *Brugger* die grundsätzliche Separierung von Staat und Religion auf die *Hobbes'schen* Kategorien vor allem der Rechtssicherheit und des Friedens stützt (S. 21 ff.); zu Religionsfreiheit und Kommunitarismus s. die Nachweise in Fn. 3:

[7] Exemplarisch zu Menschenwürde und anthropologischem Kreuz: *W. Brugger*, Menschenwürde im anthropologischen Kreuz der Entscheidung", zuerst in: Jahrbuch des Öffentlichen Rechts (N. F. Band 56), 2008, S. 4–43, wiederabgedruckt in: Das anthropologische Kreuz der Entscheidung in Recht und Politik (Fn. 1), S. 191–229; zu Menschenwürde und Gemeinwohl: *ders.*, „Staatszwecke im Verfassungsstaat, in: ders., LPK (Fn. 1), S. 357 f.; zu Menschenwürde und Kommunitarismus äußert sich *Brugger* kaum explizit, die Untertöne in der Bewertung von „hate speech" in den USA gerade im Vergleich zu deutschen Einschränkungen der Meinungsfreiheit durch Ehrschutzüberlegungen, sind aber deutlich: *ders.*, „Meinungsfreiheit im Recht der Vereinigten Staaten von Amerika", DFG (Fn. 1), S. 263–288 (280 ff.)

[8] S. vor allem die Beiträge in *Brugger*, DFG (Fn. 1) und *ders.*, Einführung in das öffentliche Recht der USA, 2. Aufl. München 2002, insb. S. 114–127, 157–193.

und Kommunitarismus". Dort werden das anthropologische Kreuz der Entscheidung und das Gemeinwohl als grundlegende Konzepte vorgestellt, die sich zur Kartographierung der Staatslehre eignen und zugleich integrativ verschiedene Schwerpunkte andernorts entwickelter Theorien zusammenfügen sollen.[9]

Diese beiden Elemente werden zunächst ergänzt um die Menschenbildformel des Grundgesetzes, die die wichtigsten Theorien menschen- und grundrechtlicher Persönlichkeitsentfaltung integrieren soll.[10] Inhaltlich stellt *Brugger* auf das fünffache Prädikat: „eigenständige, sinnhafte, verantwortliche Lebensführung" ab.[11] Deren Begründung changiert im Laufe von *Bruggers* Gelehrtenleben: Sie nimmt ihren Ursprung in einem verfassungsliberalen Rahmen,[12] wird dann als Teil eines „geläuteten Pluralismus" im Stile *Ernst Fraenkels* gedeutet[13] und schließlich kommunitaristisch begriffen.[14] Wichtiger ist aber, dass *Brugger* sein Menschenbild deutlich anthropologisch und liberal-kommunitaristisch fasst; das sei kurz erläutert, weil so der Zusammenhang der *Brugger*'schen Grundelemente „Anthropologie" und „Kommunitarismus" deutlich wird.

„Eigenständig" als erstes Prädikat seiner Menschenbildformel bedeutet für *Brugger* von Anfang an die Fähigkeit zu wählen und diese Wahl jeweils selbst zu verantworten.[15] Dabei unterliegt der Einzelne privaten wie öffentlichen Interessen,[16] denen er folgen oder begegnen kann. Aus dem Blickwinkel der Richtungen des „Kreuzes der Entscheidung" ist damit bereits der Blick nach unten (private Interessen, Bedürfnisse), derjenige zurück (öffentliche Interessen, die bereits bestehen), nach oben (Zähmung der Bedürfnisse) und vorne (Verantwortung) angesprochen. Entsprechende Explikationen folgten durch *Brugger* alsbald.[17] Dennoch wird dieser Zusammenhang wieder eingeschränkt, wenn die Eigenständigkeit des Individuums zwar in der Führung des eigenen Lebens zum Ausdruck kommen soll, aber ihr durch *Brugger* nur ein starkes, kein alles

[9] *W. Brugger*, „Einleitung", in: *ders.*, LPK (Fn. 1), S. 15–21 (S. 15 f.); in: *ders.*, „Das anthropologische Kreuz der Entscheidung", Universitas, Nummer 706, April 2005, S. 350–361 (S. 355), spricht *Brugger* vom anthropologischen Kreuz als „Atlas über die Tiefenstruktur menschlicher Entscheidungsbildung".

[10] *Brugger*, „Einleitung", in: ders., LPK (Fn. 1), S. 17.

[11] *Brugger*, LPK (Fn. 1), Einleitung S. 17.

[12] *W. Brugger*, „Elemente verfassungsliberaler Grundrechtstheorie", Juristenzeitung 1987, S. 633–640, (S. 637 ff.), wiederabgedruckt in und im Folgenden zitiert nach: *ders.*, LPK (Fn. 1), S. 162–181 (S. 172 ff.); *ders.*, „Staatszwecke im Verfassungsstaat" (Fn. 6), S. 377 ff.

[13] *W. Brugger*, „Radikaler und geläuterter Pluralismus", in: Der Staat (1990), S. 497–520 (S. 516 ff.), wiederabgedruckt in: *ders.*, LPK (Fn. 1), S. 197–220 (S. 216 ff.), Nachweise im Folgenden nach dieser Fundstelle.

[14] *Brugger*, „Einleitung", in: *ders.*, LPK (Fn. 1), S. 17, und *ders.*, „Das Menschenbild der Menschenrechte", in: Jahrbuch für Recht und Ethik/Annual Review of Law and Ethics 3 (1995), S. 121–133, um ein Schaubild ergänzt und wiederabgedruckt in: *ders.*, LPK (Fn. 1), S. 74–86 (Nachweise im Folgenden nach dieser Version).

[15] *Brugger*, „Elemente verfassungsliberaler Grundrechtstheorie", (Fn. 12), S. 173.

[16] *Brugger*, „Radikaler und geläuterter Pluralismus" (Fn. 13), S. 216.

[17] *Brugger*, „Das Menschenbild der Menschenrechte" (Fn. 14), S. 79.

überragendes Gewicht zugesprochen wird.[18] Das entspricht *Bruggers* Auffassung vom liberalen Kommunitarismus.[19]

„Sinnhaft" konnotiert *Brugger* durchgängig als bezogen auf die jeweilige überkommene Kultur, auf Tradition[20] und Vergemeinschaftungen, die zu einer reicheren Persönlichkeitsentfaltung beitragen.[21] Hier liegt offensichtlich ein Keim für *Bruggers* kommunitaristische Überzeugung. Sinn ist nur insofern anthropologisch zu deuten, als überhaupt der Mensch sich Verständnis der Welt nur durch Sinnstiftung erarbeiten kann.[22] Welches Verständnis aber gerade in Rechtsfragen obsiegt, ist nicht auf diese Weise eruierbar. Hierzu muss der Blick vielmehr auf konkrete Rechtsordnungen zielen.[23]

„Verantwortlich" wird von *Brugger* zunächst innerrechtlich (und geradezu liberal) als Achtung für die Rechte anderer expliziert,[24] später aber eher sozialwissenschaftlich und insofern naheliegend relational mit einem starken Akzent auf sozialer Verantwortlichkeit, bezogen vor allem, aber nicht ausschließlich auf die Mitglieder einer Rechtsgemeinschaft, verstanden.[25] Dabei dehnt *Brugger* die

---

[18] *Brugger*, „Elemente verfassungsliberaler Grundrechtstheorie" (Fn. 12), S. 173; *ders.*, „Radikaler und geläuterter Pluralismus" (Fn. 13), S. 216 (neben Anthropologie tritt „Kultur"); *ders.*, „Das Menschenbild der Menschenrechte" (Fn. 14), S. 81 (explizit stärkere Betonung der Kultur, aber umfasst die anderen, auch anthropologisch begründeten Elemente der Menschenbildformel „analytisch", explizit Schaubild S. 82), ähnlich bereits *ders.*, „Staatszwecke im Verfassungsstaat" (Fn. 6), S. 379, doch lockert *Brugger* die enge Verknüpfung zur Menschenwürde, die hier von ihm ausgemacht wird, in den späteren Schriften, s. *ders.*, „Das Menschenbild der Menschenrechte" (Fn. 14), S. 81, wo es zunächst um „authentische Selbstverwirklichung" geht, in der die Würde des Menschen nur noch „zum Ausdruck" kommt.

[19] S. vor allem *Brugger*, „Radikaler und geläuterter Pluralismus" (Fn. 13), S. 217 und seine Bemerkung zur starken Nähe des an dieser Stelle noch vertretenen „geläuterten Pluralismus" zum früheren „Verfassungsliberalismus" und zum späteren „liberalen Kommunitarismus", in: *ders.*, „Einleitung", in: *ders.*, LPK (Fn. 1), S. 19: „(...) weitgehende inhaltliche Überschneidungen, obwohl sie aus unterscheidbaren intellektuellen Traditionen entwickelt worden sind.", sowie: *ders.*, „Kommunitarismus als Verfassungstheorie des Grundgesetzes" (Fn. 3), Schaubild S. 259, Zeile 8 und S. 266 f.

[20] *Brugger*, „Elemente verfassungsliberaler Grundrechtstheorie" (Fn. 12), S. 173; *ders.*, „Radikaler und geläuterter Pluralismus" (Fn. 13), S. 216; *ders.*, „Das Menschenbild der Menschenrechte" (Fn. 14), S. 79. – Dieser Aspekt bleibt dagegen implizit in den Ausführungen über „Staatszwecke im Verfassungsstaat" (Fn. 6), S. 379, immerhin werden dort unter dem Grundgesetz vorgefundene „überkommene Gemeinschaften" angeführt wie Familie, Religionsgemeinschaften, Schule und (institutionalisierte) Wissenschaft.

[21] Ausführlich: *Brugger*, „Radikaler und geläuterter Pluralismus" (Fn. 13), S. 217 f.

[22] Zur Verknüpfung von „Sinnhaftigkeit" und Anthropologie s. *Brugger*, „Radikaler und geläuterter Pluralismus" (Fn. 13), S. 216.

[23] *Brugger*, „Staatszwecke im Verfassungsstaat" (Fn. 6), S. 379, s. auch oben, Fn. 20.

[24] *Brugger*, „Elemente verfassungsliberaler Grundrechtstheorie" (Fn. 12), S. 173; *ders.*, „Staatszwecke im Verfassungsstaat" (Fn. 6), S. 379, dort als „Reziprozität" der Rechtsgewährung durch Rechtssubjekte aufgefasst.

[25] *Brugger*, „Das Menschenbild der Menschenrechte" (Fn. 14), S. 80.

Rechtsgemeinschaft bis hin zur „Völker- oder Weltgemeinschaft" aus und sieht (mit immer stärkeren Einschränkungen) die Verantwortlichkeit auch für deren arme und schwache Mitglieder.[26] Dieser Ausgriff auf die „Völker- oder Weltgemeinschaft" ist theoretisch bedeutsam, weil *Brugger* damit zwar die Sinnhaftigkeit auch anthropologisch deuten mag, nicht aber die soziale Verantwortlichkeit, die nun auch auf das Verhältnis von Staaten untereinander zielt, Staaten aber keine Subjekte der Anthropologie darstellen. Dennoch blieb *Brugger* skeptisch gegenüber den Pflichten der Reichen zugunsten der Armen, wenn dabei Gemeinschaftsgrenzen übersprungen werden.[27] Das fünfte Prädikat des *Brugger*'schen Menschenbildes, „Leben", ist schließlich als Vitalwert anthropologische Vorgegebenheit.[28]

Trotz dieses engen Zusammenhangs lässt sich *Bruggers* Kommunitarismus, so viel dürfte bereits deutlich geworden sein, nicht selbst wieder anthropologisch verstehen, im Sinne etwa eines aristotelischen „zoon politikon"; denn *Bruggers* liberaler Kommunitarismus übernimmt in seiner Theorie Begründungsfunktionen da, wo anthropologische Annahmen nicht mehr weiter führen. Doch orientiert sich *Brugger* für seine eigenständige Spielart des Kommunitarismus weder an *Michael Sandels* berühmter *Rawls*-Kritik, die deutlich an *Hegel* orientiert und erkenntnistheoretisch[29] fundiert ist noch sprachphilosophisch, wie es im Anschluss an *Robert Brandom* möglich wäre.[30] Vielmehr ist *Bruggers* eigener Ansatz, als „schwache" wie als „starke Theorie" letztlich sozialphilosophisch, das heißt: normativ begründet.[31] Das hat Konsequenzen für Inhalt und Stellung des Gemeinwohls in *Bruggers* Theoriennetz.

---

[26] *Brugger*, „Das Menschenbild der Menschenrechte" (Fn. 14), S. 80. Zumindest ein subjektives Recht bezweifelnd aber: *W. Brugger*, „Für Schutz der Flüchtlinge – gegen das Grundrecht auf Asyl", zuerst: JZ 1993, S. 119–123, wiederabgedruckt in: LPK (Fn. 1), S. 291–309.

[27] *W. Brugger*, „Menschenrechte von Flüchtlingen in universalistischer und kommunitaristischer Sicht", zuerst in: Archiv für Rechts- und Sozialphilosophie 80 (1994), S. 318–334; wiederabgedruckt in LPK (Fn. 1), S. 291–309.

[28] *Brugger*, „Elemente verfassungsliberaler Grundrechtstheorie" (Fn. 12), S. 173; *ders.*, „Staatszwecke im Verfassungsstaat" (Fn. 6), S. 379, *ders.*, „Das Menschenbild der Menschenrechte" (Fn. 14), S. 81, jeweils wird eine ökologische Komponente erwähnt.

[29] *M. Sandel*, Liberalism and the Limits of Justice, Cambridge, 1982.

[30] *R. Brandom*, Expressive Vernunft, Frankfurt 2000, Kap. 8 und 9.2.

[31] *Brugger* selbst ist zwar zurückhaltend in einer klaren Festlegung, doch knüpft er gerne an seinen Lehrer *Philip Selznick* an, dessen Theorie ihrerseits weder anthropologisch noch metaphysisch oder sprachphilosophisch, sondern eher empirisch-soziologisch angelegt ist, s. *Ph. Selznick*, The Moral Commonwealth: Social Theory and the Promise of Community. Berkeley, 1992, und *Brugger*, „Kommunitarismus als Verfassungstheorie des Grundgesetzes" (Fn. 3), S. 266 mit Fn. 40, vor allem die normative Sprache, ebd., S. 255 ff.

2. *Gemeinwohl*

Wie steht nun dieses „Gemeinwohl“ in *Bruggers* Theorie zu Anthropologie und Kommunitarismus? Anders als die Ebene anthropologisch vorgegebener Entscheidungsparameter (Vergangenheitsprägung, Zukunftsoffenheit und Gestaltungswille, Bedürfnisse und Ideale), die im Alltag wie im Recht nach Beachtung heischen, und abweichend von der metaethisch normativ begründeten kommunitaristischen Position sieht *Brugger* die von ihm ausgemachten Inhalte des Gemeinwohls nahezu begriffsnotwendig als Bestandteil allen Rechts in einem idealen modernen demokratischen Staat.[32] Denn dies ist *Bruggers* erklärtes Ziel: einen Gemeinwohlbegriff zu etablieren, der dem modernen, demokratischen Verfassungsstaat westlicher Prägung angemessen ist. Da diese modernen, demokratischen Staaten aber Reaktion auf pluralistische Gesellschaftsverhältnisse darstellen, ist einerseits jeder inhaltlich aufgeladene, „starke“ Gemeinwohlbegriff ideologieverdächtig, andererseits jeder bloß formale Gemeinwohlbegriff zu dürftig, um gesellschaftlichen Anforderungen zu antworten. *Brugger* sucht deshalb nach dem „schwachen“, also inhaltlich offenen, materiellen Gemeinwohlbegriff, der am besten zu demokratischen Verfassungsstaaten der Moderne passt. *Bruggers* Blick richtet sich damit einerseits auf empirische Befunde etwa der Verfassungsvergleichung, um die Passgenauigkeit der Kandidaten für einen Gemeinwohlbegriff zu prüfen. Er sucht die Empirie aber auch zu überschreiten und zu einem Ideal zu verdichten. Der Gemeinwohlbegriff ist so den Verfassungen immanent und transzendiert diese. Ziel ist, den Maßstab eines Ideals für aktuelle Verfassungen zu liefern, das freilich in den einzelnen Verfassungen noch konkretisiert und den ausdifferenzierten Rechtsordnungen implementiert und notfalls gegen Widerstände prozedural systematisiert und realisiert werden muss. Dieses ungewöhnliche Vorgehen etabliert den schwachen Gemeinwohlbegriff als Teil einer allgemeinen Staatslehre des modernen, demokratischen Verfassungsstaates.

Inhaltlich fächert *Brugger* das in diesem Sinne „erfolgreiche“ Gemeinwohlkonzept in die Bestandteile Rechtssicherheit, Legitimität und Zweckmäßigkeit auf, die er als Säulen des modernen Verfassungsstaates ansieht. Als Quelle seines Gemeinwohlbegriffs nutzt *Brugger* zunächst *Max Weber*, an dessen Dreiteilung formaler, materialer und Zweckrationalität er anzuschließen sucht.[33] Dann nennt er auch *Gustav Radbruch*.[34] *Brugger* betont allerdings, deren Konzeptio-

---

[32] *Brugger*, „Gemeinwohl als Integrationskonzept von Rechtssicherheit, Legitimität und Zweckmäßigkeit“, (Fn. 4), S. 17–40, vor allem S. 17–22 (im Folgenden: „Integrationskonzept“); dort auch zum Folgenden dieses Abschnitts. Sehr ähnlich bereits: *Brugger*, „Gemeinwohl, Konkretisierung des Rechts und Auslegung der Gesetze“ (Fn. 4), S. 44–51 (im Folgenden: „Konkretisierung“).

[33] *Brugger*, Konkretisierung (Fn. 32), S. 45 mit Fn. 6, und *ders.*, Integrationskonzept (Fn. 32), S. 26 mit Fn. 16.

[34] *Brugger*, Integrationskonzept (Fn. 32), S. 22 mit Fn. 11.

nen nicht zu übernehmen, da er sie (gegenüber *Weber*) rechtsspezifisch konkretisiere und das Verhältnis zwischen Legalität und Legitimität anders fasse[35] bzw. implizit gegenüber *Radbruch* die Legitimität nicht nur auf gerechte, sondern auch auf gute Regelungssysteme ausdehne.[36] Auffällig ist zudem, dass *Brugger* die Bestandteile Rechtssicherheit, Legitimität und Zweckmäßigkeit nicht wie *Radbruch* dem Rechtsbegriff, sondern eben dem Gemeinwohlbegriff zuweist, den er als Ideal dem Recht entgegenhalten möchte. Das Gemeinwohl gerät so in die Nähe der Rechtsidee neukantischer Ausprägung und *Brugger* nennt folgerichtig einige einschlägige Autoren, die den Unterschied von Rechtsidee und „höchsten Zielen, Zwecken und Werten" betonen.[37] Dennoch soll das Gemeinwohl offenbar nicht die Idee des Rechts spiegeln, sondern eben jene höchsten Ziele, Zwecke und Werte.

Während nach alledem also das anthropologische Kreuz bei *Brugger* den Einzelnen im Moment des (nicht notwendig, aber sicher zentral rechtlichen) Entscheidens und Begründens einer Entscheidung in den Blick nimmt, wendet sich das Gemeinwohl dem Recht selbst zu und fragt nach den rechtstheoretischen Vorgaben, die dann ausdifferenziert und vollzogen werden müssen, soweit dies aber geschieht, die Einzelnen, vor allem aber die Rechtsordnung als Ganze und ihre Offiziellen in ihrer konkreten rechtlichen Entscheidungswelt als äußere Vorgabe leiten. Da auch *Bruggers* Version des Kommunitarismus nicht als metaphysische Vorgabe zu verstehen ist, aus der sich der Einzelne in seinem Denken nicht lösen kann, bleibt die normativ zu deutende kommunitaristische Vorgabe in Spannung zu den rechtlichen Gemeinwohlaufforderungen, will sagen: Rechtliche Vorgaben und Entscheidungen sollen (liberal) kommunitaristisch geleitet sein, sie sind es aber weder aus der Natur des Menschen noch aus der Natur des Rechts heraus. Umgekehrt hat *Bruggers* Gemeinwohlauffassung nur instrumentellen Wert für seinen Kommunitarismus: Eine Gemeinschaftsbildung und -bindung kann durch ein funktionierendes Recht, das in seinen Normen und Entscheidungen weithin als gerecht und zweckmäßig angesehenen wird, erleichtert werden. Die drei Grundlagen *Brugger*'schen Denkens stehen so nicht unverbunden nebeneinander, sind vielmehr aufeinander bezogen, aber dieser Bezug ist nur normativ, nicht metaphysisch oder anthropologisch und das auch noch mit primär unterschiedlichen Adressaten. Erster Adressat des anthropologischen Kreuzes sind Richter und Einzelfallentscheider, erster Ansprechpartner des Kommunitarismus sind die Normsetzer, denen gegenüber auch Verfassungsrichter Zurückhaltung zu üben haben, während sich die Gemeinwohlforderung vor allem als wissenschaftliche Kategorisierung

---

[35] *Brugger*, Konkretisierung (Fn. 32), S. 46 f. bei Fn. 11, sowie *ders.*, Integrationskonzept (Fn. 32), S. 26 f.

[36] *Brugger*, Konkretisierung (Fn. 32), S. 47 bei Fn. 14.

[37] *Brugger*, Konkretisierung (Fn. 32), S. 45 mit Fn. 4.

aufdrängt, um die Gesamtmaterie des Rechts in demokratischen Staaten zu erfassen und zu bewerten.

II. Fragen an *Bruggers* Gemeinwohlverständnis

1. Drei Fragenkomplexe

Es fragt sich aber doch, wie weit dieses Konzept des Gemeinwohls tragfähig ist. Folgende Fragekomplexe drängen sich auf:

- Ist ein Gemeinwohlkonzept wie das *Brugger*'sche notwendig? Oder anders: Was ist die Frage, auf die das Gemeinwohlkonzept bei *Brugger* eine Antwort gibt? Eine Antwort darauf wird zugleich die Umkehrung der üblichen Hierarchie im Auge behalten müssen, die *Brugger* vornimmt, wenn er das Gemeinwohl als Bestandteil des Rechts auffasst, und nicht umgekehrt ein funktionierendes Rechtssystem als Beitrag zum Gemeinwohl ausweist. (sub 2)
- Warum stellt *Brugger* für das Gemeinwohlkonzept auf den modernen demokratischen Staat ab? Gewiss, dies ist (mit gewissen Einschränkungen) die Gegenwart unseres Rechtslebens, (nur?) der Staat besitzt Kompetenz-Kompetenz.[38] Aber der Gemeinwohlgedanke ist deutlich älter als der moderne Staat und könnte diesen überdauern, mehr noch: Er könnte gerade in Verbindung mit offenem Gemeinschaftsdenken eine dogmatische Brücke hin zu poststaatlichen Strukturen bilden: Die Gemeinschaft des Gemeinwohls müsste sich dann je neu bilden (lassen) bzw. zusammenfinden. Warum also bedient sich *Brugger* eines so a-historischen und Potentiale reduzierenden Gemeinwohlgedankens, obwohl er andererseits diesen Gedanken gerade dazu nutzen will, die Potentiale des modernen demokratischen Rechtsstaates durch einen normativen Rahmen offenzulegen? (3)
- Gibt es tatsächlich keine materielle Gemeinwohlkonzeption, die in einem pluralistischen und demokratischen Staat rational begründbar und weithin akzeptabel ist? Es wird sich spätestens hier erweisen, dass die von *Brugger* zuletzt betriebene Annäherung an *Georg Jellinek* weiterführend sein dürfte. (4)

Diesen drei Fragekomplexen soll im Folgenden in aller gebotenen Kürze nachgegangen werden.

---

[38] Auf die „Kompetenz-Kompetenz“ als Alleinstellungsmerkmal des modernen Staates stellen mit weiteren Belegen etwa ab: BVerfGE 89, 155 (187 f., 192–194, 199), 123, 267, (349–353, 392–395); *J. Isensee*: „Staatsaufgaben“, in: ders./P. Kirchhof (Hrsg.), HStR Bd. IV, 3. Aufl. Heidelberg 2005, § 73, Rn. 55 ff., dort auch zu den Grenzen dieses Konstrukts.

2. Zur Notwendigkeit des Gemeinwohlkonzepts

Die erste und grundsätzliche Frage („Warum diese Inhalte?") muss bei dem wissenschaftlichen Gewinn ansetzen, der sich daraus ergibt, Rechtssicherheit, Legitimität und Zweckmäßigkeit nicht unter dem Begriff des Rechts, sondern unter dem des Gemeinwohls zusammenzufassen. *Brugger* selbst äußert sich dazu, soweit ersichtlich, nicht explizit und hat auch im Gespräch dazu nicht abschließend Stellung bezogen. So gewiss es eine altehrwürdige Tradition ist, das Recht mit dem Gemeinwohl zusammenzufassen, so sicher ist doch auch, dass diese Tradition stets das Gemeinwohl als den weiteren Begriff ansah, das Recht nur als einen seiner Teile auffasste.[39] *Brugger* aber scheint den Zusammenhang umzukehren, das Gemeinwohl dem Recht einzuschreiben. Zugleich gibt er aber zu bedenken, dass auch viele Ziele, die das Recht teilweise nur vage aufgreift, das gemeine Wohl fördern können. Gelegentlich nennt *Brugger* das Beispiel der Wiedervereinigung Deutschlands, die in der Präambel zum Grundgesetz von 1949 avisiert wurde, als ein solches Gut, das zwar für sich bestand, aber durch Verrechtlichung an Durchschlagskraft und normativer Verbindlichkeit gewann.[40] Damit scheint der entscheidende Punkt angesprochen zu sein: Das prinzipiell inhaltsoffene Recht des pluralistischen, demokratischen Staates ist in der Lage, zahllose Güter als gemeinwohlförderlich zu deklarieren und sie durch geeignete, aufeinander abgestimmte und inhaltlich klare Regelungen besser zu fördern, als dies ohne ein Rechtssystem möglich wäre. Insofern ist das Recht in demokratischen Staaten eine, wenn nicht die zentrale Verwirklichungsbedingung für Gemeinwohl. Versuche, ohne eine solche Verrechtlichung Gemeinwohlziele zu erreichen, müssen als defizitär erscheinen. Alleine dieser Zusammenhang legt eine Beschäftigung des Verfassungsjuristen und Staatstheoretikers mit dem Gemeinwohl nahe.

Zugleich mag so eine ratio hinter *Bruggers* Ansatz aufscheinen, das Gemeinwohl durch Bestandteile zu definieren, die herkömmlich dem Rechtsbegriff zugeschrieben werden. Innerhalb der vielen Güter des Gemeinwohls erscheint sicheres, legitimes und zweckmäßiges Recht in diesem Verständnis als Metagut, das die Bedingungen der Verwirklichung der anderen Gemeinwohlgüter entscheidend fördert.

Während sich damit die inhaltliche Nähe von „Gemeinwohl" und „Recht", die *Brugger* offensichtlich vor Augen stand, erklären lässt, ist es schwieriger, seine Umkehrung der üblichen Hierarchieverhältnisse, „Gemeinwohl" als Teil des Rechts statt wie üblich umgekehrt Recht als Teil von Gemeinwohl, zu begründen. Eine singuläre vollständige und einleuchtende Erklärung dürfte schwerfallen. Doch sind in topischer Intention einige Gründe benennbar, die

---

[39] Zur Tradition s. gleich die Auseinandersetzung im Text mit der nächsten Frage.

[40] *W. Brugger*, Integrationskonzept (Fn. 32), S. 27; *ders.*, Konkretisierung (Fn. 32), S. 47 mit Fn. 14.

zusammen *Brugger* zur Hierarchieumkehr bewegt haben könnten: Ansetzend bei *Bruggers* Konzentration auf den modernen demokratischen Verfassungsstaat lässt sich die Entstehungsgeschichte eben dieses Staatstyps und sein enges, nach manchen symbiotisches Verhältnis zum Recht als Ablösung des zuvor herrschenden Gemeinwohlgedankens lesen, so dass dieser Gedanke im modernen Staat nur noch eine untergeordnete Rolle zu spielen vermag. Im modernen Staat kommt ja neben dem Gemeinwohl den Grundrechten eine von *Brugger* auch immer wieder thematisierte herausragende Rolle zu.[41]

Gerade das Grundgesetz lässt sich vor dem Hintergrund der Weimarer Reichsverfassung als insofern grundstürzend verstehen, als die Voranstellung der Grundrechte und die Bindung des Gesetzgebers an sie in Art. 1 Abs. 3 GG zu einem Primat subjektiver Rechte führt, an der die Gestaltungskraft des Gesetzgebers zum gemeinen Wohl seine Grenze findet.[42] Wollte man diese Linie einseitig, aber konsequent ausziehen, bliebe das Gemeinwohl gegenüber den verrechtlichten subjektiven Verfassungspositionen des Einzelnen und damit gegenüber dem herausragenden Charakteristikum des demokratischen Verfassungsstaates der Gegenwart nachrangig.[43] Selbst wenn man diesen letzten Gedankengang nicht für schlüssig hält, bleibt zu konzedieren, dass das Recht neben dem Gemeinwohl nunmehr das Einzelwohl kennt und es die Abwägung zwischen diesen beiden Zielvorstellungen gerade auch im Einzelfall nur wieder nach rechtlichen Kriterien erlaubt. Insofern ergibt sich eine Art „Richterposition" des Rechts gegenüber (behaupteten) subjektiven und objektiven Rechtspositionen. Diese Richterposition löst das Recht prozedural auf, durch Kompetenznormen, Institutions- und Organisationsvorgaben, Verfahrenseinrichtungen, gegebenenfalls auch Sekundäransprüche, Haftungsregeln und deren Durchsetzungsprozeduren. An die Erhöhung der Richterposition gegenüber den streitenden „Parteien" sind wir aber auch aus den üblichen Gerichtsverfahren optisch gewöhnt, so dass die Vorrangstellung, die *Brugger* dem Recht insofern einräumt, assoziativ überzeugend sein mag.

---

[41] Literaturhinweise oben bei Fn. 5–7.

[42] Das setzt freilich voraus, dass man die Grundrechte exklusiv oder doch zumindest weit vorrangig als Abwehrrechte gegen den Staat versteht und die inzwischen aufgefächerte, differenzierte Funktionenlehre der Grundrechte außer acht lässt. Zu dieser s. eine der letzten, von *Brugger* angeregten und fast vollständig betreuten Dissertationen: *L. Tian*, Objektive Grundrechtsfunktionen im Vergleich, Berlin 2012.

[43] Diesen nachgeordneten Rang des Gemeinwohls gegenüber den vor allem abwehrrechtlich verstandenen Grundrechten betont: *T. Gas*, Gemeinwohl und Individualfreiheit im nationalen Recht und Völkerrecht, Hamburg, 2012, S. 25 ff.

3. Anachronismus des Gemeinwohlbegriffs bei Brugger *und seine partielle Überwindung*

Auch wenn die Hierarchieumkehr, die *Brugger* für das Verhältnis von Recht und Gemeinwohl vornimmt, damit nicht abschließend geklärt sein mag, erscheint es vertretbar, sich der zweiten, der oben aufgeworfenen grundsätzlichen Frage an *Bruggers* Gemeinwohlkonzeption zuzuwenden: Warum konzipiert *Brugger* eine eigene Gemeinwohlkonzeption für den demokratischen Verfassungsstaat der Moderne?

a) Staatlichkeitsbezug einordnen

Tatsächlich ist die Tradition des Gemeinwohls deutlich älter als dessen vorrangiger oder gar einheitlicher Bezug auf den Staat, erst recht älter als alle eindeutigen Bezugnahmen auf den Staat als Person. Denn diese eindeutige Bezugnahme auf den Staat ist nach Ansicht mancher nicht früher als in der Reformation („Augsburger Religionsfrieden von 1555"),[44] nach Ansicht anderer sogar erst bei *Thomas Hobbes* Mitte des 17. Jahrhunderts auszumachen.[45] Dagegen beginnt die kontinuierliche (!) theoretische Auseinandersetzung mit dem Gemeinwohl nach üblicher Auffassung bei *John von Salisbury* im 12. Jahrhundert.[46] Die Vielfalt der Anschlussmöglichkeiten zeigt sich eindrucksvoll in dem Panoptikum der Begriffsnuancen und ihrer Bezüge bereits in der zweiten Hälfte des 13. Jahrhundert,[47] vom „Großen Schied" (1256) zum Streit zwischen dem Kölner Erzbischof und den Bürgern der Stadt,[48] einem Schiedsspruch vermutlich aus der Feder des *Albertus Magnus*,[49] der zugleich deutlich macht, wie die Theorie da-

[44] *M. Stolleis*, Geschichte des Öffentlichen Rechts in Deutschland, Band 1, München 1986, S. 46 ff., dort auch Hinweise um die ältere Diskussion eines Staates im Mittelalter, für die etwa an: *H. Mitteis*, Der Staat des hohen Mittelalters, 5. Aufl. Weimar 1955, erinnert werden kann.

[45] *Qu. Skinner*, „From the State of Princes to the Person of the State", zuerst 1989, erweiterte und revidierte Version in: ders., Visions of Politics, Band 2: Renaissance Virtues, Cambrige 2002, S. 368–413.

[46] *J. v. Salisbury*, Policraticus, zuerst erschienen 1156, Ausgabe: lat.-dt., Auswahl, übersetzt und eingeleitet v. S. Seit, Freiburg, Basel, Wien 2008, Buch 6, Kap. 20, lat. S. 286 f., deutsch 287 f. Zur weiteren Geschichte des Gemeinwohls s. : *M. Anderheiden*, Literaturbericht: Gemeinwohl, ARSP 98 (2012), S. 561–570.

[47] Eindrucksvoll: *M. S. Kempshall*, The Common Good in Late Medieval Thought, Oxford 1999, die Sprachfamilie des *bonum commune* angerissen auf S. 10.

[48] Text mit Übersetzung und Kommentar bei: *M. Groten*, Albertus Magnus und der Große Schied – Aristotelische Politik im Praxistest, Münster 2011 (= Lectio Albertina Band 12), Text ab S. 34.

[49] Für die Autorschaft streitet *Groten* (Fn. 48), S. 22 f., Vorbehalt dagegen im Anschluss an *W. Prevenier*, „Utilitas communis in the Low Countries" (thirteenth – fifteenth centuries): from social mobilisation to legitimation of power", in: E. Lecuppre-Desjardin/A.-L. van Bruane (eds.), De Bono Communi. The Discourse and Practice of the Common Good in the European City (13th–16th c.)", Turnhout 2010, S. 205–216, vor allem S. 207, aufgenommen bei: *Anderheiden*, (Fn. 46) S. 563.

mals in Praxis umgesetzt wurde, bis zu den enzyklopädischen Schriften des Florentiner Thomas-Schülers *Remigius dei Girolami*.[50] Sie erweitert sich noch einmal bis zum Vorabend der Reformation.

Dennoch hat sich wohl erst im 19. Jahrhundert durchgesetzt, das Gemeinwohl auf ein organisiertes Gemeinwesen und vornehmlich auf den Staat zu beziehen. Insoweit ist *Bruggers* Engführung auch als Aufmerksamkeit gegenüber den realen Verhältnissen deutbar und entspricht seiner sonst geübten engen Verbindung politisch-philosophischer Argumentation mit einer an *Weber* geschulten Konzentration auf Idealtypen.[51]

Dagegen könnte der Gemeinwohlgedanke auch von der Staatlichkeit eines Gemeinwesens gelöst und auf andere Formen der Gemeinschaftsorganisation übertragen werden. Der Gemeinwohlgedanke könnte so, mit einer Reihe weiterer Topoi wie etwa Menschenrechte oder Governance, die staatliche Form der gesellschaftlichen Selbstorganisation überdauern und damit als „Geburtshelfer" neuen Formen gesellschaftlicher Selbstorganisation, sei es in Europa, sei es in der Welt, zur Verfügung stehen. *Brugger* begibt sich augenscheinlich dieser Möglichkeiten.

Dies führt bereits heute zu teilweise anachronistischen Ergebnissen; denn schon die fortschreitende Europäisierung lässt sich kaum durch eine Abnahme von Gemeinwohl erfassen. Vielmehr weckt jede weithin als Verschlechterung des Zustandes der EU verstandene Entwicklung Sorge um deren Zukunft, wie die tagespolitischen Aktualitäten von Gemeinschaftswährung und Verschuldung einzelner EU-Staaten zeigen. Im Umkehrschluss bedeutet das: Die Europäisierung wird so lange nicht mit Sorge betrachtet, als sie als gemeinwohlförderlich gilt, zumindest aber so lange, als die weitere europäische Integration nur begrenzte, bekannte Opfer von der Gesellschaft und ihrem Wohlstand fordert.[52] Die Öffnung des Gemeinwohldenkens hin auf ein einheitliches, ein regional oder sachlich gestaffeltes („zwei Geschwindigkeiten") oder ein nach wie vor staatlich dominiertes Europa ist jeweils möglich. Wenn aber das Gemeinwohl zumindest teilweise in einem suprastaatlichen Raum zu steigern ist, dann ist das Beharren auf Staatsgrenzen seinerseits zumindest potentiell gemeinwohlschädlich.

---

[50] Vor allem: *Remigius (dei) Girolami*: Tractatus de Bono Communi (1302), dazu Kempshall (Fn. 47), S. 316 ff.

[51] *M. Weber*, Wirtschaft und Gesellschaft, Grundriss der verstehenden Soziologie, Studienausgabe der 5. rev. Aufl. (hrsg. J. Winckelmann), Tübingen 1980, S. 3 f.; zum Idealtypus: *W. Brugger*, Menschenrechtsethos und Verantwortungspolitik, Freiburg/München 1980, S. 86 f. (= Diss. Jur. Tübingen 1980)

[52] Symptomatisch die Ablehnung der „Blankettermächtigung" durch das BVerfG aus Anlass des ESM, s. Entscheidung des Bundesverfassungsgerichts vom 12.9.2012, BVerfG 2 BvR 1390/12 et alt., 2 BvE 6/12, Abs. 209 ff.

Der ausschließlich staatsbezogene Gemeinwohlbegriff, den *Brugger* zu etablieren schien, ist zudem nicht rechtsimmanent im Sinne einer feststehenden Begrifflichkeit für das gesamte Recht. Das Gemeinwohl „klebt" weder am Rechts- noch am Staatsbegriff. Es sind vielmehr ohne weiteres Rechtsinhalte denkbar, die staatsfern, und Gemeinwohlgehalte, die bisweilen rechtsfern erscheinen mögen. Denn einerseits sind auch die neuen Formen außerstaatlicher,[53] gemeinschaftlicher, suprastaatlicher und völkerrechtlicher Organisation maßgeblich rechtliche Entwicklungen, für die ein Gemeinwohldenken zumindest diskutiert, teilweise bereits als etabliert anerkannt wird.[54] Andererseits wird vor allem im Zusammenhang mit dem „Dritten Sektor" der „Non-Profit-Organisationen" auf Handlungsziele und -formen abgehoben, die häufig nur zur Finanzierung einer Organisation der Rechtsform bedürfen, sich aber bei der Ausgabengestaltung in sehr weit ausgreifenden Bahnen bewegen. Jeder ausschließlich staatsbezogene Rechtsbegriff des Gemeinwohls trifft in dieser komplexen Gemengelage nur noch einen, allerdings den wohl nach wie vor faktisch wichtigsten Ausschnitt des Rechts.

Damit trägt der staatsbezogene Gemeinwohlbegriff als Rechtsbegriff eine Spannung in sich, die nach Auflösung strebt. Dazu sollte ein staatsbezogener Gemeinwohlbegriff sich auf andere Rechtsbereiche mit gewissen Abwandlungen übertragen lassen und so dem staatlichen Aufgehen oder Eingebundensein in größeren Organisationszusammenhängen Rechnung tragen. Umgekehrt muss der Gemeinwohlbegriff inhaltlich die vielfältigen Ziele in den Blick nehmen, die, teilweise außerrechtlich, mit ihm verbunden werden. Seuchenprophylaxe beispielsweise ist nicht deshalb ein Beitrag zum Gemeinwohl, weil es einen entsprechenden Rechtsbegriff des „Gemeinwohls" oder der „Gefahrenabwehr" gibt, vielmehr muss das Recht in der Lage sein, ein solches Handlungsziel zu erfassen (und adäquat zu behandeln). Denn zuerst bestand die Gefahr (Seuche), dann das Ziel (Prophylaxe) und erst als Letztes die rechtliche Normierung und deren wissenschaftliche Durchdringung durch ein Gemeinwohldenken.

Der staatsbezogene Gemeinwohlbegriff kann folglich allenfalls das Modell für alle anderen Gemeinwohlbegriffe abgeben. Die Pfadabhängigkeit[55] eines so gewonnen Gemeinwohlbegriffs mag dann immer noch zu bedauern sein oder sogar zu Verzerrungen führen, sie ist aber immer noch wissenschaftlich an-

---

[53] Zu „lex mercatoria", lex electronica" und ähnlichen Erscheinungen s. *N. Ipsen*, Private Normenverordnungen als Transnationales Recht, Berlin 2009, S. 65 ff., 104 ff., 164 ff.; G. Teubner, Global Law without a State, Sudbury MA, 1996.

[54] Zurückhaltend zu einem völkerrechtlichen Gemeinwohl: *S. Oeter*, „Gemeinwohl in der Völkerrechtsgemeinschaft", in: W. Brugger/S. Kirste/M. Anderheiden (Hrsg.), Gemeinwohl in Deutschland Europa und der Welt, Baden-Baden 2000, S. 215–244. Deutlich optimistischer: *T. Gas* (Fn. 43), S. 421 ff.

[55] Zum Begriff *R. Werle*, „Pfadabhängigkeit", in: A. Benz/S. Lütz/U. Schimink/G. Simonis (Hrsg.): Handbuch Governance. Wiesbaden 2008, S. 119–131; zu Alternativen s. unten Abschnitt 4.

spruchsvoller als eine Konzeption, die sich auf einen kaum noch selbstgenügsamen Teilbereich des Rechts zurückziehen müsste. Zugleich ist eine Öffnung des rechtlichen Gemeinwohlbegriffs auf gesellschaftliche Inhalte aller Art sicher zu stellen.

b) Öffnung (de)plausiblisieren

Bruggers inhaltliche Ausführungen zum Gemeinwohl stehen dem sonst betonten Staatsbezug ebenfalls ein Stück weit entgegen; denn „Rechtssicherheit, Legitimität und Zweckmäßigkeit sollen im gesamten Gebäude des Rechts erreicht werden; das ist der Anspruch eines modernen, vernünftigen, rationalen Rechtssystems."[56] Dabei versteht *Brugger* unter dem „gesamten Gebäude des Rechts" alle seine Erscheinungsformen, von der Einzelfallentscheidung über die genaue Rechtsvorschrift bis zum dahinter liegenden Prinzip oder den dahinter liegenden Prinzipien: „Wo der Schwerpunkt der Rechtsfindung liegt, lässt sich nicht abstrakt vorwegnehmen: Das hängt von der Epoche und dem *Rechtskulturkreis* ab."[57] Damit ist entgegen dem ersten Eindruck und gelegentlicher Selbstinterpretation *Bruggers* die Offenheit seines Gemeinwohlbegriffs gegenüber anderen als staatlichen Rechtssystemen und einem anderen als unserem Kulturkreis denkbar. Denn „Rechtskulturkreis" ist etwas anderes als „Staat". Wenn aber gleiche Gemeinwohlstrukturen in einem Rechtskulturkreis bestehen sollen, sich diese Rechtskulturen dann aber voneinander unterscheiden, dann ist der Gemeinwohlbegriff nicht nur für eine Rechtskultur, sondern für viele, im Grenzfall für alle solche Kulturen gedacht. Und das bedeutet, dass dieser Gedanke auch anwendbar sein sollte in Kulturkreisen, in denen die Rechtsordnungen nicht oder jedenfalls nicht prominent an die Staatlichkeit anknüpft. *Brugger* selbst hat also bereits die Öffnung seines Gemeinwohlverständnisses über den für ihn freilich primären Anwendungsbereich, den Staat, hinaus geöffnet.

Eine solche Öffnung ist zudem auch in den inhaltlichen Bestandteilen des *Brugger*'schen Gemeinwohlkonzepts angelegt:[58] Denn Bedeutungs- und Befolgungssicherheit, Stabilität und zumindest eine gewisse Funktionenabgrenzung dürften als Elemente der Rechtssicherheit allen Rechtsordnungen, auch nichtsstaatlichen, suprastaatlichen und internationalen, eigen sein. Allein schon die notwendige Publizität von Recht setzt dessen Verständlichkeit voraus. Nimmt Recht zudem normative Eigenwirkungen in Anspruch, wie dies in allen Rechtssystemen der Fall ist und wohl auch bleiben wird, muss es diese Wirkung auch ermöglichen, damit hinreichend klar und stabil sein. Dies wiederum setzt voraus, dass jeder Adressat des Rechts weiß, von wem dieses Recht ausgehen kann

---

[56] *Brugger*, Integrationskonzept (Fn. 32), S. 35.

[57] *Brugger*, Konkretisierung (Fn. 32), S. 50.

[58] Zum folgenden „Drei-Säulen-Modell" des Gemeinwohls vergleiche nur die Übersicht in: *Brugger*, Integrationskonzept (Fn. 32), S. 22 ff.

und wie weit seine eigene Autorenstellung in die Rechtsschöpfung eingeht. Diese Stellungen müssen durch Recht selbst eingeräumt sein.[59] Damit aber stellt sich die Frage, wer für diese Positionszuweisung zuständig ist. So ergeben sich unterschiedliche Geschwindigkeiten des Rechts: Normen, die bestimmten Personen, Gruppen oder Institutionen die Normsetzung auf einem bestimmten Teilgebiet des Rechts zuweisen, müssen sich denknotwendig in einem anderen Tempo der Veränderlichkeit bewegen als die Normen, die unter diesen Zuständigkeitszuweisungen entstehen. Nur eine gewisse grundsätzliche Stabilität aller Normierung und Klarheit über Zuständigkeiten zur Anwendung und Überwindung von Normen erlaubt Orientierung am Recht und im Recht, und das völlig unabhängig davon, ob das Rechtssystem ein staatliches, außerstaatliches, supranationales oder völkerrechtliches ist.

Unabhängig vom Subjekt des Rechtssystems sind auch Fragen der Legitimität, also Fragen nach grundsätzlichen Werten eines Rechtssystems und deren Kohärenz, nach Gerechtigkeit und dem guten Leben für diejenigen, die sich in diesem System einrichten, immer möglich. Die Frage grundlegender subjektiver Rechte stellt sich seit ihrer Entdeckung genauso wie diejenige der Legitimität objektiv-rechtlicher Setzungen.

Schließlich lassen sich Fragen der Zweckmäßigkeit angesichts tatsächlicher Entwicklungen und längerfristiger Sachstrukturen sowie solche der Effizienz unabhängig von einem bestimmten Typus des Rechtssystems erörtern. *Bruggers* „Drei-Säulen-Modell" des Gemeinwohls besteht problemlos jeden Generalisierbarkeitstest, eben weil seine Elemente sich nicht am Staat, sondern am Recht orientieren.

Die Engführung auf die Staatlichkeit als Anwendungsfeld des Gemeinwohldenkens ist bei *Brugger* deshalb nicht in der Sache angelegt, sondern speist sich aus anderen Quellen, etwa *Bruggers* Kommunitarismus. Damit ermöglicht *Bruggers* Fassung des Gemeinwohls eine Übertragung seiner Ergebnisse auf suprastaatliche Einheiten. Gegenüber einer noch weiteren Vergemeinschaftung durch Recht blieb *Brugger* skeptisch; für sie ist sein Gemeinwohlbegriff deshalb nicht gedacht.

c) Die Schwäche und die Stärke des „schwachen" Gemeinwohlkonzeptes

Zugleich greift *Brugger* mit dem Einbezug des „guten Lebens" jedes Bürgers in die Legitimitätssäule seines Gemeinwohlbegriffs die Möglichkeit auf, inhaltlich ein ausdifferenziertes Gemeinwohlsystem in jeder Rechtsordnung zuzulassen, selbst wenn es hier zwischen diesen Ordnungen wenig Übereinstimmung gibt. Die eben angemahnte inhaltliche Offenheit ist damit ebenfalls, wenn auch nicht besonders prononciert, in *Bruggers* Gemeinwohldenken inkludiert. Frei-

---

[59] Das ist der richtige Kern in der Erkenntnis *Harts*, dass es im Recht der Moderne stets „secondary norms" gibt, s. *H. L. A. Hart*, The Concept of Law, Oxford 1961, S. 78 ff., 89 ff.

lich führt *Brugger* diese inhaltliche Offenheit nicht weiter aus, er füllt sie nicht mit Leben. Insofern bleibt sein Gemeinwohlkonzept nach seinem eigenen Verständnis ein „schwaches" Konzept, dessen „Erfüllungsgestalt" in jedem Rechtssystem inhaltlich konkretisiert und so zu einem „starken" Begriff wird.[60]

Brugger hat darauf weniger Wert gelegt als auf seinen „schwachen", inhaltlich offenen Gemeinwohlbegriff, der dann je nach Umständen auf andere Weise aufgefüllt, konkretisiert, fasslicher gestaltet werden kann. Das setzt freilich die Unabhängigkeit des schwachen von den verschiedenen starken Gemeinwohlkonzeptionen voraus, weil sich nur auf diese Weise unwandelbare „schwache" und gesellschaftlich gebundene „starke" Begriffe so ohne Weiteres voneinander abschichten lassen. Eine solche Unabhängigkeit darf bezweifelt werden, denn die „starken" Inhalte des Gemeinwohls wirken sich auf die, wenn man so will, stabilen, Systeme, Zeiten und Aktualisierungen übergreifenden Bestandteile von *Bruggers* „schwachem" Gemeinwohlbegriff aus. Beispielsweise strahlen die individualisiert-materialen Vorgaben starker Gemeinwohlvorstellungen darauf ab, welcher Grad an Effizienz bei ihrer Durchsetzung erforderlich ist: Pragmatische und moralische Entscheidungen haben unterschiedliche Rationalisierungsansprüche, die mal mehr, mal weniger Einschränkung und Abwägung (und damit Abweichung) zulassen und sie im Extremfall ausschließen. Wer von einer unaufgebbaren Menschenwürde ausgeht, kann selbst einer noch so effizient ausgestalteten Güterverteilung dann nicht das Wort reden, wenn diese Verteilung einige in menschenunwürdige Zustände führt oder sie dort belässt.[61] Wer umgekehrt nicht von solchen absoluten und unverhandelbaren Minima ausgeht, kann der Abwägung prinzipiell alles öffnen und den (ordnungsgemäß prozedural generierten) konkreten Gemeinwohlvorstellungen stets zum Durchbruch verhelfen. Entsprechend gibt es Rechtsordnungen, die nicht zum Militärdienst verpflichten, solche, die zum verpflichtenden Militärdienst keine rechtlich erlaubte Alternative lassen und solche, die dazu einen Zivildienst aus Gewissensgründen vorsehen. Die jeweilige Sachlage mag sogar bestimmen, wie weit der verpflichtende Militärdienst für alle tatsächlich durchgeführt wird, hat also Einfluss auf die effiziente Regelbefolgung. Bei entsprechender Sicherheitslage mag eine Ungleichbehandlung der Wehrpflichtigen in solche, die zum Dienst herangezogen werden und solche, die keinen Wehrdienst leisten müs-

---

[60] Zu „schwachen" und „starken" Begriffen oder „Erfüllungsgestalten" s. *W. Brugger*, „Das Kreuz in der Schule", LPK (Fn. 3), S. 286, *Brugger* knüpft insoweit an eine Debatte der Rechtsphilosophie und politischen Philosophie an, die so berühmte Autoren wie *H. L. A. Hart, J. Rawls* oder *R. Dworkin* prägten. Kurze, durchaus augenzwinkernde Zusammenfassung bei *Lorenz Solum:* http://legaltheorylexicon.blogspot.de/2004/03/legal-theory-lexicon-028-concepts-and.html. (Anfrage vom 1.2.2013)

[61] Dies ist eines der Argumente von John Rawls gegen utilitaristische Verteilungsgerechtigkeit, s. *J. Rawls*, Eine Theorie der Gerechtigkeit, Frankfurt 1975, S. 211 ff., zuerst: Cambridge (MA) 1972.

sen, naheliegen. Im Extremfall bleibt die Pflicht zum Wehrdienst (nahezu) allgemein unbeachtet. Selbst eine solche rechtliche Lage kann sich stabilisieren, muss es aber nicht. Mehr Rechtssicherheit verspricht auch nicht notwendig eine eigene Regelsetzung, jedenfalls dann nicht, wenn etwa im Beispielsfall sich die Sicherheitslagen entsprechend schnell und radikal ändern können. Der Zusammenhang zwischen Befolgungssicherheit und Sachstrukturen ist deshalb auch bei möglichen Gemeinwohlbelangen wie der kollektiven Sicherheit evident, diese Sicherheit kann sogar wieder auf entsprechende individuelle, subjektive Rechtspositionen bezogen sein, muss es aber nicht.

Entscheidend ist, dass einzelne Elemente in *Bruggers* „Dreisäulenmodell" des Gemeinwohls in einer Rechtsordnung sehr stark betont sein mögen, in einer anderen Ordnung können einzelne dieser Elemente, zumindest sachbereichsbezogen wie bei der kollektiven Sicherheit, völlig fehlen. Damit kommt den Inhalten der „guten Ziele/guten Zwecke" strukturbildende Wirkung auch für die eher formalen Elemente des Gemeinwohlverständnisses nach *Brugger* zu. Von *Brugger* so genannte starke Gemeinwohlkonzeptionen ergänzen deshalb nicht seine eigene, „schwache" Version, sie stellen vielmehr zu dieser eine Alternative dar. Dieses vielleicht nicht erwünschte Ergebnis kann *Brugger* vermeiden, indem er die „guten Ziele/Zwecke" rein formal dahin deutet, dass es solche geben wird, zugleich aber betont, dass er einen auf das Recht bezogenen Kern des Gemeinwohls gibt und diesen von notwendigen, aber nicht sub specie aeternitatis weiter bestimmbaren Teilen unterscheidet, die mit der Kategorie „gutes Ziel" nur angedeutet werden. Welche Alternativen es gibt, kann anschaulich am Beispiel der jeweils für zentral gehaltenen materialen Gemeinwohlkonzeptionen gezeigt werden.

4. Alternativen

Bruggers Gemeinwohlkonzeption ist eindeutig eine materiale: Er gibt bestimmte Ziele vor, die dann erst in allerdings notwendigen Stufen der Konkretisierung zur Wirksamkeit gebracht werden müssen.[62] Dieses im Ansatz materiale Verständnis des Gemeinwohls verdient auch in einer Demokratie den Vorzug vor Versuchen einer vollständigen Prozeduralisierung des Gemeinwohls. Eine solche vollständige Prozeduralisierung hätte einen hohen Preis: Denn es gibt kein Verfahren, das völlig unabhängig von allen Vorstellungen darüber, wessen Wohl ein „Gemeinwohl" sein soll, zu einem auch nur entfernt akzeptablen, universal gültigen Ergebnis führt. Es gibt beim Gemeinwohl mit anderen Worten keine reine vollkommene Verfahrensgerechtigkeit, also eine Vorgehensweise, die der Sache, dem Gemeinwohl, immer und überall und ohne Rücksicht auf die

[62] S. zu diesem Aspekt des Gemeinwohls bei *Brugger* den Beitrag von *Schmidt-Aßmann*, in diesem Band.

materialen Variablen vollständig gerecht würde.[63] Das wird auch nicht von den Anhängern eines prozeduralen Gemeinwohls bestritten. Sie beziehen deshalb ihren prozeduralen Ansatz immer auf eine konkrete Ordnung, etwa die Ordnung einer parlamentarischen Demokratie. Das entscheidende Parlament soll dann in freier Ausübung seiner Tätigkeit das Gemeinwohl festlegen können.[64]

Eine reine Verfahrensbestimmung der Gemeinwohlinhalte scheitert zudem daran, dass schon unklar ist, welches Verfahren denn nun das Gemeinwohl hervorbringen soll. Wenn in Antwort auf diese Frage das Demokratieprinzip in Anschlag gebracht wird, das dem Gesetzgeber freistelle, ein geeignetes Verfahren zu benennen, so liegt darin doch wieder eine Flucht ins Materiale: Zumindest müssen demokratische Formen und Verfahren und ihre erheblichen materialen Voraussetzungen (Gleichachtung aller Bürger, frei Wahl zwischen mehreren Möglichkeiten, faktische Möglichkeit der Partizipation, Balance zwischen Transparenz und Geheimhaltung, etc.) bei einem solchen Vorgehen positiv konnotiert sein.

In der parlamentarischen Demokratie hat diese Auffassung allerdings einen weiteren, meines Erachtens theoretisch verhängnisvollen, Nachteil. Sie ist nur plausibel um den Preis, dass entweder das Parlament der Souverän sein soll[65] oder aber das Parlament als identisch mit dem Souverän gedeutet werden muss.[66] Denn wenn die Bürger, sei es als Summe oder sei es als zusammengefasste Entität „Volk", als Souverän angesehen werden wie in Art. 20 Abs. 1 GG, dann sollte das „Wohl" im Gemeinwohl auf diesen Souverän bezogen bleiben. Das Parlament hat dann dem Wohl des Souveräns zu dienen. In einer so verstandenen parlamentarischen Demokratie ist eine ungezügelte Selbstbedienungsmentalität des Parlaments etwa in einer schamlosen Erhöhung der eigenen Bezüge oder der Selbstversorgung mit lukrativen Posten kein Beitrag zum Wohl des Volkes/der Bürger. Die „Selbstbedienung" wäre aber anders zu beurteilen, wenn das Parlament selbst als Souverän angesehen würde oder als mit diesem identisch. Freilich wäre das Volk dann nur noch der Diener dieses Souveräns. Wenn aber der Souverän außerhalb des Parlaments vorzustellen ist und in einer Demokratie die Macht vom Souverän ausgeht und nur deren Ausübung einem Parlament anvertraut wird, dann ist prinzipiell die Kontrolle des Parlaments bei der Ausübung

---

[63] Zum Terminus: *Rawls* (Fn. 60), S. 106 f.

[64] So bspw. *O. Lepsius*, „Über Märkte, Wettbewerb und Gemeinwohl", in Adolf-Arndt-Kreis (Hrsg.)/U. Volkmann (Red.), Staat in der Krise – Krise des Staates? Berlin 2010, S. 25–48 m.w.N.

[65] Man könnte daran denken, das englische Modell der „Queen in Parliament" so als Souverän zu verstehen. Freilich wäre zumindest in der jüngeren Geschichte auch diese Deutung exotisch.

[66] Die Identität von Volk und Parlament wird im Anschluss an *Rousseau* und *C. Schmitt* immer wieder einmal behauptet. Das braucht hier nicht vertieft zu werden, da *Brugger* diese Position genauso fern liegt wie wohl den allermeisten Vertretern eines prozeduralen Gemeinwohlverständnisses.

seiner vom Souverän abgeleiteten Aufgaben möglich. Genau dies geschieht etwa durch Verfassungsgerichte in demokratischen Rechtsstaaten, und es geschieht um des Gemeinwohls des Volkes willen. Das Gemeinwohl liefert so in seinen unterschiedlichen Ausprägungen bei der Abwägung von Rechtspositionen den Maßstab, es wird selbst verfassungsimmanent.

Für das Gemeinwohl ist zusätzlich in Anschlag zu bringen, dass gerade dann, wenn die Parlamentsentscheidungen im Sinne des Souveräns (außerhalb des Parlamentes) fallen sollen, eine direkte Abbildung etwa des Bürger- oder Volkswillens im Parlament in den allermeisten Fällen ausgeschlossen ist. Das hat die moderne „social choice"-Theorie seit dem zweiten Weltkrieg immer wieder in formaler Weise nachgewiesen und damit einen Verdacht bestätigt, den der Baron de Condorcet (ein Vertreter des Dritten Standes) bereits zu Zeiten der Französischen Revolution hatte.[67] Nicht die möglichst genaue prozedurale Abbildung der Interessen des Souveräns kann deshalb in einer Demokratie Aufgabe des Parlaments sein, vielmehr muss sich das Parlament an den materialen Vorgaben der Verfassung orientieren und diese als Gemeinwohlaufgaben verstehen und umsetzen. Diese Vorgaben können individuelle Grundrechte genauso umfassen wie staatliche Ziele. Nimmt man hinzu, dass die Steuerung durch Recht nicht die einzige Möglichkeit ist, Ziele zu erreichen, sondern dazu auch und gerade der Markt der frei interagierenden und insofern grundfreiheitlich bewehrten Individuen wichtig ist,[68] dann wird sich der Staat und damit das Parlament zur Gemeinwohlsicherung vor allem dann berufen sehen dürfen, wenn der Markt versagt. Das ist klassisch bei der Allokation kollektiver Güter der Fall.[69]

Damit verdienen grundsätzlich materiale Gemeinwohlvorstellungen den Vorzug vor prozeduralen Konkretisierungsüberlegungen. Prozedurale Wege der Gemeinwohlsicherung dienen deshalb einem vorgegebenen Ziel mit der Folge, dass sie bei drohender Zielverfehlung zu korrigieren sind. Da *Brugger* dies zumindest im Ergebnis genauso sieht, sind andere materiale Gemeinwohlverständnisse als sein Eigenes als Alternativen zu erörtern. Schon nach dem gerade zum Marktversagen Ausgeführten dürfte es zu kurz greifen, das Gemein-

---

[67] Einzelheiten bei *M. Anderheiden*, Gemeinwohl in Republik und Union, Tübingen 2006, Kapitel 1. Wenn *T. Gas* (Fn. 43), S. 303 f., dagegenhält, das *Arrow*-Theorem sei „alt", ist das kein Argument, wenn er einen Fall findet, in dem das *Ostrogorski*-Paradox nicht gilt, heißt das noch lange nicht, dass es in zahllosen anderen Fällen nicht doch gilt. Vielmehr kann resümiert werden, dass die lineare Übertragung des wie auch immer akkumulierten Individualwohls in ein Gemeinwohl in den demokratierelevanten Fällen ausgeschlossen ist.

[68] Aus der breiten Literatur s. etwa: *M. Martini*, Der Markt als Instrument hoheitlicher Verteilungslenkung: Möglichkeiten und Grenzen einer marktgesteuerten staatlichen Verwaltung des Mangels, Tübingen 2008, mit zahllosen Literaturangaben.

[69] Zu Marktversagen und kollektiven Gütern s. etwa: *M. Fritsch*, *Th. Wein*, *H.-J. Ewers*, Marktversagen und Wirtschaftspolitik, 8. Aufl. München 2011, Teil 2.

wohl ausschließlich oder vorrangig in der Agglomeration subjektiver Rechte zu sehen;[70] damit würde Marktversagen politisch perpetuiert, nicht konterkariert – zum Schaden auch von Individualrechtspositionen.[71]

Vergleicht man den eben skizzierten Ansatz, dem Gemeinwohl den Bezug zu kollektiven Gütern und zu Individualrechten zuzuschreiben, mit *Bruggers* Ansatz, springen Überschuss und Zurückhaltung des *Brugger*'schen Ansatzes ins Auge. *Bruggers* Gemeinwohlverständnis speist sich im Wesentlichen aus den Gemeinwohlgütern, die unmittelbar mit dem Rechtsbegriff und darüber mit der Verwirklichung einer Rechtsordnung zu tun haben: Rechtssicherheit als Bedeutungssicherheit zeigt auf gelungene Kommunikation, auf die Möglichkeit des Staates und des Bürgers sowie der Bürger untereinander, mittels einer gemeinsamen Sprache rechtliche Gestaltungen zu nutzen, zu allgemeinem Vorteil. Sie ist Voraussetzung einer Befolgungssicherheit, durch die das Recht seine normative Aufgabe erfüllt: allgemein zu wirken. Nimmt man eine transparente Funktionsabgrenzung hinzu, entsteht aus diesen beiden Elementen eine verlässliche, stabile Ordnung, die als Rahmen menschlichen Handelns und Gestaltens von allgemeiner Bedeutung und schier unverzichtbar ist. Gerechtigkeit gilt als erste Tugend politischer Systeme[72] und ist jener Leitstern zur inhaltlichen Evaluation von Regeln und Entscheidungen, auf den sich alle einigen können. Zumindest will niemand ungerechte Normen und Entscheidungen; das lässt freilich Streit über den Inhalt des Gerechten in weitem Umfang zu, eröffnet ihn erst. Doch ist wohl nicht alles einer unterschiedlichen Bewertung offen: Steuern Korruption und Korrumpierbarkeit die Ergebnisse eines Prozesses, wird das Ergebnis wohl stets als ungerecht wahrgenommen, selbst wenn die Handelnden durch „Zufall" das „richtige" Ergebnis treffen. Das Gleiche gilt für effiziente und hinlänglich begründbare Entscheidungen und Struktursetzungen. Für diese ist es Bedingung, dass sie auf validen empirischen Annahmen und einer zutreffenden Analyse aller beteiligten, rechtlich relevanten Interessen beruhen.

Dennoch unterlässt es *Brugger* in seinen Gemeinwohlaufsätzen, nicht nur auf Stabilität und Erwartungssicherheit, Gerechtigkeit und Effizienz, Angemessenheit in der Sache und Transparenz in der Begründung, sondern auch auf eine Reihe wichtiger kollektiver Güter einzugehen, die sich im Laufe der Zeit Anerkennung verschafft haben, etwa den Schutz der Umwelt, die Vorkehrungen zur Gewährleistung einer funktionierenden Gesundheitsvorsorge und -fürsorge, den Freiraum und die Mittel für unabhängigen wissenschaftlichen Fortschritt, funktionierende öffentliche Transportwesen und Infrastrukturein-

---

[70] So aber jüngst wieder für den innerstaatlichen, verräterisch aber schon nicht für den völkerrechtlichen Bereich: *Gas* (Fn. 43), S. 25 ff., 450 ff.

[71] Das ist außerhalb des Rechts anerkannt seit *D. Hume*, A Treatise of Human Nature, London 1739/40, Buch 3, Teil 2, Kapitel 2, s. sogar: *A. Smith*, Der Wohlstand der Nationen, zuerst London 1776, deutsche Ausgabe München 1974 (Taschenbuch 2001), Buch 4 Kapitel 9.

[72] So die bekannte Eingangsformulierung von *Rawls* (Fn. 60), S. 19.

richtungen, etc. Das mag damit zusammenhängen, dass *Brugger* seine Ausführungen auf alle real existierenden modernen Verfassungsstaaten mit demokratischen Regierungssystemen bezog. Und die USA hatten zu seinen Lebzeiten noch keine umfassende Krankenversicherung, in einer ganzen Reihe von Staaten ist die Prophylaxe vor Katastrophen, seien sie natürliche oder menschengemachte, zumindest aus deutscher Sicht recht unterentwickelt, über den Grad der Transparenz öffentlicher Entscheidungen und die Notwendigkeit von deren Begründung gehen die Meinungen schon zwischen Deutschland und Frankreich erheblich auseinander, etc. Es handelt sich also um, relativ zu den von *Brugger* genannten, neuere Gemeinwohlaspekte, die zudem einen dynamischen inhaltlichen Diskurs erfahren und seine „Ziele/Zwecke" deutlich konkretisieren könnten.

Auch wenn diese Lücke in *Bruggers* Schriften zum Gemeinwohl zunächst einmal zu konstatieren ist, sieht er zumindest im Ergebnis die Möglichkeit, dass sich demokratische Rechtsstaaten der Gegenwart dahin entwickeln, solche kollektiven Güter bereitzuhalten. Diese Öffnung wird in seinen Texten zu *Georg Jellineks* Statuslehre deutlich.[73] Dort übernimmt *Brugger* zunächst die von *Jellinek* bekannten status subjectionis, negativus, activus und passivus, die er (in der Reihenfolge) im Staat-Bürger-Verhältnis, in Gewaltenteilung, Rechtsstaatlichkeit und Abwehrrechten, in Volkssouveränität und Partizipation mit politischen Bürgerrechten, schließlich in sozialen Rechten und objektiven Grundrechtsfunktionen gespiegelt sieht.[74] Schon darin kann in Einzelheiten eine Weiterentwicklung der *Jellinek*'schen Lehre gesehen werden. Darüber hinaus und hier interessanter ergänzt *Brugger* diese Liste dann um ökologische Lebens- und Freiheitsvoraussetzungen, die zugleich dem Schutz der Umweltgüter und dem Ressourcenschutz dienen sollen („status oecologicus"), um einen „status culturalis", der „objektive Grundrechtsfunktionen zur Unterstützung reicher Lebenswelten" behandelt, dann einen „status europaeus", der die Eingliederung in eine Friedens- und Wirtschaftsgemeinschaft in Europa thematisiert und schließlich einen „status universalis", der zur Verwirklichung einer Universalmoral in Kategorien des Menschheitsdenkens operiert.

Mit den „status oecologicus" und „culturalis" greift *Brugger* weit in die gesellschaftlichen Bereiche aus und argumentiert auf unterstaatlicher Ebene, weil zugleich der Staat als „Gemeinschaft der Gemeinschaften" verstanden wird.[75] Mit den status europaeus und universalis geht er dagegen über den Staat hinaus

---

[73] *W. Brugger*, „Georg Jellineks Statuslehre: national und international. Eine Würdigung und Aktualisierung anlässlich seines 100. Todestages im Jahr 2011", AöR 136 (2011), S. 1–43, zum Gemeinwohlbezug S. 7 f. und zum Folgenden vor allem S. 26 ff., im Folgenden zitiert als „Jellineks Statuslehre". S. auch schon: W. *Brugger*, „Georg Jellinek als Sozialtheoretiker und Kommunitarist", Der Staat 49 (2010), S. 405 ff.

[74] *Brugger*, Jellineks Statuslehre (Fn. 67), S. 41 f.

[75] *Brugger*, Jellineks Statuslehre (Fn. 67), S. 5, 23 ff.

auf überstaatliche Entitäten und deren Wohlergehen ein.[76] Hier schimmert eine Variabilität in der Behandlung der Zuordnungssubjekte für das Gemeinwohl durch, der über Jahrhunderte hinweg üblich war[77] und für den auch heute in der Tat vieles streitet.[78] Daneben ließe sich sicherlich in *Bruggers* Sinn der status positivus zu einem Geflecht von Rechtsbeziehungen ausbauen, die einer funktionierenden Daseinsvorsorge und -fürsorge entsprechen und insoweit auf kollektive Güter zielen: Eine funktionierende Infrastruktur dient allen, ein funktionierendes Gesundheitswesen schützt alle. Kombiniert man dieses Denken mit dem Gemeinwohldenken auf Staatsebene, wie es *Brugger* in seinen früheren Aufsätzen pflegte, ergibt sich ein Gesamtbild, das die Bereitstellung kollektiver Güter durch den Staat, wenn auch nicht umfassend und begrifflich prägnant, so doch in der Sache in den Blick nimmt.

Brugger sieht aber auch, dass es damit heutzutage nicht sein Bewenden haben kann. Das Gemeinwohl wird nicht mehr nur auf staatlicher und innerstaatlicher Ebene gewährleistet. Entscheidende Impulse erhält es zumindest in unserer Hemisphäre aus der europäischen Einbettung der nationalen Rechtsordnungen. Der gemeinsame „Raum der Freiheit, der Sicherheit und des Rechts" fasst diese Tendenz schlagwortartig zusammen. Damit lässt sich *Bruggers* Gemeinwohldeutung auch in eine postetatistische Zeit übertragen, die freilich ihr eigenes Ziel noch nicht benennen kann. Gerade Umweltgüter zeigen zudem, dass selbst die Beschränkung auf kontinentale Ordnungsmächte wie die EU zu kurz greifen kann: Die Ozonschicht lässt sich nicht durch nationale oder europäische Alleingänge „retten", Gleiches gilt für klimabildende Faktoren wie Wasserreservoirs, die Tiefsee oder die Regenwälder. Universale Anstrengungen werden hier nötig, die *Brugger* zuletzt mit seinem status universalis im Anschluss an *Jellinek* und über diesen hinausweisend noch in den Blick nehmen konnte.

III. Coda

Jäh endet an dieser Stelle *Bruggers* Denken zum Gemeinwohl. Es war ihm nicht mehr vergönnt, die konstanten Faktoren seines früheren Gemeinwohlbegriffes mit den variablen Faktoren seiner *Jellinek*-Interpretation zusammenzuführen und das Ergebnis in den weiteren Rahmen seiner anthropologischen und kommunitaristischen Studien einzufügen. Immerhin zeigen sich aber die Leitlinien eines zweiteiligen Gemeinwohlverständnisses, das zentral auf kollektive Güter bezogen ist, die sich unveränderlich aus der Verrechtlichung selbst ergeben, und einen Kranz variabler kollektiver Güter, die mit unterschiedlicher Intensität

---

[76] *Brugger*, Jellineks Statuslehre (Fn. 67), S. 33 ff.

[77] S. dazu die Monographie von *Kempshall* (Fn. 47) und den von E. Lecuppre-Desjardin und A.-L. van Bruane herausgegebenen Sammelband (Fn. 49).

[78] S. *Anderheiden* (Fn. 66), S. 131 f.

durch die politischen Entscheider national und international, suprastaatlich und außerstaatlich zu beachten und zu sichern sind, in Verfahren, für die *Brugger* ebenfalls Leitlinien gezogen hat. Gewiss bleibt in diese Richtungen noch viel zu tun, etwa die Rolle der meritorischen Kulturgüter genauer herauszuarbeiten, das Verhältnis kollektiver Güter zu Individualrechten und den Beitrag des Gemeinwohls zum Widerstreit individueller Rechte. Schließlich stellt sich die von *Brugger* selten behandelte Motivationsfrage: Lassen sich die Menschen wirklich für Gemeinwohlfragen zum Handeln motivieren, wird Gemeinwohl durch Gemeinsinn ergänzt? Diese Frage sollte sich für die bleibenden rechtlichen Kollektivgüter bejahen lassen, für den Kranz der politischen Kollektivgüter bleibt das abzuwarten. In jedem Fall bleibt aber *Bruggers* Verdienst, diese beiden Gemeinwohlsphären analytisch geschieden und inhaltlich aufeinander bezogen zu haben. Ein solches Ergebnis entspricht auch seinem Wesen, das weniger vom auftrumpfenden Gestus als von der nachhaltigen Wirkung geprägt war.

„Gemeinwohl im Prozess“

Eberhard Schmidt-Aßmann

I. Ausgangspunkte

Im Urteil vom 12. Mai 2011, dem „Trianel“-Urteil, befand der Europäische Gerichtshof, dass die zentrale Bestimmung des deutschen Umwelt-Rechtsbehelfsgesetzes (UmwRG) nicht den Anforderungen der einschlägigen EU-Richtlinien entspreche.[1] Der Streit, zu dem der EuGH in einem Vorabentscheidungsverfahren nach Art. 267 AEUV seine Entscheidung traf,[2] ging um die Klagebefugnis anerkannter Umweltverbände bei einem Vorgehen gegen wichtige umweltrelevante Verwaltungsentscheidungen, insbesondere Zulassungsentscheidungen für Projekte, die einer Umweltverträglichkeitsprüfung unterliegen. Der deutsche Gesetzgeber hatte diesen Verbänden zwar eine eigene Klagebefugnis bei Verletzungen von Umweltschutzvorschriften eingeräumt, diese aber wiederum davon abhängig gemacht, dass die Vorschriften „Rechte Einzelner begründen“ (§ 2 Abs. 1 Nr. 1 UmwRG).[3] Eine solche einschränkende, „schutznormakzessorische Fassung“ der Klagebefugnis, wie sie in der Literatur genannt wurde,[4] fand nicht die Zustimmung des EuGH. Der Gerichtshof hob zwar hervor, dass die EU-Richtlinie, deren Umsetzung das UmwRG dienen sollte, es den Mitgliedstaaten grundsätzlich freistelle, ob sie den geforderten Rechtsschutz in Umweltsachen als Interessentenklage oder als Verletztenklage ausgestalteten. Er stellte dann aber fest, dass speziell für die Rechtsbehelfe anerkannter Umweltverbände die als verletzt zu rügenden Vorschriften so festgelegt werden müssten, dass diese Festlegungen den Verbänden „nicht die Möglichkeit nehmen, die Rolle zu spielen, die ihnen sowohl die Richtlinie 85/337 EWG als auch das Übereinkommen von Aarhus zuerkennen“.[5] Es widerspreche dem Ziel der Richtlinie – so heißt es weiter –, „wenn die betreffenden Verbände nicht auch eine Verletzung von aus dem Umweltrecht der Union hervorgegangenen

---

[1] EuGH vom 12.5.2011, Rs C-115/09 = NVwZ 2011, 801 = NuR 2011, 423.

[2] Ergangen auf Vorabentscheidungsersuchen des OVG Münster vom 5.3.2009, NVwZ 2009, 987.

[3] Gesetz über ergänzende Vorschriften zu Rechtsbehelfen in Umweltangelegenheiten nach der EG-Richtlinie 2003/35/EU (Umwelt-Rechtsbehelfsgesetz) vom 7. Dezember 2006 (BGBl. I S. 2816).

[4] Vgl. nur *Gärditz*, EurUP 2010, 210 m.w.N.; *A. Schwerdtfeger*, Der deutsche Verwaltungsrechtsschutz unter dem Einfluss der Aarhus-Konvention, 2010.

[5] EuGH (Fn. 1), Tz. 44.

Rechtsvorschriften geltend machen können, nur weil Letztere Interessen der Allgemeinheit schützen".[6] Das Bundesverwaltungsgericht hat dieser Erkenntnis sogleich Rechnung getragen und im Urteil vom 29. September 2011 die „schutznormakzessorische" Einschränkung des § 2 Abs. 1 Nr. 1 UmwRG bis zu ihrer förmlichen gesetzlichen Aufhebung für nicht anwendbar erklärt.[7]

Die Ausführungen des EuGH betreffen eine besondere Konstellation der Verbandsklage, die in den Tatbestandsmerkmalen der einschlägigen Richtlinie präzise umrissen ist. Zur Ausgestaltung des Rechtsschutzes von Einzelpersonen sagen sie so wenig etwas aus wie zum Rechtsschutz in Umweltangelegenheiten allgemein, und erst recht geht es ihnen nicht um die unterschiedlichen Rechtsschutzkonzepte, die die Mitgliedstaaten verfolgen. Trotzdem lenkt die „Trianel"-Entscheidung die Aufmerksamkeit erneut auf eine grundlegende Auseinandersetzung im zeitgenössischen Prozessrecht: die Verhältnisbestimmung zwischen einem ausgeprägten Individualrechtsschutz und „überindividuellen" Klagemöglichkeiten, mit denen kollektive Rechtsgüter geschützt und Interessen der Allgemeinheit verfolgt werden können.[8] Dabei ist die Position des deutschen Verwaltungsprozessrechts (jedenfalls auf den ersten Blick) eindeutig. § 42 Abs. 2 VwGO bestimmt: Soweit gesetzlich nichts anderes bestimmt ist (Halbs. 1), muss der Kläger geltend machen, in seinen Rechten verletzt zu sein (Halbs. 2). Der Individualrechtsschutz ist der Grundtatbestand. Er gilt als die im Grundgesetz angelegte prägende „Systementscheidung " (Art. 19 Abs. 4 GG). Andere Klagen sind zwar nicht generell ausgeschlossen; sie setzen aber eine besondere Zuerkennung entsprechender subjektivrechtlich nicht rückgebundener („isolierter") Klageberechtigungen durch den Gesetzgeber voraus. Insgesamt zeigt sich so ein *dualistisches Konzept*: hier die zu subjektiven Rechten verdichteten Interessen des Einzelnen – dort die Interessen der Allgemeinheit. Auch die Begründetheit der Klage ist von diesem Dualismus gekennzeichnet (§ 113 Abs. 1 VwGO). Das derzeitige Prozessrecht lässt an der beschriebenen Aufteilung keinen Zweifel. Aber: Ist dieser überkommene Dualismus von Individualinteresse und Allgemeininteresse wirklich heute noch das richtige Konzept in einer dem *Gemeinwohl* insgesamt verpflichteten Verfassungsordnung?

Staatslehre und Öffentliches Recht verdanken *Winfried Brugger* wichtige Einsichten in die Aufgaben und die Struktur des Gemeinwohlbegriffs: Das Gemeinwohl ist eines der entscheidenden Kriterien, um unterschiedliche Konzepte von Liberalismus, Pluralismus und Kommunitarismus im Spiegel des Grundge-

---

[6] EuGH (Fn. 1), Tz. 46.

[7] BVerwG vom 29.9.2011, NuR 2012, 119 Tz. 28.

[8] Dazu zum Verwaltungsprozess grundlegend aus jüngerer Zeit *Schlacke*, Überindividueller Rechtsschutz, 2008. Zum Zivilprozessrecht *Kocher*, Funktionen der Rechtsprechung, 2007. Speziell zur „Trianel"-Entscheidung *Schwerdtfeger*, EuR 2012, 80 (86 f.).

setzes zu bewerten.[9] Das Gemeinwohl ist das Thema des von *Brugger* zusammen mit seinen Schülern *Stephan Kirste* und *Michael Anderheiden* herausgegebenen Gemeinschaftswerkes.[10] Die Verwirklichung von Gemeinwohl ist das Ziel des Rechts.[11] „Wenn Gemeinwohl in der Tat eine wesentliche, wenn nicht sogar die umfassende Leitvorstellung politischer Organisation darstellt, dann ist es unvermeidbar, daß der Begriff im Rahmen des Stufenbaus der Rechtsordnung auf allen Ebenen gebraucht werden kann“.[12] Entsprechend häufig und zentral sind auch *Bruggers* Aussagen zu den Korrespondenzbegriffen der Freiheit und der subjektiven Rechte: „Können Utilitaristen subjektive Rechte ernst nehmen?“ fragt er in einem Aufsatz von 1982,[13] und fast drei Jahrzehnte später widmet er sich in einer posthum erschienenen Würdigung der Statuslehre *Georg Jellineks* in dessen „System der subjektiven Rechte“.[14]

In seinen Analysen zum Gemeinwohl „als Maßstab von Politik, Recht und Staat“ arbeitet *Brugger* eine materielle und eine prozedurale Seite des Gemeinwohlbegriffs heraus, zu denen dann noch die Frage nach den Konkretisierungsebenen treten soll.[15] Materiell deutet er das Gemeinwohl als „Integrationskonzept von Rechtssicherheit, Legitimität und Zweckmäßigkeit“. Diese drei Bestandteile haben ihre „spezielle Normativität“: Sie sind einerseits im positiven Recht nachweisbar, lassen sich aber auch in ihrer Idealgestalt rekonstruieren. Ergänzend heißt es: „Zudem stammt der Begriff Gemeinwohl zumindest auch aus der Gesellschaft und deren Normvorstellungen bzw. wird von dieser geprägt. Damit läßt er sich nicht auf die Bedeutungen reduzieren, die Staatsorgane oder Normen des positiven Rechts zu einer bestimmten Zeit darunter verstehen“.[16] Schon hier wird eine Offenheit des Gemeinwohls im Verfassungsstaat deutlich, die für den weiteren Gang im Auge zu behalten ist. Besonders wichtig erscheinen deshalb die „Prozeduren der Gemeinwohlkonkretisierung“.[17] *Brugger* zeigt hier, wie sich die auf unterschiedlichen Ebenen ablaufenden demokratischen und juristischen Diskurse ergänzen. Dabei wird zutreffend auf die Bedeutung des gerichtlichen Verfahrensrechts und seiner Festlegungen (z.B. zu Fragen der Antragsberechtigung oder des Beweisrechts) hingewiesen.[18]

---

[9] Vgl. *Brugger*, Liberalismus, Pluralismus, Kommunitarismus. Studien zur Legitimation des Grundgesetzes, 1999, S. 162 ff., 197 ff. und 253 ff.

[10] Brugger/Kirste/Anderheiden (Hrsg.), Gemeinwohl in Deutschland, Europa und der Welt, 2002.

[11] *Brugger* (Fn. 9), S. 44.

[12] Brugger/Kirste/Anderheiden (Fn. 10), S. 9.

[13] Beitrag zur Festschrift für E. Heintel 1982, erneut abgedruckt in: *Brugger* (Fn. 9), S. 182 ff.

[14] *Brugger*, AöR Bd. 136 (2011), 1 ff.

[15] Brugger/Kirste/Anderheiden (Fn. 10), S. 17 ff., mit Schaubild S. 23.

[16] A.a.O., S. 21 f.

[17] A.a.O., S. 32 ff.

[18] A.a.O., S. 33 f.

Ohne dass das weiter ausgeführt wird, fällt es nicht schwer, hier eine spezifische Gemeinwohlfunktion gerichtlicher Verfahren auszumachen.

Insgesamt stehen diese Äußerungen für eine Verhältnisbestimmung zwischen öffentlichen Interessen, privaten Interessen und Gemeinwohl, die weder streng hierarchisch noch strikt dualistisch geprägt ist, sondern mit Verschränkungen und gleitenden Übergängen arbeitet. Dahinter wird *Bruggers* tief verankerte Überzeugung von einer gemeinsamen Verantwortung von Staat und Individuum für Gerechtigkeit und ein gutes Leben in der Gesellschaft sichtbar. „Erst in der Vermittlung von Recht und Macht, Gemeinwohl und individueller Freiheit, in der die gleiche Freiheit der Bürger zumindest zu *einem* (kursiv im Original) Geheimnis des Glücks wird, werden die Begriffe von politischer Freiheit, Verantwortungspolitik oder auch des Versuchs einer Synthese von zweckgebundenem und gerechtigkeitsorientiertem Recht zureichend faßbar".[19] Das verfassungsliberale Leitbild, das *Brugger* dem Grundgesetz entnimmt und das er zur Basis seiner Grundrechtstheorie macht, ist „als eigenständige, sinnhafte und verantwortliche Lebensführung [zu] charakterisieren".[20] Gedanken der Integration und Inklusion, der Zusammenschau und des Interessenausgleichs bestimmen den Zugang zu den verfassungsrechtlichen Schlüsselthemen und so auch zum Freiheitsverständnis. „Diese Verantwortlichkeit des Menschen für sein Verhalten im Sozialzusammenhang ist im Rahmen des ethisch-politischen Verfassungsliberalismus nicht von vornherein heteronom auferlegter Zwang, sondern eine der Freiheit immanente und deswegen für jeden vernünftig und gerecht Denkenden einsichtige Schranke individueller Handlungsmacht".[21]

Müssen von einem solchen Verständnis her nicht auch die überkommenen Funktionen des gerichtlichen Verfahrens neu bedacht werden? Dazu ist in den zitierten Ausführungen direkt nichts gesagt. Aber es erscheint kein Zufall, dass in der jüngeren Literatur zu diesen Fragen auf *Winfried Bruggers* Vorstellungen vom Gemeinwohl, auf sein Freiheitsverständnis und auf seine Darlegungen zum Kommunitarismus zurückgegriffen wird. Die Rede ist von der 2009 erschienenen Schrift von *Julian Krüper*, deren Titel ich als Überschrift des vorliegenden Beitrages übernommen habe: „Gemeinwohl im Prozess".[22] Das Werk hat, wie sein Untertitel ausweist, einen Schwerpunkt im Umweltrecht und dessen Besonderheiten, vor allem dessen besonderer Ausrichtung an Art. 20a GG. Seine Grundaussagen gehen jedoch weit über diesen Bereich hinaus und betreffen den Grundrechtsstatus des Einzelnen und seine Aktualisierung im gerichtlichen Verfahren. Dabei setzt *Krüper* dort an, wo das „Trianel"-Urteil

---

[19] *Brugger* (Fn. 9), S. 196.

[20] A.a.O., S. 173.

[21] A.a.O., S. 176.

[22] *Krüper*, Gemeinwohl im Prozess. Elemente eines funktionalen subjektiven Rechts auf Umweltvorsorge, 2009. Die Schrift ist eine von Martin Morlok betreute Düsseldorfer Dissertation.

des EuGH aufhören konnte: er fragt – in der dualistischen Systematik des § 42 Abs. 2 VwGO gesprochen – nicht nach den Möglichkeiten einer gesonderten gesetzlichen Zuerkennung von Klageberechtigungen (Halbs. 1), sondern nach den Möglichkeiten einer Hineinnahme funktionaler Elemente in den Begriff des subjektiven Rechts selbst (Halbs. 2). Dazu wird der inzwischen eingeführte Begriff des funktionalen öffentlichen Rechts verwendet.[23] Im Konzept eines solchen Rechts wird dem Begriff des Gemeinwohls eine zentrale Rolle zuerkannt, die primär prozedural gedeutet wird: „Gemeinwohl realisiert sich situativ und als Ergebnis einer Interessenkonkurrenz. Formalisiert ausgetragen werden solche Interessenkonkurrenzen im gerichtlichen Verfahren, welches sich materiell in den Kategorien von Recht und Gegenrecht abbilden lässt. Sie gilt es für die Dimensionen des Gemeinwohls zu entschlüsseln und zu aktivieren“.[24]

Ausgangspunkt ist eine Analyse der derzeit herrschenden Schutznormlehre und ihres Schlüsselbegriffs, des Individualinteresses. *Krüper* kritisiert diesen Begriff als zu eng und möchte, weniger auf die Interessenqualifikation als auf die (gesetzgeberische) Interessenzuweisung abhebend, neben genuin personalen Positionen, die „aus grundrechtlichen Gründen in aller Regel wenig erklärungsbedürftig“ seien, auch funktional begründete Interessenzuweisungen zur Annahme eines subjektiven Rechts im Sinne des § 42 Abs. 2 VwGO ausreichen lassen.[25] Dafür bringt er eine Reihe von Gründen bei, die sich teils speziell auf die umweltrechtliche Vorsorge, teils aber auch auf allgemeine Überlegungen wie die grundrechtlichen Schutzpflichten, das Demokratieprinzip und das EU-Recht stützen. Er sieht freilich auch die Gefahren einer solchen Aufladung des subjektiven Rechts zum „Mechanismus des Gemeinwohlschutzes“, Gefahren einer Instrumentalisierung individueller Freiheit. Um solche Einwände zu entkräften, greift *Krüper* auf die von *Brugger* entfaltete verfassungsliberale Grundrechtstheorie zurück, die anders als die klassisch-liberale Lehre Freiheit nicht rein abwehrrechtlich deutet, sondern grundrechtliche Entfaltung „als eigenständige, sinnhafte und verantwortliche Lebensführung“ bestimmt.[26] „Dies ermöglicht es, vermittelt über den Begriff der Verantwortlichkeit des Handelnden, seine Freiheitsbetätigung im Hinblick auf den Erhalt der natürlichen Lebensgrundlagen zukünftiger Generationen zu funktionalisieren“.[27]

In seiner weiteren Gedankenführung geht es *Krüper* darum, sein Modell eines funktionalen subjektiven Rechts in die Strömungen der zeitgenössischen

---

[23] A.a.O., S. 21 unter Bezugnahme auf *Ruffert*, Subjektive Rechte im Umweltrecht der europäischen Gemeinschaften, 1996, S. 220 ff. Vgl. weiter *Schoch*, Gerichtliche Verwaltungskontrollen, in: Hoffmann-Riem/Schmidt-Aßmann/Voßkuhle (Hrsg.), Grundlagen des Verwaltungsrechts (GVwR), Bd. III, 2008, § 50 Rn. 154 ff: „Konzept der funktionalen Subjektivierung“.

[24] *Krüper* a.a.O., S. 21 f.

[25] A.a.O., S. 138 f.

[26] A.a.O., S. 274 ff. unter Bezugnahme auf *Brugger* (Fn. 9), S. 172 ff.

[27] *Krüper* a.a.O., S. 276.

Verfassungstheorie einzuordnen und es auf diese Weise weiter zu plausibilisieren. Hierzu kommt er noch ein weiteres Mal auf Überlegungen *Bruggers* zu sprechen: auf das Argumentationspotential des Kommunitarismus, den er, *Bruggers* Einteilungen und Charakterisierungen übernehmend, in den Varianten eines konservativen, eines universalistischen und eines liberalen Kommunitarismus durchgeht.[28] Unter ihnen sieht *Krüper* letztere Form im Grundgesetz am ehesten verwirklicht.[29] Das Individuum ist ihr zufolge nicht in eine einzige Gemeinschaft, sondern in ein plurales Gemeinschaftsgefüge und in unterschiedliche Verantwortungszusammenhänge eingebunden, zu deren Veranschaulichung auf *Bruggers* Bild von konzentrischen Kreisen zurückgegriffen wird. Die Ausübung funktionaler subjektiver Rechte stellt den Kläger in zwei Verantwortungszusammenhänge, „nämlich in den konkreten Zusammenhang des einfachrechtlich konstituierten Nachbarschaftsverhältnisses einerseits und in den des intergenerationellen und intertemporalen andererseits".[30] Eine Pflicht, die eingeräumte Klageberechtigung auch auszuüben, soll daraus jedoch, der liberalen Prägung dieser Kommunitarismusform entsprechend, nicht folgen. Innerhalb der jüngeren Diskussion um Prozesszwecke und Klageberechtigungen ist es das Verdienst *Krüpers*, einen Entwurf vorgelegt zu haben, der sich auf Verfassungsrecht und Verfassungstheorie unter Einschluss einer vorrangig, aber nicht ausschließlich prozedural gedeuteten Gemeinwohltheorie konzentriert.[31] Kernstück ist das, was das Grundgesetz, die deutsche Verfassungsordnung, in dieser Sache hergibt. Die weitere Entwicklung wird zwar nicht ohne die Einbeziehung des EU-Rechts und der europäischen Rechtsvergleichung zu bestimmen sein.[32] Aber ein wichtiger Eckpfeiler für die Fixierung dessen, was „Gemeinwohl im Prozess" ausmachen kann, ist damit in Anknüpfung an *Bruggers* verfassungstheoretische Vorstellungen gesetzt.

II. Systematische Überlegungen

„Gemeinwohl im Prozess" führt zwei Themen zusammen, die für jede moderne Rechtsordnung konstitutiv sind: die Rechtsstellung des Einzelnen und das staatliche Institutionengefüge. Jedes der beiden Themen greift zwar über den so bezeichneten Schnittbereich weit hinaus. Im Schnittbereich jedoch entfalten beide eine besondere Begegnungsintensität. Es geht um *Rechtsschutz* in einem weiten, individuelle und instrumentelle Komponenten umfassenden

[28] A.a.O., S. 316 ff.

[29] A.a.O., S. 320: „Die Verfassungsordnung des Grundgesetzes ist sowohl deutlich liberal geprägt, kennt aber ebenso kommunitaristische Züge".

[30] A.a.O., S. 321.

[31] Vgl. dazu die Positionsbestimmung der eigenen Schrift a.a.O., S. 21.

[32] Dazu mit zahlreichen weiteren Nachweisen *Kahl/Ohlendorf*, JA 2011, 41 ff.

Sinne. Rechtsschutz ist insofern kein Spezifikum nur des öffentlichen Rechts, sondern ebenso des privaten Rechts. Neben Art. 19 Abs. 4 GG steht der Justizgewährungsanspruch in Privatrechtsstreitigkeiten. Beide Garantien haben ihre gemeinsame Grundlage in der allgemeinen Justizgewährungspflicht des Staates, die sich als Korrelat zum staatlichen Gewaltmonopol und zum weitgehenden Ausschluss der Selbsthilfe darstellt – Rechtsstaatlichkeit als Friedensordnung in vertikal und in horizontal strukturierten Rechtsverhältnissen.[33] Die Rechtsschutzgarantie des Art. 47 der Europäischen Grundrechtecharta hat genau diese Doppelung der Schutzanliegen aufgenommen. Sie gilt für Verletzungen der Unionsrechte durch die öffentliche Gewalt *und* für entsprechende Auseinandersetzungen zwischen Privatpersonen.[34] Es erscheint daher angezeigt, die Diskurse über subjektive Rechte und Prozesszwecke, die in der Zivil- und der Staatsrechtslehre lange Zeit und auch heute meistens getrennt geführt werden, wenigstens ein Stück weit einander anzunähern, nicht um ihre Wertungen zu nivellieren, sondern um ihre Konzepte in einem übergreifenden Rahmen zu erörtern. Ein solches Vorgehen liegt auch deshalb nahe, weil das EU-Recht den mitgliedstaatlichen Prozessordnungen in jüngerer Zeit Vorgaben macht, die – sie mögen im Verwaltungsprozess oder im Zivilprozess umzusetzen sein – von denselben Vorstellungen eines über das Individualinteresse hinausreichenden „Gemeinwohls im Prozess“ geprägt sind.[35]

1. Prozesszwecke im Vergleich

Im Ausgangspunkt stimmen die prozessrechtlichen Lehren des Zivilrechts und des öffentlichen Rechts überein: Hauptzweck des Verwaltungs- ebenso wie des Zivilprozesses ist der *Schutz subjektiver Rechte*. Für die zivilrechtliche Literatur ist das weitgehend selbstevident; regelmäßig nur knapp wird dazu auf Selbsthilfeverbot und Justizgewährungspflicht verwiesen.[36] Das öffentlich-rechtliche Schrifttum trifft seine diesbezüglichen Aussagen durchgängig unter Rückgriff auf die Verfassung und hier insbesondere auf Art. 19 Abs. 4 GG.[37] Beide Lehren nennen zudem die Durchsetzung des objektiven Rechts als eine Funktion des Prozesses, die allerdings im Regelfall nicht isoliert als ei-

---

[33] Vgl. *Schmidt-Aßmann*, Der Rechtsstaat, in: Isensee/Kirchhof (Hrsg.), Handbuch des Staatsrechts (HStR), 3. Aufl. Bd. II, 2003, § 26 Rn. 69 ff.

[34] *Blanke*, in: Calliess/Ruffert, EUV/AEUV-Kommentar, 4. Aufl. 2011, GRCh Art. 47 Rn. 7.

[35] *Heß*, JZ 2011, 66 ff.

[36] Vgl. *Musielak*, in: ders. (Hrsg.), Kommentar zur Zivilprozessordnung, 8. Aufl. 2011, Einl. Rn. 5 und 6; *Saenger*, in: ders. (Hrsg.), Zivilprozessordnung, Handkommentar, 3. Aufl. 2009, Rn. 3; *Prütting*, in: ders./Gehrlein (Hrsg.), ZPO Kommentar, 2. Aufl. 2010, Einleitung Rn. 3; *Gottwald*, in: Rosenberg/Schwab/ders., Zivilprozessrecht, 17. Aufl. 2010, § 1 Rn. 5 ff.

[37] Vgl. m.w.N. *Schlacke* (Fn. 8), S. 54 ff.

gener Zweck neben die subjektive Rechtsverfolgung gestellt wird, sondern als inzidenter mit geleistet gilt.[38]

Die eigenständige, nicht von subjektiven Rechten abhängige Rechtsverfolgung wird in beiden Prozessregimen als ein zulässiger weiterer Prozesszweck angesehen, aber als Ausnahme eingestuft. Für den Zivilprozess wird etwa auf die Verbandsklagen des Gesetzes gegen unlauteren Wettbewerb (UWG) von 1896 und des Unterlassungsklagengesetzes (UKlaG) von 2002 verwiesen. Die Aussagen der Lehrbücher zum Ausnahmecharakter dieser Klagen sind allerdings eher quantitativer Natur; eine normative Begrenzung dieser Klagen ist damit erkennbar nicht intendiert. Trotz einer „gewissen Verlagerung des Prozesszwecks", so heißt es in einem der führenden Lehrbücher, könnten solche Verfahren „ohne einschneidende Änderungen im Zivilprozess vorgesehen werden".[39] Ablehnende Stellungnahmen sind eher selten.[40] Im Mittelpunkt stehen eher praktische Fragen, wie die „Bündelung von Interessen im Zivilprozess"[41] am besten erfolgen sollte. Präzise herausgearbeitet werden dabei unterschiedliche Interessenkonstellationen, die zu einer Kollektivierung der Rechtsverfolgung im Zivilrecht veranlassen können, und die unterschiedlichen Modelle ihrer Umsetzung: einerseits die *Gruppenklagen*, bei denen es vorrangig darum geht, eine Flut gleichgerichteter Individualklagen prozessökonomisch zu bewältigen,[42] und andererseits die *Verbandsklagen* in Fällen von „Streu- und Bagatellschäden", hinter denen ein substantielles Ausgleichsinteresse für „Unrechtsgewinne"[43] und öffentliche Interessen eines „private law enforcement" stehen.[44]

Für den Verwaltungsprozess ist von einem engeren Rahmen auszugehen. Wenn dieser Prozess primär der Gewährleistung des von Art. 19 Abs. 4 GG gebotenen Rechtsschutzes dienen soll, dann dürfen weitere Aufgaben der Gerichte diesen zentralen Auftrag jedenfalls nicht verkürzen oder verfremden.[45] Das ist eine allgemein akzeptierte erste Einschränkung. Hinzu kommen anders als im Zivilprozess Überlegungen der Verwaltungskontrolle und der Gewal-

---

[38] *Gottwald* (Fn. 36), § 1 Rn. 9; *Brehm*, in: Stein/Jonas (Begr.), Kommentar zur Zivilprozessordnung, 22. Aufl. 2003, vor § 1 Rn. 12.

[39] *Schilken*, Zivilprozessrecht, 6. Aufl. 2010, Rn. 10. Für das „Verbraucherprozessrecht" detaillierte Analysen zur Veränderung des Prozesszwecks und u.a. zur „verfassungsrechtlichen Dimension" einer solchen Entwicklung *Kocher* (Fn. 8), S. 292 ff.

[40] Mit Nachdruck restriktiv *Säcker*, Die Einordnung der Verbandsklage in das System des Privatrechts, 2006.

[41] So die Schrift von *Stadler*, Bündelung von Interessen im Zivilprozess, 2003.

[42] Vgl. *Alexander*, JuS 2009, 590.

[43] Dazu *Micklitz/Stadler*, Unrechtsgewinnabschöpfung. Möglichkeiten und Perspektiven eines kollektiven Schadensersatzanspruchs im UWG, 2003.

[44] Dazu *Heß*, JZ 2011, 66; vgl. auch *Halfmeier*, Popularklagen im Privatrecht, 2006, S. 51 ff.

[45] *Papier*, Rechtsschutzgarantie gegen die öffentliche Gewalt, in: HStR, 3. Aufl. Bd. VIII, 2010, § 177 Rn. 2; *Huber*, in: von Mangoldt/Klein/Starck (Hrsg.), Grundgesetz Kommentar, 5. Aufl. Bd. 1, 2005, Art. 19 Rn. 347 ff.

tenteilung.[46] Die Gerichte sind in Verwaltungssachen eine ganz wichtige, nach gut begründeter Ansicht sogar die wichtigste Kontrollinstanz. Ihre Tätigkeit gilt als „Kontrolle par excellence“.[47] Das gesamte Verwaltungsprozessrecht lässt sich so nicht nur als Rechtsschutzrecht, sondern auch als Recht einer ausgefeilten Kontrollordnung lesen.[48] Das justizzentrierte Bild der grundgesetzlichen Gewaltenteilung baut ganz wesentlich auf die Kontrollleistungen der Verwaltungsgerichtsbarkeit.[49] Die Notwendigkeit, diese Leistungen zu stärken, ist daher ein beliebtes Argument in verwaltungsrechtlichen Diskussionen.[50] Genauer betrachtet sind die Anforderungen des Gewaltenteilungsprinzips an den Verwaltungsrechtsschutz jedoch *ambivalent*. Sie streiten nicht notwendig *für* eine Intensivierung gerichtlicher Kontrollen, sondern verlangen umgekehrt Rücksichtnahme auf die Eigenständigkeit der Verwaltung. Das Grundgesetz sieht die vollziehende Gewalt als eine gleichberechtigt *neben* Legislative und Judikative stehende Staatsfunktion an.[51] Eine Totalkontrolle oder ein Kontrollmaximum kann daher nicht gemeint sein. Gerichtliche Kontrolle der Verwaltung ist nach dem Konzept des Art. 19 Abs. 4 GG zuallererst eine durch den Individualrechtsschutz vermittelte Kontrolle. Ein über den Schutz subjektiver Rechte hinausgreifender neuer Prozesszweck wird dadurch wie gesagt nicht ausgeschlossen.[52] Aber jede Empfehlung zu seinem Ausbau muss mit der Ambivalenz des Gewaltenteilungs- und Kontrollarguments fertig werden. Der Umgang mit zusätzlichen Prozesszwecken verlangt von der verwaltungsprozessualen Lehre eine besondere Sensibilität gegenüber dem Verfassungsrecht.[53]

Die Verbandsklage im Verwaltungsprozess, seit den 70er Jahren in der umweltrechtlichen Diskussion empfohlen,[54] ist denn auch immer wieder auf erhebliche Einwände gestoßen – nicht zuletzt von Seiten der Richterschaft. Es

---

[46] *Wahl/Schütz*, in: Schoch/Schneider/Bier (Hrsg.), Verwaltungsgerichtsordnung Kommentar, § 42 Abs. 2 Rn. 16 und 38.

[47] So *Kahl*, Begriff, Funktionen und Konzepte von Kontrolle, in: GVwR, Bd. III, § 47 Rn. 127 m.w.N. Aus der älteren grundlegenden Literatur *Krebs*, Kontrolle in staatlichen Entscheidungsprozessen, 1984.

[48] Beispielhaft ausgeführt bei *Schoch* (Fn. 23), Rn. 127 ff.: Kontrollzugang, Kontrollanstöße und Kontrollverfahren, Kontrollergebnisse.

[49] Hier im materiellen Sinne verstanden, also jene Aufgaben umgreifend, die die ordentlichen Gerichte nach Art. 14 Abs. 3 S. 4 und Art. 34 S. 3 GG und sonst in den ihnen durch Gesetz besonders zugewiesenen Verwaltungsrechtssachen wahrnehmen (vgl. § 40 Abs. 2 VwGO).

[50] Sie wird z.B. in der Form eines „Kompensationsarguments“ dort angeführt, wo eine nur schwache gesetzliche Steuerung der Exekutive beobachtet wird.

[51] *Hoffmann-Riem*, in: ders./Schmidt-Aßmann/Voßkuhle, GVwR, Bd. I, § 10 Rn. 70 ff.

[52] Vgl. die Nachweise bei Stern/*Dietlein*, Staatsrecht der Bundesrepublik Deutschland. Bd. IV/2, 2011, § 123 II 4.

[53] Dazu *Schlacke* (Fn. 8), S. 470 ff. und bes. 487 ff.

[54] Prägend *Rehbinder/Burgbacher/Knieper*, Bürgerklage im Umweltrecht, 1972. Ausführliche Darstellung der Entwicklung bei *Schlacke* (Fn. 8), S. 161 ff.

sei nur an die seinerzeit viel beachtete Schrift von *Felix Weyreuther* erinnert![55] In der Gesetzgebung haben sich öffentlich-rechtliche Verbandsklagen daher nur schleppend durchsetzen können – zunächst im Naturschutzrecht einzelner Bundesländer und erst 2002 im Bundesnaturschutzgesetz. Der Versuch des Bundesgesetzgebers, 2006 die von der Aarhus-Konvention und dem EU-Recht geforderten Erweiterungen mit der oben skizzierten „schutznormakzessorischen" Fassung des Umweltrechtsbehelfsgesetzes zu erledigen, kann als eine Fortsetzung dieser schleppenden Politik angesehen werden. Der Befund ist umso erstaunlicher, als Fälle besonders expansiv oder sogar missbräuchlich ausgenutzter Verbandsklageberechtigungen im Naturschutzrecht gerade nicht zu beobachten sind, die bisherigen Erfahrungen vielmehr einen bedachtsamen und verantwortungsbewussten Umgang der anerkannten Verbände mit diesem Instrument erkennen lassen.[56]

Zusammengefasst: Zivilprozess und Verwaltungsprozess dienen primär dem Individualrechtsschutz. In ihrem Zentrum steht das *subjektive Recht*: als subjektives Privatrecht zwischen Privatpersonen bzw. als subjektives öffentliches Recht des Einzelnen gegenüber der Verwaltung. Der eigenständige Schutz überindividueller Interessen kann in beide Prozessregime aufgenommen werden. Er bleibt aber in beiden eine Ausnahme.[57] Beide Prozessordnungen folgen so einem *dualistischen Konzept mit asymmetrischer Gewichtsverteilung* – allerdings mit unterschiedlicher Stringenz. Das Verwaltungsprozessrecht bildet dieses Konzept in der Stufung der beiden Halbsätze des § 42 Abs. 2 VwGO mit normativem Anspruch ab. Die Zuweisung subjektivrechtlich nicht rückgebundener Klagen unterliegt danach einem besonderen Rechtfertigungsbedürfnis. Die zivilprozessuale Literatur verfährt in diesem Punkte weniger strikt. Das dürfte auch damit zusammenhängen, dass sich mindestens die Gruppenklagen, u.U. aber auch die anderen Verbandsklagen als kollektive Verfolgung von Mitgliederinteressen und damit näher am subjektiven Rechtsschutz konstruieren lassen.[58]

---

[55] *Weyreuther*, Verwaltungskontrolle durch Verbände?, 1975.

[56] Vgl. *Schlacke* (Fn. 8), S. 225 ff.; jüngste empirisch abgestützte Angaben dazu bei *Schmidt/Zschiesche/Tryjanowski*, NuR 2012, 77.

[57] Die abweichende Einschätzung bei *Schlacke* (Fn. 8), S. 367 f.: („in quantitativer und qualitativer Hinsicht ein bedeutender Stellenwert") bezieht sich erkennbar auf die Bewertung der praktischen Funktion, nicht auf das normative Verhältnis zum Individualrechtsschutz.

[58] So z.B. bei *Brehm* (Fn. 38), vor § 1 Rn. 11: „Die Verbandsklage ist nicht zum Schutze eines nur schwer zu definierenden öffentlichen Interesses geschaffen. Die klagebefugten Verbände nehmen die Interessen ihrer Mitglieder (Verbraucher oder Gewerbetreibende) wahr".

2. *Die Schlüsselposition des subjektiven Rechts*

Steht das subjektive Recht so klar im Zentrum des Zivil- wie des Verwaltungsprozesses, so liegen Fragen nach Konzept und Grenzen dieses Schlüsselbegriffs nahe. Auch hier gehen beide Rechtsregime von denselben Grundlagen aus: Bezugspunkt ist das Individuum, das seine Interessen soll wahrnehmen und mittels staatlicher Justizgewalt soll durchsetzen können. Es geht um den Schutz von Individualität und Personalität.[59] Dahinter stehen Menschenbild und Freiheitsverständnis des liberalen Verfassungsstaates, deren Wurzeln in das 19. Jahrhundert zurückreichen. Die Staatsrechtslehre konnte dazu an die seinerzeit besser entwickelte Zivilrechtsdoktrin anknüpfen.[60] *Georg Jellineks* Definition des subjektiven Rechts als „die von der Rechtsordnung anerkannte und geschützte auf ein Gut oder Interesse gerichtete menschliche Willensmacht" verband das Willensmoment der Lehre *Windscheids* mit der Interessentheorie *Iherings* zu der auch heute viel benutzten Formel.[61] Subjektives Privatrecht und subjektives öffentliches Recht haben so eine gemeinsame Wurzel.

a) Der Ausgangspunkt: Schutz individueller Freiheit

Weder die Entstehungszeit noch der Entstehungskontext, weder der deutsche Konstitutionalismus noch die Anlehnung an die zivilrechtliche Theoriebildung sprechen als solche gegen die bleibende Bedeutung eines so konzeptualisierten subjektiven Rechts.[62] Auch das Grundgesetz geht von der Freiheit und Selbstbestimmung des einzelnen Menschen aus. Auch das heutige Verfassungsrecht trennt zwischen hoheitlichem Staat und bürgerlicher Gesellschaft. Individualinteresse und individueller Wille haben in der Verfassungsordnung einen hohen Rang. Eine große Vergemeinschaftung und ein umgreifendes Ineinssetzen finden gerade nicht statt. Der Kommunitarismus, den *Winfried Brugger* im Grundgesetz angelegt sieht, kann folglich nur ein liberaler Kommunitarismus sein.[63] Der Ausgangspunkt aller rechtlichen Theoriebildung ist und bleibt eine individualistische Grundausrichtung.[64]

---

[59] *Schmidt-Aßmann*, in: Maunz/Dürig (Hrsg.), Grundgesetz Kommentar, Art. 19 Abs. 4 Rn. 117; *Wahl/Schütz* (Fn. 46), Vorb § 42 Abs. 2 Rn. 14; *Kahl/Ohlendorf*, JA 2010, 872 (873).

[60] Dazu die Darstellung der geschichtlichen Entwicklung bei *Bauer*, Geschichtliche Grundlagen der Lehre vom subjektiven öffentlichen Recht, 1986, S. 73 ff.; *Masing*, Die Mobilisierung des Bürgers für die Durchsetzung des Rechts, 1997, S. 62 ff.; *Krüper* (Fn. 22), S. 104 ff.

[61] *Jellinek*, System der subjektiven Rechte, 1905, S. 42 (44); folgend z.B. *Maurer*, Allgemeines Verwaltungsrecht, 18. Aufl., 2011, § 8 Rn. 2; *Voßkuhle/Kaiser*, JuS 2009, 16 (17) jew. m.w.N.

[62] Zu den Möglichkeiten der Statuslehre Jellineks, auf neue Herausforderungen, vor allem solche der Ökologie zu reagieren, *Brugger* (Fn. 14), S. 26 ff.

[63] *Brugger* (Fn. 9), S. 269.

[64] *Schmidt-Aßmann*, Das Allgemeine Verwaltungsrecht als Ordnungsidee, 2. Aufl., 2004,

Das gilt auch für das subjektive Recht: Auszugehen ist von einem vom Individuum selbst formulierten und in diesem Sinne „natürlichen“ oder „subjektiven“ Interesse. Der Gemeinschaftsgebundenheit des Einzelnen ist zwar Rechnung zu tragen, doch erst in einem zweiten Schritt. Das subjektive Recht ist genau danach konstruiert: *Jellineks* Definition spricht zutreffend von einer „durch die Rechtsordnung anerkannte[n] und geschützte[n]“ Willensmacht. Grundlage sind die eigenen Vorstellungen des Einzelnen, was seine Interessen in einer bestimmten Situation sind. Für die Bedeutung im Rechtsverkehr muss dann freilich die normative „Interessenzuweisung“ hinzukommen.[65] Weder das natürliche Interesse noch die faktische Betroffenheit begründen als solche das subjektive Recht, sondern die Anerkennung durch die Rechtsordnung als Akt normativer sozialer Zuordnung. Recht ist ein soziales Phänomen; aber es beruht in der grundgesetzlichen Verfassungsordnung darauf, dass es den einzelnen Menschen als sich selbst definierende Person ernst nimmt.[66] „Es kommt auf die Interessen der Individuen an, auf dasjenige, was nach ihrem Dafürhalten zu ihrem Wohlergehen beiträgt“.[67] Der *Grundtypus* des subjektiven Rechts ist das Individualrecht zur individuellen Interessenverfolgung. Indem der Prozess, wie in der zivil- und der verwaltungsprozessualen Literatur gleichermaßen angenommen, primär der Durchsetzung des so verstandenen subjektiven Rechts dient, sind beide Prozessregime ein Medium der Entfaltung individueller Freiheit.

b) Erweiterungen: aggregierte Privatinteressen und staatlicher Kompetenzschutz

Nicht hinter allen subjektiven Rechten, um die in Prozessen gestritten wird, steht allerdings der Interessenschutz des Individuums. Die Prozessordnungen kennen vielmehr eine Reihe von Fällen, in denen es zwar auch um subjektive Rechte geht, diesen jedoch der Individualbezug fehlt:[68] Das sind zum einen die Fälle aggregierter Privatinteressen und zum andern der subjektivrechtlich ausgeformte staatliche Kompetenzschutz.

– Kläger sind nicht nur Einzelpersonen, sondern auch Personenmehrheiten. Parteifähigkeit im Zivilprozessrecht bzw. Beteiligtenfähigkeit im Verwaltungsprozessrecht kommt neben natürlichen Personen auch juristischen Per-

S. 15 f.; vgl. aber auch *Masing*, in: Hoffmann-Riem/Schmidt-Aßmann/Voßkuhle, GVwR, Bd. I, § 7 Rn. 7 und 137 ff.

[65] Zutreffend herausgearbeitet von *Krüper* (Fn. 22), S. 138 f.

[66] Vgl. *Wahl/Schütz* (Fn. 46), Vorb § 42 Abs. 2 Rn. 47: es gehe um die „Rechtsmacht, die dem einzelnen zu eigenem Willen, zur autonomen Geltendmachung eingeräumt ist“; *Schmidt-Aßmann* (Fn. 64), S. 147 f.

[67] *Anderheiden*, Gemeinwohl in Republik und Union, 2006, S. 59.

[68] Vgl. *Schlacke* (Fn. 8), S. 79 ff.

sonen und, wie etwa das Beispiel der BGB-Gesellschaft zeigt, einer Reihe anderer Gemeinschaften zu, für die sich die Frage einer über das individuelle Interesse des einzelnen Teilnehmers hinausgehenden Interessenaggregation stellt. Das Individualinteresse erfährt hier eine auch aus der Interpretation des Art. 19 Abs. 3 GG bekannte erste Art der Vergemeinschaftung. Ein Träger eines neuen subjektiven Rechts, das die Einzelinteressen auf seine Weise bündelt, ist entstanden.

– Das Interessenspektrum erweitert sich nochmals, wenn man die Klagebefugnisse der juristischen Personen des öffentlichen Rechts, vor allem also diejenigen der kommunalen, berufsständischen und sozialen Selbstverwaltungsträger, in die Betrachtung einbezieht. Auch sie folgen aus subjektiven Rechten. Aber diese stützen sich nicht auf Grundrechte, sondern auf besondere verfassungsrechtliche oder einfachgesetzliche Kompetenztitel, die inzident auch die Möglichkeit der Rechtsverteidigung im Prozess umgreifen.[69] Es sind Rechtspositionen, die zwar nicht den Schutz des Art. 19 Abs. 4 GG genießen, wohl aber im Rahmen des § 42 Abs. 2 VwGO als *subjektive Rechte* anerkannt sind.[70]

Diese Erweiterungen zeigen, dass der Begriff des subjektiven Rechts hinreichend flexibel ist, um über seinen individualrechtlichen Grundtypus hinaus auch gewissen Formen aggregierter Privatinteressen und organschaftlicher öffentlicher Interessen zu prozessualer Durchsetzung zu verhelfen. Es ist diese Flexibilität, die Teile der jüngeren Lehre dazu veranlasst, den individual-interessenbezogenen Kerngehalt des subjektiven Rechts um Elemente eines „status procuratoris" (*Masing*) zu ergänzen,[71] oder etwa im Blick auf das umweltrechtliche Vorsorgeprinzip ein „funktionales Verständnis" (*Krüper*) des subjektiven Rechts zu entfalten.[72] Es bleibt jedoch die Frage, ob sich diese rechtskonstruktiven Erweiterungen nicht so weit vom Grundtypus entfernen, dass dessen primäre Rechtsschutzaufgaben und damit seine Systemfunktion zu stark verändert werden. „Gemeinwohl im Prozess" ist eine sympathische Formel. Aber sie ist, wenn sie dogmatische Aussagekraft entfalten soll, auf Unterscheidungen angewiesen.

---

[69] Dazu *Kirste*, Die Realisierung von Gemeinwohl durch verselbständigte Verwaltungseinheiten, in: Brugger/Kirste/Anderheiden, Gemeinwohl (Fn. 10), S. 327 (360 ff.).

[70] *Wahl/Schütz* (Fn. 46), § 42 Rn. 91 ff., die allerdings immer wieder auf die Unterschiede dieser Klageberechtigungen gegenüber den das Staat-Bürger-Verhältnis bestimmenden subjektiven Rechten hinweisen.

[71] *Masing* (Fn. 60), bes. S. 128 ff.; *ders.*, in: GVwR, Bd. I, § 7 Rn. 112 ff.

[72] *Krüper* (Fn. 22), S. 138 ff.

3. Private Interessen – öffentliche Interessen – Gemeinwohl

Wenn das subjektive Recht in seinem Grundtypus dem individuellen Interessenschutz zu dienen bestimmt ist, dann liegt es nicht ganz fern, solche Differenzierungen vom Begriff des *Interesses* her zu suchen. Die genauere Analyse zeigt jedoch, dass die Begriffspaare „private Interessen" – „öffentliche Interessen" und „Individualinteresse" – „Allgemeininteresse" keine strengen Zäsuren indizieren, sondern dogmatisch nur Groborientierungen bieten.[73] Die Zuordnungen variieren, je nachdem, ob auf den Sachgehalt des Interesses oder auf den Interessenträger abgestellt wird. Davon zu trennen ist dann nochmals der engere Kreis der „staatlichen Interessen"; sie sind die durch Rechtssatz den Trägern der Staatsgewalt zugewiesenen, allein von diesen zu definierenden Interessen. Im Übrigen besitzt der Staat kein Monopol auf Bestimmung und Vertretung öffentlicher Interessen. Letztere können auch von nicht-staatlichen Verbänden, Interessengruppen und Privatpersonen wahrgenommen werden. In ihrer konkreten Verfolgung schließlich können sich private und öffentliche Interessen ergänzen und überlagern. Mit den verwaltungsprozessualen Nachbar- und Konkurrentenklagen werden primär private Interessen verfolgt, deren Schutz die verletzte Norm „auch"(!) dienen soll; aber die Norm selbst ist eine solche des öffentlichen Rechts und Ergebnis einer Verarbeitung öffentlicher Interessen. Überlappungsbereiche privater und öffentlicher Interessen sind vielfältig in Rechnung zu stellen.

Auch der Begriff des Gemeinwohls liegt nicht exakt fest. Gemeinwohl kann sich im Horizont einzelner Gemeinschaften, der Gesellschaft insgesamt und des Staates in unterschiedlicher Weise entfalten:[74] Es kann sich in praktischen Lebensvollzügen ganz unspektakulär ereignen. Es kann aber auch in konflikthaften Situationen Ergebnis einer Entscheidung sein. In letzterem Sinne wird Gemeinwohl hier als das besondere Interesse verstanden, das sich in einer umfassenden Abwägung öffentlicher und privater Belange untereinander und gegeneinander letztlich durchgesetzt hat. Regelmäßig ist in ihm eine Vielzahl dieser Belange nach Maßgabe verhältnismäßiger Zuordnung miteinander zum Ausgleich gebracht und zu einer Gesamtheit verschmolzen. Es ist an das oben genannte von *Winfried Brugger* entwickelte Funktionsschema zu erinnern, das aus Zielen, Prozeduren und Ebenen der Gemeinwohlkonkretisierung aufgebaut ist.[75] Das, was in einer konkreten Situation das Gemeinwohl ist, bildet sich primär verfahrensbezogen heraus. Es geht um die Interaktion der Verfahrensbeteiligten, um unterschiedliche Verfahrensphasen und Verfahrensmaximen als Einflussfaktoren auf die Bestimmung des Gemeinwohls. Ein rein prozedurales Gemeinwohlverständnis ist der grundgesetzlichen Ordnung jedoch

[73] Vgl. *Schmidt-Aßmann* (Fn. 64), S. 150 f.
[74] Zum Folgenden grundlegend *Anderheiden* (Fn. 67), S. 49 ff.
[75] *Brugger* (Fn. 10), S. 22 f.; daran anknüpfend *Schmidt-Aßmann* (Fn. 64), S. 152 f.

fremd. Das zeigen neben den Staatsaufgabennormen vor allem die materialen Grundrechtsgehalte. In diesem Sinne lässt sich formulieren: „Alle grundrechtlich für Deutschland im Grundgesetz und für Europa in der Charta abgesicherten Handlungsweisen lassen die Vermutung zu, dass intensiv genutzter individueller Wille und Gemeinwohlsteigerung Hand in Hand gehen".[76]

III. Modelle prozessualer Konkretisierung

Diese Grundlinie bestimmt auch das „Gemeinwohl im Prozess": Zivilprozess und Verwaltungsprozess sind Foren der Gemeinwohlkonkretisierung. Sie sind es dank langer Übung und eingespielter Rollenerwartungen in einer geradezu klassischen Weise. Die Basis des Gemeinwohlbezuges ist die allgemeine staatliche Justizgewährungspflicht. Das Prozessrecht hat eine „Bereitstellungsfunktion",[77] in deren Rahmen die Interessenträger interagieren. Das darf jedoch nicht rein verfahrenstechnisch oder mechanistisch missverstanden werden. Der Rahmen, d.h. Organisation und Verfahren selbst sind „werthaltig" und prägen die Gemeinwohlergebnisse im Sinne struktureller Steuerung mit. Das gilt in besonderem Maße für die Fragen der Klagebefugnisse und der Prozessmaximen.

1. Die besondere gesetzliche Zuerkennung „isolierter" Klagebefugnisse

Um die Gemeinwohlfunktion des Verwaltungsprozesses über seine Kernzone, den Schutz subjektiver Rechte, hinaus zu erschließen, weist § 42 Abs. 2 VwGO ausdrücklich auf den Weg besonderer gesetzlicher Zuerkennung „isolierter" Klageberechtigungen. Der Schutz kollektiver Rechtsgüter und überindividuelle Rechtsbehelfe sind nach geltendem Verwaltungsprozessrecht also durchaus möglich. Aber sie setzen ein qualifiziertes Verfahren, nämlich das Verfahren der parlamentarischen Gesetzgebung, voraus. Rechtssystematisch hat diese Rückbindung an eine gesonderte gesetzgeberische Entscheidung den Vorzug der Rechtsklarheit. Der Grundtatbestand des subjektiven Rechtsschutzes und die Zusatzaufgaben kraft besonderer Zuweisung bleiben in ihren unterschiedlichen verfassungsrechtlichen Absicherungen klar unterscheidbar. Die Fragen, welche Rechtsschutzstandards und Prozessgrundsätze für die Zusatzaufgaben gelten sollten, werden als besondere Themen greifbar. Das sind zunächst einmal Vorzüge des dualistischen Konzepts des § 42 Abs. 2 VwGO. Rechtspolitisch hat der Weg der besonderen Zuerkennung von Klagebefugnissen freilich den Nachteil der Schwerfälligkeit. Er bietet ein Ventil, das freilich ein aufwändiges

---

[76] *Anderheiden* (Fn. 67), S. 68.

[77] Zu diesem Begriff allgemein *Schuppert*, in: Hoffmann-Riem/Schmidt-Aßmann/Schuppert (Hrsg.), Reform des Allgemeinen Verwaltungsrechts, 1993, S. 65 (96 ff.).

Verfahren verlangt und das deshalb bisher nur selten in Aktion gesetzt worden ist. Die Möglichkeiten flexibler Reaktion durch Interpretation fehlen oder sind mindestens stark eingeschränkt. Wenn sich ein gesetzlicher Zuerkennungsakt nicht nachweisen lässt, ist der Weg des § 42 Abs. 2 VwGO in der ersten Tatbestandsalternative versperrt. Interpretatorisch erscheint nur die extensive Handhabung vorhandener „isolierter" Klagebefugnisse denkbar. Insofern sollte der „Ausnahmecharakter" der Norm nicht notwendig zu einer restriktiven Handhabung nötigen.[78] Aber eine breite Entfaltung überindividueller Rechtsbehelfe lässt sich auf diesem Wege nicht erreichen.

2. *Die Erweiterung des subjektiven Rechts*

Gerade die nur beschränkte Verfügbarkeit interpretatorischer Reaktionsmöglichkeiten im Rahmen der ersten Tatbestandsalternative des § 42 Abs. 2 VwGO legt es nahe, den Schutz kollektiver Rechtsgüter auf einem zweiten Wege, dem einer erweiternden Fassung des subjektiven Rechts, zu suchen. Dass das subjektive Recht über seinen individualrechtlichen Grundtypus hinaus schon bisher eine Reihe prozessrechtsrelevanter Erweiterungen erfahren hat, ist oben aufgezeigt worden. Ein hermetisch abgeschlossenes, starres Konzept hat auch die bisherige Rechtsentwicklung nicht bestimmt. Lässt sich an diese Erweiterungstendenzen anknüpfen?

Dafür spricht zum einen das schon durch die Vorgaben des Unionsrechts veranlasste stärker funktionale Verständnis des subjektiven Rechts, mit dem eine Entwicklungstendenz auch für rein nationale Prozessrechtsentwicklungen vorgezeichnet erscheint.[79] Doch dieser europarechtlichen Problematik soll hier nicht weiter nachgegangen werden. Wir fragen vielmehr allein danach, was sich nach Maßgabe des innerstaatlichen Rechts als eine konsistente Lösung anbietet. Für eine Einbeziehung bestimmter kollektiver Schutzgüter in das subjektive Recht i.S. des § 42 Abs. 2 VwGO kann immerhin die Beobachtung sprechen, dass zwischen privaten und öffentlichen Interessen keine strikte Zäsur besteht. Gerade wenn man den Einzelnen in ein plurales Gemeinschaftsgefüge und in unterschiedliche Verantwortungszusammenhänge eingebunden sieht, erweisen sich Individualinteressen und öffentliche Interessen nicht in jedem Fall als Gegensätze. Die insofern weniger dualistisch geprägte zivilprozessuale Lehre trägt dem etwa dadurch Rechnung, dass sie bei überindividuellen Klagen stärker auf eine Aggregation ursprünglicher Privatinteressen abhebt. Die kollektiven Rechtsbehelfe erscheinen dann nicht als Aliud zum Individualrechts-

---

[78] Hinweis bei *Schmidt-Aßmann* (Fn. 64), S. 224.

[79] Vgl. *Schoch*, in: GVwR, Bd. III (Fn. 23), § 50 Rn. 149 ff.; *Kahl/Ohlendorf* (Fn. 32), S. 48: „in Richtung auf eine Interessentenklage erweiterte, europäische Schutznormtheorie"; *Schmidt-Aßmann/Schenk*, in: Schoch/Schneider/Bier (Fn. 46), Einleitung Rn. 21a.

schutz, sondern eher als dessen Fortzeichnung, für die keine besonderen Rechtfertigungsbedürfnisse erfüllt werden müssen. Für die verwaltungsprozessuale Lehre ist ein solches Verständnis schwerer zu entwickeln, weil hier die alte Vorstellung nachwirkt, nach der die öffentlichen Interessen von staatlichen Stellen wahrgenommen werden. Dass diese Vorstellung nicht mehr dem heutigen Verwaltungskonzept entspricht,[80] ist oben kurz dargelegt worden. Diese Erkenntnis schafft Raum auch für eine Erweiterung des subjektiven Rechts, die im Wege der Interpretation der einschlägigen „Schutznormen“ erreichbar ist.[81] Die Auslegung hat freilich sehr behutsam zu erfolgen. „Eine prinzipielle Vermutung, dass der Gesetzgeber dem Einzelnen in der Regel auch eine prokuratorische Stellung einräumen will, gibt es nicht“.[82]

Sichergestellt sein muss auf jeden Fall, dass sich die Elemente, die die Erweiterung bestimmen, nicht gegen die individualbezogene Grundsubstanz des subjektiven Rechts wenden. Eine Pflicht zur Klage gibt es auch bei „prokuratorisch“ oder „funktional“ aufgerüsteten Rechten nicht.[83] Der Prozess bleibt von der Dispositionsmaxime bestimmt. Vergleich, Verzicht auf Rechtsmittel und Klagerücknahme sind in demselben Umfang zulässig, wie das auch sonst im Verwaltungsprozess gilt. Niemandem kann ein Vorwurf gemacht werden, wenn er die mit einer prokuratorischen Rechtsstellung verbundenen prozessualen Möglichkeiten nicht ausschöpft. Eine Motiverforschung, aus welchen konkreten Gründen ein Berechtigter diese seine Stellung aktiviert oder aber davon absieht, findet nicht statt. Ebenso wenig ist der Kläger für seine Prozessführung gegenüber der Öffentlichkeit rechenschaftspflichtig. Wo mehr gewollt ist, muss der Weg der Zuerkennung isolierter Klagebefugnisse beschritten werden. Die Funktionalisierung des subjektiven Rechts bleibt demgegenüber ein *Zusatzelement* des subjektiven Rechts als der wichtigsten Ausdrucksform des Individualrechtsschutzes. Sie ist nur zu den Funktionsbedingungen des grundrechtlichen Freiheitsschutzes zu haben. Hier gilt: „Verantwortungsbewusstsein: ja – Funktionärsstatus: nein“!

---

80 Vgl. *Schmidt-Aßmann* (Fn. 64), S. 146 ff.
81 Vgl. *Masing*, in: GVwR, Bd. I (Fn. 23), § 7 Rn. 115.
82 *Masing* (Fn. 81), Rn. 115.
83 *Krüper* (Fn. 22), S. 321.

Gemeinnützigkeitsrecht als Gemeinwohlförderung: eine Skizze

Stefan J. Geibel

I. Einführung: Gemeinnützigkeit, Gemeinwohl und Grundfragen

Während das *Gemeinwohl* als eines der wesentlichen Fundamente für eine rechtsstaatliche, freiheitlich-demokratische Verfassung und zugleich als Ziel, als „Leitmotiv" für einen solchermaßen fundierten Verfassungsstaat bezeichnet wird,[1] dient der Rechtsbegriff der *Gemeinnützigkeit* dem Steuergesetzgeber als Anknüpfungspunkt für eine bestimmte Art einer beabsichtigten Gemeinwohlförderung durch das Instrument bestimmter direkter und indirekter Steuervergünstigungen. Streng genommen ist der Begriff „gemeinnützig" zwar nur den in § 52 AO näher geregelten steuerbegünstigten Zwecken vorbehalten; ein Gemeinwohlbezug liegt hier schon in der gesetzlichen Formulierung in Absatz 1 Satz 1 der Norm, wonach eine Körperschaft gemeinnützige Zwecke verfolgt, wenn ihre Tätigkeit darauf gerichtet ist, „die Allgemeinheit auf materiellem, geistigem oder sittlichem Gebiet selbstlos zu fördern". Herkömmlich wird der Begriff der Gemeinnützigkeit jedoch als ein *pars pro toto* verwendet und auf alle steuerbegünstigten Zwecke, auch die mildtätigen und kirchlichen Zwecke ausgedehnt.[2]

Zu fragen, ob und inwieweit sich das gegenwärtige Gemeinnützigkeitsrecht in diesem weit verstandenen Sinne aus der Quelle des Gemeinwohls als einer Verfassungsvoraussetzung speist oder speisen muss, inwiefern es das Gemeinwohl fördert und ob aus den Antworten auf diese Fragen konkrete Folgerungen für die Ausgestaltung des Gemeinnützigkeitsrechts gezogen werden müssen, berührt gewiss die Grundfesten dieser steuerrechtlichen Spezialmaterie.

---

[1] *Winfried Brugger*, dem dieser Beitrag in dankbarer und ehrender Erinnerung gewidmet ist, hat dies immer wieder in besonderer Weise betont und differenzierend herausgearbeitet, insbesondere in seinem Beitrag „Theorie und Verfassung des Pluralismus – Zur Legitimation des Grundgesetzes im Anschluß an Ernst Fraenkel", in: Brugger (Hrsg.), Legitimation des Grundgesetzes aus Sicht von Rechtsphilosophie und Gesellschaftstheorie, 1996, S. 273 (281–284), sowie in seinem Beitrag „Gemeinwohl als Integrationskonzept von Rechtssicherheit, Legitimität und Zweckmäßigkeit", in: Brugger/Kirste/Anderheiden (Hrsg.), Gemeinwohl in Deutschland, Europa und der Welt, 2002, S. 17 ff.

[2] Siehe z.B. *Hüttemann*, Gemeinnützigkeits- und Spendenrecht, 2. Aufl., 2012, § 3 Rn. 1 (S. 117).

Dem kann hier nur mit einer Skizze nachgegangen werden. Andererseits mögen Rückschlüsse für das Verfassungsrecht gezogen werden. Insbesondere ist im Hinblick auf das Verhältnis zwischen Bürger und Staat äußerst problematisch, wer die Adressaten und möglichen Akteure im Hinblick auf die Verwirklichung und Konkretisierung einzelner Gemeinwohlzwecke sind oder sein dürfen. Die in Bezug auf das Gemeinnützigkeitsrecht häufig aufgestellte These, der Staat sei für die Förderung des Gemeinwohls nicht allein verantwortlich, staatliche und private Maßnahmen zur Gemeinwohlförderung seien vielmehr „gleichwertig“[3] oder wirkten „arbeitsteilig“ zusammen,[4] könnte in diesem Zusammenhang zu Missverständnissen führen. Damit eng verzahnt ist die Frage nach den Zusammenhängen zwischen dem Gemeinwohl und den es verwirklichenden Handlungen einerseits und der Gemeinwohlförderung durch den Gesetzgeber andererseits. Dies ist ebenso wenig hinreichend ausgeleuchtet wie der Zusammenhang zwischen der Gemeinnützigkeit im Sinne der gemeinnützigen Aktivitäten einerseits und dem Gemeinnützigkeits*recht* andererseits.

Das Grundproblem, welches das Gemeinnützigkeitsrecht mit der Gemeinwohlorientierung der Rechtsordnung teilt, ist das Problem der fehlenden inhaltlichen Ausfüllung des Gemeinwohlbegriffs und - daraus folgend - die Gefahr einer nicht zweckdienlichen oder sogar missbräuchlichen Interpretation dessen, was für Gemeinwohl gehalten wird.[5] Eines der Hauptprobleme der jüngeren Reformbemühungen im Gemeinnützigkeitsrecht betraf dessen Öffnung gegenüber den nur indirekt dem Allgemeininteresse förderlichen Freizeitaktivitäten. Während die Förderung des Sports beibehalten worden ist, wurde der Katalog der gemeinnützigen Zwecke mit dem Vereinsförderungsgesetz von 1989 auf Betätigungen wie zum Beispiel die Tier- und Pflanzenzucht oder die Kleingärtnerei ausgeweitet.[6] Dies wurde in der Literatur vielfach als Degenerierung des Gemeinnützigkeitsstatus wahrgenommen,[7] gar als „Deklassierung“ der Gemeinnützigkeit gebrandmarkt.[8] Nicht etwa darf primär gefragt werden,

---

[3] *Hüttemann* (Fn. 2), § 1 Rn. 84 (S. 34).

[4] Vgl. insbesondere *Seer*, DStJG 26 (2003), S. 11 (16); ferner *Becker*, in: Walz/von Auer/von Hippel (Hrsg.), Spenden- und Gemeinnützigkeitsrecht in Europa, 2007, S. 637 (642); *Droege*, Gemeinnützigkeit im offenen Steuerstaat, 2010, S. 322 (Gemeinwohl als „Ergebnis des Zusammenwirkens staatlicher und nichtstaatlicher Akteure“); allgemeiner im Zusammenhang mit dem Dritten Sektor *Grzeszick*, Wohlfahrt zwischen Staat und Markt, 2010, S. 28.

[5] Spezifisch für Gemeinwohlbegriff und Gemeinnützigkeitsrecht z.B. *Seer*, DStJG 26 (2003), S. 11 f.

[6] BT-Drucks. 11/4176, S. 9 f.; vgl. heute insbesondere § 52 Abs. 2 Nr. 23 AO.

[7] Vgl. insbesondere *Isensee* (Fn. 3), 33 ff., 38 („Dekadenz“), 42 („schwelende Struktur- und Legitimationskrise“), 45 („rechtsethischer Selbstwiderspruch“), sowie das Sondervotum von *Isensee/Knobbe-Keuk*, in: Bundesministerium der Finanzen (Hrsg.), Gutachten der Unabhängigen Sachverständigenkommission zur Prüfung des Gemeinnützigkeits- und Spendenrechts, 1988, S. 351 ff.

[8] Besonders drastisch *Tipke*, StuW 1989, 165 ff. („Die deklassierte Gemeinnützigkeit – Geistig und sittlich auf dem Hund“).

wo exakt die Trennlinien zwischen dem Gemeinwohl und den überwiegend oder ausschließlich Partikularinteressen dienenden Zwecken verlaufen – dies ist die Aufgabe des Gesetzgebers. Vielmehr stellt sich die Frage, welchen verfassungsrechtlichen Rahmen der Gesetzgeber seinerseits beachten muss und ob bzw. in welcher Weise solche Aktivitäten, die dem Gemeinwohl nur indirekt dienen, berücksichtigt werden dürfen.

Das Gemeinnützigkeitsrecht ist einfachgesetzlich in der Abgabenordnung normiert und richtet sich nicht an die Verfassungsorgane. Die Steuerbegünstigungen bilden keine Voraussetzung für die Verfassung selbst und sollen – jedenfalls in ihrer überwiegenden Mehrzahl – nicht unmittelbar die Funktionalität des Verfassungsstaates oder seine Rechtsordnung fördern, sondern wie erwähnt die „Allgemeinheit". Auch wenn man einer einfachgesetzlichen Regelung, die das Gemeinwohl durch gemeinnütziges Handeln Privater fördern will, nicht von vornherein die Intentionalität absprechen möchte, dass dieses geförderte Handeln in einem weit verstandenen Sinne zumindest indirekt auch den Verfassungsstaat stützen soll,[9] würde ein derartiger teleologischer Befund allein noch nicht bedeuten, dass die Förderung von gemeinnützigen Tätigkeiten und die sie regelnden Steuernormen „Verfassungsvoraussetzungen" sind. Worum es jedoch geht angesichts des überbordenden Katalogs in § 52 Abs. 2 AO und der definitorischen Zweifel, was (noch) gemeinnützig sein kann, ist die Frage, *inwiefern* das Gemeinnützigkeitsrecht dem Gemeinwohl dient und es verwirklicht und ob das Gemeinnützigkeitsrecht von Verfassung wegen *notwendig* ist.

II. Verfassungskonforme Ausgestaltung und verfassungsrechtliche Rechtfertigung des Gemeinnützigkeitsrechts

Wenn bisher der verfassungsrechtliche Bezug des Gemeinnützigkeitsrechts erörtert wurde, dann geschah dies weniger in Bezug auf die Gemeinwohlorientierung der Verfassung, sondern stets im Hinblick auf die Anforderungen des Grundgesetzes an eine verfassungs-, vor allem grundrechtskonforme Ausgestaltung des Gemeinnützigkeitsrechts und auf die verfassungsrechtliche

---

[9] In diese Richtung scheinen diejenigen Stimmen den Gesetzgeber der AO zu verstehen, welche die Steuerbegünstigungen wegen Gemeinnützigkeit damit rechtfertigen, dass die gemeinnützige Einrichtungen jedenfalls zum Teil staatsentlastende Funktionen wahrnehmen, vgl. v. a. Bundesministerium der Finanzen (Hrsg.), Gutachten der Unabhängigen Sachverständigenkommission zur Prüfung des Gemeinnützigkeits- und Spendenrechts, 1988, S. 92 f.; *Isensee*, in: Festschrift Dürig, 1990, S. 33 (61 f.); zur genaueren Differenzierung des Substitutionsgedankens siehe unten II.

Rechtfertigung der Steuerbegünstigungen.[10] Insbesondere müssen alle legislativen Entscheidungen sowohl über eine Steuerbelastung als auch über eine Steuerentlastung dem Gleichheitsgebot genügen. Jede Steuerentlastung bedarf bei gleicher Leistungsfähigkeit der Personen, die entlastet werden sollen, und derjenigen Personen, die weiterhin belastet werden oder in Zukunft besteuert werden sollen, eines rechtfertigenden Grundes. Wendet man das dem Gleichheitssatz entsprungene Folgerichtigkeitsgebot auch für Steuervergünstigungen an – und hiergegen kann man schwerlich etwas einwenden –, ist ein Reformgesetzgeber in zeitlicher und gesamtsystematischer Hinsicht an eine einmal getroffene Grundentscheidung gebunden und muss sie konsequent umsetzen oder fortentwickeln.[11] Die vom Gesetzgeber im Jahr 1988 vorgenommene Ausdehnung der gemeinnützigen Zwecke auf weitere Freizeitaktivitäten über den Sport hinaus wäre hiernach möglicherweise sogar folgerichtig. Die steuerbegünstigten Zwecke in §§ 52–54 AO würden nur in den Grenzen eines Systemwechsels[12] zurückgestutzt werden können. Dies würde eher hinderlich wirken auf dem Weg zu einer Lösung der oben beschriebenen Grundprobleme des Gemeinnützigkeitsrechts.

Im Vordergrund der bisherigen wissenschaftlichen Diskussion steht die Frage nach einer verfassungsrechtlichen Rechtfertigung der Steuerentlastungen für Gemeinnützige.[13] Hier hat sich weitgehend der Gedanke der Substitution und der Subsidiarität durchgesetzt, wonach der Staat dort, wo er von der Erfüllung der Gemeinwohlaufgaben durch nichtstaatliche, insbesondere private Körperschaften entlastet werde, diese Körperschaften in gerechtfertigter Weise von der Steuer befreien dürfe.[14] Deutlich wird dies dann, wenn der Staat zur

[10] Vgl. beispielhaft *Leisner-Egensperger*, in: Festschrift Isensee, 2007, S. 895 (897 ff.); *Droege* (Fn. 4), S. 345 ff., 367 ff., 397 ff.

[11] Grundlegend zum Gebot der Folgerichtigkeit BVerfG vom 6.3.2002, BVerfGE 105, 73 (125) = DStR 2002, 443; BVerfG vom 4.12.2002, BVerfGE 107, 27 (46 f.) = DStR 2003, 633; BVerfG vom 21.6.2006, BVerfGE 116, 164 (180) = DStR 2006, 1316; BVerfG vom 7.11.2006, BVerfGE 117, 1 (30) = DStR 2007, 235; BVerfG vom 9.12.2008, BVerfGE 122, 210 (230 f.) = DStR 2008, 2460.

[12] Dazu näher BVerfG vom 9. 12. 2008, BVerfGE 122, 210 (242) = DStR 2008, 2460; aus dem Schrifttum z.B. *Drüen*, in: Festschrift Spindler, 2011, S. 29 ff.; *Englisch*, in: Festschrift Lang, 2011, S. 167 (192 ff.).

[13] Vgl. neben den in Fn. 10 Zitierten z.B. *Hüttemann* (Fn. 2), § 1 Rn. 80 ff. (S. 32 ff.); *Seer* (Fn. 4), S. 21 ff.; *Schauhoff*, Handbuch der Gemeinnützigkeit, 3. Aufl. 2010, Grundlegung Rn. 29 ff.; teilweise abweichend *Lang*, StuW 1987, 221 (226 ff.), soweit er den Steuerbefreiungen einen konstitutiven Charakter abspricht, da es ohnehin an einer Erwerbstätigkeit mit Gewinnerzielungsabsicht fehle („verkappte Vereinfachungsbefreiung"), und deshalb die Rechtfertigungsbedürftigkeit ablehnt.

[14] Siehe insbesondere Gutachten der Unabhängigen Sachverständigenkommission zur Prüfung des Gemeinnützigkeits- und Spendenrechts, Bundesministerium der Finanzen (Hrsg.), 1988, S. 92 f.; *Hey*, StuW 2000, 467 (468 ff.); *Isensee* (Fn. 9), S. 59 ff.; *Jachmann*, DStZ 2001, 225 (226 f.); *P. Kirchhof*, DStJG 26 (2003), 1 (4 f.); *Mock*, Reformbedarf im Gemeinnützigkeits- und Spendenrecht, 2005, S. 196; ferner die in Fn. 13 Zitierten.

Verwirklichung des Gemeinwohls jedenfalls auch tätig werden *muss*, also von seiner Aufgabe durch gemeinnützige Körperschaften entlastet wird (sog. „konkurrierende Gemeinwohlaufgaben“[15]). Dies gelte aber auch, wenn der Staat inhaltlich keinen Einfluss auf die Aufgabenausführung nehmen dürfe (sog. „pluralistische Gemeinwohlaufgaben“[16]), jedoch letztlich die Verantwortung trage und finanziell einspringen müsse, um die Gemeinwohlaufgabe zu erfüllen.[17] Nicht entlastet werden könnte der Staat dagegen in den Bereichen, in denen „Selbstverwirklichung und Freizeitaktivität“[18] im Vordergrund stehen wie etwa im Sport, in der Tier- und Pflanzenzucht oder der Kleingärtnerei. Der Schluss, dass die Steuervergünstigungen in diesen Bereichen verfassungswidrig seien, wird aber von vielen Autoren nicht gezogen, insbesondere weil eine Steuervergünstigung schon dann legitimiert sei, wenn der Staat in diesen Bereichen durch eine Direktsubvention fördern *darf*.[19]

So sehr der Entlastungsgedanke im Grundansatz überzeugt, zeigt vor allem die zuletzt erwähnte Überlegung, dass dieser Gedanke nicht die begrenzende Stoßrichtung haben kann, die ihm möglicherweise zugedacht worden ist.[20] Zwar sind die Steuervergünstigungen jedenfalls im Bereich der konkurrierenden Gemeinwohlaufgaben gerechtfertigt, wenn tatsächlich eine Entlastungswirkung eintritt. Dann kann *vermutet* werden, dass jedenfalls in diesem Bereich der staatlichen Aufgabenfestlegung das Gemeinwohl auch dann gefördert wird, wenn statt des Staats ein Privater diese Aufgabe erfüllen darf und erfüllt. Diese Vermutung wäre nur dann widerlegt, wenn der Gesetzgeber im Einklang mit dem Subsidiaritätsprinzip eine Aufgabe ausschließlich der staatlichen Ausführung vorbehält. Darüber hinaus ist aber in anderen Bereichen als den konkurrierenden Gemeinwohlaufgaben die Annahme eines Gemeinnützigkeitsstatus nicht deshalb ausgeschlossen, weil der Staat durch eine konkrete private Maßnahme nicht effektiv entlastet wird. Ansonsten wäre der Staat in den Bereichen, in denen er nur eine wie auch immer geartete Finanzierungsverantwortung trägt, nur dann entlastet, wenn die Entscheidung für eine Förderung nicht aufgeschoben werden könnte. Die Ersparnis einer vorrangig zu tä-

---

[15] *Isensee* (Fn. 9), S. 47 (in Anlehnung an den von *Georg Jellinek* geprägten Begriff der „konkurrierenden Staatsaufgaben“); der Entlastungsgedanke ist auch auf die öffentlichen Aufgaben anzuwenden, sofern sie vom Staat übernommen werden, vgl. *Droege* (Fn. 4), S. 326 und bereits *Häberle*, Öffentliches Interesse als juristisches Problem, 1970, S. 201, sowie zum Begriff der öffentlichen Aufgaben *Kahl*, Die Staatsaufsicht, 2000, S. 369 f.

[16] *Isensee* (Fn. 9), S. 47; gemeint sind damit vor allem Religion, Bildung und Erziehung sowie Kunst und Kultur.

[17] Überzeugend *Seer* (Fn. 4), S. 25; ihm folgend z.B. *Hüttemann* (Fn. 2), § 1 Rn. 81 (S. 33).

[18] *Isensee* (Fn. 9), S. 51.

[19] So vor allem *Hüttemann* (Fn. 2), § 1 Rn. 81 a.E. (S. 33); *Leisner-Egensperger*, in: Hübschmann/Hepp/Spitaler, AO, Lfg. 201 Nov. 2008, Vor §§ 51–68 AO Rn. 38.

[20] Vgl. auch *Droege* (Fn. 4), S. 330: „Für das steuerliche Gemeinnützigkeitsrecht ist die Entlastung des Staates so keine notwendige, wohl aber eine hinreichende Bedingung, die sich einstellen *kann* – aber nicht muss.“

tigenden staatlichen Aufwendung kann man in einem komplexen, sich ständig verändernden System der Prioritäten staatlicher Aufgaben kaum zur Voraussetzung für eine steuerliche Vergünstigung machen. Von vornherein ungeeignet ist der Entlastungsgedanke dann, wenn die steuerbegünstigten Zwecke in einem anderen Staat verwirklicht werden und im Einklang mit § 51 Abs. 2 AO verwirklicht werden dürfen.

Worauf es ankommt für die Legitimierung der steuerlichen Vergünstigung des Gemeinnützigkeitsstatus ist demnach letztlich die Ausrichtung auf das Gemeinwohl, so wie bei wirtschaftslenkenden Steuervergünstigungen oder Direktsubventionen.[21] Mit dem Recht der Steuersubvention kann das Gemeinnützigkeitsrecht jedoch nicht auf eine Stufe gestellt werden. Sein *proprium* im Unterschied zu bloßen Subventionen liegt nicht so sehr, und auch nur teilweise, in einer echten staatlichen Entlastung, sondern vielmehr darin, dass durch die Verwirklichung der gemeinnützigen Zwecke *unmittelbar* das Gemeinwohl gefördert werden soll und auch gefördert wird. *Paul Kirchhof* hat diesen Unterschied zu den Steuersubventionen so erklärt: „Wer selbstlos Gemeinwohlzwecke verfolgt, die Lebensgrundlagen des Gemeinwesens festigt, sichert oder erhält, pflegt allgemeine Verfassungsvoraussetzungen, beansprucht nicht einen individuellen privatnützigen Ertrag und kann insoweit außerhalb der Ertragsbesteuerung verbleiben."[22] Inwieweit tatsächlich das Gemeinwohl durch den Gemeinnützigen selbst oder in einem wie auch immer gearteten Zusammenwirken mit dem Staat gefördert wird, bedarf noch genauerer Untersuchung.[23]

III. Notwendigkeit des Gemeinnützigkeitsrechts?

Bislang selten gestellt oder vertieft wird die – gewiss theoretische – Vorfrage, ob das Gemeinnützigkeitsrecht zur Verwirklichung des Gemeinwohls *notwendig* ist. Nur dann wäre der Gesetzgeber gehindert, sämtliche Steuervergünstigungen für die Verfolgung gemeinnütziger Zwecke im Wege eines Systemwechsels abzuschaffen. Diese Frage reicht über eine verfassungsrechtliche Rechtfertigung oder eine verfassungskonforme Ausgestaltung des geltenden Gemeinnützigkeitsrechts weit hinaus. Ausgangspunkt ist das eingangs umschriebene Grundproblem einer fehlenden Definition dessen, was generell, aber auch was in konkreten Lebenssituationen und unter veränderten Umständen unter Gemeinwohl zu verstehen ist.[24] Die generelle Inhaltsbestimmung obliegt dem Gesetzgeber, der sich jedoch meist unbestimmter Rechtsbegriffe und einer

---

[21] Vgl. nur *Hey*, in: Tipke/Lang, Steuerrecht, 21. Aufl. 2013, § 19 Rn. 2, 75 f.
[22] *P. Kirchhof* (Fn. 14), S. 5
[23] Siehe unten IV.
[24] Zu diesen Schwierigkeiten und möglichen begrifflichen Annäherungen siehe z.B. *Anderheiden*, Gemeinwohl in Republik und Union, 2006, S. 5 ff.

typologischen Herangehensweise bedient, so dass vor allem der Judikative ein nicht unerheblicher Part bei der Gemeinwohlbestimmung zukommt. Verfassungsrechtlich geben vor allem die Staatszielbestimmungen, die Verfassungsprinzipien und die Grundrechte gewisse Anhaltspunkte für eine Konkretisierung.[25] Dem kann im Rahmen dieser Skizze nicht näher nachgegangen werden.

In den einzelnen Lebenssituationen, in denen zur Erreichung eines gesetzlich umrissenen gemeinnützigen Zwecks andere, insbesondere wirtschaftliche Instrumente nicht wirksam sind und daher eigentlich staatlicherseits gehandelt werden müsste, kann der Staat oftmals nicht mit eigenen Stellen oder Mitteln „personal dienen"[26]. Deshalb ist das Gemeinwesen darauf angewiesen, dass in diesen Situationen nichtstaatliche Stellen einen Beitrag zur Erfüllung des gemeinnützigen Zwecks leisten. Diese Not liegt übrigens in der Natur staatlicher Organisation und ist nicht erst durch eine eventuell defizitäre behördliche Ausstattung bedingt; sie würde durch letzteren Umstand allenfalls verstärkt. Die Effektivität der Zweckerfüllung ist oftmals besonders hoch, wenn die nichtstaatlichen Stellen natürliche Personen sind. Plötzlich auftretender Bedarf könnte möglicherweise schneller erkannt und unaufschiebbare Entscheidungen könnten unter Umständen auf besserer Informationsgrundlage rascher getroffen werden. Unter diesem Aspekt ist zwar gemeinnütziges Handeln gegenüber der rein pekuniären Gabe in Gestalt einer Spende oder einer Steuerzahlung nicht höherrangig einzuschätzen,[27] letztere würden aber ohne ersteres nicht den Bedarf nach einer persönlichen Präsenz in den das Gemeinwohl tangierenden Situationen stillen können.

Den nichtstaatlichen Stellen kommt jedoch im Grundsatz keine originäre Macht zu, eigenständig und mit Rechtsfolgenwirkung[28] zu bestimmen, was Gemeinwohl ist und welche Zwecke als gemeinnützig anzuerkennen sind. Dies ist dem Gesetzgeber vorbehalten. Gleichwohl wird in der Literatur argumentiert, die Förderung des Gemeinwohls sei „kein Monopol des Staates"[29], es handle sich um „keine Exklusiv-Verantwortung"[30] des Staates. Dies kann aber nur dahin verstanden werden, dass die gemeinnützig Tätigen den jeweiligen gemeinnützigen Zweck mit Leben füllen, ihn gewissermaßen ausführen und ausfüllen. Dass ihnen damit ein Stück weit eine durchaus originäre, nicht vom Staat übertragene Konkretisierungsmacht zustehen kann, eigenständig zu bestimmen,

---

[25] Vgl. näher *Droege* (Fn. 4), S. 320 f.; *Leisner-Egensperger* (Fn. 10), S. 899 f.; *Seer* (Fn. 4), S. 15 ff.

[26] *Dürig/Scholz*, in: Maunz/Dürig, Grundgesetz, 65. Erg.lfg. 2012, Art. 3 Abs. 1 Rn. 163.

[27] Vgl. z.B. *P. Kirchhof* (Fn. 14), S. 4 („Steuerzahlung und gemeinnütziges Handeln sind also zwei gleichrangige Wege, um das Gemeinwohl finanziell zu fördern.").

[28] Nicht ausgeschlossen ist selbstverständlich, dass Bürger und gemeinnützige Organisationen politisch, wissenschaftlich oder anderweitig eine bestimmte Sicht dessen entwickeln können, was sie für Gemeinwohl halten, und sich einzusetzen.

[29] *Isensee* (Fn. 9), S. 53.

[30] *Seer* (Fn. 4), S. 16.

was in der einzelnen Lebenssituation der Erfüllung des gemeinnützigen Zwecks dient und wie er zu verwirklichen ist, darf nicht mit einer ihnen gerade nicht zukommenden Bestimmungsmacht hinsichtlich des Inhalts und der Grenzen des Gemeinwohls verwechselt werden. Durch die Konkretisierungsarbeit und die daraus oder darüber hinaus gewonnenen Einsichten können Reformen des Gemeinnützigkeitsrechts angestoßen werden. Die insbesondere auch von *Winfried Brugger* geteilte Sicht, dass die Inhalte des Gemeinwohls in einem Prozess bestimmt werden, in dem niemand bevorrechtigt entscheiden dürfe,[31] kommt in diesem Wechselspiel aus Konkretisierung (des Gemeinwohls), Diskurs (über die möglichen Inhalte des Gemeinwohls) und Reform (insbesondere des Gemeinnützigkeitsrechts) zum Ausdruck.

Aus dem Vorangegangenen kann hergeleitet werden, dass ein Bedarf an einer Konkretisierung des Gemeinwohls durch die Bürger existiert und dass es möglich ist, nichtstaatliche Stellen zur Förderung und Konkretisierung des Gemeinwohls anzuregen und zu motivieren, um die beschriebene staatliche Defizienz bei der Verwirklichung des Gemeinwohls teilweise zu beheben und den Bedarf an einer Förderung „an der Quelle" zu stillen – muss dies jedoch notwendigerweise durch eine steuerliche Freistellung erfolgen? Diese Frage kann zwar im Grunde nicht beantwortet werden, weil das Gemeinwohl kein subsumtionsfähiger Tatbestand ist. Immerhin kann aber jedenfalls im Ansatz nach einer Eignung des Gemeinnützigkeitsrechts zur Gemeinwohlförderung und danach gefragt werden, ob es Alternativen zu ihm gibt.

Die Eignung hängt zuvörderst von der Frage ab, ob Gemeinnützigkeit bzw. Gemeinnützigkeitsrecht das Gemeinwohl überhaupt fördern kann. Dies wird sogleich unter IV. zu thematisieren sein. Eine Eignung würde zum Beispiel entfallen, falls das Gemeinnützigkeitsrecht zu kompliziert wäre oder Gelegenheit für Manipulationen gäbe. Auch dann, wenn Zwecke, die dem Gemeinwohl nicht oder nur ganz entfernt förderlich sind, steuerlich in der gleichen Weise begünstigt werden, wie die wirklich einschlägigen Zwecke, könnte es zu einem Verwässerungseffekt kommen, in dessen Folge die Motivation zu echtem gemeinnützigem Handeln möglicherweise abnähme.

Alternativ zu einer steuerlichen Förderung könnten dem Bürger gewisse Pflichten zum Engagement für das Gemeinwohl auferlegt werden. Doch abgesehen von ihrer zweifelhaften Erfolgswahrscheinlichkeit wären solche rechtlichen Bindungen kaum mit dem Grundgesetz vereinbar, das nur ganz ausnahmsweise und meist nur indirekt als einer Art Kehrseite der Grundrechte abgeleitete Grundpflichten kennt, im Übrigen aber aus guten, in den Erfahrungen mit der deutschen Geschichte wurzelnden Gründen auf solche Grundpflichten

[31] Vgl. z.B. *Brugger*, in: Brugger (Hrsg.), Legitimation des Grundgesetzes aus Sicht von Rechtsphilosophie und Gesellschaftstheorie, 1996, S. 273 (282); zur „Prozeduralisierung" der Gemeinwohlbestimmung vgl. z.B. näher *Ladeur*, in: Brugger/Kirste/Anderheiden (Hrsg.), Gemeinwohl in Deutschland, Europa und der Welt, 2002, S. 257 ff.

bewusst verzichtet hat.[32] Enthalten manche Landesverfassungen noch staatsbürgerliche Treuepflichten zu einer dem Gemeinwohl entsprechenden Betätigung[33] oder eine Pflicht zur Übernahme ehrenamtlicher Tätigkeiten[34], so sind diese Bestimmungen nicht im Sinne echter Rechtspflichten auszulegen, deren Nichteinhaltung staatlich sanktioniert werden könnte.[35] Abgesehen von einer Art moralischem Appell, der sicherlich nicht als Alternative zum Gemeinnützigkeitsrecht ausreicht, dokumentieren und bestätigen diese verfassungsrechtlichen Bestimmungen den Bedarf nach gemeinnützigem Engagement der Bürger. Direktsubventionen für einzelne gemeinnützige Handlungen sind wenig praktikabel und sind dem Zweifel ausgesetzt, dass gleichheitssatzwidrig ein anderer benachteiligt wird. Insgesamt sind keine durchschlagenden Argumente ersichtlich, weshalb das Gemeinnützigkeitsrecht oder die Gemeinnützigkeit nicht notwendig für die Gemeinwohlförderung sein sollen. Entscheidend ist daher, ob und wenn ja, wodurch genau das Gemeinwohl gefördert wird.

IV. Gemeinnützigkeit oder Gemeinnützigkeitsrecht als Konkretisierung und Verwirklichung des Gemeinwohls?

Es wäre ungenau zu sagen, *allein* diejenige Person, die gemeinnützig tätig wird, konkretisiere oder verwirkliche das Gemeinwohl. Greift man beispielsweise Fälle aus dem Bereich der Gesundheits- oder Wohlfahrtspflege oder der mildtätigen Handlungen heraus, so verwirklicht eine Person dadurch, dass sie in einer bestimmten Situation selbstlos zum Beispiel einen Kranken pflegt, einem Alten hilft oder einen Hilfebedürftigen unterstützt, streng genommen nicht etwa das Gemeinwohl, sondern fördert zunächst das Wohl des jeweils anderen. Sogar wenn sie dies später mehrfach wiederholt oder wenn dies auch andere Personen außer ihr tun, wird dadurch in der Summe zunächst nur das jeweilige Einzelwohl derjenigen gefördert, denen geholfen wird. Weil aber die gemeinnützigen Tätigkeiten aufgrund einer gesetzlichen Festlegung geschehen, die ihren Zweck jedenfalls im Grundsatz als gemeinwohlförderlich anerkennt und sie fördert, ist sichergestellt, dass diese Unterstützungshandlungen oder Hilfen über den additiven Aspekt hinaus einem gesetzlich anerkannten Gemeinwohlzweck zu

---

[32] Vgl. zu den historischen Hintergründen und zu den ausnahmsweise existierenden Grundpflichten nach dem GG z.B. *Hofmann*, in: Isensee/P. Kirchhof (Hrsg.), Handbuch des Staatsrechts, Band IX, 3. Aufl. 2011, § 195 Rn. 1 ff., 18 ff.; *Bethge*, NJW 1982, 2145 ff.; *Stober*, NVwZ 1982, 473 ff.

[33] Vgl. Art. 20 RheinlPfVerf („Jeder Staatsbürger hat seine Treupflicht gegenüber Staat und Verfassung zu erfüllen, die Gesetze zu befolgen und seine körperlichen und geistigen Kräfte so zu betätigen, wie es dem Gemeinwohl entspricht.").

[34] Vgl. insbesondere Art. 25 HessVerf und Art. 19 SaarlVerf.

[35] Siehe *Isensee*, in: Isensee/P. Kirchhof (Hrsg.), Handbuch des Staatsrechts, Band IV, 3. Aufl. 2009, § 71 Rn. 117.

dienen bestimmt sind. Insofern wird die Einzelwohltat im Hinblick auf die Gemeinwohlförderung transzendiert von der gesetzlichen Regelung, die sie fördert. Sie trägt die gesetzliche Ausformung dessen, was Gemeinwohl ist, in sich. Die gesetzliche Regelung wiederum genügt allein nicht zur Gemeinwohlförderung, da sie der Ausführung in der konkreten Lebenssituation bedarf.

Gemeinnützigkeit und das sie fördernde steuerliche Gemeinnützigkeitsrecht bedingen und ergänzen daher einander auf dem Weg zur Förderung des Gemeinwohls, wenn auch nicht im Sinne eines „arbeitsteiligen Zusammenwirkens" staatlicher und nichtstaatlicher Stellen,[36] sondern einer immanenten Komplementarität im Hinblick auf die Inhaltsbestimmung des Gemeinwohls. Dies schließt nicht aus, dass das Gemeinwohl auch außerhalb des Gemeinnützigkeitsrechts beispielsweise durch staatliche Stellen gefördert wird. Von einer höheren Warte aus betrachtet erscheint dann insgesamt der Einsatz der gemeinnützigen und der staatlichen Stellen bildhaft als ein „arbeitsteiliges Zusammenwirken", auch wenn dieses Bild missverständlich ist, weil es eine oftmals nicht vorhandene kooperative Abstimmung der staatlichen mit den nichtstaatlichen Stellen suggeriert. Ferner ist nicht ausgeschlossen, dass das Gemeinwohl auch von Privaten außerhalb des Gemeinnützigkeitsrechts gefördert wird. Hier ist die Unsicherheit, ob das Gemeinwohl tatsächlich gefördert wird, allerdings am größten.[37]

Durch das Gemeinnützigkeitsrecht soll demgegenüber eine gewisse Sicherheit geschaffen werden hinsichtlich der Bestimmung dessen, was Gemeinwohl ist oder jedenfalls nach Auffassung des Gesetzgebers sein soll, dass es gefördert werden soll, aber auch eine Sicherheit hinsichtlich der Wege der Konkretisierung dieser gemeinnützigen Zwecke und hinsichtlich ihrer Realisierung durch Private. Dem entspricht die Absicht des Gesetzgebers, sicherstellen zu wollen, dass durch gemeinnütziges Handeln auch tatsächlich das Gemeinwohl gefördert wird, dieses Handeln nachhaltig ist und in der Zukunft jedem anderen potentiell Hilfebedürftigen, Kranken, Alten usw. zuteil wird. Ausdruck dieses Bestrebens ist auch die legislative Entscheidung, den Gemeinnützigkeitsstatus an die Person des gemeinnützig Tätigenden zu knüpfen. Dies leuchtet insoweit ein, als es unpraktikabel und unsicher wäre, einzelne gemeinnützige *Handlungen* zu fördern. Freilich wird mit diesem Status nicht zugleich jegliches Tun dieser Person als gemeinnützig anerkannt.

Aus der Sicht *Winfried Bruggers* hat das Gemeinnützigkeitsrecht eine zweifache Bedeutung für das Gemeinwohl: zum einen vom Gegenstand her sowie dem *telos*, das Gemeinwohl zu fördern, zum anderen aber auch in seiner Gestalt, die aufgrund des „inneren Bauplans" der Staatsverfassung anhand der

[36] Siehe z.B. die oben in Fn. 4 zitierten Autoren.

[37] Hier gilt im Grunde genommen in Anlehnung an *Immanuel Kants* kategorischen Imperativ der Maßstab eines hypothetischen Gesetzes, das erlassen worden wäre, wenn der Gesetzgeber sich des Problems bewusst gewesen wäre.

„drei Säulen" Rechtssicherheit, Legitimität und Zweckmäßigkeit in seiner „Idealgestalt" zu „rekonstruieren" ist.[38] Erst ein solchermaßen strukturiertes Gemeinnützigkeitsrecht kann das Gemeinwohl fördern, und zwar so fördern, dass von dem Ergebnis der geförderten Aktivitäten gesagt werden kann, seine Förderung sei eine notwendige Bedingung für einen funktionierenden Verfassungsstaat und für die Staatsverfassung.

V. Direkte und indirekte Gemeinwohlförderung

Bei der Ausgestaltung der gemeinnützigen Zwecke in den §§ 52–54 AO kommt dem Gesetzgeber eine verantwortungsvolle Rolle zu, die er beherzter wahrnehmen könnte. Das mag zuerst für einige Umschreibungen von gemeinnützigen Zwecken gelten, die viel zu unbestimmt formuliert zu sein scheinen, um die nicht zur Gemeinwohlförderung geeigneten Zwecke auszuschließen. Andererseits schafft gerade diese weite Formulierung Spielräume für die notwendige Konkretisierung durch die Privaten und werden viele Auswüchse wegen fehlender Selbstlosigkeit wieder aus der Gemeinnützigkeit herausgenommen. In vielen Fällen ist eine genauere Fassung der Zwecke kaum möglich oder sie schafft neue Abgrenzungsschwierigkeiten. Zudem würden Eingrenzungen mancher Zwecke wie Religion, Kunst, Wissenschaft oder dem Schutz von Ehe und Familie mit den jeweiligen Grundrechten in Konflikt kommen können.

Vergegenwärtigt man sich, dass das Gemeinwohl nicht nur durch gemeinnützige Körperschaften, sondern in einem erheblichen Maß von den wirtschaftlich Tätigen[39] oder von „der" Zivilgesellschaft (sofern es sich nicht um Gemeinnützige handelt)[40] im Rahmen ihrer eigennützigen Aufgabenerfüllung – freilich sehr häufig nur indirekt – gefördert wird, liegt nahe, auch innerhalb der Kategorie der Gemeinnützigen zu differenzieren. Streichungen von gemeinnützigen Zwecken aus dem Katalog des § 52 Abs. 2 Satz 1 AO sind im Hinblick auf das Folgerichtigkeitsgebot kaum überzeugend zu vertreten, weil praktisch immer Gründe gefunden werden können, weshalb ein Zweck „ebenso wichtig" sein soll für das Gemeinwohl wie ein anderer und ein Systemwechsel nicht vorliegt.[41] Solche Streichungen sind zudem politisch nicht durchsetzbar, weil damit zusätzlich zum pekuniären Aspekt ein psychologischer Tiefschlag für die Betroffenen verbunden wäre, nicht mehr als zum Kreis der „Gemeinwohlfamilie" gehörig anerkannt zu werden.

---

[38] *Brugger*, in: Brugger/Kirste/Anderheiden (Hrsg.), Gemeinwohl in Deutschland, Europa und der Welt, 2002, S. 17, 21 ff.; grundlegend bereits in seiner Heidelberger Antrittsvorlesung, *Brugger*, AöR 119 (1994), 1 (2 ff.).

[39] Vgl. anschaulich *Seer* (Fn. 4), S. 13 f.

[40] Zur Zivilgesellschaft näher z.B. *Jachmann*, in: Festschrift Lang, 2011, S. 295 (297 ff.).

[41] Siehe oben unter II.

Eine realistische Möglichkeit, zwischen einzelnen gemeinnützigen Zwecken zu differenzieren, eröffnet sich dagegen, wenn man den Augenblick betrachtet, in dem ein gemeinnütziger Zweck in einer beispielhaften, der jeweiligen Zweckerfüllung typischen Lebenssituation ausgefüllt und konkretisiert wird. Dies erfolgt in aller Regel durch natürliche Personen, die entweder als Mitglieder oder sonst für die gemeinnützigen Körperschaften handeln. Je mehr diese Personen in der konkreten Lebenssituation, in welcher der gemeinnützige Zwecke „gelebt" wird, sich selbst hintanstellen und je weniger sie noch „fremde" Zwecke mit ihrem Handeln mitfördern, desto unmittelbarer wird das Gemeinwohl in dieser Situation gefördert. Verfolgen jene Personen auch eigene Interessen oder fremde gemeinwohlfremde Zwecke, so fördern sie das Gemeinwohl nur indirekt. Dies darf nicht mit dem Gebot der Selbstlosigkeit verwechselt werden, das nur für die Ebene der Körperschaft gilt, nicht für den Moment der Gemeinwohlverwirklichung. Je nachdem wie direkt oder indirekt das Gemeinwohl durch den jeweiligen gemeinnützigen Zweck gefördert wird, könnten steuerliche Differenzierungen eingreifen. Zwar dürfte es wenig aussichtsreich und kaum überzeugend sein, solche das Gemeinwohl nur indirekt fördernde Zwecke wie den Sport oder andere Freizeitbetätigungen aus dem Katalog der gemeinnützigen Zwecke zu verbannen.[42] Denkbar wäre aber die Schaffung einer neuen gesetzlichen Kategorie, etwa der „unmittelbaren Gemeinwohlgründe", für die zum Beispiel gewisse Erleichterungen für den Nachweis der Gemeinnützigkeit oder Verbesserungen bei den indirekten Steuervergünstigungen wie dem Sonderausgabenabzug für Spenden nach § 10b EStG oder dem Übungsleiterfreibetrag gemäß § 3 Nr. 26 EStG geschaffen werden könnten. Andererseits fördern die indirekten Steuervergünstigungen nicht etwa deshalb, weil sie nur indirekt der gemeinnützigen Körperschaft zugute kommen, automatisch auch nur indirekt das Gemeinwohl. Das zeigt sich deutlich beim Übungsleiterfreibetrag. Dieser ist derjenigen natürlichen Person eingeräumt, welche die dem Gemeinwohl unmittelbar dienenden Tätigkeiten ausübt.

VI. Zukünftiger Gemeinnützigkeitsstatus auch für natürliche Personen?

Gemeinnützige Körperschaften sind darauf angewiesen, dass ihr gemeinnütziger Satzungszweck ausgeführt wird von natürlichen Personen, die aber dadurch nicht allein das Gemeinwohl fördern, sondern aufgrund des Satzungszwecks handeln und diesen verwirklichen. Dies spiegelt „im Kleinen" das, was

---

[42] Verfassungsrechtlich ist dies nicht geboten, solange eine indirekte Gemeinwohlförderung bejaht werden kann, vgl. z.B. *Jachmann*, in: Gedächtnisschrift Trzaskalik, 2005, S. 38 (45); *Hüttemann* (Fn. 2), § 1 Rn. 88 (S. 36 f.).

„im Großen" für das Gemeinnützigkeitsrecht insgesamt gesagt worden ist.[43] Die Einzelwohltat wird im Hinblick auf die Gemeinwohlförderung nicht nur von der gesetzlichen Regelung, sondern auch vom Satzungszweck der Körperschaft transzendiert; diese Tat ist zugleich Ausführung und Ausformung des Satzungszwecks. Weil die Körperschaft durch ihre Satzung in einer Art Selbstverpflichtung auf die Erfüllung des gemeinnützigen Zwecks festgelegt ist, bietet dies eine – allerdings wegen der Möglichkeit einer Satzungsänderung keinesfalls ewige – Gewähr, dass der Zweck auch erfüllt wird, da die Organe der Körperschaft zur Zweckerfüllung verpflichtet sind.

Vor diesem Hintergrund scheint konsequent, dass der Gesetzgeber die Steuervergünstigungen in § 51 Abs. 1 AO den gemeinnützigen Körperschaften vorbehält. Positivrechtlich sind daher insbesondere[44] die natürlichen Personen ausgeklammert; sie können den Gemeinnützigkeitsstatus nach geltendem Recht nicht erlangen. Dies sei insbesondere dadurch legitimiert, dass nur Körperschaften gesellschaftsrechtlich besonders gebunden sind, ihre Organisation rechtlich verselbstständigt und ihr Vermögen bestimmten Zwecken gewidmet ist,[45] ferner dass Individuen zur eigenen Existenzabsicherung immer auch eigennützig handeln müssten.[46]

Dies schließt aber keinesfalls aus, dass *de lege ferenda* in der Zukunft unter engen Voraussetzungen auch ein Gemeinnützigkeitsstatus natürlicher Personen ins Auge gefasst werden könnte. Immerhin sind sie es in der Regel, die in den konkreten Lebenssituationen handeln und einen unverzichtbaren Baustein bilden, um in Komplementarität zur einschlägigen Gesetzesregelung und in Verwirklichung der gesetzgeberischen Gemeinwohlentscheidung das Gemeinwohl zu fördern.[47] Der Mediatisierung durch eine Körperschaft bedarf es jedenfalls für diesen Zusammenhang zur direkten Gemeinwohlförderung nicht, sofern die natürliche Person selbstlos handelt und nicht eigennützige Zwecke im Vordergrund stehen. Dabei kann nicht unterstellt werden, dass eine natürliche Person stets auch zur Existenzsicherung tätig werde, insbesondere dann nicht, wenn ihre Existenz anderweitig abgesichert ist. Ein Vergleich mit den Körperschaften zeigt, dass auch diese nicht ohne einen notwendigen Verwaltungsaufwand auskommen und ihre Selbstlosigkeit trotzdem nicht in Frage steht. Was die fehlende Selbstbindung angeht, könnte erwogen werden, dass eine natürliche Person eine Verpflichtungserklärung gegenüber der Finanzver-

---

[43] Siehe oben IV.

[44] Zur Diskussion, ob Personengesellschaften *de lege lata* gemeinnützig sein können, vgl. z.B. (verneinend) *Hüttemann* (Fn. 2), § 2 Rn. 83, (bejahend) *Leisner-Egensperger* (Fn. 10), S. 904 f.

[45] Vgl. *P. Kirchhof*, Bundessteuergesetzbuch – Ein Reformentwurf zur Erneuerung des Steuerrechts, 2011, § 27 Rn. 7 f.

[46] So z.B. *Hüttemann* (Fn. 2), § 1 Rn. 10 (S. 8); *Jachmann* (Fn. 40), S. 309 f.

[47] Dazu oben IV. Vgl. auch z.B. *Jachmann*, DStZ 2001, 225 (227 f.), zu Überlegungen über eine sog. „Zeitspende".

waltung zum Beginn eines Veranlagungszeitraums abgibt und die Entscheidung über den Gemeinnützigkeitsstatus erst nach Ablauf des Veranlagungszeitraums getroffen wird. Es müssten gesetzliche Gestaltungen gefunden werden, die sicherstellen, dass retrospektiv mit hinreichender Sicherheit festgestellt werden kann, ob eine natürliche Person durchgehend gemeinnützig tätig war. Freilich wäre ein Gemeinnützigkeitsstatus natürlicher Personen von vornherein nur zu Zwecken denkbar, durch deren Erfüllung das Gemeinwohl direkt und ohne Beimischung eigennütziger Zwecke der jeweils handelnden Person gefördert wird.[48] Möglicherweise wäre daher eine Gemeinnützigkeit natürlicher Personen überhaupt nur in sehr wenigen Bereichen wie den karitativen Bereichen denkbar. Im Hinblick auf eine sichere Berechenbarkeit des Steueraufkommens könnten ferner gewisse zeitliche Grenzen für die Dauer des Gemeinnützigkeitsstatus (zum Beispiel höchstens ein Jahr) und Betragsgrenzen für die Steuervergünstigungen gezogen werden (zum Beispiel eine nur begrenzte Vortragsmöglichkeit für künftige Einkünfte in Folgejahren, in denen die Person wieder erwerbstätig wird).

Wenngleich auf dem Weg zu einer etwaigen Gemeinnützigkeit natürlicher Personen noch etliche Hindernisse ausgeräumt, insbesondere Gefahren eines Missbrauchs begegnet werden müssten, lohnt es sich, über diesen Weg nachzudenken und die etwaigen gesetzgeberischen Gestaltungsmöglichkeiten zu erforschen. Ein solcher Prozess würde sich einbetten in den gesellschaftspolitischen Diskurs insbesondere über den Bundesfreiwilligendienst und eine Stärkung des Ehrenamts, über den demographischen Wandel und die vielfältigen Möglichkeiten einer gemeinnützigen Beteiligung Älterer, über den Pflegenotstand, über Sabbaticals wegen beruflicher Überanspruchung usw. Würde eine Tätigkeits- oder Zeitspende der reinen Geldspende in steuerlicher Hinsicht jedenfalls in engen Grenzen gleichgestellt, wäre schon die Existenz einer solchen Steuervergünstigung erheblich mehr als ein moralischer Appell an den Bürger, das Gemeinwohl persönlich zu fördern. Es gehört zu den Fundamenten eines funktionierenden Verfassungsstaates, dass alle, für welche die Verfassung gilt, aufgefordert sind, an der Verwirklichung des Gemeinwohls mitzuwirken.

VII. Schluss

Die zuletzt aufgeworfenen Fragen nach einer etwaigen Differenzierung der gemeinnützigen Zwecke je nach der Unmittelbarkeit der Gemeinwohlrealisierung und nach einer etwaigen zukünftigen Anerkennung eines Gemeinnützigkeitsstatus für natürliche Personen zeigen, dass aus dem Gemeinwohlbezug des Gemeinnützigkeitsrechts konkrete Folgerungen und mögliche Reformüberle-

---

[48] Siehe zu direkter und indirekter Gemeinwohlförderung oben V.

gungen gezogen werden können. Das Gemeinnützigkeitsrecht fördert das Gemeinwohl mit den Instrumenten des Steuerrechts, ohne Subvention zu sein, allerdings erst dadurch, dass die privaten Personen es in ihrem gemeinnützigen Handeln auch tatsächlich konkretisieren und „leben". Ganz im Sinne *Winfried Bruggers*[49] muss das Gemeinnützigkeitsrecht den Anforderungen gerecht werden, die Rechtssicherheit, Legitimität und Zweckmäßigkeit stellen, damit von einem gemeinwohlfördernden Gesetz gesprochen werden kann. Wenngleich die §§ 51 ff. AO in jüngerer Zeit mehrmals reformiert worden sind,[50] bleibt der Gesetzgeber in besonderer Weise herausgefordert, über den vielen technischen Einzelheiten des Gemeinnützigkeitsrechts seinen besonderen Gemeinwohlbezug nicht aus den Augen zu verlieren.

---

[49] Siehe oben Fn. 38.

[50] Vgl. zuletzt das Gesetz zur Stärkung des Ehrenamtes vom 21.3.2013, BGBl. I 2013, 556.

V. Verfassungstheoretische Voraussetzungen

Der Antwortcharakter der Verfassung

Paul Kirchhof

I. Geschichtlichkeit des Rechts

Winfried Brugger wirkt in seinen Schriften vor allem als Autor, der nach der Legitimation politischer Herrschaft fragt, damit die vielfältigen Ansichten über legitime Staatszwecke in Denkdisziplinen und Denkvoraussetzungen zu ordnen sucht, die Rechtfertigung von Staat und Recht aus seinem Zustandekommen mit materiell vorgegebenen Freiheits- und Menschenrechtsforderungen verbindet.[1] Gewalt allein könne allenfalls kurzfristig Gehorsam erzwingen. Deswegen werde jede politische Herrschaft danach streben, durch die Art der Regierung und durch die Berufung auf einsichtige Legitimationskriterien möglichst viele Teile des Volkes an sich zu binden. Dabei sei für jede politische Herrschaft unverzichtbar, die Vitalinteressen der Bürger an Leben und Sicherheit zu befriedigen. Weitere menschliche Fundamentalinteressen, wie Freiheit, Eigentum oder soziale Absicherung, hingen von der Kultur des jeweiligen Gemeinwesens ab.

Winfried Brugger versteht Staat und Recht in ihrer Geschichtlichkeit. Bis zur Neuzeit seien traditionell Herrschaft und Religion eine bedeutende Legitimationsform. Doch die herkömmlichen, weitgehend statischen Ordnungen mit ihren gestuften Hierarchien, Berechtigungen und Verpflichtungen würden mit Aufklärung und Liberalismus durch eine neue Ordnung abgelöst, die sich am befreiten rechtsgleichen Individuum ausrichtet. An die Stelle der traditionellen solle die innovative legale Herrschaft treten, die sich durch das prozedurale und institutionell ordnungsgemäße Zustandekommen der Rechtsregeln – unabhängig von deren Inhalt – rechtfertige.

Doch bald sei ersichtlich geworden, dass diese formale, prozedurale Legitimierung der Staatsgewalt Willkür, Übergriffe, Souveränitätsanmaßungen auch im demokratischen Staat nicht habe verhindern können. Deswegen sei es zu zwei zusätzlichen Freiheits- und Menschenrechtsforderungen gekommen: Die

---

[1] *Winfried Brugger*, Liberalismus, Pluralismus, Kommunitarismus, Studien zur Legitimation des Grundgesetzes, 1999, S. 127 ff.; *ders.*, Menschenrechtsethos und Verantwortungspolitik. Max Webers Beitrag zur Analyse und Begründung der Menschenrechte, 1980, Kapitel 5 ff., *ders.*, Human Rights Norms in Ethical Perspective: GYIL 25 (1982), S. 113, 116 ff.; *ders.*, Grundrechte und Verfassungsgerichtsbarkeit in den USA, 1987, § 37; *ders.*, Elemente verfassungsliberaler Grundrechtstheorie, JZ 1987, S. 633; *ders.*, Staatszwecke im Verfassungsstaat, NJW 1989, S. 2425 ff.

Staatsgewalt sei durch eine Teilung der Gewalten und durch Freiheitsrechte gegen den Staat zu mäßigen.

Die von der Staatsgewalt jedenfalls zu gewährleistenden „Fundamentalinteressen“ seien Freiheit und Sicherheit (*Montesquieu*), Leben, Freiheit und Eigentum (*Locke*), Freiheit (*Kant*), Ernährung und Sicherheit (*Mill*).[2] *Brugger* bestimmt die menschlichen Fundamentalinteressen, indem er die Ideengeschichte aufgreift, die gegenwärtige Rechtsphilosophie würdigt, eine konsensfähige Vorstellung von Freiheit und Autonomie anstrebt. Er entwickelt die These, das Menschenbild der Menschenrechte diene den „fundamentalen Interessen eines jeden Menschen an eigenständiger, sinnhafter und verantwortlicher Lebensführung“[3].

Brugger führt seine Menschenrechtsidee und seine Beobachtung der Menschenrechtsgeschichte in der Einsicht zusammen, Menschenrechtsforderungen antworteten auf exemplarische Unrechtserfahrungen. Dieser Gedanke wird aus der Geschichte der amerikanischen Unabhängigkeitserklärung, der französischen Erklärung der Rechte des Menschen und des Bürgers und der Beschreibung der Unterdrückung des Proletariats durch *Karl Marx* entwickelt. Er verdient zum Prinzip hervorgehoben zu werden, weil er auf die Geschichtlichkeit des Rechts aufbaut, in dieser Geschichtlichkeit aber ein dem Menschen eigenes „elementares und gleichsinniges Urteil“ über gerecht und ungerecht voraussetzt[4], das Recht in der Rechtsverletzung – dem Unrecht – erkennt, damit von einem Prinzip der Freiheit, dem Erlaubtsein menschlichen Handelns, ausgeht.

II. Antworten auf historisches Unrecht

1. Ausgleich von Gegensätzen

Winfried Brugger, ein ausgewiesene Kenner der Geschichte und Gegenwart des amerikanischen Rechts[5], erklärt die amerikanische Verfassungsentwicklung von der Unabhängigkeitserklärung von 1776 bis zur Verfassunggebung von 1787 als „step from revolution to constitution“. Die Auswanderer wollten sich von der englischen Krone lösen, eine neue politische Gemeinschaft gründen, dabei die „unverbrüchlichen“, dem Menschen eigenen Rechte wahren. Die Re-

---

[2] *Brugger*, Liberalismus, Pluralismus, Kommunitarismus a.a.O. S. 131 m.N.

[3] *Brugger* a.a.O. S. 132; *ders.*, Grundrechte und Verfassungsgerichtsbarkeit in den USA, 1987, § 37 Abs. 3.

[4] *Brugger*, Liberalismus, Pluralismus, Kommunitarismus a.a.O. S. 129.

[5] *Winfried Brugger*, Amerikanische Verfassungstheorie, Der Staat 39 (2000), S. 425; *ders.*, Einführung in das öffentliche Recht der USA, 2. Aufl., 2001; *ders.*, Demokratie, Freiheit, Gleichheit. Studien zum amerikanischen Verfassungsrecht 2002; *ders.*, Neuere Rechtsprechung des U.S. Supreme Court, in: JZ 2009, S. 609 ff.; *ders.*, Angloamerikanischer Einfluss auf die Grundrechtsentwicklung in Deutschland, HStR Bd. IX, 3. Aufl. 2011, § 186.

volution zielt auf die Unabhängigkeit vom englischen Mutterland. Die dort erlebte freiheitliche Ordnung mit Parlament, durchlässigen Standesgrenzen und schwachen Feudalbindungen sollte in Kontinuität bewahrt werden.[6] Die Französische Revolution hingegen wollte mit der absoluten Monarchie brechen, die Feudalherrschaft stürzen, den dominanten Einfluss der Kirche zurückdrängen, also die alte Rechtsordnung zerstören und neues – besseres – Recht einführen.[7] In diesem unterschiedlichen Ausgangsbefund wird bereits ersichtlich, ob eine Verfassung eher in der historischen Kontinuität ihrer Entstehensbedingungen verstanden, also „historisch" ausgelegt werden soll, oder ob sie mit Hergebrachtem bricht und deshalb nach dem Sinn und Zweck der Neuordnung verstanden, also teleologisch interpretiert werden soll.

Zu einer der wesentlichen Erfahrungen mit den Entstehensgründen einer Verfassung gehört die Einsicht, dass eine Verfassung eine Friedensordnung errichtet, sie also Gegensätze zusammenführen, Interessenwidersprüche ausgleichen, sie deshalb bestimmte Streitfragen ausklammern muss. Der moderne Verfassungsstaat entscheidet sich für die weltanschauliche Neutralität, klammert die Frage nach der religiösen Wahrheit aus, errichtet eine Ordnung weniger der Wahrheit als der Kulturerfahrung, regelt Entscheidungsprozesse, weniger Entscheidungsergebnisse, schreibt aber die historisch gewachsenen, erprobten und bewährten verfassungserheblichen Werte und Institutionen in unabänderlichen und unveräußerlichen Rechten fest. So sucht der Verfassungsstaat allen Inländern trotz ihrer unterschiedlichen Lebenssichten und Lebenserfahrung Frieden, Zugehörigkeit, Heimat zu bieten. Er lässt die Frage der richtigen Religion unentschieden, räumt der Entwicklung des Wirtschaftswesens einen beachtlichen Raum ein, ergreift nicht Partei zwischen den gegenläufigen Interessen verschiedener Bevölkerungsgruppen – historisch zwischen Adel und Bürgertum, zwischen Militär und Zivilgesellschaft, zwischen Stadt- und Landbevölkerung, heute zwischen Arbeitgebern und Arbeitnehmern, Familien und Kinderlosen, Erwerbstätigen und Erwerbslosen, Anlegern und Sparern, Realmarkt und Finanzmarkt. Auch die Distanz des Staates zu Privatheit, Vertraulichkeit, Individualität des höchstpersönlichen Lebensbereichs des einzelnen Menschen ist Inhalt dieser staatlichen Selbstbeschränkung, die ein Leben fern des Staates, in Freiheit und Autonomie voraussetzt, damit dem Recht und dem Rechtsfrieden Überzeugungskraft vermittelt. Die Kontinuität gewährleistende Verfassung schreibt das Recht nicht im Herkömmlichen fest, sondern verweist in den Ideen bewährten Rechts auf die Zukunft, leitet aus dem überkommenen Staat Erneuerungsaufträge an die Freiheitsberechtigten und die Parlamente ab. So wird das Recht nicht an der Entwicklung zerbrechen, sondern diese leiten.

---

[6] *Dieter Grimm*, Ursprung und Wandel der Verfassung, HStR Bd. I, 3. Aufl. 2003 § 1 Rn. 11.

[7] Zur französischen Revolution vgl. *Hasso Hofmann*, Die Grundrechte 1789 – 1949 – 1989, NJW 1989, S. 3177 ff.

Die Französische Revolution, die mit Hergebrachtem brechen wollte, kämpfte gegen „die Herrschaft der Toten über die Lebenden“, empfand es als Eitelkeit und Anmaßung, noch jenseits des Grabes regieren zu wollen, brandmarkte eine über die Generationen hinausgreifende Verfassung als die lächerlichste und unverschämteste aller Tyranneien.[8] Doch hat dann auch die Französische Revolution in dem Erfolg des von ihr als richtig verstandenen Rechts zu „natürlichen, unveräußerlichen und geheiligten“ Menschenrechten gefunden, deren „feierliche Erklärung“ allen Gliedern des gesellschaftlichen Körpers immerfort ihre Rechte und ihre Pflichten in Erinnerung bringen möge“[9]. Auch der jähe Bruch mit altem Recht braucht unantastbare, unveräußerliche, geheiligte Prinzipien, die in ihrer Überzeugungskraft dank Richtigkeit in die Zukunft vorgreifen, nur dadurch Recht sein können. Folgerichtig stellt die französische Nationalversammlung fest, „dass die Unwissenheit, die Vergessenheit, oder die Verschmähung des Rechts des Menschen die alleinigen Ursachen des öffentlichen Unglücks und der Verdorbenheit der Regierungen sind“[10].

2. *Neuanfang im Gegensatz zu Herkömmlichem*

Diesen Verfassungen ist trotz ihrer Unterschiedlichkeit der Antwortcharakter gemeinsam. Die Rechtswirklichkeit stellt eine Anfrage an das Recht, das Recht sucht darauf eine Antwort und entwickelt diese Antwort aus einem jedem Rechtsetzer vorgegebenen Recht, das einen die rechtliche Erneuerung, die Revolution, die Generationen übergreifenden Maßstab bietet. Wer sich vom Mutterland lösen will, fordert Autonomie. Wer ein Rechtsverständnis in einen neuen Rechtskreis hineinzutragen sucht, setzt auf stetige, unverletzliche und unveräußerliche Menschenrechte, deren „Unverbrüchlichkeit“ in der Natur des Menschen wurzelt.[11] Wer dabei die „fundamentalen Interessen“ des Menschen zu befriedigen hat, sucht die Natur des Menschen zu ergründen, seine Bedürfnisse (Existenzsicherung, Frieden, Freiheit, Anerkennung und Mitgestaltung des Gemeinschaftslebens) zu erkennen, mag auch das Buch der Natur nicht für alle gleichermaßen lesbar sein.[12] Dieses Buch beantwortet nicht alle Verfassungsfragen, insbesondere die nach der Verteilung von Macht und Ei-

---

[8] *Horst Dreier*, Gilt das Grundgesetz ewig?, 2008, S. 28 ff. m. N.

[9] Verfassung vom 3. September 1791 (mit der Erklärung der Menschen- und Bürgerrechte vom 26. August 1789), Präambel, abgedruckt in *Dieter Gosewinkel/Johannes Masing*, Die Verfassungen in Europa 1789–1949, 2006, S. 165.

[10] Verfassung vom 3. September 1791, Präambel, a.a.O.

[11] Zum Naturrecht vgl. *Bernd Rüthers*, Rechtstheorie, 3. Aufl., 2007, § 12; *Alexander Hollerbach*, Naturrecht, in: Wilhelm Korff/Lutwin Beck/Paul Mikat (Hrsg.), Lexikon der Bioethik, Band 2, 1998, S. 738 ff.; *Klaus Stern*, Idee der Menschenrechte und Positivität der Grundrechte, in: Josef Isensee/Paul Kirchhof (Hrsg.) Handbuch des Staatsrechts, Band V, 2. Aufl., 2000, § 108 Rn. 9 f.

[12] Vgl. auch *Iwan Sergejewitsch Turgenjew*, Vorabend, 1860, abgedruckt in: *ders.* Gesam-

gentum. Wer den Krieg erlebt hat, sucht den Frieden, die Menschen verträglich zu stimmen, in einem „Gesellschaftsvertrag"[13] zu binden, in dem sich alle Mitglieder der Rechtsgemeinschaft auf Grundbedingungen ihres Zusammenlebens verständigen und ein Stück ihrer Freiheit für die gemeinsame Friedlichkeit und Sicherheit einsetzen. Wem Schweigen befohlen, wessen Meinung unterdrückt worden ist, der sehnt sich nach dem öffentlichen Diskurs, sucht die unaufhörliche öffentliche Debatte[14] zu sichern, entfaltet den Vernunftgedanken, die parlamentarischen Debatten und die öffentlichen Diskussionen führten am ehesten zum richtigen Recht. Wer Unterdrückung erdulden musste, ruft nach Freiheit. Wer entwürdigt worden ist, stellt an den Anfang aller verfassungsrechtlichen Überlegungen die Würde jedes Menschen. Wer hungern musste, setzt auf den existenzsichernden Sozialstaat. Wer Missachtung und Diskriminierung erfahren hat, verlangt nach Gleichheit. Wer ausgegrenzt worden ist, fordert eine demokratische Staatsform der Zugehörigen.[15] Recht wird durch die Wirklichkeit gefertigt und muss in dieser Realitätsgerechtigkeit gerechtfertigt werden.[16]

3. Stetigkeit und Erneuerung

Die zeitgebundenen Antworten der Verfassung, die Prägung des Rechts durch die Rechtswirklichkeit gibt der Verfassung Geschichtlichkeit. Die Sklaverei, die rechtliche Unterscheidung der Menschen nach Herkunft und Hautfarbe, die Unterdrückung der Frau sind viele Jahrhunderte aus der Natur des Menschen abgeleitet worden. Die jüngste deutsche Verfassungsgeschichte, die Teilung Deutschlands in ein freiheitliches und ein kollektives Staatssystem, versuchte aus dem jeweiligen Grundverständnis des Staates Staatsgewalt zu legitimieren. Doch die realen Anfragen an das Recht lehren ebenso, dass der Mensch nicht hungern und verarmen soll, der Kranke geheilt werden will, die Jugend von

---

melte Werke in Einzelbänden, 1994, Band 3, S. 12. „Wie oft du auch an das Tor der Natur klopfen magst, sie wird dir niemals in verständlicher Sprache antworten, denn sie ist stumm."

[13] Zum Gesellschaftsvertrag vgl. *Jean-Jacques Rousseau*, Du contrat social ou principes du droit politique (1762), übersetzt in: *ders.*, Sozialphilosophische und Politische Schriften, 1981, S. 267 ff.; dazu: *Wolfgang Kersting*, Die politische Philosophie des Gesellschaftsvertrags, 2005; *ders.*, Jean-Jacques Rousseaus „Gesellschaftsvertrag", 2002.

[14] Vgl. Darstellung und Kritik bei *Armin Engländer*, Diskurs als Rechtsquelle?, 2002.

[15] *Georg Jellinek*, Allgemeine Staatslehre 3. Aufl . 1914, S. 406 ff. und in neuerer Zeit *Rolf Grawert*, Staatsvolk und Staatsangehörigkeit, in: Josef Isensee/Paul Kirchhof (Hrsg.) Handbuch des Staatsrechts, Band II, 3. Aufl., 2004, § 16; *Reinhold Zippelius*, Allgemeine Staatslehre, 15. Aufl., 2007, § 11. Zu den Maßgaben an die „höchste Macht" vgl. *John Locke*, Two treatises of government (1689), book II., chap. XI, §§ 134 ff., abgedruckt in: Peter Laslett (Hrsg.), John Locke. Two treatises of government. A critical edition with an introduction and apparatus criticus, 1960, S. 285 (373 ff.), übersetzt in: Walter Euchner (Hrsg.), John Locke. Zwei Abhandlungen über die Regierung, 12. Neudruck, 2007, S. 200 (283 ff.).

[16] Zum Wortspiel „Rechtfertigen durch Recht fertigen" vgl. *Marie Theres Fögen*, Das Lied vom Gesetz, 2007, S. 123, Fn. 271.

der Neugierde auf die Welt geprägt ist, Erwerbs- und Machtstreben den Menschen in der Gemeinschaft bestimmen können, die Endlichkeit des Menschen die Frage nach der Herkunft und der Zukunft des Einzelnen stellt, der Mensch den Sinn und die Widmung des menschlichen Lebens ergründen will.

Die freiheitliche Verfassung baut auf Bürgerstolz, Freiheitsmut und die Urteilskraft der Freiheitsberechtigten, anerkennt und fördert ihren Willen zur Eigengestaltung ihres Lebens, ihre Bereitschaft zum selbstverantwortlichen Leben in Distanz zum Staat. Der freie Mensch verfolgt Eigeninteressen, die letztlich dem Gemeinwohl und allgemeiner wirtschaftlicher Prosperität zu Gute kommen. Diese bei der Freiheitsgewährleistung mitgedachte und bestätigte Wirklichkeit stützt und bekräftigt das Recht in Institutionen – der Ehe und Familie, der Kirchen und Vereinigungen, der Schulen und Hochschulen, der wirtschaftlichen Arbeitsteilung, der Berufsbilder und Eigentumsformen.

Die Freiheit ist in diesem Rahmen das Recht, sich vom anderen unterscheiden zu dürfen, drängt die reale Ordnung also auf Erneuerung, in das Experiment, in das Wagnis. Die freiheitliche Mitbestimmung im Gemeinwesen führt zur Demokratie, die im Wahlrecht und in der Entscheidungsgewalt des Parlaments wiederum darauf setzt, dass der alte Gesetzgeber durch einen neuen, das hergebrachte Recht durch besseres Recht ersetzt wird. Stetige Verfassung und politische Erneuerung sind eins.[17]

III. Das dem Menschen eigene Urteil über Recht und Unrecht

1. Glück und Schicksal

Die zehn Gebote regeln im „Du sollst nicht" überwiegend Verbote, benennen das Unrecht und skizzieren damit eine elementare Rechtsordnung.[18] Darin steckt Rechtsklugheit, ein Konzept des Vertrauens. Das „gute Leben"[19] ist den Menschen selbst überlassen. Im Kern entwickelt sich hier die Elementarunterscheidung zwischen Recht und Moral. Der Staat regelt mit seinem Recht die äußeren Handlungen, die Legalität. Die inneren Bestimmungsgründe der Handlungen, ihre „Moralität" obliegen dem Menschen „nach bestem Wissen und Gewissen", nach seiner Weltdeutung und Lebenskultur, nach seinem Glauben und seiner Weltanschauung. Die Suche nach Glück wird zum individuellen

---

[17] *Paul Kirchhof*, Stetige Verfassung und politische Erneuerung, 1995.

[18] Vgl. *Paul Kirchhof*, Das Maß der Gerechtigkeit, 2009, S. 70 ff.

[19] Zum „guten Leben" vgl. *Aristoteles*, Nikomachische Ethik, 1153b, abgedruckt und übersetzt in: Rainer Nickel (Hrsg.), Die Nikomachische Ethik, 2001, S. 314 ff.; vgl. ferner *Friedo Ricken*, Gemeinschaft. Tugend. Glück. Platon und Aristoteles über das gute Leben, 2004, S. 78.

Recht, sein eigenes Glück[20] zu suchen. In der Unabhängigkeitserklärung der Vereinigten Staaten werden „Wahrheiten“ formuliert, die als „klar und keines Beweises bedürftig“ gelten: „dass alle Menschen gleich geboren, dass sie von ihrem Schöpfer mit gewissen unveräußerlichen Rechten begabt sind, dass zu diesen Leben, Freiheit und das Streben nach Glückseligkeit gehören“[21]. Der Mensch sucht nach etwas Erhofftem, Erwünschtem[22], strebt nach vernünftigem und pflichtbewusstem Handeln, sucht andererseits sein Geschick, eine schicksalhafte Fügung zum Besseren zu wenden.[23] Das Recht auf Glück ist das Recht auf die Freiheit, individuelles Glück selbstverantwortlich zu definieren und zu verwirklichen. Das Glück ist einerseits das in Freiheit selbstbestimmte Schicksal – jeder ist seines Glückes Schmied – andererseits das vorgefundene Schicksal, dem man sich ergeben, das man nicht wenden kann.

Dieser Zusammenklang von Freiheit und Schicksalhaftem begrenzt das Recht auf Regeln, die der freie Mensch befolgen kann. Wer in eine Lawine gerät, in einer Flut zu ertrinken droht, von einer tödlichen Krankheit betroffen ist, der wird durch Recht nicht berechtigt und nicht verpflichtet. In der Idee des Rechts ist die Freiheit zu handeln angelegt. Selbst der unterdrückende Befehl setzt Befolgungsfähigkeit, damit ein Stück Freiheit des Adressaten voraus.

Der Freiheitsgedanke rückt in den Mittelpunkt des Rechtssystems und der Rechtsordnung, wenn rechtlicher Bindungswille sich an den befolgungswilligen oder befolgungsunwilligen Menschen wendet, die elementare Suche nach

---

[20] Die Herkunft des Begriffes „Glück“ ist unklar, vgl. aber „g(e)lücke“, das mittelniederdeutsche „gelucke“ und das mittelniederländische „geluc(ke)“. Eine Ansicht geht nach Bedeutungsübertragung aus dem Altfranzösischen von den Bedeutungen „Festsetzung, Bestimmung und Beschluß“ und „christliches Fatum“ aus, vgl. hierzu *Friedrich Kluge*, Etymologisches Wörterbuch der deutschen Sprache, 24. Aufl., 2002, S. 362, Stichwort „Glück“.

Zum Unterschied von Glücksgefühl und feinsinnigeren Glückserfahrungen vgl. bereits *Jeremy Bentham*, in: John Bowring (Hrsg.), The Works of Jeremy Bentham, Volume II, 1843, S. 253; Er spricht von „pleasure“, nicht wie die Amerikanische Unabhängigkeitserklärung, von „happiness“; andererseits *John Stuart Mill*, Utilitarianism (1861), abgedruckt in: ders., Utilitarianism. Liberty. Representative Government, Reprint 1964, S. 1 (9), übersetzt in: Manfred Kühn (Hrsg.), John Stuart Mill, Utilitarismus, 2006, S. 16: „es sei besser, ein unzufriedener Sokrates zu sein, als ein zufriedener Narr“; vgl. auch *Eric Hilgendorf*, in: Hermes Andreas Kick (Hrsg.), Glück, Ethische Perspektiven – aktuelle Glückskonzepte, 2008, S. 47 (49).

[21] Die Unabhängigkeitserklärung wurde von Thomas Jefferson in Anlehnung an John Locke entworfen; vgl.dazu *John Locke*, Two treatises of government (1689), book II, chap. IX, § 123, abgedruckt in: Peter Laslett (Hrsg.), John Locke. Two treatises of government. A critical edition with an introduction and apparatus criticus, 1960, S. 285 (368), übersetzt in: Walter Euchner (Hrsg.), John Locke. Zwei Abhandlungen über die Regierung, 12. Neudruck, 2007, S. 200 (278), der allerdings von Leben, Freiheiten und Eigentum gesprochen hat.

[22] Zum Glück als innerer Zustand vgl. *Heinrich Meier*, Prolog über das Glück, in: Heinrich Meier (Hrsg.), Über das Glück, 2009, S. 8 ff.; vgl. ferner *Eric Hilgendorf*, Glück und Recht. Vom „Pursuit of Happiness" zum Recht auf Selbstbestimmung, in: Hermes Andreas Kick (Hrsg.), Glück. Ethische Perspektiven – aktuelle Glückskonzepte, 2008, S. 47 ff.

[23] Zu den Ursachen des Unglücks vgl. *Bertrand Russell*, Eroberung des Glücks. Neue Wege zu einer besseren Lebensgestaltung, 2. Aufl., 1978, S. 11 ff. (Erster Teil).

dem individuellen Glück immer die Entscheidung über das eigene, vom anderen abgehobene Lebensziel voraussetzt, wenn eine Rechtsordnung den Hang zum Totalitären nur durch die Eröffnung eines Freiheitsraumes vermeidet, wenn eine Kultur des Vertrauens auf die Bereitschaft und Fähigkeit der Menschen zur sozialverträglichen Wahrnehmung der Freiheit setzt. Die Freiheitsgewähr beginnt mit dem elementaren Gegenseitigkeitsgedanken. Jeder lässt dem anderen sein Leben, seine Gesundheit, seine Handlungs- und Vertragsfreiheit, damit der andere seinerseits diese Rechtsgüter nicht verletzen möge. Doch die Rechtsordnung muss auch die Frage beantworten, warum der Mächtige den Ohnmächtigen schonen, der Reiche den Bettler an seinem Reichtum teilhaben, der Wissende dem Unwissenden seine Gedanken mitteilen soll. Das Freiheitsprinzip handelt auch von den rechtlich mitgedachten, aber nicht rechtlich erzwingbaren Voraussetzungen.

2. *Sprachliches Begreifen der Rechtswirklichkeit*

Keine Verfassung garantiert sich selbst.[24] Sie ist vielmehr auf Voraussetzungen angelegt und angewiesen, die der Staat nicht dank seiner Hoheitsbefugnisse und seines Gewaltmonopols erzwingen darf, die aber Staat, Gesellschaft, Kultur und Wirtschaft immer wieder pflegen und erneuern müssen.

Diese das menschliche Urteil über Recht und Unrecht bestimmenden Voraussetzungen beginnen bei der Sprache, in der Recht lebt und vermittelt wird.[25] Wenn wir den Menschen in seiner Würde begreifen, sein Leben und seine Körperintegrität schützen, aus Ehe und Familie, Wohnung und Privatheit, Beruf und Eigentum eine Lebensordnung entwickeln, in Religion, Kunst und Wissenschaft den Kulturstaat verankern, so begreifen wir in diesen Begriffen erprobte und bewährte Wertvorstellungen, erfassen Rechtstatsachen, die wir mit Rechtfolgen verbinden. Wir verstehen das Recht aus seiner Herkunft (Tatbestand) in seine Zukunft (Rechtsfolge). Die Sprache verknüpft Vergangenheit und Gegenwart.[26] Insoweit wahrt die Rechtssprache bereits Kontinuität, folgt andererseits Entwicklungen, ist Tätigkeit, nicht Zustand. Selbst die Erhaltung der Sprache in der Schriftlichkeit des Rechts ist „immer nur eine unvollständige, mumienartige Aufbewahrung“[27]. Recht ist deshalb bereits durch seine sprachliche Verfasstheit gehalten, an Bestehendes anzuknüpfen, einen Änderungswillen auf Hergebrachtes zu beziehen, Übergänge schonend zu gestalten, dem Rechtsadressaten einen Wechsel im Rechtsdenken und dann im rechtserheblichen Verhalten in bedachten Übergängen zuzumuten.

---

[24] *Joseph von Eichendorff*, Preußen und die Konstitutionen (1832), abgedruckt in: *ders.*, Werke, Band V: Politische und historische Schriften. Streitschriften, 1988, S. 95 (129).

[25] *Paul Kirchhof*, Deutsche Sprache, HStR Bd. II, 3. Aufl. 2004, § 20, Rn. 23 ff.

[26] *Wilhelm von Humboldt*, Schriften zur Sprache, Nachdr., 1973, S. 36 f.

[27] *von Humboldt*, a.a.O.

In dieser Herkunft befähigt die Sprache die Rechtsetzung, in die Zukunft vorzugreifen, in Vorschriften – Vorausschriften – die Anforderungen an zukünftiges Verhalten zu beschreiben, den „Vor-rang" und „Vor-behalt" des Gesetzes zur Geltungsvoraussetzung für Recht zu machen.

3. *Recht aus vertrauter Gewohnheit*

Die sprachlich begriffene Wirklichkeit offenbart Arbeitsteilung und Tauschwirtschaft, freiheitliche Verschiedenheit und sozialen Ausgleich, Staat und Demokratie, Sprache und Literatur, Musik und bildende Kunst, Religion und Philosophie. Aus diesem Rechtswissen zieht das Recht Folgerungen für Markt und Geld, Freiheitsrechte und Sozialpflichtigkeit, Wahlen, Parlamente und Abstimmungen, Schulen und Universitäten, Kirchen und Staatskirchenrecht, Opern und Akademien. Der Mensch wächst in diese Institutionen und Einrichtungen hinein, gewöhnt sich an die dort gewährten Leistungen und Sicherheiten, empfände es als Unrecht, wenn ihm Zugang und Leistung verweigert würden. Wer heute sein Fernsehgerät nicht einschalten, seinen Computer nicht nutzen, mit seinem Handy nicht telefonieren dürfte, würde das grobe Unrecht beklagen, das ihm widerfahren ist. Hätte ein gleiches Verbot den Menschen im 19. Jahrhundert getroffen, bliebe dieser Mensch von diesem Verbot völlig unberührt. Der Antwortcharakter des Rechts ist geprägt durch die Gegenwartsanfragen an Recht und Gerechtigkeit.

Recht beansprucht Vertrauen, setzt deshalb vertraute Regeln voraus. Wenn das Grundgesetz eine Vorstellung von der Würde des Menschen vermittelt, deshalb Freiheit, Gleichheit und demokratische Mitwirkungsrechte garantiert, wenn die elementare Rechtsordnung Unrecht vom Unglück unterscheidet, bei Unrecht die Frage nach Verantwortung, Schuld, Strafe und Haftung stellt, stützt sie sich auf ein Rechtsbewusstsein, das sich den Menschen eingeprägt hat und deshalb allgemein beachtet wird. Das Recht ist ein Teil der Kultur, in der es wirken soll. Die Freiheit des Menschen im Krieg ist eine andere als die im Frieden. Der Bildungsanspruch des Kindes ist in Europa höher als in Schwellenländern. Der moderne Verfassungsstaat kann kranken Menschen in seinen Hochleistungskrankenhäusern andere Heilungschancen bieten als in Regionen mit medizinischer Elementarversorgung. Dementsprechend verändern sich die Ansprüche auf Freiheit, Bildung und Gesundheit. Wenn der Staat die jungen Menschen in der Sprache, in der Mathematik und im Computerwesen ausbildet, ihre Fähigkeit zur Religion und zur Musik aber verkümmern lässt, verliert der Verfassungsbaum ein Stück des Humus, in dem er wurzelt. Die Freiheitsbedingungen und Gerechtigkeitserwartungen ändern sich grundlegend, wenn Güter weniger durch menschliche Hand und mehr durch Computer und Roboter hergestellt werden, der Mensch dadurch von schwerer Arbeit entlastet wird, aber auch die Gewinne aus der maschinellen Produktion den Kapitalgebern zuzustehen scheinen, die Erwerbsquelle der Arbeit insoweit verdrängt wird. Die Bewegungsfreiheit hängt von der modernen Technik der Kraftfahrzeuge, Flugzeuge und Schiffe ab, die Medizin von Apparaten, Arzneimitteln und Implantaten. Nachrichtentechniken, Computer und Leitsysteme bestimmen das Wissen, das Gedächtnis, die Kommunikations- und Informationsfähigkeit des Menschen. Die Geldwirtschaft setzt auf eine Hochkultur des Einlösungsvertrauens[28], schafft auf dieser Vertrauensgrundlage einen weltweiten Markt, Wachstum und Prosperität in bisher ungeahntem Ausmaß.

Entsprechend wandeln sich das Rechtsdenken und damit die rechtlichen Antworten auf die neuen Anfragen an das Recht. Allerdings rückt unser fundiertes, in Unrechts- und Kulturerfahrung geprägtes Rechtsdenken den Menschen immer wieder in die Mitte der Rechtsordnung. Deswegen widerspricht das Recht Tendenzen der Naturwissenschaften, die den Menschen nur noch als einen Teil der Gesamtnatur verstehen, ihn in seinen Kausalabläufen und genetischen Gemeinsamkeiten mit den Tieren deuten, in einem vermeintlichen Determinismus die Alltagserfahrung menschlicher Freiheit bestreiten, durch die gen- und biotechnologische Veränderbarkeit der Erbinformationen die Identität des Menschen in Frage stellen. Das Wissen des Menschen ist stets menschlich gedacht, ist ein Wissen vom und durch den Menschen. Dadurch verliert das Verfassungsrecht niemals seine Mitte im Menschen, im Humanum, in der Humanität. Der Mensch stellt die Anfragen an die Verfassung und beantwortet diese Fragen. So bleibt das Recht menschlich.

IV. Die Regel der Freiheit und die Ausnahme der Bindung

1. Kontinuität, Nachhaltigkeit, Stabilität

In dieser Rechtsordnung ist Freiheit die Regel, das Verbot die Ausnahme. Es gilt das Prinzip, dass alles erlaubt sei, es sei denn das Gesetz hätte ein Verhalten legitimerweise verboten. Soll die Erlaubnis mit Verbotsvorbehalt durch ein Verbot mit Erlaubnisvorbehalt ersetzt werden, bedarf diese Umkehrung des Freiheitsprinzips besonderer Rechtfertigung, die strengen Anforderungen unterliegt.[29]

Der Antwortcharakter der Verfassung entspricht dem Grundanliegen des Verfassungsstaates, Bewährtes zu bewahren, die rechtliche Gestaltung des Gemeinschaftslebens behutsam zu erneuern, das vertraute Recht in schonenden Übergängen – Vertrauen wahrend – in das Neue zu überführen, den abrupten Bruch zu meiden. Wenn Unrechtserfahrungen das Entstehen von Verfas-

---

[28] BVerfGE 97, 350 (370 ff.) – Euro.

[29] BVerfGE 20, 150 ff. – Sammlungsgesetz.

sungsrecht veranlassen, ist in diesem Ursprung des Rechts das Bemühen angelegt, nach Überwindung des Unrechts im neuen Recht Kontinuität, Nachhaltigkeit, Stabilität zu gewinnen. Die Kontinuität meint eine Rechtsentwicklung in harmonischen Übergängen vom Herkommen zum Zukünftigen. Die Nachhaltigkeit fordert eine Verlässlichkeit des Rechts, auf die der Freiheitsberechtigte sich als Rahmen seiner Freiheit einlässt, die seinen Planungen eine gediegene Grundlage gibt, die das Recht voraussehbar macht und deshalb Willkür entgegenwirkt, die stetig und verlässlich die Rechtswirklichkeit prägt, damit Rechtsanspruch und Rechtsrealität im Einklang hält. Die Stabilität des Verfassungsrechts sichert unverletzliche und unveräußerliche Rechte, verfestigt und verstetigt den Staat und seine Organisation als gleichbleibenden Garanten von Frieden, Recht, Freiheit und individueller Existenzsicherung, vermittelt dem Bürger die Gewissheit staatlichen Rechtsschutzes, die Langfristigkeit demokratischer Zugehörigkeit, die Unkündbarkeit der staatlichen Versprechen, die individuelle Existenz zu sichern, möglichst die gewohnten Lebensbedingungen zu gewährleisten, die Sicherheit gegenüber Störern, Straftätern, äußeren Angriffen zu garantieren.

2. *Individualisierendes und subjektivierendes Recht*

Wenn die Verfassung Anfragen der Menschen an das Recht beantwortet, diese Antworten vom Menschen in einem Unrechtsvermeidungskonzept gegeben werden, ist in dem Verfassungsgesetz angelegt, dass es vorrangig dem einzelnen Menschen gerecht zu werden sucht. Hier liegt ein praktischer Grund für die Garantie der Menschenwürde als dem nicht hinterfragbaren Ausgangspunkt, dem Tabu,[30] der in der rechtlichen Begegnung unter Menschen den Menschen in seinem Dasein und seinem Sosein willkommen heißt. Der Mensch wird als frei und gleich an Recht geboren und bleibt in diesem Befund kraft Geburt berechtigt.[31] Hier liegt die Wurzel des gegenwärtigen Verständnisses der Menschenrechte, die Rechte subjektivieren, die Rechtsinhalte individualisieren, den Staat auf den Einzelnen ausrichten. Dieses Denken im „Jedermann" ist geprägt vom Gleichheitssatz, der gegen das Privileg, gegen Standesunterschiede, gegen

[30] *Jacob Grimm*, Von der Poesie im Recht, in: Zeitschrift für geschichtliche Rechtswissenschaft, Band II, 1816, Heft 1, S. 25 (27 f.); *Josef Isensee*, Tabu im freiheitlichen Staat, 2003; zum Verhältnis von Tabu und Recht vgl. auch Otto Depenheuer (Hrsg.), Recht und Tabu, 2003.

[31] Vgl. die amerikanische Declaration of Independence vom 4. Juli 1776: "We hold these Truths to be self-evident, that all Men are created equal, that they are endowed by their Creator with certain unalienable Rights, that among these are Life, Liberty, and the Pursuit of Happiness", abgedruckt in: Melvin I. Urofsky/Paul Finkelman (Hrsg.), Documents of American Constitutional and Legal History, Band I, 2. Aufl., 2002, S. 55: „Wir halten folgende Wahrheiten für klar und keines Beweises bedürfend, nämlich: dass alle Menschen gleich geboren, dass sie von ihrem Schöpfer mit gewissen unveräußerlichen Rechten begabt sind, dass zu diesen Leben, Freiheit und das Streben nach Glückseligkeit gehöre."

Geringschätzungen durch andere, gegen Entfaltungsbarrieren streitet.[32] Die formale Gleichheit, „eine Abstraktion von solcher Belanglosigkeit, von solcher Albernheit“[33], die vollkommen nutzlos ist, steht in materieller Spannung und institutioneller Anspannung zur materiellen Gleichheit, die auf menschengerechte und sachbezogene Angleichung und Unterscheidung angelegt ist. So wird die „Gleichheit vor dem Gesetz“ zum Auftrag an den Gesetzgeber, bei seinen Normen einen dem Menschen gerecht werdenden Grad der Verallgemeinerung zu finden.

3. Gemeinsames Entscheiden in der Demokratie

Wenn der Jedermann freiheitsberechtigt in der Rechtsgemeinschaft gleich ist, sucht das Demokratieprinzip den Gegensatz zwischen den Inhabern der Staatsgewalt und den Gewaltunterworfenen, der Widerstand, auch Aufruhr provozieren kann, zu mäßigen. Die Staatsgewalt wird in Verfassungsbindungen und in zeitlicher Begrenzung gemäßigt, auf den Wechsel der Macht angelegt, auf Entscheidungen durch und für das Volk rückgebunden. Diese Form gemeinsamer Freiheitswahrnehmung nach einem verfassungsbegrenzten Mehrheitsprinzip organisiert den Staat, nicht die Wahrnehmung von Grundfreiheiten, die grundsätzlich individuell, nicht mehrheitlich bestimmt sind. Eine Kultur des Maßes wird deshalb die Staatsaufgabenlehre behutsam gestalten, die Normenflut in Deutschland und Europa[34] energisch zurückführen, die Eigenverantwortlichkeit des Freiheitsberechtigten im Handeln auf eigene Chancen und eigenes Risiko insbesondere gegenüber dem Finanzmarkt wiederherstellen, die Trennung von Staat und Kirche, von Recht und Moral, von Erwerbswirtschaft und Staatsfinanzen betonen, aber auch ihre wechselseitige – distanzwahrende – Bedingtheit verstehen.

---

[32] Siehe *Paul Kirchhof*, Der allgemeine Gleichheitssatz, in: Josef Isensee/Paul Kirchhof (Hrsg.), Handbuch des Staatsrechts, Band V, 2. Aufl. 2000, § 124 Rn. 71 ff.; zum Gebrauch des eigenen Verstandes vgl. *Immanuel Kant*, Beantwortung der Frage: Was ist Aufklärung? (1784), in: Königlich-Preußische Akademie der Wissenschaften (Hrsg.), Kants gesammelte Schriften, 1. Abt: Werke, Band VIII, Neudruck 1923, S. 33 (35 ff.); zur Erwartung Kants an das menschliche Handeln vgl. *Immanuel Kant*, Kritik der praktischen Vernunft (1788), in: Königlich-Preußische Akademie der Wissenschaften (Hrsg.), Kants gesammelte Schriften, 1. Abt.: Werke, Band V, Neudruck 1913, S. 1 (30). *Friedrich Schiller*, Über Anmut und Würde, abgedruckt in: Otto Dann u.a. (Hrsg.), Friedrich Schiller. Werke und Briefe, Band 8: Rolf-Peter Janz (Hrsg.), Friedrich Schiller. Theoretische Schriften, 1992, S. 330 (378).

[33] *Stanislas, Comte de Clermont-Tonnerre*, Analyse raisonnée de la constitution française. Décrétée par l'Assemblée Nationale. Des années 1789, 1790 et 1791, 2. Aufl., 1791, S. 23.

[34] Zur Gesetzgebung in Deutschland und Europa insgesamt vgl. *Gregor Kirchhof*, Die Allgemeinheit des Gesetzes, 2009.

4. Freiheit, Gleichheit, Sicherheit

Die Idee der Menschenrechte wurde zwar anfangs unter den drei Idealen „Freiheit, Gleichheit, Brüderlichkeit“[35] propagiert, in den Rechtstexten[36] aber bereits von Anfang an im dritten Ideal der Sicherheit tatbestandlich verfasst. Der Staat antwortet auf Krieg und Bürgerkrieg, auf die innere und äußere Unsicherheit,[37] verheißt Schutz vor Krieg und Terror, Gewalttätigkeit, Raub und Diebstahl, gegen Naturkatastrophen und Hungersnot, später auch „soziale Sicherheit“[38] und Teilhabeansprüche.[39] Dieses zu den elementaren Menschenrechten gehörende Ideal gewährleistet jedem einzelnen Menschen eine hinreichende Existenzgrundlage, damit das Fundament für Freiheit, Gleichheit vor dem Gesetz, Demokratie, droht allerdings gegenwärtig im Dickicht gruppeninitiierten Eigensinns, politische Tagesaktualitäten, Zufälligkeiten von Parteikonstellationen und Wahlterminen zu verkümmern. Hier drängt der Antwortcharakter der Verfassung auf prägnante Fragen, die nur als allgemeine Elementaranliegen zu Jedermannsrechten, nicht zu Gruppenrechten führen können.

[35] Zur Brüderlichkeit vgl. *Mona Ozouf*, Brüderlichkeit, in: François Furet/Mona Ozouf (Hrsg.), Kritisches Wörterbuch der Französischen Revolution, Band II, 1996, S. 1037 ff.; zu deren Darstellung S. 1038; zur Utopie der Stadt der Bruderliebe S. 1042. Zu Brüderlichkeit in der Antike vgl. *Peter Siewert*, Antike Parallelen zur UNO-Menschenrechtsdeklaration von 1948, in: Klaus M. Girardet/Ulrich Nortmann (Hrsg.), Menschenrechte und europäische Identität. Die antiken Grundlagen, S. 135 (138 ff.).

[36] Art. 2 der Erklärung der Menschen- und Bürgerechte vom 26. August 1789, abgedruckt in: Gosewinkel/Masing, Die Verfassungen in Europa 1789–1949, 2006, S. 165.

[37] Zum Krieg aller gegen alle vgl. *Thomas Hobbes*, Leviathan, ore The Matter, Forme & Power of a Common-Wealth Ecclesiasticall and Civill (1651), 1st Part, Chap. XIII, abgedruckt in: Michael Oakeshott (Hrsg.), Thomas Hobbes. Leviathan or the matter, forme and power of a commonwealth ecclesiasticall and civil, 1946, S. 80 ff., übersetzt in: Iring Fetscher (Hrsg.), Leviathan oder Stoff, Form und Gewalt eines kirchlichen und bürgerlichen Staates, 12. Neudruck, 2004, S. 94 ff.

[38] Zur sozialen Sicherheit vgl. Art. 22 der Allgemeinen Erklärung der Menschenrechte, Res. 217 A (III) der Generalversammlung der Vereinten Nationen, abgedruckt in: Universal Declaration of Human Rights, GAOR III (Part I – Resolutions), Doc. A/810, S. 71 ff.

[39] Zu allgemeinen sozialen Leistungsgrundrechten vgl. *Hans F. Zacher*, Sozialpolitik und Verfassung im ersten Jahrzehnt der Bundesrepublik Deutschland, 1980, S. 848 f.; *Albrecht Weber*, Die Grundrechte im Integrationsprozess der Gemeinschaft in vergleichender Perspektive, JZ 1989, S. 965 (973). Zu den Grundrechten der dritten Dimension vgl. *Eibe H. Riedel*, Menschenrechte der dritten Dimension, EuGRZ 1989, S. 9 (16).

V. Der Dialog um fundamentale Interessen

1. Gegenwartsfragen

Wenn die Verfassung, also die elementare Grundordnung eines Gemeinwesens, „fundamentale Interessen" eines jeden Menschen, der sich um eigenständige, sinnhafte, verantwortliche Lebensführung bemüht,[40] befriedigen will, bleibt sie mit ihren Antworten auf Macht- und Verteilungsinteressen sehr verhalten. Dies gilt gegenwärtig insbesondere für die Entwicklung von freiem Markt und Wettbewerb und sozialstaatlicher Herrschaft über die Güterverteilung und deren stete Umverteilung. Die Regel der Freiheit und die Ausnahme der staatlichen Intervention machen bewusst, dass wirtschaftliche Freiheit – auch mit dem Ziel stetiger Gewinnmehrung – auf Verschiedenheit und Instabilitäten der wirtschaftlichen Entwicklung angelegt ist, die von der Wirtschaft in Kartellen und Wettbewerbsabsprachen gesuchte Stabilität zurückweist, auch eine „soziale" Garantie für individuellen Arbeitsplatz und individuelles Einkommen in der zerstörenden Macht des Wettbewerbs allenfalls zögerlich anerkennt.

Die Gegenwartsantwort der Verfassung ergibt sich wiederum aus den gegenwärtigen, Unrecht abwehrenden realen Anfragen an das Recht. Eine Scheinrationalität der Zahl glaubt, die Entwicklung der Freiheitswahrnehmung – des „Marktes" – prognostizieren zu können. Anlageberater und Analysten organisieren einen Markt von Spiel und Wette, von Leidenschaft, Wagemut und verstiegener Kühnheit. Mathematiker entziehen Finanzprodukte planmäßig der Verstehbarkeit, Computerprogramme verschaffen Anlegern in verkürzten Wegen Platzierungsvorteile, installieren gleichsam „Staubsauger" für Gewinne, ohne den Bedarf eines anderen zu befriedigen. Ein solches Marktgeschehen verliert jeden Sinn, jede Verantwortlichkeit.

Der Finanzmarkt löst einfache Rechtsbeziehungen, insbesondere des Darlehensvertrages und der Gesellschaftsbeteiligung, in Transaktionen auf, in der traditionellen Finanzierungsinstrumente (Kredit, Aktie, Anleihe) von den zur Spekulation drängenden Derivaten abgelöst werden. Weltweit tätige Kapitalgesellschaften gewinnen wirtschaftliche Mächtigkeiten, die eine Abhängigkeit von Wirtschaft und Gesellschaft begründen, die gut vernetzte Institute für „systemerheblich" erklären, daraus den Anspruch herleiten, auch bei erheblichen Fehlern nicht untergehen zu dürfen, deshalb von den Staaten und Steuerzahlern in der Not finanziert werden zu müssen. Chancen bleiben privat, Risiken und Haftung werden kollektiviert. Die Technik erlaubt, dass derartige „Geschäfte" allein computervermittelt – ohne Äußerung und Bindung eines menschlichen Willens – abgewickelt werden können.

---

[40] *Brugger*, Liberalismus, Pluralismus, Kommunitarismus, S. 132; *ders.*, Grundrechte und Verfassungsgerichtsbarkeit in den USA, 1987, § 37 Abs. 3.

Wenn dann der Staat, von seinen Bürgern mit der Forderung nach höheren Staatsleistungen und geringeren Steuern überfordert, selbst zum Schuldner wird, gerät der Verfassungsstaat in den Sog des Finanzmarktes, seiner Erwerbsinteressen nach dem Prinzip der Gewinnmaximierung, das nicht – wie im Realmarkt – durch die Knappheit der Güter begrenzt ist. Hier gibt die Verfassung eine beherzte, eine entschiedene Antwort. Die Freiheit, die jeder Akteur am Finanzmarkt zu Recht beansprucht, erlaubt ein Handeln auf eigenes Risiko und eigene Chance. Freiheit vom Staat schafft Distanz, unterbindet insbesondere den Zugriff auf die dem Staat treuhänderisch überlassenen Steuererträge. Verantwortlichkeiten sind auch in der Anonymität eines weltoffenen Marktes und übergroßer Kapitalgesellschaften durch individuelle Haftung, durch Kenntnis der Anleger von dem Einsatz ihrer Kapitalmacht, durch Transparenz der Handelslinien und zwischengeschalteten Zahlstellen wiederherzustellen. Die Werbung für Verschuldung durch Kreditkarten, Geldautomaten und einen von der Arbeit gelösten Gelderwerb verführen zu leichtsinnigem und leichtfertigem Handeln, schaffen für den Vermögenden „Spielgeld“, bedrängen den weniger Vermögenden in seiner wirtschaftlichen Existenzgrundlage.

2. *Die Fähigkeit zu antworten*

Antworten kann nur, wer die Frage gehört und verstanden hat. Deswegen ist der Rechtsstaat auf sprachliche Auseinandersetzung, öffentliche Debatte, rechtliches Gehör, die Rationalität einer schriftlichen Begründung, auf Rechtsbehelfe und Gerichtsschutz angelegt. Auch hier denkt die Verfassung in individualisierten Verantwortlichkeiten, nicht in anonymisierenden Strukturen. Eine freiheitliche, von Menschenrechten geprägte Verfassung antwortet den einzelnen Fragern grundsätzlich generell, durch das Gesetz.

Antworten kann, wer zugehört hat, aber auch, wer gelesen hat. Wir werden die Schriften von *Winfried Brugger* auch in Zukunft studieren, um die integrierende Kraft seines Verfassungsdenkens immer wieder neu zu entdecken, die im Menschen angelegte Rechtskultur zu erfahren, den Gemeinwohlbegriff in seinen Bestandteilen Rechtssicherheit, Legitimität und Zweckmäßigkeit zu verstehen, Herkunft und Zukunft des Rechts, seine Rationalität in Sprache und Verfahren, seine Entwicklung in Tradition und Erneuerungswillen zu verwirklichen. *Winfried Brugger* vermittelt diesen Dialog zwischen Gesellschaft und Recht. Dabei ist die Gesellschaft die fragende, der Gesetzgeber die antwortende Gewalt. Eine Verfassung begreift „fundamentale Fragen“ in der Sprache der Verfassungswissenschaft. Die freiheitsberechtigte Wissenschaft fragt, der freiheitsgebundene Staat antwortet.

Reziprozität: Voraussetzung des Verfassungsstaates

Rolf Gröschner

I. Reziprozität als Verfassungsvoraussetzung

1. Reziprozität im Geiste Bruggers

Reziprozität, philosophisch bestimmter Begriff sozialer Wechselbezüglichkeit, ist für die dogmatische Rechtswissenschaft ein relativ unbestimmtes Fremdwort geblieben. Der Gebrauch als *terminus technicus* hat in der deutschen Staatsrechtslehre Seltenheitswert. Um so wertvoller ist die terminologische Verwendung des Wortes in *Winfried Bruggers* Lehre vom anthropologischen Kreuz der Entscheidung.[1] Zur „Autonomie" als „Möglichkeit und Aufgabe vernünftiger Selbstbestimmung" heißt es dort unter wohlbegründeter Berufung auf Kant: „Alles andere in der Welt hat einen Preis, nur der Mensch hat Würde. Deshalb ist seine freie Entfaltung, soweit sie reziprok die Entfaltung aller anderen achtet, ein Menschenrecht, das alle staatliche Gewalt bindet und zum Schutz verpflichtet."[2]

Während es in der kantischen Konzeption um die Würde der „Menschheit" im Menschen geht[3], bestimmt Brugger dessen Würde als „Sozialwesen" wie folgt: „In der realen Welt stehen Menschen nicht isoliert nebeneinander, sondern agieren miteinander"; „in solchen Interaktionen wird vorausgesetzt, dass jeder Akteur als ein eigenständiger Träger von Deutung, Bewertung und Handlung zählt und darin *frei* und *gleich* und auf *Reziprozität* angelegt ist."[4] Zur Begründung von Menschenrechten schreibt er: „Jenseits der Logik basieren Menschenrechte auf der Akzeptanz und Anerkennung gegenseitiger Berechtigung und Verpflichtung, dem Reziprozitätsprinzip."[5] Konzeptionell verweist er in-

---

[1] Sie ist noch zu Lebzeiten *Winfried Bruggers* zum Gegenstand interdisziplinärer Würdigung geworden: Joas/Jung, Über das anthropologische Kreuz der Entscheidung, 2008.

[2] *Brugger*, Das anthropologische Kreuz der Entscheidung in Politik und Recht, 2. Aufl., 2008, S. 197.

[3] *Brugger* (Fn. 2), S. 194, unterscheidet im Anschluß an *Lembcke*, Menschenwürde: Subjektivität als objektives Prinzip, MJTh 2005, S. 49 (53 f.) zwei „Typen von Menschenwürdeauffassungen im deutschen Verfassungsrecht", die sich an der Würde der „Menschheit" oder des „Sozialwesens" orientieren.

[4] *Brugger* (Fn. 2), S. 215, Kursivierung im Original.

[5] *Brugger*, Zum Verhältnis von Menschenbild und Menschenrechten, in: Härle/Vogel, „Vom Rechte, das mit uns geboren ist." Aktuelle Probleme des Naturrechts, 2007, S. 216 (228).

soweit auf *Axel Honneths* „Kampf um Anerkennung". Da *Honneth* nicht *Kant*, sondern *Hegel* gefolgt ist[6], hat *Brugger* sich in Fragen der Reziprozität weder auf den einen noch auf den anderen Großmeister des deutschen Idealismus festgelegt, und zwar nicht zum Nachteil seiner Anthropologie.

Seine anthropologische Offenheit sowohl für das Allgemeinmenschliche als auch für das Allzumenschliche hat *Winfried Brugger* in die philosophisch glückliche Lage versetzt, zwischen idealistisch-optimistischen und realistisch-pessimistischen Menschenbildern vermitteln zu können. Es nimmt daher nicht wunder, daß er in Fragen der *dignitas hominis* auch „Renaissancedenker" zu schätzen wußte, etwa *Pico della Mirandola*[7]. Dessen Würdebegriff, sprachlich so schön gefaßt im Hendiadyoin *plastes et fictor* – Bildner und Gestalter –, beruht auf einer basalen Ambivalenz des Menschseins: der Möglichkeit, zum Niedrigsten zu entarten (*degenerare*) oder zum Höchsten erneuert zu werden (*regenerari*).[8] „In solchen Konzeptionen", so *Brugger*, „wechselt die Emphase von anonymer, gattungsbezogener, kantischer ‚Person' zu individueller, auch gemeinschaftsbezogener, sich selbst schaffender und umschaffender ‚Persönlichkeit'."[9] Mit dieser begrifflichen Unterscheidung soll hier im Geiste *Winfried Bruggers* nach der Reziprozität der Person *und* der Persönlichkeit gefragt werden.[10]

2. *Verfassungsvoraussetzungen im Sinne Böckenfördes*

„Verfassungsvoraussetzungen" im Titel dieser Gedächtnisschrift stiften zu einem Rückgriff auf die berühmte „*Böckenförde*-These" geradezu an. Deren Berühmtheit hat allerdings einen Nachteil: Sie wird bisweilen als These vom Hörensagen weiter- und entsprechend verkürzt wiedergegeben. Als Beispiel hierfür sei *Hans Meyers* Diskussionsbeitrag auf der Jenaer Staatsrechtslehrertagung angeführt: „Der Staat lebt von Bedingungen, die er selbst nicht schaffen kann."

---

6 *Honneth*, Kampf um Anerkennung, 1992. Im ersten Satz des Vorwortes (S. 7) heißt es: Die Schrift unternehme „den Versuch, aus dem Hegelschen Denkmodell eines ‚Kampfes um Anerkennung' die Grundlagen einer normativ gehaltvollen Gesellschaftstheorie zu entwickeln".

7 *Brugger* (Fn. 2), S. 198 mit Fn. 19 als Muster guter wissenschaftlicher Praxis: „Nachweise bei *Rolf Gröschner*, Menschenwürde und Sepulkralkultur in der grundgesetzlichen Ordnung, 1995, S. 29 ff., der das Wort von ‚plastes et fictor' als Bildner und Gestalter übersetzt und im Begriff Entwurfsvermögen zusammenfaßt."

8 *Pico della Mirandola*, De hominis dignitate, ed. Buck, 1990, S. 6. Pico spielt in dieser Passage rhetorisch brillant nicht nur mit der Figur des Hendiadyoin *plastes et fictor*, sondern auch mit dem Wortstamm *genus* und dessen Auf- und Abstieg in de-generativem oder re-generativem Lebensentwurf.

9 *Brugger* (Fn. 2), S. 198.

10 Mit *Hegel*, Grundlinien der Philosophie des Rechts, Werke 7, 2. Aufl., 1989, § 35, Zusatz, ist die Person „in einem das Hohe und das ganz Niedrige" (S. 95). Bei *Pico* (Fn. 8) war es die „Gattung" (*genus*), die beides als Möglichkeiten des Menschseins enthielt.

Dieses „von dem ehrenwerten Kollegen Böckenförde zwar nicht erfundene, aber maßgeblich tradierte Wort" gebe „eine Antwort auf eine Frage, die man vernünftigerweise nicht stellen kann". Denn: „Nicht einmal die natürliche Person kann von den Bedingungen leben, die sie selbst schafft. Wie sollte das eine juristische Person können?"[11]

Korrekt zitiert lautet die These, „daß der moderne freiheitliche Staat von Voraussetzungen lebt, die er selbst nicht garantieren kann, ohne seine Freiheitlichkeit in Frage zu stellen".[12] Der doppelte Freiheitsbezug ist es, der die These zur sinnvollen Antwort auf eine vernünftige Frage macht: Es geht nicht um „den" Staat, sondern um den „freiheitlichen Staat" und um „Voraussetzungen" (nicht Bedingungen), deren Garantie (nicht Schaffung) durch den Staat mit dessen „Freiheitlichkeit" unvereinbar wäre.

Freiheitlichkeit im Sinne *Böckenfördes* hat zwei Grundbedeutungen, die auf zwei Grundvoraussetzungen des Verfassungsstaates aus zwei grundverschiedenen Traditionen verweisen: Freiheit im liberalen Sinne privater, persönlicher oder individueller Freiheit einerseits und im republikanischen Sinne öffentlicher, politischer oder institutioneller Freiheit andererseits. Das Grundgesetz hat beide Traditionen in gelungener Weise miteinander verbunden: die neuzeitliche Tradition der auf „Würde" gegründeten subjektiven Menschen- und Grundrechte und die alteuropäische Tradition der mit „Republik" überschriebenen objektiven Freistaatlichkeit. Letztere mag gegen libertinistische Geister der Gegenwart einen schweren Stand haben, bedarf dann aber freiheitsphilosophisch umso stärkerer Unterstützung.

Gleichwohl wird die Reziprozität der Würde hier vor derjenigen der Republik behandelt. Dieser Vorrang ergibt sich aber *nicht* aus der Stellung der Würde im Grundgesetz. Erstens steht dessen erster Satz („Die Würde des Menschen ist unantastbar") unter der Überschrift „Grundgesetz für die Bundes*republik* Deutschland", und zweitens muß die Republik, die durch Art. 1 Abs. 1 Satz 2 GG zu Achtung und Schutz der Menschenwürde verpflichtet ist, mindestens gleichzeitig mit dieser Verpflichtung als deren Pflichtensubjekt entstanden sein. Rechtslogisch richtig ist daher nur die Rede von zwei gleichursprünglichen Konstitutionsprinzipien, die *uno actu* mit dem Inkrafttreten des Grundgesetzes in Geltung gesetzt wurden.[13] Freiheitlichkeit begründen beide: Die Republik fundiert die Freiheit aller, die Menschenwürde die Freiheit aller Einzelnen.[14]

---

[11] *Meyer*, VVDStRL 64, 2005, S. 291 („gut formulierte Dummheit") mit Erwiderung *Gröschner* (Aussprache).

[12] *Böckenförde*, Der Staat als sittlicher Staat, 1978, S. 37. Der Freiheitsbezug war auch in der „Urfassung" (1967) enthalten: *Böckenförde*, Recht, Staat, Freiheit, 1991, S. 112.

[13] Eingehende Erörterung bei *Gröschner*, Der Freistaat des Grundgesetzes, in: Gröschner/Lembcke, Freistaatlichkeit, 2011, S. 293 (316): „Am 23. Mai 1949 ist [...] eine gleichermaßen durch institutionelle wie durch individuelle Freiheit legitimierte Verfassungsordnung der Würde und der Republik in Kraft getreten: der Freistaat des Grundgesetzes".

[14] Erster Ansatz bei *Gröschner*, Das Überwachungsrechtsverhältnis, 1992, S. 2; Ausfor-

Hauptanliegen des Würde-Abschnitts (II.) ist die Verteidigung eines reziproken Würdeprinzips gegen reflexive, auf solipsistische Selbstbestimmung fixierte Konzeptionen.[15] Der Republik-Abschnitt (III.) würdigt das Ende der DDR als Fortschritt im Begriff einer Freiheitsrevolution und wendet sich vor diesem revolutionsgeschichtlichen und republiktheoretischen Hintergrund gegen die sogenannte Subordinationstheorie einer prinzipiellen Unterordnung des Bürgers unter den Staat. Wenn die beiden freiheitlichen Konstitutionsprinzipien des Grundgesetzes Wechselseitigkeit voraussetzen, schließen sie Einseitigkeit prinzipiell aus: das isolierte Individuum als Subjekt einseitiger Selbstverwirklichung ebenso wie den etatistischen Staat als Subjekt einseitiger Regelungsgewalt.

II. Reziprozität der Würde

Über „Würde" ist in den letzten Jahren viel geschrieben und gestritten worden.[16] Hier geht es nicht um streitige Details, sondern im philosophischen Sinne des Begriffs um das Prinzip: den Anfang eines Argumentationszusammenhangs in einem System guter Gründe, Würde in ihrer Reziprozität als Voraussetzung des Verfassungsstaates zu verstehen. Bei allem wissenschaftlichen Disput über Herkunft, Inhalt, Reichweite und (Absolutheits-)Status des Würdeprinzips sollte über den Charakter einer „Voraussetzung" im Sinne *Böckenfördes* prinzipieller Konsens bestehen: Die Republik oder – mit dem schönen deutschen Wort dafür – der Freistaat des Grundgesetzes setzt eine mit dem Menschen geborene, nicht durch den Staat geschaffene Würde voraus. Ob man sie frei nach *Pico* „Entwurfsvermögen" nennt, streng mit *Kant* „Autonomie" oder ohne transzendentalphilosophischen Anspruch Fähigkeit zu Selbstbestimmung und Selbstverantwortung, ändert nichts am verfassungsrechtlichen Grundbefund: Art. 1 Abs. 1 Satz 1 GG erkennt eine der Verfassung vorausliegende Würde an, ohne sie „schaffen" zu können. Die Ideengeschichte einer spezifischen Schaffens- oder sogar Schöpferkraft des Menschen beginnt mit den Humanisten der italienischen Renaissance.[17] Der Referenzautor eines reziproken Würdeverständnisses ist allerdings nicht *Pico della Mirandola*, sondern *Giannozzo Manetti*.[18]

---

mulierung bei *Gröschner/Lembcke*, Ethik und Recht, in: Knoepffler u.a., Einführung in die Angewandte Ethik, 2006, S. 47 (60).

[15] *Kirste*, Menschenwürde und die Freiheitsrechte des Status Activus, in: Gröschner/Kirste/Lembcke, Des Menschen Würde – entdeckt und erfunden im Humanismus der italienischen Renaissance, 2008, S. 187 (208), wendet sich zu Recht gegen das Modell „einer solipsistischen vita contemplativa".

[16] Prominente Positionsbestimmungen versammelt der Band Gröschner/Lembcke, Das Dogma der Unantastbarkeit, 2009.

[17] Der Sammelband von Gröschner/Kirste/Lembcke (Fn. 15) behandelt Salutati (S. 63), Manetti (S. 73), Ficino (S. 93), Valla (S. 113, 141) und Pico (S. 159, 235).

[18] Die folgenden vier Abschnitte wurden geringfügig verändert übernommen aus

1. *Kultur der Bildung*

Manettis Anliegen war nicht die Philosophie, sondern eine praxistaugliche „Lebenslehre"[19] oder – um dem Aristoteles-Übersetzer gerecht zu werden[20] – eine Handlungslehre für ein gelingendes Leben.[21] In der Lobrede „De dignitate et excellentia hominis" preist er die Leistungen, die das (gottgegebene) *ingenium* des menschlichen Geistes hervorbringt. Der Appellcharakter all dieser Lobpreisungen wird in einer bekannten Passage des Dritten Buches deutlich.[22] Dort wechselt *Manetti* den Stil und den Rhythmus, indem er durchgehend den Plural „unser" verwendet und dieses Unsere in einer Takt und Tempo bestimmenden Aneinanderreihung von Beispielen präsentiert: „[U]nser sind die Bilder, unser die Skulpturen, unser sind die Künste, unser die Wissenschaften, unser [...] die Weisheit; unser sind schließlich sämtliche Erfindungen".[23] Wenig später wird diese Betonung der Gemeinschaftsleistungen auf so gut wie alles ausgedehnt, was die Kultur des Menschen im weitesten Sinne des Begriffs ausmacht. Schnell gelesen wird daraus ein literarischer Trommelwirbel. „Unser sind": Länder, Äcker, Felder, Berge, Hügel, Täler, Weinstöcke, Öl- und Birnbäume, Apfel-, Feigen-, Pfirsichbäume, Kirsch-, Pflaumen- und Nußbäume, Orangen- und Mispelbäume, Kastanien, Eichen, Eschen, Platanen, Tannen, Zypressen und Pinien. Danach folgen in ebenso wirbelnder Aufzählung Pferde, Maultiere, Esel, Rinder, Kamele, Hunde, Zugtiere, Schweine, Schafe, Ziegen, Lämmer, Böcke, Widder und so fort. Es heißt aber auch: „[U]nser sind die Menschen".[24]

Manetti als typischer Vertreter der *studia humanitatis* will nicht mit Logik überzeugen, sondern mit Rhetorik, nicht mit Begriffen, sondern mit Topoi. Vor allem will er vor Augen führen, daß der Mensch als *animal sociale et civile* von Natur aus – das ist unverkennbar die aristotelische *physis* – auf Gemeinschaft angelegt und angewiesen ist. In Gemeinschaft gestaltet er nicht nur seine Umwelt, sondern vor allem sich selbst, seine Sprache, sein Denken, sein Handeln und damit selbstverständlich auch: seinen Willen. Das ist der Kern des Appells zur Selbstbildung im humanistischen Sinne. Es wäre deshalb völlig verkehrt,

---

Gröschner, Des Menschen Würde – humanistische Tradition eines Verfassungsprinzips, in: Gröschner/Kirste/Lembcke (Fn. 15), S. 215 (228 ff.).

[19] *Manetti*, Über die Würde und Erhabenheit des Menschen, ed. Buck, 1990, S. XXIII.

[20] *Botley*, Latin Translation in the Renaissance, 2004, S. 63 zur Übersetzertätigkeit Manettis.

[21] *Beatitudo* (eine Wortbildung Ciceros) steht gerade bei Manetti in der aristotelischen Tradition der *eudaimonia*. Zur Häufigkeit der Aristoteles- und Cicerobezüge das Namenregister bei Buck (Fn. 19), S. 146.

[22] „Das Pathos", mit dem Manetti hier „die Rolle und Aufgabe des Menschen als zweiter Schöpfer schildert", zeigt nach *Keßler*, Menschenwürde in der Renaissance, in: Siegetsleitner u.a., Menschenwürde im interkulturellen Dialog, 2005, S. 41 (57) an, daß die Passage „von zentraler Bedeutung" ist.

[23] *Manetti* (Fn. 19), S. 77.

[24] *Manetti* (Fn. 19), S. 80.

den Leitspruch der Humanisten, das delphische „Erkenne Dich selbst"[25], auf die rein reflexive Selbsterkenntnis isolierter Individuen zu beziehen.[26] Die humane Substanz humanistischen Philosophierens liegt in der Verbindung von Reflexivität und Reziprozität: Der philosophische Appell an die Menschen lautet, „sich" zu erkennen, um „einander" gerecht werden zu können.

Wie *Manettis* Aufzählung zeigt, erstreckte sich dieser humanistische Bildungsappell auf viel mehr als auf den Bereich der (persönlichen) Moral und der (politischen) Ethik, nämlich auf alle Bereiche der gemeinsamen *cultura* pfleglichen Umgangs mit Gott und der Welt (was hier keine Alltagsfloskel ist). In einer ökonomisierten Lebenswelt, in der Wirtschaftssubjekte nach Umsatz, Gewinn und Verlust bewertet werden, sei daran erinnert, wie viel jedes „Ich" – bevor es sich so zu nennen vermag – dem „Du" und dem „Wir" verdankt.[27] Das Appellative der *dignitas* im Sinne *Manettis* sollte davor bewahren, jene „Subjektivität", die das Konstitutionsprinzip der Würde als objektives Prinzip anerkennt, solipsistisch verkümmern zu lassen. *Solus ipse*, je für sich allein sein zu können, ist sicher eine Kunst, die (auch) zum Gelingen des Lebens gehört; als Konstitutionsprinzip einer Verfassung wäre jede Art von Solipsismus – von ideologisch verabsolutierter Selbstbezüglichkeit – aber ebenso sicher ungeeignet.

Ein dogmatisch gut geeignetes Angebot ist dagegen die (appellative) Verbindung reflexiven Selbstbezugs mit reziproker Selbstbildung, ideengeschichtlich formuliert: die Verbindung der Renaissancetradition der Subjektivität mit der humanistischen Tradition der Solidarität.[28] Anerkennung der Würde heißt dann nicht „meine Würde, deine Würde"[29], sondern „unsere Würde". „Nostri sunt homines" ist mit „Unser sind die Menschen" zwar philologisch korrekt übersetzt, philosophisch aber höchst unzureichend paraphrasiert. Vor allem darf „unser" nicht mit Besitz- oder Eigentumsassoziationen belastet und „sind" nicht als einfacher Indikativ verstanden werden. Wie in jedem Beispiel *Manettis* – von der Weisheit bis zu den Widdern – der Appell zur Gemeinschaft (der Weisheits- wie der Widderpflege) enthalten ist, appelliert der Satz über die Uns-

---

[25] Exemplarisch *Pico* (Fn. 8), S. 26.

[26] Zu Gemeinsamkeiten und Unterschieden in der Philosophie Picos und Manettis *Thumfart*, Giannozo Manetti, in: Gröschner/Kirste/Lembcke (Fn. 15), S. 81.

[27] Protagonist eines interaktionistischen Persönlichkeitsbegriffs in der deutschen Staatsrechtslehre: *Suhr*, Entfaltung der Menschen durch die Menschen, 1976, S. 85: „Entfaltung ist nicht Aktion sondern Interaktion". Auch *Häberle*, Die Menschenwürde als Grundlage der staatlichen Gemeinschaft, in: Handbuch des Staatsrechts, Band 2, 3. Aufl., 2004, S. 317 (348), begreift sein kulturtheoretisches Würdekonzept aus der Beziehung zum „Anderen", „Nächsten", zum „Du" als „integrale[m] Bestandteil des Grundrechtssatzes von der Menschenwürde".

[28] Treffend *Hofmann*, Die versprochene Menschenwürde, in: AöR 1993, S. 353 (364): „Schutzgut" des Art. 1 Abs. 1 GG sei „nicht so sehr eine bestimmte Eigenschaft oder Leistung des Individuums als im Kern die mitmenschliche Solidarität". Den Leistungsaspekt der Würde hat bekanntlich *Luhmann*, Grundrechte als Institution, 3. Aufl., 1986, S. 53 betont.

[29] *Lembcke* (Fn. 3), S. 61.

rigkeit der Menschen an Bildung und Pflege des gemeinsam Menschlichen. Insofern enthält er den Appell des Humanismus schlechthin: Erkenne Dich selbst als Mensch, anerkenne das Menschliche der anderen und handle danach, und zwar gemeinsam mit deinen Mitmenschen. Denn: Es ist an uns, das Humanum zu bilden und zu bewahren. Daher haben wir nicht nur uns (selbst) gerecht zu werden, sondern einander.[30]

Obwohl die Gretchenfrage der Rechtsphilosophie („Wie hast du's mit der Gerechtigkeit?") hier nicht das Thema ist, sei kurz auf die klassische Reziprozität hingewiesen, die in der aristotelischen Antwort auf die Frage liegt: Gerechtigkeit (*dikaiosyne*), so Aristoteles gegen seinen Lehrer Platon, sei nicht das vollkommene Gutsein des einzelnen Menschen, sondern das Gutsein gegenüber dem anderen (*pros heteron*).[31] „Justitia est ad alterum", die lateinische Übersetzung der aristotelischen Position, darf ebenso wie das griechische Original nicht als bloße Adressatenbestimmung gelesen werden. „Die Beziehung zum anderen ist immer zugleich auch die Beziehung vom anderen her. Oder vielmehr: was hier betrachtet wird, ist nicht der eine oder der andere, sondern das Band zwischen beiden."[32] *Martin Buber* hat das hier metaphorisch benutzte, im Bild des „Bandes" verwendete Verhältniswort „zwischen" grammatikalisch zum Substantiv und philosophisch zum Hauptwort seiner Dialogik gemacht.[33]

2. *Konstituierung des Selbst*

Der Weg von *Manetti* zu *Mead* ist lang, aber gerade. Lang ist er, weil Gesellschaftstheorie und Sozialpsychologie erst vier Jahrhunderte nach der Renaissance entstanden sind; gerade ist er, weil die Reziprozität humanistischer Selbst-Bildung ihre direkte Fortsetzung in einer interaktionistischen Theorie gesellschaftlicher Herausbildung von *Self* aus *I* und *Me* findet. Die Schwierigkeit, dies auf knappem Raum zu erläutern, beginnt bei der Übersetzung der von *George Herbert Mead* in seinem hier einschlägigen Werk „Mind, Self, and Society"

[30] Mit *Isensee*, Menschenwürde: Die säkulare Gesellschaft auf der Suche nach dem Absoluten, in: AöR 2006, S. 173 (216), kann dies als „der ethische Nukleus zu menschlicher Solidarität" bezeichnet werden oder vielleicht noch genauer: zu zwischenmenschlicher Solidarität.

[31] *Aristoteles*, Nikomachische Ethik, V 3 1129b-1130a.

[32] *Salomon*, Der Begriff der Gerechtigkeit bei Aristoteles, 1937, S. 82. Wichtigste rechtsphilosophische Folgerung ist, „daß die Beziehung *pros heteron* tatsächlich das Recht für Aristoteles charakterisiert; in schärferem Maße, als man zunächst annehmen möchte" (S. 83, Kursivierung i.O.). Insoweit könnte man reziprokes Recht als Gerechtigkeitsvoraussetzung des Verfassungsstaates bezeichnen.

[33] Vgl. *Gröschner*, Dialogik und Jurisprudenz, 1982. Dort werden auch Philosophen der Reziprozität behandelt, von denen hier nicht die Rede sein kann: Feuerbach, Gadamer, Humboldt, Löwith und Waldenfels.

verwendeten Begriffe.[34] Der deutsche Titel „Geist, Identität und Gesellschaft" ist nur mit „Gesellschaft" eindeutig, mit „Geist" schon problematisch und mit „Identität" als Übersetzung von *Self* äußerst mißverständlich. Denn zu sich „selbst" (wie *self* schlicht übersetzt werden kann) findet man nach Mead gerade nicht in reflexiver Entdeckung eigener Identität, sondern in reziproker Vermittlung seines bisherigen *I* mit den sozialen Reaktionen auf dieses *I* als *me*.[35]

Erst wenn Ich Reaktionen anderer auf Mich in meine Erfahrungen so integriere, daß ich mir gegenüber wie gegenüber anderen handeln kann, habe ich insoweit mein Selbst gefunden.[36]

> „Das Ich tritt nicht in das Rampenlicht; wir sprechen zu uns selbst, aber wir sehen uns nicht selbst. Das Ich reagiert auf die Identität, die sich durch die Übernahme der Haltungen anderer entwickelt. Indem wir diese Haltungen übernehmen, führen wir das Mich ein und reagieren darauf als ein Ich."[37]
>
> „Was man eine Sekunde vorher war, das ist das Ich des Mich. Es ist ein anderes Mich, das diese Rolle übernehmen muß. Man kann die unmittelbare Reaktion des Ich nicht in den Prozeß hereinbekommen. Das Ich ist in gewissem Sinne das, womit wir uns identifizieren; es in unsere Erfahrungen hereinzubekommen, ist eines der Probleme fast unserer ganzen bewußten Erfahrung; es ist in der Erfahrung nicht direkt gegeben."[38]

Ich trete als Teil meines Mich auf, ohne zu wissen, was mir im nächsten Moment begegnen und mich anziehen oder abstoßen, aufregen oder kalt lassen wird: „Die Handlung des Ich ist etwas, dessen Natur wir im vorhinein nicht bestimmen können."[39] Ich reagiere auf Situationen, in denen ich mich immer wieder neu kennenlerne.

> „Das Ich liefert das Gefühl der Freiheit, der Initiative. Die Situation ist nun gegeben, damit wir selbst-bewußt handeln können. Wir sind uns unserer selbst und der Situation bewußt. Wie wir aber handeln werden, tritt erst nach Ablauf dieser Handlung in unsere Erfahrung ein."[40] Ich und Mich sind zu unterscheiden, bilden aber „so wie Teile eines Ganzen […] eine Persönlichkeit, wie sie in der gesellschaftlichen Erfahrung erscheint."

Das heißt für *Mead*: Das Selbst „ist im wesentlichen ein gesellschaftlicher Prozeß".[41]

---

[34] *Mead*, Mind, Self, and Society, 1934; zitiert wird aus der deutschen Ausgabe: Geist, Identität und Gesellschaft, 1973.

[35] *Mead* (Fn. 34), S. 216 ff. In der deutschen Ausgabe wird *I* mit „Ich" und *me* mit „ICH" wiedergegeben, weil *me* als „das sich selbst als Objekt erfahrende Ich […] im Grunde nicht übersetzbar" sei. Die hier praktizierte Lösung besteht aus der Triade Ich-Mich-Selbst. „Unübersetzbar" ist *me* nur, wenn man schematisch nach Wörterbuch übersetzt, in dem ein Substantiv namens „mich" nicht vorkommt.

[36] *Mead* (Fn. 34), S. 214.

[37] *Mead* (Fn. 34), S. 217.

[38] *Mead* (Fn. 34), S. 218.

[39] *Mead* (Fn. 34), S. 220.

[40] *Mead* (Fn. 34), S. 221.

[41] *Mead* (Fn. 34), S. 221.

Weil „Gesellschaft" als Gegenstand der Wissenschaft zu Zeiten des Renaissancehumanismus noch nicht existierte, waren die Bildungsprozesse *Manettis* zwar reziproke Prozesse in Interaktionen zwischen den Menschen, aber nicht im interaktionistischen Sinne *Meads*. Kultur war eine Angelegenheit von Kulturschaffenden, die ihre gemeinsame Kultur gewissermaßen von Angesicht zu Angesicht schufen, nicht in einer Gesellschaft, die als solche kein Gesicht, sondern ihre eigenen Gesetze hat. Heute weiß der einzelne kulturbeflissene Konzert- oder Theaterbesucher nicht mehr, wie sein Kartenkauf das zukünftige Programm beeinflußt. Ein emphatisches „Bravo" für die Regie kann von massiver Kritik der – *nomen est omen* – Massenmedien übertönt werden. Ob das „Bravo" aus berufenem Munde stammte oder nicht, spielt dann nach den Gesetzen unserer Mediengesellschaft keine Rolle. Und der Künstler auf der Bühne dürfte gut beraten sein, den Massengeschmack als gesellschaftliches Phänomen nicht gänzlich zu ignorieren. Auch ein künstlerisches Selbst ist Ergebnis der Reaktionen seines Mich auf öffentliche Äußerungen, vom individuellem „Buh" bis hin zur Inszenierung eines Medienskandals, den sein Ich möglicherweise nicht im mindesten verursacht hatte.[42]

Die soeben angesprochene sozialpsychologische Reziprozität im Kulturschaffen unserer Zeit ist kein Phänomen, das sich separat im Bereich der Gesellschaft abspielt, ohne den staatlichen Sektor zu tangieren. Wie die öffentliche Diskussion über Bühnensubventionen gerade in den letzten Jahren gezeigt hat, sind Staat und Gesellschaft hier sehr eng miteinander verbunden. Und trotz oder gerade wegen hoher Summen an Haushaltsmitteln, die zur Förderung der Theater- und Opernkultur eingesetzt werden, gilt: Der freiheitliche Staat kann die Kultur, die durch öffentliche Mittel unterstützt werden soll, nicht garantieren. Umso wichtiger ist die Einsicht, daß Kultur auf der wechselseitigen Beeinflussung ihrer Schöpfer und Geschöpfe beruht und dies eine Verfassungsvoraussetzung der Kulturstaatlichkeit darstellt. Wer von „Kulturproduzenten" und „Kulturkonsumenten" spricht und sich selbst beim Wort nimmt, verrät die Reziprozität des Kulturwesens Mensch an die Funktionslogik der Märkte.

3. Kampf um Anerkennung

Im zweiten Band des von ihm mit *Schelling* herausgegebenen Kritischen Journals der Philosophie publizierte der junge *Hegel* einen Aufsatz mit dem Titel „Über die wissenschaftlichen Behandlungsarten des Naturrechts, seine Stelle in der praktischen Philosophie und sein Verhältnis zu den positiven Rechtswissen-

[42] Auch für zukünftige Bundespräsidenten erscheint es ratsam, die Tatsache des privaten wie politischen Lebens in einer Mediengesellschaft von Anfang an zu bedenken – um *nicht* zu sagen: in Rechnung zu stellen.

schaften".[43] *Ludwig Siep* hat ihn – mit anderen Publikationen der Jenaer Jahre – zur Grundlage seiner Monographie über „Anerkennung als Prinzip der praktischen Philosophie" gemacht[44], *Axel Honneth* zur Basis seines Buches „Kampf um Anerkennung"[45].

Nicht-Hegelianer werden ihre Schwierigkeiten haben, mit der langen, langatmigen und wegen gewundener Satzkonstruktionen schwer zu lesenden Darstellung *Hegels* zurechtzukommen. Klarer als das Original arbeitet *Siep* heraus, was für die hier verfolgten reziprozitätstheoretischen Überlegungen entscheidend ist: daß „Bewußtseinstheorie" für Hegel keine Theorie „reiner" Selbstreflexion wie für Fichte ist, sondern „Theorie eines Prozesses der Bildung des Bewußtseins in Interaktionsformen und Institutionen" nach dem „Prinzip" der Anerkennung.[46] Das Entscheidende an diesem Prinzip besteht darin, daß ein Bewußtsein im „Kampf um Anerkennung" sich „vollständig verändert, eine neue ‚Existenz' gewinnt, die nur im ‚Anerkanntwerden' als sich selbst aufhebend besteht – und daß es in diesem ‚Sichanderswerden' sich doch nicht verliert, sondern seine Identität findet".[47]

In prinzipieller Übereinstimmung hiermit hebt *Honneth* hervor, „daß sich aus einem Kampf der Subjekte um die wechselseitige Anerkennung ihrer Identität ein innergesellschaftlicher Zwang zur praktisch-politischen Durchsetzung von freiheitsverbürgenden Institutionen ergibt".[48] *Hegel* nehme dem Modell *Fichtes* „seine transzendentalphilosophischen Implikationen", wende „es direkt auf unterschiedliche Gestalten des reziproken Handelns unter Individuen an" und projiziere „in die kommunikativen Lebensformen [...] den intersubjektiven Vorgang einer wechselseitigen Anerkennung hinein."[49] Aus der institutionentheoretischen Perspektive, die beide Hegelinterpreten mit guten Gründen einnehmen, wandert am Ende „in das Anerkennungsverhältnis des Rechts eine neue, höchst anspruchsvolle Form der Reziprozität ein: die Rechtssubjekte erkennen sich dadurch, daß sie dem gleichen Gesetz gehorchen, wechselseitig als Personen an".[50]

Zu rechtsphilosophischer und reziprozitätstheoretischer Reife gediehen, heißt es in § 36 der „Grundlinien": „[S]ei eine Person und respektiere die anderen als Personen".[51] Die dialektische Entwicklung des Grundverhältnisses

---

[43] *Hegel*, Kritisches Journal der Philosophie, Band 2, Stück 2 und 3, Abdruck in: Jenaer Schriften 1801–1807, Werke 2, 2. Aufl., 1990, S. 434–530.

[44] *Siep*, Anerkennung als Prinzip der praktischen Philosophie, 1979, S. 13, 17 ff.

[45] *Honneth* (Fn. 6), S. 12, 21 ff.

[46] *Siep* (Fn. 44), S. 19.

[47] *Siep* (Fn. 44), S. 67. Den „Prozeß des Anerkennens" bezeichnet Hegel selbst ausdrücklich als „Kampf", der sogar „auf Leben und Tod" geht: *Hegel*, Enzyklopädie der philosophischen Wissenschaften III, §§ 430, 431, 432, Werke 10, S. 219, 221.

[48] *Honneth* (Fn. 6), S. 11.

[49] *Honneth* (Fn. 6), S. 30.

[50] *Honneth* (Fn. 6), S. 177.

[51] *Hegel* (Fn. 10), S. 95.

wechselseitiger Anerkennung von Personen in diesem letzten eigenhändigen Werk des Berliner Ordinarius läßt den Entwurf des Jenaer Privatdozenten weit hinter sich. Sie ist Ergebnis eines elaborierten rechts- und staatsphilosophischen Systems, dessen drei Teile – Recht, Moralität und Sittlichkeit – nicht isolierte Elemente, sondern integrale Momente eines Ganzen darstellen: des „politischen Staates".[52] Im ersten Teil formuliert *Hegel*, bezogen auf „Das abstrakte Recht" in § 71: Für den Vertrag „ist das Moment der *Anerkennung* schon in ihm enthalten und vorausgesetzt"[53]. Aus dem zweiten Teil über „Die Moralität" ist § 132 zu nennen: „Das Recht, nichts anzuerkennen, was Ich nicht als vernünftig einsehe, ist das höchste Recht des Subjekts"; wer jedoch in der „wirklichen Welt" handeln wolle, habe sich „eben damit ihren Gesetzen unterworfen, und das Recht der Objektivität *anerkannt*".[54] Schließlich heißt es unter der Überschrift „Die Sittlichkeit" in § 260:

> „Der Staat ist die Wirklichkeit der konkreten Freiheit; die konkrete Freiheit aber besteht darin, daß die persönliche Einzelheit und deren besondere Interessen [...] die *Anerkennung* ihres Rechts für sich (im Systeme der Familie und der bürgerlichen Gesellschaft) haben, als sie durch sich selbst in das Interesse des Allgemeinen teils übergehen, teils mit Wissen und Willen dasselbe und zwar als ihren eigenen substantiellen Geist *anerkennen*".[55]

Hegels Schema „Einzelnes-Besonderes-Allgemeines" liefert den Schlüssel zum Verständnis dieser zwar nicht einfachen, im Unterschied zum Jenaer Aufsatz aber ungewunden dialektischen Passage: Frei ist der Einzelne erstens als Subjekt abstrakter Rechte, zweitens als moralische Person und drittens als Mitglied eines sittlichen Staates, in dem der allgemeine Wille eines freien Volkes wirklich werden kann: „Die politische Gesinnung, der Patriotismus überhaupt [...] und das zur Gewohnheit gewordene Wollen ist nur Resultat der im Staate bestehenden Institutionen".[56] Wer das Recht hat, wählen zu gehen, macht im sittlichen Staat der Gegenwart davon gewohnheitsmäßig – oder mit Aristoteles ethisch – Gebrauch. In dieser Gewohnheit mündiger Wahlbürger ist ihre Ent-

---

[52] *Hegel* (Fn. 10), S. 441: „Die Grundbestimmung des politischen Staates ist die substantielle Einheit als Idealität seiner Momente [...] in der Idee des Ganzen bestimmt". In den Begriffen der Philosophie wird diese Idee im Sinne Hegels wirklich.

[53] *Hegel* (Fn. 10), S. 153 (Kursivierung R.G.; die originalen Hervorhebungen sind hier nicht übernommen). Die Geltung dieses Satzes für den öffentlichrechtlichen Vertrag – den Hegel nicht kennen konnte – wäre ein Thema für sich.

[54] *Hegel* (Fn. 10), S. 245 f. (Kursivierung R.G.).

[55] *Hegel* (Fn. 10), S. 406 f. (Kursivierung R.G.). Am Ende des § 260, S. 407 heißt es: „Das Prinzip der modernen Staaten hat diese ungeheure Stärke und Tiefe, das Prinzip der Subjektivität sich zum selbständigen Extreme der persönlichen Besonderheit vollenden zu lassen und zugleich es in die substantielle Einheit zurückzuführen und so in ihm selbst diese zu erhalten." *Siep* (Fn. 44), S. 291 nennt dies die Versittlichung des Individuums durch „Selbsttranszendenz".

[56] *Hegel* (Fn. 10), § 268, S. 413.

scheidung als moralische Person ebenso „aufgehoben" im hegelischen Sinne wie die Entscheidung als Rechtssubjekt. Am Wahltag zeigt sich dann öffentlich in der Wahlbeteiligung, was der allgemeine Wille, frei zu sein, vermag.[57] „Wir gehen wählen", ist an diesem Tage das Resultat rechtlicher, moralischer und sittlicher Reife der (Verfassungs-)Patrioten eines „politischen Staates". „Politisch" nennt Hegel ihn in ausdrücklicher Erinnerung an die „Natur der griechischen Sittlichkeit".[58]

Reziprozitätstheoretisch ist damit der Übergang zur Republik bereits vorgezeichnet.[59] In der „Enzyklopädie" hat *Hegel* diesen Übergang von der wechselseitigen Anerkennung Einzelner zur allgemeinen Anerkennung aller in bemerkenswerter Weise „würdig" formuliert: Das Resultat des Kampfes um Anerkennung, „nämlich das Anerkanntsein", ist im Staat „bereits vorhanden", weil er „die Gesetze, die Verfassung, zur Existenz gebracht" hat. Im verfaßten und gesetzlich geordneten Staat

> „wird der Mensch als vernünftiges Wesen, als frei, als Person anerkannt und behandelt; und der Einzelne seinerseits macht sich dieser Anerkennung dadurch würdig, daß er, mit Überwindung der Natürlichkeit seines Selbstbewußtseins, einem Allgemeinen, dem an und für sich seienden Willen, dem Gesetze gehorcht, also gegen andere sich auf eine allgemeingültige Weise benimmt, sie als das anerkennt, wofür er selber gelten will, – als frei, als Person."[60]

So sehr die Würdigkeit vernünftiger Wesen, die einander als freie Personen anerkennen, an die eingangs zitierte *Kant*-Interpretation *Bruggers* erinnert[61], so verschieden sind die Konzeptionen sowohl der Würde als auch ihrer Reziprozität: *Hegels* reziproker Respekt spielt sich in der erfahrbaren Praxis öffentlichen Lebens im politischen Staat ab, *Kants* wechselseitige Achtung verbleibt dagegen systembedingt auf transzendentaler, nicht-empirischer Ebene. Die „reine" Achtung der Würde ist gedachte, die „wirkliche" Anerkennung der Person gelebte Wechselbezüglichkeit: Der

---

[57] *Siep* (Fn. 44), S. 290 sagt es so: „Es ist letztlich nichts anderes als das System der Institutionen selber, in denen die Vereinigung der Individuen zu einem gemeinsamen – und zumindest teilweise ‚öffentlichen' – Leben möglich ist".

[58] *Hegel* (Fn. 10), Vorrede, S. 24, dort auf die „Platonische Republik" verweisend, im Ansatz aber aristotelisch. Zur „Sittlichkeit" als „Idee eines posttraditionalen Anerkennungsverhältnisses" *Honneth* (Fn. 6), S. 275. Damit ist in seiner Konzeption „das Insgesamt an intersubjektiven Bedingungen gemeint, von denen sich nachweisen läßt, daß sie der individuellen Selbstverwirklichung als notwendige Voraussetzungen dienen" (S. 277).

[59] Zur Begriffsgeschichte *politeia* (Aristoteles), *res publica* (Cicero), *République* (Rousseau) und „Republik" (Kant): *Gröschner*, Die Republik, in: Handbuch des Staatsrechts, Band 2, 3. Aufl., 2004, § 23, Rn. 13 ff., 19 ff., 23 ff. und 30.

[60] *Hegel* (Fn. 47), § 432, S. 221 f.

[61] Oben, vor Fn. 2.

„politische Staat, der die elementaren Ansprüche personalen Daseins auf Frieden, Freiheit und Ebenbürtigkeit in der Dimension gesamtgesellschaftlichen Zusammenlebens einlöst, besteht allein im Kern des Staates unserer tagtäglichen Erfahrung, ist – wie Hegel es ausdrückt – dessen ‚Inwendiges'. Dieses aber ist uns so selbstverständlich geworden, daß es uns nicht zum Bewußtsein kommt."[62]

III. Reziprozität der Republik

„Die Reduzierung der Republik auf ein formales Verbot der Monarchie raubt ihr jeden freistaatlichen Gehalt." Über die ideengeschichtlichen, politikwissenschaftlichen, staatsphilosophischen und verfassungsrechtlichen Implikationen dieses Satzes informiert der Sammelband „Freistaatlichkeit", auf dessen Rückseite er abgedruckt ist.[63] „Republik" oder „Freistaat" ist der Begriff für eine politische Ordnung, die durch Freiheit legitimiert, am Gemeinwohl orientiert und in Ämtern organisiert ist.[64] Die Konkretisierung des Gemeinwohls in den Amtsrechtsverhältnissen der Republik steht in einer Gedächtnisschrift über „Verfassungsvoraussetzungen" nicht zur Debatte. Zu diskutieren sind der Wille zur Freistaatlichkeit (1.) und die Struktur freistaatlicher Rechtsverhältnisse (2.) als Reziprozitätsvoraussetzungen der Republik.

1. Wille zur Freistaatlichkeit

Was der Wille zur Freistaatlichkeit vermag, hat die Welt am 9. November 1989 gehört und gesehen: „Wir sind das Volk" war die Parole einer Massenbewegung, die das Unrechtsregime der DDR gestürzt und der Wiedervereinigung Deutschlands den Weg bereitet hat.[65] Dieser Weg war weder durch die Geschichte noch durch das Grundgesetz präjudiziert; er war dem politischen Willen desjenigen Volkes zur Entscheidung überantwortet, dessen „Wir" in seinem identitätsstiftenden Freiheitsbewußtsein eine lautstarke Absage an die Einheitspartei enthalten hatte. Am 1. Dezember 1989 hat diese Absage wahrhaft revolutionäre Wirkung im republikanischen Sinne ausgelöst[66]: Ohne Gegenstimme strich die

---

[62] *Buchheim*, Zur Ideengeschichte des republikanischen Staates, in: Gröschner/Lembcke (Fn. 13), S. 1 (11).

[63] Gröschner/Lembcke (Fn. 13), Rückseitentext.

[64] *Gröschner*, Republik, in: Evangelisches Staatslexikon, Neuausgabe 2006, Sp. 2041.

[65] Gröschner/Reinhard, Tage der Revolution – Feste der Nation, 2010. Der Sammelband begründet, warum die „Freiheitsrevolution" von 1989 den Vergleich mit der Amerikanischen (*Heun*, S. 73) und der Französischen Revolution (*Lembcke*, S. 93) nicht zu scheuen braucht. Zur Revolution von 1918/19 *Dreier*, S. 145, zur Revolution von 1989 *Falcke*, S. 191 und *Neubert*, S. 203.

[66] „Republikanisch" war diese Wirkung, weil ein gehaltvoller Begriff der Republik jede Herrschaft aus höherem Recht ausschließt, in deutscher Tradition demnach: „Gottesgnadentum, Erbdynastie, Führertum oder Einheitspartei": *Gröschner* (Fn. 64), Sp. 2041.

Volkskammer in Art. 1 Abs. 1 der DDR-Verfassung die Wendung, daß die politische Organisation „unter Führung der Arbeiterklasse und ihrer marxistisch-leninistischen Partei" stehe.[67] Was faktisch mit der aus völliger Verunsicherung zustande gekommenen Erklärung Schabowskis begonnen hatte – die Reisefreiheit gelte nach seiner Kenntnis „sofort, unverzüglich" –, fand hier sein selbstsicheres verfassungsrechtliches Ende: der Führungsanspruch einer Klasse und der Wahrheitsanspruch einer Partei. Revolutionsgeschichtlich und republiktheoretisch ist dies ein beachtlicher Fortschritt im Begriff einer Freiheitsrevolution.[68]

Beim Wort genommen, liegt der Anfang aller „Republik"-Theorie in der *res publica* der Römer[69]; begriffs- und ideengeschichtlich ist aber mit *Aristoteles* zu beginnen.[70] In der aristotelischen Philosophie der besten Verfassung geht es um die Wechselwirkung zwischen dem politisch aktiven Bürger (*polites*) und der politisch richtigen Ordnung (*politeia*), die ein gutes, im ganzen gelingendes Leben (*eudaimonia*) gewährleistet.[71] Grundbedingung einer solchen Ordnung ist das abwechselnde Regieren und Regiertwerden von Freien und Gleichen, die nicht Knechte despotischer Herrschaft (*despotike arche*) sind, sondern Aktivbürger einer polisgemäßen Regierungsweise (*politike arche*).[72] Daß Frauen, Fremde und Sklaven davon ausgeschlossen waren, ist eine historische Tatsache, die das objektive Freiheitsprinzip der aristotelischen *politeia* ebensowenig berührt wie die ideengeschichtliche Wahrheit, daß subjektive Freiheitsrechte vor der Aufklärung undenkbar gewesen sind. Was *Aristoteles* im staatsphilosophischen Prinzip bis heute gültig begründet hat, ist der für das Gelingen des gemeinsamen Lebens in einer nicht-despotischen Ordnung des Politischen konstitutive Verweisungszusammenhang zwischen den Teilen und dem Ganzen dieser Ordnung.[73]

---

[67] *Würtenberger*, Die Verfassung der DDR zwischen Revolution und Beitritt, in: Handbuch des Staatsrechts, Band 8, 1995, § 187 Rn. 15.

[68] *Gröschner*, Evolution der Revolution oder: Das Ende der DDR als Fortschritt im Begriff einer Freiheitsrevolution, in: JZ 2009, S. 1025.

[69] *Gröschner*, Römischer Republikanismus, in: Kühl/Seher, Rom, Recht, Religion, 2011, S. 15.

[70] *Buchheim* (Fn. 62), S. 1 (Kursivierung i.O.): „In der *Res Publica Romana* wurde aus ‚politisch' ‚republikanisch', und seitdem wurden beide Wörter in den Jahrhunderten der Ideengeschichte in gleichem Sinn verwendet."

[71] Ausführliche Diskussion des Zusammenhangs zwischen *politeia* und *eudaimonia* auf der Grundlage von *Aristoteles*, Politika I 1 1252a, I 2 1252b und III 9 1280a, b bei *Gröschner/Dierksmeier/Henkel/Wiehart*, Rechts- und Staatsphilosophie, 2000, S. 32 ff.

[72] *Aristoteles* (Fn. 71), III 6 1279a und b mit Bestimmung der *polis* als „Gemeinschaft freier Menschen" und Unterscheidung der entarteten von den richtigen Staatsformen: Tyrannis als Entartung des Königtums, Oligarchie der Aristokratie, Demokratie der Politie.

[73] Zur „Entstehung des Politischen bei den Griechen" die Aufsatzsammlung dieses Titels von *Meier*, 3. Aufl. 1995; pointiert S. 41: Es ging „für die Einzelnen wie für die Gesamtheit um das Ganze".

„Les Citoyens font la Cité" lautet der Leitspruch, mit dem der bekennende Aristoteliker Jean-Jacques Rousseau den betreffenden Zusammenhang in seine republikanische Freiheitsphilosophie übersetzt hat.[74] Die Pointe dieser Philosophie, deren Freiheitsanspruch *Kant* beflügelt und *Hegel* begeistert hat, besteht in der reziprozitätstheoretisch konstitutiven Wechselwirkung zwischen freien Bürgern, die ihren Staat mit einem allgemeinen, allen gemeinsamen Freiheitswillen tragen.[75] *Rousseau* hat diesen Willen zu republikanischer Freiheit mit einem von ihm geschaffenen Wortkunstwerk *volonté générale* genannt.[76] Um das Prinzip zu verstehen, das dem Wort wie dem Werk zugrundeliegt, genügt es nicht, Vernunftrepublikaner im Sinne *Kants* oder *Hegels* zu sein. Man muß mit *Rousseau* zum Herzensrepublikaner werden. Zum wichtigsten Gesetz der Republik, in dem ihre wahre Verfassung liege (*la véritable constitution*), schreibt er, es werde in die Herzen der Bürger geschrieben, erhalte ein Volk im Geiste seiner Errichtung und setze unmerklich die Macht der Gewohnheit (*la force de l'habitude*) an die Stelle staatlicher Autorität.[77] Die aristotelische Tradition eines politischen Ethos ist in dieser gewohnheitsgemäßen, Haltung oder Charakter demonstrierenden Grundeinstellung des Einzelnen in Wechselwirkung mit einer Grundgestimmtheit des Ganzen ebenso präsent wie in der Hegelschen „Sittlichkeit".[78]

Am meisten mit dem „Gemeinwillen" im Sinne *Rousseaus* anzufangen wußte in deutscher Republiktradition *Hermann Heller*.[79] Folgt man seiner strikten Unterscheidung zwischen dem Staat als Subjekt und dem Volk als Träger der Souveränität[80], wird der Staat als organisierte Entscheidungs- und Wirkungseinheit getragen von einer „Willensgemeinschaft", die weder zur metaphysischen Substanz verschmolzen noch als transzendentale Idee entsubstantialisiert

---

[74] *Rousseau*, Du Contrat Social I 6, Ausgabe Brockard, 2011, S. 36.

[75] *Fetscher*, Volonté générale, in: Historisches Wörterbuch der Philosophie, Band 11, 1971–2007, Sp. 1141 (1142): Sie zielt „auf die gleiche Freiheit aller" ab. Ziel des *corps politique* als *être moral* mit einem „eigenen Willen" ist es, „das Ganze zu erhalten und sein Wohlergehen zu bewirken". Ebenso *Buchheim*, Zur Interpretation von Rousseaus „Du Contrat Social", in: Der Staat 1996, S. 389 (402 ff.).

[76] „Rousseau und das Prinzip der Republik" wird eingehend erörtert bei *Gröschner u.a.* (Fn. 71), S. 193 ff. *Kersting*, Jean-Jacques Rousseaus „Gesellschaftsvertrag", 2002, S. 49, bemerkt zutreffend: „Kein politischer Philosoph hat einen anspruchsvolleren Freiheitsbegriff als Rousseau".

[77] *Rousseau* (Fn. 74), S. 120.

[78] *Petersen*, Subjektivität und Politik, 1992, interpretiert Hegels Rechtsphilosophie als Reformulierung des „Contrat Social" Rousseaus.

[79] Umfassende Würdigung bei *Henkel*, Hermann Hellers Theorie der Politik und des Staates, 2011. Zur republikanischen Tradition S. 15, 146 f., 242, 271, 395; zur organisationssoziologischen Rekonstruktion der *volonté générale* S. 321 ff.

[80] *Heller*, Staatslehre, 6. Aufl., 1983, S. 278, stets zu lesen mit der klaren Festlegung: „Der Staat ist keine Normordnung; er ist auch nicht das ‚Volk'; er besteht nicht aus Menschen, sondern aus menschlichen Leistungen" (S. 268) im Abschnitt „Der Staat als organisierte Entscheidungs- und Wirkungseinheit" (S. 259 ff.).

werden darf: „Die Willensvereinheitlichung, durch die der in den einzelnen wirksame Gemeinwille entsteht, vollzieht sich vor allem als ein intraindividueller Vorgang der Einordnung und Anpassung in jedem einzelnen, den das gesellschaftliche Zusammenleben in jedem Augenblick erzwingt und den die Erziehung unendlicher Generationen zu dem habituellen Zustand eines mehr oder minder klaren und festen Wir-Bewußtseins geformt hat."[81]

Beruhte die Reziprozität der Würde bei *Manetti* auf Ich-Du-Verhältnissen, wurde sie bei Mead zum Wechselverhältnis von Ich und Mich in einer nicht-staatlichen Gesellschaft und bei Hegel zur Interaktion patriotischer Bürger innerhalb staatlicher Institutionen. Heller entwickelt daraus ein Wechselverhältnis zwischen dem „Wir-Bewußtsein" eines Volkes und den menschlichen Leistungen, die ein Staat erbringen kann, wenn er von einem solchen Bewußtsein getragen wird. Dafür muß der jeweilige Staat für die Mehrheit seiner Bürger wenigstens erträglich sein. Ertragen sie ihn wie 1989 die Montagsdemonstranten nicht mehr, verliert das Subjekt seinen Träger und das untragbar gewordene Regime seinen Halt. Das macht die hier so genannten Freiheitsrevolutionen miteinander vergleichbar: das Wir-Bewußtsein eines Volkes, das seine Freiheit durch Umsturz einer unfreiheitlichen – aristotelisch gesprochen: despotischen – Ordnung wiedergewinnen will. Drei Gründerjahre der Weltgeschichte bezeugen mit weltbekannten Gründungsgeschichten einen als Verfassungsvoraussetzung wirksam gewordenen Willen zur Freistaatlichkeit: 509 v. Chr. gründen die Römer ihre Republik, indem sie den tyrannischen König Tarquinius Superbus samt seiner Sippe verjagen[82]; 1776 sagen sich die Vereinigten Staaten von Amerika wegen der absoluten Tyrannei Georgs III. von der Britischen Krone los[83] und 1789 erklärt sich der Dritte Stand zur konstituierenden Nationalversammlung, stürzt Ludwig XVI. und mit ihm das Ancien Régime.[84]

---

81 *Heller* (Fn. 80), S. 266. *Haverkate*, Verfassungslehre, 1992, hat seine Interpretation der „Verfassung als Gegenseitigkeitsordnung" (Untertitel) ausschließlich auf die rechtlich vermittelten Prinzipien des Verfassungsstaates gestützt, nicht – wie Heller – auch auf die soziologischen Voraussetzungen.

82 *Cicero*, De re publica II, 46, verweist auf die Überhebung des Tarquinius und begründet den Sturz des letzten Entruskerkönigs im antidespotischen Sinne des Aristoteles: „Hic est enim dominus populi quem Graeci tyrannum vocant".

83 Schambeck u.a., Dokumente zur Geschichte der Vereinigten Staaten von Amerika, 1993, S. 113 ff.: „Declaration of Independence" in zeitgenössischer Übersetzung mit mehrseitiger Aufzählung von Übergriffen, „welche alle die Errichtung einer absoluten Tyrannei [...] zum geraden Endzweck haben" (S. 115).

84 Klassiker: *Tocqueville*, L'ancien régime et la révolution, 7. Aufl., 1866.

2. *Struktur freistaatlicher Rechtsverhältnisse*

Auch die deutsche Revolution des Jahres 1918 war eine Freiheitsrevolution. *Hugo Preuß*, Vater der Weimarer Reichsverfassung als erster republikanischer Verfassung für Deutschland, hat die „November-Ereignisse" in einem prägnanten Bild zugleich mit präzisen Begriffen beschrieben: „Die länger als sonstwo in kritikloser Gewöhnung aufrecht gebliebene Herrschaft des Gottesgnadentums, des Königtums aus eigenem Recht, und mit ihm die obrigkeitliche Staatsstruktur von oben nach unten war zusammengebrochen."[85] „Zusammengebrochen" ist eine gut gewählte Metapher, weil sie den Einsturz der beiden begrifflich genau bezeichneten Säulen antirepublikanischer Kompetenzpräsumtion bildlich vor Augen führt[86]: des Konstitutionsprinzips einer Kompetenz „aus eigenem Recht" und des Strukturprinzips eines „obrigkeitlichen" Staates. Das Gegenbild wurde durch Weimars ersten Reichspräsidenten repräsentiert: Beim Amtsantritt begründete *Friedrich Ebert* seinen Schwur, die „Freiheit aller Deutschen zu schützen", mit dem „ersten Gebot derer, die die Freiheit lieben".[87]

Rechtsdogmatisches Korrelat einer „obrigkeitlichen Staatsstruktur" war das „Gewaltverhältnis". Noch in der 3. Auflage seines „Deutschen Verwaltungsrechts" (1924) bezeichnete *Otto Mayer* es als „die umfassende rechtliche Abhängigkeit [...], in welcher der Untertan zum Staat steht".[88] In diesem „Abhängigkeitsverhältnis" könne die rechtliche „Allmacht des Staates" nicht in der „Scheidemünze" subjektiver Rechte aufgezählt werden: „Das subjektive Recht ist immer etwas Begrenztes; beim Staat aber schlägt das dahinterstehende Unbegrenzte immer durch."[89] Trotz der systematischen Pionierarbeit, die der Protagonist eines rechtsstaatlichen Verwaltungsrechts für die „Herrschaft des Gesetzes" geleistet hat[90], war das Durchschlagen einer unbegrenzten Staatsgewalt doch Ausdruck eines höheren und damit prinzipiell republikwidrigen Herrschaftsrechts.[91] Denn in *Mayers* „Gewaltverhältnis" waren alle „Verdichtungen der staatlichen Willensherrschaft nichts anderes als Ausflüsse und Ausübungen des einen großen ‚Urrechtes' auf Gehorsam".[92] In einer freistaatlichen Dogmatik öffentlichen Rechts muß das obrigkeitsstaatliche Gewaltverhältnis zum republikanischen Rechtsverhältnis werden, weil nur diese dogmatische Figur die

---

[85] *Preuß*, Deutschlands Republikanische Reichsverfassung, 2. Aufl., 1923, S. 62.

[86] Begriffsprägend für die „Kompetenzpräsumtion" zugunsten des Monarchen *Jesch*, Gesetz und Verwaltung, 2. Aufl., 1968, S. 88 ff.

[87] Abdruck bei Huber, Dokumente zur deutschen Verfassungsgeschichte, Band 4, 3. Aufl., 1992, S. 80.

[88] *Mayer*, Deutsches Verwaltungsrecht, Band 1, Nachdruck 1969, Zitat S. 101.

[89] *Mayer* (Fn. 88), S. 104.

[90] *Mayer* (Fn. 88), S. 64 ff.

[91] *Gröschner* (Fn. 14), S. 119 f. i.V.m. S. 101; *Schmidt-De Caluwe*, Der Verwaltungsakt in der Lehre Otto Mayers, 1999, S. 62 ff.: „prinzipiell antirepublikanische Stoßrichtung".

[92] *Mayer* (Fn. 88), S. 106.

strukturelle Gewähr gegen den Aufstieg zu einem Herrn kraft „Urrechtes“ und den entsprechenden Abstieg zum Urgehorsam von Untertanen bietet.[93]

Ein anachronistisches Relikt obrigkeitsstaatlichen Denkens findet sich im Theorieangebot zu § 40 Abs. 1 VwGO, soweit das Vorliegen einer „öffentlich-rechtlichen Streitigkeit“ mit der „Subordinationstheorie“ beantwortet wird. Zu dieser „Theorie“ einer Unterordnung des Bürgers unter den Staat heißt es in einem bewährten Lehrbuch des Verwaltungsprozeßrechts: Ihr „vorkonstitutioneller Kern“ mache es „schwer erträglich, daß sie mehr oder weniger ungefragt von immer neuen Generationen von Juristen erlernt und angewandt wird“.[94] Republiktheoretisch interpretiert bedeutet „vorkonstitutionell“: vor dem Inkrafttreten der Weimarer Verfassung. Denn sie wirkte erstmals in Deutschland herrschaftskonstituierend, hatte also eine Wirkung, durch die staatliche Gewalt legitimiert und nicht lediglich limitiert wurde.[95] Sie war nicht die Grenze eines vor der Verfassung gelegenen Herrschaftsrechts – wie in der konstitutionellen Monarchie –, sondern der Grund aller Staatsgewalt: „Nur auf das freie Selbstbestimmungsrecht wollen wir unseren Staat gründen“.[96] *Friedrich Ebert* hat hier auf den *pouvoir constituant* eines Volkes gebaut, das in dem Willen geeint war, sich eine freistaatliche, seine Freiheit im Staate verfassende Ordnung zu geben.[97] Statt eines „Urrechtes“ des Staates wurde eine politische Urgewalt des Volkes beansprucht, die in ihren französischen Ursprüngen republikanisch *par excellence* ist.[98] Und die Wechselseitigkeit des Willens, der die Geburt einer Verfassung aus dem Geist der Freistaatlichkeit ermöglicht, ist das Paradigma republikanischer Reziprozität.

Wenn die Verhältnisse zwischen Staat und Bürger keine Subordinationsverhältnisse mehr sind, sondern Rechtsverhältnisse, müssen in ihnen Rechte und Pflichten bestehen, die durch Öffentliches (Verfassungs- und Verwaltungs-) Recht begründet und begrenzt werden. Solche Rechtsverhältnisse schaffen die Staatsgewalt nicht ab, sondern binden sie an objektive Rechtsprinzipien und subjektive Grundrechte. Die Grundbefugnis staatlicher Gewalt ist die Befugnis zur Rechtsetzung – exemplarisch für die drei Gewalten durch Gesetz, Verwaltungsakt und Urteil.[99] Dieses „Befugnis“ genannte Recht ist ein Recht des

---

93 Grundlegend hierzu *Henke*, Die Republik, in: Handbuch des Staatsrechts, Band 1, 1987, S. 873: „Absage an jede höhere Legitimation des Staates“ und Regiertwerden der Bürger „von ihresgleichen“.

94 *Hufen*, Verwaltungsprozeßrecht, 8. Aufl., 2011, S. 142.

95 *Grimm*, Die Bedeutung der Weimarer Verfassung in der deutschen Verfassungsgeschichte, 1990, S. 15.

96 *Ebert* in Huber (Fn. 87), S. 80.

97 Statt aller Theorien hier nur ein Hinweis auf *Böckenförde*, Die verfassunggebende Gewalt des Volke, 1986.

98 Und nicht etwa demokratisch. Gründe dafür bei *Gröschner* (Fn. 59), Rn. 29 (Rousseau) und Rn. 37 (Abbé Sieyès).

99 *Henke*, Recht und Staat, 1988, hat diese „Grundbefugnis“ (S. 614) systematisch gelun-

Staates zu einseitiger Regelung; es ist aber kein einseitiges Recht zu staatlicher Regelung. Denn in konsequent wechselseitig strukturierten Rechtsverhältnissen sind einseitige, nicht durch Gegenpositionen im jeweiligen Verhältnis mitbestimmte Rechte dogmatisch unvertretbar. Die Grundstruktur Öffentlichen Rechts in der Republik wird demnach durch die Reziprozität seiner Rechtsverhältnisse geprägt.[100]

---

gen und sprachlich geglückt aus dem „Verfassungsrechtsverhältnis“ hergeleitet. Einzelheiten dazu bei *Gröschner* (Fn. 14), S. 86 ff. und bei *Sobota*, Das Prinzip Rechtsstaat, 1997, S. 237 ff.

[100] „Reziprozität als Basis der Gesetzgebung“ behandelt mit soziologischem Sinn für die politischen Voraussetzungen des Parlamentarismus *Schulze-Fielitz*, Theorie und Praxis parlamentarischer Gesetzgebung, 1988, S. 241 ff. mit Nachweisen einschlägiger Literatur aus der Soziologie.

Verfassungspluralität als Verfassungsvoraussetzung

Ekkehart Reimer

Vor einem halben Jahrhundert wurde die „Verfassungsentscheidung des Grundgesetzes für eine internationale Zusammenarbeit"[1] zu einer prägenden Entdeckung der deutschen Verfassungsrechtswissenschaft. Mit der erneuten Zunahme grenzüberschreitender Regierungs- und Verwaltungskooperationen, dem Wiedererwachen eines breiten Interesses am Völkerrecht, vor allem aber mit dem Abschluss der Römischen Verträge[2] haben sich Verfassungsinterpreten und Staatsrechtslehre nahezu zwangsläufig nach außen geöffnet und einzelnen Verfassungen Aussagen darüber entlockt, wie sich das durch sie verfasste Gemeinwesen zu anderen Staaten und Staatenverbindungen verhält. Für das Grundgesetz ist die These von der Völkerrechtsfreundlichkeit inzwischen literarisches Gemeingut, das auch Eingang in die Rechtsprechung gefunden hat.

Zu Ehren *Winfried Bruggers*, der Vorgefundenes vertieft, Fäden fortgesponnen und in rechtsvergleichender Weite Ideen aus einzelnen Verfassungen abstrahiert hat, fragt der nachfolgende Beitrag, ob auch Positionsbestimmungen dieser Art mehr als okkasionelle Funde einer am positiven Recht und seiner Anwendung orientierten (Verfassungs-)Rechtswissenschaft sind. Die These lautet: Eine Verfassung kann ihre juristische Funktion nur erfüllen, wenn sie die Existenz anderer Verfassungen in Rechnung stellt. Ohne eine Verhältnisbestimmung, die Auskunft über die Stellung des durch sie konstituierten Staates zu anderen Gemeinwesen gibt, ist eine Verfassung deshalb unvollständig und sogar funktionsunfähig.

Diese Unvollständigkeitsthese bedarf eines externen, der jeweiligen Verfassung stets vorausliegenden Maßstabs (I.). Aus ihm lässt sich die Hypothese von der Notwendigkeit einer Verfassungsentscheidung über Abgrenzung und Öffnung näher konturieren (II.). Ein dritter Abschnitt zeigt, wie unterschiedlich diese Verfassungsvoraussetzung erfüllt werden kann (III.). Im Variantenreichtum zeigt sich, dass die Eingangsthese zunächst rein formalen Charakter hat. *Wie* ein Staat zu anderen Staaten steht oder stehen soll, ist aus der Unvollständigkeitsthese nicht abzuleiten. Ob eine Antwort auf diese Frage ebenfalls

---

[1] So der programmatische Titel des Habilitationsvortrags von *Klaus Vogel* (Hamburg 1964).

[2] Prägend, allerdings ohne verfassungsrechtlichen Schwerpunkt: *Hans Peter Ipsen*, Europäisches Gemeinschaftsrecht, 1972; Würdigung bei *Christoph Möllers*, Der vermisste Leviathan, 2008, S. 56 ff.

im Sinne einer der Verfassung vorausliegenden Aussage möglich ist, bedarf behutsamer Annäherung. Die Begründung einer – nun materiell-ausfüllenden – Verfassungsvoraussetzung „offene Staatlichkeit" könnte diese Materialisierung leisten (IV.).

I. Maßstäbe

Das methodische und theoretische Zentralproblem im Disput über Verfassungsvoraussetzungen ist die Frage nach Existenz und Gewinnung von Maßstäben, anhand derer sich die Hypothese, ein bestimmter Begriff oder Gegenstand sei „Verfassungsvoraussetzung", verifizieren und falsifizieren lässt.[3]

1. Geltungsvoraussetzungen vs. Funktionsvoraussetzungen

In einer ersten Annäherung sind dabei zwei Stränge zu unterscheiden: Geltungsvoraussetzungen und Funktionsvoraussetzungen. Geltungsvoraussetzungen sind verfassungstheoretische Konzepte mit normativem Anspruch. Ihre Erfüllung ist ursächlich für Legitimität und Rechtskraft der Verfassung. Kandidaten für derartige Geltungsvoraussetzungen sind die Existenz des Rechts und seine Normativität, die Existenz des Staates, die Existenz von Staatsgebiet und Staatsvolk – und damit vor allem die Existenz eines *pouvoir constituant*. Demgegenüber haben die Funktionsvoraussetzungen technischeren Charakter. Sie bezeichnen – oft gegenständliche – Phänomene der äußeren Wirklichkeit, ohne die der Vollzug der Verfassung erschwert oder vereitelt wird. Entsprechend uferlos sind die in der Literatur anzutreffenden Beispiele und Beispielskandidaten[4]: die Existenz des Staates[5], die Existenz des Konzepts „Geld" und die ihm entgegen gebrachte Wertschätzung[6], die Beteiligung einer signifikanten Anzahl von Bürgern an der politischen Willensbildung[7], aber auch die Privatautonomie[8] und die Existenz der Familie als Keimzelle des Staates und als Rückzugsraum im Staat.[9]

---

[3] Berechtigte Zurückhaltung bei *Christoph Möllers*, VVDStRL Bd. 68 (2009), S. 47 (49 f.).

[4] *Josef Isensee*, in: Isensee/Kirchhof (Hrsg.), Handbuch des Staatsrechts, 3. Aufl., Bd. 9 (2011), § 190 Rn. 100; *Arnd Uhle*, in: Kube u.a., Leitgedanken des Rechts (FS Paul Kirchhof) 2013, § 14 Rn. 13; und die Beispiele bei *Möllers* (Fn. 3), S. 51 ff.

[5] Verneinend *Christoph Möllers*, Staat als Argument 2000, S. 260 ff.

[6] Zum Geld als Verfassungsvoraussetzung: *Klaus Vogel*, HStR (Fn. 4), Bd. 2 (2004), § 30 Rn. 17 ff.; *Christian Waldhoff*, HStR (Fn. 4), Bd. 5 (2007), § 116 Rn. 9.

[7] Zu dieser Verfassungsvoraussetzung statt vieler *Hanno Kube*, Demokratische Teilhabe als subjektives Recht (in diesem Band), S. 571 ff.

[8] *Matthias Ruffert*, Vorrang der Verfassung und Eigenständigkeit des Privatrechts, 2001, S. 56 f.

[9] *Paul Kirchhof*, Die kulturellen Voraussetzungen der Freiheit, 1995, S. 9 f.; *Christian Seiler*, Grundzüge eines öffentlichen Familienrechts, 2008, S. 21 ff.

2. *Die Geltungsvoraussetzung als prekäre Kategorie*

Das Begriffspaar von Geltungsvoraussetzung und Funktionsbedingung korreliert stark mit dem Begriffspaar von Kausalität und Vorherigkeit. Die Geltungsvoraussetzungen sind zumeist notwendige Bedingungen für die Verfassunggebung und die Normativität der Verfassung, jedenfalls aber für deren Legitimität. Geltungsvoraussetzungen sind binäre Operatoren. Sind sie nicht erfüllt, ist die Verfassung keine Verfassung; ihr Text kann keine Bindungskraft beanspruchen. Die Geltungsvoraussetzung ist deshalb regelmäßig *conditio sine qua non* für die Normativität der Verfassung. Der idealistische Charakter der Geltungsvoraussetzungen legt eine universelle Verwendbarkeit dieses begrifflichen Konzepts nahe: Jedenfalls aus der Sicht einer gegebenen Kultur muss die „Geltungsvoraussetzung für mich" zugleich „Geltungsvoraussetzung an sich" sein; aus dieser Binnensicht einer gegebenen Verfassungstheorie ist sie Prüfstein für alle Verfassungen der Erde.

Damit verlangt die Rede von den Geltungsvoraussetzungen von dem Betrachter Gewissheit über faktische, insbesondere ethnologisch oder soziologisch messbare Akzeptanzen oder über überpositive, z.B. naturrechtliche Bindungen, die dem Zugriff der Verfassung entzogen sind und von dem Verfassunggeber allenfalls anerkannt und expliziert werden können. Dies geschieht üblicherweise in Präambeln, wenn sie etwa die Legitimationsquelle der Verfassung benennen und damit das Selbstverständnis der verfassunggebenden Gewalt zum Ausdruck bringen. Eine Deduktion ist hier aber ebenso ausgeschlossen wie der empirische Beweis.

3. *Konturen der Funktionsvoraussetzung*

Das Fehlen einer Funktionsvoraussetzung nimmt der Verfassung demgegenüber nicht ihre Rechtsqualität. Fehlt eine Funktionsvoraussetzung, sieht sich die geltende Verfassung vielmehr Schwierigkeiten auf der Anwendungsebene ausgesetzt, weil die Verfassung an der Wirklichkeit vorbei geht: Einzelnen Verfassungsnormen droht der Leerlauf, der Verfassung insgesamt – prospektiv – der Verlust an faktischer Bindungskraft.

Welche Funktionsvoraussetzungen eine Verfassung hat, hängt – anders als bei der Geltungsvoraussetzung – wesentlich vom Inhalt der konkreten Verfassung ab. Die Funktionsvoraussetzung ist kein universelles, sondern ein höchst partikulares, kulturell und historisch bedingtes Konzept. Das lässt sich exemplarisch für die in der Literatur postulierten Verfassungsvoraussetzungen „Familie" und „Geld" zeigen: Die Gründungsurkunde eines Volkes, das kollektivistische Lebensformen nach Art der Kommunehäuser den klassischen, auf Treue und verwandtschaftlichen Bindungen beruhenden Lebensformen vorzieht, kann ohne Weiteres Verfassung im vollen Sinne sein: Sie kommt nach

Sprache und Inhalt von vornherein ohne die Institution Familie aus. Gleiches gilt für die Staatsverfassung eines Naturvolkes, das nur Tausch und Gabe kennt und dem die Geldwirtschaft fremd ist: An die Stelle der Finanzverfassung mag hier eine Tausch- oder Sachwertverfassung treten; jedenfalls lässt sich Geld hier nicht als Verfassungsvoraussetzung begreifen.

Die Funktionsvoraussetzungen einer Verfassung sind wegen ihrer Kontextabhängigkeit vergleichsweise einfach zu bestimmen; sie sind geradezu dem literarischen Plebiszit freigegeben.[10] Zumeist lassen bereits die Lektüre der Verfassung und eine gedankliche Simulation ihrer Anwendung erkennen, welche rechtlichen und realen Institutionen der Verfassunggeber vorgefunden und in ihrem Fortbestand als so selbstverständlich vorausgesetzt hat, dass er ihre Existenz nicht konstituiert. Das schließt nicht aus, dass die Verfassung diese Funktionsbedingungen ihrerseits aktiv absichert; spätestens hier berührt sich die Funktionsvoraussetzung mit einer – normativ gedachten – „Verfassungserwartung"[11]. Aus deutscher Sicht zeigen exemplarisch das Beispiel „Familie"[12] mit dem Streit um das Abstandsgebot[13] und das Beispiel „Geld"[14], dass Verfassungsvoraussetzung und Verfassungsforderung durchaus in eins fallen können.[15]

II. Internationale Standortbestimmung als Verfassungsfunktionsvoraussetzung

Wie der Einzelne ist auch der Staat ein *Zoon politikon*. Solange es keinen Weltstaat gibt und geben soll[16], bedarf jeder Staat der Abgrenzung zu anderen Staaten, aber auch zu Staatenverbindungen (1.). Er muss sich der Frage nach Ob und Wie seiner Außenbeziehungen nicht nur politisch bewusst sein, sondern deren Grundfragen zum Gegenstand von Verfassunggebung und Verfassungsinterpretation machen. In welcher Weise die Existenz anderer Verfassungen berücksichtigt wird, ist offen. Ohne eine Verhältnisbestimmung hält die

---

[10] *Isensee* (Fn. 4), Rn. 100.

[11] Statt aller *Herbert Krüger*, FS Ulrich Scheuner (1973), S. 285 f.; *Isensee* (Fn. 4), Rn. 207 ff. und passim.

[12] Art. 6 Abs. 1 bis 4, Art. 7 Abs. 2 und 4 GG.

[13] Einerseits BVerfGE 105, 313; *Christiane Freytag*, Lebenspartnerschaftsgesetz, Eheschutzgebot und Differenzierungsverbot, DÖV 2002, 445 (449 f.); andererseits *Udo Di Fabio*, Der Schutz von Ehe und Familie, NJW 2003, 993 (997 f.); *Reinhard Serwe/Kerstin Löhr*, Das Ehegattensplitting auf dem Prüfstand, 2011, S. 23 f.

[14] Art. 14 Abs. 1, Art. 73 Abs. 1 Nr. 4, Art. 74 Abs. 1 Nr. 11, Art. 88, Art. 104a ff.; s. die Nachweise oben Fn. 6.

[15] Zurückhaltend *Isensee* (Fn. 4), Rn. 87 f.

[16] *Immanuel Kant*, Zum ewigen Frieden, 1795, S. 38; s. auch die Beiträge bei James Bohman/Matthias Lutz-Bachmann (Hrsg.), Weltstaat oder Staatenwelt? Für und wider die Idee einer Weltrepublik, 2002.

Verfassung aber weder den von außen auf den Staat einwirkenden Kräften und Ansprüchen stand (2.), noch kann sie die von innen gestellten Fragen nach der räumlichen Reichweite der eigenen Staatsgewalt beantworten (3.). Die beiden letztgenannten Klärungen sind aber notwendige Bedingungen für das Funktionieren des Staates, seiner Rechtsordnung und seiner Institutionen. Diese Klärung kann nur die Verfassung leisten (4.).

1. Innen und Außen als Identitätsmerkmale

In einer ersten Annäherung kann die Begründung für die Eingangsthese durch Rückgriff auf individual- und sozialphilosophische Konstanten gesucht werden. „Das Ich wird zum Ich am Du"[17]: Ihre Identität gewinnt jede soziale Einheit erst durch einen Blick nach außen und von außen. Noch breiter: Erkenntnis ist nur durch Unterscheidung möglich.[18] Ohne ein Außen gibt es kein Innen. Die Identität der Verfassung folgt aus ihrer Verschiedenheit von anderen Verfassungen und anderen Bündeln von Rechtsbeziehungen.

Die Außensicht auf den Verfassungsstaat gelingt zwar keineswegs nur von außerhalb seiner Grenzen, aus dem Völkerrecht, der internationalen Politik oder anderen verwandten Disziplinen. Vielmehr tritt der Staat als Rechtssubjekt zugleich – zweitens – dem Einzelnen entgegen. Er gewinnt seine Identität aus der Absonderung von dem natürlichen Körper des Fürsten, aus der Stellung als Hoheitsträger gegenüber dem Einzelnen, als verselbständigte Körperschaft, die – weil es sich um eine eigenständige juristische Person handelt – mehr ist als die Summe der Staatsangehörigen. Daneben ist – drittens – die Außensicht auf ein staatlich verfasstes Gemeinwesen in diachroner Perspektive aufschlussreich und geboten: Was den Staat ausmacht, welche Grenzen und Begrenzungen ihm gesetzt werden, wie seine Verfassung ausgestaltet und interpretiert wird, hängt stets von dem Abgleich mit Vorgängerstaaten und Vorläuferverfassungen ab. Insofern verortet die Verfassung das Gemeinwesen auch in seiner eigenen Geschichte. Sie dokumentiert, wie das verfasste Gemeinwesen aus Verbindungen und Auseinandersetzungen mit anderen Ethnien und Staaten entstanden ist.

Gemeinsam konstituieren diese drei Perspektiven Außensichten auf Staat und Verfassung, und nur durch diesen dreifachen Blick lassen sich Staat und Verfassung verorten und verstehen. Eine Verabsolutierung der zweiten und dritten Perspektive ist allenfalls in einem Weltstaat denkbar; selbst dort würde sie aber noch das Potenzial für eine präzise Bestimmung des Staat-Bürger-Verhältnisses verkürzen. Erst das Nebeneinander mehrerer Staaten gibt dem In-

---

[17] Vgl. *Martin Buber*, Ich und Du, 11. Aufl. (1983; Neudruck 1995), S. 11 f., 28 f.

[18] Etwa *Christina Thürmer-Rohr*, Der Sinn des Unterscheidens und die Gefahren des Unbegrenzten, in: HannahArendt.net – Zeitschrift für politisches Denken, Bd. 3 Nr. 1 (2007). Internet: http://www.hannaharendt.net/index.php/han/article/view/111/188 (9.2.2013).

stitut der Staatsangehörigkeit Sinn und Richtung; erst die Außenverfassung befindet darüber, ob Bürger ein *ius emigrandi*, Fremde ein *ius immigrandi* haben.

2. *Externes Bedürfnis*

Die externe Begründung geht primär von den Bedürfnissen anderer Staaten, supra- und internationaler Hoheitsträger aus. Diese externen Akteure tragen zunächst rein faktisch, sodann aber auch kraft des Völkerrechts Erwartungen und Ansprüche an den Verfassungsstaat heran. Selbst wenn dieser jede Überwirkung seiner Staatsgewalt nach außen unterließe, richten sich Begehrlichkeiten auf ihn: Andere Staaten begehren sein Land und seine Bodenschätze; er muss deshalb über eine Staatsaufgabe Landesverteidigung entscheiden. Die Konstitutionalisierung des Völkerrechts perforiert den Souveränitätspanzer; in ihren Bestrebungen nach einem universellen Menschenrechtsschutz unternimmt die Internationale Gemeinschaft humanitäre Interventionen, zu denen sich der Verfassungsstaat verhalten muss – sei es in der Passivrolle, sei es als Bundesgenosse für die Durchführung von Interventionen.

3. *Innerstaatliches Bedürfnis*

Jede Staatsverfassung muss ihr Verhältnis zu anderen Verfassungen aber auch klären, weil und wenn die heimischen privaten Akteure darauf angewiesen sind, von der durch die Verfassung konstituierten oder eingefassten Rechtsordnung eine Aussage zu deren räumlichen Anwendungsbereich zu erlangen. Diese Akteure sind mobil. Sie begehren diplomatischen und konsularischen Schutz im Ausland. Sie können in ihren wirtschaftlichen Außenbeziehungen auf den Abbau von Zoll- und Handelsschranken angewiesen oder – umgekehrt – an protektionistischen Maßnahmen des eigenen Staates interessiert sein. Weitere Notwendigkeiten grenzüberschreitender Abstimmungen ergeben sich im ökologischen Bereich: in der Sicherung externer Ressourcen wie Wasser und sauberer Luft, in der Abwehr grenznaher Gefahren durch Fluglärm, Radioaktivität oder Toxizität kann der Verfassungsstaat ein Eigeninteresse an umweltvölkerrechtlicher oder supranationaler Regulierung haben.

Das innerstaatliche Bedürfnis nach einer internationalen Positionsbestimmung kann sich daneben auf einen zweiten, eher verwaltungspraktischen Aspekt stützen: Der Verfassungsstaat braucht immer dann, wenn er sich angesichts der Mobilität der privaten Akteure für eine Anknüpfung inländischer Rechtsfolgen (auch) an Auslandssachverhalte entscheidet, eine Möglichkeit zur grenzüberschreitenden Beschaffung von Informationen. Sein innerstaatliches Recht kann unter den Bedingungen offener Staatlichkeit daneben auf Möglichkeiten zur Zustellung von Schriftstücken im Ausland, oft auch zur Vollstreckung im Ausland angewiesen sein. Unter den – auch rechtlich abgesicherten, zum Grundbestand des allgemeinen Völkerrechts zählenden – Bedingungen intransitiver Territorialität der Ausübung verfassungsstaatlicher Hoheitsgewalt ist die Staatenkooperation deshalb Bedingung der Möglichkeit effektiver Rechtsdurchsetzung insgesamt.

4. Bündelung: Gegenstände der Positionsbestimmung

Aus diesen Begründungen lassen sich erste Folgerungen zu dem Spektrum an Themen und Fragen ableiten, die hier unter dem Sammelbegriff der „Standortbestimmung" verbunden werden. Der Kern der Positionsbestimmung muss eine Regelung darüber sein, ob der Staat Völkerrechtssubjektivität beansprucht und ob er sich ggf. für politische und rechtliche (insbesondere: völkervertragliche) Beziehungen zu auswärtigen Staaten und internationalen Organisationen öffnet. Will er Angreifer, zumindest aber Verteidiger und Bundesgenosse sein? Unternimmt die Verfassung den Versuch einer Autoimmunisierung gegen Gefahren, die ihr durch zuwiderlaufende, möglicherweise hegemoniale und auf Vereinnahmung gerichtete fremde Verfassungen und Wertordnungen entstehen? Sekundäre, eher praktische Folgefragen treten hinzu. Erforderlich sind Regelungen über die Verbands- und Organkompetenzen für die völkerrechtliche Vertretung des Staates; diese Regelungen sind in der Regel nicht, jedenfalls nicht vollständig deckungsgleich mit der innerstaatlichen Kompetenzordnung. Zu klären ist aber vor allem das Verhältnis des Völkerrechts zum innerstaatlichen Recht; dabei können die beiderseits bestehenden Normhierarchien differenzierte Lösungen nahelegen. Ohne eine Klärung aller dieser Fragen fehlt dem Gemeinwesen jedenfalls innerer Zusammenhalt, und ohne sie treffen ihn auswärtige Herausforderungen unvorbereitet.

5. Verfassungsrelevanz

Angesichts der von außen an den Verfassungsstaat herangetragenen Maßnahmen anderer Staaten und auswärtiger Hoheitsträger, vor allem aber angesichts der in seinem eigenen Territorium auftretenden, primär innenpolitischen und staatsbürgerlichen Interessen kann sich die innerstaatliche Rechtsordnung nicht vor dem Faktum der Existenz anderer Staaten und Hoheitsträger verschließen. Das begründet die Notwendigkeit einer Positionsbestimmung.

Doch steht diese Positionsbestimmung unter Verfassungsvorbehalt? Sind es im geltenden Recht nicht primär Sätze des Völkerrechts, die Grund, Art und Grenze internationaler Kooperation prägen? Und könnte nicht umgekehrt eine Verfassung zum Problem internationaler Zusammenarbeit oder Abkapselung schweigen und die Sache dem freien Spiel der Kräfte – also von Rechts wegen z.B. dem einfachen Gesetzgeber oder der Regierung als Inhaberin der auswärtigen Gewalt – überlassen?

Maßgeblich für die Frage der besten, vielleicht sogar der einen richtigen normativen Verankerung der internationalen Positionsbestimmung müssen wiederum Erwägungen sein, die ihrer Art nach den Maßstäben zur Identifikation von Funktionsvoraussetzungen[19] entsprechen: Auch diese Maßstäbe sind in rechtspraktisch-funktionalen Gesichtspunkten zu suchen. Es kommt darauf an, Anwendbarkeit und Anwendung der Rechtsordnung optimal zu sichern.

Unter dem Axiom des Vorrangs der Verfassung fällt danach die Klärung in eine Richtung leicht: Wenn die Positionsbestimmung auch deshalb erforderlich ist, weil sie das Verhältnis einfachen Gesetzesrechts zu völkerrechtlichen Bindungen jeder Art klären soll, muss sie schon technisch im Rang über dem einfachen Gesetzesrecht stehen. Auch rechtsempirisch liegt eine Verankerung der Verhältnisbestimmung in der Verfassungsurkunde als Staatsgründungsurkunde nahe: Das Verhältnis eines Staates zu seinen Nachbarn ist meist von identitätsstiftender Bedeutung; viele Verfassungen spiegeln eine Erlangung oder Wiedererlangung nationaler Unabhängigkeit und beruhen daher auch historisch auf Vorstellungen oder Visionen von Inklusion und Exklusion. Staatsgründungsphasen sind Krisenzeiten und *constitutional moments*; sie lassen äußere Bewährung und inneres Zusammenrücken in eins fallen. Die Verfassung entsteht, sobald klar ist, wie Staatsvolk und Staatsgebiet zugeschnitten sind. Hier ist nicht der Ort, um die Frage nach dem Staat als (materieller) Verfassungsvoraussetzung erneut zu beleuchten.[20] Selbst wenn man Existenz und Identität des Staates umgekehrt aus der Verfassung ableitet oder beide in eins fallen lässt, bleibt die Außenabgrenzung Teil jedes Staatsgründungsmythos; sie gehört in die Verfassung. Unbeschadet einfachgesetzlicher Nachverdichtungen aller Art scheidet eine nur einfachgesetzliche Regelung über die Grundlagen des Verhältnisses des Verfassungsstaats zu anderen Staaten und Hoheitsträgern aus.

Schwieriger ist die Frage, ob die Positionsbestimmung nicht Teil des Völkerrechts sein kann. Ein streng monistischer Ansatz, der axiomatisch von einem normhierarchischen Vorrang des *ius gentium* gegenüber jedwedem innerstaatlichen Recht ausginge und auch die verfassunggebende Gewalt des Volkes nur als Ausfluss völkerrechtlicher Vorprägungen begriffe, müsste die Positionsbestimmung in das Völkerrecht verlagern. Sieht man dagegen – wie es üblich ist – jedenfalls die völkervertraglichen, nicht zum völkerrechtlichen *ius cogens* zählenden Bindungen als dispositiv an[21], ergibt sich ihre Geltung und innerstaatliche Anwendbarkeit erst aus einem souveränen Akt des staatlich verfassten

---

[19] Oben I.3.

[20] Dazu einerseits *Isensee* (Fn. 4), § 190 Rn. 57 ff.; andererseits *Christoph Möllers* (Fn. 5), S. 260 ff.

[21] Zu Konzept und Existenz eines völkerrechtlichen *ius cogens* statt aller *Stefan Kadelbach*, Zwingendes Völkerrecht (1992); und *Christian J. Tams*, Schwierigkeiten mit dem Ius Cogens. Anm. zu EGMR, Urt. v. 21.11.2001 – *Al-Adsani/Vereinigtes Königreich*, in: ArchVöR Bd. 40 (2002), S. 331 ff. (338 ff.).

Gemeinwesens. Das Völkerrecht kann nach seinem klassischen Selbstverständnis seine Inkorporation in innerstaatliches Recht nicht leisten. Jedenfalls diesseits universeller Menschenrechte (etwa des Folterverbots[22]) und des Allgemeinen Gewaltverbots[23] ist die Positionsbestimmung souveränitätsakzessorisch und steht zur Disposition des einzelnen Staates. Selbst die zahlreichen gewohnheitsrechtlich begründeten Regeln des Völkerrechts über das Wie einer internationalen Zusammenarbeit[24] setzen eine Grundentscheidung für diese internationale Zusammenarbeit bereits voraus, können sie aber nicht selber treffen. Unbeschadet der Möglichkeit eines völkerrechtlichen *ius cogens* kommt eine allgemeine Verankerung der gesuchten Positionsbestimmung im Völkerrecht damit nicht in Betracht. Im Ergebnis steht die Positionsbestimmung unter Verfassungsvorbehalt. Es ist die Staatsverfassung, die damit zum Grunddokument der Selbst-Positionierung eines souveränen Staates in der internationalen Gemeinschaft wird.

III. Von der Verfassungsvoraussetzung zur Verfassungsnorm: Erscheinungsformen der Internationalität

Wie sich gerade die Verfassungsvoraussetzung der Verfassungspluralität in einer konkreten Verfassung niederschlägt, hängt dann aber von zahlreichen rechtskulturellen Faktoren ab; die Varianz der Ausprägungen ist beträchtlich. Im Wesentlichen lassen sich fünf Leitbilder identifizieren, die allerdings nirgends in Reinform verwirklicht sind.

1. Abschottungsverfassung

Den Anfang bilden Verfassungen, die den Staat in keiner Weise auf Außenbeziehungen ausrichten, ihn vielmehr als für sich liegend, in sich ruhend denken. In diesem Staat sind Autarkie und Isolationismus die Staatsraison; völkerrechtliche Beziehungen jenseits ökonomischer Zweckbündnisse bilden die – atypische – Ausnahme. Von allen Positionsbestimmungen, mit denen die Verfassungsvoraussetzung Verfassungspluralität erfüllt werden kann, ist eine rein negative Verortung die schlichteste, legistisch anspruchsloseste und deshalb auch potenziell textärmste.

---

[22] EGMR, Urt. v. 21.11.2001 – Al-Adsani/Vereinigtes Königreich, Application No. 35763/97, EHRR 34 (2002), 273 ff., Ziff. 60; ebenso Ziff. 1 der abweichenden Meinung der Richter *Rozakis* und *Caflisch*, denen sich Präsident *Wildhaber* und die Richter *Costa*, *Cabral Barreto* und *Vajic* angeschlossen haben.

[23] Art. 2 Nr. 4 VN-Charta.

[24] Exemplarisch sind neben der VN-Charta das Statut des IGH, die Regelungen des WÜRV, aber auch des WÜD und des WÜK zu nennen.

Warum das Vereinigte Königreich keine geschriebene (Voll-)Verfassung hat, ist kaum mit Gewissheit ergründbar.[25] Hat dazu beigetragen, dass die territoriale Integrität und Identität jedenfalls der britischen Inseln kaum zu beeinträchtigen ist? Dass namentlich das britische Gemeinwesen mit seiner „splendid isolation" dem Idealtypus einer Abschottungsverfassung näher kommt als die anderen europäischen Verfassungen, ist jedenfalls evident. Ebenso deutlich zeigt aber das Beispiel des Vereinigten Königreichs bereits die Perspektivenabhängigkeit jeder Zuordnung: Was aus kontinentaleuropäischer Sicht als Abschottung erscheint, trug in der Perspektive des Commonwealth seit jeher Züge einer Verbundverfassung; und die besondere Beweglichkeit seines Verfassungsrechts hält die Mitgliedschaft des Vereinigten Königreichs in der Europäischen Union auch heute in einzigartiger Weise frei von innerstaatlichen rechtlichen Hindernissen.[26]

2. *Abgrenzungsverfassung*

Unter den geschriebenen Verfassungen ist daneben häufig der Typus der Abgrenzungsverfassung anzutreffen. Er wird durch das Bestreben nach Verschiedenheit und Unabhängigkeit *von* geprägt. Diese Verfassungen sind häufig Verfassungen kleinerer Staaten, die sich in Abgrenzung von einem externen Hegemon behaupten müssen. Ihre Bereitschaft zu gutnachbarlicher Zusammenarbeit mit der angrenzenden Großmacht ist oft wenig ausgeprägt, die Völkerrechtsfreundlichkeit muss sich – wo sie überhaupt existiert – in fernen Bindungen realisieren.

Nach innen ist die Abgrenzungsverfassung in besonderer Weise auf die Wahrung der eigenen Sprache und Kultur, oft auch einer religiösen oder ethnischen Identität oder – wie im Fall der jungen Vereinigten Staaten – auf die Wahrung religiöser Freiheit und die Abwehr staatskirchlicher oder monarchischer Bevormundung ausgerichtet. Prägend für die Abgrenzungsverfassung ist in normtheoretischer Hinsicht die dualistische Vorstellung, nach der das Völkerrecht nicht aus sich heraus innerstaatlich anwendbar sein könne, sondern stets der Transformation durch die dafür zuständigen innerstaatlichen Organe bedürfe.

Aus neuerer Zeit kann das Beispiel des ungarischen Grundgesetzes (der sog. Osterverfassung vom 18. April 2011) weitere Charakteristika von Abgrenzungsverfassungen verdeutlichen: Mit dem der Verfassung präambelartig vorangestellten „Nationalen Bekenntnis", in dem die ungarische Nation den in Ungarn lebenden „Nationalitäten" bewusst gegenübergestellt wird, zielt sie nicht in erster Linie auf eine Segmentierung nach innen, sondern mindestens

---

[25] Vgl. *Martin Loughlin*, in: von Bogdandy/Cruz Villalón/Huber (Hrsg.), Handbuch Ius Publicum Europaeum, Bd. I (2007), § 4 Rn. 1.

[26] *Loughlin* (Fn. 25), Rn. 60, 63 ff.

gleichrangig auf Protektion und Inklusion ungarischstämmiger Bevölkerungsteile in den Nachbarstaaten in den persönlichen Anwendungsbereich der Verfassung. Die rapide, politisch bis ins Irrationale aufgeheizte Rezeption dieser Verfassung im europäischen Ausland zeigt, dass eine Abgrenzungsverfassung keineswegs nur als Ausdruck des Wunsches eines leidenden Volkes nach Ruhe und Wahrung der Integrität seiner Außengrenzen verstanden wird. Die Europäische Kommission für Demokratie durch Recht (die sog. Venedig-Kommission) hat es vielmehr für erforderlich gehalten, Ungarn um eine Textergänzung seiner Verfassung einschließlich ihrer Präambel zu bitten, mit der garantiert werden solle, „dass Ungarn die territoriale Integrität anderer Länder achtet, wenn im Ausland lebende Magyaren unterstützt werden sollen“[27] – eine Forderung, die sich das Europäische Parlament zu eigen gemacht hat.[28]

3. Kooperationsverfassung

Der Prototyp einer völkerrechtsfreundlichen Verfassung lässt sich als Kooperationsverfassung mit denkbar größter Offenheit für das Völkerrecht bezeichnen. Mit der Grundentscheidung für eine internationale Zusammenarbeit sucht der Verfassungsstaat, die Differenz von Außen und Innen möglichst gering zu halten. Ausprägungen der Kooperationsverfassung sind Freizügigkeitsgarantien für Zu- und Wegzügler, eine Marktöffnung, aber auch rechtliche Absicherungen einer Bündnisfähigkeit und der größtmöglichen Einhaltung einmal geschlossener völkerrechtlicher Verträge. Das Beispiel der Niederlande zeigt, dass Kooperationsverfassungen ein monistisches Denken eigen ist.[29] In Bereichen, in denen das Völkervertragsrecht seinem Inhalt nach *self executing* ist, genießt es typischerweise Anwendungsvorrang vor – auch im Wortlaut kollidierenden – innerstaatlichen Gesetzesrecht; die Völkerrechtsfreundlichkeit überwindet den Vorrang der *lex posterior.*

In der Kooperationsverfassung sind Innen und Außen aber auch insoweit überwunden, als der Verfassungsstaat in anderen Staaten potenziell sich selber sieht. Das legt ein Denken in Kategorien politischen Gebens und Nehmens nahe, das auf Nachhaltigkeit angelegt ist. Der kategorische Imperativ bildet eine Schranke für die Verknüpfung horizontaler oder diagonaler Hilfe mit „Konditionalitäten“: Der kooperierende Verfassungsstaat darf von dem anderen Vertragsstaat keinen größeren Verzicht auf Hoheitsrechte erwarten, als er selber im reziproken Falle nach Maßgabe seiner Verfassung erbringen könnte. Insofern kann er „Konditionalitäten“ moderner Prägung, wie sie im Umfeld der Staaten-

---

27 Stellungnahmen Nr. CDL(2011)016 und CDL(2011)001.

28 Entschließung vom 5. Juli 2011 zu der geänderten ungarischen Verfassung, Drs. P7_TA(2011)0315.

29 Statt aller *Klaus Vogel*, Wortbruch im Verfassungsrecht, JZ 1997, 161 (164).

und Währungshilfe von IWF, EU und Mitgliedstaaten propagiert werden, nur verlangen, wenn er sie selber ohne Verfassungsverstoß (d.h. namentlich ohne die Aufgabe der eigenen Staatlichkeit und ohne ungerechtfertigte Verkürzungen demokratischer Gewährleistungen) auf sich nehmen könnte.[30]

Teilweise enthalten Verfassungen – wie etwa in Frankreich – ausdrückliche Reziprozitätsvorbehalte.[31] Aus ihnen spricht ein zweckbestimmter, zugleich selbstbewusster Ansatz: Die Verfassung verpflichtet die außenpolitischen Akteure dazu, ein Gleichgewicht von Geben und Nehmen zu wahren. Die interpretatorische Offenheit des Gegenseitigkeitsbegriffs verschiebt allerdings zentrale Teile der Verhältnisbestimmung auf die spätere Verfassungsauslegung: Verpflichtet die Reziprozität die staatlichen Akteure zu einer stets zeitnahen Glattstellung der Bilanz völkerrechtlichen Gebens und Nehmens im Sinne konkreter Austauschgerechtigkeit, oder sind die Reziprozitätsanforderungen auch dann noch erfüllt, wenn sich der Verfassungsstaat in auswärtiger Bedrängnis „seinen Schneid abkaufen“ lässt, weil er Freiheit oder (ökonomische) Werte gegen vorübergehende außenpolitische Sicherheit eintauscht? Kann auch ein staatenübergreifender bündischer Finanzausgleich, der für Geberstaaten allenfalls assekuranztheoretisch noch als „gegenseitig“ begriffen werden kann, dem Reziprozitätserfordernis genügen?

4. *Verbundverfassung*

Innerhalb regionaler Verbünde – namentlich der Europäischen Union – greifen die Verfassungen speziell das Integrationsanliegen, aber auch mögliche Integrationsgrenzen auf und grenzen damit ihren eigenen Geltungsanspruch nach außen – horizontal und vertikal – ab.[32] Für die Mitgliedstaaten der EU ist die Öffnung ihrer Verfassungen für die Integration prägend geworden. Jenseits gewaltenteiliger, organisations- und verfahrensrechtlicher Vorgaben zeichnen sie sich dadurch aus, dass Hoheitsbefugnisse abgegeben, Kompetenzen im Europäischen Staatenverbund gemeinsam ausgeübt und sogar ausländische Entscheidungen (gesetzliche Regelungen, Verwaltungsakte, Urteile) transnational anerkannt werden können.

---

[30] Exemplarisch die Entscheidungen des Lettischen Verfassungsgericht v. 7. April 2009; und des Rumänischen Verfassungsgerichts v. 27. Juni 2012.

[31] Zur Fortgeltung von Art. 15 der Präambel der Verfassung von 1946: *Olivier Jouanjan*, in: von Bogdandy/Cruz Villalón/Huber (Hrsg.), Handbuch Ius Publicum Europaeum, Bd. I (2007), § 2 Rn. 36.

[32] Hierzu *Peter M. Huber*, Offene Staatlichkeit, in: von Bogdandy/Cruz Villalón/Huber (Hrsg.), Handbuch Ius Publicum Europaeum, Bd. II (2008), § 26 Rn. 29 ff., 83 ff.

5. Gliedstaatsverfassung

Von der Verbundverfassung führt ein steiler, aber linear ansteigender Weg zur gliedstaatlichen Verfassung eines Territoriums, das seine ungeteilte Souveränität zugunsten einer Mitgliedschaft in einem Bundesstaat oder – wie im Falle der Europäischen Union – einer regionalen Integration sui generis aufgibt. Von den fünf hier skizzierten Verfassungstypen ist die Gliedstaatsverfassung die am besten erforschte.[33] Sie zeichnet sich durch die positive Grundentscheidung zur Abgabe grundlegender Hoheitsrechte zur ausschließlichen oder konkurrierenden Wahrnehmung durch die höhere Ebene aus. Diese Kompetenzabgabe wird meist durch einen dynamischen Verweis auf die Bundesverfassung bewerkstelligt, der nicht abschließend ist, sondern eine Kompetenzkompetenz des Zentralstaats anerkennt. Dadurch hält die gliedstaatliche Verfassung die Frage in der Schwebe, welcher Verband – Gliedstaat oder Zentralstaat – der ursprüngliche Inhaber der Souveränität war.

Prägendes Merkmal vieler Gliedstaatsverfassungen ist der völlige oder weitgehende Verzicht auf eine Zuweisung der Kompetenz zur Ausübung der auswärtigen Gewalt an den Gliedstaat.[34] Föderale Ordnungen zeichnen sich zumeist durch eine Zentralisierung der Außen- und Verteidigungskompetenzen aus; allenfalls in Randbereichen sind Öffnungen zugunsten von Kultur- oder sog. „Verwaltungsabkommen“ der Gliedstaaten denkbar. Insofern ist gerade die Gliedstaatsverfassung auf den ersten Blick ein Gegenbeispiel, auf den zweiten indes nichts anderes als die notwendige Schärfung der Eingangsthese von der Notwendigkeit, dass jede Staatsverfassung eine „Positionsbestimmung“ enthalten, d.h. sich zu Ob und Wie der internationalen Zusammenarbeit verhalten muss. Im *refinement* ist nun zu präzisieren: Jede Verfassung muss sich der Verfassungspluralität bewusst sein; zu den Funktionsvoraussetzungen zählt die Existenz einer Regelung zum Verhältnis dieser Verfassung zu horizontal *oder vertikal* benachbarten Verfassungen. Dabei wird in der Gliedstaatsverfassung das Erfordernis einer internationalen Positionsbestimmung durch das Erfordernis einer bündischen (innerbundesstaatlichen, regionalen oder unionalen) Positionsbestimmung substituiert.

---

[33] Für die Bundesverfassungen der USA und Deutschland, auch in ihrem wechselseitigen Einfluss, *Winfried Brugger*, in: HStR (Fn. 4), 3. Aufl., Bd. 9 (2011), § 186 Rn. 22 ff.; in beeindruckender Breite Ines Härtel (Hrsg.), Handbuch Föderalismus, Bd. 4 (2012), passim.

[34] Im Einzelnen *Bardo Fassbender*, Der offene Bundesstaat: Studien zur auswärtigen Gewalt und zur Völkerrechtssubjektivität bundesstaatlicher Teilstaaten in Europa, 2007.

IV. Die richtige Positionsbestimmung: Versuch einer Materialisierung

Diese knappe Bestandsaufnahme drängt nun den Blick von der beschreibenden Bestandsaufnahme in die Normativität: Lassen sich Maßstäbe dafür finden (und anwenden), welche unter den vorgenannten Positionsbestimmung verfassungstheoretisch vorzugswürdig ist? Auszublenden sind dabei externe Maßstäbe aus dem in seinem Geltungsanspruch prekären und jedenfalls mangels eines Gewaltmonopols kaum einheitlich verstandenen universellen Völkerrecht an Ob und Wie einer Internationalen Zusammenarbeit. Maßgeblich können wiederum allein Funktionsvoraussetzungen sein.

In einer ersten Annäherung lassen sich alle fünf Typen einer Positionsbestimmung für sich genommen begründen und nachhaltig aufrecht erhalten, wenn man jeden dieser fünf Typen – nach dem Prinzip hypothetischer Verallgemeinerung – jeweils als einziges, d.h. von allen anderen Staaten ebenfalls verwendetes Modell begreift. Für keines der hier – notwendig nur beispielhaft – vorgestellten Modelle ist ein derartiges Akzeptanzmodul indes praktisch zu beobachten; es wäre auch theoretisch kaum wünschenswert.

In der Gedankensimulation eines Aufeinandertreffens unterschiedlicher dieser Modelle schälen sich dagegen wie von selbst zentrale Erkenntnisse heraus: Die Zudringlichkeit einer Gliedstaatsverfassung konfligiert mit dem Souveränitätsbewusstsein der Kooperations- oder gar der Abschottungsverfassung. Die Abgrenzungsverfassung wird – konfrontiert mit den Möglichkeiten und Begehrlichkeiten einer Verbundverfassung – sogleich hegemoniale Vereinnahmung befürchten. Die Möglichkeiten der Verfassungsintegration durch verbund- oder gliedstaatliche Regelungen können nur in homogenen Staatengruppen funktionieren, deren Mitglieder sich ihres Integrationswillens wechselseitig gewiss sind, die in ähnlichen (oder jedenfalls vorteilhaft komplementären) ökonomischen und demographischen Ausgangssituationen beginnen und die sich deshalb vertrauensvoll aufeinander einlassen.

Weniger intensiv wird die Ressource Vertrauen dagegen von der Kooperationsverfassung in Anspruch genommen. Sie setzt streng auf Reziprozität und achtet damit in hohem Maße die Souveränität des anderen Vertragsstaates. Umgekehrt bietet die bloß horizontale Staatenkooperation mit ihren kleiner parzellierten Wirtschaftsräumen nicht die Wohlfahrtsgewinne, mit denen Bundesstaat und Union in historischer Erfahrung aufwarten können. Sorgfältiger, nur am konkreten Normtext zu klärender Analyse bedarf dabei die Frage nach der Steuerungsfähigkeit der Zentralebene. Wo in Bundesstaat oder Union der Normgeber auf zentraler Ebene entscheidungsfreudig ist und keine Rücksicht auf Veto-Spieler zu nehmen braucht, ist er zu schneller, flexibler, damit aber zugleich auch volatiler Politikgestaltung in der Lage. Hemmen dagegen institutionelle Arrangements – etwa Zustimmungserfordernisse, Einspruchsvorbehalte oder gar Einstimmigkeitserfordernisse die Durchsetzungskraft der ersten Kammer, fällt die multilateral eingeordnete Verbund- oder Gliedstaatsverfassung auf das (niedrige) Beweglichkeitsniveau der Kooperationsverfassung zurück: Hier wie dort können Regelungen nur mit hohen verfahrensrechtlichen Hürden und Quoren verabschiedet oder wieder aufgehoben werden.

V. Resümee

Zu den Funktionsvoraussetzungen jeder Verfassung gehört ihre Selbstverortung im Kreis der ausländischen Nachbarverfassungen, aber auch übergeordneter Bundes- oder Verbundverfassungen. Ohne eine solche Positionsbestimmung, die hier als „Verfassungsvoraussetzung Verfassungspluralität" angesprochen wird, bleibt die Einzelverfassung funktionsunfähig. Wie die Verfassung ihre Position bestimmt, ist normativ von großer Bedeutung für die Außenbeziehungen, aber auch für Staatsorganisation und Verwaltungsvollzug, und es prägt das Staat-Bürger-Verhältnis. Zugleich gewährt die Positionsbestimmung aber auch einen tiefen Einblick in die Entstehungsbedingungen und den *original intent* der Verfassung. Das alles gilt positiv-gestaltend ebenso wie in der negativen Abgrenzung.

Zahlreiche Abhandlungen aus dem Vergleichenden Verfassungsrecht haben dieser Positionsbestimmung erstaunlich geringes Gewicht beigemessen, sie bisweilen gar übersehen. Es war wenigert die Debatte um die Konstitutionalisierung des Völkerrechts als vielmehr erst der Prozess der Europäischen Integration und ihrer verfassungsrechtlichen Begleitung, der – beschränkt auf die Mitgliedstaaten dieser Union – mit den Konzepten von Verfassungsverbund und Verbundverfassung[35] das Bewusstsein von Staatsrechtslehre und Verfassungstheorie für die Gestaltungsoptionen der staatlichen Verfassunggeber und Verfassungsinterpreten geschärft hat.

---

[35] *Ingolf Pernice*, VVDStRL 60 (2001), S. 148 ff.

Sicherheit als Voraussetzung und als Thema einer freiheitlichen Verfassung

Josef Isensee

I. Abhängigkeit der Verfassung von Voraussetzungen

1. Die verfassungstheoretische Kategorie

Die Verfassung erhebt den höchsten Geltungsanspruch, dessen das staatliche Recht fähig ist. Dennoch zeigt sich in dem Maße, in dem sie in ihrer normativen Qualität erkannt und juristisch beim Wort genommen wird, daß ihre Wirksamkeit von außerverfassungsrechtlichen Voraussetzungen abhängt.[1] Diese sind rechtlicher und realer, ideeller und materieller Natur. Gewachsen auf europäischem Boden unter besonderen historischen Umständen, gedeiht die Verfassung nur in einer ihr gemäßen Umwelt,[2] zu der ein intellektuelles wie ethisches Niveau der Gesellschaft und politische wie ökonomische Aktivität gehören, kulturelle und soziale Standards, nicht zuletzt eine hochentwickelte, ausdifferenzierte Rechtsordnung und ein Personal, das sie anzuwenden vermag.

Gegen den Gedanken einer solchen Bedingtheit der Verfassung als Norm rebellieren Allmachtsphantasien, die sich um die Verfassung als Idee ranken. Zu diesen gehört die Doktrin von der verfassunggebenden Gewalt des Volkes, dessen höchstes Recht, wie *Abbé Siéyès* lehrt, darin besteht *zu wollen*, und das keinerlei äußeren Zwang, keine Vorgaben für Form und Inhalt kennt.[3] Doch das ist Ideologie, nicht historische Realität. Verfassunggebung ist Politik und als solche nur Kunst des Möglichen, die an reale und rechtliche Vorgaben anknüpfen muß und sich nicht über Notwendigkeiten hinwegsetzen kann.[4] Gegen die Annahme von Verfassungsvoraussetzungen sperrt sich die Vorstellung von der Autarkie

---

[1] Die Kategorie der Verfassungsvoraussetzungen geht zurück auf *Herbert Krüger*, Verfassungsvoraussetzungen und Verfassungserwartungen, in: FS für Ulrich Scheuner, 1973, S. 285 ff. – Zur Verfassungstheorie und Verfassungsdogmatik der Voraussetzungen *Josef Isensee*, Grundrechtsvoraussetzungen und Verfassungserwartungen an die Grundrechtsausübung, in: Josef Isensee/Paul Kirchhof (Hrsg.), Handbuch des Staatsrechts der Bundesrepublik Deutschland (= HStR), Bd. IX, [3]2011, § 190 Rn. 49 ff., 81 ff., 119 ff., 160 ff. (Nachw.).

[2] *Krüger* (Fn. 1), S. 286.

[3] *Emmanuel Joseph Siéyès*, Qu'est-ce que le Tiers état?, 1789, dt., Was ist der Dritte Stand?, in: *ders.*, Politische Schriften 1788–1790, hg. von Eberhard Schmitt und Rolf Reichert, 1975, S. 167 f.

[4] *Josef Isensee*, Das Volk als Grund der Verfassung, 1995, S. 53 ff.

der Verfassung. Doch die höchste Norm der staatlichen Rechtsordnung ist auch ihre inhaltsärmste. Sie speist sich aus Substanz und Begrifflichkeit des vorgefundenen einfachen Rechts, und sie ist angewiesen auf Konkretisierung durch niederrangige Normen, deren Maßstab zu sein sie doch beansprucht.[5] Diesem Dilemma wird sie nicht enthoben durch den Vorrang, der ihr innerhalb des rechtlichen Stufenbaus zukommt. Sie bildet dessen höchste Stufe. Diese aber schwebt nicht frei im Äther. Vielmehr ruht die höchste auf den niederen Stufen und erlangt nur im Bezug auf diese und über diese ihren Vorrang.

Opposition leistet auch ein normativer Purismus, der Sein und Sollen streng voneinander trennt und sich dagegen wehrt, aus dem (empirischen) Sein die Geltung von Rechtsnormen abzuleiten. Doch darum geht es nicht. Die Qualifikation als Verfassungsvoraussetzung schafft kein geltendes Verfassungsrecht. Vielmehr nennt sie nur die Bedingung, unter der geltendes Verfassungsrecht sich praktisch umsetzen läßt und die Chance der Wirksamkeit erreichen kann. Die Kategorie der Verfassungsvoraussetzung gehört nicht der Verfassungsdogmatik an, sondern der Verfassungstheorie, die, ein Treffpunkt empirischer wie normativer Wissenschaften, den „nicht positivierten Realisierungskontext" untersucht.[6] Die Verfassungstheorie verliert aber ihr Erkenntnisobjekt, wenn sie, der Binsenweisheit folgend, daß alles mit allem zusammenhängt, Normen wie Realien aller Art zu „Kultur" verschmilzt und diese als „Verfassung" deklariert, damit die Voraussetzungen in das Verfassungsrecht selbst einbezieht, so daß tendenziell alles Verfassung wird.[7] Die totale Verfassung kennt keine Voraussetzungen. Mit ihr ist die Unterscheidung von Innen und Außen aufgehoben, aus der die Kategorie der Verfassungsvoraussetzungen lebt. Diese verträgt kein holistisches Verfassungsverständnis.

2. Die innere Sicherheit als Exempel

Als Probe aufs Exempel einer Verfassungsvoraussetzung bietet sich die innere Sicherheit an. Die These: Die Wirksamkeit der freiheitlichen Verfassung, insbesondere die Ausübbarkeit ihrer Grundrechte, hängt ab von der Befriedung der Gesellschaft. Ihr Fundament ist der reale Gesamtzustand der inneren Sicherheit, der rechtlich bewehrt und staatlich gewährleistet wird. Dieser objektiven Vorgabe korrespondiert das subjektive Grundvertrauen der Bevölkerung in die Sicherheit. Die Sicherheit hat zwei Seiten: die negative in der Abwehr von Stö-

[5] Zu diesem Dilemma *Walter Leisner*, Von der Verfassungsmäßigkeit der Gesetze zur Gesetzmäßigkeit der Verfassung, 1964; *Matthias Jestaedt*, Grundrechtsentfaltung im Gesetz, 1999; *Martin Gellermann*, Grundrechte im einfachrechtlichen Gewand, 2000.

[6] *Matthias Jestaedt*, Verfassungstheorie als Disziplin, in: Otto Depenheuer/Christoph Grabenwarter (Hrsg.), Verfassungstheorie, 2010, § 1 Rn. 36 ff. (38).

[7] So die Verfassungslehre *Peter Häberles* (Verfassungslehre als Kulturwissenschaft, ²1998; Europäische Verfassungslehre, ⁶2009, S. 10 ff.).

rungen und die positive im ungestörten Genuß der bürgerlichen Rechte, anders gewendet: in der Wirksamkeit der Rechtsordnung. Die These wird vorweggenommen von Wilhelm von Humboldt:

> „Ohne Sicherheit vermag der Mensch weder seine Kräfte auszubilden, noch die Früchte derselben zu genießen; denn ohne Sicherheit keine Freiheit. Es ist aber zugleich etwas, was der Mensch allein sich nicht verschaffen kann."[8]

Eben deshalb bedarf er des Staates.

„Sicherheit" wird hier verstanden als Unversehrtheit der Rechtsgüter des Individuums und der Allgemeinheit.[9] Die möglichen Gefahren, die gebannt sind, wo Sicherheit herrscht, gehen von Privaten aus. Die Unversehrtheit der Rechtsgüter des Individuums im Verhältnis zur Staatsgewalt und der verläßliche Schutz vor deren Zugriff bedeutet „Freiheit".

II. Das unsichtbare Fundament der verfaßten Freiheit

1. Das befriedete Gemeinwesen

Die Voraussetzung der inneren Sicherheit ist in vielen Regionen der Erde nicht gegeben. Deshalb sind die missionarischen Bemühungen des Westens, seine universalistischen Verfassungsprinzipien aller Welt zu verkünden, weithin zum Scheitern verurteilt, weil der Boden nicht bereitet ist, auf dem Menschenrechte, Rechtsstaat und Demokratie gedeihen können: das befriedete Gemeinwesen.

Ein Bild der zentralasiatischen Staaten zu Beginn des 21. Jahrhunderts, gezeichnet von einem deutschen Diplomaten: Die Staaten sind nicht fähig und willens, ihre Bürger gegen innere und äußere Feinde zu schützen.

> „Zu diesen Feinden gehören nicht nur Privatarmeen, Gangsterbanden und Extremisten, sondern auch die Drogenmafia mit ihren den Drogenhandel deckenden, paramilitärischen Einheiten und die ‚Schutzgelder' erpressende Organisierte Kriminalität. Nicht nur fehlen somit in den meisten zentralasiatischen Staaten und vor allem in Afghanistan Fähigkeit und Wille, die staatliche Ordnungsfunktion durchzusetzen; der ‚Staat' vermag es auch nicht, seine Bürger wirksam ‚vor sich selbst' zu schützen: konkret vor der ‚Familie' und den Clans, die den Staat beherrschen und ausbeuten … In einigen Staaten der zentralasiatischen Region stellt sich heute die Frage, ob der Einfluß der Organisierten Kriminalität nicht bereits derart ausgeprägt ist, daß die Geschäfte der Drogenbarone nicht nur von korrumpierten staatlichen Stellen geschützt werden, sondern die Organisierte Kriminalität im Begriff ist, das Kommando dieser Stellen selbst zu übernehmen (‚narco state'). – Auf einem modellhaft vorgestellten Kontinuum

---

[8] So *Wilhelm von Humboldt*, Ideen zu einem Versuch, die Grenzen der Wirksamkeit des Staates zu bestimmen, 1792 (Ausgabe 1962, S. 49 f.).

[9] Zur Vielfalt der Bedeutungsfacetten von „Sicherheit" *Winfried Brugger*, Freiheit und Sicherheit, 2004, S. 7 ff., 12 ff.

– mit den Extrempunkten ‚sozialer, demokratischer und marktwirtschaftlicher Rechtsstaat' am einen Ende und ‚narco state' am anderen Ende der Schiene – läge der eigentlich kritische ‚qualitative Sprung' an der Stelle des Übergangs von der Schutzgewährung durch staatliche Stellen für kriminelle Syndikate zur Übernahme der ‚hoheitlichen Gewalt' durch die Kriminellen selbst."[10]

Die Staatsqualität ist hier völkerrechtliche Attrappe. Dahinter verbirgt sich der hobbesianische status naturalis. In diesem waltet Freiheit für alle, die durch keinen Staats-Leviathan beschränkt, gezügelt oder unterdrückt wird. Die anarchische Freiheit, die jedem das Recht auf alles gibt, erweist sich in der Wirklichkeit als die Macht der Wenigen, die, durch Mut und Kraft, durch Geschick und Fortune ausgezeichnet, ihren Willen durchsetzen und bei Bedarf plündern, vertreiben und töten, indes den anderen nur die Freiheit verbleibt, sich zu ergeben, sich zu verbarrikadieren, sich zu verstecken oder zu flüchten.

Diese „natürliche" Freiheit ist nicht die grundrechtliche Freiheit. Die Grundrechte gewährleisten die bürgerliche Freiheit des status civilis, die, eingebettet in die staatliche Rechtsordnung, rechtlich gesichert und rechtlich begrenzt ist.[11] Grundrechtliche Freiheit ist gleiche Freiheit für jedermann nach verallgemeinerungsfähigen Kriterien. Sie deckt nicht die Verletzung der Freiheit anderer. Ihre Ausübung steht von vornherein unter dem Vorbehalt der Friedlichkeit. Eben deshalb ist der Staat kraft seines Gewaltmonopols befähigt, die Freiheitsausübung der Bürger zu koordinieren, sie vor Übergriffen zu schützen und Konflikte in rechtlich geordnete Verfahren überzuleiten. Der offenen Gesellschaft in der Fülle ihrer disparaten Strebungen steht der Staat als souveräne Entscheidungs- und Machteinheit gegenüber. Diese organisatorische Formalstruktur vermag sich mit demokratischer Substanz zu füllen und aus ihr zu legitimieren. Die Demokratie setzt den modernen Staat voraus. Dieser aber gründet seinerseits in der republikanischen Tradition Europas: daß die Staatsgewalt nicht um ihrer selbst, sondern um des Wohls der Allgemeinheit willen da ist und daß ein jeder, der Staatsgewalt ausübt, nur Treuhänder der Allgemeinheit und damit dem Ethos des Amtes verpflichtet ist, das Selbstbedienung, Partei- und Klientelbedienung, das Korruption verbietet. Das Amt ist das unentbehrliche Widerlager der grundrechtlichen Freiheit und die Bedingung der Möglichkeit demokratischen Regierens.[12] Das Amtsprinzip ist manchen Kulturräumen fremd, in denen Solidarität mit Familie, Sippe, Clan, Stamm, ethnischer Gruppe oder Macht-

---

[10] *Klaus W. Grewlich*, Geopolitik und Governance, 2011, S. 44, 45. S. auch *ders.*, Transformation zum Rechtsstaat und völkerrechtliche Stabilisierung im Schatten geopolitischer Interessen, in: GS für Meinhard Heinze, 2005, S. 273 (274 ff.).

[11] Zu dieser Unterscheidung *Josef Isensee*, Was heißt Freiheit?, Begriffe der Freiheit in der Staatsrechtslehre, in: FS für Edzard Schmidt-Jortzig, 2011, S. 269 (278 ff.).

[12] *Otto Depenheuer*, Das öffentliche Amt, in: HStR III, ^{3}2005, § 36; *Josef Isensee*, Amt in der Republik, in: Rolf Gröschner/Oliver W. Lemke (Hrsg.), Freistaatlichkeit, 2011, S. 163 ff.

clique ein partikulares Ethos prägt und keinen Raum beläßt für das Ethos der staatlichen Allgemeinheit.

Wo diese Voraussetzungen aber fehlen, bleiben verfassungsgesetzliche Verbürgungen von Grundrechten, Rechtsstaat und Demokratie bloßes Papier.

2. Genese des Verfassungsstaates

Der westliche Menschenrechts-, Rechtsstaats- und Demokratiemissionarismus neigt dazu, diese Voraussetzungen zu ignorieren, weil sie im eigenen Land als selbstverständlich erscheinen. Doch dabei vergißt er, daß der geschichtlichen Entwicklung der liberalen und demokratischen Verfassungsprinzipien die Entwicklung des modernen Staates vorausgegangen ist, den jene Prinzipien begründen, ausgestalten und eingrenzen, doch nicht ablösen und ersetzen.[13] Sie ersetzen lediglich die Herrschaftsform des Absolutismus, der aus der Erfahrung der frühneuzeitlichen Bürgerkriege heraus das Gewaltmonopol erkämpft und das Staatsmodell als die institutionelle Überwindung des Bürgerkrieges durchgesetzt hat, nicht jedoch seine Errungenschaft, den modernen Staat.[14] Am Anfang aller seiner Zwecke steht die Befriedung der Gesellschaft, mithin die innere Sicherheit.[15] Die verfassungsstaatliche Entwicklung fällt nicht hinter die Erkenntnis zurück, wie sie Samuel von Pufendorf im 17. Jahrhundert formuliert:

> „Da sich die Menschen zu dem Zweck zu Staaten zusammengeschlossen haben, Sicherheit vor Unrecht von seiten anderer zu erlangen, ist es Aufgabe der Herrscher, die Bürger um so strenger von der Begehung von Unrecht abzuhalten, je bessere Gelegenheit zu unerlaubten Handlungen das ständige Zusammenleben bietet. Die Unterschiede zwischen den Ständen und Rängen dürfen sich nicht so auswirken, daß die Stärkeren den Schwächeren nach Belieben übel mitspielen können. Auch läuft es dem Zweck der Staatsgewalt zuwider, wenn Bürger, die glauben, ihnen sei Unrecht geschehen, auf eigene Faust Gewalt anwenden."[16]

Wie eine Quintessenz der Lehre des modernen Staates heißt es bei Johannes Althusius:

> „Im Territorium ist daher allen Sicherheit zu leisten, so daß jeder in ihm leben, sich bewegen, handeln und seinen Geschäften nachgehen kann, ohne bei einem anderen Anstoß zu erregen, ihn zu verletzen oder zu behindern, damit die ganze Region und all

---

[13] Zu vormodernen und modernen Sichtweisen *Brugger* (Fn. 9), S. 12 ff., 21 ff., 34 ff.

[14] *Helmut Quaritsch*, Staat und Souveränität, Bd. 1, 1970; *Martin Kriele*, Einführung in die Staatslehre, 1975, S. 47 ff.; *Andreas Anter*, Max Webers Theorie des modernen Staates, 1995, S. 19 ff., 163 ff.

[15] *Andreas Anter*, Die politische Idee der Sicherheit, in: Jahrbuch Öffentliche Sicherheit 2008/2009, S. 15 (19 ff.).

[16] *Samuel von Pufendorf*, De officio hominis et civis iuxta legem naturalem, 1673, liber II, cap. 11, § 8 (dt. Über die Pflicht des Menschen und des Bürgers nach dem Gesetz der Natur, hg. von Klaus Luig, 1994, S. 184). Ebd. auch zum Staatszweck Sicherheit: liber I, cap. 6 (S. 72 ff.).

ihre Teile ohne Furcht vor Gefahr und ohne Gewalt und Gewalttätigkeit stets sicher, friedlich und frei sind.“[17]

Das zu politischem Selbstbewußtsein erwachte Bürgertum des 18. Jahrhunderts ist jedoch nicht bereit, einen jeden Preis für seine Sicherheit zu zahlen, sondern nur noch jenen, der erforderlich ist, um Leben, Freiheit und Eigentum zu schützen, und es erinnert den Staat daran, daß er, wenn er mehr fordert als nötig und aufzehrt, was er zu wahren hat, sein Daseinsrecht verwirkt. Es will Freiheit in Sicherheit. Die Sicherheit rechtfertigt Beschränkungen der Freiheit, doch nur solche, die zwecktauglich, erforderlich und angemessen sind. Auf diese Weise pendelt sich eine Balance zwischen den beiden Prinzipien ein.

In der Ära des Liberalismus dominiert das Prinzip der Freiheit, verstanden als Abwesenheit von staatlicher Regulierung. Theorie und Praxis neigen dazu, die Grenzen der Wirksamkeit des Staates möglichst eng zu bestimmen. Doch *ein* Staatszweck wird nicht in Frage gestellt: die Sicherheit, sowohl im Innern als auch nach außen. Sicherheit erscheint in äußerster Zuspitzung geradezu als der wenn nicht einzig legitime Staatszweck, so jedenfalls als der dominante.[18] Die großen verfassungspolitischen Kämpfe des 19. und des 20. Jahrhunderts entzünden sich an den sozialen Aufgaben und an der Demokratisierung der Staatsgewalt. Die Sicherheit bleibt außer Streit. Sie erscheint so selbstverständlich, daß sie, noch im 18. Jahrhundert Thema von Verfassungsgesetzen,[19] nun aus ihnen verschwindet, daß sie auch für die Staatsrechtslehre wie für die politische Theorie nur noch von akademischem Interesse ist. In der bürgerlichen Welt des 19. Jahrhunderts konnte *Nietzsche* in intellektuellem Hochmut als Verschwendung des Geistes tadeln, sich mit den „niederen, mäßigen und nicht durchaus unentbehrlichen Zielen“ zu befassen, „die Gesellschaft diebessicher und feuerfest und unendlich bequem für jeden Handel und Wandel zu machen und den Staat zur Vorsehung im guten und im schlimmen Sinne umzuwandeln“.[20]

---

[17] *Johannes Althusius*, Politica methodice digesta … (^{2}1614), Cap. XVI, § 13 (dt. Politik, hg. von Dieter Wyduckel, 2003, S. 152).

[18] Repräsentativ *Immanuel Kant*, die Metaphysik der Sitten. Der Rechtslehre Zweiter Teil, 1797, §§ 44, 55; *ders.*, Über den Gemeinspruch, das mag in der Theorie richtig sein, taugt aber nicht für die Praxis, 1793, A 232–270; *Humboldt* (Fn. 8). Vgl. auch *Robert von Mohl*, Die Polizei-Wissenschaft nach den Grundsätzen des Rechtsstaates, 1. Bd., ^{2}1844, S. 9 ff.

[19] Beispiele: *Josef Isensee*, Das Grundrecht auf Sicherheit, 1983, S. 12 ff.; *Gerhard Robbers*, Sicherheit als Menschenrecht, 1987, S. 51 ff., 64 ff.; *Brugger* (Fn. 9), S. 31 ff.

[20] *Friedrich Nietzsche*, Morgenröte (1881), Nr. 179 (KSA 3, S. 158).

III. Sicherheit im Text und Kontext des Grundgesetzes

1. Verfassungsexterne Schranke der Freiheit

Die Sicherheit, so der erste Eindruck, gehört nicht zu den Themen des Grundgesetzes. Sein großes Thema ist die Freiheit. Das Grundgesetz ist in seinem rechtsstaatlichen Duktus darauf angelegt, die Staatsgewalt zu disziplinieren und zu begrenzen. Den historischen Hintergrund bildet die Erfahrung des totalitären Staates, die politische Grundtendenz die Abkehr, die Sorge vor seiner Wiederkehr. Die Grundrechte sind in ihrer sprachlichen Fassung durchwegs auf Staatsabwehr angelegt, so daß prima facie die Belange der Sicherheit nur im Rahmen der einfachgesetzlichen Schranken zur Geltung kommen können, und auch das nur, wenn sie sich auf eine gesetzliche Grundlage stützen, sich vor der grundrechtlichen Freiheit als Eingriff rechtfertigen können und der Güterabwägung standhalten. Die Fassung des Grundgesetzes entspricht dem rechtsstaatlichen Verteilungsprinzip, das, von der Polarität zwischen Individualfreiheit und Staatsgewalt ausgehend, die Freiheit als ursprunghaft und virtuell unbegrenzt, die Staatsgewalt dagegen als rechtfertigungsbedürftig und notwendig begrenzt ausweist.[21] Die Sicherheit fungiert in dieser Sicht als Schranke der grundrechtlichen Freiheit. Als solche führt sie der Text des Grundrechts der Wohnungsfreiheit denn auch ausdrücklich auf.[22] Es sieht so aus, als ob im Palast der Verfassung allein die Freiheit wohnt, indes der Sicherheit anheimgestellt ist, sich Quartier in den Hütten des einfachen Rechts zu suchen. Dieser vorläufige Befund paßt zu der Hypothese, daß die Sicherheit Voraussetzung der freiheitlichen Verfassung ist, nicht aber ihr Gegenstand.

2. Verfassungsinterne Schranke der Freiheit

Der rein abwehrrechtlichen Sicht der Grundrechte entspricht die Annahme, daß jedwede gesetzliche Regelung eines grundrechtlichen Themas die grundrechtliche Freiheit beschränke, also notwendig ein Eingriff sei. Doch das ist ein Zerrbild.[23] So sperren sich die meisten Regelungen des Privatrechts gegen den Schematismus der Alternative von Freiheit und Freiheitsbeschränkung. Die schuldrechtlichen Vertragstypen, die dinglichen Rechte oder das Erbrecht dienen zu einem Gutteil dazu, die grundrechtlich gewährleistete Privatautonomie überhaupt erst zu ermöglichen und die Grundlagen des Rechtsverkehrs her-

---

[21] Kategorie *Carl Schmitt*, Verfassungslehre, ^{1}1928, S. 126. Dazu *Isensee* (Fn. 1), § 190 Rn. 226 f.; *Otto Depenheuer*, Solidarität und Freiheit, ebd., § 194 Rn. 56 f.; *Hasso Hofmann*, Grundpflichten und Grundrechte, ebd., § 195 Rn. 46.

[22] Art. 13 Abs. 4 GG: „zur Abwehr drohender Gefahren für die öffentliche Sicherheit".

[23] Kritik am Eingriff-Schranken-Denken *Gerd Morgenthaler*, Freiheit durch Gesetz, 1999, S. 41 ff.

zustellen.[24] Die bürgerlichrechtlichen Vorschriften des Deliktsrechts wie des Besitzschutzes setzen das Neminem-laedere-Prinzip um und verhindern, daß Privatautonomie in Privatheteronomie umschlägt. Analoge Wirkungen zeitigen das Polizeirecht und das Strafrecht, soweit sie Rechtsgüter des einzelnen oder die Güterordnung im ganzen sichern und das Rechtsvertrauen des Bürgers stützen. Sie ziehen Grenzen der grundrechtlichen Freiheit nach und sorgen für das möglichst reibungslose Nebeneinander gleicher Freiheitsträger, also für Voraussetzungen der Ausübung grundrechtlicher Freiheit.[25] Freilich können Freiheitsvoraussetzungen auch Freiheitsbeschränkungen bedeuten. Die Regelungen des Straßenverkehrs dienen der Flüssigkeit des Verkehrs und der Sicherheit seiner Teilnehmer, bilden insofern seine Voraussetzungen. Aber sie verpflichten die Teilnehmer auch zur Befolgung und verbieten ihnen, andere zu behindern oder zu gefährden.

Die Gesetze, die dem Einzelnen Schutz vor dem Übergriff des Privaten bieten, ergänzen diese Grundrechte, die auf Abwehr des staatlichen Übergriffs angelegt sind, und schließen eine offene Flanke im Schutz der Freiheit wie der anderen grundrechtlichen Güter. Sie sichern Bedingungen dafür, daß die Grundrechte überhaupt ausgeübt werden können.[26] Die Grundrechtsgarantie der räumlichen Bewegungsfreiheit greift ins Leere, wo Überfall und Entführung zu gewärtigen sind, so in den No-go-areas von Großstädten Südafrikas oder Südamerikas. Die Kunstfreiheit hilft dem dänischen Zeichner der Mohammed-Karikaturen nicht gegen die Morddrohungen aufgebrachter Anhänger des Propheten. Die Ausübung der Demonstrationsfreiheit der einen Gruppe kann durch die Ausübung der Demonstrationsfreiheit der anderen, stärkeren Gruppe verhindert werden, falls die Staatsgewalt nicht koordinierend eingreift. In der deutschen Kulturrevolution brach sich die Wissenschaftsfreiheit des Universitätsprofessors an militanten Aktionen der Vorkämpfer des richtigen Bewußtseins. Die freiheitliche Demokratie lebt von einer Kultur des Wortes. Doch diese gedeiht nur in einem befriedeten Gemeinwesen. Wer seine Meinungsfreiheit provokativ wahrnimmt und Denk- und Redegewohnheiten anderer spottet, muß verbalen Protest und Antipathie ertragen, doch nicht physische Bedrohung. Die Ausübung grundrechtlicher Freiheit mag zuweilen Zivilcourage erfordern. Soweit sie aber darüber hinaus soldatischen Heldenmut oder Abenteuerbereitschaft fordert, ist sie als grundrechtliche, also bürgerliche Freiheit erledigt. Die Unbefangenheit der Rede ist nur möglich, wo die Furcht vor Ge-

---

[24] Näher *Werner Flume*, Rechtsgeschäft und Privatautonomie, in: FS zum hundertjährigen Bestehen des DJT, Bd. I, 1976, S. 135 (S. 136 ff.); *Hans Huber*, Die verfassungsrechtliche Bedeutung der Vertragsfreiheit, 1966, S. 19 f., 24; *Josef Isensee*, Privatautonomie, in: HStR VIII, ^{3}2009, § 150 Rn. 74 ff.

[25] Näher mit Nachw. *Isensee* (Fn. 1), § 190 Rn. 81 ff., 160 ff.

[26] *Isensee* (Fn. 1), § 190 Rn. 132 ff.; *Udo Di Fabio*, Sicherheit in Freiheit, in: NJW 2008, S. 421 (422).

walttätigkeit gebannt ist und der einzelne, unbesorgt um Leib und Leben, um Freiheit und Habe, sich in seiner Umwelt bewegen kann: „se cura“, wie es der etymologische Ursprung des lateinischen Wortes securitas anzeigt.[27]

Die Grundrechte widersprächen sich selbst, wenn sie in ihren Tatbeständen das Potential privater Gewalt hegten und die Möglichkeit des Zugriffs auf die Rechte anderer gewährleisteten, wenn also die Versammlungsfreiheit zum Nötigungsprivileg geriete, die Gewissensfreiheit den Ehrenmord deckte und die Berufsfreiheit der Organisierten Kriminalität zugute käme, auch wenn die polizei- und strafrechtlichen Verbote sich a posteriori als Schranken rechtfertigen ließen. Vielmehr ziehen das Gewaltmonopol des Staates und die ihm korrespondierende Friedenspflicht der Bürger eine apriorische Grenze der Grundrechtstatbestände. Die Androhung wie die Anwendung physischen Zwangs sind von vornherein aus den Schutzbereichen ausgeschlossen.[28] Alle Freiheitsgrundrechte stehen unter dem Vorbehalt der Friedlichkeit. Ausdrücklich benannt wird die tatbestandliche Grenze nur bei dem Grundrecht, dessen Ausübung leicht die abschüssige Bahn zurück in den Naturzustand hinabgleitet: die Versammlungsfreiheit, die nur denen zugute kommt, die sich „friedlich und ohne Waffen“ zusammenfinden.[29]

3. Balance von Freiheit und Sicherheit

Die Sicherheit ist schon um der Freiheit willen erforderlich. Die Grundrechte erlangen effektive Geltung nur in einem realen Mindeststandard an Sicherheit. Unabhängig davon, ob und wieweit dieser von der Verfassung garantiert wird, ist die Verfassung ihrerseits auf ihn angewiesen. Sie kann sich ihm gegenüber nicht gleichgültig verhalten. Daher dürfen ihre Freiheitsgarantien nicht so interpretiert werden, daß sie die Bedingungen ihrer Wirksamkeit beeinträchtigen. Vielmehr müssen sie mit diesen zu praktischer Konkordanz finden.[30] Das Grundgesetz ist angelegt auf die Balance von Freiheit und Sicherheit.[31] Damit

---

[27] *Michael Makropoulos*, Sicherheit, in: HistWB. Philos. 9, 1995, Sp. 745. Von dem etymologischen Befund geht *Brugger* in seiner Dogmatik der Sicherheit aus (Fn. 9), S. 7.

[28] Das verkennt die sog. weite Tatbestandstheorie. Zu der grundrechtsdogmatischen Kontroverse *Josef Isensee*, Das Grundrecht als Abwehrrecht und als staatliche Schutzpflicht, in: HStR IX, ³2011, § 191 Rn. 82 ff., 95 ff.; *Christian Hillgruber*, Grundrechtlicher Schutzbereich, Grundrechtsausgestaltung, Grundrechtseingriff, ebd., § 200 Rn. 18 ff.

[29] Grundsätzlich *Kyrill A. Schwarz*, Friedlichkeit als Grundpflicht, in: BayVBl 2003, S. 326 ff.

[30] Kategorie *Konrad Hesse*, Grundzüge des Verfassungsrechts der Bundesrepublik Deutschland, ²⁰1995, Rn. 317 ff.: S. 142 ff.

[31] Postulat einer Balance bei unterschiedlicher Gewichtung: *Christian Calliess*, Sicherheit im freiheitlichen Rechtsstaat, in: ZRP 2002, S. 1 (4 ff., 6 f.); *Wolfgang Hoffmann-Riem*, Freiheit und Sicherheit im Angesicht terroristischer Anschläge, in: ZRP 2002, S. 497 ff.; *Josef Isensee*, Der Verfassungsstaat als Friedensgarant, in: Rudolf Mellinghoff et alii (Hg.), Die Erneuerung des Verfassungsstaates, 2003, S. 7 (27 ff.); *Wolfram Schwetzel*, Freiheit, Sicher-

der Bürger seine Freiheit unbefangen ausüben kann, muß er sich auf die Freiheit *durch* den Staat ebenso verlassen können wie auf den Schutz *vor* dem Staat.[32] Beim Ausgleich der widerstreitenden Freiheits- und Sicherheitsbelange darf und muß der Gesetzgeber

> „dem Einzelnen in seiner Gemeinschaftsbezogenheit gewisse Beeinträchtigungen zumuten, die dem Rechtsgüterschutz und Grundrechtsschutz anderer Bürger, aber auch seinem eigenen Schutz dienen."[33]

IV. Rechtliche und außerrechtliche Störfaktoren für die Balance von Freiheit und Sicherheit

1. Untergewicht der Sicherheit

Einer einseitig abwehrrechtlichen Sicht erscheint die Sicherheit geradezu als Widersacherin der grundrechtlichen Freiheit und deren antinomisches Prinzip. Die Minimalisierung der Sicherheit gilt geradezu als rechtsstaatliches Verdienst. Manche Verfassungsinterpreten und Rechtspolitiker glauben, daß das Niveau der grundrechtlichen Freiheit sich hebe in dem Maß, in dem die Vorkehrungen der Sicherheit schwänden, daß die Rechtsstaatlichkeit sich erfülle in der Negation von Eingriffen und in reiner Passivität gegenüber den physischen Gefahren des gesellschaftlichen Daseins. Der Rechtsstaat wird reduziert auf ein System der Staatsabwehr.[34] Die Parole lautet: in dubio pro libertate. Verfassungsrechtlich gesehen, ist diese Parole jedoch fehl am Platz. Sie paßt auf die duale Beziehung zwischen Individuum und Staat und bedeutet: so viel Freiheit wie möglich, so wenig gesetzliche Freiheitsbeschränkung wie nötig. Doch sie paßt nicht auf die dreiseitige Beziehung Staat – Störer – Opfer. Die duale Sichtweise ignoriert die Lage des Opfers und versagt ihm den grundrechtlichen Status, den sie dem Störer zuerkennt. Prima facie steht der Rechtsbrecher besser da als der in seinen Rechten Verletzte. Selbst das Modell

heit, Terror, 2003, S. 99 ff.; *Friedrich Schoch*, Abschied vom Polizeirecht des liberalen Rechtsstaats?, in: Der Staat 43 (2004), S. 347 (363 ff.); *Brugger* (Fn. 9), S. 52 ff.; *Christian Hillgruber*, Der Staat des Grundgesetzes – nur „bedingt abwehrbereit"?, in: JZ 2007, S. 209 (210 ff.); *Di Fabio* (Fn. 26), S. 422 ff.; *Johannes Masing*, Die Ambivalenz von Freiheit und Sicherheit, in: JZ 2011, S. 753 ff.

[32] *Isensee* (Fn. 1), § 190 Rn. 129 ff.; *ders.* (Fn. 28), § 191 Rn. 174 ff., 181 ff., 263 ff., 320 ff.; *Calliess* (Fn. 31), S. 5 f.

[33] Abweichende Meinung des Richters *Schluckebier*, BVerfGE 125, 364 (369).

[34] Den einseitig staatsabwehrenden Rechtsstaatsbegriff vertreten *Erhard Denninger*, Freiheit durch Sicherheit?, in: Hans-Joachim Koch (Hrsg.), Terrorismus – Rechtsfragen der äußeren und der inneren Sicherheit, 2002, S. 83 (90); *Wolfgang Heyde*, Über Schwierigkeiten im praktischen Umgang mit dem Rechtsstaatsprinzip, in: FS für Konrad Redeker, 1993, S. 187 (197 f.); *Christoph Gusy*, Gewährleistung von Freiheit und Sicherheit im Lichte unterschiedlicher Staats- und Verfassungsverständnisse, in: VVDStRL 63 (2004), S. 151 (175 ff.).

einer dreiseitigen Beziehung versagt, wenn der staatliche Schutzeingriff unbeteiligte Dritte in Mitleidenschaft zieht und diese Kollateralschäden nehmen an Leib, Leben, Eigentum, Bewegungsfreiheit. Im übrigen geht es beim Thema Sicherheit nicht allein um die Rechtsgüter der Individuen, sondern um das überindividuelle Gemeingut der Rechtsordnung.[35] Innere Sicherheit ist nicht nur private, sondern auch öffentliche Sicherheit.

Eine vom „linksliberalen" Zeitgeist kultivierte Eingriffsallergie empfindet gesetzliche Vorkehrungen zur Abwehr der Gefahr als deren Provokation. Dabei mag ein unterschwelliges, psychologisch verstehbares Motiv mitwirken: daß die Abscheu vor der Gefahr sich auf das Instrument der Gefahrenabwehr ausdehnt, wie die Antipathie gegen den Regen sich auf den Regenschirm überträgt.[36]

Besondere Reizbarkeit regt sich gegen den Zugriff des Staates auf private Daten. Unheilsszenarien des Präventions- und Überwachungsstaates konkurrieren mit den Phantasien Orwells und der historischen Realität des Stasi-Regimes der DDR.[37] Das Bundesverfassungsgericht läßt sich anstecken, wenn es der Speicherung von Verkehrsdaten einen Einschüchterungseffekt, die Wirkung eines „Gefühls des ständigen Überwachtwerdens" und der „diffusen Bedrohlichkeit" zuschreibt und daraus folgert, daß ein schwerer Eingriff in das Telekommunikationsgeheimnis vorliege.[38] Der Schutz eines diffusen Gefühls (genauer: die politische Unterstellung eines solchen) soll eine scharfkantige Grenze des gesetzgeberischen Handelns abgeben.[39] Der Preis für die Ausweitung, Verfeinerung und Intensivierung der Abwehrgrundrechte ist die Erschwerung eines effektiven Schutzes der inneren Sicherheit, wenn dem Staat die erforderlichen Kenntnisse über die mögliche Gefahrenlage fehlen

Nachhaltige Folgen zu Lasten der Sicherheit zeitigt die zunehmende Ausdehnung und Sensibilisierung des Datenschutzes, der durch ungeschriebene, richterrechtlich gezeugte Gewährleistungen grundrechtlich unterfangen und sanktioniert wird: das Grundrecht auf informationelle Selbstbestimmung,[40] das Telekommunikationsgeheimnis,[41] das Grundrecht auf Gewährleistung der

---

[35] Dazu *Isensee* (Fn. 28), § 191 Rn. 183 ff., 222 ff. (Nachw.).

[36] Erklärungsmuster bei *Sigmund Freud*, Zur Psychopathologie des Alltagslebens, ^{1}1901.

[37] So etwa *Oliver Lepsius*, Freiheit, Sicherheit und Terror; die Rechtslage in Deutschland, in: Leviathan 2004, S. 64 (82 ff.).

[38] BVerfGE 125, 260. Kritik mit Augenmaß enthält die abweichende Meinung des Richters *Schluckebier*, BVerfGE 125, 364 (366 ff.). Grundsätzliche Affirmation der einschlägigen Judikatur *Ralf Poscher*, Sicherheitsverfassungsrecht im Wandel, in: Thomas Vesting/Stefan Korioth (Hrsg.), Der Eigenwert des Verfassungsrechts, 2011, S. 245 (254 ff.).

[39] „Wer reflexartig jede neue Sicherheitsmaßnahme – auch die allenfalls lästige und erst auf vielen krummen Wegen individualrechtsbedrohende Überwachung – als Weg in den Überwachungstotalitarismus brandmarkt, überzieht und verliert Glaubwürdigkeit" (Di Fabio [Fn. 26], S. 425).

[40] BVerfGE 65, 1 (41 ff.).

[41] BVerfGE 106, 28 (35 f.); 120, 274 (306 f.); 125, 260 (309 ff.).

Vertraulichkeit und Integrität informationstechnischer Systeme.[42] Technische Daten wie Stromverbrauch oder Bankbewegungen erlangen heute Persönlichkeitsbezüge und werden mit grundrechtlicher, staatsresistenter Folie überzogen. Was herkömmlich als „schlichtes", freiheitsindifferentes Verwaltungshandeln galt, das Sammeln, Speichern und Nutzen von Daten, verwandelt sich in Grundrechtseingriffe, die den Vorbehalt des Gesetzes und den materiellen Rechtfertigungsbedarf auslösen. Die grundrechtlichen Hürden für die Rasterfahndung[43] oder für die Nutzung von Telekommunikationsdaten[44] erheben sich zu vergleichbarer Höhe, wie sie vormals für Eingriffe in die Freiheit der Person oder für das Privateigentum vorgesehen wurden. Die Anforderungen an die Bestimmtheit und Regelungsdichte nehmen auf diesem Felde überproportional zu, so daß das Volumen der datenschutzrelevanten Teile der Polizeigesetze das der herkömmlichen Befugnisse übertrifft.

Der Informationsbedarf des Staates besteht wie eh und je, und er nimmt zu mit seinen Aufgaben und mit den Ansprüchen, die an seine Rechtmäßigkeit und Effizienz gestellt werden.[45] Der Datenhunger wächst damit ins Ungemessene. Die Kriterien des Übermaßverbotes, Geeignetheit, Erforderlichkeit und Angemessenheit, wollen nicht greifen.[46] Das ist freilich noch kein Grund zum rechtsstaatlichen Lamento, denn nicht alle Daten berühren die grundrechtlich geschützte Privatsphäre, und nicht jedwede Sammlung von Daten hat Art und Ausmaß eines klassischen Eingriffs. Die Rasterfahndung nach einem bestimmten Störerprofil erfaßt notwendig Daten von Nichtstörern, aber sie stempelt sie darum noch nicht zu Verdächtigen, stigmatisiert und diskriminiert sie nicht, so daß Verstöße gegen das Allgemeine Persönlichkeitsrecht und gegen die grundrechtliche Gleichheit nicht in Betracht kommen.[47] Auf den Feldern der Gefahrenabwehr und der Risikovorsorge steigt der Informationsbedarf besonders rasch, weil das Wissen des Staates seiner Prognose und die Prognose dem Handeln zuvorkommen muß.[48] Die Vorkehrungen des Datenschutzes bereiten den Sicherheitsbehörden ein Dilemma: wenn sie auf Daten nur zugreifen dürfen,

---

[42] BVerfGE 120, 274 (302 ff.).

[43] Exemplarisch BVerfGE 115, 320 (341 ff.).

[44] BVerfGE 125, 260 (309 ff.) mit kritischem Sondervotum des Richters *Schluckebier*, S. 364 ff.

[45] Grundlegend zum Informationsbedarf des Staates *Bardo Fassbender*, Wissen als Grundlage staatlichen Handelns, in: HStR IV, ^{3}2006, S. 76.

[46] *Poscher* (Fn. 38), S. 253.

[47] So aber Ansätze: *Jutta Limbach*, Ist die kollektive Sicherheit Feind der individuellen Freiheit?, in: AnwBl 2002, S. 454 (455 ff.); *Hoffmann-Riem* (Fn. 31), S. 497 (498, 500 f.); *Lepsius* (Fn. 37), S. 64 (82 ff.); *ders.*, Sicherheit und Freiheit – ein zunehmend asymmetrisches Verhältnis, in: Gunnar Folke Schuppert et alii (Hrsg.), Der Rechtsstaat unter Bewährungsdruck, 2010, S. 23 ff. Rationale Analysen: *Brugger* (Fn. 9), S. 95 ff.; *Hillgruber* (Fn. 31), S. 212 ff.

[48] Zur Notwendigkeit der „Informationsvorsorge" der Polizei *Schoch* (Fn. 31), S. 366 ff. Bestandsaufnahme der Befugnisse zu Vorfeldrecherchen *Friederike Wapler*, Alles geklärt? Überlegungen zum polizeilichen Gefahrerforschungseingriff, in: DVBl 2012, S. 86 ff.

sobald eine bestimmte Gefahr eingetreten ist, fehlen ihnen diese Daten für die Prüfung, ob die Gefahr besteht oder droht. Ohne zuverlässige Informationsgrundlage sind Gefahrdiagnosen oder -prognosen nicht möglich. Es genügt auch nicht, daß der Behörde nur jenes Maß an Information und Abwehrpotential zugänglich gemacht wird, über das auch die virtuellen Störer verfügen. Die Befugnisse des Rechtsstaats sind nicht akzessorisch dem Handlungspotential des Störers. Zwischen dem Rechtsgaranten und dem Rechtsbrecher waltet nicht Waffengleichheit wie unter Duellanten. Auf der anderen Seite steht der Staat als Datensammler nicht auf gleicher Stufe wie die grundrechtsberechtigten Privaten, etwa die Medien. Was diesen kraft ihrer Grundrechtsfreiheit recht ist, ist ihm in seiner Grundrechtsgebundenheit nicht billig. Wenn und soweit die Datenakkumulation in staatlicher Hand als Grundrechtseingriff zu werten ist, wollen aber die üblichen Eingriffskautelen nicht so recht greifen, zumal das Übermaßverbot. Denn welche Informationen können sich nicht irgendeinmal für das Erkennen irgendwelcher Gefahren oder Risiken als tauglich, erforderlich und angemessen erweisen?

2. *Untergewicht der Freiheit*

Die Balance von Freiheit und Sicherheit kann auch durch gegenwirksame Faktoren beeinträchtigt werden: durch manische Sicherheitsbedürfnisse der Bevölkerung und durch hysterische Reaktionen auf Störfälle, durch irrationale Ängste („German angst").[49] Der demokratische Gesetzgeber gerät in Versuchung, massenwirksamen Ängsten nachzugeben, symbolische Politik zu betreiben oder die Gelegenheit zu nutzen, grundrechtliche Schranken zu überspringen.

Allgemein wird in Deutschland die Sicherheit mit mehrerlei Maß gemessen. Der politische wie der rechtliche Widerstand, der sich gegen Vorkehrungen der Kriminalitätsbekämpfung mitsamt der Terrorismusabwehr richtet, schlägt in sein Gegenteil um, wenn es um Gefahren geht, die der Gesundheit und Umwelt von technischen Anlagen, zumal Kernkraftwerken, drohen könnten,[50] von gentechnisch veränderten Lebensmitteln oder auch nur von Nikotinemissionen eines Zigarettenrauchers.[51] Hier erheben sich Forderungen nach totalem Schutz und nach Beseitigung jedweder Gefahrenquelle.

---

[49] Demoskopische Befunde: *Thomas Petersen*, Der Charme des Irrationalen, in: FAZ v. 21.9.2011, Nr. 220, S. 5. Rechtliche Konsequenzen *Kyrill A. Schwarz*, „Gefühlte" Grundrechtseingriffe und „reale" Gefahren, in: FS für Franz-Ludwig Knemeyer, 2012, S. 407 (410 ff.).

[50] Richtungweisende Entscheidungen BVerfGE 49, 89 (140 ff.) – Kalkar; 53, 30 (57 ff.) – Mülheim-Kärlich; 56, 54 (73) – Fluglärm.

[51] Zum Nichtraucherschutz: BVerfGE 121, 317 (344 f., 354 f.). Dazu *Michael Sachs*, Nichtraucherschutz in Gaststätten vor dem Bundesverfassungsgericht, in: FS für Herbert Bethge, 2009, S. 251 ff. Ausgewogene Lösung: *Wolfgang Loschelder*, Staatliche Regelungsbefugnis und Toleranz zwischen Privaten, in: ZBR 1977, S. 337 ff.

Wo diffuse Gefahren am Horizont lauern, neigt die Staatspraxis dazu, den Schutz vorzuverlegen von der Gefahrenabwehr zur Risikovorsorge.[52] Risiko ist das Vorfeld einer Gefahr. Wenn die Gefahr die nicht entfernte Möglichkeit eines Schadens ist, so ist das Risiko die – sei es auch entfernte – Möglichkeit einer Gefahr: die Gefahr einer Gefahr. Die Tendenz zur Risikovorsorge erfaßt auch das neuartige Drohpotential des Terrorismus, vor dem das überkommene Instrumentarium der polizeilichen Gefahrenabwehr versagt.[53] Die neuere Gesetzgebung greift über vom Schutz der Rechtsgüter auf den Schutz des politischen Klimas, das diesen Rechtsgütern zuträglich ist, und wehrt schon bestimmten Tendenzen, den Anfängen, die dieses Klima beeinträchtigen und sich in Rechtsverletzungen entladen könnten: Regungen eines demokratiegefährdenden, ausländerfeindlichen, rechtsradikalen Sympathisantentums. „Die Gefahr einer Gefahr, vielleicht nur ein nicht auszuschließendes Restrisiko" soll durch die Strafvorschrift der Volksverhetzung[54] gebannt werden.[55] Diese dient dem Schutz des politischen Klimas, hinter dem sich „parteipolitische Strategie oder politische Korrektheit oder der herrschende Zeitgeist, vielleicht eine plausible Moral oder sogar die eine richtige Moral" verbirgt. Doch diese „darf staatlicherseits genausowenig mit dem Strafrecht verordnet werden wie die richtige Religion".[56] Wenn der Schutz vor privaten Übergriffen die Voraussetzung der verfassungsrechtlichen Güterordnung ist, so widmet sich das Recht nunmehr der Voraussetzung dieser Voraussetzung, den atmosphärischen Bedingungen, welche die Bereitschaft zu Übergriffen wecken und fördern könnten. Der Schutz solcher Voraussetzungen zweiten Grades liegt außerhalb der herkömmlichen Strafzwecke und der rechtsstaatlichen Legitimation der Strafnormen. Derartige

---

[52] Zum Risiko im Recht: *Fritz Ossenbühl*, die Bewertung technischer Risiken bei der Rechtsetzung (1982), in: *ders.*, Freiheit – Verantwortung – Kompetenz, 1984, S. 1005 ff.; *Ernst Kutscheid*, Risiken der Technik als Rechtsfrage und Domäne von Verwaltung und Rechtsprechung, in: Gerhard Hosemann (Hrsg.), Risiko in der Industriegesellschaft, 1989, S. 119 ff.; *Udo Di Fabio*, Risikoentscheidungen im Rechtsstaat, 1994, S. 41 ff., 65 ff.; *ders.*, Voraussetzungen und Grenzen des umweltrechtlichen Vorsorgeprinzips, in: FS für Wolfgang Ritter, 1997, S. 807 ff.; *Günter Krings*, Grund und Grenzen grundrechtlicher Schutzansprüche, 2003, S. 228 ff.; *Schoch* (Fn. 31), S. 353 ff.; *Oliver Lepsius*, Risikosteuerung durch Verwaltungsrecht, in: VVDStRL 63 (2004), S. 264 (266 ff.); *Hans-Heinrich Trute*, Wissenschaft und Technik, in: HStR IV, [3]2006, § 88 Rn. 55 ff.; *Masing* (Fn. 31), S. 756 ff. Philosophische Reflexion *Hermann Lübbe*, Risiko und Lebensbewältigung, in: Hosemann, s.o., S. 15 ff.

[53] Zum Phänomen des Terrorismus aus rechtlicher Sicht BVerfGE 49, 24 (56 f.); 115, 320 (341 ff.); *Josef Isensee*, Der Verfassungsstaat als Friedensgarant, in: Rudolf Mellinghoff et alii (Hrsg.), Die Erneuerung des Verfassungsstaates, 2003, S. 7 (8 ff.); *Eckart Klein*, Die Herausforderung durch den internationalen Terrorismus, in: Josef Isensee (Hg.), Der Terror, der Staat und das Recht, 2004, S. 9 ff.; *Bernd Grzeszick*, Staat und Terrorismus, ebd., S. 55 ff.; *Otto Depenheuer*, Selbstbehauptung des Rechtsstaates, 2007, S. 11 ff.; *Michael Pawlik*, Der Terrorist und sein Recht, 2008, S. 10 ff., 38 ff.; *Masing* (Fn. 31), S. 754 f.

[54] § 130 Abs. 1 Nr. 1 und Abs. 2 Nr. 1 und 2 StGB.

[55] *Brugger* (Fn. 9), S. 76.

[56] *Brugger* (Fn. 9), S. 75.

Klimaschutzdelikte werden in der Dogmatik aus den regulären Güterschutzdelikten aussortiert und als „Feindstrafrecht“ klassifiziert.[57] Sie geraten in einen schwer auflösbaren Widerspruch zu den Freiheitsgrundrechten, zumal zur Meinungsfreiheit.[58]

Aufgabe des Staates ist es, die Balance von Freiheit und Sicherheit nach rationalen Maßstäben zu gewährleisten.[59] Das System demokratischer Repräsentation ermöglicht dem Gesetzgeber, Distanz zu den irrationalen Störfaktoren der Gesellschaft zu halten. Doch die Repräsentanten stehen unter politischem Druck, sich den irrationalen Stimmungen und Forderungen zu öffnen.[60] Dagegen ist es leichter für die nicht auf Wiederwahl angewiesene Verwaltung und für die Gerichtsbarkeit, hier Distanz zu irrationalen politischen Stimmungen zu halten, obwohl auch sie sich in der Demokratie nicht völlig von solchen Einflüssen abkapseln können.

Das Verfassungsrecht aber wirkt auf eine rationale Justierung von Freiheit und Sicherheit hin. Die Resistenz gegen politische Stimmungen nimmt zu und die Macht der Vernunft wächst, wenn die Sicherheit selbst als Bestandteil der Verfassungsordnung erkannt, sie also konstitutionalisiert wird.

V. Konstitutionalisierung der Sicherheit

In der Tat neigen Staatspraxis und Staatsrechtslehre heute dazu, Elemente der Sicherheit als immanente Bestandteile des Grundgesetzes oder doch eines ungeschriebenen, materiellen Verfassungsrechts aufzuweisen. In dem Maße, in dem die Konstitutionalisierung gelingt, wandelt sich die Verfassungsvoraussetzung zu einem Verfassungsbestandteil. Eine erste Stufe der Konstitutionalisierung besteht in der Qualifikation der Sicherheit als eines Verfassungsziels, genauer: als einer verfassungsrechtlich sanktionierten Staatsaufgabe.

---

[57] *Günther Jakobs*, Kriminalisierung im Vorfeld einer Rechtsgüterverletzung, in: ZStW 97 (1985), S. 751 (773 ff., 783 ff.); *ders.*, Zur Theorie des Feindstrafrechts, in: Henning Rosenau/Sangyun Kim (Hrsg.), Straftheorie und Strafgerechtigkeit, 2010, S. 167 ff. Dazu differenzierend *Michael Pawlik*, Der Terrorist und sein Recht, 2008, S. 38 ff. Die geläufige Kritik an der Kategorie verkennt durchwegs, daß diese deskriptiver und nicht präskriptiver Natur ist.

[58] *Brugger* (Fn. 9), S. 71 ff. – Aufschlußreich BVerfGE 124, 300 (321 ff.) – Rechtfertigung der Beschränkung der Meinungsfreiheit außerhalb des Schrankenregimes des Art. 5 Abs. 2 GG durch ein ungeschriebenes Sonderrecht, als deutsches Tabu. – Analoge grundrechtliche Probleme wirft die Strafvorschrift der Religionsbeschimpfung auf. Dazu *Andreas von Arnauld*, Grundrechtsfreiheit zur Religionsbeschimpfung?, in: Josef Isensee (Hrsg.), Religionsbeschimpfung, 2007, S. 63 (68 ff., 91 ff.); *Josef Isensee*, Blasphemie im Koordinatensystem des säkularen Staates, ebd., S. 105 (109 ff., 115 ff., 124 ff.).

[59] Demonstration am Beispiel der Rasterfahndung *Brugger* (Fn. 9), S. 93 ff.

[60] *Ernst-Wolfgang Böckenförde*, Demokratische Willensbildung und Repräsentation, in: HStR III, [3]2005, § 34 Rn. 33.

1. Sicherheit als Ziel und Aufgabe des Staates

Das Grundgesetz enthält keinen systematischen und vollständigen Katalog der Ziele und Aufgaben des Staates.[61] Gleichwohl steht außer Streit, daß die innere Sicherheit von Verfassungs wegen ein ungeschriebenes Staatsziel ist und daß dem Staat die Aufgabe obliegt, mit seinen begrenzten Mitteln dieses Ziel zu verwirklichen.[62] Das ungeschriebene Staatsziel läßt sich an verschiedenen Stellen des Grundgesetzes mehr oder weniger deutlich erkennen.[63]

Es ist in den Freiheitsrechten angelegt. Dem Staat fällt die Aufgabe zu, die rechtlichen Rahmenbedingungen der Freiheit nach verallgemeinerungsfähigen Maßstäben zu schaffen und aufrechtzuerhalten. Er ist der Koordinator der Freiheit. Aber er ist auch ihr Hüter, indem er Übergriffen auf die Freiheit des anderen kraft seines Gewaltmonopols zu wehren hat. Insofern garantiert er die Unversehrtheit der grundrechtlichen Güter wie Leben, Freiheit und Eigentum. Die Sicherheit bildet zwar keine ausschließliche Aufgabe des Staates; doch allein er verfügt über das Mittel des legitimen physischen Zwangs, um, soweit erforderlich, Gefahren zu begegnen.

> „Damit trifft den Staat zwar eine Primärverantwortung und im Zweifel auch eine Eigenerledigungspflicht in bezug auf die Ausschaltung von Gewalt und Lebensbedrohungen sowie die Etablierung geregelter Streitentscheidung; in bezug auf weitergehende Organisations-, Sicherungs- und Schutzpflichten ist die moderne Staatstheorie aber offen für exklusive, kooperative oder auch in gesellschaftliche Selbstorganisation delegierte Verantwortlichkeiten."[64]

Die Staatsaufgabe Sicherheit beschränkt sich nicht auf die Abwehr von Gefahren. Sie bezieht sich auch auf deren Vorfeld und trifft Vorsorge gegen Risiken, die sich auf die mehr oder weniger entfernte Möglichkeit einer Gefahr beziehen. Doch je weiter diese Möglichkeit entfernt ist, desto höher liegt die Schwelle für die Rechtfertigung etwaiger Grundrechtseingriffe.

---

[61] Zu den Kategorien *Josef Isensee*, Staatsaufgaben, in: HStR IV, ³2006, § 73 Rn. 12 ff. (16).

[62] BVerfGE 49, 24 (56 f.); 115, 320 (346); *Markus Möstl*, Die staatliche Garantie für die öffentliche Sicherheit und Ordnung, 2002, S. 3 ff., 37 ff., 290 ff.; *Peter J. Tettinger*, Freiheit in Sicherheit, in: FS für Jochen F. Kirchhoff, 2002, S. 281 (282 ff.); *Hillgruber* (Fn. 31), S. 210; *Hans-Detlef Horn*, Sicherheit und Freiheit durch vorbeugende Verbrechensbekämpfung, in: FS für Walter Schmitt Glaeser, 2003, S. 435 (441 ff.); *Krings* (Fn. 52), S. 85 ff.; *Brugger* (Fn. 9), S. 52 ff. („Staats- und Verfassungsziel"); *Volkmar Götz*, Innere Sicherheit, in: HStR IV, ³2006, § 85 Rn. 21 ff.; *Schwetzel* (Fn. 31), S. 57 ff.; *Rainer Pitschas*, Frei – sozial – aber sicher?, in: FS für Heinrich Siedentopf, 2008, S. 285 (299 f.); *Isensee* (Fn. 28), § 191 Rn. 181 ff., 263 ff.; *Anter* (Fn. 15), S. 22 ff.

[63] *Brugger* (Fn. 9), S. 52.

[64] *Brugger* (Fn. 9), S. 45; Ähnlich *Rainer Pitschas*, Innere und zivile Sicherheit in der offenen Gesellschaft, in: FS für Wolf-Rüdiger Schenke, 2011, S. 481 ff.

2. *Grundrechtliche Schutzpflichten*

Die Kategorie der Grundrechtsvoraussetzung trägt die Staatsaufgabe Sicherheit gleichsam von außen an die Grundrechtsnorm heran. Doch über die grundrechtliche Schutzpflicht wird die Staatsaufgabe in die Grundrechtsnorm hineingenommen und deren integraler Bestandteil.[65] Die Pflicht des Staates, die grundrechtlichen Güter Leben, körperliche Unversehrtheit, Freiheit, Eigentum sowie Persönlichkeitsrechte zu schützen, bildet eine eigene Grundrechtsfunktion neben der Funktion der Staatsabwehr. Damit werden die Grundrechtsgüter in zweifacher Richtung gesichert: gegen ungerechtfertigte Eingriffe der Staatsgewalt und gegen Übergriffe Privater. Das Grundgesetz verpflichtet alle staatliche Gewalt, die Würde des Menschen „zu achten und zu schützen": sie einerseits nicht von sich aus zu verletzen, andererseits zu verhindern, daß Verletzungen durch andere erfolgen. Schutz also *vor* dem Staat und Schutz *durch* den Staat. Die zwei Funktionen, die das Grundgesetz der obersten Konstitutionsnorm, der Menschenwürde, ausdrücklich zuspricht (Art. 1 Abs. 1 S. 2), stehen repräsentativ für die nachfolgenden Grundrechte, die alle auf die Würde des Menschen als Leitidee ausgerichtet sind.[66]

In der Schutzpflicht verbindet sich die Staatsaufgabe Sicherheit mit den Grundrechten. Das Opfer des privaten Übergriffs erhält einen grundrechtlichen Status, ohne daß der Störer den seinigen verliert. Mit der Anerkennung der Schutzpflichtendoktrin erweist sich der Schutz des Opfers nicht mehr als bloßer Reflex der Sorge des Staates für die *öffentliche* Sicherheit, die im Interesse der Allgemeinheit liegt, sondern auch als Erfüllung einer Pflicht, die er ihm, dem individuellen Grundrechtsträger, schuldet. Freilich bleibt die Schutzpflicht verankert im objektiven Recht. Gegenstand des Schutzes sind die Grundrechte zunächst in ihrer objektivrechtlichen Dimension als Bestandteile des verfassungsrechtlich determinierten Wohls der Allgemeinheit.[67] Doch entspringt aus der objektiven Schutzpflicht das subjektive Recht des Gefährdeten auf effekti-

---

[65] Dazu näher mit Nachw. *Isensee* (Fn. 28), § 191 Rn. 174 ff., 181 ff., 185 ff.; *Johannes Dietlein*, Die Lehre von den grundrechtlichen Schutzpflichten, 1992, S. 28 ff.; *Möstl* (Fn. 62), S. 25 ff., 52 ff., 84 ff.; *Peter Szczekalla*, Die sogenannten Schutzpflichten im deutschen und europäischen Recht, 2002 (Nachw.); *Krings* (Fn. 52), S. 199 ff., 318 ff.; *Schoch* (Fn. 31), S. 365 ff.; *Brugger* (Fn. 9), S. 53 ff.; *Schwetzel* (Fn. 31), S. 9 ff.; *Anter* (Fn. 15), S. 23 f. Ablehnend *Helmut Goerlich*, Demokratieverständnis und Grundrechtsdoktrin, in: Rechtstheorie, 13 (1982), S. 503 (507); *Gusy* (Fn. 34), S. 168 ff., 176 ff.; *Christoph Enders*, Die Privatisierung des Öffentlichen durch die grundrechtliche Schutzpflicht – und seine Rekonstruktion aus der Lehre von den Staatszwecken, in: Der Staat 35 (1996), S. 351 (362 ff.); *Lepsius* (Fn. 37), S. 35, 50.

[66] Das Bundesverfassungsgericht geht von der Schutzpflicht gemäß Art. 1 Abs. 1 S. 2 GG aus (E 49, 89 [142]; 88, 203 [251]). Dazu *Krings* (Fn. 52), S. 142 ff.

[67] Zuspitzend *Ulrich Vosgerau*, Grenzen der liberalen Gewährleistungstheorie, in: Jörg Scharrer et alii (Hrsg.), Risiko im Recht – Recht im Risiko, 2011, S. 135 ff.

ven, wenn auch nicht auf optimalen Schutz, in der Regel auch nicht auf eine bestimmte Maßnahme des Schutzes.[68]

Über die Schutzpflicht erhält das Opfer des privaten Übergriffs einen grundrechtlichen Status, indes in der rein abwehrrechtlichen Sicht ein solcher allein dem Störer zukommt. In dieser bildet das Recht zum Schutz des Opfers lediglich die einfachrechtliche Schranke der grundrechtlichen Position des Störers. Im Licht der Schutzpflichtlehre und -judikatur verlagert sich der Konflikt in die Verfassung hinein und muß – auch und primär – auf gleicher grundrechtlicher Ebene ausgetragen und gelöst werden: Grundrecht wider Grundrecht. Die Selbstbestimmung der zur Abtreibung entschlossenen Schwangeren streitet wider das Lebensrecht des Ungeborenen,[69] die Berufsfreiheit des Betreibers einer umweltschädlichen Anlage mit der körperlichen Unversehrtheit der Nachbarn.[70] Grenzkonflikte des Rechts können und müssen nunmehr – auch – als Grundrechtskonflikte zwischen der abwehrrechtlichen Position des Täters und der schutzrechtlichen des Opfers diskutiert werden: der polizeiliche Rettungsschuß,[71] der Abschuß des zur Bombe umfunktionierten Passagierflugzeugs,[72] die „lebensrettende Aussageerzwingung" („Rettungsfolter").[73] Was herkömmlich als Problem eines meta-verfassungsrechtlichen Notstands diskutiert wird, stellt sich nunmehr als verfassungsrechtliches Thema dar.[74]

In der grundrechtlichen Schutzpflicht erneuert sich eine Klausel der alten Lehre vom Staatsvertrag, daß, wer sich in eine Gemeinschaft einfügt, Anspruch hat auf deren Schutz. Frühe Verfassungen in Amerika erkannten diesen Anspruch ausdrücklich an, so die Verfassung von New Hampshire von 1792: „Every member of the community has a right to be protected by it, in the enjoyment of his life, liberty and property." Die Formel „right to be protected" läßt sich sinngemäß übersetzen als „Grundrecht auf Sicherheit".

In diesem Sinne bestimmte die Einleitung des Preußischen Allgemeinen Landrechts von 1794 das „Verhältniß des Staats gegen seine Bürger" dahin:

---

[68] Näher *Krings* (Fn. 52), S. 273 ff., 297 ff.; *Volkmar Götz*, Innere Sicherheit, in: HStR IV, ³2006, § 85 Rn. 24; *Isensee* (Fn. 28), § 191 Rn. 321 ff.; *Dietlein* (Fn. 65), S. 133 ff.; *Christian Calliess*, Rechtsstaat und Umweltstaat, 2001, S. 133 ff.; *Brugger* (Fn. 9), S. 55.

[69] BVerfGE 39, 1 (36 ff., 42 ff.); 88, 203 (251 ff.).

[70] BVerfGE 49, 89 (240 ff.); 53, 30 (57 ff.); 56, 54 (73 ff.).

[71] Dazu *Paul Kirchhof*, Die Zulässigkeit des Einsatzes staatlicher Gewalt in Ausnahmesituationen, in: Deutsche Sektion der Internationalen Juristenkommission, 1976, S. 83 (114); *ders.*, Polizeiliche Eingriffsbefugnisse und private Nothilfe, in: NJW 1978, S. 969 ff.

[72] Einseitig abwehrrechtliche Lösung unter Verkennung der Schutzpflicht BVerfGE 115, 118 (152 ff.). Kritik: *Josef Isensee*, Leben gegen Leben, in: FS für Günther Jakobs, 2007, S. 205 (214 ff.); *Hans Joachim Hirsch*, Defensiver Notstand gegenüber ohnehin Verlorenen, in: FS für Wilfried Küper, 2007, S. 149 (153 ff.); *Hillgruber* (Fn. 31), S. 209 (214 ff.).

[73] Dazu *Winfried Brugger*, Vom unbedingten Verbot der Folter zum bedingten Recht auf Folter?, in: JZ 2000, S. 165 ff.; *ders.* (Fn. 9), S. 56 ff. Gegenposition *Masing* (Fn. 31), S. 755 f.

[74] Kontroverse Positionen zu Notrechten: *Depenheuer* (Fn. 53), S. 35 ff.; *Di Fabio* (Fn. 26), S. 423 ff.

§ 76. Jeder Einwohner des Staats ist den Schutz desselben für seine Person und sein Vermögen zu fordern berechtigt.

§ 77. Dagegen ist niemand sich durch eigne Gewalt Recht zu verschaffen befugt.

Dieser Begriff mag als Chiffre stehen für die Gesamtheit der grundrechtlichen Schutzpflichten.[75] Die Unterschiede zu den Grundrechten in ihrer Abwehrfunktion werden damit nicht eingeebnet. Diese gewährleisten einen status negativus, indes die Schutzpflichten einen status positivus sichern. Dort hat der Staat die Selbstbestimmung zu schonen. Hier hat er Leistungen zu erbringen. Abwehrrechte sind unmittelbar verbindlich, indes Schutzpflichten angelegt sind auf die Vermittlung durch das Gesetz.

Der Störer ist seinerseits Grundrechtssubjekt. Die Grundrechte gewährleisten ihm zwar nicht die Freiheit zum Rechtsbruch. Doch schützen sie ihn vor ungerechtfertigten und unangemessenen Sanktionen. Soweit der Schutz des Opfers sich durch einen Eingriff gegen andere, Störer oder Unbeteiligte, realisiert, ist eine gesetzliche Ermächtigung erforderlich.[76] Eine solche findet sich in den Normen des Polizei- und Ordnungsrechts, des Strafrechts wie sonstiger Rechtsgebiete, die Sanktionen gegen private Übergriffe vorsehen. Das Auswahlermessen hinsichtlich der Mittel hebt die Verpflichtung zum wirksamen Schutz nicht auf. Die Schutzpflicht stellt auf den Erfolg ab, nicht auf bloßes Bemühen. Daher ist der Gesetzgeber von Verfassungs wegen verpflichtet, zwecktaugliche Mittel bereitzustellen, die der Art und Größe der Gefahr gewachsen sind.

Die Schutzpflicht bezieht sich auch auf den Vollzug. Auch hier gibt sie dem Ermessen Raum, tastet die Optionen der Verwaltungsklugheit und Verwaltungsökonomie, die hier rechtlich offengehalten werden, nicht an. Aber die Polizei hat ihr Ermessen schutzpflichtkonform[77] auszuüben. Die Schutzpflicht steuert die Ausübung des Entschließungs- und Auswahlermessens. Sie fügt die grundrechtlichen Schutzgüter in das polizeiliche Aufgabenblankett der „öffentlichen Sicherheit" ein und macht deren Gewicht geltend in der Güterabwägung, die dem polizeilichen Eingriff vorausgeht. Sie markiert die Schädlichkeitsgrenze, jenseits deren polizeiliches Stillehalten für das Opfer einer Gefahr grundrechtlich unzumutbar ist. Die Schutzpflicht kann die Ermessensreduzierung auf Null herbeiführen. Sie zwingt die Polizei, sich zu rechtfertigen, wenn sie einem Bürger in

---

[75] *Isensee* (Fn. 19), S. 33 ff.; *Möstl* (Fn. 62). S. 4, 25 f., 84 ff.; *Krings* (Fn. 52), S. 172 f. Vergleichbare Terminologie *Gerhard Robbers*, Sicherheit als Menschenrecht, 1987, S. 13 ff. Vgl. auch *Brugger* (Fn. 9), S. 54 f. Ablehnend: *Erhard Denninger*, Der Präventions-Staat, in: KJ 1988, S. 1; *ders.*, Menschenrechte und Grundgesetz, 1994, S. 48 f.; *Limbach* (Fn. 47), S. 5; *Gusy* (Fn. 34), S. 168 ff.

[76] *Isensee* (Fn. 28), § 191 Rn. 277 ff.; *Schwarz* (Fn. 29), S. 47 ff.

[77] Näher *Isensee* (Fn. 28), § 191 Rn. 293 ff. Zum Opportunitätsprinzip des Polizeirechts *Volkmar Götz*, Allgemeines Polizei- und Ordnungsrecht, [14]2008, S. 92 ff.; *Christoph Gusy*, Polizei- und Ordnungsrecht, [7]2009, Rn. 391 ff.

Gefahr nicht beisteht. Noch einmal: Die taktische Toleranz der Störung darf das Rechtsbewußtsein der Bürger nicht irritieren.

Die Schutzpflicht gibt dem Staat das Ziel vor, um dessen willen er in Grundrechte des Störers eingreift. Doch der Eingriff als Mittel muß sich, gemessen am Schutzziel, als geeignet, erforderlich und angemessen erweisen. Auf dieser Seite sorgt das Übermaßverbot, auf jener das Untermaßverbot für rechtsstaatliche Balance, in der Freiheit wie Sicherheit zum Ausgleich finden. Als Faustregel gilt: je enger der Bezug eines Eingriffs zur Wahrung der physischen Sicherheit ist, desto leichter fällt seine Rechtfertigung. Deren Anforderungen steigern sich mit der Entfernung von diesem Ziel.[78] Das Ziel wie das Mittel sind jeweils grundrechtlich determiniert. Das staatliche Handeln wird rechtlich gebunden, gesteuert und begrenzt.[79] Freiheit zu achten und Sicherheit herzustellen: beides ist Aufgabe des Rechtsstaates. Er bewährt sich nicht nur in der Zurücknahme seiner Macht, sondern auch in deren Einsatz.[80]

VI. Nichtkonstitutionalisierbare Elemente der Sicherheit

1. Normative Elemente

Die Gewähr der inneren Sicherheit ist ein Ziel der Verfassung. Doch sie legt nicht die Wege fest, die zu diesem Ziel führen. Darüber entscheiden die zuständigen Staatsorgane der gewaltenteiligen, föderalen Demokratie. Falls der Weg über grundrechtliche Schutzbereiche führt, ist dazu eine gesetzliche Ermächtigung erforderlich. Das gilt auch für die Erfüllung einer grundrechtlichen Schutzpflicht, die durch das Gesetz mediatisiert wird, also notwendig über das Verfassungsrecht hinausgreift.

---

[78] Zutreffend *Krings* (Fn. 52), S. 297 ff.; *Calliess* (Fn. 68), S. 6 f.

[79] Dagegen spricht *Erhard Denninger* dem Sicherheitsgedanken „eschatologisch-utopischen Charakter" zu, der zur Entgrenzung der Staatstätigkeit führe, und deutet ihn als Zusage einer „prinzipiell unbegrenzten, nie endenden staatlichen Aktivität" (Fn. 34), S. 90. Derartiger progressus in infinitum ist dagegen eher in sozialen Grundrechten wie denen auf Arbeit, auf Wohnung, auf Gesundheit, auf Glück angelegt.

[80] Zur Ambivalenz des Rechtsstaats, der Freiheit wie Sicherheit gewährleistet: *Detlef Merten*, Rechtsstaat und Gewaltmonopol, 1975, S. 29 ff.; *Karl August Bettermann*, Der totale Rechtsstaat, 1986, S. 5 ff.; *Eberhard Schmidt-Aßmann*, Der Rechtsstaat, in: HStR I, ²1995, § 24 Rn. 31 (vgl. auch Rn. 11, 97); *Josef Isensee*, Rechtsstaat – Vorgabe und Aufgabe der Einung Deutschlands, in: HStR IX, ¹1997, § 202 Rn. 35; *Calliess* (Fn. 68), S. 5 f. (Nachw.); *Masing* (Fn. 31), S. 753 ff.; Richter *Schluckebier*, Abweichende Meinung, BVerfGE 125, 364 (369, 372). – Den einseitig staatsabwehrenden Rechtsstaatsbegriff vertritt dagegen *Denninger* (Fn. 34), S. 86.

2. *Effektiver Vollzug*

Die Verfassung enthält eine Zielvorgabe, die das einfache Recht in ein Handlungsprogramm umsetzt. Doch dieses reicht nicht aus, um die Verfassungsvoraussetzung herzustellen. Diese besteht in der Verwirklichung des Verfassungsziels: Sicherheit als realer Gesamtzustand des Gemeinwesens. Dazu bedarf es des wirksamen Vollzugs der einschlägigen Gesetze.

Doch vollkommene Sicherheit ist nicht erreichbar. Diese Einsicht steht schon am Anfang der Philosophie des modernen Staates. *Thomas Hobbes* räumt ein, es sei unmöglich, die Menschen gänzlich vor gegenseitigen Schädigungen zu schützen, so daß sie weder durch Unrecht verletzt noch getötet werden könnten.[81] Das ergibt sich schon aus der Begrenztheit der staatlichen Kapazität. Selbst der totale Staat könnte nicht hinter jeden Bürger einen Polizisten und eine Sozialarbeiterin stellen. Der Staat vermag, dem einzelnen Störer zu wehren, nicht aber dem Gros der Bevölkerung, sollte von ihm die Störung ausgehen. Perfekte Sicherheit ist unmöglich. Sie wäre noch nicht einmal um den Preis des völligen Verzichts auf Freiheit zu erreichen. Der Rechtsstaat strebt das Unmögliche erst gar nicht an. Die Polizei handelt nach dem Opportunitätsprinzip und entscheidet grundsätzlich nach Ermessen, ob, wann und wie sie den Gefahren begegnet. Freilich wird das Ermessen rechtlich geleitet und beschränkt. Die taktische Toleranz gegenüber der Gefahr darf aber nicht zu rechtlicher Toleranz gegenüber dem Rechtsbruch geraten oder auch nur als solche erscheinen. Der Gesamtzustand der Sicherheit darf nicht unterminiert, das Sicherheitsgefühl der Bevölkerung nicht erschüttert werden.

3. *Nichtstaatliche Potenzen*

Das Niveau der inneren Sicherheit hängt nicht allein von den Anstrengungen des Staates ab, sondern wesentlich und sogar vorrangig vom Verhalten aller gesellschaftlichen Kräfte. Sicherheit ist keine ausschließliche Staatsaufgabe. Dem Staat vorbehalten ist lediglich das Mittel des physischen Zwangs. Zunächst ist es Sache des einzelnen, sich um die Sicherheit seiner Person und seiner Habe zu kümmern. Versagt ist ihm jedoch prinzipiell, physischen Zwang anzuwenden oder auch nur anzudrohen. Auf dieses Mittel darf er nur in Ausnahmelagen der Notwehr und des Notstandes zurückgreifen, wenn staatliche Hilfe nicht bereitsteht. Diese Notrechte sind aber kein Äquivalent für hoheitliches Handeln des Staates. Dem Rentner, der in der nächtlichen U-Bahn von einer Gruppe Rowdies zusammengeschlagen wird, nützt es wenig, daß ihm das Gesetz erlaubt, sich seiner Haut zu wehren.[82] Der Rechtsstaat hat alles in seiner Macht Stehende

---

[81] *Thomas Hobbes*, Elementarum Philosophiae Sectio Tertia. De cive, 1647, VI, 3. Ähnlich *ders.*, Leviathan, 1651, II, 21.

[82] Vgl. *Ralf Poscher*, Grundrechte als Abwehrrechte, 2003, S. 397.

zu tun, damit Notwehrsituationen erst gar nicht aufkommen. Er ist zum aktiven Schutz der inneren Sicherheit verpflichtet. Mittel dieses Schutzes sind nicht nur Befehl und Zwang, sondern auch die „schlichten“ Maßnahmen der Aufklärung, der Lenkung und der Förderung.[83] Symptom des Staatsversagens auf diesem Felde ist die Konjunktur der privaten Sicherheitsdienste, die, rechtlich gesehen, Vorsorge für den Notwehrfall bieten, ökonomisch gesehen, gekaufte Sicherheit bedeuten, für diejenigen, die den Kaufpreis zahlen können.[84]

4. *Sicherheitsvertrauen der Bevölkerung*

Die Verfassungsvoraussetzung der Sicherheit hat ihre subjektive Seite: das Sicherheitsgefühl der Bevölkerung.[85] Das freiheitliche Gemeinwesen bedarf des allgemeinen Grundvertrauens in die Sicherheit der gesellschaftlichen Umwelt. Wo das Gefühl des physischen Bedrohtseins herrscht, schwindet die Unbefangenheit der Freiheitsausübung, mit ihr die psychische Grundlage eines gedeihlichen bürgerlichen Zusammenlebens. Nach *Montesquieu* ist bürgerliche („politische“) Freiheit jene Ruhe des Gemüts, die aus dem Vertrauen eines jeden in seine Sicherheit erwächst. „Damit man diese Freiheit hat, muß die Regierung so eingerichtet sein, daß ein Bürger den anderen nicht zu fürchten braucht.“[86] Nach *Hobbes* besteht die Staatsaufgabe Sicherheit in der Vorsorge, daß kein gerechter Grund zur Furcht bestehe.[87]

Das Sicherheitsgefühl kann aber auch gestört werden, ohne daß ein „gerechter Grund zur Furcht“ besteht: durch eingeredete und eingebildete Gefahren, durch unnachweisbare Risiken, durch politische Ängste und Obsessionen. Diese ergeben keinen Grund für Freiheitsbeschränkungen, wohl aber für Aufklärung und Information. Putativgefahren können Panikreaktionen auslösen; diese aber können echte Gefahren entzünden.

---

[83] *Andreas Anter*, Die politische Idee der Sicherheit, in: Jahrbuch Öffentliche Sicherheit 2008/2009, S. 15 (18). In der Literatur wird das Sicherheitsgefühl dagegen oftmals allein als Argument wider staatliche Sicherheitsmaßnahmen gekehrt, wider deren „Einschüchterungseffekte“ durch Rasterfahndung und Kennzeichenabfrage. So *Lepsius*, Sicherheit und Freiheit (Fn. 37) S. 28 f. – unter Berufung auf BVerfGE 120, 274.

[84] Verfassungsrechtliche Aspekte *Rainer Pitschas*, Innere und zivile Sicherheit in der offenen Gesellschaft, in: FS für Wolf-Rüdiger Schenke, 2011, S. 481 (491 ff.).

[85] *Hermann Lübbe*, Risiko und Lebensbewältigung, in: Gerhard Hosemann (Hrsg.), Risiko in der Industriegesellschaft, 1989, S. 15 ff. (22).

[86] *Montesquieu*, De l'Esprit des lois, 1748, XI, 6.

[87] *Hobbes*, De cive (N 81), VI/3.

5. Der Mensch als Risikofaktor

Der Staat kann das Sicherheitsgefühl der Bevölkerung nicht erzeugen und nicht steuern, sondern nur in bescheidenem Maße beeinflussen. Es gehört zu jenen Voraussetzungen seiner Wirksamkeit, die er selbst nicht garantieren kann, ohne seine Freiheitlichkeit in Frage zu stellen.[88] Der Mensch läßt sich nicht auf Rationalität, Moralität und Loyalität reduzieren. Aus krummem Holze geschnitzt, bleibt er ein unberechenbarer Faktor in jedwedem Verfassungsgehäuse. Das bestmögliche System der rechtlich organisierten Sicherheit fängt die Unsicherheit der Menschennatur nicht vollständig auf. Das ist eine Erklärung dafür, daß die Verfassung – anders als die klassische Staatsphilosophie – von der Freiheit ausgeht und nicht von der Sicherheit.

Die Sicherheit der Bürger ist auch und wesentlich Leistung der Bürger selbst, obwohl ihre autonome Leistung die des Staates nicht entbehrlich macht. Ihnen obliegt es, die Rechte des anderen zu respektieren, gesittet miteinander umzugehen, einander in gebotener Achtung zu begegnen und Konflikte in zivilen Formen auszutragen. Die öffentliche Sicherheit lebt aus ihrem Ethos und aus ihrem guten Willen, Potenzen also, die der Rechtsstaat nicht erzwingen und nicht ersetzen kann, weil sie aus der grundrechtlichen Freiheit hervorgehen.[89] Sicherheit ist das Werk der Freiheit.

---

[88] *Ernst-Wolfgang Böckenförde*, Die Entstehung des Staates als Vorgang der Säkularisation (1967), in: ders., Staat, Gesellschaft, Freiheit, 1976, S. 42 (60); *ders.*, Der Staat als sittlicher Staat, 1978, S. 36 f.

[89] Insofern handelt es sich um eine Verfassungserwartung an die Ausübung grundrechtlicher Freiheit. Dazu *Isensee* (Fn. 1), § 190 Rn. 204 ff., 271 ff.

Integration und oberste Staatsorgane

Die Verfassungsorgantreue als Motor verfassungsrechtlicher Fortentwicklungen

Wolf-Rüdiger Schenke

I. Verfassungsorgantreue und Integrationslehre

1. Die Erfolgsgeschichte der Integrationslehre

Keiner Verfassungstheorie war es vergönnt, auf die Ausgestaltung der verfassungsrechtlichen Grundordnung des Grundgesetzes einen so weitreichenden Einfluss auszuüben wie der Integrationslehre *Rudolf Smends*.[1] Zunächst als eine bewusste Reaktion auf den noch bis in die Weimarer Zeit hineinwirkenden staatsrechtlichen Positivismus der spätkonstitutionellen Verfassungsrechtslehre entwickelt, blieb sie allerdings in der kurzen Lebenszeit, die der Weimarer Reichsverfassung vergönnt war, folgenlos und erfuhr hier von *Kelsen*[2] als einem maßgebenden Vertreter des staatsrechtlichen Positivismus sogar eine vernichtende Kritik. Umso eindrucksvoller war dann freilich der Siegeszug der Integrationslehre auf der Basis der Nachkriegsverfassungen[3], die noch ganz unter dem Eindruck des nationalsozialistischen Unrechtsstaats standen und einer hier offenbar werdenden Pervertierung der Rechtsordnung entgegenwirken wollten.

Für die Anknüpfung an die Integrationslehre *Smends* erwiesen sich dabei mehrere Faktoren als besonders günstig. Zum einen wurde für das Scheitern der Weimarer Reichsverfassung der damals noch in der Staats- und Verfassungsrechtslehre vorherrschende Gesetzespositivismus mitverantwortlich gemacht. Zum anderen war – hiermit eng zusammenhängend – eine Stärkung der Wirkungskraft der Verfassung für die nach 1945 entstandenen deutschen Verfassungen charakteristisch. Die Erfahrung des Unrechts in Gesetzesform begünstigte die in den Nachkriegsverfassungen – so z.B. in Art. 20 Abs. 3 GG – ausdrücklich statuierte Verfassungsbindung des Gesetzgebers, die unter der Weimarer

---

[1] Grundlegend *Smend*, Verfassung und Verfassungsrecht, 1928, neu abgedruckt in *Smend*, Staatsrechtliche Abhandlungen, 2. Aufl. 1968, S. 119 ff. Näher zur Integrationslehre *Bartlsperger*, Die Integrationslehre Rudolf Smends als Grundlegung einer Staats- und Rechtstheorie, 1964.

[2] *Kelsen*, Der Staat als Integration, 1930.

[3] S. zur Rezeption der Integrationslehre, aber auch zu der an ihr geübten Kritik *Bartlsperger*, in: Festschrift für Steiner, 2009, S. 30 ff. mit eingeh. Literaturnachweisen S. 32, Fn. 4.

Reichsverfassung noch größte Schwierigkeiten gehabt hatte[4], sich durchzusetzen. Besondere Bedeutung kam hierbei in den neu geschaffenen Verfassungen vor allem der – in der Weimarer Republik[5] unter dem Einfluss der konstitutionellen Staatsrechtslehre noch überwiegend abgelehnten – Grundrechtsbindung des Gesetzgebers (Art. 1 Abs. 3 GG) zu, als dessen Hüter schon bald das Bundesverfassungsgericht bestellt wurde. Ohne eine verfassungstheoretische Unterfütterung der Grundrechte, die ihrerseits nicht ohne Einfluss auf die Grundrechtsdogmatik bleiben konnte, hätte das Bundesverfassungsgericht die ihm zugewiesene Aufgabe schwerlich zu bewältigen vermocht. Insbesondere war evident, dass ein dem Gesetzespositivismus verpflichtetes Grundrechtsverständnis und eine nur hieran orientierte Grundrechtsinterpretation zum Scheitern verurteilt gewesen wäre, es vielmehr einer Rückbesinnung auf Funktion und Wesen der Grundrechte bedurfte, um sie dauerhaft zu sichern. Insoweit drängte sich ein Rückgriff auf die ideologisch nicht vorbelastete Integrationslehre geradezu auf, die die Grundrechte als Ausdruck einer objektiven Wertordnung[6] versteht, zumal dieses Grundrechtsverständnis durch die nach 1945 zunächst wieder aufgelebte Naturrechtslehre noch eine zusätzliche Verstärkung erfuhr.

2. Die Bedeutung der Integrationslehre für das Staatsorganisationsrecht

An die Integrationslehre konnte aber nicht nur in der Grundrechtsdogmatik angeknüpft werden, sondern ebenso im Staatsorganisationsrecht. Die durch das Bundesstaatsprinzip begründete vertikale Gewaltenteilung, aber auch die horizontale klassische Gewaltenteilung werfen mit der sich in ihrer Konsequenz ergebenden Bildung nebeneinanderstehender gleichberechtigter Machtzentren beide gleichermaßen die Frage auf, wie einer wechselseitigen Blockierung dieser Machtzentren und einer daraus resultierenden Desintegration wirksam begeg-

---

[4] S. hierzu Nachw. bei *Schenke*, Rechtsschutz bei normativem Unrecht, 1979, S. 112. In der Rspr. wurde ein Prüfungsrecht erstmals in der Entscheidung des RG vom 4.11.1925, RGZ 111, 320 ff. bejaht.

[5] Gegen die Anerkennung subjektiver Rechte, die vor der Gesetzgebung schützen, z.B. *Anschütz*, Die Verfassung des Deutschen Reichs, 14. Aufl. 1933, S. 505 ff.

[6] BVerfG vom 15.3.1958, BVerfGE 7, 198 (205); vom 18.7.1972, BVerfGE 33, 303 (333); vom 8.8.1978, BVerfGE 49, 89 (141 f.); vom 23.6.1982, BVerfGE 61, 18 (25); vom 30.11.1983, BVerfGE 62, 323 (329); in neueren Entscheidungen wird z.T. eine andere Formulierung verwandt, so wenn von objektiv-rechtlichen Gehalten bzw. von Elementen einer objektiven Ordnung gesprochen wird (so z. B BVerfG vom 23.4.1986, BVerfGE 73, 261 (269); vom 19.10.1993, BVerfGE 89, 214 (229 f.); vom 19.4.2005, BVerfGE 112, 332 (358); s. zum Hintergrund dieser veränderten Terminologie Stern, Das Staatsrecht der Bundesrepublik Deutschland Bd. III/1, 1988, S. 899 ff. Kritisch zum Verständnis einer durch die Grundrechte begründeten objektiven Wertordnung *Carl Schmitt*, Die Tyrannei der Werte, in: Säkularisation und Utopie, Ebracher Studien, Ernst Forsthoff zum 65. Geburtstag, 1967, S. 37 ff.

net werden kann.[7] Auch zur Bewältigung sich hier stellender Probleme hält die Integrationslehre in Gestalt der Bundestreue[8] und der Verfassungsorgantreue[9] Lösungen bereit. Beide Rechtsprinzipien dienen der Gewinnung staatlicher Einheit und erweisen sich damit als wichtige Integrationsinstrumente. Beide haben in der verfassungsgerichtlichen Judikatur[10] wie auch im verfassungsrechtlichen Schrifttum[11] Anerkennung gefunden, obwohl sie im Grundgesetz nicht ausdrücklich erwähnt werden. Sie tragen damit der Erkenntnis Rechnung, dass ohne einen loyalen und rücksichtsvollen Umgang von Bund und Ländern bzw. der obersten Staatsorgane miteinander, der über die – notwendigerweise immer lückenhaften – ausdrücklichen Kooperationsnormen (z.B. Art. 43 GG, 53 GG und Art. 58 GG) hinausreicht, staatliche Einheit gefährdet und auf die Dauer nicht erhalten werden kann.

Neben einer Reihe verfassungs- und einfachgesetzlicher Einzelbestimmungen, die einem reibungslosen Zusammenwirken von Bund und Länder bzw. oberster Staatsorgane sowohl auf der Bundes- wie auch der Landesebene dienen, erweist es sich damit als nötig, sowohl dem Bundesstaats- wie auch dem Gewaltenteilungsprinzip ungeschriebene Rechtsgrundsätze zu assoziieren. Diese vermögen dabei auf unterschiedliche Weise Wirkung zu entfalten. Sie fungieren sowohl als Quelle ungeschriebener Verhaltenspflichten und Rechte wie auch als Missbrauchsschranke und als Auslegungsprinzip.[12] Dabei lassen sich die Wirkungsmodalitäten sowohl der Bundestreue wie auch der Verfassungsorgantreue freilich häufig nicht genau unterscheiden bzw. sind die Übergänge fließend. Bei ihren verschiedenen Wirkungsmodalitäten wird die Bedeutung beider Prinzipien zudem in unterschiedlichem Maße sichtbar. Deutlich tritt sie in der Regel dort zutage, wo sich aus ihnen ungeschriebene Rechte und Pflichten ergeben. Auch in Verbindung mit dem Missbrauchsverbot, bei dem beide Prinzipien in Richtung auf eine Herabsetzung der Missbrauchsschwelle wirken, lässt sich ihr Einfluss meist ohne Schwierigkeiten ausmachen, auch wenn dieser zuweilen im allgemeinen Missbrauchsverbot verschwindet. Besonders schwer festzustellen

---

7 S. zu diesem Zusammenhang auch *Rossi/Lenski*, DVBl. 2008, 416 (421).

8 *Smend*, in: Festgabe für Otto Mayer zum 70. Geburtstag, 1916, S. 245 ff., neu abgedruckt in *Smend*, Staatsrechtliche Abhandlungen (Fn.1), S. 39 ff.

9 Zu diesem Grundsatz *Smend*, Staatsrechtliche Abhandlungen (Fn. 1), S. 119 (246).

10 Zur Bundestreue s. z.B. statt vieler BVerfG vom 21.5.1952, BVerfGE 1, 299 (315); vom 28.2.1961, BVerfGE 12, 205 (254); vom 3.3.2004, BVerfGE 110, 33 (52); zur Verfassungsorgantreue s. z.B. BVerfG vom 14.10.1970, BVerfGE 29, 221 (233); vom 4.6 1973, BVerfGE 35, 193 (199); vom 31.7.1973, BVerfGE 36, 1 (15); vom 25.5.1977, BVerfGE 45, 1 (39); vom 12.7.1994, BVerfGE 90, 286 (337); vom 14.5.1996, BVerfGE 94, 166 (234 f.); vom 31.3.1998, BVerfGE 97, 350 (374); vom 9.7.2007, BVerfGE 119, 96 (125).

11 Zur Bundestreue s. näher *Bayer*, Die Bundestreue, 1961 und *H. Bauer*, Die Bundestreue, 1992; zur Verfassungsorgantreue s. näher Schenke, Die Verfassungsorgantreue, 1977; Lorz, Der Interorganrespekt im Verfassungsrecht, 2001; *Voßkuhle*, NJW 1997, 2216 ff.

12 S. hierzu in Verbindung mit der Verfassungsorgantreue näher *Schenke* (Fn. 11), S. 37 ff.

sind beide Prinzipien dagegen in ihrer Funktion als Auslegungsgesichtspunkte. Hier verblassen sie oft oder erschließen sich erst bei näherem Hinsehen. Das erklärt sich daraus, dass sie erst in Verbindung mit den auszulegenden Normen Bedeutung erlangen und deshalb als ein nur interpretatives Hilfsmittel diesen gegenüber mehr oder weniger in den Hintergrund treten. Zudem überschneiden und vermengen sie sich häufig mit anderen verwandten Auslegungstopoi. Auch dann bleiben sie freilich dort bedeutsam, wo sie eine Präferenz für eine bestimmte Auslegung begründen oder jedenfalls verstärken, die ihrem integrativen Anliegen am besten gerecht wird. Dabei wird ihre Überlappung mit den ihnen aufs engste verwandten Auslegungsgrundsätzen der integrierenden Wirkung, der funktionalen Richtigkeit und der praktischen Konkordanz[13] besonders augenfällig.

Die Aufmerksamkeit sowohl der verfassungsgerichtlichen Rechtsprechung wie auch des verfassungsrechtlichen Schrifttums konzentrierte sich zunächst ganz auf das Prinzip der Bundestreue. Das Prinzip der Verfassungsorgantreue fand vergleichsweise wenig Beachtung, auch wenn es in den letzten Jahren diesbezüglich sicher „aufgeholt"[14] und interessanterweise in Art. 13 EUV auf der Unionsebene sogar eine ausdrückliche Positivierung erfahren hat. Begünstigt haben mag die zunehmende Beachtung einer dem Gedanken staatlicher Integration verpflichteten Verfassungsorgantreue das Bedürfnis, der fortschreitenden Pluralisierung der Gesellschaft auf der staatlichen Ebene ein Prinzip entgegenzusetzen, das der Gewinnung staatlicher Einheit dient und hierbei die Ein-

---

[13] Zu diesen Interpretationstopoi näher *Hesse*, Grundzüge des Verfassungsrechts der Bundesrepublik Deutschland, 20. Aufl., 1999, § 2, Rn. 72 ff.

[14] S. neben der in Fn. 10 und 11 Genannten z.B. *Achterberg/Schulte*, in: v. Mangoldt/Klein/Starck, Grundgesetz, Bd. II, 6. Aufl. 2010, Art. 44, Rn. 52 f.; *Bauer*, in: Dreier, Grundgesetz, 2. Aufl. 2005, Art. 82, Rn. 63; *Bethge*, in: Maunz/Schmidt-Bleibtreu/Klein/Bethge, Bundesverfassungsgerichtsgesetz, 36. Ergänzungslieferung, 2011, § 13, Rn. 20 und § 1, Rn. 40; *Degenhart*, Staatsrecht I, Staatsorganisationsrecht, 27. Aufl. 2011, Rn. 707 f.; *Huster/Rux*, in: Epping/Hillgruber, Grundgesetz, 2009, Art. 20, Rn. 150; *E. Klein*, in: Isensee/Kirchhof, Handbuch des Staatsrechts, Bd. VII, 1992, § 168, Rn 18; *H. Klein*, in: Festschrift für F. Klein, 1994, S. 511 (518 f.); *Krebs*, in: v. Münch/Kunig, Grundgesetz Bd. II, 6. Aufl. 2012, Art. 50, Rn. 3; *Ipsen*, Staatsrecht, 14. Aufl. 2011, Rn. 562; *Kretschmer*, in: Schmidt-Bleibtreu/Klein/Hofmann/Hopfauf, Grundgesetz, 12. Aufl. 2010, Art. 40, Rn. 5; *Maurer*, Staatsrecht Bd. I, 6. Aufl. 2011, § 10, Rn. 54; *Mehde*, AöR Bd. 127 (2002), 655 (644 ff.); *Nierhaus*, in: Sachs, Grundgesetz, 5. Aufl. 2009, Art. 57, Rn. 9; *Pieper*, in: Epping/Hillgruber, Grundgesetz, 2009, Art. 58, Rn. 10.2; *Scholz*, AöR Bd. 105 (1980), 564 (600 ff.) sowie *ders.*, in: Maunz/Dürig, Grundgesetz, Stand 2009, Art. 23, Rn. 143 ff. (in Bezug auf das Verhältnis von Bundestag und Bundesregierung in Verbindungen mit den Kompetenzen der Art. 23 Abs. 2 und 3 GG); *Schulze-Fielitz*, in: Dreier, Grundgesetz Bd. II, 2. Aufl. 2006, Art. 20 (Rechtsstaat), Rn. 71; *ders.*, AöR Bd. 122 (1997), 1, 27 ff.; *Sommermann*, in: v. Mangoldt/Klein/Starck, Grundgesetz, 6. Aufl., Art. 20, Rn. 225; *Stern*, Das Staatsrecht der Bundesrepublik Deutschland Bd. I, 2. Aufl. 1984, § 4 III 8 c, S. 134 f.; *Streinz*, in: Sachs, Grundgesetz, 5. Aufl. Art. 59, Rn. 17; *Sturm*, in: Sachs, Grundgesetz 5. Aufl. , Art. 93, Rn. 13; *Zippelius/Würtenberger*, Deutsches Staatsrecht, 32. Aufl. 2008, § 14, Rn. 46 f.

haltung bestimmter Regeln voraussetzt, die den Umgang oberster Staatsorgane miteinander bestimmen.

3. Integration und Verfassungsorgantreue

a) Das „Wachstum" der Verfassungsorgantreue

Die folgenden Ausführungen befassen sich nur mit dem Prinzip der Verfassungsorgantreue. Zwar war diese Thematik bereits Gegenstand einer 1977 veröffentlichten kleineren Monographie[15], aber seitdem ist nicht nur viel Wasser den Rhein heruntergeflossen. Vor allem hat sich das Prinzip der Verfassungsorgantreue inzwischen kräftig weiter entwickelt und wird von seinem Zwilling, der Bundestreue, jedenfalls nicht mehr völlig erdrückt. Nicht nur, dass ihm neue Anwendungsfelder erschlossen wurden, sondern auch manche früher als gesichert angesehene Auffassung wird heute im Lichte der Verfassungsorgantreue in Frage gestellt und hat einer neuen Bewertung Platz gemacht. Jedenfalls hat das Prinzip der Verfassungsorgantreue in den letzten Jahrzehnten das in ihm schlummernde Innovationspotential – oft dadurch verdeckt, dass es namentlich nicht benannt wird – in einer Weise entfaltet und zur Fortentwicklung des Verfassungsrechts beigetragen, die in den 70er-Jahren des vorigen Jahrhunderts nur schwer vorstellbar war. Es erscheint deshalb reizvoll, in diesem Beitrag auf einzelne dieser Neu- und Weiterentwicklungen einzugehen, die (zumindest auch) unter dem Einfluss der Verfassungsorgantreue erfolgten.

Deutlich werden die sich aus der Verfassungsorgantreue ergebenden Impulse vor allem an dem Institut der Gegenzeichnung, das in den letzten Jahrzehnten ohne eine ausdrückliche Änderung der einschlägigen verfassungsgesetzlichen Vorschriften, insbesondere des Art. 58 GG, eine durch das Prinzip der Verfassungsorgantreue veranlasste wesentliche Umgestaltung erfahren hat (dazu II). Das gilt auch für die Bundestagsauflösung und eine Reihe sich in deren Zusammenhang stellender Fragen, obschon die Ausstrahlungen der Verfassungsorgantreue hier nicht immer in gleichem Maße in Erscheinung treten (dazu III). Die verfassungsrechtliche Ausgestaltung des Gesetzgebungsverfahrens erfolgte ebenfalls unter dem Einfluss der Verfassungsorgantreue (dazu IV), wie sich vor allem am Beispiel der verfassungsgerichtlichen Eingrenzung der Kompetenz des Vermittlungsausschusses, aber auch an der das Verhältnis von Volksgesetzgebung und parlamentarischer Gesetzgebung betreffenden Diskussion demonstrieren lässt. Unübersehbar sind schließlich die durch die Verfassungsorgantreue bewirkten verfassungsgerichtlichen Weichenstellungen im Untersuchungsausschussrecht (dazu V), die sich später in dem Gesetz zur Regelung der

[15] *Schenke* (Fn. 11); s. aus neuerer Zeit eingehender *Lorz* (Fn. 11).

Untersuchungsausschüsse des Deutschen Bundestages vom 19. 1.2001 (BGBl. I, 1142) niedergeschlagen haben.

b) Der Anwendungsbereich der Verfassungsorgantreue (Inter- und Intraorgantreue)

Ehe auf diese ausgewählten Referenzgebiete der Verfassungsorgantreue näher eingegangen wird, bedarf es noch einiger allgemeiner Bemerkungen zum Anwendungsbereich dieses Prinzips und spezifischen, sich in Verbindung mit ihm stellenden Problemen. Das Prinzip der Verfassungsorgantreue verpflichtet die obersten Staatsorgane zu einem loyalen und rücksichtsvollen Umgang bei der Ausübung ihrer durch die Verfassung begründeten Kompetenzen und kann dabei sogar Beistandspflichten einschließen, wenn die Ausübung solcher Kompetenzen ohne Hilfestellung anderer oberster Staatsorgane nicht möglich und sinnvoll ist (Interorgantreue).

Sein Anwendungsbereich beschränkt sich aber nicht auf das Verhältnis oberste Staatsorgane zueinander. Aus ihm können sich vielmehr – entgegen vereinzelt gebliebener Stimmen in der Literatur[16] – auch Rechte und Pflichten zwischen Unterorganen bzw. – noch allgemeiner – zwischen mit eigenen Rechten ausgestatteten Teilen oberster Staatsorgane ergeben, vorausgesetzt nur immer, dass deren Rechtsstellung bereits durch die Verfassung begründet wird. Notwendig für diese innerorganschaftliche Anwendung des Prinzips der Verfassungsorgantreue (Intraorgantreue) ist nur, dass diese Unterorgane bzw. Organteile in Bezug auf die Wahrnehmung der ihnen durch die Verfassung zuerkannten Rechte nicht weisungsunterworfen und damit nicht in ein Hierarchieverhältnis eingegliedert sind. Kennzeichnend für sie ist vielmehr ein Koordinationsverhältnis, bei dem auftretende Konflikte nicht einseitig durch Befehl und Zwang behoben werden können. Eben aus diesem Grund bedarf es auch hier zur Vermeidung bzw. zum Abbau desintegrierender Spannungen eines regulativen Prinzips in Gestalt der Verfassungsorgantreue, deren ratio hier ebenso wie bei ihrer Ausprägung als Interorgantreue zum Tragen kommt.

Bedeutsam wird dies insbesondere bei solchen Verfassungsorganen, deren Organwalter unterschiedlichen, miteinander konkurrierenden Parteien angehören. Das verstärkt das bei der Kompetenzausübung eines Verfassungsorgans im Binnenbereich bestehende Konfliktpotential beträchtlich. Da diese Verfassungsorgane wie auch ihre Untergliederungen das für die moderne Parteiendemokratie charakteristische Nebeneinander verschiedener, miteinander konkurrierender politischer Strömungen abbilden, erzeugt dies ein zusätzliches Bedürfnis für die Anerkennung eines Mindestmaßes an rechtlichen Regeln, die die

[16] So aber *Epping*, in: v. Mangoldt/Klein/Starck, Grundgesetz Bd. II, 6. Aufl. 2010, Art. 69, Rn. 12, der daraus folgert, dass das Prinzip der Verfassungsorgantreue innerhalb der Bundesregierung keine Anwendung finden könne.

Ausübung von Organkompetenzen im Binnenbereich steuern. Dem wird durch den Grundsatz der Verfassungsorgantreue in seiner besonderen Ausprägung als Intraorgantreue Rechnung getragen.

c) Missbrauchsgefahren

Als ein allgemeiner Rechtsgrundsatz, der dem politischen Handeln oberster Staatsorgane rechtliche Grenzen setzen will, ist die Verfassungsorgantreue im Hinblick auf ihr spezifisches Anwendungsfeld in besonderem Maße der Versuchung ausgesetzt, sie zu überdehnen und sie – je nach politischem Standort – mit allen möglichen und als wünschenswert angesehenen Inhalten zu überfrachten. Obwohl das Prinzip der Verfassungsorgantreue gemäß seinem verfassungstheoretischen Ansatz der Vermeidung bzw. Eindämmung von Konflikten auf der Ebene der obersten Staatsorgane dienen soll, besteht bei seiner Überladung die Gefahr, dass es entgegen der mit ihm verfolgten Zielsetzung von politisch unterschiedlich geprägten obersten Staatsorganen dazu genutzt wird, ihren jeweiligen politischen Standpunkt unter Rückgriff auf das Prinzip der Verfassungsorgantreue rechtlich zu untermauern und damit politische Streitigkeiten in weitem Umfang zu verrechtlichen. Das Rechtsprinzip der Verfassungsorgantreue droht dann entgegen der mit ihm verfolgten Zielsetzung zum politischen Kampfmittel pervertiert zu werden. Der politische Gegner verwandelt sich – sicher überpointiert – dann zum Verfassungsfeind. Begünstigt wird eine solche Fehlentwicklung durch den jedenfalls prima facie sehr hoch anmutenden Abstraktionsgrad der Verfassungsorgantreue sowie dadurch, dass deren Abgrenzung von politischen Stilgeboten mitunter Schwierigkeiten bereitet.

d) Die „Speisung" der Verfassungsorgantreue

Viel von ihrem Gewicht verlieren die eben angesprochenen Bedenken, mit denen die Geltung eines Rechtsprinzips der Verfassungsorgantreue zuweilen überhaupt in Frage gestellt wird[17], jedoch, wenn man sich vergegenwärtigt, dass dieses Prinzip seinen konkreten Inhalt erst durch seinen Bezug auf eine konkrete Verfassungsordnung erfährt. Insoweit bedarf es einer „Speisung" durch verfassungsgesetzliche Kompetenznormen, die allerdings ihrerseits dem Umstand Rechnung zu tragen haben, dass die obersten Staatsorgane von ihrer Struktur her in unterschiedlichem Umfang zur Erfüllung bestimmter staatlicher Leitungsaufgaben geeignet sind. Das wird mit dem Begriff der „Verfassungsorganadäquanz" umschrieben.[18] Es gibt jedenfalls nicht „die Verfassungsorgantreue an sich". Hält man sich dies vor Augen, so wird deutlich, dass auch

[17] Kritisch z.B. *Pestalozza*, Formenmißbrauch des Staates, 1973, S. 99 ff.

[18] Zum Aspekt der Organadäquanz und seiner Bedeutung für die Abgrenzung der Kompetenzen von Legislative und Exekutive s. z.B. BVerfG vom 18.12.1984, BVerfGE 68, 1 (87); vom 17.7.1996, BVerfGE 95, 1 (16).

erklärte Gegner des Prinzips der Verfassungsorgantreue – wie etwa Hesse – bei näherem Hinsehen keineswegs so weit von ihr entfernt sind, wie es zunächst den Anschein haben mag. So weisen die von *Hesse*[19] postulierten Verfassungsinterpretationsgrundsätze der integrierenden Wirkung, aber auch der praktischen Konkordanz und der funktionellen Richtigkeit – wie schon angeklungen – bei ihrer Anwendung auf verfassungsgesetzliche Kompetenznormen enge Verwandtschaft mit der Verfassungsorgantreue auf und decken insoweit einen nicht unerheblichen Anwendungsbereich dieses Prinzips jedenfalls mit ab.

e) Verfassungsorgantreue und politische Stilgebote

Als unabdingbar hervorzuheben ist die Notwendigkeit, die Verfassungsorgantreue von Stilgeboten zu trennen, die im Verhältnis oberster Staatsorgane bestehen.[20] Von diesen unterscheidet sich die Verfassungsorgantreue durch ihre normative Anbindung. Bei einer Verwässerung der hier gebotenen Unterscheidung droht die Verfassungsorgantreue entweder ihre normative Kraft einzubüßen oder in einer dem politischen Prozess nicht gemäßen Weise rechtlich überfrachtet zu werden und eine zu weitgehende Juridifizierung der Politik zur Folge zu haben. Der ohnehin bestehenden Gefahr einer zu starken Verrechtlichung des Prinzips der Verfassungsorgantreue und der hiermit Hand in Hand gehenden Gefahr einer Verschiebung der Machtbalance zwischen der Judikative, speziell dem Bundesverfassungsgericht, und den anderen staatlichen Gewalten lässt sich – wie schon früher dargelegt[21] – durch die Anknüpfung an die Forsthoffsche Differenzierung zwischen Funktions- und Kontrollnorm[22] entgegenwirken. Aus besonderen Gründen kann sich das Prinzip der Verfassungsorgantreue sogar nur in der Bedeutung einer Funktionsnorm erschöpfen, ohne damit seine rechtliche Relevanz einzubüßen. So ergeben sich aus ihm rechtliche Grenzen für eine Schelte des BVerfG durch andere oberste Staatsorgane. Deren Einhaltung kann jedoch durch das BVerfG nicht kontrolliert werden, da es ihm an der Befugnis fehlt, ein gerichtliches Verfahren zu initiieren, in dem es in eigener Sache zu entscheiden hätte.[23]

---

19 *Hesse* (Fn. 13), § 2, Rn. 72 ff.

20 *Schenke* (Fn. 11), S. 33 ff.

21 *Schenke* (Fn. 11), S. 34 f., 140 ff.; dem folgend z.B. *Voßkuhle*, NJW 1997, 2216 (2219); ebenso in Bezug auf die Bundestreue *Bauer* (Fn. 11), S. 366 ff.

22 *Forsthoff*, in: Gedächtnisschrift für Walter Jellinek, 1955, S. 221 (233).

23 S. hierzu *Voßkuhle*, NJW 1997, 2219.

II. Verfassungsorgantreue und Gegenzeichnung

1. Das Institut der Gegenzeichnung als eine grundgesetzliche Konkretisierung der Verfassungsorgantreue

Zur Demonstration einer durch das Prinzip der Verfassungsorgantreue beeinflussten Fortentwicklung des Verfassungsrechts eignet sich in besonderer Weise Art. 58 GG. Das dort statuierte Institut der Gegenzeichnung stellt sich ohnehin als eine verfassungsgesetzliche Ausprägung der Verfassungsorgantreue dar.[24] Es dient in dem von ihm erfassten Anwendungsbereich einer Kooperation präsidialer Rechtsakte mit der Regierungspolitik. Art. 58 GG wurde nach der bis in die 70er-Jahre des vorigen Jahrhunderts ganz herrschenden Auffassung über seinen Wortlaut hinausreichend als eine Positivierung allgemeiner Kooperationspflichten verstanden, die zwischen Bundespräsident und Bundesregierung bestehen und für das gesamte amtliche Verhalten des Bundespräsidenten Geltung beanspruchen. Man ging deshalb – in Widerspruch zur politischen Praxis – davon aus, dass der in Art. 58 GG verwandte Begriff der Anordnungen und Verfügungen so zu verstehen sei, dass er alle politisch bedeutsamen Amtshandlungen des Bundespräsidenten umfasse.[25]

2. Die Verfassungsorgantreue als Begrenzung politischen Handelns des Bundespräsidenten

Das neuere staatsrechtliche Schrifttum stellt diese Ansicht aber zu Recht zunehmend in Frage. Die frühere extensive „Interpretation" des Art. 58 GG wird durch die heute h. L.[26] fast einhellig abgelehnt. Gerechtfertigt ist dies – wie

---

[24] *Nierhaus* (Fn. 14), Art. 58, Rn. 6.

[25] *Biehl*, Die Gegenzeichnung im parlamentarischen Regierungssystem der Bundesrepublik Deutschland, 1972, S. 84; *Eschenburg*, Zur politischen Praxis in der Bundesrepublik Deutschland Bd. I, 1964, S. 130; *Kröger*, Ministerverantwortlichkeit in der Bundesrepublik Deutschland, 1972, S. 88; *E. Küchenhoff*, DÖV 1966, 675 (679); *Maurer*, DÖV 1966, 665 (671); *v. Mangoldt/Klein*, Grundgesetz Bd. II, 2. Aufl. 1966, Art. 58, Anm. IV 1 d; *Menzel*, in: Bonner Kommentar zum Grundgesetz (Erstbearb.), Art. 58, Anm. II 3 b; weit. Nachw. bei *Schenke*, in: Bonner Kommentar zum Grundgesetz (Zweitbearb.), 1978, Art. 58, Rn. 43.

[26] *V. Arnauld*, in: v. Münch/Kunig, Grundgesetz Bd. I, 6. Aufl., Art. 58, Rn. 8; *Butzer*, in: Schmidt-Bleibtreu/Klein/Hofmann/Hopfauf, Grundgesetz, 12. Aufl. 2011, Art. 58, Rn. 20 ff.; *Degenhart* (Fn. 14), Rn. 708; *Domgörgen*, in: Hömig, Grundgesetz, 9. Aufl. 2010, Art. 58, Rn. 2; *Fink*, in: v. Mangoldt/Klein/Starck, Grundgesetz, Bd. II, 6. Aufl., Art. 58, Rn. 66 ff.; *Herzog*, in: Maunz/Dürig, GG, Stand 2011, Art. 58, Rn. 58; *Jekewitz*, in: Alternativkommentar zum GG Bd. II, 3. Aufl. 2001, Art. 58, Rn. 5; *Nettesheim*, in: Maunz/Dürig, GG, Art. 58, Rn. 55; *Nierhaus*, Entscheidung, Präsidialakt und Gegenzeichnung, 1973, S. 120 ff.; *ders.* (Fn. 14), Art. 58, Rn. 16 ff.; *Pernice*, in: Dreier, Grundgesetz Bd. II, 2. Aufl., Art. 58, Rn. 10; *Pieper* (Fn. 14), Art. 58, Rn. 10.1 und Art. 59, Rn. 18; *Pieroth*, in: Jarass/Pieroth, GG, 11. Aufl. 2011, Art. 58, Rn. 2; *Schenke* (Fn. 25), Art. 58, Rn. 42 ff.; *Umbach*, in: Umbach/Clemens,

durch mich schon früher dargelegt[27] – dadurch, dass sich der Anwendungsbereich dieser Vorschrift nach deren eindeutigem Wortlaut nur auf rechtsverbindliche Regelungen, wie z.B. den Abschluss eines völkerrechtlichen Vertrages, die Ernennung und Entlassung von Bundesbeamten und Bundesrichtern usw., erstreckt. Nur politisch bedeutsame Handlungen des Bundespräsidenten wie Reden und Interviews werden hiervon nicht erfasst. In Bezug auf letztere macht das Erfordernis einer Gegenzeichnung als Voraussetzung für die „Gültigkeit" i.S. des Art. 58 auch keinen Sinn. Vor allem aber engte das früher ganz herrschende Verständnis des Art. 58 GG den Bundespräsidenten in einer Weise ein, die ihn weitgehend zu einem Präsidenten der Bundesregierung und damit der Parlamentsmehrheit zu machen drohte. Die Anlegung eines auf Art. 58 GG gestützten „Maulkorbs" hätte – wenn man hiermit Ernst gemacht hätte– für den Bundespräsidenten nicht nur kaum zu bewältigende praktische Schwierigkeiten mit sich gebracht. Sie hätte vor allem auch die ihm nach der Verfassung zukommende Integrationsfunktion ernsthaft in Frage stellen müssen und wäre insoweit verfassungsorganinadäquat. Zur Entfaltung seiner Integrationsfunktion ist der ansonsten nur mit sehr beschränkten Kompetenzen ausgestattete und deshalb auch parlamentarisch nicht verantwortliche Bundespräsident in besonderer Weise auf die Wirkung des Worts angewiesen ist.[28] Aus den genannten Gründen schied auch eine allenfalls in Betracht kommende analoge Anwendung des Art. 58 GG aus.

Allerdings darf die Nichtanwendung des Art. 58 GG auf nur politisch bedeutsame Handlungen nicht als Freibrief für beliebige politische Aktivitäten des Bundespräsidenten missverstanden werden. Im Hinblick auf die in den Art. 62 ff. GG statuierten Kompetenzen der Bundesregierung besteht jedenfalls ein unübersehbares Bedürfnis, präsidialen politischen Alleingängen wenigstens in gewissem Umfang einen rechtlichen Riegel vorzuschieben, zumal der Bundespräsident – anders als die Bundesregierung – nicht parlamentarisch verantwortlich ist. Von daher verbietet es sich für den Bundespräsidenten, sich durch andauernde scharfe Kritik an der Regierungspolitik als eine Art Gegenregierung zu etablieren und damit die verfassungsgesetzliche Funktionsverteilung in einer desintegrierenden Weise in Frage zu stellen. Diesem Anliegen trägt die heute von der ganz h.M. befürwortete Heranziehung des allgemeinen Prinzips der Verfassungsorgantreue Rechnung.[29] Anders als eine unmittelbare oder ana-

Grundgesetz, 2002, Art. 58, Rn. 17; *Waldhoff/Grefrath*, in: Friauf/Höfling, Berliner Kommentar zum Grundgesetz, Art. 58, Rn. 9; *Zippelius/Würtenberger* (Fn. 14), Rn. 15.

[27] *Schenke* (Fn. 25), Art. 58, Rn. 42 ff.

[28] Vgl. auch *v. Arnauld* (Fn. 26), Art. 58, Rn. 8; *Fink* (Fn. 26), Art. 58, Rn. 70; *Nierhaus*, (Fn. 14), Art. 58, Rn. 19.

[29] *V. Arnauld* (Fn. 26), Art. 58, Rn. 8; *Butzer* (Fn. 26), Art. 58, Rn. 28; *Jekewitz* (Fn. 26), Art. 58, Rn. 28; *Nettesheim* (Fn. 26), Art. 59, Rn. 55; *Nierhaus* (Fn. 14), Art. 58, Rn. 28; *Pieper* (Fn. 14), Art. 58, Rn. 10.2; *Schenke* (Fn. 25), Art. 58, Rn. 51 ff; *St. Schiedermair*, DÖV 2007,

loge Anwendung des Art. 58 GG ist dieses Prinzip elastisch genug, um einen angemessenen Ausgleich zwischen dem Integrationsauftrag des Bundespräsidenten einerseits und den verfassungsgesetzlich begründeten politischen Kompetenzen der Bundesregierung und des Bundestags andererseits herzustellen. Die Verfassungsorgantreue verbietet dem Bundespräsidenten deshalb nicht jede Kritik an der Bundesregierung, setzt dieser aber zugleich Grenzen, indem sie es dem Bundespräsidenten untersagt, sich allgemein zu einer Regierungsopposition aufzuschwingen.

3. Verfassungsorgantreue und ein Unterlassen des Bundespräsidenten

Die Verfassungsorgantreue bildet auch einen Schlüssel für die Lösung der früher vielfach bejahten Frage[30], ob auch ein Unterlassen des Bundespräsidenten der Gegenzeichnung bedarf. Die Bejahung einer Gegenzeichnungspflicht steht hier nicht nur im klaren Widerspruch zum Wortlaut des Gesetzes, da ein Unterlassen keine Anordnung und Verfügung ist und zudem schwerlich ungültig sein kann. Eine allgemeine Gleichstellung eines Unterlassens des Bundespräsidenten mit einem positiven Handeln scheidet auch deshalb aus, weil es eine totale Abhängigkeit des Bundespräsidenten von der Bundesregierung begründete und damit dessen Integrationsaufgabe unmöglich machte.[31] Beschränkt man die Gegenzeichnung eines Unterlassens aber auf solche Fällen, in denen der Bundespräsident zum Handeln verpflichtet ist, da allenfalls hier – im Einklang mit sonst allgemein anerkannten Grundsätzen – eine Gleichbehandlung von Handeln und Unterlassen in Betracht gezogen werden kann, ergibt das Erfordernis einer Billigung des Unterlassens keinen Sinn. Es ändert in diesen Fällen nämlich nichts am Bestehen einer Handlungsverpflichtung des Bundespräsidenten. Zudem implizierte eine solche Billigung die Rechtswidrigkeit des Handelns nicht nur des Bundespräsidenten, sondern auch des „gegenzeichnenden" Bundeskanzlers bzw. Bundesministers. Auch deshalb scheidet nicht nur die unmittelbare, sondern auch die analoge Anwendung des Art. 58 GG aus.[32]

In diesem Zusammenhang kann aber ebenfalls der Grundsatz der Verfassungsorgantreue fruchtbar gemacht werden.[33] Ergibt sich aus der verfassungsgesetzlichen Kompetenzordnung, dass die Bundesregierung für eine politische

---

726 (731 f.); *Schlaich*, in: Isensee/Kirchhof, Handbuch des Staatsrechts Bd. II, 2. Aufl. 1998, § 49, Rn. 74.

[30] Eingehende Nachw. hierzu bei *Schenke* (Fn. 25), Art. 58, Rn. 55.

[31] *Schenke* (Fn. 25), Art. 58, Rn. 57 ff.

[32] Für sie früher *Biehl* (Fn. 25), S. 80; a.A. aber auch hier die heute ganz h.M., s. dazu v. *Arnauld* (Fn. 26), Art. 58, Rn. 7; *Butzer* (Fn. 26), Art. 58, Rn. 32–33; *Fink* (Fn. 26), Art. 58, Rn. 74 ff.; *Nierhaus* (Fn. 26), S. 145 ff.; *ders.* (o. Fn. 14), Art. 58, Rn. 20; *Pieroth* (Fn. 26), Art. 58, Rn. 2; *Schenke* (Fn. 25), Art. 58, Rn. 55 ff.; *Schlaich* (Fn. 29), § 49, Rn. 69; *Stern*, Staatsrecht der Bundesrepublik Deutschland, Bd. II, 1980, § 30 II 7 b, S. 214.

[33] Dazu *Schenke* (Fn. 11), S. 57 f.; ebenso *Schlaich* (Fn. 29), § 49, Rn. 74.

Entscheidung zuständig ist, fehlt ihr aber die Kompetenz zu deren Umsetzung, weil hierfür der Bundespräsident zuständig ist, folgt aus dem Prinzip der Verfassungsorgantreue die Verpflichtung des Bundespräsidenten zu entsprechendem Handeln. Bedeutsam wird dies insbesondere in Verbindung mit der durch Art. 59 Abs. 1 GG begründeten völkerrechtlichen Vertretungsbefugnis des Bundespräsidenten. Obwohl die Richtlinienkompetenz des Bundeskanzlers sonst nur im Regierungsbereich Wirkungen entfaltet, muss sie dort, wo der Bundeskanzler zur Umsetzung von Richtlinien der Politik zwingend auf die Mitwirkung des Bundespräsidenten angewiesen ist – wie bei völkerrechtlichen Rechtsakten oder nur außenpolitisch bedeutsamen Handlungen wie einem Staatsbesuch –, das Recht einschließen, entsprechendes Handeln vom Bundespräsidenten zu verlangen.[34] Das führt auf einen allgemeinen, der Verfassungsorgantreue immanenten Rechtsgedanken zurück: Ist ein Verfassungsorgan (bzw. Organteil) zur Ausübung ihm zustehender Kompetenzen zwingend auf die Mitwirkung eines anderen Verfassungsorgans angewiesen, ergeben sich für jenes entsprechende Kooperations- und Handlungsverpflichtungen. Insoweit ist das zuweilen behauptete Prinzip der Kompetenzeffektivität in der Verfassungsorgantreue mit angelegt und umschreibt eine wichtige Spielart dieses Prinzips.[35]

Zum gleichen Ergebnis kommt man, wenn man Art. 59 Abs. 1 GG von vorneherein so interpretiert, dass er dem Bundespräsidenten nur die formelle Kompetenz zur Vornahme völkerrechtlicher Akte verleiht und zugleich die Zuständigkeit der Bundesregierung für die interne Willensbildung konkludent begründet oder jedenfalls voraussetzt.[36] Auch wenn man sich für diese Konstruktion entscheidet, ist das Prinzip der Verfassungsorgantreue freilich keineswegs bedeutungslos. Vielmehr wirkt es hier als Auslegungsmittel in Richtung auf eine Restriktion der Kompetenz des parlamentarisch nicht verantwortlichen Bundespräsidenten und eine hiermit einhergehende Extension von Regierungskompetenzen.[37]

Unabhängig davon, auf welche Weise man die Verfassungsorgantreue im hier untersuchten Zusammenhang aktiviert, bleibt es dem Bundespräsidenten aber auf jeden Fall unbenommen, eine von ihm verlangte völkerrechtlich bedeutsame

---

[34] *Schenke* (Fn. 25), Art. 58, Rn. 58; *ders.* (Fn. 11), S. 57 f.; ebenso *Nettesheim* (Fn. 26), Art. 59, Rn. 52.

[35] Zum Verhältnis von Verfassungsorgantreue und staatlicher Kompetenzeffektivität s. schon *Schenke* (Fn. 11), S. 50 ff.

[36] *Streinz* (Fn. 14), Art. 59, Rn. 19; ebenso wohl *Rojahn*, in: v. Münch/Kunig, Grundgesetz Bd. I, 6. Aufl., Art. 59, Rn. 9. Dazu auch *Nettesheim* (Fn. 26), Art. 59, Rn. 53.

[37] *Schenke* (Fn. 25), Art. 58, Rn. 58; ders. (Fn. 11), S. 57 f. Bedeutung erlangt das Prinzip der Verfassungsorgantreue z.B. auch bei der Abgrenzung der Kompetenzen von Bundespräsident und Bundeskanzler bei der Ernennung geschäftsführender Bundesminister gem. Art. 69 Abs. 3 GG, s. hierzu *Mager*, in: v. Münch/Kunig, Grundgesetz, 6. Aufl., Art. 69, Rn. 26; Schenke (Fn. 25), Art. 58, Rn. 29.

Handlung auf ihre Rechtmäßigkeit zu überprüfen und sie im Falle ihrer Rechtswidrigkeit zu verweigern. Bei gravierenden politischen Bedenken muss dem Bundespräsidenten zudem das Recht zugebilligt werden, diese gegenüber dem Kanzler zu äußern, und jener hat sich hiermit zu befassen. Insoweit ist der Bundespräsident auch hier – ähnlich wie bei Art. 64 GG[38] – nicht nur Staatsnotar.[39]

III. Verfassungsorgantreue und das mehrgliedrige Verfahren der Bundestagsauflösung

Wichtige Anwendungsfelder ergeben sich für das Prinzip der Verfassungsorgantreue auch in Verbindung mit dem in Art. 68 GG geregelten Verfahren der Bundestagsauflösung. Mit einem Teil der Fragen, die sich hier stellen, hatte sich das BVerfG bekanntlich sowohl 1983[40] wie auch 2005[41] zu befassen. An den mehrgliedrigen Verfahren der Bundestagsauflösung haben mehrere mit verfassungsgesetzlichen Rechten ausgestattete Beteiligte zusammenzuwirken. In Bezug auf dieses Zusammenwirken muss sich damit für jeden Beteiligten die Frage stellen, wie seine Befugnisse durch das Prinzip der Verfassungsorgantreue begrenzt werden. Bei einer Anrufung des BVerfG im Wege einer Verfassungsorganstreitigkeit wird dieses Prinzip auch für dieses relevant.

1. Verfassungsorgantreue und unechte Vertrauensfrage

Schon wenn der Bundeskanzler die Vertrauensfrage stellt[42], ergeben sich für ihn Eingrenzungen seiner diesbezüglichen Kompetenz, die einen Brückenschlag zum Prinzip der Verfassungsorgantreue nahelegen. Es besteht jedenfalls heute – zumindest in der Theorie – weitgehende Einigkeit, dass dem Bundeskanzler die Möglichkeit, eine Vertrauensfrage mit dem Ziel ihrer Verneinung zu stellen und damit den Weg für eine Auflösung des Bundestags freizumachen, nicht unbegrenzt offen steht.[43] Eine Vertrauensfrage durch einen Kanzler, der über eine parlamentarische Mehrheit verfügt und politisch voll handlungsfähig ist, stellt sich als missbräuchlich dar und ist durch Art. 68 GG nicht mehr gedeckt.[44] Von anderen sich hier stellenden verfassungsrechtlichen Bedenken

---

[38] Dazu *Schenke* (Fn. 25), Art. 64, Rn. 25 ff.

[39] *Schenke* (Fn. 11), S. 59 f.; *Nettesheim* (Fn. 26), Art. 59, Rn. 54.

[40] BVerfG vom 16. 2. 1983, BVerfGE 62, 1 ff.

[41] BVerfG vom 25. 8. 2005, BVerfGE 114, 121 ff.

[42] Zu der sich aus dem Prinzip der Verfassungsorgantreue ergebenden Unzulässigkeit einer Stellung der Vertrauensfrage durch den Stellvertreter des Bundeskanzler s. *Schenke* (Fn 25), Art. 69, Rn. 66.

[43] Zu dieser hier nicht näher zu behandelnden Problematik s. eingehend *Schenke* (Fn. 25), Art. 68, Rn. 70 ff.

[44] *Schenke* (Fn. 25), Art. 68, Rn. 75 mit eingeh. Nachw.; *Epping* (Fn. 16), Art. 68, Rn. 12 ff.;

einmal ganz abgesehen, steht eine solche Nutzung der Vertrauensfrage im Widerspruch zur Teleologie des Art. 68 GG und der grundgesetzlichen Entscheidung für eine repräsentative Demokratie, indem sie zu einer Verkürzung der nach Art. 39 GG grundsätzlich auf vier Jahre angelegten Wahlperiode des Bundestags führt und das Grundgesetz plebiszitär anreichert. Im Gefolge dieser Verkürzung kommt es zugleich zu einem vorzeitigen Verlust des durch Art. 38 Abs. 1 GG i.V. mit Art. 39 Abs. 1 S. 1 GG begründeten Status der für die Dauer von vier Jahren gewählten Abgeordneten. Vor einer solchen missbräuchlichen Ausübung der Kompetenz oberster Staatsorgane und der mit ihr verbundenen verfassungsrechtswidrigen Schmälerung in der Verfassung begründete Rechte anderer Verfassungsorgane und Beteiligter zu schützen, ist aber gerade das erklärte Ziel des Prinzips der Verfassungsorgantreue, die damit – ausgesprochen oder unausgesprochen – die von der h.M. bejahte restriktive Handhabung der Vertrauensfrage durch den Bundeskanzler zumindest zusätzlich stützt. Aus denselben Gründen ist es gleichfalls (auch) unter dem Aspekt der Verfassungsorgantreue zu beanstanden, wenn die Bundestagsmehrheit bei der unechten Vertrauensfrage eines handlungsfähigen Mehrheitskanzlers „mitspielt" und damit die Rechte der sich einer Auflösung widersetzenden Bundestagsabgeordneten verkürzt.

2. *Verfassungsorgantreue und der Antrag auf Bundestagsauflösung*

Selbst bei einer rechtmäßigen unechten bzw. echten Vertrauensfrage kann die Verfassungsorgantreue rechtliche Bedeutung erlangen. So wird verschiedentlich erwogen, aus ihr eine Verpflichtung des Bundestags abzuleiten, innerhalb angemessener Zeit über den Vertrauensantrag abzustimmen.[45] Das wäre in der Tat zwingend, wenn man ein solches Unterlassen nicht mit der Ablehnung der Vertrauensfrage gleichstellte. Dann könnte nämlich der Bundestag seine Auflösung verhindern, indem er durch sein Unterlassen einen Auflösungsantrag des Bundeskanzlers unmöglich machte. Damit würde dem Bundeskanzler ein wichtiges Kampfmittel aus der Hand geschlagen. Um dieses unhaltbare Ergebnis zu vermeiden, bedarf es allerdings bei näherer Hinsicht keiner Abstimmungspflicht des Bundestages. Entscheidet nämlich der Bundestag nicht innerhalb einer angemessenen Frist über den Vertrauensantrag, ist dem Bundeskanzler das beantragte Vertrauen nicht erteilt worden. Deshalb ist der Bundeskanzler befugt, den Antrag auf Auflösung des Bundestags zu stellen.[46] Auch hier bleibt aber das Prinzip der Verfassungsorgantreue bedeutsam. Aus ihm ist

im Ansatz auch BVerfG vom 16. 2. 1983, BVerfGE 62, 1 ff.; vom 25. 8. 2005 BVerfGE 114, 121 ff.

[45] So im Ergebnis *Busse*, in: Friauf/Höfling, Berliner Kommentar zum GG, Art. 68, Rn. 24; *Herzog* (Fn. 26), Art. 68, Rn. 32.

[46] *Mager* (Fn. 37), Art. 68, Rn. 23; *Schenke* (Fn. 25), Art. 68, Rn. 190.

abzuleiten, dass der Bundeskanzler mindestens solange auf die Abstimmung im Bundestag warten muss, wie jener nach den Umständen des Einzelfalls über die 48-Stunden-Frist hinaus Zeit benötigt, um eine ordnungsgemäße Abstimmung durchzuführen.[47]

Eine Begrenzung des Rechts des Bundeskanzlers, die Auflösung des Bundestags zu beantragen, ergibt sich daraus, dass die Auflösung nach Art. 68 Abs. 1 S. 1 GG nur binnen 21 Tagen seit der Ablehnung der Vertrauensfrage möglich ist. Zu weit gehen dürfte es, wenn man in diesem Zusammenhang aus dem Prinzip der Verfassungsorgantreue die Verpflichtung des Bundeskanzlers ableitete, einen Auflösungsantrag nicht erst im letzten Moment, d.h. ganz kurz vor Ablauf der 21-Tage-Frist zu stellen. In einem solchen Fall kann dem Bundespräsident zwar – von Evidenzfällen abgesehen – keine angemessene Zeit zur Prüfung bleiben, ob er eine Bundestagsauflösung für politisch opportun hält. Er kann hier aber die Hinauszögerung der Antragstellung durch den Bundeskanzler dadurch sanktionieren, dass er den Antrag ablehnt. Im Übrigen ist es eine Frage des politischen Stils[48], den Auflösungsantrag so rechtzeitig zu stellen, dass dem Bundespräsidenten noch ausreichend Zeit für eine Abwägung der für oder gegen eine Auflösung sprechenden Gründe zur Verfügung steht.

3. Verfassungsorgantreue und die Auflösung des Bundestags durch den Bundespräsidenten

Das Prinzip der Verfassungsorgantreue wirkt auch darauf hin, die Handlungsbefugnisse des Bundespräsidenten bei der Wahrnehmung der ihm durch Art. 68 GG eingeräumten Auflösungskompetenz zu begrenzen. Obwohl die Formulierung des Art. 68 GG („kann der Bundespräsident ... auflösen") dafür zu sprechen scheint, dass die Auflösung in das Ermessen des Bundespräsidenten gestellt ist, geht die ganz h.M. zu Recht davon aus, dass es ihm bei einer unechten Vertrauensfrage durch einen politisch handlungsfähigen Mehrheitskanzler untersagt ist, den Bundestag aufzulösen und dadurch die Amtsdauer der gewählten Bundestagsabgeordneten trotz Rechtswidrigkeit des vorangegangenen Verfahrens zu verkürzen.[49] Dementsprechend steht dem Bundespräsidenten ein Prüfungsrecht dahingehend zu, ob dem Bundeskanzler tatsächlich das Vertrauen fehlt. Daraus ergibt sich in Verbindung mit der Verfassungsorgantreue – soweit das Vorhandensein bzw. Fehlen von Vertrauen nicht ohnehin evident ist – ein Recht auf Information darüber, worauf der Bundeskanzler die Annahme stützt, dass er tatsächlich das Vertrauen der Mehrheit des Bundesta-

---

[47] *Mager* (Fn. 37), Art. 68, Rn. 23.

[48] *Herzog* (Fn. 26), Art. 68, Rn. 46; *Schenke* (Fn. 25), Art. 68, Rn. 210.

[49] Statt vieler BVerfG vom 16. 2. 1983, BVerfGE 62, 1 (35 f).; *Epping* (Fn. 16), Art. 68, Rn. 40; *Schenke* (Fn. 25) Art. 68, Rn. 21 m. w. Nachw.

ges verloren habe.[50] Eine vertretbare Einschätzung des Bundeskanzlers hat der Bundespräsident – auch dies lässt sich durch einen Rekurs auf die Verfassungsorgantreue zumindest mit legitimieren – zu respektieren. Dem Bundeskanzler ist insoweit ein Beurteilungsspielraum eingeräumt, der durch andere Verfassungsorgane einschließlich des BVerfG nicht in Frage gestellt werden darf.

Hat eine verfassungsmäßig gestellte Vertrauensfrage keinen Erfolg und stellt der Bundeskanzler daraufhin den Auflösungsantrag, steht es grundsätzlich im Ermessen des Bundespräsidenten, ob er den Bundestag auflöst.[51] Das Prinzip der Verfassungsorgantreue begrenzt die Ausübung des Ermessens aber auch hier insoweit, als ihm eine sofortige Auflösung dort untersagt ist, wo die begründete Aussicht besteht, dass das Parlament von sich aus in der Lage ist, die Regierungskrise durch die Wahl eines neuen Bundeskanzlers zu beheben.[52] Eine solche parlamentsinterne Krisenbewältigung verdient – hier schimmert der Gedanke der Organadäquanz mit durch – den Vorzug vor einer Parlamentsauflösung. Auf jeden Fall ist es dem Bundespräsidenten nicht erlaubt, eine bereits anberaumte Neuwahl eines Bundeskanzlers dadurch zu durchkreuzen, dass er bereits vor der Wahl die Auflösung des Bundestages anordnet.[53] Ein Wettlauf zwischen dem eine Auflösung des Parlaments anstrebenden Präsidenten und dem sich zur Wahl eines neuen Kanzlers anschickenden Parlament, wie sie unter der Weimarer Reichsverfassung bei der Reichstagsauflösung vom 12. 9. 1932 stattfand[54], wird damit durch das Prinzip der Verfassungsorgantreue ausgeschlossen.

4. Verfassungsorgantreue und die Entscheidung des Bundesverfassungsgerichts über die Bundestagsauflösung

a) Verfassungsorgantreue und funktionellrechtliche Begrenzungen des Bundesverfassungsgerichts

Das Prinzip der Verfassungsorgantreue dürfte – zumindest als Auslegungstopos – auch für die verfahrensrechtliche Ausgestaltung der Rechtsstellung des Bundesverfassungsgerichts bei einem Verfahren von Bedeutung sein, bei dem über die Verfassungsmäßigkeit einer Vertrauensfrage und eine anschließende Bundestagsauflösung zu befinden ist. So legt es die Verfassungsorgantreue zusätzlich nahe, dass das Bundesverfassungsgericht erst gegen den Akt der Bundestagsauflösung vorzugehen vermag, der das Verfahren

---

[50] Dazu näher *Schenke* (Fn. 25), Art. 68, Rn. 174.

[51] BVerfG vom 16.2.1983, BVerfGE 62, 1 (35); vom 25.8.2005, BVerfGE 114, 121 (148); *Epping* (Fn. 16), Art. 68, Rn. 41 m. w. Nachw.

[52] *Schenke* (Fn. 25), Art. 68, Rn. 221; *Mager* (Fn. 37), Art. 68, Rn. 29.

[53] S. hierzu *Schenke* (Fn. 25), Art. 68, Rn. 220.

[54] S. zu diesem Vorgang *W. Jellinek*, VVDStRL Bd. 8 (1950), S. 3 (11).

des Art. 68 GG abschließt, und damit den unmittelbar an diesen Verfahren beteiligten Organen den Vorrang bei der Lösung sich in diesem Zusammenhang stellender Probleme zu lassen hat. Das Prinzip der Verfassungsorgantreue überschneidet sich damit hier wie auch sonst eng mit dem Interpretationstopos der funktionellen Richtigkeit.

Das gilt in gleicher Weise für den schon oben erwähnten, dem Bundeskanzler durch Art. 68 GG eingeräumten Beurteilungsspielraum, den das BVerfG zu respektieren hat.[55] Umstritten ist dabei allerdings die Reichweite des Beurteilungsspielraums. Das BVerfG[56] hält sich nur für berechtigt, evidente Fehleinschätzungen bei der Beurteilung der Vertrauenslage durch den Bundeskanzler und den Bundespräsidenten festzustellen, während im staatsrechtlichen Schrifttum[57] z.T. für eine weitergehende Prüfungsbefugnis des BVerfG plädiert wird, die sich daran zu orientieren hat, ob die überprüften Einschätzungen der an dem mehrgliedrigen Verfahren des Art. 68 GG beteiligten anderen Verfassungsorgane vertretbar waren. Auf diesen Streit kann in diesem Zusammenhang nicht näher eingegangen werden. Allein durch den Rückgriff auf das allgemeine Prinzip der Verfassungsorgantreue kann er ohnehin nicht entschieden werden. Zudem halten sich die Unterschiede zwischen beiden Auffassungen in praxi in Grenzen. Zu weit gehen dürfte es allerdings, wenn das BVerfG[58] sich bei einer „verdeckten Minderheitssituation" an deren Überprüfung gehindert sieht. Kennzeichnend für eine solche ist es, dass der Bundeskanzler die Stellung der unechten Vertrauensfrage auf Umstände stützt, die nach außen hin nicht zutage treten und an deren Überprüfung sich das BVerfG als gehindert ansieht. Der Sache nach bedeutet dies eine weitgehende Ausschaltung der gerichtlichen Kontrolle des Art. 68 GG, die das Verfahren der Verfassungsorganstreitigkeit zu Lasten der durch die Auflösung des Bundestags betroffenen Abgeordneten erheblich entwertet und die Rücksichtnahme gegenüber dem Bundeskanzler in nicht mehr vertretbarer und auch durch den Grundsatz der Verfassungsorgantreue nicht mehr zu legitimierender Weise überbetont. Es überzeugt deshalb nicht, wenn das Gericht in diesem Zusammenhang ausführt:

> „Was im politischen Prozess in legitimer Weise nicht ausgetragen wird, muss unter den Bedingungen des politischen Wettbewerbs auch gegenüber anderen Verfassungsorganen nicht vollständig offenbart werden... Die Einschätzung des Bundeskanzlers, er sei für seine künftige Politik nicht mehr ausreichend handlungsfähig, ist eine Wertung, die

---

[55] Zum Zusammenhang zwischen der Verfassungsorgantreue und der bereichsspezifisch zu bestimmenden verfassungsgerichtlichen Kontrolldichte s. *Morgenthaler*, in Epping/Hillgruber, Grundgesetz, 2009, Art. 93, Rn. 5; *Sturm* (Fn. 14), Art. 93, Rn. 14 ff.

[56] BVerfG vom 16.2.1983, BVerfGE 62, 1 (2, 52); vom 25.8.2005, BVerfGE 114, 121 (160).

[57] *Brockmeyer*, in: Schmidt-Bleibtreu/Klein/Hoffmann/Hopfauf, Grundgesetz 12. Aufl., Art. 68, Rn. 4; *Gas*, BayVBl. 2006, 65 (69); *Schenke* (Fn. 25), Art. 68, Rn. 147.

[58] BVerfG vom 25.8.2005, BVerfGE 114, 121 (157).

... ohne eine Beschädigung des politischen Handlungssystems auch nicht den üblichen prozessualen Erkenntnismitteln zugänglich ist“[59].

b) Verfassungsorgantreue und die Pflicht zur baldigen Entscheidung über eine Bundestagsauflösung

Aus der Verfassungsorgantreue ergibt sich auch die Pflicht des Bundesverfassungsgerichts, beschleunigt und grundsätzlich vor einer Neuwahl des Bundestags über die Verfassungsmäßigkeit einer im Wege einer Verfassungsorganstreitigkeit angegriffenen Bundestagsauflösung zu befinden.[60] Nur auf diese Weise lassen sich die Probleme vermeiden, die sich bei einer möglicherweise verfassungswidrigen Bundestagswahl stellen müssten und die zu kaum lösbaren Legitimationsproblemen sowohl für den alten wie auch für den neu gewählten Bundestag führten. Soweit eine Entscheidung des BVerfG vor der Neuwahl nicht möglich wäre, müsste zumindest erwogen werden, dem BVerfG notfalls das Recht einzuräumen, den Wahltermin durch Erlass einer einstweiligen Anordnung hinauszuschieben. Dass dem Bundesverfassungsgericht der Erlass einer solchen einstweiligen Anordnung – im Gegensatz zu anderen Gerichten – auch von Amts wegen möglich ist, wird heute ganz überwiegend anerkannt. Als Begründung hierfür wird auf das Prinzip der Verfassungsorgantreue hingewiesen[61], da das BVerfG dort, wo die Schaffung vollendeter Tatsachen durch andere Verfassungsorgane droht, seine Funktion als Hüter der Verfassung andernfalls nur unvollkommen wahrnehmen könnte.

IV. Verfassungsorgantreue und Gesetzgebung

1. Begrenzungen des Gesetzesinitiativrechts durch die Verfassungsorgantreue

Wichtige Anwendungsfelder für das Prinzip der Verfassungsorgantreue ergeben sich auch in Verbindung mit der Durchführung des Gesetzgebungsverfahrens.[62] Das zeigt sich schon bei der Ausübung des Gesetzesinitiativrechts.

---

[59] BVerfG vom 25.8.2005, BVerfGE 114, 121 (157); krit. hierzu *Mager*, Jura 2006, 290 (295); *Schenke*, ZfP 2006, 26 (35 ff.); *Winkler*, ZSE 2006,103 (114 ff.).

[60] S. hierzu *Schenke* (Fn. 25), Art. 68, Rn. 270 sowie allgemein zu der aus dem Prinzip der Verfassungsorgantreue abzuleitenden Pflicht des BVerfG, bei Überwiegen des Gewichts von staatlichen Belangen beschleunigt zu entscheiden *Graßhof*, in: Maunz/Schmidt-Bleibtreu/Klein/Bethge, Bundesverfassungsgerichtsgesetz, § 32, Rn.124.

[61] Dazu *Benda/Klein*, Bundesverfassungsgerichtsgesetz, 2. Aufl. 2001, Rn. 183.

[62] Zur auch unter dem Aspekt der Verfassungsorgantreue prinzipiellen Unbedenklich einer Vorprägung parlamentarischer, im Rahmen des Gesetzgebungsverfahrens erfolgender parlamentarischer Entscheidungen durch die Regierung s. *Mehde*, AöR Bd. 127 (2002), 655 (664 ff.).

Hier ist es missbräuchlich und unter dem Aspekt der Verfassungsorgantreue zu beanstanden, wenn die Bundesregierung zur Umgehung des ersten Durchgangs beim Bundesrat einen von ihr erarbeiteten Gesetzentwurf aus der Mitte des Bundestages einbringen lässt.[63] Obwohl eine solche Gesetzgebungspraxis immer wieder anzutreffen ist, haben namhafte Stimmen in der neueren Kommentarliteratur nach wie vor gegenüber dieser Praxis nicht kapituliert und weisen auf deren Verfassungswidrigkeit und den hier vorliegenden Verstoß gegen das Prinzip der Verfassungsorgantreue hin.[64] Gegen den Grundsatz der Verfassungsorgantreue verstößt ebenso eine verkappte Bundesratsinitiative, bei welcher eine vom Bundesrat erarbeitete Gesetzesvorlage aus der Mitte des Bundestags eingebracht wird, um die durch Art. 76 Abs. 3 GG vorgeschriebene vorherige Zuleitung des Gesetzentwurfs an die Bundesregierung zu verhindern.[65] An der Verfassungswidrigkeit eines solchen Procedere ändert es nichts, dass die Bedenken gegen eine solche Verfahrensweise deshalb nicht so schwer wiegen wie bei einer Umgehung des ersten Durchgangs beim Bundesrat, weil die Bundesregierung und die Parlamentsmehrheit regelmäßig demselben politischen Lager angehören.

2. Begrenzungen der Kompetenzen des Vermittlungsausschusses durch die Verfassungsorgantreue

Schon früher wurde darauf hingewiesen, dass ein „überhastetes Gesetzgebungsverfahren" das den Abgeordneten zustehende Recht beeinträchtigt, durch Redebeiträge und Änderungsvorschläge auf den Inhalt des Gesetzes Einfluss zu nehmen, auch deswegen unter dem Gesichtspunkt der Verfassungsorgantreue schwerwiegenden Bedenken ausgesetzt ist.[66] Diese Bedenken gewinnen noch an Gewicht, wenn ein solches Gesetzgebungsverfahren die Aktionsmöglichkeiten der oppositionellen parlamentarischen Minderheit beschneidet, die die Beachtung der durch das Prinzip der Verfassungsorgantreue begründeten Rücksichtnahmepflichten für sich gleichfalls in Anspruch nehmen kann. Mit sich hier stellenden Problemen hatte sich das Bundesverfassungsgericht in den letzten Jahrzehnten mehrfach in Verbindung mit einem vom Vermittlungsausschuss in Anspruch genommenen sehr extensiven Verständnis seiner Vermitt-

---

[63] Eingehend hierzu *Schenke* (Fn. 11), S. 94 f.

[64] *Masing*, in: v. Mangoldt/Klein/Starck, Grundgesetz Bd. II, 6. Aufl. , Art. 76, Rn. 102; *Stettner*, in: Dreier, Grundgesetz Bd. II, 2. Aufl., Art. 76, Rn. 13; s. auch *Mann*, in: Sachs, Grundgesetz, 5. Aufl., Art. 76. Rn. 26; für verfassungswidrig hält eine solche Vorgehensweise auch Stern (Fn. 32), § 37 III 4 b; a.A. aber z.B. *Sannwald*, in: Schmidt-Bleibtreu/Klein/Hofmann/Hopfauf, Grundgesetz, 12. Aufl., Art. 76, Rn. 39 m. w. Nachw.

[65] Für Verfassungswidrigkeit auch insoweit *Masing* (Fn. 64), Art. 76 Abs. 2, 3, Rn. 97 ff.; a.A. *Kersten*, in: Maunz/Dürig, GG, Stand 2011, Art. 76, Rn. 113.

[66] Vgl. hierzu näher mit Beispielen überhasteter Gesetzgebungsverfahren Schenke (Fn. 11), S. 112 ff.

lungskompetenz zu befassen.[67] Es ging dabei darum, dass sich der durch den Bundesrat oder den Bundestag angerufene Vermittlungsausschuss nicht darauf beschränkte, Änderungen eines Gesetzentwurfs vorzunehmen, die dessen grundsätzlichen Inhalt nicht in Frage stellten, sondern stattdessen einen neuen Gesetzentwurf zum Gegenstand seines Vermittlungsvorschlages machte, der thematisch die ursprüngliche Gesetzesvorlage hinter sich ließ und der Sache nach eine neue, eigenständige Regelung beinhaltete.

Die Problematik stellte sich erstmals in Verbindung mit dem 2. HaushaltsstrukturG vom 21.12.1981 (BGBl. I S. 1523), einem Artikelgesetz, das ca. 40 Einzelgesetze umfasste, die alle dem Ziel der Haushaltssanierung dienten. Hier fügte der Vermittlungsausschuss offenbar auf Betreiben seiner Bundesratsmitglieder in seinen Vermittlungsvorschlag einen neuen Art. 26a ein, der das Gesetz zum Abbau der Fehlsubventionierung im Wohnungsbau beinhaltete. Dieser Vermittlungsvorschlag sollte zwar – wie die übrigen Artikel des Gesetzes – ebenfalls der finanziellen Sanierung der öffentlichen Hand dienen, beschritt hierbei aber mit der Erhöhung des Zinssatzes für staatliche Wohnungsbaufinanzierungen einen neuen Weg, der in dem ursprünglichen Entwurf des 2. HaushaltsstrukturG noch nicht vorgesehen gewesen war.[68] Das Bundesverfassungsgericht, das sich im Rahmen einer Verfassungsbeschwerde mit dem Gesetz zu befassen hatte, bejahte dabei zwar dessen Verfassungsmäßigkeit, da der Bundesrat in seiner Stellungnahme zum Gesetzentwurf der Bundesregierung die Berücksichtigung einer von ihm vorgeschlagenen wohnungsbaupolitischen Initiative gefordert habe und überdies die Ergänzung des Gesetzentwurfs im Vermittlungsvorschlag in einem inhaltlichen Zusammenhang mit dem vorangegangenen Gesetzesbeschluss des Bundestags stehe.[69] Das Gericht betonte aber zugleich, dass das Gesetzgebungsverfahren möglicherweise an der „Grenze des Zulässigen"[70] gelegen habe. Bei dieser Beurteilung dürfte der Umstand, dass die Verfassungswidrigkeit des Gesetzes zu sehr schwerwiegenden haushalts- und finanzpolitischen Folgen geführt hätte (es ging immerhin um Einsparungen in Höhe von rund 40 Milliarden DM) eine nicht unerhebliche Rolle gespielt haben. Wichtig an dieser Entscheidung blieb aber – unabhängig von der konkreten Beurteilung des 2. HaushaltsstrukturG –, dass das Gericht bereits hier auf die Grenzen der Vermittlungstätigkeit des Vermittlungsausschusses hinwies und schon damals anklang, dass ein Vermittlungsvorschlag, der eine Regelung aufnimmt, die in keinem Sachzusammenhang mit dem Gesetzesbeschluss des Bun-

---

[67] Zur allgemeinen Bedeutung von Vermittlungsverfahren und den verschiedenen Möglichkeiten zu ihrer Ausgestaltung s. *Lorz* (Fn. 11), S. 160 ff.

[68] S. hierzu näher *Schenke*, Die verfassungsrechtlichen Grenzen der Tätigkeit des Vermittlungsausschusses, 1984.

[69] BVerfG vom l3.5.1986, BVerfGE 72, 175 (190).

[70] BVerfG vom 13.5.1986, BVerfGE 72, 175 (187).

destags steht und der nicht vorher Gegenstand parlamentarischer Beratung war, verfassungsrechtlich bedenklich ist.

An diese Entscheidung knüpfte das Urteil des BVerfG vom 7.12.1999[71] an, das die Ausführungen im Beschluss vom 13.5.1986 noch weiter konkretisierte. Das BVerfG betonte erneut, dass der Entscheidungsspielraum des Vermittlungsausschusses durch dessen Aufgabe begrenzt sei, das Gesetzgebungsziel auf der Grundlage des bisherigen Gesetzgebungsverfahrens zu verwirklichen und mit dieser Zielsetzung die Meinungsverschiedenheiten zwischen Bundestag und Bundesrat in einer gemeinsamen Lösung auszugleichen. Der Beschlussvorschlag des Vermittlungsausschusses müsse insbesondere die Rechte der Abgeordneten im Gesetzgebungsverfahren wahren und die Gesetzgebungsentscheidungen der parlamentarischen Öffentlichkeit vorbehalten, um einer Entparlamentarisierung der Gesetzgebung entgegenzuwirken.[72] Daraus folgerte das BVerfG, dass der Vermittlungsausschuss keinen Vorschlag unterbreiten dürfe, der außerhalb der bisherigen Auffassungsunterschiede im Parlament oder der bisherigen Gegenläufigkeit zwischen Bundestag und Bundesrat bleibe. Die Einhaltung dieser verfassungsgesetzlichen Grenzen der Tätigkeit des Vermittlungsausschusses sah das BVerfG in dem zu entscheidenden Fall aber noch gewahrt. Dagegen ging das Gericht[73] im (späteren) Urteil vom 15.1.2008, das durch eine Vorlage des BFH veranlasst worden war, bereits davon aus, dass die auf einer Initiative des Vermittlungsausschusses beruhende Aufhebung des § 12 Abs. 2 Nr. 4 des Umwandlungssteuergesetzes unter Zugrundelegung der in seinem Urteil vom 7.12.1999 entwickelten Grundsätze wegen Überschreitung der Kompetenzen des Vermittlungsausschusses schon verfassungswidrig sei. Trotzdem sah das BVerfG davon ab, die Norm für nichtig zu erklären. Als Begründung hierfür wies es daraufhin, dass es die Maßstäbe, an denen gemessen das zur Prüfung vorgelegte Gesetzgebungsverfahren als verfassungswidrig anzusehen war, erst in seinem Urteil vom 7.12.1999 und damit nach Abschluss des fraglichen Gesetzgebungsverfahrens konkretisiert hatte[74]. In einem Beschluss vom 8.12.2009[75], der die Kürzung des Ausgleichsbetrags gem. § 45a Abs. 2 S. 3 Var. 1 PBefG i. d. F. des Haushaltsbegleitgesetzes 2004 zum Gegenstand hatte, ging es von der Verfassungswidrigkeit dieser Regelung aus, weil sie auf einer Überschreitung der Vermittlungskompetenz beruhte. Anders als in der Entscheidung vom 15.1.2008 beschränkte sich das BVerfG nunmehr nicht darauf, die Verfassungswidrigkeit der betreffenden Regelung festzustellen, sondern bejahte auch deren Nichtigkeit.[76] Es folgerte dies daraus, dass im Zeitpunkt des Erlasses

[71] BVerfG vom 7.12.1999, BVerfGE 101, 297 ff.
[72] BVerfG vom 7.12.1999, BVerfGE 101, 297 (306 f.).
[73] BVerfG vom 15.1.2008, BVerfGE 120, 56 (73 ff.).
[74] BVerfG vom 15.1.2008, BVerfGE 120, 56 (80).
[75] BVerfG vom 8.12.2009, BVerfGE 125, 104 ff.
[76] BVerfG vom 8.12.2009; BVerfGE 125, 104 (132).

der Norm die verfassungsrechtlichen Grenzen der Tätigkeit des Vermittlungsausschusses durch das BVerfG bereits konkretisiert worden waren.

Obwohl das BVerfG bei seiner zitierten Rechtsprechung das Prinzip der Verfassungsorgantreue expressis verbis nicht erwähnte, belegt diese Rechtsprechung dennoch die Bedeutung der Verfassungsorgantreue, und dies sogar unter zweierlei Gesichtspunkten. Zum einen kam diesem Prinzip bei der Bestimmung der verfassungsrechtlichen Grenzen der Tätigkeit des Vermittlungsausschusses maßgebliche Bedeutung zu. Zum anderen determinierte die Verfassungsorgantreue die Rechtsfolgen einer Überschreitung der Vermittlungskompetenz durch den Vermittlungsausschuss.

Für die Konkretisierung der Grenzen der Vermittlungskompetenz wurde das Prinzip der Verfassungsorgantreue insoweit bedeutsam, als es zur Auslegung der in Art. 77 Abs. 2 GG normierten Zuständigkeit des Vermittlungsausschusses Wesentliches beitrug. Jener ist zwar kein oberstes Bundesorgan i.S. des Art. 93 Abs. 1 Nr. 1 GG, wohl aber ein durch das Grundgesetz mit eigenen Rechten ausgestatteter Beteiligter.[77] Wegen der Unabhängigkeit seiner Mitglieder wie auch wegen der ihm durch Art. 77 Abs. 2 GG zugewiesenen Rechtsstellung im Rahmen der Gesetzgebung ist seine Rechtsstellung den obersten Bundesorganen vergleichbar. Er unterliegt deshalb wie diese den Bindungen durch das Prinzip der Verfassungsorgantreue und den hieraus resultierenden Geboten zur Rücksichtnahme auf andere oberste Staatsorgane und auf durch das Grundgesetz gleichfalls mit eigenen Rechten ausgestattete andere Beteiligten i.S. des Art. 93 Abs. 1 Nr. 1 GG. Zu Recht wies das BVerfG[78] in diesem Zusammenhang daraufhin, dass bei Überschreitung der Grenzen seiner Vermittlungstätigkeit der Vermittlungsausschuss der Sache nach ein Gesetzesinitiativrecht für sich in Anspruch nähme. Dies wäre aber damit unvereinbar, dass ein solches Initiativrecht nach Art. 76 Abs. 1 GG nur der Bundesregierung, der „Mitte des Bundestages“ und dem Bundesrat zusteht. Mit einem solchen exzessiven Gebrauch seiner Vermittlungskompetenz maßte sich der Vermittlungsausschuss, dessen Verhandlungen – anders als die des Bundestags – nicht öffentlich sind, aber nicht nur – wie das BVerfG richtig erkannte – ein Gesetzesinitiativrecht an, das anderen Verfassungsorganen bzw. Verfassungsorganteilen zusteht. Er beschnitte zugleich auch die Rechtsstellung, die den einzelnen Bundestagsabgeordneten durch Art. 38 Abs. 1 GG zugewiesen ist.[79] Insbesondere nähme er den Bundestagsabgeordneten ihre in Art. 38 Abs. 1 GG angelegte Befugnis, an der Gesetzgebung durch Diskussionsbeiträge und das Einbringen von Änderungsvorschlägen mitzuwirken. Zwar wird ein Vermittlungsvorschlag nach Art. 77

[77] *Bethge* (Fn. 14), § 64, Rn. 40; *Schenke* (Fn. 68), S. 46 f.

[78] BVerfG vom 15.1.2008, BVerfGE 120, 56 (74); vom 8.12.2009, BVerfGE 125, 104 (122).

[79] BVerfG vom 15.1.2008, BVerfGE 120, 56 (74 f.); BVerfG vom 8.12.2009, BVerfGE 125, 104 (123).

Abs. 2 S. 5 GG nur dann Gesetz, wenn der Bundestag ihn durch einen erneuten Beschluss billigt. Bei der Abstimmung über einen Einigungsvorschlag werden aber die Rechte der einzelnen Bundestagsabgeordneten nicht in ausreichender Weise gewahrt. Das ergibt sich daraus, dass gem. § 10 Abs. 3 der Geschäftsordnung des Vermittlungsausschusses der Bundestag nur über den Vorschlag abstimmt. Eine parlamentarische Diskussion findet nicht mehr statt. Vielmehr können zu dem Vorschlag nur Erklärungen abgegeben werden. Zudem ist ein Änderungsantrag unzulässig.

Eben diese Auswirkungen, die ein Vermittlungsvorschlag mit sich bringt, der außerhalb der bisherigen Auffassungsunterschiede im Parlament oder der bisherigen Gegenläufigkeit zwischen Bundestag und Bundesrat bleibt[80], begründen eine Verletzung des Initiativrechts der in Art. 76 Abs. 1 GG genannten Gesetzesinitianten sowie des Bundestags und seiner Abgeordneten, da auf deren Kompetenzen nicht in der durch das Prinzip der Verfassungsorgantreue gebotenen Weise Rücksicht genommen wird. Das war auch der Grund, weswegen im rechtswissenschaftlichen Schrifttum schon vor den einschlägigen Stellungnahmen des BVerfG darauf hingewiesen wurde, dass eine Überschreitung der Vermittlungskompetenz des Vermittlungsausschusses zugleich gegen das Prinzip der Verfassungsorgantreue verstoße.[81] Dass das BVerfG demgegenüber die Verfassungsorgantreue nicht ausdrücklich erwähnte, sondern stattdessen auf die verfassungsgesetzliche Rechtsstellung oberster Staatsorgane bzw. sonstiger im GG mit entsprechenden Rechten ausgestatteter Beteiligter am Verfassungsleben abhob[82], die durch das Verhalten des Vermittlungsausschusses beeinträchtigt wurden, ändert nichts daran, dass bei seiner Interpretation des Art. 77 Abs. 2 GG unverkennbar das im Prinzip der Verfassungsorgantreue angelegte Gebot mitschwingt, wonach verfassungsgesetzliche Kompetenznormen in einer Weise auszulegen sind, die Rücksicht auf die Rechtsstellung anderer Verfassungsorgane bzw. anderer am Verfassungsleben Beteiligter nimmt. Gerade die Verfassungsorgantreue, die als Mittel der Auslegung fungiert, tritt oftmals gegenüber den verfassungsgesetzlichen Kompetenznormen, die sie flankiert, in den Hintergrund, zumal sich – wie schon oben unter I 2 und I 3d ausgeführt – hier enge Berührungspunkte mit den allgemeinen Interpretationstopoi der integrierenden Wirkung, der funktionellen Richtigkeit und der praktischen Konkordanz ergeben.

---

[80] BVerfG vom 7.12.1999, BVerfGE 101, 297 (306); vom 15.1.2008, BVerfGE 120, 56 (75 f.).

[81] S. dazu z.B. *Bismarck*, DÖV 1983, 277 ff.; *Quaas*, WM 1982, 284; *Schenke* (Fn. 68), S. 44 f. m. weit. Nachw.; *Schleifenbaum/Kamphausen*, DWW 1983, Heft 4, S. 4 f.; *Zeh*, Zur verfassungsrechtlichen Problematik einer Beschlußempfehlung des Vermittlungsausschusses, Gutachten des wissenschaftlichen Dienstes des Deutschen Bundestages (unveröffentlicht), 1982, S. 88.

[82] BVerfG vom 8.12.2009, BVerfGE 125, 104 (123 f.).

Die Verfassungsorgantreue liefert auch eine Erklärung dafür, dass sich das BVerfG in seinem Urteil vom 15.1.2008[83] trotz einer von ihm festgestellten Kompetenzüberschreitung damit begnügte, die Verfassungswidrigkeit der ihm nach Art. 100 Abs. 1 GG vorgelegten, durch den Vermittlungsausschuss initiierten Norm festzustellen, und von der sonst nach § 78 S. 1 BVerfGG grundsätzlich gebotenen Feststellung der Nichtigkeit der Norm[84] Abstand nahm. Das BVerfG nahm hiermit darauf Rücksicht, dass es die verfassungsrechtlichen Grenzen der Tätigkeit des Vermittlungsausschusses erst nach Erlass des ihm vorgelegten Gesetzes konkretisiert hatte und deshalb der in der Annahme des Vermittlungsvorschlags liegende Verfassungsverstoß des Bundestags für diesen nicht evident war. Der Sache nach lag hierin eine durch das Prinzip der Verfassungsorgantreue veranlasste teleologische Reduktion des § 78 S. 1 BVerfGG.[85] Durchaus konsequent bejahte das BVerfG[86] hingegen die Nichtigkeit des gleichfalls auf einer Kompetenzüberschreitung beruhenden Kürzung des Ausgleichsbetrags gem. § 45a Abs. 2 S. 3 Var. 1 PBefG i. d. F. des Haushaltsbegleitgesetzes 2004. In diesem Fall lag bei der entsprechenden Beschlussfassung des Bundestages bereits die verfassungsgerichtliche Konkretisierung der Kompetenzen des Vermittlungsausschusses vor. Da dem Gesetzgeber der von ihm begangene Verfassungsverstoß nunmehr vorzuwerfen war, bestand kein Anlass für seine Schonung durch ein Absehen von der Nichtigerklärung des verfassungswidrigen Gesetzes.

3. Bindungen des Bundesrats durch das Prinzip der Verfassungsorgantreue

a) Verfassungsorgantreue und Zustimmungsgesetze

Schon früher wurde die Frage viel diskutiert, ob und ggf. in welchem Umfang sich für den Bundesrat bei seiner Mitwirkung bei der Bundesgesetzgebung aus dem Prinzip der Verfassungsorgantreue Begrenzungen seiner Handlungsbefugnisse ergeben. Vielfach wird in ihm ein Instrument zur Begrenzung einer oft behaupteten Blockadepolitik des Bundesrats gesehen. Begründet wird dies in der Regel damit, dass der Bundesrat auf die Wahrnehmung spezifischer Länderinteressen beschränkt sei und dass deshalb ein vorwiegend parteipolitisch motiviertes Abstimmungsverhalten der Bundesratsmitglieder gegen das Prinzip

---

[83] BVerfG vom 15.1.2008, BVerfGE 120, 56 (79 f.).

[84] Dazu, dass selbst eine Feststellung der Nichtigkeit einer Norm den Gesetzgeber nicht hindert, dies erneut zu erlassen, sich aber hier aus dem Prinzip der Verfassungsorgantreue Bindungen ergeben können, s. *Bethge* (Fn. 14), Vorbemerkung, Rn. 179.

[85] Insoweit ergibt sich eine Parallele zur verfassungskonformen Auslegung, die ebenfalls einen Brückenschlag zum Prinzip der Verfassungsorgantreue zulässt, s. dazu *Sommer* (Fn. 14), Art. 20 Abs. 3, Rn. 260.

[86] BVerfG vom 8.12.2009, BVerfGE 125, 104 (132).

der Verfassungsorgantreue verstoße. Bereits früher wurden gegenüber dieser Auffassung Bedenken geltend gemacht.[87] Zwar gilt der Grundsatz der Verfassungsorgantreue auch im Verhältnis zwischen Bundestag und Bundesrat[88] und hat hier sogar eine partielle verfassungsgesetzliche Konkretisierung erfahren (s. z.B. Art. 76 Abs. 2 GG sowie allgemein Art. 43 Abs. 2 GG). Außer Zweifel steht auch, dass die starke Stellung, die dem Bundesrat durch den Verfassungsgesetzgeber eingeräumt wurde, trotz einer verfassungsgesetzlichen Abschwächung in den letzten Jahren unter verfassungspolitischen Gesichtspunkten keineswegs unproblematisch ist und insbesondere in einem Spannungsverhältnis zur grundgesetzlich verankerten repräsentativen Demokratie steht[89], die tendenziell die Versuchung begünstigt, die Verfassungsorgantreue zum Abbau dieser Spannungen zu aktivieren.

Ein parteipolitischer Einsatz des Bundesrats kann jedoch auf diese Weise nicht verhindert werden. Vielmehr lässt das Bekenntnis des Grundgesetzes zur Parteiendemokratie eine solche Nutzung des Bundesrats als prinzipiell legal und legitim anzusehen.[90] Das gilt umso mehr, als dem Bundestag die Möglichkeit offensteht, die Mitwirkungsrechte des Bundesrats zu schmälern, indem Gesetzesvorhaben in ein zustimmungsbedürftiges und ein nicht zustimmungsbedürftiges Gesetz aufgespalten werden. Eine solche Gesetzgebungspraxis ist auch unter dem Aspekt der Verfassungsorgantreue prinzipiell nicht zu beanstanden.[91] Das gilt jedenfalls für eine von Anfang an vorgenommene aktive Aufteilung des Gesetzgebungsvorhabens.[92] Selbst dort, wo eine Aufspaltung des Bundesgesetzes ausscheidet – z.B. bei Bundesgesetzen über Steuern, deren Aufkommen den Ländern oder den Gemeinden (Gemeindeverbänden) ganz oder teilweise zufließt und die gem. Art. 105 Abs. 3 GG der Zustimmung des Bundesrats bedürfen –, bestehen grundsätzlich keine durch die Verfassungsorgantreue begründeten verfassungsrechtlichen Bedenken gegenüber einer parteipolitisch motivierten Verweigerung der Zustimmung des Bundesrats. Das trifft auch für solche Gesetze zu, die durch den Abbau von Steuersubventionen die Haushaltssituation der Länder verbessern. Das Zustimmungserfordernis des Art. 105 Abs. 3 GG gilt unabhängig davon, ob hierdurch die finanzielle Situa-

---

[87] *Schenke* (Fn. 11), S. 70 ff.

[88] Zur Bedeutung des Prinzips der Verfassungsorgantreue für Abstimmungen im Bundesrat s. *Schenke*, NJW 2002, 1318 (1319); vgl. auch (ohne Benennung der Verfassungsorgantreue) BVerfG vom 18.12.2002, BVerfGE 106, 310 ff.

[89] S. dazu näher *Schenke*, Die Gesetzgebung zwischen Parlamentarismus und Föderalismus, in: H. P. Schneider/Zeh, Parlamentsrecht und Parlamentspraxis in der Bundesrepublik Deutschland, 1989, S. 1485 ff.

[90] So auch *Herzog/Grzeszick*, in Maunz/Dürig, Grundgesetz, Stand 2009, Art. 20, Rn. 140.

[91] BVerfG vom 17.7.2002, BVerfGE 105, 313, 338 ff.

[92] Dazu *Schenke* (Fn. 11), S. 81 ff.; a.A. *Pestalozza*, ZRP 1976, 154 ff. für eine reaktive Aufteilung von Gesetzesvorhaben.

tion der Länder verschlechtert oder verbessert wird. Deshalb war es – entgegen einer im rechtswissenschaftlichen Schrifttum vertretenen Ansicht[93] – unter dem Aspekt der Verfassungsorgantreue nicht zu beanstanden, dass der Bundesrat mit einer eingehenden Begründung[94] seine Zustimmung zu dem Entwurf eines Gesetzes zum Abbau von Steuervergünstigungen und Ausnahmeregelungen (Steuervergünstigungsabbaugesetz -StVergAbG)[95] wegen der „geplanten massiven Mehrbelastung der Wirtschaft und der Arbeitnehmer" ablehnte, ohne zugleich Alternativvorschläge zur Haushaltssanierung vorzulegen. Zur Problematik einer auf das Prinzip der Verfassungsorgantreue gestützten Befristung der Anrufung des Vermittlungsausschusses durch Bundestag und Bundesregierung gem. Art. 77 Abs. 2 S. 2 GG s. sogleich unten IV 3b.

b) Verfassungsorgantreue und Einspruchsgesetze

Dem Prinzip der Verfassungsorgantreue wird im neueren Schrifttum auch in Verbindung mit Einspruchsgesetzen Bedeutung zugemessen. So wird hieraus abgeleitet[96], dass dort, wo der Bundesrat nach Beendigung des Vermittlungsverfahrens gegen ein vom Bundestag beschlossenes Gesetz Einspruch eingelegt hat, der Bundestag über die Zurückweisung des Einspruchs innerhalb angemessener Zeit zu entscheiden habe. Diese Ansicht überzeugt jedoch nicht.[97] Es fällt bereits auf, dass der Verfassungsgesetzgeber zwar in Art. 77 Abs. 3 GG die Einspruchsbefugnis des Bundesrats zeitlich eng befristet hat, für die Entscheidung des Bundestags über einen Einspruch aber gerade keine Befristung vorgesehen hat. Zwar wurde im Parlamentarischen Rat eine Befristung erwogen[98], letztlich aber ganz bewusst nicht in Art. 77 Abs. 4 GG aufgenommen. Für sie besteht auch kein Bedürfnis, da es dem Bundestag freigestellt sein muss, ob er ein Gesetzgebungsvorhaben nach Einspruchseinlegung des Bundesrats weiter verfolgt. Insoweit ist die Interessenlage hier eine gänzlich andere als in den Fällen, in denen ein anderes am Gesetzgebungsverfahren beteiligtes Organ das Inkrafttreten eines vom Bundestag beschlossenen Gesetzes blockiert, indem es eine für den Erlass des Gesetzes erforderliche Mitwirkungshandlung unangemessen verzögert.

---

[93] Dazu eingehend *Rolf Schmidt*, DÖV 2005, 973 ff.

[94] BR-Dr. 120/03.

[95] BT-Dr. 15/119.

[96] *J. Lang*, ZRP 2006, 15 ff.; Sannwald (Fn. 64), Art. 77, Rn. 56; a.A. *Mann*, in: Sachs, Grundgesetz, 5. Aufl., Art. 77, Rn. 39.

[97] Entsprechendes gilt bereits für die Anrufung des Vermittlungsausschusses bei zustimmungsbedürftigen Gesetzen gem. Art. 77 Abs. 2 S. 4 GG, bei der ebenfalls keine Frist benannt wird, innerhalb derer der Vermittlungsauschuss anzurufen ist. Auch hier ist es deshalb nicht überzeugend, wenn aus dem Grundsatz der Verfassungsorgantreue abgeleitet wird (so aber *Dietlein*, in: Epping/Hillgruber, Grundgesetz, 2009, Art. 77, Rn. 37 m. weit. Nachw.), dass die Anrufung innerhalb einer angemessenen Frist zu erfolgen habe.

[98] S. zur Entstehungsgeschichte näher *J. Lang*, ZRP 2006, 16.

Insbesondere kann aus dem Umstand, dass der Bundespräsident – trotz Fehlens einer ausdrücklichen Regelung – ein nach den Vorschriften des Grundgesetzes zustande gekommenes Gesetz nach erfolgter Gegenzeichnung innerhalb angemessener Zeit auszufertigen und zu verkünden hat, nicht gefolgert werden, der Bundestag habe ebenfalls innerhalb angemessener Zeit über die Zurückweisung eines Einspruchs gem. Art. 77 Abs. 4 GG zu entscheiden. Während ein Fristerfordernis für die Ausfertigung und Verkündung eines Bundesgesetzes unter dem Aspekt der Verfassungsorgantreue durchaus Sinn ergibt[99], trifft dies für die Durchführung eines Verfahrens gem. Art. 77 Abs. 4 GG gerade nicht zu.

Hat der Bundestag – aus welchen Gründen auch immer – an der weiteren Verfolgung eines Gesetzgebungsvorhabens kein Interesse mehr oder scheint ihm dies nicht opportun, ist es jedenfalls nicht erforderlich, eine förmliche Entscheidung über den Einspruch herbeizuführen. Dies kann sich sogar aus politischen Gründen verbieten, wenn es zweifelhaft ist, ob die für die Zurückweisung des Einspruchs nach Art. 77 Abs. 4 GG erforderlichen Mehrheiten zustande kommen. Das Scheitern eines entsprechenden Versuchs wäre mit einem erheblichen politischen Prestigeverlust für die Bundesregierung und die sie tragenden politischen Parteien verbunden. Selbst wenn der Einspruch nur mit der Mehrheit der Stimmen des Bundesrates beschlossen wurde, signalisierte das Fehlen der für die Zurückweisung des Einspruchs erforderlichen Mehrheit der Stimmen (der sog. Kanzlermehrheit) die Schwäche der Regierungsparteien. Wurde der Einspruch mit einer Mehrheit von mindestens zwei Dritteln der Mitglieder des Bundesrates beschlossen, ist das Scheitern einer Zurückweisung des Einspruchs ohnehin in aller Regel vorprogrammiert.

4. Verfassungsorgantreue und unmittelbare Demokratie

Schon seit einigen Jahren wird die Frage verstärkt diskutiert, ob die Verfassungsorgantreue auf das Verhältnis des Parlaments zu dem unmittelbare Staatsgewalt ausübenden Volk anzuwenden ist.[100] Im Vordergrund steht dabei die Frage, ob ein durch einen Volksentscheid zustande gekommenes Gesetz anschließend durch ein vom Parlament erlassenes Gesetz aufgehoben werden kann und inwieweit ggf. eine solche Vorgehensweise mit dem Grundsatz der

---

[99] S. hierzu *Bauer* (Fn. 14), Art. 80, Rn. 63.

[100] S. hierzu im Schrifttum z.B. *Borowski*, DÖV 2000, 481 ff.; *Engelken*, DVBl. 2005, 415 ff.; *Hasse*, ThürVBl. 2009, 73 ff.; *Jacobsen*, DÖV 2007, 949 ff.; *Koch/Storr*, ThürVBl. 2009, 5 ff.; *Kloepfer/Schärdel*, DVBl. 2008, 1333 ff.; *Mahrenholz*, NordÖR 2007, 11 ff.; *Rossi/Lenski*, DVBl. 2008, 416 ff.; vgl. auch schon früher *Peine*, Der Staat Bd. 18 (1979), 375, 396; in der Rechtsprechung HbgVerfG vom 15.12.2004, NVwZ 2005, 685 ff.; vom 27.04.2007 – HVerfG 3/06, BeckRS 2009, 31933. Allgemein zur Problematik von Volksgesetzgebung und parlamentarischer Gesetzgebung SächsVerfGfH vom 11.7.2002, NVwZ 2003, 472 ff.; BayVerfGH vom 31.3.2000, NVwZ-RR 2000, 401.

Verfassungsorgantreue vereinbar ist. Im Hinblick auf die dem Grundgesetz – von Art. 29 GG abgesehen – fremde Volksgesetzgebung spielt das Problem nur in denjenigen Bundesländern eine Rolle, die der unmittelbaren Demokratie weiteren Raum lassen, indem sie Volksbegehren und Volksentscheide zulassen, die gesetzliche Regelungen zum Gegenstand haben. Da das Volk bei der Entscheidung über ein Gesetz unmittelbare Staatsgewalt ausübt und – anderen obersten Staatsorganen insoweit gleichgeordnet – selbständig eine ihm verfassungsgesetzlich eingeräumte Kompetenz ausübt, ist es nur folgerichtig, ihm insoweit gleichfalls den Status eines Verfassungsorgans einzuräumen. Zumindest müssen die für Verfassungsorgane geltenden Grundsätze auf den Volksentscheid wie auch schon auf ein vorausgehendes, auf Erlass eines Gesetzes gerichtetes Volksbegehren[101] entsprechend angewandt werden. Damit wird aber zugleich der Weg frei gemacht, das Prinzip der Verfassungsorgantreue anzuwenden.

Dieses Prinzip entfaltet dabei schon im Vorfeld der Aktivitäten des Volkes, die auf Erlass eines Gesetzes gerichtet sind, normative Wirkung. Daraus ergibt sich, dass es anderen Verfassungsorganen, insbesondere also dem Parlament, aber auch der Regierung, grundsätzlich untersagt ist, einen Volksentscheid zu verhindern oder so zu erschweren, dass die dem Volk eingeräumte Gesetzgebungskompetenz ausgehöhlt wird.[102] So ist es z.B. unzulässig, wenn die Regierung ohne triftige Gründe durch ein Handeln vollendete Tatsachen schafft, etwa irreversible Schritte unternimmt, auf deren Unterbindung das Volksbegehren gerichtet ist[103]. Daraus kann allerdings nicht abgeleitet werden, dass es dem Parlament verboten ist, seinerseits gesetzgeberische Aktivitäten hinsichtlich derselben Regelungsmaterie zu entfalten wie das auf Erlass eines Gesetzes gerichtete Volksbegehren. Die Gesetzgebungsbefugnisse des Parlaments und des Volkes stehen nebeneinander, ohne dass einer von ihnen der Vorrang gebührt.[104]

Wird im Wege des Volksentscheids ein Gesetz beschlossen, hindert dies den parlamentarischen Gesetzgeber grundsätzlich nicht, auf dessen Änderung hinzuwirken. Volksgesetzgebung und parlamentarische Gesetzgebung haben denselben Rang, so dass auch hier der Grundsatz „lex posterior derogat legi priori" zur Anwendung kommt.[105] Der Versuch, dem unmittelbar vom Volk erlassenen Gesetz wegen einer stärkeren demokratischen Legitimation den Vorrang vor

---

[101] Dazu *Borowski*, DÖV 2000, 481 (490 f.); *Engelken*, DVBl. 2005, 415 (416); *Hasse*, ThürVBl. 2009, 75 ff.; *Kloepfer/Schärdel*, DVBl. 2008, 1333 (1338 f.); *Rossi/Lenski*, DVBl. 2008, 416 (420 ff.); HbgVerfG vom 15. 12. 2004, NVwZ 2005, 685 (688 f.); vom 27. 4. 2007, BeckRS 2009, 31933.

[102] *Engelken*, DVBl. 2005, 415 ff.; *Hasse*, ThürVBl. 2009, 73 (75); vgl. auch *Koch/Storr*, ThürVBl. 2008, 5 (9).

[103] *Engelken*, DVBl. 2005, 415 (418).

[104] *Engelken*, DVBl. 2005, 415.

[105] *Borowski*, DÖV 2000, 481 (491); *Hasse*, ThürVBl. 2009, 73 (74 f).; *Isensee*, DVBl. 2001, 1161 (1166); *Koch/Storr*, ThürVBl. 2009, 5 (9); BayVerfGH vom 31, 3, 2000, NVwZ-RR 2000,

der nur mittelbar demokratisch legitimierten Parlamentsgesetzgebung einzuräumen, wird zu Recht überwiegend abgelehnt. Über den Rang von Gesetzen kann nur die jeweilige Verfassung entscheiden. In keiner Landesverfassung finden sich aber Anhaltspunkte dafür, dass die unmittelbar vom Volk erlassenen Gesetze einen höheren Rang einnehmen sollen als die Parlamentsgesetze. Insbesondere fehlt es an Regelungen, die erforderlich wären, um einen Vorrang der Volksgesetzgebung vor der parlamentarischen Gesetzgebung zu sichern und durchzusetzen. Räumte man der Volksgesetzgebung einen höheren Rang ein, so bedeutete dies, dass dem Parlament jede Möglichkeit zur späteren Änderung eines Volksgesetzes verwehrt wäre, ein solches vielmehr nur im Wege eines Volksentscheides geändert werden könnte. Bei der Schwerfälligkeit der Volksgesetzgebung und den zahlreichen Hürden, die dabei zu überwinden sind, raubte dies dem Staat die Möglichkeit zu einem schnellen und flexiblen Handeln, das staatlichen Herausforderungen gerecht wird. Es wäre überdies damit unvereinbar, dass alle Landesverfassungen – den Erfordernissen effizienten staatlichen Handelns Rechnung tragend – vom Modell einer repräsentativen Demokratie ausgehen, bei denen die Hauptaufgabe des Parlaments im Erlass von Gesetzen besteht und der Volksgesetzgebung lediglich eine ergänzende Funktion zugewiesen wird. Diese Führungsrolle des Parlaments und dessen hiermit gekoppelte politische Verantwortung wären bei einem Vorrang der Volksgesetzgebung ernsthaft gefährdet.

Die Anwendung der lex-posterior-Regel auf das Verhältnis von Volksgesetzgebung und parlamentarischer Gesetzgebung bedeutet allerdings nicht, dass damit für das Parlament beim Erlass eines späteren Gesetzes keinerlei Bindungen bestehen. Unbestreitbar bestehen jedenfalls erhebliche politische Bindungen, da eine Parlamentsmehrheit, die sich leichtfertig und ohne triftige Gründe über ein vom Volk beschlossenes Gesetz hinwegsetzte, riskierte, bei der nächsten Wahl durch den demokratischen Souverän empfindlich abgestraft und in die Opposition geschickt zu werden. Zudem kommen aber auch rechtliche Bindungen in Betracht. Solche Bindungen können sich – außer aus sonstigen, im vorliegenden Zusammenhang nicht interessierenden materiell-rechtlichen Bindungen (z.B. den Grundsätzen für eine echte oder unechte Rückwirkung) – insbesondere aus dem Prinzip der Verfassungsorgantreue ergeben. In dem Erlass von gesetzlichen Regelungen, die ein vom Volk beschlossenes Gesetz abändern oder außer Kraft setzen, kann eine Desavouierung der Volksgesetzgebung liegen, die sich unter dem Aspekt der Verfassungsorgantreue verbietet. Freilich ist hier Vorsicht geboten und vor einer Überstrapazierung dieses ungeschriebenen Rechtssatzes zu warnen. So bietet er mit Sicherheit keine Handhabe, den lex-posterior-Grundsatz ganz oder auch nur teilweise außer Kraft zu setzen.

---

401 (402); HbgVerfG vom 15. 12. 2004, NVwZ 2005, 685 (687 f.); vom 27. 4. 2007, BeckRS 2009, 31933; SächsVerfGH vom 11. 7. 2002, NVwZ 2003, 472 (473).

Selbst die Annahme, eine inhaltliche Änderung eines auf einem Volksentscheid beruhenden Gesetzes sei frühestens in der nächsten Wahlperiode möglich[106], beruht auf einer Überdehnung des Prinzips der Verfassungsorgantreue.

Nicht zu überzeugen vermag auch der Versuch, die Änderungsgesetzgebung dahingehend zu begrenzen, dass diese nur bei einer Veränderung der Sach- und Rechtslage statthaft sein soll, die nach dem Volksentscheid eintrat.[107] Eine solche Anknüpfung an prozessrechtliche Rechtskraftgrundsätze wird dem Wesen des Politischen und der ihm eigenen Dynamik nicht gerecht. Das gilt ungeachtet des Umstandes, dass derartige Veränderungen der Sach- oder Rechtslage für die politische Legitimation parlamentarischer Änderungsgesetze eine erhebliche Bedeutung besitzen können.

So lässt sich dem Prinzip der Verfassungsorgantreue wohl nur das wesentlich bescheidenere rechtliche Erfordernis entnehmen, dass der parlamentarische Gesetzgeber bei Erlass eines Änderungsgesetzes gehalten ist, die Gründe, die für den Erlass des Volksgesetzes maßgeblich waren, gebührend zu würdigen und in seine gesetzgeberische Abwägung mit einzubeziehen.[108] Dabei hat er insbesondere auch die desintegrierende Wirkung in Rechnung zu stellen, die eine gesetzliche Regelung hervorrufen muss, die sich ohne triftige Gründe über den Willen des Volkes hinwegsetzt. Freilich sind die sich daraus ergebenden Barrieren relativ niedrig und werden durch die auch in diesem Zusammenhang zu beachtende Unterscheidung von Funktions- und Kontrollnorm noch weiter verringert.

Um die Einhaltung der durch die Verfassungsorgantreue begründeten Grenzen einer Änderungsgesetzgebung zu sichern, erscheint es – abweichend von der Rechtsprechung des Hamburgischen Verfassungsgerichts[109] – geboten, den Trägern des Volksbegehrens, das zu einem Volksentscheid führte, auch nach dessen erfolgreichem Abschluss noch die Beteiligtenfähigkeit in Bezug auf eine Verfassungsorganstreitigkeit zuzuerkennen, die der Durchsetzung der Nachwirkungen des Volksentscheids dient. Die Ansicht des Hamburgischen Verfassungsgerichts, die Verfassungsorganeigenschaft und die daran anknüpfende Beteiligtenfähigkeit der Initiatoren des Volksentscheids endeten immer mit dessen Abschluss[110], schwächt die Wirkung der Verfassungsorgantreue ohne Not noch weiter ab und stünde im Widerspruch dazu, dass dem Inhaber einer aus der Verfassungsorgantreue abzuleitenden Befugnis auch eine prozessuale Rechts-

---

[106] *Kloepfer/Schärdel*, DVBl. 2008, 1333 (1338); *Mahrenholz*, NordÖR 2007, 11 (17); im Ergebnis auch *Jacobsen*, DÖV 2007, 949 (959 f.).

[107] *Peine*, Der Staat Bd. 18 (1979), 375 (398 f).

[108] HbgVerfG vom 15.12.2004, NVwZ 2005, 685 (688); *Hasse*, ThüVBl. 2009, 73 (75); *Koch/Storr*, ThürVBl. 2009, 5 (9); für das Bestehen einer eng zu interpretierenden Missbrauchsschranke *Borowski*, DÖV 2000,481 (490 f.).

[109] HbgVerfG vom 27.4.2007, BeckRS 2009, 31933.

[110] So das Mehrheitsvotum HbgVerfG vom 27.4.2007, BeckRS 2009, 31933 Leitsatz 4; überzeugend hierzu die Kritik im Minderheitsvotum der Verfassungsrichter *Hardt* und *v. Paczensky*.

stellung einzuräumen ist, die ihn zur Geltendmachung und Verteidigung dieser Befugnis befähigt. Die Verweisung auf ein abstraktes Normenkontrollverfahren[111], das nur von anderen Verfassungsorganen eingeleitet werden kann, entwertet die Verfassungsorgantreue demgegenüber in einer nicht mehr hinnehmbaren Weise.

5. Verfassungsorgantreue und der Erlass von Rechtsverordnungen

Auf der untergesetzlichen Ebene kommt dem Prinzip der Verfassungsorgantreue in Verbindung mit dem Erlass von Rechtsverordnungen durch die Bundesregierung oder einen Bundesminister Bedeutung zu. Demonstrieren lässt sich dies insbesondere am Beispiel von Art. 80 Abs. 3 GG. Diese Vorschrift wurde erst durch das Gesetz vom 27.10.1994 (BGBl. I S. 3146) auf Wunsch des Bundesrats in das Grundgesetz eingefügt. Danach kann der Bundesrat der Bundesregierung Vorlagen für den Erlass von Rechtsverordnungen zuleiten, die seiner Zustimmung bedürfen. Art. 80 Abs. 3 GG regelt damit ausdrücklich nur das Recht des Bundesrats auf Zuleitung einer Vorlage. Er schweigt sich hingegen dazu aus, was mit dieser Vorlage zu geschehen hat.

Aus diesem Schweigen des Verfassungsgesetzgebers wird z.T. abgeleitet, dass die Bundesregierung nicht verpflichtet sei, auf den Vorschlag des Bundesrats zu reagieren.[112] Diese Interpretation vermag jedoch nicht zu überzeugen. Sie verkennt, dass die Bedeutung des Art. 80 Abs. 3 GG darin liegt, dem Bundesrat ein Initiativrecht in Bezug auf solche Rechtsverordnungen einzuräumen, die in besonderer Weise Länderinteressen berühren und für die deswegen ein Zustimmungsrecht des Bundesrats vorgesehen ist. Insoweit statuiert Art. 80 Abs. 3 GG – entsprechend dem Gesetzesinitiativrecht des Bundesrates bei Parlamentsgesetzen – ein solches Initiativrecht auch hinsichtlich der in Art. 80 Abs. 3 GG genannten Rechtsverordnungen. Daraus ergibt sich beide Male zwar kein Recht des Bundesrats darauf, dass seine Normvorschläge umgesetzt werden, wohl aber ein Recht darauf, dass sich die Bundesregierung innerhalb angemessener Zeit mit der Vorlage des Bundesrats befasst und darüber entscheidet. Zur Untermauerung einer entsprechenden Pflicht der Bundesregierung wird zu Recht auf das Prinzip der Verfassungsorgantreue verwiesen.[113] Ohne die Annahme einer derartigen Befassungspflicht wäre Art. 80 Abs. 3 GG sinnlos und überflüssig. Mit unverbindlichen Anregungen zum Erlass einer Rechtsverordnung könnte sich der Bundesrat schließlich auch ohne Art. 80 Abs. 3 GG jederzeit an die Bundesregierung wenden, und er hat dies bezeichnenderweise schon vor Schaffung des

---

[111] So HbgVerfG vom 27.4.2007, BeckRS 2009, 31933 Leitsatz 5.

[112] So *Hofmann*, NVwZ 1995, 134 (137); *Sannwald* (Fn. 64), Art. 80, Rn. 127.

[113] *Bauer* (Fn. 14), Art. 80, Rn. 63; *Brenner*, in: v. Mangoldt/Klein/Starck, Grundgesetz Bd. II, 6. Aufl, Art. 80 Abs. 3, Rn. 110; *Mann* (Fn. 64), Art. 80, Rn. 47; *Nierhaus* (Fn. 14), Art. 80 Abs. 3, Rn. 790; *Uhle*, in: Epping/Hillgruber, Grundgesetz, 2009, Art. 80, Rn. 44.

Art. 80 Abs. 3 GG getan.[114] Der Sinn der Neuregelung bestand gerade darin, die Stellung des Bundesrats in Bezug auf den Erlass solcher Rechtsverordnungen zu stärken, die spezifische Länderinteressen betreffen und für die ihm ein Zustimmungsrecht zusteht. Dass es der Bundestag ablehnte, eine ausdrückliche Verpflichtung der Bundesregierung zur Beschlussfassung über solche Vorlagen in das Grundgesetz aufzunehmen, steht der Bejahung einer solchen Verpflichtung nicht im Wege. Sie ergibt sich bereits aus dem ungeschriebenen Rechtsgrundsatz der Verfassungsorgantreue, weswegen eine positivgesetzliche Regelung entbehrlich war.

V. Verfassungsorgantreue und Untersuchungsausschüsse (Art. 44 GG)

Wie eingangs schon erwähnt (I 3 b), gilt das Prinzip der Verfassungsorgantreue nicht nur zwischen Verfassungsorganen, sondern auch innerhalb von Verfassungsorganen. Der Intraorgantreue kommt dann eine besondere Bedeutung zu, wenn die Zusammensetzung des Verfassungsorgans bzw. Verfassungsorganteils den Dualismus von Regierungsparteien und Oppositionsparteien widerspiegelt. Dann verlaufen die Frontlinien primär nicht mehr zwischen Parlament und Regierung, sondern zwischen der Parlamentsmehrheit und der Regierung auf der einen und der Parlamentsminderheit auf der anderen Seite. In dieser modernen Form der Gewaltenteilung, die für die heutige Parteiendemokratie charakteristisch ist, kommt der Verfassungsorgantreue eine besondere Bedeutung zu.

Eine wichtige Rolle bei der Verwirklichung dieser Form der Gewaltenteilung haben die Untersuchungsausschüsse zu erfüllen. Dem trug schon Art. 34 WRV Rechnung, indem er in Anlehnung an einen Vorschlag Max Webers[115] das Untersuchungsausschussrecht als ein wirksames Kontrollinstrument parlamentarischer Minderheiten ausgestaltete. Art. 44 GG knüpft hieran an, indem er einem Viertel der Mitglieder des Bundestages das Recht einräumt, einen Untersuchungsausschuss einzusetzen.[116] Freilich blieb der Wortlaut des Art. 44 GG bei der Ausgestaltung der Minderheitsrechte hinter der Weimarer Reichsverfassung zurück. Während Art. 34 S. 2 WRV normiert hatte, dass einer parlamentarischen Minderheit, die mindestens ein Fünftel der Mitglieder des Reichstages ausmachte, nicht nur das Recht zustand, die Einsetzung eines

[114] S. zur schon vorher bestehenden Möglichkeit des Bundesrats, den Erlass einer Verordnung durch die Bundesregierung anzuregen, *Hofmann*, NVwZ 1995, 134 (137); *Nierhaus* (Fn. 14), Art. 80 Abs. 3, Rn. 768.

[115] *Max Weber*, Parlament und Regierung im neugeordneten Deutschland, 1918, S. 58 ff, 66 f.

[116] Zum parlamentarischen Untersuchungsrecht und dessen Bedeutung als Kontrollinstrument der Legislative s. näher *Lorz* (Fn. 11), S. 264 ff.

Untersuchungsausschusses zu beantragen, sondern sie auch die für erforderlich gehaltene Erhebung von Beweisen durch den Ausschuss verlangen konnte, schweigt sich Art. 44 GG zu einem Beweiserhebungsrecht parlamentarischer Minderheiten aus. Art. 44 Abs. 2 GG ordnet für die Beweiserhebung nur eine sinngemäße Anwendung der StPO an. Damit werden die Rechte von parlamentarischen Minderheiten im Untersuchungsausschuss nicht ausdrücklich geregelt. Das legt es nahe, zur Füllung entsprechender Lücken auf das Prinzip der Verfassungsorgantreue zurückzugreifen.[117].

Einer solchen Lückenschließung war besondere Bedeutung zugekommen, bevor das Gesetz zur Regelung des Rechts der Untersuchungsausschüsse des Deutschen Bundestags (PUAG) vom 19.6.2001 (BGBl. I, S. 1142) das Untersuchungsausschussrecht einfachgesetzlich geregelt hatte. Sie bleibt aber auch nach dieser ausdrücklichen Normierung insoweit unverzichtbar, als sich aus ihr bereits auf der Verfassungsebene bestimmte Mindesterfordernisse für die Ausgestaltung der Minderheitsrechte ergeben. Diese Mindesterfordernisse hat der einfache Gesetzgeber bei der Ausgestaltung des Untersuchungsausschussrechts zu beachten, und in deren Licht sind die einfachgesetzlichen Regelungen zu interpretieren.

Den Ansatzpunkt für die Aktivierung des Prinzips der Verfassungsorgantreue bildet die Überlegung, dass die Ausgestaltung des Untersuchungsausschussrechts als eines Kontrollinstruments der parlamentarischen Minderheit auf halbem Wege stehen bleiben müsste, wenn deren Recht auf Einsetzung eines Untersuchungsausschusses nicht durch entsprechende Verfahrensrechte nach Aufnahme der Untersuchungstätigkeit flankiert würde. Zentrale Bedeutung kommt dabei vornehmlich der Ausgestaltung des Beweiserhebungsverfahrens zu. Hätte in Konsequenz des demokratischen Mehrheitsprinzips nur die Mehrheit über die Beweiserhebung zu befinden, wäre sie in der Lage, die Kontrollfunktion des Untersuchungsausschusses weitgehend auszuhebeln. Sie könnte dann Versuche zur Sachverhaltsaufklärung, die ihr nicht genehm sind, durch Unterbindung einer diesbezüglichen Beweiserhebung blockieren. Um dem entgegenzuwirken, wurde im rechtswissenschaftlichen Schrifttum[118] schon lange vor Erlass des PUAG aus dem Prinzip der Verfassungsorgantreue abgeleitet, dass auch die Ausschussminderheit, insbesondere wenn sie die den Untersuchungsausschuss initiierende Parlamentsminderheit repräsentiert, grundsätzlich verlangen kann, dass der Ausschuss Beweis erhebt und entsprechende Beweisbeschlüsse durchsetzt. Die Rechtsprechung des BVerfG

---

[117] S. hierzu näher *Achterberg/Schulte* (Fn. 14), Art. 44, Rn. 52 ff.

[118] *Schenke*, JZ 1988,805 (812 f.); *Kretschmer* (Fn. 14), Art. 44, Rn. 22; *R. Scholz*, AöR Bd. 105 (1980), 564 (600 ff.); *Schleich*, Das parlamentarische Untersuchungsrecht des Bundestags, 1985, S. 83 ff.; *H. P. Schneider*, in: Festschrift 50 Jahre Bundesverfassungsgericht Bd. II, 2001, S. 627 (655).

hat in ihrem grundlegenden Urteil vom 8.4.2002 später Entsprechendes angenommen. Schon in dessen erstem Leitsatz führt das BVerfG[119] aus:

> „Die nach Art. 44 Abs. 1 S. 1 GG einsetzungsberechtigte Minderheit bestimmt über die Beweiserhebung im Rahmen des Untersuchungsauftrags und innerhalb des Mehrheitsprinzips mit. Der Umfang des Mitgestaltungsanspruchs reicht nicht weiter als derjenige der Mehrheit, ist diesem aber grundsätzlich vom Gewicht her gleich zu erachten".

Zugleich stellte das BVerfG klar, dass das Recht der qualifizierten Minderheit auf angemessene Berücksichtigung ihrer Beweisanträge auch bei einer Mehrheitsenquete besteht[120] und das Beweiserhebungsrecht der qualifizierten Minderheit durch ein Beweisdurchsetzungsrecht ergänzt werden muss.[121] Zwar geht das Minderheitsrecht nicht so weit, dass die Minderheit auch über die Reihenfolge der Beweiserhebungen und die Zweckmäßigkeit einer Terminierung zu entscheiden hat. Auch in Bezug auf die Verfahrensgestaltung muss aber der Minderheit eine angemessene Beteiligung eingeräumt werden[122], um auf diese Weise einen gerechten Ausgleich zwischen dem demokratischen Mehrheitsprinzip einerseits und den Kontrollrechten der Minderheit andererseits herzustellen.[123]

Zwar erwähnt das BVerfG in dieser Entscheidung – anders als das rechtswissenschaftliche Schrifttum – das Prinzip der Verfassungsorgantreue mit keinem Wort. Der Sache nach greift es aber auf dieses zurück, indem es dem Umstand Rechnung trägt, dass das in Art. 44 Abs. 1 S. 1 GG normierte parlamentarische Minderheitsrecht zur Entfaltung seiner normativen Wirkungskraft auf entsprechende, in der Verfassung nicht ausdrücklich genannte Hilfsrechte gegenüber anderen Verfassungsorganen bzw. -organteilen angewiesen ist. Auch hier ist es damit der im Prinzip der Verfassungsorgantreue mitangelegte Rechtsgedanke der Kompetenzeffektivität, der die Rechtsstellung parlamentarischer Minderheiten verstärkt. Die Verfassungsorgantreue begrenzt zugleich diese Minderheitsrechte, wenn sie sachwidrig und missbräuchlich ausgeübt werden. Indem die Entscheidung über das Vorliegen eines Missbrauchs durch den Untersuchungsausschuss, d.h. dessen Mehrheit, zu treffen ist, vermittelt die Verfassungsorgantreue einen angemessenen Ausgleich zwischen dem im Gewaltenteilungsprinzip angelegten Schutz parlamentarischer Minderheiten und dem demokratischen Mehrheitsprinzip. Sie bewirkt damit einhergehend praktische Konkordanz zwischen zwei gegenläufigen Prinzipien. Dem Prinzip der Verfassungsorgantreue fügt es sich zudem nahtlos ein, wenn das BVerfG in diesem Zusammenhang darauf hinweist, dass es bei der Überprüfung der Ablehnung eines Beweisantrags der Minderheit, die auf Sachwidrigkeit oder Missbräuch-

---

[119] S. näher BVerfG vom 18. 3. 2002, BVerfGE 105, 197 (221 ff.).
[120] BVerfG vom 8.4.2002, BVerfGE 105, 197 (224).
[121] BVerfG vom 8.4.2002, BVerfGE 105, 197 (226).
[122] BVerfG vom 8.4.2002, BVerfGE 105, 197 (226).
[123] Vgl. auch BVerfG vom 15.6.2005, BVerfGE 113, 113 (126).

lichkeit dieses Beweisantrags gestützt wird, auf eine Vertretbarkeitskontrolle beschränkt ist. Das BVerfG trägt damit den durch den Topos der Organadäquanz umschriebenen funktionalen Aspekten Rechnung.[124]

Die gesetzliche Ausgestaltung des Beweiserhebungsrechts in § 17 PUAG folgt der verfassungsgerichtlichen Rechtsprechung und erkennt insbesondere das Beweiserhebungsrecht eines Viertels der Mitglieder des Untersuchungsausschusses in § 17 Abs. 2 PUAG ausdrücklich an. § 33 Abs. 2 PUAG erfüllt zudem eine andere, im rechtswissenschaftlichen Schrifttum[125] aus dem Prinzip der Verfassungsorgantreue abgeleitete Forderung für die Ausgestaltung des Untersuchungsausschussrechts. Es geht hierbei um das Recht der Minderheit, ihre von der Mehrheit abweichende Bewertung der Untersuchung im Abschlussbericht des Untersuchungsausschusses festzuhalten.

VI. Resümee

Wie die vorgestellten Beispiele zeigten, kommt dem Prinzip der Verfassungsorgantreue heute eine erhebliche Bedeutung zu. Sie bleibt damit nicht mehr wesentlich hinter jener der Bundestreue zurück, mit der es die gemeinsame verfassungstheoretische Wurzel teilt. Allerdings wird die Relevanz der Verfassungsorgantreue häufig dadurch verdeckt, dass sie als Interpretationstopos und regulatives Prinzip, das den Umgang der Verfassungsorgane miteinander steuert, nicht ausdrücklich benannt wird und der ihr zugrundeliegende Gedanke oftmals hinter den Normen, die die Verfassungsorgantreue „speisen", sowie anderen Interpretationstopoi – wie die integrierende Wirkung, die funktionale Richtigkeit (Organadäquanz) und die praktische Konkordanz – zurücktritt und damit verborgen bleibt. Wird dabei das mit der Verfassungsorgantreue verfolgte integrative Anliegen voll entfaltet, ist dies zwar im praktischen Ergebnis nicht zu beanstanden. Es dient aber sicher der rechtsdogmatischen Klarheit, wenn man die Verfassungsorgantreue als ein hier wirkendes Prinzip ausdrücklich benennt und damit den Treuegedanken, dem im Verhältnis der obersten Staatsorgane ein hoher Stellenwert zukommt, sinnfällig zum Ausdruck bringt.[126] Zugleich wird damit der Bedeutung der dem positiven Verfassungsrecht vorgelagerten Entscheidung für eine staatliche Integration und der

---

[124] BVerfG vom 8.4.2002, BVerfGE 105, 197 (225 ff.).

[125] Schenke, JZ 1988, 805 (813); Schleich (Fn. 118), S. 86.

[126] Insoweit verdient die Verwendung des Prinzips der Verfassungsorgantreue auch den Vorzug vor der weniger aussagekräftigen Benutzung des Terminus „Interorganrespekt" (s. demgegenüber aber *Lorz* [Fn. 11]), der eher an ein politisches Stilgebot denken lässt. Zudem trägt der Begriff des Interorganrespekts nicht dem Umstand Rechnung, dass die Rücksichtnahme- und Loyalitätspflichten nicht nur zwischen obersten Staatsorganen, sondern auch in deren Binnenbereich bestehen.

hiermit einhergehenden Wegweisung für die Konkretisierung des Verfassungsrechts Rechnung getragen. Verfassungstheorie und Verfassungsrecht gehen im Rechtsprinzip der Verfassungsorgantreue eine enge symbiotische Verbindung mit weitreichenden Auswirkungen für die Fortentwicklung des Verfassungsrechts ein.

Die Gewissensfreiheit im liberalen Verfassungsstaat

Ute Mager

I. Gewissensfreiheit und liberaler Verfassungsstaat im Werk Winfried Bruggers

Das Interesse von *Winfried Brugger* galt in besonderer Weise den Menschenrechten und dem modernen Verfassungsstaat aus der Perspektive der allgemeinen Staatslehre und der Rechtsphilosophie mit dem Ziel, zu einem besseren Verständnis konkreter Verfassungen, insbesondere des Grundgesetzes, zu gelangen. *Georg Jellinek*, *Max Weber* und *Immanuel Kant* bildeten häufig Bezugspunkte seines Denkens. Alle drei Denker weisen eine Nähe oder zumindest spezifische Verbindung zum Phänomen des Gewissens auf: Nach *Georg Jellinek* war die Gewissensfreiheit das historisch erste Grundrecht im Sinne des modernen Verfassungsstaats.[1] *Max Weber* geht in seinem berühmten Vortrag „Politik als Beruf" mit der Unterscheidung von Gesinnungs- und Verantwortungsethik der Frage nach, welche ethische Haltung, also Gewissensstruktur, einen guten Politiker ausmacht[2], und *Kant* formulierte mit dem kategorischen Imperativ den Vernunftmaßstab des guten Gewissens.[3] Umso erstaunlicher ist es, dass *Brugger* sich in seinem Werk kaum explizit mit der Gewissensfreiheit befasst hat. Implizit ist sie dagegen vielfach präsent: in den Themen der Menschenwürde und des Menschenbildes[4], der Freiheit und Verantwortung[5] und auch im anthropologischen Kreuz der Entscheidung[6]. In Anknüpfung an *Bruggers* Werk geht dieser Beitrag Inhalt und Bedeutung der Gewissensfreiheit im liberalen Verfassungsstaat nach.

---

[1] *Georg Jellinek*, Die Erklärung der Menschen- und Bürgerrecht – Ein Beitrag zur modernen Verfassungsgeschichte, 2., erweiterte Auflage 1904.

[2] *Max Weber*, Politik als Beruf, 1919, in: *ders.*, Gesammelte politische Schriften, hrsg. von Johannes Winckelmann, 5. Aufl. 1988, S. 505–561.

[3] S. *Stefan Hübsch*, Philosophie und Gewissen, 1995, S. 94 ff. (99 ff., 103, 105).

[4] *Winfried Brugger*, Liberalismus, Pluralismus, Kommunitarismus – Studien zur Legitimation des Grundgesetzes, 1999, S. 74 ff.; s. auch *ders.*, Das Menschenbild der Menschenrechte, in: Jahrbuch für Recht und Ethik Band 3, 1995, S. 121 ff., insbes. S. 126 ff.; *ders.*, Menschenrechte im modernen Staat, AöR 114 (1989), S. 537 (578 ff.); *ders.*, Elemente verfassungsliberaler Grundrechtstheorie, JZ 1987, S. 633 ff.

[5] S. die Nachweise Fn. 4.

[6] *Brugger*, Liberalismus (Fn. 4), § 1 Das anthropologische Kreuz der Entscheidung, S. 23 ff.

II. Die Entwicklung der Gewissensfreiheit vom Schutz des religiösen Existenzminimums zum Schutz der individuellen moralischen Identität und Integrität

Der Begriff des Gewissens und der Inhalt der Gewissensfreiheit haben einen historischen Wandel ungeheuren Ausmaßes durchgemacht.[7] Die Entwicklung ist Spiegel der zunehmenden Säkularisierung und Individualisierung von Staat und Gesellschaft.

1. Gewissensfreiheit als Ausdruck von Toleranz

Als conscientia libera war die Gewissensfreiheit zuallererst Garantie des religiösen Existenzminimums.[8] Sie war Ausdruck von Toleranz der Mehrheit der „Rechtgläubigen" gegenüber einer Minderheit von Andersgläubigen in der – nach langen und blutigen Auseinandersetzungen erlangten – Einsicht, dass rechter Glaube sich nicht erzwingen lässt. In dieser Gestalt einer Ausnahmegewährung war die Gewissensfreiheit jedoch noch weit davon entfernt, Freiheitsrecht zu sein.

2. Gewissensfreiheit als Ausdruck freier Selbstbestimmung

Georg Jellineks These vom historischen Primat der Gewissensfreiheit findet ihre Plausibilität gerade in der kopernikanisch anmutenden neuen Auffassung der Gewissensfreiheit durch die amerikanischen Staatsgründer:

> „So kam denn der Grundsatz der religiösen Freiheit in Amerika zu verfassungsrechtlichen Anerkennung. Aufs tiefste verknüpft mit der großen religiös-politischen Bewegung, aus der die amerikanische Demokratie geboren wurde, entspringt er der Überzeugung, dass es ein Recht gebe, das dem Menschen anerschaffen, nicht dem Bürger verliehen sei, dass die Betätigung des Gewissens, die Äußerungen des religiösen Bewusstseins unantastbar dem Staate als Übungen eines höheren Rechtes gegenüber stehen. Dieses so lange unterdrückte Recht ist kein ‚inheritance', kein von den Vätern ererbtes Stück, wie die Rechte und Freiheiten der Magna Charta und der anderen Gesetze Englands; nicht der Staat, sondern das Evangelium hat es verkündigt."[9]

---

[7] S. auch *Dietrich Franke*, Gewissensfreiheit und Demokratie, Aktuelle Probleme der Gewissensfreiheit, AöR Band 112, 1987, S. 7 (9 ff.); *Ernst-Wolfgang Böckenförde*, Das Grundrecht der Gewissensfreiheit, in: VVDStRL 1970, S. 33 (36 ff.), der zwar zunächst die historische Kontinuität betont, dann in der Sache aber den erheblichen Wandel nachzeichnet.

[8] *Böckenförde* (Fn. 7), S. 37 f.; s. auch *Ute Mager*, Art. 4 Rn. 1, 5. in: von Münch/Kunig (Hrsg.), Grundgesetz-Kommentar, Band 1, 6. Aufl. 2012.

[9] *Jellinek*, Die Erklärung der Menschen- und Bürgerrechte (Fn. 1), S. 44 f.

Die kopernikanische Wende besteht darin, dass die „Gewissensfreiheit" nicht als von der Herrschaft verliehenes oder ihr abgerungenes, sondern als mit dem Menschsein verbundenes und vorhandenes Recht auf Selbstbestimmung in Fragen religiöser Überzeugung aufgefasst wird. *Jellineks* Argument lautet, dass die allen modernen Freiheitsrechten eigene Idee der nicht verliehenen, sondern untrennbar mit dem Menschsein verknüpften Selbstbestimmung in dieser Gestalt in den amerikanischen Kolonie- und Staatsgründungen erstmals Realität geworden ist.[10] Das gegen *Jellineks* Auffassung vorgebrachte Argument, die Verbürgung der körperlichen Unversehrtheit habe es zeitlich früher gegeben,[11] trifft dessen Gedankengang also gar nicht, da es ihm weder nur um das Auftreten der *Idee* angeborener Rechte (Naturrecht) geht, noch nur um die hoheitliche Gewährung von Rechten, die ihrem *Inhalt* nach heute zu den Menschenrechten zählen, sondern gerade um das erstmalige Auftreten der verfassungsrechtlichen Anerkennung von mit dem Menschsein vorhandenen, also von niemandem gewährten, sondern vorstaatlichen Rechten; und dies geschieht seiner überzeugend dargelegten Auffassung nach im Zusammenhang mit den amerikanischen Staatsgründungen in der Gestalt der Glaubens- und Gewissensfreiheit.

3. Gewissen als Achtung der individuellen moralischen Identität und Integrität

Für *Jellineks* Argumentation spielte die Unterscheidung von Glaubens- und Gewissensfreiheit noch keine Rolle. Der Inhalt des Gewissens war regelmäßig an die Religionszugehörigkeit gekoppelt. Die zunehmende Säkularisierung von Staat und Gesellschaft führte jedoch in den folgenden Jahrhunderten zu einer radikalen Individualisierung der Gewissensfreiheit – jedenfalls in der deutschen Verfassungsentwicklung.[12] Das Gewissen und seine Gebote lassen sich nicht mehr als Stimme Gottes und damit unter Rückgriff auf eine religiöse Wertordnung bestimmen. Zum Schutzgut der Gewissensfreiheit werden diejenigen verinnerlichten Werte und Normen, die für den Grundrechtsträger individuell von identitätstragender Bedeutung sind. Der religiöse Ursprung bleibt nur noch als Maßstab für die zu fordernde Bedeutung des moralischen Gebots bedeutsam, welches in ähnlicher Weise wie der religiöse Glaube die ganze Person erfassen, die moralische Identität und Integrität der Person prägen muss.[13] In dem von

---

[10] Ihm zustimmend *Max Weber*, Wirtschaft und Gesellschaft, 5. revidierte Auflage, hrsg. von Johannes Winckelmann, 1980, S. 725 f.

[11] S. zu der Auseinandersetzung *Martin Borowski*, Die Glaubens- und Gewissensfreiheit des Grundgesetzes, 2006, S. 64 ff. mit Hinweis auf die These von *Martin Kriele*, Einführung in die Staatslehre, 6. Aufl. 2003, S. 112 ff.

[12] Deren Besonderheit betont *Paul Tiedemann*, Gewissensfreiheit und Demokratie, Der Staat 1987, S. 371.

[13] S. *Mager* (Fn. 8), Art. 4 Rn. 51 m.w.N.

Brugger entwickelten Bild des anthropologischen Kreuzes mit der horizontalen Zeitachse Vergangenheit – Gegenwart – Zukunft und den vertikalen Polen der Ideale einerseits, der natürlichen Antriebe andererseits[14] sind damit die idealen Anforderungen „von oben" angesprochen, die sich im bereits gelebten Leben entwickelt und betätigt haben und in dieser Kontinuität aus der Vergangenheit die Identität der Person konstituieren.[15] Die Gewissensfreiheit schützt vor dem Zwang, in Bezug auf diese Ideale die Kontinuität abbrechen und erzwungenermaßen ein anderer werden zu müssen. Schutzgut der Gewissensfreiheit ist folglich die moralische Identität und Integrität des Einzelnen. Die darin liegende Anerkennung moralischer Kompetenz impliziert das Recht und die Pflicht zur Selbstverantwortung.[16]

III. Gewissensfreiheit in der Verfassung des Grundgesetzes

Die praktische Bedeutung der Gewissensfreiheit, die nicht zugleich Glaubensfreiheit ist, hat in der Verfassungspraxis des Grundgesetzes nur eine geringe Bedeutung. Ursache dafür ist gerade, dass die Gewissensfreiheit mit der Anerkennung von moralischer Kompetenz und damit Selbstbestimmung und Selbstverantwortung den allen Freiheitsgrundrechten zugrundeliegenden Kern enthält und demzufolge durch die übrigen Freiheitsrechte mit geschützt wird.[17] Sie steht zudem in staatstheoretischem Zusammenhang zum Rechtsstaats- und Demokratieprinzip.

1. Gewissensfreiheit und Menschenwürde

Neben dem Schutz des Körpers vor zwangsweisem Einwirken durch den Staat oder Dritte weist auch die Gewissensfreiheit mit dem Schutz vor zwangsweisem Einwirken auf die moralische Identität und Integrität eine große Nähe zur Menschenwürde auf.[18] Kein Mensch darf gezwungen werden, eigenhändig zu tun, was ihm sein Gewissen als moralisch böse verbietet. Aus Achtung vor der moralischen Kompetenz und Identität verzichtet der Staat nicht notwendig auf die Aufrechterhaltung der Rechtspflicht, aber jedenfalls auf ihre mit unmittelbarem Zwang gegenüber dem Einzelnen verbundene Durchsetzung. Dies ist der Menschenwürdekern der Gewissensfreiheit. Darin liegt auch eine grundlegende

---

[14] *Brugger*, Liberalismus (Fn. 4), § 1 S. 25 f.

[15] Zur Bedeutung der Kontinuität s. auch *Niklas Luhmann*, Die Gewissensfreiheit und das Gewissen, AöR Band 90, 1965, S. 257 (264, 266 f.).

[16] S. *Mager* (Fn. 8), Art. 4 Rn. 51 m.w.N.

[17] *Mager* (Fn. 8), Art. 4 Rn. 53 m.w.N.

[18] S. *Philip Kunig*, Art. 1 Rn. 68, in: von Münch/Kunig (Hrsg.), Grundgesetz-Kommentar, Band 1, 6. Aufl. 2012.

Aussage zum Verhältnis von Mensch und Staat: die Zwecke des letzteren sind dem Wohl der Menschen nicht übergeordnet. Der Staat und die von ihm verfolgten Ziele sind um der Menschen willen da und nicht umgekehrt. Dies macht ganz besonders das Recht der Kriegsdienstverweigerung augenfällig: Selbst in einer Situation, in der womöglich die Existenz des Staates auf dem Spiel steht, wird der individuellen Gewissensentscheidung der Vorrang eingeräumt.[19] Dem Staat steht die Zwangsverpflichtung zur Tötung unter keinen Umständen zu.

2. *Gewissensfreiheit und Freiheitsrechte*

Die Gewissensfreiheit ist das Kernstück für die geistige Freiheit, für die persönliche Entfaltung und für die Teilnahme am gesellschaftlichen und politischen Leben.[20] Mit der Errichtung einer freiheitlichen Ordnung insbesondere durch den Grundrechtsteil wird Gewissensfreiheit in tatsächlichem Sinne einerseits erst ermöglicht, andererseits stellt sich die Frage nach der verbleibenden Funktion der Gewissensfreiheit als Grundrecht,[21] denn infolge des umfassenden Schutzes durch die besonderen Freiheitsrechte und die allgemeine Handlungsfreiheit wird den Menschen eine solche Vielzahl von Handlungsalternativen ermöglicht, dass Gewissenskonflikte in der Regel vermieden werden können.[22] Als Inhalt des Grundrechts auf Gewissensfreiheit bleibt nur noch die Abwehr von Gewissenszwängen, die sich im Einzelfall aus der Anwendung von Gesetzen ergeben, die gemessen an den anderen Freiheitsrechten verfassungsmäßig sind. Es geht um individuellen Schutz vor legalem Rechtszwang, um den Schutz individueller Moralität trotz objektiver Verhältnismäßigkeit der Rechtspflicht.[23]

3. *Gewissensfreiheit und Rechtsstaat*

Diese der Gewissensfreiheit eigene Funktion gerät dem ersten Anschein nach in ein Spannungsverhältnis zu den rechtsstaatlichen Geboten der Rechtssicherheit und Rechtsanwendungsgleichheit. Dem ist allerdings zu entgegnen, dass die Gewissensfreiheit nicht die Existenz und Verbindlichkeit der Rechtspflicht antastet. Sie verbietet zunächst und zuallererst die zwangsweise Durchsetzung der Rechtspflicht. Verbunden damit ist die Suche nach einer alternativen Möglichkeit, um das mit der Rechtspflicht angestrebte Ziel zu erreichen. Gibt es solche

---

[19] *Mager* (Fn. 8), Art. 4 Rn. 6.

[20] *Konrad Hesse*, Grundzüge des Verfassungsrechts der Bundesrepublik Deutschland, 20. Aufl. 1995, Rn. 379.

[21] *Mager* (Fn. 8), Art. 4 Rn.53 mit Hinweis auf *Richard Bäumlin*, Das Grundrecht der Gewissensfreiheit, in: VVDStRL 1970, S. 3 (4).

[22] Vgl. *Niklas Luhmann*, Die Gewissensfreiheit und das Gewissen, AöR 90, 1965, S. 257 (273) zur Sozialordnung.

[23] *Mager* (Fn. 8), Art. 4 Rn. 53.

Möglichkeiten nicht, dann sind zur Bestätigung der Rechtspflicht auch Sanktionen erlaubt, sofern diese ihrerseits keinen unmittelbaren Zwang auf Körper oder Geist ausüben.

Darüber hinaus bewährt sich der Grundsatz der Rechtsgleichheit in den Anforderungen, die an den Nachweis der Gewissensentscheidung zu stellen sind, sowie daran, dass die Gewissensfreiheit ihre Schranke an der Gewissensfreiheit der anderen findet. Ersteres bedeutet, dass sich aus dem bisherigen Leben plausibel erweisen lassen muss, dass die behauptete moralische Norm von identitätsprägender Bedeutung ist.[24] Aus Letzterem folgt, dass die rechtliche Anerkennung von moralischen Überzeugungen von vornherein auf solche beschränkt ist, die das jeweils eigene Verhalten betreffen. Das Verhalten anderer ist allein von deren Gewissensfreiheit geschützt.[25]

4. Gewissensfreiheit und Demokratieprinzip

Nicht zuletzt steht die in der Gewissensfreiheit verankerte Anerkennung individueller moralischer Kompetenz in einem staatstheoretischen Zusammenhang mit der Demokratie. In einer Demokratie beruht Rechtsbindung im Ideal auf der Zustimmung aller, also auf der Selbstbindung jedes einzelnen. Mit den Worten von *Brugger*:

> „Rechtsnormen wollen nicht nur zwingen, sondern appellieren implizit oder explizit an den freiwilligen Gehorsam der Bürger. Sie zielen Integration und Konsens an, die aber nur zu erwarten sind, wenn möglichst viele Bürger die staatlichen Regelungen und deren Umsetzung im Einzelfall als legitim ansehen.“[26]

Weiter heißt es

> „Legitimität hat auch eine materiale Perspektive: Die staatlichen Regelungen sollen Ziele verwirklichen, die sich im Rahmen des kollektiven Ethos des jeweiligen Gemeinwesens als notwendig, wünschenswert oder doch zumindest vertretbar rechtfertigen lassen. ... Jede staatliche Regelung nimmt, was immer ihr Ziel sein mag, in Anspruch, sie sei gerecht, den politisch Unterlegenen nicht nur mit Gewalt aufzwingbar, sondern zu Recht ansinnbar, ... Die demokratische Struktur des politischen Prozesses bietet hierfür eine notwendige, aber nicht zureichende Gewähr.“[27]

Vor diesem Hintergrund hat die Gewissensfreiheit eine doppelte Funktion: Zusätzlich zu den objektiven Maßstäben der Freiheitsrechte stützt sie erstens die „Ansinnbarkeit“ von Rechtspflichten auch in einer repräsentativen freiheitlichen Demokratie ab, indem sie im Ernstfall Nichtbefolgung zulässt. Schweigen

---

[24] *Mager* (Fn. 8), Art. 4 Rn. 51.

[25] *Mager* (Fn. 8), Art. 4 Rn. 62 m.w.N.

[26] *Brugger*, Liberalismus (Fn. 4), § 2 Gemeinwohl, Konkretisierung des Rechts und Auslegung der Gesetze, S. 44 (46).

[27] *Brugger*, Liberalismus (Fn. 26), S. 47.

lässt sich damit als Selbstbindung interpretieren, die im demokratischen Ideal die Grundlage der Rechtsbindung ist. Sie dient zweitens in besonderer Weise der Integration von Menschen, die das „kollektive Ethos" nicht in jeder Hinsicht teilen, indem auch ihnen gegenüber die Rechtssetzung ansinnbar bleibt, weil sie im Ernstfall der Gewissensnot jedenfalls nicht zwangsweise durchgesetzt wird.

IV. Staatstheorien und Gewissensfreiheit

Sowohl hinsichtlich der Anforderungen an Inhalt und Nachweis einer Gewissensentscheidung als auch bei der Schrankenziehung kann die Gewissensfreiheit in unterschiedlichen staatstheoretischen Ausrichtungen in ihrer Bedeutung und Interpretation variieren. Es gehörte zu den methodischen Spezifika von *Brugger*, die Interpretationsmöglichkeiten des Grundgesetzes im Lichte solcher unterschiedlichen theoretischen Auffassungen zu untersuchen. Da das „Menschenbild des Grundgesetzes nicht das eines isolierten souveränen Individuums" ist; „das Grundgesetz ... vielmehr die Spannung Individuum – Gemeinschaft im Sinne der Gemeinschaftsbezogenheit und Gemeinschaftsgebundenheit der Person entschieden" hat, „ohne deren Eigenwert anzutasten" [28], das Bundesverfassungsgericht im Grundgesetz also ein Menschenbild verankert sieht, das dem Kommunitarismus nahesteht,[29] soll im Folgenden die Bedeutung der Gewissensfreiheit für die drei von *Brugger* charakterisierten Typen des Kommunitarismus untersucht werden: den konservativen, den liberalen und den universalistischen Kommunitarismus[30].

1. Die drei Formen des Kommunitarismus

Für den Vergleich ist zu betonen, dass „alle drei Varianten (des Kommunitarismus) ... nach-aufklärerisch, demokratisch und verfassungsstaatlich" sind. „Sie wenden sich gegen politischen Totalitarismus und gestehen dem Individuum Raum für selbstbestimmte Entscheidung sowie Grundrechtsschutz zu."[31]

Die konservative Variante des Kommunitarismus sieht die Gemeinschaftsbindung des Menschen als grundlegend an. „Die Freiheit besteht weitgehend in Freiheit zu erfülltem Leben in überkommenen Lebensformen."[32] Der graduelle

---

[28] BVerfGE 4, 7 (15 f.); seither st. Rspr. z.B. BVerfGE 32, 98 (107 f.) – Gesundbeter; 33, 1 (10 f.) – Strafgefangene; 50, 166 (175) – Ausweisung; 109, 133 (151 f.) – Sicherungsverwahrung.

[29] *Brugger*, Liberalismus (Fn. 4), § 11 Kommunitarismus als Verfassungstheorie des Grundgesetzes, S. 253 (257).

[30] *Brugger*, Liberalismus (Fn. 29), 258 ff.

[31] *Brugger*, Liberalismus (Fn. 29), S. 258.

[32] *Brugger*, Liberalismus (Fn. 29), S. 260.

Vorrang von Tradition und Konventionen zeigt sich auch im Moralverständnis. Diese wird primär durch die Binnenmoral der Gemeinschaft geprägt. Das Modell setzt eine ziemlich homogene und überschaubare Gemeinschaft voraus. Es wird problematisch, wenn Abweichler oder Unzufriedene auftauchen; dann scheint diese Theorie auf eine Prämie für die Mehrheit hinauszulaufen. Für eine heterogen zusammengesetzte, pluralistische Gesellschaft ist diese Theorievariante nur unzureichend gerüstet.[33]

Demgegenüber betont der universalistische, egalitäre Kommunitarismus die freie Wahl des Individuums. Das Moralverständnis ist vorwiegend kritisch gegen die überkommene Konventionalmoral eingestellt. „Was die Menschen vor allem eint und zur Loyalität auffordert, ist die Selbstzweckhaftigkeit eines jeden Menschen, also aller Menschen."[34] Die „genuine moralische Reflexion" wird „jenseits der Besonderheiten konkreter Menschen, Gruppen und Lagen angesiedelt, etwa durch die Postulierung eines Schleiers des Nichtwissens"[35]. Dieses Moralverständnis hat den Vorteil, dass in ihm moralische Konflikte thematisierbar sind. Das Problem kann sein, dass Lösungen nur abstrakt denkbar, jedoch nicht realisierbar sind, weil sie zu weit von den konkreten Lebensumständen der Menschen entfernt sind.

Zwischen diesen beiden Polen nimmt der liberale Kommunitarismus eine vermittelnde Stellung ein. Es geht ihm um Freiheit in Gemeinschaften verschiedenster Art mit je eigenen Moral- und Gerechtigkeitsvorstellungen. Im Regelfall ist die gegenseitige Verantwortung im kleineren Kreis oder der spezielleren Gemeinschaft eine größere und folgenreichere als im weiteren Kreis oder der allgemeinen Gemeinschaft. Dies schließt eine die Menschheit umfassende Verantwortlichkeit nicht aus, erlaubt aber diese ins Verhältnis zu setzen zu den näheren und spezifischeren Verantwortlichkeiten.[36]

2. Folgen für die Auslegung der Gewissensfreiheit

Was folgt aus diesen Varianten für die Funktion und Interpretation der Gewissensfreiheit?

Der konservative Kommunitarismus mit seiner Orientierung an der Konventionalmoral gäbe offenkundig am häufigsten Anlass für die Berufung auf die Gewissensfreiheit und zeigt damit gleichzeitig besonders deutlich die Funktion dieses Grundrechts, nämlich der Tendenz entgegenzuwirken, die herrschende Sozialmoral zur Ideologie zu überhöhen.[37] Der Neigung der Konventionalmo-

---

[33] *Brugger*, Liberalismus (Fn. 29), S. 261 f.

[34] *Brugger*, Liberalismus (Fn. 29), S. 263.

[35] *Brugger*, Liberalismus (Fn. 29), S. 263 unter Hinweis auf *John Rawls*, A Theory of Justice, 1971.

[36] *Brugger*, Liberalismus (Fn. 29), S. 267.

[37] *Brugger*, Liberalismus (Fn. 4), § 4 Menschenrechte im modernen Staat, S. 87 (112).

ral, sich abschließend zu verstehen, wird dadurch entgegengewirkt, dass die Gewissensfreiheit explizit jedem einzelnen Individuum und damit auch Angehörigen von Minderheitsauffassungen das Recht gewährt, bewahrt und schützt, „zur Erschließung des mit Gerechtigkeit, Freiheit und Gleichheit Gemeinten beizutragen“[38]. Allerdings ist anzunehmen, dass eine Auslegung im Sinne des konservativen Kommunitarismus diese Funktion durch eine enge Auffassung zu begrenzen suchen würde. Auf der Ebene des Schutzbereichs läge eine Begrenzung der Gewissensfreiheit auf das Recht, gewissensbeeinträchtigende Rechtspflichten nicht befolgen zu müssen, also nur ein Recht auf Unterlassen zu gewähren.[39] Zudem wäre die Anerkennung von Gewissensentscheidungen von vornherein auf die je eigene Handlungs- und Kompetenzsphäre begrenzt. Die Befolgung der Rechtspflicht auf andere Weise würde grundsätzlich verlangt werden. Auf der Rechtfertigungsebene käme einer Gewissensentscheidung umso größeres Gewicht zu, je eher sie im Lichte der Konventionalmoral verständlich erscheint.

An dem anderen Ende der Skala im Rahmen eines Gemeinwesens, das im Sinne des universalistischen Kommunitarismus geprägt ist, erscheint dagegen eine Berufung auf die Gewissensfreiheit angesichts weitestgehender Freiheiten und damit Handlungsalternativen kaum notwendig zu sein. Andererseits lässt sich aus der Orientierung an Vernunft und einer reflexiven Moral folgern, dass die auch in einem solchen Gemeinwesen notwendigen Gesetze dann umso verbindlicher sind. Bringt man den universalistischen Kommunitarismus aufgrund der großen Bedeutung von Prozeduralisierung, demokratischer Teilhabe und reflexiver Vernunft in Verbindung mit der Diskurstheorie,[40] so könnte die diskurstheoretische Interpretation der Gewissensfreiheit von Paul Tiedemann weitere mögliche Implikationen für die Auslegung der Gewissensfreiheit verdeutlichen.[41] Seiner Auffassung nach schafft die Gewissensfreiheit im Sinne des Art. 4 Abs. 1 und 3 GG die Bedingungen zur Durchführung eines herrschaftsfreien Diskurses, der die Überprüfung der „Identität des Gemeinwesens“ zum Ziel habe. Diese Funktion der Gewissensfreiheit in der Demokratie werde allerdings nur erreicht, wenn die Person, welche eine Rechtsnorm für ethisch verwerflich hält, diese Erkenntnis in den demokratischen Willensbildungsprozess einbringe. Sie müsse den offensiven Dialog mit der Mehrheit aufnehmen, was

[38] *Brugger*, Liberalismus (Fn. 37), S. 112 f.

[39] So *Stefan Muckel*, Die Grenzen der Gewissensfreiheit, NJW 2000, 689 ff.

[40] S. zu den hier zugrunde gelegten Eigenschaften des universalistischen Kommunitarismus die tabellarische Gegenüberstellung der verschiedenen Kommunitarismustypen bei *Brugger* (Fn. 29, S. 259) insbes. zu Punkt 4. „Begriff der Moral“: „Vorrang reflexiver, kritischer Moral vor Konventionalmoral“, zu Punkt 5. „Rechtfertigung moralischer Normen“: „Rekurs auf Sollen durch Abstrahierung, Prozeduralisierung, Diskurs“, zu Punkt 13 „Politische Integration“: „Demokratische Partizipation und gleiche Freiheits- und Gleichheitsrechte“.

[41] *Tiedemann* (Fn. 12), S. 387 ff.

öffentliches Engagement erfordere. Die eigenen Maximen müssten zum allgemeinen Gesetz taugen, da es anderenfalls keinen Ansatz für einen Dialog zwecks Änderung der Mehrheitsauffassung gebe. Wer sich weigere, diesen Dialog zu führen, könne nicht den Dispens von allgemein auferlegten Pflichten in Anspruch nehmen.[42] Die Rechtsprechung zu Art. 4 GG, die ein solches Engagement gerade nicht fordere, scheine nur auf den ersten Blick besonders liberal, denn man dürfe nicht übersehen, dass dieser Liberalismus auch im Interesse der Mehrheit liege, die sich durch abweichende Meinungen nicht verunsichern lassen wolle, wie sich am Beispiel der Kriegsdienstverweigerung nachweisen lasse.[43] Nach dieser Auffassung wäre insbesondere auch die (teilweise) Verweigerung von Steuerzahlungen aufgrund moralischer Vorbehalte gegenüber einzelnen Verwendungsentscheidungen vom Schutzbereich der Gewissensfreiheit erfasst und grundsätzlich zu rechtfertigen. Der Rang einer Gewissensentscheidung müsste durch entsprechendes öffentliches Engagement belegt werden.

Auch der zwischen den beiden Polen liegende liberale Kommunitarismus würde aufgrund seines offeneren Verständnisses der Freiheitsrechte insgesamt weniger Anlass zur Berufung auf die Gewissensfreiheit geben als dies für ein Staatswesen im Sinne des konservativen Kommunitarismus anzunehmen ist. Die Funktion der Gewissensfreiheit, die individuelle Moral als grundsätzlich gleichwertig mit der Sozialmoral anzuerkennen, würde bejaht, was eine Erstreckung des Schutzbereichs auf jedes gewissensgeforderte Handeln nahelegt. Die Gewissensfreiheit würde nicht nur Rechtszwang ausschließen, sondern darüber hinaus die Suche nach der gewissensschonenden Alternative umfassen. Schranken ergäben sich insbesondere aus den Grundrechten Dritter; ein Übergreifen der Gewissensfreiheit auf deren Freiheiten wäre unzulässig. Als individuell verstandenes Freiheitsrecht lägen staats- und demokratietheoretische Funktionen außerhalb des Schutzbereichs. Daraus folgt, dass z.B. die Verweigerung zur Zahlung von Steuern aus Gründen, die in der Verwendung der Steuermittel liegen, zwar faktisch durchaus eine Gewissensentscheidung sein kann, diese jedoch nicht in den Schutzbereich des Grundrechts fällt bzw. ihre Schranken in der Budgethoheit des Parlaments findet.[44]

V. Fazit

Die Skizze belegt auch für die Gewissensfreiheit die Richtigkeit der von *Brugger* für das Grundgesetz insgesamt vertretenen Auffassung, wonach dieses eine Verfassung im Geiste des liberalen Kommunitarismus statuiert.

---

[42] *Tiedemann* (Fn. 12), S. 393.

[43] *Tiedemann* (Fn. 12), S. 394.

[44] Vgl. BVerfG, NJW 1993, 455 – Steuerzahlungspflicht; BVerfGE 67, 26 (37) – Krankenkassenbeiträge.

Im Bild des anthropologischen Kreuzes der Entscheidung schützt die Gewissensfreiheit die historische Kontinuität der Person hinsichtlich ihrer identitätsprägenden Wertbindungen.

Der Menschenwürdekern dieses Grundrechts liegt in dem Verbot, an sich verfassungsmäßige Rechtspflichten gegenüber einem Menschen zwangsweise durchzusetzen, dessen Gewissen die Befolgung der Rechtspflicht verbietet.

Aufgrund der verfassungsrechtlich geschützten Handlungsfreiheiten bestehen in der Regel Handlungsalternativen, so dass die Berufung auf die Gewissensfreiheit im liberalen Verfassungsstaat die Ausnahme bleibt. Sie ist als Folge der Achtung der Gewissensfreiheit auch der anderen auf das je eigene Handeln begrenzt.

Die Gewissensfreiheit stützt das demokratische Ideal, wonach allein die Selbstbindung Grundlage der Rechtsbindung sein kann.

Ihre spezifische Funktion besteht darin, Recht und Politik gegenüber Ethik und Moral offen zu halten. Sie ist die bewusste und gewollte offene Flanke der positiven Rechtsordnung für den Idealismus einer gerechten Ordnung.[45] In dieser Funktion bleibt sie aber außerrechtliche Erwartung und belädt die Gewissensfreiheit nicht mit anspruchsvollen Verhaltenspflichten.

---

[45] Vgl. noch einmal *Brugger*, Liberalismus (Fn. 26), S 46 f.; s. auch *Dietrich Franke* (Fn. 7), S. 18 unter Hinweis auf *Jürgen Habermas*, Wie ist Legitimität durch Legalität möglich, KJ 1987, 1 (15).

Demokratische Teilhabe als subjektives Recht

Hanno Kube

Georg Jellinek war *Winfried Brugger* ein stetiger geistiger Gesprächspartner. Eine der letzten großen Abhandlungen *Bruggers* ist der *Jellinek*'schen Statuslehre gewidmet[1]. Hieran anknüpfend soll im Folgenden die grundgesetzlich geschützte Subjektstellung des Bürgers im status activus näher beleuchtet werden, dies im Angesicht der gegenwärtigen Herausforderungen der parlamentarischen Demokratie, an erster Stelle durch die europäische Integration. Als unerlässliche Bedingung für eine gelingende Demokratie ist die tatsächliche Ausfüllung des status activus durch den Bürger zugleich Verfassungsvoraussetzung.

I. Schwach ausgeprägte Verfassungstradition eines politischen Elementargrundrechts in Deutschland

Als subjektive Rechte haben die politische Freiheit und die politische Gleichheit in Deutschland keine große Verfassungstradition[2]. In der Paulskirchenverfassung von 1849, die doch den Geist einer bürgerlichen Revolution atmen sollte, beschränkten sich die „Grundrechte des deutschen Volkes" in den §§ 130 ff. auf den Schutz von „Freiheit und Eigentum"; politische Mit- oder gar Selbstbestimmung war kein Thema grundrechtlicher Gewährleistung. Dass die konstitutionellen Landesverfassungen in der zweiten Hälfte des 19. Jahrhunderts im grundrechtlichen Bereich ihrerseits auf den Freiheits- und Eigentumsschutz konzentriert blieben, verwundert vor dem Hintergrund der gescheiterten Revolution nicht. Erstaunlich ist aber, dass sodann auch die Weimarer Reichsverfassung kein politisches Elementargrundrecht enthielt (vgl. die Grundrechtsgewährleistungen in den Art. 109 ff. WRV). Dies mag als Indiz für die Schwierigkeiten gelten, die Deutschland mit dem Übergang zur Staatsform der Republik und zur parlamentarischen Demokratie hatte[3]. Der Verfassungge-

---

[1] *Winfried Brugger*, Georg Jellineks Statuslehre: national und international, AöR Bd. 136 (2011), S. 1 ff.

[2] *Hans Heinrich Rupp*, Einteilung und Gewichtung der Grundrechte, in: Merten/Papier (Hrsg.), Handbuch der Grundrechte in Deutschland und Europa, Bd. II, 2006, § 36 Rdnr. 3, auch zum Folgenden.

[3] Siehe dazu *Bernd Grzeszick*, in: Maunz/Dürig, GG, Kommentar, EL 57 Januar 2010, Art. 20 II, Rdnr. 4 f.

ber des Grundgesetzes knüpfte – wie die Landesverfassunggeber nach 1945 – in der Frage der politischen Freiheit und Gleichheit an die Weimarer Reichsverfassung an, verzichtete also ebenfalls auf die ausdrückliche Verbürgung eines allgemeinen Grundrechts auf politische Selbstbestimmung, konkret auf demokratische Teilhabe. Subjektivrechtlich ausgestaltet wurde allein Art. 38 Abs. 1 GG, das Wahlrecht zum Deutschen Bundestag. Nur ergänzend und abstützend treten die in erster Linie den bourgeois, erst im Lichte der demokratisch-funktionalen Grundrechtstheorie[4] den citoyen berechtigenden Gewährleistungen der Meinungs- und Informationsfreiheit, der Versammlungs- und Vereinigungsfreiheit wie auch der Freiheit und Gleichheit der Parteien hinzu[5]. Dass sich die demokratisch-funktionale Grundrechtstheorie, die den status activus in diesem Zusammenhang in eine durchaus problematische Spannung zum status negativus setzt[6], überhaupt herausbildete und gedeihen konnte, deutet seinerseits auf Defizite an originärer grundgesetzlicher Grundrechtssubstanz im hier gegenständlichen Bereich hin.

Freilich haben auch die historischen Verfassunggeber der Vereinigten Staaten von Amerika und Frankreichs auf eine explizite Individualgarantie der politischen Freiheit und Gleichheit verzichtet. Doch lässt sich dies zum einen damit erklären, dass die politische Freiheit und Gleichheit des Einzelnen in diesen alten Demokratien als selbstverständlich erschien[7], in den Vereinigten Staaten von Amerika auch vor dem Hintergrund eines ganz anders gearteten Staatsverständnisses[8]; im Angesicht und Bewusstsein eben dessen wurde das Volk oder

---

[4] *Ernst-Wolfgang Böckenförde*, Grundrechtstheorie und Grundrechtsinterpretation, NJW 1974, S. 1529 (1534 f.).

[5] Ausführlich *Walter Schmitt Glaeser*, Die grundrechtliche Freiheit des Bürgers zur Mitwirkung an der Willensbildung, in: Isensee/Kirchhof (Hrsg.), Handbuch des Staatsrechts der Bundesrepublik Deutschland, Bd. 3, 3. Aufl. 2005, § 38; zur Einordnung auch *Klaus Grimmer*, Demokratie und Grundrechte, 1980; *Gunnar Folke Schuppert*, Grundrechte und Demokratie, EuGRZ 1985, S. 525 ff.; *Wolfram Höfling*, Demokratische Grundrechte – Zu Bedeutungsgehalt und Erklärungswert einer dogmatischen Kategorie, Der Staat Bd. 33 (1994), S. 493 ff.

[6] *Josef Isensee*, Grundrechte und Demokratie, Der Staat Bd. 20 (1981), S. 161 (172) (Freiheitsrechte werden hierdurch „als verfassungsrechtliche Einberufungsbefehle zum Dienst für die Demokratie" denaturiert.).

[7] Zum Gedanken der „Teilhabe von jedermann an der gesetzgebenden Gewalt" in Frankreich *Claus Dieter Classen*, Französischer Einfluß auf die Grundrechtsentwicklung in Deutschland, in: Isensee/Kirchhof (Hrsg.), Handbuch des Staatsrechts der Bundesrepublik Deutschland, Bd. 9, 3. Aufl. 2011, § 187 Rdnr. 8.

[8] Schon die Unabhängigkeitserklärung von 1776 zeigt, dass die US-amerikanische Verfassung auf die Naturrechtstradition und auf die auf den Einzelnen rückbezogene Vertragstheorie zur Rechtfertigung staatlicher Hoheitsgewalt aufbaut: „That to secure these rights, Governments are instituted among Men, deriving their just powers from the consent of the governed…"; dazu *Winfried Brugger*, Angloamerikanischer Einfluß auf die Grundrechtsentwicklung in Deutschland, in: Isensee/Kirchhof (Hrsg.), Handbuch des Staatsrechts der Bundesrepublik Deutschland, Bd. 9, 3. Aufl. 2011, § 186 Rdnr. 14 Fußn. 53.

die Nation als Träger der Souveränität und als Legitimationssubjekt benannt[9]. Zum anderen stehen die Verfassungen der Vereinigten Staaten von Amerika und Frankreichs insgesamt in einer anderen, weniger stark von der Konstitutionalisierung subjektiver Rechte geprägten Tradition. In Deutschland ist die Lage jedoch eine andere: Hier fehlt es an der historischen Selbstverständlichkeit des Rückbezugs politischer Gewalt auf den Einzelnen. Zugleich hat sich der Grundgesetzgeber aber, eingedenk der Nazi-Diktatur, für eine umfassende Subjektivierung der Grundrechte entschieden. So wäre es naheliegend gewesen, ein individuelles Recht auf politische Selbstbestimmung prominent im Grundgesetz zu verankern oder es doch jedenfalls später zu ergänzen, etwa im Zuge der deutschen Wiedervereinigung; dies ungeachtet oder gerade angesichts der Tatsache, dass die Bundesrepublik Deutschland eine lebendige Demokratie hervorgebracht hat.

Bemerkenswert ist, dass dieser Mangel in den Verfassungen einiger der neuen Bundesländer behoben worden ist. So heißt es in Art. 21 Abs. 1 der Verfassung von Brandenburg, im Abschnitt „Politische Gestaltungsrechte“: „Das Recht auf politische Mitgestaltung ist gewährleistet.“ Ähnlich formuliert Art. 9 Satz 1 der Verfassung von Thüringen, unter der Überschrift „Recht auf politische Mitgestaltung“: „Jeder hat das Recht auf Mitgestaltung des politischen Lebens im Freistaat.“

Rechtsvergleichend kann beispielsweise auf Art. 48 Abs. 1 der Verfassung von Portugal aus dem Jahr 1976 verwiesen werden, dort heißt es im Abschnitt „Rechte, Freiheiten und Garantien der politischen Beteiligung“: „Alle Bürger haben das Recht, direkt oder über gewählte Vertreter am politischen Leben und an der Wahrnehmung der öffentlichen Angelegenheiten des Landes teilzunehmen.“ Ähnlich allgemein bezieht sich auch Art. 39 der Bundesverfassung der Schweiz, im Kapitel „Bürgerrecht und politische Rechte“, auf die „Ausübung der politischen Rechte“.

Auch im jüngeren europäischen und internationalen Recht finden sich Beispiele von Gewährleistungen, die sich in persönlicher Hinsicht auf den Einzelnen, in sachlicher Hinsicht auf die allgemeine politische Teilhabe beziehen, so in Art. 10 Abs. 3 Satz 1 EUV („Alle Bürgerinnen und Bürger haben das Recht, am demokratischen Leben der Union teilzunehmen.“) und, schon sehr viel länger, in Art. 25 des Internationalen Pakts über Bürgerliche und Politische Rechte von 1966 („Jeder Staatsbürger hat das Recht und die Möglichkeit, ohne Unterschied nach den in Artikel 2 genannten Merkmalen und ohne unangemessene Einschränkungen a) an der Gestaltung der öffentlichen Angelegenheiten unmittelbar oder durch frei gewählte Vertreter teilzunehmen…“).

---

[9] Auch *Hans Heinrich Rupp*, Einteilung und Gewichtung der Grundrechte, in: Merten/Papier (Hrsg.), Handbuch der Grundrechte in Deutschland und Europa, Bd. II, 2006, § 36 Rdnr. 3.

Vor diesem Hintergrund soll der grundgesetzlich ausgestalteten Berechtigung des Einzelnen als citoyen im Folgenden erneut nachgegangen werden. Als Ausgangspunkt bietet sich dabei die Rechtsprechung des Bundesverfassungsgerichts zum Wahlrecht gemäß Art. 38 Abs. 1 GG an, die ihrerseits – gerade in den Fällen zur europäischen Integration – die Defizite der überkommenen Verfassungsdogmatik zum status activus-Recht des Bürgers offenbart und zugleich Entwicklungsperspektiven eröffnet, an die sich anknüpfen lässt.

II. Rechtsprechung des Bundesverfassungsgerichts zum subjektiven Recht auf demokratische Teilhabe

1. Das Wahlrecht als Grundlage politischer Selbstbestimmung

Bereits in seiner Entscheidung über die Länderneugliederung im Südwesten der Bundesrepublik hat das Bundesverfassungsgericht das Wahlrecht als „das vornehmste Recht des Bürgers im demokratischen Staat" bezeichnet[10]. Die Wahl zur Volksvertretung sei, so das Gericht in der Entscheidung zur Öffentlichkeitsarbeit der Bundesregierung, der „Grundakt demokratischer Legitimation", durch den sich die „freie Selbstbestimmung aller" ereigne, die erst die Macht des Staates rechtfertige, „Akte zu setzen, die für alle verbindlich sind"[11]. Die Ausübung des Wahlrechts stelle sich daher „essentiell als Teilhabe an der Staatsgewalt, als ein Stück Ausübung von Staatsgewalt im status activus dar"[12]. Soweit die Parlamentswahl „Ausgangspunkt aller demokratischen Legitimation"[13], „Quelle der Staatsgewalt"[14] ist, erscheint das Wahlrecht mithin als wesentliche Grundlage der politischen Selbstbestimmung[15].

2. Subjektivierung des Wahlrechts durch Art. 38 Abs. 1 Satz 1 GG

In Art. 38 Abs. 1 Satz 1 GG ist das Wahlrecht, wie Art. 93 Abs. 1 Nr. 4a GG bestätigt, als subjektives Recht des Bürgers, als grundrechtsgleiches Recht ausgestaltet. Die fünf Wahlrechtsgrundsätze des Art. 38 Abs. 1 Satz 1 GG, die Allge-

---

[10] BVerfGE 1, 14 (33).

[11] BVerfGE 44, 125 (142); siehe auch BVerfGE 122, 304 (307).

[12] BVerfGE 122, 304 (307) unter Verweis auf BVerfGE 8, 104 (115) und BVerfGE 83, 60 (71); vgl. auch BVerfGE 49, 15 (23).

[13] BVerfGE 122, 304 (306).

[14] BVerfGE 123, 267 (340).

[15] So auch *Astrid Epiney*, Der status activus des citoyen, Der Staat Bd. 34 (1995), S. 557 (568); kritisch zu dieser Rechtsprechung des Bundesverfassungsgerichts, konkret mit Blick auf die normativ gleichrangige Option der Abstimmungen in Art. 20 Abs. 2 Satz 2 GG, jüngst *Hans Meyer*, Volksabstimmungen im Bund: Verfassungslage nach Zeitgeist?, JZ 2012, S. 538 ff.

meinheit, Unmittelbarkeit, Freiheit, Gleichheit und Geheimheit der Wahl, sind daher im Verfahren der Verfassungsbeschwerde einklagbar[16].

Als subjektivrechtlich bewehrtes Recht gewährleistet das Grundgesetz das Wahlrecht in Art. 38 Abs. 1 Satz 1 GG allerdings nur auf Bundesebene, für die Wahl zum Deutschen Bundestag. Das Bundesverfassungsgericht hat dies mehrfach bestätigt, indem es Verfassungsbeschwerden, die sich gegen Regelungen des Wahlverfahrens auf Ebene der Länder und Kommunen richteten, mangels Beschwerdebefugnis für unzulässig erklärte. Art. 38 Abs. 1 Satz 1 GG ist hier schon seinem Wortlaut nach nicht einschlägig und kann mit Rücksicht auf die Selbständigkeit der Verfassungsräume von Bund und Ländern auch nicht analog angewandt werden[17]. Die Homogenitätsanforderungen aus Art. 28 Abs. 1 Satz 1 und 2 GG sind zwar in der Sache einschlägig, vermitteln aber keine mit der Verfassungsbeschwerde rügbare subjektive Rechtsposition[18]. Art. 2 Abs. 1 GG greift als Freiheitsgrundrecht, das im Kern die Freiheit vom Staat (status negativus) sichert, seinerseits nicht: „Mit seinem Wahlrecht übt der Bürger die vom Volk ausgehende Staatsgewalt aus. Die Wahrnehmung dieses Rechts ist nicht Teil der jedem Menschen gewährleisteten freien Entfaltung seiner Persönlichkeit."[19] Und auch unter Berufung auf den allgemeinen Gleichheitssatz gemäß Art. 3 Abs. 1 GG ist nach der jüngeren Rechtsprechung des Bundesverfassungsgerichts keiner der in Art. 38 Abs. 1 Satz 1 GG gewährleisteten Wahlrechtsgrundsätze auf Länder- und Kommunalebene einklagbar, dies wiederum, so das Bundesverfassungsgericht, mit Rücksicht auf den lex specialis-Charakter der jeweils gesonderten Regelungen für die Verfassungsräume des Bundes und der Länder (in Art. 38 Abs. 1 Satz 1 GG einerseits und Art. 28 Abs. 1 Satz 1 und 2 GG andererseits)[20]. Alternativ käme insoweit freilich in Betracht, parallel zur gerichtlichen Argumentation zu Art. 2 Abs. 1 GG, auf den fundamentalen Unterschied zwischen der Gleichheit als Menschenrecht (Art. 3 Abs. 1 GG) und der besonderen, den status activus ausformenden demokratischen Gleichheit abzustellen[21].

---

[16] Siehe etwa BVerfGE 82, 322 zur gesamtdeutschen Wahl 1990; zur Vorrangigkeit des Wahlprüfungsverfahrens nach Art. 41 GG BVerfGE 11, 329 (329 f.).

[17] BVerfGE 1, 208 (236 f.); 6, 121 (129 f.); 6, 445 (447 f.); 99, 1 (7).

[18] BVerfGE 1, 208 (236 f.); 3, 383 (390 f.); 99, 1 (8).

[19] BVerfGE 99, 1 (8) (weiter: „Die allgemeine Handlungsfreiheit ist umfassender Ausdruck der persönlichen Freiheitssphäre des Menschen und unterscheidet sich damit grundlegend von den im Grundgesetz gewährleisteten politischen Rechten des Aktiv-Status..."); ähnlich bereits BVerfGE 49, 15 (23).

[20] BVerfGE 99, 1 (8 ff.), dies in Abgrenzung zu einer ganzen Reihe früherer Entscheidungen, in denen Art. 3 Abs. 1 GG herangezogen worden war; siehe schon BVerfGE 1, 208 (237); 3, 383 (390 f.); vgl. auch *Karin Graßhof*, Wahlen, in: Kube u.a. (Hrsg.), Leitgedanken des Rechts. Paul Kirchhof zum 70. Geburtstag, Bd. I, 2013, § 62 Rdnr. 2 mit Fußn. 9.

[21] Zur Unterscheidung zwischen Menschengleichheit und demokratischer Gleichheit auch *Ernst-Wolfgang Böckenförde*, Demokratie als Verfassungsprinzip in: Isensee/Kirchhof

3. Art. 38 Abs. 1 Satz 1 GG als Gewährleistung demokratischer Teilhabe

Enthält das Grundgesetz danach nur in Art. 38 Abs. 1 Satz 1 GG eine subjektivrechtliche Verbürgung des für die politische Selbstbestimmung des Einzelnen zentral bedeutsamen Wahlrechts, die sich in der Sache allein auf die Bundestagswahl bezieht, so ist diese Verbürgung doch im Maastricht-Urteil des Bundesverfassungsgerichts von 1993, mit Blick auf die Herausforderungen durch die europäische Integration, in besonderer, materieller Weise entfaltet worden. Art. 38 GG, heißt es dort, garantiert nicht nur, dass „ dem Bürger das Wahlrecht zum Deutschen Bundestag zusteht und bei der Wahl die verfassungsrechtlichen Wahlrechtsgrundsätze eingehalten werden. Die Verbürgung erstreckt sich" vielmehr „auch auf den grundlegenden demokratischen Gehalt dieses Rechts: Gewährleistet wird den wahlberechtigten Deutschen das subjektive Recht, an der Wahl des Deutschen Bundestages teilzunehmen und dadurch an der Legitimation der Staatsgewalt durch das Volk auf Bundesebene mitzuwirken und auf ihre Ausübung Einfluß zu nehmen."[22]

Im Rahmen der europäischen Integration ist dabei zugleich der Maßstabgehalt des Art. 23 Abs. 1 GG zu berücksichtigen, der den Bundesgesetzgeber ermächtigt, „unter den dort genannten Voraussetzungen der Europäischen Union die eigenständige Wahrnehmung von Hoheitsbefugnissen bis zur Grenze des Art. 79 Abs. 3 GG einzuräumen (Art. 23 Abs. 1 Satz 3 GG)". Im Anwendungsbereich von Art. 23 GG schließt es Art. 38 GG deshalb aus, „die durch die Wahl bewirkte Legitimation von Staatsgewalt und Einflußnahme auf deren Ausübung durch die Verlagerung von Aufgaben und Befugnissen des Bundestages so zu entleeren, daß das demokratische Prinzip, soweit es Art. 79 Abs. 3 i.V.m. Art. 20 Abs. 1 und 2 GG für unantastbar erklärt, verletzt wird"[23]. Hieraus ergibt sich unmittelbar, dass das Recht des Beschwerdeführers aus Art. 38 GG verletzt sein kann,

> „wenn die Wahrnehmung der Kompetenzen des Deutschen Bundestages so weitgehend auf ein von den Regierungen gebildetes Organ der Europäischen Union oder der Europäischen Gemeinschaften übergeht, daß die nach Art. 20 Abs. 1 und 2 i.V.m. Art. 79 Abs. 3 GG unverzichtbaren Mindestanforderungen demokratischer Legitimation der dem Bürger gegenübertretenden Hoheitsgewalt nicht mehr erfüllt werden."[24]

(Hrsg.), Handbuch des Staatsrechts der Bundesrepublik Deutschland, Bd. 2, 3. Aufl. 2004, § 24 Rdnr. 46.

[22] BVerfGE 89, 155 (171 f.); in BVerfGE 62, 397 (399) war demgegenüber noch entschieden worden, dass der Einzelne aus Art. 38 Abs. 1 Satz 1 GG nicht einmal das Recht hat, sich gegen eine vorzeitige Auflösung des Bundestags gemäß Art. 68 GG zu wenden.

[23] BVerfGE 89, 155 (172).

[24] BVerfGE 89, 155 (172); in diese Richtung schon *Hans Heinrich Rupp*, Plädoyer, in: Winkelmann (Hrsg.), Das Maastricht-Urteil des Bundesverfassungsgerichts vom 12. Oktober 1993, 1994, S. 540 ff.; mit eingehender Analyse *Astrid Epiney*, Der status activus des

Während das Bundesverfassungsgericht diese materielle, auf den grundlegenden demokratischen Gehalt des Wahlrechts rückbezogene Auslegung von Art. 38 Abs. 1 Satz 1 GG in der – insgesamt auf Kooperation, Abstimmung und auch die Entwicklungsfähigkeit einer europäischen Öffentlichkeit angelegten – Maastricht-Entscheidung von 1993 noch inhaltlich offen und unbestimmt gehalten hatte, ging das Gericht im Lissabon-Urteil aus dem Jahr 2009 einen Schritt weiter, indem es hier eine Reihe von Sachbereichen benannte, in denen sich – mit Blick auf unterstellte faktische Grenzen möglicher Demokratie auf europäischer Ebene[25] – eine Übertragung von Hoheitsgewalt auf die Europäische Union in jedem Fall verbiete, soll die demokratische Selbstgestaltungsfähigkeit des Verfassungsstaates gesichert bleiben:

> „Sowohl das Demokratieprinzip als auch das ebenfalls von Art. 23 Abs. 1 Satz 1 GG strukturell geforderte Subsidiaritätsprinzip verlangen deshalb, gerade in zentralen politischen Bereichen des Raumes persönlicher Entfaltung und sozialer Gestaltung der Lebensverhältnisse, die Übertragung und die Ausübung von Hoheitsrechten auf die Europäische Union in vorhersehbarer Weise sachlich zu begrenzen."[26]

Das Gericht konkretisierte diese Grenzen sodann für das materielle und formelle Strafrecht, die Verfügung über das Gewaltmonopol nach innen und nach außen, die fiskalischen Grundentscheidungen über Einnahmen und Ausgaben der öffentlichen Hand, die sozialstaatliche Gestaltung von Lebensverhältnissen und für kulturell besonders bedeutsame Entscheidungen etwa im Familienrecht, Schul- und Bildungssystem oder über den Umgang mit religiösen Gemeinschaften[27]. In dogmatischer Hinsicht ist bedeutsam, dass das Gericht auch in der Lissabon-Entscheidung von Art. 38 Abs. 1 Satz 1 GG als subjektivem, rügefähigem Recht ausging und dieses Recht unter Bezugnahme auf Art. 20 Abs. 1 und 2, Art. 23 Abs. 1 und Art. 79 Abs. 3 GG materiell entfaltete[28].

Diese Linie wurde in der Entscheidung über die Griechenlandhilfe von September 2011 fortgeführt:

> „Vom Wahlrecht mit umfasst ist", so das Bundesverfassungsgericht wiederum, „auch der grundlegende demokratische Gehalt des Wahlrechts, mithin die Gewährleistung

---

citoyen, Der Staat Bd. 34 (1995), S. 557 ff.; siehe auch *Martin Soppe*, Parlamentarische Selbstentmachtung als faktische Wahlrechtsbeeinträchtigung: Ein Beitrag zum subjektiven Recht auf Demokratie aus Art. 38 Abs. 1 GG, 2002.

[25] Das Gericht verweist hier auf „nationalstaatliche, sprachliche, historische und kulturelle Identifikationsmuster"; BVerfGE 123, 267 (359).

[26] BVerfGE 123, 267 (359); kritisch *Martin Nettesheim*, Ein Individualrecht auf Staatlichkeit? Die Lissabon-Entscheidung des BVerfG, NJW 2009, S. 2867 (2869); *Otto K. Dietlmeier*, Wer ist das Volk? – Das Bundesverfassungsgericht und das Individualrecht auf souveräne Staatlichkeit –, BayVBl. 2012, S. 616 ff.

[27] BVerfGE 123, 267 (359 ff.).

[28] BVerfGE 123, 267 (340) („Der Prüfungsmaßstab für das Zustimmungsgesetz zum Vertrag von Lissabon bestimmt sich durch das Wahlrecht als grundrechtsgleiches Recht (Art. 38 Abs. 1 Satz 1 i.V.m. Art. 93 Abs. 1 Nr. 4a GG).").

wirksamer Volksherrschaft. Art. 38 GG schützt die wahlberechtigten Bürger insoweit vor einem Substanzverlust ihrer im verfassungsstaatlichen Gefüge maßgeblichen Herrschaftsgewalt durch weitreichende oder gar umfassende Übertragungen von Aufgaben und Befugnissen des Bundestags, vor allem auf supranationale Einrichtungen..."[29]

So wurde Art. 38 Abs. 1 Satz 1 GG auch in der Griechenland-Entscheidung materiell verstanden und unter Berücksichtigung der Maßstäbe aus Art. 20 Abs. 1 und 2 sowie Art. 79 Abs. 3 GG ausgelegt, um der europäischen Integration zur Sicherung der demokratischen Selbstgestaltungsfähigkeit des Verfassungsstaats Grenzen zu ziehen. Konkret knüpfte das Gericht dabei an die Ausführungen des Lissabon-Urteils zur Unverfügbarkeit der parlamentarischen Budgetgewalt an und folgerte, dass international oder supranational vereinbarte Haftungsautomatismen auf Kosten des Bundes ausgeschlossen seien, dass mit anderen Worten jede einzelne größere Gewährleistungsübernahme der vorherigen Billigung durch den Bundestag bedürfe; zudem seien Höchstgrenzen zulässiger finanzieller Verpflichtungen zulasten künftiger Generationen in Erwägung zu ziehen[30].

Diese auf die europäische Staatsschuldenkrise bezogene Konkretisierung des Gewährleistungsgehalts von Art. 38 Abs. 1 Satz 1 GG wurde in der Eilentscheidung über den Europäischen Stabilitätsmechanismus von September 2012 bestätigt, sowohl in Hinsicht auf die materielle Tragweite dieses Rechts[31] als auch in Hinsicht auf die sich daraus ergebenden Anforderungen an Haftungsübernahmen durch Deutschland[32].

Auffällig ist, dass das nach Art. 38 Abs. 1 Satz 1 GG subjektiv rügefähige Recht auf demokratische Teilhabe auch in den Entscheidungen über die Griechenlandhilfe und den Europäischen Stabilitätsmechanismus durch genau die Maßstäbe konkretisiert wird, die der europäischen Integration äußere Grenzen setzen, namentlich die Maßstäbe aus Art. 20 Abs. 1 und 2 i.V.m. Art. 79 Abs. 3 GG. Auf ebendiese Maßstäbe ist auch der in der Lissabon-Entscheidung entwickelte Katalog der unverfügbaren Sachbereiche bezogen, auf den sich das Gericht in der Griechenlandhilfe-Entscheidung und auch in der Entscheidung über den Europäischen Stabilitätsmechanismus – mit Blick auf die vorzubehaltende Budgetgewalt – konkret beruft. Doch war der Maßstab des Art. 79 Abs. 3 GG im Maastricht- und ebenso im Lissabon-Urteil nur deshalb ins Spiel gekommen, weil Art. 23 Abs. 1 GG, der die Bundesrepublik Deutschland in besonderer Weise für die europäische Integration öffnet[33], in Satz 3 auf ebendiesen Maßstab verweist, um klarzustellen, dass auch einer mit europäischem Anwen-

[29] BVerfGE 129, 124 (168).
[30] BVerfGE 129, 124 (179 ff.).
[31] BVerfG, Urt. v. 12.9.2012, Rdnr. 208 f.
[32] BVerfG, Urt. v. 12.9.2012, Rdnr. 214.
[33] *Andreas Voßkuhle*, Der europäische Verfassungsgerichtsverbund, NVwZ 2010, S. 1 (6) spricht hier von einer Flexibilisierung des Kontrollmaßstabs.

dungsvorrang ausgestatteten und dabei inhaltlich verfassungsändernden Integration die äußere Grenze der Identitätsgarantie des Grundgesetzes gesetzt ist. Ob Art. 79 Abs. 3 GG der richtige Maßstab zur Ausfüllung eines inhaltlich auf das Demokratieprinzip rückbezogenen Art. 38 Abs. 1 Satz 1 GG auch außerhalb der Sphäre einer solchermaßen qualifizierten europäischen Integration ist, ist aber offen[34].

Im Ergebnis steht eine Dogmatik, die das subjektive Wahlrecht aus Art. 38 Abs. 1 Satz 1 GG als „wichtigste(n) vom Grundgesetz gewährleistete(n) subjektive(n) Anspruch der Bürger auf demokratische Teilhabe (Art. 20 Abs. 1 und Abs. 2 GG)" versteht[35], als wesentlichste Ausformung des „Anspruch(s) des Bürgers auf Demokratie"[36].

So stark Art. 38 Abs. 1 Satz 1 GG unter Berücksichtigung des zugrunde liegenden Demokratieprinzips danach materiell aufgeladen erscheint, um dem Recht aufgrund letztlich teleologischer Interpretation Wirksamkeit zu verleihen, so sehr ist dieser „Anspruch des Bürgers auf Demokratie" aber institutionell auf den Bundestag konzentriert. Art. 38 Abs. 1 Satz 1 GG ist und bleibt die Eingangsvorschrift des Abschnitts des Grundgesetzes über den Bundestag.

III. Das Recht auf demokratische Teilhabe aus Art. 1 Abs. 1 i.V.m. Art. 20 Abs. 1 und 2 GG

1. Art. 38 Abs. 1 Satz 1 GG als zu enger, institutionsgebundener Rahmen

Die institutionelle Fixierung des subjektiven Rechts auf demokratische Teilhabe auf den Bundestag wirft Fragen auf. Die normative Verankerung bei Art. 38 Abs. 1 Satz 1 GG lag im ersten Schritt freilich mehr als nahe, weil das Bundesverfassungsgericht im Maastricht-Verfahren über Verfassungsbeschwerden zu entscheiden hatte und Art. 38 GG in Art. 93 Abs. 1 Nr. 4a GG ausdrücklich genannt ist. Zudem standen im Maastricht-Verfahren im Wesentlichen Befugnisse des Bundestages inmitten. Doch zeigen die späteren Fälle, dass die auf die Demokratie bezogenen Problemlagen im Gefüge von Europäischer Union,

---

34 Zu diesem Punkt auch *Martin Nettesheim*, „Euro-Rettung" und Grundgesetz, EuR 2011, S. 765 (769); siehe näher dazu unten III.4.d). Interessanterweise verzichtet das Bundesverfassungsgericht in der Griechenlandhilfe-Entscheidung und in der Entscheidung über den Europäischen Stabilitätsmechanismus auf die Zitierung des gleichsam vermittelnden Art. 23 Abs. 1 (Satz 3) GG im Obersatz und benennt insoweit allein Art. 38 Abs. 1 Satz 1 und Art. 20 Abs. 1 und 2, Art. 79 Abs. 3 GG als Maßstäbe; BVerfGE 129, 124 (177) und BVerfG, Urt. v. 12.9.2012, Rdnr. 208. Im weiteren Verlauf wird freilich auf die „Entwicklung der Europäischen Union" und auf die „Einhaltung bestimmter verfassungsrechtlicher Strukturvorgaben" verwiesen.

35 BVerfGE 123, 267 (340).

36 BVerfGE 129, 124 (169).

intergouvernementalem Zusammenwirken der Mitgliedstaaten und einzelnem Mitgliedstaat grundsätzlicher und komplexer sein können und vielfach auch sind, als es sich im Rahmen von Art. 38 Abs. 1 Satz 1 GG verfassungsrechtlich abbilden lässt.

So strebt auch das Bundesverfassungsgericht in seiner Diktion regelmäßig über den im Obersatz jeweils genannten Art. 38 Abs. 1 Satz 1 GG hinaus und verhält sich in der Sache allgemein zur demokratischen Selbstgestaltungsfähigkeit des Verfassungsstaats, bezieht sich also gerade nicht nur auf die Institution des Bundestages[37]. Dementsprechend sind die Sachbereiche, die in der Lissabon-Entscheidung als demokratisch unverfügbar bezeichnet werden[38], nicht etwa Sachbereiche, die allein dem Bundestag vorbehalten sind, sondern Sachbereiche, in denen sich die demokratisch legitimierte Gestaltung aller Staatsgewalten niederschlagen kann, insbesondere auch der Regierung.

Freilich legitimiert der Bürger die Staatsgewalt auf Bundesebene über die Wahl der Abgeordneten des Bundestages, die sodann Ausgangspunkt einer Legitimationskette sind, in die sich die anderen Staatsgewalten einreihen[39]. Gleichwohl sind die im Rahmen der europäischen Integration maßgeblichen und verfassungsrechtlich zu verarbeitenden Themen demokratischer Legitimation und Selbstgestaltung zu vielfältig, um eine alleinige Konzentration auf das erste Glied einer Legitimationskette, den Wahlakt des Bürgers, als hinreichend erscheinen zu lassen. Weitere hier bedeutsame Stichworte sind etwa: Die funktionell-institutionelle, sachlich-inhaltliche und personelle Legitimation der mitgliedstaatlichen Exekutive, die auf europäischer Ebene handelt[40]; die Beteiligung des Bundestages im Rahmen der europäischen Rechtsetzung; die Berücksichtigung der durch den Bundesrat vertretenen Länder im gleichen Rahmen; die Option der ergänzenden demokratischen Legitimation durch Abstimmungen nach Art. 20 Abs. 2 Satz 2 GG; und schließlich und insbesondere die ergänzende demokratische Legitimation durch die Wahl zum Europäischen Parlament, das seinerseits Anteil an der rechtlichen Gestaltung auf europäischer Ebene hat. Schon im Maastricht-Urteil hatte das Bundesverfassungsgericht auf das gegenseitige Ergänzungsverhältnis der über die mitgliedstaatlichen Parlamente und der über die Wahl zum Europäischen Parlament vermittelten demokratischen Legitimation hingewiesen[41]. All dies zeigt, dass der Gegenstand

---

[37] So auch *Martin Nettesheim*, „Euro-Rettung" und Grundgesetz, EuR 2011, S. 765 (768 f.).

[38] Siehe BVerfGE 123, 267 (359 ff.).

[39] Zum Verständnis der demokratischen Legitimation über Legitimationsketten oder -stränge grundlegend *Ernst-Wolfgang Böckenförde*, Demokratie als Verfassungsprinzip, in: Isensee/Kirchhof (Hrsg.), Handbuch des Staatsrechts der Bundesrepublik Deutschland, Bd. 2, 3. Aufl. 2004, § 24 Rdnr. 11 ff.

[40] Dazu auch *Armin von Bogdandy*, Gubernative Rechtsetzung, 2000.

[41] BVerfGE 89, 155 (185 f.) („Im Staatenverbund der Europäischen Union erfolgt mithin demokratische Legitimation notwendig durch die Rückkoppelung des Handelns europäi-

der europäisch eingebundenen Demokratie im Ergebnis weit über den Rahmen hinausgeht, den Art. 38 Abs. 1 Satz 1 GG als Prüfungsmaßstab und -horizont eröffnet.

Besonders augenscheinlich wurde dies in der Entscheidung des Bundesverfassungsgerichts zur Fünf-Prozent-Sperrklausel im Europawahlrecht von November 2011. Die Regelung des § 2 Abs. 7 des Europawahlgesetzes, die die Sperrklausel ähnlich wie das Bundeswahlrecht vorsieht, wurde hier – auf Grundlage einer Wahlprüfungsbeschwerde – als Bundesrecht am Grundsatz der Gleichheit der Wahl gemessen. Dieser Grundsatz ergebe sich, so das Bundesverfassungsgericht, „für die Wahl der deutschen Abgeordneten des Europäischen Parlaments aus Art. 3 I GG in seiner Ausprägung als Gebot formaler Wahlgleichheit“[42]. Im Weiteren konkretisiert das Gericht den Maßstab sodann allerdings unter Rückgriff auf die Dogmatik, die es zum Grundsatz der formalen Wahlgleichheit im Sinne des Art. 38 Abs. 1 GG entwickelt hat[43]. Der Rekurs auf Art. 3 Abs. 1 GG erstaunt, hatte sich das Gericht in der Entscheidung zum bayerischen Kommunalwahlrecht aus dem Jahr 1998 doch ausdrücklich von der zuvor vertretenen Rechtsauffassung distanziert, dass die Grundsätze der Allgemeinheit und Gleichheit der Wahl Anwendungsfälle des allgemeinen Gleichheitssatzes sind[44]. Formal ist die Maßstabbildung in der Entscheidung zum Europawahlrecht zwar mit der Entscheidung zum bayerischen Kommunalwahlrecht vereinbar, weil der Rückgriff auf Art. 3 Abs. 1 GG in letztgenannter Entscheidung nur „im Anwendungsbereich der speziellen wahlrechtlichen Gleichheitssätze der Art. 28 Abs. 1 Satz 2 und 38 Abs. 1 Satz 1 GG“ ausgeschlossen wurde[45]. In der Sache erscheint die Heranziehung von Art. 3 Abs. 1 GG im Urteil von November 2011 gleichwohl als Beleg für die Unklarheit, die insoweit herrscht. Dass das Bundesverfassungsgericht davon abgesehen hat, Art. 38 Abs. 1 Satz 1

---

scher Organe an die Parlamente der Mitgliedstaaten; hinzutritt – im Maße des Zusammenwachsens der europäischen Nationen zunehmend – innerhalb des institutionellen Gefüges der Europäischen Union die Vermittlung demokratischer Legitimation durch das von den Bürgern der Mitgliedstaaten gewählte Europäische Parlament. Bereits in der gegenwärtigen Phase der Entwicklung kommt der Legitimation durch das Europäische Parlament eine stützende Funktion zu, die sich verstärken ließe, wenn es nach einem in allen Mitgliedstaaten übereinstimmenden Wahlrecht … gewählt würde und sein Einfluß auf die Politik und Rechtsetzung der Europäischen Gemeinschaften wüchse.“).

[42] BVerfGE 129, 300 (317); in einer früheren Entscheidung zur Europawahl hatte das Bundesverfassungsgericht in der Begründetheit noch von der Wahlrechtsgleichheit, die in Art. 38 Abs. 1 Satz 1 und Art. 28 Abs. 1 Satz 2 GG ihren verbindlichen Ausdruck gefunden hat, als „ungeschriebenes Verfassungsrecht“ auch für andere politische Wahlen gesprochen; BVerfGE 51, 222 (234 f.).

[43] BVerfGE 129, 300 (317 f.) (insbesondere Zählwert- und Erfolgswertgleichheit).

[44] BVerfGE 99, 1 (8); siehe bereits oben II.2.; dazu auch *Martin Morlok*, Chancengleichheit ernstgenommen – Die Entscheidung des Bundesverfassungsgerichts zur Fünf-Prozent-Klausel bei der Europawahl, JZ 2012, S. 76 (77) („nicht ohne Pikanterie“).

[45] BVerfGE 99, 1 (10).

GG zu bemühen, erscheint freilich schlüssig, wenn nicht sogar zwingend, weil der Bundestag im gegenständlichen Zusammenhang keine Rolle spielt. Dass stattdessen aber ein Grundrecht, das – der Welt des status activus ferne – Menschenrecht auf Gleichheit vor dem Gesetz, als Prüfungsmaßstab herangezogen wurde, ist ebenso fragwürdig[46] wie die schlichte Übertragung der bereichsspezifischen Konkretisierungen der Wahlrechtsgleichheit für den Fall der Bundestagswahl auf den in vielerlei Hinsicht anders gelagerten Fall der Wahl zum Europäischen Parlament[47].

Spätestens mit der Entscheidung zur Europawahl sollte klar geworden sein, dass die deutsche Verfassungsdogmatik zur europäisch eingebundenen Demokratie, die sich zu einem guten Teil auf Grundlage individueller, auf subjektive Rechte gestützter Beschwerdeverfahren vor dem Bundesverfassungsgericht entwickelt, von einer allgemeineren subjektivrechtlichen Fundierung profitieren könnte, die es erlaubt, zusammenlaufende Legitimationsleistungen zu würdigen. Der institutionell auf den Bundestag fixierte Maßstab des Art. 38 Abs. 1 Satz 1 GG vermag insoweit keinen ausreichenden Raum zu eröffnen, sondern beschränkt den Blick letztlich immer auf den Legitimationsbeitrag des Bundestages und auf die Frage nach dessen Hinreichen. Der Rückgriff auf Art. 3 Abs. 1 GG droht seinerseits, eine Verunklarung der Maßstäbe zu befördern, zum einen durch die Konfundierung von status negativus/positivus und status activus, zum anderen und insbesondere dadurch, dass die Allgemeinheit des allgemeinen Gleichheitsmaßstabs geradezu dazu einlädt, bereichsspezifische Demokratie-, namentlich Wahlrechtsdogmatiken aus besonderen objektiv- oder auch subjektivrechtlichen Gewährleistungen (Art. 38 Abs. 1 Satz 1 GG, Art. 28 Abs. 1 Satz 1 und 2 GG) zu importieren, um sie sodann ohne nähere Prüfung der jeweiligen Spezifika auf andere Bereiche zu übertragen.

2. *Der Würdegehalt politischer Selbstbestimmung*

Dies wirft die Frage nach der Existenz eines – den Bestimmungen über die einzelnen Staatsorgane vorgelagerten – grundgesetzlich gewährleisteten subjektiven Rechts des Bürgers auf politische Selbstbestimmung in Gestalt demokratischer Teilhabe auf; eines Rechts, das es zulässt, der Komplexität der europäisch eingebundenen demokratischen Legitimation Rechnung zu tragen, die einzel-

---

[46] Zur Unterscheidung zwischen der Gleichheit als Menschenrecht und der besonderen, den status activus ausformenden demokratischen Gleichheit bereits oben II.2.; kritisch auch *Karin Graßhof*, Wahlen, in: Kube u.a. (Hrsg.), Leitgedanken des Rechts. Paul Kirchhof zum 70. Geburtstag, Bd. I, 2013, § 62 Rdnr. 2 mit Fußn. 9.

[47] Ebenso *Christoph Schönberger*, Das Bundesverfassungsgericht und die Fünf-Prozent-Klausel bei der Wahl zum Europäischen Parlament, JZ 2012, S. 80 (82 f.); anders demgegenüber in der Grundtendenz *Martin Morlok*, Chancengleichheit ernstgenommen – Die Entscheidung des Bundesverfassungsgerichts zur Fünf-Prozent-Klausel bei der Europawahl, JZ 2012, S. 76 (77).

nen Legitimationsbeiträge in ein Verhältnis zu setzen, bereichsangemessene, aufeinander abgestimmte Teildogmatiken auszubilden, und damit den status activus des Bürgers in Deutschland und Europa wirksam und zukunftsfähig zu gewährleisten[48].

„Der Anspruch auf freie und gleiche Teilhabe an der öffentlichen Gewalt", so das Bundesverfassungsgericht im Lissabon-Urteil, „ist in der Würde des Menschen (Art. 1 Abs. 1 GG) verankert. Er gehört zu den durch Art. 20 Abs. 1 und Abs. 2 GG i.V.m. Art. 79 Abs. 3 GG als unveränderbar festgelegten Grundsätzen des deutschen Verfassungsrechts."[49] Und weiter: „Die vom Grundgesetz verfasste Ordnung geht vom Eigenwert und der Würde des zur Freiheit befähigten Menschen aus. Diese Ordnung ist rechtsstaatliche Herrschaft auf der Grundlage der Selbstbestimmung des Volkes nach dem Willen der jeweiligen Mehrheit in Freiheit und Gleichheit... Die Bürger sind danach keiner politischen Gewalt unterworfen, der sie nicht ausweichen können und die sie nicht prinzipiell personell und sachlich zu gleichem Anteil in Freiheit zu bestimmen vermögen."[50]

Diese Einordnung, die das Gericht in der nachfolgenden Entscheidung zur Griechenlandhilfe in der Formel „Der letztlich in der Würde des Menschen wurzelnde Anspruch des Bürgers auf Demokratie" zusammenfasst[51], weitet den Blick. In der Geschichte der Verfassungsrechtsprechung verweist die Ein-

---

[48] Verfassungsrechtlich entscheidend ist mithin, ob sich ein solches Recht findet; ist dies der Fall, kann es der dogmatischen Entwicklung dienen. Der Begriff der „funktionalen Subjektivierung" leitet dagegen auf verfassungsrechtlicher Ebene in die Irre; die „Subjektivierung" setzt einen aktiven Akt voraus, der insbesondere dem einfachrechtlichen Gesetzgeber offensteht, der bestimmte Ziele verfolgt; von „funktionaler Subjektivierung" wird deshalb zutreffend in (EU-)verwaltungsrechtlichem Zusammenhang gesprochen; siehe grundlegend *Johannes Masing*, Die Mobilisierung des Bürgers für die Durchsetzung des Rechts, 1997; *Thomas von Danwitz*, Aktuelle Fragen der Grundrechte, des Umwelt- und Rechtsschutzes in der Europäischen Union, DVBl. 2008, S. 537 (540 f.); *Mathias Hong*, Subjektive Rechte und Schutznormtheorie im europäischen Verwaltungsrechtsraum, JZ 2012, S. 380 ff.; zum Lissabon-Urteil des Bundesverfassungsgerichts diesbezüglich *Klaus Ferdinand Gärditz/Christian Hillgruber*, Volkssouveränität und Demokratie ernst genommen – Zum Lissabon-Urteil des BVerfG, JZ 2009, S. 872 (872 f.).

[49] BVerfGE 123, 267 (341).

[50] BVerfGE 123, 267 (341) unter Verweis auf BVerfGE 2, 1 (12); vgl. auch BVerfGE 5, 85 (204 f.) („Um seiner Würde willen muss ihm [dem Menschen] eine möglichst weitgehende Entfaltung seiner Persönlichkeit gesichert werden. Für den politisch-sozialen Bereich bedeutet das, daß es nicht genügt, wenn eine Obrigkeit sich bemüht, noch so gut für das Wohl von ‚Untertanen' zu sorgen; der Einzelne soll vielmehr in möglichst weitem Umfange verantwortlich auch an den Entscheidungen für die Gesamtheit mitwirken.").

[51] BVerfGE 129, 124 (169); in diese Richtung bereits *Peter Häberle*, Europäische Verfassungslehre, 5. Aufl. 2008, S. 296 (Demokratie als „organisatorische Konsequenz" der Menschenwürdegarantie); *Peter M. Huber*, Die Vorgaben des Grundgesetzes für kommunale Bürgerbegehren und Bürgerentscheide, AöR Bd. 126 (2001), S. 165 (178); ähnlich im Zusammenhang der aktuellen europäischen Entwicklung *Jürgen Habermas*, Rettet die Würde der Demokratie, in: FAZ v. 5.11.2011, S. 31; *Andreas Voßkuhle*, Über die Demokratie in Europa, in: FAZ v. 9.2.2012, S. 7; vgl. auch *André Wiegand/Benno Zabel*, Der demokratische Verfassungsstaat zwischen Ideal und Wirklichkeit, Der Staat Bd. 50 (2011), S. 73 ff.

ordnung implizit zurück auf die Entscheidung zur Öffentlichkeitsarbeit der Bundesregierung, in der die freie politische Selbstbestimmung als Rechtfertigungsgrund für die Macht des Staates benannt wurde, rechtlich verbindlich, insbesondere auch eingreifend zu handeln[52]. In der Staats- und Verfassungslehre verweist sie zurück auf alle Vertragstheorien zur Legitimation staatlicher Gewalt und schließlich auch auf *Georg Jellinek*, der von einem Rechtsverhältnis zwischen Staat und Bürger genau deshalb gesprochen hat, weil sich die Beteiligten dieses Verhältnisses gegenseitig als Rechtsgenossen anerkennen[53]. Nur so kann eine Macht etabliert werden, folgert *Jellinek*, „welche den gleichen Wert der Ansprüche von herrschender und unterworfener Persönlichkeit garantieren" kann[54]. Beiden Mitgliedern, also gerade auch dem beherrschten Einzelnen, kommt insoweit Subjekt-, Person- und Persönlichkeitscharakter zu, nicht nur Objekt- oder Subjektionscharakter[55].

Noch deutlicher wird das Bild, wenn man die Statuslehre hinzuzieht, namentlich die Vorstellung vom status activus als Zustand größtmöglicher Anerkennung und Persönlichkeitsentfaltung des Einzelnen im Staat, und das Postulat, dass eben diese größtmögliche Persönlichkeitsentfaltung dem Staat als ein Zweck aufgegeben ist: „In diesen vier Status: dem passiven, dem negativen, dem positiven, dem aktiven", so *Jellinek*, „erschöpft sich die gliedliche Stellung des Individuums im Staate. Leistungen an den Staat, Freiheit vom Staat, Forderungen an den Staat, Leistungen für den Staat sind die Gesichtspunkte, unter welchen die öffentliche Rechtsstellung des Individuums begriffen sein will. Diese vier Status bilden eine aufsteigende Linie, indem das Individuum zuvörderst dem Staate Gehorsam leistend der Persönlichkeit bar erscheint, hierauf ihm eine selbständige, staatsfreie Sphäre zuerkannt wird, sodann der Staat selbst sich zu Leistungen an das Individuum verpflichtet, bis schliesslich der individuelle Wille an der staatlichen Herrschaftsübung teilnimmt oder sogar als Träger des staatlichen Imperiums anerkannt wird."[56] Ähnlich wie *Kant*[57] versteht *Jellinek* den status activus, in dessen Zentrum das Wahlrecht steht, also als Form der würdebasierten und würdebestätigenden, der Persönlichkeitsent-

---

52 BVerfGE 44, 125 (142); siehe dazu bereits oben II.1.

53 *Georg Jellinek*, System der subjektiven öffentlichen Rechte, 2. Aufl. 1905, S. 10.

54 *Georg Jellinek*, System der subjektiven öffentlichen Rechte, 2. Aufl. 1905, S. 10.

55 Dazu auch *Winfried Brugger*, Georg Jellineks Statuslehre: national und international, AöR Bd. 136 (2011), S. 1 (12).

56 *Georg Jellinek*, System der subjektiven öffentlichen Rechte, 2. Aufl. 1905, S. 87 f.; siehe zur Aufgabe der Gewährleistung größtmöglicher Persönlichkeitsentfaltung S. 201: „Da grösstmögliche, d.h. mit dem Gesamtwohl möglichst verträgliche Ausbildung und Gewährleistung der Individualität zu den wichtigsten Gemeinzwecken zählt, ist die hierauf gerichtete staatliche Tätigkeit ebenfalls eine im Gemeininteresse geübte."

57 *Immanuel Kant*, Über den Gemeinspruch: Das mag in der Theorie richtig sein, taugt aber nicht für die Praxis (1793), hrsg. von Ebbinghaus, Klostermann Texte, 5. Aufl. 1992, S. 46 („denn nur sich selbst kann niemand unrecht tun").

faltung dienenden Selbstregierung in Freiheit: „Frei ist derjenige, der niemand unterworfen ist als sich selbst; das ist die zweite weltgeschichtliche Nuance der Freiheitsidee in der neueren Geschichte. Neben den liberalen tritt der demokratische Freiheitsgedanke."[58] *Jellinek* verweist hier auf die Dualität der Freiheit des Menschen als bourgeois und als citoyen, auf das Nebeneinander der privaten und der politischen Freiheit[59] oder auch Autonomie, die *Habermas* als gleichursprünglich bezeichnet hat[60]. Diesen gemeinsamen Ursprung haben die private und die politische Freiheit in der Würde der zur Persönlichkeitsentfaltung befähigten Person[61].

Das Demokratieprinzip als Ausgestaltungsprinzip politischer Selbstbestimmung ist damit aufs Engste auf die Würde des Menschen bezogen, der sich – würdebasiert und würdebestätigend – nicht nur durch private, sondern ebenso durch politische Selbstbestimmung[62] in seiner Persönlichkeit entfaltet, dabei Anerkennung als gleichwertige Person erfährt und seinen – in den Worten *Jellineks* – Rechtsgenossen selbst Anerkennung zollt, sei es durch die Respektierung der privaten Freiheitssphäre der Anderen, sei es durch die Respektierung einer politischen Mehrheitsentscheidung ungeachtet der eigenen Auffassung[63].

---

[58] *Georg Jellinek*, Ausgewählte Schriften und Reden, Bd. II, 1911, S. 53 f.

[59] *Christian Starck*, Grundrechtliche und demokratische Freiheitsidee, in: Isensee/Kirchhof (Hrsg.), Handbuch des Staatsrechts der Bundesrepublik Deutschland, Bd. 3, 3. Aufl. 2005, § 33.

[60] *Jürgen Habermas*, Faktizität und Geltung, 3. Aufl. 1993, S. 112 ff.; dazu aus jüngerer Zeit *Hans-Michael Heinig*, Der Sozialstaat im Dienst der Freiheit, 2008, S. 285 ff.; problematisierend *Johann Braun*, Selbstbestimmung und Fremdbestimmung. Über die Schwierigkeit autonomen Handelns in einer heteronom bestimmten Gesellschaft, in: Rechtstheorie Bd. 43 (2012), S. 159 ff.

[61] Die Fundierung der politischen Freiheit und damit der Demokratie in der Menschenwürde ist streng von der Frage zu unterscheiden, ob und inwieweit der Würdebegriff als Rechtsbegriff einer Ausfüllung durch demokratisch getroffene Entscheidungen offen steht; dazu *Christoph Möllers*, Democracy and human dignity – Limits of a moralized conception of rights in German Constitutional Law, in: Israel Law Review Bd. 42 (2009), S. 417 ff.

[62] Zur Selbstbestimmung als „Verfassungsessenz" *Horst Dreier*, Der freiheitliche Verfassungsstaat als riskante Ordnung, Rechtswissenschaft, Heft 1 2010, S. 11 (16 ff.).

[63] *Ernst-Wolfgang Böckenförde*, Demokratie als Verfassungsprinzip, in: Isensee/Kirchhof (Hrsg.), Handbuch des Staatsrechts der Bundesrepublik Deutschland, Bd. 2, 3. Aufl. 2004, § 24 Rdnr. 52; *Bernd Grzeszick*, in: Maunz/Dürig, GG, Kommentar, EL 57 Januar 2010, Art. 20 II, Rdnr. 41 ff.; *Ortega y Gasset* bezeichnet die liberale Demokratie als die politische Form, die den höchsten Willen zur Gemeinschaft verkörpert und die bereit ist „zur Anerkennung des Mitmenschen in vollster Entfaltung"; *José Ortega y Gasset*, Der Aufstand der Massen, in deutscher Übersetzung von Helene Weyl u.a., 1960, S. 127.

3. Verfassungsrechtliche Abbildung in Art. 1 Abs. 1 i.V.m. Art. 20 Abs. 1 und 2 GG

Verfassungsrechtlich bildet sich dies in einer Zusammenschau von Art. 1 Abs. 1 und Art. 20 Abs. 1 und 2 GG ab, folglich also – und dies geht über die hergebrachte grundgesetzliche Dogmatik hinaus – in der subjektivrechtlichen Bewehrung des Demokratieprinzips durch den Anspruch auf Achtung und Schutz der Menschenwürde. Das allgemeine subjektive Recht auf demokratische Teilhabe hat seinen verfassungsrechtlichen Ort danach in Art. 1 Abs. 1 i.V.m. Art. 20 Abs. 1 und 2 GG. Der Anspruch aus Art. 38 Abs. 1 Satz 1 GG erscheint in diesem Licht als lex specialis.

Eine Parallele besteht insoweit zu der ebenfalls auf Art. 1 Abs. 1 GG gestützten subjektivrechtlichen Bewehrung des Sozialstaatsprinzips gemäß Art. 20 Abs. 1 GG[64], die in der Hartz IV-Entscheidung des Bundesverfassungsgerichts von 2010 – über die Gewährleistung der physischen Existenz hinaus – in Richtung auf die „Sicherung der Möglichkeit zur Pflege zwischenmenschlicher Beziehungen und zu einem Mindestmaß an Teilhabe am gesellschaftlichen, kulturellen und politischen Leben“ ausgebaut worden ist[65]. Anders als der individuelle Anspruch auf das sozialstaatliche Existenzminimum ist das subjektive Recht auf demokratische Teilhabe aber freilich – ungeachtet der bemerkenswerten inhaltlichen Annäherung durch die Erstreckung des sozialstaatlich fundierten Anspruchs auf die Teilhabe gerade auch am politischen Leben – kein Menschenrecht auf Leistung (status positivus), sondern Aktivstatusrecht der Bürger (status activus), was unmittelbar aus Art. 20 Abs. 2 Satz 1 GG folgt[66]. Die Subjektivierung des Demokratieprinzips erweitert mithin nicht den Kreis der Legitimationssubjekte, sondern sensibilisiert vielmehr dafür, dass die demokratische Legitimationsleistung zugleich eine Form der Selbstbestimmung und Selbstentfaltung ist.

Streng zu unterscheiden ist die Subjektivierung des Demokratieprinzips durch Art. 1 Abs. 1 GG auch von der subjektiv-grundrechtlich geschützten Freiheitssphäre nach Maßgabe der Art. 2 ff. GG. Als Grundrecht erscheint das subjektive Recht auf demokratische Teilhabe nur insoweit, als Art. 1 Abs. 1 GG ein Grundrecht verbürgt. Doch gewährleistet dieses Grundrecht – insoweit – nicht den Kerngehalt privater, sondern den Kerngehalt politischer Freiheit – und Gleichheit. Dass sich demokratische Teilhabe nicht über Art. 2 Abs. 1 GG einklagen lässt, wie es das Bundesverfassungsgericht unmissverständlich zum Ausdruck gebracht hat[67], gilt unverändert und richtigerweise. Der hier vorge-

---

[64] BVerfGE 125, 175 (222) unter Verweis auf die st. Rspr. seit BVerfGE 40, 121 (133) („Grundrecht auf Gewährleistung eines menschenwürdigen Existenzminimums“).

[65] BVerfGE 125, 175 (223).

[66] Siehe dazu näher unten III.4.b).

[67] BVerfGE 99, 1 (8).

stellte Ansatz unterscheidet sich in diesem Punkt klar von dem in den 1970er Jahren unternommenen Versuch, die Grundrechte der Art. 2 ff. GG zur Durchsetzung von mehr Partizipation, im Kern zur „Demokratisierung", in Stellung zu bringen[68]. Die Art. 2 ff. GG adressieren den Bürger als bourgeois, als von der Staatsgewalt Betroffenen und vor der Staatsgewalt zu Schützenden. So verwundert es nicht, dass die Mobilisierung der Grundrechte zur Etablierung eines „status activus processualis" nicht im staatsrechtlichen, sondern allein im verwaltungsrechtlichen Bereich Früchte trug, dies durch den Ausbau der Verfahrensrechte der im Verwaltungsverfahren Beteiligten[69]. Soweit der „status activus processualis" die Statuslehre *Jellineks* grundlegend reformieren sollte[70], ausgehend von dem Gedanken, dass diese Lehre den Grundrechten ein „aktivbürgerliches Moment ... vorenthalten" habe[71], kann mithin erwidert werden, dass das status activus-Recht, das ebendieses Moment gewährleistet[72], grundrechtlich geschützt ist, dies jedoch nicht durch die Art. 2 ff. GG, sondern durch Art. 1 Abs. 1 i.V.m. Art. 20 Abs. 1 und 2 GG[73].

4. Dogmatische Entfaltung

a) Raum für die Herausbildung einer sachangemessen anspruchsvollen Dogmatik der politischen Selbstbestimmung

Die Fundierung des allgemeinen subjektiven Rechts auf demokratische Teilhabe in Art. 1 Abs. 1 i.V.m. Art. 20 Abs. 1 und 2 GG gibt Raum für die Herausbildung einer Dogmatik der politischen Selbstbestimmung, die vom Einzelnen – freilich als Teil des demos – her blickt, nicht von einer bestimmten, verfassungsrechtlich konstituierten Institution her, ebenso wenig im Übrigen

---

68 *Peter Häberle*, Grundrechte im Leistungsstaat, in: VVDStRL Bd. 30 (1972), S. 43 (80 ff.); dass es im Kern um Demokratisierung ging, zeigt sich auf S. 83 f. mit Fußn. 175: „Was als ‚Demokratisierung' auftritt, hat vor allem eine grundrechtliche Seite..."; ähnlich *Martin Kriele*, Das demokratische Prinzip im Grundgesetz, in: VVDStRL Bd. 29 (1971), S. 46 (80): „Der Ansatzpunkt für die verfassungsrechtliche Prüfung der ‚Demokratisierung' unter dem Gesichtspunkt des Selbstzwecks kann deshalb nicht das Demokratieprinzip des Art. 20 sein, sondern es sind die Grundrechte oder auch die Sozialstaatsklausel".

69 Dazu *Anna-Bettina Kaiser*, Die Kommunikation der Verwaltung, 2009, S. 148 ff.

70 *Peter Häberle*, Grundrechte im Leistungsstaat, in: VVDStRL Bd. 30 (1972), S. 43 (80 ff.).

71 *Peter Häberle*, Die Wesensgehaltgarantie des Art. 19 Abs. 2 Grundgesetz, 2. Aufl. 1972, S. 18.

72 In diesem Sinne auch *Winfried Brugger*, Georg Jellineks Statuslehre: national und international, AöR Bd. 136 (2011), S. 1 (16) („Kritik ... ist also überzogen").

73 Auch *Peter Häberle*, Grundrechte im Leistungsstaat, in: VVDStRL Bd. 30 (1972), S. 43 (80) sieht den status activus als „Grundstatus" freilich in Art. 1 Abs. 1 GG verankert; vermittelnd *Wolfram Höfling*, Demokratische Grundrechte – Zu Bedeutungsgehalt und Erklärungswert einer dogmatischen Kategorie, Der Staat Bd. 33 (1994), S. 493 ff.

von den Parteien, von Verbänden oder von hybriden Mischgremien her[74]. Dies heißt keineswegs, dass sich diese Dogmatik im Ergebnis von der in der parlamentarischen Demokratie ganz und gar zutreffenden Konzentration auf die Primärlegitimation über die Volkswahl der Abgeordneten des Parlaments verabschieden müsste. Doch erlaubt der neue, allgemeinere Ansatz, weiter zu greifen, und ergänzende Modi der demokratischen Legitimation angemessen in den Blick zu nehmen, insbesondere in der europäischen Einbindung. Dies gilt namentlich für die aktuellen oder potentiellen Legitimationsleistungen über die Beteiligung von Bundesregierung, Bundestag und Bundesrat im europäischen Rechtsetzungsprozess, über das Europäische Parlament, über die derzeit diskutierte Direktwahl einer Spitze der europäischen Exekutive[75] und für direktdemokratische Legitimationsleistungen[76]. In der Gesamtschau lässt sich auf dieser Grundlage, etwa in einem konkreten Verfassungsbeschwerdeverfahren, das bei Berufung auf Art. 1 Abs. 1 i.V.m. Art. 20 Abs. 1 und 2 GG offen steht[77], darüber befinden, ob im betreffenden Fall ein hinreichendes demokratisches Legitimationsniveau[78] erreicht wird.

Die Gewährleistung aus Art. 1 Abs. 1 i.V.m. Art. 20 Abs. 1 und 2 GG ist dabei offen für die Entfaltung von und die Abstimmung zwischen Teildogmatiken, die sich auf die einzelnen Legitimationsmodi beziehen. In der Sache steht hier die lex specialis-Dogmatik zu Art. 38 Abs. 1 Satz 1 GG im Raum, daneben die ebenfalls spezielle Dogmatik zu Art. 28 Abs. 1 Satz 1 und 2 GG, aber beispielsweise und gerade auch die sich gegenwärtig erst entwickelnde Dogmatik zu den verfassungsrechtlichen Anforderungen an die Wahl der deutschen Abgeordneten zum Europäischen Parlament. Während das Bundesverfassungsgericht insoweit Art. 3 Abs. 1 GG als normative Grundlage gewählt und diese durch die Dogmatik zu Art. 38 Abs. 1 Satz 1 GG ausgefüllt hat[79], könnte im Rahmen von Art. 1 Abs. 1 i.V.m. Art. 20 Abs. 1 und 2 GG eine sachangemessene, auf die anderen Legitimationsmodi und auch auf die einschlägigen europarechtlichen Rechtsmaßstäbe (insbesondere Art. 39 Abs. 1 und 2 der Charta

---

[74] Ähnlich *Hans Heinrich Rupp*, Einteilung und Gewichtung der Grundrechte, in: Merten/Papier (Hrsg.), Handbuch der Grundrechte in Deutschland und Europa, Bd. II, 2006, § 36 Rdnr. 3.

[75] Siehe etwa die Rede von Bundesfinanzminister *Schäuble* anlässlich der Verleihung des Internationalen Karlspreises zu Aachen am 17.5.2012.

[76] In BVerfGE 13, 54 (91) war eine subjektive Berechtigung aus Art. 29 GG verneint worden (ebenso in BVerfGE 49, 15 (21 f.)); ob und inwieweit Art. 29 GG allerdings tatsächlich einen Anwendungsfall direkter Demokratie auf Bundesebene ausgestaltet, mag hier dahingestellt bleiben.

[77] Art. 93 Abs. 1 Nr. 4a GG lässt eine Rüge der Verletzung von Art. 1 Abs. 1 GG zu, mithin auch eine Rüge der Verletzung von Art. 1 Abs. 1 i.V.m. Art. 20 Abs. 1 und 2 GG.

[78] Zum Rechtsgedanken des Legitimationsniveaus BVerfGE 89, 155 (182); 93, 37 (67); *Bernd Grzeszick*, in: Maunz/Dürig, GG, Kommentar, EL 57 Januar 2010, Art. 20 II, Rdnr. 127.

[79] BVerfGE 129, 300 (317 f.).

der Grundrechte der Europäischen Union) abgestimmte Teildogmatik zur demokratischen Legitimation über die Wahl zum Europäischen Parlament entwickelt werden.

Die Gewährleistung aus Art. 1 Abs. 1 i.V.m. Art. 20 Abs. 1 und 2 GG ist empfänglich für freiheits- ebenso wie für gleichheitsrechtliche Gehalte, die – wie bislang schon Art. 38 Abs. 1 Satz 1 GG – einerseits den Belangen der politischen Freiheit und andererseits den Belangen der politischen Gleichheit Rechnung tragen.

b) Ausgestaltungsbedürftigkeit des status activus in seiner Eingebundenheit in die Gemeinschaft (demos)

Das subjektive Recht auf demokratische Teilhabe vermittelt, wie bei der Abgrenzung vom – ebenfalls auf Art. 1 Abs. 1 GG gestützten – subjektiven Recht auf die Gewährleistung des sächlichen Existenzminimums schon betont[80], freilich kein derivatives oder gar originäres Leistungsrecht. Es steht hier nicht der status positivus inmitten, der den Bürger als bourgeois, als dem Staat gegenübertretendes Mitglied der Gesellschaft, berechtigt. Im status activus macht sich der Einzelne den Staat vielmehr zu eigen, indem er im Staat oder – mit *Jellinek* – „für den Staat"[81] agiert, indem er politische Selbstbestimmung an die Stelle von Fremdbestimmung setzt, indem er sich dadurch letztlich nur sich selbst unterwirft und damit frei und souverän wird.

Die Vorstellung von der Souveränität des Einzelnen, die mit einem allgemeinen subjektiven Recht auf demokratische Teilhabe in besonderer Weise einherzugehen scheint, wirft im verfassungsrechtlichen Rahmen allerdings eine gewichtige Frage auf: Wie steht eine solche Souveränität des Einzelnen zur Souveränität des Volkes, die im Wortlaut von Art. 20 Abs. 2 Satz 1 GG („Alle Staatsgewalt geht vom Volke aus.") vorausgesetzt wird? Als Bezugssubjekt der Selbstbestimmung und der entsprechenden Legitimationsleistung erscheint nach dem Bild der Souveränität des Einzelnen der individuelle citoyen, nach dem Bild der Souveränität des Volkes dagegen das Volk als Ganzes[82]. In der Demokratie, zumal nach dem Bild des Grundgesetzes, wird individuelle politische Selbstbestimmung per definitionem in kollektive politische Selbstbestimmung[83], individuell-autonome Freiheit in demokratische Mitwirkungsfreiheit[84] überführt. Daraus folgt unmittelbar, dass der Einzelne von vornherein

---

[80] Siehe oben III.3.

[81] *Georg Jellinek*, System der subjektiven öffentlichen Rechte, 2. Aufl. 1905, S. 87.

[82] Zu diesem Gegensatz *Hasso Hofmann*, Menschenrechte und Demokratie, JZ 2001, S. 1 ff.

[83] *Christian Seiler*, Der souveräne Verfassungsstaat zwischen demokratischer Rückbindung und überstaatlicher Einbindung, 2005, S. 125.

[84] *Ernst-Wolfgang Böckenförde*, Demokratie als Verfassungsprinzip, in: Isensee/Kirchhof (Hrsg.), Handbuch des Staatsrechts der Bundesrepublik Deutschland, Bd. 2, 3. Aufl. 2004,

nur als Teil des Volkes (demos) citoyen sein kann, dass individuelle demokratische Rechte nicht von der Zugehörigkeit zum Volk losgelöst werden können[85]. So berechtigt Art. 38 Abs. 1 Satz 1 GG den Einzelnen, dies aber nur, weil und soweit er Mitglied des deutschen Volkes im Sinne von Art. 20 Abs. 2 Satz 1 GG ist[86]. Nichts anderes gilt, wenn man subjektivrechtlich bei Art. 1 Abs. 1 i.V.m. Art. 20 Abs. 1 und 2 GG anknüpft: Rechtsträger ist auch hier nur das Mitglied der auf das längerfristige Miteinander in Rechten und Pflichten angelegten demokratischen Zugehörigengemeinschaft[87].

Die Verwiesenheit auf die Einbindung in die Gemeinschaft, also die Tatsache, dass die politische Selbstbestimmung des Einzelnen in die politische Selbstbestimmung des Volkes eingewoben, demokratische Teilhabe die Teilhabe an der Willensbildung eines Volkes ist, lässt das status activus-Recht aus Art. 1 Abs. 1 i.V.m. Art. 20 Abs. 1 und 2 GG von vornherein als stark ausgestaltungsbedürftiges Recht erscheinen[88]. Demokratische politische Selbstbestimmung ereignet sich in den Strukturen und Verfahren, die hierfür rechtlich zur Verfügung gestellt sind[89]; dies umso mehr, je näher diese Selbstbestimmung an die Staatssphäre heranreicht. Idealtypisches Beispiel ist das Wahlrecht in all seiner Komplexität.

c) Legitimationssubjekte, Legitimationsmodi, Legitimationsobjekte

Die Fundierung des allgemeinen subjektiven Rechts auf demokratische Teilhabe in Art. 1 Abs. 1 i.V.m. Art. 20 Abs. 1 und 2 GG und die damit einhergehende Sicht von dem sich – innerhalb der demokratischen Gemeinschaft – selbst bestimmenden citoyen her öffnet den Blick für weitergehende Fragen; Fragen, die sich im Angesicht des Entwicklungsstandes der europäischen Integration

---

§ 24 Rdnr. 37; *Josef Isensee*, Grundrechtsvoraussetzungen und Verfassungserwartungen an die Grundrechtsausübung, in: Isensee/Kirchhof (Hrsg.), Handbuch des Staatsrechts der Bundesrepublik Deutschland, Bd. 9, 3. Aufl. 2011, § 190 Rdnr. 150.

[85] *Paul Kirchhof*, Der demokratische Rechtsstaat – die Staatsform der Zugehörigen, in: Isensee/Kirchhof (Hrsg.), Handbuch des Staatsrechts der Bundesrepublik Deutschland, Bd. 9, 1997, § 221 Rdnr. 17 unter Verweis auf BVerfGE 83, 37 (50 f.); *Josef Isensee*, Grundrechte und Demokratie, Der Staat Bd. 20 (1981), S. 161 (164); *Sebastian Müller-Franken*, Die demokratische Legitimation öffentlicher Gewalt in den Zeiten der Globalisierung, AöR Bd. 134 (2009), S. 542 (557 f.).

[86] Auch *Klaus Ferdinand Gärditz/Christian Hillgruber*, Volkssouveränität und Demokratie ernst genommen – Zum Lissabon-Urteil des BVerfG, JZ 2009, S. 872 (873).

[87] *Paul Kirchhof*, Der demokratische Rechtsstaat – die Staatsform der Zugehörigen, in: Isensee/Kirchhof (Hrsg.), Handbuch des Staatsrechts der Bundesrepublik Deutschland, Bd. 9, 1997, § 221.

[88] Prägnant *Josef Isensee*, Grundrechte und Demokratie, Der Staat Bd. 20 (1981), S. 161 (162) („Der Wille des Volkes ist ... a priori eine Kunstschöpfung des Rechts.").

[89] *Dietrich Murswiek*, Grundrechte als Teilhaberechte, soziale Grundrechte, in: Isensee/Kirchhof (Hrsg.), Handbuch des Staatsrechts der Bundesrepublik Deutschland, Bd. 9, 3. Aufl. 2011, § 192 Rdnr. 16.

ohnehin stellen. Schon in der Maastricht-Entscheidung war das Bundesverfassungsgericht von einem Ergänzungsverhältnis zwischen der Legitimation der europäischen Hoheitsgewalt über die Mitgliedstaaten einerseits und über das Europäische Parlament andererseits ausgegangen[90]. Die Legitimation über die Mitgliedstaaten findet ihren Ausgangspunkt im jeweiligen Staatsvolk und bezieht sich im Kern auf die Rechtsgeltung der europäischen Hoheitsakte im staatlichen Binnenbereich. Worin aber findet die hinzu tretende Legitimation über das Europäische Parlament ihren Ausgangspunkt, solange noch nicht von einem hinreichend homogenen europäischen Volk gesprochen werden kann, und worauf genau bezieht sich diese Legitimation? Die Perspektive vom Einzelnen her, die die Fundierung des demokratischen Teilhaberechts in Art. 1 Abs. 1 i.V.m. Art. 20 Abs. 1 und 2 GG eröffnet, schafft Raum für Erwägungen zu derartigen Fragen und erlaubt, zwischen verschiedenen Legitimationssubjekten, Legitimationsmodi und Legitimationsobjekten zu unterscheiden[91], um im Ergebnis darüber zu befinden, ob im konkreten Zusammenhang ein hinreichendes Legitimationsniveau gewahrt wird[92]. Ermöglicht wird dies letztlich dadurch, dass auf Grundlage von Art. 1 Abs. 1 i.V.m. Art. 20 Abs. 1 und 2 GG der Mensch im Zentrum der Prüfung steht, der Mensch als Angehöriger einer Legitimationsgemeinschaft oder mehrerer Legitimationsgemeinschaften, der Mensch als Akteur in bestimmten Legitimationsmodi und der Mensch als durch legitimationsbedürftige Hoheitsgewalt Betroffener. Die den Einzelnen erreichende Hoheitsgewalt, dies die Essenz, muss immer auf den politischen Willen des Einzelnen – als Teil des demos – zurückgeführt werden können und sich in diesem Sinne vor ihm rechtfertigen.

d) Inhalt und Reichweite des rügefähigen Rechts

Zu bestimmen bleiben Inhalt und Reichweite des rügefähigen Rechts aus Art. 1 Abs. 1 i.V.m. Art. 20 Abs. 1 und 2 GG:

Für die Bundesebene ergeben sich Inhalt und Reichweite des subjektiven Rechts im Kern aus den Bestimmungen der Art. 20 Abs. 1 und 2 GG, die sich auf die funktional-institutionelle, die sachlich-inhaltliche wie auch die personelle Legitimation der Bundesgewalt beziehen und die Handlungsmodi der Wahlen wie auch der Abstimmungen kennen. Rügeberechtigt ist insoweit jeder Deutsche gemäß Art. 116 GG[93].

---

[90] BVerfGE 89, 155 (185 f.).

[91] Dazu ausführlich auch *Steffen Augsberg*, Wer ist das Volk? Die Pluralität demokratischer Entscheidungsverfahren im Bundesstaat als Herausforderung für Verfassungsrecht und Demokratietheorie, ZG 2012, S. 251 ff.

[92] Es geht damit – insbesondere seit BVerfGE 89, 155 – um inhaltliche Legitimationszusammenhänge im weiteren Sinne, nicht nur um die Formalia des Akts der Legitimation bestimmter Institutionen.

[93] Angesichts der formalen Gleichheit im status activus, also der rechtlich grundsätz-

Für die Landes- und Kommunalebene wirkt in diesem Zusammenhang das Homogenitätsgebot nach Art. 28 Abs. 1 Satz 1 und 2 GG maßstabkonkretisierend. Das für das Bundesverfassungsrecht allein maßgebende Grundgesetz nimmt sich in seinen Anforderungen insoweit also etwas zurück. Rügeberechtigt sind hier die Angehörigen des betreffenden Landesvolkes, unter den Voraussetzungen des Art. 28 Abs. 1 Satz 3 GG auch Staatsangehörige anderer EU-Mitgliedstaaten.

Für die EU-Ebene ist der Anspruch aus Art. 1 Abs. 1 i.V.m. Art. 20 Abs. 1 und 2 GG in der Zusammenschau mit der Strukturvorgabe des Art. 23 Abs. 1 Satz 1 GG zu lesen, die ein demokratischen Grundsätzen verpflichtetes Europa verlangt, wobei der Begriff der demokratischen Grundsätze eigenständig auszulegen ist und keine detailgenaue Widerspiegelung der innerstaatlichen Verfahren und Formen erfordert[94]. Führen Maßnahmen der europäischen Integration zu inhaltlichen Verfassungsänderungen im Sinne von Art. 23 Abs. 1 Satz 3 GG, dies infolge des Anwendungsvorrangs des EU-Primärrechts, beschränkt sich der Maßstabgehalt von Art. 1 Abs. 1 i.V.m. Art. 20 Abs. 1 und 2 GG auf die nach Art. 79 Abs. 3 GG unverfügbaren Elemente des Demokratieprinzips. Das Bundesverfassungsgericht hat in der Lissabon-Entscheidung Sachbereiche benannt, die zur Wahrung der demokratischen Selbstgestaltungsfähigkeit des Verfassungsstaats auch in Zukunft zwingend im Kompetenzbereich des Nationalstaats verbleiben müssen[95].

Unabhängig von der Frage, ob eine derartige inhaltliche Konkretisierung zielführend ist, ist entscheidend, dass es – ausgehend vom grundgesetzlichen Maßstab – insoweit immer nur um die Sicherung der politischen Selbstbestimmung gehen kann, nicht um bestimmte Sachbereiche um ihrer selbst willen. Weitet man über Art. 1 Abs. 1 i.V.m. Art. 20 Abs. 1 und 2 GG auch im Rahmen des Art. 23 Abs. 1 Satz 3, Art. 79 Abs. 3 GG den Blick für die verschiedenen Formen aktueller oder potentieller demokratischer Legitimation, unter anderem für die Legitimation durch die Wahl zum Europäischen Parlament, dann müssen richtigerweise auch diese Formen der Legitimation Berücksichtigung

---

lich gleichen Situation aller Kläger in einem bestimmten Sachzusammenhang, wird die Zahl zulässiger Klagen insoweit auch durch die Sachentscheidungsvoraussetzung der fehlenden Rechtskraft vorausgehender Judikate erheblich eingeschränkt. Dies gilt noch sehr viel stärker als im Bereich der Klagen auf Gewährung des sächlichen Existenzminimums nach Art. 1 Abs. 1 i.V.m. Art. 20 Abs. 1 GG, weil die persönlichen Lebenssituationen der Betroffenen sehr unterschiedlich sein können.

[94] Zur diesbezüglichen Unterscheidung zwischen Art. 23 Abs. 1 Satz 1 und Art. 38 Abs. 1 GG BVerfGE 89, 155 (180); auch *Hans D. Jarass*, in: Jarass/Pieroth, Grundgesetz, 12. Aufl. 2012, Art. 23 Rdnr. 15; grundsätzlich *Uwe Volkmann*, Die zwei Begriffe der Demokratie – Von der Übertragbarkeit staatsbezogener Demokratievorstellungen in überstaatliche Räume, in: Hofmann/Naumann (Hrsg.), Europäische Demokratie in guter Verfassung?, 2010, S. 14 ff.

[95] BVerfGE 123, 267 (359 ff.); siehe dazu oben II.3.

finden können, wenn nach gegenwärtiger und künftiger demokratischer Selbstgestaltungsfähigkeit gefragt wird.

Dies führt auf einen der Solange-Rechtsprechung entlehnten Rechtsgedanken hin: Solange auf europäischer Ebene – trotz Art. 10 Abs. 3 Satz 1 EUV – keine substantielle politische Selbstbestimmung gewährleistet ist, muss diese primär über die Mitgliedstaaten bewirkt und gesichert werden. Eine im ersten Schritt demokratisch legitimierte Übertragung von Hoheitsgewalt auf die europäische Ebene, die dann aber im zweiten Schritt, im Vollzug, nicht mehr hinreichend demokratisch legitimiert ist, verbietet sich damit unter dem Grundgesetz (Gedanke der actio libera in causa)[96].

Auf allen Ebenen wird die subjektivrechtlich durch Art. 1 Abs. 1 GG abgestützte, individuell initiierte Feststellung mangelnder demokratischer Legitimation von einer Wesentlichkeits- oder auch Evidenzschwelle abhängig zu machen sein[97]. Hiervon war das Bundesverfassungsgericht schon in der Maastricht-Entscheidung ausgegangen, dort auf der Grundlage von Art. 38 Abs. 1 GG, indem es die Entleerung der durch die Wahl bewirkten Legitimation, die „unverzichtbaren Mindestanforderungen demokratischer Legitimation"[98], zum Maßstab einer Rechtsverletzung machte. Weil im Maastricht-Verfahren allerdings eine Hoheitsübertragung auf die supranationale Ebene inmitten stand, war der Maßstab der Entscheidung durch Art. 23 Abs. 1 Satz 3, Art. 79 Abs. 3 GG modifiziert, in der Sache also auf die äußeren Grenzen des bei einer Verfassungsänderung Zulässigen zurückgenommen. Ob es genau diese Grenzen sind, die richtigerweise auch in anderen, Art. 23 Abs. 1 Satz 3 GG nicht berührenden Fällen den Inhalt des subjektivrechtlich auf Grundlage von Art. 1 Abs. 1 GG Rügbaren abstecken[99], ist damit keineswegs gesagt und bedarf weiterer, tastender Prüfung und Entwicklung. Mit anderen Worten kommt durchaus in Betracht,

---

[96] Hieran schließt sich die Frage an, ob auch Art. 146 GG (Verfassungsneugebung) subjektivrechtlich rügbar ist (ablehnend BVerfGE 89, 155 (180), bejahend *Hans Heinrich Rupp*, Einteilung und Gewichtung der Grundrechte, in: Merten/Papier (Hrsg.), Handbuch der Grundrechte in Deutschland und Europa, Bd. II, 2006, § 36 Rdnr. 7); während eine Rügbarkeit gerade der Verletzung der Verfahrensanforderungen („von dem deutschen Volke in freier Entscheidung") durchaus in Betracht kommt, bleibt doch die Feststellung, dass Art. 146 GG als Maßstab im Moment der Verfassungsneugebung wegfällt; die Vorschrift bringt damit im Kern eine Hoffnung zum Ausdruck.

[97] Ebenso *Astrid Epiney*, Der status activus des citoyen, Der Staat Bd. 34 (1995), S. 557 (576).

[98] BVerfGE 89, 155 (172).

[99] Deutlich in diese Richtung, auf Grundlage von Art. 38 Abs. 1 Satz 1 GG, BVerfGE 129, 124 (177) („Der Gewährleistungsgehalt des Wahlrechts umfasst die Grundsätze des Demokratiegebots im Sinne von Art. 20 Abs. 1 und Abs. 2 GG, die Art. 79 Abs. 3 GG als Identität der Verfassung garantiert."); ebenso BVerfG, Urt. v. 12.9.2012, Rdnr. 208 („Sein Gewährleistungsgehalt umfasst die Grundsätze des Demokratiegebots im Sinne von Art. 20 Abs. 1 und Abs. 2 GG, die Art. 79 Abs. 3 GG als Identität der Verfassung auch vor dem Zugriff durch den verfassungsändernden Gesetzgeber schützt.").

die Wesentlichkeits- oder auch Evidenzschwelle, von der die Verletzung des allgemeinen subjektiven Rechts auf demokratische Teilhabe abhängig zu machen ist, diesseits der Grenze anzusetzen, die Art. 79 Abs. 3 GG Verfassungsänderungen setzt[100].

Wie Art. 38 Abs. 1 GG ist auch das allgemeine subjektive Recht auf demokratische Teilhabe aus Art. 1 Abs. 1 i.V.m. Art. 20 Abs. 1 und 2 GG thematisch fokussiert. Gewährleistet ist allein die politische Selbstbestimmung, in der Sache das gebotene Maß demokratischer Legitimation. Der Maßstab des Art. 1 Abs. 1 i.V.m. Art. 20 Abs. 1 und 2 GG eröffnet deshalb keine umfassende Rechtmäßigkeitsprüfung des staatlichen, insbesondere parlamentarischen Handelns. Freilich hat das Bundesverfassungsgericht in der Maastricht-Entscheidung – in dieser Ausdrücklichkeit erstmals – den Inhalt eines Parlamentsgesetzes an Art. 38 Abs. 1 Satz 1 GG gemessen; dies aber nur, weil und soweit dieses Gesetz Hoheitsrechte auf die Europäische Union übertrug, was die Gewährleistung angemessener demokratischer Teilhabe im Rechtszustand nach dieser Übertragung in Frage stellte. Die aus der status negativus-Dogmatik bekannte Elfes-Konstruktion[101] lässt sich daher weder mit Art. 38 Abs. 1 noch mit Art. 1 Abs. 1 i.V.m. Art. 20 Abs. 1 und 2 GG verbinden, auch nicht in der Zusammenschau mit Art. 79 Abs. 3 GG[102]. Während der grundrechtliche Abwehranspruch in seiner rechtsstaatlichen Fundierung im Grundsatz durchaus so weit reichen kann, verlangen zu dürfen, nur durch rechtmäßiges Staatshandeln in der eigenen Freiheitssphäre betroffen zu werden, ist der demokratische Teilhabeanspruch allein auf die angemessene Teilhabe an der Konstituierung und Ausübung der Hoheitsgewalt gerichtet, nicht aber darauf, dass diese Hoheitsgewalt auch vollständig rechtmäßig ausgeübt wird. Die Frage nach der demokratischen Legitimation, also nach der Kompetenz, steht getrennt von der Frage nach der inhaltlichen Rechtmäßigkeit[103]; das Können steht in diesem Sinne auch hier getrennt vom Dürfen. Die Demokratie kennt keinen – zumal subjektivrechtlich bewehr-

---

[100] *Hanno Kube*, Nationale Budgethoheit und Europäische Integration, AöR Bd. 137 (2012), S. 205 (209).

[101] Grundgelegt in BVerfGE 6, 32; dazu *Hanno Kube*, Die Elfes-Konstruktion, JuS 2003, S. 111 ff.

[102] Demgegenüber wird Folgendes vertreten: Die Demokratie setzt den Staat voraus; soweit die Demokratie subjektivrechtlich einklagbar ist, bezieht sich das Klagerecht deshalb auch auf die Staatlichkeit nach dem Bild des Art. 79 Abs. 3 GG, mithin auf die Einhaltung aller Staatsstrukturprinzipien; so *Dietrich Murswiek*, Art. 38 GG als Grundlage eines Rechts auf Achtung des unabänderlichen Verfassungskerns, JZ 2010, S. 702 ff.; *ders.*, Schutz der Verfassung als Bürgerrecht, JZ 2010, S. 1164 ff.; demgegenüber *Christoph Schönberger*, Der introvertierte Rechtsstaat als Krönung der Demokratie? – Zur Entgrenzung von Art. 38 GG im Europaverfassungsrecht, JZ 2010, S. 1160 ff.; dazu auch *Klaus Ferdinand Gärditz/Christian Hillgruber*, Volkssouveränität und Demokratie ernst genommen – Zum Lissabon-Urteil des BVerfG, JZ 2009, S. 872.

[103] *Josef Isensee*, Grundrechte und Demokratie, Der Staat Bd. 20 (1981), S. 161 („Die Legitimationsfrage zielt überhaupt nicht auf Inhalte, sondern auf Kompetenzen…").

ten – Rechtsgedanken des „The king (the people) can do no wrong“, oder anders gewendet: Die im Konstitutionalismus geläufige Mandatstheorie (der Landesherr mandatiert den Beamten nur zu rechtmäßigem Handeln; rechtswidriges Tun wird ihm als Privatperson zugerechnet; deshalb § 839 BGB) gilt in der Demokratie in umgekehrter Richtung nicht. Dies heißt allerdings nicht, dass im Einzelfall der Verstoß gegen sachlich einschlägige, die gegenwärtige und künftige demokratische Selbstgestaltungsfähigkeit mit ausformende verfassungsrechtliche Normen wie Art. 109 Abs. 2 und Abs. 3 oder auch Art. 110 GG nicht zugleich auf einen Verstoß gegen das subjektive Recht auf demokratische Teilhabe schließen lassen könnte.

IV. Folgerungen

Die Verankerung des subjektiven Rechts auf demokratische Teilhabe in Art. 1 Abs. 1 i.V.m. Art. 20 Abs. 1 und 2 GG, im Anspruch auf die Achtung und den Schutz der würdegestützten und würdebestätigenden politischen Selbstbestimmung des Einzelnen als citoyen, lässt Folgerungen zu; sie verlangt Respekt in erster Linie vor dem Teilhabeanspruch des Bürgers in Deutschland und Europa, aber auch vor den demokratisch legitimierten Institutionen und schließlich vor dem im demokratischen Verfahren erlassenen Gesetz.

1. Der Teilhabeanspruch des Bürgers in Deutschland und Europa

In seiner Fundierung in Art. 1 Abs. 1 i.V.m. Art. 20 Abs. 1 und 2 GG verlangt der Anspruch des Bürgers auf demokratische Teilhabe zunächst als solcher Respekt, dies im nationalen Rahmen, aber auch in der überstaatlichen, insbesondere europäischen Einbindung.

Diese überstaatliche Einbindung der Staatlichkeit, vor allem die europäische Integration, lässt sich auf Grundlage von Art. 1 Abs. 1 i.V.m. Art. 20 Abs. 1 und 2 und gegebenenfalls Art. 23 Abs. 1 GG in konkreten, individuell angestoßenen Streitverfahren grundlegend und umfassend am Demokratieprinzip messen, um dem Teilhabeanspruch des Bürgers angemessen Rechnung zu tragen und verlässlich darüber zu befinden, ob die demokratische Entscheidungslegitimation im konkreten Zusammenhang gewährleistet ist oder nicht. Verschiedene, zusammenlaufende Legitimationsmodi können insoweit, wie bereits skizziert[104], in den Blick genommen und in einer Gesamtschau gewürdigt werden. Die im Rahmen der europäischen Integration notwendigerweise komplexen, teilweise neuartigen Legitimationsstrukturen lassen sich dadurch in ihrer Natur und Funktion sachgerecht erfassen. Maßstabinduzierte institutionelle Fixie-

---

104 Siehe oben III.4.a).

rungen, die nicht zuletzt auch zu formellen, die eigentlichen materiellen Fragen in den Hintergrund drängenden Stellvertretergefechten führen können – die Entscheidungen des Bundesverfassungsgerichts zum „Neuner-Gremium“[105] und zu den Beteiligungsrechten des Bundestages nach Art. 23 Abs. 2 GG[106] sind in gewisser Weise Ausdruck davon –, werden überwunden. Die Zukunftsoffenheit und die Zukunftsfähigkeit des Demokratieprinzips gemäß Art. 20 Abs. 1 und 2 GG können hierdurch unter Beweis gestellt werden. Art. 146 GG, der Begehrlichkeiten weckt und in die Maßstablosigkeit führt, kann im Raum des Theoretischen verbleiben.

Die Weitung der Perspektive relativiert zugleich vermeintliche Frontstellungen, führt zu einem neuen Blick auf das Verhältnis zwischen Bürger, Mitgliedstaat und Union. So mag deutlicher werden, dass sich auch unter demokratischen Gesichtspunkten weniger die Mitgliedstaaten mit ihren Völkern einerseits und die Union andererseits gegenüberstehen. Gegenüber stehen sich vielmehr die Bürger aller Mitgliedstaaten als Staatsangehörige und zugleich Unionsbürger (vgl. Art. 9 Satz 3 EUV)[107] einerseits und eine – demokratische Teilhabe bei Lichte betrachtet als störend empfindende – europäische Technokratie auf der anderen Seite[108].

Nimmt die Dogmatik den würdegestützten und würdebestätigenden demokratischen Teilhabeanspruch des Einzelnen auch im europäischen Rahmen ernst, stellt sie den Unionsbürger in diesem Sinne also in den Mittelpunkt, kann aus der Perspektive dieses Bürgers in seiner konkreten Eingebundenheit in eine Gemeinschaft, eine Sprache, eine politische Kultur gefragt werden, ob und inwieweit demokratische Legitimation in Europa tatsächlich gelingt. Dies wiederum kann der verbreiteten Politikverdrossenheit, die sich eben auch aus dem Gefühl der Ohnmacht gegenüber „Brüssel“ ergibt, entgegenwirken, politisches Engagement befördern und damit einer in seiner Bedeutung kaum zu unterschätzenden Verfassungsvoraussetzung dienen.

---

[105] BVerfGE 129, 284; 130, 318.

[106] BVerfG, NVwZ 2012, S. 954 ff.

[107] Zum wechselbezüglichen oder auch komplementären Verhältnis von Staats- und Unionsbürgerschaft, von mitgliedstaatlicher und unionaler Verfasstheit *Ferdinand Wollenschläger*, Die Unionsbürgerschaft und ihre Dynamik für den Integrationsprozess jenseits des Marktes, ZEuS 2009, S. 1 (50 ff.) m.w.N.

[108] Vgl. demgegenüber den – den Gedanken im Ergebnis freilich bestätigenden – Ansatz von *Enrico Peuker*, Bürokratie und Demokratie in Europa, 2011, der eine „Theorie bürokratischer Legitimität im Europäischen Verwaltungsverbund“ entwickelt, die das demokratische Legitimationsdefizit soll kompensieren können.

2. Respekt vor den demokratisch legitimierten Institutionen

Manifestiert sich in demokratischer Teilhabe politische Selbstbestimmung und damit Menschenwürde, muss dies auch auf den Respekt ausstrahlen, der den demokratisch legitimierten Institutionen entgegenzubringen ist.

Dieser Respekt steht immer wieder in Frage, sei es durch die maßgebliche, unmittelbar auf das Ergebnis durchschlagende Nutzung externen Sachverstands im Gesetzgebungsverfahren, durch die Infragestellung demokratisch getroffener Entscheidungen durch „Wutbürger“ oder auch durch die Abqualifizierung des Parlaments im Rahmen überstaatlicher Verhandlungsprozesse:

Werden immer öfter Expertenkommissionen eingerichtet und auch darüber hinausgehend externe Sachverständige befasst, um Gesetzesregelungen bis ins Detail vorzubereiten, sei es zu komplexen[109], sei es zu ethisch anspruchsvollen[110] Materien, spricht dies für offene oder auch unterschwellige (Selbst-)Zweifel an den Fachkenntnissen und am Einschätzungsvermögen des Parlaments und der die Gesetzentwürfe vorbereitenden Ministerialbürokratie, mit anderen Worten für mangelnden Respekt vor den Gesetzgebungsorganen. Freilich kann es sachgerecht sein, schwierige Fragestellungen im Vorfeld zu konkreten Gesetzesbeschlüssen – zumal angestoßen durch die Gesetzgebungsorgane selbst – in besonderen Gremien zu reflektieren und sich dabei auch externen Sachverstands zu bedienen. Mündet dieser Sachverstand aber ohne wesentliche weitere Filter in Gesetzesbeschlüssen, dann offenbart dies ein unzureichendes Verständnis für die Idee der demokratischen Legitimation. Denn diese Legitimation beruht nicht auf dem Versprechen tatsächlicher oder auch moralischer Richtigkeit von Regelungen[111], sondern auf dem befriedenden Gedanken, dass die Mehrheit – auf Grundlage eingehender Willensbildung – entscheiden möge[112], in der repräsentativen Demokratie damit auch auf dem Vertrauen in die Erkenntnisbefä-

---

[109] Siehe etwa den von einer Rechtsanwaltskanzlei vorbereiteten Entwurf für ein Gesetz zur Ergänzung des Kreditwesengesetzes 2010; dazu *Klaus Meßerschmidt*, Gesetzgebungsoutsourcing, Ad Legendum 2012, S. 98 ff.

[110] Beispielsweise die 2011 eingerichtete Ethikkommission für eine sichere Energieversorgung, deren Beschlüsse in der Gesetzgebung zum Atomausstieg mündeten; grundsätzlich zur Arbeit von Ethikkommissionen *Marcus Vogeler*, Ethik-Kommissionen – Grundlagen, Haftung und Standards, 2011.

[111] *Christoph Möllers*, Demokratie – Zumutungen und Versprechen, 2. Aufl. 2009, S. 22.

[112] Zu diesem Gedanken *Antony M. Honoré*, Die menschliche Gemeinschaft und das Prinzip der Mehrheitsregel, in: FS für Helmut Schelsky, 1978, S. 229 ff.; siehe auch *Ulrich Scheuner*, Der Mehrheitsentscheid im Rahmen der demokratischen Grundordnung, in: FS für Werner Kägi, 1979, S. 301 ff.; *Werner Heun*, Das Mehrheitsprinzip in der Demokratie, 1982; *Christian Starck*, Grundrechtliche und demokratische Freiheitsidee, in: Isensee/Kirchhof (Hrsg.), Handbuch des Staatsrechts der Bundesrepublik Deutschland, Bd. 3, 3. Aufl. 2005, § 33 Rdnr. 34.

higung und in die Gewissensgeleitetheit der Abgeordneten[113]. Das Streben nach Sicherheit und Richtigkeit, das sich in jüngerer Vergangenheit im Übrigen auch im inflationären Einsatz so genannter „Stresstests" offenbart, sei es für Atomkraftwerke, sei es für Banken, erweist sich vor diesem Hintergrund als Anzeichen einer Degeneration der Demokratie. Die politische Form der Demokratie kann die Sehnsucht nach objektiver Richtigkeit nicht erfüllen. Gremien und Verfahren, die objektive Richtigkeit versprechen, vermögen deshalb keine zusätzliche, gleichsam „frische" Form von Legitimation zu vermitteln. Soweit sie sich anheischig machen, effektiv an die Stelle der zur Entscheidung befugten Institutionen zu treten, lassen sie vielmehr auf mangelnden Respekt vor diesen Institutionen und damit letztlich vor dem demokratischen Legitimationssubjekt schließen; einem Respekt, von dem die Demokratie aber ebenfalls – im Sinne einer ungeschriebenen und staatlich nicht zu gewährleistenden Verfassungsvoraussetzung – abhängt.

Der Respekt vor den demokratisch legitimierten Institutionen und damit im Ergebnis vor dem Legitimationssubjekt selbst steht auch dann in Frage, wenn sprichwörtlich gewordene „Wutbürger" die Akzeptanz repräsentativ-demokratisch gefällter Planungs- und Gestaltungsentscheidungen auf Grundlage ihres Unmuts über die Entscheidungsinhalte ad hoc und vor Ort verweigern; sei es durch Sitzblockaden, sei es durch anderes, tätliches Vorgehen gegen den Entscheidungsvollzug. Wird die Demokratie auf die politische, würdegestützte und würdebestätigende Selbstbestimmung des Menschen rückbezogen, darf insoweit zwar ebenso wenig vergessen werden, dass sich die „Wut" der Betreffenden, soweit nicht handfeste Motive wie der Wert des eigenen Grundstücks oder der Ärger über Baulärm in der Nachbarschaft im Vordergrund stehen[114], gerade auch aus einer Verdrossenheit über die Abgehobenheit einer politischen Klasse speisen kann, die weit entfernt und ohne Blick für die konkreten Belange über Vorhaben und Schicksale beschließt[115]. Die Ergänzung der demokratischen Entscheidungsstrukturen durch direktdemokratische Elemente, über die politische Selbstbestimmung im Konkreten in besonderer Weise wirklich werden kann, ist damit durchaus ein weiter zu behandelndes Thema – gerade auch im weiten Rahmen, den Art. 1 Abs. 1 i.V.m. Art. 20 Abs. 1 und 2 GG eröffnet. Doch bleibt die Aufgabe, das richtige Maß zu finden, namentlich die Sachbereiche einzugrenzen, die sich für direktdemokratische Legitimationsverfahren oder – eher noch – für eine Verstärkung der repräsentativ-demokratischen Legitimation durch direktdemokratische Legitimation eignen, um im Ergebnis der politischen Selbstbestimmung im Großen wie im Kleinen zu dienen.

---

[113] Dazu auch *Oliver Lepsius*, Die erkenntnistheoretische Notwendigkeit des Parlamentarismus, in: Bertschi u.a. (Hrsg.), Demokratie und Freiheit, 1999, S. 123 ff.

[114] Vgl. *Uwe Volkmann*, Die Privatisierung der Demokratie, in: FAZ v. 26.2.2010, S. 9.

[115] Vgl. *Hans Vorländer*, Spiel ohne Bürger, in: FAZ v. 12.7.2011, S. 8; *Hans Hugo Klein*, Metamorphose der Demokratie, in: FAZ v. 29.8.2011, S. 7.

In Frage steht der angemessene Respekt vor den demokratisch legitimierten Institutionen schließlich auch dann, wenn der Eindruck entsteht, dass die Bundesregierung das parlamentarische Verfahren im Zusammenhang der aktuellen Vertragsverhandlungen auf europäischer Ebene – unter Verweis auf überstaatliche Zwänge und Zeitpläne – als innerhalb kürzester Zeit abzuhandelnde verfassungsrechtliche Notwendigkeit ansieht und legitime Prüfungsvorbehalte seitens des Parlaments als Einmischung in gubernative Kompetenzen betrachtet. Das Parlament ist das einzig unmittelbar durch das Volk legitimierte, in diesem Sinne primärlegitimierte Staatsorgan, von dem die Regierung ihre Legitimation ableitet. Den nach Art. 59 Abs. 2 bzw. Art. 23 Abs. 1 Satz 2 und 3 GG erforderlichen Gesetzgebungsverfahren muss vor diesem Hintergrund genügend Zeit und Raum gegeben werden. Auch ist eine angemessene demokratische, namentlich parlamentarisch-demokratische Rückbindung im Laufe des Vollzugs überstaatlicher Verträge, so über Haftungsübernahmen (Europäischer Stabilitätsmechanismus), sicherzustellen[116]. Der gebotene Respekt vor dem Parlament erweist sich in diesem Zusammenhang allerdings auch darin, zu erkennen, wo die in der Struktur und Funktionsweise des Parlaments begründet liegenden Grenzen einer derartigen, zumal einzelfallbezogenen Vollzugsbegleitung liegen[117]. Im Ergebnis muss daher ein organ- und funktionsadäquates Miteinander von Parlament und Regierung, von Legislative und Exekutive, zur Sicherstellung einer hinreichenden demokratischen Legitimation der überstaatlichen Einbindung Deutschlands stehen.

3. Die „Würde des Gesetzes"

Die Würde der politischen Selbstbestimmung spiegelt sich schließlich auch in der „Würde des Gesetzes", das ein wesentliches Kondensat dieser Selbstbestimmung ist. Jede Missachtung des Parlamentsgesetzes ist damit im Ergebnis eine Missachtung der politischen Selbstbestimmung des citoyen.

Dies ruft Sachverhalte aus der jüngeren Vergangenheit in Erinnerung, die – zumindest vereinzelt – eine regierungsseitige Missachtung parlamentarisch erlassener Gesetze haben offenbar werden lassen. Wenn ein „Atommoratorium" gegen die geltende Gesetzeslage beschlossen[118] und die Wehrpflicht „ausgesetzt" wird, obwohl das einschlägige Recht die Einberufung befiehlt[119], dann ignoriert die Regierung das geltende Recht[120], institutionell das Parlament,

---

116 BVerfGE 129, 124 (180 f.); BVerfG, Urt. v. 12.9.2012, Rdnr. 214.

117 *Hanno Kube*, Nationale Budgethoheit und Europäische Integration, AöR Bd. 137 (2012), S. 205 (218 ff.).

118 *Tilman Cosack/Rainald Enders*, Atomenergie nach Fukushima, DVBl. 2011, S. 1446 ff.

119 Dazu FAZ v. 11.3.2011: „Lammert: Regierung agiert grob verfassungswidrig".

120 Auch *Bernd Rüthers/Clemens Höpfner*, Abschied vom Rechtsstaat?, FAZ v. 26.8.2011, S. 9.

letztlich den Wähler. Ungeachtet der Tatsache, dass an ausreichenden Mehrheiten für die erforderlichen Gesetzesänderungen kein Zweifel bestand, hätte der verfassungsrechtliche Vorrang des Gesetzes (Art. 20 Abs. 3 GG) beachtet werden müssen – um der Rechtsstaatlichkeit, aber auch der Demokratie willen. Der Anspruch des Bürgers auf demokratische Teilhabe setzt sich im Anspruch auf die Achtung und Befolgung des demokratisch erlassenen Gesetzes fort.

V. Fazit

Es kann der Verfassungsdogmatik, vor allem aber auch der Zukunftsfähigkeit des demokratischen Verfassungsstaats dienen, das subjektive Recht auf politische Selbstbestimmung in Gestalt demokratischer Teilhabe – in Weiterentwicklung der in der Maastricht-Entscheidung des Bundesverfassungsgerichts entfalteten Dogmatik zu Art. 38 Abs. 1 Satz 1 GG – auf Art. 1 Abs. 1 i.V.m. Art. 20 Abs. 1 und 2 GG zu stützen. Das Zusammenwirken verschiedener Legitimationsmodi und -strukturen kann dadurch, gerade auch in individuell angestoßenen Verfassungsstreitverfahren vor dem Bundesverfassungsgericht, offen und ohne Zweifel an der Weite des subjektivrechtlichen „Eingangstors“ der Prüfung gesamtheitlich in den Blick genommen und gewürdigt werden, namentlich in Fällen, in denen die demokratische Legitimation der europäischen Integration streitgegenständlich ist. Fragen, die ohnehin im Raum stehen, treten dadurch in den Mittelpunkt: Welche Legitimationsmodi wirken zusammen, wer ist jeweils Legitimationssubjekt, was genau wird legitimiert? Die Beantwortung dieser Fragen steht, im Zusammenhang der europäischen Integration, zu einem erheblichen Teil noch aus; dies umso mehr, als sich die institutionellen Strukturen und damit auch die Legitimationsstrukturen weiter verändern. Die subjektivrechtliche Fundierung des Rechts auf demokratische Teilhabe in Art. 1 Abs. 1 i.V.m. Art. 20 Abs. 1 und 2 GG kann dazu beitragen, das Grundgesetz für die Beantwortung der sich hier stellenden Legitimationsfragen bereit und die Option des Art. 146 GG, die nicht weiter führt, entbehrlich zu machen.

Darüber hinausgehend ruft die Fundierung der demokratischen Teilhabe in der Menschenwürde in Erinnerung, dass sich die Hoheitsgewalt immer vor dem Einzelnen rechtfertigen muss, sei er auch eingebunden in die Gemeinschaft des demos. Der hier verlangte Respekt vor dem Einzelnen setzt sich fort im Respekt vor den demokratischen Repräsentationsorganen, an erster Stelle vor dem Parlament, und schließlich auch im Respekt vor dem Kondensat der demokratischen Verfahren, dem Gesetz.

Die Voraussetzungen demokratischer Legitimation der Verwaltung und deren Konzeptualisierung in der Verfassungsrechtsdogmatik

Bernd Grzeszick

I. Verfassungsvoraussetzungen und relativer Selbstand des Rechts

In seinen Werken hat *Winfried Brugger* sich immer wieder intensiv mit Fragen der Verfassungskodifikation, des Gemeinwohls und der Verfassungsvoraussetzungen auseinandergesetzt.[1] Durchweg wird dabei das spezifische Spannungsfeld deutlich, das zwischen dem positiven Recht einerseits und philosophischen Ansätzen eines Gemeinwohls andererseits bestehen kann und das mit dem besonderen, relativen Selbstand des Rechts dadurch aufgefangen wird, dass dieses grundsätzliche Spannungsverhältnis im Rahmen der Dogmatik zu einzelnen Fragen konkretisiert, differenziert herabgespannt und zugleich konzeptualisiert wird. Das grundsätzliche Spannungsverhältnis bleibt dabei aber erhalten, was auch daran erkannt werden kann, dass Diskussionen über die Dogmatik und Auslegung des Rechts meist zugleich Diskussionen über Vorstellungen der Gemeinwohlverwirklichung sind.

Auch unter dem Grundgesetz als positivierter Verfassung werden staatsphilosophische Überlegungen zur Frage der Legitimität in Aspekte der staatsrechtlichen Dogmatik überführt. Ein Schwerpunkt der Überlegungen liegt hier bei der demokratischen Legitimation staatlicher Gewalt. Die verschiedenen und zum Teil widerstreitenden rechts- und sozialphilosophischen Konzepte demokratischer Legitimation[2] werden dabei von der Rechtsprechung des Bundesverfassungsgerichts mit den dogmatischen Elementen der Legitimationsstränge und des Legitimationsniveaus erfasst.

---

[1] *W. Brugger*, JZ 1989, 1 ff. (61 ff.); *ders.*, NJW 1989, 2425 ff.; *ders.*, American Journal of Comparative Law 42 (1994), 395 ff.; *ders.*, Der Staat 33 (1994), 429 ff.; ders. (Hrsg.), Legitimation des Grundgesetzes aus Sicht von Rechtsphilosophie und Gesellschaftstheorie, 1996; *ders.*, Liberalismus, Pluralismus, Kommunitarismus, 1999; *ders.*, FS Quaritsch, 2000, S. 45 ff.; ders./M. Anderheiden/S. Kirste (Hrsg.), Gemeinwohl in Deutschland, Europa und der Welt, 2002; *ders.*, ARSP 2002, 22 ff.; ders./I. Sarlet, JöR N.F. 56 (2008), 613 ff.

[2] Dazu nur *U. Volkmann*, AöR 127 (2002), 575 ff. (insbes. 586 ff., 589 ff.); *A. von Bogdandy*, ZaöRV 63 (2003), 853 (858 f.); *M. Kottmann/C. Wohlfahrt*, ZaöRV 69 (2009), 443 (444 ff.); jew. m.w.N.

Diese Dogmatik und die dahinterstehende Idee der Gemeinwohlverwirklichung werden nun seit einiger Zeit kritisiert. Als bessere Alternative werden Legitimationsanforderungen vor allem an das Verwaltungshandeln propagiert, die in der Sache auf Aspekte der Legitimität und Akzeptanz zurückgreifen und die im Wege eines gewandelten Verständnisses demokratischer Legitimation rechtsdogmatisch anerkannt und umgesetzt werden sollen. Damit das Demokratiegebot nicht zu eng verstanden, auf ein formales Gebot reduziert und seiner legitimatorischen Wirksamkeit enthoben werde,[3] müsse es für Legitimationsformen geöffnet werden, die Akzeptanz, Partizipation, Effektivität, Effizienz, Sach- und Verfahrensgerechtigkeit betonen.[4] Diese Formen seien in der Lage, der staatlichen Verwaltung eine bessere Legitimation zu vermitteln als dies die üblichen Legitimationsanforderungen könnten.[5] Daher seien diese Formen und Modi autonomer Legitimation der sich selbst verwaltenden Bürger auch jenseits der institutionalisierten Selbstverwaltungseinrichtungen als vom Demokratieprinzip des Grundgesetzes miterfasst anzusehen.

Im Folgenden wird der Frage nachgegangen, ob ein solcher Wandel der demokratischen Legitimation tatsächlich geboten ist. Zunächst wird die anerkannte Form demokratischer Legitimation der Verwaltung dargestellt (II.). Dem folgt eine Kritik aus der Sicht alternativer Legitimationsformen, die aber ihrerseits wiederum kritisch diskutiert werden (III.). Der Beitrag schließt mit einem Ausblick auf das grundsätzliche Verhältnis von positivem Recht, Rechtsphilosophie und Dogmatik (IV.).

II. Anerkannte Form demokratischer Legitimation der Verwaltung

Tragender Grund für die Annahme eines notwendigen Wechsels zu neuen, offeneren Legitimationsmodellen ist einer Kritik an der bisher anerkannten Form der demokratischen Legitimation, weshalb diese zunächst kurz skizziert werden soll.

---

[3] *U. Volkmann*, in: K. Friauf/W. Höfling (Hrsg.), Berliner Kommentar, Art. 20 (Februar 2001) Rn. 47.

[4] Dazu nur *E. Emde*, Die demokratische Legitimation der funktionalen Selbstverwaltung, 1991, S. 382 ff.; *E. Schmidt-Aßmann*, Das allgemeine Verwaltungsrecht als Ordnungsidee, 1998, S. 87 ff.; *T. Groß*, Das Kollegialprinzip in der Verwaltungsorganisation, 1999, S. 194 ff.; *V. Mehde*, Neues Steuerungsmodell und Demokratieprinzip, 2000, S. 504 ff.; *P.-J. Tettinger/T. Mann*, in: dies./J. Salzwedel (Hrsg.), Wasserverbände und demokratischen Legitimation, 2000, S. 20 ff.; *U. Schliesky*, Souveränität und Legitimität von Herrschaftsgewalt, 2004, S. 292 ff.; *A. Tschentscher*, Demokratische Legitimation der dritten Gewalt, 2006, S. 76 ff.; *C. Classen*, Demokratische Legitimation im offenen Rechtsstaat, 2009, S. 9 ff.; jew. m.w.N.

[5] *W. Kluth*, Funktionale Selbstverwaltung, 1997, S. 369 ff. (insbes. 382).

1. Modi und Niveau demokratischer Legitimation

Gemäß Art. 20 Abs. 2 GG wird die vom Volk ausgehende Staatsgewalt durch besondere Organe der Gesetzgebung, der vollziehenden Gewalt und der Rechtsprechung ausgeübt. Bei diesen Organen fallen das Innehaben der Staatsgewalt durch das Volk und deren Ausübung durch das Organ notwendig auseinander. Das Postulat, dass sämtliche Staatsgewalt vom Volk ausgeht, erfordert deshalb, dass zwischen dem Volk und dem Staatsgewalt ausübenden, besonderen Organ ein Zusammenhang besteht, der die Ausübung der Staatsgewalt durch das Organ hinreichend demokratisch legitimiert. Dies kann angenommen werden, falls das Volk einen hinreichend wirksamen Einfluss auf die Ausübung der Staatsgewalt durch das Organ hat.[6]

Dieser Einfluss kann grundsätzlich auf zwei Faktoren der Ausübung von Staatsgewalt bezogen sein: auf die sachlich-inhaltlichen Vorgaben sowie auf die organisatorisch-personellen Vorgaben. Die sachlich-inhaltliche Legitimation erfordert, dass das Volk auf den Inhalt der Ausübung der Staatsgewalt hinreichenden Einfluss hat. Dieser Einfluss kann grundsätzlich auf zwei Wegen bewirkt werden.[7] Zum einen wird dem Parlament das Recht zum Erlass von Gesetzen zugeordnet. Zum anderen werden dem Parlament Kontrollrechte zugeordnet, denen Verantwortlichkeiten der davon betroffenen besonderen Organe und deren Mitglieder korrespondieren: der parlamentarischen Kontrolle und Verantwortlichkeit der Regierung für eigenes Verhalten und Verhalten der nachgeordneten Organe und Behörden, sowie die Kontrolle und Verantwortlichkeit der nachgeordneten Behörden gegenüber Regierung bzw. Minister durch Befugnisse der Aufsicht, der Weisung und der exekutiven Rechtsetzung. Die personelle demokratische Legitimation besteht in einer ununterbrochenen Legitimationskette vom Volk zum mit staatlichen Aufgaben betrauten Amtswalter.[8]

Auf diese zweidimensionale Grundstruktur aufbauend, stellen das Bundesverfassungsgericht und Teile der Literatur eine ausdifferenzierte Dogmatik demokratischer Legitimationsvermittlung bereit. Diese setzt sich zusammen aus einem formal bestimmten Aspekt, der aus den unterschiedlichen Modi der Legitimationsvermittlung zwischen dem Volk und dem jeweiligen Staatshandeln besteht, sowie einem material bestimmten Aspekt, wonach die Modi der Vermittlung einen effektiven Einfluss des Volkes auf das staatliche Verhalten ermöglichen müssen; das Maß an Einfluss wird dabei als Legitimationsniveau bezeichnet.

---

[6] BVerfGE 38, 258 (271); 47, 253 (272 ff.); 77, 1 (40); 83, 60 (71 f.); 89, 155 (182); 93, 37 (60).

[7] Zum Folgenden nur *V. Mehde*, Neues Steuerungsmodell und Demokratieprinzip, 2000, S. 184 ff.

[8] BVerfGE 52, 95 (130); 68, 1 (88); 77, 1 (40); 83, 60 (72 f.).

Zum Teil wird neben der organisatorisch-personellen und der sachlich-inhaltlichen Legitimation noch eine institutionelle und funktionelle Legitimation[9] erörtert. Da die Aspekte institutioneller und funktioneller Legitimation aber ihrer Struktur nach auf einer anderen Ebene angesiedelt sind als die zuvor erörterten Formen bzw. Modi demokratischer Legitimation[10] und vor allem Fragen der Gewaltenteilung und der abstrakten Funktionengliederung[11] betreffen, sollen diese im Folgenden nicht weiter betrachtet werden.

2. *Verhältnis der Legitimationsmodi zueinander*

Die Legitimationsmodi vermitteln zwar jeweils eigenständig Legitimation; sie wirken aber zur Erreichung des Legitimationsniveaus zusammen. Für die Frage, ob eine hinreichend effektive demokratische Legitimation erreicht wird, haben die verschiedenen Modi der Legitimation deshalb vor allem in ihrem Zusammenwirken Bedeutung.[12] Die beiden Legitimationsmodi können sich dabei im Grundsatz gegenseitig ergänzen und damit auch ersetzen.[13] Umstritten ist allein, ob zwischen den beiden Legitimationsketten auch eine sehr weitgehende oder vollständige Ersetzung zulässig ist mit der Folge, dass das jeweils nötige Legitimationsniveau auch weit überwiegend oder allein über entweder den sachlich-inhaltlichen oder den personell-organisatorischen Legitimationsstrang erreicht werden kann. Während das Bundesverfassungsgericht sich zu dieser Frage bislang nicht hinreichend geäußert hat,[14] wird eine weitgehende oder vollständige Substitution in der weiteren Rechtsprechung[15] und Literatur[16] meist abgelehnt.

---

9 Grundlegend *F. Ossenbühl*, Verwaltungsvorschriften und Grundgesetz, 1968, S. 196 ff. Vgl. auch BVerfGE 49, 89 (125); 68, 1 (88).

10 *H. Hofmann*, Legitimität und Rechtsgeltung, 1977, S. 53 f., 79, 83; *W. Kahl*, AöR 130 (2005), 225 (237); *A. Tschentscher*, Demokratische Legitimation der dritten Gewalt, 2006, S. 59.

11 *V. Mehde*, Neues Steuerungsmodell und Demokratieprinzip, 2000, S. 179 f., 500 ff.; *S. Köller*, Funktionale Selbstverwaltung und ihre demokratische Legitimation, 2009, S. 126 ff.

12 BVerfGE 83, 60 (72); 93, 37 (66 f.); 107, 59 (87).

13 *E. Klein*, DVBl. 1981, 661 ff.; *V. Mehde*, Neues Steuerungsmodell und Demokratieprinzip, 2000, S. 197 ff.; *E.-W. Böckenförde*, HStR II, 3. Aufl., 2004, § 24 Rn. 23.

14 Das Verständnis von BVerfGE 93, 37 (66 f., 75 ff., insbes. 78) ist umstritten: Nach *A. Tschentscher*, Demokratische Legitimation der dritten Gewalt, 2006, S. 61 f., ist in der Entscheidung die Ablehnung der Totalkompensation angelegt, wogegen *V. Mehde*, Neues Steuerungsmodell und Demokratieprinzip, 2000, S. 196 f. daraus in der Tendenz die gegenläufige Konsequenz zieht.

15 BVerwG, NVwZ 1999, 870 (873 ff.); VerfGH R.-P., NVwZ-RR 1994, 665 (668).

16 *E.-W. Böckenförde*, Verfassungsfragen der Richterwahl, 1974, S. 74; *E. Emde*, Die demokratische Legitimation der funktionalen Selbstverwaltung, 1991, S. 46, 329 ff.; *M. Papenfuß*, Die personellen Grenzen der Autonomie öffentlich-rechtlicher Körperschaften, 1991, S. 161 f.; *F. Ossenbühl*, ZGR 1996, 504 (509).

Diese Ablehnung vermag allerdings nicht zu überzeugen. Bereits die zu ihrer Stützung angeführten Gründe sind nicht nur heterogen, sondern sogar widerstreitend. So wird ein Vorrang angenommen einerseits der materiellen Legitimation,[17] andererseits der personellen Legitimation.[18] Gegen eine vollständige Substitution der personellen Legitimation der Verwaltung durch eine sachlich-inhaltliche Legitimation wird angeführt, dass in dieser Konstellation die Verwaltung wegen der vollständigen sachlich-inhaltlichen Steuerung durch das Parlament überhaupt keine legitimationsbedürftige Entscheidung mehr zu treffen habe, woraus im Umkehrschluss das Erfordernis einer personellen Legitimation gefolgert wird.[19] Schließlich wird auf Art. 20 Abs. 2 GG verwiesen und daraus gefolgert, dass zur Legitimation einer Ausübung der staatlichen Gewalt jeweils beide Legitimationsstränge nötig seien.[20]

Der Rekurs auf Art. 20 Abs. 2 GG ist zwar als Ansatzpunkt zutreffend. Er führt aber zu dem Ergebnis, dass zwischen personeller und materieller Legitimationskette auch eine vollständige Substitution bzw. Kompensation grundsätzlich zulässig sein kann. Beide Legitimationsstränge haben denselben demokratischen Ursprung: den Willen des Volkes, der sich vermittelt durch die Wahl im Parlament institutionell manifestiert. Da beide Stränge vom Parlament ausgehen, sind sie in Hinsicht auf ihr Legitimationspotential grundsätzlich gleichrangig[21] und können sich deshalb auch grundsätzlich wechselseitig ersetzen.[22] Da Art. 20 Abs. 2 GG allein ein dem jeweiligen Legitimationsniveau entsprechendes Maß an Effektivität verlangt, ist auch eine vollständige Substitution der Legitimationsformen zulässig, solange und soweit das gebotene Legitimationsniveau erreicht wird.[23] Zwischen personeller und materieller Legitimation ist grundsätzlich eine gegenseitige Ersetzbarkeit gegeben. Maßgeblich ist, ob das verfassungsrechtlich geforderte Legitimationsniveau erreicht wird.

Dennoch können der Ersetzung zwischen den Legitmationsmodi Grenzen gezogen sein. Zum einen kann das verfassungsrechtlich verlangte Legitimationsniveau so hoch liegen, dass es über eine Legitimationskette allein nicht zu erreichen ist. Zum anderen können bei Substitutionen zwischen den Legitimationsmodi neben dem Demokratieprinzip weitere Vorgaben des Verfassungsrechts einschlägig sein. Wie weit der Grundsatz der gegenseitigen Ersetzbarkeit

---

17 *E. Emde*, Die demokratische Legitimation der funktionalen Selbstverwaltung, 1991, S. 46.

18 *W. Kluth*, Funktionale Selbstverwaltung, 1997, S. 358 f., 366 f. Wohl auch *J. Oebbecke*, Weisungs- und unterrichtungsfreie Räume in der Verwaltung, 1986, S. 77, 84.

19 *W. Kluth*, Funktionale Selbstverwaltung, 1997, S. 366 f.

20 *R. Schäfer*, Mitbestimmung in kommunalen Eigengesellschaften, 1988, S. 46, 50; *E. Emde*, Die demokratische Legitimation der funktionalen Selbstverwaltung, 1991, S. 329, 331 f.

21 *F. Brosius-Gersdorf*, Deutsche Bundesbank und Demokratieprinzip, 1997, S. 67 ff.

22 *E. Klein*, DVBl. 1981, 661 ff.; *V. Mehde*, Neues Steuerungsmodell und Demokratieprinzip, 2000, S. 197 ff.; *E.-W. Böckenförde*, HStR II, 3. Aufl., 2004, § 24 Rn. 23.

23 *F. Brosius-Gersdorf*, Deutsche Bundesbank und Demokratieprinzip, 1997, S. 66 f.

in einzelnen Konstellationen reicht, hängt deshalb davon ab, welches Legitimationsniveau verlangt wird und ob weitere Vorgaben des Verfassungsrechts greifen, die den Grundsatz der gegenseitigen Ersetzbarkeit einschränken.

3. Legitimationsanforderungen im Bereich von Gesetzgebung und Gubernative

Die Anwendung der vorstehenden Grundsätze demokratischer Legitimation auf die einzelnen Bereiche der staatlichen Gewalt führen zu erheblichen Unterschieden.

Die Gesetzgebung ist dem Parlament anvertraut, das wegen der Wahl seiner Mitglieder durch das Volk als einziges besonderes Organ unmittelbare personelle demokratische Legitimation genießt. Allerdings kann das Volk den Abgeordneten wegen des freien Mandats sowie mangels anderer inhaltlich verbindlicher Steuerungen keine bindenden inhaltlichen Vorgaben machen; einziges regelmäßiges Kontrollmittel des Volkes sind die Wahlen. Die besondere demokratische Legitimation des Parlaments, seine zentrale Stellung bei der Weitergabe der personellen Legitimation über die Regierung an die weiteren Staatsorgane und die sachlich-inhaltliche Legitimation der besonderen Organe durch die Gesetze, sind die Grundlagen des Parlamentsvorbehalts, wonach die wesentlichen Entscheidungen vom Parlament selbst zu treffen sind. Da die Steuerungsleistung der personellen Legitimationskette bei der Vermittlung vom Parlament über Kanzler und Minister sowie die Ministerialhierarchie bis zum konkret handelnden Beamten oder Angestellten abnimmt, für die wesentlichen Entscheidungen aber eine möglichst hohe Legitimation erzielt werden soll, sind diese Entscheidungen dem Parlament vorbehalten und dürfen nicht auf die personell schwächer legitimierte Verwaltung verlagert werden.

Bei der vollziehenden Gewalt nimmt die Regierung eine besondere Stellung ein. Sie ist zwar nur mittelbar personell legitimiert, unterliegt aber inhaltlich einer intensiven, politisch geprägten Kontrolle durch das Parlament, das als einziges Staatsorgan personell unmittelbar legitimiert ist. Die Regierung ist zwar an die vom Parlament erlassenen Gesetze gebunden; allerdings sind erhebliche Teile der Regierungstätigkeit durch die Gesetze inhaltlich nur schwach determiniert, weshalb die politische Kontrolle der Regierung durch das Parlament im Vordergrund steht.[24]

---

[24] *J. Schmidt*, Die demokratische Legitimationsfunktion der parlamentarischen Kontrolle, 2007, S. 43 ff., 63 ff., 89 ff. et passim.

4. Legitimationsanforderungen an die Verwaltung

Demgegenüber ist die Tätigkeit der sonstigen Verwaltung in weiten Bereichen durch Gesetze intensiver determiniert, und diese sachlich-inhaltliche Legitimation ist durch Aufsichts- und Weisungsbefugnisse abgesichert. Die personelle Legitimation ist durch Ernennung in einer Legitimationskette gegeben, allerdings weniger intensiv ausgeprägt, da sie zum einen nur über die Kette vermittelt wird und zum anderen die Bestellung im Regelfall auf Lebenszeit oder doch zumindest zeitlich unbefristet erfolgt, was einer Entlassung aus dem Dienst entgegenstehen kann.

a) Grundzüge der hierarchisch-bürokratisch organisierten Ministerialverwaltung

Das diesen Grundsätzen entsprechende Legitimationsniveau sowie die Legitimationsmodi, die zu diesem Niveau führen, sind zunächst der hierarchisch-bürokratischen Organisationsstruktur der Ministerialverwaltung zu entnehmen. Dieses wird vor allem an den Vorgaben des Grundgesetzes über Aufbau und Verantwortung der Regierung deutlich, die ohne eine hierarchisch-bürokratisch organisierte Ministerialverwaltung nicht sinnvoll sind, sowie den Regelungen über die prinzipielle Verwaltungsorganisation, die zu einer entsprechend organisierten und damit legitimierten Ministerialverwaltung führen.[25]

Die verfassungsrechtlich vorgegebenen Grundzüge der hierarchisch-bürokratisch organisierten Ministerialverwaltung sind das verfassungsrechtliche Grundmodell der demokratischen Legitimation der Verwaltung. Dazu gehören zwei wesentliche Vorgaben. Zum einen muss die demokratische Legitimation der Verwaltung ein bestimmtes Legitimationsniveau sicherstellen, das von den verfassungsrechtlichen Mindestvorgaben zur Gesetzesbindung sowie zu den Aufsichts- und Weisungsbefugnissen und den Ernennungsketten andererseits markiert wird. Zum anderen ist das entsprechende Legitimationsniveau grundsätzlich über diese beiden Legitimationsstränge zu erreichen. Diese Vorgaben folgen aus den organisationsrechtlichen Regelungen der Verfassung, die die konstituierte Staatsgewalt als objektives Recht binden.[26]

---

[25] *E.-W. Böckenförde*, Die Organisationsgewalt im Bereich der Regierung, 1964, S. 181, 197 f.; *H. Dreier*, Hierarchische Verwaltung im demokratischen Staat, 1991, S. 134 ff.; *E. Emde*, Die demokratische Legitimation der funktionalen Selbstverwaltung, 1991, S. 337 ff.; *W. Loschelder*, HStR V, 3. Aufl., 2007, § 107 Rn. 38 ff., insbes. Rn. 42, 45 ff.

[26] *U. Di Fabio*, VerwArch. 81 (1990), 193 (220); *E. Emde*, Die demokratische Legitimation der funktionalen Selbstverwaltung, 1991, S. 310 f.; *K. Waechter*, Geminderte demokratische Legitimation, 1994, S. 26; *V. Mehde*, Neues Steuerungsmodell und Demokratieprinzip, 2000, S. 371 f.

b) Grundmodell auf Regelfall des Verwaltungshandelns bezogen

Diese Vorgaben sind allerdings auf den Regelfall der Verwaltungstätigkeit bezogen. Die verfassungsrechtlichen Mindestvorgaben zur Gesetzesbindung sowie zu den Aufsichts- und Weisungsbefugnissen sowie zu den Ernennungsketten markieren das nötige Legitimationsniveau für die Erfüllung typischer Amtsaufträge der Verwaltung. Falls die jeweilige Verwaltungstätigkeit diesen Regelrahmen verlässt, wirkt sich dies auch auf das nötige Legitimationsniveau aus.[27]

Bei wesentlichen Entscheidungen führt der Grundsatz des Parlamentsvorbehalts dazu, dass diese Entscheidungen dem Gesetzgeber vorbehalten sind. Aus legitimatorischer Sicht liegen diese Entscheidungen oberhalb des verfassungsrechtlichen Regelrahmens der Verwaltung, weshalb mit der Entscheidung durch das Parlament eine gesteigerte personelle Legitimation sicherzustellen ist.

Auf der anderen Seite können Entscheidungen auch unterhalb des verfassungsrechtlichen Regelrahmens der Verwaltungstätigkeit liegen. Mit der Bedeutung der Tätigkeit für das Gemeinwesen sinkt auch das verfassungsrechtlich nötige Legitimationsniveau. Soweit die Verwaltungsaufgaben eine besonders geringe Bedeutung haben, kann dafür auch eine demokratische Legitimation ausreichen, bei der einzelne Legitimationselemente und deren Effektivität gegenüber dem Regelniveau der Ministerialverwaltung zurücktreten.[28]

c) Abweichendes Verfassungsrecht

Jenseits dieser Differenzierungen nach der Bedeutung der Tätigkeit für das Gemeinwesen sind Abweichungen vom Grundmodell der Verwaltungslegitimation zwar nicht ausgeschlossen, führen aber zu einer verfassungsrechtlichen Begründungslast, falls das Legitimationsniveau unter das Maß sinkt, das dem Grundmodell und seiner immanenten Differenzierung nach der Bedeutung der Maßnahmen zu entnehmen ist. Solche Begründungen hält das Verfassungsrecht an einigen Stellen explizit bereit: Die kommunale Selbstverwaltung ist in Art. 28 GG grundsätzlich anerkannt, die funktionale Selbstverwaltung kann sich im Grundsatz auf Art. 86, 87 Abs. 2 und 3, 130 Abs. 3 GG stützen, die akademische Selbstverwaltung in den Universitäten wird durch Art. 5 Abs. 3 GG geschützt, die öffentlich-rechtlichen Rundfunkanstalten können sich auf Art. 5

---

[27] Anders *S. Köller*, Funktionale Selbstverwaltung und ihre demokratische Legitimation, 2009, S. 182 f.

[28] In diese Richtung BVerfGE 83, 60 (74); 93, 37 (67 ff.); *F. Ossenbühl*, VVDStRL 29 (1971), S. 137 (159 ff.); *P.-J. Tettinger*, Mitbestimmung in der Sparkasse und verfassungsrechtliches Demokratiegebot, 1986, S. 32 ff.; *E. Schmidt-Aßmann*, AöR 116 (1991), 329 (367); *E. Emde*, Die demokratische Legitimation der funktionalen Selbstverwaltung, 1991, S. 379 ff. für die funktionale Selbstverwaltung; *V. Mehde*, Neues Steuerungsmodell und Demokratieprinzip, 2000, S. 177; *U. Volkmann*, in: K. Friauf/W. Höfling (Hrsg.), Berliner Kommentar, Art. 20 (Februar 2001) Rn. 46; *J. Hecker*, VerwArch 92 (2001), 261 (279 ff.); *B. Wolfers/M. Kaufmann*, DVBl. 2002, 507 (512).

Abs. 1 Satz 2 GG berufen, Art. 4 Abs. 1 und 2 GG sowie Art. 140 GG i.V.m. Art. 137 WRV sehen für Kirchen einen besonderen verfassungsrechtlichen Status vor, und schließlich sind nach Art. 114 Abs. 2 GG der Bundesrechnungshof sowie nach Art. 88 die Bundesbank (und die Europäische Zentralbank) mit Unabhängigkeit versehen und damit aus dem allgemeinen demokratischen Legitimationsgefüge der Verwaltung herausgenommen.

d) Kompensation zwischen Legitimationsmodi

Aus der geringen Anzahl der Ausnahmeregelungen und ihren eingeschränkten Anwendungsbereichen wird gefolgert, dass jenseits dieser Ausnahmen die allgemeinen Grundsätze zur demokratischen Legitimation greifen.[29] Allerdings können auch dann Unterschreitungen der von den verfassungsrechtlichen Grundzügen der Ministerialverwaltung vorgesehenen Effektivität in Bezug auf eine Legitimationskette zulässig sein. Denn das Legitimationsniveau kann auch bei Abweichungen vom Grundmodell gleich bleiben, falls zwar in Folge der Abweichung die Effektivität des personellen oder des inhaltlichen Legitimationsstrangs absinkt, dieser Legitimationsverlust des einen Strangs aber durch Stärkung des jeweils anderen Legitimationsstrangs ausgeglichen wird, da eine Kompensation bzw. Substitution zwischen den Legitimationssträngen grundsätzlich zulässig ist.

Von erheblicher Bedeutung ist die Möglichkeit der Kompensation vor allem für Konstellationen, in denen Einschränkungen des personellen Legitimationsstrangs durch Stärkungen des sachlich-inhaltlichen Strangs ausgeglichen werden. Der sachlich-inhaltliche Legitimationsstrang findet seine verfassungsrechtliche Untergrenze in den Grundsätzen der Bestimmtheit des Rechts und der Wesentlichkeit bzw. des Parlamentsvorbehalts, wonach wesentliche Fragen grundsätzlich vom Parlament zu regeln sind und nur die übrigen Fragen der Verwaltung überlassen werden dürfen. Indem diese Mindestvorgaben zur sachlich-inhaltlichen Legitimationsvermittlung durch die gesetzliche Regelung detaillierter inhaltlicher und verfahrensmäßiger Vorgaben übertroffen werden, kann der Gesetzgeber Defizite der personellen Legitimationskette ausgleichen.

Diese grundsätzliche Möglichkeit wird auch nicht dadurch in Frage gestellt, dass bei Defiziten in einer der beiden Ketten das Legitimationsniveau der Ministerialverwaltung im Ergebnis kaum noch erreicht werden kann und die Kompensation durch die andere Legitimationskette deshalb kaum Bedeutung habe. Zwar steht die Allgemeinheit des Gesetzes der Lenkung von Einzelfällen durch die sachlich-inhaltlichen Vorgaben der gesetzlichen Regelungen grundsätzlich entgegen. Defizite, die im Bereich der Weisungsbefugnisse auftreten, können deshalb durch genauere gesetzliche Vorgaben nur zum geringeren Teil

[29] *E. Emde*, Die demokratische Legitimation der funktionalen Selbstverwaltung, 1991, S. 359.

ausgeglichen werden. Allerdings erfordert das verfassungsrechtlich gebotene Mindestniveau nicht stets die Möglichkeit einer Einzelfallweisung. Zum einen kann mit einem Selbsteintrittsrecht bzw. Selbstentscheidungsrecht der weisungsgebundenen Verwaltung ein der Weisung äquivalentes Instrument[30] zur Verfügung stehen. Zum anderen kann das nötige Mindestniveau tiefer liegen: Soweit die zu legitimierende Verwaltungsentscheidung nach ihrer Bedeutung für das Gemeinwesen unterhalb des verfassungsrechtlichen Regelrahmens der Verwaltung liegt, liegt auch das verfassungsrechtlich nötige Maß an effektiver Legitimation entsprechend unterhalb des für den Regelrahmen vorgesehenen Legitimationsniveaus. Das verfassungsrechtlich gebotene Mindestniveau erfordert dabei nicht stets eine Weisungsbefugnis.

Schließlich ist darauf hinzuweisen, dass nach den verfassungsrechtlichen Grundsätzen der demokratischen Legitimationsvermittlung auch Kombinationen einer Kompensation zwischen den Legitimationssträngen und einer verfassungsrechtlichen Ausnahmeregelung zulässig sein können. So kann eine Unterschreitung des erforderlichen Legitimationsniveaus in Folge eines Defizits in einem Legitimationsstrang durch eine Stärkung des anderen Strangs zum Teil ausgeglichen werden, falls das im Übrigen verbleibende Defizit durch verfassungsrechtliche Ausnahmeregelungen gedeckt ist. Im Ergebnis kann deshalb der Gesetzgeber mehrere und flexible Möglichkeiten haben, ein verfassungsrechtlich gebotenes Legitimationsniveau einer Verwaltungstätigkeit über den personellen und den sachlich-inhaltlichen Legitimationsstrang sicherzustellen.

III. Kritik am tradierten Modell und Öffnung für andere Legitimationsformen

Das vorstehend skizzierte Konzept zweier Legitimationsstränge und des Legitimationsniveaus wird wegen seiner Anforderungen als unzutreffende Engführung angegriffen. Der Grundsatz der Legitimationsvermittlung über bestimmte Legitimationsmodi müsse zugunsten anderer Legitimationsvorstellungen geöffnet werden. Die verschiedenen Alternativmodelle bevorzugen demokratische Legitimationsmodi der Verwaltung, die – je nach Schwerpunkt der Argumentation – als partizipatorisch, autonom oder plural bezeichnet werden. Die Legitimation von Personen zur Mitwirkung an der Ausübung von Hoheitsgewalt wird dabei aus deren Betroffenheit, Sachnähe und Sachverstand sowie der Effizienz und Effektivität des Verwaltungshandelns abgeleitet.[31]

---

[30] Begriff nach *E. Klein*, Die verfassungsrechtliche Problematik des ministerialfreien Raumes, 1974, S. 52.

[31] Dazu sowie zum Folgenden vor allem *E. Emde*, Die demokratische Legitimation der

Zentraler Grund für die postulierte Öffnung ist eine prinzipielle Kritik an der Vorstellung demokratischer Legitimationsketten. Zwischen der Wahl des Parlaments und dem konkreten Verwaltungshandeln lägen so viele vermittelnde Elemente, dass der Einfluss des Volkes auf das Verwaltungshandeln nicht mehr hinreichend effektiv sei.[32] Die durch die Ketten zu bewirkende Rückanbindung an das Volk wirke konstruiert und könne höchstens marginale Legitimationswirkung vermitteln.[33] Zugleich führten die aus den Legitimationsketten folgenden Beschränkungen für staatliches Handeln dazu, dass die Verwaltung in vielen Bereichen nicht sachgerecht handeln könne. Das Demokratiegebot werde durch die Annahme exklusiver Legitimationsketten zu einem formalen Gebot reduziert sowie seiner politischen Wirksamkeit enthoben und damit inhaltlich entwertet.[34]

Dieses ließe sich nur vermeiden, indem das Demokratiegebot nicht auf Legitimationsketten beschränkt bleibe, sondern für andere Legitimationsmodi geöffnet werde. Auf dieser Grundlage sei vor allem die autonome Legitimation der sich selbst verwaltenden Bürger als Form der Selbstherrschaft vom Demokratieprinzip als miterfasst anzusehen. Wegen der Sach- und Fachnähe der in den Entscheidungsorganen vertretenen Bürger könne sie den Verwaltungstätigkeiten zum Teil sogar eine bessere Legitimation vermitteln, als dies die Legitimationsketten vermögen,[35] zumindest aber Defizite des Legitimationskettenansatzes ausgleichen. Bei näherer Betrachtung können allerdings weder diese Ansätze noch die ihnen zugrunde liegende Kritik am tradierten Legitimationsmodell überzeugen.

---

funktionalen Selbstverwaltung, 1991, S. 382 ff., 387 ff.; *B.-O. Bryde*, StWStP 5 (1994), 305 ff.; *A. Rinken*, KritV 1996, 282 ff.; *E. Schmidt-Aßmann*, Das allgemeine Verwaltungsrecht als Ordnungsidee, 1998, S. 87 ff.; *T. Groß*, Das Kollegialprinzip in der Verwaltungsorganisation, 1999, S. 194 ff.; *P.-J. Tettinger/T. Mann*, in: dies./J. Salzwedel (Hrsg.), Wasserverbände und demokratischen Legitimation, 2000, S. 20 ff.; *V. Mehde*, Neues Steuerungsmodell und Demokratieprinzip, 2000, S. 504 ff.; *G. Frankenberg*, KJ 2000, 177 ff.; *U. Schliesky*, Souveränität und Legitimität von Herrschaftsgewalt, 2004, S. 292 ff.; *A. Tschentscher*, Demokratische Legitimation der dritten Gewalt, 2006, insbes. S. 76 ff.; *C. Classen*, Demokratische Legitimation im offenen Rechtsstaat, 2009, S. 9 ff.

32 *D. Czybulka*, Die Legitimation der öffentlichen Verwaltung unter Berücksichtigung ihrer Organisation sowie der Entstehungsgeschichte des Grundgesetzes, 1989, S. 89; *T. Blanke*, PersR 1999, 50 (58); *T. Groß*, Das Kollegialprinzip in der Verwaltungsorganisation, 1999, S. 180 ff.; *V. Mehde*, Neues Steuerungsmodell und Demokratieprinzip, 2000, S. 504 ff.; *A. Fisahn*, KJ 2000, 71 (87); *H.-G. Dederer*, NVwZ 2000, 403 f.; *U. Schliesky*, Souveränität und Legitimität von Herrschaftsgewalt, 2004, S. 292 ff.

33 *V. Mehde*, Neues Steuerungsmodell und Demokratieprinzip, 2000, S. 510.

34 *U. Volkmann*, in: K. Friauf/W. Höfling (Hrsg.), Berliner Kommentar, Art. 20 (Februar 2001) Rn. 47.

35 *W. Kluth*, Funktionale Selbstverwaltung, 1997, S. 369 ff. (insbes. 382).

1. Prinzipielle Relativierung der Bindung des Gesetzgebers

Im Rahmen der alternativen Legitimationsmodelle wird häufig nicht hinreichend geklärt, ob die Legitimation in personellen und sachlichen Legitimationssträngen der Regelfall bleibt und pluralistische bzw. autonome Legitimationsmodi als Abweichungen von diesem Regelfall jeweils verfassungsrechtlich besonders begründet werden müssen, oder ob pluralistische bzw. autonome Legitimationsmodi grundsätzlich gleichberechtigte Alternativen neben den auf die Volkswahlen zurückführenden Legitimationssträngen sein sollen. Diese Frage ist aber von zentraler Bedeutung, denn in dem Maße, in dem der Gesetzgeber zum Rückgriff auf alternative Modelle demokratischer Legitimation ermächtigt wird, hat er es in der Hand, im Wege der verfassungsrechtlich nicht weiter eingegrenzten Wahl des Legitimationsmodells die Anforderungen an die demokratische Legitimation des Staatshandelns zu bestimmen.

Deutlich wird die damit einhergehende Freistellung des Gesetzgebers insbesondere an den demokratischen Beteiligungsrechten der Bürger. Bei einer Rückführung auf Volkswahlen sind alle Bürger an der Legitimation des staatlichen Handelns formal-egalitär beteiligt. Dagegen darf im Rahmen der autonomen Legitimation nach Intensität, Betroffenheit oder Sachnähe differenziert werden – mit der Folge, dass die demokratische Gleichheit der Bürger durch den Gesetzgeber aufgebrochen wird. Hier tritt das grundlegende verfassungsrechtliche Defizit pluralistischer und autonomer Demokratiekonzepte deutlich hervor: Sie gestatten eine Lösung von den an der Ministerialverwaltung entwickelten Grundsätzen der demokratischen Legitimation der Exekutive, ohne diese Loslösung wiederum durch verfassungsrechtlich hinreichend begründete Kriterien eingrenzen zu können.[36]

2. Vom rechtstheoretischen Prinzip zum normativen Optimierungsgebot

Beim näheren Blick auf die Grundlagen und Kriterien pluraler bzw. autonomer demokratischer Legitimationskonzepte wird dieses Defizit noch deutlicher. Ausgangspunkt einer verfassungsrechtlichen Verankerung pluraler bzw. autonomer demokratischer Legitimation ist häufig die Annahme, dass der Grundsatz der demokratischen Legitimation der Staatsgewalt die Normqualität eines Prinzips hat. Deren Gehalt bestehe in einer nur relativen Vorgabe eines Zieles, das möglichst optimal erreicht werden soll. Die Auslegung des Erfordernisses der demokratischen Legitimation im Sinne des Regelmodells von Legitimationsketten verkenne den Prinzipiencharakter demokratischer Legitimation

---

[36] *D. Ehlers*, in: FS E. Stein, 2002, S. 125 (136); *H. M. Heinig*, Der Sozialstaat im Dienst der Freiheit, 2008, S. 484 ff. (insbes. S. 485 f.).

und verenge dieses auf die monistisch-hierarchische Legitimation der Legitimationsketten.[37]

Allerdings stellt die Unterscheidung zwischen Prinzipien und Regeln nur einen rechtstheoretischen Modellrahmen zur Beschreibung und Systematisierung der normativen Gehalte einer Rechtsordnung zur Verfügung, setzt also diese Gehalte als bestehend voraus. Die Unterscheidung zwischen Prinzipien und Regeln vermag deshalb keine normativen Vorgaben für das vorausgesetzte positive Verfassungsrecht und seine Auslegung zu erzeugen.[38]

Diesem Einwand kann auch nicht dadurch entgangen werden, dass mit Blick auf die Regelung des Art. 20 GG die Vorgaben des Art. 20 Abs. 2 GG als Regel und der allgemeine Grundsatz des Art. 20 Abs. 1 GG als Prinzip verstanden wird.[39] Die in diesem Verhältnis angelegte Möglichkeit des Rückgriffs auf Art. 20 Abs. 1 als Prinzipiennorm bei der Interpretation von Art. 20 Abs. 2 und weiteren, für die Demokratie spezifisch relevanten Einzelbestimmungen des Grundgesetzes[40] ist verfassungsrechtlich nicht näher eingegrenzt und entwertet deshalb den auf den ersten Blick gewahrten Charakter von Art. 20 Abs. 2 GG als Regel grundsätzlich. Deutlich wird dies vor allem daran, dass die dem Prinzipienverständnis von Art. 20 Abs. 1 GG zugrunde liegende Rekonstruktion des Demokratieprinzips aus dem demokratischen Freiheitsgedanken in der Tendenz dazu führt, das Demokratieprinzip auch im Rahmen von Art. 20 Abs. 1 GG als Optimierungsgebot zu verstehen,[41] das auf eine Öffnung der demokratischen Legitimationsformen drängt[42] und damit die begrenzenden Wirkungen von Art. 20 Abs. 2 GG weitgehend überspielt.[43]

3. Aufladung durch Grundrechte, Menschenwürde und Selbstbestimmung

Für ein pluralistisches und autonomes Demokratieverständnis werden weiter Verfassungsrechtssätze angeführt, die wie die Grundrechte oder die Menschenwürde die individuelle Selbstbestimmung schützen. Diesen Normen sei zu ent-

---

[37] *B.-O. Bryde*, KJ 2000, 59 (61 ff.).

[38] Dazu insbesondere *S. Köller*, Funktionale Selbstverwaltung und ihre demokratische Legitimation, 2009, S. 68 ff., 71 ff.

[39] *S. Unger*, Das Verfassungsprinzip der Demokratie, 2008, S. 104 ff., 228 ff., 249 ff. et passim.

[40] *S. Unger*, Das Verfassungsprinzip der Demokratie, 2008, S. 297 ff. Gegen einen Rückgriff auf Art. 20 Abs. 1 GG ausführlich *W. Kluth*, Funktionale Selbstverwaltung, 1997, S. 369 ff.

[41] *S. Unger*, Das Verfassungsprinzip der Demokratie, 2008, S. 283 ff., insbes. S. 298; *M. Droege*, DÖV 2009, 649 (654); *J. Krüper*, DÖV 2009, 761 (763).

[42] So *S. Unger*, Das Verfassungsprinzip der Demokratie, 2008, S. 298.

[43] Gegen das Demokratieprinzip als Optimierungsgebot *H. Bowitz*, Das Demokratieprinzip als eigenständige Grundlage richterlicher Entscheidungsbegründungen, 1984, S. 51; *P. Lerche*, FS Stern, 1997, S. 197 ff.; *F. Reimer*, Verfassungsprinzipien, 2001, S. 329 ff.; *C. Hillgruber*, AöR 127 (2002), 460 (469); *C. Waldhoff*, JZ 2009, 144 (146 f.).

nehmen, dass als Mittel zur Selbstbestimmung und damit zur demokratischen Legitimation nicht nur auf das Volk, sondern auch auf die Einzelnen zurückgegriffen werden könne, weshalb die Demokratie für entsprechende funktionale bzw. autonome Legitimationsformen offen sei.[44]

Eine grundrechtliche Legitimation staatlicher Gewalt aus den Grundgedanken der Autonomie und der individuellen Selbstbestimmung scheitert aber daran, dass das Grundgesetz die rechtlich geschützte individuelle Selbstbestimmung des Einzelnen nicht unvermittelt in der Demokratie aufgehen lässt, sondern dafür ein ausdifferenziertes Verhältnis vorsieht. Dabei stehen die Rechte auf individuelle Selbstbestimmung zunächst im Gegensatz zur demokratischen Selbstbestimmung, denn der Gesetzgeber muss Eingriffe in die Grundrechte rechtfertigen. Die Annahme einer grundsätzlichen grundrechtlichen Legitimation staatlichen Handelns führt dagegen dazu, dass die Grundrechte im Ergebnis zur Rechtfertigung von Eingriffen in die – grundrechtlich geschützte – Freiheit der Bürger instrumentalisiert werden.[45] Der Gedanke der individuellen Selbstbestimmung ist zwar insoweit einschlägig, als der Einzelne über die Grundrechtseingriffe des Gesetzgebers im Rahmen der Wahlen und Abstimmungen mitentscheiden kann. Diese Mitentscheidungen führen aber eben nicht zu einer unmittelbaren Selbstregierung der Einzelnen, sondern wirken vermittelt über die verfassungsrechtlich vorgesehenen Mehrheitsentscheidungen und Institutionen der repräsentativen Demokratie.[46]

4. *Zur Betroffenheit des Einzelnen durch die Staatsgewalt*

Diesen Problemen wird zum Teil dadurch zu entkommen versucht, dass die Legitimation der Verwaltung nicht auf bestimmte Individualrechtspositionen gestützt wird, sondern der allgemeine Aspekt der Betroffenheit der Bürger angeführt wird. Maßgeblich für die Stellung als Legitimationssubjekt sei demnach nicht allein die Zugehörigkeit zu einem Bundes-, Landes- oder Kommunalvolk, sondern – zumindest auch – die Betroffenheit des Einzelnen durch die Staatsgewalt.[47]

---

[44] *G. Erler*, Freiheit und Grenze berufsständischer Selbstverwaltung, 1952, S. 23 ff.; *E. Schreyer*, Pluralistische Entscheidungsgremien im Bereich sozialer und kultureller Staatsaufgaben, 1982, S. 132 ff., 144 ff., 174 ff.; *M. Kleine-Cosack*, Berufsständische Autonomie und Grundgesetz, 1986, 119; *W. Kluth*, Funktionale Selbstverwaltung, 1997, S. 451 ff.; *T. Blanke*, KJ 31 (1998), 452 (456); *A. Rinken*, KJ 2000, 125 (136).

[45] *K. Waechter*, Geminderte demokratische Legitimation staatlicher Institutionen im parlamentarischen Regierungssystem, 1994, S. 108 ff. (insbes. 149 ff.).

[46] Dazu *H. Kelsen*, Vom Wesen und Wert der Demokratie, 1963 (Neudruck der 2. Aufl. von 1929), S. 4, 11, 13.

[47] *H. Rittstieg*, KritV 1987, 315 (319); *M. Zuleeg*, KritV 1987, 322 ff.; *B.-O. Bryde*, KJ 2000, S. 59 (61 ff.).

Allerdings kann auch dies nicht überzeugen. Denn zunächst stellt sich die Frage der verfassungsrechtlichen Verankerung des Kriteriums der Betroffenheit: Ist dies die konkrete Einzelrechtsbetroffenheit in Grundrechten oder eine Statusbetroffenheit im Sinne potentieller rechtlicher Relevanz eines staatlichen Verhaltens?[48] Auch ist die verfassungsrechtliche Grundlage nicht hinreichend klar: Sind dies Grundrechte bzw. subjektive öffentliche Rechte, oder sind dies demokratische bzw. politische Mitwirkungsrechte? Selbst falls eine Zuordnung der Betroffenheit zu einer der beiden Kategorien von Rechten gelingt, greift die bereits dargelegte Überlegung, dass die Individualrechte des Einzelnen nicht zu einer unmittelbaren Selbstregierung führen, sondern ihre Wirkungen über die Mehrheitsentscheidungen und Institutionen der repräsentativen Demokratie vermittelt werden. Schließlich ist das Kriterium der Betroffenheit zu unbestimmt, um bestimmte Legitimationsstrukturen begründen zu können: Es ist nicht hinreichend klar, wie intensiv ein Bürger worin betroffen sein muss, damit seine Position Grundlage einer Stellung als eigenständiges Legitimationssubjekt sein kann.[49] Eine Legitimation durch Betroffenheit führt deshalb in der Anwendung zu einer Anerkennung von Teilvölkern, ohne dass die grundsätzliche Zulässigkeit und die Strukturen dieser Legitimation hinreichend geklärt oder zumindest konturiert sind.[50] Der Gesetzgeber wird weitgehend freigestellt, die Wahrnehmung von Exekutivaufgaben aus dem Bereich der Ministerialverwaltung herauszunehmen und auf andere Organe, Institutionen und Personen zu übertragen, ohne dass diese Öffnung über verfassungsrechtliche Vorgaben für die Legitimationsstrukturen hinreichend eingefangen werden kann.[51]

Neben der Betroffenheit des Einzelnen werden zum Teil noch weitere Faktoren genannt, denen bei der Legitimation von Staatsgewalt Relevanz zukomme. Dies sind vor allem die Partizipation der Einzelnen an der Ausübung von Staatsgewalt,[52] die Akzeptanz der getroffenen Entscheidung[53] sowie die Qualität des Verwaltungshandelns[54] einschließlich seiner Effizienz und Effektivität.[55]

Die Gründe, die gegen die Ableitung einer Legitimation aus einer Betroffenheit angeführt werden, stehen aber auch einer Legitimation durch die vor-

---

48 *J. Isensee*, KritV 1987, 300 (304 f.); *H.-J. Papier*, KritV 1987, 309 (311).

49 *S. Köller*, Funktionale Selbstverwaltung und ihre demokratische Legitimation, 2009, S. 106 ff.

50 *J. Schmidt*, Die demokratische Legitimationsfunktion der parlamentarischen Kontrolle, 2007, S. 272 ff., 311.

51 *S. Bredt*, Der Staat 46 (2007), 589 (594 f.).

52 *H.-J. Menzel*, Legitimation staatlicher Herrschaft durch Partizipation Privater?, 1980, S. 76, 81, 84, 95 ff.; *M. Kleine-Cosack*, Berufsständische Autonomie und Grundgesetz, 1986, S. 109 ff.

53 *E. Schmidt-Aßmann*, Das allgemeine Verwaltungsrecht als Ordnungsidee, 2004, 102 f.

54 *U. Schliesky*, Souveränität und Legitimität von Herrschaftsgewalt, 2004, S. 149 ff., 170 ff., 295 ff., 588 ff., 601 ff., 623 ff.

55 *W. Hoffmann-Riem*, in: E. Schmidt-Aßmann/W. Hoffmann-Riem (Hrsg.), Verwaltungsorganisationsrecht als Steuerungsressource, 1997, S. 355 (376, 393 f.).

genannten Faktoren bzw. Ziele entgegen:[56] Ihre Verankerung im positiven Verfassungsrecht gelingt nicht; ihnen sind keine hinreichend bestimmten Kriterien zur Beurteilung von Legitimationsstrukturen zu entnehmen; und in der Konsequenz öffnen sie das Demokratieprinzip derart weit und ungesteuert für verschiedenste Legitimationskonzepte, dass das Demokratieprinzip grundsätzlich nur noch geringe normative Kraft hat und damit auch in Bereichen entwertet wird, in denen die als Gegenargument angeführten Effekte und Wirkungen auch nach Ansicht der Befürworter von alternativen Legitimationsmodellen nicht auftreten.

5. Zur Legitimation durch gerichtsförmige Kontrollverfahren

In Kenntnis dieser Probleme wird versucht, der Beteiligung von Bürgern und Interessenverbänden in justizähnlichen Verwaltungsverfahren sowie in möglichen Gerichtsverfahren eine legitimatorische Wirkung zumindest insoweit zuzumessen, als sie als eigenständiges Element der inhaltlichen Lenkung der Verwaltung verstanden werden.[57]

Auch dies überzeugt freilich nicht, denn die gerichtliche Kontrolle verhilft nur der bestehenden Gesetzesbindung zur Durchsetzung und stellt keine zusätzliche Rückbindung an den Volkswillen dar.[58] Zudem greift sie nur bei rechtswidrigem Verhalten und kann daher eine Lenkung der Verwaltung bei der rechtmäßigen Wahrnehmung von Verwaltungsaufgaben, insbesondere der Ermessensausübung, nicht bewirken. Dem entsprechend können gerichtliche Rechtschutzmöglichkeiten auch nicht als Ausgleich für reduzierte oder fehlende Fachweisungsbefugnisse fungieren.

6. Tradierte Legitimationsanforderungen hinreichend offen und flexibel

Schließlich erweisen sich die Grundannahmen der Fundamentalkritik, wonach die aus dem verfassungsrechtlichen Konzept des Legitimationsniveaus und der Legitimationsstränge folgenden Vorgaben und Beschränkungen dysfunktional wirkten und das Demokratieprinzip in der politischen Wirkung entwerteten, als unzutreffend. Die aus dem verfassungsrechtlichen Konzept des Legitimationsniveaus und der Legitimationsstränge folgenden Anforderungen stehen der Erfüllung des Postulats einer politisch wirksamen demokratischen Legiti-

---

[56] Dazu näher *S. Köller*, Funktionale Selbstverwaltung und ihre demokratische Legitimation, 2009, S. 222 ff., 227 ff., 234 f., 239 ff.

[57] Dazu nur *V. Mehde*, Neues Steuerungsmodell und Demokratieprinzip, 2000, S. 274 ff.

[58] *S. Köller*, Funktionale Selbstverwaltung und ihre demokratische Legitimation, 2009, S. 236 ff.

mation[59] nicht entgegen. Für die demokratische Legitimation der Verwaltung ist verfassungsrechtlich entscheidend, dass das gebotene Mindestmaß an effektiver Lenkung der Verwaltung durch das Parlament gegeben ist. Die daraus folgenden Anforderungen sind grundsätzlich offen und flexibel genug, den Anforderungen der Praxis an die Verwaltung adäquate Regulierungen zuzulassen.

Grund für diese Offenheit und Flexibilität ist das jeweils unterschiedliche Maß an nötiger effektiver Legitimation, sowie die Möglichkeit, Schwächungen eines Legitimationsstrangs durch Stärkungen des anderen Strangs auszugleichen und damit im Ergebnis ein hinreichendes Legitimationsniveau erzielen zu können. Auf die grundsätzliche Möglichkeit der Kompensation zwischen den Strängen kann auch in Konstellationen zurückgegriffen werden, in denen die Anforderungen an das Legitimationsniveau durch einzelne Regelungen der Verfassung bereits reduziert sind. Der einfache Gesetzgeber hat damit im Ergebnis einen hinreichenden Spielraum, sowohl das verfassungsrechtlich jeweils gebotene Legitimationsniveau der Verwaltungstätigkeit über den personellen und den sachlich-inhaltlichen Legitimationsstrang sicherzustellen als auch der Verwaltung eine sachgerechte Aufgabenerfüllung zu ermöglichen. Deutlich wird dies bei den Konstellationen, die wesentlich vom Grundmodell der hierarchisch-bürokratischen Ministerialverwaltung abweichen, aber verfassungsrechtlich zulässig sind bzw. sein können, soweit sie angemessen ausgestaltet sind: die kommunale Selbstverwaltung, die funktionale Selbstverwaltung sowie die weiteren Konstellationen eingeschränkter Weisungsbefugnisse.

IV. Das Verhältnis von positivem Recht, Rechtsphilosophie und Dogmatik

Die vorstehenden Ausführungen zeigen, dass die anerkannten Formen demokratischer Legitimation des Verwaltungshandelns hinreichend sind, um das Ziel demokratischer Legitimation, die Akzeptierbarkeit von Entscheidungen als Ausdruck der Selbstregierung, zu erreichen. Die aus dem tradierten Modell abzuleitenden Anforderungen sind insbesondere hinreichend offen und flexibel, um auf geänderte Umstände und spezifische Konstellationen angemessen reagieren zu können. Die entsprechende Dogmatik kann das Spannungsverhältnis zwischen dem positiven Verfassungsrecht und meta-rechtlichen Ansätzen der demokratischen Gemeinwohlsicherung hinreichend bewältigen. Der Blick auf die hinter einer Dogmatik stehenden Gründe und Anforderungen kann diese zwar einer kritischen Bewertung zuführen; die Ergebnisse dieser Kritik müssen aber nicht stets negativ ausfallen, sondern können positives Recht und die

---

[59] *U. Volkmann*, in: K. Friauf/W. Höfling (Hrsg.), Berliner Kommentar, Art. 20 (Februar 2001) Rn. 47.

entsprechende Dogmatik auch bestätigen – und mit der Erkenntnis bereichern, dass das positive Recht und dessen Dogmatik auch aus der weitergehenden Perspektive der Rechts- und Sozialphilosophie zutreffend sind.

VI. Prozedurale Voraussetzungen der Verfassung

Narrativität im Recht

Zur Gestaltung der Sachverhalte durch die Gerichte

Gerhard Dannecker

I. Narrative Ethik und ihre Bedeutung im Recht

Narrationen haben in der kultur- und geisteswissenschaftlichen Landschaft Konjunktur:[1] Sie sind in der Germanistik, Anglistik, Pädagogik, Psychologie, Philosophie und Theologie Gegenstand des Diskurses.[2] Im Bereich des Rechts sucht man dagegen, jedenfalls in Deutschland[3], vergeblich nach einer Auseinandersetzung mit der Narrativität. Erzählen hat im Recht keinen primären Status in der Urteilsbildung, Narrationen werden nicht als Ersatz für differenziertes Argumentieren anerkannt, Erzählen gilt auch nicht als methodisch-reflektierte Kommunikationsform. Dennoch enthalten Gerichtsentscheidungen neben der juristischen Argumentation auch eine erzählerische Komponente: „In den Tatbeständen vieler BGH-Urteile finden sich reizvolle Kurzgeschichten, die auch als solche der Aufmerksamkeit ihrer Leser sicher sein können."[4] Und dennoch ist das Verhältnis zwischen Erzählungen und Recht ein Thema[5], das insbesondere im Case-Law des angloamerikanischen Rechtskreises erörtert wird.[6] Aber auch im kontinentaleuropäischen Recht kann die Narrativität zum Tra-

---

[1] Zur Verwendung der Begriffe Narration, narrativity, narrativ, Erzählung(en) und Erzählen siehe *Karen Joisten*, Möglichkeiten und Grenzen einer narrativen Ethik, in: Karen Joisten (Hrsg.), Narrative Ethik. Das Gute und das Böse erzählen, 2007, S. 9ff.

[2] Siehe z.B. die Beiträge in: Karen Joisten (Hrsg.), Narrative Ethik. Das Gute und das Böse erzählen, 2007, sowie in: Marco Hofheinz/Frank Mathwig/Matthias Zeindler (Hrsg.), Theologische und philosophische Beiträge zur narrativen Ethik, 2009.

[3] Zur Diskussion in den Vereinigten Staaten siehe z.B. die Beiträge in Michigan Law Review, Vol. 87, No. 8, Legal Storytelling (Aug. 1989), pp. 2073–2098, sowie Symposium: Law and Literature, 39 Mercer Law Review 739 (1988); Symposium: Law and Literature, 60 Texas Law Review 373 (1982); Interpreting Law and Literature (S. Levinson & S. Mailloux, eds., 1988).

[4] *Andreas Heldrich*, 50 Jahre Rechtsprechung des BGH – Auf dem Weg zu einem Präjudizienrecht? – Festvortrag zum 50-jährigen Bestehen des BGH, ZRP 2000, 487 (498).

[5] *Steven L. Winter*, The Coginitive Dimension of the AGON Between Legal Power and Narrative Meaning, 87 Michigan Law Review, Legal Storytelling (1989), p. 2225.

[6] *Robert Cover*, The Folktales of Justice: Tales of Jurisdiction, 14 Capital University Law Review Vol. 179, No. 180 (1985), beschreibt Recht als Konzept, das in "the sacred narrative of our world" wurzelt.

gen kommen, wenn Rechtsbegriffe eine Hinwendung zur Lebenswelt und zur gelebten Moral erfordern, so z.B., wenn die Sozialadäquanz eines bestimmten Verhaltens, das erlaubte Risiko, die im Verkehr gebotene Sorgfalt etc. bestimmt werden sollen. In diesen Bereichen bedarf es eines mehr oder weniger komplexen Verfahrens der Rechtskonkretisierung, bei dem auf die Realität Bezug genommen und die gelebte Moral in das Recht einbezogen wird.

Bei der Vorbereitung eines Vortrags über das Thema „Narrative Ethik im Recht"[7] vor zwei Jahren hatte ich Gelegenheit, mit *Winfried Brugger* über dieses Thema zu diskutieren. Ausgehend von seinen Erfahrungen mit dem US-amerikanischen Recht, wo die Rechtsfindung über praktische Übung und gerichtliche Entscheidungen im Vordergrund stehen, vermutete er, dass auch im kontinentaleuropäischen Recht Orte ausgemacht werden können, wo Moral in das Recht einfließt und eine ethische Reflexion erfordert, so z.B. bei Generalklauseln und insbesondere bei Leitentscheidungen der höchstrichterlichen Rechtsprechung, bei denen die Gerichte unter Einbeziehung der lebensweltlichen Kontexte das Recht weiterentwickeln. Mit der Notwendigkeit der „Konkretisierung des Rechts und Auslegung der Gesetze" hat sich *Winfried Brugger* bereits in seiner Antrittsvorlesung[8], die er am 27. Mai 1993 an der Juristischen Fakultät in Heidelberg gehalten hat, eingehend befasst. Er legt dar, dass Rechtsfindung als Zusammenspiel von Normauslegung und Anwendung auf den Fall unter Anleitung der Gemeinwohlelemente Rechtssicherheit, Legitimität und Zweckmäßigkeit verstanden werden müsse. Rechtskonkretisierung müsse nicht immer über die Legislative laufen – es gäbe auch Administrativrecht, Gewohnheitsrecht und Richterrecht. Aufgabe der Gerichte sei es, das gesetzgeberische Programm unter den Leitideen des Rechts zu Ende zu denken, insbesondere auf die konkret zu entscheidenden Fälle anzuwenden und in Einklang mit den Festlegungen früherer Gesetzgeber zu bringen, also die Konsistenz und Kohärenz der Rechtsordnung zu sichern.[9] *Winfried Brugger* hinterfragt in diesem Beitrag die Leistungsfähigkeit des klassischen Auslegungskanons und verwirft die Unterstellung, die Anwendung des klassischen Viererkanons impliziere ein deduktives Ableitungsmodell objektiv richtiger Entscheidungen.[10] Er spricht sich für eine Reformulierung dieses Kanons aus, um den Anforderungen der hochkomplexen Lage des Auslegungsgeschäfts gerecht zu werden. „Die Nichtfestlegung auf eine detaillierte Hierarchie dieser (Auslegungs-)Methoden durch die Gerichte ist Ausdruck der hochkomplexen Lage des Auslegungsgeschäfts. Die durch Nichtfestlegung ermöglichte Flexibilität erlaubt es den Gerichten, von

[7] *Gerhard Dannecker*, Narrative Ethik im Recht, in: Ingrid Schoberth (Hrsg.), Urteilen lernen – Grundlegung und Kontexte ethischer Urteilsbildung, 2012, S. 266 ff.

[8] *Winfried Brugger*, Konkretisierung des Rechts und Auslegung der Gesetze, AöR 119 (1994), S. 1 ff.

[9] *Winfried Brugger*, AöR 119 (1994), S. 1 (10 f.).

[10] *Winfried Brugger*, AöR 119 (1994), S. 1 (31).

Fall zu Fall fortschreitend, unter Rekurs auf die einschlägigen Rechtsvorschriften die drei Leitideen des Rechts – Rechtssicherheit, Legitimität und Zweckmäßigkeit – zu interpretieren, unter Achtung der funktionellen Zuständigkeiten und im Blick auf Vergangenheit, Gegenwart und Zukunft."[11] Insbesondere die teleologische Auslegung werfe die Frage auf: „Wieviel Bedeutung soll den Besonderheiten des einzelnen Falles beigemessen werden im Vergleich zur typisierten gesetzlichen Regelung?"[12]

Narrative Ethik bezieht sich auf Erzählungen, die kreativ gestaltete lebensweltliche Erfahrungen vermitteln, und reflektiert die darin repräsentierte Moral. Allerdings fehlt für die „narrative Ethik" eine etablierte Begriffsbestimmung.[13] Narrative Ethik kann als Interpretation von Literatur verstanden werden, bei der ein ethisches Erkenntnisinteresse im Vordergrund steht[14]: Die Erzählung wird mittels literaturwissenschaftlicher Methoden analysiert[15]; es wird untersucht, ob Darstellung und Auseinandersetzung mit der ethischen Problematik in angemessener Weise erfolgen. Es geht hierbei nicht um die Bewertung der Moral oder Unmoral einer Geschichte, sondern um eine Interpretation des Erzählten. Ein vergleichbares Erkenntnisinteresse besteht im Recht, wo allerdings nicht das literarische Interesse im Vordergrund steht, sondern die Interpretation des vom Tatsachengericht festgestellten und gestalteten Sachverhalts durch das Revisionsgericht. Eine solche Analyse gerichtlicher Entscheidungen erscheint durchaus lohnenswert, nachdem in der höchstrichterlichen Rechtsprechung des BGH „höchst bemerkenswerte Fragmente eines erzählerischen Werks herangereift sind, die alles in den Schatten stellen, was uns etwa die Judikatur des RG hinterlassen hat".[16] Bei Straftaten geht es um die Analyse einer Negation des Rechts, wodurch sichtbar gemacht wird, wie das Miteinander der Menschen gestaltet sein soll und wie der Rechtsfrieden wieder hergestellt werden kann. Hierbei sind vor allem höchstrichterliche Leitentscheidungen von Interesse, in denen Rechtsfragen von grundsätzlichem Interesse erstmals geklärt oder bedeutende grundlegende Änderungen der Interpretation des geltenden Rechts herbeigeführt werden, um so zur Fortentwicklung des Rechts

---

11 *Winfried Brugger*, AöR 119 (1994), S. 1 (32).

12 *Winfried Brugger*, AöR 119 (1994), S. 1 (28 f.).

13 *Marco Hofheinz*, Narrative Ethik als „Typofrage". Entwicklung und Probleme eines konturierungsbedürftigen Programmbegriffs, in: ders./Frank Mathwig/Matthias Zeindler (Hrsg.), Ethik und Erzählung. Theologische und philosophische Beiträge zur narrativen Ethik, 2009, S. 11 ff.; siehe auch die Beiträge in: Karen Joisten (Hrsg.), Narrative Ethik und das Böse erzählen, 2007.

14 *Dietmar Mieth*, Moral und Erfahrung I, 4. Aufl. 1999, S. 90.

15 Dazu z.B. *Silke Lahn/Jan Christoph Meister*, Einführung in die Erzähltextanalyse, 2008; *Benedikt Jeßing/Ralph Köhnen*, Einführung in die Neuere deutsche Literaturwissenschaft, 2. Aufl. 2007.

16 So *Andreas Heldrich*, ZRP 2000, 497 (498).

beizutragen.[17] Auch wenn Grundsatzentscheidungen im kontinentaleuropäischen Rechtssystem keine Präzedenzfälle sind, die andere Gerichte hinsichtlich ihrer zukünftigen Entscheidungsfindung binden, wie dies im Common-Law-System der Fall ist, handelt es sich doch um Urteile, die im Regelfall von den Untergerichten beachtet werden und der Vereinheitlichung des Rechts dienen. Hier stellt sich die Frage, ob die Darstellung des Sachverhalts und die rechtliche Würdigung umfassend und angemessen sind. Insbesondere ist zu klären, inwieweit moralische Urteile bereits in die Sachverhaltsfeststellung der Gerichte Eingang gefunden haben und durch die Art der Sachverhaltsdarstellung unter ethischen und rechtlichen Gesichtspunkten reflektiert werden. Betrachtet man Gerichtsurteile unter dem Gesichtspunkt narrativer Reflexionsarbeit, so eröffnet sich ein neuer Blick auf gerichtliche Entscheidungen.

Nach einem anderen Verständnis der narrativen Ethik wird darauf abgestellt, dass in Erzählungen die moralische Dimension reflektiert wird, so dass der Erzählung direkt die moralischen Werte und Normen entnommen werden können.[18] Dieses Verständnis erlangt im rechtlichen Kontext Bedeutung, wenn man die Frage stellt, inwieweit ein Gericht als Tatsacheninstanz durch die Art der Sachverhaltsdarstellung bereits rechtliche Bewertungen vorweggenommen hat. Wird narrative Ethik in dieser Weise aufgefasst, so besteht die Gefahr, dass die narrative Ethik als Ersatz für die ethische Argumentation verstanden wird.[19] In diesem Zusammenhang sind Begriffe wie die Fahrlässigkeit und das rechtliche Einstehenmüssen für ein Unterlassen zu nennen. So legt der Straftatbestand der fahrlässigen Tötung fest, dass eine fahrlässige Tötung zu bestrafen ist. Welche konkreten Lebenssachverhalte hierunter fallen, wird in der Norm nicht in naturalistisch-deskriptiv geprägter Form bestimmt. Vielmehr muss der Richter generell und bezogen auf den zur Entscheidung anstehenden konkreten Einzelfall die fahrlässige Tötung sachlich begründen.[20] Durch Begriffe wie den der Fahrlässigkeit wird der Rechtsanwender ermächtigt, die Voraussetzungen dieses Begriffs anhand des Fallmaterials, das ihm zur Entscheidung vorgelegt wird, zu entwickeln und auf den Fall bezogen zu begründen, weshalb die Vo-

---

[17] So hat schon BVerfGE 34, 269 (288) dargelegt: „Die Norm steht ständig im Kontext der sozialen Verhältnisse und der gesellschaftlich-politischen Anschauungen, auf die sie wirken soll; ihr Inhalt kann und muß sich unter Umständen mit ihnen wandeln."

[18] Dazu *Ingrid Schoberth*, Urteilen Lernen. Einleitende Reflexionen, Perspektiven und Orientierungen in religionspädagogischer Perspektive, in: dies. (Hrsg.), Urteilen lernen – Grundlegung und Kontexte ethischer Urteilsbildung, 2012, S. 25 (38 ff.); *Hans Günther Ulrich*, Explorative Ethik, ebenda, S. 40 (46 ff.); *Wolfgang Leyk*, Von der Anekdote zur story. Narrative Elemente in der Wirtschafsethik, ebenda, S. 173 ff.

[19] *Hille Haker*, Narrative Ethik in der Klinikseelsorge, in: dies./Walter Moczynski/Gwendolin Wanderer (Hrsg.), Perspektiven der Medizinethik in der Klinikseelsorge, 2009, S. 167 (169).

[20] *Georg Freund*, Die Definition von Vorsatz und Fahrlässigkeit, in: Festschrift für Küper, 2007, S. 63 (65).

raussetzungen der strafrechtlichen Verbotsnorm im konkret zu beurteilenden Lebenssachverhalt vorliegen.

Schließlich kennt das Recht zahlreiche wertausfüllungsbedürftige Generalklauseln, die als Einfallstore für narrative Begründungen von Interesse sind. Dies gilt sowohl für assoziative Begriffe mit narrativem Inhalt als auch für Begriffe, die auf tatsächliches Verhalten verweisen. Hier ist es erforderlich, dass die Rechtsprechung nicht bei der Entscheidung nach Gesetz und Recht stehen bleibt, sondern sich der Gestaltung des Sachverhalts und der darin liegenden normativen Begründung bewusst wird, um daraus die Entscheidung nach Gesetz und Recht zu entwickeln.

II. Gerichtliche Sachverhaltsdarstellungen als Narrationen sui generis

In „einfachen" Erzählungen drückt ein Mensch seine Gefühle, Gedanken und Erfahrungen aus. Im Erzählen von Alltagserlebnissen und -erfahrungen blickt der Autor auf seine eigene Geschichte, stellt Sinnzusammenhänge her oder zeigt Brüche auf.[21] In der Literatur ist die Erzählung hingegen eine Kunstform, in der Erfahrung in ästhetischer Form gestaltet wird.

Die von den Gerichten erzählten Sachverhalte wollen weder „einfache" noch „literarische" Erzählungen sein. Es handelt sich um komplexe Erzählungen[22], bei denen sich verschiedene Handlungsstränge miteinander kreuzen und die Perspektiven der Personen, z.B. von Täter und Opfer, wechseln und bei denen rechtliche Reflexionen miterzählt werden. In Gerichtsentscheidungen wird das tatsächliche Geschehen zur Geschichte, die das Gericht erzählt. Solche Geschichten sind das Fallmaterial, mit dem sich insbesondere und vorrangig die Rechtsprechung auseinandersetzt, wenn sie Urteile fällt. Wenn Fälle entschieden werden, geht es auch darum, die gelebte Moral zunächst darzustellen, um sie sodann kritisch zu prüfen und rechtlich zu bewerten. Dabei steht gerade die Entscheidung des konkreten Falles, im Strafrecht unter Einbeziehung der Persönlichkeit des Täters und sämtlicher sonstiger Begleitumstände der Tat, im Mittelpunkt des Interesses. Dies gilt insbesondere, wenn das begangene Unrecht und die Schuld des Täters bestimmt werden müssen, um die Grundlage für die zu verhängende Strafe zu schaffen.

---

[21] Dazu *Dietmar Mieth*, Moral und Erfahrung I, 4. Aufl. 2009, S. 105 ff.
[22] Dazu *Dietmar Mieth*, Moral und Erfahrung I, 4. Aufl. 2009, S. 102 ff.

1. Einfluss des Rechtsfindungsprozesses auf die Sachverhaltsdarstellung

Bei der Gestaltung des Sachverhalts greift das Gericht alle Tatsachen, die für die rechtliche Bewertung als relevant angesehen werden, heraus und formt sie zu einer „Geschichte“. Im Hinblick auf die rechtliche Bewertung bleibt aber auch vieles unausgesprochen, weil es für das zu fällende Urteil als rechtlich irrelevant angesehen wird. Hier zeigt sich, dass das „Verhältnis von Gesetz, Fall und richterlicher Entscheidung“ auf der Grundlage einer „Einheit von Recht und Lebenswelt“ zu verstehen ist.[23] Der Fall wird nicht als bloßes Faktum, sondern als „Teil der Lebenswelt“ verstanden, zu der auch das Recht als Bestandteil unserer „Kulturwelt“ gehört.[24] Dies hat zur Folge, dass der Fall nicht mehr vom Recht und das Recht nicht mehr vom Fall getrennt werden kann[25], weil jedes als Fall erlebte und erzählte Ereignis – eben als Fall – seinen Sinn in der Lebenswelt immer schon vom Recht her bezogen hat.[26] An die Stelle des Subsumtionsmodells tritt dann das Gespräch zwischen den Parteien, dem Richter und dem Gesetzgeber, ob die Entscheidungsgründe des Gesetzgebers die richterliche Entscheidung für den dem Richter vorliegenden Fall begründen können.[27] Bei diesem Vorgehen des Richters wird das Ergebnis des Falls nicht von „oben“ hinzu-, sondern von „unten“, aus dem Fall selbst, herausgedacht.[28] Wenn es aber zutreffend ist, dass der Richter die Entscheidung des Einzelfalles vor Augen hat, und es sein Ziel ist, eine im Einzelfall gerechte Entscheidung zu treffen, ist die Erkenntnis des Richtigen und Gebotenen auch narrativ fundiert und beruht nicht nur auf vernünftigen Überlegungen.

Wenn sich das Recht auf Handlungen und Haltungen von Personen sowie auf die sozialen Kontexte bezieht, wie das bei gerichtlichen Entscheidungen der Fall ist, geht es um ein hermeneutisches Unterfangen. Denn Handlungen können nicht unabhängig von Handlungssubjekten und den Kontexten, innerhalb derer sie vollzogen werden, beschrieben und verstanden werden. Handlungen verweisen auf ihren Urheber, der mit seinen Handlungen Zwecke verfolgt, sie hängen von den Haltungen und Präferenzen ab, auf deren Grundlage sie vollzogen werden. Letztlich werden Handlungen und Haltungen erst durch ihren Konnex zu den Lebensgeschichten der Akteure bedeutsam. Lebensgeschichten müssen wiederum in den historischen, kulturellen und sozialen Kontext gestellt

---

[23] *Jan Schapp*, Hauptprobleme der juristischen Methodenlehre, 1983, S. 6 ff.; dazu *Rolf Gröschner*, Die richterliche Rechtsfindung: „Kunst“ oder „Methode“?, JZ 1983, 944 ff.

[24] *Jan Schapp*, Hauptprobleme der juristischen Methodenlehre, 1983, S. 15 ff.

[25] *Rolf Gröschner*, JZ 1983, 944 (945).

[26] Dazu *Rolf Gröschner*, Das Hermeneutische der juristischen Hermeneutik, JZ 1982, 622 ff.

[27] *Jan Schapp*, Hauptprobleme der juristischen Methodenlehre, 1983, S. 65.

[28] *Rolf Gröschner*, JZ 1983, 944 (949).

werden, wenn man sie verstehen will.[29] Gerade im Strafrecht, bei dem nicht nur die Tat zu bewerten, sondern auch die Täterpersönlichkeit und deren Lebensgeschichte einzubeziehen ist, um eine angemessene Sanktionierung vornehmen zu können, muss bei der Bewertung und Beurteilung der Handlungen dem Konnex zu der jeweiligen Lebensgeschichte Rechnung getragen werden, wenn richtige Urteile gefällt werden sollen. Besonders deutlich wird dies im Strafrecht, denn hier muss das Gericht den Verstrickungen und den konkreten Umständen im Einzelfall, an denen bestimmte Personen zu einer bestimmten Zeit an einem bestimmten Ort beteiligt waren, Rechnung tragen. Dies erfordert, dass die Geschichte der Verstrickung des Täters in diese Umstände erzählt wird, und dieses Verstricktsein des Täters formt und gestaltet sein Handeln. Deshalb kann das Handeln ohne Thematisierung dieses Verstricktseins nicht erklärt und verstanden werden. Wenn hiernach gefragt wird, ist der Bereich der Beurteilung nach rechtlichen Kriterien erreicht. Damit stellt sich für das Recht die Frage, was Erzählen als Form des Erfassens und Übermittelns der Geschichte leisten kann.

2. *Sachverhaltsdarstellung als Form des Erfassens und Übermittelns der Erzählung*

Ausgangspunkt der Überlegung, ob es im Recht narrative Begründungen gibt, muss sein, dass sich das Recht nicht in den zu entscheidenden Geschichten artikuliert, die Geschichten sich vielmehr auf Sachverhalte beziehen, die die Rechtsprechung mit der Feststellung des Sachverhalts gestaltet und die dann Gegenstand der rechtlichen Bewertung sind. Daher kann es nicht darum gehen, die rechtliche Begründung durch eine narrative zu ersetzen oder gar auf ein exaktes Argumentieren zu verzichten. Es geht vielmehr um die Frage, ob die Sachverhaltsfeststellungen eines Gerichts bereits Reflexionen enthalten, ob man auch in Gerichtsentscheidungen erzählte Reflexionen zur Erschließung von Handlungszusammenhängen finden kann.

Wenn in einer Gerichtsverhandlung eine Tat aufgeklärt und der Sachverhalt festgestellt werden soll, stehen die Handlungen der Akteure im Mittelpunkt. Handlungen sind stets ein komplexes Geflecht von Strukturen, aus denen sich nur mit Hilfe von Abstraktionsprozessen einzelne Fäden oder Knotenpunkte isolieren lassen. Nicht die nur durch Abstraktion gewonnene Elementarhandlung, sondern der Handlungszusammenhang hat vorrangige Bedeutung, und dazu gehört auch der Handelnde selbst mit seinen Plänen, Absichten und Motiven, weiterhin die von ihm vorgefundene Handlungssituation und die Folgen seines Verhaltens.[30] Das Gericht muss die Zusammenhänge möglichst um-

---

[29] *Hille Haker*, Narrative Bioethik. Ethik des biomedizinischen Erzählens, in: Karen Joisten (Hrsg.), Narrative Ethik. Das Gute und das Böse erzählen, 2007, S. 253 (255).

[30] Vgl. *Wolfgang Wieland*, Verantwortung – Prinzip der Ethik?, 1999, S. 50.

fassend verstehen und erfassen, um das Geschehene zu rekonstruieren. Dabei kommt der Sachverhaltsdarstellung gestaltende Wirkung zu.

Die gestaltende Wirkung der Sachverhaltsdarstellung, deren Durchführung durch Verfahrensregeln abgesichert ist, wird in den Plädoyers von Staatsanwaltschaft und Verteidigung geradezu in Szene gesetzt: Der Ankläger formt aus den Indizien eine Geschichte, der Verteidiger eine Gegengeschichte, die aus derselben Faktenlage einen anderen Zusammenhang entwickelt. Nicht die Indizien, sondern die aus ihnen entwickelte Geschichte entscheidet den Fall.[31] Die verbindlich entscheidende Instanz ist das Tatsachengericht, dessen Sicht und Verständnis der Geschichte Grundlage der Entscheidung ist. Wenn ein erstinstanzliches Gerichtsurteil vorliegt und hiergegen ein Rechtsmittel eingelegt wird, kommt es darauf an, ob es sich um eine Berufung oder eine Revision handelt. Das Berufungsgericht stellt den Sachverhalt selbst in einem neuen Verfahren fest. Das Revisionsgericht ist hingegen an die Sachverhaltsfeststellungen der Vorinstanz gebunden und entscheidet nur über Rechtsfragen. Die Rolle der Gerichte ist also stark durch ihre Aufgabe als Berufungs- oder Revisionsgericht geprägt. Dennoch werden narrative Begründungen, die in die Sachverhaltsdarstellung des Tatsachengerichts eingegangen sind, insbesondere in die Revisionsinstanz hineingetragen.

3. Überprüfung narrativ geprägter Sachverhaltsfeststellungen in der Revisionsinstanz?

Die Revision gegen ein Strafurteil kann nur darauf gestützt werden, dass das Urteil auf der Verletzung eines Gesetzes beruht. Dabei ist das Revisionsgericht an die tatsächlichen Feststellungen des angefochtenen Urteils gebunden. Entsprechend ist die Kompetenz des Revisionsgerichts zur Würdigung des Tatsachenmaterials eingeschränkt: Nur wenn das Beweisergebnis auf einer Gesetzesverletzung beruht, z.B. auf der Nichtbeachtung oder Fehlanwendung prozessrechtlicher Vorschriften über die Beweisgewinnung, kann an die Tatsacheninstanz zwecks Neuermittlung des Sachverhalts zurückverwiesen werden. Dabei ist die Abgrenzung zwischen Tat- und Rechtsfrage fließend, teilweise wird sie sogar generell angezweifelt.[32]

Wenn man ernst nimmt, dass bereits in die Sachverhaltsfeststellung und -darstellung ethische Aspekte einfließen, kann dadurch unter Umständen die rechtliche Überprüfung eines Urteils durch die Revisionsinstanz verkürzt werden.

---

[31] *Wolfgang Schoberth*, Prolegomena zu einer ‚narrativen Ethik'. Zum Zusammenhang von Anthropologie und Ethik, in: Marco Hofheinz/Frank Mathwig/Matthias Zeindler (Hrsg.), Ethik und Erzählung. Theologische und philosophische Beiträge zur narrativen Ethik, 2009, S. 249 (266).

[32] So *Ulfrid Neumann*, Die Abgrenzung von Rechtsfrage und Tatfrage und das Problem des revisionsgerichtlichen Augenscheinbeweises, GA 1988, 387 ff.

Dieses Problem stellt sich generell bei institutionellen Tatsachen, die erst durch Regeln konstituiert werden und losgelöst von diesen Regeln keine Existenz haben; sie sind ohne Kenntnis der Regeln nicht feststellbar.[33] Entsprechend ist bei Feststellungen zur Ausfüllung von institutionellen Begriffen, die der Deutung bedürfen und bei denen zudem auf vorrechtliche Wertungen des Sachverhalts zurückzugreifen ist, zwischen bloßer Tatsachenfeststellung im engeren Sinne und richterlicher Würdigung abzugrenzen. Der Begriff „pornographisch" etwa erschöpft sich nicht in seinem Bezug zur Darstellung sexueller Vorgänge, sondern enthält als normative Komponente die Frage, ob mit der Darstellung „die im Einklang mit allgemeinen gesellschaftlichen Wertvorstellungen gezogenen Grenzen des sexuellen Anstands" überschritten werden.

Wenn über die Feststellung der institutionellen Tatsache hinaus noch überprüft werden soll, inwieweit bei dieser Feststellung ethische Bewertungen Eingang gefunden haben, ist dies ein Unterfangen, das den Revisionsgerichten schwerlich möglich ist, mit der Folge, dass die an sich gebotene rechtliche Überprüfung in der Regel nicht erfolgen wird. Diese Problematik soll anhand eines neueren Urteils des OLG Hamm[34] verdeutlicht werden:

Der Geschäftsführer eines gemeinnützig ausgerichteten, städtischen Wohnungsunternehmens war nach den Feststellungen des Amtsgerichts mehrere Jahre für die Planung und Durchführung sog. Besichtigungsfahrten der Aufsichtsratsmitglieder des Wohnungsunternehmens in zum Teil im Ausland befindliche Städte verantwortlich, die keinen konkret messbaren Nutzen für die Gesellschaft gehabt, sondern der Erbauung der Aufsichtsratsmitglieder gedient hätten. Der Angeklagte habe damit die ihn als Geschäftsführer treffende Pflicht zur Betreuung fremden Vermögens verletzt und der Gesellschaft einen Schaden in Höhe der angefallenen Reisekosten (53.000 €) zugefügt. Deshalb wurde er vom Amtsgericht wegen Untreue verurteilt.

Das Landgericht Münster hat die gegen dieses Urteil eingelegte Berufung der Staatsanwaltschaft Münster (mit dem Ziel der Verurteilung zu einer höheren Strafe) verworfen und den Angeklagten freigesprochen. Die Strafkammer hat detaillierte Feststellungen zum Teilnehmerkreis, dem inhaltlichen und zeitlichen Ablauf der jeweiligen Besichtigungsfahrten und den dabei im Einzelnen angefallenen Kosten für An- und Abreise, Kost, Logis, Eintrittsgelder etc. getroffen. Aufgrund dieser Feststellungen ist die Strafkammer zu der Auffassung gelangt, dass die Fahrten trotz der naturgemäß enthaltenen touristischen Elemente ganz vorrangig sachdienlichen Zwecken gedient hätten, nämlich sowohl der fachlichen Information und Fortbildung der Aufsichtsratsmitglieder als auch der Verbesserung des Arbeitsklimas; das gelte nicht nur für die Fahrten

---

[33] Näher dazu sowie zu den folgenden Ausführungen *Ulfrid Neumann*, GA 1988, 387 (397 ff.).

[34] OLG Hamm, Urteil vom 21.08.2012 – III-4 RVs 42/12.

als solche, sondern letztlich auch für die einzelnen Programmpunkte. Die Auswahl der Reiseziele sei stets im Hinblick auf laufende oder künftige Aufgaben und Vorhaben der Wohnbaugesellschaft erfolgt. Ein strafbarer Pflichtverstoß lasse sich daher nicht feststellen. Dagegen spreche auch nicht der Umstand, dass sich einige der Reiseteilnehmer durch die Fahrten als Ausgleich für ehrenamtlich geleistete Arbeit belohnt gefühlt hätten; das subjektive Empfinden Einzelner sei kein Beleg für die Intention des Angeklagten, die Gesellschaft pflichtwidrig zu schädigen.

Gegen dieses Urteil legte die Staatsanwaltschaft Revision ein: Es sei nicht Aufgabe eines Geschäftsführers einer städtischen Wohnbaugesellschaft, Fahrten für Aufsichtsratsmitglieder durchzuführen, bei denen es nicht um Fortbildung gehe, sondern die vielmehr der Kategorie Ausflug zuzuordnen seien, und damit Einfluss auf ein Kontrollorgan nehmen. Dieses Verhalten sei evident pflichtwidrig.

Das OLG Hamm führte als Revisionsinstanz in seinem Urteil aus, gemäß § 261 StPO entscheide über das Ergebnis der Beweisaufnahme das Tatgericht. Die Beweiswürdigung sei Sache des Tatrichters. Die revisionsrechtliche Prüfung beschränke sich darauf, ob dem Tatrichter bei der Beweiswürdigung Rechtsfehler unterlaufen sind, weil die Beweiswürdigung von einem rechtlich unzutreffenden Ansatz ausging, weil sie lückenhaft, widersprüchlich oder unklar war, gegen Gesetze der Logik oder gesicherte Erfahrenssätze verstieß oder weil an die zur Verurteilung erforderliche Gewissheit überspannte Anforderungen gestellt wurden (st. Rspr.; vgl. BGH, NStZ 2010, 102, 103 m.w.N.). Ein solcher Rechtsfehler, so das Revisionsgericht, liege nicht vor. Der Senat folgte der eingehenden Argumentation des Landgerichts, wonach die getroffenen Feststellungen den – rechtlich nicht zu beanstandenden – Schluss erlauben, dass die durchgeführten Fahrten durch sachdienliche Zwecke – Information und Fortbildung der Aufsichtsratsmitglieder im Hinblick auf aktuelle bzw. anstehende Bauvorhaben – dominiert wurden und damit trotz der unverkennbaren bzw. unvermeidbaren touristischen Elemente ein gravierender Pflichtverstoß des Angeklagten nicht vorlag. Die Argumentation der Staatsanwaltschaft und der Generalstaatsanwaltschaft beruhe demgegenüber auf der Prämisse, es habe sich bei den fraglichen Fahrten um Ausflüge mit Belohnungscharakter gehandelt. Damit werde im Kern in unzulässiger Weise die tatrichterliche Beweiswürdigung angegriffen. Zwingende Anhaltspunkte für den eindeutig privaten Ausflugscharakter der fraglichen Reisen wie Bordell- und Spielbankbesuche oder die Mitnahme von Ehepartnern habe die Strafkammer nicht feststellen können, dagegen aber mit eingehender und nachvollziehbarer Begründung das Vorliegen zahlreicher Umstände, die den sach- bzw. fachdienlichen Zweck belegen.

Die unterschiedliche Ausgestaltung und Konstruktion des Sachverhalts durch das zur Verurteilung gelangende Amtsgericht und das freisprechende Landgericht machen deutlich, dass die Prämisse, das Vorverständnis, mit dem das jeweilige Tatsachengericht bzw. die Staatsanwaltschaft an die Sachverhaltsfeststellung herangegangen ist, die jeweils vorgenommene „umfassende" Würdigung bestimmt hat. Die Abgrenzung allein danach, ob facta bruta oder Bewertungsmaßstäbe, die für das Revisionsgericht nicht verbindlich sind, verkannt worden sind, ermöglicht nicht, auf die in die Sachverhaltsdarstellung eingeflossenen ethischen Bewertungen der Tatsachengerichte durchzugreifen und diese einer rechtlichen Überprüfung zu unterwerfen. Damit bleibt aber der Rechtsschutz, der durch die Revision ermöglicht werden soll, lückenhaft.

III. Narrativität im Recht

Als „Einfallstore" narrativer Ethik in das Recht kommen, wie bereits dargelegt, insbesondere Leitentscheidungen der höchstrichterlichen Rechtsprechung, gesetzliche Ermächtigungen des Richters zur Setzung von Normen sowie normative Rechtsbegriffe in Betracht.

1. Leitentscheidungen der höchstrichterlichen Rechtsprechung

In den letzten Jahrzehnten ist in den aktuellen Entwicklungen der höchstrichterlichen Rechtsprechung eine zunehmende Fixierung auf Präjudizien zu beobachten. Offenbar entwickelt unser Rechtssystem immer stärker die Züge eines „case law" nach angloamerikanischem Vorbild, so dass manche Rechtsgebiete ohne die grundlegenden Entscheidungen des BGH nicht mehr erschlossen werden können, so auf dem Gebiet des Zivilrechts der Persönlichkeitsschutz, die Arzthaftung, Leasing und Factoring, die Einbeziehung Dritter in den Schutzbereich von Verträgen oder formularmäßig vereinbarte Globalsicherheiten. In diesen Bereichen des Zivilrechts gewinnt das geltende Recht seine konkrete Ausgestaltung fast ausschließlich durch die Rechtsprechung.[35] Dies gilt gleichermaßen für das Strafrecht, wie die Leitentscheidungen zum berufstypischen Verhalten[36], zur Garantenstellung des Geschäftsherrn[37], zur Sterbehilfe[38] etc. zeigen. Hierbei gehen, so die hier aufgestellte These, Bewertungen des Verhaltens als Unrecht bereits in die Tatsachenfeststellung ein, ohne dass eine um-

[35] *Andreas Heldrich*, ZRP 2000, 497 (498).

[36] BGHSt 46, 107 ff.; siehe auch BGHSt 50, 331 ff. (Mannesmann-Urteil).

[37] BGHSt 54, 44 ff.; dazu *Gerhard Dannecker/Christoph Dannecker*, Die Verteilung der strafrechtlichen Geschäftsherrenhaftung im Unternehmen, JZ 2010, 981 ff.; *Thomas Rönnau/Frederic Schneider*, Der Compliance-Beauftragte als strafrechtlicher Garant, ZIP 2010, 53 ff.; *Hans Achenbach*, Aus der 2009/1010 veröffentlichten Rechtsprechung zum Wirtschaftsstrafrecht, NStZ 2010, 621 ff.; *Patrick Spring*, Die Garantenstellung des Compliance Officers oder: Neues zur Geschäftsherrenhaftung, GA 2010, 222 ff.; *Andreas Ransiek*, Zur strafrechtlichen Verantwortung des Compliance Officers, AG 2010, 147 ff.

[38] OLG München, NJW 1987, 2940 ff. (Hackethal-Urteil); BGHSt 55, 191 ff.

fassende rechtliche Bewertung vorgenommen wird, wie anhand des Strafverfahrens, in dem der BGH am 17.7.2009 entschieden hat, dargestellt werden soll:

a) Die Entscheidung des Landgerichts Berlin als Tatsachen- und Rechtsinstanz

Das Landgericht Berlin hatte in einem Strafverfahren als Tatsacheninstanz folgenden Sachverhalt festgestellt:[39] Der Leiter der Innenrevision der Berliner Stadtwerke GmbH, einer Anstalt des öffentlichen Rechts, der zugleich Leiter der Rechtsabteilung war und aufgrund seiner bisherigen Tätigkeit als Tarifrechtsexperte und als „juristisches Gewissen" des Unternehmens galt, war nicht eingeschritten, als er feststellte, dass Angestellte der Berliner Stadtwerke GmbH die städtischen Reinigungsgebühren überhöht abrechneten. Den gebührenpflichtigen Anliegern wurden insgesamt 23 Millionen Euro überhöhte Entgelte für die Straßenreinigung auferlegt, die auch überwiegend bezahlt worden waren.

Das Landgericht verurteilte den Angeklagten wegen Beihilfe zum Betrug durch Unterlassen, weil er die Geschäftsführung entgegen seiner innerbetrieblichen Aufgabe, solche Informationen weiterzuleiten, nicht unterrichtet hatte, obwohl er die Unrichtigkeit der Tarifkalkulation und die anschließend überhöhten Gebührenbescheide kannte. Das Gericht begründete die Handlungspflicht damit, dass der Angeklagte als Leiter der Tarifkommission den Bewertungsfehler in einer vorhergehenden Periode zu vertreten gehabt habe. Dies habe die Gefahr begründet, dass der einmal gemachte Fehler weiterhin wiederholt worden sei. Damit versetzte sich das Landgericht in die konkrete Situation des Unternehmens, in der die Mitarbeiter zur Beibehaltung einer illegalen Praxis motiviert wurden. Außerdem sei der Angeklagte als Leiter der Innenrevision, zumal er Bediensteter einer Anstalt des öffentlichen Rechts sei, verpflichtet gewesen, die Einhaltung der gesetzlichen Regeln auch zum Schutz der Entgeltschuldner sicherzustellen.[40]

Hierin liegt ein narrativer Begründungsansatz, der sich stark am Sachverhalt orientiert und die Verantwortung nicht im Wege eines deduktiven Vorgehens aus einem Obersatz ableitet. Das Gericht schildert vielmehr die konkreten Umstände des Falles und hebt die Besonderheiten im Detail hervor, um deutlich zu machen, dass sich die Angestellten am Verhalten der leitenden Mitarbeiter eines Unternehmens orientieren, zumal wenn es sich um ein öffentlich-rechtliches Unternehmen mit einer hohen Reputation handelt. Dann könne und müsse man ein moralisch einwandfreies Verhalten auch von Rechts wegen erwarten, an dem sich die Mitarbeiter orientieren dürfen.

---

[39] BGHSt 54, 44 (45 f.).
[40] BGHSt 54, 44 (48 ff.).

b) Die Entscheidung des Bundesgerichtshofs als Rechtsinstanz

Der BGH befasste sich in seiner Revisionsentscheidung auf der Grundlage der Tatsachenfeststellungen des erstinstanzlichen Gerichts zunächst mit den Anforderungen an eine Garantenstellung aus vorangegangenem gefahrbegründendem Tun (Ingerenz), namentlich an das Erfordernis der sich in der Gefahr realisierenden Pflichtwidrigkeit, und lehnte Ingerenz mangels einer naheliegenden Gefahr des Eintritts des tatbestandsmäßigen Erfolges ab.[41] Er teilte die Einschätzung der Vorinstanz in Bezug auf die Verantwortung des Angeklagten als Garant aus Ingerenz nicht: In dem damaligen Kalkulationsfehler liege zwar ein pflichtwidriges Vorverhalten. Ein solches alleine begründe jedoch noch keine Garantenstellung, wenn hierdurch nicht die naheliegende Gefahr des Eintritts des konkret untersuchten tatbestandsmäßigen Erfolgs verursacht worden sei. Die abzuwendende Gefahr müsse die spezifische Folge des vorangegangenen Fehlverhaltens sein und dürfe nicht nur anlässlich eines pflichtwidrigen Verhaltens entstanden sein. Das Gericht verneinte im konkreten Fall die nahe Gefahr des Vermögensschadens der Kunden im Tatzeitraum mit der Begründung, dass die in der vorangegangenen Periode vorgekommenen Unregelmäßigkeiten zwar die „eher psychologisch vermittelte Gefahr" begründet hätten, den einmal gemachten Fehler zu wiederholen. Ein lediglich motivatorischer Zusammenhang reiche aber für die Begründung einer Garantenstellung nicht aus. Entscheidend sei, dass die Preisbestimmung, um die es im Rahmen der Betrugsstrafbarkeit geht, in der neuen Periode selbständig festgesetzt und losgelöst von den Umständen in der vorangegangenen Periode eigenverantwortlich neu bestimmt werden müsse. Eine Bindung an die Berechnung in der Vorperiode habe nicht bestanden.

Der BGH stellte damit auf die ausschließliche Zuständigkeit der neu eingesetzten Kommission und auf deren alleinige Verantwortung ab. Diese Begründung zeigt in anschaulicher Weise, wie vom erstinstanzlichen Urteil intuitiv für zutreffend gehaltene Ergebnisse an den Vorgaben des Gesetzes, der Rechtsdogmatik und der bisherigen Rechtsprechung gemessen und gegebenenfalls korrigiert werden können und sollten.

Sodann ging der BGH der Frage nach, ob der Angeklagte als Leiter der Innenrevision und der Rechtsabteilung, der aufgrund seiner bisherigen Tätigkeit als Tarifrechtsexperte und als das „juristische Gewissen des Unternehmens" galt, Garant war, weil der von ihm übernommene Pflichtenkreis auch die Überwachung und Unterbindung betrügerischer Abrechnungen mit den Kunden einschloss. Diesbezüglich folgte das Gericht den erstinstanzlichen Ausführungen: Der Angeklagte habe eine den Beschützergaranten vergleichbare Stellung gehabt, deren Grundlage jedoch die vertragliche Vereinbarung zwischen Geschäftsleitung und Angeklagtem sei, zu der ein „besonderes Vertrauensverhältnis, das den

[41] BGHSt 54, 44 (47).

Übertragenden gerade dazu veranlasst, dem Verpflichteten besondere Schutzpflichten zu überantworten", hinzutreten müsse. Die Einstandspflicht des Angeklagten sei nicht darauf beschränkt gewesen, Vermögensbeeinträchtigungen des eigenen Unternehmens zu unterbinden, sondern auch auf die Verhinderung aus dem Unternehmen kommender Straftaten gegen dessen Vertragspartner gerichtet gewesen, weil es sich um eine Anstalt des öffentlichen Rechts handele und sich die vom Angeklagten nicht unterbundene Tätigkeit auf den hoheitlichen Bereich bezogen habe. In diesem hoheitlichen Bereich könne angesichts der besonderen Rechtmäßigkeitsverpflichtung der Anstalt des öffentlichen Rechts insoweit nicht zwischen Zielen des Unternehmens und den Interessen der Kunden differenziert werden, als Ziel des Unternehmens die Rechtmäßigkeit des Gesetzesvollzugs sei, also die Ordnungsgemäßheit der Gebührenerhebung. Schließlich sei der Angeklagte gerade als Tarifrechtsexperte angestellt worden und habe als das „juristische Gewissen des Unternehmens" gegolten.

c) Analyse der Entscheidung des Bundesgerichtshofs

Während die Ausführungen zur Ingerenz in der Entscheidung klar und eindeutig sind, bleibt die Herleitung der Garantenstellung des Angeklagten aufgrund der Übernahme eines Pflichtenkreises im Unternehmen vage und deutungsoffen. Die Interpretationsbedürftigkeit des Urteils beruht darauf, dass der BGH sich nicht auf die dogmatischen Grundlagen der Garantenstellung festlegen wollte und auf eine Systematisierung der in Betracht kommenden Garantenpflichten explizit verzichtete. Er wählte ebenso wie das erstinstanzliche Gericht den Weg, die Besonderheiten des konkreten Falles ausführlich zu schildern und daraus im Wege eines induktiven Vorgehens die Garantenstellung des Angeklagten zu begründen. Dabei wurden zwei Besonderheiten hervorgehoben, um die Erstreckung des Pflichtenkreises auch auf den Schutz der Rechtsgüter außenstehender Dritter zu rechtfertigen: zum einen die Hoheitlichkeit der Straßenreinigung, die nach öffentlich-rechtlichen Gebührengrundsätzen abzurechnen war, also die Erfüllung des Gesetzesvollzugs, der in gesetzmäßiger Form, einschließlich einer gesetzmäßigen Abrechnung der angefallenen Kosten, erfolgen musste; und zum anderen die Beauftragung als Tarifrechtsexperte. Es wird nicht explizit gemacht, dass erstere Besonderheit die Pflicht des Unternehmens begründet, das Vermögen der Bürger zu schützen, und dass der zweite Aspekt legitimiert, von einer Übertragung dieser Aufgabe auf den Angeklagten auszugehen, mit der Folge, dass dieser die Vermögensinteressen vor Angriffen durch betrügerische Abrechnungen schützen musste.

Besonders problematisch sind Umschreibungen wie die „des juristischen Gewissens" des Unternehmens. Dadurch wird der Leser oder Hörer in der Imagination in die erzählte Situation versetzt, er kann diese gleichsam mit seinem inneren Auge wahrnehmen, er kann an der Erlebnisqualität teilnehmen. Solche

Umschreibungen rufen in der Vorstellung des Lesers oder Hörers Szenen hervor, auf die er intuitiv negativ reagiert. Er hält deshalb die Bewertung des Unterlassens als strafbare Beihilfe zum Betrug intuitiv für richtig und stimmt der Annahme einer strafbewehrten Pflicht, aktiv einschreiten zu müssen, zu. Da das Gericht die begangene Tat im Gerichtssaal erörtert und die früher entstandene Situation in ihrer Faktizität thematisiert und rechtlich bewertet, gehen in die Sachverhaltsdarstellung narrative Elemente ein, die die Bejahung einer rechtlichen Verantwortung des Angeklagten nahelegen, ohne sie zu begründen.

Der BGH ist als Revisionsinstanz entsprechend vorgegangen und hat eine rechtliche Verantwortung bejaht. Allerdings weicht seine Begründung von der der Vorinstanz ab. Er hat der Annahme einer Verpflichtung aufgrund der vorausgegangenen Tätigkeit als Tarifexperte, der für frühere Zeiträume zuständig war, eine Absage erteilt, und zwar im Wege einer deduktiven Vorgehensweise: Zunächst werden die Voraussetzungen der Ingerenz genannt, um sodann darzulegen, dass diese im zu entscheidenden Fall nicht vorgelegen haben. Hingegen hat sich der BGH bei der Begründung der Verantwortung aufgrund der Stellung als Leiter der Innenrevision und der Rechtsabteilung und aufgrund der Wahrnehmung dieser Person im Unternehmen als „juristisches Gewissen" dazu verleiten lassen, auf induktivem Wege aus den Gesamtumständen eine strafrechtliche Verantwortung für das Unterlassen herzuleiten. Dem Ergebnis des BGH ist zwar zuzustimmen. Seine Entscheidung wird aber den Anforderungen, die an eine Leitentscheidung zu stellen sind, insbesondere seiner Aufgabe, zur Vereinheitlichung des Rechts beizutragen, nicht gerecht. Hierfür wäre es erforderlich gewesen, das gefundene Ergebnis dogmatisch einzuordnen und die tragenden Gründe darzulegen.

Somit kann festgehalten werden: Nicht nur der Weg von der Jurisscientia zur Jurisprudentia – von der Entscheidung nach Gesetz und Recht zur erzählenden Gestaltung des Sachverhalts und der hierauf gründenden Entscheidung nach Gesetz und Recht – muss gegangen werden. Vielmehr muss die Jurisprudentia ihr so gefundenes Urteil an der Rechtsdogmatik messen und entsprechend begründen, damit Rechtsklarheit für zukünftige Fälle geschaffen wird.

2. Gesetzliche Ermächtigungen des Richters zur Setzung von Normen

Gesetze, die die Strafbarkeit fahrlässigen Verhaltens oder des pflichtwidrigen Unterlassens anordnen oder die Anstiftung oder Beihilfe unter Strafandrohung stellen, ermächtigen die Gerichte, neue Verhaltensnormen zu schaffen oder bestehende auszuweiten. In diesen Bereichen wird die Praxis der Gerichte zur Rechtsquelle[42]; das Gesetz enthält in solchen Fällen eine Ermächtigung zur

---

[42] *Wilfried Küper*, Richterrecht im Bereich der Verkehrsunfallflucht – Nachholpflicht

Rechtsfortbildung „intra legem".[43] Damit wird es zur Aufgabe der Gerichte, die Sorgfaltsanforderungen bei der Fahrlässigkeit oder die Rechtspflichten zur Abwendung eines deliktischen Erfolges zu bestimmen.

Bei der Bestimmung der im Verkehr gebotenen Sorgfalt muss der Fokus auf die Moral verlagert werden. Mit der damit einhergehenden Hinwendung zur Lebenswelt und zur gelebten Moral, die nicht auf den Anspruch, sondern auf die faktische Geltung abhebt, erlangen die Orte Bedeutung, an denen die jeweilige ethische Ausrichtung des Handelns identifizierbar ist. Hier geht es um alltägliches Funktionieren von Moral, wo Rechtfertigung konkret als soziales Geschehen erfahrbar ist.[44] Generell gilt, dass Verantwortung narrativ vermittelt ist: Sie realisiert sich in der Frage nach der wahren Geschichte, in die ein bestimmtes Handeln und das in Frage stehende Geschehen eingebettet sind. Als isolierte Ereignisse sind die Geschehnisse weder ethisch noch juristisch zu beurteilen; sie gewinnen ihren Ort und ihre Bedeutung erst in der stimmigen Erzählung. Der Streit um die richtige Geschichte ist deshalb ein wesentliches Moment der rechtlichen und der moralischen Beurteilung.[45] In der Erzählung verbinden sich Ereignisse, Motive und Bedeutungshorizonte, so dass die moralische Dimension, die eine bloße Beschreibung der äußeren Handlung nicht bieten könnte, erst in der Erzählung sichtbar wird.

a) „Leinenfänger"-Urteil des Reichsgerichts

Als Beispiel soll eine Grundsatzentscheidung des RG zur Fahrlässigkeit herangezogen werden, um die Notwendigkeit aufzuzeigen, intuitiv für gerecht gehaltene Ergebnisse an der Rechtsdogmatik zu messen, wenn konsistente Entscheidungen erreicht werden sollen, die zugleich als Leitentscheidungen für zukünftige Urteile dienen können. Dem „Leinenfänger"-Urteil des RG[46] lag folgender Sachverhalt zugrunde:

„Der Angeklagte hat seit Oktober 1895 als Kutscher bei dem Droschkenbesitzer K. zu G. in Dienst gestanden. Er führte während dieser Zeit eine mit zwei Pferden bespannte Droschke. Eines der Pferde war ein sog. ‚Leinenfänger', d.h. es hatte zeitweise die Gewohnheit, den Schweif über die Fahrleine zu schlagen

auch bei „vorsätzlichem" Verlassen des Unfallortes: zulässige und geglückte Rechtsfortbildung durch Richterspruch, in: Festschrift der Juristischen Fakultät zur 600-Jahr-Feier der Ruprecht-Karls-Universität Heidelberg, 1986, S. 451 ff.

[43] *Volker Krey*, Gesetzestreue und Strafrecht, ZStW 101 (1989), 838 ff.

[44] Siehe dazu *Wolfgang Schoberth*, in: Marco Hofheinz/Frank Mathwig/Matthias Zeindler (Hrsg.), Ethik und Erzählung. Theologische und philosophische Beiträge zur narrativen Ethik, S. 249 (264).

[45] *Wolfgang Schoberth*, in: Marco Hofheinz/Frank Mathwig/Matthias Zeindler (Hrsg.), Ethik und Erzählung. Theologische und philosophische Beiträge zur narrativen Ethik, 2009, S. 249 (266).

[46] RGSt 30, 25 ff.

und diese mit demselben herunter- und fest an den Körper zu drücken. Dieser Fehler war sowohl dem Angeklagten als auch dem Dienstherrn bekannt. Bei einer am 19. Juli 1896 vom Angeklagten ausgeführten Fahrt gelang es dem erwähnten Pferde auf der Chaussee von P. nach G. die Leine mit dem Schwanze einzukneifen. Bei den vergeblichen Versuchen des Angeklagten, die Leine hervorzuziehen, wurden die Pferde wild; der Angeklagte verlor völlig die Herrschaft über das Gespann, welches beim Weitergaloppieren den an der Seite der Chaussee gehenden Schmied B umwarf, so daß dieser unter den Wagen geriet und einen Beinbruch erlitt."

Das RG stellte die Frage: „Liegt unter allen Umständen eine Fahrlässigkeit vor, wenn eine Handlung vorgenommen wurde, welche eine Köperverletzung zur Folge gehabt hat, deren Möglichkeit der Handelnde vorhersehen konnte?", und verneinte diese. Zunächst wurde dargelegt, dass zum Begriff der Fahrlässigkeit eine pflichtwidrige Unvorsichtigkeit, die Nichterfüllung eines bestimmten Maßes von Aufmerksamkeit und Rücksicht auf das Allgemeinwohl gehören. „Wollte man den Satz aufstellen, es müsse zur Vermeidung der strafrechtlichen Verantwortlichkeit wegen Fahrlässigkeit jede Handlung unterlassen werden, bezüglich derer die Möglichkeit gegeben und vorhersehbar ist, daß sie für einen rechtswidrigen Erfolg kausal werden kann, so würde dies zu Konsequenzen führen, deren Unvereinbarkeit mit den bestehenden Lebensverhältnissen und den Bedürfnissen des Verkehrs offensichtlich ist."[47] Erforderlich sei vielmehr, „daß die Vornahme der Handlung im gegebenen Falle eine Nichterfüllung desjenigen Maßes von Aufmerksamkeit und Rücksicht auf das Allgemeinwohl in sich schließt, dessen Prestierung von dem Handelnden billigerweise gefordert werden darf".[48] Die Entscheidung dieser Frage müsse aber vom Richter wesentlich aus der Beschaffenheit der konkreten Verhältnisse geschöpft werden; hierbei sei es nicht unzulässig, bei dieser Beurteilung auch eine Zwangslage des Handelnden zu berücksichtigen.[49]

Die Vorinstanz hatte diesbezüglich gegenübergestellt: einerseits das Bewusstsein des Angeklagten, dass die Benutzung des „Leinenfängers" Gefahren in sich barg, und andererseits die Gehorsamspflicht sowie die begründete Besorgnis, durch eine Weigerung, mit dem Pferde zu fahren, seine Stelle und sein Brot zu verlieren.[50]

Hiernach, so das RG, war zu erwägen,

> „was dem Angeklagten als Pflicht zugemutet werden konnte, eher dem Befehle seines Dienstherrn sich zu entziehen und den Verlust seiner Stellung auf sich zu nehmen, als durch Benutzung des ihm zugewiesenen Pferdes zum Fahren bewußterweise die Möglichkeit der körperlichen Verletzung eines Anderen zu setzen, oder ob er diese letztere

---

[47] RGSt 30, 25 (27).
[48] RGSt 30, 25 (27 f.).
[49] RGSt 30, 25 (28).
[50] RGSt 30, 25 (28).

Rücksicht nach dem Verhältnisse ihrer Erheblichkeit zurückstehen lassen durfte hinter derjenigen, welche für ihn den Antrieb zur Befolgung des Befehles seines Dienstherrn bildete."[51]

Wenn nun die Vorinstanz diese Frage im letzteren Sinne beantwortet habe, so liege diese Entscheidung im Wesentlichen auf dem Gebiete der tatsächlichen Würdigung der vorliegenden Verhältnisse und lasse jedenfalls einen Rechtsirrtum nicht erkennen.[52]

b) Analyse der Rechtsprechung des Reichsgerichts

Die Besonderheit des Falles liegt darin, dass der Täter, der sehenden Auges eine erhebliche Gefahr geschaffen hatte, mit Rücksicht auf Umstände, die allein seine Person und sein internes Verhältnis zu seinem Arbeitgeber betrafen, freigesprochen wurde, obwohl ein Sorgfaltspflichtverstoß vorlag. Hiervon zu trennen war die Frage, ob von dem konkreten Täter in der konkreten Situation erwartet werden durfte, dass er sich an dem rechtlich Gebotenen orientierte, oder ob ein normgemäßes Verhalten unzumutbar war. Hierfür spielen wiederum die tatsächlichen Umstände, die Lebensgeschichte des Kutschers in ihrem historischen, kulturellen und sozialen Kontext, die entscheidende Rolle: Damals gab es weder Arbeitslosengeld noch ein Sozialhilfesystem, das es dem Kutscher ermöglicht hätte, im Falle seiner Entlassung seinen Lebensunterhalt zu verdienen. Auch das Kündigungsschutzrecht entsprach nicht dem heutigen System. Unter diesen Voraussetzungen durfte damals nicht erwartet werden, dass sich ein Bürger an dem allgemeinen Gebot, andere nicht zu schädigen, orientiert, weil der Verlust der wirtschaftlichen Existenzgrundlage unter erheblicher Beeinträchtigung der sozialen Einbindung drohte; es durfte der Vorwurf schuldhaften Verhaltens nicht erhoben werden.

Hier wird deutlich, dass sich das Recht einer Korrektur durch Lebenswirklichkeiten nicht verschließen darf. Das RG hat angesichts der besonderen Situation die Zuwiderhandlung gegen eine generelle Sorgfaltsregel, die es auch für richtig hielt, im Einzelfall straffrei gestellt, obwohl dieses Verhalten nicht durch eine andere Regel gerechtfertigt war. Von dieser Art sind viele moralische Dilemmata. Wenn die Handlung in solchen Fällen in der Weise gerechtfertigt wird, dass die besonderen Umstände geschildert und vor Augen geführt werden, die zu der fraglichen Handlung geführt haben, wird der Sachverhaltsschilderung eine normative Begründung beigemessen.

Auch wenn sich die Wahrheit eines moralischen Überzeugungssystems nicht in letzter Instanz an der Lebenswirklichkeit bemisst, die narrativ thematisiert wird, kann durch eine sorgfältige und umfassende Darstellung eines auf die Entscheidung hin ausgelegten Sachverhalts ein wesentlicher Beitrag zur

[51] RGSt 30, 25 (28).
[52] RGSt 30, 25 (28).

Begründung der Entscheidung geleistet werden, indem das Wahrnehmen von Situationen und Handlungen und die Fähigkeit, diese in ihrer moralischen Bedeutsamkeit angemessen zu erfassen, verbessert werden.

Dennoch darf auch bei Billigkeitsentscheidungen im Sinne von Gerechtigkeitsentscheidungen im Einzelfall die Entwicklung der Entscheidung aus dem Sachverhalt heraus nicht stehen bleiben. Es ist vielmehr erforderlich, explizit zu machen, dass von der Anwendung einer generellen Regel abgewichen wird, um der Einzelfallgerechtigkeit Rechnung zu tragen. Billigkeitsentscheidungen ergehen in Fällen, „deren besondere, eigenartige Merkmale sie derart vom Durchschnitt abheben, daß sie der rechtlichen Gleichbehandlung durch die abstrakte Norm widersprechen und wegen ihrer relevanten Ungleichheit eine ihrer Eigenheit entsprechende Beurteilung und Lösung fordern [...], um dem besonderen Einzelfall sein Recht zu gewähren".[53] Durch Billigkeitsentscheidungen wird die Allgemeinheit des Gesetzes berichtigt[54] und eine neue Regel geschaffen, die infolge neuer Erkenntnisse, Erfahrungen, Gerechtigkeitsvorstellungen oder geänderter Sozialverhältnisse den veränderten Umständen angepasst wird. Diese neue Regel ist zukünftig auf alle Fälle, auf die derselbe „Billigkeitsgesichtspunkt" zutrifft, anzuwenden.[55] In solchen Fällen ist es unverzichtbar, die Umstände des Einzelfalles herauszuarbeiten und durch eine Schilderung des Sachverhalts die Einsicht in die Besonderheiten des konkreten Falles deutlich zu machen, um die Entscheidung so auf die Ebene des Allgemeinen zu heben und sie auf der Grundlage der rechtlichen Regeln, Prinzipien und Kriterien zu erörtern.

3. Normative Rechtsbegriffe

Gesetze sind unterschiedlich genau umschrieben. Während die Verwendung deskriptiver Merkmale (wie „Sache") insbesondere in kasuistischen Regelungen den Vorzug hoher Präzision hat, erweisen sich normative (wertausfüllungsbedürftige) Begriffe wegen ihrer Geschmeidigkeit bei der Rechtsanwendung oft als praktikabel, weil sie knappere Vorschriften ermöglichen und Einzelheiten der Entwicklung der Rechtsprechung überlassen. Es liegt auf der Hand, dass die Verwendung wertausfüllungsbedürftiger Merkmale und Generalklauseln im Zivilrecht unabdingbar ist. Im Strafrecht hingegen sind solche Begriffe bedenk-

---

[53] *Heinrich Henkel*, Einführung in die Rechtsphilosophie. Grundlagen des Rechts, 2. Aufl., 1977, S. 421.

[54] *Karl Engisch*, Auf der Suche nach der Gerechtigkeit. Hauptthemen der Rechtsphilosophie, 1971, S. 179 ff.

[55] *Ota Weinberger*, Einzelfallgerechtigkeit. Ein Beitrag zum Studium der logischen Bedingungen der Gerechtigkeit, in: Michael Fischer/Raimund Jakob/Erhard Mock/Helmut Schreiner (Hrsg.), Dimensionen des Rechts, Gedächtnisschrift für René Marcic, Bd. 1, 1974, S. 409 (424).

lich, weil dies dem Grundgedanken des Satzes „nullum crimen sine lege" an sich widerspricht, der klare Entscheidungen des Gesetzgebers erfordert, die für den Bürger vorhersehbare Anforderungen an dessen Verhalten statuieren. Gleichwohl kann selbst das Strafrecht nicht ganz auf allgemeine Begriffe verzichten, die nicht eindeutig allgemeingültig umschrieben werden können und die an die Auslegung durch den Richter besondere Anforderungen stellen. Ohne die Verwendung solcher Begriffe wäre der Gesetzgeber nicht in der Lage, der Vielgestaltigkeit des Lebens Herr zu werden.[56]

Die Wertausfüllungsproblematik stellt sich in besonderer Weise, wenn der Gesetzgeber Generalklauseln oder Begriffe verwendet, die dem Richter ein wertendes Urteil abverlangen, so z.B. § 242 BGB, der den Grundsatz von Treu und Glauben normiert, § 228 StGB, der eine rechtfertigende Einwilligung in eine Körperverletzung ausschließt, „wenn die Tat trotz der Einwilligung gegen die guten Sitten verstößt", oder die für die Rechtswidrigkeit der Nötigung erforderliche Verwerflichkeit.[57] Bei solchen moralischen Begriffen, bei denen empirische und normative Momente eine lebensmäßig untrennbare Einheit eingehen, stellt sich die Frage, ob und unter welchen Voraussetzungen in einer pluralistischen Gesellschaft, in der verschiedene Wertvorstellungen toleriert werden, ein sicheres positives oder negatives Werturteil über ein menschliches Verhalten abgegeben werden kann.[58]

Sodann sind Begriffe wie „grausam", „erniedrigend", „böswillig" und „rücksichtslos" zu nennen, mit denen der Richter eine Vielzahl von Szenarien assoziieren kann, die durch Ähnlichkeit miteinander verbunden sind. Ihre sprachliche Explikation hat die Form von Narrativen, mit denen Situationen und Handlungen vor Augen geführt werden können, in denen sich zeigt, was diese Begriffe artikulieren.[59] Gerade in diesen Bereichen ersetzen Narrationen die rechtliche Bewertung.[60]

Neben Generalklauseln wie den „guten Sitten" sind gesetzliche Maßfiguren wie die des „ordentlichen Kaufmanns" oder des „sorgfältigen Geschäftsleiters" oder Maßstäbe wie die der „gewissenhaften Rechnungslegung" oder der „Sorgfalt eines ordentlichen und gewissenhaften Geschäftsleiters" zu nennen, die auf

---

[56] BVerfGE 75, 329 (341).

[57] *Winfried Hassemer/Walter Kargl*, in: Urs Kindhäuser/Ulfrid Neumann/Hans-Ullrich Paeffgen (Hrsg.), Nomos Kommentar zum Strafgesetzbuch, 4. Aufl. 2013, § 1 Rn. 38 mit weiteren Nachweisen.

[58] Vgl. dazu *Gerhard Dannecker*, in: Leipziger Kommentar zum Strafgesetzbuch, 12. Aufl. 2007, § 1 Rn. 202; *Albin Eser* in: Schönke-Schröder, Strafgesetzbuch. Kommentar, 28. Aufl. 2010, § 1 Rn. 22.

[59] *Johannes Fischer*, in: Karen Joisten (Hrsg.), Narrative Ethik. Das Gute und das Böse erzählen, 2007, S. 235 (242).

[60] Siehe dazu *Johannes Fischer*, Vier Ebenen der Narrativität. Die Bedeutung der Erzählung in theologisch-ethischer Perspektive, in: Karen Joisten (Hrsg.), Narrative Ethik. Das Gute und das Böse erzählen, 2007, S. 235 (243).

außerrechtliche Anschauungen und Übungen verweisen. Bezüglich solcher rechtlicher Vorgaben kann auf die Ausführungen zur Sachverhaltsfeststellung verwiesen werden, denn hier ist es erforderlich, dass sich der Richter in die Situation der Maßstabsfigur versetzt und die Praxis nicht nur feststellt, sondern im Einzelnen darlegt, wie die richtige und gute Praxis aussieht.

IV. Fazit

Bereits die Abgrenzung zwischen überprüfbaren Rechtsfragen und den Tatgerichten vorbehaltenen Tatsachenfragen ist bei institutionellen Tatsachen schwierig und führt nicht immer zu überzeugenden Ergebnissen. Der ethische Gehalt, der in die Sachverhaltsfeststellung und -darstellung der Tatsachengerichte Eingang findet, kann, da er nicht explizit gemacht wird, in der Regel von den Revisionsgerichten nicht überprüft werden. Dadurch wird der Rechtsschutz des Bürgers in fragwürdiger Weise verkürzt.

Sachverhaltsdarstellungen sind Bestandteil der Rechtsfindung; solche Narrationen sind als das Recht gestaltende und bewertende Akte in die Rechtsfindung einzubeziehen, sie tragen dem Zusammenhang bzw. der Einheit zwischen Gesetz, Fall und richterlicher Entscheidung Rechnung. Jedoch dürfen im Recht die Begründung und die rechtliche Argumentation nicht durch Narrationen ersetzt werden. Hier stellt sich dasselbe Problem wie in der Ethik. Auch dort kann es nicht darum gehen, die Prinzipienethik durch eine narrative Ethik zu ersetzen[61], sondern nur um einen die Prinzipienethik ergänzenden Ansatz. Dennoch können in den gesetzlichen Ermächtigungen des Richters zur Setzung von Normen, in Billigkeitsregeln sowie in wertausfüllungsbedürftigen und auf Sachverhalte verweisenden Rechtsbegriffen Einfallstore für die narrative Ethik gesehen werden. Hingegen sind insbesondere Leitentscheidungen an der Rechtsdogmatik zu messen und umfassend zu begründen, um Rechtsklarheit für zukünftige Fälle zu schaffen.

Wenn die Möglichkeiten narrativer Begründungen in gerichtlichen Entscheidungen ausgeschöpft werden und hierin tatsächlich rechtlich relevante Begründungen der Entscheidungen gesehen werden, dürfen die Gerichte, insbesondere die Revisionsgerichte, hierbei nicht stehen bleiben. Vielmehr müssen die Gerichte die intuitiv für richtig gehaltenen Entscheidungen an der Rechtsdogmatik messen. Dies gilt vor allem für die Revisionsinstanzen, deren Aufgabe nicht nur die richtige Entscheidung des konkreten Falles, sondern auch die Schaffung einer einheitlichen Rechtsprechung ist. Hierfür bedarf es der Entwicklung einer Rechtsdogmatik, auf die sich die Gerichte in zukünftig zu entscheidenden

---

[61] Kritisch dazu *Otfried Höffe*, Narrative Ethik als Alternative? Schweizerische Ärztezeitung/Bulletin des médicins suisses/Bollettino dei medici svizzeri, 2010, 91:38.

Fällen berufen können und müssen. Im kontinentaleuropäischen Recht geht die Dogmatik vom Gesetz als ihrer Grundlage und Grenze aus, arbeitet den begrifflichen Inhalt und Aufbau des Rechtssatzes heraus, ordnet den Rechtsstoff in einem System und versucht, neue Wege der Begriffsbildung und Systematik zu gehen. Durch die fortlaufende Auslegung des geltenden Rechts unter kritischer Prüfung, Vergleichung und Einordnung der Judikatur dient die Dogmatik der gleichmäßigen, sich allmählich erneuernden Anwendung des Rechts durch die Gerichte und damit in hohem Maße der Gerechtigkeit und Gleichheit. Da jede Rechtsordnung Anspruch auf Konsistenz erhebt, bedarf es stets der Rechtsdogmatik. Vollständig konsistente Regelsysteme sind nicht vorstellbar, weder in Systemen des Präjudizienrechts noch in kodifizierten Rechtsordnungen. Daher muss die höchstrichterliche Rechtsprechung die Funktion der Konstruktion, der Rekonstruktion und der Systematisierung von rechtlichen Regeln wahrnehmen, wenn sie den ihr im Rahmen der Gewaltenteilung übertragenen Aufgaben der gerechten Entscheidung im Einzelfall und der Vereinheitlichung der Rechtsprechung gerecht werden will. Hierfür ist es unverzichtbar, ein konsistentes Regelsystem anzustreben, in dem, so Winfried Brugger, Rechtssicherheit, Legitimität und Zweckmäßigkeit im gesamten Gebäude des Rechts möglichst erreicht werden sollen, und dieses erstrecke sich von der einzelnen Fallentscheidung über die einschlägige Regel bis zu den einschlägigen Rechtsprinzipien bzw. der Mehrzahl derselben.[62]

Die Berücksichtigung der von der Rechtsprechung als Jurisprudentia und der Rechtswissenschaft als Jurisscientia entwickelten Dogmatik enthebt die Jurisprudentia nicht der Aufgabe, im Einzelfall kluge Entscheidungen zu treffen, die der dem Fall zugrunde liegenden Geschichte gerecht wird. Hierzu können die Chancen narrativen Begründens und die darin liegenden Möglichkeiten des besseren Verstehens genutzt und fruchtbar gemacht werden.

---

[62] *Winfried Brugger*, AöR 119 (1994), S. 1 (8).

Die Unabhängigkeit des Richters – eine Verfassungsvoraussetzung?

Rudolf Bernhardt

I. Einführung

Aus den Vereinigten Staaten von Amerika kommen irritierende Nachrichten zur Befugnis des Richters, auf andere Regeln oder Normen als solche des einheimischen Rechts Bezug zu nehmen. Dazu zwei Zitate:

Im American Journal of International Law[1] lesen wir:

> "In elections in early November 2010, Oklahoma voters approved the proposed 'Save Our State' amendment to the Oklahoma state constitution. The amendment seeks to bar Oklahoma's courts from referring to both Sharia and international law in deciding cases. Preliminary results indicate that the amendment was approved by a margin of 70 percent to 30 percent."

Ein Rundschreiben des damaligen Präsidenten der Amerikanischen Völkerrechtsgesellschaft vom September 2011 (*Prof. David Caron*), bemerkt:

> "At least 25 state legislatures have considered (three have adopted) initiatives to prohibit judges from citing foreign or international law."

Auch auf Bundesebene und für den Supreme Court der Vereinigten Staaten gibt es Stimmen, die die Bezugnahme des Richters auf fremdes Recht entweder kategorisch ablehnen oder durchaus für sinnvoll halten.[2]

Es wäre schön, wenn wir *Winfried Bruggers* Kommentare zu diesen Tendenzen hören könnten. Da das nicht möglich ist, wollen wir ihm und den Problemen einige Betrachtungen widmen. Sie müssen fragmentarisch bleiben, denn einerseits sind Grundfragen der richterlichen Unabhängigkeit angesprochen, andererseits sind die amerikanischen Texte und Vorlagen so vielgestaltig, dass sie detailliertere Untersuchungen erfordern würden. Wir wollen auch nicht erörtern, ob und wieweit die Pläne und Texte mit amerikanischem Verfassungs-

---

1 AJIL Volume 105 (2011), S. 123.

2 Dazu eindrucksvoll die Richterin des Supreme Court *Ruth Bader Ginsburg*, A decent respect to the opinions of [Human]kind: The value of a comparative perspective in constitutional adjudication (Proceedings of the American Society of International Law, 2005, S. 351–359).

recht vereinbar sind, sondern die amerikanischen Tendenzen eher aus europäischer Warte betrachten.

Drei denkbare Erkenntnisquellen – wir vermeiden den Begriff „Rechtsquellen“ – sollen den betroffenen amerikanischen Richtern verschlossen werden: Die Scharia, das Völkerrecht und fremdes Recht, d.h. das Recht anderer Staaten. Schon die Unterschiede zwischen diesen Regelungsbereichen zeigen, wie wenig brauchbar ein generelles Verdikt ist.

Die Scharia ist im weltlichen Staat keine Rechtsquelle, ebenso wenig wie die Bibel oder ein sonstiger religiös gebundener Text. Wir wollen die sich hier stellenden Probleme nicht weiter verfolgen. Sicher erscheint, dass der Richter für seine Entscheidungen nicht die Scharia als Rechtsgrundlage heranziehen kann. Aber wie steht es mit Vorfragen, etwa dann, wenn frühere oder jetzige Vorgänge in einem dritten Staat, in dem die Scharia verbindlich ist, zu beurteilen sind? Wir stellen die Frage, ohne sie zu beantworten.

Völkerrechtliche Verträge des Bundes sind in Amerika "supreme law of the land“ (Art. VI, 2 der Verfassung), in Deutschland sind sie nach Art. 59 GG auch innerstaatlich verbindlich, dasselbe gilt für viele andere Staaten. Für Völkergewohnheitsrecht gilt bei uns Art. 25 GG. Insgesamt sind völkerrechtliche Normen in vielen Staaten Bestandteil des staatlichen Rechts. Dem Richter ihre Anwendung zu verbieten, ist kaum angängig. Doch selbst hier gibt es Probleme: Darf das Gesetz einen Vertrag für innerstaatlich nicht unmittelbar anwendbar erklären? Hier spielt die Unterscheidung von self-executing und non-self-executing-Vorschriften in völkerrechtlichen Verträgen eine Rolle. Darf der Gesetzgeber die unmittelbare Anwendung eines Vertrages autoritativ ausschließen und stattdessen ein separates Ausführungsgesetz für maßgeblich erklären?

Schließlich das Verbot einer Bezugnahme auf das Recht anderer Staaten: Nach wie vor gilt, dass Staaten ihre eigene Rechtsordnung souverän gestalten und das Recht anderer Staaten keine Rechtsquelle ist. Aber selbstverständlich kann jeder Staat auf fremdes Recht verweisen und es so der Anwendung durch den nationalen Richter öffnen. Das zu verbieten, wäre absurd und kontraproduktiv, es wäre für die internationale Zusammenarbeit tödlich. Es ist nicht anzunehmen, dass man das in Amerika wollte und will.

II. Der Richter zwischen Unabhängigkeit und Gesetzesbindung

Die Unabhängigkeit des Richters dürfte im Rechtsstaat und im Rahmen der Gewaltenteilung eine Selbstverständlichkeit sein. Im Grundgesetz betont Art. 97 diese Unabhängigkeit. Art. 6 der Europäischen Menschenrechts-Konvention fordert ein unabhängiges und unparteiisches Gericht für die Entscheidung zivilrechtlicher Ansprüche und Verpflichtungen und bei strafrechtlichen Anklagen. Die Unabhängigkeit des Richters impliziert die Freiheit von Weisungen im konkreten Fall und eine persönliche Stellung, die die Unabhängigkeit von Weisungen und Pressionen garantiert, wobei auch der Anschein von Abhängigkeit auszuschließen ist.

Der richterlichen Unabhängigkeit steht die Bindung des Richters an das Gesetz (und generell an das Recht) gegenüber. Gesetze regeln nicht nur die Rechte und Pflichten des einzelnen, innerstaatlicher Vereinigungen und der staatlichen Organe, sondern sie setzen auch der richterlichen Entscheidungsmacht Grenzen. Der Richter muss u.a. gewisse Vorlagepflichten beachten, er kann manche Fragen nicht selbst entscheiden, etwa die Verfassungswidrigkeit eines Gesetzes (Art. 100 Abs. 1 GG) oder die zutreffende Auslegung von Gemeinschaftsrecht (Art. 267 AEUV). In manchen Staaten – etwa in der Schweiz – darf der Richter grundsätzlich die Verfassungsmäßigkeit eines Gesetzes nicht verneinen.

Könnte ein europäischer Gesetzgeber es den Richtern verbieten, bestimmte Rechts- oder Erkenntnisquellen zur Entscheidungsgrundlage zu machen, wie es in den USA zurzeit getan oder gefordert wird?

Offensichtlich ist wieder, dass ein nationaler Gesetzgeber und der nationale Richter in der Europäischen Union das Gemeinschaftsrecht und seinen Vorrang vor dem staatlichen Recht beachten muss. Ein Verwertungsverbot oder auch nur ein Zitierverbot wäre unvereinbar mit dem Gemeinschaftsrecht. Die Übertragung von Hoheitsrechten auf eine supranationale Gemeinschaft ist inzwischen in Europa zu einer Selbstverständlichkeit geworden, in den USA dürfte sie auch heute kaum denkbar sein.

III. Der Richter und die Auslegung des Gesetzes

Eine unmittelbare Anwendung des Völkerrechts und des Rechts anderer Staaten kommt nach dem oben Gesagten nur dann in Betracht, wenn das nationale Recht ausdrücklich oder konkludent darauf verweist. Wie steht es aber mit der Heranziehung internationalen und fremden Rechts bei der Auslegung des heimischen Rechts? Es hat immer mal wieder Versuche gegeben, der Auslegung des Rechts durch den Richter Grenzen zu setzen. Das kann auf zweifache Weise geschehen. Entweder wird das Gesetz so abgefasst oder dahingehend geändert, dass keine Zweifelsfragen bleiben, oder der Richter muss autoritativen Rat von anderen Stellen einholen. Auf Vorlagepflichten wurde schon hingewiesen. Das Preußische Allgemeine Landrecht von 1794 ging von der irrigen Ansicht aus, das Recht sei in der Regel so klar, dass der Richter es im Wege eines logischen Schlusses auf den konkreten Fall anwenden könne; sei das ausnahmsweise nicht der Fall, so sollte er Rat anderswo einholen. § 47 der Einleitung sah vor:

„Findet der Richter den eigentlichen Sinn des Gesetzes zweifelhaft, so muß er, ohne die prozessführenden Parteyen zu benennen, seine Zweifel der Gesetzcommißion anzeigen, und auf deren Beurtheilung antragen."

In manchen, vor allem kommunistischen Staaten, konnten früher oberste Gerichte verbindliche Richtlinien für die Gesetzesauslegung erlassen.

Doch immer dann, wenn das Gesetz nicht selbst klare Vorschriften enthält oder rechtsstaatlich einwandfreie Bindungen vorsieht, ist der Richter der zuständige Interpret des nationalen Rechts. Und hier liegen auch in der Praxis die eigentlichen Probleme. Darf der Richter zur Beantwortung der Frage, ob die Todesstrafe für Jugendliche grausam ist, oder ob einfache Homosexualität strafbar sein darf, auf internationale Entwicklungen, etwa die Rechtsprechung des Europäischen Gerichtshofs für Menschenrechte hinweisen? Die eingangs zitierten amerikanischen Normen und Vorschläge wollen wohl gerade das unterbinden. Ob das mit amerikanischem Verfassungsrecht vereinbar ist, lassen wir offen. Ähnliche Regeln und Beschränkungen wären jedoch nach deutschem Verfassungsrecht und nach den Vorschriften der Europäischen Menschenrechts-Konvention kaum akzeptabel, zumindest bleiben erhebliche Zweifel.

IV. Der Richter und die Europäische Menschenrechts-Konvention

Die Europäische Menschenrechts-Konvention ist besonders geeignet, beispielhaft die Bindung des europäischen Richters an einen völkerrechtlichen Vertrag zu demonstrieren.

Die Konvention ist für nahezu alle europäischen Staaten (mit Ausnahme von Belarus) völkerrechtlich verbindlich. Lange Zeit hatten nicht alle Staaten die Konvention auch in ihr internes Recht eingeführt, und der Europäische Gerichtshof für Menschenrechte hat mehrfach betont, dass das Ergebnis – eine konventionsgemäße Rechtslage – nicht nur durch die Übernahme der Konvention in das nationale Recht, sondern auch durch eine entsprechende Ausgestaltung des innerstaatlichen Rechts erreicht werden kann. Nach vielen anderen Staaten hat schließlich auch das Vereinigte Königreich durch den Human Rights Act die Europäische Menschenrechts-Konvention prinzipiell für innerstaatlich verbindlich erklärt. Auch wenn nach wie vor die Ansicht vertretbar ist, völkerrechtlich seien die Staaten frei, zu entscheiden, auf welche Weise sie den Geboten der Konvention gerecht werden wollen, hat doch das staatliche Recht in fast allen Staaten die Konvention in das innerstaatliche Recht eingeführt.

Das bedeutet für die Richter in allen Zweigen und auf allen Ebenen der Gerichtsbarkeit, dass die Konvention Gesetzeskraft (in einigen Staaten sogar Verfassungsrang) hat. Die Bindung des Richters an das Gesetz erstreckt sich damit auch auf die Vorschriften der Europäischen Menschenrechts-Konvention. Sie ist von jedem nationalen Richter zu respektieren, auszulegen, im konkreten Fall anzuwenden und dabei selbstverständlich auch in der Urteilsbegründung zu zitieren.

In diesem Zusammenhang lässt sich an einem weiteren Beispiel zeigen, dass der Richter auch das Recht anderer Staaten gelegentlich zur Urteilsfindung heranziehen kann. Einschränkungen mancher Grundrechte sind nach den Artikeln 8 – 11 der Europäischen Menschenrechts-Konvention nur insoweit zulässig, wie sie in einer demokratischen Gesellschaft notwendig sind. Um das zu prüfen, kann nicht nur die Situation in anderen europäischen Staaten, sondern etwa auch in Kanada herangezogen und zitiert werden, wie es der Europäische Gerichtshof für Menschenrechte gelegentlich getan hat.

Ein Verbot, Völkerrecht und fremdes Recht für die Urteilsfindung heranzuziehen, wäre damit in Europa und für den europäischen Richter kaum denkbar.

V. Schlussbetrachtung

Die eingangs zitierten US-amerikanischen Tendenzen zeigen bedauerlicherweise, dass das amerikanische und das europäische Recht in diesem Bereich (und wohl auch in einzelnen anderen Bereichen) auseinanderdriften. Was amerikanischen Richtern verboten werden soll, die Heranziehung von Völkerrecht und ausländischem Recht bei der Urteilsfindung, ist für den europäischen Richter selbstverständlich und in beträchtlichem Umfang verpflichtend. Es wäre in Europa politisch und rechtlich kaum denkbar, dass dem Richter ein Verwertungs- oder gar Zitierverbot für völkerrechtliche Normen und fremdes Recht auferlegt würde.

Dass die Scharia in christlich und weltlich geprägten Staaten keine Rechtsquelle ist, erscheint noch verständlich. Anders steht es mit dem internationalen Recht. Der Richter ist in 27 europäischen Staaten an das Recht der Europäischen Union gebunden. Ähnliches gilt prinzipiell für die 47 Mitgliedstaaten des Europarats, die alle die Europäische Menschenrechts-Konvention ratifiziert haben und an sie gebunden sind. Auch an sonstige völkerrechtliche Gebote dürften die Richter in fast allen europäischen Staaten gebunden sein.

Für die Heranziehung von ausländischem Recht, dem Recht fremder Staaten, ist die Situation schwieriger. Eine unmittelbare Bindung des Richters scheidet wohl im Regelfall aus, aber als Vorfrage und als Interpretationshilfe bleibt das Recht anderer Staaten relevant. Auch ein Verwertungs- oder gar ein Zitierverbot wäre in Europa kaum denkbar.

Ist nun die richterliche Unabhängigkeit eine Verfassungsvoraussetzung? Das ist prinzipiell für den heutigen Verfassungsstaat zu bejahen, zugleich aber ist auch die Bindung des Richters an das Gesetz zweifelsfrei. Wenn ein Gesetzgeber – und erst recht der Verfassungsgeber – bestimmten Normen die Verbindlichkeit abspricht, wie es eine Tendenz in den USA fordert, so kann man das als zulässige Beschränkung der richterlichen Unabhängigkeit ansehen. Es bleibt aber die Frage, ob eine derartige Beschränkung mit höherrangigem Recht, insbesondere dem Bundesrecht und der Bundesverfassung, vereinbar ist. Darüber wird wohl in absehbarer Zeit in Amerika entschieden werden.

Täter, Opfer und Verfassung

Dieter Dölling

Winfried Brugger hat sich in seinem umfangreichen Werk auch unter verfassungsrechtlichen Gesichtspunkten mit strafrechtlichen Fragen befasst.[1] Der vorliegende Beitrag hat daher ein strafrechtlich-verfassungsrechtliches Thema. Es geht um die Frage, welche Rechtsstellung Täter und Opfer im deutschen Strafrecht und Strafprozessrecht haben und inwieweit die Rechtsstellung von Täter und Opfer im Grundgesetz geregelt ist. Einbezogen wird hierbei auch die Situation vor rechtskräftiger Verurteilung. Behandelt wird also auch die Rechtsstellung des Beschuldigten und desjenigen, der im Strafverfahren geltend macht, Opfer einer Straftat geworden zu sein.

Die Rechtsstellung des Beschuldigten[2] ist dadurch gekennzeichnet, dass er frei darüber entscheiden kann, sich zu dem Tatvorwurf zu äußern oder nicht zur Sache auszusagen (vgl. §§ 136 Abs. 1 S. 2, 163a Abs. 3 S. 2, Abs. 4 S. 2 und 243 Abs. 5 S. 1 StPO). Der Beschuldigte darf nicht dazu gezwungen werden, durch aktive Handlungen an den gegen ihn geführten Ermittlungen mitzuwirken.[3] Es ist verboten, durch Zwang oder Täuschung Aussagen des Beschuldigten herbeizuführen (§§ 136a, 163a Abs. 3 S. 2, Abs. 4 S.2 StPO). Der Beschuldigte ist aber verpflichtet, die gegen ihn geführten Ermittlungen sowie strafprozessuale Zwangsmaßnahmen zu dulden. Die Zwangsmaßnahmen können mit sehr intensiven Eingriffen in die Rechtsstellung des Beschuldigten verbunden sein. Das ist z.B. bei der Untersuchungshaft nach den §§ 112 ff. StPO der Fall. Der Beschuldigte muss zu Vernehmungen vor dem Ermittlungsrichter und der Staatsanwaltschaft sowie in der Hauptverhandlung erscheinen (§§ 133 Abs. 1, 163a Abs. 3 S. 1 und 230 StPO).

In zahlreichen Vorschriften der StPO ist vorgesehen, dass dem Beschuldigten rechtliches Gehör zu gewähren ist (vgl. §§ 33 Abs. 1, 3, 136 Abs. 1, 201 Abs. 1, 243 Abs. 5, 257 Abs. 1, 258, 265 und 356a StPO). Der Beschuldigte hat grundsätzlich das Recht zur Anwesenheit in der Hauptverhandlung (§ 230

---

[1] Vgl. etwa *Brugger*, Abtreibung – ein Grundrecht oder ein Verbrechen? NJW 1986, 896–901; *ders.*, Verbot oder Schutz von Haßrede? Rechtsvergleichende Beobachtungen zum deutschen und amerikanischen Recht, AöR 128 (2003), 372–411; *ders.*, Gewährleistung von Freiheit und Sicherheit im Lichte unterschiedlicher Staats- und Verfassungsverständnisse, VVDStRL 63 (2004), S. 101 (133–140).

[2] Zum Begriff des Beschuldigten siehe *Beulke*, Strafprozessrecht, 12. Aufl. 2012, S. 72 ff.

[3] *Volk*, Grundkurs StPO, 7. Aufl. 2010, S. 50.

Abs. 1 StPO)[4] und bei ermittlungsrichterlichen Vernehmungen von Zeugen und Sachverständigen (§ 168c Abs. 2 StPO)[5]. Ist die Frist für die Ladung zur Hauptverhandlung nicht eingehalten, kann er die Aussetzung der Verhandlung verlangen (§ 217 Abs. 2 StPO). Der Beschuldigte hat das Recht, in der Hauptverhandlung Beweisanträge zu stellen, die nur unter den Voraussetzungen der §§ 244 Abs. 3–5, 245 StPO abgelehnt werden dürfen. Auch im Ermittlungs- und Zwischenverfahren kann er Beweisanträge stellen (siehe §§ 136 Abs. 1 S. 3, 163a Abs. 3 S. 2, Abs. 4 S. 2, 166 und 201 Abs. 1 StPO). In der Hauptverhandlung kann der Beschuldigte Fragen an Zeugen und Sachverständige richten (§ 240 Abs. 2 i.V.m. Abs. 1 StPO). Er kann Richter und Richtergehilfen wegen Vorliegens eines gesetzlichen Ausschlussgrundes oder wegen Besorgnis der Befangenheit ablehnen (§§ 24 und 31 StPO).

Der Beschuldigte kann in jeder Verfahrenslage einen Verteidiger hinzuziehen (§ 137 Abs. 1 S. 1 StPO). In den Fällen der notwendigen Verteidigung hat er ein Recht auf Bestellung eines Pflichtverteidigers (§§ 140–143 StPO). Ist der Beschuldigte der deutschen Sprache nicht mächtig, hat er nach § 187 Abs. 1 GVG und Art. 6 Abs. 3e EMRK einen Anspruch auf unentgeltliche Zuziehung eines Dolmetschers oder Übersetzers. Der Beschuldigte hat ein Recht auf ein faires und innerhalb angemessener Frist durchgeführtes Verfahren (Art. 6 Abs. 1 S. 1 EMRK). Er ist zur Einlegung von Rechtsmitteln befugt (§ 296 Abs. 1 StPO). In einer Reihe von Vorschriften sieht die StPO vor, dass der Beschuldigte über seine Rechte zu belehren ist (vgl. §§ 35a, 136 Abs. 1 S. 2 – 4, 163a Abs. 3 S. 2, Abs. 4 S. 2 und 243 Abs. 5 S. 1 StPO). Der Beschuldigte ist somit ein Prozesssubjekt,[6] das mit erheblichen Rechten ausgestattet ist.

Ein Schuldspruch und eine Bestrafung setzen voraus, dass dem Angeklagten die Schuld in einem prozessordnungsgemäßen Verfahren nachgewiesen worden ist. Vor diesem Zeitpunkt greift für den Beschuldigten die Unschuldsvermutung ein: Er darf nicht als Schuldiger behandelt werden.[7] Ein Schuldspruch darf nur erfolgen, wenn das Gericht zweifelsfrei von der Schuld des Angeklagten überzeugt ist. Bleiben Zweifel, ist der Angeklagte nach dem Grundsatz „in dubio pro reo“ freizusprechen.[8] Der Angeklagte darf nach § 1 StGB nur bestraft werden, wenn die Strafbarkeit gesetzlich bestimmt war, bevor er die Tat begangen hat. Grundlage für die Zumessung der Strafe ist nach § 46 Abs. 1 S. 1 StGB die Schuld des Täters. Die Strafe darf das Maß der Schuld nicht überschreiten.[9]

---

[4] Eine Verhandlung in Abwesenheit des Angeklagten ist nur in Ausnahmefällen zulässig, vgl. §§ 231 Abs. 2, 231a, 231b, 231c, 232, 233 und 247 StPO.

[5] Ausnahmen sehen § 168c Abs. 3 und 4 StPO vor.

[6] Löwe-Rosenberg/*Kühne*, StPO, 26. Aufl., Band 1, 2006, Einl. Abschn. J Rn. 65.

[7] *Roxin/Schünemann*, Strafverfahrensrecht, 27. Aufl. 2012, S. 67.

[8] *Beulke* (Fn. 2), S. 27.

[9] Das Verbot der Überschreitung der schuldangemessenen Strafe ist allgemein anerkannt. Umstritten ist, ob eine Unterscheitung der schuldangemessenen Strafe zulässig ist, vgl. *Meier*, Strafrechtliche Sanktionen, 3. Aufl. 2009, S. 147.

Nach § 46 Abs. 1 S. 2 StGB sind bei der Strafzumessung die Wirkungen, die von der Strafe für das künftige Leben des Täters in der Gesellschaft zu erwarten sind, zu berücksichtigen. Die Gerichte haben die Strafzumessung somit auch am Ziel der Spezialprävention, also der Verhinderung künftiger Straftaten des Verurteilten, zu orientieren.[10]

Nach dem Strafvollzugsrecht besteht ein wichtiges Ziel des Strafvollzugs in der Resozialisierung des Täters. Gemäß § 2 S. 1 des Strafvollzugsgesetzes des Bundes[11] soll der Gefangene im Vollzug der Freiheitsstrafe fähig werden, künftig in sozialer Verantwortung ein Leben ohne Straftaten zu führen (Vollzugsziel). Nach S. 2 dient der Vollzug der Freiheitsstrafe auch dem Schutz der Allgemeinheit vor weiteren Straftaten. Gemäß § 2 S. 1 des Justizvollzugsgesetzbuchs I Baden-Württemberg liegt die kriminalpräventive Aufgabe des Strafvollzugs im Schutz der Bürgerinnen und Bürger vor weiteren Straftaten. Nach S. 2 leistet der Strafvollzug einen Beitrag für die Eingliederung der Gefangenen in die Gesellschaft, die innere Sicherheit und für den Rechtsfrieden. Gemäß § 1 des Justizvollzugsgesetzbuchs III Baden-Württemberg sollen die Gefangenen im Vollzug der Freiheitsstrafe fähig werden, künftig in sozialer Verantwortung ein Leben ohne Straftaten zu führen (Vollzugsziel).

Wird nun nach der verfassungsrechtlichen Position des Beschuldigten gefragt, ist auszuführen, dass der Beschuldigte nach dem Grundgesetz verpflichtet ist, die Strafverfolgung – und nach seiner rechtskräftigen Verurteilung die Strafvollstreckung – zu dulden, denn die Verfassung verlangt die Gewährleistung einer funktionstüchtigen Strafrechtspflege.[12] Der Beschuldigte wird jedoch gegen übermäßige Eingriffe durch das Grundgesetz geschützt. Das Recht des Beschuldigten, frei darüber zu entscheiden, ob er in einem gegen ihn geführten Strafverfahren aussagt oder nicht, wird durch Art. 2 Abs. 1 i.V.m. Art. 1 Abs. 1 GG gewährleistet.[13] Das Schweigerecht des Beschuldigten beruht nach dem Bundesverfassungsgericht „auf dem Leitgedanken der Achtung vor der Menschenwürde".[14] Das in § 136a StPO geregelte Verbot, den Beschuldigten durch Zwang oder Täuschung zu Aussagen zu veranlassen, ist eine Ausformung von Art. 1 Abs. 1 GG.[15] Strafprozessuale Zwangsmaßnahmen sind als Eingriffe in die Grundrechte des Beschuldigten nach dem Grundsatz des Vorbehalts des Gesetzes nur auf gesetzlicher Grundlage zulässig[16] und werden durch den Ver-

---

[10] *Lackner/Kühl*, StGB, 27. Aufl. 2011, § 46 Rn. 27.

[11] Es gilt nach der Verlagerung der Gesetzgebungszuständigkeit für den Strafvollzug auf die Länder durch die Föderalismusreform von 2006 gemäß Art. 125a Abs. 1 GG in den Ländern fort, die noch kein Landesstrafvollzugsgesetz erlassen haben.

[12] BVerfG vom 19.7.1972, BVerfGE 33, 367 (383); BVerfG vom 20.10.1977, BVerfGE 46, 214 (223); BVerfG vom 19.6.1979, BVerfGE 51, 324 (343 f.).

[13] BVerfG vom 13.1.1981, BVerfGE 56, 37 (41 f.).

[14] A.a.O., 43.

[15] BGH vom 16.2.1954, BGHSt 5, 332 (333).

[16] Löwe-Rosenberg/*Kühne* (Fn. 6), Einl. Abschn. J Rn. 69.

hältnismäßigkeitsgrundsatz begrenzt, der sich aus den Grundrechten und dem Rechtsstaatsprinzip ergibt.[17]

Art. 103 Abs. 1 GG schützt das Recht des Beschuldigten, vor Gericht zu Wort zu kommen, um Einfluss auf das Verfahren und sein Ergebnis nehmen zu können.[18] Weiterhin folgt aus Art. 2 Abs. 1 GG i.V.m. dem Rechtsstaatsprinzip das Recht des Beschuldigten auf ein faires Verfahren.[19] Es gewährleistet auch außerhalb des Anwendungsbereichs des Art. 103 Abs. 1 GG die Möglichkeit, durch eigenverantwortliche Teilnahme am Verfahren auf dessen Ergebnis Einfluss zu nehmen und Übergriffe angemessen abzuwehren.[20] Das Recht auf ein faires Verfahren umfasst auch den Anspruch des Beschuldigten, sich im Strafverfahren von einem gewählten Anwalt seines Vertrauens verteidigen zu lassen.[21] Aus Art. 2 Abs. 1 GG i.V.m. dem Rechtsstaatsprinzip folgt außerdem das Recht des Beschuldigten auf Erledigung des Strafverfahrens in angemessener Frist.[22]

Die Unschuldsvermutung ist durch Art. 2 Abs. 1 GG i.V.m. dem Rechtsstaatsprinzip verfassungsrechtlich geschützt.[23] Das Gesetzlichkeitsprinzip ist in Art. 103 Abs. 2 GG verfassungsrechtlich verankert. Der Schuldgrundsatz, wonach Strafe Schuld voraussetzt und die Strafe das Maß der Schuld nicht überschreiten darf, ist verfassungsrechtlich durch Art. 2 Abs. 1 i.V.m. Art. 1 Abs. 1 GG und das Rechtsstaatsprinzip abgesichert.[24] Die Verpflichtung des Staates, sich um die Resozialisierung des verurteilten Straftäters zu bemühen, ergibt sich aus Art. 2 Abs. 1 i.V.m. Art. 1 Abs. 1 GG und dem Sozialstaatsprinzip.[25] Die durch das StGB, die StPO und das Strafvollzugsrecht konstituierte Rechtsstellung des Beschuldigten und des Verurteilten ist somit zu großen Teilen durch das Grundgesetz verfassungsrechtlich gewährleistet. Der Beschuldigte bzw. Verurteilte wird gegen übermäßige Eingriffe durch das Verhältnismäßigkeitsprinzip und den Schuldgrundsatz geschützt und seine Subjektstellung und Menschenwürde werden durch Art. 2 Abs. 1 i.V.m. Art. 1 Abs. 1 GG gewahrt.

Nun soll der Blick auf die Rechtsstellung des Opfers gerichtet werden. Diese ist in den letzten Jahren durch eine Reihe von Gesetzen ausgebaut worden.[26] In

---

[17] BVerfG vom 15.12.1965, BVerfGE 19, 342 (348 f.).

[18] BVerfG vom 8.1.1959, BVerfGE 9, 89 (95).

[19] BVerfG vom 18.1.2000, BVerfGE 101, 397 (404).

[20] BVerfG vom 8.10.1974, BVerfGE 38, 105 (111); BVerfG (Fn. 19), 405.

[21] BVerfG vom 11.3.1975, BVerfGE 39, 156 (163).

[22] BVerfG vom 25.7.2003, NJW 2003, 2897.

[23] BVerfG (Fn. 17), 347.

[24] BVerfG vom 25.10.1966, BVerfGE 20, 323 (331); BVerfG vom 21.6.1977, BVerfGE 45, 187 (259 f.).

[25] BVerfG vom 5.6.1973, BVerfGE 35, 202 (235 f.).

[26] Siehe insbesondere das Opferschutzgesetz vom 18.12.1986 (BGBl. I S. 2496), das Zeugenschutzgesetz vom 30.4.1998 (BGBl. I S. 820), das Opferrechtsreformgesetz vom 24.6.2004 (BGBl. I S. 1354) und das 2. Opferrechtsreformgesetz vom 29.7.2009 (BGBl. I S. 2280). Vgl. auch den Rahmenbeschluss des Rates der EU vom 15.3.2001 über die Stellung des Opfers

den Grundlinien ergibt sich folgendes Bild: Der Verletzte kann durch eine Strafanzeige ein Strafverfahren in Gang setzen (§ 158 StPO). Bei den Antragsdelikten, z.B. dem Haus- und Familiendiebstahl gemäß § 247 StGB, hängt die Strafverfolgung von einem Strafantrag des Verletzten ab. Lehnt die Staatsanwaltschaft die Erhebung der öffentlichen Klage wegen Fehlens eines hinreichenden Tatverdachts ab, kann der Verletzte nach den §§ 172 ff. StPO das Klageerzwingungsverfahren betreiben und durch das Oberlandesgericht klären lassen, ob die öffentliche Klage zu erheben ist. Die in § 374 Abs. 1 StPO angeführten Straftaten kann der Verletzte im Weg der Privatklage selbst verfolgen. Bei den in § 395 Abs. 1 StPO genannten Straftaten kann sich der Verletzte der erhobenen öffentlichen Klage oder dem Antrag im Sicherungsverfahren mit der Nebenklage anschließen. Eine Anschlussbefugnis des Verletzten besteht nach § 395 Abs. 3 StPO auch bei anderen Straftaten, wenn dies aus besonderen Gründen, insbesondere wegen der schweren Folgen der Tat, zur Wahrnehmung der Interessen des Verletzten geboten erscheint. Gemäß § 395 Abs. 2 StPO steht die Nebenklagebefugnis auch Personen zu, deren Kinder, Eltern, Geschwister, Ehegatten oder Lebenspartner durch eine rechtswidrige Tat getötet wurden oder die im Klageerzwingungsverfahren die Erhebung der öffentlichen Klage herbeigeführt haben. Unter den Voraussetzungen des § 397a Abs. 1 StPO ist dem Nebenkläger auf seinen Antrag ein Rechtsanwalt auf Staatskosten als Beistand zu bestellen. Liegen diese Voraussetzungen nicht vor, ist dem Nebenkläger nach § 377a Abs. 2 StPO für die Hinzuziehung eines Rechtsanwalts auf Antrag Prozesskostenhilfe nach denselben Vorschriften wie in bürgerlichen Rechtsstreitigkeiten zu bewilligen, wenn er selbst seine Interessen nicht ausreichend wahrnehmen kann oder ihm dies nicht zuzumuten ist.

Nach § 403 StPO kann der Verletzte gegen den Beschuldigten einen aus der Straftat erwachsenen vermögensrechtlichen Anspruch, der zur Zuständigkeit der ordentlichen Gerichte gehört und noch nicht anderweitig gerichtlich anhängig gemacht ist, im Strafverfahren geltend machen. Das Strafgericht darf von einer Entscheidung über den Anspruch nur unter den Voraussetzungen des § 406 Abs. 1 S. 3–6 StPO absehen. Nach § 406f Abs. 1 S. 1 StPO können sich Verletzte des Beistands eines Rechtsanwalts bedienen oder sich durch einen solchen vertreten lassen. Einem zur Vernehmung des Verletzten erschienenen anwaltlichen Beistand ist gemäß § 406f Abs. 1 S. 2 StPO die Anwesenheit gestattet. Ist der Verletzte nach § 395 StPO zum Anschluss mit der Nebenklage befugt, hat der als Beistand hinzugezogene Rechtsanwalt nach § 406g StPO erweiterte Befugnisse. Außerdem sind nebenklagebefugte Verletzte nach § 406g Abs. 1 S. 2 StPO zur Anwesenheit in der Hauptverhandlung berechtigt, auch wenn sie als Zeu-

---

im Strafverfahren, ABl. 2001, L 82, und die dieser Rahmenbeschluss ersetzende Richtlinie des Europäischen Parlaments und des Rates vom 25.10.2012 über Mindeststandards für die Rechte, die Unterstützung und den Schutz von Opfern von Straftaten, ABl. 2012, L 315/57.

gen vernommen werden sollen. Gemäß § 406f Abs. 2 ist bei einer Vernehmung von Verletzten auf deren Antrag einer zur Vernehmung erschienenen Person ihres Vertrauens die Anwesenheit zu gestatten, es sei denn, dass dies den Untersuchungszweck gefährden könnte. Nach § 406e StPO kann für den Verletzten ein Rechtsanwalt Akteneinsicht nehmen, soweit er hierfür ein berechtigtes Interesse darlegt und kein Versagungsgrund nach Abs. 2 der Vorschrift vorliegt. Nach den §§ 171 und 406d StPO bestehen Mitteilungspflichten der Justiz gegenüber den Verletzten. Diese Mitteilungspflichten betreffen insbesondere den Verfahrensausgang. Gemäß § 406h StPO ist der Verletzte auf seine dort genannten Befugnisse hinzuweisen. Aufgrund der angeführten Rechte wird der Verletzte heute überwiegend als Prozesssubjekt angesehen.[27]

Im Rahmen der Strafzumessungsvorschriften findet das Interesse des Verletzten in § 46a StGB Berücksichtigung: Hat der Täter in dem Bemühen, einen Ausgleich mit dem Verletzten zu erreichen (Täter-Opfer-Ausgleich), seine Tat ganz oder zum überwiegenden Teil wiedergutgemacht oder deren Wiedergutmachung ernsthaft erstrebt oder in einem Fall, in welchem die Schadenswiedergutmachung von ihm erhebliche persönliche Leistungen oder persönlichen Verzicht erfordert hat, das Opfer ganz oder zum überwiegenden Teil entschädigt, so kann das Gericht die Strafe nach § 49 Abs. 1 mildern oder, wenn keine höhere Strafe als Freiheitsstrafe bis zu einem Jahr oder Geldstrafe bis zu 360 Tagessätzen verwirkt ist, von Strafe absehen. Durch diese Regelung wird für den Täter ein Anreiz geschaffen, sich um Täter-Opfer-Ausgleich und Schadenswiedergutmachung zu bemühen.[28] Außerdem wird in § 46 Abs. 2 S. 2 StGB das Bemühen des Täters um Schadenswiedergutmachung und Ausgleich mit dem Verletzten als Strafzumessungsgesichtspunkt genannt. Nach § 56b Abs. 2 Nr. 1 StGB kann das Gericht bei Aussetzung der Vollstreckung einer Freiheitsstrafe zur Bewährung dem Verurteilten auferlegen, nach Kräften den durch die Tat verursachten Schaden wiedergutzumachen. Auch die Verwarnung mit Strafvorbehalt kann nach § 59a Abs. 2 Nr. 1 StGB mit einer Wiedergutmachungsauflage verbunden werden. Gemäß § 153a Abs. 1 S. 2 Nr. 1 StPO kann die Schadenswiedergutmachung zur Voraussetzung für die Einstellung eines Strafverfahrens wegen eines Vergehens gemacht werden.

Hinsichtlich der Grundlage der Stellung des Opfers in der Strafrechtspflege wird häufig angenommen, dass sich aus dem Strafmonopol des Staates und dem Verbot der Selbsthilfe ein Justizgewährungsanspruch des Opfers gegen den Staat auf Durchführung der Strafverfolgung ergibt.[29] Teilweise wird ein Recht

---

[27] Löwe-Rosenberg/*Kühne* (Fn. 6), Einl. Abschn. J Rn. 122.

[28] Handkommentar Gesamtes Strafrecht/*Rössner*, 2. Aufl. 2011, § 46a StGB Rn. 6.

[29] *Beulke* (Fn. 2), S. 3; *Heger*, JA 2007, 244; Löwe-Rosenberg/*Kühne* (Fn. 6), Einl. Abschn. H Rn. 16; *Eb. Schmidt*, Lehrkommentar zur Strafprozeßordnung und zum Gerichtsverfassungsgesetz, Teil I, 2. Aufl. 1964, S. 41; a.A. *Bohnert*, Die Abschlußentscheidung des Staatsanwalts, 1992, S. 223 ff.

des Opfers auf Bestrafung des Täters bejaht,[30] teilweise wird dem Verletzten ein subjektives öffentliches Recht auf Feststellung eines rechtswidrigen und schuldhaften Normbruchs zuerkannt.[31] Nach einer Entscheidung des Bundesgerichtshofs in einem Staatshaftungsprozess besteht die Pflicht der Staatsanwaltschaft zur Verfolgung strafbarer Handlungen jedoch nur im öffentlichen Interesse.[32] Im Hinblick auf diese Fragen ist somit noch erheblicher Klärungsbedarf vorhanden.

Nach § 1 des Gesetzes über die Entschädigung für Opfer von Gewalttaten[33] erhalten Personen, die durch einen vorsätzlichen und rechtswidrigen tätlichen Angriff oder dessen rechtmäßige Abwehr, durch vorsätzliche Giftbeibringung oder durch die wenigstens fahrlässige Herbeiführung einer Gefahr für Leib und Leben eines anderen durch ein mit gemeingefährlichen Mitteln begangenes Verbrechen eine gesundheitliche Schädigung erlitten haben, wegen der gesundheitlichen und wirtschaftlichen Folgen auf Antrag Versorgung in entsprechender Anwendung der Vorschriften des Bundesversorgungsgesetzes, also insbesondere medizinische und berufliche Rehabilitationsleistungen, Beschädigtenrente oder Hinterbliebenenversorgung. Nach dem Opferanspruchsicherungsgesetz[34] erhält der Verletzte zur Sicherung seines Schadenersatzanspruchs gegen einen Tatbeteiligten ein gesetzliches Pfandrecht an Erlösen, die der Tatbeteiligte aus einer öffentlichen Vermarktung der Tat erlangt.

Wenn die Opfer von Straftaten als Zeugen aussagen, kommen ihnen auch die Regelungen zum Schutz von Zeugen zugute. So kann gefährdeten Zeugen unter den Voraussetzungen des § 68 StPO gestattet werden, keine Angaben zum Wohnort oder zur Person zu machen. Nach § 68b Abs. 1 StPO können sich Zeugen eines anwaltlichen Beistands bedienen. Unter den Voraussetzungen des § 68b Abs. 2 StPO ist ihnen ein anwaltlicher Beistand beizuordnen. Nach § 241a StPO wird die Vernehmung von Zeugen unter 18 Jahren grundsätzlich allein von dem Vorsitzenden durchgeführt. Unter den Voraussetzungen des § 247 StPO kann die Zeugenvernehmung in Abwesenheit des Angeklagten stattfinden. Um Zeugen zu schützen und ihnen belastende Mehrfachvernehmungen zu ersparen, ermöglichen die §§ 58a, 168e, 247a und 255a StPO Videoaufnahmen von Zeugenvernehmungen. Unter den Voraussetzungen der §§ 171b und 172 GVG können Zeugenvernehmungen zum Schutz der Zeugen unter Ausschluss der Öffentlichkeit durchgeführt werden.

---

30 *Hörnle*, JZ 2006, 950 (955); *Sarhan*, Wiedergutmachung zugunsten des Opfers im Lichte strafrechtlicher Trennungsdogmatik, 2006, S. 260 ff.; dagegen *Lüderssen*, in: Weigend/Küpper (Hrsg.), Festschrift für Hans Joachim Hirsch, 1999, S. 879 (888).

31 *Kaiser*, Kriminologie, 3. Aufl. 1996, S. 1090; *Schöch*, NStZ 1984, 384 (387); vgl. auch *Meier* (Fn. 9), S. 34 ff.

32 BGH vom 28.3.1996, NJW 1996, 2373.

33 I.d.F. der Bekanntmachung vom 7.1.1985 (BGBl. I S. 1).

34 Vom 4.3.1998 (BGBl. I S. 905).

Wird nun gefragt, inwieweit Rechte des Opfers durch das Grundgesetz geschützt werden, ist festzustellen, dass das Bundesverfassungsgericht mehrfach entschieden hat, dass es keinen verfassungsrechtlich verbürgten Anspruch auf Strafverfolgung eines anderen durch den Staat gibt.[35] Danach scheint ein Strafverfolgungsinteresse des Opfers verfassungsrechtlich nicht abgesichert zu sein und wäre das Opfer verfassungsrechtlich nur insoweit geschützt, als sich aus dem Grundgesetz Rechte für Zeugen ergeben. So folgt nach dem Bundesverfassungsgericht aus Art. 2 Abs. 1 GG i.V.m. mit dem Rechtsstaatsprinzip ein Recht des Zeugen auf ein faires Verfahren.[36] Hieraus hat das Bundesverfassungsgericht das Recht des Zeugen abgeleitet, während der Vernehmung einen Rechtsanwalt als Rechtsbeistand hinzuzuziehen.[37] Außerdem kann angenommen werden, dass den Staat, wenn er Bürger zur Zeugensaussage verpflichtet, die verfassungsrechtliche Pflicht trifft, den Zeugen vor Rechtsverletzungen zu schützen.[38] Danach stünden dem Opfer nach dem Grundgesetz zwar Schutzrechte zu, aktive Beteiligungsrechte am Strafverfahren könnte es von Verfassungs wegen aber nicht beanspruchen. Der Gesetzgeber wäre somit durch das Grundgesetz nicht gehindert, Rechtsinstitute wie das Klageerzwingungsverfahren, die Privatklage und die Nebenklage ersatzlos zu streichen.

Es ist jedoch zweifelhaft, ob damit die verfassungsrechtliche Position des Opfers zutreffend umschrieben ist. Es ist heute weitgehend anerkannt, dass sich aus den Grundrechten für den Staat Schutzpflichten ergeben.[39] Hierzu gehört auch die Pflicht, die Grundrechtsträger vor rechtswidrigen Angriffen von Sei-

---

[35] BVerfG vom 8.5.1979, BVerfGE 51, 176 (187); BVerfG vom 5.11.2001, NJW 2002, 815 (816); BVerfG vom 14.12.2001, NJW 2002, 2164 (2165); BVerfG vom 28.3.2002, NJW 2002, 2859 (2860); BVerfG vom 9.4.2002, NJW 2002, 2861. In den Entscheidungen vom 8.5.1979, 14.12.2001 und 28.3.2002 heißt es, dass „grundsätzlich" kein verfassungsrechtlich verbürgter Anspruch auf Strafverfolgung besteht; dies lässt die Möglichkeit von Ausnahmen offen. In den Beschlüssen vom 5.11.2001 und vom 9.4.2002 fehlt das Wort „grundsätzlich". Nach der Entscheidung vom 28.3.2002 verlangt auch „die staatliche Schutzpflicht für die Würde des Einzelnen aus Art. 1 Abs. 1 S. 2 GG ... eine solche Verfolgung bei einer etwaigen Verletzung der Menschenwürde durch Dritte" nicht (NJW 2002, 2859, 2860). Das Gericht führt dann aus: „Der Staat genügt der Schutzpflicht bereits dadurch, dass er entsprechende Verletzungshandlungen allgemein unter Strafe stellt und spezielle, an das Legalitätsprinzip (§§ 160 Abs. 1, 170 Abs. 1 StPO) gebundene Strafverfolgungsbehörden sowie ein rechtsstaatlich geordnetes Verfahren mit flankierend eingeräumten Rechtsschutzbehelfen des Verletzten (§ 172 StPO) geschaffen hat". Dieser Satz könnte dafür sprechen, dass das Opfer verfassungsrechtlich nicht völlig ohne Rechtsschutz bleiben darf. Zur Rechtsprechung des Europäischen Gerichtshofs für Menschenrechte zu einem Recht des Opfers auf Strafverfolgung siehe *Holz*, Justizgewähranspruch des Verbrechensopfers, 2007, S. 98 ff., und *Weigend*, Rechtswissenschaft 2010, 39 (46 ff.).

[36] BVerfG vom 8.10.1974, BVerfGE 38, 105 (111).

[37] A.a.O., 112.

[38] SK-StPO/*Rogall*, 9. Lfg., 1994, Vor § 48 Rn. 68.

[39] BVerfG vom 25.2.1975, BVerfGE 39, 1 (41); BVerfG vom 15.10.1977, BVerfGE 46, 160 (164): BVerfG vom 28.5.1993, BVerfGE 88, 203; BVerfG vom 26.7.2005, BVerfGE 114, 1 (56).

ten anderer zu bewahren.[40] Wenn der Schutz auf keine andere Weise erreicht werden kann, ist das Mittel des Strafrechts einzusetzen.[41] Der Staat hat allerdings bei der Entscheidung darüber, in welcher Weise er seine Schutzpflichten erfüllt, einen verhältnismäßig weiten Spielraum,[42] und die Begehung von Straftaten lässt sich auch dann, wenn der Staat seinen verfassungsrechtlichen Schutzpflichten nachkommt, vielfach nicht verhindern. Es stellt sich jedoch die Frage, ob das Opfer dann, wenn die Straftat geschehen ist, im Hinblick auf eine strafrechtliche Verfolgung dieser Tat gegenüber dem Staat, der das Strafverfolgungsmonopol hat, von Verfassungs wegen keinerlei Rechte hat. Lässt es das Grundgesetz also zu, dass der Staat von der Verfolgung gravierender Straftaten, etwa einer schweren Körperverletzung oder einer Vergewaltigung, absehen kann, ohne hierbei Rechte des Opfers beachten zu müssen?

Diese Fragestellung ist lange Zeit kaum bearbeitet worden. Das hängt damit zusammen, dass bei der verfassungsrechtlichen Betrachtung strafrechtlicher Fragen – ebenso wie in der strafrechtlichen Diskussion – das Verhältnis zwischen dem Beschuldigten bzw. Täter und dem Staat ganz im Vordergrund stand und die Rechtsstellung des Opfers kaum in den Blick kam. Nachdem aber im Straf- und Strafprozessrecht eine „Renaissance des Opfers“[43] zu verzeichnen ist, wird die Rechtsstellung des Opfers nun auch zunehmend zum Gegenstand verfassungsrechtlicher Erörterungen und wird teilweise ein in den Grundrechten fundiertes Recht des Opfers auf strafrechtliche Verfolgung des Täters angenommen. So weist *Johannes Dietlein* auf Fallkonstellationen hin, in denen eine Person fortwährend Straftaten eines anderen ausgesetzt ist und der Täter allenfalls durch strafrechtliche Sanktionen gebremst werden kann, und befürwortet er ein subjektives Verfassungsrecht auf Durchsetzung des staatlichen Strafanspruchs, wenn allein die Verwirklichung des Strafanspruchs erfolgversprechendes Mittel zum Schutz des durch den Täter bedrohten Gutes ist.[44] *Markus Möstl* sieht die repressive Verfolgung des Bruchs einer grundrechtsschützenden Strafnorm als Ausfluss derselben grundrechtlichen Schutzpflicht, die schon der Strafdrohung zugrunde liegt.[45] Die Rechte des Opfers im Strafver-

[40] BVerfG vom 25.2.1975, BVerfGE 39, 1 (42); BVerfG vom 15.10.1977, BVerfGE 46, 160 (164). Zur Frage eines Grundrechts auf Sicherheit siehe *Brugger*, Gewährleistung von Freiheit und Sicherheit (Fn. 1), S. 131 f. Vgl. auch Art. 5 Abs. 1 S. 1 der EMRK und Art. 6 der Charta der Grundrechte der Europäischen Union, die ein Recht auf Freiheit und Sicherheit gewährleisten.

[41] BVerfG vom 25.2.1975, BVerfGE 39, 1 (47); BVerfG vom 28.5.1993, BVerfGE 88, 203 (204, 257).

[42] BVerfG vom 25.2.1975, BVerfGE 39, 1 (44); BVerfG vom 15.10.1977, BVerfGE 46, 160 (164); BVerfG vom 29.10.1987, BVerfGE 77, 170 (171); BVerfG vom 28.5.1993, BVerfGE 88, 203 (254).

[43] *Jung*, ZRP 2000, 159.

[44] *Dietlein*, Die Lehre von den grundrechtlichen Schutzpflichten, 1992, S. 218.

[45] *Möstl*, Die staatliche Garantie für die öffentliche Sicherheit und Ordnung, 2002, S. 153.

fahren haben danach auch eine Wurzel in den grundrechtlichen Schutzpflichten.[46] Nach *Wilfried Holz* umfasst die Verpflichtung des Staates zum Schutz der Grundrechte neben der Gewährleistung objektiver Sicherheit auch die Gewährleistung subjektiver Sicherheit im Sinne des Vertrauens auf die Integrität der Grundrechtsgüter.[47] Nach der Begehung von Straftaten habe der Staat gegenüber den Opfern Schutzpflichten, zu denen auch die Wiederherstellung des Sicherheitsgefühls gehöre.[48] Hinsichtlich der Erfüllung dieser Schutzpflichten stehe dem Staat ein weiter Ermessensspielraum zu, zur strafrechtlichen Verfolgung des Täters sei er von Verfassungs wegen nicht verpflichtet.[49] Die Individualrechtsgüter schützenden Normen des geltenden Strafrechts hätten allerdings auch den Zweck, das Interesse des Opfers an der Wiederherstellung seines Normvertrauens durch einen Schuldspruch gegen den Täter zu schützen.[50] Auf den Ausspruch dieses Unwerturteils habe das Opfer ein subjektives öffentliches Recht, das es nach Art. 19 Abs. 4 GG vor Gericht durchsetzen könne.[51]

Günter Jerouschek entnimmt Art. 2 Abs. 2 GG die Verpflichtung des Staates, die Täter schwerster Delikte zu bestrafen, weil dies den Opfern helfe, die durch die Straftat ausgelösten Traumatisierungen zu bewältigen.[52] Wenn schon die Gesellschaft die traumatisierende Tat nicht habe verhindern können, so sei sie, wenigstens dem Grundsatz nach, dem Opfer die Bestrafung des Täters schuldig.[53] *Thomas Weigend* leitet einen Verfolgungsanspruch des Opfers aus dem allgemeinen Persönlichkeitsrecht gemäß Art. 2 Abs. 1 i.V.m. Art. 1 Abs. 1 GG ab. Die Würde eines Menschen kann nach *Weigend* verletzt sein, „wenn ihm, nachdem er Opfer einer schweren Straftat geworden ist, von staatlichen Organen ohne nähere Untersuchung bedeutet wird, dieser Vorgang interessiere niemanden, er habe sich seinen Schaden allein selbst zuzuschreiben oder er sei der eigentlich Schuldige“.[54] Das „schwere Schicksal“ eines Menschen präge seine individuelle Würde. Dem Staat müsse es deshalb von Verfassungs wegen verwehrt sein, „dem Bürger sein ‚schweres Schicksal‘ abzusprechen, wenn und soweit es Teil seiner nach Art. 2 Abs. I GG geschützten Persönlichkeit geworden ist“.[55] Die Strafverfolgungsorgane sind danach bei schweren Straftaten verpflichtet, „den angezeigten Vorgang im Rahmen der zur Verfügung stehenden

---

46 A.a.O.
47 *Holz* (Fn. 35), S. 61 ff.
48 A.a.O., S. 104 ff.
49 A.a.O., S. 106, 108 f.
50 A.a.O., S. 122 ff. Siehe dazu auch *Hamel*, Strafen als Sprechakt. Die Bedeutung der Strafe für das Opfer, 2009, S. 176 ff.
51 A.a.O., S. 201 f., 204 ff.
52 *Jerouschek*, JZ 2000, 185 (193 f.).
53 A.a.O., 193.
54 *Weigend* (Fn. 35), 51.
55 A.a.O.

Möglichkeiten in redlicher Bemühung zu untersuchen".[56] Das Opfer hat einen Anspruch auf unrechtsangemessene Sanktionierung, der verletzt ist, wenn das Urteil eine Geringschätzung des Opfers deutlich macht.[57]

Für die Herleitung eines Rechts des Opfers auf Verfolgung schwerer Straftaten aus den Grundrechten sprechen beachtliche Gründe. Eine Straftat, die sich gegen ein Individualrechtsgut richtet, ist nicht nur eine Verletzung einer im Interesse der Allgemeinheit aufgestellten Norm, sondern auch die Missachtung eines Opferrechtes, z.B. auf körperliche Unversehrtheit oder sexuelle Selbstbestimmung.[58] Das Opfer hat daher ein berechtigtes Interesse daran, dass anerkannt wird, dass der Täter ihm Unrecht zugefügt hat und der Täter hierfür die Verantwortung trägt, und damit klargestellt wird, dass das Opfer sich den Schaden nicht selbst zuzuschreiben hat und es sich bei der Tat auch nicht um ein von ihm schicksalhaft zu ertragendes Unglück handelt.[59] Verweigert der Staat die Anerkennung des Unrechts, könnte der Eindruck entstehen, dem Staat sei die Verletzung des Opfers gleichgültig und dieses müsse sich die Tat gefallen lassen. Das ist mit der Achtung, die der Staat der Persönlichkeit des Opfers schuldet, schwerlich vereinbar. Um den Ernst der Missbilligung der Tat zu gewährleisten, wird der Schuldspruch in der Regel mit der Verhängung einer Strafe zu verbinden sein.[60] Besteht ein Recht des Opfers auf Verfolgung schwerer Straftaten, muss es dieses nach Art. 19 Abs. 4 GG auch gerichtlich durchsetzen können. Wegen der Kongruenz des Opferinteresses an Unrechtsfeststellung und Genugtuung mit dem Interesse der Allgemeinheit an Rechtsbewährung durch gerechten Schuldausgleich[61] können im Strafverfahren beide Interessen angemessen wahrgenommen werden.[62]

Die Frage nach einem in der Verfassung verankerten Recht des Opfers auf strafrechtliche Verfolgung des Täters kann im vorliegenden Rahmen nicht abschließend geklärt werden. Erörtert werden müsste u.a., bei welchen Delikten ein solches Recht bestehen könnte, inwieweit ein solches Recht gegebenenfalls

---

[56] A.a.O., 53.

[57] A.a.O., 53.

[58] Zur Bedeutung der Straftat als Missachtung des Opfers siehe *Klaus Günther*, in: Prittwitz u.a. (Hrsg.), Festschrift für Lüderssen, 2002, S. 205 (207 ff.).

[59] *Hörnle* (Fn. 30); *Reemtsma*, in Hassemer/Reemtsma, Verbrechensopfer. Gesetz und Gerechtigkeit, 2002, S. 130, 131; *Sautner*, Opferinteressen und Strafrechtstheorien, 2010, S. 296 f., 396 f.

[60] *Hamel* (Fn. 50), S. 153 ff.; *Hörnle* (Fn. 30), 956; dagegen hält *Günther* (Fn. 58), S. 207, 219, den Schuldspruch für ausreichend.

[61] Vgl. *Meier* (Fn. 9), S. 36, nach dem die Opferinteressen vollständig im Strafzweck der positiven Generalprävention mit enthalten sind.

[62] *Dölling*, in: Müller-Dietz u.a. (Hrsg.), Festschrift für Jung, 2007, S. 77 (81 f.); *Weigend* (Fn. 35), 50 Fn. 52, in Auseinandersetzunge mit Überlegungen *Lüderssens* (Fn. 30, S. 892 f.) zu einem gesonderten Verfahren für die Verhandlung über die Opferinteressen.

hinter anderen Interessen zurückstehen müsste[63] und welche Konsequenzen sich aus einem solchen Recht für die Ausgestaltung der strafprozessualen Stellung des Opfers ergeben könnten.[64] Zu fragen ist auch, inwieweit der Staat von Verfassungs wegen verpflichtet sein könnte, dem Opfer über das Strafverfahren hinaus bei der Bewältigung der Tatfolgen beizustehen, etwa durch Leistungen wie sie im Opferentschädigungsgesetz vorgesehen sind. Es stellt sich also die Frage, ob es nicht nur eine Verpflichtung des Staates zur Resozialisierung des Täters, sondern auch zur Reintegration des Opfers gibt.[65] Hierbei geht es nicht darum, Opfer und Täter gegeneinander auszuspielen, sondern darum, beiden gerecht zu werden. Man muss sich auch davor hüten, kriminalpolitisch für wünschenswert erachtete Regelungen in das Grundgesetz hineinzuinterpretieren. Es bleibt jedoch die Aufgabe, weiter auszuloten, welche Konsequenzen sich aus dem Grundgesetz, das die Achtung von Persönlichkeit und Menschenwürde des Täters und des Opfers verlangt, für die Ausgestaltung des Strafrechts und des Strafprozessrechts ergeben.

---

[63] So ist im Jugendstrafrecht nach dem Verhältnis zwischen dem Erziehungsgedanken und dem Strafverfolgungsinteresse des Opfers zu fragen.

[64] Vgl. dazu die Überlegungen von *Weigend* (Fn. 35), 53 ff.

[65] Siehe dazu *Heger* (Fn. 29); *Kilchling*, NStZ 2002, 57 (58 ff.).

VII. Supranationale, internationale und rechtsvergleichende Voraussetzungen der Verfassung

Schlüsselbegriffe einer „Internationalen Staats- und Verfassungslehre“

Wolfgang Kahl

I. Einleitung

Wie *Winfried Brugger* zutreffend angemerkt hat, stellt der Nationalstaat, „eine nach wir vor wichtige Konkretionsstufe“[1] politischer Organisation zwischen den Formen der Kleinorganisation der Familie einerseits und der Groß„organisation“ der Weltgemeinschaft andererseits dar, denen gegenüber er sich durch eine Reihe von Vorteilen abhebt.[2] *Brugger* hat dabei aber zugleich der Vorstellung eines „homogenen“ bzw. „geschlossenen“ Nationalstaats[3] eine klare Absage erteilt und sich für ein Konzept des „nach innen und außen“ offenen Verfassungsstaates[4] ausgesprochen. Die Öffnung nach außen artikuliere sich dabei primär in der „Einbindung Deutschlands in die Europäische Union und in das Völkerrecht“ sowie in der „Verankerung von Menschenrechten“[5] (vgl. Art. 1 Abs. 2, 16 Abs. 2 S. 2, 23, 24, 25, 59 Abs. 2 GG).[6] „In diesem Prozeß der Abgabe von Staatsmacht“, so *Brugger*, „werden viele überkommene staatsrechtliche Begriffe problematisch […]: Souveränität, Autorität, staatliches Gewaltmonopol, Einheit der Rechtsordnung.“[7]

Brugger hat mithin frühzeitig erkannt, dass die notwendige, bislang noch nicht hinreichend geleistete teilweise Neuausrichtung der tradierten Staats-

---

[1] *Brugger*, Liberalismus, Pluralismus, Kommunitarismus, 1999, S. 270, vgl. auch a.a.O., S. 272 Fn. 56.

[2] In concreto: Ermöglichung von Integration durch eine spezielle, wertebasierte Loyalität; Herausbildung kollektiver Identität; Übersichtlichkeit von Demokratie; näher dazu *Brugger* (Fn. 1), S. 270 f.; vgl. auch *ders.*, Der Staat 33 (1994), 429 (434) sowie zur Notwendigkeit „kollektiver Identität“ gerade im „Ernstfall für Konsens oder Dissens“ (z.B. Krieg, Krise) *ders.*, in: FS Mußgnug, 2005, S. 329 (337); *ders.*, Das anthropologische Kreuz der Entscheidung in Politik und Recht, 2. Aufl. 2008, S. 154 ff.

[3] Vgl. etwa *Schmitt*, Verfassungslehre, 5. Aufl. 1970, S. 49.

[4] Hierzu *Brugger* (Fn. 1), S. 271 ff.; s. auch *ders.* (Fn. 2), Der Staat, S. 434; gleichsinnig *Schmidt-Aßmann*, Der Staat 45 (2006), 315 (328); *Paulus*, Die internationale Gemeinschaft im Völkerrecht, 2001, S. 107.

[5] *Brugger* (Fn. 1), S. 272; eingehend zur Bedeutung der Menschenrechte für Verfassungstheorie und -recht *ders.*, a.a.O., S. 87 ff., 408 ff.; zur damit zusammenhängenden Frage des Menschenbildes a.a.O., S. 74 ff.

[6] *Brugger* (Fn. 1), S. 272 ff.

[7] *Brugger* (Fn. 2), Der Staat, S. 434.

lehre auf die Leitidee der „offenen Staatlichkeit"[8] eine der großen rechtswissenschaftlichen Herausforderungen darstellt.[9] In der Tat erscheint die Zeit reif für einen neuen Zugriff auf die theoretischen Grundlagen des Staates.[10] Wissenschaftliches Desiderat ist eine *„Internationale Staatslehre"*[11], die den Staat nur noch als *eine* – wenngleich (gerade im völkerrechtlichen Verkehr) weiterhin zentrale – Ebene mit Scharnierfunktion im polyzentrisch strukturierten[12] internationalen Mehrebenensystem[13] bzw. Staatenverbund[14] begreift[15] und die die vielfältige Vernetzung, Interaktion und Verflechtung zwischen den Akteuren auf den unterschiedlichen Ebenen zum Kerngedanken für eine hieran anknüp-

---

[8] Grundlegend *Vogel*, Die Verfassungsentscheidung des Grundgesetzes für eine internationale Zusammenarbeit, 1964, S. 28 f., 33 f., 42. Aus neuerer Zeit: *Di Fabio*, Das Recht offener Staaten, 1998, S. 122 ff.; Giegerich (Hrsg.), Der „offene Verfassungsstaat" des Grundgesetzes nach 60 Jahren, 2010; *Hillgruber*, in: HStR, Bd. II, 3. Aufl. 2004, § 32 Rn. 125 ff.; *Hobe*, Der offene Verfassungsstaat zwischen Souveränität und Interdependenz, 1998, S. 380 ff.; *Menzel*, Internationales Öffentliches Recht, 2011, S. 99 ff., 433 ff., 453 ff.; *Schmidt*, in: FS Vogel, 2000, S. 21 ff.; *Schöbener/Knauff*, Allgemeine Staatslehre, 2009, S. 222 ff.; *Schorkopf*, Grundgesetz und Überstaatlichkeit, 2007, S. 221 ff.; *Sommermann*, in: IPE II, 2008, § 14 Rn. 1 ff.; *Tomuschat*, in: HStR, Bd. VII, 1. Aufl. 1992, § 172 Rn. 37 ff., 66 ff.; *Wahl*, in: ders., Verfassungsstaat, Europäisierung, Internationalisierung, 2003, S. 17 ff.

[9] Gleichsinnig in der Europäisierung und Internationalisierung die zentrale Herausforderung für die Staatslehre erkennend *Wahl*, FS Hollerbach, 2001, S. 193 ff.; ferner mit Blick auf die Rolle staatlicher Verfassungen *ders.*, in: Vesting/Korioth (Hrsg.), Der Eigenwert des Verfassungsrechts, 2011, S. 355 ff. Richtungweisend insofern die ausführliche Berücksichtigung der internationalen Perspektive bei *Schöbener/Knauff* (Fn. 8), S. 222 ff., 262 ff.; *Schuppert*, Staatswissenschaft, 2003, S. 317–328, 835–921.

[10] Wie hier für eine Neubestimmung der Staatslehre *Voßkuhle*, JuS 2004, 2 ff. sowie (unter dem Begriff „Governance", näher dazu unten III.) *Schuppert*, in: FS Wahl, 2011, S. 185 (194 ff., insbes. 202 ff.), der in der „Europäisierung und Transnationalisierung" einen von fünf Schlüsselbegriffen zur Erfassung des Wandels von Staatlichkeit sieht und insoweit von einer „Staatswissenschaft beyond the nation-state" spricht.

[11] Respektive eine „Internationale *Verfassungs*lehre"; insoweit sollte kein künstlicher Gegensatz aufgebaut („Staats- *oder* Verfassungslehre"), sondern – so auch vorliegend – von einem fruchtbaren Ergänzungsverhältnis („Staats- *und* Verfassungslehre") ausgegangen werden; allgemein zum Verhältnis von Staat und Verfassung im Kontext der Europäisierung *Möllers*, in: Calliess (Hrsg.), Verfassungswandel im europäischen Staaten- und Verfassungsverbund, 2007, S. 9 ff. Wichtige Vorarbeiten für eine Internationale *Verfassungs*lehre finden sich etwa bei *Herdegen*, in: Depenheuer/Grabenwarter (Hrsg.), Verfassungstheorie, § 7 („Internationalisierung der Verfassungsordnung"); *Mastronardi*, Verfassungslehre, 2007, S. 341 ff. („Verfassung der transnationalen Demokratie"); vgl. auch für Europa *Häberle*, Europäische Verfassungslehre, 7. Aufl. 2011.

[12] *Genschel/Zangl*, Leviathan 36 (2008), 430; *Groß*, VVDStRL 66 (2007), 152 (157); *Ruffert*, Die Globalisierung als Herausforderung an das Öffentliche Recht, 2004, S. 22; vgl. auch *Peters*, Elemente einer Theorie der Verfassung Europas, 2001, S. 215 ff. m.w.N.

[13] Siehe dazu unten VII.

[14] Siehe dazu unten VIII.

[15] Wie hier in der Tendenz *Hoffmann-Riem*, in: Schuppert (Hrsg.), Governance-Forschung, 2. Aufl. 2006, S. 195 (203); *Tietje*, Internationalisiertes Verwaltungshandeln, 2001, S. 165 f.

fende nähere Entfaltung der verschiedenen, in Staats- und Verfassungslehren üblicherweise behandelten Einzelaspekte macht.

Um Missverständnissen vorzubeugen: Eine „Internationale Staats- oder Verfassungslehre“ bedeutete keinen totalen oder radikalen Neuanfang.[16] Sie könnte – im Gegenteil – in erheblichem Umfang auf – wenngleich stets auf einen möglichen Bedeutungswandel hin zu befragende – „alte“ *Schlüsselbegriffe*[17] aufbauen, wie insbesondere Souveränität[18], Nationalstaat[19], Staatszwecke[20], Bundesstaat/Staatenbund, Gemeinwohl[21], Legitimität, Repräsentation[22], Pluralismus[23], Freiheit[24].[25] Daneben werden „‚neue‘ alte“ Schlüsselbegriffe (z.B. Gemeinschaftsgebundenheit und -bezogenheit[26], Nachhaltigkeit/Nachhaltige Entwicklung)[27] ihre Bedeutung behalten bzw. zurückgewinnen.

---

[16] Insofern besteht auch kein Anlass für die Ausrufung einer „Neuen Staatswissenschaft“ o. dgl., ebenso *Schuppert* (Fn. 10), S. 193.

[17] Zum rechtswissenschaftlichen Arbeiten mit Schlüsselbegriffen allgemein grundlegend *Voßkuhle*, in: GVerwR, Bd. I, 2. Aufl. 2012, § 1 Rn. 40 ff.; speziell für die Staatstheorie *Schuppert*, Staat als Prozess, 2010, S. 142 ff.

[18] BVerfGE 111, 307 (319); 123, 267 (346, 364, 381); *Hillgruber* (Fn. 8), § 32 Rn. 2, 4, 15, 36 ff., 40 ff.; monographisch *MacCormick*, Questioning Sovereignty, 1999 sowie zuletzt *Grimm*, Souveränität, 2009; für die EU-Ebene krit. *Mangold*, Gemeinschaftsrecht und deutsches Recht, 2011, S. 437 ff.

[19] Zu dessen unverminderter Bedeutung *Brugger* (Fn. 1), S. 270 ff.

[20] *Brugger* (Fn. 1), S. 357 ff.; *ders.*, NJW 1989, 2425 ff.

[21] *Brugger* (Fn. 1), S. 44 ff.; *ders.*, in: FS-Quaritsch, 2000, S. 45 ff. sowie mit Blick auf die EU *ders.*, in: Müller-Graff/Roth (Hrsg.), Recht und Rechtswissenschaft, 2000, S. 15 (17): Gemeinwohl als „die umfassendste Idee des Rechts“.

[22] Dreier (Hrsg.), Rechts- und staatstheoretische Schlüsselbegriffe: Legitimität – Repräsentation – Freiheit, 2005.

[23] Siehe dazu im Anschluss an Fraenkel *Brugger* (Fn. 1), S. 197 ff., 220 ff.

[24] Zur Ermöglichung von Freiheit des Einzelnen als einem der höchsten Staatszwecke *Brugger* (Fn. 1), S. 377 f., passim; zum Spannungsverhältnis von Freiheit und Sicherheit *ders.* Freiheit und Sicherheit, 2004, insbes. S. 52 ff.

[25] Siehe zum Ganzen auch die Schlüsselbegriffe bei *Häberle* (Fn. 11), S. 37; *Loughlin*, Der Staat 48 (2009), 1 (3 ff.): Souveränität, Staat, Verfassung, Staatsverfassung, Staatsrecht, Entstaatlichung.

[26] Brugger würde von „Kommunitarismus“ sprechen, bildete für ihn doch der liberale Kommunitarismus die Verfassungstheorie des Grundgesetzes, vgl. *Brugger* (Fn. 1), S. 266 ff., 270 ff., passim.

[27] Vgl. *Kahl*, in: ders. (Hrsg.), Nachhaltigkeit als Verbundbegriff, 2008, S. 1 ff.; zu den weit zurückreichenden ideen- und begriffsgeschichtlichen Wurzeln der Nachhaltigkeit *Klippel/Otto*, in: Kahl, a.a.O., S. 39 ff.; umfassend *Frenzel*, Nachhaltigkeit als Prinzip der Rechtsentwicklung?, 2004; *Glaser*, Nachhaltige Entwicklung und Demokratie, 2006; *Gehne*, Nachhaltige Entwicklung als Rechtsprinzip, 2011. Bedeutungsvoll sind auch integrative Teilaspekte von Nachhaltigkeit wie Umweltstaat (s. *Kloepfer* [Hrsg.], Umweltstaat, 1989; vgl. auch *Brugger*, AöR 136 (2011), 1 [28 ff.]: „status oecologicus“), Generationengerechtigkeit (s. *Appel*, Staatliche Zukunfts- und Entwicklungsvorsorge, 2005, S. 79 ff., 329 ff.; *Kahl*, DÖV 2009, 2 ff.), Verteilungsgerechtigkeit (*Voßkuhle* [Fn. 10], S. 6 f.) oder Verantwortung (*Havel*, in: FAZ v. 24. 12. 2011, S. 7, Sp. 5 f.).

Wieder andere traditionsreiche Begriffe (z.B. Föderalismus[28], Bürger[29]) treten in supranationalem Kontext gleichsam „in neuem Gewand" in Erscheinung. Ungeachtet dessen wird eine „Internationale Staatslehre" aber auch nicht ganz ohne „neue" Schlüsselbegriffe auskommen, um die herum sie gleichfalls maßgeblich zu entwickeln ist. Diese Begriffe beginnen sich seit geraumer Zeit im transnationalen interdisziplinären Diskurs herauszukristallisieren. Um sie soll es hier ausschließlich gehen, wobei unsere nachfolgenden Überlegungen nur eine erste grobe Skizze liefern können.

II. Globalisierung

Das dynamische Wachstum grenzüberschreitender staatlicher und gesellschaftlicher Sachverhalte bildet den Hauptinhalt des empirischen Phänomens, das mit dem schillernden, umstrittenen Begriff der Globalisierung umschrieben wird. Globalisierung ist kein Rechtsbegriff, sondern ein Schlagwort aus der Theorie der internationalen Beziehungen; gerade daher eignet sich der Begriff aber wohl besonders für eine (Internationale) Staatslehre. Bezeichnet wird mit „Globalisierung" der – als solcher bewusst wahrgenommene – fortschreitende, dabei keineswegs lineare, sondern vielfach ambivalente bzw. paradoxe[30] Prozess der Zunahme grenzüberschreitender Verflechtungen im Weltmaßstab sowie des korrespondierenden Bedeutungsschwundes staatlicher Grenzen („Entgrenzung").[31] Da diese Verflechtungen historisch betrachtet keineswegs neu sind,[32] liegt das Hauptaugenmerk des Globalisierungsbegriffs auf dem Aspekt der „Zunahme". „Zunahme" meint dabei einen quantitativen Anstieg wie auch

---

[28] Zur – umstrittenen – Vorstellung der EU als föderalem System vgl. nur *v. Bogdandy*, Supranationaler Föderalismus als Wirklichkeit und Idee einer neuen Herrschaftsform, 1999; *Groß* (Fn. 12), S. 153, 155 f.; *Kadelbach*, VVDStRL 66 (2007), 7 (10 ff.); *Wahl*, in: Dreier (Hrsg.), Rechts- und staatstheoretische Schlüsselbegriffe: Legitimität – Repräsentation – Freiheit, 2005, S. 113 (126 ff.) jeweils m.w.N.

[29] Zum Konzept des Unionsbürgers s. nur *Kadelbach*, in: v. Bogdandy/Bast (Hrsg.), Europäisches Verfassungsrecht, 2. Aufl. 2009, S. 611 ff.; *Schönberger*, Unionsbürger, 2005; für einen Vergleich von Staats- und Unionsbürgerschaft s. *Kemmerer*, in: Franzius/Mayer/Neyer (Hrsg.), Strukturfragen der Europäischen Union, 2010, S. 204 ff.

[30] *Slaughter*, A New World Order, Princeton, 2004, S. 8 ff.

[31] So *Ruffert* (Fn. 12), S. 11 ff. (12). Vgl. zum Phänomen der Globalisierung auch *Beck*, Was ist Globalisierung?, 4. Aufl. 1998, S. 44 f.; *Calliess*, in: HStR, Bd. IV, 3. Aufl. 2006, § 83 Rn. 4 f.; *Fleiner/Fleiner*, Allgemeine Staatslehre, 3. Aufl. 2004, S. 275 ff.; *Giddens*, Jenseits von Links und Rechts, 1997, S. 23 ff.; *Delbrück*, SZIER 2001, S. 1 (16); *Kment*, Grenzüberschreitendes Verwaltungshandeln, 2010, S. 19 f.; *Oeter*, in: EvStL, 2006, Sp. 869 ff.; *Poscher*, VVDStRL 67 (2008), 160 (161 f.); *Tietje*, DVBl. 2003, 1081 (1083 ff.); *Vollmöller*, Die Globalisierung des öffentlichen Wirtschaftsrechts, 2001, S. 11 ff., 99 ff.; *Walter*, DVBl. 2000, 1 ff.

[32] *Schmidt*, Öffentliches Wirtschaftsrecht, AT, 1990, S. 199 m. Fn. 1.

eine qualitative Intensivierung und räumliche Ausdehnung.[33] Die Zahl der Probleme und Sachverhalte, die nicht vor staatlichen Grenzen Halt machen, sondern einer zwischen- bzw. überstaatlichen Lösung zugeführt werden müssen, steigt ständig[34] und erfasst ganz unterschiedliche Bereiche[35]:

– *Wirtschaft*: Den Zielen optimaler Ressourcenallokation sowie der Wohlstandssicherung und -mehrung unter den Bedingungen einer „globalisierten" Wirtschaft entsprechen ein (relativ) freier Handel mit Gütern, die Dienstleistungs-, Kapital- und Zahlungsverkehrsfreiheit (insbesondere rechtsstaatlich umhegte Direktinvestitionsmöglichkeiten im Ausland), die Berufstätigkeit von Selbständigen und Arbeitnehmern im Ausland sowie nicht zuletzt eine „Rahmenordnung" weltwirtschaftlicher Ordnungsprinzipien[36] sowie diese konkretisierende Wettbewerbs-[37], Kontroll-[38] und Regulierungsregeln[39], aber auch – siehe die Banken- und Finanzkrise der Jahre 2008 f. sowie die Euro- und Schuldenkrise der Jahre 2010 ff. – wirtschafts- und finanzpolitische Solidarität und Solidität.

– *Technik, insbesondere Information und Kommunikation*: Die rasante Entwicklung des technologischen Fortschritts vereinfacht bzw. ermöglicht für Teile der Weltbevölkerung[40] erstmals eine grenzüberschreitende Information[41] und Kommunikation (weltweite Telekommunikation, Satellitensysteme, Internet[42], Verknüpfung des Internet mit Mobilfunknetzen [UMTS] etc.). Entstan-

---

[33] *Varwick*, in: Woyke (Hrsg.), Handwörterbuch Internationale Politik, 10. Aufl. 2006, S. 159.

[34] *Kment* (Fn. 31), S. 2; *Tomuschat*, in: Schwarze (Hrsg.), Globalisierung und Entstaatlichung des Rechts, 2008, S. 21 (23 ff.).

[35] *Ruffert* (Fn. 12), S. 13 f.; vgl. auch allg. *Böckenförde*, in: ders., Staat, Nation, Europa, 1999, S. 103 ff.; *Hoffmann*, APuZ B 23/1999, 3 ff.

[36] *Hatje*, in: v. Bogdandy/Bast (Hrsg.), Europäisches Verfassungsrecht, 2. Aufl. 2009, S. 801 (809 ff.); *Schmidt*, VVDStRL 36 (1978), 65 (88 f.).

[37] Im Sinne eines Wettbewerbs der Märkte, Standorte, aber auch „Systeme"; vgl. *Glaser*, JöR N.F. 58 (2010), 251 ff.; *Peters*, VVDStRL 69 (2010), 7 ff.; *Giegerich*, VVDStRL 69 (2010), 57 ff.; *Mehde*, Wettbewerb zwischen Staaten, 2005.

[38] Zur (legitimen) Kontrolle grenzüberschreitender Unternehmensübernahmen (in Abgrenzung von Investitionsprotektionismus) sehr erhellend *Heinemann*, „Ökonomischer Patriotismus" in Zeiten regionaler und internationaler Integration, 2011.

[39] *Kersten*, VVDStRL 69 (2010), 288 (316 ff.); zum Beispiel der europäischen Regulierung der Netzwirtschaften siehe *Franzius*, in: Botzem u.a. (Hrsg.), Governance als Prozess, 2009, S. 635 ff. sowie für einen Teilbereich Kurth/Schmoeckel (Hrsg.), Regulierung im Telekommunikationssektor, 2011; übergreifend zum „Regulierungsstaat" *Schuppert*, Governance und Rechtsetzung, 2011, S. 273 ff.

[40] Vgl. aber auch zum „Widerspruch zwischen fortschreitender Globalisierung und Technisierung der Welt und einem großen Teil der Menschheit, die dieser Entwicklung nicht folgen will oder kann", *Havel* (Fn. 27), Sp. 5.

[41] Dazu *Schoch*, VVDStRL 57 (1998), 158 (171 f.).

[42] *Engel*, in: Berichte der Deutschen Gesellschaft für Völkerrecht 39 (2000), S. 353 ff. Das Internet hat die soziale und politische Kommunikation grundlegend verändert, wie etwa die Stichworte „soziale Foren" (z.B. Facebook, Twitter u.a.), „Enthüllungsplattformen" (z.B.

den ist ein globaler Kommunikationsraum mit weltweiter Vernetzung computer- und handygestützter Kommunikationssysteme („Cyberspace") einschließlich eines hierauf bezogenen neuen Rechtsgebiets („Cyberlaw")[43], das sich auch mit zahlreichen Kontroll- bzw. Regulierungsfragen zu beschäftigen hat (z.B. wettbewerbsrechtliche Missbrauchskontrolle, Kontrolle von Dateninhalten, Datenschutz).[44]

– *Gefahrenabwehr (Sicherheit)*: Erhöhte Gefahren für die öffentliche Sicherheit, nicht zuletzt für die militärische Sicherheit, gehen seit dem 11. September 2001 vom internationalen Terrorismus, daneben aber auch von Internetkriminalität sowie „klassischer", häufig grenzüberschreitend organisierter Kriminalität (Menschenhandel, Drogendelikte, Hehlerei, Bandendiebstahl etc.) aus. Die problemadäquaten Antworten auf diese globalen Gefährdungen[45] sind daher gleichfalls verstärkt im Wege internationaler und europäischer Kooperation und nicht mehr im Wege „nationalen Alleingangs" zu geben.[46]

– *Migration*: Auch die armuts-, verfolgungs- oder kriegsbedingten globalen Migrationsbewegungen werfen schwierige Rechtsfragen nach den Rechten (Grundrechtsschutz, Aufenthalt, Asyl) des die Staatsgrenze überschreitenden Fremden (Staatsangehörige anderer Staaten, Staatenlose),[47] aber auch nach den Befugnissen des „aufnehmenden" Staates (z.B. Auslieferung) auf und führen insgesamt zu einer wachsenden Interdependenz der Probleme von Sicherheit und Wirtschaft zwischen dem armen „Süden" (z.B. Afrika) und dem reichen „Norden" (z.B. Italien).[48]

– *Risikovorsorge (Umwelt- und Gesundheitsschutz)*: Gefahrenabwehr und Risikovorsorge im Umwelt- und Gesundheitsbereich haben es traditionell besonders häufig mit grenzüberschreitenden Phänomenen und hieraus resultierenden zwischenstaatlichen Regulierungserfordernissen einer „Weltrisikoge-

---

Wikileaks) und „E-Democracy" bzw. „E-Government" zeigen. Anschaulichstes Beispiel für die „revolutionäre" Kraft der neuen elektronischen Kommunikationsmöglichkeiten sind die politischen Systemveränderungen in der Arabischen Welt (sog. „Arabellion") im Jahre 2011 (z.B. Ägypten), die ohne das Internet nicht vorstellbar gewesen wären.

[43] Vgl. *Boehme-Neßler*, Cyberlaw, 2001.

[44] *Herdegen*, Internationales Wirtschaftsrecht, 8. Aufl. 2009, Rn. 84 ff. (84).

[45] *Zürn/Take*, APuZ B 24–25/1996, 3 ff.

[46] Siehe *Schöndorf-Haubold*, in: Trute/Groß/Röhl/Möllers (Hrsg.), Allgemeines Verwaltungsrecht – zur Tragfähigkeit eines Konzepts, 2008, S. 575 ff.; weiterführend *dies.*, Europäisches Sicherheitsverwaltungsrecht, 2010; vgl. ferner aus Sicht des nationalen Verfassungsrechts *Kugelmann*, in: Czarny/Tuleja/Wojtyczek (Hrsg.), Verfassung im Zeitalter der Europäisierung und Globalisierung, 2011, S. 281 ff. sowie speziell zur Terrorismusbekämpfung in der EU *ders.*, Polizei-heute 1/2011, 17 ff.; 2/2011, 17 ff.

[47] Dazu *Geiger*, Grundgesetz und Völkerrecht mit Europarecht, 5. Aufl. 2010, S. 260 ff.

[48] Vgl. Deutscher Bundestag, Schlußbericht der Enquete-Kommission Globalisierung der Weltwirtschaft – Herausforderungen und Antworten, BT-Drs. 14/9200, S. 404 ff.; *Bast*, in: Möllers/Voßkuhle/Walter (Hrsg.), Internationales Verwaltungsrecht, 2007, S. 279 ff.; umfassend *Thym*, Migrationsverwaltungsrecht, 2010.

sellschaft“[49] zu tun, wie die Bespiele Klimaschutz, Abfallverbringung, Chemikalien, Schutz der Meere und internationaler Flüsse, Freisetzung gentechnisch veränderter Organismen, Atomenergie, Luftverunreinigung („Saurer Regen“, „Waldsterben“), Biotopnetze einerseits[50] und die sich häufenden Futter- und Lebensmittelskandale andererseits unterstreichen.

– *Kultur*: Auch im kulturellen Bereich sind Prozesse einer staatenübergreifenden „Harmonisierung“ zu beobachten, zumal was die Jugendkultur angeht (z.B. Musik, Essgewohnheiten, Kleidung etc.).

– *Recht*: Der Prozess der Globalisierung erfasst auch das Recht.[51] Zu beobachten ist zunächst eine Zunahme der Verrechtlichung grenzüberschreitender Sachverhalte, ein sich verschärfender Wettbewerb der (insbesondere nationalen) Rechtsordnungen[52] sowie eine wachsende Bedeutung des Völkerrechts, zumal internationaler Standards (insbesondere Menschenrechte)[53] sowie „neuer“ Institutionen und Instrumente zu deren Kontrolle und Durchsetzung (internationale Gerichtsbarkeit [z.B. Internationaler Strafgerichtshof][54], humanitäre oder sonstige[55] Intervention), die einhergehen soll mit einem – vielfach behaupteten, aber sehr differenziert zu sehenden – „Bedeutungsverlust“ des nationalen Rechts. Auch stellen sich als Folge grenzüberschreitender Sachverhalte zahlreiche „Fragen zum Verhältnis der einzelnen Rechtsordnungen zueinander und der gegenseitigen Einflussnahme aufeinander“[56]; plastisch ist insoweit von einer zunehmenden „Kommunikation staatlicher Rechtsordnungen“[57] die Rede. Hiermit angesprochen sind etwa die extraterritoriale Wirkung von Verwaltungsentscheidungen[58] oder grenzüberschreitende Handlungsformen der Verwaltung (z.B. kooperative grenzüberschreitende Pläne, öffentlich-rechtliche Verträge[59], Verwaltungsrealakte).[60]

---

[49] *Beck*, Risikogesellschaft, 1986, S. 48 ff.

[50] Statt vieler: *Koch/Mielke*, ZUR 2009, 403 ff.

[51] Siehe dazu allgemein *Röhl/Magen*, ZRSoz 17 (1996), 1 ff.; speziell für das Verfassungsrecht Vesting/Korioth (Hrsg.), Der Eigenwert des Verfassungsrechts, 2011, insbes. *Grimm*, a.a.O., S. 379 (380 ff., 383 ff., 388 ff.) und *Wahl*, a.a.O., S. 355 ff.; vgl. auch Czarny/Tuleja/Wojtyczek (Hrsg.), Verfassung im Zeitalter der Europäisierung und Globalisierung, Krakau 2011.

[52] Vgl. *Glaser*, JöR N.F. 58 (2010), 251 ff.

[53] Vgl. *Classen*, VVDStRL 57 (2008), 365 (376 ff.); speziell zur Bedeutung der internationalen Menschenrechtspakte im Rahmen der Globalisierung am Beispiel der Individualrechtsschutzgarantien *Schmidt-Aßmann*, in: Bauer u.a. (Hrsg.), Das öffentliche Wirtschaftsrecht im Zeitalter der Globalisierung, Warschau 2012, S. 141 (143 ff.).

[54] Dazu *Gärditz*, Weltrechtspflege, 2006, S. 96 ff., 112 ff.; *Ruffert/Walter*, Institutionalisiertes Völkerrecht, 2009, Rn. 101 ff.

[55] Vgl. etwa *Nettesheim*, AVR 34 (1996), 168 ff.

[56] *Kment* (Fn. 31), S. 3.

[57] *Schorkopf* (Fn. 8), S. 90 ff.

[58] *Kment* (Fn. 31), S. 269 ff.

[59] *Rossi*, AVR 45 (2007), 115 ff.

[60] *Kment* (Fn. 31), S. 533 ff., 617 ff., 683 ff.; vgl. auch *Schorkopf* (Fn. 8), S. 109 ff.

III. Governance

In den Sozialwissenschaften[61] und im Anschluss daran in Teilen der Rechtswissenschaft[62] wird versucht, die skizzierten globalisierungsbedingten Entwicklungsprozesse mit Konzepten von „Global Governance"[63], „European Governance"[64] bzw. „Transnational Governance"[65] als theoretischen Analyserahmen einzufangen. Solche Konzepte, die in unterschiedlichen Varianten vertreten werden, nehmen – grob gesprochen – die gesteigerte Akteurspluralität als empirisches Faktum positiv an und zielen darauf, diese mit Hilfe von Netzwerkmodellen[66] zu verarbeiten, welche die kooperative, auf die Bewirkung eines bestimmten Ergebnisses (Output) in der Gesellschaft gerichtete Interaktion/Handlungskoordination in und durch – nicht mehr akteurszentrierten – Regelungsstrukturen in den Mittelpunkt rücken.[67] Namentlich *Schuppert* schlägt vor, nicht mehr von Steue-

[61] Vgl. *Mayntz*, in: Schuppert (Hrsg.), Governance-Forschung, 2. Aufl. 2006, S. 11 (13 ff.); *dies.*, in: Benz (Hrsg.), Governance – Regieren in komplexen Regelsystemen, 2004, S. 65 ff.; *dies.*, in: dies., Über Governance, 2009, insbes. S. 13 ff., 105 ff.; *Grande*, in: ders./May (Hrsg.), Perspektiven der Governance-Forschung, 2009, S. 77 ff.; *Jann*, PVS 50 (2009), 476 ff.

[62] Grundlegend *Trute/Denkhaus/Kühlers*, DV 37 (2004), 451 (456 ff.); *Trute*, in: ders./Groß/Röhl/Möllers (Hrsg.), Allgemeines Verwaltungsrecht – zur Tragfähigkeit eines Konzepts, 2008, S. 211 (222 ff.); *Trute/Kühlers/Pilniok*, in: Schuppert/Zürn (Hrsg.), Governance in einer sich wandelnden Welt, 2008, S. 173 ff.; *dies.*, in: Benz/Lütz/Schimank/Simonis (Hrsg.), Handbuch Governance, 2007, S. 240 ff.; *Trute*, in: FS Bull, 2011, S. 849 ff.; *Schuppert*, in: ders. (Hrsg.), Governance-Forschung, 2. Aufl. 2006, S. 1 ff.; *ders.*, in: ders./Zürn (Hrsg.), Governance in einer sich wandelnden Welt, 2008, S. 13 ff.; *Hoffmann-Riem* (Fn. 15), S. 197 ff.; *Kersten*, in: Grande/May (Hrsg.), Perspektiven der Governance-Forschung, 2009, S. 45 ff.; *Burgi*, in: FS Bull, 2011, S. 497 ff.; Überblick bei *Franzius*, VerwArch 97 (2006), 186 ff.

[63] Grundlegend *Rosenau*, Global Governance 1 (1995), 13 (14 ff.); zusammenfassend *Mastronardi* (Fn. 11), S. 334 ff.; *Ruffert*, in: Bauer/Huber/Sommermann (Hrsg.), Demokratie in Europa, 2005, S. 319 (324 f.); *Schuppert* (Fn. 9), S. 914 ff.; *Zürn*, in: Schuppert (Hrsg.), Governance-Forschung, 2. Aufl. 2006, S. 121 (125 ff.); zur bislang geringen rechtlichen Konturierung der „Global Governance" s. *v. Bogdandy/Dann/Goldmann*, Der Staat 49 (2010), 23 (26 ff.).

[64] KOM(2001) 428 endg.; *Möllers*, C.M.L. Rev. 43 (2006), 314 ff.; *Dawson*, E.L. Rev. 36 (2011), 208 ff.

[65] Joerges/Sand/Teubner (Hrsg.), Transnational Governance and Consitutionalism, 2004; Djelic/Sahlin-Anderson (Hrsg.), Transnational Governance, 2006; *Schuppert* (Fn. 10), S. 204 f.; *Schuppert* (Fn. 39), S. 373 ff. (383 ff.), 386 ff.

[66] Speziell zu *Netzwerken* als einem weiteren (Unter-)Schlüsselbegriff einer internationalen Staats- und Verwaltungslehre *Kahl*, in: Holoubek/Lang (Hrsg.), Verfahren der Zusammenarbeit von Verwaltungsbehörden in Europa, Wien 2012, S. 15 (29 ff.); *Ladeur*, in: Franzius/Mayer/Neyer (Hrsg.), Strukturfragen der Europäischen Union, 2010, S. 119 ff.; *Ruffert*, DV 36 (2003), 293 (311 ff.); *Schmitt v. Sydow*, in: Magiera/Sommermann (Hrsg.), Verwaltung und Governance im Mehrebenensystem der Europäischen Union, 2002, S. 171 (180 f.); *Schuppert* (Fn. 39), S. 363 ff.; *Sydow*, Verwaltungskooperation in der Europäischen Union, 2004, S. 78 ff.; *Vesting*, VVDStRL 63 (2004), 41 (56 ff.); *Weiß*, Der Europäische Verwaltungsverbund, 2010, S. 60 ff., 93 ff., 102 ff.; aus rechtsdogmatischer Sicht dagegen zurückhaltend *Groß* (Fn. 12), S. 155; *Jestaedt*, in: GVerwR, Bd. I, 2. Aufl. 2012, § 14 Rn. 18.

[67] Dazu *Hoffmann-Riem* (Fn. 15), S. 197 f., 216; *Trute/Denkhaus/Kühlers* (Fn. 62), S. 451;

rung, sondern stattdessen von Governance im Sinne einer „kollektiven Regelung gesellschaftlicher Sachverhalte“[68] zu sprechen. Da die Trennung zwischen Staat und Gesellschaft[69] durch die Entwicklungen des 20. Jahrhunderts[70] und erst recht im Zuge der Informations- und Wissensgesellschaft des 21. Jahrhunderts obsolet und durch kollektive, insbesondere hybride netzwerkartige Regelungsstrukturen sowie Mehr-Sektoren-Modelle[71] abgelöst geworden sei, ergebe es keinen Sinn mehr, von einem steuernden Subjekt (Staat, Verwaltung) und von Steuerungsadressaten (Bürger, Unternehmen) zu sprechen.[72]

Versteht man Governance zutreffend als Umschreibung für eine „umfassende politisch initiierte Steuerung der Gesellschaft im Sinne einer intelligenten, die Akteure der Zivilgesellschaft[73] einbeziehenden, transparenten und in der Regel, aber keineswegs zwingend kooperativen Verwirklichung einer ‚guten Politik‘“[74], so besteht kein Grund, hierarchische Steuerungsformen nicht gleichfalls unter den – dann allerdings fast uferlos weiten – Governance-Begriff zu subsumieren.[75]

Rechtsdogmatisch haben sich Governance-Konzepte bislang vor allem aufgrund ihrer Vieldeutigkeit und Unschärfe[76] als nicht übermäßig ertragreich und zudem vor dem Hintergrund der verfassungsrechtlichen Prinzipien von (parlamentarischer) Demokratie (Art. 20 Abs. 1 und Abs. 2 S. 1, 38 ff., 76 ff. GG), staatsbürgerlicher Egalität (Art. 38 Abs. 1 S. 1 GG)[77] und Rechtsstaatlichkeit

---

Schuppert, in: GVerwR, Bd. I, 2. Aufl. 2012, § 16 Rn. 20 ff.; *ders.*, in: EvStL, 2006, Sp. 889 ff.; *ders.*, DV 44 (2011), 273 (276 ff.); *Franzius* (Fn. 62), S. 186; *Tietje* (Fn. 15), S. 164 ff.; berichtend *Emmerich-Fritsche*, Vom Völkerrecht zum Weltrecht, 2007, S. 654 ff.; *Ruffert* (Fn. 63), S. 326 ff.; *Ruffert/Walter* (Fn. 54), Rn. 654 ff.

[68] *Schuppert*, DV 40 (2007), 463 (468); vgl. auch *ders.*, AöR 133 (2008), 79 ff. Eine allgemein anerkannte Definition von Governance besteht bislang nicht – die Begriffsverständnisse divergieren vielmehr in hohem Maße. Für eine engere Begriffsvariante *Mayntz* (Fn. 61), in: Schuppert, Governance-Forschung, S. 15; für einen Überblick m.w.N. vgl. *Engi*, Der Staat 47 (2008), 573 (576 ff.); *Hill*, in: Schuppert (Hrsg.), Governance-Forschung, 2. Aufl. 2006, S. 220 ff.

[69] Richtungweisend *Böckenförde*, in: *ders.*, Recht, Staat, Freiheit, 1991, S. 209 ff. (zuerst 1972); zusammenfassend *Kahl*, JURA 2002, 721 ff.

[70] Vgl. die Beiträge in: Schuppert/Voßkuhle (Hrsg.), Governance von und durch Wissen, 2008.

[71] *Schuppert*, Verwaltungswissenschaft, 2000, S. 354 ff., 384 ff.

[72] Vgl. *Mayntz* (Fn. 61), in: Schuppert, Governance-Forschung, S. 17; *dies.*, in: Schuppert/Zürn (Hrsg.), Governance in einer sich wandelnden Welt, 2008, S. 43 (45); *Schuppert* (Fn. 68), DV 40 (2007), 464 f.; *Franzius* (Fn. 62), S. 199.

[73] *Kohler-Koch*, JEPP 2010, 100 ff.; *Scholte*, Global Governance 8 (2002), 281 ff.; kritisch *Volkmann*, Solidarität – Programm und Prinzip der Verfassung, 1998, S. 45 ff.; *Rupp*, in: HStR, Bd. II, 3. Aufl. 2004, § 31 Rn. 60, 63, 66.

[74] *Huber*, in: GVerwR, Bd. III, 2009, § 45 Rn. 68.

[75] Mit Recht gegen eine künstliche Entgegensetzung von Staat (Hierarchie, Bürokratie, „Government“) und Governance *Schuppert* (Fn. 17), S. 134 f.

[76] Vgl. *Bauer*, in: ders./Czybulka/Kahl/Voßkuhle (Hrsg.), Umwelt, Wirtschaft und Recht, 2002, S. 69 (77 f.); *Ruffert* (Fn. 12), S. 24, 30.

[77] Zu diesem – auch und gerade im Kontext der Internationalisierung zu beachten-

(Art. 20 Abs. 3, 28 Abs. 1 S. 1 GG) als nicht unbedenklich erwiesen.[78] Diese Bedenken betreffen jedoch die Bedeutung der Governance-Modelle für eine *staats-* und *verwaltungswissenschaftliche* Untersuchung nicht oder jedenfalls nur in deutlich abgeschwächtem Maße. Es ist daher kein Zufall, dass die Hauptakteure der Governance-Forschung bislang vor allem in den stärker empirisch arbeitenden Sozialwissenschaften zu suchen sind. Dort, aber auch für eine Staats- und Verwaltungslehre, ist das Konzept von deskriptiv-analytischem Wert. Governance-Modelle eignen sich besonders als „Brückenkonzept" für den interdisziplinären Dialog, wobei sie gleichzeitig „als Transfergegenstand einerseits und als Transfermodus andererseits"[79] fungieren. Freilich ist dabei stets säuberlich zu trennen zwischen der Bedeutung von Governance als *analytisches* (primär) und als *normatives* Konzept (bislang sehr gering).[80]

IV. Internationalisierung

Der Vorgang der – vertikalen und horizontalen[81] – Internationalisierung erfasst eine nicht überschaubare Vielzahl von grenzüberschreitenden staatlichen und gesellschaftlichen Sachverhalten. Im gesellschaftlichen Bereich ist hiervon insbesondere, aber keineswegs ausschließlich der Teilsektor Wirtschaft[82] betroffen. Für den staatlichen Bereich (im weiten Sinne) lässt sich die Internationalisierung in die großen Gruppen Internationale Organisationen, institutionalisierte oder informale Kooperation auf Verwaltungsebene, Zusammenarbeit der Staats- und Regierungschefs (politische Leitung), internationale Rechtsprechung und Regionalisierung einteilen.[83] Im Zuge der Internationalisierung „wandelt sich das Völkerrecht vom Koordinationsvölkerrecht autonomer Staaten zum Kooperations- und Integrationsvölkerrecht"[84]. Hierbei handelt es sich um eine „mit der Globalisierung in engem Zusammenhang stehende, aber stärker die Kooperation staatlicher Akteure in den Fokus nehmende Entwicklung"[85].

---

den – Topos vgl. *Ruffert*, DVBl 2002, 1145 (1151); vgl. allgemein auch BVerfGE 89, 155 (171 ff.).

[78] Tendenziell kritisch gegenüber Governance-Konzepten *Gärditz*, Hochschulorganisation und verwaltungsrechtliche Systembildung, 2009, S. 202 ff.; *Kahl*, DV 42 (2009), 463 (495 ff.); *Seckelmann*, VerwArch 98 (2007), 30 (42 f., 45); vgl. auch *Emmerich-Fritsche* (Fn. 67), S. 660 ff.; *Schorkopf* (Fn. 8), S. 215 ff.; *Voßkuhle* (Fn. 17), § 1 Rn. 21.

[79] *Schuppert* (Fn. 67), DV 44 (2011), 276; vgl. auch *ders.* (Fn. 10), S. 198 f.

[80] Wie hier *Schuppert* (Fn. 67), DV 44 (2011), 277, der ein „Zwei-Schritt-Verfahren" vorschlägt (a.a.O.).

[81] Hierzu *Classen* (Fn. 53), S. 368 ff., 392 ff.

[82] Vgl. *Dolzer*, in: Graf Vitzthum (Hrsg.), Völkerrecht, 5. Aufl. 2010, 6. Abschn. Rn. 1 ff.; *Schmidt*, DV Beiheft 2, 1999, 165 ff.

[83] *Röben*, Außenverfassungsrecht, 2007, S. 14 ff.

[84] *Calliess* (Fn. 31), § 83 Rn. 6.

[85] *Calliess*, ebd.

Die Internationalisierung des Rechts[86] bezeichnet die Durchdringung, Überformung und Verdrängung der Institute und Wertungen des nationalen Rechts durch internationalrechtliche Maßstäbe und Direktiven.[87] Betroffen hiervon ist vor allem der Bereich der Administrative, zunehmend aber auch die Judikative[88] und die Setzung von Rechtsregeln. Hinsichtlich der Internationalisierung des Verwaltungshandelns lassen sich im Anschluss an *Schmidt-Aßmann* vier Grundtypen unterscheiden:[89] (1) Internationalisiertes Verwaltungshandeln im grenznachbarschaftlichen Bereich, (2) internationalisiertes Verwaltungshandeln mit Verteilungs- bzw. Anknüpfungsfunktion (z.B. Doppelbesteuerungsabkommen), (3) internationalisiertes Verwaltungshandeln in transnationalen Behördennetzwerken (z.B. Aufsicht im Banken-, Versicherungs- und Wertpapierbereich)[90] und (4) internationales Verwaltungshandeln zur Implementierung und Fortbildung internationaler Vertragsregime durch Subsysteme der Erfüllungskontrolle (z.B. „Compliance" umweltvölkerrechtlicher Abkommen).[91]

V. Europäisierung

Wichtigstes Beispiel für den Typus „regionale Internationalisierung"[92] ist die Europäisierung.[93] Die Europäisierung bezeichnet als Bündelungsbegriff eine Vielzahl an ganz unterschiedlichen, aus der Perspektive der (National-)Staaten, Regionen oder Gemeinden gleichfalls grenzüberschreitenden[94] Prozessen, nicht

---

[86] Dazu *Kahl* (Fn. 78), S. 476 ff.; *Mayer*, in: Möllers/Voßkuhle/Walter (Hrsg.), Internationales Verwaltungsrecht, 2007, S. 49 ff.

[87] In Anlehnung an den Begriff der „Europäisierung" bei *Schmidt-Aßmann*, in: FS Lerche, 1993, S. 513.

[88] Siehe dazu *Schmidt-Aßmann* (Fn. 53), S. 141 ff.

[89] Grundlegend *Schmidt-Aßmann*, in: GVerwR, Bd. I, 2. Aufl. 2011, § 5 Rn. 43 ff.; vgl. auch *Calliess* (Fn. 31), § 83 Rn. 7.

[90] *Möllers*, ZaöRV 65 (2005), 351 ff.

[91] *Röben*, GLJ 9 (2008), 1965 ff.; am Beispiel des „Compliance Comittee" nach der Århus-Konvention: *Jendrośka*, JEEPL 2011, 301 ff.

[92] Dazu dass die Europäisierung einen Unterfall der Internationalisierung bildet s. *Calliess* (Fn. 31), § 83 Rn. 6; s. aber auch zu den (strukturellen) Unterschieden zwischen Internationalisierung und Europäisierung *Kahl* (Fn. 78), S. 479; *Schmidt-Aßmann*, in: FS Siedentopf, 2008, S. 101 (108 ff.) sowie zu den Unterschieden zwischen *Supra*nationalität und *Inter*nationalität *Klein/Schmahl*, in: Graf Vitzthum (Hrsg.), Völkerrecht, 5. Aufl. 2010, 4. Abschn. Rn. 12 ff., 249 ff.

[93] Zum hier zugrunde gelegten Europäisierungsbegriff vgl. *Kahl* (Fn. 78), S. 466 ff. m.z.w.N.; s. ferner *Schuppert* (Fn. 9), S. 835 ff., 848 ff.; *Schmidt-Aßmann*, Das allgemeine Verwaltungsrecht als Ordnungsidee, 2. Aufl. 2004, S. 31 ff.; *Schwarze*, Das Verwaltungsrecht unter europäischem Einfluß, 1996, S. 209 f.; *Wahl*, in: Trute/Groß/Röhl/Möllers (Hrsg.), Allgemeines Verwaltungsrecht – zur Tragfähigkeit eines Konzepts, 2008, S. 869 ff.; *Mangold* (Fn. 18), S. 21 ff., 451 ff.

[94] Zu grenzrechtlichen Aspekten der Europäisierung *Menzel* (Fn. 8), S. 352 ff.

nur der „erzwungenen", sondern auch der „freiwilligen" Rezeption und des Lernens, welche durch Vorgaben und Einflüsse des europäischen Rechts (EU-Recht, EMRK, europäische Rechtsvergleichung) wie auch der europäischen Rechtsprechung (EuGH/EuG, EGMR, nationale Gerichte) veranlasst oder angeregt werden.

In jüngerer Zeit steht der Begriff der Europäisierung verstärkt für eine tiefgreifende Perspektivenänderung und -erweiterung im Umgang mit dem EU-Recht. Das unionale Recht wird heute überwiegend nicht mehr als eine von außen kommende Einwirkung auf eine hiervon getrennte nationale Rechtsordnung („Fremdkörper") betrachtet, sondern vielmehr als integraler Bestandteil einer a priori gestuft-kooperativ konzipierten Verbundverwaltung mit vielfältigen Verflechtungen (Interaktionen) der unterschiedlichen Ebenen.[95] *Schuppert* hat den „Fundamentalvorgang" der Europäisierung in diesem Sinne mit Recht nicht als Auflösungserscheinung des Nationalstaates, sondern als „Mutation des Nationalstaates vom klassischen souveränen Einzelstaat zum Mitgliedstaat" umschrieben und von einem „fundamentalen Rollenwechsel" der Staaten gesprochen.[96]

VI. Transnationalisierung

Das transnationale grenzüberschreitende[97] hoheitliche Handeln ist neben der Harmonisierung (völkerrechtlicher Vertrag, sekundäre Rechtsetzung, völkerrechtskonforme Auslegung) und der Bildung komplexer Regelungsstrukturen (Streitschlichtung, Rechtsetzung, Implementation) einer von drei Grundtypen der (unmittelbaren[98]) Internationalisierung des nationalen öffentlichen Rechts.[99] Transnationalisierung verkörpert dabei keine neben der Internationalisierung stehende Kategorie,[100] sondern einen Unterfall der letzteren.[101] An-

---

[95] *Kahl* (Fn. 78), S. 467.

[96] *Schuppert* (Fn. 10), S. 203 mit Zitat von *Thürer*, VVDStRL 50 (1991), 97 ff. und *Wahl*, Herausforderungen und Antworten, 2006, S. 95 f.

[97] Zu weitgehend indes die Gleichsetzung von „grenzüberschreitend" und „transnational" bei *Kment* (Fn. 31), S. 2 ff. Auch inter- und supranationales Handeln ist „grenzüberschreitend".

[98] Zur hier ausgesparten Dimension der *mittelbaren* (europarechtlich mediatisierten) Internationalisierung vgl. exemplarisch *Rossi*, in: Möllers/Voßkuhle/Walter (Hrsg.), Internationales Verwaltungsrecht, 2007, S. 165 (169 ff.).

[99] Grundlegend *Schmidt-Aßmann*, in: ders., Aufgaben und Perspektiven verwaltungsrechtlicher Forschung, 2006, S. 486 (488 ff., 500 f.); zur Alltäglichkeit transnationaler Verwaltung *Menzel* (Fn. 8), S. 762.

[100] So aber zumindest in der Tendenz *Bast*, Der Staat 46 (2006), 1 (2 ff., 10 ff.); *Fischer-Lescano*, JZ 2008, 373 ff.

[101] Wie hier die herrschende Lehre, vgl. *Classen* (Fn. 53), S. 401 ff.; *Mayer* (Fn. 86), S. 59; unklar insoweit *Kment* (Fn. 31), S. 5 m. Fn. 17, S. 207. Daher ist auch das „transnational law"

ders als bei der Internationalisierung führt die Entterritorialisierung bei der Transnationalisierung jedoch nicht zu Beziehungen in Wirtschaft und Recht zwischen den Staaten (Internationale Organisationen, völkerrechtliche Verträge), sondern zu „Beziehungen über die Staaten hinaus und durch sie hindurch"[102].

Transnationales Recht umfasst im Anschluss an *Jessup*[103] die Regelung der „Rechtsverhältnisse, die staatliche Grenzen durchdringen und ihre Bedeutung übersteigen"[104]. Im Mittelpunkt stehen dabei grenzüberschreitende Aktivitäten (insbesondere im Bereich des internationalen Wirtschaftsrechts), zumal eine Rechtserzeugung (nicht: Rechtsnormerzeugung)[105] durch gesellschaftliche (z.B. multinationale Unternehmen, Non Governmental Organizations [NGO], Standardisierungsgremien etc.) und hybride, sprich gemischt staatlich-gesellschaftliche Akteure (z.B. ICANN). Als Folge der Transnationalisierungsprozesse wird eine „Pluralisierung und Entstaatlichung der Rechtsordnung" diagnostiziert.[106]

Der rechtswissenschaftliche Begriff des Transnationalen lässt sich gleichwohl – in Abweichung von dem vorherrschenden engeren Begriffsgebrauch in der Politikwissenschaft und Teilen der Staatsrechtslehre[107] – nicht auf gesellschaftliche Aktivitäten reduzieren. Mit anderen Worten: Ein transnationales öffentliches Recht schließt das staatliche Element nicht aus – wie auch umgekehrt.[108] Eine besonders wichtige Fallgruppe der Transnationalisierung bilden etwa auch die Verwaltungsnetzwerke oder die grenzüberschreitenden Verwaltungstätigkeiten, bei denen zwischen der Tätigkeit ausländischer Behörden in

richtigerweise eine eigenständige Unterkategorie des Völker- und Europarechts; ein weiteres Begriffsverständnis findet sich dagegen bei *Brugger* (Fn. 24), Freiheit und Sicherheit, S. 49: „Transnationalität" als Oberbegriff für „status europaeus" (Europarecht) und „status universalis" (Völkerrecht); im Überblick zum Begriffsproblem *Schuppert* (Fn. 39), S. 373 ff. m.w.N.

[102] *Ruffert* (Fn. 12), S. 18; vgl. auch a.a.O., S. 35; *Ruffert/Walter* (Fn. 54), Rn. 662 unter Hinweis auf *Tietje*, ZVglRWiss 101 (2002), 404 ff. Nach *Kment* (Fn. 31), S. 5 Fn. 17, seien die Begriffe „para-staatlich" bzw. „sub-staatlich" insoweit präziser als „transnational"; vgl. zur „transnationalen Regulierung" auch *Schuppert* (Fn. 39), S. 361 ff.

[103] *Jessup*, Transnational Law, 1956, S. 2: "all law which regulates actions or events that transcend national frontiers". Dazu *Tietje/Brouder/Nowrot*, Philip C. Jessup's Transnational Law Revisited – On the Occasion of the 50th Anniversary of its Publication, 2006. Vgl. zum Begriff des transnationalen Rechts ferner *Slaughter*, Indiana Journal of Global Legal Studies 8 (2001), 347 (350 ff.); *Paulus* (Fn. 4), S. 99 ff.

[104] *Ruffert/Walter* (Fn. 54), Rn. 661.

[105] Grundlegend *Zaring*, Texas International Law Journal 33 (1998), 281 (285); berichtend *Ruffert* (Fn. 12), S. 33.

[106] *Schuppert* (Fn. 9), S. 900 ff.

[107] Vgl. hierfür stellv. *Zürn*, PVS 2011, 78 (79 Fn. 3); *Schuppert* (Fn. 9), S. 870 ff. („Aufstieg transnationaler, nicht-staatlicher Akteure").

[108] *Kment* (Fn. 31), S. 5 Fn. 17 m.w.N. auf diese in der Rechtswissenschaft herrschende Sichtweise. Transnationalität setzt folglich auch nicht zwingend ein Horizontalverhältnis zwischen den Akteuren voraus (so aber wohl *Mayer* [Fn. 86], S. 56, 59).

Deutschland und der Tätigkeit deutscher Behörden im Ausland zu unterscheiden ist.[109] Mit Recht wird daher terminologisch von einem „transnationalen" Polizei-, Steuer- oder Finanzaufsichtsrecht gesprochen, um nur einige Beispiele zu nennen.[110]

Letztlich kommt in der wachsenden Tendenz zur kooperativ-transnationalen Problemlösung zum Ausdruck, dass das ursprüngliche „Government" nur noch im materiellen Sinne hoheitliche Verwaltung ist, nicht jedoch im formellen Sinne als „Exekutivspitze" der beteiligten Staaten. Dahinter stehende Idee ist die Schaffung von Kooperationsmodellen, in denen nicht die Staaten selbst im Zusammenwirken neue Rechtssubjekte oder Vertragsstrukturen schaffen, sondern in denen sich „substaatliche", wenn auch weiterhin hoheitlich handelnde bzw. hoheitlich vermittelte politisch-administrative Entscheidungsträger zu grenzüberschreitenden, eine unterschiedliche Dichte aufweisenden Netzwerken direkter Wechselbeziehungen verbinden.[111] Hinzu kommen Formationen, die sich nicht oder jedenfalls nicht allein von staatlichen, sondern von gesellschaftlichen Strukturen der Selbststeuerung[112] oder zumindest der hoheitlich (formell)-privaten (informellen) Ko-Steuerung ableiten.[113]

VII. Mehrebenensystem

Um den mit einer Beschreibung der Europäischen Union als föderales System häufig verbundenen Einwand der Implikation unitarisierender Tendenzen (starke Zentralgewalt und ihr untergeordnete Gliedstaaten) zu vermeiden, „sich zugleich aber die analytischen Kategorien zu erhalten, die föderale Leitbilder eröffnen", wird der aus der Politikwissenschaft stammende[114] Begriff des Mehrebenensystems („multi-level-governance"[115]) verwendet, „der den Bundesstaat und die Europäische Union gleichermaßen umfassen soll".[116] Nach *Groß* ist der

---

[109] *Classen* (Fn. 53), S. 401 ff., 405.

[110] Vgl. zu transnationalen Verwaltungssektoren eingehend *Menzel* (Fn. 8), S. 635 ff.

[111] *Ruffert* (Fn. 12), S. 33; *König*, VerwArch 92 (2001), 475 (489 f.).

[112] Vgl. am Referenzbeispiel des Umweltschutzes in multinationalen Unternehmen *Herberg*, Globalisierung und private Selbstregulierung, 2007.

[113] Vgl. *Winter*, Zur Architektur Globaler Governance des Klimaschutzes, TranState Working Paper No. 145, S. 7, abrufbar unter: http://www.sfb597.uni-bremen.de/pages/pubApBeschreibung.php?SPRACHE=de&ID=186 (aufgerufen: 27.3.2013).

[114] Vgl. *Scharpf*, PVS 26 (1985), 323 ff.; *Jachtenfuchs/Kohler-Koch*, in: dies. (Hrsg.), Europäische Integration, 1996, S. 30 ff. *Groß* (Fn. 12), S. 153 Fn. 2 hat darauf hingewiesen, dass sich der Begriff bereits früh in einer verwaltungswissenschaftlichen Untersuchung von Problemen des deutschen Bundesstaates findet, vgl. *Schimanke*, VerwArch 68 (1977), 361 (369).

[115] *Hooghe/Marks*, Multi-Level-Governance and European Integration, 2001.

[116] *Kadelbach* (Fn. 28), S. 11. Vgl. auch *Pache*, VVDStRL 66 (2007), 106 (107), demzufolge der Begriffe „zur Vermeidung unangemessener staats- und verfassungsrechtlicher Einordnungen" dient; *Schuppert* (Fn. 39), S. 323 ff.

Mehrebenensystembegriff geeignet, „die Fixierung auf den Nationalstaat als zentraler Kategorie zur Strukturierung von Herrschaftsbeziehungen zu relativieren und der praktischen Bedeutung der europäischen Verwaltung gerecht zu werden“. Er besitze „den Charme, gestufte Formen der Herrschaftsausübung zu erfassen, ohne eine vorgegebene Präponderanz einer bestimmten Ebene anzuerkennen, bleibt aber sehr allgemein“[117].

Kennzeichen des Mehrebenensystems ist neben dem Merkmal „gestufter Staatlichkeit“[118] bzw. „gestufter Rechtsordnungen“[119] vor allem die Fähigkeit der jeweiligen Ebene zur Setzung von eigenständig demokratisch legitimiertem Recht und zur arbeitsteiligen Ausübung von Hoheitsgewalt innerhalb eines gemeinsamen organisatorischen Rahmens.[120] Der Begriff des Mehrebenensystems beruht dabei auf dem empirischen und normativen Ausgangsbefund, dass die Ausübung öffentlicher (nicht zwingend: staatlicher) Gewalt („public authority“[121]) innerhalb der EU (bzw. der globalen Staatengemeinschaft) nach dem System völkerrechtlicher Verträge, insbesondere des EUV/AEUV, und der nationalen Verfassungen einer Pluralität von Rechtsetzungsinstanzen, Verwaltungseinrichtungen und Gerichten auf unterschiedlichen Ebenen (global, unional, national) einschließlich der nationalen Unterebenen (regional, lokal) zugewiesen ist.[122]

Die Einordnung der Europäischen Union als Mehrebenensystem basiert auch auf der Annahme von – für die Ebene der EU wie der Mitgliedstaaten gleichermaßen geltenden und jeweils identitätsprägenden – Verfassungsstrukturprinzipien, insbesondere Rechtsstaatlichkeit, Grundrechtsschutz und Demokratie (vgl. Art. 2, 4 Abs. 2, 6 Abs. 3 EUV, 23 Abs. 1 S. 1 und S. 3, 79 Abs. 3 GG) sowie auf der Annahme der loyalen Zusammenarbeit (Art. 4 Abs. 3 EUV)[123], insbesondere der kooperativen Verflechtung und Koordination[124] im Bereich der Rechtsetzung.[125] Im Anschluss an *Möllers* kann vom Vorliegen einer Ebene

---

[117] *Groß* (Fn. 12), S. 154.

[118] Näher hierzu *Schliesky*, Souveränität und Legitimität von Herrschaftsgewalt, 2004, S. 479 ff.

[119] *Lorz*, DVBl. 2006, 1061 ff.

[120] *Kadelbach* (Fn. 28), S. 11; *Pernice*, C.M.L. Rev. 36 (1999), 703 ff.; *Möllers*, Gewaltengliederung, 2005, S. 210 ff.; allgemein zum Europäischen Mehrebenensystem *Weiß*, DV 38 (2005), 517 (517 f.).

[121] Hierzu programmatisch *v. Bogdandy/Dann/Goldmann*, Der Staat 49 (2010), 23 ff.; *v. Bogdandy/Wolfrum/von Bernstorff/Dann/Goldmann*, The exercise of public authority by international institutions, 2010; *v. Bogdandy/Dann*, GLJ 9 (2008), 2013 ff.

[122] Ähnlich – allerdings nur bezogen auf die Verwaltung – *Pache* (Fn. 116), S. 107.

[123] Vgl. *Kahl*, in: Calliess/Ruffert (Hrsg.), EUV/AEUV, 4. Aufl. 2011, Art. 4 Abs. 3 EUV Rn. 23 ff.; *Streinz*, in: ders. (Hrsg.), EUV/AEUV, 2. Aufl. 2011, Art. 4 EUV Rn. 25 ff.

[124] Der Begriff der Koordination kann „deutlich machen, dass es nicht um eine zu stark vereinfachende Dichotomie zwischen Hierarchie und Netzwerk geht, sondern komplexere Regelungsstrukturen zu analysieren sind“, so *Groß* (Fn. 12), S. 157.

[125] Hierzu *Kadelbach* (Fn. 28), S. 31 ff. m.w.N.

im verfassungstheoretischen Sinne gesprochen werden, „wenn ein bestimmter Rechtsbestand damit beginnt, eigene verfestigte Legitimationsmechanismen zu entwickeln, also seine eigene Rechtserzeugung an die rechtswirksame Anerkennung von individuellen oder demokratischen Akten der Selbstbestimmung zu knüpfen"[126]. Für *Mayer* sind Ebenen im Sinne eines rechtlichen Mehrebenensystems „Entscheidungsebenen", wobei sich Entscheidung „als Chiffre für rechtlich determinierte und organisierte Entscheidungsfindung" verstehe.[127] Das Verständnis der Europäischen Union als Mehrebenensystem ruft dabei zugleich, worauf *Brugger* wiederholt hingewiesen hat, eines der Hauptprobleme der europäischen Politik, nämlich die „angemessene Wahl der richtigen Entscheidungsebene" hervor, bei dessen Lösung die Instrumentalisierung von Prinzipien wie Subsidiarität (vgl. Art. 5 Abs. 3 EUV) sinnvoll sei.[128]

VIII. Staaten- und Verfassungsverbund

Der Begriff des *Staatenverbundes*, der auf *Paul Kirchhof*[129] und das Maastricht-Urteil[130] des BVerfG zurückgeht, steht in unmittelbarer Nachbarschaft zum Begriff des Mehrebenensystems[131], verzichtet aber auf die mit diesem zum Teil, wenngleich nicht zwingend[132], verbundene Konnotation der Hierarchie/Subordination und erscheint daher gerade wegen seiner größeren Offenheit vielen Rechtswissenschaftlern als vorzugswürdig.

In der Sache bringt er zum Ausdruck, dass die Europäische Union mehr ist als ein loser Bund von Staaten (Staatenbund), zugleich aber die Schwelle zum Bundesstaat (jedenfalls bislang) nicht überschritten hat, sondern als Zwischengebilde, möglicherweise auch als – wenngleich nicht intendiertes, so doch möglicherweise ex post faktisch zu konstatierendes – Transitorium[133] zwischen die-

---

[126] *Möllers* (Fn. 120), S. 213.

[127] *Mayer*, in: v. Bogdandy/Bast (Hrsg.), Europäisches Verfassungsrecht, 2. Aufl. 2009, S. 559 (596).

[128] *Brugger* (Fn. 2), Der Staat, S. 434; vgl. auch *ders.* (Fn. 21), in: Müller-Graff/Roth, Recht und Rechtswissenschaft, S. 21 ff.: „klare Funktionenabgrenzung" als Teilaspekt von „Rechtssicherheit"; ferner *Schuppert* (Fn. 9), S. 325 ff.

[129] *Kirchhof*, in: HStR, Bd. III, 1. Aufl. 1992, § 183 Rn. 38, 54; vgl. auch aus späterer Zeit *ders.*, in: v. Bogdandy/Bast (Hrsg.), Europäisches Verfassungsrecht, 2. Aufl. 2009, S. 1009 (insbes. 1030 ff.); dezidiert kritisch dagegen *Häberle* (Fn. 11), S. 35 f.

[130] BVerfGE 89, 155 (181, 184, 188); zuletzt erneut BVerfGE 123, 267 (267 [Ls. 1], 348); BVerfG, NJW 2011, 3429 (3431).

[131] Siehe die Gleichsetzung beider Begriffe bei *Pache* (Fn. 116), S. 107, passim.

[132] Hierauf hinweisend *Mayer* (Fn. 127), S. 596.

[133] Zurückhaltender insoweit noch (aus der Sicht des Jahres 2000!) *Huber*, VVDStRL 60 (2001), 194 (240): „aller Voraussicht nach kein Transitorium auf dem Weg zu einer europäischen Staatsgründung". Inwieweit dies nach Umsetzung der Idee, in Reaktion auf die Euro- und Schuldenkrise dauerhaft eine rechtlich abgesicherte Europäische Finanz-

sen beiden Kooperations- bzw. Integrationsformen steht, eben als Verbund. Dies impliziert nach einer, wenngleich umstrittenen Ansicht, „dass sich Mitgliedstaaten und Europäische Union die drei Staatsmerkmale (Gebiet, Volk, Gewalt) teilen. Im Ergebnis ist damit auch die Souveränität geteilt.“[134]

Der Staatenverbund bleibt indes, wie *Calliess* zutreffend betont hat, ohne einen komplementären *Verfassungsverbund*[135] weitgehend ein „Torso“ bzw. eine leere Hülse.[136] „Mit dem Verfassungsverbund wird im Zuge eines im Kontext der europäischen Integration stattfindenden Konstitutionalisierungsprozesses [...] der Weg für ein Verfassungsverständnis bereitet, das den Verfassungsbegriff zeitgemäß vom Staat löst und so der Internationalisierung des Staates durch Öffnung gegenüber suprastaatlichen Organisationsstrukturen Rechnung trägt.“[137] Prägend auch für den Europäischen Verfassungsverbund ist die – bereits für das Mehrebenensystem konstatierte – „wechselseitige Durchdringung und Verzahnung“ der nationalen und unionalen Rechtsordnung, getragen von einem „Ineinandergreifen europäischer und nationaler Verfassungsprinzipien“[138], „zu deren Verwirklichung ein latentes und loyales Kooperationsverhältnis“[139] zwischen der EU und ihren Mitgliedstaaten auf allen Ebenen und mit Blick auf alle Träger öffentlicher Gewalt (Legislative,

---

und Haftungsunion mit weit gehenden Kontroll- und Interventionsbefugnissen zentraler Behörden (Kommission, EuGH) bei der nationalen Haushaltsgesetzgebung zu errichten, noch gelten würde, steht auf einem anderen Blatt; vgl. in diesem Zusammenhang auch BVerfG, DVBl. 2011, 1288 Rn. 104 f., 122 ff. – Griechenland-Hilfe und Euro-Rettungsschirm.

[134] *Calliess* (Fn. 31), § 83 Rn. 10; ähnlich *Huber*, Recht der europäischen Integration, 2. Aufl. 2002, S. 71; a.A. *Jestaedt*, in: GS Blomeyer, 2004, S. 637 (insbes. 645 ff.).

[135] Begriffsprägend *Pernice*, in: Bieber/Widmer (Hrsg.), Der europäische Verfassungsraum, 1995, S. 225 (261 ff.); vgl. auch *ders.*, VVDStRL 60 (2001), 148 (163 ff.); zuletzt erneut *ders.*, in: Calliess (Hrsg.), Verfassungswandel im europäischen Staaten- und Verfassungsverbund, 2007, S. 61 ff.; *ders.*, in: Franzius/Mayer/Neyer (Hrsg.), Strukturfragen der Europäischen Union, 2010, S. 102 ff. und in globaler Dimension *ders.*, in: FS Tomuschat, 2006, S. 973 ff.

[136] *Calliess* (Fn. 31), § 83 Rn. 10; vgl. auch *ders.*, in: ders. (Hrsg.), Verfassungswandel im europäischen Staaten- und Verfassungsverbund, 2007, S. 187 ff.; ähnlich *Huber* (Fn. 133), S. 240: „auf einem Verfassungsverbund der Mitgliedstaaten gegründeten Staatenverbund“; zusammenfassend *Mayer* (Fn. 127), S. 595 f. Zum Europäischen *Verwaltungs*verbund vgl. stellv. *Kahl*, Der Staat 50 (2011), 353 ff.; Schmidt-Aßmann/Schöndorf-Haubold (Hrsg.), Der Europäische Verwaltungsverbund, 2005; *Weiß* (Fn. 66), insbes. S. 20 ff., 47 ff.

[137] *Calliess* (Fn. 31), § 83 Rn. 11 m. Fn. 27 unter Zitat von *Walter* (Fn. 31), S. 1 ff.; *Hobe* (Fn. 8), S. 409 ff.; *Di Fabio* (Fn. 8), S. 97 ff.

[138] Zur zentralen Bedeutung von (gemeinsamen) Prinzipien/allgemeinen Rechtsgrundsätzen für das Verhältnis Union-Mitgliedstaaten und die Herausbildung eines Europäischen Verfassungsraums s. *v. Bogdandy*, in: ders./Bast (Hrsg.), Europäisches Verfassungsrecht, 2. Aufl. 2009, S. 13 (15 ff., 25 ff., 36 ff.); *Lenaerts/Gutiérrez-Fons*, CMLRev. 2010, 1629 (1653 ff.).

[139] *Calliess* (Fn. 31), § 83 Rn. 11.

Exekutive, Judikative) maßgeblich beiträgt.[140] Anders gewendet: Entscheidendes Merkmal des Verfassungsverbundbegriffs ist, „dass die Struktur und Funktionsfähigkeit des polyzentrischen Systems des europäischen Verfassungsraums auf ein komplexes Zusammenwirken aller Verfassungs- und Rechtsebenen angewiesen ist"[141].

IX. Schluss

Globalisierung, Internationalisierung, Europäisierung, Transnationalisierung und die anderen vorstehend analysierten Schlüsselbegriffe des „offenen Verfassungsstaates" haben zu einem Wandel[142], *nicht* aber zu einem Verlust von Staatlichkeit, einer „Zerfaserung"[143] des Nationalstaates, einer „Entstaatlichung" oder dergleichen geführt. Aufgrund des Ausbleibens des – häufig „herbeigeschriebenen" – „Unterganges" des Staates hat auch die Staatslehre ihren Gegenstand und ihre Bedeutung nicht verloren.[144] Im 21. Jahrhundert haben Staats- und Verfassungslehren aber, wie einleitend festgestellt[145], teilweise auch von neuen oder gewandelten Begriffen auszugehen. Einige dieser „neuen" Schlüsselbegriffe wurden hier erläutert. Sie verstehen sich als keineswegs abschließende[146] Auflistung, sondern lediglich als Darstellung einiger besonders wichtiger terminologischer Bausteine einer zukünftigen „Internationalen Staats- und Verfassungslehre".

---

[140] Vgl. auch das ähnliche Konzept eines Systems komplementärer „Teilverfassungen" bei *v. Bogdandy* (Fn. 138), S. 51 f.; in diesem Sinne bereits zuvor grundlegend *Häberle* (Fn. 11), S. 221 ff. Mit gleicher Stoßrichtung für das Europäische Verwaltungsrecht *Schmidt-Aßmann* (Fn. 93), S. 393 ff.

[141] *Tietje*, VVDStRL 66 (2007), 45 (50).

[142] Der Befund eines Wandels von Staatlichkeit im Zuge von Internationalisierung und Europäisierung ist allgemeiner Konsens, vgl. nur *Breuer*, Der Staat, 1998, S. 272 ff.; *Benz*, Der moderne Staat, 2001, S. 223 ff.; aus neuerer Zeit grundlegend *Schuppert* (Fn. 17), S. 115 ff., 137 ff.; vgl. auch bereits *ders.* (Fn. 9), S. 920 f. Eingehend zum Ganzen die Studien des DFG-Sonderforschungsbereichs 597 „Staatlichkeit im Wandel" an der Universität Bremen; zu dessen Aktivitäten s. die Homepage http://www.sfb597.uni-bremen.de; vgl. dazu auch *Schuppert*, Der Staat 47 (2008), 325 ff. (mit Replik von *Genschel/Leibfried*, Der Staat 47 [2008], 357 ff.).

[143] Dieses problematische Bild verwenden *Genschel/Leibfried/Zangl*, Zerfaserung und Selbsttransformation – Das Forschungsprogramm „Staatlichkeit im Wandel", TranState Working Paper No. 45, abrufbar unter: http://www.sfb597.uni-bremen.de/pages/pubApBeschreibung.php?SPRACHE=de&ID=55 (aufgerufen: 27.3.2013); *Genschel/Zangl*, APuZ 20–21/2007, 10 ff.; *Schuppert* (Fn. 10), S. 207.

[144] Vgl. *Voßkuhle* (Fn. 10), S. 2 ff.

[145] Siehe oben I.

[146] Andere zentrale Begriffe kommen hinzu, etwa Netzwerk, Zivilgesellschaft, NGO, Information/Wissen, Technisierung, insbesondere Elektronisierung (z.B. Internet, „E-Democracy") etc.

Staats*rechtlich* muss stets zwischen faktischen (empirischen) und rechtlichen (regulativen) Globalisierungsphänomenen differenziert und das Hauptaugenmerk auf letztere gerichtet werden. Die durch die Globalisierung aufgeworfenen Fragen sind insofern in erster Linie als Fragen nach der Herstellung eines wirkungsvollen demokratisch-rechtsstaatlichen Legitimationszusammenhangs für die Ausübung inter-, supra- und transnationaler Hoheitsgewalt[147] und daneben als Fragen nach der Bedeutung der sonstigen materiellen Verfassungsgarantien des Grundgesetzes (z.B. Gewaltenteilung, Grundrechte, Sozialstaat, Umweltschutz) zu reformulieren.[148] Eine Staats- und Verfassungs*lehre* kann demgegenüber in stärkerem Maße die Entwicklungen von Staatlichkeit gerade in multidimensionaler Perspektive (rechtlich, historisch, ökonomisch, politikwissenschaftlich u.a.) einfangen[149] und mit – aus Sicht der Rechtsdogmatik nur heuristischen bzw. deskriptiven – „weichen“ Schlüsselbegriffen operieren. Sie ist es, die (ebenso wie die Verfassungslehre) auf besonders ertragreiche Weise die Rechtsvergleichung[150] und den interdisziplinären Dialog[151] zum Einsatz bringen kann, um gerade hierdurch Ideen und Einsichten zu generieren für das Verständnis von eigener (nationaler, aber offener) Staatlichkeit („Staats- und Verfassungslehre der Bundesrepublik Deutschland“) oder sogar – ein ambitionierteres, aber auch problematischeres Unterfangen – von Staatlichkeit überhaupt („Allgemeine Staatslehre“).

---

[147] So unter Betonung der Volkssouveränität *Poscher* (Fn. 31), S. 163; ähnlich *Oeter*, in: FS Steinberger, 2002, S. 257 (278 ff.). Vgl. auch *Sommermann*, in: FS Tomuschat, 2006, S. 1051 ff. sowie aus politikwissenschaftlicher Perspektive *Scharpf*, in: Schuppert/Pernice/Haltern (Hrsg.), Europawissenschaft, 2005, S. 705 ff.; siehe ferner am Beispiel der internationalen Standardsetzung *Lepsius*, in: Möllers/Voßkuhle/Walter (Hrsg.), Internationales Verwaltungsrecht, 2007, S. 345 ff.

[148] In diesem Sinne der Grundansatz von *Poscher* (Fn. 31), S. 162 ff., 182 ff., 190 ff.; vgl. auch *Classen* (Fn. 53), S. 378 ff., 384 f.; *Gärditz*, in: Friauf/Höfling (Hrsg.), Berliner Kommentar zum GG, C Art. 20 (6. Teil), Rn. 20.

[149] Von einer „seismographischen Staatswissenschaft“ spricht in diesem Zusammenhang *Schuppert* (Fn. 10), S. 208. Diese habe den Wandel von Staatlichkeit zu verfolgen („Horchposten“, Wissensfunktion). Ferner habe sie den interdisziplinären Dialog zu fördern und ein Forum für fach- und problemübergreifende Reflexion bereitzustellen.

[150] So auch *Brugger*, AöR 126 (2001), 271 (291) unter Hinweis auf die Pionierrolle von *Häberle* gerade für die Verfassungsvergleichung (vgl. etwa *Häberle* [Fn. 11]). Zur Leistungsfähigkeit der Rechtsvergleichung im öffentlichen Recht und Europarecht ferner *Martinez*, in: Calliess (Hrsg.), Verfassungswandel im europäischen Staaten- und Verfassungsverbund, 2007, S. 153 ff.; *Mayer*, in: Calliess, a.a.O., S. 167 ff. sowie speziell zur Verfassungsvergleichung *Glaser* (Fn. 27), S. 31 ff.

[151] Gleichsinnig *Voßkuhle* (Fn. 10), S. 4 ff. mit dem Petitum der „Neubelebung der ‚Staatslehre‘ als eines übergreifenden interdisziplinären Reflexionsrahmens“.

Entscheiden und Entscheidungen im Verständnis Winfried Bruggers aus Sicht eines europarechtlichen Konflikts

Peter-Christian Müller-Graff

Entscheiden und Entscheidungen: Wer als Mitglied der Heidelberger Juristenfakultät dieses Thema aus rechtswissenschaftlicher Sicht im Gedenken an *Winfried Brugger* und an die mit ihm geführten und ihm zu verdankenden, vielfältig anregenden Gespräche reflektiert[1], ist sofort bei seinem berühmten Aufsatz aus dem Jahre 1996 zum anthropologischen Kreuz der Entscheidung[2] mit dem beschrifteten Schaubild der fünf Quadrate eines Kreuzes.[3] Mitten in der Kreuzung des Kreuzes, mithin in der Spannung zwischen dem von ihm derart betitelten „Rückwärts" und „Vorwärts" (West-Ost-Achse) und zwischen „Abwärts" und „Aufwärts" (Nord-Süd-Achse), steht der Entscheider, der streitbeendend eine decisio litis zu fällen hat. Dies ist in der Praxis eines Einzelkonflikts der dazu legitimierte Richter[4], in der Praxis der allgemeinen Regelbildung der Gesetzgeber[5] und in der mit dem positiven Recht im Dialog stehenden konzeptionellen Rechtslehre der systemrational orientierte Gelehrte.[6] Alles läuft im Kern, im Proprium, des Rechts und der Rechtswissenschaft auf die streitbeendende Entscheidung oder Beilegung eines Konflikts zu[7]: im Einzelfall der Rechtsanwendung oder in der Regelbildung der Rechtsetzung, die sich nicht selten auch tastend in der Anwendung eines unbestimmten Rechtsbegriffs oder

---

[1] Der Text beruht auf dem Vortrag, den der *Verf.* am 27.11.2010 auf der interdisziplinären Tagung „Entscheiden und Entscheidungen" an der Universität Heidelberg gehalten hat.

[2] *Winfried Brugger*, Das anthropologische Kreuz der Entscheidung, JuS 1996, 674 ff.; in teils gekürzter, teils erweiterter Fassung wiederabgedruckt in: *Winfried Brugger*, Liberalismus, Pluralismus, Kommunitarismus. Studien zur Legitimation des Grundgesetzes, 1999, S. 23 ff.

[3] Ebd., S. 36.

[4] Zu Funktion und Beruf des Richters in den einzelnen Gerichtsbarkeiten vgl. die Beiträge in: Peter-Christian Müller-Graff/Herbert Roth (Hrsg.), Die Praxis des Richterberufs, 2000; im historischen Querschnitt: *Franz Heinemann*, Der Richter und die Rechtsgelehrten, 1969.

[5] Zu Herausforderungen und Technik der Gesetzgebung vgl. *Hans Schneider*, Gesetzgebung, 3. Aufl. 2002.

[6] Zum Proprium der Rechtswissenschaft vgl. die Beiträge in Christoph Engel/Wolfgang Schön (Hrsg.), Das Proprium der Rechtswissenschaft, 2007.

[7] Vgl. *Peter-Christian Müller-Graff*, Juristische Fakultät, in: Peter Meusburger/Thomas Schuch (Hrsg.), Wissenschaftsatlas der Universität Heidelberg, 2011, S. 158

einer rechtlichen Generalklausel vollzieht. Aber die Entscheidung muss sich inhaltlich durch ihre Begründung legitimieren.[8]

Verbindet sich der Gelehrte mit dem Richter in einer Person[9], ist es umso reizvoller, den Entscheidungsgang im Licht von *Winfried Bruggers* rationalisierendem Verständnis vom Entscheiden ordnen zu versuchen. Dies soll nachfolgend anhand eines europarechtlichen Konfliktes erprobt werden, der dem EuGH vor einigen Jahren zur Vorabentscheidung vorgelegt wurde.[10]

Vom EuGH zu entscheiden waren europarechtliche Fragen vor dem Hintergrund folgenden Sachverhalts. Ein Unternehmen der Unterhaltungsbranche – genauer eine Gesellschaft deutschen Rechts – hatte in Bonn eine Anlage namens „Laserdrome" in Betrieb genommen, in der in Schießbahnen mit maschinenpistolenähnlichen Laserzielgeräten auf von den Spielern getragene Westen geschossen wird, die mit Sensorenempfängern ausgerüstet sind. Dieses Spiel war ursprünglich aus einem in der Bundesrepublik im Handel frei erhältlichen Kinderspielzeug entwickelt, danach aber durch weitere Ausrüstung technisch verfeinert worden, die durch eine britische Firma geliefert wurde. Nach Inbetriebnahme richtete das zuständige städtische Ordnungsamt an das Unternehmen eine Verfügung, mit der es diesem untersagte, in seiner Betriebsstätte Spielabläufe zu ermöglichen bzw. zu dulden, die ein gezieltes Beschießen von Menschen mittels Laserstrahl oder Infrarot, also auf Grund einer Trefferregistrierung ein so genanntes „spielerisches Töten" von Menschen, zum Gegenstand haben. Es begründete dies damit, dass solche Spiele eine Gefahr für die öffentliche Ordnung darstellten, da die simulierten Tötungshandlungen und die damit einhergehende Verharmlosung von Gewalt gegen die grundlegenden Wertvorstellungen der Allgemeinheit verstießen. Der Sachverhalt lässt sich unschwer fiktiv derart erweitern, dass Demonstrationen gegen das Unternehmen stattfinden und sich der örtliche Bischof empört über das Spiel äußert. Gegen das Verbot des Ordnungsamtes wendet sich der Spielstättenbetreiber unter Be-

---

[8] Vgl. dazu positiv-rechtlich etwa im Europarecht die (vom EuGH gegebenenfalls überprüfbare) Begründungspflicht für Rechtsakte in Art. 296 AEUV; als Beispiel einer der judikativen Überprüfung nicht standhaltenden Begründung z.B. EuG, Rs.T-371/94, Urteil v. 25.6.1998 Tz. 114 f., 117 f., 121 (British Airways u.a./Kommission).

[9] Dies ermöglicht die in Deutschland mögliche Kombination von Ordinariat und richterlicher Tätigkeit. Dadurch konnte der Autor die Erfahrungssicht eines Richters am Oberlandesgericht im zweiten Hauptamt gewinnen. Jeder Richter eines mitgliedstaatlichen Gerichts kann in seinem Aufgabenkreis auch Instanzrichter europarechtlicher Fragen sein. Ihn dafür zu sensibilisieren, dienen die fachlich einschlägigen Seminare der Deutschen Richterakademie und das Programm der Europäischen Rechtsakademie; zu letzterer vgl. *Peter-Christian Müller-Graff*, The Legal Professions in Europe and the Role of the Europäische Rechtsakademie: Back-on-an Envelope Reflections, in: A European Law Practitioner. Liber amicorum John Toulmin (ed. by Wolfgang Heusel/Philippe Regeade), 12 ERA Forum, Supplement 1 (May 2011), 165 ff.; als konzeptionelle Grundlage *ders.*, Die Aufgabe der Rechtsfortbildung im Zusammenhang mit der Fortentwicklung des Gemeinschaftsrechts, 1988.

[10] EuGH, Rs.C-36/02, Slg. 2004, I-9609 (Omega/Stadt Bonn).

rufung auf sein subjektives Binnenmarktrecht, Dienstleistungen und Waren, die in Britannien rechtmäßig in Verkehr gebracht worden seien, in Deutschland nutzen zu dürfen.

I. Der Entscheider im Kreuz der Entscheidung

Im Kreuz der Entscheidung befindet sich der Entscheider – als Richter oder als Rechtsgelehrter – mit der von *Winfried Brugger* in seinem Schaubild des Kreuzes markierten Aufgabe der „Auslegung in der Gegenwart".[11] Er unterfüttert dieses Mittelquadrat mit den Worten „Blick auf Rechtstext und Rechtskontext – Textualismus. Ziel: richtige Auslegung durch Wenden des Blicks nach vorne und hinten. Problem: Blick nach oben und unten." Damit ist das Entscheidungsproblem konfiguriert.

Im vorliegenden Sachverhalt wendet sich der Spielstättenbetreiber gegen das Verbot. Der Entscheider wird mit der Frage konfrontiert, ob dies mit dem Europäischen Gemeinschaftsrecht (heute: Europäisches Unionsrecht) vereinbar ist. Tatsächlich hat der europarechtliche Entscheider seinen Blick zuallererst auf den europarechtlichen Text und Systemkontext zu richten und er findet dort (heute nach der Vertragsreform von Lissabon[12]) in Art. 56 AEUV in dessen deutscher Fassung die Aussage: „Die Beschränkungen des freien Dienstleistungsverkehrs innerhalb der Union für Angehörige der Mitgliedstaaten, die in einem anderen Mitgliedstaat als demjenigen des Leistungsempfängers ansässig sind, sind verboten." Über Art. 62 AEUV in Verbindung mit Art. 54 AEUV stößt er auch auf die Regel „Für die Anwendung dieses Kapitels stehen die nach den Rechtsvorschriften eines Mitgliedstaats gegründeten Gesellschaften, die ihren satzungsmäßigen Sitz, ihre Hauptverwaltung oder ihre Hauptniederlassung innerhalb der Union haben, den natürlichen Personen gleich, die Angehörige der Mitgliedstaaten sind." In Art. 34 AEUV liest er: „Mengenmäßige Einfuhrbeschränkungen sowie alle Maßnahmen gleicher Wirkung sind zwischen den Mitgliedstaaten verboten." In diesen abstrakten Aussagen, die nicht speziell vom Tun des Spielstättenbetreibers und der städtischen Ordnungsbehörde sprechen, hat der Entscheider eigenverantwortlich und unabhängig eine systemstimmige Lösung zu finden – und dies ganz im Sinne *Winfried Bruggers* durch „richtige Auslegung" im Sinne eines inneren hermeneutischen Dialogs zwischen seinem abstraktem Verständnis der Norm und den aus dem Sachverhalt sich entwickelnden Fragen. Er hat daher den anerkannten Auslegungs-

---

[11] A.a.O., S. 36.

[12] Vgl. zu den Kontinuitätselementen des Lissabonner Vertrages *Peter-Christian Müller-Graff*, Der Vertrag von Lissabon auf der Systemspur des Europäischen Primärrechts, integration 2008, 123 ff.

kanon für kodifiziertes Recht[13] zu nutzen, das auch das Europäische Unionsrecht infolge seiner vertragsrechtlich vermittelten und begrenzten Legitimation ist.[14] Allerdings kommt im Europäischen Unionsrecht für die grammatikalische Auslegung die Besonderheit hinzu, dass der Text in derzeit 23 Sprachen gleichermaßen authentisch verbindlich ist (Art. 55 EUV).

II. *Winfried Bruggers* vier Blickrichtungen und Zugkräfte im Entscheidungskonflikt

Winfried Brugger nennt, wie gezeigt, vier Blickrichtungen und Zugkräfte, die auf den Entscheider einwirken: in seiner Terminologie zur Illustration des Entscheidungskreuzes: „rückwärts", „vorwärts", „abwärts", „aufwärts".[15]

1. Die „Rückwärts"-Blickrichtung

Der erste Blick ist nach *Winfried Brugger „rückwärts"* gewandt. Dieses Quadrat beschriftet er „Historische Auslegung: (1.) i.e.S. Blick auf Entwicklung des Rechtsbegriffs – Rechtshistorismus; (2.) Genetische Auslegung: Blick auf das damals Gewollte – Rechtsvoluntarismus."

Im vorliegenden Sachverhalt hat der Entscheider also nach dem Begriff der verbotenen Beschränkung in der Dienstleistungsfreiheit[16] und nach dem Begriff der mengenmäßigen Einfuhrbeschränkung bzw. der Maßnahme gleicher Wirkung in der Warenverkehrsfreiheit[17] aus Sicht dessen Genese und Entwicklung zu fragen – im Licht des von *Winfried Brugger* so genannten Rechtsvoluntarismus und des Rechtshistorismus. Der Begriff der „Beschränkung" (und der korrespondierenden Begriffe in anderen Vertragssprachen) ist auslegungsbedürftig.

a) *Genetisch* spricht aus dem politischen Willen der sechs Gründerstaaten der EWG von 1957, einen Gemeinsamen Markt zu errichten[18], der erste Blick dafür, in den genannten Verboten die Untersagung der *Diskriminierung* von Dienstleistungen bzw. Waren aus anderen Mitgliedstaaten zu sehen. Bei dieser An-

---

[13] Vgl. dazu nur *Claus Wilhelm Canaris/Karl Larenz*, Methodenlehre der Rechtswissenschaft, 2009; *Wolfgang Fikentscher*, Methoden Rechts, Band III, 1976, S. 668 ff.

[14] Zu Gedanken und Kriterien der Kodifikation vgl. *Peter-Christian Müller-Graff*, Kodifikationsgewinn durch Inkorporation des Inhalts von Schuldrechtsrichtlinien der EG in das BGB?, GPR 2009, 106 (107 ff.)

[15] A.a.O., S. 36.

[16] Art. 56 AEUV.

[17] Art. 34 AEUV.

[18] So der Ursprungsartikel: Art. 2 EWGV: „Aufgabe der Gemeinschaft ist es, durch die Errichtung eines Gemeinsamen Marktes...".

nahme wäre im vorliegenden Sachverhalt die Untersagung der Stadt keine Beschränkung. Denn sie ist unabhängig davon begründet, ob die Spielausrüstung inländischen oder ausländischen Ursprungs ist.

b) Allerdings lehrt *Winfried Brugger*, im Kreuz der Entscheidung gleichermaßen auch die *Begriffsentwicklung* einzubeziehen.

Für die vorliegend zu entscheidende Frage ist mithin zu berücksichtigen, dass eine Begriffsentwicklung seit mehr als drei Jahrzehnten durch Literatur und Rechtsprechung derart erfolgt ist, dass es im Interesse eines möglichst stufenfreien Marktzugangs in einzelstaatliche Teilmärkte des angestrebten Gemeinsamen Marktes für eine Beschränkung bzw. für eine mengenmäßige Einfuhrbeschränkung oder eine Maßnahme gleicher Wirkung auf eine Diskriminierung nicht ankommt: die *Behinderungseignung* reicht aus (so die Judikatur beginnend mit *Dassonville*[19] und *van Binsbergen*[20]). In einem kodifizierten System ist eine derartige judikative Auslegung wegen der Primärlegitimation des positivierten Textes für spätere Entscheidungen zwar nicht bindend im Sinne des „stare decisis" eines Präzedenziensystems.[21] Sie ist indes immerhin ein Indiz für die zweite Blickrichtung, die von *Winfried Brugger* als diejenige nach „vorwärts" bezeichnet wird.

2. *Die „Vorwärts"-Blickrichtung*

Winfried Brugger beschreibt die Vorwärts-Blickrichtung mit den Worten: „Teleologische Auslegung: Blick in die Zukunft – Rechtsinstrumentalismus".[22] Das Wort vom „Rechtsinstrumentalismus" würde vertiefte Behandlung erfordern. Im Kontext der Auslegung ist es wohl (auch) zu verstehen als eine Bezeichnung der Auslegung als Instrument des Entscheiders zur Regelpräzisierung innerhalb seines Legitimationsrahmens zur Entscheidung. Hier kommt der Entscheider als Subjekt selbst ins Spiel: genauer sein Verständnis des *Zwecks* der Norm im Dialog mit ihr, mit anderen Interpreten und mit dem Sachverhalt.

Im vorliegenden Entscheidungsfall wird sich der Entscheider kaum der Überzeugungskraft des die Dienstleistungsfreiheit und die Warenverkehrsfreiheit übergreifenden Zielgedankens der Gewährleistung eines Binnenmarktes entziehen können. Sie wurzelt in der Aufgabe der Union, gemäß Art. 3 Abs. 3 UAbs. 1 S. 1 EUV und Art. 26 Abs. 2 AEUV einen Raum ohne Binnengrenzen zu errichten, in dem der freie Verkehr von Waren, Personen, Dienstleistungen

---

[19] EuGH, Rs. 8/74, Slg. 1974, 837 (Dassonville).

[20] EuGH, Rs.33/74, Slg. 1974, 1299 Tz. 10/12 (Van Binsbergen)

[21] Zu diesem vgl. *Allan Farnsworth*, An Introduction to the Legal System of the United States, 1963, S. 45 ff.; s. auch *Winfried Brugger*, Einführung in das öffentliche Recht der USA, 2. Aufl. 2011, S. 11 f.

[22] A.a.O., S. 36.

und Kapital gemäß den Bestimmungen der Verträge gewährleistet ist. Dies bezeichnet ansatzweise das Herkunftslandprinzip.[23] Die transnationalen Marktgrundfreiheiten dienen als unmittelbar anwendbare Vorschriften diesem Ziel. Die sachgegenständliche Untersagung behindert den Bezug von Spieldienstleistungen und Waren aus Britannien, die dort rechtmäßig in den Verkehr gebracht werden. Die Verwirklichung der dem Binnenmarktkonzept zugrundeliegenden Ideen der privatautonomen innereuropäischen Verflechtung[24] aller Wirtschaftsvorgänge nach dem Prinzip des komparativen Kostenvorteils[25] und damit der Wahlfreiheit der Marktgegenseite wird vereitelt. Will man eine derartige Konsequenz in casu vermeiden, ist der Begriff der Beschränkung bzw. der Massnahme gleicher Wirkung weiter zu verstehen als eine bloße Ungleichbehandlung.[26]

3. Die „Abwärts"-Blickrichtung

Indes beginnt nun die dritte, von *Winfried Brugger* beschriebene Blickrichtung zu wirken: „abwärts". Er beschreibt sie mit „Blick auf Bedürfnisse der Betroffenen/des Interpreten – Rechtsanthropologismus"[27].

Im vorliegenden Sachverhalt brodelt hier der reale Konflikt. Denn die Bedürfnisse der Betroffenen sind konträr. Die Geschäftsinteressen des Spielstättenbetreibers und die Vergnügungsinteressen der Spieler stützen die teleologische Auslegung. Hingegen widerstreiten dem die Interessen der Demonstranten, der Stadt und der Kirche, die im Tötungsspiel grundlegende Wertvorstellungen verletzt sehen und eine Verrohung befürchten. Der „Abwärts"-Blick befeuert also die Spannung, in welcher der zur verbindlichen Entscheidung Berufene steht.

4. Die „Aufwärts"-Blickrichtung

Damit ist der vierte von *Winfried Brugger* benannte Blick zu aktivieren: derjenige „aufwärts". *Winfried Brugger* beschreibt ihn: „Blick auf Ideale/Werte in oder jenseits von Recht und Verfassung – positivierter oder moralischer Rechtsidealismus".[28] Ins Spiel geraten nun Ideale und Werte im höchstrangigen Recht.

Der Entscheider steht im vorliegenden Fall auf der Ebene des „positivierten Rechtsidealismus" vor dem Widerstreit der Marktgrundfreiheiten (namentlich

---

[23] Vgl. dazu im Zusammenhang mit der Warenverkehrsfreiheit *Peter-Christian Müller-Graff*, in: Hans von der Groeben/Jürgen Schwarze (Hrsg.), EUV/EGV. Kommentar, 6. Aufl. 2003, Art. 28 EG Rdz. 190.

[24] Vgl. *Peter-Christian Müller-Graff*, Privatrecht und Europäisches Gemeinschaftsrecht, 1991, 2. Aufl., S. 17.

[25] Vgl. *Willem Molle*, The Economics of European Integration, 1991, S. 9.

[26] Vgl. z.B. *Peter-Christian Müller-Graff*, in: Hans von der Groeben/Jürgen Schwarze (Hrsg.), EUV/EGV Kommentar, 6. Aufl. 2003, Art. 28 Rdz. 38 ff.

[27] A.a.O., S. 36.

[28] A.a.O., S. 36.

des Spielstättenbetreibers als Erwerber der Spielausrüstung aus Britannien) und der allgemeinen Handlungsfreiheit (des Spielststättenbetreibers und der Spieler) einerseits und der öffentlichen Ordnung in Gestalt der Achtung der grundrechtlichen Menschenwürde andererseits. Beide Werte werden nach der Lissaboner Vertragsreform von Art. 2 EUV vertragspositiv benannt: Achtung der Menschenwürde und Freiheit. Für deren rechtspositives Verhältnis gibt die Vorschrift einen ersten Hinweis durch die Reihung. Die Menschenwürde steht vor der Freiheit. Darin kann für den Entscheider ein erstes wegweisendes Licht in der Vielzahl der Gesichtspunkte aufscheinen: der Urblitz des Entscheidens, der zur Entscheidung führt. Dies ist aber noch nicht eine schulmäßig strukturierte Entscheidung oder Begründung.

III. Entscheiden und Entscheidung im Fadenkreuz der methodisch geleiteten Begründung

Die Aufgabe der methodisch geleiteten Begründung der Entscheidung führt zurück zum Entscheiden und Entscheider, der sich im Sinne *Winfried Bruggers* in den verschiedenen Zugkräften zwischen Text, Textgeschichte, Systematik und Teleologie sowie zwischen den Interessen der Betroffenen und den Werten findet. Es ist eine Situation, die den Entscheider in die Phase des methodisch geordneten Entscheidens bringt, je nach Temperament in einen Zustand und Ort der konzentrierten Abgeschiedenheit (sei es am Schreibtisch, sei es auf einen Wanderweg), um die kontrovers durcheinander gehenden Argumente und Gedanken zu sortieren und zu wägen. Irgendwo auf diesem Weg, beispielsweise mitten in einem Wald, wird eine dieser Zugkräfte am stärksten, meist ein Leitwert.

1. Der Leitwert

Im Fall des simulierten Tötungsspiels liegt es nahe, den ausschlaggebenden Leitwert in der Achtung der Menschenwürde zu verspüren, der die Richtung vorgibt. Damit tritt vorliegend die Frage auf, ob man es wegen des angestrebten, möglichst ungehinderten transnationalen wirtschaftlichen Freiverkehrs im Binnenmarkt und dessen europaintegrativer Funktion gut heißen soll, dass Menschen im Spiel innere Hemmschwellen abschleifen, auf andere gezielt zu schießen. In solcher Entscheidungslage ist die elementare Subjektivität des Entscheiders aufgerufen. Hier lässt die individuelle, wiewohl regelmäßig aus allgemeinen sozialen Wertungsmustern vorverständlich geprägte[29] religiöse, ethi-

[29] Zum Vorverständnis grundlegend *Josef Esser*, Vorverständnis und Methodenwahl in der Rechtsfindung, 1970.

sche, moralische Überzeugung oder Indifferenz die Waage in eine Richtung ausschlagen. Aber damit ist noch keine umsichtige juristische Begründung gegeben. Der Werteausschlag ist noch keine methodisch systemgetaktete Begründung. Daher geht es „zurück auf Los" in die Mitte des Kreuzes, aber jetzt mit der inneren Richtungsvorgabe, um nunmehr begründungshandwerklich die vom Methodenkanon[30] der Auslegung rechtlicher Texte geforderte Schrittfolge positiv-rechtlich zu festigen.

2. *Die methodisch gefasste Begründung im Licht des Entscheidungskreuzes*

Im Ausgangspunkt der Mitte im Sinne des Entscheidungskreuzes von *Winfried Brugger* steht die *grammatikalische* und *systematische* Auslegung. Diese führt vorliegend, wie gezeigt, zu dem Ergebnis, dass die maßgeblichen Beschränkungsbegriffe der Artt. 34, 56 AEUV in ihrem Wortlaut (in den verschiedenen Vertragssprachen) auslegungsbedürftig sind. Der daraufhin folgende „rückwärtige" Blick bringt die *historisch-genetische* Auslegung ins Spiel, die vorliegend unsicher bleibt. Damit leitet der „vorwärts" gerichtete Blick auf die teleologische Auslegung und zu einem Verständnis, eine Beschränkung grundsätzlich in jeder Behinderung zu sehen. Jedoch keimen beim Blick „abwärts" auf die konfligierenden Interessen der Betroffenen Zweifel, da die teleologische Auslegung nur die transnationale Marktfreiheit berücksichtigt, nicht aber den Schutz der Menschenwürde in der einzelstaatlichen Rechtsordnung. In diesem Konflikt bietet der Blick „aufwärts" in die Reihung der Menschenwürde vor der Freiheit im Werteartikel des EUV als auch in der Grundrechte-Charta zwar einen ersten Anhalt, aber doch nur in schwindelerregender Abstraktheit, mit der möglicherweise die Marktfreiheiten allzu leicht einzelstaatlich einzuschränken wären. Festeren Boden böte eine positiv-rechtliche Ausnahmenorm.

Daher fällt der Blick für die Dienstleistungsfreiheit auf Art. 62 AEUV in Verbindung mit Art. 52 AEUV, der besagt, dass dieses Kapitel nicht die Anwendbarkeit der Rechts- und Verwaltungsvorschriften beeinträchtigt, die eine Sonderregelung für Ausländer vorsehen und aus Gründen der öffentlichen Ordnung, Sicherheit und Gesundheit gerechtfertigt sind. Der Sonderregelungsansatz passt hier allerdings nicht. Es geht nicht um eine Sonderregelung für Ausländer. Gleichwohl kann man daraus eine Wertung folgern: Wenn schon Diskriminierungen aus diesen Gründen gerechtfertigt sind, ist dies erst recht für diskriminierungsfreie Behinderungen überzeugend. Allerdings bleibt die positiv-rechtliche Folgefrage, ob die Kategorie der öffentlichen Ordnung passfähig ist. Beim Blick „aufwärts" zu dem in der Verfassung der Bundesrepublik Deutschland alles überragenden Wert des Art. 1 GG wird man nicht zweifeln, dass die Achtung der Menschenwürde Rückgrat der öffentlichen Ordnung in

---

30 S. oben Fn. 13.

Deutschland ist. Und gleiches gilt nach der Vertragsreform von Lissabon auch ausdrücklich positiv-rechtlich für die Europäische Union. Art. 2 EUV führt die Achtung der Menschenwürde als erstgereihten Wert. Zugleich parallelisiert Art. 1 der mit dem Vertrag von Lissabon nach Art. 6 Abs. 1 EUV in den Status von Primärrecht der Union erhobenen Grundrechte-Charta diesen Befund.

Freilich zwingt die Zugkraft „von unten" zu einer letzten Gegenprüfung mit der Frage, ob die Interessen der Marktakteure damit generell irrelevant werden. Das kann Ergebnis der decisio litis in concreto sein, aber nicht ohne dass der zuständige Entscheider die Untersagung nochmals unter mehreren Gesichtspunkten kritisch darauf befragt, ob sie ein geeignetes, erforderliches und verhältnismäßiges Mittel zum Schutz der Menschenwürde ist. Im vorliegenden Sachverhalt lassen sich diese Fragen bejahen und sind vom EuGH auch bejaht worden.[31] Anders wäre die Beurteilung einer konkreten Maßnahme nach diesen Kriterien im Konflikt zwischen transnationalen Marktgrundfreiheiten und anderen Prinzipien aber schon im Fall der Sperrung einer wichtigen transeuropäischen Straßenverbindung für mehrere Tage zur Ermöglichung von Demonstrationen für den Umweltschutz (Meinungs- und Demonstrationsfreiheit) angesichts der damit verbundenen Behinderungen der Warendurchfuhrfreiheit[32], oder bei einem allgemeinen Vermarktungsverbot niederprozentiger Fruchtsaftliköre im Interesse des Verbraucherschutzes.[33]

Mit der solcherart entwickelten Entscheidung und Begründung kommt der Entscheider mit aufrechtem Gang aus der Entscheidungsphase, befreit vom Kreuz der Entscheidung. Denn er hat mit einer Begründung entschieden, die er im legitimierten System verbindlicher Rechtsnormen systemrational abgesichert hat, zu der er stehen kann, die er verkünden kann und mit der er überzeugt und ohne Beschwernis leben kann. Und in *Winfried Bruggers* Text zum anthropologischen Kreuz der Entscheidung erkennt er ein Erklärungsmuster, dem sich die verschiedenen Kräfte des nunmehr bewältigten Entscheidungsdrucks rationalisierend und methodisch zuordnen lassen.

---

[31] A.a.O. Tz. 35 ff.

[32] Im Fall der 28stündigen Sperrung der Brennerautobahn konnte hingegen die Verhältnismäßigkeit der Sperrung bejaht werden: EuGH, Rs.C-112/00, Slg. 2003, I-5659 (Schmidberger).

[33] Dieses erkannte EuGH, Rs. 120/78, Slg. 1979, 649 (Rewe-Zentral AG/Bundesmonopolverwaltung für Branntwein) wegen der freiverkehrsschonenderen Alternative der Anordnung einer Etikettierungspflicht überzeugend als nicht erforderlich.

Dynamik und Potential der Menschenrechte[1]

Dagmar Richter

I. Wesen und Besonderheit der Menschenrechte – eine Annäherung

Menschenrechte werden heute ganz selbstverständlich als Teilmaterie des Völkerrechts wahrgenommen. Sie sind aber viel breiter im kulturellen Fundus der Menschheit verankert und beziehen daraus ihre besondere Bedeutung. Weit mehr als Rechte im juristischen Sinne sind sie Leitprinzipien, „höheres Recht", „Recht des Rechtes" und Recht der Menschheit[2], das allein „Endzweck aller politischer Vereinigung"[3] ist. Inwieweit der Gedanke einer finalen Humanisierung des Völkerrechts[4] sich im heutigen Völkerrecht gegen eine übermächtige Staatensouveränität behauptet, ist Gegenstand dieser Abhandlung. Sie wird sich dem Wesen der Menschenrechte, ihrer Dynamik und ihrem Potential anhand ausgewählter Einzelthemen annähern.

1. Historische Grundrechte im Gewand der „Menschenrechte"

In der Rechtswissenschaft hat es sich eingebürgert, die Entstehungsgeschichte der Menschenrechte in den Zusammenhang mit der Verselbständigung der nordamerikanischen Kolonien und/oder der Französischen Revolution zu stellen.[5]

---

[1] Der Beitrag geht auf einen Vortrag zurück, den ich am 24.4.2010 anlässlich eines Kolloquiums zu Ehren von *Winfried Brugger* noch in seiner Anwesenheit gehalten habe. Für die engagierte Unterstützung bei der Herstellung dieser Publikation bedanke ich mich vielmals bei Herrn Ref. iur. *Patrick Uhrmeister*, wiss. Assistent an der Universität St. Gallen.

[2] Vgl. *Winfried Brugger*, Liberalismus, Pluralismus, Kommunitarismus, 1999, S. 96 f. (m.w.N.).

[3] Art. 2 der französischen Déclaration de droits de l'homme et du citoyen von 1789: „Le but de toute association politique est la conservation des droits naturels et imprescriptibles de l'homme. Ces droits sont la liberté, la propriété, la sûreté et la résistance à l'oppression." Dazu *Brugger* (Fn. 2), S. 88.

[4] Grundlegend *Theodor Meron*, The Humanization of International Law, 2006; *Menno T. Kamminga*, Humanisation of International Law, in: Ineke Boerefijn/Jenny Goldschmidt (Hrsg.), Changing Perceptions of Sovereignty and Human Rights, Essays in Honour of Cees Flinterman, 2008, S. 29 ff.

[5] Statt Vieler *Andreas Haratsch*, The Development of Human Rights in International Law, in: Thilo Marauhn, Thilo/Heinhard Steiger (Hrsg.), Universality and Continuity in International Law, 2011, S. 505 ff. (m.w.N.).

Dabei wird seit Jahrzehnten kontrovers diskutiert, ob und wieweit die Menschenrechte eher auf die areligiös-aufklärerische Tradition der französischen Revolution oder auf den Kampf der nordamerikanischen Kolonisten um religiöse Freiheit zurückzuführen sind[6], ob sie einer religionsfernen oder aber -freundlichen Haltung entsprungen sind. Schon die Vielfalt der treibenden Motive innerhalb der nordamerikanischen Unabhängigkeitsbewegung[7] legt es nahe, die Menschenrechte als den Endpunkt einer komplexen Geschichte mit vielen Wurzeln zu begreifen.[8] Neuere Deutungskonzepte versuchen daher überzeugend, die disparaten Traditionsstränge miteinander zu verbinden, etwa in der Synthese, dass sich in den Kolonien der pietistische Standpunkt einer breiten Masse mit dem aufklärerischen Anliegen einer Elite vereinigt habe und im Ergebnis dessen der Mensch selbst „heilig" geworden sei.[9]

Die spezielle Situation in den nordamerikanischen Kolonien, die sich 1776 von England loslösten, hat wie eine Initialzündung gewirkt, weil sie den Protagonisten, die Anklagen wegen Hochverrats befürchten mussten, keine andere Wahl ließ, als ins Neue zu denken. Das galt nicht nur für die Erschaffung einer neuartigen monarchiefreien Organisation der dreizehn Republiken, die sich 1789 zum ersten Bundesstaat der Welt zusammenschlossen, sondern auch für das Verhältnis zwischen Einzelnem und Republik. Die Herrschaft der Mehrheit, welche alle männlichen, weißen Kolonisten kraft ihrer Mitbestimmungsrechte bilden konnten, machte es erforderlich, einer „Tyrannei der Mehrheit" Schranken – durch Individualrechte – zu setzen. Denn auch von hier drohte der Machtmissbrauch, während man sich gerade von der alten Ordnung abgewandt hatte, um Freiheit in religiöser, wirtschaftlicher und politischer Hinsicht zu gewinnen. Von Anfang an bestand deshalb ein Zusammenhang zwischen Demokratie und Menschenrechten. Zugleich und vor allem musste man seine Unabhängigkeit durch die Behauptung, man habe sich zum Schutz inhärenter, unveräußerlicher Rechte der Einzelnen eine neue Staatsform geben müssen, legitimieren. Die von *George Mason* entwickelte Formulierung der Virginia Declaration of Rights "that all men are by nature equally free and indepen-

---

[6] Für Letzteres bereits *Georg Jellinek*, Die Erklärung der Menschen- und Bürgerrechte, 1895.

[7] Namentlich das Anliegen des neu entstandenen Bürgertums, sich die „Magna Charta"-Rechte des Adels gegen die Monarchie anzueignen, einer stark arbeitsteiligen organisierten, produktiveren Gesellschaft nach politischer Mitbestimmung ("no taxation without representation"), die Garantie religiöser Freiheit, die Forderung nach Gleichheit vor dem Recht als Gegenmodell zum privilegiengestützten Feudalsystem. Siehe zum Letzteren Section 4 der Virginia Bill of Rights: "That no man, or set of men, is entitled to exclusive or separate emoluments or privileges from the community, but in consideration of public services; which, nor being descendible, neither ought the offices of magistrate, legislator, or judge to be hereditary."

[8] Vgl. auch *Ed Bates*, History, in: Daniel Moeckli et. al. (eds.), International Human Rights Law, 2010, S. 17 (18 ff.).

[9] *Hans Joas*, Die Sakralität der Person, – Eine neue Genealogie der Menschenrechte, 2011.

dent and have certain inherent rights"[10] inspirierte *Thomas Jefferson* zu einer der wichtigsten Aussagen der Unabhängigkeitserklärung vom 4. Juli 1776: "We hold these truths to be self-evident, that all men are created equal, that they are endowed by their Creator with certain unalienable Rights, ..." Mit dieser Beschwörung der Natur und ihrer selbstverständlichen Geltung sollten die bezeichneten fundamentalen Rechte zum untrennbaren Bestandteil der menschlichen (männlichen) Person und damit auch unangreifbar werden.

Die nordamerikanische Entwicklung des späten 18. Jahrhunderts zeigt, dass naturrechtlich bzw. gottgegeben gedeutete „Menschenrechte" als Grundrechte fungierten. Dieses Grundverständnis spiegelt sich darin wieder, dass nur für das Wahlrecht eine hinreichende Evidenz für die Anbindung an das jeweilige Gemeinwesen – und keineswegs eine formale Bürgerstellung! – verlangt wurde.[11] Die maßgeblich von *Lafayette* und seinem Freund, dem amerikanischen Gesandten *Jefferson*, entworfene französische Déclaration de droits de l'homme et du citoyen richtete sich hingegen an den Menschen und Bürger, wobei der Bürger als Angehöriger der Nation jedoch zugleich als Teil der Menschheit angesprochen wurde, also aus diesem Grunde die fraglichen Rechte besaß. Die Déclaration zeigt sich insoweit als Übergangskonzept, in dem die menschenrechtliche Idee die legitimierende und der bürgerliche Ansatz die eine Nation formierende Rolle spielt. Erst mit dem Ausbau des Nationalstaats in späterer Zeit werden die Grundrechte zu reinen Bürgerrechten und wird die Rechtsstellung von Bürgern konsequent von denen der Fremden unterschieden, so etwa in der französischen Charte Constitutionelle von 1814 oder dem Gesetz über die Grundrechte des Deutschen Volkes von 1848.

Wie dieser Verlauf der Geschichte verdeutlicht, haben nicht die Grundrechte die Menschenrechte hervorgebracht, sondern es war umgekehrt. Allerdings hat man die Menschenrechte des späten 18. Jahrhunderts auch nicht als völkerrechtliche Normen verstanden: Es handelte sich der Sache nach um Grundrechte, die aber zugleich die Behauptung universeller Geltung beinhalteten, wonach keinem männlichen weißen Bürger, wo immer auf der Welt er auch leben mochte, diese Rechte vorenthalten werden könnten. Obwohl es sich somit um Rechte im Rahmen spezifischer Verfassungsordnungen handelte, war ihnen der Gedanke universell geltender, natur- und gottgegebener Rechte von Anfang an immanent; er hat die Menschheit seither trotz zwischenzeitiger Trennung der Konzepte in Grund- und Menschenrechte nicht mehr losgelassen.

---

[10] Annahme durch die Virginia Constitutional Convention am 12. Juni 1776. Abdruck bei: Yale Law School, The Avalon Project, Documents in Law, History and Diplomacy, http://avalon.law.yale.edu/18th_century/virginia.asp (Abfrage vom 10.12.2012).

[11] Siehe z.B. Section 6 der Virginia Bill of Rights (Fn. 10): "That elections of members to serve as representatives of the people, in assembly ought to be free; and that all men, having sufficient evidence of permanent common interest with, and attachment to, the community, have the right of suffrage and ...".

2. *Menschenrechte als überstaatliche Grundrechte: Harmonisierung, nicht Konstitutionalisierung*

Unter „Menschenrechten“ verstehen wir heute die Summe all jener Normen, die sich für eine Anwendung auf Individuen oder private Vereinigungen eignen, diese mit Bezug auf die Ausübung hoheitlicher Befugnisse berechtigen oder befähigen[12] und ihren Geltungsgrund in einer der drei anerkannten Hauptrechtsquellen des Völkerrechts, d.h. dem Völkervertragsrecht, Völkergewohnheitsrecht oder den allgemeinen Rechtsgrundsätzen (Art. 38 IGH-Statut), haben.[13]

Sowohl in ihrer äußerlichen Struktur als auch in ihrer Substanz gleichen Menschenrechte den innerstaatlichen Grundrechten; es kann sich also der Sache nach um klassische bürgerliche und politische Rechte, aber auch um wirtschaftliche, soziale und kulturelle Rechte handeln, die eine grundlegende Bedeutung für die menschliche Rechtsstellung haben und sich für einen höheren Rang in der Normenhierarchie eignen. Adressaten sind nicht nur Personen, die sich im Geltungsbereich einer ganz bestimmten staatlichen Rechtsordnung befinden, sondern grundsätzlich alle Menschen dieser Welt oder – im Falle regionaler Menschenrechte – einer Weltregion. Wesentlich ist, dass alle Menschen der Welt oder einer Weltregion *dieselben* Rechte genießen, auch wenn damit noch nicht gesagt ist, ob eine Person in den konkreten Anwendungsbereich eines bestimmten Menschenrechts fällt, sich selbst vor völkerrechtlichen oder staatlichen Institutionen auf Menschenrechte berufen kann oder mit Blick auf die besonderen Verhältnisse im einzelnen Staat mehr oder weniger weit gehenden Beschränkungen unterliegt.

Auf der Verpflichtetenseite stehen aber ungeachtet aller Beteuerungen der UNO über die Bedeutung der Menschenrechte im UN-System[14] nicht der „Weltstaat“ oder im Falle regionaler Menschenrechte die „Weltregion“[15], son-

---

[12] Das umstrittene Konzept, Menschenrechten auch einen Menschen verpflichtenden Charakter zuzuweisen, ergibt sich z.B. ausdrücklich aus Art. 27 der Afrikanischen Charta der Menschenrechte und Rechte der Völker (Banjul Charta). Die Vorschrift wird von der Afrikanischen Kommission für Menschenrechte und Rechte der Völker allerdings entgegen dem äußeren Anschein im Sinne eines Gesetzesvorbehalts und strengen Verhältnismäßigkeitserfordernisses interpretiert. Siehe zur entsprechenden Spruchpraxis *Rachel Murray*, African Union: Banjul Charter, in: David P. Forsythe (Hrsg.), Encyclopedia of Human Rights, Bd. I: 2009, S. 12 (16 f.), m.N.

[13] Etwas andere Definitionen geben *Walter Kälin/Jörg Künzli*, Universeller Menschenrechtsschutz, 2. Aufl. 2008, S. 36 ff.; *Manfred Nowak*, Einführung in das internationale Menschenrechtssystem, 2002, 13. Siehe auch *Arnd Pollmann*, Menschenrechte, Grundrechte, Bürgerrechte, in: Ders./Georg Lohmann (Hrsg.), Menschenrechte – Ein interdisziplinäres Handbuch, 2012, S. 129 ff.

[14] Deutlich zum weitgehenden Ausfall eines funktionierenden Menschenrechtsschutzes in den Entscheidungsstrukturen des UN-Sicherheitsrates EuG, Urt. v. 30.9.2010, Rs. T-85/09, §§ 127 f. – *Kadi*.

[15] Eine Ausnahme stellt insoweit die EU dar, deren Organe umfassend an die Beachtung europäischer Grundrechte gebunden sind: Art. 6 Abs. 1 EUV i.V.m. Art. 51 Abs. 1 Grundrechtecharta.

dern nach wie vor die einzelnen Staaten, die unter der Voraussetzung einer universellen Geltung der Menschenrechte[16] grundsätzlich dasselbe Ausmaß an Verpflichtungen trifft, wobei es aber der Zurechnung zum einzelnen Staat bedarf. So kommt es im Falle vertraglich garantierter Menschenrechte immer darauf an, dass die verletzte Person auch der „Jurisdiktion" des verpflichteten Vertragsstaates unterfällt[17], oder im Falle gewohnheitsrechtlich verbürgter Menschenrechte, dass ein Verantwortungszusammenhang zwischen einem Opfer und einem Staat oder einem anderen Völkerrechtssubjekt hergestellt werden kann.[18] Bei allen Unterschieden zwischen Menschenrechten und Grundrechten sehen wir hier gleichwohl die *Transposition* einer originär verfassungsrechtlichen Materie (Grundrechte als Verfassungsrechte) auf eine sich erst bildende und langsam verdichtende Weltordnung. Gerade darin unterscheiden sich die Menschenrechte gemeinsam mit dem völkerrechtlichen Minderheitenschutz von den meisten anderen Materien des Völkerrechts: Klassisches Völkerrecht beschäftigt sich mit den Beziehungen der traditionellen Völkerrechtssubjekte, insbesondere der Staaten untereinander; es geht von nebeneinander existierenden souveränen Gleichen aus, die ihre Rechte und Pflichten mehr oder minder kooperativ aushandeln und ihre Sphären voneinander abgrenzen; Menschenrechte und Minderheitenschutz hingegen setzen die Idee einer staatsähnlichen Weltordnung voraus, in der bestimmte Standards der Bindung von Hoheitsgewalt gegenüber rechtsunterworfenen Einzelnen allgemein gelten sollen.

Mit diesem fundamentalen Unterschied erklärt sich auch, warum Menschenrechte aus dem völkerrechtlichen Grundschema der Reziprozität herausfallen: Weder ist es den Staaten erlaubt, als Gegenmaßnahme gegen die Völkerrechtsverletzung eines anderen Staates menschenrechtliche Verpflichtungen zu missachten[19], noch dürfen sie in Beantwortung eines sogenannten „unfreundlichen Aktes" die hieran unschuldige Bevölkerung des unfreundlichen Staates mit Nachteilen überziehen.[20] Gerade auch hier könnte deshalb von der vieldiskutierten „Konstitutionalisierung" des Völkerrechts die Rede sein[21]; der Begriff

---

16 Siehe noch unten III.

17 Siehe insbes. Art. 1 EMRK; Art. 2 IPbpR.

18 Siehe Art. 4 ff. ILC Draft Articles on Responsibility of States for Internationally Wrongful Acts von 2001 (Report of the International Law Commission, UN Doc A/56/10, 43).

19 Siehe Art. 50 Abs. 1 lit. b der ILC Draft Articles on Responsibility of States (Fn. 18): "Countermeasures shall not affect: ... (b) obligations for the protection of fundamental human rights; ..." Obwohl diese Rechtsregel heute als akzeptiert gilt, sind Belege hierfür aus der Rechtspraxis eher rar. Siehe Commentary zu Art. 50 Abs. 1 lit. b (UN Doc A/56/10, 59 [334 f.]), unter Bezugnahme u.a. auf den *Naulilaa*-Schiedsspruch (*Responsibility of Germany for damage caused in the Portuguese colonies in the south of Africa*, 1928), m.N.

20 Letztere Entwicklung ist erst im Entstehen begriffen. Siehe *Dagmar Richter*, „Unfriendly Act", in: Encyclopedia of Public International Law (www.mpepil.com), 2012/13.

21 Siehe statt vieler *Anne Peters*, Are we Moving towards Constitutionalization of the World Community?, in: Cassese, Antonio (Hrsg.), Realizing Utopia, 2012, S. 118 (120 f.);

überzeugt aber im Bereich der Menschenrechte noch nicht, weil diese nicht globale oder regionale Institutionen und deren Substrukturen im Rahmen einer entstehenden Welt- oder Regionalordnung in die Pflicht nehmen, sondern einheitliche Maßstäbe für die Beachtung durch die Staaten setzen: *Harmonisierung* der Rechts- und Verwaltungspraxis in der Staatenwelt trifft die Sache daher besser.

3. Die Ausdrucksformen der Menschenrechte

a) Verträge und politische Erklärungen: Unverbindlich ist nicht unbedeutend

Menschenrechte finden wir zum einen in *geschriebener* Form, entweder in verbindlichen völkerrechtlichen Verträgen wie z.B. der Europäischen Menschenrechtskonvention[22], aber auch in rechtlich nicht bindenden politischen Erklärungen. So ist z.B. die Allgemeine Erklärung der Menschenrechte (AEM) von 1948[23] nichts anderes als eine Resolution der Generalversammlung der Vereinten Nationen, welche nach der UN-Charta nur unverbindliche Beschlüsse fassen kann.[24] Gerade dieses Beispiel zeigt aber auch, dass „unverbindlich" nicht gleich „unbedeutend" ist, denn die AEM hat nicht nur die Prototypen für die Einzelartikel folgender Menschenrechtsverträge geliefert, sondern auch entscheidend zur völkergewohnheitsrechtlichen Geltung der in ihr enthaltenen Menschenrechte beigetragen. Sie hat, wie *Desmond Tutu* es ausdrückte, eine „subversive Kraft": Menschenrechte erzeugen Rechtfertigungsdruck, sobald die Menschen sie kennen; sie sind das schleichende Gift, das totalitären Regimen zusetzt. Denken wir z.B. an Teil VII des ersten „Korbes" (Prinzipiendekalog) der Schlussakte der KSZE-Konferenz von Helsinki vom 1. August 1975, in dem formuliert ist, dass die Teilnehmerstaaten „die wirksame Ausübung der zivilen, politischen, wirtschaftlichen, sozialen, kulturellen sowie der anderen Rechte und Freiheiten, die sich alle aus der dem Menschen innewohnenden Würde ergeben und für seine freie und volle Entfaltung wesentlich sind, fördern und ermutigen". Damit in kritischen Phasen zu argumentieren, hat der Opposition im früheren Ostblock den Rücken gestärkt, obwohl es sich nach herrschender Meinung nur um eine politische Erklärung handelte. Keines der autoritären Regime von heute würde die grundsätzliche Gültigkeit der in der AEM enthaltenen Menschenrechte unter Hinweis auf eine fehlende Rechtsverbindlichkeit infrage

---

Frank Schorkopf/Christian Walter, Elements of Constitutionalization: Multilevel Structures of Human Rights Protection in General International and WTO-Law, GLJ 4 (2003), S. 1359 ff.

[22] (Europäische) Konvention zum Schutz der Menschenrechte und Grundfreiheiten v. 4.11.1950, UNTS Bd. 213, S. 221.

[23] Resolution 217 (III) der UN-Generalversammlung v. 12.12.1948, GAOR 3rd Sess., Part I, 71.

[24] Siehe Art. 10 ff. einerseits und Art. 25 UN-Charta andererseits.

stellen.[25] Die Unmöglichkeit, die Geltung dieser fundamentalen Garantien zu bestreiten, ohne jedes Ansehen in der Völkergemeinschaft zu verlieren, erklärt vielmehr, warum die Erklärung inzwischen weitgehend in bindendes Völkergewohnheitsrecht erwachsen ist.[26] Aber auch dort, wo die Völkergemeinschaft mit bloßen Standards (soft law) im weniger fundamentalen Bereich operiert, etwa bei der Einbeziehung privater Akteure in menschenrechtliche Bindungen, zeigt sich, dass die Grenzen zwischen Recht und Nicht-Recht fließender werden.[27] Entscheidend ist für den Erfolg von Menschenrechten in der Staatenwelt weniger die formale Rechtsqualität als die Akzeptanz des Inhalts, welche später in eine Anerkennung als Gewohnheitsrecht einmünden kann.

b) Die Macht der Rechtspraxis – am Beispiel des Verbots der Todesstrafe

Ungeschriebene Menschenrechte sind verbindlich, sofern sie z.B. die Anforderungen an die Entstehung universellen oder regionalen Völkergewohnheitsrechts erfüllen. Gemäß Art. 38 lit. b IGH-Statut bedarf es dafür einer allgemeinen, hinreichend konsistenten Staatenpraxis, die auch von einer entsprechenden Rechtsüberzeugung der überwiegend meisten Staaten getragen ist, wonach die geübte Praxis auch völkerrechtlich geschuldet sei. So lässt sich z.B. fragen, ob die Staaten, die noch die Todesstrafe verhängen, damit gegen ein völkergewohnheitsrechtliches Verbot verstoßen. Gegen seine Existenz spricht, dass das geschriebene Recht auf Leben in den wichtigsten menschenrechtlichen Verträgen, in der EMRK von 1950, aber auch im Pakt über bürgerliche und politische Rechte von 1966[28], die Todesstrafe offenkundig zulässt, sie lediglich von prozeduralen Bedingungen abhängig macht. Erst spätere Zusatzprotokolle zu den großen Menschenrechtsverträgen, die der gesonderten Ratifikation bedürfen, richten sich auf eine generelle Abschaffung dieser Strafe.[29] Nur in einigen Sonderfällen, nämlich soweit die Todesstrafe auch Geisteskranke trifft, an Schwangeren oder Jugendlichen vollstreckt wird, hat sich die Überzeugung von der Unangemessenheit dieser Strafe durchgesetzt.[30] Auch das Verbot, sie zulasten von zur Tatzeit Minderjährigen zu verhängen, dürfte schon Teil des Völkerge-

---

[25] Siehe *Bates* (Fn. 8), S. 37.

[26] Dazu noch im Folgenden II.2.a).

[27] Generell zur Einebnung des Unterschiedes *Dahm/Delbrück/Wolfrum*, Völkerrecht, Bd. I/3, 2. Aufl. 2002, S. 517.

[28] Internationaler Pakt über bürgerliche und politische Rechte vom 12.12.1966, UNTS Bd. 999, S. 171.

[29] Siehe 6. Zusatzprotokoll (ZP) zur EMRK vom 28.4.1983, SEV (ETS)-Nr. 114 und 13. ZP vom 3.5.2002, SEV (ETS)-Nr. 187; 2. ZP zum IPbpR vom 15.12.1989; 2. Zusatzprotokoll zur Amerikanischen Menschenrechtskonvention vom 8.6.1990, OAS Treaty Series No. 73.

[30] *Kälin/Künzli* (Fn. 13), S. 278. Siehe auch Resolution 2003/67 der UN-Menschenrechtskommission sowie Inter-American Commission on Human Rights, Resolution No. 3/87, Case 9647 (1987) – *James Terry Roach and Jay Pinkerton v. USA*, Inter-Am. Cm. H.R. 1986–87, 147 OES/Ser.L/VII/71, doc. 9, rev. 1 (1987) 60.

wohnheitsrechts geworden sein. Die entgegenstehende Praxis einiger US-Bundesstaaten, Minderjährige, die zur Tatzeit mindestens siebzehn Jahre alt gewesen waren, erst zeitverzögert nach Erreichen der Volljährigkeit zum Tode zu verurteilen, hat der U.S. Supreme Court – gerade auch unter Hinweis auf die weitgehende Isolierung der USA in der Staatenwelt – unterbunden.[31] Er tat dies erklärtermaßen wissend, dass die USA – nur noch in schlechter Gesellschaft mit Somalia – der Kinderkonvention der Vereinten Nationen nicht beigetreten sind und damit das geschriebene Verbot der Verhängung der Todesstrafe zulasten Minderjähriger (Art. 37 lit. a Satz 2 KK) bewusst nicht angenommen haben. Um sich unter diesen Umständen nicht direkt auf Völkerrecht stützen zu müssen, argumentierte der Supreme Court listig, dass die Abschaffung einer für menschenrechtswidrig gehaltenen Praxis durch fast alle Staaten der Welt ein starkes Indiz für deren Unverhältnismäßigkeit nach *innerstaatlichem* Recht sei.[32]

Auch die Vertragsorgane der Menschenrechtssysteme haben an den Spezialprotokollen vorbei kreative Wege zur indirekten Eindämmung der Todesstrafe gefunden. So qualifizierte der Europäische Gerichtshof für Menschenrechte z.B. das qualvoll lange Warten auf die Todesstrafe in den USA („death row phenomenon") als unmenschliche Behandlung i.S.v. Art. 3 EMRK, die einer Auslieferung in die USA grundsätzlich entgegenstehe[33], und leitete dasselbe Gericht aus dem Recht auf Leben (Art. 2 EMRK) ein Verbot der willkürlichen (diskriminierenden) Verurteilung zum Tode sowie die Geltung der „rigorosesten Standards der Verfahrensfairness" ab.[34] Nachdem neuere Erhebungen eine Umkehr der Staatenpraxis hin zur Abschaffung dieser Strafe belegen, haben die Vereinten Nationen die weltweite Beseitigung zum Ziel und das Moratorium zur nun gebotenen Zwischenlösung erklärt.[35] Die an sich noch erlaubte Verhängung der Todesstrafe stößt damit nicht nur auf immer höhere Anforderungen im Einzelfall, sondern setzt die verbleibenden Staaten auch ei-

---

[31] U.S. Supreme Court in *Roper v. Simmons*, 543 U.S. 551 (2005).

[32] U.S. Supreme Court (Fn. 31), sub IV., "Our determination that the death penalty is disproportionate punishment for offenders under 18 finds confirmation in the stark reality that the United States is the only country in the world that continues to give official sanction to the juvenile death penalty."

[33] EGMR No. 14038/88, A 161, § 111 – *Soering* (= NJW 1990, S. 2183 ff.).

[34] EGMR No. 46221/99, §§ 202 ff. – *Öcalan*. Im Wesentlichen bestätigt durch EGMR (Große Kammer), Rep. 2005-IV, §§ 162–165 – *Öcalan*.

[35] Siehe das mit grosser Mehrheit angenommene Todesstrafen-Moratorium („Landmark Resolution") der UN-Generalversammlung vom 18.12.2007, GA-Res. 62/149; bestätigt durch GA-Res. 63/168 vom 18.12.2008 und GA-Res. 65/206 vom 21.12.2010. Siehe auch Bericht des UN-Generalsekretärs „Moratoriums on the use of the death penalty" vom 11.8.2010, UNGA, A/65/280; sowie den Aufruf des UN Generalsekretärs Ban Ki-moon vom 3.7.2012 zur Abschaffung der Todesstrafe, in: U.N. Human Rights, Office of the High Commissioner, Moving Away from the Death Penalty – Lessons from National Experiences, 21 ff., abrufbar unter: www.ohchr.org/Lists/MeetingsNY/Attachments/27/moving_away_from_death_penalty_web.pdf (Zugriff am 3.12.2012).

nem zunehmenden Rechtfertigungsdruck aus. UNO, Menschenrechtsorgane und Nichtregierungsorganisationen treiben sie mit langem Atem in eine internationale Isolation, aus der nur noch die Abschaffung herausführen kann.

Könnte man im Einklang mit dieser Entwicklung in naher Zukunft ein ungeschriebenes Verbot dieser Strafe auf universeller und womöglich jetzt schon auf regionaler (europäischer) Ebene nachweisen, hätte das die ungewöhnliche Konsequenz, dass Völkergewohnheitsrecht sich in dieser Frage über den Acquis der geschriebenen Menschenrechtsverträge hinaus entwickelt hätte. Das ist eine noch ungewohnte Vorstellung, denn bislang standen die großen Menschenrechtsverträge mit kodifizierendem Charakter wie die EMRK, die AMRK und der Zivilpakt für den Aufbruch in eine neue, individualschützende Zeit. Tatsächlich verkörpern sie jedoch die Gedankenwelt aus der Zeit nach dem Zweiten Weltkrieg, sind in die Jahre gekommen und beginnen unaufhaltsam zu versteinern. Da sich die staatlichen Vertragspartner niemals auf die Novellierung der großen Menschenrechtsverträge, sondern allenfalls auf den Ausbau einzelner Garantien durch ratifikationspflichtige Zusatzprotokolle verständigen können, stößt das Vertragsrecht hier an seine Grenzen. Die Zersplitterung in Zusatzprotokolle mit jeweils unterschiedlichen Vertragsparteien unterminiert das Konzept der Kodifikation von Menschenrechten (Art. 13 Abs. 1 lit. a UN-Charta), kann aber die Dynamik des Vertragsrechts, wie im Folgenden gezeigt wird, nicht grundsätzlich bremsen.

II. Die Selbstergänzungskraft der Menschenrechte

1. Menschenrechtsverträge: Modale Rechte als Potential

Die Frage, welche Rechte überhaupt als Menschenrechte anerkannt sind, muss immer wieder neu beantwortet werden. Wirft man einen Blick in die großen Menschenrechtsverträge, etwa die EMRK von 1950 oder den UN-Zivilpakt von 1966, enthalten sie nahezu übereinstimmend alle klassischen „bürgerlichen und politischen" Rechte, die „Rechte der ersten Generation"[36], wie wir sie auch aus dem Verfassungsrecht kennen: Das Recht auf Leben, das Folterverbot, Verbot der Sklaverei und Zwangsarbeit, das Recht auf Freiheit und Sicherheit, auf ein faires Verfahren, den Grundsatz *nulla poena sine lege*, den Schutz des Privat- und Familienlebens, Gedanken-, Gewissens- und Religionsfreiheit, Meinungsfreiheit, Versammlungs- und Vereinigungsfreiheit, Eheschließungsfreiheit, das Beschwerderecht und ein zumindest akzessorisches Diskriminierungsverbot.

[36] Kritisch zum Begriff der „Generationen" von Rechten *Eibe Riedel*, Menschenrechte der dritten Dimension, EuGRZ 1989, S. 9 ff.: Da der Eindruck der Ablösung einer Generation von Menschenrechten durch eine neue entstehen könne, sei der weniger irreführende Begriff der Dimensionen vorzuziehen.

Nicht in allen umfassenden Menschenrechtsverträgen garantiert sind das Eigentumsrecht[37], die Freizügigkeit[38], ein selbstständiges Diskriminierungsverbot[39] oder die Rechte der Angehörigen nationaler Minderheiten.[40]

Es fehlen in den grundlegenden Verträgen zumindest auf den ersten Blick die körperliche Unversehrtheit, das Persönlichkeitsrecht, die Berufsfreiheit, eine explizite Garantie der Menschenwürde, das Asylrecht, das Recht auf Kriegsdienstverweigerung und natürlich auch die Allgemeine Handlungsfreiheit. Einige dieser Garantien lassen sich bereits im Wege gewöhnlicher Auslegung den vorhandenen Garantien entnehmen, so z.B. Persönlichkeitsrechte aus dem Recht auf Achtung des Privat- und Familienlebens. Darüber hinaus entlockt eine kreative internationale Rechtsprechung den Menschenrechtsverträgen aber auch Rechte, die man ihnen nicht ansieht, indem sie diese als „living instrument", d.h. „dynamisch" oder „evolutiv", interpretiert.[41] Es gibt in den Menschenrechtsverträgen sprachliche Unschärfen, die Spielräume schaffen, und es lassen sich aus der Kombination von Rechten wieder neue Rechte gewinnen.[42]

So entwickeln sich in den Randzonen, Grauzonen und aus den Kombinationen vor allem des Privatsphärenschutzes, des Diskriminierungsverbots und des Rechts auf ein faires Verfahrens vielfältige *modale Rechte*[43], d.h. Rechte, die als eigenständiges Recht denkbar sind, im betreffenden Vertrag jedoch prima facie fehlen und im Wege der Interpretation aus den „Basisgewährleistungen" abgeleitet werden können – aber nicht müssen. So scheint die EMRK

---

[37] IPbpR: keine Gewährleistung; EMRK: Auslagerung in Art. 1 ZP 1. Die Auslagerung in ein Zusatzprotokoll bedeutet, dass dieses eigens ratifiziert werden muss, was den Vertragsstaaten der EMRK freisteht. Monaco und die Schweiz haben bis heute (Stand: April 2013) nicht ratifiziert. Siehe Council of Europe, Treaty Office (www.conventions.coe.int/).

[38] Art. 12 IPbpR; EMRK: Auslagerung in Art.2 ZP 4 und – speziell betreffend Ausweisung und Einreiseverbot zulasten eigener Staatsangehöriger – in Art. 3 ZP 4 EMRK. Griechenland, Schweiz, die Türkei und das Vereinigte Königreich haben das ZP 4 nicht ratifiziert (Fn. 37).

[39] Art. 26 IPbpR; EMRK: Auslagerung in das ZP 12.

[40] Art. 27 IPbpR; Art. 14 EMRK: bloss akzessorisches Verbot der Diskriminierung wegen „Zugehörigkeit zu einer nationalen Minderheit", d.h. Geltung nur im Anwendungsbereich anderer Konventionsrechte.

[41] Std. Rspr.; erstmals EGMR No. 5856/72, A 26, § 31 – *Tyrer* (= EuGRZ 1979, 162): "... the Convention is a living instrument which, as the Commission rightly stressed, must be interpreted in the light of present-day conditions". Siehe auch EGMR No. 2346/02, Reports 2002-III, 155, § 54 – *Pretty*: "While the Court must take a dynamic and flexible approach to the interpretation of the Convention, which is a living instrument, any interpretation must also accord with the fundamental objectives of the Convention and its coherence as a system of human rights protection." Eingehend *Hans-Joachim Cremer*, Kap. 4: Regeln der Konventionsinterpretation, in: Oliver Dörr/Rainer Grote/Thilo Marauhn (Hrsg.), EMRK/GG, Konkordanzkommentar, 2. Aufl 2013 (im Erscheinen), Rn. 35, 61.

[42] Eingehend (mit Bezug zur EMRK) *Dagmar Richter*, Kap. 9: Lücken der EMRK und lückenloser Grundrechtsschutz, in: Dörr/Grote/Marauhn (Fn. 41), Rn. 72 ff.

[43] *Richter*, in: Dörr/Grote/Marauhn (Fn. 42), Rn. 23 ff.

z.B. kein Recht auf eine gesunde Umwelt zu enthalten – und doch sollen massive Umwelteinwirkungen eine Beeinträchtigung von Privatsphäre und Wohnung (Art. 8 EMRK) darstellen können – so im Falle *Moreno Gómez v. Spanien* (2004), in dem eine Mieterin über Jahre nächtlichen Diskothekenlärm von über 100 db ertragen musste.[44] Im Fall *Moustaquim* wurde aus dem Schutz der Familie (Art. 8 EMRK) implizit ein Recht auf Nicht-Abschiebung aus einem Land abgeleitet, in dem die abzuschiebende Person schon seit früher Kindheit mit ihren Angehörigen lebte, obwohl die EMRK weder einen spezifischen Schutz vor Abschiebung noch ein Recht darauf verleiht, im Lande seiner Wahl zu leben.[45] Am bemerkenswertesten ist jedoch eine Entwicklung, die dem Recht auf Achtung der Privatsphäre fast schon die Dimension einer allgemeinen Handlungsfreiheit verleiht: Zwar versagt der EGMR dem reinen „Lifestyle"-Interesse – wie z.B. im Falle *Friend* (2009), die Fuchsjagd zu betreiben – nach wie vor den Schutz der Konvention[46]; in anderen Zusammenhängen ist aber wie im Falle *Stoicescu* (2011) durchaus schon von einer relevanten Beeinträchtigung der Lebensqualität[47] bzw. gar von einem „Recht auf persönliche Selbstverwirklichung"[48] die Rede. Hier auf Dauer eine klare Grenze zwischen dem schützenswerten und dem nicht mehr schützenswerten Interesse zu ziehen, ohne sich in eine problematische Bewertung persönlicher Lebensentwürfe zu verstricken, dürfte dem EGMR kaum gelingen. Das Tor zur allgemeinen Handlungsfreiheit ist aufgestoßen.

Die Beispiele zeigen, dass man nicht mit letzter Sicherheit sagen kann, welche Rechte die vertraglichen Schutzinstrumente genau enthalten bzw. in Zukunft noch enthalten werden. Denn alle Rechte haben ein *natürliches Ergänzungspotential*, das die Spruchkörper im Rahmen zulässiger Auslegung aktivieren können. Die besonders weit reichende Ausdeutung der geschriebenen Garantien scheint dabei die besonders schwierige, wenn nicht gar unmögliche Novel-

---

[44] EGMR No. 4143/02, Reports 2004-X, §§ 53 ff. – *Moreno Gómez*. In diesem Fall stand die nicht eingelöste Verpflichtung des Vertragsstaats zu aktivem Schutz, wie sie auch im Wortlaut des Art. 8 EMRK anklingt, im Mittelpunkt.

[45] EGMR No. 12313/86, A 193, §§ 43–46 – *Moustaquim* (1991); deutsche Übersetzung in: EuGRZ 1993, 552 ff. Der EGMR formulierte hier kein Bleiberecht, sondern legte unter den gegebenen Bedingungen einen so strengen Maßstab an die Verhältnismäßigkeit der Abschiebung an, dass diese nicht mehr ohne Konventionsverletzung realisierbar war.

[46] EGMR (Zulässigkeit), No. 16072/06, §§ 40, 44 – *Friend* u.a. (2009). Auf eine besondere Bedeutung des „Lifestyle" als „ultimate goal" verweist dagegen *Winfried Brugger*, The Image of the Person in the Human Rights Concept, Human Rights Quarterly 18 (1996), S. 594 (605 f.).

[47] EGMR No. 9718/03, §§ 49, 60 – *Georgel und Georgeta Stoicescu* (2011): Der Vertragsstaat darf nicht untätig bleiben, wenn alte Menschen sich aus begründeter Angst vor streunenden Stadthunden nicht mehr aus der Wohnung wagen.

[48] Siehe bereits EGMR Nos. 42758/98 et 45558/99, § 83 – *K.A. und A.D. c. Belgique* (2005): „le droit à l'épanouissement personnel"; sowie No. 26713/05, § 22 – *Bigaeva* (2009).

lierung multilateraler Rechtstexte zu kompensieren. Die Methoden, nicht von vornherein klare Modalitäten vorhandener Rechte zu entfalten, sind dabei in erster Linie, aber nicht nur, die evolutive Interpretation und die Kombination mehrerer Rechte.[49] Sie finden allerdings auch Grenzen. Denn grundsätzlich folgen Menschenrechtsverträge dem *enumerativen Prinzip*: Art.1 EMRK spricht z.B. von den „in Abschnitt 1 bestimmten Rechten und Freiheiten", die allein zugesichert werden. In jedem Falle achten die internationalen Spruchkörper darauf, ob sich ein womöglich neuartiger Gehalt der vorhandenen Garantien – ein „modales" Menschenrecht – auch schon im Verfassungsrecht der überwiegend meisten Vertragsstaaten niedergeschlagen hat oder ob dies – wie z.B. beim Asylrecht oder der Allgemeinen Handlungsfreiheit – noch nicht der Fall ist.[50] Je mehr sich die Vertragsstaaten einander annähern, umso größer wird auch der Interpretationsspielraum internationaler Gerichte.

2. *Ungeschriebene Menschenrechte: Auf dem Weg zur allgemeinen Schrankenregel?*

a) Begrenzte Erfolgsaussichten des Völkergewohnheitsrechts

Bei der Frage, welche Menschenrechte auch ungeschrieben als Bestandteil des Völkergewohnheitsrechts gelten, orientieren sich insbes. US-Autoren gerne am Katalog der Allgemeinen Erklärung der Menschenrechte[51]; andere halten das wiederum für viel zu weitgehend.[52] Grundsätzlich fasst das heutige Völkerrecht die Menschenrechte aber nicht als naturgegebene Rechte aller Menschen gegenüber den Völkerrechtssubjekten auf, sondern verlangt, dass diese entweder im Rahmen eines Vertrages oder doch zumindest nach Maßgabe der Regeln über die Entstehung von Völkergewohnheitsrecht anerkannt worden sind. Dabei gibt es nur für wenige Rechte explizite Belege in der Rechtsprechung des IGH oder anderer internationaler Spruchkörper, die ihre Geltung auch außerhalb von Verträgen belegen, so insbesondere für das Verbot des Genozids[53], der Sklaverei[54],

---

[49] Zu den verschiedenen Techniken *Richter*, in: Dörr/Grote/Marauhn (Fn. 42), Rn. 72 ff.

[50] Zur „Sperrwirkung" fehlender Übereinstimmung in der Staatenpraxis *Richter* (Fn. 42), Rn. 93.

[51] Eingehend *Hurst Hannum*, The Status and Future of International Law of Human Rights: The Status of the Universal Declaration in National and International Law, in: Georgia JIL 1995–96, S. 287 ff.; *Thomas Buergenthal/Daniel Thürer*, Die Menschenrechte, 2010, S. 31, gehen heute von „teilweiser völkerrechtlicher Verbindlichkeit" aus.

[52] *Kälin/Künzli* (Fn. 13), S. 80 m.N.

[53] IGH, Gutachten vom 28.5.1951 – *Genocide Convention*, ICJ Reports 1951, 15 (23). Die hier gebrauchte Formulierung des IGH spricht allerdings mehr für allgemeine Rechtsgrundsätze anstelle von Völkergewohnheitsrecht. Siehe dazu noch im Folgenden.

[54] IGH, Urt. v. 5.2.1970 – *Barcelona Traction*, ICJ Reports 1970, §§ 33 f.

von Folter[55] oder Rassendiskriminierung[56], die gewohnheitsrechtlich, also auch außerhalb vertraglicher Zustimmung unter den Staaten gelten. Daneben treten die fundamentalen Regeln des humanitären Völkerrechts wie etwa der gemeinsame Art. 3 der vier Genfer Konventionen.[57] Oft werden auch die Meinungs-, Gewissens- und Religionsfreiheit, die Unschuldsvermutung, das Verbot der Vollstreckung der Todesstrafe an schwangeren Frauen oder Jugendlichen, die Ehefreiheit und die fundamentalen Garantien des kulturellen Minderheitenschutzes zum Völkergewohnheitsrecht gezählt; andere Rechte wie z.B. die Vereinsfreiheit sollen aber nur darunter fallen, wenn Verstöße die Dimension der "consistent pattern of gross violation" erreichen.[58] So elegant der Rückgriff auf die Figur des gefestigten Musters schwerwiegender Verletzung erscheint, lässt er doch Zweifel aufkommen, wie aus einem Recht, das nicht gewohnheitsrechtlich anerkannt ist, allein durch die Modalitäten seiner „Missachtung" Gewohnheitsrecht werden kann. Insgesamt bleibt der Eindruck, dass der Bestand völkergewohnheitsrechtlich geltender Menschenrechte recht unscharf ist.

In vielen Fällen besteht aus der Sicht staatlicher Institutionen gar keine Notwendigkeit, ein bestimmtes Individualrecht gerade in seiner völkerrechtlichen Qualität, als Menschenrecht, anzuerkennen, weil innerstaatliche Grundrechte diese Funktion erfüllen. Auch so erklärt sich, warum die gewohnheitsrechtliche Geltung von Menschenrechten zwar immer eine lückenfüllende Rolle bei ausfallenden Vertragspflichten gespielt hat und spielen wird, aber nie zur eigentlichen Erfolgsgeschichte werden konnte. Gerichte wie z.B. das deutsche Bundesverfassungsgericht haben die Staatspraxis der Welt dem entsprechend selten mit Aussagen zur allgemein anerkannten bzw. menschenrechtlichen Geltung eines bestimmten Individualrechts bereichert – und damit die Chance auf Mitwirkung an der völkerrechtlichen Entwicklung vertan. Anders stellt sich die Lage nur mit Blick auf jene wenigen Staaten dar, die entweder noch einen stark lückenhaften Grundrechtekatalog haben und/oder dem internationalen Recht einen besonderen Stellenwert oder gar Vorrang in ihrer Rechtsordnung einräumen. Besonders bedeutsam sind dabei jene Rechtsordnungen, die ihre Gerichte geradezu verpflichten, sich bei der Auslegung und Anwendung der Grundrechte auch auf die Instrumente der Rechtsvergleichung bzw. das internationale Recht zu stützen.[59]

[55] EGMR, Urt. v. 21.11.2001, No. 35763/97, §§ 59 f. – *Al-Adsani* (2001); ICTY, Urt. v. 10.12.1998, IT-95–17/1-T, §§ 144, 153 f. – *Furundzija*.

[56] Siehe Fn. 54.

[57] IGH, Gutachten v. 9.7.2004, ICJ Reports 2004, S. 136, § 156 – *Wall in the Occupied Palestinian Territory*; ICTY, Urt. v. 14.1.2000, IT-95–16T, § 520 – *Kupreskic*.

[58] *Kälin/Künzli* (Fn. 13), S. 78.

[59] Siehe etwa *Devika Hovell/George Williams*, A Tale of Two Systems: The Use of International Law in Constitutional Interpretation in Australia and South Africa, Melbourne University Law Review 29 (2005), S. 95 ff.

Trotz und wegen der Unschärfe des Gewohnheitsrechts gelten unbestrittenermaßen diejenigen Menschenrechte gewohnheitsrechtlich, die zugleich zum engen Kreis des *zwingenden Völkerrechts* zählen, also im Bereich der Individualrechte das Verbot der willkürlichen Tötung, der Folter, der Sklaverei, des Menschenhandels, der systematischen Rassendiskriminierung und der kollektiven oder grundlosen Bestrafung bzw. der jeweilige Individualanspruch auf Schutz vor der Verletzung dieser Verbote.[60] Typisch, wenn auch nicht unabdingbar, ist für sie eine universelle Geltung.[61] Ihnen kann sich ein Staat nicht einmal dadurch entziehen, dass er sich durch persistenten Widerspruch, als „persistent objector", gegen die Anerkennung verwahrt.[62] Da ungeschriebene Menschenrechte naturgemäß keine präzisen Tatbestandselemente kennen und Schrankenregelungen nur mit Mühe konstruierbar sind, wird verständlich, warum nur wenige absolute Verbote, die keiner Rechtfertigung zugänglich sind und zugleich zwingendes Völkerrecht darstellen, völlig unbestritten zum Völkergewohnheitsrecht zählen. Dieses Problem kann nur teilweise dadurch behoben werden, dass sich in der Zukunft eine allgemeine Schranken(anforderungs)regel herausbildet, wonach jeder Eingriff in Grund- und Menschenrechte auf einem Gesetz beruhen sowie einem legitimen öffentlichen Interesse dienen muss und weder willkürlich noch unverhältnismäßig sein darf.[63]

b) Ungenutztes Potential: Menschenrechte als Allgemeine Rechtsgrundsätze

Noch weitgehend unausgeschöpft ist die Möglichkeit, die außervertragliche Geltung von Menschenrechten mit ihrer Qualität als „Allgemeine Rechtsgrundsätze" zu begründen.[64] Sie nennt Art. 38 Abs. 1 lit. c IGH-Statut neben völkerrechtlichen Verträgen und Völkergewohnheitsrecht als dritte Quelle des Völkerrechts. Gemeint sind Prinzipien, die in den meisten (wichtigsten, standardprägenden) Rechtssystemen von grundlegender Bedeutung (d.h. in innerstaatlicher Rechtspraxis nachzuweisen) sind und ihrer Natur nach auf die zwi-

---

[60] Eingehend *Stefan Kadelbach*, Zwingendes Völkerrecht, 1992, S. 286 ff., 344; *Stefan Oeter*, Ius cogens und der Schutz der Menschenrechte, in: Stephan Breitenmoser et al. (Hrsg.), Human Rights, Democracy and the Rule of Law, Liber Amicorum Luzius Wildhaber, 2007, S. 499 (512 ff.). Siehe beispielhaft zur Spruchpraxis betreffend Folter EGMR, No. 8139/09, Urt. v. 17.1.2012, §§ 264, 266 f. – *Othman (Abu Qatada)*; No. 35763/97, ECHR 2001-XI, §§ 60 ff. – *Al-Adsani* (GK)

[61] Vgl. (auch zum Streitstand) *Kadelbach* (Fn. 60), S. 203 f., 342: Universalität als „Element" des ius cogens.

[62] A.A. *Kadelbach* (Fn. 60), S. 194 f., 343, unter Hinweis auf die Gleichheit der Staaten, der aber auch einräumt, dass sich ein Widerspruch gegen zwingendes Recht auf Dauer nicht durchhalten lässt.

[63] Siehe unten II.3.

[64] Dazu *Bruno Simma/Philip Alston*, The Sources of Human Rights Law: Custom, Ius cogens, and General Principles, Australian YBIL 12 (1988–89), S. 82 ff.

schenstaatlichen Beziehungen übertragen werden können, sofern kein einschlägiges Vertrags- oder Gewohnheitsrecht existiert (*Subsidiarität*).

Beispiele hierfür aus dem klassischen Völkerrecht sind z.B. Treu und Glauben, das Verbot widersprüchlichen Verhaltens, aber auch grundlegende Prozessprinzipien u.v.m. Anders als im Falle des VGR muss hier weder eine ständige Staatenpraxis noch eine Rechtsüberzeugung der Staaten nachgewiesen werden; es genügt vielmehr die Anwendung rechtsvergleichender Methoden unter Beachtung der gerade genannten Kriterien. Die Rechtsüberzeugung, wie man sie vom Völkergewohnheitsrecht kennt, wird hier auf die Gerichte verlagert. Der IGH griff darauf zurück, um zu begründen, dass Völkermord ein strafwürdiges Verbrechen ist. Die betreffende Aussage im Gutachten zur Völkermord-Konvention verdeutlicht in Anknüpfung an den Begriff der „civilized nations" in Art. 38 Abs. 1 lit. c IGH-Statut den Zusammenhang zwischen den Allgemeinen Rechtsgrundsätzen und den elementaren Geboten der menschlichen Moral.[65] Diese Rückkoppelung beinhaltet allerdings die Gefahr, den Anwendungsbereich der Allgemeinen Rechtsgrundsätze auf elementare bzw. zwingende Rechtsnormen zu beschränken, die aber ohnehin schon gewohnheitsrechtlich gelten. Indessen spricht nichts dagegen, diese Quelle für die Erkenntnis von Menschenrechten heranzuziehen, wie es z.B. der EGMR vorgeführt hat.[66] Die meisten Grundrechte finden sich in allen maßgeblichen Rechtssystemen, gehören zum Rechterepertoire jedes „zivilisierten" Staates und reflektieren so auch den Bestand geltender Menschenrechte.

Während die Verfassungsüberlieferungen der Vertragsstaaten in stark integrierten Systemen wie der EMRK und insbesondere der Europäischen Union (Art. 6 Abs. 3 EUV) bereits eine große Rolle für die Herleitung von Grundrechten spielen, sind die Staaten auf universeller Ebene von der „dritten Quelle" des Völkerrechts nicht übermäßig angetan. Denn anders als das Vertragsrecht und das Völkergewohnheitsrecht sind die Allgemeinen Rechtsgrundsätze nicht koordinationsrechtlich fundiert und beinhalten die Gefahr, die Staaten vermittels der Erkenntnisse internationaler Spruchkörper zu entmachten: Welches Individualrecht die Qualität eines Allgemeinen Rechtsgrundsatzes hat, können Gerichte im Wege der Rechtsvergleichung ermitteln. Die Staaten werden dabei aber auch nur an jenem Rechtsstandard festgehalten, den sie in ihrer ganz großen Mehrheit innerstaatlich schon für sich anerkannt haben. Die meisten von ihnen werden also nur an einem insoweit widersprüchlichen Verhalten nach außen gehindert; lediglich einige Außenseiterstaaten können durch die Anerkennung als Allgemeiner Rechtsgrundsatz mit einem Menschenrecht konfrontiert sein, das auch für sie verbindlich wird, ohne dass sie sich jemals zu seiner

---

[65] IGH, Gutachten vom 28.5.1951 – *Genocide Convention*, ICJ Reports 1951, S. 15 (23).

[66] Zur expliziten Heranziehung von Art. 38 Abs. 1 lit. c IGH-Statut zur Auslegung der Konvention: EGMR No. 4451/70, Series A 18, § 35 – *Golder* (= EuGRZ 1975, 91).

Akzeptanz entschlossen haben. Würde der enorme Aufwand, die übereinstimmende Geltung eines bestimmten Grundrechts in einer Vielzahl von Ländern, regional oder sogar weltweit, nachzuweisen, nicht abschrecken, könnte das Völkerrecht an dieser Stelle – d.h. allein durch rechtsvergleichende Analysen[67] – ganz erhebliche Fortschritte machen.

3. Sonderfall „Allgemeine Handlungsfreiheit"

Es verwundert nicht, dass die Allgemeine Handlungsfreiheit weder in den katalogförmigen Menschenrechtsverträgen enthalten noch gar als Völkergewohnheitsrecht anerkannt ist. Dennoch erscheint die künftige Herausbildung eines solchen Menschenrechts als eine der zentralen Fragen eines am Menschen orientierten Völkerrechts. Seine Geltung als allgemeiner Rechtsgrundsatz der Völker würde die bislang noch ausgeprägte Lückenhaftigkeit der Menschenrechte grundlegend beseitigen. Zwar scheint die Tatsache, dass sehr viele, wenn nicht die meisten Staaten innerstaatlich keine spezifisch ausgeformte Handlungsfreiheit kennen, gegen jede Möglichkeit des Nachweises zu sprechen; sucht man jedoch genauer nach Regelungen, die dem entsprechen, was wir als „Elfes-Konstruktion" bezeichnen, so wird man fündig.

Schon in der französischen Erklärung der Menschen- und Bürgerrechte von 1789 erscheint der Prototyp der Allgemeinen Handlungsfreiheit, die auch heute noch Bestandteil der französischen Verfassungsordnung ist.[68] Danach besteht Freiheit in Anlehnung an die Vorarbeiten von Condorcet darin, „alles tun zu dürfen, was einem anderen nicht schadet"; Grenzen dieser Freiheit können nur durch das Gesetz bestimmt werden. Von hier aus hat sich der Gedanke im Frühkonstitutionalismus ausgebreitet und bald zur Form verdichtet, dass Eingriffe in Freiheit und Eigentum nur zulässig sind, wenn ein Gesetz sie vorschreibt. *John Stuart Mill* legte dar, dass der einzig legitime Zweck der Einschränkung von Freiheit darin bestehe, andere vor Schaden zu bewahren.[69] Noch in der neueren britischen Diskussion wird unter Berufung auf ihn gefordert, in den Human Rights Act von 1998 auch ein „right to freedom of action" einzufügen.[70]

Auch wenn die Rechte immer spezifischer wurden, zeigt die historische Entwicklung doch, dass der Gesetzes- oder Parlamentsvorbehalt der Vorläufer der allgemeinen Handlungsfreiheit und Kern aller Freiheit ist. Zumindest für den europäischen Rechtsraum („Raum der Sicherheit und des Rechts") kann man

---

[67] Siehe z.B. *Stephan Kirste*, Menschenwürde im internationalen Vergleich der Rechtsordnungen, in: Rolf Gröschner/Oliver W. Lembcke (Hrsg.), Das Dogma der Unantastbarkeit, 2010, S. 175 ff.

[68] Siehe bereits *Richter*, in: Dörr/Grote/Marauhn (Fn. 42), Rn. 4, m.w.N.

[69] *John Stuart Mill*, On Liberty, 1859, Kap. 1.

[70] *John Wadham/Rachel Taylor*, A Right to Freedom of Action?, 5 E. H. R. L. R. 473 ff. (2003).

heute schon von der *Geltung einer allgemeinen Schranken(anforderungs)regel* ausgehen. Welchen Inhalt diese hat, zeigt exemplarisch Art. 5 der Schweizerischen Bundesverfassung von 1999, wonach staatliches Handeln auf Gesetz beruhen, dem öffentlichen Interesse entsprechen und verhältnismäßig sein muss. Nichts Anderes kommt in den Schrankenvorbehalten der EMRK zum Ausdruck (z.B. Art. 8–11, jeweils Absatz 2), nichts Anderes formuliert Art. 52 Abs. 1 Grundrechtecharta für den Bereich der EU.[71] Erstreckt man die Schrankenanforderungsregel, die nach hier vertretener Auffassung ein zumindest in Europa regional geltendes Rechtsprinzip i.S.v. Art. 38 Abs. 1 lit. c IGH-Statut ist, auf „staatliches Handeln“ schlechthin, besteht ein individuelles Recht darauf, nur durch gesetzmäßige und verhältnismäßige Maßnahmen beschwert zu werden. Das kommt im Ergebnis einer Allgemeinen Handlungsfreiheit gleich.

III. Universalität oder Relativität der Menschenrechte?

Können wir überhaupt im weltweiten Maßstab von übereinstimmenden Menschenrechten im Sinne von allgemeinen Mindeststandards sprechen? So legt es das Konzept der „Universalität der Menschenrechte“ zugrunde.[72] Es stützt sich auf die menschenrechtliche Idee schlechthin[73], wie sie sich nicht nur in der “Universal Declaration of Human Rights”, sondern seit der Wiener Konferenz von 1993 auch in der Maxime *„Alle Menschenrechte sind universell, unteilbar, bedingen einander und hängen miteinander zusammen“*[74] niederschlägt. Man

---

[71] Zur EMRK: *Christoph Engel*, Die Schranken der Schranken in der Europäischen Menschenrechtskonvention. Das Merkmal „notwendig in einer demokratischen Gesellschaft“ in den Schrankenvorbehalten, das Diskriminierungsverbot und die „margin of appreciation“, ÖZÖR 1986, S. 261 ff.; *Andreas Hauer*, Die Polizeizwecke der Grundrechtsschranken der Europäischen Menschenrechtskonvention, in: *Christoph Grabenwarter/Rudolf Thienel* (Hrsg.), Kontinuität und Wandel der EMRK, 1998, S. 115 ff. Rechtsvergleichend (inkl. EU) *Richter*, in: Dörr/Grote/Marauhn (Fn. 42), Rn. 9, 15, 17 f., 20 und 94 (am Ende).

[72] Grundlegend *René Cassin*, La Déclaration universelle et la mise en œuvre des droits de l’homme, in: Académie de droit international de la Haye, Recueil des cours 1951-II, S. 237, insbes. 276 ff.; siehe auch *Ludger Kühnhardt*, Die Universalität der Menschenrechte, 2. Aufl. 1991, insbes. 231 ff.; *Otfried Höffe*, Vernunft und Recht, Bausteine zu einem interkulturellen Rechtsdiskurs, 1996; sowie *Heiner Bielefeldt*, Universale Menschenrechte angesichts der Pluralität der Kulturen, in: H.-R. Reuter (Hrsg.), Ethik der Menschenrechte, Zum Streit um die Universalität einer Idee I, 1999, 43 ff.

[73] Siehe auch *Heiner Bielefeldt*, Universalität und Gleichheit, in: Pollmann/Lohmann (Fn. 13), Menschenrechte – Ein interdisziplinäres Handbuch, 2012, S. 159 (159): Mit Blick auf diese Inhärenz bedeute die Leugnung der Universalität der Menschenrechte nichts anderes als das Bestreiten, dass es Menschenrechte überhaupt gibt.

[74] World Conference on Human Rights, Vienna Declaration and Programme of Action v. 25.6.1993 (UN-Doc. A/CONF.157/23 of 12 July 1993), sub I.5.: “All human rights are universal, indivisible and interdependent and interrelated. (...).” Etwas abweichend die Formulierung im 2005 World Summit Outcome Document (GA-Res. 60/1 v. 24.10.2005), § 121:

mag in den hohen Ratifikationszahlen von universellen Schutzinstrumenten wie dem UN-Zivilpakt mit 167 Vertragsstaaten[75] eine *„normative Universalität“*[76] erkennen; doch halten die einschlägigen UN-Dokumente in eher ambivalenter Weise fest, dass einerseits die Bedeutung regionaler Besonderheiten und die Verschiedenheit kultureller oder religiöser Hintergründe bewusst bleiben solle, andererseits die universelle Natur der Menschenrechte aber „außer Frage“ stehe.[77] Wie beides miteinander in Einklang zu bringen ist, erfährt man aus diesen Quellen nicht.

Dagegen steht das Konzept der *Relativität* (auch: *Partikularität*), das von vornherein eine kulturelle, ethnische oder auch politische bzw. sozio-ökonomische Überformung der Menschenrechte annimmt.[78] Da sich die konkrete Form der Menschenrechte aus dem Wertekontext der sie schaffenden Gesellschaft ableite und die klassischen Menschenrechte unter den Bedingungen des bürgerlich-liberalen Staats euro-atlantischer Prägung und vor Abschluss der Dekolonisierung entstanden seien, stelle ihre Übertragung auf fremde Kulturen sich als “moral imperialism”[79] dar. Menschenrechte müssten daher, so wird gefordert, an die Bedürfnisse „kulturfremder” Staaten angepasst werden; und selbst die Lösung von bestimmten Verpflichtungen sei gerechtfertigt. Auf diese Ideen scheint auch die *Friendly Relations Declaration* der GV der Vereinten Nationen von 1970[80] ein Stück weit einzugehen, indem sie an mehreren Stellen betont, dass jeder Staat ein Recht darauf habe, sein kulturelles System selbst zu

---

“We reaffirm that all human rights are universal, indivisible, interrelated, interdependent and mutually reinforcing …”.

[75] Siehe UN Treaty Collection (http://treaties.un.org/); Abfrage vom 9.12.2012.

[76] *Eibe Riedel*, Universality of Human Rights and Cultural Pluralism, in: Christian Starck (Hrsg.), Constitutionalism, Universalism and Democracy – a comparative analysis, 1999, S. 25 (28 f.). A.A. *Christian Tomuschat*, Menschenrechte in der Praxis der Vereinten Nationen, in: Bernd v. Hoffmann (Hrsg.), Universalität der Menschenrechte, 2009, S. 13 (18), wonach sich mit Blick auf die noch fehlenden Staaten „echte“ Universalität nicht eingestellt habe. Zu den einzelnen Aspekten des Universalismus von Menschenrechten *Heiner Bielefeldt*, Universalität und Gleichheit, in: Pollmann/Lohmann (Fn. 13), S. 159 (160 ff.).

[77] Vienna Declaration and Programme of Action (Fn. 13), sub I.1. und I.5. Siehe auch I.6., 8., 10., 18., 34., 37.; sowie das 2005 World Summit Outcome Document (Fn. 13), §§ 120 f.

[78] Einen Überblick über die relativistischen Strömungen gibt *Riedel*, in: Starck (Fn. 76). Zu den kulturrelativistischen Einwänden *Arnd Pollmann*, Der menschenrechtliche Universalismus und seine relativistischen Gegner, in: Pollmann/Lohmann (Fn. 13), S. 331 (332 f.).

[79] *Jack Donnelly*, Cultural Relativism and Universal Human Rights, in: Human Rights Quarterly 6 (1984), S. 400 (402). Siehe auch *Ders.*, Universal Human Rights, 2. Aufl. 2003. Zur These eines „relativen Universalismus“: *Ders.*, Human Rights: Both Universal and Relative (A Reply to Michael Goodhart), Human Rights Quarterly 30.1. (2008), S. 194 ff. Dezidiert gegen die Westlichkeitshypothese *Heiner Bielefeldt*, Muslim Voices in the Human Rights Debate, Human Rights Quarterly 17 (1995), S. 587–617, der unter Bezugnahme auf J. Rawls einen „overlapping consensus“ (592 ff.) annimmt.

[80] Declaration on Principles of International Law concerning Friendly Relations and Co-operation among States in accordance of the Charter of the United Nations, GA-Res. 25/2625 v. 24.10.1970.

wählen. In die Anti-Folter-Konvention der VN von 1984[81] wurde sogar die berühmt-berüchtigte „Scharia-Klausel" aufgenommen, die im Anschluss an die Definition der „Folter" in Art.1 S.1 einschränkend klarstellt: „Der Ausdruck [Folter] umfasst nicht Schmerzen oder Leiden, die sich lediglich aus gesetzlich zulässigen Sanktionen ergeben, dazu gehören oder damit verbunden sind."[82] Demnach wäre die gesetzlich vorgesehene Steinigung sogenannter Ehebrecherinnen z.B. im Norden Nigerias[83] keine Folter, allenfalls eine unmenschliche Strafe, an welche die Konvention aber viel geringere Anforderungen stellt (Art. 16).

Unbestreitbar neigen alle „relativistischen" Staaten dazu, den Individuen nicht mehr, sondern weniger Rechte zu gewähren. Gerechtfertigt wird dies damit, dass der Mensch ein gemeinschaftsgebundenes Wesen sei, das in erster Linie Verpflichtungen gegenüber seiner Gemeinschaft oder seiner Familie habe. Je stärker diese Gemeinschaftsgebundenheit betont bzw. überhöht wird, umso weniger Bedeutung haben auch die individuellen Rechte. Als organisierte Gemeinschaft neigt gerade der Staat dazu, sich auf den „Gemeinsinn" zu berufen, um den Vorrang des staatlichen Interesses gegenüber dem Einzelinteresse zu begründen. Der Gemeinsinn ist aber dort am größten, wo der organisierte Staat – etwa mit Blick auf ein funktionierendes Sozialversicherungswesen – am schwächsten ist.

Die Debatte um die kulturelle Relativität von Menschenrechten führt unvermeidlich auf die heikle Frage, ob es überhaupt um kulturelle Eigenheiten oder nicht vielmehr um Entwicklungsdefizite geht. Behaupten zum Beispiel bestimmte Staaten, dass die Todesstrafe, Körperstrafen, die Strafbarkeit der Homosexualität zwischen Erwachsenen, die Rechtlosigkeit der Frau gegenüber dem männlichen Familienoberhaupt, Bekleidungsregeln, u.s.w. durch ihre spezifische Kultur geboten seien, stimmt dies in erstaunlicher Weise mit ganz ähnlichen Äußerungen aus dem Europa des 19. Jahrhunderts überein. Es fällt allerdings auf, dass diese zeitlich versetzte Koinzidenz nicht alle Regelungsmaterien erfasst, sondern gerade diejenigen, die besonders stark von Sitte oder Religion geprägt sind. Grundsätzlich ist umso mehr Universalität möglich, je höher der Abstraktionsgrad einer völkerrechtlichen Norm ist, und muss sich diese umso mehr in ihr kulturelles Umfeld einfügen, je konkreter oder „dichter" sie ist.[84]

---

[81] UNTS 1465, S. 85.

[82] Ähnlich auch die Vorbehalte Saudi-Arabiens zum Übereinkommen zur Beseitigung jeder Form von Diskriminierung der Frau, GA-Res. 34/180 v. 18.12.1979, oder die Vorbehalte Kuwaits und Malaysias zum Übereinkommen über die Rechte des Kindes, GA-Res. 44/25 v. 20.11.1989.

[83] Siehe zum (später aufgehobenen) Steinigungsurteil eines nigerianischen Sharia-Gerichts vom 22.3.2002 gegen Amina Lawal Europäisches Parlament, Jahresbericht 2003 über Menschenrechte in der Welt, 13.04.2004, A5-0270/2004 (Annex I).

[84] Vgl. *Michael Walzer*, Lokale Kritik – globale Standards: Zwei Formen moralischer

Der „moralische" oder besser *kulturelle Minimalismus*[85] der Menschenrechte ermöglicht ihre weltweite Geltung. Problematisch werden unterschiedliche Standpunkte auf diesen Feldern dann, wenn sie zum Konflikt „Moderne versus Postmoderne"[86] umgeformt bzw. die religiös-kulturellen Zugehörigkeiten politisch überformt (demokratischer Rechtsstaat gegen autokratische Stammesherrschaft) und damit wesentlich verstärkt werden. Diese *Tendenz zur Säkularisierung bzw. Politisierung* vordem religiös-kultureller Unterschiedlichkeit prägt die gegenwärtige Universalismusdebatte.[87]

Interessanterweise spiegelt sich die immer noch lebhafte wissenschaftliche Debatte kaum in der Völkerrechtspraxis wieder. Die gnadenlosen Berichtsverfahren der einzelnen Vertragsorgane beim Menschenrechtsrat in Genf vermitteln vielmehr den Eindruck, die Staaten werden grundsätzlich mit hohen allgemeingültigen Standards konfrontiert, vor denen sie sich rechtfertigen müssen. Die verschiedenen Ausschüsse äußern ihre Besorgnis über einzelne Entwicklungen und Vorkommnisse in den untersuchten Staaten selbst in kulturnahen Kontexten ohne Rücksicht auf kulturelle Eigenheiten in jedem Falle dann, wenn es um schwerwiegende Eingriffe in Menschenrechte geht.[88] Die Prüfpraxis belegt nicht nur ein persistentes Einfordern des allgemeingültigen Standards von einem Prüfbericht zum nächsten, bis der geprüfte Staat einlenkt, sondern auch auf Seiten der Staaten eine bemerkenswerte Zurückhaltung, Verstöße gegen die Anforderungen bestimmter menschenrechtlicher Vertragsnormen mit der eigenen Kultur zu rechtfertigen: So werden z.B. die Reisebeschränkungen saudi-arabischer Frauen lieber relativiert als offensiv mit kultureller Eigenheit gerechtfertigt[89]; auch zeigen Prüfberichte zu afrikanischen Staaten im Zusammenhang mit der Schlechterstellung von Frauen im Privatrechtsverkehr, dass die Regierungen selbst den Widerstand konservativer gesellschaftlicher Gruppen oder ländliche Rückständigkeit für die mangelhafte Erfüllung der Anforderungen der UN-Frauenkonvention verantwortlich machen[90] statt auf ihre ab-

---

Auseinandersetzung, 1996, S. 17 (Original: Thick and Thin. Moral Arguments at Home and Abroad, 1994).

[85] Zum „moralischen Minimalismus" *Walzer* (Fn. 84), S. 13 ff.

[86] Davor warnt *Heiner Bielefeldt*, Alle verdienen unsere Solidarität, Gespräch über die Verfolgung von Minderheiten und falsche Alibis, in: Amnesty Journal 01/2013, S. 48 (49).

[87] Siehe *Dagmar Richter*, Die Verteidigung tradierter Identitätsräume als Schranke der Religionsfreiheit, in: M. Breuer/A. Epiney/A. Haratsch/S. Schmahl/N. Weiß (Hrsg.), Der Staat im Recht, Festschrift für Eckart Klein (im Erscheinen).

[88] Siehe z.B. die klaren Concluding Observations des UN-Menschenrechtsausschuss zum Bericht des Sudans v. 29.08.2007, CCPR/C/SDN/CO/3, in dem die Beschneidung von Mädchen und die Benachteiligung von Frauen scharf kritisiert werden.

[89] Siehe *Dagmar Richter*, Das Frauenübereinkommen der Vereinten Nationen (CEDAW) – Universelle Geltung und Verschiedenheit der Vertragsstaaten im Spiegel der Praxis, in: Ursula Rust/Joachim Lange (Hrsg.), CEDAW vor dem Zwischenbericht 2011, Loccumer Protokolle 36/2011, S. 151 (155).

[90] *Richter*, in: Rust/Lange (Fn. 89), S. 157 f. (m.N.).

weichende „Kultur" zu verweisen. Eine mögliche Erklärung für solche Erscheinungen liegt darin, dass jede Kultur den Anspruch erhebt, lediglich „anders", aber nicht weniger vorteilhaft bzw. gerecht gegenüber all ihren Angehörigen zu sein; die eigene Kultur, auf die man stolz ist, soll jedenfalls nicht mit konkreten Nachteilen für bestimmte Personen oder Personengruppen in Verbindung stehen. Das heißt, je konkreter die Angelegenheit wird, umso weniger ist von Kultur die Rede.

Das Universalismus-/Relativismusproblem beinhaltet auch Fragen der juristischen Methodik: Können Tatbestandsmerkmale einer menschenrechtlichen Norm mit Bezug auf verschiedene Adressatenstaaten unterschiedlich interpretiert werden? Im Regelfall dürfte dies ausgeschlossen sein, sofern die Norm nicht selbst in diese Richtung offene Begriffe enthält. Stattdessen können kulturelle Eigenheiten aber auf der Ebene der Rechtfertigung durchschlagen, da die Verhältnismäßigkeit von Menschenrechtsbeschränkungen nicht ohne Ansehung der konkreten Situation in den einzelnen Staaten beurteilt werden kann. So kann z.B. eine blasphemische Parole in der Öffentlichkeit des ländlichen Pakistans viel gefährlicher für den öffentlichen Frieden als in einem westeuropäischen Staat sein; auch stellt sich das Tragen von Hakenkreuz-Emblemen auf Kleidung in Deutschland von vornherein anders als in den USA dar, wo ein Verbot auch bei den Gerichten auf Unverständnis stoßen würde.[91] Die Ordre public-Klauseln bieten insofern einen Ansatzpunkt für kulturellen Relativismus, als sie auf vernünftige Gründe der öffentlichen Sicherheit und Ordnung rekurrieren, wie sie sich eben im jeweiligen Staat und nicht im Weltmaßstab darstellen. Gerade hier, bei der Gestaltung einschränkender Gesetze, besitzen die Staaten dann auch jenen „margin of appreciation", in dessen Rahmen allein ihre kulturelle Eigenart begrenzt zur Geltung kommen kann.[92] Niemals darf dies allerdings die Substanz des betroffenen Menschenrechts beschädigen. Und speziell im Kontext der politischen Meinungsfreiheit akzeptiert insbesondere die europäische Menschenrechtspraxis – anders als im Falle moralrelevanter (obszöner) Äußerungen[93] – keine nationalen Sonderbefindlichkeiten mehr, sondern

---

[91] Siehe beispielhaft zum „Cross Burning" durch Ku Klux Klan-Mitglieder: U.S. Supreme Court, 538 U.S. 343 (2003) – Virginia v. Black.

[92] Siehe beispielhaft EGMR, No. 10737/84, A 133, § 35 – *Müller et al. v. Switzerland* (1988) zu Einschränkungen der Meinungsfreiheit im Falle von als obszön empfundenen Kunstwerken: "The view taken of the requirements of morals varies from time to time and from place to place, ..."; sowie § 36: "... It may also be true that Josef Felix Müller has been able to exhibit works in a similar vein in other parts of Switzerland and abroad, ..." Ähnlich bereits EGMR No. 5493/72, A 24, insbes. § 52 – *Handyside v. UK* (1976). Einen Sonderfall stellt EGMR (GK), No. 30814/06, §§ 67–70 – *Lautsi et al.* (2011), dar, wonach die Entscheidung der italienischen Regierung zur Fortsetzung der identitätsbezogenen Tradition, Kruzifixe in öffentlichen Schulen aufzuhängen, noch im Rahmen des (tatbestandsmäßigen) Beurteilungsspielraums liege.

[93] Siehe Nachweise in Fn. 92.

legt ein allgemeingültiges Konzept von Freiheit zugrunde.[94] Vergleichbares lässt sich auch in Bezug auf Parteiverbote beobachten, wo der EGMR grundsätzlich nicht nach den Erfahrungen und Befindlichkeiten des betroffenen Landes, sondern nach konkreter Gefährlichkeit fragt.[95] Lediglich wenn sich die Partei auf Menschenrechte beruft, um damit gerade jene Werte, die sie verkörpern, anzugreifen, zieht der EGMR in jüngster Zeit die Notbremse, indem er der Gruppierung aufgrund von Art. 17 EMRK (Rechtsmissbrauch) schon jede Berufung auf die Konvention versagt.[96] Grund für diesen generalisierenden Ansatz bei der Beschränkung politischer Rechte ist im europäischen Bereich seit jeher der Bezug zu einem bestimmten, in seinen Umrissen und Zielvorstellungen einheitlichen Konzept von Demokratie.[97] Interessanterweise lässt sich eine ähnliche Spruchpraxis aber inzwischen auch auf der universellen Ebene, und zwar gerade auch in Fällen der politischen Kritik, beobachten.[98]

Man kann daraus schließen, dass die Menschenrechtssysteme die kulturellen Eigenheiten der einzelnen Staaten noch in bestimmten „kulturnahen" bzw. moralbelasteten Bereichen (z.B. Verwendung religiöser Symbole, Ehescheidung, Abtreibung und dergl.), aber nicht mehr in der politischen Sphäre akzeptieren. Hier greift die Universalität der Menschenrechte auch bei der Bewertung der Verhältnismäßigkeit von Einschränkungen uneingeschränkt Raum.

IV. Durchsetzung der Menschenrechte im Wege der Selbsthilfe: Von der „humanitären Intervention" zur „Responsibility to protect"

Als die Menschenrechte nach dem Zweiten Weltkrieg als künftige Bestandteile des Völkerrechts formuliert wurden, bestand schon Klarheit darüber, dass Menschenrechtsfragen kaum zu einer sog. „inneren Angelegenheit" erklärt werden könnten. Schon *Lauterpacht* hielt dies für unvereinbar mit der Idee von Men-

---

[94] Siehe *Tomuschat*, in: v. Hoffmann (Fn. 76), S. 23 ff., m.w.N.

[95] Siehe insbes. EGMR (GK) Nos. 41340/98 et al., Reports 2003-II, insbes. §§ 98, 100 – *Refah Partisi* (2003), m.w.N.

[96] So jüngst EGMR No. 31098/08, § 74 – *Hizb ut-Tahrir* (2012).

[97] So ausdrücklich die in den Schrankenbestimmungen der politischen Rechte der EMRK (insbes. Art. 10 Abs. 2, 11 Abs. 2) gebrauchte Formel "necessary in a democratic society". Siehe zum europäischen Verständnis von Demokratie auch die Praxis zu Art. 3 ZP 1 (Wahlfreiheit).

[98] Siehe beispielhaft *Human Rights Committee (HRC)*, No. 1128/2002, U.N. Doc. CCPR/C/83/D/1128/2002 (2005), sub 6.8. – *Marques de Morais v. Angola*: "... Given the paramount importance, in a democratic society, of the right to freedom of expression ..." Siehe ferner den Draft General Comment des HRC zu Art. 19 IPbpR v. 25.11.2010, CCPR/C/GC/34/CRP.5, insbes. § 14, wo die freie Berichterstattung über die Medien als "one of the cornerstones of a democratic society" bezeichnet wird, ohne dass dabei die Möglichkeit unterschiedlicher Demokratievorstellungen auch nur angedeutet wäre.

schenrechten.[99] Doch erst viel später schlägt sich dieser Ansatz auch in einer dokumentierten Maxime der Völkergemeinschaft nieder.[100] Virulent wurde das Problem vor allem bei schwersten, systematischen Verletzungen, etwa im Kontext ethnischer Konflikte. Soweit hier keine vertraglichen Regelungen greifen und auch der Sicherheitsrat mangels Einigung bzw. Zustimmung seiner Mitglieder versagt, stellt sich die Frage nach einem Recht einzelner Staaten, gewaltsam einzuschreiten, um das Morden zu beenden. Ähnliche Überlegungen hatte bereits *Hugo Grotius* angestellt[101] und waren seit dem 19. und 20. Jahrhundert auch immer wieder einmal in die Tat umgesetzt worden.[102] Obwohl ein solches Einschreiten über Jahrzehnte unter dem Begriff der „humanitären Intervention" diskutiert worden war, blieb deren Zulässigkeit stets umstritten, weil mächtige Staaten sie leicht zu politischen Zwecken missbrauchen können.[103] Es geht um die Fortgeltung des überkommenen Grundsatzes, wonach Art. 2 Abs. 4 UN-Charta (Gewaltverbot) den Einsatz von Waffengewalt auch dann verbietet, wenn er dem Schutz elementarer Menschenrechte dient, und das internationale Gewaltmonopol auch dann beim Sicherheitsrat verbleibt, wenn dieser vor seiner Aufgabe, Menschen vor Völkermord und dergleichen zu schützen[104], der menschlichen Dimension der Friedenssicherung versagt. Rechtlich angreifbar war nach dieser Maxime die humanitäre Intervention der NATO-Staaten 1999 im Falle des Kosovo[105]; – unerträglich war aber wiederum auch das Geschehenlassen des Völkermords in Ruanda und Srebrenica. Die Bereitstellung neuer Instrumente wurde unausweichlich. Es war innerhalb der Weltgemeinschaft nicht mehr vermittelbar, warum die Aufrechterhaltung der Vetomacht-Ordnung im Sicherheitsrat, selbst wenn keine vitalen politischen Interessen betroffen waren, mit anderen Worten das reine politische Kalkül, einen völligen Ausfall auf Seiten elementarer und massenhaft bedrohter Menschenrechte aufwiegen sollte.

Dass die staatliche Souveränität keine Berechtigung verleiht, schwerste Menschenrechtsverletzungen zu verüben oder geschehen zu lassen, lässt sich im Konzept der „Souveränität als Verantwortung" (sovereignty as responsibility)

---

[99] *Hersch Lauterpacht*, International Law and Human Rights, in: RdC 70 (1947-I), S. 5 (18–38).

[100] Wiener Erklärung (Fn. 74).

[101] *Buergenthal/Thürer* (Fn. 51), S. 11/12.

[102] Vgl. *Vaughan Lowe/Antonios Tzanakopoulos*, Humanitarian Intervention, in: Max Planck Online Encyclopedia of Public International Law, 2012, Rn. 5, 28, abrufbar unter: www.mpepil.com/(Abfrage v. 6.12.2012).

[103] Zur grundsätzlichen Kritik *Thomas G. Weiss*, R2P after 9/11 and the World Summit, in: Wisconsin International Law Journal 24 (2006–07), S. 741 (746 ff.).

[104] Siehe SR-Resolution 1674 (2006) on protection of civilians in armed conflict, para. 4: "*Reaffirms* the provisions of paragraphs 138 and 139 of the 2005 World Summit Outcome Document regarding the responsibility to protect populations from genocide, war crimes, ethnic cleansing and crimes against humanity".

[105] *Weiss* (Fn. 103), S. 756.

bis auf die Zeiten der Einführung des 1503-Verfahrens des UN-Wirtschafts- und Sozialrats zurückverfolgen, mit dem ein vertrauliches Beschwerdeverfahren erstmals ohne spezifische Zustimmung der beschuldigten Staaten bei der UNO eingerichtet wurde.[106] Angestoßen durch die Überlegungen von *Francis M. Deng*[107] mündeten die seit den 90er Jahren forcierten Bemühungen in das vieldiskutierte Konzept der Schutzverantwortung („responsibility to protect"), das, in die drei „Verantwortungsmodalitäten" zu verhüten, zu reagieren und wiederaufzubauen ausdifferenziert[108], eine Alternative zum umstritten gebliebenen Konzept der humanitären Intervention bieten soll. Obwohl die Schutzverantwortung in der Praxis der UN-Organe zunehmend nachweislich ist[109], die Eindämmung der Vetomacht des Sicherheitsrates vorgeschlagen wurde und die wissenschaftliche Diskussion intensiv geführt wird[110], bleibt jedoch unklar, welche Rechte und Pflichten hieraus für wen folgen sollen, wenn ein betroffener

---

[106] ECOSOC Resolution 1503 (XXVIII) vom 6.6.1967. Dazu *Roberta Cohen*, From sovereign responsibility to R2P, in: W. Andy Knight/Frazer Egerton (eds.), The Routledge Handbook of the Responsibility to Protect, 2012, 7 (8 ff.). Zu noch früheren Vorläufern *Noam Chomsky*, The skeleton in the closet: the responsibility to protect in history, in: Philipp Cunliffe (ed.), Critical Perspectives on the Responsibility to Protect, 2011, S. 11 ff.

[107] *Francis M. Deng*, Sovereignty as Responsibility: Conflict Management in Africa, 1996. Eingehend zu Dengs Wirken *Cohen* (Fn. 106), S. 14 ff., m.N. zu weiteren wissenschaftlichen Publikationen dieses Autors im Bereich der Schutzverantwortung in Fn. 57.

[108] Siehe die einschlägigen Beiträge in Knight/Egerton (Fn. 106): *Lawrence Woucher*, The Responsibility to Prevent: toward a strategy, S. 22 ff.; *Frank Chalk/Roméo Dallaire/Kyle Matthews*, The Responsibility to React, S. 36 ff.; *Albrecht Schnabel*, The Responsibility to Rebuild, S. 50 ff.

[109] Als Durchbruch gelten insoweit die Art. 138 f. des 2005 World Summit Outcome Document (A/RES/60/1 vom 15.9.2005). Art. 138: "Each individual State has the responsibility to protect its populations from genocide, war crimes, ethnic cleansing and crimes against humanity. This responsibility entails the prevention of such crimes, including their incitement, through appropriate and necessary means. We accept that responsibility and will act in accordance with it. The international community should, as appropriate, encourage and help States to exercise this responsibility and support the United Nations in establishing an early warning capability." Art. 139: "The international community, through the United Nations, also has the responsibility to use appropriate diplomatic, humanitarian and other peaceful means, in accordance with Chapters VI and VIII of the Charter, to help to protect populations from genocide, war crimes, ethnic cleansing and crimes against humanity. …" Wichtige (und inhaltlich noch viel weiter gehende) Vorarbeiten leistete der Report der *International Commission on Intervention and State Sovereignty*, 2001.

[110] Siehe statt vieler die Einzelbeiträge in Knight/Egerton (Fn. 106); ferner *Andreas von Arnauld*, Souveränität und responsibility to protect, Die Friedens-Warte 84 (2009), S. 11 ff.; *Tobias Debiel et. al.*, Vom „neuen Interventionismus" zur R2P, – Die Entwicklung einer Menschenrechtsschutznorm im Rahmen des Sicherheitsrates der Vereinten Nationen, Die Friedens-Warte 84 (2009), S. 53 ff.; *Peter Hilpold*, Die Schutzverantwortung im Recht der Vereinten Nationen (Responsibility to Protect) – auf dem Weg zur Etablierung eines umstrittenen Konzepts?, in: SZIER 2011, S. 231 ff.; *Anne Peters*, The Responsibility to Protect: Spelling out the Hard Legal Consequences for the UN Security Council and its Members, in: Ulrich Fastenrath et. al. (Hrsg.), From Bilateralism to Community Interest: Essays in Honour of Bruno Simma, 2011, S. 297 ff.

Staat seiner originären Schutzverantwortung nicht nachkommt. Teilweise wird sogar schon ein Zurückfallen auf das zu überwindende Konzept der humanitären Intervention festgestellt.[111] Hier steht die Durchsetzung der Menschenrechte an einem kritischen Punkt, in dem sich erst jene auf Kriterien basierende Praxis herausbilden muss, die schwere und systematische Verletzungen effektiv verhindert, ohne das Gewaltmonopol der Vereinten Nationen zu beschädigen, welche ferner die primäre Schutzverantwortung des betroffenen Staates achtet und zugleich auch politischen Missbrauch ausschließt.[112] Bislang kann allenfalls von einer *„emerging authority"* der in der UNO vereinigten Staaten die Rede sein, welche jedenfalls die Einrede der Souveränität bzw. „souveränen Ignoranz" bei massiven Menschenrechtsverletzungen hinfällig macht. Immerhin zeigt sich hier schon dieselbe Grundidee, die auch in der Entwicklung der einzelnen Staaten immer mehr an Bedeutung gewonnen hat: dass jede organisierte Struktur, sei es ein Staat, sei es die künftige Weltordnung, nur aus dem Dienst am Menschen ihre Legitimität bezieht.

V. Wen verpflichten die Menschenrechte? – Global Player mit staatsgleicher Macht

1. Anerkannte Fälle der Inpflichtnahme von Menschen

Menschenrechte berechtigen und verpflichten mit Blick auf ihre völkerrechtliche Natur grundsätzlich nur Völkerrechtssubjekte; doch werden Privatpersonen gerade dadurch zu partiellen Völkerrechtssubjekten, dass Menschenrechte an sie adressiert sind. Man geht heute davon aus, dass menschenrechtliche Verpflichtungen, soweit sie sich für die Einzelfallanwendung eignen, d.h. „selbstausführend" (self-executing) sind, Individuen im Sinne einer Aktivlegitimation unmittelbar berechtigen; die betreffenden Rechte müssen sie dann i.d.R. vor staatlichen Instanzen einfordern, sofern keine spezielle Individualbeschwerdemöglichkeit zu internationalen Instanzen eröffnet ist.[113]

---

[111] So insbesondere *Hilpold* (Fn. 110), S. 239 ff.

[112] Siehe zur „holistischen Vision" der Schutzverantwortung *Peter Hilpold*, The Duty to Protect and the Reform of the United Nations – A New Step in the Development of International Law?, Max Planck Yearbook of United Nations Law 10 (2006), S. 35 (65); *von Arnauld* (Fn. 110), S. 42.

[113] Im Falle der großen Konventionen sind die Staaten verpflichtet, eine wirksame Beschwerdemöglichkeit für Einzelne im innerstaatlichen (!) Recht vorzusehen, mithilfe derer die behauptete Verletzung der im Vertragswerk garantierten Rechte überprüft und die Beachtung nötigenfalls auch durchgesetzt werden kann (Art. 2 Abs. 3 IPbpR; Art. 13 EMRK). Nach Erschöpfung des innerstaatlichen Rechtswegs kommt u.U. die Individualbeschwerde zur internationalen Instanz in Betracht (Art. 2 FakProt Nr. 1 zum IPbpR; 34 f. EMRK). Vgl. dazu *Kälin/Künzli* (Fn. 13), S. 107 f.

Anders stellt sich die Lage jedoch in Bezug auf die Inpflichtnahme von Privatpersonen dar.[114] Sie ist bislang nur in wenigen Fällen anerkannt, z.B. in Form der Verpflichtung von Angehörigen nicht-regulärer Truppen oder Milizen, grundlegende Regeln des humanitären Völkerrechts zu beachten, wobei die dogmatische Herleitung dieser unmittelbaren Bindung nicht unkompliziert ist.[115] Darüber hinaus wurde im vertraglichen Völkerstrafrecht eine unmittelbare Verantwortlichkeit von Individuen für bestimmte Verbrechen eingeführt, wie z.B. die Formulierung von Art. 22 Abs. 1 Römisches Statut[116] zeigt, wonach eine Person ohne weitere Zwischenschritte „nach diesem Statut" verantwortlich wird, wenn sie Verbrechen wie Völkermord oder Verbrechen gegen die Menschlichkeit (Art. 5–7 Römisches Statut) begeht.

2. *Ausweitung auf weitere Akteure – Es bleibt bei „Soft Law"*

a) Problemlage

Die Frage nach einer Pflichtenstellung Privater hat sich in jüngster Zeit als zunehmend brisant erwiesen, weil private Akteure wie transnationale Unternehmen an Macht und Einfluss kaum mehr hinter den Staaten zurückstehen.[117] Zugleich setzen sich die Folgen einer weltweit zunehmenden Privatisierung in den einzelnen Staaten, verbunden mit der kontinuierlichen Ausdehnung des privaten Sektors, in den internationalen Raum fort. Dem entsprechend groß ist auch das hier wachsende Gefährdungs- und Verletzungspotential, soweit es die Menschenrechte betrifft.[118] Dringend stellt sich somit die Frage, ob und wieweit transnationale Unternehmen auch selbst und unmittelbar an Menschenrechte gebunden werden müssen. Obwohl für ihr Handeln auch eine Verantwortlichkeit der Staaten wegen der Verletzung menschenrechtlicher Schutzpflichten in

---

[114] Siehe statt vieler *Andrew Clapham*, Human Rights Obligations of Non-state Actors, 2006; *David Weissbrodt/Muria Kruger*, Human Rights Responsibilities of Businesses as Non-state Actors, in: Philip Alston (Hrsg), Non-state Actors and Human Rights, 2005, S. 315 ff.

[115] Siehe i.E. *Kerstin Odendahl*, Die Bindung privater Militär- und Sicherheitsfirmen an das humanitäre Völkerrecht unter besonderer Berücksichtigung des Dokuments von Montreux, ArchVR 48 (2010), S. 226 (229 f.).

[116] Römisches Statut des Internationalen Strafgerichtshofs vom 17.7.1998, Doc. A/CONF.183/9.

[117] So befanden sich bei einem Vergleich zwischen Staaten und Unternehmen, gemessen an ihrem jeweiligen BIP bzw. Umsatz, auf den ersten 100 Plätzen 45 Unternehmen. Siehe *Katarina Weilert*, Transnationale Unternehmen im rechtsfreien Raum? Geltung und Reichweite völkerrechtlicher Standards, in: ZaöRV 69 (2009), S. 883 (883), m.N.

[118] Beispiele für gravierende Menschenrechtsverletzungen von transnationalen Unternehmen gibt *Marion Weschka*, Human Rights and Multinational Enterprises: How Can Multinational Enterprises Be Held Responsible for Human Rights Violations Committed Abroad?, in: ZaöRV 66 (2006), S. 625 (631 ff.).

Betracht kommt, liegen die völkerrechtlichen Voraussetzungen hierfür im Falle global agierender und verschachtelt organisierter Konzerne oft nicht vor.[119]

Die Problemlagen sind hier durchaus unterschiedlich: Zum einen erweisen sich Fallkonstellationen als kritisch, in denen bei der Durchführung eines Investitionsprojekts ein großes Ungleichgewicht an ökonomischem Potential und Know How zwischen einem international tätigen Konzern und einem Entwicklungsland besteht. Um die Investition zu erlangen, sind schwach entwickelte Staaten oft bereit, sogenannte „Stabilisierungsklauseln" zu akzeptieren, die eine für das Unternehmen kostenträchtige Verbesserung der menschenrechtlichen Lage oder der Arbeitsbedingungen zum Haftungsrisiko machen.[120] Zudem besteht hier eine besondere Gefahr der Unterdrückung von Kritik am Projekt, etwa aus ökologischen Gründen, wie sich im Fall *Kiobel* bzw. der „Ogoni Nine" in Nigeria gezeigt hat.[121]

Zum anderen sind sämtliche Staaten dieser Welt von bestimmten Phänomenen der Globalisierung betroffen, die das Völkerrecht noch nicht bewältigt hat. Wie hilflos selbst hochentwickelte Staaten werden können, zeigt das Beispiel einer deutschen Verbraucherschutzministerin, die dem US-amerikanischen Management von Facebook öffentlich androhte, sie werde ihre Mitgliedschaft bei Facebook kündigen, wenn das Unternehmen weiterhin die Daten seiner Nutzer an Dritte weiterreiche.[122] Hier versucht eine sich ihrer Machtlosigkeit bewusste Regierung, weil sie im grenzüberschreitenden Kontext nicht mehr zu hoheitlichen Maßnahmen greifen kann, wie eine Nichtregierungsorganisation mithilfe der Medien öffentlichen Druck auf das mächtige Unternehmen auszuüben. In vergleichbarer Lage erwog der Bundesnachrichtendienst, der Online-Plattform „WikiLeaks" die Verbreitung eines geheimen Dossiers gerichtlich zu untersagen, musste aber schon im Vorfeld einer Klage kapitulieren.[123] Die Plattform hatte sich durch die weltweite Streuung ihrer Server und die Geheimhaltung der Identität ihrer Aktivisten nicht nur staatlicher Zensur entzogen, sondern sich in den Weiten der virtuellen Welt auch einen rechtsfreien Raum geschaffen. Ein spezielles Problem stellt schließlich der Einsatz privater Sicherheits- und Militärfirmen (PSMF) in Krisengebieten dar, weil das überkommene humanitäre

---

[119] Dazu *Robert McCorquodale*, International Human Rights Law and Transnational Corporations: Responsibilities and Cooperation, in: Holger P. Hestermeyer et al. (eds.), Coexistence, Cooperation and Solidarity, Liber Amicorum Rüdiger Wolfrum, vol. I 2012, S. 453 (insbes. 460 ff.), unter Bezugnahme auf die ILC Articles on the Responsibility of States. Zu alternativen Wegen der Begründung völkerrechtlicher Verpflichtungen zur Einflussnahme auf transnationale Konzerne *Jochen von Bernstorff*, Extraterritoriale menschenrechtliche Staatenpflichten und Corporate Social Responsibility, ArchVR 49 (2011), S. 34 ff.

[120] Siehe *McCorquodale* (Fn. 119), S. 462, 474.

[121] Siehe noch im Folgenden V.2.c) mit Fn. 141.

[122] FAZ Nr. 80 vom 7.4.2010, S. 29 („Empfänger verzogen. Ministerin Aigner droht Facebook – aber womit?").

[123] Dazu Der Spiegel Nr. 15 v. 12.4.2010, S. 62 f. („Globale Enthüllung").

Völkerrecht nicht auf diese Akteure zugeschnitten ist und dadurch die Geltung selbst elementarer Regeln für bewaffnete Konflikte in Gefahr gerät; auch das staatliche Gewaltmonopol stellen diese Einrichtungen infrage.[124]

b) Verhaltensstandards der Völkergemeinschaft: „Neminem laedere" als Scharnierprinzip

Die Regulierung des Problems erweist sich als schwierig. Es ist geradezu unwahrscheinlich, dass alle Staaten, in denen private Militärdienstleister, Internetprovider, Investment-Banken oder sonstige Global Player ihren Sitz potentiell nehmen könnten, sich in völkerrechtlichen Verträgen auf gemeinsame Standards ihrer Gesetzgebung einigen. Zu unterschiedlich sind die Interessen. Im Wesentlichen beschränkt sich die Reaktion der Völkergemeinschaft bislang auf die Entwicklung zumeist unverbindlicher Verhaltensstandards. Einen ersten Versuch startete der Generalsekretär der UNO 1999 mit dem *Global Compact*[125], in dem sich Unternehmen freiwillig verpflichten können, die Menschenrechte zu beachten. Da die Unternehmen aber nur jährlich an die UNO berichten müssen, ohne dass ihre „Compliance" irgendeine ernst zu nehmende Bedeutung hat, sprechen Kritiker von einem „bluewash-Verfahren", das mehr der Eigenwerbung der Unternehmen als dem Schutz der Menschenrechte dient.[126] Mit diesem Problem sind auch alle nachfolgenden Vorstöße belastet. Noch die alte Menschenrechtskommission der Vereinten Nationen verabschiedete im August 2003 sogenannte "Norms on the responsibilities of transnational corporations and other business enterprises with regard to human rights"[127], die als Vorlage für einen späteren völkerrechtlichen Vertrag gedacht waren, allerdings auf so heftigen Widerstand in Staatenwelt und Wirtschaft trafen, dass es bis heute bei der Unverbindlichkeit geblieben ist.

2005 setzte der Generalsekretär der UNO einen speziellen Repräsentanten für Fragen der Menschenrechte, Transnationalen Unternehmen und anderer Wirtschaftsunternehmen, John Ruggie, ein, der die Diskussion mithilfe jährlicher *Ruggie Reports* belebt.[128] Er verfolgt den Ansatz des „principled pragmatism", der auf „corporate social responsibility" statt einklagbarer Rechtspflichten setzt. Parallel ist die Entwicklung im Rahmen der OECD verlaufen, die

[124] Eingehend zur Problematik aus schweizerischer Sicht: Bericht des Bundesrats zu den privaten Sicherheits- und Militärfirmen vom 2.12.2005, BBl 2006, S. 623 ff.; sowie noch unten.

[125] Guidelines des UN-Generalsekretärs K. Annan vom 17.7.2000 betreffend „Cooperation Between the United Nations and the Business Community" (nicht klassifiziertes Dokument).

[126] Siehe etwa *S. v. Schorlemer*, Der ‚Global Compact' der Vereinten Nationen – ein Faustscher Pakt mit der Wirtschaftswelt? In: Dieselbe (Hrsg.), Praxishandbuch UNO: die Vereinten Nationen im Lichte globaler Herausforderungen, 2003, S. 507 ff.

[127] Doc. E/CN.4/Sub.2/2003/12/Rev.2 of 26 August 2003.

[128] Siehe *McCorquodale* (Fn. 119), S. 454 ff. m.N.

im Jahre 2000 erstmals „Guidelines for Multinational Enterprises“ generierte, die 2011 revidiert wurden.[129] Auch in Spezialbereichen, z.B. der Bekämpfung grenzüberschreitender Korruption und Geldwäsche, bilden sich immer mehr Verhaltensstandards für private Akteure wie transnationaler Finanzdienstleister heraus.[130] Im Falle der privaten Sicherheits- und Militärfirmen formuliert das unverbindliche „Montreux Document“ von 2008[131] nicht nur Standards für die staatliche Gesetzgebung, sondern proklamiert auch eine Verpflichtung der betreffenden Firmen selbst, wonach diese zumindest über den Umweg des nationalen Rechts im bewaffneten Konflikt an die Beachtung des humanitären Rechts und, soweit anwendbar, die Menschenrechte gebunden sein sollen.[132] Ob die „weiche“ Strategie eines kontextbezogenen Soft law, die sich in all den Beispielen zeigt, auch am erfolgversprechendsten ist[133], muss sich noch zeigen.

Die genannten Entwicklungen sind bedeutsamer, als es die fehlende Rechtsnatur der Dokumente vermuten lässt. Auch wenn sich die Völkergemeinschaft in den genannten Fällen noch nicht auf völkerrechtsunmittelbare Pflichten für private Akteure einigen konnte, sind sie doch in einen direkten Dialog mit ihnen getreten. Dem entsprechend sind transnationale Unternehmen und dergleichen zwar noch nicht zu partiellen Völkerrechtssubjekten geworden; die Etablierung von Verhaltensstandards für sie und im Zusammenwirken mit ihnen markiert aber einen ersten Schritt weg von der Mediatisierung Privater durch Staaten. Zudem verbreitet sich auf der universellen Ebene etwas, das man im weitesten Sinne als Harmonisierung bezeichnen könnte: Die Staaten einigen sich auf gemeinsame Regeln, auf deren gleichartige Befolgung sie sich einstellen. Dabei verfestigt sich auch mittels unverbindlicher Verhaltenskodizes zum Prinzip,

---

129 Hierzu die Seite des schweizerischen Staatssekretariats für Wirtschaft (SECO), www.seco.admin.ch/themen/00513/00527/01213/index.html?lang=de (Abfrage vom 11.12.12), mit allen Dokumenten. Siehe auch *McCorquodale* (Fn. 119), S. 473 ff.

130 Siehe insbesondere die 40 Empfehlungen der Financial Action Task Force (FATF) – International Standards on Combating Money-Laundering and the Financing of Terrorism and Proliferation (FATF Recommendations 2004), abrufbar unter: www.fatf-gafi.org/media/fatf/documents/recommendations/pdfs/FATF_Recommendations.pdf (Abfrage vom 8.4.2013).

131 *“Montreux Document on pertinent international legal obligations and good practices for States related to operations of private military and security companies during armed conflict”* vom 17.9.2008. Siehe Schreiben des Ständigen Repräsentanten der Schweiz an den UN-Generalsekretär betreffend das „Understanding“ von 17 Staaten in Montreux: UN Doc. A/63/467 und übereinstimmend S/2008/636. Dazu *Odendahl* (Fn. 115), S. 226 ff.; *Hector Entenza*, La responsabilité des Etats pour les violations des droits de l’homme commises par les entreprises militaires et de securité privèes, AJP 2011, S. 207 ff.

132 Siehe Montreux Document, para 22: “PMSC’s are obliged to comply with international humanitarian law or human rights law imposed upon them by applicable national law, ..., and specific regulations ...”.

133 So *Anne Peters*, Sind transnationale Unternehmen verpflichtet, (internationale) Menschenrechte zu respektieren und zu fördern?, in: Peter G. Kirchschläger et al. (Hrsg.), Menschenrechte und Wirtschaft, 2005, S. 127 (132).

dass bestimmte private Akteure eine menschenrechtliche Verantwortung tragen, z.B. transnationale Unternehmen nicht nur den jeweils eigenen Shareholdern, sondern auch der Gesellschaft insgesamt verpflichtet sind. Demnach sind die schützenswerten Interessen aller Menschen, die von transnationaler Wirtschaftstätigkeit betroffen sind, zu respektieren und Schädigungen zu unterlassen sind. Ungeachtet fehlender Rechtsverbindlichkeit formulieren auch bloße Standards, was die „erforderliche Sorgfalt" (due diligence) Privatunternehmen an Vorkehrungen gebietet, woran die einzelstaatliche Rechtssysteme wiederum in Schadensfällen anknüpfen können.[134] So lassen die diversen Verhaltensstandards schon die Konturen eines künftigen universellen Prinzips des Neminem laedere erkennen, das bestimmte private Akteure nach Art eines Scharnierprinzips an die Menschenrechte binden kann.

c) Durchsetzung der Menschenrechte durch extraterritoriale Rechtsanwendung

Noch Zukunftsmusik ist die Möglichkeit, dass Völkergewohnheitsrecht entstehen könnte, das Google und Co. unter bestimmten Umständen selbst und unmittelbar zur Einhaltung der Menschenrechte verpflichtet. Der lange Weg bis zur allgemeinen Anerkennung einer Praxis als geltendes Völkerrecht (Art. 38 Abs. 1 lit. b IGH-Statut) kann damit beginnen, dass einzelne staatliche Gerichte – noch vorpreschend – die Bindung eines Unternehmens an die Menschenrechte kraft Völkerrechts erstmals anerkennen. Eine solche Staatenpraxis kann sich ausbreiten, durch Äußerungen von Organen der Vereinten Nationen verstärkt werden und schließlich den allgemeinen Wandel der Anschauungen zum völkerrechtlichen Pflichtenstatus bestimmter Privatunternehmen herbeiführen. Auch hier könnte es dazu kommen, dass ungeschriebenes Völkerrecht das insuffiziente Vertragsrecht überholt.

Die Forderung nach einer unmittelbaren Bindung transnationaler Unternehmen an die Menschenrechte kann sich, wenn man das Wesen und die Zwecke des Völkerrechts betrachtet, nur auf Unternehmen erstrecken, die eine staatsähnliche Position der Übermacht gegenüber Einzelnen gewinnen, sei es, weil sie ganze Wirtschaftsbereiche beherrschen oder entscheidenden Einfluss auf Verwaltungen in anderen Staaten gewonnen haben, sei es, weil sie durch Nutzung neuer Medien die Rechte Einzelner breitflächig bedrohen können. Der so oder ähnlich zu beschreibende Kreis von Unternehmen würde dann einerseits von den Menschenrechten profitieren, andererseits aber auch selbst zur Beachtung verpflichtet sein, so wie wir es auch aus dem innerstaatlichen Bereich von Universitäten oder Rundfunkanstalten in Bezug auf die Grundrechte kennen.

---

[134] Zum britischen Fall (*Global Witness v. Afrimex Ltd.*) *McCorquodale* (Fn. 119), S. 473.

Auch die Staatenpraxis weist in diese Richtung. Am bekanntesten ist die US-amerikanische Alien Tort Statute (Alien Tort Claims Act)[135], wonach Ausländer Menschenrechtsverletzungen, die außerhalb der USA begangen wurden, vor die Zivilgerichte der USA bringen können. Obwohl das Instrument ursprünglich anderen Zwecke diente[136], wurde es seit dem Fall *Filártiga v. Peña-Irala* von 1980[137] zunehmend – und seit 2004 auch mit dem Segen des U.S. Supreme Court[138] – als Instrument der Haftung für Menschenrechtsverletzungen im Ausland entdeckt. Zwar entwickelte die US-amerikanische Rechtsprechung diverse Begrenzungen, insbes. auf schwerste Menschenrechtsverletzungen; es kam aber zu einer Reihe bedeutender Verfahren, in denen vor allem, aber nicht nur U.S.-amerikanische Konzerne in den USA verklagt wurden, weil sie mit menschenrechtsverletzenden Regimen im Ausland kooperiert bzw. deren Menschenrechtsverletzungen Vorschub geleistet hätten. So klagten z.B. kolumbianische Gewerkschafter gegen Coca Cola in den USA wegen Folter, willkürlicher Tötung und dergl., die kolumbianische Paramilitärs mithilfe von Beschäftigten des Unternehmens in Kolumbien begangen hatten.[139] Es klagten nigerianische Dorfbewohner in den USA gegen Chevron mit der Behauptung, Chevron habe die nigerianische Polizei dafür bezahlt, Proteste der Dorfbewohner gegen eine Ölplattform von Chevron blutig niederzuschlagen.[140] Im Fall *Kiobel* klagten die Angehörigen hingerichteter Bürgerrechtler in Nigeria („Ogoni Nine") gegen Royal Dutch Petroleum und Shell in den USA.[141] Die Union Oil Company of California (Unocal) musste sich gegen den Vorwurf wehren, sie trage die Verantwortung dafür, dass beim Bau einer Gaspipeline (Yadana gas pipeline

---

[135] 28 U.S.C. (United States Code) § 1350, der ursprünglich Teil des U.S. Judiciary Act von 1789 (ch. 20, 1 Stat. 73–93) war, lautet: "The district courts shall have original jurisdiction of any civil action by an alien for a tort only, committed in violation of the law of nations or a treaty of the United States."

[136] Die USA wollten damit anderen Staaten signalisieren, dass sie Rechtsschutz jedenfalls für im Ausland geschehene Übergriffe auf Diplomaten und Kaufleute gewähren würden, wobei das wirkliche Problem darin lag, dass die Einzelstaaten eine solche Klagemöglichkeit für im Inland geschehene Übergriffe nicht eröffneten.

[137] U.S. Court of Appeals for the Second Circuit, 630 F.2d 876 (30.6.1980).

[138] U.S. Supreme Court, 542 U.S. 692 (2004) – *Sosa v. Alvarez-Machain* (2004).

[139] U.S. Court of Appeals, 11th Circuit, 11.8.2009 – *Sinaltrainal v. Coca-Cola Company*: Abweisung der Klage mangels Plausibilität des Vorwurfs.

[140] U.S. Court of Appeals, 9th Circuit, 621 F. 3d 1116 (2010) – *Bowoto v. Chevron Corp.*: Keine Zurechnung der Vorkommnisse in Nigeria zum Chevron-Konzern.

[141] U.S. Court of Appeals, 2d Circuit, 17.9.2010 – *Kiobel v. Royal Dutch Petroleum*: Verantwortlichkeit von Unternehmen für Menschenrechtsverletzungen ist kein Bestandteil geltenden Völkergewohnheitsrechts. Der Fall ist inzwischen beim U.S. Supreme Court (Az. 10-1491) anhängig. Es wird eine grundlegende Klärung der Frage erwartet, inwieweit die Alien Tort Statute eine menschenrechtliche Inpflichtnahme Multinationaler Unternehmen in den USA auch bei rein extraterritorialen Sachverhalten erlaubt. Siehe auch African Commission on Human Rights, Communication 155/96 – *The Social and Economic Rights Action Center et al. v. Nigeria* (2002).

project) in Myanmar Bewohner der nahegelegenen Dörfer Zwangsarbeit leisten mussten.[142] Weltweites Aufsehen erregte schließlich der Fall *Wang Xiaoning v. Yahoo!*, in dem Yahoo beschuldigt wurde, chinesische Internet-Dissidenten durch Preisgabe der Verbindungsdaten den chinesischen Behörden ausgeliefert zu haben.[143]

Es ist klar, dass die malträtierten Bewohner kleiner Dörfer in Nigeria oder Myanmar nur mit tatkräftiger Hilfe US-amerikanischer Menschenrechtsorganisationen solche Klagen in den USA anhängig machen können; sie führen auch zumeist nicht zum Erfolg, weil die Mit-Verantwortlichkeit des beschuldigten Unternehmens für Menschenrechtsverletzungen durch örtliche Behörden oder ihre „Agenten" im grenzüberschreitenden Kontext nicht nachgewiesen werden kann; die Zahl dieser Klagen steigt aber unaufhörlich, und immer öfter kommt es wie im Falle Yahoo zum Vergleich. Auf dieser Basis wird klar, welchen praktischen Nutzen die Bindung transnationaler Unternehmen an Menschenrechte hat. Solange es noch keinen Durchsetzungsmechanismus auf völkerrechtlicher Ebene gibt, kann die Verantwortlichkeit nur dadurch aktiviert werden, dass Staaten gewissermaßen hilfsweise innerstaatliche Gerichtsstände für Klageverfahren eröffnen. Hier müssen die überlieferten Standards der extraterritorialen Rechtsanwendung nachjustiert werden. Dennoch muss mit Rücksicht auf die Souveränität anderer Staaten gewährleistet sein, dass der Gerichtsstaat einen vernünftigen Anknüpfungspunkt zum Fall aufweist, etwa dass das beschuldigte Unternehmen seinen Sitz im Inland hat oder im Inland börsennotiert ist, und es muss zudem gewährleistet sein, dass der Gerichtsstaat alle Unternehmen gleichbehandelt.

VI. Synthese

Potential und Dynamik der Menschenrechte können in diesem Beitrag nicht ausgeschöpft werden. Die hier gesetzten Schwerpunkte erlauben jedoch folgende Schlüsse:

1. Menschenrechte bewirken trotz aller Unterschiede zu den Grundrechten die Transposition einer originär verfassungsrechtlichen Materie auf eine höhere Ebene. Sie setzen im Unterschied zu den meisten anderen Materien des Völkerrechts die Idee einer staatsähnlichen Weltordnung voraus.

---

[142] U.S. Court of Appeals, 9th Circuit, 395 F.3d 932 (2002) – *Doe v. Unocal*: Vergleich im Dez. 2004.

[143] Klage vom 30.7.2007 beim U.S. District Court, Northern District of California (Oakland Division) – *Wang Xiaoning versus Yahoo!*: Settlement im Nov. 2007.

2. Die Existenz von Menschenrechten belegt eher eine Harmonisierung der Rechts- und Verwaltungspraxis der Staaten als eine Konstitutionalisierung der Weltordnung.
3. Die Unterscheidung zwischen bindendem Recht und nicht-verbindlichen Erklärungen verliert im Bereich der Menschenrechte immer mehr an Bedeutung.
4. Es scheint eine Zeit anzubrechen, in der ungeschriebenes Völkerrecht sich anders als noch im 20. Jahrhundert über die vertraglichen Gewährleistungen der Menschenrechte hinaus entwickeln könnte.
5. Die Menschenrechtsverträge mit kodifikatorischem Charakter (insbes. EMRK, IPbpR) haben in Gestalt „modaler Rechte" ein natürliches Ergänzungspotential, das durch bestimmte Techniken der Interpretation und Rechtsanwendung aktiviert werden kann. Die Rechtsprechung des EGMR steuert mit einem „Recht auf persönliche Selbstverwirklichung" auf die Anerkennung einer allgemeinen Handlungsfreiheit zu.
6. Völkergewohnheitsrecht ist wesensgemäß zu unscharf, um zur Erfolgsgeschichte der Menschenrechte beizutragen. Die fehlende Präzision von Tatbestand und Schranken schlägt sich in einer Reduzierung des Bestandes auf wenige unbestritten geltende Verbote nieder.
7. Die Möglichkeit, die außervertragliche Geltung von Menschenrechten als Allgemeine Rechtsgrundsätze zu begründen, ist bei Weitem nicht ausgeschöpft. Bislang tragen die Verfassungsüberlieferungen der Staaten nur in stark integrierten Systemen zur Ausbildung von Individualrechten auf der höheren Ebene bei. Als regional europäisches Rechtsprinzip kann z.B. eine allgemeine Schrankenklausel begründet werden, wonach jeder Eingriff in Grund- und Menschenrechte auf Gesetz beruhen, dem öffentlichen Interesse dienen und verhältnismäßig sein muss.
8. Die Debatte um die Universalität der Menschenrechte ist heute von einer Tendenz zur Säkularisierung bzw. Politisierung vordem religiös-kultureller Unterschiedlichkeit geprägt. Ein gewisses Maß an Relativierung kann sich auf der Ebene der Rechtfertigung von Beschränkungen der Menschenrechte niederschlagen, weil deren Angemessenheit nur mit Bezug auf die Situation im einzelnen Staat beurteilt werden kann. Das gilt nicht für politische Rechte, die in der Spruchpraxis der Menschenrechtsorgane auf ein einheitliches Gesamtkonzept von Demokratie und Freiheit bezogen werden.
9. In der Debatte um die „Responsibility to protect" äußert sich die Grundidee, dass jede organisierte Struktur, sei es ein Staat, sei es die künftige Weltordnung, nur aus dem Dienst am Menschen ihre Legitimität bezieht.
10. Auch die Völkerrechtsordnung hat erkannt, dass eine effektive Geltung der Menschenrechte die Inpflichtnahme bestimmter privater Akteure wie insbesondere transnationaler Unternehmen unabdingbar macht. Obwohl

es den Standards und Kodizes an Rechtsverbindlichkeit und den privaten Unternehmen an Völkerrechtsfähigkeit fehlt, bilden sich universelle Sorgfaltsanforderungen heraus, an die staatliches Recht anknüpfen kann. Es zeigen sich die Konturen eines Verbots, Andere zu verletzen (neminem laedere), das als Scharnierprinzip private Akteure angemessen behutsam an die Menschenrechte binden kann.

Caroline of Monaco and the Three Constitutional Courts – an American Perspective

Peter E. Quint[1]

Prologue: Winfried Brugger

Among the German public law scholars of his generation, *Winfried Brugger* was certainly the most fully immersed, and the most deeply learned, in American public law. From his magisterial Habilitationsschrift of 1987[2], through his many other wide-ranging commentaries on American public law in articles, case notes, and books, *Winfried Brugger's* sustained and brilliant contributions were directed toward greater understanding between the communities of German and American constitutional law. These scholarly endeavors were combined with his dedicated work for the German-American Lawyers Association (DAJV) and his skillful administration of partnerships between the Heidelberg Faculty of Law and several American law schools. All of this, of course, was accomplished against the background of an extraordinary outpouring of books, articles, lectures and other presentations on German public law as well as legal philosophy.

Among *Winfried Brugger's* many areas of interest in constitutional law, questions of the freedom of expression, and the countervailing governmental and individual interests that might limit that freedom, occupied a special position in his regard. An impressive set of chapters in his Habilitationsschrift[3] brilliantly discussed a number of these issues under the American Constitution, and he returned to some of the most difficult questions of freedom of expression in subsequent articles and other contributions[4]. Although deeply familiar with American constitutional law, and no doubt influenced to some extent by

---

[1] The author is grateful to *Alison Yoder* for valuable research assistance.

[2] *Winfried Brugger*, Grundrechte und Verfassungsgerichtsbarkeit in den Vereinigten Staaten von Amerika (1987).

[3] *Brugger*, supra, at 216–90.

[4] The difficult questions posed by hate speech, for example, were the subject of *Winfried Brugger's* continuing exploration. See, e.g., *Winfried Brugger*, Ban On or Protection of Hate Speech? Some Observations Based on German and American Law, 17 Tulane European & Civil Law Forum 1 (2002); *Winfried Brugger*, Hassrede, Beleidigung, Volksverhetzung, 2006 JA 687.

its principles, *Winfried Brugger* maintained his own nuanced views on these important issues.

Some of the most striking contrasts between German and American constitutional doctrine on the freedom of expression arise in cases involving the possible limitations on that freedom imposed by interests of individual privacy. The German Constitutional Court and the European Court of Human Rights have presented us with a number of fascinating decisions on these issues in the continuing litigation of *Princess Caroline of Monaco* against various German magazines that have published photographs of Caroline engaged in the activities of everyday life. These cases expose telling contrasts between American and German doctrines on the freedom of expression, and they also illustrate further differences between each of these systems and the doctrine of the European Court of Human Rights. I hope that an exploration of these cases, and an examination of the significant differences between German and American constitutional law that they reveal, will be an appropriate subject for an essay honoring the memory of our most highly esteemed colleague and friend, *Winfried Brugger.*

I. Introduction

Caroline of Monaco is the daughter of the famous American movie star Grace Kelly and Prince Rainier III, titular head of the tiny principality of Monaco, whose most famous industry is the gambling casino at Monte Carlo. Prince Rainier's hereditary title descended to Caroline's brother Albert after Rainier's death in 2005. In 1999, Caroline married Prince Ernst August of Hannover, the descendant of another aristocratic line.

Born and raised in the sheltered atmosphere of the palace, Caroline developed a sensitivity that proved to be unfortunate for the daughter of a movie star and one of Europe's last reigning monarchs: she took extreme offense when her daily activities, such as shopping, bicycling, and enjoying a skiing holiday – activities not much different, in fact, from those of many other people – were exposed to the vulgar gaze through photographs in the European press.

Over the past twenty years or so, therefore, Caroline has expended extraordinary energy and, it seems, considerable financial resources, seeking to suppress these photographs through legal actions in the German courts (and courts elsewhere in Europe) and in the European Court of Human Rights as well. Although her victories have not been complete, she has enjoyed a significant measure of success in these tribunals. Caroline's victories may come as a surprise to American observers who are used to a more rough and ready tradition when it comes to claimed invasions of privacy and countervailing rights of freedom of the press.

A review of these cases, up through the most recent decisions of the German Constitutional Court and the European Court of Human Rights, can elucidate the special techniques and problems of German constitutional law in this area, and it may help readers on both sides of the Atlantic understand the substantial doctrinal gulf that separates American and German constitutional law in this area.

II. The Cases

Let us begin with a sketch of the significant cases in this litigation...

1. The First Caroline of Monaco Litigation

In the first of the cases that reached the German Constitutional Court, Caroline of Monaco sought damages and an injunction against re-publication of photographs that had appeared in German magazines in 1993 and 1997. These photos included scenes of Caroline in an outdoor cafe with the actor Vincent Lindon, with whom, it was said, she shared a romantic attachment. The other photographs portrayed even more banal events of everyday life: Caroline on horseback or with her children; riding a bicycle and shopping at an outdoor market; on a skiing holiday in Switzerland; leaving her house in Paris; tripping and falling at a beach club; and playing tennis with her husband Prince Ernst August von Hannover (whom she had married some time after her friendship with Vincent Lindon).

a) Decisions in the "Ordinary" Courts of Private Law

Caroline's initial attempts in the lower courts to suppress these photographs were unsuccessful: the Hamburg Appeals Court (OLG) dismissed the complaint because the photos depicted Caroline in public places[5]. The Federal Supreme Court (BGH), the highest German court for civil (and criminal) matters, adopted a similar view. Relying on its interpretation of the KUG – a civil law statute regulating an individual's control over dissemination of his or her works and personal image – the BGH found that Caroline was an "absolute" public figure ("absolute Person der Zeitgeschichte") and, as a result, she would generally have to accept undesired publicity, including photographs in the press. But the BGH did ban further publication of the scenes of Caroline and Vincent Lindon in the garden café. The court noted that the couple had chosen a secluded

[5] OLG Hamburg, 1996 AfP 69.

spot out of the public view and found, moreover, that the photographs had been taken in a secretive manner.[6]

b) The German Constitutional Court

In response to this decision of the BGH, Caroline filed a constitutional complaint in the German Constitutional Court and, on December 15, 1999, that court issued its first judgment in this litigation.[7] In general, the Constitutional Court approved the results of the balancing of free expression against privacy interests undertaken by the BGH. Specifically, the Constitutional Court agreed that public figures would only receive protection if they had retreated to a place of seclusion where they could expect to be free from intrusive photographers.[8] In its opinion the Court noted the importance, to the public in general, of being able to observe modes of life of persons belonging to other social strata.[9]

The Constitutional Court did, however, reverse and remand one aspect of the case: The Court found that photos of Caroline with her children might be banned because Caroline's privacy rights were fortified by the family guarantee of Article 6 of the Basic Law – a provision that had not been adequately addressed by the BGH.[10] All of the other photographs could be published – except for the restaurant pictures with Vincent Lindon which had already been prohibited by the BGH.

Overall, this decision – allowing publication of most of the photos – was seen as a major victory for the press, and it "was celebrated as the Magna Carta of photojournalism[11]." On the other hand, the decision also evoked some vigorous criticism on the grounds that it contributed to a recent trend unduly favoring freedom of expression.[12]

---

[6] 131 BGHZ 332 (1995).

A year earlier, the BGH had found in favor of Caroline in litigation concerning a fabricated "interview" with Caroline as well as a false announcement of Caroline's wedding plans. 128 BGHZ 1 (1994). For discussion of this case, as well as references to other actions filed by Caroline of Monaco, see Tilman Ulrich Amelung, Damage Awards for Infringement of Privacy – The German Approach, 14 Tulane European & Civil Law Forum 15 (1999).

[7] 101 BVerfGE 361 (1999).

[8] Id. at 393–95.

[9] Id. at 390.

[10] Id. at 385–86, 395–96.

[11] *Andreas Heldrich*, Persönlichkeitsschutz und Pressefreiheit nach der Europaïschen Menschenrechtskonvention, 2004 NJW 2634 (citing *Soehring/Seelmann-Eggebert*, 2000 NJW 2466, 2467). All translations in this article are by the author.

In two subsequent decisions by a three-judge screening panel, the Constitutional Court rejected Caroline's further arguments on these photos. BVerfG, BvR 768/98, 4 April 2000; 1 BvR 2080/98, 13 April 2000.

[12] *Stürner*, Anmerkung, 2004 JZ 1018.

c) The European Court of Human Rights

But, in any case, this decision was not destined to last. In what proved to be a fateful move for German constitutional law, Caroline of Monaco then challenged the judgment of the German Constitutional Court in the European Court of Human Rights.[13] In its judgment, the European Court noted that the case essentially called for a balancing of the government's obligation to assure respect for private life (under Article 8 of the European Convention) against the freedom of expression of the magazine publishers (under Article 10 of the Convention). Although, in theory, this balancing technique closely resembled the method employed by the German Constitutional Court, the European Court differed sharply in its ultimate conclusion – heavily favoring the privacy interests of Caroline of Monaco and greatly discounting the speech or press interests of the publishers. The European Court found that because the photos were of a "purely private nature" pertaining to someone who had no official function in the State of Monaco, they "cannot be deemed to contribute to any debate of general interest to society".[14] Rather, the court found, "the sole purpose of [the publication] was to satisfy the curiosity of a particular readership regarding the details" of Caroline's private life.[15]

The European Court also emphasized "the fundamental importance of protecting private life from the point of view of the development of every human being's personality"[16], especially in light of the possibilities of intrusions created by "new communication technologies"[17] The secretive and surreptitious method of taking these photographs also played a role; and the European Court noted that the German courts' allowance of protection for privacy in a "secluded place" was too vague to constitute an adequate test.[18] The European Court also cited a resolution of the Parliamentary Assembly of the Council of Europe strongly favoring rights of privacy, issued after the death of the English Princess Diana, following an apparent automobile chase by paparazzi.[19]

---

[13] *Von Hannover v. Germany (I)*, Application no. 59320/00, decision of 24 June 2004; 2004-VI ECHRR 43.

Technically, the case was filed against the State of Germany – and not against the magazine publishers – because the European Court of Human Rights has no actual appellate jurisdiction over the German courts and its authority runs only against the signatory states that have accepted its jurisdiction. Article 46 of The European Convention of Human Rights, however, obligates the signatory states to "abide by" the decision of the European Court.

[14] *Von Hannover (I)* at §§ 61–65.

[15] Id. at § 65.

[16] Id. at § 69.

[17] Id. at § 70.

[18] Id. at 75.

[19] See id. at § 67. For an argument questioning the court's use of this "non-binding resolution" which contains "nothing concrete" about any "common European standard," see *Martin Scheyli*, Konstitutioneller Anspruch des EGMR und Umgang mit nationalen Argu-

In its conclusion, the European Court noted that the "decisive factor" was the extent of "the contribution that the published photos and articles make to a debate of general interest"[20]. But the photos in this case make no such contribution and "the public does not have a legitimate interest in knowing where the applicant is and how she behaves generally in her private life".[21] Thus, according to the European Court, "the German courts did not strike a fair balance between the competing interests," and accordingly there has been "a breach of Article 8 of the Convention" (respect for private life).[22]

In a notable concurring opinion, Judge Zupančič of Slovenia raised arguments that had interesting implications for the apparently differing views of the United States, Germany, and the European Court of Human Rights, on the basic issues raised in the *Caroline* litigation. In remarks that were cryptic but rich in suggestion, Judge Zupančič stated:

> "The German private-law doctrine of *Persönlichkeitsrecht* [the German right of personality] testifies to a broader concentric circle of protected privacy. Moreover, I believe that the courts have to some extent and under American influence made a fetish of the freedom of the press. The *Persönlichkeitsrecht* doctrine imparts a higher level of civilized interpersonal deportment."[23]

Considered from a broader historical perspective, an examination of the 2004 *Von Hannover* decision might well conclude that the judgment was handed down in a period in which the European Court, in general, was "now less sympathetic to freedom of expression and freedom of the press."[24]

2. *Reaction to the Decision of the European Court*

This case – the first decision of the European Court of Human Rights in the *Caroline of Monaco* litigation – came as a shock to many judges, scholars and other observers in Germany. Never before had the European Court diverged so sharply from the German Constitutional Court in such a significant case – concluding, indeed, that the Constitutional Court had not lived up to European conceptions of human rights. Moreover, the European Court appeared to reject, almost completely, the German courts' carefully crafted jurisprudence on a central question of freedom of expression.[25]

---

menten, 2004 EuGRZ 628, 632–33. Scheyli's article contains detailed analysis and criticism of this opinion of the European Court. Id. at 630–33.

[20] *Von Hannover (I)* at § 76.

[21] Id. at §§ 76–77.

[22] Id. at §§ 79–80.

[23] Id., Concurring opinion of Judge Zupančič.

[24] *Eric Barendt*, Balancing Freedom of Expression and Privacy: The Jurisprudence of the Strasbourg Court, 1 Journal of Media Law 49, 64 (2009).

[25] See, e.g. *Christian Starck*, Das Caroline-Urteil des Europäischen Gerichtshofs für Menschenrechte und seine rechtlichen Konsequenzen, 2006 JZ 76, 78.

a) Criticism by Journalists, Officials, and Judges

This dramatic decision of the European Court evoked "massive criticism" from journalists and press organizations.[26] Moreover, important German officials (the Chancellor and the Justice Minister) claimed that decisions of the European Court were not binding on the German judiciary.[27] Professor *Dieter Grimm*, a former Constitutional Court judge who had played an important role in the Court's free speech jurisprudence and who had been the Court's "reporter" or leading judge in the *Caroline* opinion of 1999[28] – was sharply critical of the European Court, but he was considerably more nuanced in his assessment of the impact of the European decision on German constitutional law[29]. Professor *Hans-Jürgen Papier*, at the time President of the Constitutional Court, acknowledged that the European Court of Human Rights should set the basic principles for constitutional rights in Europe, but he deplored what he saw as the European Court's undue willingness to decide the details of individual cases.[30] Several voices from the ranks of the German teachers of public law – generally a very conservative group by American standards – enthusiastically supported the decision; indeed some read the opinion broadly, interpreting it as a warning to the Constitutional Court's First Senate (which had expanded freedom of expression in the 1990s) that a "course-correction" was "overdue"[31].

---

26 *Peter J. Tettinger*, Steine aus dem Glashaus, 2004 JZ 1144; see also *Volker Messing*, Das Caroline-Urteil 13 (2007).

27 FAZ, 1 Sept. 2004, Feuilleton; *Von Hannover v. Germany* (II), Applications Nos. 40660/08 and 60641/08, 7 February 2012, at § 83 (Submission of Applicants); see also *Messing* at 18 (remarks of Justice Minister Brigitte Zypries).

28 See *Starck*, 2006 JZ at 78.

29 FAZ, 14 July 2004, at 34.

30 FAZ, 9 December 2004, at 5.

31 *Tettinger*, 2004 JZ at 1145; see also id. at 1146. Cf. *Starck*, 2006 JZ at 81 (the *Von Hannover* decision of the European Court may quite possibly require a "change of course" by the German Constitutional Court).

The Von Hannover decision of the European Court of Human Rights was handed down by a 7-judge "small chamber" of the court. After much public discussion, the German federal Government – the party opposing Caroline of Monaco and her husband in the European Court – declined the opportunity to request reconsideration by a considerably larger "grand chamber" of the court. See, e.g. Scheyli, at 628; see also Messing at 2 (noting sharp criticism of the government's failure to request reconsideration). A second Von Hannover decision of the European Court, to be discussed below, was however decided by a 17-judge "grand chamber."

For privacy cases involving photographs, decided by the European Court of Human Rights after *Von Hannover* (I), see Kirsty Hughes, Photographs in Public Places and Privacy, 2 Journal of Media Law 159 (2009).

b) *The Görgülü Decision*

But the German Constitutional Court itself seemed to have few doubts about the propriety of a significant influence of European rights decisions on the doctrines of the German courts. Only a few weeks after the decision of the European Court in its first *Von Hannover* case, the German Constitutional Court (Second Senate) handed down a ground-breaking decision on another aspect of privacy rights, the protection of family relationships.[32] This case was decided against the background of an opinion of the European Court of Human Rights finding that certain decisions of an ordinary German court, downgrading parental rights of a divorced father, violated Article 8 of the European Convention.[33]

In response to this European decision, the German Constitutional Court emphasized that the European Convention, as interpreted by the European Court of Human Rights, occupied at least the position of the ordinary law of the Federal Republic of Germany – due to the incorporation of the Convention into the German legal system by statute of Parliament; indeed, the decisions of the European Court might even occupy a somewhat more elevated status than that of the ordinary law, because of the respect shown for international law and, particularly, international human rights, in the Basic Law.[34] As a result of this status, the decisions of the ordinary German courts must be influenced by European law as set forth by the European Court of Human Rights, and the German Constitutional Court must review the decisions of the ordinary courts to assure that European human rights law has been adequately addressed.

Although, to some extent, the *Görgülü* decision may have reflected previous views expressed by scholars and courts in general terms, its dramatic appearance in the jurisprudence of the Constitutional Court marked an important moment in the relationship of the Constitutional Court and the European Court of Human Rights – giving significant weight to the views of the European Court.[35] It thus seems clear that the *Görgülü* decision was a major step in what could be called the "Europeanization" of German constitutional law. Yet, even so, it has been argued that in this case the Second Senate of the Court – by requiring the German courts to take the judgments of the European Court into account, but not strictly requiring that they "respect" or obey those decisions – did not go far enough in the European direction; indeed, some commentators even expressed alarm about the Court's formulation.[36]

---

[32] 111 BVerfGE 307 (2004) (*Görgülü*).

[33] *Görgülü v. Germany*, Application No. 74969/01, 26 February 2004.

[34] 111 BVerfGE at 317–18. For more detailed discussion of these points, see below.

[35] See, e.g. *Eckart Klein*, Anmerkung, 2004 JZ 1176, 1178; *Jens Meyer-Ladewig and Herbert Petzold*, Die Bindung deutscher Gerichte an Urteile des EGMR, 2005 NJW 15, 19–20.

[36] *Hans-Joachim Cremer*, Human Rights and the Protection of Privacy in Tort Law: A Comparison Between English and German Law 25–32 (2011).

3. The Second Caroline of Monaco Litigation

Four years after this acknowledgment of the strong European influence on German Constitutional rights, the German Constitutional Court (First Senate) re-affirmed these views in its second *Caroline of Monaco* decision. In this case, Princess Caroline and her husband, Ernst-August, sought to ban a second set of photographs which, like the first set, involved common activities of everyday life: scenes of the couple walking along the streets of a Swiss town during skiing holidays and riding a chairlift to the ski slopes while on such a holiday.[37]

a) Decisions in the "Ordinary" Courts of Private Law

In lower court litigation, the trial court in Hamburg enjoined publication of the pictures, seeking to follow the doctrine of the European Court of Human Rights in the first *Von Hannover* case; but the OLG reversed this judgment declaring that, in Germany, the Constitutional Court must prevail over the European Court of Human Rights. The OLG found that all of these photos had been taken out in the open; in none of them had the couple sought a secluded place as the doctrine of the Constitutional Court seemed to have required as a prerequisite for the protection of privacy.[38]

The Federal Supreme Court (BGH) reversed the judgment of the OLG and reinstated the injunction against two of the photographs.[39] The BGH indicated that it had shifted its doctrine after the decision of the European Court of Human Rights in *Von Hannover*. Instead of protecting the privacy of public figures only when they had sought seclusion, the BGH had adopted a more open-ended balancing technique, which accorded much more protection to the privacy of public figures and less protection to the press. Under this new standard, which the BGH referred to as "graduated protection" (*abgestuftes Schutzkonzept*), the BGH found that the real question in cases of this kind was whether the photograph involved "an important event of contemporary society"[40]. As two of these photographs did not involve such an event – but rather only recorded the vacation, and hence the private life, of Caroline and her husband – the BGH reinstated the injunctions with respect to those photographs. Only one photograph, which was connected with a story about Prince Rainier's illness – a matter of contemporary importance – could be freely published.[41]

---

[37] *Von Hannover v. Germany (II)*, Application Nos. 40660/08 and 60641/08, 7 February 2012, at §§ 15–20.

[38] Id. at §§ 21–26.

[39] 171 BGHZ 275 (2007).

[40] Id. at 281.

[41] Id. at 286–87.

b) The German Constitutional Court

In a decision issued on 26 February 2008[42], the German Constitutional Court (First Senate) upheld the judgment of the BGH, and it also reaffirmed the principles of its radically changed relationship with the European Court of Human Rights – as outlined four years earlier in the landmark decision of the Second Senate in the *Görgülü* case. Indeed, perhaps the most striking feature of the Court's second *Caroline* opinion (2008) is the abundance of significant references to the European Court of Human Rights – in stark contrast with the Court's first *Caroline* decision (1999) in which the European Court was not mentioned at all.[43]

But, of course, that dramatic shift of discourse was to be expected. Since the guarantees of the European Convention of Human Rights are very general in nature and quite similar to the German Basic Rights[44], there would be little reason to suspect – from the text alone – that the European Convention required anything much different from the protections contained in the Basic Law. It was only when the European Court of Human Rights issued an opinion that advanced sharply different views – and came to sharply different conclusions – from those of the German Constitutional Court, that the German Court was obliged to confront the problem of divergent interpretations. At that point, the German Constitutional Court could have paid only scant attention to the views of the European Court – arguing, perhaps, that no treaty obligations could override the requirements of the German Constitution (as interpreted by the Constitutional Court). As we have seen, however, it chose a different path – perhaps not the path of wholesale adoption, but nonetheless the path of pretty substantial deference.

Perhaps significantly, the Constitutional Court commenced its substantive opinion in the 2008 *Caroline* case by emphasizing the importance of rights of personality.[45] The Constitutional Court then proceeded to re-affirm its view – set forth in the *Görgülü* decision of the Second Senate – that the rights of the European Convention, and the interpretations of the European Court, are to be taken into account by the ordinary German courts in balancing the rights of privacy against the rights of free expression. In addition, the Court noted, the privacy rights of the European Convention also constitute "general laws" which may limit rights of free expression under Article 5 (2) of the Basic Law.[46]

---

[42] 120 BVerfGE 180 (2008).

[43] 101 BVerfGE 361 (1999).

[44] See, e.g., *Heldrich*, 2004 NJW 2634 (citing *Grimm*).

[45] See 120 BVerfGE at 197.

[46] Id. at 200–01. For further discussion of this point, see below.

In a highly interesting passage, the Constitutional Court noted that – in agreement with the German protection of personality – Article 8 of the European Convention protects "the sum of the personal, social, and economic relations, which are 'constitutive' [konstitutiv] for the

The Constitutional Court reiterated its view, expressed in numerous earlier decisions, that in private law cases the required balancing of speech and personality interests was to be undertaken principally by the "ordinary" civil law courts. Thus it is the task of the civil courts to interpret and apply the rules of the civil law and to weigh the constitutional interests protected by the Basic Law – in light, also, of the positions of the European Court of Human Rights – in the concrete circumstances of the case. The role of the Constitutional Court was "limited" to deciding whether the various constitutional and European law influences on the interpretation of the German civil law had been adequately taken into account by the ordinary courts.[47] Thus, the Constitutional Court may not reverse the ordinary courts just because "the result might have come out differently".[48]

In the balancing to be undertaken in this case, the Court found that the possible contribution of the photos to public opinion on a question of general interest was a particularly important factor; yet even "entertainment" photos can fulfill this requirement if they illustrate certain "views of life or the possession of certain values and patterns of behavior and thus fulfill important social functions"[49]. Indeed, it would be an unduly narrow interpretation of free expression if the everyday life of prominent people "and their social milieu" could remain outside the protection of free speech; the question would be whether the photographs only served the function of "satisfying the curiosity" of the public or whether they had a wider social importance.[50] On the other hand the value of a photograph may be increased by its relationship with an accompanying press report.[51] Moreover the circumstances under which the photos were obtained must also be taken into account[52] – for example if intrusive methods were used or if the subjects had sought seclusion.

All of these factors must be weighed by the ordinary courts in resolving an individual case. In any event, the Court was not willing to agree that a "person of contemporary interest" who has not sought an area of seclusion, may always be photographed for any purpose[53] – a proposition that seems potentially inconsistent with the Court's views in its first *Caroline* opinion.

---

private life of every person." 120 BVerfGE at 201; cf. also 101 BVerfGE at 380. Is the Court's use of the word "constitutive" here and in other cases – for the purpose of underscoring the importance of the protection of personality – an allusive response to its iconic statement in the Lüth case of 1958 that the rights of free speech "are simply constitutive" (schlechthin konstituierend) for a democratic political order? See 7 BVerfGE at 208.

[47] 120 BVerfGE at 199–200; see also id. at 209–10.

[48] Id. at 200.

[49] Id. at 203–204.

[50] Id. at 205.

[51] Id. at 206.

[52] Id. at 205.

[53] Id. at 209.

Against this background, the Constitutional Court upheld the decision of the BGH in each of these three cases. The Court concluded that the shift in doctrine adopted by the BGH was not objectionable. Merely because the Constitutional Court had upheld one approach previously followed by the BGH (resting primarily on whether a public person had sought seclusion), it did not necessarily follow that a new theory subsequently adopted by the BGH (resting primarily on whether the photos contributed to the discussion of an issue of public importance) was not also constitutionally permissible.[54] Moreover, the BGH could abandon the concept of the "absolute person of contemporary history" and change to another legal concept – because neither of these prior views was absolutely required by the Constitution. It might be useful for the BGH to adopt new concepts, in order to assist in achieving legal certainty, and in this context the categories used by the European Court of Human Rights may play a significant role.[55] This passage strikingly illustrates the extent to which the Constitutional Court is currently willing to defer to the civil law courts in these constitutional cases involving disputes of civil law. Even though the two positions adopted by the BGH at various times are quite different, the court acknowledges that both of them are constitutional, and it may be up to the civil law courts (ultimately, the BGH) to decide which of the two differing tests is to be adopted.

The Constitutional Court found that in all three cases, the BGH had acted in a manner consistent with the Basic Law. First, two photos of Caroline and her husband showed the couple during their vacation (part of the "core area" of the private sphere) in a manner that did nothing more than satisfy the curiosity of certain individuals.[56] On the other hand, the BGH was correct in allowing the publication of the photo accompanying the story of Prince Rainier's illness, which was a matter of public interest.[57]

---

[54] Id. at 211.

[55] Id. at 212.

[56] Id. at 215–216.

[57] Id. at 216–17.

On the other hand, in a fourth decision, the Constitutional Court reversed the BGH which had banned publication of a photo accompanying a story revealing that Caroline and her husband were seeking paying tenants for their villa in Kenya. Id. at 220–23. The Constitutional Court found that this information concerning the "changed behavior of a small [social] class of well-to-do prominent people" might be "the cause in a democratic society of a serious debate which would interest people in general". Thus the suppression of the photograph accompanying this story was reversed and the case was remanded to the BGH for renewed consideration. Id. at 222–23.

c) The European Court of Human Rights

aa) Arguments of the Parties

In the European Court of Human Rights, Caroline's challenge focused on the one photograph that the German legal system allowed to be published – a photograph of Caroline and her husband on the street of a Swiss ski resort, which was published in connection with a story on Prince Rainier's illness. In its argument before the European Court, the German government noted that, after the first *Von Hannover* decision, the German courts had shifted to give "far greater protection" to personality rights than they had done before; the BGH had abandoned its reliance on the concept of an "absolute" figure of contemporary society – a concept that had evidently been employed to protect expression – and had adopted a new form of balancing test instead.[58]

Princess Caroline and her husband, in contrast, saw the results of the European Court's initial decision quite differently. In their arguments to the European Court, they noted that in France the Civil Code prohibited the publication of these photographs without their consent. But in Germany, they complained, the government had not taken adequate steps to put the first *Von Hannover* decision of the European Court into effect. The result was that Caroline and her husband "continued to be the subject of press articles on their daily and private life and be hounded by paparazzi, with the German courts doing nothing to put a stop to this."[59]

In other submissions, one German media association noted that the first *Von Hannover* decision had a substantial impact because thereafter the German courts gave "much less weight to freedom of the press than before." According to another media company, freedom of the press was a very important value in Germany, "particularly having regard to the country's former National Socialist era", and the first *Von Hannover* decision "had thus severely curtailed the freedom of information and of the press."[60]

bb) The Court's Decision

In its second *Von Hannover* decision, the European Court of Human Rights reviewed the balancing of interests undertaken by the BGH and upheld by the German Constitutional Court, and found that the publication of the photo in question did not violate Article 8 of the European Convention. Nonetheless, the court took the opportunity to expand upon the rights of personality. The court noted, for example, that the privacy right of Article 8 "is primarily intended to

---

58 *Von Hannover v. Germany (II)*, Applications nos. 40660/08 and 60641/08, 7 February 2012, at §§ 76, 78.

59 Id. at §§ 83–89.

60 Id. at §§ 90–91.

ensure the development, without outside interference, of the personality of each individual in his relations with other human beings." Specifically with respect to photographs, the court continued, "a person's image constitutes one of the chief attributes of his or her personality, as it reveals the person's unique characteristics and distinguishes the person from his or her peers. The right to the protection of one's image is thus one of the essential components of personal development. It mainly presupposes the individual's right to control the use of that image, including the right to refuse publication thereof."[61] Yet the court does not really take pains to connect this rather high-flown language with the actual facts of the *Caroline* litigation. The court does not explain how the publication of a few pictures of Caroline in various public settings might have the effect of impairing the development of Caroline's personality or interfering with her "unique characteristics." In any event, the European Court upheld publication of the photo in question because of its relation to Prince Rainier's illness, a matter of public interest.[62]

III. The Doctrinal Differences

A review of the litigation undertaken by Caroline of Monaco over the last two decades reveals important characteristics that may seem unfamiliar to American observers. Indeed, these decisions exhibit contrasts with American doctrine that may even be somewhat startling.

In examining the considerable differences between German and American law in this area, we can begin with the relevant issues of constitutional doctrine – which can be broken down into two interrelated aspects.[63] First, German constitutional law recognizes a *constitutional* right of individuals not to be subject to undue invasions of privacy through publication of certain factual material (including photographs and other images). Although it may recognize such a common law or statutory right up to a certain point, American law basically recognizes no *constitutional* right to be free of invasions of privacy through publication. Second, and perhaps even more surprising to American observers, German constitutional law in effect allows the assertion of the constitutional right of privacy against individuals as well as against the state, through the creation of a constitutional cause of action against the failure of a court to provide

61 Id. at §§ 95–96.

62 Id. at § 118.

63 For the author's earlier discussion of certain themes considered in the following sections, see Peter E. Quint "Free Speech and Private Law in German Constitutional Theory," 48 Maryland Law Review 247 (1989) [hereinafter, "Free Speech and Private Law"]. To some extent the present discussion is intended to apply certain concepts developed in the earlier Article to the contemporary issues of the *Caroline of Monaco* and *Von Hannover* litigation.

redress in favor of one private individual against another. In general, American constitutional law recognizes violations of rights by the state only, and does not ordinarily consider that the failure of a court to order a private individual to furnish redress to another private individual should have the effect of giving rise to a constitutional violation.

Let us discuss each of these important differences in turn.

1. Constitutional Rights of Privacy

Article 2 Section 1 of the German Basic Law accords to every person a right to the "free development of the personality" which, although it is subject to limitation by the "constitutional order", seems to create a general right of freedom that bears some resemblance to general ideas of "substantive due process" which are now largely abandoned in the United States. Article 2(1), together with Article 1 section 1, the core guarantee of human dignity, has been held to create a "right of personality" (*Persönlichkeitsrecht*) which, among other things, includes a constitutional right against certain invasions of privacy through publication of photographs and other materials[64]. Specifically on the question of the publication of photographs, an additional "right to one's own image", further fortifies or "concretizes"[65] these interests in German constitutional law.

In contrast, American constitutional law seems to possess no such constitutional rights. Of course, as the result of common law or statutory development, a cause of action exists for certain invasions of privacy by publication in most or all states.[66] Yet no case in the Supreme Court has found that there is a federal *constitutional* right to be free of invasion of privacy by publication.

Indeed, in the case of *Paul v. Davis*,[67] decided in 1976, the Supreme Court clearly turned its back on such a possibility. In this case, two local chiefs of police distributed a "flyer" containing the names and photographs of individuals identified as "active shoplifters." One of the listed individuals filed suit, claiming that he had been branded as a criminal without due process of law guaranteed by the Fourteenth Amendment to the United States Constitution. In the main portion of the opinion, the Supreme Court rejected the claim that the stigma created by the flyer was an injury to "liberty" or "property" interests

---

[64] For the historical development of the "right of personality" by the BGH in the 1950s, and its subsequent endorsement by the Constitutional Court, see Amelung at 19–21; Cremer at 47–59; see also id at 57–59 (distinguishing between rights of personality in private and in constitutional law).

[65] See 101 BVerfGE at 380.

[66] See, e.g., *Samuel D. Warren & Louis D. Brandeis*, The Right to Privacy, 4 Harvard Law Review 193 (1890); *William L. Prosser*, Privacy, 48 California Law Review 383 (1960); *Danielle Citron*, Mainstreaming Privacy Torts, 98 California Law Review 1805 (2010).

[67] 424 U.S. 693 (1976).

that triggered constitutional requirements of due process before such a flyer could be circulated.[68]

In a separate section of the opinion, the Court also rejected the claim that circulation of information about the individual's arrest on a shoplifting charge violated a constitutional "right to privacy" guaranteed by a number of constitutional amendments. The Court acknowledged that the Constitution of the United States did indeed provide rights against certain invasions of privacy – for example, protections against unreasonable searches and seizures under the Fourth Amendment, as well as notable (and specialized) substantive due process rights in the fields of "marriage, procreation, contraception, family relationships, and child rearing and education"[69]. The Court, however, refused to extend the reach of the constitutional right of privacy beyond these areas.[70]

In the United States, therefore, an invasion of privacy by publication may give rise to a common law or statutory cause of action, but it does not create a federal constitutional claim.

Thus, the claims of Caroline and her husband in the German Constitutional Court are based on a substantive constitutional right that does not exist in American constitutional law. The right to be free from the publication of photographs that unduly invade an individuals' private life arises out of a combination of the right to the free development of the personality in Article 2 Section 1 and the right to human dignity in Article 1 Section 1 of the Basic Law. As we have seen, the United States Supreme Court has up to this point resisted the creation of any such substantive constitutional rights.

2. *The State Action Dilemma*

But this invasion of privacy litigation and similar cases raise another issue that is perhaps even more important and interesting from an American point of view.[71] Even if such a constitutional right of personality or privacy existed in American constitutional law, it could be asserted against the government only – under the American state action doctrine – and could not ordinarily be asserted as a constitutional cause of action against another individual. For the same reason, the *failure* of a court to provide redress for an individual's claim of a privacy violation against another individual cannot be a constitutional violation. A failure of the government to act, including a failure of courts to act, is generally *not* considered state action under American constitutional law, and in most cases a violation of constitutional rights occurs only when it is caused by the action – and not by the non-action – of the state. As a matter of federal constitutio-

[68] Id. at 697–712.
[69] Id. at 713.
[70] Id.; see also Free Speech and Private Law, at 314–16.
[71] See generally, Free Speech and Private Law, at 316–18.

nal law, therefore, the government is ordinarily not required to create any particular cause of action, and if the government fails to create a cause of action for one individual against another, that failure does not give rise to a constitutional violation.[72]

German constitutional law, in contrast, has developed in a different direction. In German doctrine, the failure of the courts to act to vindicate an individual's right of personality against another individual may be in effect a constitutional violation in itself. Thus, in effect, under German law an individual may have a constitutional right of privacy against another individual.

To explain this point more fully, it will be useful to recur to the doctrine of the famous *Lüth* case, decided almost at the outset of constitutional development under the Basic Law[73] – although a consideration of *Lüth* will take us away, for a moment, from the specific area of rights of personality. In this case Erich Lüth, a campaigner for German-Jewish friendship after World War II, called for a boycott of a new movie by Veit Harlan, who had been the director of a notorious anti-Semitic film under the Nazis. The distributors of Harlan's new movie sued to prohibit Lüth's call for a boycott, and the lower courts issued an injunction against Lüth under the German Civil Code. In response, Lüth filed a constitutional complaint in the German Constitutional Court.

Invoking the sharp distinction between public and private law found in Roman law and in modern civil law jurisdictions, the movie distributors argued that because this was a case of private law under the German Civil Code, the German Basic Law – a form of public law – had no application whatsoever to the case. In contrast, others argued that the new German constitution should apply fully both in public and private law.[74]

The Constitutional Court adopted an intermediate position. On the one side, it held that the Basic Law was not fully applicable in a private law dispute, as it

---

[72] The broad statement in the text may require some qualification in certain areas of law not relevant here. For example, it could be argued that the federal Constitution requires that the states create certain causes of action protecting property – because property rights are guaranteed in the Constitution and the entire institution of property rests on the state's ability and willingness to proceed against individuals who seek to impair the property rights of others. See Free Speech and Private Law, at 316 n. 215. Moreover, it might be argued that present social and political structures require some form of the law of torts and, therefore, the total abolition of the law of torts (without an adequate substitute) might violate basic ideas of due process. (For interesting discussion on related issues, see *New York Central Railroad Co. v. White*, 243 U.S. 188 (1917); *Truax v. Corrigan*, 257 U.S. 312 (1921)). But, for the right of privacy considered here, the principle stated in the text clearly stands in American constitutional law.

[73] 7 BVerfGE 198 (1958). For the author's earlier discussions of the *Lüth* case, see Free Speech and Private Law, at 252–90; and *Peter E. Quint*, A Return to *Lüth*, 16 Roger Williams University Law Review 73 (2011). For a "re-constructive" interpretation of *Lüth*, from a "present-day point of view," see *Cremer* at 154 ff.

[74] See 7 BVerfGE at 204.

would be against the state in a case of public law. On the other hand, the Court emphasized that constitutional rights were not only subjective rights but were also "objective values" – that is, fundamental legal principles of constitutional law[75] – and therefore should be found to *influence* all areas of law, including private law. The result was that the constitution had an influence – and sometimes a profound influence – on the values and interpretation of the private civil law.[76] After a weighing and balancing of the relevant interests, the Constitutional Court found that Mr. Lüth's right of freedom of expression prevailed and that the injunction against him must be dissolved.

In the *Lüth* case itself, the state (in the form of the courts) had prohibited Lüth from calling for a boycott of the notorious director's new film. Such a court order, actively burdening a right of freedom of expression, would constitute state action under the American doctrine as well.[77] Thus the German doctrine of the influence of the constitution on private law would not be very startling to an American observer with respect to the *Lüth* case itself because an American analog would have involved the exercise of state action, and American constitutional rights would have applied in this case as well.

Yet the German doctrine of the "influence" of the constitution on private law can also create situations in which constitutional rights are extended into territory that lies far beyond the reach of constitutional rights under the American state action doctrine. In another early boycott case, for example, the German Constitutional Court in effect held that the "influence" of the constitution on private law required the *creation* of a cause of action in favor of a small magazine publisher whose rights of expression were being infringed by a boycott undertaken by a larger press enterprise.[78] Thus the influence of the German Constitution on private law in effect required the creation of a constitutional cause of action to protect the constitutional rights of the smaller publisher against infringement by the more powerful press enterprise.

In a step that was even of greater importance for our specific problem, the BGH found that the constitution *required* the creation of a constitutional cause of action for damages on behalf of Soraya – a society figure in Europe and ex-wife of the Shah of Iran – whose rights of personality were infringed by a magazine article containing a fictitious interview. As an indication of the powerful "influence" of the constitution in these circumstances, the Constitutional

---

[75] For a good discussion of this concept, see *Bernhard Schlink*, German Constitutional Culture in Transition, in Constitutionalism, Identity, Difference, and Legitimacy: Theoretical Perspectives (Michel Rosenfeld ed., 1994).

[76] 7 BVerfGE at 204–06.

[77] See, e.g., *New York Times Co. v. Sullivan*, 376 U.S. 254, 265 (1963), in which a court's judgment burdening free expression (in a libel case) clearly constituted state action.

[78] 25 BVerfGE 256 (1969) (*Blinkfüer*); for discussion, see Free Speech and Private Law, at 275–77.

Court approved the creation of this constitutional cause of action for damages even though damages were clearly excluded in the relevant circumstances by the German Civil Code.[79]

We can also see this point clearly in the *Caroline* litigation itself. It is true that some constitutional complaints in that litigation were filed by publishers seeking relief against a court order suppressing their publications – a situation which would give rise to state action under American doctrine as well. But another important decision of the Constitutional Court in these cases arose in circumstances in which a lower court had refused to suppress certain photographs and the Constitutional Court found that the lower court must enter such an injunction. Indeed, this was essentially the decision in the first *Caroline* litigation in which the Constitutional Court found that photographs of Caroline and her children may not be re-published, even though the civil law courts had found that such a prohibition was not required. In handing down such a decision, the Constitutional Court was thus in effect saying that the lower courts had not created as extensive a constitutional cause of action (on behalf of one private entity against another) as was required by the Constitution – a form of decision that would have been impossible under the American state action doctrine.

It is interesting to notice that the doctrine of the European Court of Human Rights seems to handle this problem in a rather different manner, although it achieves the same result on this issue as does the German Constitutional Court. In the interpretation of the European Court of Human Rights, the European Convention requires that the Member States show adequate "respect" for the private life of individuals. The concept of "respect" includes the requirement that the Member States create causes of action in favor of individuals whose "private life" is unduly invaded by other individuals. Therefore, the European Convention may require the creation of a cause of action by one individual against another individual through a method that does not rely on ideas of the "influence" of the constitution on private law.

Thus, in sum, we see that the doctrine of the German constitution differs from that of American constitutional law in two aspects of great importance for our examination here. First, German constitutional law has developed a constitutional right of personality or privacy that applies against invasions by the publication of photographs or other materials; and, second, this constitutional right is enforceable by individuals against other individuals or against a court's failure to give redress against those individuals in a manner that, in the United States, would be prohibited by the state action doctrine.

---

[79] 34 BVerfGE 269 (1973) (*Soraya*); for discussion see Free Speech and Private Law, at 278–81.

3. The Role of the "Ordinary" Courts (Germany) v. The Role of the Lower Courts (United States)

In addition to the differences in doctrine discussed above, the relationship between the German Constitutional Court and the "ordinary" civil law courts in these cases is strikingly different from the relationship between the Supreme Court of the United States and the "lower" American courts whether they are state or federal courts.

For a full understanding of this point it will be useful to recur to some first principles of German constitutional structure. First, and most important, the German Constitutional Court – following the model of constitutional courts developed by the famous legal philosopher *Hans Kelsen* in the 1920s – is not a part of the ordinary German judicial system. The Constitutional Court does not share in the bureaucratic structure of the ordinary judiciary, whose judges are chosen by competitive examination and supervised throughout their lifetime careers by more senior judges and members of the relevant Justice Ministry. Instead, the judges of the Constitutional Court are chosen in a quasi-political manner by the two houses of the German Parliament, and each judge serves on the Court for a non-renewable 12-year term. Although the German device of the "constitutional complaint" may sometimes look like a system of appeals from the "ordinary" courts, it does not actually constitute an appeal in the traditional sense because it is available solely to individuals, and not to the opposing party, the State, and because it may sometimes be filed in the Constitutional Court even though no judicial proceeding has been commenced in the lower "ordinary" courts. Most important, the jurisdiction of the German Constitutional Court is basically limited to the decision of constitutional issues, and it is the only German court which may decide that a statute of Parliament is unconstitutional.

Against this background, we can return to the doctrine, discussed in the previous section, that the Constitution is not fully applicable in private law disputes but, rather, that it only "influences" those legal actions. As a result, according to the Constitutional Court, the legal action itself remains an action of *private law*, with the result that, in many instances, the action is ultimately to be decided by the private law judges and not by the Constitutional Court[80]. According to this doctrine, therefore, the balancing of contending interests that must be undertaken in these cases – for example, the balancing of rights of personality against rights of free expression – must generally be accomplished primarily by the civil courts. The role of the Constitutional Court, in contrast, is generally limited to a determination of whether the relevant factors have been adequately taken into account by the "ordinary" civil courts. Accordingly, if

---

[80] See, e.g., 101 BVerfGE at 388 (Caroline 1999).

the civil courts manifest by their language – often by a correct general statement of the relevant principles – that they have adequately considered the appropriate constitutional factors, the Constitutional Court is not very likely to reverse a decision of the "ordinary" courts, even though the Constitutional Court might itself have come to a different resolution of the required balancing.[81]

As we have seen, the decision of the Constitutional Court in the second *Caroline* case presents a classic example of the application of this doctrine.[82] Throughout the opinion, the Court emphasizes that the ultimate balancing of the interests of personality against freedom of the press is to be undertaken by the ordinary courts, and the role of the Constitutional Court is to be limited to a general determination of whether the proper principles were taken into account. Moreover, in the second *Caroline* decision, the Court acknowledges that it was approving a constitutional rule, set down by the BGH, that was different from an earlier rule of the BGH which the Court had also approved. Thus in its first *Caroline* decision, the Court had approved as constitutionally permissible a decision of the BGH that photographs of public figures could ordinarily not be banned unless the public figure had retreated to a secluded area away from the likely intrusion of photographers. In the period before its second *Caroline* decision, however, the BGH (acting under the influence of the European Court of Human Rights) had adopted a new – and considerably narrower – constitutional rule which allowed publication of such photographs only if they contributed to discussion of a matter of public interest. Generally speaking, this new rule narrowed considerably the number of such photographs that were constitutionally publishable, although perhaps in a smaller number of instances the second rule might allow publication of photographs that would have been prohibited pursuant to the first rule. Yet, the Constitutional Court was willing to accept both tests as resulting from a reasonable balancing of interests by the BGH – dramatically illustrating its substantial willingness to defer to the judgment of the BGH in the ultimate decision of private law actions involving constitutional balancing.

In addition to the origins of this doctrine in the sharp theoretical distinction between the Constitutional Court and the "ordinary" legal system, as well as the limitation of the role of the Constitution to its "influence" on the rules of the ordinary civil law (instead of its full application to those rules), this result also seems to emerge from the technique of balancing chosen by the Constitutional Court in the *Lüth* case to resolve many constitutional issues – including, particularly, issues of the freedom of press and other freedoms of expression,

---

[81] See, e.g., Free Speech and Private Law, at 310–12. But in certain cases in which a burden on a constitutional interest seems particularly severe, the Court has adopted a somewhat less deferential standard of review, applied along a sliding scale. Id. at 318–25.

[82] For commentary, see, e.g., *Wolfgang Hoffmann-Riem*, Die Caroline II – Entscheidung des BVerfG, 2009 NJW 20, 21–22.

relevant in these cases. If there are hard-line rules – resembling, for example, the categorical rules devised by the United States Supreme Court for many of the most important first amendment issues[83] – there is most likely to be, in many cases at least, a "right answer" which the Constitutional Court may well wish to police. In contrast, when the reigning technique is a technique of balancing – in which one is often not quite sure of the result – the Constitutional Court might prefer to leave the last word to the ordinary courts which may well be more conversant with all of the aspects of the case.[84]

The situation is considerably different in American constitutional law. The Supreme Court and the lower federal courts are part of the same judicial system, and there is no doctrine similar to the German doctrine of the "influence" of the constitution on private law, which could give lower courts a measure of independent authority over the decision of constitutional cases when private law is involved. Therefore, when the Supreme Court has made a decision of law it must be enforced – as is – by the lower federal courts. If the Supreme Court were to reverse a decision as unconstitutional and remand to the lower courts for further proceedings, the Supreme Court would have full authority to review any subsequent decision of the lower courts as well. There would be no deference to lower federal courts on questions implicating constitutional law.

The state courts form separate legal systems of a sort, but they are totally subject to federal law (including federal constitutional law) by virtue of the supremacy clause. And the Supreme Court would certainly not defer to them, either, on doctrinal questions of federal constitutional law – although questions of *state* constitutional law do fall within their exclusive bailiwick. It may be that on questions of remedies and other matters of equitable discretion, the Supreme Court may sometimes accord deference to lower courts (state or federal)[85] but this deference is not likely to include decisions of whether a particular result violates the Constitution of the United States – a matter that remains within the ultimate power of the Supreme Court when it decides to hear a case.

In sum, the structure of these German cases differs substantially from that of parallel American cases in that, in Germany, the relevant doctrine incorporates

---

[83] See, e.g., *Brandenburg v. Ohio*, 395 U.S. 444 (1969); *New York Times Co. v. Sullivan*, 376 U.S. 254 (1964).

[84] Moreover, a technique of deference to the ordinary courts, for the purpose of making the decision in the individual case – so long as the appropriate constitutional principles are acknowledged by those courts – seems to reflect the greater importance often accorded to general principles in civil law systems, in comparison with the lesser weight accorded to the decision in the individual case. Thus the Constitutional Court appears to be satisfied if the "ordinary" courts acknowledge the correct constitutional principles and seems less concerned about how the individual case is actually decided. See Free Speech and Private Law, at 310–12.

[85] Cf, e.g., *Brown v. Board of Education*, 349 U.S. 294 (1955) (deference to lower courts on questions of remedies for unconstitutional segregation); but see *Green v. School Board of New Kent County*, 391 U.S. 430 (1968).

a substantial deference by the Constitutional Court in favor of the balancing decisions of the "ordinary" civil courts – a doctrine that is absent in the hierarchical structure in the American legal system. Moreover, the deference by the Constitutional Court to the ordinary civil courts in these cases is complemented by another important doctrine of deference acknowledged and developed in the *Caroline of Monaco* and *Von Hannover* decisions – a doctrine of deference to the European Court of Human Rights, an international court. It is to this additional form of deference that we now turn.

4. European Human Rights Law and Its Application in the German Courts

American readers of these German cases – as well as German readers of the cases of the past – may be surprised to discover that the rights of the European Convention, and the interpretation of those rights by the European Court of Human Rights, have come to play such a significant – and possibly controlling – role in the decision of these invasion of privacy cases in the German Constitutional Court and other German courts. Actually, this development is quite new because, in its present form, it arises from the decision of the European Court of Human Rights in the first *von Hannover* decision (2004), and the subsequent acceptance of the doctrine of the European Court by the BGH, as well as the Constitutional Court's acceptance of the authority of the European Court in the *Görgülü* case[86] and in the second *Caroline* decision (2008) as well.

Among other things, this development also marks another sharp distinction from the doctrine of American constitutional law, which, as a general proposition, does not consider adjudications by courts in any international legal system as furnishing authoritative sources of law for decisions of American constitutional questions. Although the United States has signed the treaty that provides for the Inter-American Court of Human Rights, the United States has not ratified that treaty.[87] Accordingly, the United States is not subject to the jurisdiction of the Inter-American Court – even though United States citizens are eligible to sit as judges on that court. Thus the Inter-American Court has no authority to review United States decisions on human rights in a manner that would be analogous to the authority of the European Court of Human Rights in Europe.

The German resolution of this problem seems rather surprising because, at an earlier point, the opinions of the German Constitutional Court did not seem to contemplate a role for the doctrine of the European Court of Human Rights

---

86 307 BVerfGE 111 (2004); see above.

87 See *Jo M. Pasqualucci*, The Practice and Procedure of the Inter-American Court of Human Rights 340–42 (2003).

that was as significant as the role that it has ultimately assumed in the *Caroline of Monaco/Von Hannover* litigation. The interesting question to examine at this point is how the German Constitutional Court has come to employ the European Convention – in its interpretation by the European Court – as a very important source of law in these constitutional cases.

To achieve this end, the Constitutional Court employed three separate but overlapping sets of arguments. First, the Court focused on the status of the European Convention as domestic German law. According to Article 59 of the Basic Law, the Federal President (acting together with the Chancellor) is empowered to enter into international agreements, but if such an agreement "regulates the political relations of the Federation or relates to the subjects of federal legislation," the agreement must be approved by the legislature. Pursuant to this constitutional provision, the Federal Parliament, acting in 1952, approved the European Convention on Human Rights and declared that the Convention would have the force of German law.[88] According to the Court's interpretation, the provisions of this statute "transformed" the European Convention into a form of "ordinary" domestic German law[89] – not subordinate to, but also not superior to, other norms or doctrines of domestic German law.

In a second argument, however, the Constitutional Court intimated, at least, that the rights of the European Convention might be somewhat superior to ordinary German law – because the European rights could also be employed to *interpret* the meaning of the constitutional rights set forth in the Basic Law.[90] The Court apparently reached this conclusion by focusing on Article 1, Section 2 of the Basic Law which states: "The German people acknowledge inviolable and inalienable human rights as the basis of each human community and of peace and justice in the world."[91] The Court's point here seems to be that because human rights have this basic international source and function, those human rights that have been chosen through international cooperation (such as the European Convention on Human Rights) should be able to help us understand the correct interpretation of domestic Basic Rights as well.

This argument seems to extend or deepen the fundamental constitutional principle – set forth in the Preamble of the Basic Law – that Germany is to form part of a "United Europe." From the point of view of the "State," Germany's participation in NATO and the European Union represents German participa-

[88] Law Concerning the Convention for the Protection of Human Rights and Basic Freedoms of 7 August 1952, BGBl II S.685; see also BGBl 1954 II S.14. After the adoption of the Basic Law in 1949, parliamentary approval of the European Convention on Human Rights in 1952 could be viewed as additional confirmation of (West) Germany's rejection of the Nazi past.

[89] See 111 BVerfGE at 316–17 (*Görgülü*); see also 120 BVerfGE at 200 (*Caroline* 2008); Cremer at 23–24.

[90] 111 BVerfGE at 317–18, 329 (*Görgülü*); 120 BVerfGE at 200–01 (*Caroline* 2008).

[91] See 111 BVerfGE at 329.

tion in United European structures. Now, this argument of the Constitutional Court shows that in the creation and interpretation of individual rights as well, Germany will often draw from a common European source.

But even at this point in the argument, the Second Senate of the Constitutional Court in *Görgülü* – in language reminiscent of nationalist passages in its *Maastricht* and (later) *Lisbon* opinions – draws back from what it fears might be the danger of too much internationalism. The Court emphasizes that the permissible use of the European Convention to interpret German Constitutional rights rests upon the Parliament's *statutory* transformation of the Convention into domestic law. If the European Convention were used as a guide for constitutional interpretation without that German Parliamentary transformation, the Court suggests, Germany might be unduly subjected to "non-German sovereign acts."[92] There seems to be a potential contradiction in this portion of the *Görgülü* opinion: first the Court emphasizes the "Europe-friendliness" of the Basic Law; but then it declares that the Constitution's "Europe-friendliness" should have no effect unless the political branches have reinforced that "Europe-friendliness" by statute.

The third argument for the application of the law of the European Convention in German constitutional law is a more complex argument based on the special nature of Article 5 of the Basic Law, the guarantee of freedom of expression. Article 5 is, of course, crucial in the *Caroline* litigation, because the right of free expression (of the magazine publishers) is the right that must be balanced against the rights of personality and privacy asserted by Princess Caroline and her husband.

Following a pattern that is common in the German Basic Law, and in many other 20th Century constitutions[93], the guarantee of Article 5 on freedom of expression is divided into two sections. Section 1 contains a broad guarantee of the freedom of expression as well as other related rights such as rights of access to readily available sources of information. In contrast, however, the second section of Article 5 imposes certain limitations on the rights of section 1, including the proposition that those rights may be limited by "the general laws". The interpretation of this limitation was explored in the famous *Lüth* case discussed above. In *Lüth*, the Court defined "general laws" as laws that rested on their own values and were not specifically directed toward the limitation of free expression.[94] Accordingly, laws that were directed at guaranteeing privacy might qualify as "general laws." Although section 2 of Article 5 might be read to create a preference for the "general laws" over the freedom of expression, the

---

92 111 BVerfGE at 319; for criticism, see *Meyer-Ladewig/Petzold*, at 19.

93 See *Peter E. Quint*, What is a Twentieth-Century Constitution? 67 Maryland Law Review 238, 252–53 (2007).

94 7 BVerfGE at 209–10; see also 117 BVerfGE 244, 260 (2007).

Constitutional Court in the *Lüth* case found that the rights of free expressions set forth in section 1 imposed certain reciprocal limits on the limiting effects of the "general laws," under section 2. The result was that the freedom of expression must generally be balanced against the "general laws", under the specific circumstances of the case, to determine which value – the value of free expression or the countervailing value of the applicable general law – would in fact prevail. [95] Thus Article 5 required its own specific balancing, which probably supplemented the balancing that would take place in any event between the constitutional right and a countervailing value – under the special doctrines of the "indirect" influence of the constitution on private law.

For our purposes, the important new step that the Constitutional Court took in its second *Caroline* decision was to find that the rights set forth in the European Convention on Human Rights, as interpreted by the European Court of Human Rights, should qualify as "general laws" which (under section 2) might limit the free speech rights of Article 5 section 1.[96] Thus the rights of the European Convention, including the right to private life of Article 8 and its interpretation by the European Court of Human Rights, were found to be factors that must be taken into account in the *constitutional* determination of whether speech rights or countervailing privacy interests should prevail.

Conceptually, this mixture is even further complicated by the fact that the European Convention of Human Rights possesses not only the right to private life under section 8, but also a guarantee of freedom of expression of its own under section 10. Moreover, the European Court of Human Rights has found that the resolution of contending interests under the Convention must be achieved through a balancing technique that seems, in principle, not much different from the method employed under German constitutional law in these cases. Yet the Constitutional Court indicates that the decisions of the European Court of Human Rights in this area will ordinarily have great importance for German law in the following manner: if the balance achieved by the European Court significantly differs, in one direction or another, from the resolution reached through the balancing of the German courts, the European resolution will have a significant influence on the German courts, pulling the appropriate resolution under German law in the European direction.

As one eminent author has observed, German courts may find that the "Europe-friendliness" of the Basic Law may relax or loosen the binding effect of Constitutional Court decisions when they conflict with the European Court; indeed, when a German court seeks to decide a case in a way that seems incon-

---

[95] 7 BVerfGE at 207–12; see, Free Speech and Private Law, at 281–84.

[96] See, e.g. 120 BVerfGE at 200. Of course, the provisions of the European Convention on Human Rights qualified as "laws" of Germany because, as noted above, they had been "transformed" into German domestic law by a statute of Parliament in 1952.

sistent with principles or decisions of the European Court, the German court must engage in a dialogue ("*Rechtsgespräch*") with the European Court, explaining why the apparent deviation is justifiable in the particular instance.[97]

As we have seen in the *Caroline/Von Hannover* litigation, the European Court of Human Rights reached a resolution that gave considerably greater weight to rights of privacy than originally determined by the German Constitutional Court. The result is that the European decision is pulling the German courts in a direction that protects privacy, and devalues rights of expression, to a significantly greater extent than would have been the case without the European determination.

As noted above, there is nothing like this in American constitutional law; the United States has not ratified the American Convention on Human Rights[98], and thus there is no method through which the decisions of the Inter-American Court of Human Rights may become part of American constitutional law or even influence that law. Moreover, the United States has withdrawn its general consent to the jurisdiction of the International Court of Justice (ICJ), and the Supreme Court – in a recent notable case – has refused to find that an ICJ judgment issued against the United States pursuant to its consent to jurisdiction under a specific treaty, is enforceable in American courts.[99]

Of course there may be other specific treaties of the United States that may indeed give certain rights to individuals in American courts, if those treaties are "self-executing" under American law.[100] But the Senate document approving the International Covenant of Civil and Political Rights, the major human rights treaty to which the United States has become a party, declares that the rights of the Covenant are not "self-executing"; it seems clear, therefore, that these rights will play no significant role in American courts, until the day – perhaps distant – on which the United States Congress incorporates the rights of the Covenant into American law.[101] On the other hand, the Supreme Court has found that certain rights of the Geneva Conventions have indeed been incorporated by Congress into American law and therefore play a role in deter-

---

[97] *Starck*, 2006 JZ at 80.

[98] See supra.

[99] *Medellin v. Texas*, 552 U.S. 491 (2008). This judgment, issued with respect to the Vienna Consular Treaty, may have implications for certain other specific treaties in which the United States has consented to ICJ jurisdiction.

[100] See, e.g., *Asakura v. City of Seattle*, 265 U.S. 332 (1924).

[101] See, e.g., *Sosa v. Alvarez-Machain*, 542 U.S 692, 728, 734–35; *Igartua- de la Rosa v. United States*, 417 F. 3d 145, 150–51 (4 Cir. 2005).

In contrast with the European Convention, moreover, the ICCPR lacks a court for the interpretation and enforcement of its provisions, although a Human Rights Committee, established under the treaty, plays a role that bears a somewhat distant relationship to the judicial function.

mining the rights of enemy combatants and detainees.[102] The citation by the Supreme Court of the United States of the jurisprudence of the European Court of Human Rights might seem to provide an opening wedge for a form of European influence[103], but there is a universe of difference between the occasional citation of foreign sources by the Supreme Court, and the strong treaty-based influence acknowledged by the German Constitutional Court in the cases that we have been examining.

IV. Three Constitutional Courts?

A close examination of the *Caroline* litigation shows that these cases implicate not just one Constitution and one Constitutional Court – but rather a reciprocal pattern that involves three powerful courts, each making decisions of major significance for German constitutional law. Moreover, in the *Caroline* cases at least, the official "Constitutional Court of the Federal Republic of Germany" sometimes seems to be in danger of becoming the least powerful and influential of the three courts.

Let us elaborate on these propositions by examining the three judicial levels on which decisions are made in the *Caroline* litigation.

At the first level we have the German Civil Code and the other statutes and doctrines of German private law. In European history, the doctrines of the private law have often assumed the supreme legal role. It is a common-place to note, for example, that over past centuries in France it was the French Civil Code, and not the particular temporary Constitution of the moment, that was thought of as the "real" Constitution of France. For various reasons – including, perhaps, its relatively late adoption – such a thing has been said less often about the German Civil Code. It is nonetheless clear that the German private law, with a complex historical background that reaches back to the Romans, remained a solid and extremely important, independent body of law; indeed, for much of the modern period, private law was viewed as substantially more important than the considerably less well-developed doctrines of public law. Moreover, statutes that were designed to elaborate the principles of private law in areas not specifically included in the Civil Code of 1900 – such as the KUG at issue in the *Caroline* litigation – may well share in the eminent position accorded to the Civil Code itself.

The dichotomy between public and private law, which is only weakly echoed in the countries of the common law, was clearly recognized as crucial at an early

---

[102] *Hamdan v. Rumsfeld*, 548 U.S. 557, 625–28 (2006).

[103] See *Lawrence v. Texas*, 539 U.S. 558, 573 (2003).

point in the jurisprudence of the German Constitutional Court.[104] This distinction has persisted to the present and is also very important in the *Caroline* litigation – in the continuing doctrine that litigation involving an underlying civil law issue remains principally a dispute of private law, even if very important constitutional questions are involved.

As we have seen, the result of the persistence of this dichotomy in the *Caroline* litigation is that the Constitutional Court defers to a significant extent to the private law courts in determining the ultimate application of the Basic Law to the civil law problem. We see this point very clearly in the second *Caroline* opinion, in which the private law courts – recognizing the influence of the European Convention of Human Rights – developed an altered method of resolving the doctrinal problems of privacy and freedom of expression. Whereas previously the relevant line was drawn between cases in which "public figures" sought seclusion and cases in which they did not, now the relevant line is to be drawn principally between information that is of some public interest or importance and information that is not. According to the Constitutional Court, the ultimate decision of the individual case is generally confided to the private law courts, so long as they pay adequate attention to constitutional principles and relevant European doctrine. Accordingly, the court that often has chief responsibility for the actual decision in this litigation is the Federal Supreme Court (BGH), the court at the top of the civil law system. The result seems to be that, in this constitutional dispute, the court that makes the ultimate decision on the question of civil law – the BGH – has assumed to a significant extent the role of a Constitutional Court for the decision of this type of litigation.

At the second level in the *Caroline* litigation is the German Constitutional Court itself. Because this litigation involved a dispute of private law, and because the public law of the German constitution only "influences" such decisions, the Constitutional Court has shown itself willing – in the *Caroline* cases at least – to defer significantly to the decisions of the BGH. Thus, the court was content to defer to an entirely new doctrine relating to privacy, even though it had also approved the earlier doctrine, now abandoned by the BGH, as constitutionally permissible.

Moreover, within its supervisory role, the Constitutional Court must also assure that the civil law courts – including the BGH – respect the general principles set down by the European Court of Human Rights in applying the European Convention to these German constitutional problems. So the deference of the German Constitutional Court seems to run not only in one direction, but rather in two directions. When in its first *Von Hannover* decision, the European Court of Human Rights basically tossed out the doctrine crafted by the German

---

[104] See 7 BVerfGE at 204 (*Lüth*).

Constitutional Court, the German Court could have persevered in a nationalist direction and proclaimed the supremacy of German constitutional doctrine over the doctrine of any treaty, including the European Convention. Indeed, such a position might have borne some analogy, perhaps, to positions recently taken by the Court in a separate but related sphere – in the *Maastricht* and *Lisbon* decisions, in which the theoretical supremacy of the German Constitution over European treaties was carefully preserved. But in the *Caroline* (2008) and *Görgülü* decisions, which related to constitutional and European human rights, the Constitutional Court declined to follow this path. Rather, the court seemed to assume the role of a mediator in what may well have been the more weighty conversation between the European Court of Human Rights and the BGH. The conversation between the European Court and the BGH may well be the more weighty because, in the *Caroline* litigation at least, it was the European Court that determined the ultimate resolution of principle – giving significantly added importance to rights of personality – and then it was the BGH which translated this new general principle into a rule of German private (but also German constitutional) law. In contrast, the German Constitutional Court seemed willing to accept, within a broad range, the effective constitutional policy concerted by the joint decisions of the European Court and the BGH.

Third, at the top, we have the European Court of Human Rights, whose role it is to apply the doctrines of the European Convention to constitutional cases from Germany and the other signatory states. At this point, at least, in the *Caroline/Von Hannover* litigation, it seems that the European Court has played the most important role in determining the ultimate shape of constitutional law on this subject in Germany. As a result, the *Von Hannover* decision has sharpened the ongoing European debate about whether the European Court of Human Rights is becoming, or should become, a "Constitutional Court" for Europe.[105] This debate seems to focus on whether the European Court should maintain a general supervisory role over the courts of the member states, in which a fairly broad diversity of approaches is permitted pursuant to the liberal acknowledgment of a generous "margin of appreciation"; or whether the court should intervene more vigorously in the human rights choices of the member states, generally selecting a specific approved position among what previously may have been a number of generally permissible approaches. The *Von Hannover* decision seems to be a clear step in the latter direction. Some judges and scholars support and approve this new position, while it meets the strong disapproval of others.

In sum, when we examine most closely the results of the *Caroline of Monaco/von Hannover* litigation, the following propositions seem to stand out: *first*, we have here three bodies of doctrine with constitutional implications in Germany

---

[105] See, e.g. *Scheyli* at 631–33.

– the German private law (the German Civil Code or, here, the KUG), the official constitutional doctrine of the German Basic Law, and the international constitutional doctrine of the European Convention of Human Rights; and *second*, we have three judicial bodies playing important roles in the determination of German constitutional law in this form of litigation: the Federal Supreme Court (BGH), the German Constitutional Court, and the European Court of Human Rights – the "three constitutional courts" of the *Caroline* litigation.

Constitutional Topography of Income Tax Law in the United States: A Varied (But Interesting) Course

Charles H. Gustafson

I. The Influence of Professor Brugger

While we all regret the occasion that evokes this volume written by the many friends and associates who have been touched by the scholarship of and friendship with Professor *Winfried Brugger*, it is profoundly appropriate that his influence be reflected in our collective contributions. I consider it to be a great honor to have been among his friends and associates, and I deeply appreciate the chance to participate in this work.[1]

---

[1] Professor *Brugger* has had a long and deep connection with the Georgetown University Law Center. That connection is reflected in part by the following comments, which I shared with my Georgetown colleagues on the eve of his funeral:

As many of our colleagues have observed, the very sad news of the death of Winfried Brugger is a great loss to the Georgetown Law Center Community. Winfried's international reputation as a brilliant scholar of constitutional law and legal philosophy is well known. He has received many honors in Germany and in other countries around the world. His contributions to our community are also well known, but perhaps not by all of us.

Winfried first came to Georgetown as a young scholar in the 1980's. After attaining the rank of full professor, first at Mannheim and then at Heidelberg, he returned on many occasions to teach and to be engaged in the intellectual life of Georgetown.

Winfried also made a number of important institutional contributions to us. During the summers of 1995 and 1996, Winfried arranged for us to establish our summer program at Heidelberg University. Our faculty and students were joined by Winfried and other Heidelberg faculty and by many outstanding Heidelberg students who participated in the program. The Georgetown-Heidelberg program for those summers was among the most satisfying from an academic viewpoint in the 32 years since we first ventured abroad in this way.

Winfried served as the Dean of the Faculty of Law at Heidelberg on several occasions. It was his knowledge of Heidelberg and Georgetown that inspired him to propose to Dean Judith Areen a faculty exchange program that exploited the different academic calendars of our two institutions. Dean Areen readily agreed. For well over a decade, we and our students have benefitted from the presence of outstanding Heidelberg faculty during the first half of our fall semester; and many of our colleagues have taught in Heidelberg during May and June, at the end of the Heidelberg spring term.

As indicated in the many expressions of sorrow by our colleagues, Winfried's legacy was not limited to academic matters. Most importantly, Winfried laughed easily and often. He was enthusiastic about his family, almost any kind of music, sport and (luckily for us) Washington. He and his wife, Gudrun, enjoyed jogging through the city together. He enjoyed the opera and

Professor *Brugger* was interested in many subjects; but it is fair to say that tax law and policy were not high on his list. Nevertheless, he was interested in the constitutional aspects of almost any area of legal moment. It is not inappropriate, therefore, to use this occasion to describe the rather complex and meandering course taken by the application of the United States Constitution to the evolution of the federal income tax law in that country. It is an interesting story, not necessarily well known outside of the United States, that reflects a number of twists and turns. The story includes a decision by the U.S. Supreme Court holding that the income tax was unconstitutional, a simmering issue about the interpretation of some fairly specific constitutional language and a disinclination to apply to income tax law some rather famous constitutional formulations applied with respect to other areas of law in the United States. There follows a short summary of the constitutional authority giving rise to a federal income tax in the United States; a discussion of the evolving interpretation of the term "income" as a constitutional criterion; and a description of how several constitutional principles, often applied with respect to other areas of U.S. law, have been rejected in the context of the income taxation.

II. The U.S. Income Tax Was Unconstitutional

After a relatively unsuccessful and short-lived effort to organize the country under the Articles of Confederation, which had left most political power to the states, the U.S. Constitution was adopted in 1789. The first federal income tax came many years later. In 1862 a relatively modest income tax regime was adopted primarily to help finance the costs of the Civil War, which had begun a year earlier.

The Constitution included specific language limiting the power of Congress to impose taxes. Most importantly, Article I, Section 9 provided that:

> "No Capitation, or other direct, Tax shall be laid, unless in Proportion to the Census or Enumeration herein before directed to be taken."

---

symphony. He savored the haunting imagery of the poetry of Leonard Cohen. He introduced many of us to rock bands and country singers that he discovered at different music venues in the Washington area, many of which were unknown to us. While attending a concert of the "Stones" at the Verizon Center with Gudrun and him a couple of years ago, it was clear that he knew the lyrics as well as Mick Jagger. He must have been the leading "constitutional law expert-hockey fan" in Germany, and he enjoyed the Washington Capitals almost as much as his beloved Mannheim Eagles.

It is a vast understatement to say that Winfried is and will be missed by our community and, in particular, by his many close friends among us. His many contributions are vivid reminders of the value of long-term academic relationships. I trust that the link he forged between Heidelberg and Georgetown will continue and grow, as he would have wished.

The Constitution provided no definition of a "direct tax". The Civil War Income Tax had not been apportioned, but it was eventually upheld by the Supreme Court on the ground that it was an "excise or duty" and not a "direct tax". As such, apportionment was not constitutionally required (Springer v. United States, 102 U.S. 586 [1880]).

The Civil War Income Tax was allowed to expire. As is often the case in virtually all countries, however, the attractiveness of any new form of revenue production raised temptations that the political leadership finds hard to resist, and the U.S. Congress did not. In 1894 it enacted a new and substantially more vigorous income tax applicable to individuals and corporations.

The new income tax was again challenged on constitutional grounds. The results of the constitutional challenges were materially different. This time the Supreme Court ruled that the 1894 income tax was after all a "direct tax" on the ground that a tax on income was in effect a tax on the property (for example land) giving rise to the income (for example, rent). As the tax had not been apportioned as required by Article I, Section 9, the Court ruled that it was unconstitutional (Pollock v. Farmers' Loan & Trust Co., 157 U.S. 429 [1895]).

Some years later, in 1909, a tax on corporations was adopted and was again immediately challenged as unconstitutional. The Supreme Court again seemed to shift its view. This tax was sustained essentially on the ground that it was an excise tax on the privilege of doing business in corporate form rather than a direct tax on property. Viewed as an excise tax (that just happened to be measured by corporate income), it was not a "direct tax" and, therefore, apportionment was not constitutionally required (Flint v. Stone Tracy Co, 220 U.S. 107 [1911]).

III. Constitutional Revision: The U.S. Income Tax Is Constitutional

As the 20th Century evolved and governmental needs for more revenues grew, the successful constitutional challenge to the individual income tax did little to diminish political appetite for such a tax. The result was the adoption in 1913 of the Sixteenth Amendment to the Constitution providing specific authority to promulgate an income tax:

> "The Congress shall have power to lay and collect taxes on incomes, from whatever source derived, without apportionment among the several States, and without regard to any census or enumeration."

The first modern income tax was adopted shortly after the passage of the Sixteenth Amendment, and a federal income tax has been in place ever since that time. While the Sixteenth Amendment eliminated the constitutional defect of non-apportionment, however, there were to come a number of constitutional challenges to the way in which Congress chose to exercise its new taxing authority.

IV. What Is Income? An Economic Definition

An early challenge to the new income tax laws was raised just a few years after the passage of the modern (post Sixteenth Amendment) income tax. The new tax legislation defined income to include dividends generally and stock dividends in particular. That provision was challenged in Eisner v. Macomber, 252 U.S. 189 (1920). The taxpayer in that case owned shares of the Standard Oil Company of California. The company declared and paid a 50 percent stock dividend to all shareholders. As a result, the taxpayer, who owned 2,200 shares at the time of the stock dividend, received another 1,100 shares from the corporation. The Internal Revenue Service, which is the part of the U.S. Treasury Department responsible for administering and enforcing federal tax laws, asserted that the taxpayer had realized income for tax purposes equal to the fair market value of the additional 1,100 new shares.

The taxpayer argued that no income had been realized as a result of the stock dividend distribution. As all shareholders had received the same 50 percent stock dividend, there was no change in the taxpayer's ownership of the equity in the corporation. In other words, she owned the same percentage interest after the stock dividend had been distributed as she had owned prior to its distribution. As she had not realized any "income," any tax was not justified by the XVIth Amendment; so the attempt to tax was unconstitutional.

The Supreme Court held in favor of the taxpayer. It turned to the commonly used dictionaries of the day and found no satisfactory definition of "income". Instead, the Court embraced a definition that had been applied in several earlier cases (and that might be a good representation of initial learning in any introductory economics course):

> "Income may be defined as the gain derived from capital, from labor, or from both combined ..."[2]

Applying this formulation, the Court concluded that the taxpayer had realized no income:

> "We are clear that not only does a stock dividend really take nothing from the property of the corporation and add nothing to that of the shareholder, but that the antecedent accumulation of profits evidenced thereby, while indicating that the shareholder is the richer because of an increase of his capital, at the same time shows he has not realized or received any income in the transaction."[3]

---

[2] 252 U.S. at 207.

[3] 252 U.S. at 212.

Because the taxpayer had realized no income, the statutory provision that would tax the stock dividend exceeded the authority of the Sixteenth Amendment to tax "incomes, from whatever source derived" and was, therefore unconstitutional:

> "… . [W]e are brought irresistibly to the conclusion that neither under the Sixteenth Amendment nor otherwise has Congress power to tax without apportionment a true stock dividend … . "[4]

The decision of the Supreme Court was not unanimous. Justice Holmes was one of the dissenters who would have tilted in favor of an interpretation of the Sixteenth Amendment that would have given very broad latitude to the Congress:

> "The known purpose of this Amendment was to get rid of nice questions as to what might be direct taxes, and I cannot doubt that most people not lawyers would suppose when they voted for it that they put a question like the present to rest. I am of opinion that the Amendment justifies the tax."[5]

As indicated below, the view of Justice Holmes turned out to have been prescient.

V. Whose Income Is It? A More Practical Approach

The decision of the Supreme Court in Eisner v. Macomber attracted a number of other challenges to income tax legislation based upon the contention that Congress had exceeded the authority created by the Sixteenth Amendment. One such case challenged an aspect of the treatment of inter vivos gifts of appreciated property.

The U.S. income tax laws have long provided that the recipient of a gift of non-cash property from a living person will normally treat the "basis" (which is the amount analogous to cost for purposes of determining any gain eventually realized upon the disposition of the property) of the property in the hands of the donee as the same as the basis in the hands of the donor (thus, the practice is often referred to as the "carryover basis rule").[66] The result of the carryover basis rule is that appreciation in the value of the gifted property will eventually be taxed to the donee upon disposition even though such appreciation did not occur while the donee owned the property.

This rule was challenged in Taft v. Bowers, 278 U.S. 470 (1929), on the ground that such a result exceeded the authority created by the Sixteenth Amendment because it taxed an amount of income not properly attributable to the taxpayer's

---

[4] 252 U.S. at 219.

[5] Id.

[6] Section 1015 of the Internal Revenue Code of 1986, as amended (hereinafter referred to as "the Code"). The Code is the basic federal tax statute in the United States.

ownership of the stock. In that case, the taxpayer's father had purchased stock in 1916 for $ 1,000. He gave the stock to his daughter in 1923 when it was worth $ 2,000. Because of the carryover basis rule, the taxpayer's basis in the stock was $ 1,000. When the shares were sold in 1923 for $ 5,000, the Internal Revenue Service contended that she had realized taxable gain of $ 4,000 even though the stock had increased in value by only $ 3,000 during the time that she actually owned the shares.

This time the Supreme Court found more flexibility in the intent of the Sixteenth Amendment:

> "[The father] held the stock ... subject to the right of the sovereign to take part of any increase in its value when separated through sale or conversion and reduced to his possession. Could he, contrary to the express will of Congress, by mere gift enable another to hold this stock free from such right, deprive the sovereign of the possibility of taxing the appreciation when actually severed, and convert the entire property into a capital asset of the donee, who invested nothing, as though the latter had purchased at the market price [at the time of the gift]? ... .
>
> In truth the stock represented only a single investment of capital-that made by the donor. And when through sale or conversion the increase was separated therefrom, it became income from that investment in the hands of the recipient subject to taxation according to the very words of the Sixteenth Amendment. By requiring the recipient of the entire increase to pay a part into the public treasury, Congress deprived her of no right and subjected her to no hardship. She accepted the gift with knowledge of the statute and, as to the property received, voluntarily assumed the position of her donor. When she sold the stock she actually got the original sum invested, plus the entire appreciation and out of the latter only was she called on to pay the tax demanded."

In effect the decision of the Court upheld the legislation because it was part of a system for taxing the related series of events: purchase, gift and sale:

> "The provision of the statute under consideration seems entirely appropriate for enforcing a general scheme of lawful taxation... . Congress had power to require that for purposes of taxation the donee should accept the position of the donor in respect of the thing received. And in so doing, it acted neither unreasonably nor arbitrarily."[7]

The Supreme Court thus began the process of moving away from the strict economic definition of income (the return to labor or capital or both combined) to a more flexible view based upon an evaluation of the reasonability of the Congressional action.

---

[7] 278 U.S. at 482.

VI. What Is "Income": Definitional Circle Completed

For years the classical economic definition of income embraced in Eisner v. Macomber continued to be cited in challenges based upon the contention that Congress had overstepped the constitutional bounds established by the Sixteenth Amendment. In 1955, however, the Supreme Court put that definition to rest and pronounced the more practical and flexible approach that was previewed so many years earlier in Taft v. Bowers.

Punitive damages are a far more common element of U.S. jurisprudence than in most (perhaps all) other countries. Such damages are awarded in excess of the "real" damages that have been proved by a successful litigant. Thus, the punitive damages provide something of a windfall to a litigant that has already been compensated for the damages actually incurred. The punitive damages are sometimes provided by statute. In other instances they are awarded by a judge or jury. In either event, the rationale for the provision of punitive damages is to deter "bad" behavior by punishing defendants upon which the obligation to pay has been imposed.

In Commissioner v. Glenshaw Glass Co., 348 U.S.426 (1955), the Supreme Court had consolidated two cases involving a similar question: were punitive damages included in the constitutional definition of "income". The punitive damages to the two taxpayers involved had derived from two somewhat different pathways. The Glenshaw Glass Co. had succeeded in recovering a settlement payment from a defendant in an action partially based upon alleged violations of federal antitrust laws. Federal antitrust laws typically provide for "treble damages" with respect to certain injuries. This means that a successful litigant is entitled to three times the amount of any real damages incurred as a result of the antitrust violation. Under the settlement agreement, a portion of the amount recovered by Glenshaw Glass was treated as such punitive damages.

William Goldman Theatres, Inc. (which operated cinemas) had successfully sued Loew's, Inc. (a film distributor) for antitrust violations. The trial court found that Goldman Theatres had suffered real damages of $ 125,000. Under the treble damage provision, it was, therefore, entitled to a judgment of $ 375,000.

The two taxpayer corporations took the position that punitive damages were, by definition, neither the return to labor nor to capital. As such, under the classic economic definition used in Eisner v. Macomber, the payments could not properly be characterized as "income" subject to taxation. The Supreme Court disagreed:

> "[Taxpayers] ... contend that punitive damages, characterized as 'windfalls' flowing from the culpable conduct of third parties, are not within the scope of the section [defining income]. But Congress applied no limitations as to the source of taxable receipts, nor restrictive labels as to their nature. And the Court has given a liberal construction

to this broad phraseology in recognition of the intention of Congress to tax all gains except those specifically exempted. [citing a number of cases] ....

Nor can we accept [the taxpayers'] contention that a narrower reading [of the statute] .. is required by the Court's characterization of income in Eisner v. Macomber ... As 'the gain derived from capital, from labor, or from both combined.' ... The Court was there endeavoring to determine whether the distribution of a corporate stock dividend constituted a realized gain.... . But it was not meant to provide a touchstone to all future gross income questions."[8]

The punitive damages were thus taxable as "income." This clear abandonment of the economic definition has led a basic and frequently cited premise of U.S. income tax law: All gains are taxable unless otherwise indicated by the Code.

VII. Other Constitutional Provisions: The Question of Uniformity

The European Court of Justice has been dealing with many cases in recent years arising from the contention that the tax laws of different Member countries do not comply with some of the basic elements of EU Treaty provisions.[9] On a number of occasions, the Supreme Court has been presented with somewhat analogous challenges in cases when it has been argued that the disparate treatment of similarly placed taxpayers violates some generalized provisions of the U.S. Constitution. The Supreme Court has, however, generally chosen to reject such arguments.

Since the initial adoption of the modern income tax in 1913, it has included a myriad of exemptions, exclusions, deductions and credits. Moreover, the taxable income (which is the amount resulting from the interaction of such provisions) has always been subject to a progressive rate structure in which higher amounts of income are taxable at higher rates until the maximum statutory rate is reached, after which all additional income is taxed at the maximum rate.

The disparate treatment arising from these practices has been challenged from time to time. Article I, Section 8 of the Constitution, which provides that "... all Duties, Imposts and Excises shall be uniform throughout the United States." It has periodically been argued that the income tax laws lacked uniformity and should be set aside, or at least interpreted, to avoid such a consequence.[10] Two cases provide useful examples of the Court's reaction to these arguments.

---

[8] 348 U.S. at 429–430.

[9] See, e.g., Lang, Schuch and Staringer (eds.), ECJ-Recent Developments in Direct Taxation (Linde Verlag Wien and Kluwer Law International), which is a series of annual reports.

[10] Tax policy analysts often note the desirability of "horizontal equity" in the development of tax laws. This term refers to the proposition that similarly situated taxpayers should

Under present law, married couples can elect to file a "joint return" in which the relevant events of their taxable year are combined to determine a single tax liability for the couple. In earlier times this was not the case. Poe v. Seaborn, 282 U.S. 101 (1930), arose during that earlier time. The taxpayer and his wife lived in the State of Washington, which was a community property jurisdiction. Under the laws of that state, half of the income realized by each of the members of the community (the husband and wife) was automatically owned by the other member of the community. As a result, even though the husband was the principal income earner, he and his wife each filed separate tax returns reporting half of the husband's income. Because a progressive rate structure was applied separately to each taxpayer, twice as much income was taxable at the lower rate tiers than would have been the case if the husband had paid tax on all of the income.

The Internal Revenue Service argued that all of the income was taxable to the husband, who had earned it. The argument was strongly supported by noting the unfairness that would result if taxpayers in community property states (usually states that had some prior connection with Spain or France) could divide their income and reduce the federal tax burden, while residents of common law jurisdictions could not. The Court rejected the argument:

> "Finally the argument is pressed upon us that the [Government's] ruling will work uniformity of incidence and operation of the tax in the various states, while the view urged by the taxpayer will make the tax fall unevenly upon married people… . The answer to such argument, however, is that the constitutional requirement of uniformity is not intrinsic, but geographic… . And difference of state law, which may bring a person within or without the category designated by Congress as taxable may not be read into the [federal tax law] to spell out a lack of uniformity."[11]

The initial result of the decision was a new found interest in community property among common law states, which was eventually mitigated by the adoption of authority for the filing of joint returns by married couples.

A more recent example of the failed uniformity argument arose in Commissioner v. Kowalski, 434 U.S. 77 (1977). The taxpayer was a state police "trooper" employed by the State of New Jersey. At the time, the State provided such troopers with a cash allowance for meals. The taxpayer argued that these payments were not taxable under a specific exclusion provision of the Code.[12] The Court, having, concluded that the specific terms of the provision had not been satisfied so that the payments were not excludible, turned to an argument about uniformity in tax laws. The taxpayer argued that members of the military

---

bear similar tax burdens. The use of the term "uniform" obviously suggests that this notion is ensconced in the Constitution.

[11] 282 U.S. at 117.

[12] Section 119 of the Code provides that certain meals provided by an employer to an employee will be excluded from income if the meals are provided on the business premises of the employer and for the convenience of the employer.

were not taxed on cash allowances for meals and that the premise of uniformity should be applied in this case. The argument was rejected:

> "Finally, [the taxpayer] argues that it is unfair that members of the military may exclude their subsistence allowances from income while [he] cannot. While this may be so, arguments of equity have little force in construing the boundaries of exclusions and deductions from income many of which, to be administrable, must be arbitrary."[13]

The Court supported its conclusion by noting amendments to the Code that had specifically eliminated some tax benefits for such payments that were previously available.

VIII. Other Constitutional Provisions: The Fifth Amendment

A possible constitutional challenge to the principal way in which income taxes in the United States are administered has not been sustained by the courts. The Fifth Amendment to the U.S. Constitution, as is well known by fans of U.S. films and television shows, provides that a person cannot be compelled to testify against himself or herself.[14] The Internal Revenue Code requires, however, the submission of an income tax return every year. Because the tax return is the basis for establishing the tax liability and because the failure to satisfy tax laws can be the basis for a criminal prosecution, it could be argued that the filing requirement violated the protections established by the Fifth Amendment. The Supreme Court held, however, that the Fifth Amendment does not excuse a taxpayer from filing a tax return. United States v. Sullivan, 274 U.S. 259 (1927). A taxpayer may, however, assert a Fifth Amendment privilege on the tax return. This approach, coupled with a determination in James v. United States, 366 U.S. 213 (1961), that illegal gains constituted "income" despite the contemporaneous legal obligation to repay,[15] has contributed to criminal and film lore, as well as tax administration. It is well known that Al Capone, the famous organized crime king from Chicago, was in the end convicted only of tax fraud.

---

[13] 434 U.S. at 95–96.

[14] The Fifth Amendment specifically provides: "No person ... shall be compelled in any criminal case to be a witness against himself, nor be deprived of ... property, without the due process of law."

[15] The taxpayer argued that a thief was legally obligated to repay the victim of the crime. Therefore, like the borrower who is legally obligated to repay a loan, his net worth had not increased as a result of the theft. The argument, though imaginative, was rejected by the Supreme Court.

XI. Conclusion: Constitutional Presuppositions Not Realized

This short account reflects some of the intricate intersections of the U.S. income tax system and provisions of the U.S. Constitution. Many scholars of the U.S. Constitution might reasonably have expected the Supreme Court to be actively and continuously engaged in judging whether tax legislation was consistent with applicable constitutional norms. The principal results of the twisted jurisprudential path here described tell a different story. Despite historic constitutional concerns about the constitutional limits of its taxing power, Congressional determinations of the meaning of "income" are almost certain to be upheld as long as there is a rational basis for them. Moreover, constitutional protections applied in other areas of U.S. law are in many instances likely to fail.

Please note that I am not suggesting that the approaches reflected by the U.S. Supreme Court decisions in the cases discussed here are in any way preferable to the evolving jurisprudence of the ECJ. The ECJ jurisprudence does, however, in many instances offer a rather stark contrast to the decisions that have occupied our attention here. The ECJ approach is, I believe, very good news for tax academics as they provide a feast of issues and decisions for critical analysis. The news may be somewhat less happy for tax planners who must anticipate the results of the next case.

Die Menschenwürde und die sogenannte Offenheit des Grundrechtskatalogs, behandelt am Beispiel der brasilianischen Verfassungsordnung

Ingo Wolfgang Sarlet

I. Einleitende Bemerkungen

Es ist bisher unumstritten, dass eine der bekannten Funktionen der Menschenwürde ist, dass sie der gesamten Rechtsordnung zugrunde liegt und ihr eine entsprechende Sinnes-Einheit verleiht.[1] Dies gilt in gleicher Weise für Brasilien, wo die Menschenwürde als Grundlage des demokratischen Rechtsstaats seit Verkündung der gegenwärtigen Verfassung (05.10.1988) ausdrücklich im Verfassungstext aufgenommen wurde. In Anlehnung an Artikel 16 der Erklärung der Menschen- und Bürgerrechte geht die brasilianische Verfassung davon aus, dass eine Gesellschaft, welche die Menschenwürde nicht anerkennt und schützt, keine Verfassung hat.[2] „Die gegenwärtige Verfassung von Brasilien, welche das Ende einer etwa zwei Jahrzehnte langen Militärdiktatur[3] besiegelte, zeigt den Gedanken auf, dass der Staat und das Recht für den Menschen existieren und nicht umgekehrt. Sie ist – wie auch andere moderne Verfassungen – zumindest dem Text nach der freien Entwicklung und Erfüllung der menschlichen Persönlichkeit verpflichtet. Freilich vermag das nichts an der Tatsache zu ändern, dass im Alltag immer wieder sowohl die Menschenwürde als auch die Menschen- und Grundrechte verletzt werden.

Wie auch *Winfried Brugger* zutreffend betont hat, wird die Menschenwürde (sowohl deren Schutz als auch deren Anerkennung und Förderung) zu Recht als ein wichtiges Kriterium für die substantielle Legimität der Verfassungsordnung herangezogen, da sie mit deren Fundamenten und Zielen stark verbunden

---

[1] Vgl. statt vieler *Miranda*, Manual de Direito Constitucional, Bd. IV, 2. Aufl. 1993, S. 180.

[2] Vgl. *Pavia/Revet*, La dignité de la personne humaine, 1999, S. 105, trotz Hinweis auf die späte Anerkennung der Menschenwürde als objektiver und verbindlicher Verfassungsgrundsatz im Rahmen der französischen Rechtsordnung.

[3] Es sollte jedoch bemerkt werden, dass, wenn auch die erste nicht militärische Bundesregierung 1985 gewählt wurde, zumindest seit 1979 eine Redemokratisierung im Gang war und die „Härte“ der Diktatur – deren Höhepunkt zwischen 1968–69 und 1975 liegt – stark nachgelassen hat. Abgesehen davon wurden Demokratie und Rechtstaatlichkeit erst mit der Verfassung vom 05.10.1988, auch „Verfassung des Bürgers“ (Constituição Cidadã) genannt, endgültig wieder eingeführt.

ist.[4] Obwohl im Detail weiterhin über den konkreten Inhalt der Menschenwürde gerungen wird und obwohl ein etwas anderer Zusammenhang vorliegt, ist es nach der hier vertretenen Auffassung möglich zu behaupten, dass die Menschenwürde immer (auch) eine politische (normative) Funktion ausübt, nämlich als Referenz für den politischen und rechtlichen Entscheidungsprozess. Dies ist damit zu begründen, dass sie (im Sinne einer „absoluten Metapher") die Kontroverse über die Entscheidung hinsichtlich der Anerkennnung der Menschenwürde als solche, nicht aber deren Verletzung als grundsätzlich ungerecht ausschließt.[5]

Nicht nur in Deutschland, wo die verschiedenen Positionen bekannt sind und daher hier keiner Erörterung bedürfen, ist weiterhin umstritten, inwieweit der Menschenwürde eine Rechtsqualität zukommt. Die zu klärende Frage ist also, ob sie nur als objektiver Rechtsgrundsatz (so fundamental er auch sein mag) zu verstehen ist oder auch als Grund- bzw. Menschenrecht verstanden werden kann. Dieser Thematik hat sich *Winfried Brugger* intensiv und in origineller Weise gewidmet.[6] Allerdings geht es hier weniger um diese spezifische Auseinandersetzung als um den Zusammenhang zwischen Menschenrechten und Grundrechten, aber auch deren jeweiligen Bezug zur Menschenwürde an sich. Es ist zu betonen, dass man sich auch in Brasilien nicht einig ist, was den Gehalt an Menschenwürde der Grundrechte betrifft, aber auch und vor allem was der Unterschied zwischen Menschenrechte und Grundrechte bedeutet.[7] Wegen ihres engen Bezugs zu dieser Auseinandersetzung wird im Folgenden ein wichtiger Teilaspekt behandelt werden, nämlich die Problematik der Offenheit des Grundrechtskatalogs und der entsprechenden Ableitung aus dem Grundsatz der Menschenwürde von Grundrechten, die als solche nicht ausdrücklich vom Verfassungsgeber verbürgt worden sind.

Mit der Auswahl des Themas wollen wir auch Werk, Leben und Wirkung *Winfried Bruggers* Rechnung tragen, da er der Menschenwürde und den Grundrechten – mit starker Berücksichtigung rechtsvergleichender und rechtsphilosophischer Aspekte – einen erheblichen Anteil seiner Forschung, Lehre und Schrifttum gewidmet hat. Es ist bekannt, dass *Winfried Brugger*, neben seiner anstehenden Leidenschaft für das öffentliche Recht und die Rechtsphilosophie der USA[8], mit der Zeit auch ein begeisterter Freund Brasiliens und der brasilianischen Rechtskultur wurde, was mehrere Vortragsreisen, die Anzahl seiner in Brasilien veröffentlichten Beiträge, aber auch die Zahl der brasi-

---

[4] Vgl. vor allem *Brugger*, Menschenwürde, Menschenrechte, Grundrechte, 1997, S. 5 e ss.

[5] So etwa *Baer*, Deutsche Zeitschrift für Philosophie 2005, 571 (572–75).

[6] Vgl. vor allem *Brugger* (Fn. 4).

[7] Vgl. insbesondere *Sarlet*, A Eficácia dos Direitos Fundamentais, 10. Aufl. 2009, S. 29–35.

[8] Man braucht hier nur an die Habilitationsschrift *Winfried Bruggers* zu erinnern (Grundrechte und Verfassungsgerichtsbarkeit in den Vereinigten Staaten von Amerika, 1987), der viele weiteren Monographien und Aufsätzen gefolgt wurde.

lianischen Freunde und Schüler verdeutlichen.[9] Die Verbindung zwischen Menschenwürde, Menschenrechten und Grundrechten spielt in Brasilien nicht nur für die Ableitung ungeschriebener Grundrechte eine wichtige Rolle, sondern auch als Kriterium für die Bestimmung von Grundrechten, die außerhalb des Grundrechtskatalogs aufzufinden sind, obwohl sie im Text der Verfassung ausdrücklich positiviert wurden. Darüber hinaus spielt die Menschenwürde wegen ihres grenzüberschreitenden Charakters und ihrer Funktion als Grund und Inhalt der Menschenrechte (abgesehen von der Diskussion um die Intensität dieser Verbindung), auch was die Anwendung (mit dem Status verfassungsrechtlicher Grundrechte) von Menschenrechten aus internationalen Abkommen betrifft, eine gewichtige und aktuelle Rolle.

Weil es sich um eine Arbeit zum brasilianischen Verfassungsrecht handelt, wird hier hauptsächlich auf brasilianische Literatur und Rechtsprechung zurückgegriffen. Was den Aufbau der Arbeit betrifft, wird mit einigen Bemerkungen über die Stellung der Menschenwürde, der Menschenrechte und Grundrechte in der brasilianischen Verfassungsordnung begonnen, vor allem was das Verhältnis (Unterschiede und Gemeinsamkeiten) zwischen den drei unten erwähnten Kategorien angeht. Danach wird die Funktion der Menschenwürde im Rahmen der sogenannten Offenheit des Grundrechtskatalogs behandelt.

II. Menschenwürde, Menschenrechte und Grundrechte in der brasilianischen Verfassungsordnung

Die brasilianische Verfassungsrechtsdogmatik hat sich – von wenigen Ausnahmen abgesehen und insbesondere seit der Entstehung der Verfassung von 1988 – nicht intensiv mit der „Rechtsnatur" der Menschenwürde befasst. Das ist auch deshalb überraschend, weil im Allgemeinen kaum bestritten wird, dass sie zugleich ein objektiver fundamentaler Rechtsgrundsatz und ein Grundrecht (auch im Sinne eines subjektiven Rechts) ist. Zudem kann diese Einstellung nicht ohne weiteres aus dem Verfassungstext entnommen werden, schon weil die Menschenwürde nicht im Grundrechtskatalog (Titel II, Artikel 5 ff.), sondern in erster Linie als Fundament des brasilianischen Verfassungsstaates (Artikel 1, III) – im Rahmen der Verfassungsgrundsätze (Princípios Fundamentais) ausdrücklich

---

[9] *Brugger*, Revista Direitos Fundamentais e Democracia 2010, 14; *Brugger*, in: Sarlet, Direitos Fundamentais Informática e Comunicação Algumas Aproximações, 2007; *Brugger*, Revista do Direito, Revista do Programa de Pós-Graduação Mestrado e Doutorado da Unisc 2007, 123; *Brugger*, Revista Direitos Fundamentais e Justiça 2010, página inicial do artigo; *Brugger*, in: Reis/Leal, Direitos sociais e políticas públicas: desafios contemporâneos, Bd. VII, 2003; *Brugger*, Revista da Ajuris 2007, 325; *Brugger*, Direito público, 2007, 117; Brugger, RDE 2008, 55; *Brugger*, Cadernos da escola de Direito e Relações Internacionais da Unibrasil 2005, 255.

verschrieben wurde. Davon abgesehen wurde die Menschenwürde auch in weiteren Verfassungsbestimungen vorgesehen, diese befinden sich jedoch gerade nicht im sogenannten Grundrechtskatalog (Titel II). Als Beispiel ist hier die Sicherung einer menschenwürdigen Existenz, welche im Anschluss an die auf das Vorbild der Weimarer Verfassung gestützte Verfassung von 1934 (wurde auch in allen weiteren Verfassungen verbürgt) als Ziel der verfassungsrechtlichen Wirtschaftsordnung erhoben wurde (Artikel 170), zu nennen. Da jedoch die Menschenwürde (obwohl nicht immer im gleichen Umfang) zugleich als Fundament und Inhalt der Grundrechte[10], aber auch als Grundlage subjektiver grundrechtlicher Ansprüche und in diesem Sinne auch als autonomes Grundrecht verstanden wird, ist ihre Grundrechtsqualität im Allgemeinen anerkannt, obwohl die verfassungsrechtlichen Folgen dieser Auffassung und vor allem die verschiedenen Aspekte des Verhältnisses zwischen der Menschenwürde und den Grundrechten auch in Brasilien immer mehr umstritten sind. An dieser Stelle sollten hier einige zusätzliche Bermerkungen helfen, die Problematik der sogenannten Offenheit des Grundrechtskatalogs in der brasilianischen Verfassungsordnung zu verstehen. Vor allem der Unterschied zwischen Menschen- und Grundrechten und der Grundrechtsbegriff, welcher der brasilianischen Verfassung zugrunde liegt, wird zumindest in groben Zügen dargestellt.

Menschenwürde, Menschenrechte und Grundrechte sind eng verbunden und haben vieles gemeinsam, sie können jedoch und werden auch nicht (und dies hat für den brasilianischen Fall eine besondere Bedeutung) als gleichwertige und vollkommen austauschbare Begriffe behandelt. Dies ist bereits aus dem positiven Verfassungsrecht zu entnehmen, da im Rahmen der Grundsätze, welche die internationalen Beziehungen betreffen, die Verfassung von 1988 den Vorrang der Menschenrechte vorsieht (Art. 4, II). Die Grundrechte (im portugiesischen: *Direitos Fundamentais*) werden hingegen zum ersten Mal als solche in der brasilianischen Verfassungsentwicklung genannt und in einem eigenen Titel der Verfassung ausdrücklich verbürgt (Titel II). Die brasilianische Verfassung knüpft deshalb in erster Linie an eine Unterscheidung zwischen Menschenrechten und Grundrechten, welche seitens der positivrechtlichen Grundlage dieser Rechte bestimmt wird und nicht unbedingt und ausschließlich an irgendwelche Werte oder andere materielle Kriterien gebunden ist. In dieser Hinsicht werden die Menschenrechte (*Direitos Humanos*) als diejenigen Rechte verstanden, welche jedem Menschen auf Grund eines internationalen Abkommens (im Rahmen des internationalen Rechts der Menschenrechte) und davon abgesehen in einer verfassungsrechtlichen Verbürgung zustehen. Deswegen handelt es sich auch bei den Menschenrechten um Rechte, welche durch das positive Recht anerkannt und geschützt werden, während es sich bei den Grundrechten lediglich

---

[10] Vgl. vor allem *Waldron*, Dignity and Rank, European Journal of Sociology 2007, 201 (203–204).

um diejenigen Rechte handelt, welche den entsprechenden verfassungsrechtlichen Voraussetzungen entsprechen. Mit anderen Worten handelt es sich also um Rechte, welche vom Verfassungsgeber als Grundrechte statuiert werden.[11] Da alle übernationalen (internationale und regionale) Menschenrechtsverträge (Abkommen) einer formalen Transformation durch den nationalen Gesetzgeber und der Exekutive bedürfen, ist ein Menschenrecht nicht immer auch ein Grundrecht, es sei denn, es wurde auch als solches durch den Verfassungsgeber verbürgt oder es erlangt den Grundrechtsstatus auf dem Weg der Transformation durch den nationalen Gesetzgeber.

In diesem Fall ergibt sich jedoch ein Problem, weil das brasilianische oberste Gericht (Supremo Tribunal Federal), welches hauptsächlich die Funktion eines Verfassungsgerichts ausübt, den internationalen Menschenrechtsabkommen lediglich einen übergesetzlichen Rang zuerkannt hat (und selbst dies erst vor relativ kurzer Zeit) und davon ausgeht, dass auch solche internationalen Verträge weiterhin am Maßstab der Verfassung zu prüfen sind. Diese können also im Rahmen einer Normenkontrolle als verfassungswidrig erkannt werden.[12] Dies bedeutet jedoch, dass die Menschenrechte grundrechtsfreundlicher sein müssen als die Grundrechte menschenrechtsfreundlich! Grundrechte, welche Verfassungsrang haben, sind also weiterhin – zumindest nach Auffassung des obersten Gerichtshofes – nicht den internationalen Menschenrechten gleichgestellt, obwohl dies im Rahmen des Schrifttums seit langer Zeit gefordert wird.[13] Da es sich hier auch um einen Teilaspekt der Problematik der Offenheit des Grundrechtskatalogs handelt, wird nachstehend erneut auf diesen Punkt eingegangen.

Die hier nur in groben Zügen dargestellte Unterscheidung zwischen Grund- und Menschenrechten zeigt jedoch auch, dass trotz der von der institutionellen und positivrechtlichen Grundlage bestimmten Unterschiede ein Menschenrecht zugleich ein Grundrecht sein kann, dies aber nicht immer der Fall ist. Gerade am Beispiel der brasilianischen Verfassung wird dies besonders sichtbar, weil nach dem positiven Verfassungsrecht einige Rechtspositionen grundrechtlich verbürgt wurden, die jedoch in keinem internationalen Abkommen als Menschenrechte (sei es auf direkte, sei es auf indirekte Weise) enthalten sind. Beispiele hierfür sind etwa ein Recht der Arbeitnehmer auf ein 13. Gehalt (Art. 7., VIII) oder auch das Recht auf Zahlung eines Urlaubszuschlags im Werte von 1/3 des Gehalts (Art. 7., XVII). Allerdings ist auch das Recht auf 30 Tage Urlaub verfassungsrechtlich verbürgt (Art. 7., XVII), obwohl ein Grundrecht auf Urlaub (unabhängig davon, ob dieser 30 Tage oder auch weniger dauern muss,

---

[11] Vgl. *Sarlet* (Fn. 7).

[12] Vgl. zu dem Thema, in deutscher Sprache, *Maliska*, Verfassung und Recht in Übersee 2011, 316.

[13] Vgl. insbesondere *Piovesan*, Direitos Humanos e o Direito Constitucional Internacional, 13. Aufl. 2012, S. 99 ff.

um den Anforderungen der Menschenwürde zu entsprechen) relativ leicht mit der Menschenwürde zu verknüpfen ist; dies ist jedoch eine Thematik, auf die hier nicht einzugehen ist.

Gerade die genannten Beispiele eignen sich besonders für die Behandlung eines Bezuges zwischen Menschenwürde und Grund- und Menschenrechten. Wenn alle Grundrechte einen Menschenwürdeinhalt aufweisen und bzw. oder in der Menschenwürde ihre jeweilige Grundlage finden, so würden alle Grundrechte auch als Menschenrechte gelten, zumindest nach einer bestimmten Idee der Menschenrechte, nach der es sich bei ihnen gerade um Rechte, welche jedem Menschen auf Grund und zur Achtung und Schutz seiner – auch jedem Menschen zustehenden – Würde, zukommen. In dieser Hinsicht, nach einem sogenannten materiellen Grundrechtsbegriff, müsste dann zwischen „echten" Grundrechten (mit einem Menschenwürdebezug) und „unechten" Grundrechten unterschieden werden. „Unechte Grundrechte" wären demnach Rechte, welche zwar vom Verfassungsgeber als Grundrechte verbürgt worden sind, aber tatsächlich eher „einfache" verfassungsrechtliche Rechtspositionen sind oder wegen ihrer fehlenden oder schwächeren „Würde" einen differenzierten (einen reduzierten) Schutz erhalten. Eine solche Differenzierung zwischen den verschiedenen Grundrechten (was ihren rechtlichen Schutz betrifft) wird zumindest im brasilianischen Recht weiterhin und vorwiegend nicht angenommen. Sie wäre jedoch mit dem Ansatz eines mehr oder weniger starken Menschenwürdeinhalts im Einklang und auch mit der (hier vertretenen) Unmöglichkeit, alle Grundrechte auf die Menschenwürde zurückzuführen, leicht zu versöhnen, weil ein größerer Menschenwürdeinhalt einen entsprechend stärkeren Grundrechtschutz verlangen würde.[14] Auch die Auffassung, dass der (in der brasilianischen Verfassung offensichtlich nicht immer vorhandene!) Menschenwürdegehalt der Grundrechte sich nicht mit dem sogenannten Wesensgehalt der Grundrechte ohne weiteres gleichstellen lässt, sollte hier betont werden. Auch wenn die brasilianische Verfassung eine Wesensgehaltsgarantie der Grundrechte nicht ausdrücklich vorgesehen hat, wird diese seitens der wohl herrschenden Lehre aus der Verfassung und dem Grundrechtschutz abgeleitet.[15]

Der Unterschied zwischen Grund-und Menschenrechten und die zumindest partielle Abkoppelung des verfassungsrechtlichen Grundrechtsbegriffs von der Menschenwürde wird natürlich auch in Brasilien hin und wieder kritisiert. Beanstandet wird vor allem die angebliche Reduzierung der Grundrechte auf eine

---

[14] So auch *Herdegen*, in: Maunz/Dürig, Grundgesetz Kommentar, 2003, (11 e ss.), der die direkte Ableitung des gesamten Grundrechtssysthems aus der Menschenwürde kritisiert, jedoch anerkennt, dass die Grundrechtsordnung im Wesentlichen mit Elementen der Menschenwürde imprägniert ist, darüber befürwortet er auch einen unterschiedlichen Grundrechtsgehalt der verschiedenen einzelnen Grundrechten (S. 14).

[15] Vgl. zum Thema des Wesensgehalts der Grundrechte in Brasilien vor allem *Afonso da Silva*, Direitos Fundamentais. Conteúdo Essencial, Restrições e Eficácia, 2009.

positiv-rechtliche Grundlage, da es sich – so die Kritiker – um ein rein formales Grundrechtsverständnis handle, welches davon ausgehe, dass als Grundrechte nur solche Rechte gelten, welche vom Verfassungsgeber als solche verbürgt worden sind. Dies sei bereits ein Missverständnis, weil (vorausgesetzt es handelt sich um ein demokratischer Rechtsstaat) die Entscheidung des Verfassungsgebers, gewisse Rechtspositionen der freien Entscheidung des Gesetzgebers teilweise zu entziehen, dem Willen einer üblicherweise qualifizierten Mehrheit entsprechen und deswegen den Anforderungen der demokratischen Legitimation genügen, obwohl hier die Spannung zwischen Verfassungsgebung und der ordentlichen Gesetzgebung (vor allem wenn es um die Durchsetzung individueller subjektiver Recht geht), aber auch die Anforderungen der Demokratie als solche nicht einfach umgangen werden können. Die Entscheidung des brasilianischen Verfassungsgebers, ausdrücklich soziale Grundrechte und Rechte der Arbeitnehmer zu verbürgen, könnte ansonsten im Einzelfall vom Obersten Gerichtshof wegen der (nach unterschiedlichen Auffassungen) fehlenden inhaltlichen Relevanz, vor allem jedoch wegen eines fehlenden vertretbaren Bezugs zur Menschenwürde, verneint werden. Die ‚Grundrechtsqualität' könnte dann mehr eine Entscheidung des Richters als des Verfassungsgebers sein.

Damit wird nicht verkannt, dass die fehlende inhaltliche Relevanz einer seitens des Verfassungsgebers verbürgten Grundrechtsposition (hier im Sinne einer bloß formellen Grundrechtsqualität) mit einem Defizit an Effektivität und/oder Legitimität verbunden sein kann, was andererseits der normativen Kraft der Verfassung (*Hesse*) nicht unbedingt zu Gute kommt. Weiters kann vor allem in Hinsicht auf den jeweiligen (unterschiedlichen) Bezug der Menschenwürde zu den Grundrechten die mehr oder weniger große Distanz zur Menschenwürde im Rahmen der Grundrechtsbeschränkung und im Prozess der Abwägung zum Ausdruck kommen. Da nicht die Möglichkeit besteht, diese Problematik zu vertiefen, reicht es, wenn hier festgehalten wird, dass die Menschenwürde nicht unbedingt der Grund und Inhalt aller Grundrechte (zumindest was das positive brasilianische Verfassungsrecht betrifft) ist, sie jedoch als wichtiges materielles Kriterium für die sogenannte Offenheit des Grundrechtskatalog fruchtbar wird. Dabei kommt auch die vorrangige Funktion der Menschenwürde als objektiver Grundsatz und Maßstab für die Auslegung und Anwendung der gesamten Rechtsordnung zum Ausdruck. Ihre Funktion als Grundrecht wird dadurch jedoch nicht verdrängt.

III. Inhalt und Bedeutung der sogenannten „Offenheitsklausel" des Grundrechtskatalogs – allgemeine Bemerkungen zu Art. 5 § 2 der brasilianischen Verfassung vom 05.10.1988

Auch eine stark analytische Verfassung wie die brasilianischen Bundesverfassung von 1988, welche mehr als 120 ausdrücklich verbürgte Grundrechtsbestimmungen beinhaltet, schließt die Existenz weiterer Grundrechte, die vom Verfassungsgesetzgeber nicht ausdrücklich verbürgt sind, nicht aus, was mit der Kontroverse über die Möglichkeiten und Grenzen der sogenannten Offenheit des Grundrechtskatalogs verbunden ist. Dass auch hier die besonderen Merkmale einer konkreten Verfassungsordnung zu berücksichtigen sind, zeigt die brasilianische Verfassungsordnung deutlich auf, obwohl der Ansatz einer Offenheit des Grundrechtssystems an sich sehr verbreitet ist.

In der brasilianischen Verfassungsentwicklung, die auch in diesem Aspekt von der nordamerikanischen Erfahrung sehr beinflusst wurde (insbesondere ist hier das IX Amendment von 1791 zu erwähnen[16]), war es die erste bundesstaatliche Verfassung (1891) die erstmals eine ausdrückliche Bestimmung enthielt, nach deren Wortlaut die Verbürgung anderer ausdrücklicher Rechte und Garantien durch die Regierungsform und die Prinzipien nicht ausgeschlossen wird.[17] In ähnlicher Weise beinhalten auch die nachfolgenden Verfassungen diese Bestimmung. Diese wurde von der herrschenden Lehre als eine allgemeine und inklusive Norm verstanden, welche die Anwendung des bekannten hermeneutischen Auslegungskriteriums, *inclusius unius alterius est exclusius*, ausschließt. Damit wurde (und wird auch weiterhin) vertreten, dass die Verfassung auch Inhalte hat, die nicht ausdrücklich vorgesehen sind, die jedoch auf indirekte (implizite) Weise abgeleitet werden können.[18] Abgesehen von diesem allgemeinen Befund, wurde im Schrifttum kaum weiter auf diese Problematik eingegangen, was sich jedoch mit der Verfassung von 1988 änderte. Hauptgrund für eine Wiederaufnahme der Diskussion über die materielle Offenheit des Grundrechtskatalogs war vor allem die Formulierung des Artikel 5 § 2 des Verfassungsgebers von 1988. Demnach können neben der Ableitung von Grundrechten aus den Grundsätzen der Verfassung (unter denen die Menschenwürde eine priviligierte Stellung erreicht) auch Grundrechte, welche in den von Brasilien ratifizierten internationalen Abkommen enthalten sind, in den Grundrechtskatalog eingeschlossen werden. Gerade die ausdrückliche Einbeziehung der internationalen (Menschenrechts-)Abkommen sicherte, dass das Verhältnis zwischen den in-

---

[16] "The enumeration in the Constitution, of certain rights, shall not be construed to deny or disparage others retained by the people".

[17] Art 78 Verfassung von 1891: A especificação das garantias e direitos expressos na Constituição não exclui outras garantias e direitos não enumerados, mas resultantes da forma de governo que ela estabelece e dos princípios que consigna.

[18] Vgl. statt vieler *Sarlet* (Fn. 7), S. 78 ff.

ternationalen Menschenrechten und den Grundrechten der Verfassung (aber auch mit dem nationalen Recht im Allgemeinen) nach 1988 sehr intensiv behandelt und diskutiert wurde, obwohl im Gerichtswesen nur einige Beispiele zu finden sind. In dieser Hinsicht scheint die Kontroverse immer noch einen vorwiegend akademischen Akzent zu haben, während im Bereich des „lebendigen" Rechts – wahrscheinlich auch (aber nicht nur) wegen des umfangreichen und ausdrücklich verbürgten Grundrechtskatalogs der Verfassung noch wenig auf die internationalen Menschenrechtsabkommen zurückgegriffen wird. Auch wenn sich in diesem Bereich die Literatur schon lange stapelt, wurden die weiteren Dimensionen des Artikels 5 § 2 der brasilianischen Verfassung kaum und wenn, dann ohne größere Sorgfalt behandelt. Gerade hier aber, was die Ableitung nicht ausdrücklich verbürgter Grundrechte aus der Verfassung angeht, finden sich einige interessante und wichtige Beispiele, welche seitens der Rechtsprechung im Laufe der Zeit anerkannt worden sind. Bevor aber auf diese Aspekte eingegangen wird, sollen einige generelle Ansätze erörtert werden, damit auch der volle Umfang des Art. 5 § 2 der brasilianischen Verfassung von 1988 verstanden werden kann.

Bereits der Wortlaut der sogenannten „Offenheitsklausel" schließt jede Auslegung aus, welche der Bestimmung einen lediglich deklaratorischen Charakter zuerkennt. Obwohl die Ableitung „ungeschriebener" Grundrechte, vor allem wenn es sich um eine interpretatorische Rekonstruktion des Schutzbereiches der vom Verfassungsgeber ausdrücklich-normierter Grundrechte handelt, nicht unbedingt von einer ausdrücklichen „Offenheitsklausel" im Sinne von Art. 5 § 2 b.V. abhängt, wird davon ausgegangen, dass es sich nicht nur um eine lediglich „fakultative" Ableitung durch die Gerichte handelt. Vielmehr geht es auch um einen vom Verfassungsgeber ausdrücklich bestimmten Verfassungsauftrag, der bestimmt, dass die Verfassung weitere Grundrechte garantiert, die jedoch nicht im Grundrechtskatalog aufscheinen. Richter und Gerichte, vor allem aber die Verfassungsgerichtsbarkeit, müssen deswegen solche „weiteren" Grundrechte identifizieren und ihnen die entsprechende Grundrechtsnormativität und den entsprechenden Schutz verleihen.[19] Abgesehen davon bezieht sich Art. 5 § 2 auch auf die internationalen Menschenrechtsabkommen, und ist deshalb auch für deren besonderen rechtlichen *Status* in der nationalen Rechtsordnung konstitutiv.

Noch im Vorfeld sollte betont werden, dass im Bereich der sogenannten „Offenheit des Grundrechtskatalogs" die Grundrechte auf eine durch Art. 5 § 2 bestimmte Weise eingeteilt werden können. So wird zwischen ausdrücklich verbürgten und nicht ausdrücklich verbürgten (oder auch „ungeschriebenen") Grundrechten unterschieden. Die ausdrücklich verbürgten Grundrechte können wiederum in drei Untergruppen aufgeteilt werden, nämlich Grundrechte

---

[19] Vgl. hier vor allem *Sarlet* (Fn. 7), S. 89–91.

welche als solche im Titel II der Verfassung von 1988 vom Verfassungsgeber statuiert wurden (a), Grundrechte, welche in anderen Teilen der Verfassung ausfindig zu machen sind (b), und Grundrechte, die in den von Brasilien unterzeichneten Menschenrechtsabkommen enthalten sind und in diesem Sinne auch ausdrücklich anerkannt wurden (c). Alle drei Untergruppen weisen unterschiedliche theoretische und praktische Probleme auf, welche wiederum mehr oder weniger mit der Menschenwürde verknüpft sind. Selbst die im Titel II verbürgten Grundrechte (welche vom Verfassungsgeber im Grundrechtskatalog als solche eingefügt worden sind) werden weiterhin diskutiert, da, wie oben angedeutet, nicht alle deren Grundrechtsqualität anerkennen Dies ändert nichts daran, dass die Mehrheit (trotz wichtiger Ausnahmen) im Schrifttum und im Allgemeinen auch die Rechtsprechung hier die „Grundrechtsqualität" an sich nicht generell und grundsätzlich bestreiten. Dahingegen bedürfen die Grundrechte, welche sich in anderen Teilen der Verfassung befinden, einer entsprechenden Anerkennung, was auch die Diskussion um ihren rechtlichen Status einschließt, vor allem, ob sie auch gegen eine Aufhebung durch eine Verfassungsänderung geschützt sind. Dass hier der Grundsatz der Menschenwürde eine gewichtige Rolle spielt, wird nachstehend näher behandelt. Schließlich müssen bei den Menschenrechtsabkommen auch besondere Aspekte berücksichtigt werden, da Artikel 5 § 2 der Verfassung in Hinsicht auf die Qualifizierung der Menschenrechtsabkommen alles andere als deutlich ist. Darüber hinaus müssen, wie bereits angesprochen, weitere Regeln über die Ratifizierung und die Umsetzung dieser Abkommen wahrgenommen werden, obwohl die Kontroverse vor allem den Rang dieser Abkommen und der dort enthaltenen Menschenrechtsverbürgungen im Rahmen der nationalen Rechtsordnung betrifft. Auf jeden Fall ist die Geltung und Wirkung der internationalen Menschenrechtsabkommen weiterhin umstritten und wirft spezifische Probleme auf, welche hier nicht ausführlich beschrieben und diskutiert werden können.

Dagegen liefert die Problematik der sogenannten „ungeschriebenen" Grundrechte, welche aus den ausdrücklich verbürgten Grundrechtsbestimmungen und den Grundsätzen der Verfassung abgeleitet werden, auch einige spezifische Herausforderungen. Diese betreffen vor allem die Kriterien für die Bestimmung dieser Grundrechte. Auch die Legitimation der Richter ist in diesem Bereich nicht unbedingt unumstritten, wie zum Beispiel die nordamerikanische Entwicklung zeigt.[20] Davon abgesehen können hier auch Unterschiede gezogen werden, nämlich zwischen der Ableitung von „neuen" Grundrechten und der lediglichen Rekonstruktion des Schutzbereiches von Grundrechten, welche in der Verfassung ausdrücklich implizit verbürgt wurden.

Was die Allgemeinen Aspekte des Artikel 5 § 2 b. V. betrifft, sollte noch kurz zu der Problematik des Umfangs der sogenannten Offenheitsklausel Stellung

---

[20] Vgl. statt vieler *Farber*, Retained by the People, 2007.

genommen werden, vor allem um eine restriktive Auslegung zu vermeiden. Wegen der Stellung der einschlägigen Verfassungsbestimmung im Verfassungstext, welche einen direkten Bezug mit den in Artikel 5 aufgelisteten individuellen und kollektiven Rechten und Plichten aufweist, ist die Einbeziehung weiterer Grundrechte, vor allem die sogenannten sozialen, wirtschaftlichen und kulturellen Rechte (aber auch der Umweltschutz) nicht völlig unproblematisch, weshalb es sich lohnt, zumindest einige einige Ausführungen zu diesem Thema zu machen.

Dass ein lediglich topographisches Kriterium nicht ausreichend ist, um den Umfang der Offenheitsklausel des Grundrechtskatalogs zu bestimmen, ist bereits aus dem Wortlaut von Artikel 5 § 2 zu entnehmen, der sich im Allgemeinen auf die Rechte und Garantien der Verfassung („os direitos e garantias expressos nesta Constituição…") bezieht und deshalb nicht mit dem Kapitel der individuellen und kollektiven Rechte und Pflichten (Artikel 5) gleichgestellt werden kann. Davon abgesehen wurde im Kapitel der sozialen Rechte, nämlich im Bereich der Rechte der Arbeitnehmer, eine Art besondere Offenheitsklausel ausdrücklich vorgesehen (Art. 7), in der von anderen Rechten, welche die Besserung der sozialen Umstände der Arbeiter bezwecken, die Rede ist („são direitos dos trabalhadores urbanos e rurais, além de outros que visem à melhoria de sua condição social").

Von einer Auslegung, die sich nach dem offensichtlich offenen Wortlaut bereits richten könnte, ist eine Ausgrenzung der sozialen, wirtschaftlichen, kulturellen und ökologischen (Grund-)Rechte nicht mit der brasilianischen Verfassungsidentität zu vereinbaren. Die Ratifizierung des internationalen Abkommens über wirtschaftliche, soziale und kulturelle Rechte von 1966 würde schon für sich ausreichen, damit diese Rechte in den brasilianischen Grundrechtskatalog aufgenommen werden müssten, gerade da Artikel 5 § 2 der b.V. auch hinsichtlich der Menschenrechtsabkommen keine Ausnahmen macht. Das genaue Gegenteil ist der Fall: Menschenrechtsabkommen, unter denen sich auch der oben genannte Pakt für soziale und wirtschaftliche Menschenrechte befindet, sind Bestandteil der verfassungsrechtlichen Grundrechtsordnung. Darüber hinaus ist die gesamte Verfassung von sozialen Elementen geprägt, was sich an Hand der im Artikel 3 enthaltenen fundamentalen Zielen der brasilianischen Staatlichkeit feststellen (z.B. die Abschaffung der Armut und Reduzierung der Ungleichheiten), jedoch vor allem infolge eines umfangreichen Katalogs sozialer Rechte (Artikel 6 ff.) nicht ernsthaft ablehnen lässt. Auch wenn im Kapitel der sozialen Rechte die wichtigsten sozialen Grundrechte enthalten sind (mittels zweier Verfassungsänderungen wurden noch die Rechte auf Wohnung und Nahrung in Artikel 6 eingefügt) und im Bereich des Arbeitnehmerschutzes manche Stimmen sogar eine Reduzierung der Grundrechtsverbürgungen fordern, ist auch hier die Anzahl der ausdrücklich verbürgten Grundrechte kein hinreichender Grund, um eine mögliche Offenheit zugunsten weiterer sozialer

Grundrechte völlig abzuweisen. Das Beispiel eines menschenwürdigen Existenzminimums, welches nicht als ein Grundrecht, sondern als ein Ziel der Wirtschaftsordnung der Verfassung (Artikel 170) und nicht im Titel der Grundrechte verankert wurde, ist hier besonders relevant, aktuell und wird sehr oft von der Gerichtsbarkeit als ein autonomes Grundrecht anerkannt. Außerdem ist davon auszugehen, dass eine Verfassungsordnung, welche die Freizügigkeit und den sozialen Wert der Arbeit in Verbindung mit der Menschenwürde gemeinsam als Grundlagen des Verfassungsstaates erklärt, den sozialen Grundrechten nicht den Weg einer dynamischen Offenheit zu den nicht als solche ausdrücklich verbürgten sozialen Grundrechtspositionen versperren darf, vor allem dann, wenn es sich um Anforderungen der gleichen Würde aller Menschen handelt. Eine nähere Erörterung dazu erfolgt im nächsten Abschnitt.

IV. Die Funktion Menschenwürde als Kriterium für die Bestimmung der „Grundrechtsqualität" im Bereich der Offenheit des Grundrechtskatalogs

Wie in anderen Rechtsordnungen, so wird auch in Brasilien der Menschenwürde eine gewichtige Rolle im Offenheitsbereich des Grundrechtskatalogs zugeschrieben. Wegen des beschränkten Umfangs des Beitrags und der Breite des Themas muss hier auf eine Vertiefung der Analyse verzichtet werden; es kann jedoch davon ausgegangen werden, dass, wie bereits erörtert, der brasilianische Verfassungsgeber keinen einheitlichen und auschließlich auf der Menschenwürde basierten Grundrechtsbegriff in die Verfassung aufgenommen hat. Schon die Vielfältigkeit der im Titel II enthaltenen Grundrechtspositionen und einige weitere prägnante Beispiele sollten hier keine besonderen Zweifel erwecken. Die hier vertretene These, dass alle vom Verfassungsgeber ausdrücklich als solche verbürgten Grundrechtspositionen auch ohne einen direkten Menschenwürdebezug als Grundrechte gelten und in dieser Hinsicht auch von dieser „Grundrechtsqualität" profitieren (da allen Grundrechten zumindest ein stärkerer Schutzanspruch zukommt), schließt jedoch nicht aus, dass für die Identifizierung weiterer Grundrechte bestimmte materielle Kriterien unumgehbar sind. Mit anderen Worten: Wenn es vertretbar ist, dass zugunsten der im Titel II verbürgten Rechtspositionen eine Vermutung hinsichtlich ihrer materiellen Grundrechtsqualität besteht, muss die „Grundrechtlichkeit" weiterer Rechtspositionen, vor allem in Hinsicht auf die anderen Teile der Verfassung, in jedem Fall anhand materieller Kriterien sorgfältig und im Lichte und Rahmen der konkreten Verfassungsordnung begründet werden. Diese Problematik ist wiederum mit der Diskussion um einen verfassungskonformen Grundrechtsbegriff stark verknüpft, wobei der Menschenwürde auch in Brasilien – wie schon angedeutet – eine gewichtige Rolle zukommt.

Da jedoch die brasilianische Verfassung nicht nur an die Menschenwürde knüpft, wenn es um Grundrechte geht, ist es auch nicht leicht zu vertreten, dass selbst für den Zweck der Begründung einer Grundrechtsqualität von Grundrechten, welche sich außerhalb des Titel II der brasilianischen Verfassung befinden, oder wenn es beispielsweise um die interpretatorische Ableitung von Grundrechtspositionen geht, die Menschenwürde vielleicht als wichtigste Grundlage und Kriterium, aber auf jeden Fall nicht als ausschließlicher und einziger Schlüssel für diesen Zweck gelten kann. Ein bloß auf der Menschenwürde basierender Grundrechtsbegriff (anders könnte es jedoch mit einem Menschenrechtsbegriff der Fall sein) würde der geltenden brasilianischen Verfassung nicht völlig genügen, es sei denn, man verzichtet auf die Grundrechtsqualität mancher vom Verfassungsgeber positiverten Rechte.

Dass die Menschenwürde nicht als einziges Kriterium herangezogen werden kann, ist auf jeden Fall schon in Art. 5 § 2 selbstausdrücklich enthalten, da hier von Rechten die Rede ist, welche von den Regimen und den Prinzipien (Plural) der Verfassung abgeleitet werden („direitos decorrentes do regime e dos princípios"). Es sei hinzugefügt, dass die Menschenwürde in der Verfassung von 1988 nicht in einem selbständigen Text enthalten ist, sondern, gemeinsam mit anderen Grundsätzen, zu den Grundlagen des demokratischen Rechtsstaates gehört, wie z.B. der politische Pluralismus, die Souveranität, die Freizügigkeit und die sozialen Werte der Arbeit (Artikel 1). Sie ist deshalb – und dies sollte betont werden – nur eine von mehreren Grundsätzen und Grundlagen des Staates. Schon deshalb und wegen der Breite des Grundrechtskatalogs ist eine auschließliche Berufung auf die Menschenwürde, auch hinsichtlich der Offenheit des Grundrechtskatalogs, nicht unbedingt der einzige Weg für die Begründung der Grundrechtsqualität von Rechtspositionen, welche in anderen Teilen der Verfassung enthalten sind (außerhalb des Titel II) und/oder auf dem Weg der Auslegung (im Sinne impliziter Grundrechtsnormen) abgeleitet werden. Wie aber die Menschenwürde sich mit den weiteren Verfassungsgrundsätzen und Grundlagen (Fundamente) verbindet und verhält, ist damit natürlich nicht gesagt. Selbst was den Inhalt der Menschenwürdeklausel betrifft, bleibt offen, was eigentlich unter der Menschenwürde zu verstehen ist. Dies ändert sich auch dann nicht, wenn davon ausgegangen werden kann, dass eine bestimmte Rechtsposition offensichtlich den Anforderungen der Menschenwürde entspricht und ihre Grundrechtsposition auf jeden Fall zu bejahen ist.

Die ausschließliche Berufung auf die Menschenwürde ist darüber hinaus wegen ihrer Begriffsoffenheit und Mehrdeutigkeit problematisch, so dass das Risiko besteht, eine ausufernde Anzahl von Verfassungsbestimmungen in einen dann unüberschaubar werdenden Grundrechtskatalog einzuordnen. Man sollte nicht vernachlässigen, dass auf Grund verschiedener konkreten Erfahrungen festgestellt wurde, dass, je höher man den Wert der Menschenwürde ansetzt, umso trivialer die Fälle sind, in denen auf sie zurückgegriffen wird.[21] Die ohnehin nicht selten praktizierte Banalisierung der Menschenwürde[22] wäre dann auch ein anfälliges Einfallstor für die leichtsinnige Ausdehnung (Inflation) der Grundrechte. Deshalb sind auch hier die Worte von *Laurence Tribe* und *Michael Dorf* zu den Grenzen der Verfassungsauslegung ernst zu nehmen, nämlich dass die Verfassungsklauseln (vor allem die Menschenwürde!) kein Spiegel ist, in dem jeder sieht, was er sehen will.[23] Auch deswegen sollte auf jeden Fall die Maxime gelten, dass auch im Namen der Menschenwürde nicht alles gesagt oder gemacht werden kann.[24]

Obwohl davon ausgegangen werden kann, dass im Falle eines eindeutigen Bezugs zur Menschenwürde die Grundrechtsqualität zu bejahen ist, bedeutet dies nicht, dass die Menschenwürde das einzige sichere Kriterium darstellt. Darüber hinaus ist eine sorgfältige Argumentation erfordelich, da hier ein hoher Begründungsbedarf besteht.

Damit ist aber die mögliche Bedeutung der Menschenwürde für die Offenheit des Grundrechtskatalogs noch nicht ausgelotet. Auch die Ableitung sogenannter impliziter Grundrechtsnormen und die entsprechende Anerkennung subjektiver Rechte auf Grund der Menschenwürde werden von Seiten der brasilianischen Rechtsprechung und Literatur befürwortet, obwohl gewichtige Einwände gegen eine solche Lösung vorliegen. Solche wurden auch von *Winfried Brugger* besprochen.[25]

Obwohl auch für den brasilianischen Fall davon ausgegangen werden sollte (was oft nicht berücksichtigt wird), dass die Menschenwürde vor allem in Hinsicht auf die prioritäre Anwendung der einzelnen Grundrechtsverbürgungen die Funktion einer Art *lex generalis* ausübt, so bedeutet dies auch, dass, gerade wenn es sich nicht um die Rekonstruktion des Schutzbereiches eines speziellen Grundrechts handelt, die Menschenwürde als Grundlage autonomer Grundrechtspositionen herangezogen werden sollte. Darüber hinaus ist es nicht zu verkennen, dass – *Geddert-Steinacher* folgend – das Verhältnis zwischen Menschenwürde und den einzelnen Grundrechten ein besonderes ist. Dies ist vor allem damit zu begründen, dass die Menschenwürde zugleich Inhalt (obwohl nicht immer und nicht auf gleicher Weise) und Grenze der Grundrechte ist, so dass oft eine Verletzung eines Grundrechts mit einer Verletzung der Men-

---

[21] Vgl. z.B. *Frankenberg*, Autorität und Integration. Zur Grammatik von Recht und Verfassung, 2003, S. 272–3 mit Hinweis auf einige Beispiele des deutschen Gerichtsalltags.

[22] Was diesen Punkt betrifft, sollte man Peter Häberles Warnung ernst nehmen (*Häberle*, in: Isensee/Kirchhof, Handbuch des Staatsrechts der Bundesrepublik Deutschland, Band I, 1987, S. 317 (823).

[23] Vgl. *Tribe/Dorf*, On Reading the Constitution, 1991, S. 7 ("Is the Constitution simply a mirror in which one sees what one wants to see?").

[24] Vgl. im brasilianischen Schrifttum *Streck*, Hermenêutica Jurídica e(m) Crise, 1999, S. 310 e ss, obwohl ohne Hinweis auf die Menschenwürde.

[25] Vgl. *Brugger* (Fn. 4), S. 19 e ss.

schenwürde einhergeht.[26] Dies beraubt die Menschenwürde jedoch nicht ihrer normativen Selbstständigkeit, da sie als autonome Grundlage subjektiver Rechte dennoch relevant werden kann.[27] Außerdem sollte mit Blick auf die Lehren von *Peter Häberle* auch die Bedeutung der Menschenwürde als gewichtige Grundlage für subjektive Rechtspositionen gegenüber neuen Gefährdungen, die nicht oder nicht ausdrücklich unter den Schutzbereich einer ausdrücklich verbürgten Grundrechtsbestimmung fallen, betont werden.[28]

Aus dieser Perspektive kann hier auf die Bedeutung der Menschenwürde als Argument für eine inklusive Auslegung der Grundrechtsträgerschaft hingewiesen werden, obwohl es sich nicht um die Anerkennung spezifischer Grundrechtsnormen handelt. Trotz des eindeutigen Ausschlusses der Grundrechtsträgerschaft von Ausländern, welche nicht in Brasilien leben (Artikel 5 b.V.), werden diese dennoch als Grundrechtsträger angesehen. Begründet wird dieses Phänomen durch den Universalitätsgrundsatz, nach dem alle Grundrechte, die einen Menschenwürdeinhalt aufweisen, als Jedermannsrechte anzusehen sind. Diese Ansicht ist sowohl auf die herrschende Meinung im Schrifttum[29] als auch auf ständige Rechtsprechung des brasilianischen Höchstgerichts[30] zurückzuführen.

Dass der Grundsatz der Menschenwürde einen lückenlosen Schutz der menschlichen Persönlichkeit verlangt, ist auch mit ihrer (der Menschenwürde!) Funktion als Grundlage von nicht ausdrücklich verbürgten Persönlichkeitsrechten zu erklären. Gerade in Bezug auf die Offenheit des Grundrechtskatalogs wird die Menschenwürde als Grundlage eines ungeschriebenen (im Sinne eines impliziten) Allgemeinen Persönlichkeitsrechts herangezogen.[31] Dieses wiederum gebietet eine inklusive Auslegung von Artikel 11 des brasilianischen Zilvilgesetzbuches (Código Civil) in jenem Sinne, dass auch der einfachgesetzliche Katalog der Persönlichkeitsrechte kein *numerus clausus* ist.[32]

---

[26] Vgl. *T. Geddert-Steinacher*, Menschenwürde als Verfassungsbegriff, 1990, S. 166.

[27] Vgl. insbesondere *Udo Di Fabio*, Der Schutz der Menschenwürde durch Allgemeine Programmgrundsätze, 2000, S. 38.

[28] Vgl. *Häberle* (Fn. 22), S. 844.

[29] Vgl. vor allem *Mendes/Branco*, Curso de Direito Constitucional, 6. Aufl., 2011, S. 161–162.

[30] Aus der Rechtsprechung des brasilianischen Supremo Tribunal vgl. das Auslieferungsverfahren (Processo de Extradição) Nr. 633, Berichterstatter Celso de Mello, Brasília/DF, 28.08.1996. und das Habeas-Corpus-Verfahren – HC 102041/SP, 20.04.2010, Berichterstatter Celso de Mello.

[31] Im brasilianischen Recht, vgl. vor allem *Tepedino*, Temas de Direito Civil, 1999, S. 48–49, der auf Grund der Menschenwürde von einer allgemeinen Klausel des Schutzes und Förderung der menschlichen Persönlichkeit spricht.

[32] Diesbezüglich vgl. u.a. *Mello*, Contribuição para uma teoria híbrida dos direitos de personalidade und Andrade, Considerações sobre a tutela dos direitos de personalidade no Código Civil de 2002, beide veröffentlicht in: Sarlet (Org), O Novo Código Civil e a Constituição, 2. Aufl., 2006, jeweils S. 69–100 und 101–118.

Im Rahmen eines Rechts auf persönliche Identität wird auch die Ableitung eines Grundrechts auf die genetische Identität (man könnte hier auch – in einem weiteren Sinn – von einem Recht auf bioethische Selbstbestimmung sprechen) des Menschen befürwortet.[33] Ein solches Recht wäre grundsätzlich nicht im Verfassungstext verbürgt. Obwohl der Bereich der persönlichen Identität tangiert wird, finden sich sowohl im Schrifttum als auch in der Rechtsprechung Hinweise auf ein Recht auf Kenntnis der persönlichen Abstammung[34], aber auch ein Recht auf den Namen.[35] Mit Rückgriff auf die Achtung und den Schutz der Menschenwürde und dem Gleichheitsgebot wird in der brasilianischen Rechtsordnung auch ein Recht auf sexuelle Selbstbestimmung und – so eine der letzten wichtigen Entscheidungen des brasilianischen obersten Gerichtshofes[36] – auch ein Recht auf Gleichstellung der homosexuellen Lebenspartnerschaften befürwortet. Diese werden ebenfalls unter einen besonderen Schutz gestellt, welcher ursprünglich nach dem Wortlaut der Verfassung (Artikel 226) nur den Lebenspartnerschaften zwischen Männer und Frauen gewährt wurde.[37]

Aber auch im Bereich der sozialen, wirtschaftlichen und kulturellen Grundrechte, sei es nun in ihrer abwehrrechtlichen oder in ihrer leistungsrechtlichen Dimension, wird die Menschenwürde als Grundlage nicht ausdrücklich verbürgter Grundrechte fruchtbar. Geht man davon aus, dass eine der elementaren Aufgaben des demokratischen und sozialen Rechtstaats auch der Schutz des Menschen gegen materielle Not ist, wird man daraus folgern müssen, dass auf Grund der Menschenwürde und der ausdrücklichen Aufgabe und Ziel der Wirtschaftsordnung der Verfassung (Artikel 170) jedem Menschen eine würdige Existenz zu sichern ist. Deshalb wird auch in Brasilien ein Grundrecht auf Sicherung eines soziokulturellen Existenzminimums seitens der Literatur[38] und der Rechtsprechung[39] anerkannt, obwohl sowohl die Begründung als auch der Inhalt und die konkrete Bedeutung dieses Grundrechts (als Abwehrrecht und Leistungsrecht) weiterhin nicht unumstritten sind. Auch das Verhältnis zu den verschiedenen einzelnen im Verfassungstext verbürgten sozialen Grundrechten

---

[33] Hierzu vgl. vor allem *Loureiro*, O Direito à Identidade Genética do Ser Humano, 2000, S. 351 ff., und *Petterle*, O Direito Fundamental às Identidade Genética na Constituição Brasileira, 2007.

[34] Vgl. in der brasilianischen Literatur vor allem *Almeida*, DNA e Estado de Filiação à Luz da Dignidade Humana, 2004, S. 117 ff.

[35] Vgl. *Sarlet/Marinoni/Mitidiero*, Curso de Direito Constitucional, 2012, S.380.

[36] Vgl. ADI 4257 und ADPF 132, entschieden am 05.05.11, Berichterstatter Carlos Britto.

[37] Im Schrifttum, vgl. *Rios*, A homossexualidade no Direito, 2001; *Dias*, União Homossexual. O Preconceito & a Justiça, 2. Aufl., 2001.

[38] Über das Existenzminimum vgl. in Brasilien *Sarlet* (Fn. 7), S. 309 e ss; *Torres*, O Direito ao Mínimo Existencial, 2008; *Bittencourt Neto*, O Direito ao Mínimo para uma Existência Digna, 2010; *Cordeiro*, Direitos Fundamentais Sociais – Dignidade da Pessoa Humana e Mínimo Existencial, 2012.

[39] Vgl. vor allem die Entscheidung 639337, entschieden am 23.08.2011, Berichterstatter Celso de Mello, Segunda Turma, zugäglich unter<www.stf.jus.br>.

ist Gegenstand der Diskussion. Darauf kann an dieser Stelle jedoch nicht eingegangen werden, da die Absicht des Autors lediglich die Darstellung eines Überblicks der Ableitung von Grundrechten aus der Menschenwürde ist.

V. Abschließende Bemerkungen

Aus den bis jetzt aufgezeigten Argumenten lässt sich entnehmen, dass selbst die große Zahl ausdrücklicher Grundrechtsverbürgungen die Funktion des Artikel 5 § 2 der brasilianischen Verfassung nicht beinträchtigt. Die sogenannte „Offenheitsklausel" bestätigt die Auffassung, dass die Verfassung (auch) als ein Prozess der permanenten Entwicklung neuer Grundrechte verstanden werden kann.[40] Die Offenheit des Grundrechtskatalogs ist in dieser Hinsicht mit der Tatsache verknüpft, dass es keine abgeschlossene Liste von Gefahren und Risiken für die Menschen und deren Würde und Rechte gibt; daher stehen Möglichkeiten einer grundrechtlichen Verbürgung auch offen.[41] Deshalb ist die Aussage von *Rui Medeiros*, dass es im Bereich der Grundrechte eigentlich kein Ende der Geschichte gibt[42], tatsächlich ernst zu nehmen.

Die oben erwähnten Beispiele aus der brasilianischen Verfassungsentwicklung nach 1988 zeigen, dass eine produktive Handhabung der Offenheitsklausel des Grundrechtskatalogs nicht zu einer Banalisierung der Grundrechte führen muss und sich im Bereich des vom Verfassungsgeber bestimmten Verfassungsbildes halten lässt. Andererseits ist es nicht zu übersehen, dass gerade die Anzahl der interpretativ abgeleiteten Grundrechte (oder impliziten Grundrechte) und der in anderen Teilen der Verfassung gefundenen Grundrechtsbestimmungen die Auffassung bestätigt, dass die im Titel II ausdrücklich als solche verbürgten Grundrechte nicht allgemein und auf gleiche Weise auf die Menschenwürde zurückgeführt werden können. Selbst als materielles Kriterium für die Bestimmung der Grundrechtsqualität der im Verfassungstext zerstreuten Rechte ist es schwer, die Menschenwürde als ausschließliches Kriterium heranzuziehen (gerade damit der subjektive Gehalt der Menschenwürde nicht zu sehr betont wird), obwohl sie hier die gewichtigste Rolle spielt. Abgesehen davon bedeutet die Offenheitsklausel eine permanente Herausforderung an die Verfassungs-

---

40 Vgl. hierzu Carvalho Neto, in: Sampaio, Jurisdição Constitucional e Direitos Fundamentais, 2003, S. 154.

41 Vgl. *Queiroz*, Direitos Fundamentais (Teoria Geral), 2002, S. 49 und, aus dem nordamerikanischen Verfassungsrecht, auch *L. Tribe*, American Constitutional Law, S. 34/5, welcher – mit Hinweis auf die berühmte IX Emendment (1791) – die Stellung vertritt, dass diese eine Auslegungsnorm beinhaltet, da die Unterlassung einer ausdrücklichen Verbürgung im Text der Verfassung nicht unbedingt zu der Unmöglichkeit (gerade im Gegenteil!) führt, nicht ausdrücklich normierte Grundrechte abzuleiten, gerade wegen der Offenheit des verfassungsrechtlichen Grundrechtskatalogs.

42 Vgl. *Medeiros*, Anuário Português de Direito Constitucional 2002, 71 (25).

auslegung, also nicht nur an die Richter und Gerichte, sondern im Sinne einer offenen Gesellschaft der Verfassungsinterpreten (*Häberle*) und öffnet den Weg für eine kreative, aber verfassungskonforme Rekonstruktion des Grundrechtskatalogs. Andererseits stellt sich jedoch weiterhin die Frage, inwiefern damit in das Demokratieprinzip eingegriffen wird und welche Grenzen vor allem den Gerichten gezogen wurden oder werden können (oder sollten) wenn es sich um die „Entdeckung" von Grundrechten handelt, insbesondere wenn diese nicht im Verfassungstext ausdrücklich verbürgt wurden. Hier ist der brasilianische Weg nicht gerade dem Vorbild der Verfassung der Vereinigten Staaten treu. Obwohl der Verfassungsgeber von 1891 sich auf das „IX Emendment" (rights retained by the people) gestützt hat, wurde die Möglichkeit einer richterlichen Ableitung von Grundrechtspositionen nie richtig in Frage gestellt. Heute sind vielmehr die Begründung einer solchen Ableitung und die konkreten Beispiele als die Problematik einer demokratischen Legitimation der rechtsprechenden Gewalt in diesem Bereich Mittelpunkt der Diskussion. Ebenfalls in Brasilien diskutiert werden die Grenzen einer richterlichen Durchsetzung bereits bestehender Grundrechte, vor allem der sozialen Grundrechte, gerade wenn dies zur Gefährdung der gesetzgeberischen Gestaltungsfreiheit und der staatlichen Finanzen führt. Abgesehen davon und von der Relevanz des Themas (Legitimation der Gerichte im Bereich der Grundrechtschutzes), soll hier betont werden, dass in Bereichen, in denen die Achtung und der Schutz der Menschenwürde im Spiel sind, man grundsätzlich eher der Inklusion als der Ausgrenzung den Vorzug geben mag, da nur so ein lückenloser Grundrechtsschutz sichergestellt wird. Deswegen gehört die Offenheit des Grundrechtskatalogs zu den ständigen Herausforderungen des Verfassungsstaates, was im Fall Brasiliens auch mit dem noch entwicklungsbedürftigten Dialog zwischen den Grundrechten und den internationalen Menschenrechtsverbürgungen verbunden ist, vor allem weil diesen lediglich übergesetzlicher Rang (aber kein Verfassungsrang) zugesprochen wird. Auch deshalb ist die Ableitung ungeschriebener (impliziter) Grundrechte aus der Verfassung ein wichtiges Instrumentarium, weil hier der Verfassungsrang und die entsprechende Grundrechtsqualität mit all ihren Folgen nicht bestritten werden.

Supremo Tribunal Federal und die brasilianische Verfassungsgerichtsbarkeit

Gilmar Ferreira Mendes

I. Einleitende Betrachtungen

Der brasilianische Oberste Gerichtshof (*Supremo Tribunal Federal*), das Spitzenorgan der brasilianischen Judikative, besteht aus 11 Richtern, die den Titel Minister führen und vom Präsidenten der Republik unter den Bürgern des Landes ausgewählt werden. Bis zur Amtsübernahme müssen sie das fünfunddreißigste Lebensjahr überschritten haben und jünger als fünfundsechzig Jahre alt sein, über ein herausragendes juristisches Wissen verfügen und einen unbescholtenen Ruf haben. Hat der Senat mit absoluter Mehrheit ihrer Wahl zugestimmt, werden sie vom Präsidenten der Republik ernannt.[1]

Zwar gilt das Richteramt am Obersten Gerichtshof auf Lebenszeit, doch auch hier, wie für alle Angestellten des öffentlichen Dienstes, ist die Pensionierung im Einklang mit Art. 40, § 1, II der Verfassung bei Vollendung des 70. Lebensjahres obligatorisch.

Wie alle übrigen Organe der rechtsprechenden Gewalt, so muss auch der Oberste Gerichtshof bei seinen Entscheidungen das Prinzip der Öffentlichkeit beachten; ausgeschlossen sind die Fälle, für die das Gesetz gemäß Art. 93, IX der Bundesverfassung (CF) ein Geheimverfahren statuiert.[2]

Im Allgemeinen obliegt dem Obersten Gerichtshof in erster Linie die Entscheidung über

a) die direkte Klage auf Verfassungswidrigkeit eines Gesetzes oder eines normativen Aktes auf Bundes- oder Bundesstaatsebene und die Klage auf Feststellung der Verfassungsmäßigkeit eines Bundesgesetzes oder normativen Aktes des Bundes, die direkte Klage der Verfassungswidrigkeit durch Unterlassung sowie die Klage wegen Nichtbefolgung einer fundamentalen Vorschrift;
b) die Klage auf Intervention in den Bundesstaaten bei Fällen der Missachtung jener Prinzipien, die in Art. 34, VII detailliert sind und die sog. sensiblen Prinzipien betreffen, sowie die Klage, mit der die Ausführung des Bundesgesetzes gewährleistet wird – Bundesverfassung, Art. 34, VI, und 36, III;

---

1 Bundesverfassung, Art. 101.

2 Ausgeschlossene Fälle sind nur erlaubt, wenn das Recht auf Schutz der Privatsphäre dem öffentlichen Interesse an Informationen nicht schadet.

c) die Anklage des Präsidenten der Republik, des Vizepräsidenten, der Mitglieder des Nationalkongresses, der Minister des Obersten Gerichtshofes selbst, des Bundesgeneralstaatsanwalts, wenn sie gewöhnliche Straftaten begangen haben; der Minister der Bundesstaaten und die Kommandanten der Marine, des Heers und der Luftwaffe, wenn sie gewöhnliche Straftaten und politische Verbrechen bzw. Verstöße gegen verwaltungsrechtliche Vorschriften [*crimes de responsabilidade*] begehen, wobei die in Art. 52, I der Verfassung festgelegte Bestimmung zu beachten ist; der Mitglieder der Oberen Gerichtshöfe, der Mitglieder des Bundesrechnungshofes und die Leiter der ständigen diplomatischen Vertretungen;
d) das *Habeas Corpus*-Verfahren, wenn der Mittäter oder der Angeklagte ein Oberes Gericht oder eine Autorität oder ein Beamter ist, dessen Handlungen der Rechtsprechung des Obersten Gerichthofes direkt unterstellt sind, oder wenn es um ein Delikt geht, für das die gleiche Gerichtsbarkeit in einer einzigen Instanz zuständig ist.[3]
e) das „mandado de segurança"- und das „Habeas Data"-Verfahren gegen Akte des Präsidenten der Republik, des Präsidiums der Abgeordnetenkammer und des Senats[4], des Bundesrechnungshofs, des Bundesgeneralstaatsanwalts und des Obersten Gerichtshofes selbst, sowie das „mandado de injunção" , wenn die Ausarbeitung der Norm in den Befugnisbereich des Präsidenten der Republik, des Nationalkongresses, der Abgeordnetenkammer, des Senats, der Präsidien einer der bundesstaatlichen Parlamente, des Bundesrechnungshofs, eines der Oberen Gerichtshöfe oder selbst des Obersten Gerichtshofes fällt;
f) Streitfragen zwischen einem ausländischen Staat oder einem internationalen Organismus und dem Bund, dem Bundesstaat, dem Bundesdistrikt oder dem sog. Bundesterritorium;[5]

[3] An dieser Stelle ist es angebracht, das Urteil der Plenarsitzung hervorzuheben, das im HC-QO 76.628, DJ vom 12.6.1998 gefällt wurde. Im Votum des Berichterstatters *Moreira Alves* liest man: „...die einzige in der Verfassung vorgesehene Hypothese, in der dieser Gerichtshof in einem erstinstanzlichen Prozess das ‚Habeas Corpus'-Verfahren gegen sich selbst beurteilen kann, befindet sich im Schlussteil des Buchstaben ‚i', Abschnitt I des Artikels 102 der Verfassung, d.h. dann, wenn der Oberste Gerichtshof als Mitbeteiligter in einer von ihm getroffenen Entscheidung hinsichtlich eines Deliktes angesehen wird, das zu seiner Gerichtsbarkeit in einer einzigen Instanz gehört". Zusammengefasst lautet die Entscheidung folgendermaßen: „Da es unbestreitbar ist, dass die Verfassung lediglich dem Prinzip der Hierarchie bezüglich der ‚Habeas Corpus'-Urteilskompetenz im Falle dieses Gerichtshofes eine Ausnahme beimisst und auch nur dann, wenn es um ein Verbrechen geht, das zu der gleichen Jurisdiktion in einer einzigen Instanz gehört', dann bezieht sich diese Ausnahme lediglich auf Vergehen, die der Gegenstand einer erstinstanzlichen, strafbaren, vor dem Obersten Gerichtshof prozessierten Handlung sind; denn nur in diesem Fall hätte man die Hypothese eines Verbrechens, das der Rechtsprechung dieses Gerichtshofes in einer einzigen Instanz unterstellt ist und zwar als Folge des Vorrechts, das die in den Buchstaben ‚b'und ‚c', Absatz I des Artikels 102 der Verfassung genannten Personen bei der Auswahl des Forums genießen. Hierzu gehören natürlich auch die Mitbeklagten, die aufgrund bindender Kraft diesem Zuständigkeitsbereich unterstehen. Unangebracht ist dies im Fall eines ‚Habeas Corpus'-Verfahrens gegen die konzessive Entscheidung einer Auslieferung, da dieser Prozess unter die alleinige Rechtsprechung dieses Gerichtshofes fällt, jedoch nicht als Gegenstand ein Verbrechen hat, das zu seinem Zuständigkeitsbereich in einer einzigen Instanz gehört".

[4] Oder gegen irgendeine Kommission der Legislativen Häuser des Nationalkongresses.

[5] Die zwischen dem Bund und den Bundesländern oder die zwischen den einzelnen Bun-

g) die Fälle und Konflikte zwischen dem Bund und den Bundesstaaten, dem Bund und dem Bundesdistrikt oder die Organstreitigkeiten, zu denen auch die indirekten Verwaltungseinrichtungen gehören;
h) das von einer ausländischen Nation eingereichte Auslieferungsgesuch (vgl. dazu *Zur Nichtauslieferung eines Brasilianers und zur Nichtauslieferung eines Ausländers wegen politischer Vergehen oder Meinungsäußerung*);
i) die Forderung nach Bewahrung seiner eigenen Kompetenz und Sicherstellung der Autorität seiner Entscheidungen;
j) die Klagen, an denen alle Richteramtsträger direkt oder indirekt interessiert sind, wie auch die Klagen, zu denen über die Hälfte der Mitglieder des ursprünglichen Gerichtshofes keinen Zugang haben oder an denen sie direkt oder indirekt interessiert sind;
k) die Zuständigkeitskonflikte zwischen dem Obersten Gerichtshof und irgendwelchen anderen Gerichten, zwischen den Oberen Gerichtshöfen untereinander oder zwischen diesen und irgendeinem anderen Gericht;
l) die Klagen gegen den Nationalen Justizrat (CNJ[6]) und gegen den Nationalrat der Staatsanwaltschaft (CNMP).[7]

---

desländern bestehenden Konflikte waren und sind Thema der Rechtsprechung des Obersten Gerichtshofes. Diese Angelegenheit kann im Bereich heteronomer Freistellungen entstehen, wenn man beispielsweise über Steuervergünstigung diskutiert, die von einer nicht über die Ermächtigung der Besteuerung verfügenden Körperschaft erteilt wurde und zwar nach dem Vorbild einer vom Bund eventuell erteilten Vergünstigung in Bezug auf die Gemeindesteuer. Im Hinblick auf den zwischen Bundesländern bestehenden Steuerkonflikt hat man allgemein anerkannt, dass der „von privater Seite her erhobene Zweifel über das von zwei Bundesländern in Anspruch genommene Recht der Besteuerung keinen Streitfall im erstinstanzlichen Kompetenzbereich des Obersten Gerichtshofes darstellt" (Súmula/STF Nr. 517).

Der föderative Konflikt geht über die Streitigkeiten zwischen den Bundesländern hinaus und kann in indirekter Weise festgestellt werden. Der Oberste Gerichtshof hat bereits verstanden, „dass ein von einem Bundesland vorgeschlagener Prozess gegen ein indirektes Verwaltungsorgan eines anderen Bundeslandes im Grunde genommen als ein föderativer Konflikt charakterisiert werden kann. Die erstinstanzliche Zuständigkeit des Obersten Gerichtshofes wird auf der Grundlage des Artikels 102, i, f der Verfassung bestätigt (Rcl 1.061, Berichterstatter Octavio Gallotti, DJ 20.2.2004).

[6] Conselho Nacional de Justiça.

[7] Die gegen den CNMP (Conselho Nacional do Ministério Público) erhobene Klage wurde vom Tribunal nicht als hinreichend gut durchdachte Popularklage anerkannt. Die Mehrheit seiner Mitglieder hatte sich für die damit beabsichtigte Nichtigkeitserklärung einer Entscheidung ausgesprochen, durch die der Zeitraum verlängert worden war, den man den Mitgliedern der Staatsanwaltschaft gewährte, die in einem anderen öffentlichen Amt tätig waren, damit sie zu ihren ursprünglichen Organen zurückkehrten. Man verstand, dass sich die von der Verfassungsnovelle 45/2004 dem Obersten Gerichtshof zuerkannte Kompetenz, das Urteil bei Klagen gegen den CNJ und den CBMP zu fällen, auf Klagen gegen die Gesamtheit des jeweiligen Rates bezog und nicht auf jene Prozesse, in denen die persönliche Verantwortlichkeit des einen Rates oder mehrerer Räte in Frage stand. Der CNMP, da keine juristische Person, sondern ein dem Bund angeschlossenes Organ, wäre nicht legitimiert, dem passiven Pol innerhalb der prozessualen Beziehung der Popularklage anzugehören (Gesetz 4.417/65, Art. 6, § 3 – Gesetz zur Popularklage). Betrachtet man die dem CNMP gegenüber abgegebene Erwähnung in Bezug auf die Klageerhebung gegen den Bund als gültig, dann wäre die passive Streitgenossenschaft aller physischen Personen unerlässlich, die sich in Aus-

Dem Obersten Gerichtshof wurde durch den geltenden Verfassungstext ebenfalls die Befugnis erteilt, ordentliche und außerordentliche Berufungen zu beurteilen. Zulässig als ordentliche Berufung sind

a) das Habeas-Corpus-Verfahren, das „Mandado de Segurança", das Habeas-Data-Verfahren und das „Mandado de Injunção", die alle von den Oberen Gerichtshöfen in einziger Instanz entschieden werden, falls diese Klagen abgelehnt wurden;
b) politische Verbrechen, bei denen die erstinstanzliche Bundesjustiz das Urteil fällte.[8]

Dem Obersten Gerichtshof steht über den Weg einer außerordentlichen Berufung die Lösung der in einer einzigen oder in letzter Instanz entschiedenen Fälle zu, wenn die angefochtene Entscheidung

a) einer Bestimmung der Verfassung widerspricht,
b) die Verfassungswidrigkeit eines Bundesabkommens oder -gesetzes erklärt,
c) ein Gesetz oder einen Akt der lokalen Regierung für gültig beurteilt, obwohl es verfassungswidrig ist;
d) ein lokales Gesetz, das gegen ein Bundesgesetz verstößt, als gültig betrachtet. Diese letztgenannte Hypothese – Absatz *d* – ergibt sich aus der Verfassungsnovelle 45/04.

Die Verfassung hat die *interventive Feststellungsklage* beibehalten, die darauf hinausläuft, die Vereinbarkeit des bundesstaatlichen Rechts mit den sogenannten *sensiblen Prinzipien*[9] zu überprüfen (Verfassung, Art. 34, VII, i.V.m.

übung ihrer Funktionen in der Gesamtkammer darum beworben hätten, den Akt zu praktizieren. Petition 3674/DF, Berichterstatter Sepúlveda Pertence, j. 4.10.2006, Informativo 443.

[8] Beim Urteil des RC Nr. 1.468 drückte sich der Supremo Tribunal Federal (STF) folgendermaßen aus: „die Verfassung von 1969 verlieh der Militärjustiz die Ermächtigung, Verbrechen gegen die Staatssicherheit abzuurteilen (Art. 129 und sein § 1); in der Verfassung von 1988 wurde diese Bezeichnung jedoch durch die des politischen Verbrechens ersetzt, und die Urteilsbefähigung oblag nicht mehr der Militärjustiz (Art. 125 und sein Einzelparagraph), sondern ging an die Bundesjustiz über (Art. 109, IV,3.). Wird jemand in erster Instanz wegen politischen Delikts verurteilt, so ist dieser Gerichtshof für die Appellationsüberprüfung zuständig, auch wenn er das Gesetz der Sicherheit als nicht anwendbar anerkennt". „1. Da die Verfassung keine Definition bezüglich eines politischen Verbrechens gibt, steht dies dem Interpreten angesichts des konkreten Falles und des geltenden Gesetzes zu. 2. Erst dann besteht ein politisches Verbrechen, wenn die Voraussetzungen des Artikels 2 des Nationalen Sicherheitsgesetzes (LSN/Gesetz Nr. 7.170/82) gegeben sind, zu dem die des Artikels 1 dazugehören: wenn der Inhalt des Verhaltens der nationalen Souveränität wirklich oder potentiell schadet oder sie der Gefahr einer Verletzung aussetzt und zwar so, dass eine politische Motivation beigegeben werden muss, auch wenn das Verhalten im Art. 12 des LSN typisiert wurde. Präzedenzfälle." (RC gemäß 1.468/RJ. Berichterstatter für den Richterspruch der zweiten oder dritten Instanz Maurício Corrêa, DJ 16.8.2000; vgl.ebenfalls HC 78.855/RJ, DJ 26.5.2000 und HC 74.782/RJ, DJ 27.6.1997, beide dargelegt von Ilmar Galvão; HC 73.451/RJ, Berichterstatter Maurício Corrêa, DJ 6.7.1997.Über politische Verbrechen vgl. *Zur Nichtauslieferung von Brasilianern und zur Nichtauslieferung von Ausländern wegen politischer Verbrechen oder Meinung* im Kapitel *Fundamentale Rechte judikativen Charakters und die im Prozess gewährten verfassungsmäßigen Garantien*.

[9] Die Verfassung von 1988 hat in die sogenannten „sensiblen Prinzipien" Veränderungen eingeführt. Statt der langen Aufzählung, wie sie die Verfassung von 1967/69 enthielt,

Art. 36, III). Dieser Prozess bildet die Voraussetzung für die Bundesintervention, die, gemäß Art. 36, III und § 1 der Verfassung, vom Präsidenten der Republik ausgeführt werden muss. Traditionsgemäß ist der Oberste Gerichtshof dafür zuständig, die Ursachen und Konflikte zu erkennen, die zwischen dem Bund und den Bundesstaaten, dem Bund und dem Bundesdistrikt oder den Bundesstaaten untereinander bestehen (Art. 102, I, *f*).

Von nicht zu leugnendem politischen Gewicht und großer juristischer Bedeutung ist die Zuständigkeit des Obersten Gerichtshofes im Hinblick auf den Prozess und das Urteil der direkten Verfassungswidrigkeitsklage, der Feststellungsklage der Verfassungsmäßigkeit, der Nichtbefolgungsklage der fundamentalen Vorschrift, der direkten Verfassungswidrigkeitsklage aus Gründen der Unterlassung und des Mandado de Injunção. Die genannten Prozesse bilden heutzutage – zusammen mit der außerordentlichen Berufung – den Kern des Kontrollsystems der Verfassungsmäßigkeit und Legitimität von Gesetzen oder normativen Handlungen sowie von verfassungswidrigen Unterlassungen.

II. Konkrete Normenkontrolle

Die außerordentliche Berufung ist ein verfassungsprozessrechtliches Instrument, das die Feststellung einer bei einer richterlichen Entscheidung in letzter oder einziger Instanz erfolgten Missachtung der Verfassung sicherstellen soll.[10]

Bis zum Inkrafttreten der Verfassung von 1988 war die außerordentliche Berufung – auch im Hinblick auf das Kriterium der Quantität – das wichtigste Kompetenzverfahren des Obersten Gerichtshofes.[11] Unter der vorherigen Verfassung war die außerordentliche Berufung nicht nur bestimmt, die verfassungsmäßige Ordnung zu schützen, sondern auch die Ordnung des Bundesrechts, sodass eine Anfechtung eine direkte Missachtung gegenüber der Verfassung und auch gegenüber dem föderalistischen Recht geltend machen konnte.

---

beschränkte sich der Verfassungsgeber darauf, die folgenden Prinzipien ausdrücklich zu benennen: a) republikanische Form, repräsentatives System und demokratisches Regime; b) Menschenrechte; c) kommunale Autonomie; d) direkte und indirekte Abrechnung der öffentlichen Verwaltung (Verfassung, Art. 34, VII, *a* bis *d*).

[10] Verfassung, Art. 102, III, *a* bis *d*

[11] Allein im Jahr 1986 wurden 4.124 außerordentliche Berufungen eingelegt (vgl. diesbezüglich *Oscar Dias Corrêa*, O Supremo Tribunal Federal, Corte Constitucional do Brasil [Der Oberste Gerichtshof, Verfassungsgericht Brasiliens], S. 38–9).

Dieser nach dem amerikanischen Modell *writ of error*[12] entwickelte außergewöhnliche Rechtsbehelf, der auf dem Wege der Verfassung von 1891 mit ihrem Art. 59, § 1, *a* in die brasilianische Verfassungsordnung eingeführt wurde, kann seitens der Verfahrensbeteiligten[13] eingelegt werden, und zwar im Falle einer direkten Verfassungsverletzung, der Verfassungswidrigkeitserklärung von Abkommen oder Bundesgesetzen oder der Verfassungsmäßigkeitserklärung eines bundesstaatlichen Gesetzes, das unter Berufung auf die Bundesverfassung (CF, Art. 102, III, *a*, *b* und *c*) ausdrücklich angefochten worden ist. Mit der Verfassungsnovelle 45/2004 wurde die außerordentliche Berufung zugelassen, wenn der Berufungsbescheid ein Gesetz oder einen Akt der örtlichen Regierung im Hinblick auf die Verfassung (CF, Art. 102, III, *d*) als gültig beurteilte.

Es ist angebracht zu bemerken, dass die zahlenmäßige Ausweitung der außerordentlichen Berufungen, die sich bereits beim vorherigen Modell abgezeichnet hatte, unter der Verfassung von 1988 zugenommen hat. Der massive Anwuchs der Berufungen in den homogenen Rechtsfällen ist auch ein entscheidender Faktor der sogenannten „zahlenmäßigen Krise"[14].

---

[12] *Writ of error* wurde im amerikanischen Recht durch *appeal* ersetzt (vgl. diesbezüglich Walter Haller, Supreme Court und Politik in den USA, Bern, 1972, S. 105).

[13] Die außerordentlichen wie auch andersgeartete Berufungen können ebenfalls von Drittgeschädigten eingelegt werden (CPC – Zivilprozessordnung, Art. 499).

[14] Oberster Gerichtshof von 1980 bis 2007

Jahr	Zahl der eingegangenen Verfahren	Jahr	Zahl der eingegangenen Verfahren
1980	9.555	1994	24.295
1981	12.494	1995	27.743
1982	13.648	1996	28.134
1983	14.668	1997	36.490
1984	16.386	1998	52.636
1985	18.206	1999	68.369
1986	22.514	2000	105.307
1987	20.430	2001	110.771
1988	21.328	2002	160.453
1989	14.721	2003	87.186*
1990	18.564	2004	83.667
1991	18.438	2005	95.212
1992	27.447	2006	127.535
1993	24.377	2007	119.333

Quelle: Jahresberichte und Sekretariat für Informatik des Obersten Gerichtshofes

* Der 2003 zu beobachtende Rückgang ergibt sich sicherlich aus den im Bereich der Bundesverwaltung ergriffenen Maßnahmen, sowie aus der letztinstanzlichen Entscheidung der durch den inflationären Zyklus verursachten Probleme.

Das Fehlen eines minimal objektiven Mechanismus, um diese massenweise auftretenden Fälle zu lösen, führt dazu, dass eine wahre Lawine von Prozessen über ein einziges Thema auf dem Wege der außerordentlichen Berufung bis zum Obersten Gerichtshof gelangt.

*1. Außerordentliche Berufungen und ihre allgemeine Relevanz für die Verfassungsfrage (*Repercussão Geral*)*

Im Rahmen der durch die Verfassungsnovelle Nr. 45 von 2004 implementierten Reform der Judikative wurde der Art. 102, § 3 der Verfassung dahingehend geändert, dass man das neue Institut der allgemeinen Relevanz aufnahm und zwar mit dem offenkundigen Ziel, das Problem der „zahlenmäßigen Krise" der außerordentlichen Berufung zu lösen.

Die genannte Verfassungsbestimmung schreibt nun vor, dass

> „der Berufungskläger die allgemeine Relevanz jener Verfassungsfragen in der von ihm beantragten Berufung aufzeigen muss, die im Einklang mit dem Gesetz diskutiert wurden, denn auf diese Weise wird das Gericht die Akzeptanz der Berufung untersuchen können, wobei eine Ablehnung nur mit einer Zwei-Drittel-Mehrheit seiner Mitglieder möglich ist".

Die Reglementierung dieses verfassungsmäßigen Rechtsmittels erfolgte durch das kürzlich verabschiedete Gesetz Nr. 11.418 vom 19. Dezember 2006, das Art. 543 der Zivilprozessordnung dahingehend abgeändert hat:

> „[...] der Oberste Gerichtshof [wird] in einer nichtberufungsfähigen Entscheidung die außerordentliche Berufung nicht anerkennen, falls die darin abgehandelte verfassungsrechtliche Frage keine allgemeine Relevanz hat".

Es handelt sich um eine bedeutsame Veränderung innerhalb der außerordentlichen Berufung, deren Zulassung von der Beurteilung des Gerichtshofs hinsichtlich der allgemeinen Relevanz der darin behandelten verfassungsrechtlichen Frage abhängt.

Aufgrund dieser gesetzlichen Innovation wird zum Zweck der allgemeinen Relevanz in Betracht gezogen, ob wichtige wirtschaftliche, politische, soziale oder juristische Probleme, die *über die subjektiven Interessen des Falles hinausgehen müssen*, vorliegen. Gleichfalls wird es immer dann eine allgemeine Relevanz geben, wenn die Berufung eine Entscheidung anficht, die sich der zusammenfassenden Version („Súmula") oder der dominierenden Rechtsprechung des Gerichts widersetzt (Art. 543-A, § 3). Es besteht also kein Zweifel, dass sich durch die Übernahme dieses Instituts die objektive Gestaltung der außerordentlichen Berufung maximal verbessert hat.[15]

---

[15] Zwischen 2007 und 2010 ist die Anzahl der außerordentlichen Berufungen um 38 % gesunken. (Laut Bericht „Justiça em números", 2010, der Supremo Tribunal Federal.

2. *Die Leitsatzbindung (*Súmula Vinculante*)*

Seit 1963 bringt der Oberste Gerichtshof die sogenannten *Súmulas* heraus, d.h konsolidierte Orientierungen der Rechtsprechung, deren Ziel darin besteht, diesem Gerichtshof selbst und auch den übrigen Gerichten die vorherrschende Auffassung des Obersten Gerichtshofs in bestimmten, summarisch zu sehenden Angelegenheiten darzulegen.

Mit der Verfassungsnovelle Nr. 45/2004 wurde der Oberste Gerichtshof ermächtigt, die sogenannte „bindende Súmula" herauszugeben. Gemäß Art. 103-A der Verfassung muss diese Súmula von der Zweidrittelmehrheit der Stimmen des Obersten Gerichtshofes (acht Stimmen) angenommen worden sein, und sie muss sich auf einen verfassungsrechtlichen Themenbereich beziehen, der wiederholte Male Gegenstand von Entscheidungen des Gerichts gewesen ist. Die Verfassungsnorm verdeutlicht, dass der Súmula die Aufgabe zufallen wird, eine derzeitig bestehende Kontroverse zu überwinden, die sich auf Gültigkeit, Interpretation und Wirksamkeit bestimmter Normen bezieht, die somit in der Lage ist, Rechtsunsicherheit und eine Multiplikation von Prozessen hervorzurufen. Einbezogen sind folglich die aktuellen Fragen zur Deutung von Verfassungsnormen oder Fragen angesichts verfassungswidriger unterverfassungsrechtlicher Normen.

Eine Voraussetzung zur Herausgabe der verbindlichen Súmula besteht darin, dass es bereits vorher zu wiederholten Entscheidungen über ein verfassungsrechtliches Thema gekommen sein muss. Hierbei verlangt man, dass die in der Súmula zu behandelnde Angelegenheit vorher Gegenstand von Debatten und Diskussionen im Obersten Gerichtshof gewesen ist. Mit der Wiederholung von Entscheidungen wird ein Reifeprozess der umstrittenen Frage angestrebt. So wird die Möglichkeit unterbunden, eine verbindliche Súmula auf der Grundlage einer isolierten richterlichen Entscheidung zu veröffentlichen, da die verbindliche Súmula eine bestimmte Rechtsprechung des Gerichts widerspiegeln muss. Gleiche Urteile, die man zu wiederholten Malen gefällt hat, reflektieren also die gleiche Auslegung.

Aufgrund ihres bindenden Charakters und ihrer „Gesetzeskraft" im Hinblick auf die Judikative und die Verwaltung[16] ist es erforderlich, dass die bindenden Súmulas im Bundesanzeiger veröffentlicht werden. Damit versucht man, alle Adressaten, die sie befolgen müssen, in angemessener Weise in Kenntnis zu setzen.

Wenn also die Súmula veröffentlicht ist und eine judikative Entscheidung oder ein administratives Verfahren ihr zuwiderhandelt, ihre Gültigkeit verweigert oder sie ungebührlich anwendet, ist eine *Beschwerde* an den Obersten Gerichtshof angebracht, und zwar ohne Beeinträchtigung von Berufun-

---

[16] Gesetz Nr. 11.417 vom 19. Dezember 2006 hat die bindenen *Súmulas* geregelt.

gen oder anderen zulässigen Mitteln der Anfechtung (Art. 7 des Gesetzes Nr. 11.419/2006).

Wie die Verfassungsnovelle Nr. 45/04 festlegt, kann die Veröffentlichung, die Aufhebung oder die Durchsicht der Súmula anhand einer Zwei-Drittel-Entscheidung der Mitglieder des Obersten Gerichtshofes, durch amtliches Schreiben oder auf Initiative der bereits erwähnten Befugten (Art. 103-A, *caput* und § 2) festgestellt werden.

Darüber hinaus sollte man hervorheben, dass beim Vorgang der Herausgabe, Durchsicht oder Aufhebung der verbindlichen Súmula – laut Gesetz Nr. 11.417/2006 – auch eine Intervention Dritter (*amici curiae*) zulässig ist.

Die Möglichkeit einer Revision oder Aufhebung der Súmula ist von äußerster Relevanz, wenn man bedenkt, dass es zur Natur der Gesellschaft selbst und zur Natur des Rechts gehört, sich ständig zu verändern. In diesem Sinne ist es unerlässlich, dass die Aussicht besteht, verbindliche Súmulas abzuändern, damit man sie an diese Erfordernisse, auch praktischer Art, anpassen kann. Doch so wie die Aufnahme einer verbindlichen Súmula nicht von heute auf morgen erfolgt, da verlangt wird, dass ihr Inhalt Gegenstand mehrmaliger Entscheidungen hinsichtlich der jeweiligen Angelegenheit gewesen ist, erfordert auch ihre Ab- oder Veränderung eine sorgfältige Diskussion.

III. Abstrakte Normenkontrolle

1. Direkte Klage auf Verfassungswidrigkeit und Klage auf Feststellung der Verfassungsmäßigkeit

Die Verfassung von 1988 hat mit der Schaffung der direkten Klage auf Verfassungswidrigkeit eines Gesetzes oder eines normativen Aktes eines Bundeslandes oder des Bundes (Verfassung, Art. 102, I, „a“, i.V.m. Art. 103) die große Veränderung im Bereich der abstrakten Normenkontrolle ermöglicht.

Nach Art. 103 der Verfassung von 1988 sind zur Einreichung einer Verfassungswidrigkeitsklage der Präsident der Republik, das Präsidium des Senats, das Präsidium der Abgeordnetenkammer, das Präsidium eines bundesstaatlichen Parlaments, der Gouverneur des Bundesstaates, der Bundesgeneralstaatsanwalt, der Bundesrat der brasilianischen Anwaltskammer, eine politische Partei, die im Nationalkongress vertreten ist, die Gewerkschaftsverbände oder die landesweit wirkenden Berufsverbände legitimiert.

Mit der Einführung dieses Systems der abstrakten Normenkontrolle, mit einer weitgefassten Befugnis und vor allem mit dem diversen Organen der Gesellschaft zugestandenen Recht auf Klageeinreichung hat der Verfassungsgeber die abstrakte Normenkontrolle in der brasilianischen Rechtsordnung als besonderes Instrument der *Korrektur* des allgemeinen inzidenten Systems zu stärken versucht.

Andererseits hat sich jedoch genauso deutlich herausgestellt, dass die der abstrakten Kontrolle zugebilligte weitreichende Befugnis und damit die unvermeidliche Möglichkeit, irgendeine verfassungsrechtliche Frage dem Obersten Gerichtshof vorzulegen, eine bedeutsame, aber auch unerwünschte Veränderung im bis dahin in Brasilien geltenden Modell zur Kontrolle der Verfassungsmäßigkeit bewirkt hat.

Die Verfassung von 1988 hat die Bedeutung eingeschränkt, die man der Kontrolle der inzidenten oder diffusen Verfassungsmäßigkeit beimaß, indem sie die Legitimation zur Erhebung der direkten Klage auf Verfassungswidrigkeit (Bundesverfassung, Art, 103) markant erweiterte und damit erlaubte, dass praktisch alle relevanten verfassungsrechtlichen Kontroversen anhand eines Prozesses der abstrakten Normenkontrolle dem Obersten Gerichtshof unterbreitet würden.

Die Verfassungsnovelle Nr. 3 vom 17. März 1993 disziplinierte das Institut der *Klage auf Feststellung der Verfassungsmäßigkeit*, das im Rahmen einer Notreform des Steuerwesens in das brasilianische Kontrollsystem der Verfassungsmäßigkeit eingeführt worden war. Mit der Verfassungsnovelle Nr. 3 wurde die Zuständigkeit des Obersten Gerichtshofes dahingehend bestätigt, dass die Klage auf Feststellung der Verfassungsmäßigkeit eines Gesetzes oder eines normativen Bundesaktes von ihm entschieden werden kann. Die endgültige Entscheidung der Begründetheit der Klage sollte sich auf alle auswirken und bindende Wirkung gegenüber den anderen Organen der Exekutive und Judikative entfalten. Der Präsident der Republik, das Präsidium des Senats, das Präsidium der Abgeordnetenkammer und der Bundesgeneralstaatsanwalt wurden mit Aktivlegitimation ausgestattet.

Die Verfassungsnovelle Nr. 45 von 2004 korrigierte das restriktive Modell der Novelle 3/93 teilweise und legte fest, dass sowohl bei der Feststellungsklage über die Verfassungsmäßigkeit – als auch bei der direkten Verfassungswidrigkeitsklage – die Befugten die gleichen zu sein hätten. Allerdings besteht auch weiterhin eine Abgrenzung im Hinblick auf den Gegenstand, der dem Bundesrecht vorbehalten ist und jetzt als Entwurf einer Verfassungsnovelle im Nationalkongress den Instanzenweg geht.

Die abstrakte Normenkontrolle wird jedenfalls von nun an sowohl über die direkte Verfassungswidrigkeitsklage als auch über die Klage auf Feststellung der Verfassungsmäßigkeit[17] ausgeübt, wobei die erstgenannte mit Abstand die relevanteste Klage im System der Normenkontrolle der Verfassungsmäßigkeit darstellt.

---

[17] Am 16.8.2006 registrierte das Anklageverfahren des Obersten Gerichtshofes die ADI Nr. 3.777.

Der Oberste Gerichtshof war und ist stets darum bemüht, die Mechanismen zur Eröffnung konstitutioneller Prozesse einer stets größer werdenden Pluralität von Akteuren zu vervollkommnen. Das Gesetz Nr. 9.868/99 räumt ihm in seinem Art. 7, § 2 ein, dass er anderen Organen oder Körperschaften das Eingreifen in den Prozess gewährt. Die so genannten *amici curiae* können sich auf diesem Wege über die zur Debatte stehende Verfassungsfrage äußern.

Dieses Modell setzt nicht nur die Möglichkeit voraus, dass sich der Gerichtshof aller technischen Elemente bedient, die zur Einschätzung der Legitimität des in Frage kommenden Aktes zur Verfügung stehen, es sichert auch interessierten Dritten ein umfassendes Recht der Teilnahme zu.

Die so genannten *amici curiae* sind gegenwärtig weitgehend an der abstrakten Kontrolle der Verfassungsgerichtsbarkeit beteiligt und stellen grundlegende Elemente im Interpretationsprozess der Verfassung seitens des Obersten Gerichtshofes dar.

Es ist also möglich zu behaupten, dass heutzutage die brasilianische Verfassungsgerichtsbarkeit ein Verfahrensmodell anwendet, das solche Alternativen und Bedingungen anbietet, mit denen die Interferenz einer Vielzahl von Akteuren, Argumenten und Gesichtspunkten im konstitutionellen Prozess in stets intensiverem Maß vonstatten geht.

Neben der Intervention des *amicus curiae* erlaubt das Gesetz Nr. 9.868/99 (Art. 9), dass der Oberste Gerichtshof, sollte sich die Klärung einer Angelegenheit oder eines Tatbestandes als dringlich erweisen, um zusätzliche Informationen ersucht, Sachbearbeiter oder eine Expertenkommission ernennt, damit diese über die betreffende Frage Gutachten ausstellen oder öffentliche Audienzen durchführt, um die Aussagen erfahrener und sachkundiger Personen festzuhalten.

2. Klage gegen Nichtbefolgung einer Fundamentalen Vorschrift (ADPF)

Wie bereits hervorgehoben, haben die im brasilianischen Kontrollsystem der Verfassungsmäßigkeit eingetretenen Veränderungen die Beziehung zwischen dem *konzentrierten* und dem *diffusen* Kontrollsystem radikal umgestaltet. Die Erweiterung des Rechts, die direkte Klage zu erheben und die Klage auf Feststellung der Verfassungsmäßigkeit ins Leben zu rufen, führten dazu, die konzentrierte Kontrolle zum Schaden der diffusen zu verstärken.

Trotzdem ist der diffusen Kontrolle ein recht ausdrucksvoller residualer Aktionsraum verblieben, insbesondere im Hinblick auf Stoffgebiete, die keiner Untersuchung innerhalb der konzentrierten Kontrolle bedürfen (direkte Auslegung der Verfassungsklauseln durch Richter und Gerichte, präkonstitutionelles Recht, verfassungsrechtliche Kontroversen über aufgehobene Normen, Kontrolle der Verfassungsmäßigkeit des Kommunalrechts angesichts der Bundesverfassung). Diese Fragen könnten eigentlich nur im Bereich der außerordentlichen Berufung behandelt werden, was die Unmenge derartiger vom Obersten Gerichtshof zu bearbeitenden Verfahren erklärt.

Und es ist eben dieser Raum – immun gegen die Anwendung des direkten Kontrollsystems der Verfassungsmäßigkeit –, der für die Wiederholung von Prozessen beim Obersten Gerichtshof verantwortlich zu machen ist, wobei Verfahren einbezogen sind, die noch vor der Verabschiedung der Verfassung eingereicht worden sind. Die Idee bestand darin, dass der Oberste Gerichtshof, sobald eine Verfassungswidrigkeit festgestellt war, irgendeinem Richter oder Gericht die Anordnung geben könnte, den laufenden Prozess aufzuheben, um selbst eine exklusive Entscheidung über die anstehende Verfassungsfrage zu treffen.[18] Allerdings nahm man dieses Institut damals nicht in die juristische Ordnung auf, aber es entbrannte darüber erneut eine Diskussion, als 1999 das Gesetz Nr. 9.882 in Kraft trat, mit dem die Klage gegen Nichtbefolgung einer fundamentalen Vorschrift (ADPF) geregelt wurde. Wer genau beobachtet, wie die ADPF an die genannte Gesetzgebung angepasst ist, wird feststellen, dass dieses Institut, so wie es reglementiert ist, eine enge Verbindung zu jenen Vorschlägen aufweist, die mit dem Vorfall der Verfassungswidrigkeit zusammenhängen, ungeachtet der sich aus der Einschränkung der Kontrollparameter ergebenden Probleme.

Die Zulässigkeitsvoraussetzungen, das Erfordernis gerichtlicher oder rechtlicher Kontroversen zur Einleitung des Verfahrens, die Möglichkeit, dies in Bezug auf das Gemeinderecht oder das präkonstitutionelle Recht anzuwenden, ebenso wie die bindende Wirkung von Entscheidungen – dies alles verstärkt die Ähnlichkeit zwischen den genannten Instituten. Andererseits liegt es auf der Hand, dass – im Gegensatz zum Vorfall der Verfassungswidrigkeit – bei der Nichtbefolgungsklage als Kontrollparameter jene fundamentalen Vorschriften gelten, die in der Verfassung statuiert oder feststellbar sind. Hierbei handelt es sich um ein weniger präzises Element als beim Kontrollparameter für das Vorkommen der Verfassungswidrigkeit (die Verfassung in ihrer Gesamtheit).

Bis sich der Oberste Gerichtshof über die tatsächliche Reichweite des Ausdrucks „fundamentale Vorschriften“[19] äußert, wird also der Streit zwischen den Anhängern einer weitgefassten und offenen Auslegung des Verfassungstexts und den Wortführern einer restriktiven und geschlossenen Lektüre der Verfassung andauern. Im Übrigen ist auch darauf hinzuweisen, dass die Nichtbefolgungsklage, wie sie im Gesetz Nr. 9.882 von 1999 formuliert wurde und von der sog. Inzidenz der Verfassungswidrigkeit abweicht, in Ausnahmefällen anwendbar ist, und zwar ebenfalls als prinzipielle Form, welche die

---

[18] Vgl. Bericht zur Revision der Verfassung, 1994, Bd. I, S. 317.

[19] Vgl. die in der Plenartagung des Gerichts vom 7.12.2005 beurteilte Diskussion über das Thema in der ADPF Nr. 33, Berichterstatter Minister Gilmar Mendes, *DJ* 16.12.2005.

Züge einer im brasilianischen Recht autonomen *Verfassungsbeschwerde* annimmt.

Man sollte also nicht unbemerkt lassen, dass die Klage gegen Nichtbefolgung einer fundamentalen Vorschrift unter Berücksichtigung der hervorgerufenen, noch offenen Fragen bereits bedeutende Veränderungen im brasilianischen Kontrollsystem der Verfassungsmäßigkeit hervorgerufen hat.

Erstens erlaubt sie eine Vorwegnahme von Entscheidungen über relevante verfassungsrechtliche Kontroversen und vermeidet, dass diese erst nach langen Jahren endgültig abgeschlossen werden, wenn sich viele Situationen gegenläufig zur „authentischen Auslegung" des Obersten Gerichtshofes konsolidiert haben.

Zweitens kann sie genutzt werden, um in endgültiger Form und mit allgemeiner Wirkung relevante Kontroversen über die Legitimität des ordentlichen, präkonstitutionellen Rechts zu lösen – angesichts der neuen Verfassung, die bis zu diesem Zeitpunkt nur durch die Eingabe einer außerordentlichen Berufung eingesetzt werden konnte.

Drittens sei erwähnt, dass die in diesen Prozessen vom Obersten Gerichtshof getroffenen Entscheidungen – berücksichtigt man ihre Wirksamkeit *erga omnes* und ihre bindende Wirkung – die sichere Richtschnur darstellen für die Beurteilung der Legitimität oder Illegitimität von Rechtsakten gleichen Wortlauts, wie sie von den verschiedenen kommunalen Gebietskörperschaften verkündet werden.

An *vierter und letzter Stelle* wäre festzuhalten, dass das neue Institut angemessene Antworten auf zwei grundlegende Problemstellungen der Kontrolle der Verfassungsgerichtsbarkeit in Brasilien anbieten kann: die Kontrolle der verfassungswidrigen Unterlassung sowie die der deklaratorischen Klage auf der Ebene der Bundesstaaten und der Gemeinden.

Was die Vielfalt und den Umfang ihres Einsatzes betrifft, so lassen all diese Besonderheiten deutlich erkennen, dass die Klage gegen Nichtbefolgung einer fundamentalen Vorschrift (ADPF) der Formel der sog. Inzidenz der Verfassungswidrigkeit überlegen ist.

Im Hinblick auf diesen Gesamtkomplex habe ich wiederholt mit Nachdruck darauf hingewiesen, dass die ADPF dazu geschaffen ist, das Kontrollsystem der Verfassungsmäßigkeit mit seinem relativ konzentrierten Profil im Obersten Gerichtshof zu vervollständigen, da die bis heute von der Bewertung im Zuge der abstrakten Normenkontrolle ausgeklammerten Fragen Untersuchungsgegenstand im Rahmen des neuen Verfahrens sein können.

IV. Schlussfolgerung

Die Verfassung von 1988 hat die Verfassungsgerichtsbarkeit Brasiliens radikal verändert.

Mit der Erweiterung der Liste der für die Klageerhebung von direkter Verfassungswidrigkeitsklage und Feststellungsklage über die Verfassungsmäßigkeit legitimierten Akteure – wobei zugestanden wird, dass relevante verfassungsrechtliche Kontroversen dem Obersten Gerichtshof unterbreitet werden –, mit der Gesetzeskraft *erga omnes* und der bindenden Wirkung, mit denen in diesen Prozessen die Entscheidungen versehen sind, wurden weder das *diffuse* noch das *inzidente* Modell, sondern das *konzentrierte* Modell gestärkt.

Im Übrigen hat die Reglementierung der ADPF einschneidende Veränderungen in das brasilianische Kontrollsystem der Verfassungsmäßigkeit gebracht. Fragen, die im Rahmen der abstrakten Normenkontrolle bisher unbeachtet blieben, können durch das neue Verfahren zum Untersuchungsgegenstand werden. Die Legitimationsstruktur dieses Instituts, die Forderung, gerichtliche oder rechtliche Kontroversen bei der Eröffnung eines Prozesses vorzulegen, die Möglichkeit, diese in Bezug auf das Gemeinderecht und das präkonstitutionelle Recht anzuwenden sowie der bindende Effekt ihrer Entscheidungen haben im Obersten Gerichtshof das Kontrollsystem der Verfassungsmäßigkeit eines relativ konzentrierten Profils perfektioniert.

Eine bedeutende Innovation im Rahmen der direkten Klage auf Verfassungswidrigkeit – der wichtigsten Klage im brasilianischen Kontrollsystem der Verfassungsmäßigkeit von Gesetzen –, ist die Befugnis des Berichterstatters, die Aussagen anderer Organe oder Körperschaften zuzulassen, wobei die Relevanz des Themas und die Repräsentativität der Bittsteller zu berücksichtigen sind. So hat man im Kontrollprozess der Verfassungsmäßigkeit die Figur des *amicus curiae* eingeführt. Es besteht jetzt die Möglichkeit, dass der Gerichtshof die Rechtsfälle unter voller Kenntnisnahme aller Probleme und Auswirkungen entscheidet. Es handelt sich um eine Vorkehrung, die dem objektiven Verfahren der abstrakten Kontrolle der Verfassungsmäßigkeit eine pluralistische Dimension verleiht.

Mit der durch die Verfassungsnovelle Nr. 45/2004 eingeführten Reform der Judikative nahm man in das diffuse System das Institut der allgemeinen Relevanz auf. Die außerordentliche Berufung erfährt somit also eine bedeutende Veränderung: ihre Zulässigkeit unterliegt jetzt dem Kriterium der allgemeinen Relevanz. Die Übernahme dieses neuen Instituts dürfte die objektive Gestaltung der außerordentlichen Berufung optimieren.

Darüber hinaus hat das Gesetz 10.259/2001 zugelassen, dass außerordentliche Berufungen über Entscheidungen der Sondergerichtshöfe dem Obersten Gerichtshof zugestellt werden, wobei man die identischen Berufungen am Ursprungsort zurückbehielt. Im Rahmen dieses Prozesses wurde vom gleichen

Gesetz die Figur des *amicus curiae* anerkannt, wodurch eine strikt subjektive Perspektive der außerordentlichen Berufung ausgeschaltet ist.

Als überholt im Kontext der Bundesverfassung von 1988 zeigt sich innerhalb der sog. inzidenten Kontrolle das Institut, mit dem der Bundessenat die Beibehaltung des als verfassungswidrig beurteilten Gesetzes oder normativen Aktes aufzuheben hat.

Die Verfassungswidrigkeitserklärung *in concreto* ist ebenfalls der Wirkungsbeschränkung ausgesetzt. Die verfassungsrechtliche Grundlage dieser Beschränkung – Notwendigkeit eines anderen Prinzips, das die Nichtanwendung des Nichtigkeitsprinzips rechtfertigt – scheint nahezulegen, dass die restriktive Verfassungswidrigkeitserklärung, falls anwendbar, sich als umfassend im Kontrollmodell der Verfassungsgerichtsbarkeit als ein Ganzes erweist, denn in diesen Fällen stützt sich die Beseitigung des Nichtigkeitsprinzips des Gesetzes auf verfassungsrechtliche Fundamente und nicht auf Zweckmäßigkeitserwägungen. Wenn das Verfassungssystem die restriktive Verfassungswidrigkeitserklärung innerhalb der abstrakten Kontrolle legitimiert, kann diese Entscheidung die Prozesse des konkreten oder inzidenten Normenmodells gleichermaßen beeinträchtigen. Im gegenteiligen Fall wäre inklusive eine Ausscheidung oder ein bedeutender Verlust dieser restriktiven oder beschränkten Erklärung möglich. Es scheint keinen Zweifel zu geben, dass sich die Wirkungsbeschränkung aus der gerichtlichen Kontrolle der Verfassungsmäßigkeit ergibt und sowohl auf die direkte als auch auf die inzidente Kontrolle anwendbar ist.

Von der Verfassungsnovelle Nr. 45/2004 wurde letztendlich auch die so genannte verbindliche Súmula, also die Leitsatzbindung eingeführt, mit der eine Verknüpfung zwischen juristischen Organen und den Stellen der öffentlichen Verwaltung festgelegt ist. Das öffnet jeder Partei den Weg, sich mittels Vorlage einer Beschwerde über die Nichtbefolgung einer juristischen Entscheidung an den Obersten Gerichtshof zu wenden. Allerdings wird die verbindliche Súmula nur dann effizient die Krise im Obersten Gerichtshof und den ordentlichen Instanzen reduzieren können, wenn sie in einem sozial und politisch angemessenen Zeitraum angewandt werden kann. Mit anderen Worten: zwischen dem Aufkommen der Kontroverse mit allgemeiner Relevanz und der Beschlussfassung mit verbindlicher Wirkung darf es keinen breiten Spielraum geben.

Die in Brasilien übernommenen Mechanismen, wie die bei der außerordentlichen Berufung berücksichtigte *allgemeine Relevanz*, die es dem Gericht ermöglicht, Fälle zu filtern, die von ihm wie ein *writ of certiorari* zu entscheiden sind, des Weiteren die umfassende Intervention der *amici curiae* sowohl innerhalb der konzentrierten als auch der diffusen Kontrolle der Verfassungsmäßigkeit, oder auch die nutzbringende Entwicklung der Klage gegen die Nichteinhaltung einer fundamentalen Vorschrift, die als typische Verfassungsbeschwerde auftreten kann und dem Gericht den direkten Zugang zum Schutz der Grundrechte gewährt, können das System Brasiliens anderen Modellen annähern, die im vergleichenden Recht von der Verfassungsgerichtsbarkeit angewandt werden.

Es ist nicht zu leugnen, dass die brasilianische Verfassungsgerichtsbarkeit über ein adäquates Instrumentarium verfügt, um auf der Basis grundlegender Voraussetzungen der Demokratie und der Grundrechte die verfassungsrechtliche Kultur des Landes fortzubilden.

Amicus Curiae als Instrument der Mitbestimmung, der Demokratisierung und der Legitimation der brasilianischen Verfassungsgerichtsbarkeit

Eine Analyse aus der Perspektive der Statustheorie

Mônia Clarissa Hennig Leal

I. Einleitung

Die Verfassungsgerichtsbarkeit spielt im demokratischen Kontext für die Durchsetzung der Grundrechte und für die Verfassungsgarantie eine zunehmend wichtigere Rolle. Diese Tatsache birgt einiges an Problemen in sich. Auf theoretischer Ebene entstehen Fragen zur Legitimierung des Gerichts, über die Grenzen seines Aktionsbereichs und zur Gewaltenteilung. Im Praktischen wird die Arbeit des Gerichts an sich mit Phänomenen wie dem „Juristischen Aktivismus", der „Verrechtlichung der Politik" und der „Politisierung der Rechtsprechung" konfrontiert. In diesem Kontext wird eine Öffnung der Rechtsprechung relevant. In Brasilien ist der *amicus curiæ*[1] ein durch den Gesetzgeber vorgesehenes Instrument zur abstrakten Kontrolle der Verfassungsmäßigkeit, das die gesellschaftliche Mitbestimmung ermöglicht und damit zur Pluralisierung der Verfassungsdebatte und letztlich auch zur Legitimation der Entscheidungen beiträgt, die in diesem Rahmen gefällt werden. Oft wird die Intervention des *amicus curiæ* als wichtiges Element der Rechtfertigung, zugegebenermaßen mit stark rhetorischem Charakter, verwendet. Dazu macht sich dieser Artikel die kritische Analyse der Argumentation des obersten brasilianischen Verfassungsgerichts Supremo Tribunal Federal zur Intervention des *amicus curiæ* zur Aufgabe. Zuerst wird ein Überblick über das Konzept des *status activus processualis* im Kontext der Statuslehre[2] gegeben, der als Fundament der gesellschaftlichen Mitbestimmung in der Rechtsprechung gehandelt wird. Dann wird die eigentliche Figur

---

[1] Der amicus curiae ist eine juristische Figur, die an Verfahren, die zur Verfassungsgerichtsbarkeit gehören, teilnehmen kann, um *briefs* und andere Argumente zum Thema der Entscheidung einzuführen.

[2] Die Statustheorie wurde von Georg Jellinek geprägt und von Winfried Brugger in einigen seiner Arbeiten überarbeitet, um die verschiedenen Arten des Status zu aktualisieren und neu zu beurteilen – die Statusarten sind konzeptionelle Elemente, welche die Gesamtheit der Geschichte der Gefahren und Chancen im Handlungsspektrum des Staates umfassen – und sie der Realität und den Merkmalen des zeitgenössischen Staates anzupassen. *Winfried*

des *amicus curiæ* untersucht. Ziel ist es dabei, seine wichtigsten Merkmale und Potentiale zur Pluralisierung der Verfassungsdebatte im brasilianischen Kontext festzustellen. Diese genannten Elemente dienen dann als Basis zur Reflexion des eigentlichen Problems im letzten Abschnitt. Hier wird anhand der Stellungnahmen des obersten brasilianischen Verfassungsgerichts[3] zum *amicus curiæ* eine kritische Analyse seiner Legitimationsrolle bei den Entscheidungen des Gerichts gegeben. Durch diesen Beitrag soll ein besseres Verständnis und ein besseres Funktionieren des *amicus curiæ* und der sich der Notwendigkeit der demokratischen Legitimation ihrer Entscheidungen bewussten Verfassungsgerichtsbarkeit ermöglicht werden.

II. Die Statuslehre als Fundament des Rechts zur Mitbestimmung und die Funktion des *amicus curiæ* in der brasilianischen Verfassungsgerichtsbarkeit

Die Verfassungsgerichtsbarkeit ist, was ihre Legitimierung anbetrifft, Ziel häufiger Kritik. Es geht oft um die Phänomene der „Politisierung der Rechtsprechung" und die „Verrechtlichung der Politik", wo die Grenzen und die Legitimität der Verfassungskontrolle durch das traditionelle Verständnis der Gewaltenteilung auf die Probe gestellt werden, vor allem in einem Kontext, in dem der Erhalt und die Umsetzung der Grundrechte und der eigentlichen Verfassung notwendig sind. Die Grundrechte und die Verfassung haben Prinzipiencharakter, dem aber eine interpretative Öffnung zuerkannt wird, die die Differenzen in einer pluralistischen, auf dem Schutz der Grundrechte – im Besonderen der Minderheiten – gegründeten Gesellschaft anerkennt und ermöglicht.[4]

In diesem Rahmen gewinnen Aspekte wie die Argumentationsfähigkeit und die Fähigkeit zur rationalen Diskussion zentraler Fragestellungen des Verfassungsrechts an Bedeutung. Argumentation und rationelle Diskussion sind jedoch nur im Rahmen der hier vorgeschlagenen demokratischen Logik möglich, wenn diese auf einer offenen Perspektive, auf Mitbestimmung und auf Einbindung basiert.

Anders gesagt: Die demokratische Mitbestimmung entpuppt sich als Grundbedingung, die den Verfassungsstaat ermöglicht. Hier gewinnt das Konzept der „offenen Gesellschaft der Verfassungsinterpreten" an Bedeutung. Dieses beruht

---

Brugger, Freiheit und Sicherheit. Eine staatstheoretische Skizze mit praktischen Beispielen, Baden-Baden 2004.

[3] Als Referenz dient das Urteil von Ministro *Celso de Mello* (relator) in der Recurso Extraordinário (Verfassungsbeschwerde) Nr. 597.165/DF, Urteil am 4. April 2011.

[4] *Robert Alexy*, Grundrechte als subjektive Rechte und als objektive Normen, in: Der Staat. Zeitschrift für Staatslehre, öffentliches Recht und Verfassungsgeschichte, Band 29, Berlin 1990, S. 63.

auf der von *Häberle*[5] vertretenen Idee der Verfassung als *res pública*, bei der die Möglichkeit der Öffnung zur Interpretation durch die Gesellschaft, durch das Herausholen aus der exklusiven Sphäre der „offiziellen" Interpreten, einen wichtigen Raum der Umsetzung von Diskussion und rationaler Debatten im weitesten Sinne schafft.

Häberle spricht außerdem von einem dem demokratischen Leben zugrunde liegenden Status, dem *status activus processualis* der sich in einem Verfassungsrecht bildet, das sich durch einen Verfahrenscharakter auszeichnet und der vor allem mit dem Teilhaberrecht[6] verbunden ist, der Teilhabe am Staat und angesichts des Staats[7], und letztendlich als *due process fundamental* bezeichnet wird.

Die Komplexität der sozialen Beziehungen und der Grundrechte im pluralistischen Kontext und die Perspektive, dass deren Durchsetzung nicht nur Abwesenheit des Staats, sondern im Gegenteil eine positive Dimension – nämlich Leistung – braucht, verlangt nach einer neuen Haltung sowohl des Staates wie auch der Bürger, wobei die Funktionsfähigkeit des Staates nicht auf die reine, dem liberalen bürgerlichen Staat eigene *Technizität*[8] reduziert werden darf. Mitbestimmung und demokratische Prozesse gewinnen also an Bedeutung. Die Notwendigkeit der höchstmöglichen Umsetzung und Konkretisierung der Grundrechte – auch auf die Gerichtbarkeit übertragen – darf nicht arbiträr sein. Es ist notwendig, einen neuen Raum für eine Prozess- oder Verfahrensdimension zu schaffen.[9]

Zwischen Staat und Gesellschaft ist Kooperation notwendig, und es müssen neue Instrumente und neue Mechanismen der Beteiligung[10] geschaffen werden, die Interessenten bzw. Betroffene in die prozessuale Ebene einbinden. Dies wird

---

[5] *Peter Häberle*, Die offene Gesellschaft der Verfassungsinterpreten (1975) mit Nachtrag (1978), in: Verfassung als öffentlicher Prozess. Materialien zu einer Verfassungstheorie der offenen Gesellschaft, 3. Auflage, Berlin 1998, S. 155–181.

[6] Hier ist das verfassungsmäßige Recht der Stimmabgabe nur eine Konsequenz dessen, es ist notwendig, andere Formen der Beteiligung zu entwickeln; außerdem kann das Recht der Beteiligung, das der *status activus* beschreibt, da es weit gefasst wird, sowohl politisch wie sozial sein.

[7] *Peter Häberle*, Grundrechte im Leistungsstaat, in: Veröffentlichungen der Vereinigung der Deutschen Staatslehrer (VVDStRL), Heft 30, Berichte und Diskussionen auf der Tagung der Vereinigung der Deutschen Staatslehrer in Regensburg vom 29. September bis 2. Oktober 1971, Berlin 1972.

[8] *Häberle* (Fn. 7), S. 115–140.

[9] Der Autor bezieht sich hier auf das Verständnis des *status activus* bei Jellinek. *Georg Jellinek*, System der subjektiven öffentlichen Rechte, 2. Auflage, Tübingen 1905.

[10] Diese neue Perspektive ist mit der Schaffung neuer funktionaler Probleme und Kompetenzproblemen verbunden, denn es stellt sich heraus, dass die traditionelle Form der für die individuellen negativen Rechte reservierte Verfahrensweise nicht mehr genügt oder nicht mehr fähig ist, diese Aufgabe zu erfüllen. Die Verfassungsgerichtsbarkeit ist Teil dieser Kompetenzkrise und wird in neuen Bereichen gefordert.

zwingend, wenn man feststellt, dass der traditionelle *status passivus* nicht mehr der wichtigste Status im Kontext der Demokratie ist und auch nicht sein kann.[11]

Die Interpretation und die Durchsetzung der Grundrechte ändern sich also. Man geht von einer Vorstellung des Bürgertums im *status passivus subjectionis* zu einer vor allem aktiven und verfahrensorientierten Ebene der Beteiligung über.[12]

Um den neuen Anforderungen gerecht zu werden, verlangen diese ihrerseits nach einer Umstrukturierung und einer Öffnung der Prozessmittel. Es entsteht die Notwendigkeit, unter anderen demokratischen Aspekten, einen öffentlichen Zugang[13] im weitesten Sinne und auch eine wirksame Einbindung der am Prozess Interessierten zu schaffen.

Der *status negativus* kann die Anforderungen der neuen Realität also nicht mehr erfüllen und es ersteht das Konzept des *status activus processualis*, der dem Gemeinschaftsleben in einer demokratischen Gesellschaft zugrunde liegt. Es muss betont werden, dass diese Transformation der Grundrechte nichts abschafft, es findet lediglich eine Transformation statt, wobei neben der negativen Seite und dem Nichteingreifen ab und an der zusätzliche Bedarf an Beteiligung besteht (wobei die Grundrechte in keinem Fall ihre Aufgabe der Rechtsschutzgewährung verlieren).

Es ergibt sich also, dass die Grundrechte drei unterschiedliche Dimensionen enthalten, deren Gewichtung oder Betonung variabel wird: eine subjektive (der Verteidigung), eine institutionelle und eine leistungsbezogene Dimension, wobei alle Grundrechte als soziale Rechte im weitesten[14] Sinne gesehen werden

---

[11] *Häberle* (Fn. 7), S. 59.

[12] Diese Bemerkung trägt in sich eine Idee der Überwindung des typischen modernen, liberalen Diskurses, der das Bürgertum als passives Bürgertum betrachtet, das heißt Bürger zu sein bedeutet Subjekt von Rechten und Pflichten zu sein; es handelt sich um ein ziviles Bürgertum, ausweitbar auf alle Individuen – isoliert betrachtet – ohne Unterschiede zu machen; das aktive Bürgertum (ein Erbe des antiken Griechenlands), erkennbar am Recht der Beteiligung am öffentlichen Leben, ist auf einen kleine Gruppe der Bevölkerung beschränkt. In der hier vorgestellten Perspektive taucht wieder vehement eine aktivere Dimension des Bürgertums auf und wird zu seinen Grundsäulen. Siehe *Franz Wieacker*, História do Direito Privado modern (Privatrechtsgeschichte der Neuzeit unter besonderer Berücksichtigung der deutschen Entwicklung), tradução de Antonio Manoel Botelho Hespanha, Lisboa, Fundação Calouste Gulbenkian, 1980.

[13] Obwohl er es nicht direkt anspricht und Häberle sich nicht die Mühe gibt, die Bedingungen theoretisch auszuarbeiten, die diese Publizität und diese Beteiligung betreffen, kann man eine gewisse Annährung oder einen Raum erkennen, um die Theorie des kommunikativen Handelns von Habermas wiederzufinden. vgl. *Jürgen Habermas*, Theorie des kommunikativen Handelns. Handlungsrationalität und gesellschaftliche Rationalisierung, Frankfurt a.M. 1995.

[14] Als Beispiel dieses Verhältnisses zitiert der Autor die Problemstellung zu den öffentlichen Subventionen an den Privatschulen, wo Bildungsfreiheit (negatives Recht) und Pluralismus, die vom Grundrecht gewollt sind, und die soziale Frage, der Zugang zu Bildung, verknüpft werden. Das Gleiche gilt für Brasilien, wo der universelle Zugang zu Bildung, vor

können, und aus der Gegenperspektive eine Stärkung der negativen Rechte festzustellen ist – zum Beispiel die Stärkung des Rechts auf Freiheit, das ein essentielles Element für die Ausübung des eigentlichen Rechts auf Beteiligung, das zu den positiven Rechten gehört, und der Pluralität ist.

Man stellt also fest, dass in diesem Kontext der *status activus* zu einem fundamentalen Status wird, der durch *Status negativus*, *Status positivus* und *Status passivus*[15] ergänzt wird, was eine Neuordnung und Neufassung der traditionell zwischen ihnen herrschenden Verhältnisse bedeutet. Nur durch die Wirkung des *status activus* erhalten die Rechte ihre Bedeutung, was vor allem einen informierten Bürger voraussetzt, der seine Grundrechte ernst nimmt und sich engagiert, wenn seine Interessen auf dem Spiel stehen.

So können die Verfassung und ihre Umsetzung ihre zentralen und grundlegenden Funktionen erhalten, die sie verdienen, ohne dass das Risiko entsteht, Fundamente für einen Autoritarismus zu legen. Die Verfassung und die Grundrechte fungieren daher also als echte *res publica*.[16]

Die Notwendigkeit der Öffnung und der Substantiierung der Verfahrensaspekte durch eine effektive Beteiligung soll und muss also ihrerseits auf die Verfassungsgerichtsbarkeit ausgedehnt werden, in deren Rahmen der *amicus curiae* so an Bedeutung gewinnt und eine privilegierte Position einnimmt, da er die Beteiligung der Gesellschaft an der Verfassungsdebatte beim Verfassungsgericht institutionell verankern kann. Er ermöglicht es, in den Prozess Informationen und Daten einzubinden, die die einfache Prozessperspektive übersteigen, und gibt den juristischen Entscheidungen in gewisser Form Raum für eine adäquate Untersuchung aller beteiligten Aspekte.[17]

---

allem im Rahmen der Hochschulbildung, mehr auf der Basis von privaten Hochschulen angeboten wird, durch Stipendien und Finanzierung zum Beispiel, als über das Angebot kostenloser öffentlicher Bildung. Es handelt sich also um ein sozial interpretiertes Freiheitsrecht, was ein Umschlagen seiner klassischen Konzeption darstellt.

15 Es wird festgestellt, dass es unterschiedliche Niveaus der Beteiligung an den Grundrechten gibt, wobei der Bürger in mehreren gleichzeitig auftreten kann.

16 Die Verfassung wird damit noch nicht zum „juristischen Weltenei“, aus dem alles hervorgeht, sondern wirklichkeitsbezogener Rahmen und Sozialprogramm einer „res publica semper reformanda“, Substanz von Aufgaben. *Häberle* (Fn. 7), S. 99.

17 Hier scheint die Auffassung durch, dass die Verfassung mehr als nur ein juristisches Dokument ist. Sie ist auch politisches Instrument, und daher muss ihre Interpretation notwendigerweise die Realität beachten, in der sie eingesetzt wird. *Peter Häberle*, Verfassungsinterpretation als öffentlicher Prozess – ein Pluralismuskonzept, in: Verfassung als öffentlicher Prozess: Materialien zu einer Verfassungstheorie der offenen Gesellschaft, 3. Auflage, Berlin 1998, S. 121–154.

III. *Amicus curiæ:* Prozessuales Instrument zur Öffnung und zur Beteiligung der Gesellschaft in der Sphäre der Verfassungskontrolle

Die historischen Wurzeln des *amicus curiae* können nicht präzise ausgemacht werden. Für einige entstand das Rechtsinstitut im römischen Recht[18], aber es ist nachweisbar, dass es im mittelalterlichen englischen Recht seine charakteristischen modernen Grundlagen erhielt. In den Vereinigten Staaten[19] wurde es schon Anfang des 20. Jahrhunderts eingeführt, wo es sich weiterentwickelte und sich als ein Instrument auszeichnet, durch das sich diejenigen zu Wort melden können, die der Fall interessiert[20] (die aber nicht zu untersuchende Parteien des Prozesses gehören). Die Interessenten fertigen für den Richter ein juristisches Gutachten an, das zur Lösung der Fehde[21] relevante Präzedenzfälle enthält, und legen rechtliche Fragestellungen vor, die von den Parteien noch nicht untersucht oder eingegeben wurden. Außerdem können Memoranden (*briefs*) vorgelegt werden, die sich nicht auf die juristische Sphäre beschränken, sondern viele andere Bereiche berühren, wie die Naturwissenschaften, Medizin etc., die

---

[18] Es gibt einen rechtswissenschaftlichen Streit über die historische Herkunft. Einige verweisen auf eine Herkunft aus dem römischen Recht, wogegen andere die Geburt des Rechtsinstituts in der Zeit des mittelalterlichen englischen Rechts legen. *Cassio Scarpinella Bueno*, Amicus curiae no Processo Civil brasileiro: um terceiro enigmático (Ein mysteriöser Dritter), São Paulo 2006.

Eigentlich verfügt das römische Recht tatsächlich über einige Vorläufer, die dem Rechtsinstitut nahekommen (vor allem im Kontext des klassischen Rechts – Prozess per formulas); seiner Natur nach war es jedoch sehr verschieden vom gegenwärtigen, das mehr auf dem englischen Recht basiert, das später in der US-amerikanischen Gesetzgebung eingesetzt wurde. Zum Thema: Lopes José Reinaldo de Lima, O Direito na História (Recht in der Geschichte), São Paulo 2002.

[19] *Paul M. Collins Jr.*, Friends of the Court: examining the influence of *amicus curiae* participation in U.S. Supreme Court litigation, in: *Law and Society Review*, vol. 38, Issue 4, 2004, S. 807–832.

[20] Es ist interessant, hier den Fall zu nennen, der als Referenz verwendet wurde, um das Institut im US-amerikanischen Recht einzuführen. Es handelt sich um ein Gutachten, das dem obersten Gericht durch den Rechtsanwalt Louis D. Brandeis 1908 vorgelegt wurde. Mit dem Gutachten legte er den Richtern eine Reihe von Elementen vor, die eine Analyse der Implikationen bezüglich der Erklärung der Verfassungsmäßigkeit oder Nichtverfassungsmäßigkeit eines Gesetzes des Bundesstaates Oregon ermöglicht. Oregon führte bei herrschendem wirtschaftlichem Liberalismus ein Arbeitszeitlimit für Frauen ein. Zu dieser Zeit war die Vertragsfreiheit wichtiger, und aus diesem Grund erklärte das höchste Gericht ein Gesetz, das versucht Arbeitszeiten zu regulieren, normalerweise für verfassungswidrig. Durch den *brief* erklärte das Gericht aber, dass das Begrenzungsgesetz anzuwenden sei. *D. B. Frohnmayer/H. A. Linde*, State Court responsibility for maintaining „republican government“: an *amicus curiae* brief, in: Willamette Law Review, vol. 39:4, Fall 2003, S. 1487–1505.

[21] *L. de C. V. Martel/G. F. Pedrollo*, Amicus curiae: elemento de participação política nas decisões judiciais-constitucionais (Element politischer Beteiligung bei verfassungsrechtlichen Etnscheidungen), Revista da Ajuris, Porto Alegre, n. 99, S. 161–179, sep. 2005. S. 163.

als interessant oder für die Entscheidung des Streits relevant angesehen werden. Auf diese Weise dient der *amicus curiæ* auch als ein Element zur Öffnung und der Pluralisierung von Verfassungsfragen. Diese Öffnung bringt ihrerseits einen Reichtum an pluralistischen[22] Argumentationen voll geschichtlicher, philosophischer, wirtschaftlicher und wissenschaftlicher Daten mit sich, die erlauben, dass die in der Verfassungsgerichtsbarkeit gefällten Entscheidungen besser fundiert und der Realität angepasst sind, da das Gericht sich augenscheinlich der beteiligten gesellschaftlichen Aspekte besser bewusst ist.[23]

So hat man also nicht nur eine größere Öffnung der Verfahrensdebatte dadurch, dass die Teilnahme der diversen Bereiche der Gesellschaft am Prozess ermöglicht wird, sondern auch eine gesteigerte Legitimation der Entscheidungen des Gerichts[24] selbst, der letzten Instanz für Entscheidungen zu Fragen, die so relevante Themen wie die Grundrechte und die weiteren Verfassungsinhalte betreffen. Das Institut hat eine enge Verbindung zum System zur Prüfung der Verfassungsgerichtsbarkeit,[25] denn in dieser Sphäre findet es auf Grund der strategischen und fundamentalen Natur der diskutierten Inhalte den nahrhaftesten Boden für seine Intervention.[26]

Geschichtlich gesehen wurde der *amicus curiae* erst 1999[27] im Rahmen der konzentrierten Kontrolle der Verfassung durch Inhalte des § 2, Artikel 7, Gesetz 9.868/99[28] ausdrücklich rechtlich vorgesehen (obwohl nicht genau mit dieser Bezeichnung) und bildet eine autonome Figur, die sich von den Nebenklägern und intervenierenden Dritten im Zivilprozess unterscheidet.[29]

---

[22] *A. Grosskopf/N. Maveety*, „Constrained" Constitutional Courts as conduits for democratic consolidation, in: Law and Society Review, vol. 38, n. 3 (2004). S. 463–488.

[23] *Martel/Pedrollo*, (Fn. 21), S. 164.

[24] Ibidem, S. 165.

[25] In jüngster Zeit hat der amicus curiæ auch im Rahmen des internationalen Rechts an Bedeutung gewonnen und ist bei den Verfahren der World Trade Organisation WTO eine immer häufigere Praxis. *Padideh Ala'I*, Judicial lobbying at the WTO: the debate over the use of *amicus curiae* briefs and the U.S. experience, In: Fordham international Law Journal, vol. 24:62, 2000. S. 62–94; auch *Jared B. Cawley*, Friend of the Court: how the WTO justifies the acceptance of the *amicus curiae* brief from non-governmental organizations, in: Penn State International Law Review, vol. 23:1, 2004, S. 47–78.

[26] *Scarpinella* (Fn. 18), S. 194.

[27] *Antonio do Passo Cabral*, Pelas asas de Hermes (Auf den Flügeln des Hermes): a intervenção do *amicus curiae*, um terceiro especial. (Die Intervention des amicus curiæ, ein besonderer Dritter). Uma análise dos institutos interventivos similares – o *amicus* e o (Eine Analyse ähnlicher intervenierender Rechtsinstitute – der Amicus und der) *Vertreter des öffentlichen Interesses*, Revista de Processo, São Paulo, n. 117, set./out. 2004, S. 24.

[28] Art. 7°, 2°: Der federführende Richter kann unter Berücksichtigung der Relevanz des Materials und die Repräsentativität des Antragstellers eine unwiderrufliche Anweisung ausstellen und unter Berücksichtigung der Fristen des vorhergehenden Paragraphs die Aussage anderer Organe oder Einrichtungen zulassen.

[29] *Martel/Pedrollo* (Fn. 21), S. 167.

Ein wichtiges Merkmal ist, dass das Interesse dieses Dritten nicht prozessbezogen – kein Handlungsbedarf – ist, sondern Materialbezug hat, wodurch, obwohl es sich unumstritten um einen Dritten handelt, denn er ist der zwischen den Beteiligten entstandenen juristischen Beziehung fremd, der *amicus curiæ* keinem der typischen Fälle der Beteiligung Dritter entspricht, die im normalen Verfahren als Dritte vorgesehen sind, sondern diese beiden Dritten sind Rechtsinstitute unterschiedlicher Natur[30], wobei der *amicus curiæ* einen komplexeren und tiefergreifenden Charakter hat.

Wenn also der Ausdruck „Dritte" verwendet wird, um die Gestalt des *amicus curiæ* zu bezeichnen, so ist in Wirklichkeit damit nicht das Institut der Intervention des traditionellem Dritten gemeint. Man bezieht sich lediglich auf die Beteiligung anderer Einrichtungen oder Personen, die eigentlich keine Beteiligte/Parteien des Prozesses[31] sind, sich aber in dieser Form an der Verfassungsdebatte beteiligen möchten. Die Zulassung Dritter in der Form des *amicus curiæ* dient der gesellschaftlichen Legimitation der Entscheidungen des Verfassungsgerichts, denn seine Zulassung ermöglicht im Rahmen des Demokratieanspruchs die Öffnung des Prozesses der konzentrierten Kontrolle der Verfassungsmäßigkeit und erlaubt so, im Rahmen einer pluralistischen Perspektive, dass er die formale Beteiligung von Einrichtungen und Institutionen verwirklicht, die tatsächlich das Allgemeininteresse der Gesellschaft vertreten oder die essentiellen oder relevanten Werte von Gruppen, Klassen oder sozialen Schichten wiedergeben. Zusammengefasst: Die Regeln, die zu den oben genannten juristischen Mitteln gehören und die normative Legitimationsbasis der Prozessintervention des *amicus curiæ* bilden, haben den fundamentalen Zweck, die Verfassungsdebatte[32] zu pluralisieren, und tragen zur Demokratisierung der gerichtlichen Aktivitäten bei und zur Konsolidierung der Demokratie selbst.

Die Rechtsprechung, und vor allem die Verfassungsgerichtsbarkeit, wird also zu einem Ort der Beteiligung, an dem der *status activus processualis* angenommen wird, wobei der *amicus curiæ* das privilegierte Handlungsinstrument darstellt.

---

30 *Martel/Pedrollo* (Fn. 21), S. 171.

31 *Mirella de Carvalho Aguiar*, Amicus curiae, Salvador 2005, S. 47

32 *Edgard Silveira Bueno Filho*, Amicus Curiae, A democratização do debate nos processos de controle da constitucionalidade (Die Demokratisierung der Debatte in den Verfahren der Kontrolle der Verfassungsmäßigkeit), in: Revista de Direito Constitucional e Internacional, Ano 13, n. 53, Oktober-Dezember/2005, Revista dos Tribunais, São Paulo, 2005, S. 20–28.

IV. Der *amicus curiæ* und seine rhetorische und legitimierende Funktion in der Rechtsprechung des obersten brasilianischen Verfassungsgerichts (Supremo Tribunal Federal)

Zwar dient der *amicus curiæ* als wichtiger Mechanismus zur Öffnung und Pluralisierung der Verfassungsdebatte, aber es ist nicht abzustreiten, dass er gleichsam eine wichtige rhetorische Legitimationsrolle für Entscheidungen bildet, was im Rahmen der Entscheidungen des brasilianischen Supremo Tribunal Federal gut auszumachen ist.

Ein Beispiel dafür findet man im vor kurzem gefällten Urteil zur Verfassungsbeschwerde (Recurso Extraordinário) Nr. 597.165/DF.[33] Hier wurde über die Zuständigkeit des höchsten Gerichts im Land für eine Verfassungsbeschwerde zu einem Urteil eines Landgerichts im Bereich der konzentrierten Kontrolle der Verfassungsmäßigkeit auf Ebene der Landesverfassung beschieden.

Trotz der brennenden rechtlichen Frage des Prozesses interessiert uns in der vorliegenden Arbeit etwas anderes, das fast ebenso viel Aufsehen erregte wie der eigentliche Gegenstand der Sache, nämlich der Stellenwert, den der den Prozess untersuchende federführende Richter (Relator) *Celso de Mello* der Legitimität der Verfassungsgerichtsbarkeit und der Relevanz der Intervention des *amicus curiæ* bei der abstrakten Normkontrolle (als Instrument zur Öffnung für eine Demokratisierung der Verfassungsgerichtsbarkeit) zuschrieb.[34]

Der Fall gewinnt an Bedeutung, wenn die Sorge der Justizgewalt – vor allem aber des höchsten brasilianischen Verfassungsgerichts Supremo Tribunal Federal in seiner Rolle als „Hüter" und, wie einige meinen, als eigentlicher „Herr"[35] der Konstitution – zum eigenen Wirken und bezüglich der eigenen demokratischen Legitimation deutlich wird.[36]

In diesem Zusammenhang weist der Bezug auf „die schwere Frage der demokratischen Legitimierung der Entscheidungen des Supremo Tribunal Federal" unweigerlich auf den „Juristischen Aktivismus"[37] (judicial activism) hin,

---

[33] STF, RE 597.165/DF.

[34] Bei Entscheidungen sind Referenzen zum amicus curiæ und seiner demokratischen Relevanz häufig und auf den ganzen Text verteilt.

[35] *Ernst-Wolfgang Böckenförde*, Begriff und Probleme des Verfassungsstaates, in: Staat, Nation, Europa: Studien zur Staatslehre, Verfassungstheorie und Rechtsphilosophie, Frankfurt a.M. 1999, S. 132.

[36] (…) Die Intervention des „amicus curiæ" als Faktor der Pluralisierung und Legitimierung der Verfassungsdebatte. *Die notwendige Prozessöffnung zur Überwindung des schwerwiegenden Problems der demokratischen Legitimität der vom Supremo Tribunal Federal und den (lokalen Gerichtshöfen)* ausgegebenen Entscheidungen, die im Rahmen der abstrakten Normenkontrolle verkündet wurden. STF, RE *597.165/DF*.

[37] Der Ausdruck *judicial activism* wurde das erste Mal im nordamerikanischen juristischen Umfeld 1947 angewendet. In einem Artikel der Zeitschrift *Fortune* analysierte der Geschichtsforscher Arthur Schlesinger die Verfahren von neun Richtern des Supreme Court, und betitelte sie als „judicial activists" (Judges Black, Douglas, Murphy e Rutledge), „judicial

der sich durch eine aktive, die Grundrechte, Inhalte und Verfassungsprinzipien durchsetzende Rechtsprechung auszeichnet.

Auch wenn die häufige Verwendung des Begriffs „Juristischer Aktivismus" im Bereich der Verfassungstheorie ihn schon fast geläufig macht, muss man anmerken, dass der Begriff weder für alle die gleiche Bedeutung hat, noch in der spezialisierten Rechtslehre einstimmig akzeptiert wird, sondern eher etwas darstellt, das man bei den Juristen im Fach „theoretisch gemeinsam gefühlt" einordnen könnte.[38]

Der nordamerikanische Verfassungsrechtler *Mark Tushnet*[39] stellt in einer aufregenden Schrift eine interessante Überlegung zu den hermeneutischen und pragmatischen Schwierigkeiten an, die dieser Ausdruck aufwirft. Vor allem spricht er vom Fehlen klarer Kriterien, die festlegen, wann eine Entscheidung „aktivistisch" ist (der Autor versucht anhand einiger Beispiele zu zeigen, dass man, bevor man bestimmen kann, was aktiv ist, erst Muster und Kriterien zu dem bestimmen muss, was als „normale" Rechtsprechung angesehen werden kann). Was aber im Rahmen der Auslegungsmöglichkeiten, die das Recht eröffnet, ein ebenfalls unmögliches Unterfangen scheint, besonders wenn es sich um das aktuelle Verfassungsrecht dreht. So wird das Konzept „aktiv" vage und dehnbar und hängt vom angelegten Maßstab ab (dem also, was als normal betrachtet wird). Er zeigt sich als gleichsam relativ, denn es wird eine interpretative Aktivität vorausgesetzt, die in Raum und Zeit variiert.[40]

---

self-restrained" (Judges Frankfurter, Jackson e Burton) und „in the middle" (Judges Reed e Vinson). *John W., Dean*, What exactly is judicial activism? The charges made against the President's judicial nominees, in: HTTP://www.nybooks.com/articles, besucht am: 29. Oktober 2010. S. 03.

[38] *Alberto Warat Luiz*, Introdução geral ao Direito (allgemeine Einführung in das Recht), Porto Alegre 1994, Volume I. Laut dem Autor ist das Recht voller rhetorischer Ausdrücke, deren Sinn und Bedeutung angesichts der wiederholten Verwendung und der fehlenden wissenschaftlichen Sorgfalt abhandenkamen.

[39] *Mark Tushnet*, The United States of America, in: Brice Dickinson, Judicial activism in Common Law Supreme Courts, New York 2007, S. 415–436. In Brasilien versucht Luiz Roberto Barroso in einem Artikel mit einer Retrospektive der Arbeit des Supremo Tribunal Federal eine (sagen wir notwendige) Unterscheidung zwischen „ativismo judicial" juristischem Aktivismus und Verrechtlichung anzustellen und bezieht den ersteren auf eine Reihe von Hypothesen und losgelöster Situationen, in einer Betrachtungsweise, die uns eigentlich recht reduziert und vereinfachend vorkommt und verleiht ihm eine Bestimmung und ordnet derart ein, dass dies nicht mit der Komplexität und der faktischen Realität kompatibel ist, die dieses Thema umgibt. *Luís Roberto Barroso*, Judicialização, ativismo e legitimidade democrática, (Verrechtlichung, Aktivismus und Legitimität), in: Revista Eletrônica de Direito do Estado, n. 18, apr./jun 2009, Zugriff unter: HTTP://www.direitodoestado.com.br, besucht am: 27. März 2010.

[40] *Peter Häberle*, Zeit und Verfassung (1974) mit Nachtrag (1978), in: Verfassung als öffentlicher Prozess: Materialien zu einer Verfassungstheorie der offenen Gesellschaft, 3. Auflage, Berlin 1998, S. 59–92.

Was die Perspektive der demokratischen Legitimität des Supremo Tribunal Federal angeht, ist es interessant anzuführen, was der gleiche Richter *Celso de Mello* bei seiner Ansprache zur Amtsaufnahme des Ministers *Gilmar Ferreira Mendes* als Präsident des Gerichts im April 2008 zum Thema verlauten ließ. Hier verwendete er eine dem Spruch praktisch entgegengesetzte Perspektive und beteuerte seine Verantwortung, die Verfassung zu garantieren, auch wenn dies „eine unangemessene Einmischung in die organischen Sphären der anderen Gewalten der Republik bedeuten würde".[41]

Es wird klar gezeigt, dass der Richter sich nicht um eine ordentliche inhaltliche oder terminologische Definition seines Konzepts des „Juristischen Aktivismus" schert und die erwähnten rechtswissenschaftlichen Debatten ignoriert. Er konzentriert seine Aussage auf das, was er als Aufgabe eben dieses höchsten Gerichts in der brasilianischen Verfassungsordnung sieht. Er verteidigt in klarer und unmissverständlicher Form eine „aktive" Rolle der Judikative bei der Durchsetzung und der Garantie der Grundrechte, vor allem angesichts von Versäumnissen der anderen Gewalten:

> „Praktiken des Juristischer Aktivismus, Herr Präsident, durch dieses Gericht in moderater Form in außerordentlichen Fällen ausgeübt, werden zur *institutionellen Notwendigkeit*, wenn sich die Organe der öffentlichen Gewalt bei der Erfüllung ihrer Pflichten, die diesen ausdrücklich durch das Verfassungsstatut auferlegt wurden, verspäten oder diese vernachlässigen, aber vor allem dann wenn einem bewusst ist, dass sich die Justizgewalt, bei einer staatlichen Verhaltensweise, die die Verfassung angreift, nicht auf eine Position der Passivität beschränken kann."[42] (Grifouse)

Hier handelt es sich also um einen Diskurs zur Verteidigung eines weiten Handlungsspielraums der Gerichtsbarkeiten im demokratischen Kontext, der eher durch die unmissverständliche Aufgabe gerechtfertigt wird, die Verfassung und die Grundrechte zu schützen, als durch eine Legitimität im eigentlichen Sinne.

Trotz dieser augenscheinlichen Entkopplung wird die demokratische Öffnung der Verfassungsgerichtsbarkeit für eine gesellschaftliche Beteiligung ausdrücklich behandelt, da sie auf Grund der politischen Natur der Aktivität der Gerichtsbarkeit notwendig und relevant ist:

> „Das Problem der Justizgewalt, die eine starke politisch-institutionelle Imprägnierung zeigt, ist zu wichtig, um nur durch die Arbeiter des Rechts diskutiert zu werden. Und aus diesem Grund ist für diese Debatte die aktive Beteiligung aller Bürger und Institutionen der zivilen Gesellschaft zwingend."[43]

---

[41] „Nicht einmal wenn eventueller Juristischen Aktivismus dieses höchsten Gerichts zensiert wird, vor allem weil unter den unzähligen Fällen, die dieses bejahende Verhalten der juristischen Gewalt rechtfertigen, um in einer positiven juristische Erschaffung des Rechts zu resultieren, muss die Notwendigkeit eingeschlossen werden, die Vorrangstellung der Konstitution der Republik aufrechtzuerhalten." (Grifou-se) STF, RE 597.165/DF.

[42] Ibidem.

[43] Ibidem.

Hier gewinnt die von *Häberle* vorgeschlagene Idee einer „offenen Gesellschaft der Verfassungsinterpreten“[44] Raum und wird im Text als möglicher Garant einer pluralistischen Sichtweise und Lieferant einer großen demokratischen Legitimierung der vom Supremo Tribunal Federal gefällten Entscheidungen genannt.

Trotz des notorisch demokratischen Tons im Votum entstehen einige Fragen. Man erkennt eine gewisse Rhetorik, die versucht, den demokratischen Aspekt aufzuwerten, der den Anschein der Legitimation der Arbeit des Tribunals stärken soll. Die Rhetorik wird jedoch an einigen Stellen fehlerhaft und überzogen, wenn zum Beispiel der *amicus curiæ* als Innovation zitiert wird, obwohl doch das Gesetz, das ihn in die abstrakte Kontrolle der brasilianischen Verfassungsmäßigkeit eingeführt hat, von 1999 stammt, oder wenn im Ton der Neuerung über die Notwendigkeit gesprochen wird, den *amici curiæ* das Recht zu gewähren, zum Plädoyer [45] weiterzuschreiten, wo doch ein solches Prozedere schon seit einiger Zeit zugelassen ist und inklusive in Artikel 131 des internen Reglements des obersten brasilianischen Verfassungsgerichts[46] offiziell gemacht wurde.

Hier soll auch das Durcheinander zur Natur des Rechtsinstituts festgehalten werden, das aus dem Text herauszulesen ist, in dem erklärt wird: „es weicht das absolute Verbot der Intervention von außen auf“[47] und lässt jetzt Einrichtungen zu, die im Prozess der Kontrolle der Verfassungsmäßigkeit eine entsprechend adäquate Repräsentativität aufweisen. Tatsächlich handelt es sich nicht um eine Aufweichung, sondern um Institute unterschiedlicher Natur, während der traditionelle Dritte Interesse am Prozess hat, hat der *amicus curiæ* lediglich sachbezogenes Interesse, das heißt, Interesse an den Themen, die beim Prozess behandelt oder diskutiert werden.

Letztlich zeigt der federführende Richter selbst, dass ihm die dazugehörenden Problematiken bewusst sind und wirft das Problem des „Demokratierisikos“ in der Arbeit der Verfassungsgerichte auf, die als letzte Instanz und dadurch immun gegen eine formale Kontrolle nicht davon frei sind, einen demokratischen Vorteil in ein eventuelles Risiko für die Demokratie zu verwandeln.[48]

---

[44] *Häberle* (Fn. 5), S. 155–181. Über den Einfluss von Häberle auf die Rechtsprechung des Supremo Tribunal Federal, ebenfalls, interessant der Artikel *Gilmar Ferreira Mendes*, O pensamento de Peter Häberle na jurisprudência do Supremo Tribunal Federal (Die Ideen von Peter Häberle in der Rechtsprechung des Supremo Tribunal Federal), in: Observatório da Jurisdição Constitucional, Brasília, IDP, Ano 2, 2008–2009.

[45] Hier setzt meiner Meinung nach die Notwendigkeit ein, dem *amicus curiæ* mehr als einen einfachen formalen Zugang im Prozess der abstrakten Überwachung der Verfassungsmäßigkeit zu geben, nämlich die Voraussetzungen für das Plädoyer vor diesem höchsten Gericht. STF, RE 597.165/DF, S. 5.

[46] Wie obige Fn.

[47] Ibidem, S. 4.

[48] Ibidem, S. 6.

Beim Spruch sind die Legitimität der Verfassungsgerichtsbarkeit und der *amicus curiæ* also miteinander verwoben und so – wenigstens rhetorisch – eine Verschmelzung des Instituts mit einer demokratisierenden und pluralistischen Perspektive, der gesellschaftlichen Mitbestimmung bewiesen. Dies kann aus dem nächsten Abschnitt herausgelesen werden, der in einem einzigen Abschnitt Schlüsselbegriffe wie „Legitimität", „Pluralität", „Demokratie", Prozessbeteiligung" und „Information" unterbringt.

> „Es ist deutlich, dass der Supremo Tribunal Federal durch diese Handlungsweise seinen Entscheidungen nicht nur mehr Wirksamkeit und mehr *Legitimität* garantiert, sondern vor allem auch in einer bedeutsamen *pluralistischen* Perspektive den essenziell *demokratischen* Sinn dieser *Prozessbeteiligung* durch die Elemente der *Information* und durch einen Katalog an Erfahrungen bereichert, die der amicus curiæ dem Verfassungsgericht vermitteln kann, vor allem in einem Prozess wie dem der abstrakten Kontrolle der Verfassungsmäßigkeit, der politische, gesellschaftliche, wirtschaftliche, juristische und kulturelle Implikationen von unabweislicher Relevanz, von indiskutabler Bedeutung und absoluter Sinnhaftigkeit für das Leben im Land und das Leben der Bürger birgt."[49]

So beinhaltet also die Figur des *amicus curiæ*, unabhängig von der Effektivität seiner Interventionen, zumindest aus rhetorischer Sicht ein wichtiges Element der Legitimierung der Arbeit des brasilianischen Verfassungsgerichts und hat eine wichtige Rolle bei der argumentativen Stützung und der Rechtfertigung der Entscheidungen.

V. Schlussbemerkungen

Die Arbeit der Verfassungsgerichtsbarkeit ist angesichts ihrer Relevanz im Kontext des demokratischen und verfassungsbestimmten Staates eine Zielscheibe der Kritik und wirft Fragen auf, vor allem in Bezug auf Phänomene wie dem „Juristischen Aktivismus", der „Verrechtlichung der Politik" und der „Politisierung der Justiz", die alle in gewissem Rahmen, auf Grund seiner herausragenden Stellung bei der Durchsetzung und Festlegung der Grundrechte und der materiellen, als Rechtsnormen objektiven Charakters verstandenen Inhalte der Konstitution, mit der Legitimation seiner Entscheidungen zusammenhängen.

Da man also der Verfassungsgerichtsbarkeit eine wichtige strategische Rolle zugestehen muss, auch wenn man dieser keine unbeschränkten Kompetenzen gibt und ihrer Arbeit Grenzen setzt, liegt einer der wichtigsten Mechanismen der Harmonisierung von Demokratie (verstanden als ein juristisch-politisches System, das keinen Autoritarismus, welcher Art auch immer, toleriert und noch weniger einen Autoritarismus, der sich der Grundrechte bemächtigt, um seine

---

[49] Ibidem, S. 8–9.

Handlungen zu rechtfertigen) und einer wirksamen Rechtsprechung in der Demokratisierung eben dieser Rechtsprechung, durch die Anwendung von Instrumenten, die auf Institutionsebene in der Prozesssphäre eine Verstärkung der öffentlichen Debatte zu den Fragen erlauben, die entschieden werden – vor allem, wenn so komplexe Themen wie die Garantie und die Durchsetzung der Grundrechte auf dem Spiel stehen.

Wenn die Verrechtlichung der Politik sich auf Grund der normativen Gewalt der Konstitution als etwas dem demokratischen Konstitutionalismus Inhärentes darstellt, dann kann sie auch gleichzeitig in gewissem Rahmen im Gegenzug von einer „Politisierung des Gerichtsbarkeit" begleitet werden. Dies soll nicht im ideologischen oder parteipolitischen Sinne vonstattengehen, sondern im Sinne der klassischen Auslegung, die die Griechen verwendeten, wenn es um Polis und den öffentlichen Raum ging: so nämlich, dass dieser Prozess offen und demokratisch sein muss, die Verfassungsgerichtsbarkeit eben mit eingeschlossen.

Der *amicus curiæ* bildet also ein privilegiertes Instrument der Beteiligung, das formal eingeführt wurde und von der brasilianischen Gesetzgebung, die die konzentrierte Kontrolle der Verfassungsmäßigkeit regelt, anerkannt wird.

In den analysierten Verlautbarungen des brasilianischen Verfassungsgerichts ist die dem Rechtsinstitut beigemessene Relevanz nachzuweisen. Die Problematik der Öffnung der Verfassungsgerichtsbarkeit ist ins Blickfeld geraten und übernimmt bei der Begründung der Entscheidung eine zentrale Rolle. Die Öffnung und die Demokratisierung der Verfassungsgerichtsbarkeit über die Beteiligung der Gesellschaft und durch deren Intervention wurden deutlich als Argumente für die Legitimierung der Entscheidung verwendet, nämlich um den im Verfahren ausdrücklich genannten schweren Demokratiemangel des Gerichts zu kompensieren. In diesem Sinne erscheint die Intervention des *amicus curiæ* als wichtiger rhetorischer Faktor der Legitimierung, wobei die Argumentation für seine Zulassung in der Verhandlung eine Rolle spielte, die vielleicht noch wichtiger war als sein tatsächlicher Beitrag. Man muss also nur noch garantieren, dass der *amicus curiæ* auch die anderen Funktionen erfüllen kann, die ihm im vorliegenden Artikel als Form der Manifestierung des *status activus processualis* angedient wurden, nämlich die effektive Beteiligung (Mitgestimmung) und die effektive Demokratisierung der Verfassungsgerichtsbarkeit.

Autorenverzeichnis

Adeodato, João Maurício
Prof. Dr., Professor an der Rechtsfakultät Recife, Privatdozent an der Rechtsfakultät São Paulo und Senior Forscher der Brasilianischen Forschungsgemeinschaft (CNPq), Brasilien

Alexy, Robert
Prof. Dr. Dr. h.c. mult., Lehrstuhl für Öffentliches Recht und Rechtsphilosophie, Christian-Albrechts-Universität zu Kiel

Anderheiden, Michael
Prof. Dr. phil., apl. Professor an der Juristischen Fakultät der Universität Heidelberg, Professor an der deutschsprachigen Andrássy Universität Budapest

Axer, Peter
Prof. Dr., Lehrstuhl für Sozialrecht in Verbindung mit dem Öffentlichen Recht, Universität Heidelberg

Baldus, Christian
Prof. Dr., Ordinarius für Bürgerliches Recht und Römisches Recht am Institut für geschichtliche Rechtswissenschaft der Universität Heidelberg

Bernhardt, Rudolf
Prof. Dr. Dr. h. c., emeritierter Direktor am Max-Planck-Institut für ausländisches öffentliches Recht und Völkerrecht in Heidelberg, Präsident a. D. des Europäischen Gerichtshofs für Menschenrechte

Bielefeldt, Heiner
Prof. Dr., Lehrstuhl für Menschenrechte und Menschenrechtspolitik am Institut für politische Wissenschaft der Universität Erlangen-Nürnberg; UN-Sonderberichterstatter über Religions- und Weltanschauungsfreiheit

Borowski, Martin
Prof. Dr., Lehrstuhl für Öffentliches Recht, Verfassungstheorie und Rechtsphilosophie, Direktor des Instituts für Staatsrecht, Verfassungslehre und Rechtsphilosophie der Universität Heidelberg

Dannecker, Gerhard
Prof. Dr., Lehrstuhl für Strafrecht und Strafprozessrecht unter besonderer Berücksichtigung europäischer und internationaler Bezüge, Direktor des Instituts für deutsches, europäisches und internationales Strafrecht und Strafprozessrecht der Universität Heidelberg

Dölling, Dieter
Prof. Dr., Lehrstuhl für Kriminologie, Direktor des Instituts für Kriminologie der Universität Heidelberg

Eberle, Edward J.
Prof. Dr., Professor of Law an der Roger Williams University School of Law, Bristol, Rhode Island, Forschungsbereiche: Vergleichendes Verfassungsrecht mit Schwerpunkt Deutschland, Verfassungsrecht der USA.

Geibel, Stefan J.
Prof. Dr., Maître en droit (Université Aix-Marseille III), Lehrstuhl für Bürgerliches Recht und Nebengebiete, insbesondere Stiftungsrecht unter Berücksichtigung seiner europäischen und internationalen Bezüge; Wissenschaftlicher Direktor des Instituts für deutsches und europäisches Gesellschafts- und Wirtschaftsrecht (IGW) sowie des Centrums für soziale Investitionen und Innovationen (CSI) der Universität Heidelberg

Grawert, Rolf
Prof. em. Dr. iur. utr. Dr. h.c., Juristische Fakultät der Ruhr-Universität Bochum Honorarprofessor der Andrzej Frycz Modrzewski-Akademie, Krakau

Gröschner, Rolf
Prof. Dr., Lehrstuhl für Öffentliches Recht und Rechtsphilosophie, Rechtswissenschaftliche Fakultät der Friedrich-Schiller-Universität Jena

Grzeszick, Bernd
Prof. Dr., LL.M. (Cambridge), Lehrstuhl für Öffentliches Recht, Internationales Öffentliches Recht und Rechtsphilosophie; Geschäftsführender Direktor des Instituts für Staatsrecht, Verfassungslehre und Rechtsphilosophie, Juristische Fakultät der Universität Heidelberg

Gustafson, Charles H.
Professor of Law, Georgetown University Law Center, Washington, D.C.; J. D. (Chicago), B.S. (Buffalo), Dr. jur. h.c. (Universität Freiburg/Ue.); Forschungsschwerpunkte: public international law, international trade and investment and federal taxation; Mitglied des American Law Institute und der American Bar Association

Häberle, Peter
Prof. Dr. Dr. h.c. mult., Geschäftsführender Direktor des Bayreuther Institutes für Europäisches Recht und Rechtskultur sowie der Forschungsstelle für Europäisches Verfassungsrecht, Universität Bayreuth

Heinig, Hans Michael
Prof. Dr., Professor für Öffentliches Recht, insb. Kirchenrecht und Staatskirchenrecht sowie Geschäftsführender Direktor des Instituts für Öffentliches Recht an der Juristischen Fakultät der Georg-August-Universität Göttingen und im Nebenamt Leiter des Kirchenrechtlichen Instituts der EKD

Hennig Leal, Mônia Clarissa
Prof. Dr., ordentliche Universitätsprofessorin für Verfassungsrecht der Universität Santa Cruz do Sul – UNISC (Brasilien), Stipendiatin der Brasilianischen Forschungsgemeinschaft – CNPq

Isensee, Josef
Prof. Dr. Dres. h.c., em. Ord. Professor am Institut für Öffentliches Recht an der Universität Bonn, Mitglied der Nordrhein-Westfälischen Akademie der Wissenschaften

Jung, Matthias
Prof. Dr. phil., Professor für Philosophische Ethik und Rechtsphilosophie am Institut für Kulturwissenschaft an der Universität Koblenz-Landau, Campus Koblenz

Kahl, Wolfgang
Prof. Dr., Professor für Öffentliches Recht, Direktor des Instituts für deutsches und europäisches Verwaltungsrecht sowie der Forschungsstelle für Nachhaltigkeitsrecht der Universität Heidelberg

Keil, Rainer
Dr. iur., Fakultätsreferent der Juristischen Fakultät der Universität Heidelberg

Kirchhof, Paul
Prof. Dr. Dr. h.c. mult., Bundesverfassungsrichter a.D., Direktor des Instituts für Finanz- und Steuerrecht an der Universität Heidelberg, Präsident der Heidelberger Akademie der Wissenschaften

Kirste, Stephan
Prof. Dr., ordentlicher Universitätsprofessor für Rechts- und Sozialphilosophie der Universität Salzburg am Fachbereich Sozial- und Wirtschaftswissenschaften der Rechtswissenschaftlichen Fakultät, Vorsitzender der Deutschen Sektion der Internationalen Vereinigung für Rechts- und Sozialphilosophie (IVR)

Kommers, Donald P.
Prof., J.D., Dr. jur. h.c, Emeritus Joseph and Elizabeth Robbie Professor of Political Science and Concurrent Professor of Law, Notre Dame School of Law, Notre Dame, Indiana

Kube, Hanno
Prof. Dr., LL.M., Lehrstuhl für Öffentliches Recht, Europarecht, Finanz- und Steuerrecht am Fachbereich Rechts- und Wirtschaftswissenschaften der Universität Mainz

Lobinger, Thomas
Prof. Dr., Lehrstuhl für Bürgerliches Recht, Arbeits- und Handelsrecht, Direktor des Instituts für Bürgerliches Recht, Arbeitsrecht und Insolvenzrecht, Universität Heidelberg

Mager, Ute
Prof. Dr., Professorin für Öffentliches Recht, Direktorin des Zentrums für anwaltsorientierte Juristenausbildung an der Universität Heidelberg, Richterin im Nebenamt am Verwaltungsgerichtshof Baden-Württemberg

Mendes, Gilmar Ferreira
Prof. Dr. iur. (Münster), Richter und ehemaliger Präsident des Obersten Bundesgerichtshofs der Föderativen Republik Brasilien; Professur für Verfassungsrecht an der Universität Brasília (UnB) und am Instituto Brasiliense de Direito Público (IDP); Master in Rechtswissenschaften an der Universität Brasília; Master in Rechtswissenschaften an der Westfälischen Wilhelms-Universität Münster; Mitglied der Venedig-Kommission

Müller-Graff, Peter-Christian
Prof. Dr. jur., Dr. phil. Dr. h.c. mult., Professor für Bürgerliches Recht, Handels-, Gesellschafts- und Wirtschaftsrecht, Europarecht und Rechtsvergleichung und Honorary Jean Monnet Professor, Geschäftsführender Direktor des Instituts für deutsches und europäisches Gesellschafts- und Wirtschaftsrecht an der Universität Heidelberg

Neumann, Ulfrid
Prof. Dr. Dr. h.c., Professor für Strafrecht, Strafprozessrecht, Rechtsphilosophie und Rechtssoziologie an der Goethe-Universität Frankfurt am Main, Präsident der Internationalen Vereinigung für Rechts- und Sozialphilosophie (IVR)

Pauly, Walter
Prof. Dr., Lehrstuhl für Öffentliches Recht, Rechts- und Verfassungsgeschichte, Rechtsphilosophie an der Friedrich-Schiller-Universität Jena

Piekenbrock, Andreas
Prof. Dr., Lehrstuhl für Bürgerliches Recht und Insolvenzrecht, Direktor des Instituts für Bürgerliches Recht, Arbeitsrecht und Insolvenzrecht an der Universität Heidelberg

Quint, Peter E.
Jacob A. France Professor of Constitutional Law an der University of Maryland, Francis King Carey School of Law, Baltimore, Maryland

Reimer, Ekkehart
Prof. Dr., Lehrstuhl für Öffentliches Recht, Europäisches und Internationales Steuerrecht und Geschäftsführender Direktor des Instituts für Finanz- und Steuerrecht an der Universität Heidelberg, Richter im Nebenamt am Verwaltungsgerichtshof Baden-Württemberg

Richter, Dagmar
Prof. Dr., apl. Professorin an der Universität Heidelberg; Forschungsprofessorin am Institut für Rechtswesen der Polnischen Akademie der Wissenschaften, Warschau

Sarlet, Ingo Wolfgang
Prof. Dr., Pontifícia Universidade Católica do Rio Grande do Sul (PUCRS), Porto Alegre, Brasilien. Richter am Landgericht Porto Alegre

Schaefer, Jan Philipp
Dr. iur., Wissenschaftlicher Assistent am Institut für Staatsrecht, Verfassungslehre und Rechtsphilosophie, Lehrstuhl Prof. Dr. Martin Borowski, Universität Heidelberg

Schenke, Wolf-Rüdiger
Prof. Dr., emeritierter Professor für Öffentliches Recht, insbesondere Verwaltungsrecht und Verwaltungsprozessrecht an der Universität Mannheim

Schmidt-Aßmann, Eberhard
Prof. Dr., Dres. h.c., emeritierter Professor für Öffentliches Recht an der Universität Heidelberg

Weiner, Mark S.
Professor of Law an der Rutgers-Newark School of Law, Ph.D. (Yale), J.D. (Yale). Blog: (www.worldsoflaw.com).

Personenverzeichnis

Stichwortverzeichnis

Heidelberger Rechtswissenschaftliche Abhandlungen

Herausgegeben von der Juristischen Fakultät
der Ruprecht-Karls-Universität Heidelberg

Mit dem Gründungsjahr 1386 ist die Juristische Fakultät der Universität Heidelberg die älteste juristische Fakultät in der Bundesrepublik Deutschland. Sie gehört bis heute zu den führenden Fakultäten des Landes. Obwohl nach der Zahl ihrer Köpfe nicht groß, gilt sie als sehr forschungsstark. Dies wäre ohne ein bewusstes Bekenntnis zur „Vollfakultät" ebenso wenig denkbar wie ohne einen hervorragenden wissenschaftlichen Nachwuchs. Die Fakultät steht deshalb gleichermaßen für die blickweitende Versammlung aller juristischen Fach- und Grundlagendisziplinen in ihrer Mitte sowie auch für die klassische Einheit von Forschung und Lehre.

Mit den *Heidelberger Rechtswissenschaftlichen Abhandlungen* entsteht ein Forum, in dem die Fakultät ihre Spitzenforschung in der gesamten Breite präsentieren kann. In der Reihe werden vornehmlich Habilitationsschriften und Monographien von Fakultätsmitgliedern erscheinen.

Bisher erschienene Bände:

1 *Schroeder, Klaus-Peter:* „Eine Universität für Juristen und von Juristen". Die Heidelberger Juristische Fakultät im 19. und 20. Jahrhundert. 2010. XX, 744 Seiten. Leinen.

2 *Paal, Boris P.:* Medienvielfalt und Wettbewerbsrecht. 2010. XXX, 399 Seiten. Leinen.

3 *Laukemann, Björn:* Die Unabhängigkeit des Insolvenzverwalters. Eine rechtsvergleichende Untersuchung. 2010. XXXII, 512 Seiten. Leinen.

4 *Hattenhauer, Christian:* Einseitige private Rechtsgestaltung. Geschichte und Dogmatik. 2011. XXVIII, 530 Seiten. Leinen.

5 *Hoffmann, Jan F.:* Zession und Rechtszuweisung. 2012. XVIII, 289 Seiten. Leinen.

6 *Poelzig, Dörte:* Normdurchsetzung durch Privatrecht. 2012. XXXIII, 652 Seiten. Leinen.

7 *Weller, Matthias:* Persönliche Leistungen. 2012. XXV, 709 Seiten. Leinen.

8 *Heidelberger Thesen zu Recht und Gerechtigkeit.* Ringvorlesung der Juristischen Fakultät anlässlich der 625-Jahr-Feier 2011. Herausgegeben von *Christian Baldus, Herbert Kronke* und Ute Mager. 2013. IX, 495 Seiten. Leinen.

9 *Verfassungsvoraussetzungen.* Gedächtnisschrift für Winfried Brugger. Herausgegeben von *Michael Anderheiden, Rainer Keil, Stephan Kirste* und *Jan Philipp Schaefer.* 2013. IX, 832 Seiten. Leinen.